2014–2015年度高考备考策略研究报告

2014—2015 Research Report on NMT Preparation Strategies

Research Report of National Matriculation Mathematics Test

《数学学科》

总顾问：俞敏洪
顾　问：周成刚
总统筹：罗　娉　王　专
总策划：新东方优能中学推广管理中心（全国中高考教学考试研究院）
总　编：赵剑锋
本册主编：樊　浪
编　辑：陈贾雷　李建龙　李　晶

新东方 XDF.CN ｜ 优能中学教育 U-CAN SECONDARY SCHOOL EDUCATION
西藏人民出版社
新学案

图书在版编目(CIP)数据

新学案.6/北京天利考试信息网编.
—拉萨：西藏人民出版社，2009.3（2014.7重印）
ISBN 978-7-223-02599-7

Ⅰ.①新… Ⅱ.①北… Ⅲ.①课程—教案（教育）—中学 Ⅳ.①G633

中国版本图书馆CIP数据核字(2009)第009073号

新学案.6

——2014—2015年度高考备考策略研究报告（数学学科）

作　　者	全国中高考教学考试研究院
责任编辑	杨永坤
装帧设计	高文辉
出　　版	西藏人民出版社
社　　址	拉萨市林廓北路23号　　**邮政编码**：850000 北京发行部：100013　北京市东土城路8号林达大厦A座13层 电　　话：010-61420186
印　　刷	三河市南阳印刷有限公司
经　　销	全国新华书店
开　　本	16开（880×1 230）　　**字　　数**　1 300 千
印　　张	43
版　　次	2014年7月第1版第2次印刷
标准书号	ISBN 978-7-223-02599-7
定　　价	398.00元（全6册）

目　录

一、学科高考命题趋势研究

1.1 数学学科地位及其在高考中的作用

数学是人们对客观世界定性把握和定量刻画、逐渐抽象概括、从而形成广泛的理论，并进行广泛应用的过程.它是一门思维的科学，是培养理性思维的重要载体，通过空间想象、直觉猜想、归纳抽象、符号表达、运算推理、演绎证明和模式构建等诸方面，对客观事物中的数量关系和数学模式做出思考和判断，形成和发展理性思维，构成数学能力的主体.

数学是人们生活、劳动、学习必不可少的工具，是科学的原动力、是理工学科的基础.数学的发展与人类文化、经济、科技的发展都有着千丝万缕的关系，在人类文明的发展中起着非常重要的作用.数学推动了重大的科学技术进步，当代与未来的发展都要倚重数学的发展.数学可以用来开发人的智力，培养人的思维能力，挖掘人的内在潜力，提高人的分析问题和解决问题的能力，提高人们在处理日常工作中的条理性.通过数学学习，领略数学文化，接受数学精神、数学思想和数学方法的熏陶，提高思维能力，锻炼意志品质，并把它们迁移到学习工作和生活的各个领域中去.数学不仅是自然科学的基础也是高科技的基础，数学的发展正在迅速改变着科学的面貌，另外，数学教育在人才培养中有重要的地位和不可替代的作用.

20世纪中叶以来，数学自身发生了巨大的变化，特别是与计算机的结合，使得数学在研究领域、研究方式和应用范围等方面得到了空前的拓展.数学可以帮助人们更好地探求客观世界的规律，并对现代社会中大量纷繁复杂的信息做出恰当的选择与判断，同时为人们交流信息提供了一种有效、简洁的手段.数学作为一种普遍适用的技术，有助于人们收集、整理、描述信息，建立数学模型，进而解决问题，直接为社会创造价值.

数学教育的重要性，不仅仅体现在数学知识与方法的广泛运用上，更重要的是它对人的素质的影响.数学的风采和魅力在于它是我们理解、认知世界的钥匙，数学已经渗透到整个社会生活的各个层面.数学的价值体现在数学不仅等于拥有打开知识大门的钥匙，还能透过数学来探索人生的其他可能性.数学可以帮助人们更好地认识自然和人类社会，更好地适应社会生活，理解周围世界.

优秀的数学教育是一种对人的理性的思维品格和思辨能力的培养，是聪明智慧的启迪和潜在能动性与创造力的开发，其价值是远非一般的专业技术教育所能相提并论的.它对一个人、一个学校乃至一个国家的影响是非常巨大的.数学文化的积淀是人一生享用不尽的宝贵精神财富.数学文化具有比数学知识体系更为丰富和深邃的文化内涵，数学文化是对数学知识技能、能力和素质等概念的高度概括.日本数学家米山国藏认为，学生进入社会后，如果没有什么机会应用，那么作为知识的数学，通常在出校门不到一两年就会忘掉，然而不管他们从事什么工作，那种铭刻在人脑中的数学精神和数学思想方法，会长期在他们的生活中发挥重要的作用，这无疑是对数学文化内涵的一个精彩注释.数学能够培养人正直与诚实，顽强与勇敢，自信与进取的良好个性品质和勇于探索，敢于创新的精神；能够培养人有条理的思考，有效的表达与交流，运用数学分析问题和解决问题；能够培养人的审美能力，陶冶情操.

数学已不仅仅是一种“方法”或“工具”，还是一种思维模式，即“数学思维”；也不仅仅是一门学科，还是一种文化，即“数学文化”；更不仅仅是一些知识，还是人的一种素质，即“数学素质”.

数学在高考中可以称得上是重中之重，在高考中对数学的考查主要是对学生能力的考查，强调“以能力立意”，就是以数学知识为载体，从问题入手，把握学科的整体意义，用统一的数学观点组织材料.而对知识的考查侧重于理解和应用，尤其是综合和灵活的应用，以此来检测考生将知识迁移到不同的情境中去的能力，从而检测出考生个体理性思维的广度和深度，以及进一步学习的潜能.高考数学以思维能力考查为核心，全面考查各种能力，强调综合性、应用性，切合考生实际.运算能力是思维能力和运算技能的结合，它不仅包括数的运算，还包括式的运算，对考生运算能力的考查主要是算理和逻辑推理的考查，以含字母的式的运算为主.空间想象能力是对空间形式的观察、分析、抽象的能力.另外还会以客观事物的数学化为重点，主要以解答题的形式考查学生实践能力，这个过程主要是依据现实的生活背景，提炼相关的数量关系，构造数学模型，将现实问题转化为数学问题，并加以解决.创新意识和创造能力则是理性思维的高层次表现，在数学学习和研究过程中，知识的迁移、组合、融会的程度越高，展示能力的区域就越宽，显现出的创造意识也就越强.考查这部分的试题往往具有多样性，考查数学主体内容，体现数学素质，反映数、形运动变化，另外还有研究型、探索型或开放型的题目.高考数学可以让考生独立思考，自主探索，发挥主观能动性，研究问题的本质，寻求合适的解题工具，梳理解题程序，为考生展现其创新意识、发挥创造能力创设广阔的空间.

1.2 高考数学测试的发展历程

回顾数学高考近年来的发展历程，不难发现高考数学测试中的一系列变化：

1993年前，数学高考中的应用问题只有排列组合一种类型，而且只是小题. 1993年、1994年增加了一道不是排列组合类的应用问题，但仍是小题. 1995年开始，应用问题由小题改为大题，以后的十年间，每年高考都有应用问题大题，题量也由一道增加到三道. 涉及的内容除了函数、数列、不等式、三角函数等传统知识外，还增加了概率与统计、线性规划、导数等新增内容.

从2000年开始，陆续展开新课程考试，与传统课程下的数学高考相比较，一方面，增加了简易逻辑、线性规划、平面向量、空间向量、概率与统计、函数的极限、导数等应用广泛的知识，并且考查的比例一般都高于它在教材中的比例；另一方面，删除了幂函数、指数方程和对数方程、指数不等式和对数不等式、积化和差与和差化积等繁、难的知识. 这不仅仅是高考内容的简单增减，更是数学课程改革的伟大实践在高考中的具体体现，是对课程改革的有力支持.

2002年，教育部考试中心颁布了高中《数学教学大纲》，要求我们与时俱进地认识双基和能力，并且把数学思想归入了双基之中，强调了对数学思想的考查.

2005年，数学高考提出了注意把握数学学科“概念性强，思辨味浓，量化突出，解法多样，应用广泛”的特点，使数学命题更加稳健有力，并且在颁布的2005年《考试大纲》(数学)的说明一书中明确指出了共识的数学思想：函数与方程的思想，数形结合的思想，分类与整合的思想，化归与转化的思想，特殊与一般的思想，有限与无限的思想，或然与必然的思想.

近年来，随着课程改革的逐步深入，数学高考进一步关注了知识网络交汇点的发掘，努力捕捉命题的新视角，从学科的整体高度和思维价值的高度命制试题，以此考查学生对知识的理解和应用，检测学生将知识迁移到不同情境中去的能力以及理性思维的发展水平. 高考数学试题也由知识立意逐步向能力立意转化，按照“考查基础知识的同时，注重考查能力”的原则，确立了以能力立意的命题指导思想，设计了不少将知识、能力与素质融为一体的试题，这对于全面检测学生的数学素养，有效考查学生的思维能力(核心能力)以及其他各种能力显然是十分有益的. 数学高考还命制了不少立意新、情境新、思维价值高的创新性、研究性试题. 这些试题的求解通常没有现成的公式、法则、定理等可以直接套用，需要通过对问题的阅读理解，从中学习并领悟出解决问题的知识，自行设计解决问题的思路和方法，体现了思维的深度和广度，可以有效检测学生的自主学习能力、创造性解决问题的能力以及进一步发展的潜能.

1.3 高中数学课程改革的特征

2003年教育部在原“教学大纲”的基础上制定了各学科普通高中“课程标准”，开始对中学的教学内容、教学方法和评价方法等进行较为彻底的改革. 这次改革呈现了如下特征：

第一，课程设置注重时代、社会对学科的要求，在不失其科学性、系统性的前提下，增加其灵活性和适用性. 新的高中数学课程形成了一个包括必修、限定选修和任意选修在内的，并以学科类课程为主、活动类课程为辅的课程结构体系.

第二，课程设置注重学生对社会的适应性，将培养学生创新精神和实践能力摆到突出地位. 为了加强创新意识的培养，加强“综合实践活动”课，增设安排了每个学期至少一个“研究性课题”；为了提高解决实际问题的能力，在教学内容的选择上更加贴近生活实际和生产实际，安排了“实习作业”，为培养创新意识和实践能力提供了重要方式和途径.

第三，课程设置注重与教育研究成果相融合，教材的编排与学生认知心理过程相一致，既注意了初、高中的知识衔接，保持其系统性，又符合了高中学生的年龄特征和认知规律，从具体到抽象，从特殊到一般，用网络式的知识框架，帮助学生构建认知结构.

第四，课程设置体现了教育的新价值观. 将教育的价值置于数学的价值之上，数学的应用价值和思维价值正在相互交融. 数学对少数人有用的时代已经过去，它正在成为今日社会的一张“通行证”. 对学生的学习评价不仅应“测量学生理解和掌握数学基础知识与数学基本技能的情况，又要测量学生的数学基本能力和综合应用数学的能力，并注意评价学生的创新意识和能力的发展情况.

课程标准设置正朝着以人为本的方向努力，努力拓宽数学知识面，关注学生已有的生活经验和知识背景，关注学生的自主探索和合作交流，让学生通过主动参与、积极思考、与人合作交流和创新等过程，获得数学学习的自信心和方法；关注学生的情感和情绪体验，让学生投入到现实的、充满探索的数学学习过程中去，体会数学的探索过程，体会数学与自然、社会和人类生活的联系，获得情感、能力、知识的全面发展；新课程标准努力给教材的多样化创造条件，给教师教学留有余地，给学生学习提供充分的时间和空间.

1.4 从高考内容看新课程改革后数学学科发展

新课程高考从2007年开始在山东、广东、海南、宁夏试行，2008年加入江苏，2009年又加入天津、浙江、辽宁、福建、安徽，2010年加入北京、湖南、黑龙江、吉林、陕西，2013年全国除广西、港、澳、台以外的所有省份将全面进入新课程高考. 通过比较2003年教育部制定的各学科普通高中《课程标准》与原《教学大纲》以及对近几年高考试题的分析研究，可以得出新课程改革后数学学科发展的一些趋势.

1. 考查重点立足基础

新《课程》指出数学教学应重视基础知识教学、基本技能训练和能力培养，同时应删减琐碎的计算、人为技巧化的难题和过分强调细枝末节，克服“双基异化”的倾向. 今后，高考试题将特别注重考查高中数学的基础知识、基本技能，着重考查了支撑学科知识体系的知识主干，函数、不等式、数列、直线与平面、圆锥曲线等仍是支撑整份试卷的主体内容. 代数重点考查了函数的基本概念、性质和图象等；解析几何重点考查了直线和二次曲线的位置关系；立体几何有关线面关系和角为考查重点，倾向于“定性”的考查. 试卷还会考查向量、概率统计、导数等重点内容. 思想方法上，函数与方程思想、数形结合思想、分类讨论思想、转换与化归思想、运动与变换思想等主要思想以及化归法、坐标法、数学归纳法、配方法、换元法、消去法、待定系数法等常用方法仍是考查的重点. 可以预见，新课改后的高考将会立足“双基”并加大对时代性强的知识方法的考查.

2. 注重数学思维能力

学习和运用数学解决问题时，不断地经历直观感知、观察发现、归纳类比、空间想象、抽象概括、符号表示、运算求解、数据处理、演绎证明、反思建构等思维过程，这些过程是数学思维能力的具体体现. 注重提高学生的数学思维能力是新《课程》的基本理念之一，也是数学教育的基本目标之一. 数学思维能力有助于学生对客观事物中蕴含的数学模式进行思考和做出判断，有助于帮助学生形成理性的思维，毫无疑问，新课改后的高考将更加注重对数学思维能力的评价.

3. 强调数学应用意识

加强数学应用意识是新《课程》改革需要，是这场改革的一个明显特点. 数学教育应该是现实的数学教育，应该源于现实、寓于现实、用于现实，数学教育应该通过具体的问题来传授抽象的数学内容，应该从学习者所经历、所接触的客观实际中提出问题，然后升华为数学概念、运算法则或数学思想，因此，加强数学应用意识，才能显露数学教育的本色. 坚持科学的数学教育观，辩证考查数学应用，体现数学应用的现实性和时代性，创设考查数学实践能力的生活情境，将是高考数学命题的重要方向之一.

1.5 《新课程标准》及《考试大纲》中的能力要求

1. 旧大纲对数学能力要求

关于数学能力，我国长期流行的提法是“三大能力”：数学运算能力，空间想象能力和逻辑思维能力. 这一提法有很强的概括力. 但是，它同样忽视应用，突出逻辑的地位，甚至认为“数学能力的核心是逻辑思维能力”. 国家颁布的 1992 年数学教学大纲，继续提出三大能力，但是加上了“用所学知识解决简单的实际问题”. 注意到“实际问题”，仅限于“简单的”. 1996 年大纲将“逻辑思维能力”改成“思维能力”，理由是数学思维不仅是逻辑思维；在三大能力之外，提出了“逐步培养分析和解决实际问题的能力”，这进一步注意到解决实际问题的能力，可惜还是“逐步培养”. 1997 年的《高中数学教学大纲(修订本)》中要求培养学生的运算能力、逻辑思维能力和空间想象能力，使其逐步形成运用数学知识分析和解决实际问题的问题.

进入 21 世纪之后，国内关于数学能力的提法又有新的变化. 2002 年颁布的全日制高中《数学教学大纲》，对高中学生应具备的数学能力有了更细致的描述. 除了提到一般数学能力之外，更明确地界定了唯有数学学科才有的“数学思维能力”. 它包括空间想象、直觉猜想、归纳抽象、符号表示、运算求解、演绎证明、体系构建等诸多方面. 这一提法涵盖了三大能力，但更全面、更具体、更明确. 体现了数学思维从直观想象和猜想开始，通过抽象表示和运算，用证明演绎方法加以论证，乃至构成学科体系的全过程.

2. 新课标下的数学能力要求

(1)立体几何部分对数学能力培养的要求：

加强直观感受，侧重空间想象能力的培养：

高中立体几何课程历来以培养逻辑思维能力为主要目的，而《新课标》更加强调空间想象能力的培养，强调空间观念的建立，逻辑思维能力的培养退至次要地位. 立体几何课程改革引入大量的实物模型、计算机模拟与演示，加强学生的直观感受. 由此可见，立体几何的教学目的已由重点培养逻辑思维能力转向培养几何观察能力和空间想象能力.

加强动手能力的培养：

《新课标》要求学生“能画出简单空间图形(长方体、球、圆柱、圆锥、棱柱等的简易组合)的三视图，能识别上述的三视图所表示的立体模型，会使用材料制作模型，会用斜二侧法画出它们的直观图”. 学生们在动手实践的过程中体会、感受、经历，从而增加对立体几何的认识和对现实世界的认识. 由此可见，立体几何注重学生动手能力的培养.

加强几何与代数的联系，注重学生空间想象能力和逻辑思维能力的培养：

传统立体几何强调综合方法，强调逻辑推理，这种单一的处理方法使学生孤立的学习立体几何，从而学习难度较大，许多中学生惧怕立体几何问题，解答立体几何问题不理想. 在新课标中，较初步的知识用综合方法去处理，以培养学生的空间想象能力和逻辑思维能力，较难处理的问题用代数方法解决，从而改变对立体几何的态度，建立学好立体几何的信心，更重要的意义是加强几何与代数的联系，培养数形结合的思想.

强调应用能力的培养：

加强立体几何与现实的联系，强调应用是立体几何课程改革的又一特色. 立体几何课程从空间几何体开始，利用实物模型、计算机软件观察大量的空间图形，使学生归纳出“柱、锥、台、球及其简单组合体的结构特征，并能运用这些特征描述现实生活中简单物体的结构”. 这就是善于从生活中获取知识，也善于将学的知识应用于生活，培养学生用数学视角观察世界和用数学思维思考世界的习惯.

(2)代数部分对数学能力培养的要求

注重学生动手能力的培养：

高中数学课程在《数学 3》模块中增加了“概率、统计”内容，让学生通过实验计算器(机)模拟估计简单随机事件发生的概率，从而加强学生的动手能力.

注重提高学生的思维能力：

新课标注重提高学生的思维能力. 高中数学课程在《数学 3》模块中增加了“算法初步”内容，通过“算法初步”内容的学习，发展学生有条理的思考与表达能力，提高逻辑思维能力.

发展学生的数学应用意识，提高实践能力：

高中数学课程提供基本知识的实际背景，反映数学的应用价值，开展“数学建模”的学习活动，设立体现某些数学重要应用的专题课程. 它力求使学生体验数学在解决实际问题中的作用、数学与日常生活及其他学科的联系，促进学生逐渐形成和发展数学应用意识，提高实践能力. 具体表现在学生应用意识的三个方面：①让学生认识到现实生活中蕴含着大量的数学信息，数学在现实世界中有着广泛的应用. ②让学生面对实际问题时，能主动尝试着从数学的角度运用所学知识和方法寻求问题的策略. ③让学生面对新的数学知识，能主动地寻找其实际背景，并探索其应用价值.

下面是数学思维能力目标的比较：

以往的数学对思维的能力目标	大纲与新课标对思维的能力目标
△数学概括能力	△归纳、概括
①形成数学概念的概括能力	与体系构建的能力
②形成通法通则的概括能力	
③迁移概括能力	
△数学抽象	△发现与创造
①发现属性的能力	抽象与概括
②发现关系的能力	空间想象的能力
③发现相似的能力	
△数学推理	△归纳抽象
①演绎推理能力	演绎证明
②归纳推理能力	思考、判断的能力
△数学化归	△分析问题
①数学转换能力	解决问题
②识别数学模式能力	数学表达
③数学变式能力	数字交流的能力
△思维简缩——直觉思维能力	△直觉猜想、符号表示、数据处理、独立获取知识的能力

附录一　历年的课标、考试大纲及考试说明

中华人民共和国教育部. 基础教育课程改革纲要(试行)[N]. 中国教育报，2001－07－27(2).

中华人民共和国教育部. 普通高中课程方案(实验)[S]. 北京：人民教育出版社，2002.

中华人民共和国教育部. 普通高中数学课程标准(实验)[S]. 北京：人民教育出版社，2004.

中华人民共和国教育部. 高中数学新课程标准.

1. 2003—2013 年普通高等学校招生全国统一考试新课标全国卷考试说明. 教育部考试中心

2. 2003—2013 年普通高等学校招生全国统考大纲(数学). 教育部考试中心

3.2003—2013 年普通高等学校招生全国统一考试北京卷考试说明.北京教育考试院
4.2003—2013 年普通高等学校招生全国统一考试上海卷考试说明.上海教育考试院
5.2003—2013 年普通高等学校招生全国统一考试安徽卷考试说明.安徽教育考试院
6.2003—2013 年普通高等学校招生全国统一考试广东卷考试说明.广东教育考试院
7.2003—2013 年普通高等学校招生全国统一考试浙江卷考试说明.浙江教育考试院
8.2003—2013 年普通高等学校招生全国统一考试湖北卷考试说明.湖北教育考试院
9.2003—2013 年普通高等学校招生全国统一考试江苏卷考试说明.江苏教育考试院
10.2003—2013 年普通高等学校招生全国统一考试福建卷考试说明.福建教育考试院
11.2003—2013 年普通高等学校招生全国统一考试山东卷考试说明.山东教育考试院
12.2003—2013 年普通高等学校招生全国统一考试陕西卷考试说明.陕西教育考试院
13.2003—2013 年普通高等学校招生全国统一考试四川卷考试说明.四川教育考试院
14.2003—2013 年普通高等学校招生全国统一考试天津卷考试说明.天津教育考试院
15.2003—2013 年普通高等学校招生全国统一考试湖南卷考试说明.湖南教育考试院
16.2003—2013 年普通高等学校招生全国统一考试海南卷考试说明.海南教育考试院
17.2003—2013 年普通高等学校招生全国统一考试辽宁卷考试说明.辽宁教育考试院
18.2003—2013 年普通高等学校招生全国统一考试江西卷考试说明.江西教育考试院
19.2003—2013 年普通高等学校招生全国统一考试黑龙江卷考试说明.黑龙江教育考试院
20.2003—2013 年普通高等学校招生全国统一考试宁夏卷考试说明.宁夏教育考试院
21.2003—2013 年普通高等学校招生全国统一考试重庆卷考试说明.重庆教育考试院

附录二　相关参考文献

【数学课程改革】

胡云飞.2010 年高考数学引发的思考[J].新课程学习,2010,(11):168.

徐勇,刘桥连.2010 年福建省高考数学试卷评析(二)文科试卷的评价与思考[J].福建中学数学,2010,(6):3—5. 李丽霞,张生春.2010 年高考数学全国卷Ⅰ分析与教学启示[J].考试与招生,2010,(9):24—25

杨岚清.2010 年上海市高考数学试题引发的思考[J].数学教学,2010,(12):27—29.

柴化安.2010 年新课标区高考数学探究性试题印象[J].中学数学教学,2010,(9):62.

施丽凤,杨勇.培养学生数学阅读能力的有效策略[J].话题讨论,2009,(6):1—2.

杨吉福.浅谈如何培养学生数学的理解能力[J].上饶日报,2009,(4):1.

张积荣.浅谈中学生数学阅读能力的培养[J].数学教研,2009,(16):50.

邱宝全.个性化学习才是学好高中数学的根本 [J].科技信息,2013,(02):366.

王晓梅.如何培养学生数学阅读的能力[J].赤峰日报,2010,(7):1—2.

张璇.浅谈高中数学教学方法及实施策略 [J].教育教学论坛,2013,(15):89—90.

朱亚文.略谈在高中数学课堂中培养学生创新思维 [J].现代阅读(教育版),2013,(04):175

王娟.浅析高中数学课学生自主学习与创新能力的培养 [J]中国校外教育,2013,(01):69.

胡素爱.多元互动教学,培养数学创新意识[J].教育实践与研究,2009,(09):45—46.

刘燕.开源导流学以致用——浅谈高中数学与生活[J].新课程学习(中).2011,(07)

曹巧宁.标新立异——浅谈新课标下的高效数学课堂[J].现代阅读(教育版). 2012,(06)

黄凯.浅谈如何在高中数学教学中开展探究性学习[J].现代阅读(教育版).2012,(04):176

罗军.浅析新课标下建设高中数学高校课堂的途径[J].现代交际,2013,(02)

刘志杰.如何在高中数学教学中培养创新思维 [J].现代阅读(教育版),2013,(05):148.

【高考规律】

尚兴琴.浅谈 2012 年高考数学复习方法 [J].中国校外教育,2013(02):114.

杜阿荣.融会贯通 灵活运用——提高高中生数学高考解题能力之我见 [J].西藏教育,2013,(03):57—58.

张新全.一道高考数学试题的赏析与教学启示 [J].合肥师范学院学报,2012,(03):115.

秦龙.新课标高考数学试题的几个显著特点 [J].科学咨询(教育科研),2012,(02):61.

何晓禹,余继光.一道高考数学题引起的研究性学习析[J].数学教学,2011,(3):43—46.

汤邵春,黄贤通.中日两国高考线性代数试题的对比研究[J].中学数学研究,2011,(3):6—9.

陈贵军.试析高等数学背景下的高考试题[J].中国科技信息,2013,(2):162.

吴海燕.由一道高考题谈计算能力的培养[J].中学数学,2011,(3):51—52.

黄翠芬.例析数学思想在数列中的应用[J].学周刊,2013,(10):157.

江嘉秋.2012年福建高考数学试卷评析与启示[J].福建教育学院学报,2012,(05):112—115.

王建亚.浅谈高中"数形结合思想方法"的教学渗透——由2012年一道江苏高考题的分析引发的教学感悟和体会[J].读与写(教育教学刊),2012,(11):82—83.

桂淑英.高考阅卷老师的忠告[J].中学数学杂志,2011,(3):46—48.

【备考策略】

朱鸿.中等程度及偏下学生高考数学复习的策略[J].考试周刊,2010,(44):2—3.

田晓雪.浅议高三学生数学备考心理素质的提高[J].教育教学论坛,2012,(18):84—85.

邵志芳,李二霞.中高考数学试题难度的认知任务分析[J].华东师范大学学报,2010,(1):48—53.

李建华.精选思维起点,巧解数学问题[J].学周刊,2013,(01):122—123.

付庆慧.高考数学复习七策略[J].学周刊,2012,(20):106—107.

孙桂萍,郭世峰.重视数学思想方法提高高考复习效果[J].学周刊,2012,(17):157—158.

尚兴琴.浅谈2012年高考数学复习方法[J].中国校外教育,2013,(02):114.

李庆社.2011年高考数学命题趋势预测[J].中学数学杂志,2011,(1):47—50.

【重要知识点解析】

李灿辉.高中数学专题复习与研究——用分类讨论的的思想解题[J].剑南文学(经典教苑),2013,(01):354.

许静香,应之宁.新课程理念 高效率教学——谈谈概率与统计的高考复习[J].课改前沿,2010,(9):44—45.

康建秀.2010年高考概率与统计备考指南[J].重点辅导,2011:16—18.

王勇.余音绕梁 五年不绝 一道高考概率与统计题的强力辐射[J].中学数学,2010:42—44.

都述利.概率与统计高考命题趋势与指导[J].中学生数理化,2009,(7):46—47.

王敏.高考中的概率与数理统计[J].考试周刊,2009,(21):2—3.

段本强.教学实践中就函数奇偶性问题的探讨[J].群文天地,2012,(11):202.

吴金革.近三年山东高考概率统计试题分析及复习指导[J].中学数学杂志,2010,(11):36—38.

郭兴甫.新课程高考复习——概率与统计[J].中学数学杂志,2010,(11):36—38.

伊人学.含两个随机变量的二维几何概型解析[J].教育教学论坛,2012,(32):104—105.

肖婷.2009年高考概率与统计热点评析[J].中学数学研究,2010,(10):8—11.

吴金革.高考概率统计知识复习指导[J].试题研究,2010:37—41.

胡成龙.2010年高考理科试题对高中统计与概率教学的启示[J].遵义师范学院学报,2010,(5):111—114.

张丽波.新课标高考数学之"一元二次函数"[J].中国校外教育,2013,(04):101.

米运芳.例说高考数学备考中由具体到抽象——对离心率取值范围问题的讨论[J].学周刊,2013,(04):141.

许少华.2011年高考统计、概率命题预测[J].数学有数,2011,(4):15—18.

丁元林.概率命题预测[J].数学有数,2011,(4):15—18.

丁元林.过"四关"——学好立体几何[J].科技信息,2010,(27):299—300.

杨淑琴.立体几何教学点滴[J].在线学科教学,2010,(4):98.

冯爱银.利用导数求解函数零点的变式教学探讨[J].课程教学研究,2013,(04):51—55.

马桂枝.例谈不等式的证明[J].学周刊,2013,(04):132—133.

王联华.高中数学教学中函数的对称性教学研究[J].成功(教育),2013,(02):44.

李远文.高考解析几何题"设而不求"解题法的应用[J].学周刊,2013,(04):136—137.

张文明.数学思想方法的灵魂——化归[J].出国与就业(就业版),2012,(03):108—109.

李秀梅.解析几何中最值问题的常用解法[J].学周刊,2012,(17):130—133.

陈新慎.构造图形巧解向量问题[J].咸宁学院学报,2012,(06):211—212.

万玉龙.高考解题中的切线情结[J].科教导刊(中旬刊),2012,(09):48—49.

陆英,林元重.圆锥曲线在高考中常见的考查形式[J].萍乡高等专科学校学报,2012,(03):103—106.

管宏武.例谈2010年高考函数创新题的求解策略[J].高中生之友,2010,(9):20—21.

张可锋,陈益智,钟希望.化归在平面向量与立体几何中的一些应用——以2010—2011年高考数学题为例[J].佳木斯教育学院学报,2012,(07):264—265.

陈小丽.中学数学中的最值问题[J].科学大众(科学教育),2012,(12):29.

杨全发.不等式恒成立问题的等价转换策略 [J].湘南学院学报,2012,(02):17.
林祥文.例析曲边多边形面积的求法 [J].华夏教师,2013,(03):44.
韩文美.2010年高考压轴题之函数与导数[J].招生考试通讯,2011,(1):5—11.
胡维维.解析高考中的线性规划问题 [J].学周刊,2012,(17):170—171.
先儒才,张晓斌.2010年高考数学试题(大纲课程卷)分类解析(一)[J].中国数学教育,2010,(7—8):88—96.
郭冠群.常见递推数列通项公式求法[J].和田师范专科学校学报,2010,(29):195—196.
唐璧.递推数列的通项公式[J].科技创新导报,2010,(11):254.
刘同心,付足.高考递推数列题型分类归纳解析[J].咸宁学院学报,2010,(6):164—169.
高青.例析函数思想在解决数列问题中的应用[J].咸宁学院学报,2010,(6):164—169.
赵海霞.例析数列求和的常用方法[J].读与写杂志,2010,(7):171—172.
王军华.正向等差数列两个不等式的推广[J].天中学刊,2010,(2):4—5.
杨远宏,杜兴芹."曲线和方程"与"圆锥曲线方程"的结合[J].德宏师范高等专科学校学报,2009,(4):95—99.
庹中友. 2012年高考数学试题研究——统计与概率 [J].凯里学院学报,2012,(06):153—155.
明丰.高职高考数学三角函数复习中的几个要点 [J].成功(教育),2012,(07):137.
杨华.圆锥曲线中最值问题的解题策略 [J].科学大众(科学教育),2013,(03):18—19.
张文.关于"恒成立"问题的解题归纳 [J].中国校外教育,2013,(02):75—76.
杨超.排列组合在高考中的常见题型及解题技巧 [J].科技信息,2013,(08):369—370.
江民杰,刘建华.关注新课改 对接新高考[J].中学数学,2010,(8):8—11.
刘永和.2011年高考数学三角函数热点解析[J].考试与招生,2010,(11):23—25.
王全瑞.例说数学思想在三角函数中的应用[J].中学数学研究,2011,(1):36—38.
王秀云.浅谈高考中的线性规划题型变化 [J].南昌教育学院学报,2012,(06):131—132.

二、学科高考命题规律研究

2.1 突出主干知识

2.1.1 高考考什么

主干知识是支撑学科体系的主要内容，在立足基础，全面考查的前提下，高中的主干知识仍然是考查的重点，因此高考数学突出主干知识，考查重点，渗透非重点.重点知识是支撑学科知识体系的主要内容，并达到了必要的考查深度，构成数学试卷的主体，数学思想方法是数学知识在更高层次上的抽象和概括，是从某些具体的数学认识过程中提炼出来，并被往后的大量的数学实践所反复证实其正确性的一些观点，是对数学规律的理性认识，是数学的灵魂，掌握了它就能驾驭知识，形成能力.高考命题，不刻意追求知识点的覆盖率，不回避重点知识的考查，这是当前高考数学试题的另一个特色.重点知识：是那些在整个高中数学知识体系中的主干；重要方法：就是在学生数学思维发展过程中起到“推波助澜”作用的思想与方法.以《考纲》和《考试说明》为参考依据，常考点在高考模块基本上相对固定.

综观近几年的所有数学试题，对支撑着高中数学的主干知识函数与导数、三角函数、圆锥曲线、立体几何、数列、概率与统计等知识，仍用较大比重来考查，注意考查通性通法，淡化特殊技巧.

2.1.2 高考怎么考

★★函数与导数专题★★

【规律总结】

函数的观点和思想方法贯穿整个高中数学的全过程，在近几年的高考中，函数在高考试题中占有很高的分值.一般为2个选择题或2个填空题，1个解答题，而且常考常新.

在选择题和填空题中通常考查反函数、函数的定义域、值域、函数的单调性、奇偶性、周期性、函数的图象、导数的概念、导数的应用以及从函数的性质研究抽象函数.在解答题中通常考查函数与导数、不等式的综合运用.其主要表现在：

1.通过选择题和填空题，全面考查函数的基本概念，性质和图象.

2.在解答题的考查中，与函数有关的试题常常是以综合题的形式出现.

3.从数学具有高度抽象性的特点出发，没有忽视对抽象函数的考查.

4.一些省市对函数应用题的考查是与导数的应用结合起来考查的.

5.涌现了一些函数新题型.

6.函数与方程的思想的作用不仅涉及与函数有关的试题，而且对于数列，不等式，解析几何等也需要用函数与方程思想作指导.

7.常能见到多项式求导(结合不等式求参数取值范围)，和求斜率(切线方程结合函数求最值)问题.

8.求极值、函数单调性、函数的应用题，常与三角函数或向量结合考查.

【2004－2014历年高考数学函数与导数考情分析】①

表2.1 2004—2014全国各省份的函数及导数考情分析

年份		省份及编号	总计	总分	平均分
2004	文科	全国Ⅰ2、4、19(22分)；全国Ⅱ2、3、7、21(27分)；全国Ⅲ3、13、17(22分)；全国Ⅳ2、4、5、7(20分)；北京7、10、14(24分)；福建7、10、13、20(27分)；湖北3、5、8、20(27分)；湖南1、3、7、9、11、21(37分)；江苏8、19、22(29分)；上海10、15、19(21分)；重庆1、2、20(22分)；广东3、16、19、20(34分)；辽宁20、21(26分)；天津6、9、12、21(27分)；浙江9、12、21(22分)	53	387	25.80
	理科	全国Ⅰ2、4、19(22分)；全国Ⅱ6、22(17分)；全国Ⅲ5、15、18(22分)；全国Ⅳ2、3、12、18(27分)；北京5、10、13、18(27分)；福建7、11、12、14、20(32分)；湖北1、3、7、9、20(32分)；湖南3、6、20(22分)；江苏8、19、22(29分)；上海10、15、20(23分)；重庆1、14、20(22分)；广东3、16、19、20(34分)；辽宁20、21(26分)；天津5、11、20(22分)；浙江11、12、20(22分)	50	379	25.27

① 刘永和.2011年高考教学三角函数热点解析[J].考试与招生，2010，(11)：23－25.
王全瑞.例说数学思想在三角函数中的应用[J].中学数学研究，2011(1)：36－38.
李卫华.三角函数最值问题的十种求解方法[J].和田师范专科学校学报，2006，(5)：195－196.

续表

年份		省份及编号	总计	总分	平均分
2005	文科	全国Ⅰ4、8、19(22分);全国Ⅱ3、21(19分);全国Ⅲ5、15、21(22分);北京2、11、19(22分);福建6、12、20(22分);湖北4、7、11、13、17(32分);湖南3、19(17分);江苏2、15、22(22分);上海1、13、19、20(33分);重庆3、14、19(22分);广东6、9、11、19(27分);辽宁5、10、22(22分);天津9、15、20(22分);浙江4、9、11、20(27分);江西4、13、17(22分)	48	353	23.53
	理科	全国Ⅰ8、22(17分);全国Ⅱ3、17、22(29分);全国Ⅲ22(12分);北京12、15、20(29分);福建5、12、19(22分);湖北4、6、17(22分);湖南2、14、20(24分);江苏2、15、22(22分);上海1、13、20、21(39分);重庆12、19(18分);广东6、9、11、19(27分);辽宁5、10、22(22分);天津9、10、20(22分);浙江3、11、16(22分)、江西7、13、17(22分)	43	349	23.27
2006	文科	全国Ⅰ3、13、22(22分);全国Ⅱ4、8、21(24分);北京5、11、16(23分);福建6、14、21(22分);湖北7、19(19分);湖南1、19(19分);江苏18、20(30分);上海3、18、22(34分);重庆15、19(17分);广东1、7、20(22分);辽宁11、14、21(22分);天津6、20(17分);浙江6、20(17分);江西5、6、14、17(27分);四川2、3、21(22分);安徽3、15、20(22分);山东2、3、5、17(27分);陕西2、4、9、22(29分)	53	415	23.06
	理科	全国Ⅰ2、21(19分);全国Ⅱ6、8、20(22分);北京5、6、16(23分);福建8、14、19(22分);湖北4、21(19分);湖南1、8、20(24分);江苏18、20(30分);上海3、18、22(34分);重庆15、20、21(30分);广东1、7、20(22分);辽宁7、13、21(22分);天津9、10、20(22分);浙江10、12、20(22分)、江西5、6、14、17(27分);四川5、17(17分);安徽5、7、15、20(27分);山东2、3、6、18(27分);陕西4、10、22(24分)	53	433	24.06
2007	文科	全国Ⅰ8、14、20(22分);全国Ⅱ8、9、22(22分);北京2、9、20(22分);福建7、11、20(22分);湖北4、13、15、18、19(41分);湖南8、21(18分);江苏8、9、13、21(28分);上海2、18、19(33分);重庆16、20(22分);广东3、12、20、21(38分);辽宁7、9、13、22(27分);天津5、10、21(22分);浙江11、15、22(25分);江西3、15、17(22分);四川20(12分);安徽4、20(17分);山东6、11、21(22分);陕西2、6、21(23分);海南10、14、19(22分)	57	452	23.79
	理科	全国Ⅰ8、14、20(22分);全国Ⅱ8、9、22(22分);北京2、14、19(23分);福建7、11、19、22(36分);湖北11、15、20(22分);湖南6、13、19(22分);江苏8、9、13、21(28分);上海1、3、18、19(38分);重庆9、13、20(23分);广东20、21(18分);辽宁2、6、12、22(27分);天津5、7、20(22分);浙江8、10、22(25分)、江西11、13、17(22分);四川2、21(17分);安徽11、18(19分);山东4、22(17分);陕西8、11、20(22分);海南7、10、14、21(27分)	58	457	24.05
2008	文科	全国Ⅰ1、2、4、9、21(32分);全国Ⅱ4、21(17分);北京5、13、17(22分);福建4、11、21(22分);湖北6、8、17、19(34分);湖南4、21(17分);江苏8、14、17(22分);上海4、9、19(24分);重庆6、7、19(22分);广东8、9、17(22分);辽宁2、8、13、22(28分);天津3、8、21(24分);浙江11、21(19分);江西3、12、22(28分);四川2、9、20(22分);安徽6、9、13、20(27分);山东5、7、12、21(27分);陕西7、11、22(24分);海南4、21(19分)	59	444	23.37
	理科	全国Ⅰ1、2、6、9、19(32分);全国Ⅱ3、14(10分);北京12、14、18(22分);福建4、12、19(22分);湖北4、7、20(22分);湖南10、13、14、21(27分);江苏8、14、17(22分);上海4、8、19(24分);重庆4、6、20(23分);广东7、19(19分);辽宁8、13、22(24分);天津7、9、20(24分);浙江15、21(19分)、江西3、12、22(24分);四川11、22(19分);安徽9、11、13、20(27分);山东4、14、21(22分);陕西7、11、21(22分);海南21(12分)	56	416	21.89

续表

年份	省份及编号		总计	总分	平均分
2009	文科	全国Ⅰ6、21(17分);全国Ⅱ2、3、21(22分);北京4、12、18(22分);福建2、11、15、21(27分);湖北2、14、21(22分);湖南8、10、19(23分);江苏3、10、20(26分);上海1、21(20分);重庆10、12、19(22分);广东4、8、21(24分);辽宁6、12、21(22分);天津8、10、21(24分);浙江8、21(20分);江西2、5、17(22分);四川2、16、20(22分);安徽8、21(19分);山东6、7、12、14、21(32分);陕西10、20(22分);海南2、24(19分)	54	425	22.37
	理科	全国Ⅰ11、22(17分);全国Ⅱ4、22(17分);北京3、13、18(22分);福建10、14、20(24分);湖北2、21(19分);湖南4、8、19(23分);江苏3、10、20(26分);上海14、20、22(34分);重庆12、18(18分);广东3、20(18分);辽宁7、21(17分);天津4、8、20(22分);浙江10、14、22(24分)、江西2、5、12、17(27分);四川2、21(17分);安徽6、9、19(22分);山东6、12、14、21(27分);陕西12、20(22分);海南21(12分)	50	408	21.47
2010	文科	全国Ⅰ7、21(12分);全国Ⅱ4、7、21(22分);北京9、18(17分);福建7、22(19分);湖北3、5、19、21(36分);湖南8、19、21(30分);江苏5、11、20(26分);上海9、20(18分);重庆4、12、19(22分);广东2、3、20(24分);辽宁21(12分);天津4、10、16、20(27分);浙江2、9、16、21(30分);江西4、8、17(22分);四川2、22(19分);安徽4、6(10分);山东3、5、8、11、21(32分);陕西13、21(19分);海南4、9、12、21(27分)	54	424	22.32
	理科	全国Ⅰ10、20(17分);全国Ⅱ2、22(17分);北京14、18(18分);福建10、15、20(22分);湖北17、21(26分);湖南8、20(17分);江苏5、11、20(26分);上海8、21(17分);重庆5、18(18分);广东3、9(10分);辽宁10、21(17分);天津2、8、16、21(27分);浙江22(14分)、江西9、19(17分);四川2、4、22(22分);安徽4、6、17(22分);山东4、7、11、22(29分);陕西5、21(19分);海南3、8、11、21(27分)	47	390	20.53
2011	文科	江苏2、19(21分);安徽10、11、18(23分);北京7、8、13、18、(28分);福建8、22(19分);广州4、10、19(24分);海南3、10、21(22分);湖北3、20(18分);湖南8、12、22(23分);江西3、19(17分);辽宁6、20(17分);全国卷Ⅰ3、21(17分);全国卷Ⅱ5(2分);(2)山东5、15(9分);陕西11、21(19分);上海3、15、21(23分);四川16、22(18分);天津19(14分);浙江10、21(20分);重庆3、19(17分)	44	366	19.26
	理科	江苏2、19(21分);安徽3、16(17分);北京6、13、18(23分);福建9、15(9分);广州4、12(10分);海南3、11、13、21(27分);湖北6、17(17分);湖南8、20、22(30分);江西3、19(17分);辽宁9、16、21(22分);全国卷Ⅰ2、21(17分);全国卷Ⅱ22(12分);山东5、15、22(13分);陕西3、6、21(24分);上海1、13、20(20分);四川5、16、22(24分);天津19(14分);浙江1、11、22(23分);重庆5、18(18分);	47	368	19.37
2012	文科	安徽7,8,17(22分);北京5,18(18分);福建7,20,23(26分);山东3 6 10 22(28分);陕西2 9 21(24分);天津2 6 20(24分);四川4 8 18(22分);湖北3 6 7 22(29分);广东4 5 21(24分);江苏5 17 23(29分);辽宁5 21 24(27分);江西3 9 21(24分);湖南5 9 22(23分);全国2 3 21(22分);上海3 9 21(22分);新课标5 9 24(20分);重庆8 19(17分);浙江16 21(19分)	53	420	23.33
	理科	安徽2 11 19(23分);北京8 18(18分);福建7 20 23(26分);山东3,15,22(22分);陕西2,21(19分);天津2,4,20(24分);四川3,5,18(22分);湖北3,7,22(24分);广东4,21(19分);江苏5,17,23(29分);辽宁4,21,24(27分);江西3,8,10,21(29分);湖南4,15,22(23分);全国9,14,20(22分);上海3,10,21(22分);新课标9,21,24(27分);重庆7,18(18分);浙江4,14,22(23分)	51	417	23.17

年份		省份及编号	总计	总分	平均分
2013	文科	大纲 6,10,13,21(27 分);新课标Ⅰ9,12,20(22 分);新课标Ⅱ8,11,21(22 分);北京 3,13,18(23 分);天津 7,8,20(24 分);安徽 8,10,11,14,20(33 分);重庆 3,9,20(22 分);福建 5,12,12,22(29 分);广东 2,12,21(24 分);湖北 5,8,10,21(28 分);湖南 4,6,21(23 分);江苏 9,11,20(26 分);江西 10,11,21(24 分);辽宁 7,12,21(22 分);山东 3,5,9,21(27 分);陕西 3,10,21(24 分);四川 10,11,13,21(29 分);浙江 7,8,11,21(30 分)	62	459	25.5
	理科	大纲(27 分);新课标Ⅰ(22 分);新课标Ⅱ(22 分);北京(18 分);天津(24 分);安徽(27 分);重庆(23 分);福建(23 分);广东(24 分);湖北(24 分);湖南(23 分);江苏(26 分);江西(29 分);辽宁(22 分);山东(23 分);陕西(19 分);四川(29 分);浙江(24 分)	56	429	23.83
2014(不含上海)	文科	新课标Ⅰ21(12 分);新课标Ⅱ11(5 分);大纲卷 21(12 分);北京 20(13 分);山东 20(13 分);江苏 11,19(21 分);浙江 21(15 分);福建 22(14 分);安徽 20(13 分);辽宁 12(5 分);天津 19(14 分);湖南 9(5 分);湖北 21(14 分);江西 10,11,18(22 分);陕西 10(5 分);重庆 19(12 分);广东 11,21(17 分)	20	212	
	理科	新课标Ⅰ21(12 分);新课标Ⅱ8,21(17 分);大纲卷 7,16,22(22 分);山东 20(13 分);江苏 11,19(21 分);浙江 22(14 分);福建 20(14 分);安徽 18(12 分);辽宁 11,21(17 分);天津 20(14 分);湖南 22(13 分);湖北 22(14 分);江西 13,18(17 分);陕西 10,21(19 分);重庆 20(12 分);四川 21(14 分);广东 10,21(19 分)	25	264	

【历年分值变化】

2004～2013 高考数学函数与导数文科平均分:

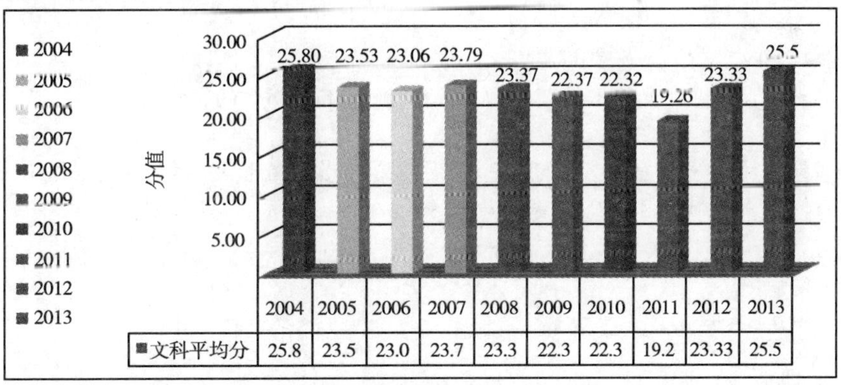

图 2.1

2004～2013 高考数学函数与导数理科平均分:

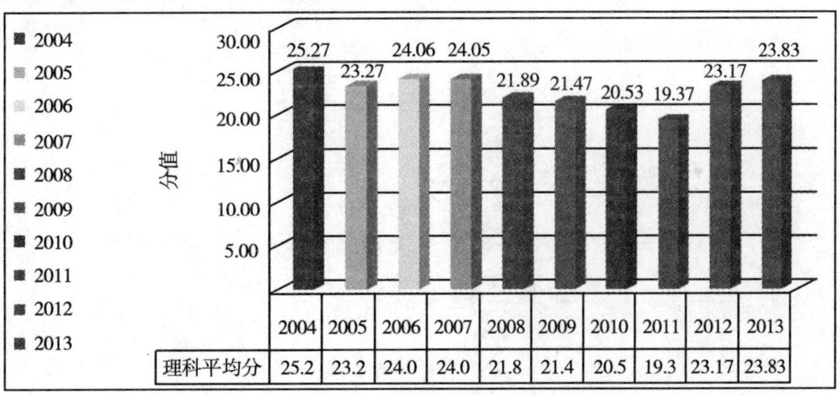

图 2.2

【热点回顾】

下表是2004～2014年间部分省市高考数学卷中函数与导数部分的考查热点回顾：

年份	省/市	题号	知识点
2004	北京理	13	二次函数
2005	全国1文	19	函数与导数
2006	上海文	22	函数的实际应用
2007	全国2文	9	指数函数
2008	全国1理	2	函数的图像与性质
2009	北京文	12	分段函数
2010	湖南文	14	导数的应用
2011	天津文	19	导数的应用
2012	陕西理	7	函数与导数
2013	天津文	20	函数的图像与性质
2014	天津理	20	导数的应用

【2014年真题剖析】

(2014,重庆理,第20题)已知函数 $f(x)=ae^{2x}-be^{-2x}-cx(a,b,c\in\mathbf{R})$ 的导函数 $f'(x)$ 为偶函数,且曲线 $y=f(x)$ 在点 $(0,f(0))$ 处的切线的斜率为 $4-c$.

(Ⅰ)确定 a,b 的值;

(Ⅱ)若 $c=3$,判断 $f(x)$ 的单调性;

(Ⅲ)若 $f(x)$ 有极值,求 c 的取值范围.

【历年真题重现】

1.(2009,安徽文,第21题)

已知函数 $f(x)=x-\dfrac{2}{x}+1-a\ln x,a>0$.

(Ⅰ)讨论 $f(x)$ 的单调性;

(Ⅱ)设 $a=3$,求 $f(x)$ 在区间 $[1,e^2]$ 上值域. 其中 $e=2.71828\cdots$ 是自然对数的底数.

【答案】

由求导可判断得单调性,同时要注意对参数的讨论,既不能漏掉,也不能重复. 第二问就根据第一问中所涉及的单调性来求函数 $f(x)$ 在 $[1,e^2]$ 上的值域.

(1)由于 $f(x)=1+\dfrac{2}{x^2}-\dfrac{a}{x}$,

令 $t=\dfrac{1}{x}$ 得 $y=2t^2-at+1(t\neq0)$.

①当 $\Delta=a^2-8\leqslant0$,即 $0<a\leqslant2\sqrt{2}$ 时,$f(x)\geqslant0$ 恒成立.

$\therefore f(x)$ 在 $(-\infty,0)$ 及 $(0,+\infty)$ 上都是增函数.

②当 $\Delta=a^2-8>0$,即 $a>2\sqrt{2}$ 时,

由 $2t^2-at+1>0$ 得 $t<\dfrac{a-\sqrt{a^2-8}}{4}$ 或 $t>\dfrac{a+\sqrt{a^2-8}}{4}$

$\therefore 0<x<\dfrac{a-\sqrt{a^2-8}}{4}$ 或 $x<0$ 或 $x>\dfrac{a+\sqrt{a^2-8}}{4}$,

又由 $2t^2-at+1<0$ 得 $\dfrac{a-\sqrt{a^2-8}}{4}<t<\dfrac{a+\sqrt{a^2-8}}{4}$,$\therefore\dfrac{a-\sqrt{a^2-8}}{2}<x<\dfrac{a+\sqrt{a^2-8}}{2}$.

综上①当 $0<a<2\sqrt{2}$ 时,$f(x)$ 在 $(-\infty,0)$ 及 $(0,+\infty)$ 上都是增函数.

②当 $a<2\sqrt{2}$ 时,$f(x)$ 在 $\left(\dfrac{a-\sqrt{a^2-8}}{2},\dfrac{a+\sqrt{a^2-8}}{2}\right)$ 上是减函数,

在 $(-\infty,0)\left(0,\dfrac{a-\sqrt{a^2-8}}{2}\right)$ 及 $\left(\dfrac{a+\sqrt{a^2-8}}{2},+\infty\right)$ 上都是增函数.

(2)当 $a=3$ 时,由(1)知 $f(x)$ 在 $[1,2]$ 上是减函数. 在 $[2,e^2]$ 上是增函数.

又 $f(1)=0, f(2)=2-3\ln2<0 f(e^2)=e^2-\frac{2}{e^2}-5>0$.

∴函数 $f(x)$ 在 $[1,e^2]$ 上的值域为 $\left[2-3\ln2, e^2-\frac{2}{e^2}-5\right]$.

2.(2010,全国卷 2 文,第 21 题)

已知函数 $f(x)=x^3-3ax^2+3x+1$.

(Ⅰ)设 $a=2$,求 $f(x)$ 的单调区间;

(Ⅱ)设 $f(x)$ 在区间 $(2,3)$ 上有一个极值点,求 a 的取值范围.

【答案】

(Ⅰ)当 $a=2$ 时,$f(x)=x^3-6x^2+3x+1$, $f'(x)=3(x-2+\sqrt{3})(x-2-\sqrt{3})$

当 $x\in(-\infty,2-\sqrt{3})$ 时 $f'(x)>0$,$f(x)$ 在 $(-\infty,2-\sqrt{3})$ 单调增加;

当 $x\in(2-\sqrt{3},2+\sqrt{3})$ 时 $f'(x)<0$,$f(x)$ 在 $(2-\sqrt{3},2+\sqrt{3})$ 单调减少;

当 $x\in(2+\sqrt{3},+\infty)$ 时 $f'(x)>0$,$f(x)$ 在 $(2+\sqrt{3},+\infty)$ 单调增加;

综上所述,$f(x)$ 的单调递增区间是 $(-\infty,2-\sqrt{3})$ 和 $(2+\sqrt{3},+\infty)$,

$f(x)$ 的单调递减区间是 $(2-\sqrt{3},2+\sqrt{3})$

(Ⅱ)$f'(x)=3[(x-a)^2+1+a^2]$,

当 $1-a^2\geqslant0$ 时,$f'(x)\geqslant0$,$f(x)$ 为增函数,故 $f(x)$ 无极值点;

当 $1-a^2<0$ 时,$f'(x)=0$ 有两个根,$x_1=a-\sqrt{a^2-1}$,$x^2=a+\sqrt{a^2-1}$,

由题意知,$2<a-\sqrt{a^2-1}<3$①或 $2<a+\sqrt{a^2-1}<3$,②

①式无解,②式的解为 $\frac{5}{4}<a<\frac{5}{3}$,

因此 a 的取值范围是 $\left(\frac{5}{4},\frac{5}{3}\right)$.

3.(2011,山东理,第 10 题)

已知 $f(x)$ 是 **R** 上最小正周期为 2 的周期函数,且当 $0\leqslant x<2$ 时,$f(x)=x^3-x$,则函数 $y=f(x)$ 的图象在区间 $[0,6]$ 上与 x 轴的交点的个数为 ( )

A. 6　　B. 7　　C. 8　　D. 9

【答案】B

【解析】因为当 $0\leqslant x<2$ 时,$f(x)=x^3-x$,又因为 $f(x)$ 是 **R** 上最小正周期为 2 的周期函数,且 $f(0)=0$,所以 $f(6)=f(4)=f(2)=f(0)=0$,又因为 $f(1)=0$,所以 $f(3)=0$,$f(5)=0$,故函数 $y=f(x)$ 的图象在区间 $[0,6]$ 上与 x 轴的交点的个数为 7 个,选 B.

4.(2012,安徽理,第 19 题)

设函数 $f(x)=ae^x+\frac{1}{ae^x}+b(a>0)$.

(Ⅰ)求 $f(x)$ 在 $[0,+\infty)$ 上的最小值;

(Ⅱ)设曲线 $y=f(x)$ 在点 $(2,f(2))$ 处的切线方程为 $y=\frac{3}{2}x$;求 a,b 的值.

【答案】

(Ⅰ)设 $t=ex(t\geqslant1)$,则 $y=at+\frac{1}{at}+b$,∴ $y'=\frac{a^2t^2-1}{at^2}$

① $a\geqslant1$ 时,$y'>0$,∴ $y=at+\frac{1}{at}+b$ 在 $t\geqslant1$ 上是增函数,

∴当 $t=1(x=0)$ 时,$f(x)$ 的最小值为 $y=a+\frac{1}{at}+b$.

②当 $0<a<1$ 时,$y=at+\frac{1}{at}+b\geqslant2+b$,当且仅当 $at=1(x=-\ln a)$ 时,$f(x)$ 的最小值为 $b+2$;

(Ⅱ)求导函数,可得 $f'(x)=ae^x-\frac{1}{ae^x}$.

∵曲线 $y=f(x)$ 在点 $(2,f(2))$ 处的切线方程为 $y=\frac{3}{2}x$,

$$\therefore\begin{cases}f(2)=3,\\f'(2)=\frac{3}{2},\end{cases}\text{即}\begin{cases}ae^2-\frac{1}{ae^2}=\frac{3}{2},\\ae^2+\frac{1}{ae^2}+b=3,\end{cases}\text{解得}\begin{cases}a=\frac{2}{e^2},\\b=\frac{1}{2}.\end{cases}$$

5.（2013，重庆理，第 17 题）

设 $f(x)=a(x-5)^2+16\ln x$，其中 $a\in\mathbf{R}$，曲线 $y=f(x)$ 在点 $(1,f(1))$ 处的切线与 y 轴相交于点 $(0,6)$

（Ⅰ）确定 a 的值；

（Ⅱ）求函数 $f(x)$ 的单调区间与极值.

【备考策略】①

函数与导数部分是历年高考的重点内容，并且经常作为压轴题出现，所占分值比较高. 但是在这部分中也经常考查很多基础类的知识，比如利用导数求切线，根据导数判断函数的单调性等等. 因此在这一部分的备考复习中，还应从基础抓起，熟练掌握函数导数性质以及求导数的方法. 而对于压轴题中出现的对于函数与导数的考查，往往是函数与导数和其他知识板块，如不等式、数列等的结合，综合考查函数图像性质、函数单调性、周期性等知识点. 因此考生复习时不能只将重心放在函数与导数内部，还要在注意其与其他知识点的结合，这也是今年高考的重点和难点.

【我们的工作】

1. TPS 系统

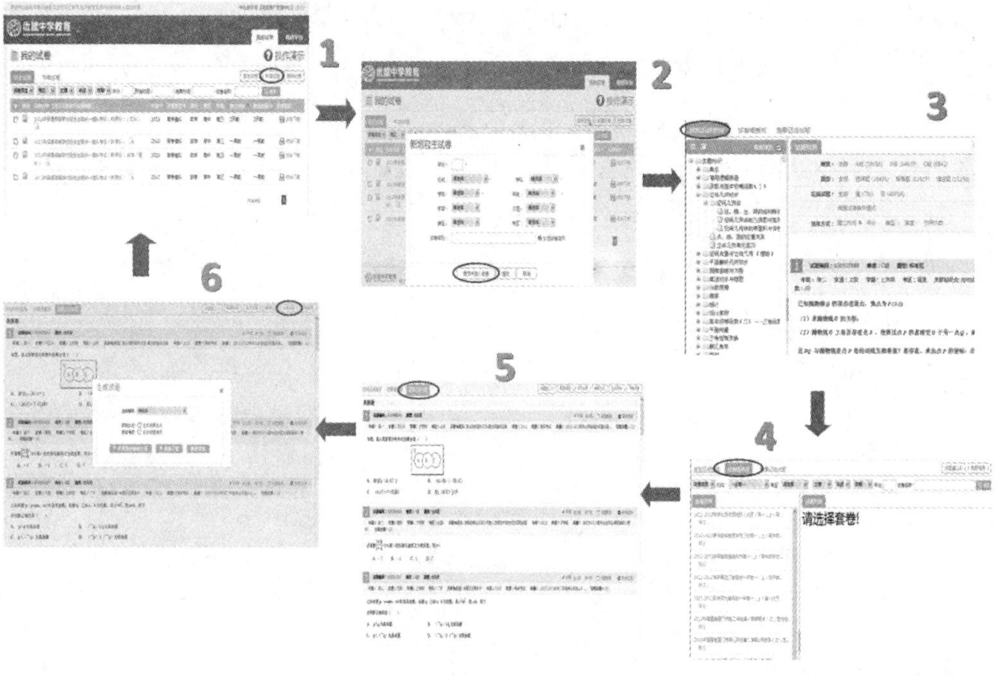

相似题例证

2014 真题	2014 年，全国新课标，第 21 题 已知函数 $f(x)=e^x-e^{-x}-2x$. （Ⅰ）讨论 $f(x)$ 的单调性； （Ⅱ）设 $g(x)=f(2x)-4bf(x)$，当 $x>0$ 时，$g(x)>0$，求 b 的最大值； （Ⅲ）已知 $1.414\,2<\sqrt{2}<1.414\,3$，估计 $\ln 2$ 的近似值（精确到 0.001）.
TPS 系统	S00482596 已知函数 $f(x)=\ln(2ax+1)+\frac{x^3}{3}-x^2-2ax(a\in\mathbf{R})$. (1)若 $x=2$ 为 $f(x)$ 的极值点，求实数 a 的值； (2)若 $y=f(x)$ 在 $[3,+\infty)$ 上为增函数，求实数 a 的取值范围； (3)当 $a=-\frac{1}{2}$ 时，方程 $f(1-x)=\frac{(1-x)^3}{3}+\frac{b}{x}$ 有实根，求实数 b 的最大值.

① 代银. 一首高考填空题的再探究[J]. 数学通讯，2010，(10)：23.
刘美良. 由一道高考数学题引发的探究与思考[J]. 上海中学数学，2010，(9)：33－35.

2. 高分策略

《高分策略》是新东方优能推广管理中心为全国各地考生精心打造出的一套优秀的高考复习系列丛书，其中高考数学分文理两本，每本共十四专题.

函数与导数是历年高考的必考点，也是综合性很强的考点，针对高考，《高分策略》将函数和导数作为两大专题进行了详尽的解说，不仅有知识要点等基础的普及，还有考查目标、考点的概括. 下图为函数与导数两章节部分截图.

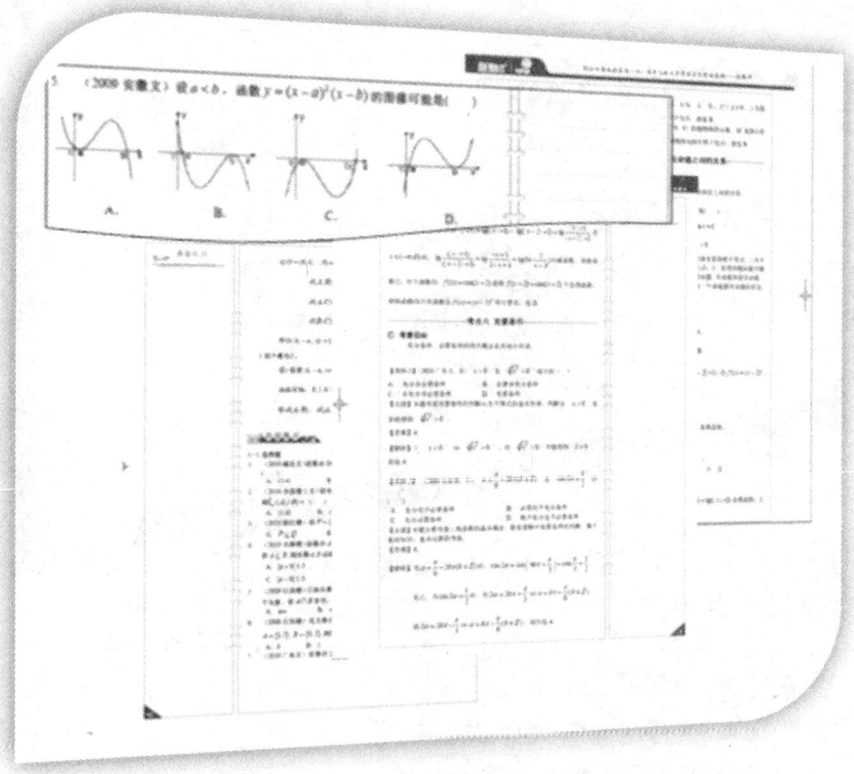

相似题例证

2014 真题	2014 年，安徽，第 18 题 设函数 $f(x)=1+(1+a)x-x^2-x^3$，其中 $a>0$. (Ⅰ)讨论 $f(x)$ 在其定义域上的单调性； (Ⅱ)当 $x\in[0,1]$ 时，求 $f(x)$ 取得最大值和最小值时的 x 的值.
高分策略	设定义域为 **R** 的奇函数 $y=f(x)$ 在区间 $(-\infty,0)$ 上是减函数. (1)求证：函数 $y=f(x)$ 在区间 $(0,+\infty)$ 上是单调减函数； (2)试构造一个满足上述题意且在 $(-\infty,+\infty)$ 内不是单调递减的函数.(不必证明)

3. 高考预测卷

《高考预测卷》是新东方优能推广管理中心队旗下的一系列高考丛书，其中数学预测卷分文理卷，每卷共五套题，预测题紧扣高考大纲和考试说明. 下图为高考预测卷及有关切片截图.

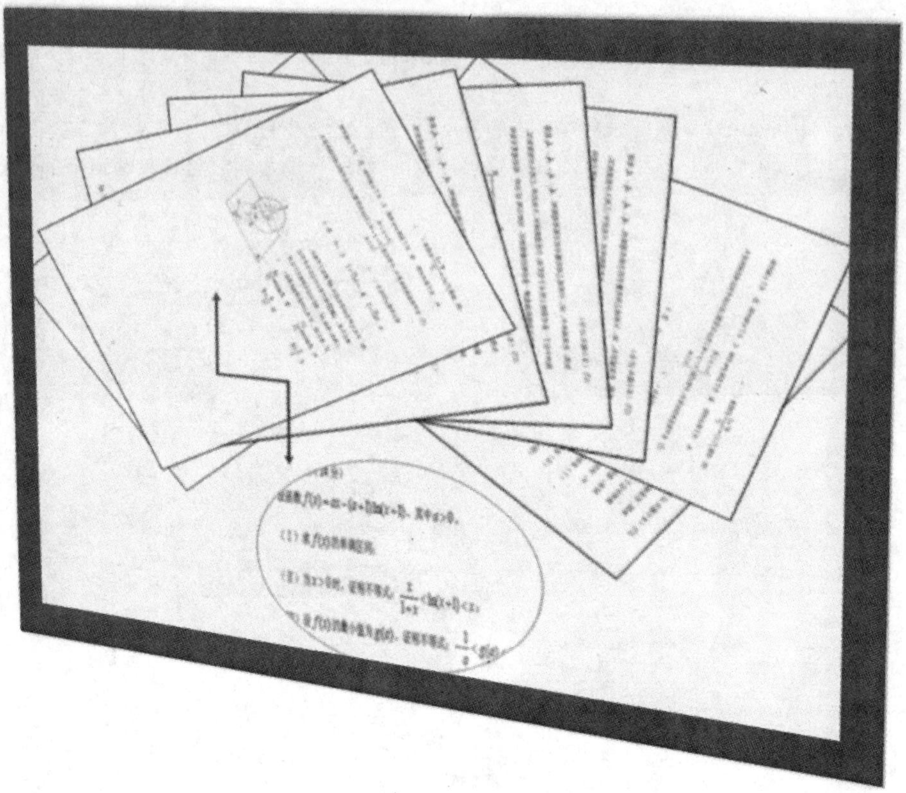

相似题例证

2014 真题	2014 年,湖南,第 22 题 已知常数 $a>0$,函数 $f(x)=\ln(1+ax)-\frac{2x}{x+2}$. (Ⅰ)讨论 $f(x)$在区间$(0,+\infty)$上的单调性; (Ⅱ)若 $f(x)$存在两个极值点 x_1,x_2,且 $f(x_1)+f(x_2)>0$,求 a 的取值范围.
高考预测卷	山东　21 已知函数 $f(x)=(2-a)(x-1)-2\ln x$. (1)当 $a=1$ 时,求 $f(x)$的单调区间; (2)对任意的 $x\in(0,1/2)$,$f(x)>0$ 恒成立,求 a 的最小值.

★★三角函数专题★★

【规律总结】

在高考数学的考试中,三角函数占了很大的比重,它考查的内容主要有:三角函数的概念,包括任意角的概念和弧度制,任意三角函数(正弦、余弦、正切)的定义;同角三角函数的关系,有平方关系和商数关系;诱导公式用角度和弧度制表示都成立,记忆方法可以概括为“奇变偶不变,符号看象限”;三角函数的图象和性质,单调性、最大值与最小值、周期性,图象与 x 轴的交点;三角恒等变换,包括倍角公式,正余弦公式,以及和差化积、积化和差公式;解三角形,掌握正弦定理、余弦定理,并能解决一些简单的三角形度量问题.

【2004－2014 历年高考数学三角函数考情分析】①

表 2.2　2004—2014 全国各省份的三角函数考情分析

年份	省份及编号		总计	总分	平均分
2004	文科	全国Ⅰ6、9、18(22 分)；全国Ⅱ5、11(10 分)；全国Ⅲ2、15、18(22 分)；全国Ⅳ5、10、14、17(26 分)；北京 9、15(19 分)；福建 2、17(17 分)；湖北 13、17(16 分)；湖南 17(12 分)；江苏 2、17(17 分)；上海 1(5 分)；重庆 5、17(17 分)；广东 5、9、11(15 分)；辽宁 1、7、11、14(19 分)；天津 9、12、17(22 分)；浙江 8、17(17 分)	37	256	17.07
	理科	全国Ⅰ9、17(17 分)；全国Ⅱ5、10、11(15 分)；全国Ⅲ2、14、17(22 分)；全国Ⅳ14、17(16 分)；北京 9、15(18 分)；福建 2、17(17 分)；湖北 12、17(17 分)；湖南 17(12 分)；江苏 2、17(17 分)；上海 1、14(9 分)；重庆 5、17(17 分)；广东 5、9、11(15 分)；辽宁 1、7、11、14(19 分)；天津 10、12、17(22 分)；浙江 8、18(17 分)	35	250	16.67
2005	文科	全国Ⅰ7、11、17(17 分)；全国Ⅱ1、4、17(17 分)；全国Ⅲ1、7、8、17(27 分)；北京 6、15(17 分)；福建 4、17(17 分)；湖北 10、15、18(22 分)；湖南 2、17(17 分)；江苏 5、10(10 分)；上海 5、6、11(12 分)；重庆 2、13、17(21 分)；广东 13、17(17 分)；辽宁 16(5 分)；天津 8、17(17 分)；浙江 1、15(19 分)；江西 2、5(10 分)	36	256	17.07
	理科	全国Ⅰ7、11、17(17 分)；全国Ⅱ1、4、7、14(19 分)；全国Ⅲ1、7、8、16(19 分)；北京 5、10(10 分)；福建 6、17(17 分)；湖北 7、18(17 分)；湖南 6、15、16(22 分)；江苏 5、10(10 分)；上海 6、10(8 分)；重庆 6、13、17(21 分)；广东 13、17(17 分)；辽宁 16(5 分)；天津 8、17(17 分)；浙江 8、15(19 分)；江西 5、18(17 分)	36	247	16.47
2006	文科	全国Ⅰ6、18(17 分)；全国Ⅱ3、10、17(22 分)；北京 2、15(17 分)；福建 4、16、17(21 分)；湖北 3、11、16(22 分)；湖南 8、15、16(21 分)；江苏 1、4、14(15 分)；上海 6、17(16 分)；重庆 10、13、18(21 分)；广东 15(14 分)；辽宁 1、17(17 分)；天津 9、17(17 分)；浙江 12、16(16 分)；江西 2、19(17 分)；四川 6、18(17 分)；安徽 8、9、17(22 分)；山东 18(12 分)；陕西 13、18(17 分)	41	316	17.56
	理科	全国Ⅰ5、6、17(22 分)；全国Ⅱ2、10、17(22 分)；北京 12、15(19 分)；福建 3、9、17(22 分)；湖北 3、16(17 分)，湖南 14、10(16 分)；江苏 1、4、14(15 分)；上海 6、17(16 分)；重庆 13、17(16 分)；广东 15(14 分)；辽宁 11、17(17 分)；天津 8、17(17 分)；浙江 6、15(19 分)；江西 19(12 分)；四川 5、17(17 分)；安徽 6、8、17(22 分)；山东 4、17(17 分)；陕西 6、13、17(22 分)	39	322	17.89
2007	文科	全国Ⅰ2、10、17(22 分)；全国Ⅱ1、3、18(22 分)；北京 1、3(10 分)；福建 3、5、17(22 分)；湖北 1、17(17 分)；湖南 12、16(17 分)；江苏 1、5、11、15(20 分)；上海 4、17(19 分)；重庆 6、13、18(22 分)；广东 9、16(19 分)；辽宁 19(12 分)；天津 9、17(17 分)；浙江 2、12、18(21 分)；江西 2、4、8、18(27 分)；四川 16、18(16 分)；安徽 15、16(14 分)；山东 4、17(17 分)；陕西 4、17(17 分)	47	320	16.84
	理科	全国Ⅰ1、12、17(22 分)；全国Ⅱ1、2、17(22 分)；北京 1、11(10 分)；福建 5、17(17 分)；湖北 2、17(17 分)；湖南 12、16(17 分)；江苏 1、5、11、15(20 分)；上海 6、17(19 分)；重庆 5、17(18 分)；广东 3、16(17 分)；辽宁 17(12 分)；天津 3、17(17 分)；浙江 2、12、18(21 分)；江西 5、18(17 分)；四川 16、17(16 分)；安徽 6、16(17 分)；山东 5(5 分)；陕西 4、17(17 分)；海南 3、9、17(22 分)	42	323	17.00

① 刘永和. 2011 年高考数学三角函数热点解析[J]. 考试与招生，2011，(11)：23－25.
王全端. 例说数学思想在三角函数中的应用[J]. 中学数学研究，2011，(1)：36－38.
李卫华. 三角函数最值问题的十种求解方法[J]. 和田师范专科学校学校，2006，(5)：195－196.

续表

年份		省份及编号	总计	总分	平均分
2008	文科	全国Ⅰ6、9、17(22分);全国Ⅱ1、10、17(20分);北京9、15(19分);福建4、7、17(22分);湖北7、16(17分);湖南17(12分);江苏1、17(12分);上海18(15分);重庆12、17(18分);广东5、16(18分);辽宁16、17(16分);天津6、9、17(22分);浙江2、12(9分);江西6、17(17分);四川4、17(17分);安徽8、17(17分);山东10、17(17分);陕西1、17(17分);海南11、17(12分)	40	319	16.79
	理科	全国Ⅰ8、17(15分);全国Ⅱ8、(15分);北京13、15(18分);福建4、9、17(22分);湖北5、12、16(22分);湖南6(5分);江苏1、17(12分);上海6、18(19分);重庆10、17(18分);广东12、16(18分);辽宁16、17(16分);天津3、9、17(22分);浙江5、8、13(15分);江西6、17(17分);四川3、5、10、17(27分);安徽5、17(17分);山东5、17(17分);陕西17(12分);海南1、7(10分)	43	317	16.68
2009	文科	全国Ⅰ1、4、10、18(22分);全国Ⅱ4、9、18(22分);北京9、15(17分);福建9(12分);湖北3、7、16(22分);湖南16(12分);江苏4、17(19分);上海10、13、20(22分);重庆6、16(12分);广东9、16(17分);辽宁8、14(10分);天津7、17(17分);浙江8(14分);江西4、16、19(22分);四川4、17(17分);安徽9、16(17分);山东4、11、17(22分);陕西2、17(17分);海南4、16、17(12分)	43	330	17.37
	理科	全国Ⅰ8、16、17(22分);全国Ⅱ3、8、17(22分);北京5、15(17分);福建1(5分);湖北4、17(17分);湖南3、11、16(22分);江苏4、17(17分);上海6、11、12、(15分);重庆17(13分);广东16(12分);辽宁8(5分);天津7、17(17分);浙江18(14分);江西4、19(17分);四川4、17(17分);安徽8、16(17分);山东3、17(17分);陕西5、17(17分);海南5、14、17(22分)	38	305	16.05
2010	文科	全国Ⅰ1、14、18(22分);全国Ⅱ3、13、17(20分);北京15(12分);福建10、16(10分);湖北2、16(17分);湖南16(12分);江苏10、13、17(24分);上海2、19(17分);重庆6、15、18(24分);广东13、16(19分);辽宁6、17(17分);天津8、17(17分);浙江12、18(19分);江西6、19(17分);四川7、19(17分);安徽16(12分);山东15、17(17分);陕西3、16(17分);海南10(5分)	39	335	17.63
	理科	全国Ⅰ2、14、17(22分);全国Ⅱ7、13、17(22分);北京10、15(17分);福建1、14(10分);湖北3、16(17分);湖南16(12分);江苏10、13、17(24分);上海4、19(15分);重庆6、16(18分);广东11、16(19分);辽宁5、17(10分);天津17(12分);浙江9、11、18(24分);江西17(12分);四川6、19(17分);安徽16(12分);山东15、17(17分);陕西3、17(17分);海南9、16(10分)	38	314	16.53
2011	文科	江苏7,9,15(22分);安徽3,16(18分);北京9,15(18分);福建9,21(17分);广州12,16(17分);海南7,11(10分);湖北6,16(17分);湖南9,17(17分);江西17(12分);辽宁12,17(17分);全国卷Ⅰ11、17(17分);全国卷Ⅱ7、14、18(22分);山东6、17(17分);陕西18(12分);上海4(4分);四川8、18(17分);天津7、16(18分);浙江5、18(19分);重庆8、18(18分)	37	309	16.26
	理科	江苏7,9,15(22分);安徽5,9(10分);北京9,15(18分);福建3,9,14(14分);广州16(12分);海南9,17(17分);湖北3,16(15分);湖南9,16(17分);江西17(12分);辽宁4,7,16(15分);全国Ⅰ5,11,16(15分);全国Ⅱ5,17(15分);山东6,17(17分);陕西16(12分);上海8(4分);四川6,17(17分);天津6,15(18分);浙江6,18(19分);重庆6,14,16(23分)	39	292	15.36

续表

年份		省份及编号	总计	总分	平均分
2012	文科	安徽 16(12 分);北京 11,16(19 分);福建 13,17(17 分);山东 5,8,17(22 分);陕西 7,13,17(22 分);天津 7,16(18 分);四川 5,10,18(22 分);湖北 8,18(17 分);广东 6,16(17 分);江苏 11,15(19 分);辽宁 6,17(17 分);江西 4,16(17 分);湖南 3,8,18(22 分);全国 3,4,9,17(25 分);上海 3,17,18(14 分);新课标 9,17(17 分);重庆 5,13,19(22 分);浙江 6,18(19 分)	43	338	18.78
	理科	安徽 15(5 分);北京 11(5 分);福建 13,17(17 分);山东 7,17(17 分);陕西 9,16(17 分);天津 6,7,15(23 分);四川 4,18(17 分);湖北 11,17(17 分);广东 16(5 分);江苏 11,15(19 分);辽宁 7,17(17 分);江西 4,7,14,17(27 分);湖南 2,6(10 分);全国 6,7,14,17(25 分);上海 3,16(9 分);新课标 9,17(17 分);重庆 5,13(10 分);浙江 4,18(19 分)	38	276	15.33
2013	文科	全国Ⅰ9,16(10 分);全国Ⅱ6,16(10 分);大纲 2,9(10 分);北京 15(13 分);天津 6(5 分);湖北 6(5 分);江西 3,13(10 分);四川 6,14(10 分);广东 4,16(17 分);山东 9,18(17 分);江苏 1,15(19 分);安徽 16(12 分);浙江 6,8(10 分);福建 9(5 分);辽宁 17(12 分);湖南 16(12 分);陕西 16(12 分)	26	193	11.35
	理科	全国Ⅰ15(5 分);全国Ⅱ15(5 分);大纲 12,13(10 分);天津 15(13 分);重庆 9(5 分);湖北 4(5 分);江西 11(5 分);四川 5,13(10 分);广东 16(12 分);山东 5,8(10 分);江苏 1,15(19 分);安徽 16(12 分);浙江 6(5 分);福建 20(14 分);湖南 17(12 分);陕西 16(12 分)	20	154	9.63
2013(不含上海)	文科	新课标Ⅰ2,7,16(22 分);新课标Ⅱ14,17(17 分);大纲卷 2,14,18(22 分);北京 12,16(18 分);山东 12,17(17 分);江苏 5,14,15(24 分);浙江 4,18(19 分);福建 7,14,18(31 分);安徽 7,16(17 分);辽宁 11,17(17 分);天津 8,16(18 分);湖南 19(13 分);湖北 13,18(17 分);江西 5,16(17 分);陕西 2(5 分);重庆 13,18(18 分);四川 3,8,17(22 分);广东 16(12 分)	38	326	
	理科	新课标Ⅰ6,8,16(15 分);新课标Ⅱ4,12,14(15 分);大纲卷 3,17(15 分);北京 14,15,18(31 分);山东 16,(12 分);江苏 5,14,15(24 分);浙江 4,18(19 分);福建 12,16(17 分);安徽 11,16(17 分);辽宁 9,17(17 分);天津 12,15(18 分);湖南 18(12 分),湖北 17(11 分);江西 4,16(17 分);陕西 16(12 分);重庆 10,17(18 分);四川 3,13,16(22 分);广东 12,16(17 分)	38	309	

【历年分值变化】

2004～2013 高考数学三角函数文科平均分:

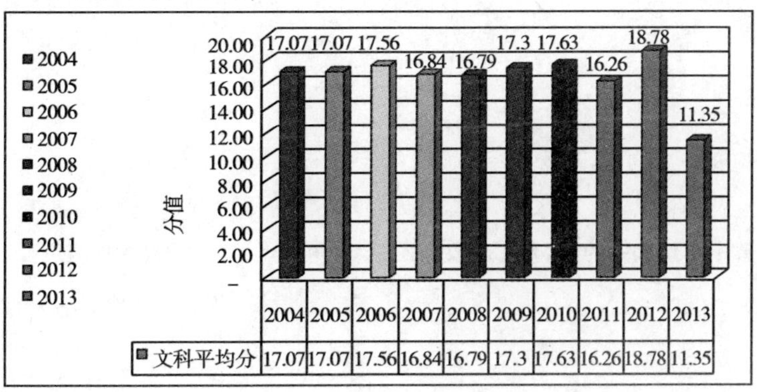

图 2.3

2004～2013 高考数学三角函数理科平均分：

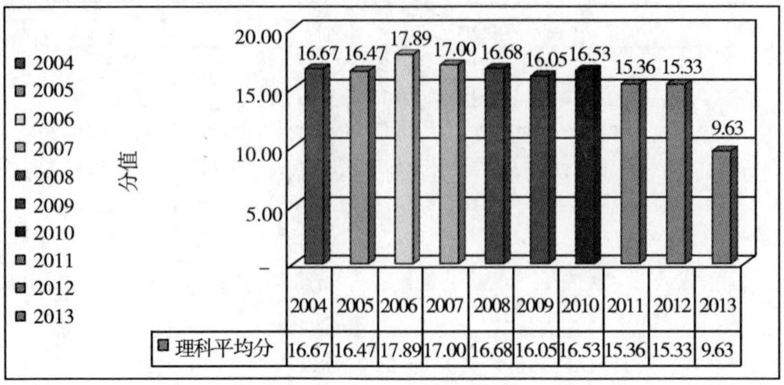

图 2.4

【热点回顾】

下表是 2004～2014 年间部分省市高考数学卷中三角函数部分的考查热点回顾：

年份	省/市	题号	知识点
2004	全国卷 1 文	9	三角函数性质与图像
2005	上海文	5	三角函数的基本知识
2006	北京理	15	三角恒等变换与求值
2007	全国卷 2 文	1	诱导公式
2008	全国卷 1 理	17	三角函数与解三角形
2009	湖北理	17	三角恒等变换与求值
2010	江苏理	10	三角函数性质与图像
2011	江苏	9	三角函数的图像变换
2012	天津理	15	三角恒等变换与求值
2013	四川理	5	三角函数的图像变换
2014	安徽理	11	三角函数性质与图象

【2014 年真题剖析】

(2014，江西理，第 16 分)已知函数 $f(x)=\sin(x+\theta)+a\cos(x+2\theta)$，其中 $a\in\mathbf{R},\theta\in\left(-\frac{\pi}{2},\frac{\pi}{2}\right)$.

(Ⅰ)当 $a=\sqrt{2},\theta=\frac{\pi}{4}$时，求 $f(x)$在区间$[0,\pi]$上的最大值与最小值；

(Ⅱ)若 $f\left(\frac{\pi}{2}\right)=0,f(\pi)=1$，求 a,θ 的值.

【历年真题重现】

1.(2009，山东理，第 17 题)

设函数 $f(x)=\cos\left(2x+\frac{\pi}{3}\right)+\sin^2 x$.

(1)求函数 $f(x)$的最大值和最小正周期.

(2)设 A,B,C 为$\triangle ABC$ 的三个内角，若 $\cos B=\frac{1}{3},f\left(\frac{C}{3}\right)=-\frac{1}{4}$. 且 C 为锐角，求 $\sin A$.

【答案】

本题主要考查三角函数中两角和差的正、余弦函数公式、二倍角公式、三角函数的性质以及三角形中的三角关系.

(1)$f(x)=\cos\left(2x+\frac{\pi}{3}\right)+\sin^2 x=\cos 2x\cos\frac{\pi}{3}-\sin 2x\sin\frac{\pi}{3}+\frac{1-\cos 2x}{2}=\frac{1}{2}-\frac{\sqrt{3}}{2}\sin 2x$，所以函数 $f(x)$的最大值为 $\frac{1+\sqrt{3}}{2}$，最小正周期 π.

(2)$f\left(\frac{C}{3}\right)=\frac{1}{2}-\frac{\sqrt{3}}{2}\sin\frac{2C}{3}=-\frac{1}{4}$，所以 $\sin\frac{2C}{3}=\frac{\sqrt{3}}{2}$，因为 C 为锐角，所以$\frac{2C}{3}=\frac{\pi}{3}$，所以 $C=\frac{\pi}{2}$，所以 $\sin A=$

$\cos B=\frac{1}{3}$.

2.（2010，福建理，第 1 题）

计算 $\sin43^\circ\cos13^\circ-\cos43^\circ\sin13^\circ$结果等于（　　）

A. $\frac{1}{2}$　　B. $\frac{\sqrt{3}}{3}$　　C. $\frac{\sqrt{2}}{2}$　　D. $\frac{\sqrt{3}}{2}$

【答案】A

3.（**2011，安徽，第 9 题**）

已知函数 $f(x)=\sin(2x+\varphi)$，其中 φ 为实数，若 $f(x)\leqslant\left|f\left(\frac{\pi}{6}\right)\right|$ 对 $x\in\mathbf{R}$ 恒成立，且 $f\left(\frac{\pi}{2}>f(\pi)\right.$，则 $f(x)$的单调递增区间是（　　）

A. $\left[k\pi-\frac{\pi}{3},k\pi+\frac{\pi}{6}\right](k\in\mathbf{Z})$　　B. $\left[k\pi,k\pi+\frac{\pi}{2}\right](k\in\mathbf{Z})$

C. $\left[k\pi+\frac{\pi}{6},k\pi+\frac{2\pi}{3}\right](k\in\mathbf{Z})$　　D. $\left[k\pi-\frac{\pi}{2},k\pi\right](k\in\mathbf{Z})$

【答案】C

4.（2012，天津理，第 1 题）

已知函数 $f(x)=\sin\left(2x+\frac{\pi}{3}\right)+\sin\left(2x-\frac{\pi}{3}\right)+2\cos^2x-1,x\in\mathbf{R}$.

（Ⅰ）求函数 $f(x)$的最小正周期；

（Ⅱ）求函数 $f(x)$在区间$\left[-\frac{\pi}{4},\frac{\pi}{4}\right]$上的最大值和最小值.

【答案】

(1)$\because f(x)=\sin2x\cdot\cos\frac{\pi}{3}+\cos2x\cdot\sin\frac{\pi}{3}+\sin2x\cdot\cos\frac{\pi}{3}-\cos2x\cdot\sin\frac{\pi}{3}+\cos2x$

$=\sin2x+\cos2x=\sqrt{2}\sin\left(2x+\frac{\pi}{4}\right)$,

$\therefore$函数 $f(x)$的最小正周期 $T-\frac{2\pi}{2}=\pi$.

(2)$\because$函数 $f(x)$在区间$\left[-\frac{\pi}{4},\frac{\pi}{8}\right]$上是增函数，在区间$\left[\frac{\pi}{8},\frac{\pi}{4}\right]$上是减函数，

又 $f\left(-\frac{\pi}{4}\right)=-1,f\left(\frac{\pi}{8}\right)=2,f\left(\frac{\pi}{4}\right)=1$,

$\therefore$函数 $f(x)$在区间$\left[-\frac{\pi}{4},\frac{\pi}{4}\right]$上的最大值为 2，最小值为$-1$.

5.（2013，天津理，第 15 题）

已知函数 $f(x)=-\sqrt{2}\sin\left(2x+\frac{\pi}{4}\right)+6\sin x\cos x-2\cos^2x+1,x\in\mathbf{R}$

（Ⅰ）求 $f(x)$的最小正周期.

（Ⅱ）求 $f(x)$在区间$\left[0,\frac{\pi}{2}\right]$上的最大值和最小值.

【备考策略】

高考试题中的三角函数题相对比较传统，难度较低，位置靠前，重点突出. 因此，在复习过程中既要注重三角知识的基础性，突出三角函数的图象、周期性、单调性、奇偶性、对称性等性质. 以及化简、求值和最值等重点内容的复习，又要注重三角知识的工具性，突出三角与代数、几何、向量的综合联系，以及三角知识的应用意识.

在解题中常用的方法技巧：

1. 三角函数恒等变形的基本策略

常值代换：特别是用“1”的代换，如 $1=\cos^2\theta+\sin^2\theta=\tan\theta\cdot\cot\theta=\tan45^\circ$等.

项的分拆与角的配凑. 如分拆项：$\sin^2\theta+2\cos^2\theta=(\sin^2\theta+\cos^2\theta)+\cos^2\theta=1+\cos^2\theta$；配凑角：$\alpha=(\alpha+\beta)-\beta,\beta=\frac{\alpha+\beta}{2}-\frac{\alpha-\beta}{2}$等.

降次与升次. 即倍角公式降次与半角公式升次.

化弦（切）法. 将三角函数利用同角三角函数基本关系化成弦（切）.

引入辅助角. $a\sin\theta+b\cos\theta=\sqrt{a^2+b^2}\sin(\theta+\varphi)$，这里辅助角 φ 所在象限由 a、b 的符号确定，φ 角的值由 $\tan=\frac{b}{a}$ 确定.

万能代换法. 巧用万能公式可将三角函数化成 $\tan\frac{\theta}{2}$ 的有理式.

2. 证明三角等式的思路和方法

(1)思路：利用三角公式进行化名，化角，改变运算结构，使等式两边化为同一形式.

(2)证明方法：综合法、分析法、比较法、代换法、相消法、数学归纳法.

3. 证明三角不等式的方法

比较法、配方法、反证法、分析法，利用函数的单调性，利用正、余弦函数的有界性，利用单位圆三角函数线及判别法等.

4. 解答三角高考题的策略

(1)发现差异：观察角、函数运算间的差异，即进行所谓的“差异分析”.

(2)寻找联系：运用相关公式，找出差异之间的内在联系.

(3)合理转化：选择恰当的公式，促使差异的转化.

【我们的工作】

1. TPS 系统

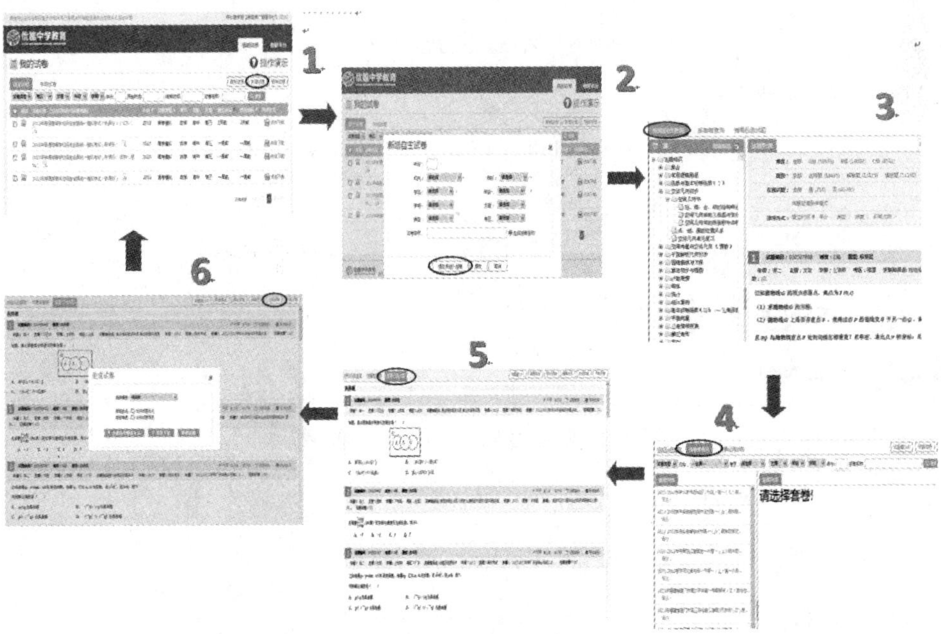

相似题例证

2014 真题	2014，天津理，第 15 题 已知函数 $f(x)=\cos x\cdot\sin\left(x+\frac{\pi}{3}\right)-\sqrt{3}\cos^2x+\frac{\sqrt{3}}{4}$，$x\in\mathbf{R}$. (Ⅰ)求 $f(x)$ 的最小正周期； (Ⅱ)求 $f(x)$ 在闭区间 $\left[-\frac{\pi}{4},\frac{\pi}{4}\right]$ 上的最大值和最小值.
TPS 系统	S00502224 已知函数 $f(x)=\cos x(\sin x+\cos x)$，$x\in\mathbf{R}$. (1)请指出函数 $f(x)$ 的奇偶性，并给予证明； (2)当 $x\in\left[0,\frac{\pi}{2}\right]$ 时，求 $f(x)$ 的取值范围.

2. 高分策略①

三角函数与解三角形为《高分策略》的第五专题，专题从同角三角函数关系是与诱导公式、三角恒等变换与求值问题、三角函数图象与性质、与三角函数性质有关的问题、三角函数最值、解三角形、三角函数的综合应用七大考点分析真题，配上知识小结等模块使考生对三角函数了解更清晰、更全面. 下图为三角函数章节部分截图.

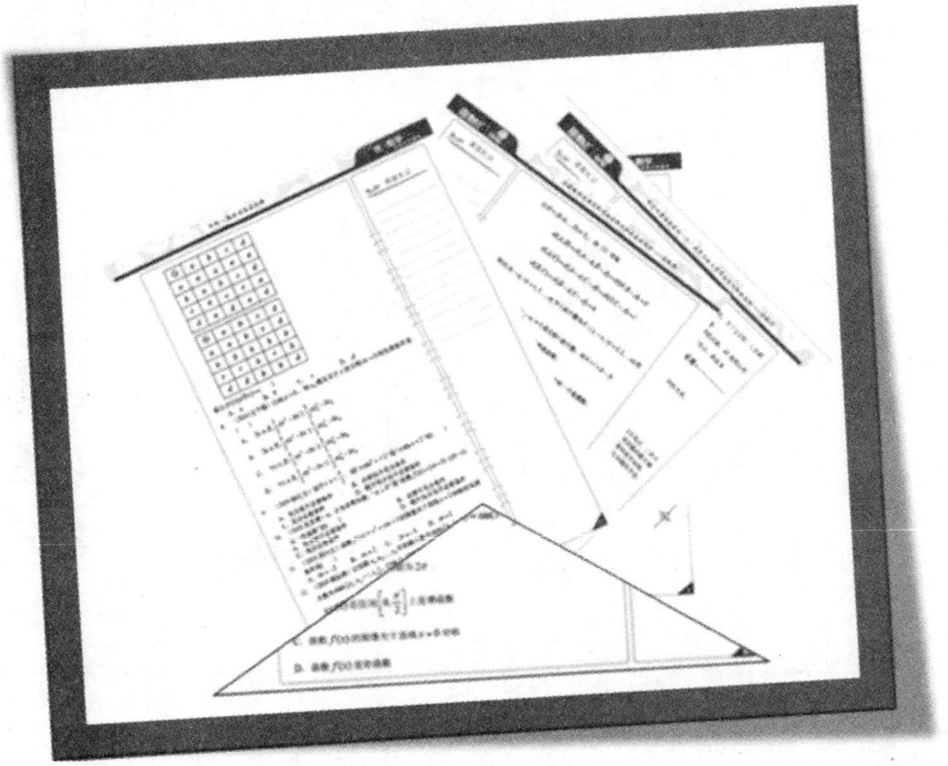

相似题例证

2014 真题

2014，重庆理，第 17 题

已知函数 $f(x)=\sqrt{3}\sin(\omega x+\varphi)\left(\omega>0,-\frac{\pi}{2}\leqslant\varphi<\frac{\pi}{2}\right)$的图象关于直线 $x=\frac{\pi}{3}$对称，且图象上相邻两个最高点的距离为 π.

（Ⅰ）求 ω 和 φ 的值；

（Ⅱ）若 $f\left(\frac{\alpha}{2}\right)=\frac{\sqrt{3}}{4}\left(\frac{\pi}{6}<\alpha<\frac{2\pi}{3}\right)$，求 $\cos\left(\alpha+\frac{3\pi}{2}\right)$的值.

高分策略

S00501936

已知函数 $f(x)=M\sin(\omega x+\varphi)\left(M>0,|\varphi|<\frac{\pi}{2}\right)$的部分图象如图所示.

（Ⅰ）求函数 $f(x)$的解析式；

（Ⅱ）在△ABC 中，角 A、B、C 的对边分别是 a、b、c 若 $(2a-c)\cos B=b\cos C$，求 $f\left(\frac{A}{2}\right)$的取值范围.

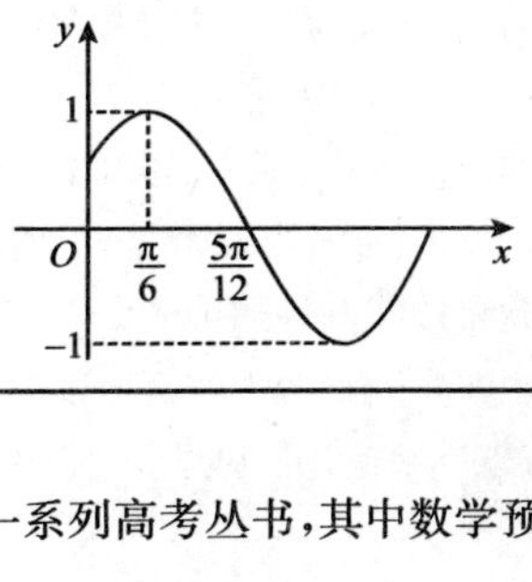

3. 高考预测卷

《高考预测卷》是新东方优能推广管理中心队旗下的一系列高考丛书，其中数学预测卷分文理卷，每卷共五套题，预测

① 郑日峰. 对一道创新型高考试题的探究[J]. 上海中学数学，2010，(4)：18.
何晓禹，余继光. 一道高考数学题引起的研究性学习析[J]. 数学教学，2011，(3)43-46.
汤邵春，黄贤通. 中日两国高考线性代数试题的对比研究[J]. 中学数学研究，2011，(3)：6-9.
刘建玲. 由一道证明题想到的[J]. 考试周刊，2010，(34)：11.

题紧扣高考大纲和考试说明. 下图为高考预测卷及有关切片截图.

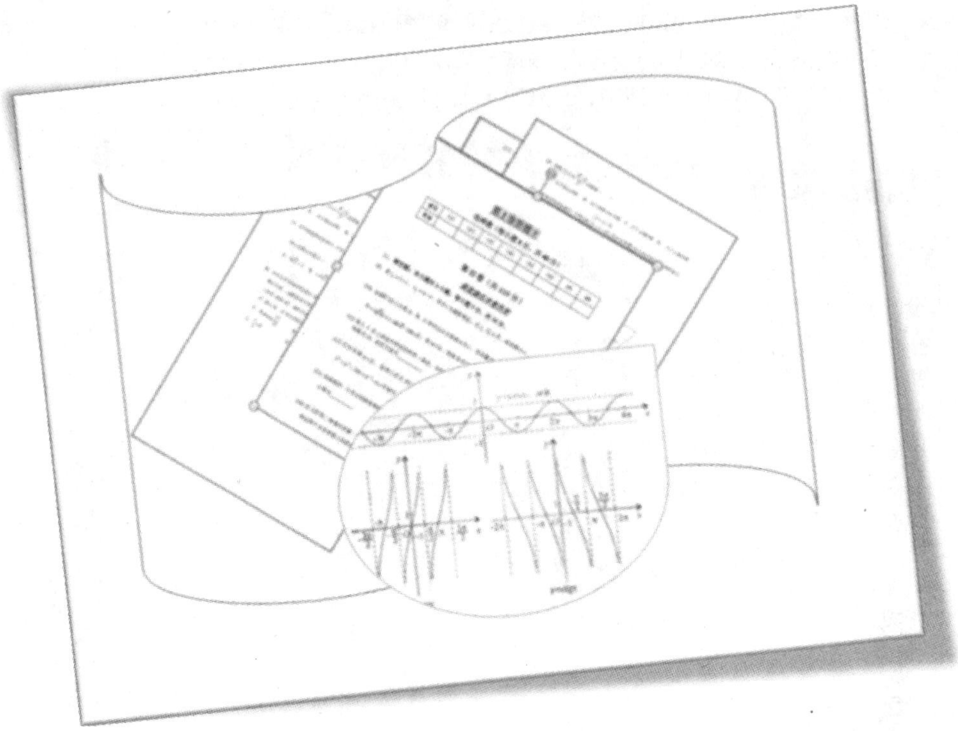

相似题目举例

2014 真题	2014,新课标Ⅱ,第 14 题 函数 $f(x)=\sin(x+2\varphi)-2\sin\varphi\cos(x+\varphi)$ 的最大值为________.
文科模拟卷	文科模拟卷Ⅵ　16 函数 $f(x)=\sqrt{3}\sin\omega x+\cos\omega x$,$(\omega>0)$ 的最小正周期为 π (1)求实数 ω 的值; (2)当 $0\leqslant x\leqslant\frac{\pi}{4}$ 时,求此函数的最值及此时的 x 值.

★★圆锥曲线专题★★

【规律总结】①

圆锥曲线是解析几何的重点,也是高中数学的重点内容,它体现了解析几何数与形的相互转化,展示了解析几何在计算方法上的特点和技巧,表现出辩证思维的丰富内涵. 圆锥曲线部分是高考命题的热点之一. 近几年高考数学对圆锥曲线的考查一直占有较大的比例,尤其是"向量"和"导数"进入高中数学教材以后,更是拓宽了高考在圆锥曲线上的命题空间. 在每年的全国高考题中,有关圆锥曲线的试题占解析几何总分值的三分之二,约占全卷总分的 13%. 有关圆锥曲线的试题每年每套试题中一般有两到三道题,其中两道为选择题或填空题,一道为解答题,且题型、题量、难度保持相对稳定;是高中数学重点考查内的容之一. 求曲线的标准方程;根据已知的关系求方程中的参数,如 a,b,c,e,p;对于椭圆和双曲线可以考查焦点三角形,由曲线上一点与焦点组成三角形,计算三角形的相关问题;考查过焦点的弦;根据点在曲线上的关系,采用带点法求解相应的综合问题;利用圆锥曲线的性质或者是第二定义解题. 对于圆锥曲线中的零碎的知识点的考查,主要是集中在选择和填空中,考查的方向主要是曲线的方程、曲线与三角形的综合、曲线的第二定义,作为数学中的重点,圆锥曲线的性质方面的内容只需要达到可以熟练运用的地步,就可以在选择填空这块不丢分,对于圆锥曲线与三角形的综合

① 杨远宏,杜兴芹."曲线和方程"与"圆锥曲线方程"的结合[J]. 德宏师范高专科学校学报,2009,(4):95-99.
尚月如. 从高考数学试题看圆锥曲线的总得习[J]. 中学教学杂志,2007,(5):44-47.
胡群海. 平面向量与圆锥曲线结合的高考题解法[J]. 数学教学研究,2007,(10):26-29.
于忠凤. 巧用圆锥曲线的定义解轨迹题[J]. 数学通讯,2001,(6):14-15.
缪月红. 也谈圆锥曲线与一种直线方程之间的关系[J]. 中学数学月刊,2001,(6):43.

应该提高警惕，因为三角形与三角函数的结合，使得这方面的内容贴近于三角函数，二者的综合运用会是一个热点问题．圆锥曲线的焦点弦问题是和性质直接相关的，这方面不需要较大的计算量，但是不能掉以轻心．

【2004－2014 历年高考数学圆锥曲线考情分析】

表 2.3　2004—2014 全国各省份的圆锥曲线考情分析

年份	省份及编号		总计	总分	平均分
2004	文科	浙江 11,22(19 分)；天津 5,22(19 分)；辽宁 9,19(17 分)；广东 8,22(19 分)；重庆 10(5 分)；上海 2,20(18 分)；江苏 5,21(17 分)；湖南 4,15,22(23 分)；湖北 20(12 分)；福建 4,21(17 分)；北京 17(14 分)；全国Ⅰ 7,22(19 分)；全国Ⅱ 15(4 分)；全国Ⅲ 8,22(19 分)；全国Ⅳ 22(14 分)	26	236	15.7
	理科	浙江 9,21(17 分)；天津 4,22(19 分)；辽宁 9,19(17 分)；广东 8,22(19 分)；重庆 10(5 分)；上海 2(4 分)；江苏 5,21(17 分)；湖南 2,16,21(21 分)；湖北 6,20(17 分)；福建 4,22(17 分)；北京 17(14 分)；全国Ⅰ 7,21(17 分)；全国Ⅱ 15(4 分)；全国Ⅲ，7,21(17 分)；全国Ⅳ卷 8,21(17 分)	27	226	15.1
2005	文科	北京 9(5 分)；重庆 21(12 分)；福建 9,22(19 分)；广东 5(5 分)；湖北 6,22(19 分)；湖南 8,21(19 分)；江苏 6,11(10 分)；江西 16,21(16 分)；辽宁 11,21(19 分)；全国Ⅰ 6,22(19 分)；全国Ⅱ 5,6(10 分)；全国Ⅲ 10,22(19 分)；山东 14,22(18 分)；上海 7,21(20 分)；浙江 13,19(18 分)	29	247	15.4
	理科	重庆 21(12 分)；福建 10,21(17 分)；辽宁 11,21(19 分)；广东 5(5 分)；江苏 6,11(10 分)；江西 16,22(18 分)；湖南 7,19(19 分)；湖北 5,21(17 分)；全国Ⅰ卷 6,21(19 分)；全国Ⅱ卷 6(5 分)；全国Ⅲ卷 10,21(19 分)；山东 14,22(18 分)；上海 5,15,19(24 分)；天津 5,21(19 分)；浙江 13,17(18 分)	28	239	15.9
2006	文科	安徽 5,22(19 分)；北京 19(14 分)；重庆 11,22(17 分)，福建 11,20(17 分)；上海 7,21(20 分)；辽宁 7,12,22(24 分)；浙江 3,13,19(23 分)；天津 8,22(19 分)；广东 8(5 分)；江苏 17(12 分)；江西 11,16,21(21 分)；湖南 9,21(19 分)；湖北 21(13 分)；全国Ⅰ卷 4,21(17 分)；全国Ⅱ卷 5,9,22(22 分)；山东 7,21(17 分)；陕西 10(5 分)；四川 15(5 分)	35	300	16,7
	理科	安徽 3,22(19 分)；北京 19(14 分)；重庆 22(12 分)；福建 10,20(17 分)；上海 7(4 分)；辽宁 4,8(10 分)；浙江 19(14 分)，天津 2,22(19 分)；江苏 6,11(10 分)；江西 4,9,21(22 分)；湖南 7,21(19 分)；湖北 20(14 分)；全国Ⅰ卷 3,20(17)	29	239	14.1
2007	文科	安徽 2,18(19 分)；北京 4(5 分)；重庆 12,21(17 分)；福建 10(5 分)；上海 5,21(22 分)；辽宁 3,16(9 分)；浙江 10,21(20 发)；天津 7,22(19 分)；广东 11,19(19 分)；江苏 3,19(19 分)；湖南 9,19(18 分)；湖北 12,21(19 分)；全国Ⅰ卷 4,12,22(22 分)；全国Ⅱ卷 11,12(10 分)；江西 7,12,22(24 分)；海南宁夏 7,13(10 分)；山东 9,22(19 分)；四川 5,21(17 分)；陕西 3,9,22(24 分)	39	317	16.7
	理科	安徽 9,19(17 分)；北京 19(13 分)；重庆 16,22(16 分)；福建 20(12 分)；上海 8,21(22 分)；辽宁 11,14,20(23 分)；浙江 9,20(19 分)；天津 4,22(19 分)；广东 11,18(19 分)；江苏 3,19(19 分)；湖南 9,20(17 分)；湖北 7,19(17 分)；全国Ⅰ卷 4,21(17 分)；全国Ⅱ卷 11,12(10 分)；江西 9,21(17 分)；海南宁夏 6,13,19(22 分)；山东 13,21(16 分)；四川 5,20(17 分)；陕西 3、21(19 分)	38	331	17.4

续表

年份		省份及编号	总计	总分	平均分
2008	文科	安徽14,22(18分);北京3(5分);重庆8,21(17分);福建12,22(19分);上海6,12,20(24分);辽宁11,21(17分);天津7,22(19分);广东20(14分);江苏12(5分);湖南10,19(18分);湖北10,20(18分);全国Ⅰ卷14,22(17分);全国Ⅱ卷15,22(17分);江西7,14(9分);海南宁夏2、15(10分);山东13,22(18分);四川11、22(19分)	34	381	15.6
	理科	安徽22(13分);北京4(5分);重庆8,21(17分);福建11,21(17分);上海20(16分);辽宁10,20(17分);浙江7,12、20(24分);天津5,21(19分);广东18(14分);江苏12(5分);湖南8,12(10分);湖北10,19(18分);全国Ⅰ卷14,15、21(22分);全国Ⅱ卷9,15、21(22分);江西7,15,21(21分);海南宁夏11,14,20(22分);山东10,22(19分);四川12,21(17分);陕西8,20(17分)	38	315	16.6
2009	文科	安徽6,18(17分);北京13,19(19分);重庆15,20(17分);福建4,22(19分);上海12,22(20分);辽宁22(12分);浙江6,22(20分);天津4,22(19分);广东19(14分);江苏13(5分);湖南2,13,20(23分);湖北5,20(18分);全国Ⅰ卷5,12,22(22分);全国Ⅱ卷8,22(17分);江西7,22(19分);海南宁夏14,20(17分);山东10,22(19分);四川8,13,21(21分);陕西22(14分)	37	332	17.5
	理科	安徽3,20(18分);北京12,19(19分);重庆15,20(17分);福建13,19(17分);上海9,21(20分);辽宁16,20(17分);浙江9,21(20分);天津9,21(19分);广东11(5分);江苏13(5分);湖南12,20(18分);湖北7,20(19分);全国Ⅰ卷4,12(10分);全国Ⅱ卷11,21(17分);江西6,21(18分);海南宁夏4,13,20(21分);山东9,22(19分);四川7,20(17分);陕西21(14分)	36	310	16.3
2010	文科	安徽12,17(17分);北京13,19(19分);重庆13,21(17分);福建11,13,19(21分);上海8,23(23分);辽宁7,9,20(22分);浙江10,22(20分);天津13,21(18分);广东7(5分);江苏6,18(21分);湖南5,19(18分);湖北15,20(18分);全国Ⅰ卷8,16,22(22分);全国Ⅱ卷12,15,22(22分);江西15,21(16分);海南宁夏5,20(17分);山东9,22(19分);四川3,10,21(22分);陕西9,20(18分)	42	355	18.7
	理科	安徽5,19(18分);北京13(5分);重庆14,20(17分);福建7,17(18分);上海23(18分);辽宁7,9,20(22分);浙江8,13,21(24分);天津5,20(17分);广东20(14分);江苏6,18(21分);湖南19(13分);湖北19(12分);全国Ⅰ卷9,16,21(22分);全国Ⅱ卷12,15,21(22分);江西15,21(16分);海南宁夏12,20(17分);山东21(12分);四川9,20(17分);陕西20(13分)	35	336	17.7
2011	文科	安徽3,17(18分);北京10,19(19分);重庆9,21(17分);福建11,21(17分);上海22(16分);辽宁20,23(22分);浙江9,22(20分);天津6,18(18分);广东14(5分);江苏18(16分);湖南6,21(18分);湖北4,21(19分);全国Ⅰ卷10,16,22(22分);全国Ⅱ卷16,22(17分);江西15,21(16分);海南宁夏5,20(17分);山东9,22(19分);四川3,10,21(22分);陕西9,20(18分)	37	336	17.7
	理科	安徽2,21(18分);北京14,19(19分);重庆15,20(17分);福建7,17(18分);上海3(4分);辽宁3,13,20(22分);浙江8,17,20(24分);天津11,18(18分);广东21(14分);江苏18(16分);湖南5,21(18分);湖北4,20(19分);全国Ⅰ卷7,14(10分);全国Ⅱ卷15,21(17分);江西9,14,20(23分);海南宁夏12,20(17分);山东8,22(19分);四川10,14,21(22分);陕西2,17(17分)	39	332	17.5

续表

年份		省份及编号	总计	总分	平均分
2012	文科	安徽 9,20(18 分);北京 9,19(19 分);福建 19,22(20 分);山东 11,16,21(22 分);陕西 6,15,20(23 分);天津 11,19(19 分);四川 9,22(19 分);湖北 8,21(18 分);广东 8,14,20(24 分);江苏 8,19(21 分);辽宁 5,21,24(27 分);江西 8,14,20(23 分);湖南 6,21(18 分);全国 5,10,22(22 分);上海 14,23(22 分);新课标 4,20,23(27 分);重庆 3,14,21(22 分);浙江 8,17,22(23 分)	45	393	21.83
	理科	安徽 9,20(18 分);北京 9,19(19 分);福建 19,22(20 分);山东 15,16,21(21 分);陕西 4,15,19(22 分);天津 8,19(19 分);四川 8,22(19 分);湖北 8,21(18 分);广东 14,15,20(24 分);江苏 8,19(21 分);辽宁 15,20,23(27 分);江西 13,15,20(23 分);湖南 5,21(18 分);全国 3,8,21(22 分);上海 22(16 分);新课标 4,20,23(27 分);重庆 3,14,20(22 分);浙江 20(15 分)	42	371	20.61
2013	文科	大纲 8,12,22(22 分);新课标Ⅰ4,8,21,23(27 分);新课标Ⅱ5,10,20,23(32 分);北京 7,9,19(24 分);天津 5,11,18(23 分);安徽 6,21(18 分);重庆 4,10,21(22 分);福建 4,15,20(22 分);广东 7,9,14,20(29 分);湖北 2,14,22(24 分);湖南 11,14,20(23 分);江苏 3,12,17(24 分);江西 9,14,20(24 分);辽宁 11,15,20,23(32 分);山东 11,13,22(24 分);陕西 8,11,15,20(28 分);四川 5,9,20(23 分);浙江 9,13,22(24 分)	58	460	25.56
	理科	大纲 8,11,21(22 分);新课标Ⅰ4,10,20,23(32 分);新课标Ⅱ11,20,23(27 分);北京 6,7,9,19(29 分);天津 5,11,18(23 分);安徽 7,13,18(22 分);重庆 7,15,21(22 分);福建 3,14,18,21(40 分);广东 7, 14,20(24 分);湖北 5,16,21(23 分);湖南 9,14,21(23 分);江苏 3,12,17(24 分);江西 9,14,15,20(28 分);辽宁 15,20,23(27 分);山东 9,11,22(23 分);陕西 11,15,20(23 分);四川 6,20(,18 分);浙江 9,15,21(25 分)	57	445	24.72
2014(不含上海)	文科	新课标Ⅰ4,10,20(22 分);新课标Ⅱ10,20(17 分);大纲卷 9,11,22(22 分);北京 10,19(19 分);山东 15,21(19 分);江苏 14,17(19 分);浙江 17,22(18 分);福建 21(12 分);安徽 3,21(18 分);辽宁 8,15,20(22 分);天津 6,18(18 分);湖南 14,20(18 分);湖北 22(14 分);江西 9,14,20(23 分);陕西 11(5 分);重庆 8,21(17 分);四川 10,11,20(23 分);广东 8,20(19 分)	38	325	
	理科	新课标Ⅰ4,10,20(22 分);新课标Ⅱ10,20(17 分);大纲卷 6,9,21(22 分);北京 11,19(19 分);山东 10,21(19 分);江苏 17(14 分);浙江 16,21(19 分);福建 9,19(18 分);安徽 14,19(18 分);辽宁 10,15,20(22 分);天津 5,18(18 分);湖南 15,21(18 分);湖北 9,21(19 分);江西 15,20(18 分);陕西 20(13 分);重庆 8,21(17 分);四川 10,20(18 分);广东 4,20(19 分)	37	330	

【历年分值变化】

2004～2013 高考数学圆锥曲线文科平均分：

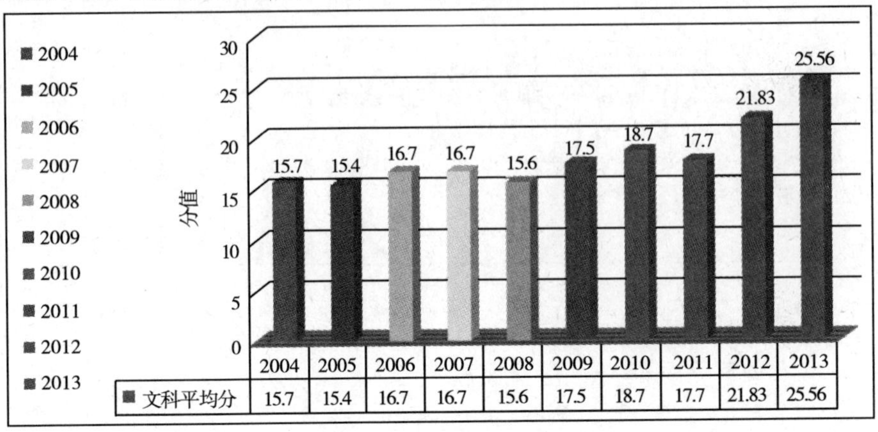

图 2.5

2004～2014 高考数学圆锥曲线理科平均分：

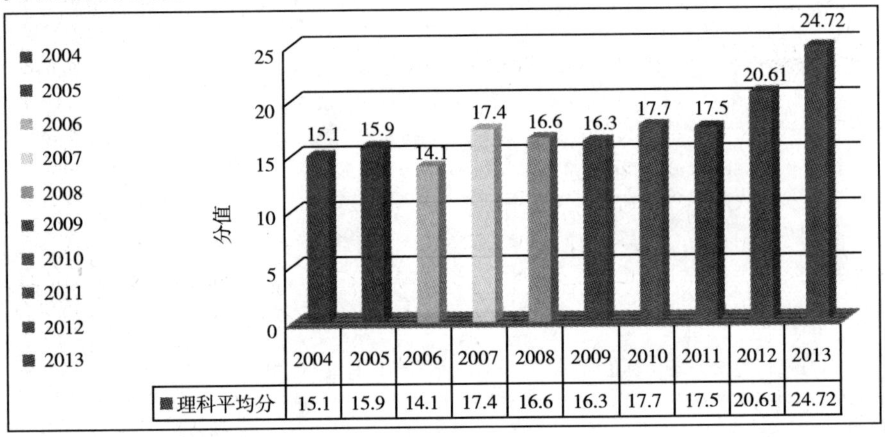

图 2.6

【热点回顾】

下表是 2004～2013 年间部分省市高考数学卷中圆锥曲线部分的考查热点回顾：

年份	省/市	题号	知识点
2004	全国卷 1 理	21	双曲线
2005	北京文	9	抛物线的性质
2006	上海理	20	直线与抛物线
2007	全国卷 2 理	15	抛物线
2008	上海文	12	椭圆基本知识
2009	北京理	19	直线与双曲线
2010	福建文	19	双曲线
2011	湖南文	21	直线与抛物线
2012	福建理	8	抛物线的性质
2013	天津理	18	椭圆基本知识
2014	湖南理	21	直线与椭圆双曲线

【2014 年真题剖析】

(2014，新课标Ⅰ理，第 20 题)已知点 $A(0,-2)$，椭圆 $E:\frac{x^2}{a^2}+\frac{y^2}{b^2}=1(a>b>0)$的离心率为$\frac{\sqrt{3}}{2}$，$F$ 是椭圆 E 的右焦点，直线 AF 的斜率为$\frac{2\sqrt{3}}{3}$，O 为坐标原点.

(Ⅰ)求 E 的方程;

(Ⅱ)设过点 A 的动直线 l 与 E 相交于 P,Q 两点. 当$\triangle OPQ$ 的面积最大时,求 l 的方程.

【历年真题重现】

1.(2009,北京文,第 19 题)

已知双曲线 $C:\frac{x^2}{a^2}-\frac{y^2}{b^2}=1(a>0,b>0)$的离心率为$\sqrt{3}$,右准线方程为 $x=\frac{\sqrt{3}}{3}$.

(Ⅰ)求双曲线 C 的方程;

(Ⅱ)已知直线 $x-y+m=0$ 与双曲线 C 交于不同的两点 A,B,且线段 AB 的中点在圆 $x^2+y^2=5$ 上,求 m 的值.

【答案】

(Ⅰ)由题意,得$\begin{cases}\frac{a^2}{c}=\frac{\sqrt{3}}{3},\\ \frac{c}{a}=\sqrt{3},\end{cases}$

解得 $a=1,c=\sqrt{3}$,所以 $b^2=c^2-a^2=2$,

所以所求双曲线 C 的方程为 $x^2-\frac{y^2}{2}=1$.

(Ⅱ)设 A、B 两点的坐标分别为(x_1,y_1),(x_2,y_2),线段 AB 的中点为 $M(x_0,y_0)$,

由$\begin{cases}x-y+m=0,\\ x^2-\frac{y^2}{2}=1\end{cases}$ 得 $x^2-2mx-m^2-2=0$(判别式 $\Delta>0$),

$\therefore x_0=\frac{x_1+x_2}{2}=m,y_0=x_0+m=2m$,

$\because$点 $M(x_0,y_0)$在圆 $x^2+y^2=5$ 上,

$\therefore m^2+(2m)^2=5,\therefore m=\pm 1$.

2.(2010,全国 2 文,第 22 题)

已知斜率为 1 的直线 l 与双曲线 $C:\frac{x^2}{a^2}-\frac{y^2}{b^2}=1(a>0,b>0)$交于 B,D 两点 BD 的中点为 $M(1,3)$.

(Ⅰ)求 C 的离心率;

(Ⅱ)设 C 的右顶点为 A,右焦点为 F,$|DF|\cdot|BF|=17$,过 A,B,D 的圆与 x 轴相切.

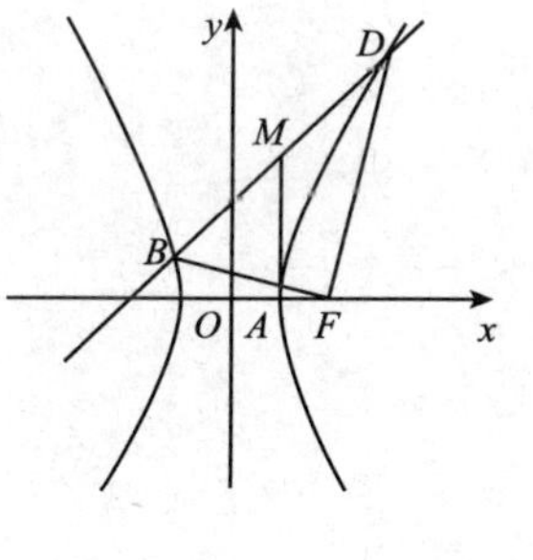

【答案】

(Ⅰ)由题设知,l 的方程为:$y=x+2$,

代入 C 的方程,并化简,

得$(b^2-a^2)x^2-4a^2x-4a^2-a^2b^2=0$,

设 $B(x_1,y_1)$、$D(x_2,y_2)$,

则 $x_1+x_2=\frac{4a^2}{b^2-a^2},x_1x_2=-\frac{4a^2+a^2b^2}{b^2-a^2}$, ①

由 $M(1,3)$为 BD 的中点知$\frac{x_1+x_2}{2}=1$,故

$\frac{1}{2}\times\frac{4a^2}{b^2-a^2}=1$,

即 $b^2=3a^2$, ②

故 $c=\sqrt{a^2+b^2}=2a$

所以 C 的离心率 $e=\frac{c}{a}=2$.

(Ⅱ)由①②知,C 的方程为:$3x^2-y^2=3a^2$,

$A(a,0)$,$F(2a,0)$,$x_1+x_2=2$,$x_1x_2=\frac{4+3a^2}{2}<0$

故不妨设 $x_1\leqslant -a$,$x_2\geqslant a$,

$|BF|=\sqrt{(x_1-2a)^2+y_1^2}=\sqrt{(x_1-2a)^2+3x_1^2-3a^2}=a-2x_1$,

$|FD|=\sqrt{(x_2-2a)^2+y_2^2}=\sqrt{(x_2-2a)^2+3x_2^2-3a^2}=2x_2-a$,

$|BF|\cdot|FD|=(a-2x_1)(2x_2-a)=-4x_1x_2+2a(x_1+x_2)-a^2=5a^2+4a+8$.

又 $|DF|\cdot|BF|=17$,

故 $5a^2+4a+8=17$,

解得 $a=1$,或 $a=-\frac{9}{5}$(舍去),

故 $|BD|=\sqrt{2}|x_1-x_2|=\sqrt{2}\cdot\sqrt{(x_1+x_2)^2-4x_1x_2}=6$,

连接 MA,则由 $A(1,0)$,$M(1,3)$ 知 $|MA|=3$,从而 $MA=MB=MD$,且 $AM\perp x$ 轴,因此以 M 为圆心,MA 为半径的圆经过 A、B、D 三点,且在点 A 处与 x 轴相切,所以过 A、B、D 三点的圆与 x 轴相切.

3.(2011,湖南理,第 10 题)

双曲线 $\frac{x^2}{a^2}-\frac{y^2}{b^2}=1(a>0,b>0)$ 的右支上存在一点,它到右焦点及左准线的距离相等,则双曲线离心率的取值范围是 ( )

A. $(1,\sqrt{2}]$　　B. $[\sqrt{2},+\infty)$

C. $(1,\sqrt{2}+1]$　　D. $[\sqrt{2}+1,+\infty)$

【答案】C

4.(2012,天津理,第 19 题)

设椭圆 $\frac{x^2}{a^2}+\frac{y^2}{b^2}=1(a>b>0)$ 的左、右顶点分别为 A,B,点 P 在椭圆上且异于 A,B 两点,O 为坐标原点.

(Ⅰ)若直线 AP 与 BP 的斜率之积为 $-\frac{1}{2}$,求椭圆的离心率;

(Ⅱ)若 $|AP|=|OA|$,证明直线 OP 的斜率 k 满足 $|k|>\sqrt{3}$.

【答案】

(1)**解**:设点 P 的坐标为 (x_0,y_0),则 $\frac{x_0^2}{a^2}+\frac{y_0^2}{b^2}=1$, ①

∵椭圆 $\frac{x^2}{a^2}+\frac{y^2}{b^2}=1$ $(a>b>0)$ 的左右顶点分别为 A,B,

∵$A(-a,0)$,$B(a,0)$,

∴$k_{AP}=\frac{y_0}{x_0}+a$,$k_{BP}=\frac{y_0}{x_0}-a$.

∵直线 AP 与 BP 的斜率之积为 $\frac{1}{2}$,

∴$x_0^2=a^2-2y_0^2$,

代入①并整理得 $(a^2-2b^2)y_0^2=0$.

∵$y_0\neq 0$,∴$a^2=2b^2$.

∴$e^2=\frac{a^2-b^2}{a^2}=\frac{\sqrt{2}}{2}$,∴$e=\frac{\sqrt{2}}{2}$.

∴椭圆的离心率为 $\frac{\sqrt{2}}{2}$.

(2)证明:依题意,直线 OP 的方程为 $y=kx$,设 $P(x_0,kx_0)$,∴$\frac{x_0^2}{a^2}+\frac{y_0^2}{b^2}=1$.

∵$a>b>0$,$kx_0\neq 0$,∴$\frac{x_0^2}{a^2}+\frac{k^2x_0^2}{a^2}<1$,

$\therefore (1+k^2)x_0^2<a^2$.　②

$\because |AP|=|OA|, A(-a,0)$,

$\therefore (x_0+a)^2+k^2x_0^2=a^2$,

$\therefore (1+k^2)x_0^2+2ax_0=0$,

$\therefore x_0=\dfrac{-2a}{1+k^2}$.

代入②得，$(1+k^2)\left(\dfrac{-2a}{1+k^2}\right)2<a^2$,

$\therefore k^2>3$,

$\therefore$直线 OP 的斜率 k 满足 $|k|>\sqrt{3}$.

5.（2013，山东文，第 22 题）

在平面直角坐标系 xOy 中，已知椭圆 C 的中心在原点 O，焦点在 x 轴上，短轴长为 2，离心率为$\dfrac{\sqrt{2}}{2}$.

（Ⅰ）求椭圆 C 的方程；

（Ⅱ）A，B 为椭圆 C 上满足$\triangle AOB$ 的面积为$\dfrac{\sqrt{6}}{4}$的任意两点，E 为线段 AB 的中点，射线 OE 交椭圆 C 与点 P，设$\overrightarrow{OP}=t\overrightarrow{OE}$，求实数 t 的值.

【备考策略】

解决圆锥曲线综合题，关键是熟练掌握每种圆锥曲线的定义、标准方程、图形与几何性质，注意挖掘知识的内在联系及其规律，通过对知识的重新组合，以达到巩固知识、提高能力的目的，针对圆锥曲线，我们在以下四个情况给出备考策略：

(1)圆锥曲线中的最值问题、范围问题

通常有两类：一类是有关长度和面积的最值问题；一类是圆锥曲线中有关的几何元素的最值问题. 这些问题往往通过定义，结合几何知识，建立目标函数，利用函数的性质或不等式知识，以及观形、设参、转化、替换等途径来解决. 解题时要注意函数思想的运用，要注意观察、分析图形的特征，将形和数结合起来. 也可以利用直线参数方程中参数的几何意义求弦长.

在解析几何中求最值，关键是建立所求量关于自变量的函数关系，再利用代数方法求出相应的最值. 注意点是要考虑曲线上点坐标(x,y)的取值范围.

(2)对称、存在性问题，与圆锥曲线有关的证明问题

它涉及线段相等、角相等、直线平行、垂直的证明方法，以及定点、定值问题的判断方法.

(3)实际应用题①

数学应用题是高考中必考的题型，随着高考改革的深入，同时课本上也出现了许多与圆锥曲线相关的实际应用问题，如桥梁的设计、探照灯反光镜的设计、声音探测，以及行星、人造卫星、彗星运行轨道的计算等.

涉及与圆锥曲线有关的应用问题的解决关键是建立坐标系，合理选择曲线模型，然后转化为相应的数学问题作出定量或定性分析与判断，解题的一般思想是：

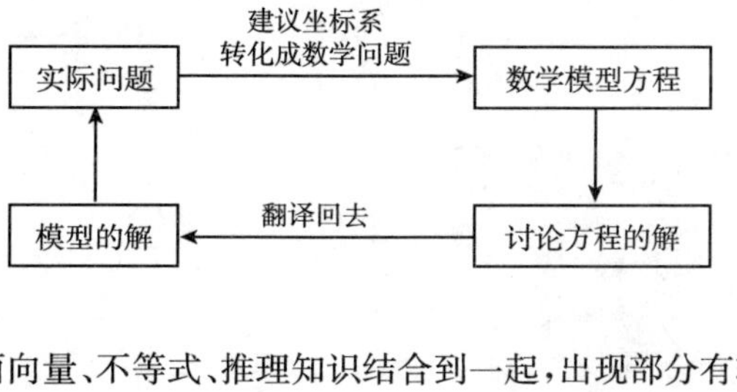

(4)知识交汇题

圆锥曲线经常和数列、三角、平面向量、不等式、推理知识结合到一起，出现部分有较强区分度的综合题.

---

① 姜坤崇. 圆锥曲线之间的一个变换[J]. 数学通报，2003，(10)：25－26.
江民杰，刘建华. 关注新课改 对接新高考[J]. 中学数学，2010，(8)：8－11.
朱鸿. 中等程度及偏下学生高考数学复习的策略[J]. 考试周刊，2010，(44)：2－3

【我们的工作】

●TPS 系统与真题对照

相似题例证

2014 真题	2014，湖北理，第 21 题 在平面直角坐标系 xOy 中，点 M 到点 $F(1,0)$ 的距离比它到 y 轴的距离多 1，记点 M 的轨迹为 C. （Ⅰ）求轨迹 C 的方程； （Ⅱ）设斜率为 k 的直线 l 过定点 $P(-2,1)$，求直线 l 与轨迹 C 恰好有一个公共点、两个公共点、三个公共点时 k 的相应取值范围.
TPS 系统	如图，已知直线 l 与抛物线 $x^2=4y$ 相切于点 $P(2,1)$，且与 x 轴交于点 A，定点 B 的坐标为 $(2,0)$. （Ⅰ）若动点 M 满足 $\overrightarrow{AB}\cdot\overrightarrow{BM}+\sqrt{2}\lvert\overrightarrow{AM}\rvert=0$，求点 M 的轨迹 C； （Ⅱ）若过点 B 的直线 l'（斜率不等于零）与（Ⅰ）中的轨迹 C 交于不同的两点 E、F（E 在 B、F 之间），试求△OBE 与△OBF 面积之比的取值范围. 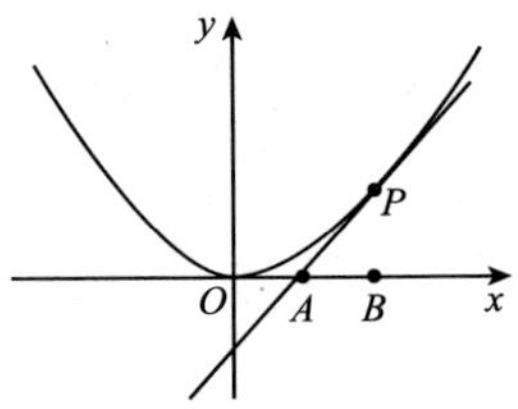

2. 高分策略

本专题主要介绍圆锥曲线，书中从四个主要考点对高考数学知识点进行了剖析、拓展、巩固练习、小结等，并配有课堂内外及课堂札记，促进学生学习兴趣和学习能力. 下图为圆锥曲线章节部分截图.

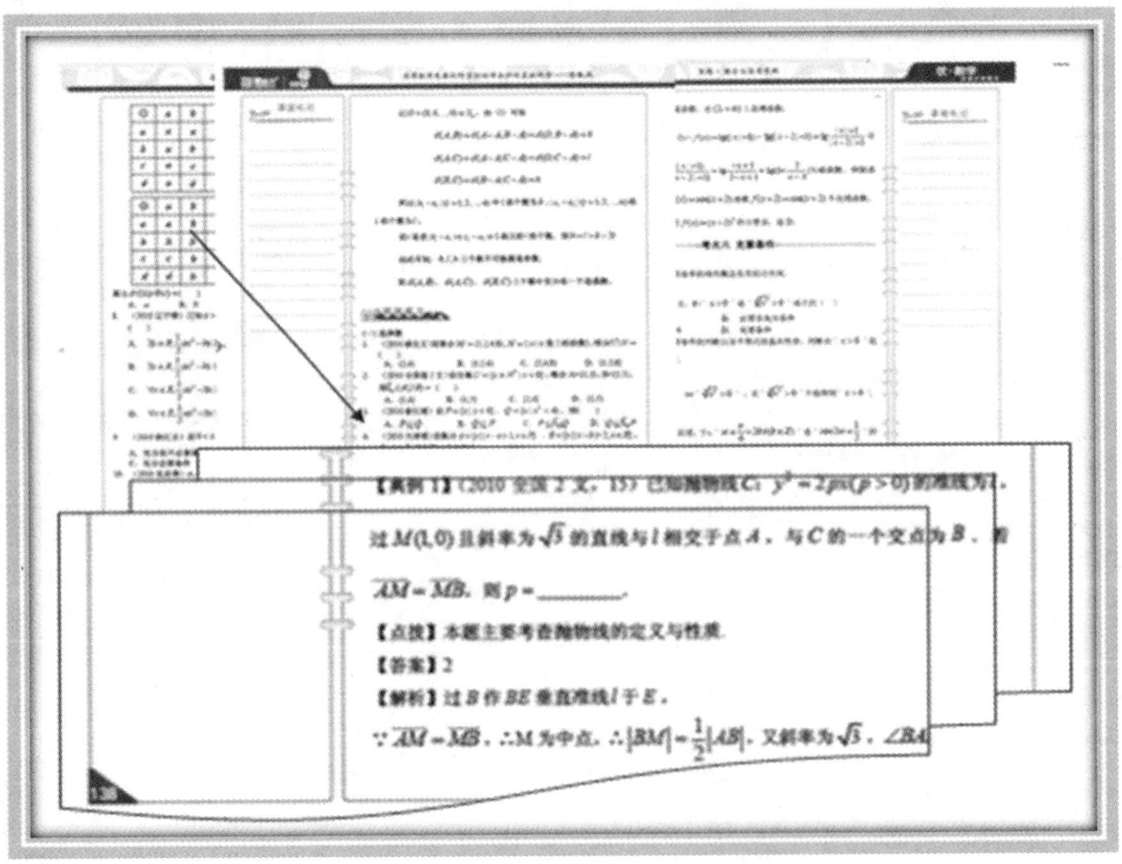

【典例 1】（2010 全国 2 文，15）已知抛物线 C：$y^2=2px(p>0)$ 的准线为 l，过 $M(1,0)$ 且斜率为 $\sqrt{3}$ 的直线与 l 相交于点 A，与 C 的一个交点为 B，若 $\overrightarrow{AM}=\overrightarrow{MB}$，则 $p=$________.

【点拨】本题主要考查抛物线的定义与性质.

【答案】2

【解析】过 B 作 BE 垂直准线 l 于 E.

$\because \overrightarrow{AM}=\overrightarrow{MB}$，$\therefore M$ 为中点，$\therefore |BM|=\frac{1}{2}|AB|$，又斜率为 $\sqrt{3}$，$\angle BA$

相似题例证

2014 真题	2014,山东理,第 10 题 已知 $a>b>0$,椭圆 C_1 的方程为$\frac{x^2}{a^2}+\frac{y^2}{b^2}=1$,双曲线 C_2 的方程为$\frac{x^2}{a^2}-\frac{y^2}{b^2}=1$,$C_1$ 与 C_2 的离心率之积为$\frac{\sqrt{3}}{2}$,则 C_2 的渐近线方程为　　(　　) A. $x\pm\sqrt{2}y=0$　　B. $\sqrt{2}x\pm y=0$　　C. $x\pm 2y=0$　　D. $2x\pm y=0$
高分策略	112,6 双曲线 $3x^2-y^2=3$ 的渐近线方程是　　(　　) A. $y=\pm 3x$　　B. $y=\pm\frac{1}{3}x$　　C. $y=\pm\sqrt{3}x$　　D. $y=\pm\frac{\sqrt{3}}{3}x$

3. 高考预测卷

《高考预测卷》是新东方优能推广管理中心旗下的一系列高考丛书,其中数学预测卷分文理卷,每卷共五套题,预测题紧扣高考大纲和考试说明.下图为高考预测卷及有关切片截图.

相似题例证

2014 真题	2014,湖北,第 21 题 在平面直角坐标系 xOy 中,点 M 到点 $F(1,0)$的距离比它到 y 轴的距离多 1,记点 M 的轨迹为 C. (Ⅰ)求轨迹 C 的方程; (Ⅱ)设斜率为 k 的直线 l 过定点 $P(-2,1)$,求直线 l 与轨迹 C 恰好有一个公共点、两个公共点、三个公共点时 k 的相应取值范围.
高考预测卷	理科模拟卷Ⅲ　20 已知与曲线 $C:x^2+y^2-2x-2y+1=0$ 相切的直线 l 分别交 x 轴、y 轴与 $A(a,0)$、$B(0,b)$两点($a>2,b>2$),O 为原点. (1)求证:$(a-2)(b-2)=2$; (2)求线段 AB 中点的轨迹方程; (3)求$\triangle AOB$ 面积的最小值.

★★立体几何专题★★

【规律总结】

通过分析历年来各省市的高考真题,我们不难发现,立体几何作为支撑高中数学知识体系的重要知识模块之一,具有较强的综合性和交汇性,是每年高考的必考内容. 高考立体几何属于中档题,也是同学们应尽力得满分的大题. 在近几年里题型、难度与分值比例长期保持相对稳定,考查的知识点一般都围绕以下几个方面:

(1)空间中点、直线、平面的位置关系判定和性质;

(2)空间中距离和角的计算;

(3)空间几何体及三视图;

(4)空间几何体的表面积和体积;

(5)立体几何与其他专题问题的综合;

最近几年的高考越来越注重数学学科的内在联系和知识的综合性,喜欢在知识网络的“交汇点”处设计试题. 这样的试题可以充分运用知识之间的交叉、渗透和组合,是基础性与综合性的最佳表现形式,在近两年高考中表现得尤为突出.

【2004—2014 历年高考数学立体几何考情分析】

表 2.4　2004—2014 全国各省份的立体几何考情分析

年份	省份及编号		总计	总分	平均分
2004	文科	全国Ⅰ10、16、21(21 分);全国Ⅱ6、10、16、20(26 分);北京 3、12、16(24 分);上海 21(16 分);安徽 5、7、20(22 分);广东 7、15、18(21 分);湖北 5、18(17 分);江苏 4、18(17 分);福建 6、10、16、19(26 分);浙江 10、19(17 分);天津 11、19(17 分);重庆 8、12、19(22 分);湖南 5、10、18(22 分);辽宁 10、15、17(12 分)	38	389	19.27
	理科	全国Ⅰ10、16、20(21 分);全国Ⅱ7、20(17 分);北京 11、16 题(19 分);上海 21(16 分);安徽 5、7、20(22 分);广东 7、15、18(21 分);湖北 11、18(17 分);江苏 4、18(17 分);福建 5、10、16、19(26 分);浙江 10、19(17 分);天津 6、10、19(22 分);重庆 8、12、19(22 分);湖南 4、10、19(22 分);辽宁 10、15、17(21 分)	36	380	18.67
2005	文科	全国Ⅰ2、4、16、18(26 分);全国Ⅱ2、16、20(21 分);北京 7、16(19 分);上海 11、17(16 分);广东 4、7、16(24 分);湖北 5、8、20(22 分);江苏 4、8、21(24 分);福建 7、11、21(22 分);山东 9、16、20(21 分);浙江 7、12、18(23 分);天津 5、13、19(21 分);重庆 7、10、20(23 分);江西 9、15、20(21 分);湖南 4、18(19 分);辽宁 4、14、17(21 分)	43	323	17.94
	理科	全国Ⅰ2、4、11、16、18(31 分);全国Ⅱ2、12、16、20(26 分);北京 6、16 题(19 分);上海 21(14 分);广东 4、7、16(24 分);湖北 10、20(17 分);江苏 4、8、21(24 分);福建 4、8、20(22 分);山东 8、16、20(21 分);浙江 6、12、18(23 分);天津 4、12、19(21 分);重庆 7、10、20(23 分);江西 9、15、20(21 分);湖南 5、17(17 分);辽宁 4、14、17(21 分)	43	324	18.00
2006	文科	全国Ⅰ9、14、20(21 分);全国Ⅱ7、20(17 分);北京 7、17(19 分);上海 16、19(18 分);安徽 6、16、19(21 分);广东 5、12、17(24 分);湖北 6、18(17 分);江苏 9、19(19 分);福建 7、10、19(22 分);山东 8、16、20(21 分);陕西 11、19(17 分);四川 7、9、16、20(26 分);浙江 8、14、17(29 分);天津 7、13、19(21 分);重庆 4、20(17 分);江西 9、15、20(21 分);湖南 4、14、18(23 分);辽宁 6、15、19(21 分)	48	374	20.78
	理科	全国Ⅰ7、13、19(21 分);全国Ⅱ4、7、19(22 分);北京 14、17 题(19 分);上海 10、19(18 分);安徽 9、16、19(21 分);广东 5、12、17(24 分);湖北 6、18(17 分);江苏 9、19(19 分);福建 5、7、18(22 分);山东 12、15、19(21 分);陕西 11、19(17 分);四川 4、10、13、19(26 分);浙江 9、14、17(23 分);天津 6、13、19(21 分);重庆 4、19(18 分);江西 11、15、20(21 分);湖南 3、9、18(24 分);辽宁 3、16、18(21 分)	49	375	20.83

续表

年份		省份及编号	总计	总分	平均分
2007	文科	全国Ⅰ7、15、19(22分);全国Ⅱ7、15、20(22分);北京7、17(19分);上海7、16(16分);安徽6、10、17(24分);广东6、17(17分);湖北5、17(17分);江苏4、14、18(22分);福建6、9、19(22分);山东3、20(17分);陕西7、10、19(22分);四川4、6、14、19(26分);浙江7、17、20(23分);天津6、13、19(21分);重庆3、19(17分);江西9、16、20(21分);湖南6、15、18(23分);辽宁6、15、18(21分)	49	371	19.53
	理科	全国Ⅰ7、16、19(22分);全国Ⅱ7、15、19(22分);北京3、16题(19分);上海10、16(16分);安徽8、15、17(23分);广东12、19(19分);湖北18(12分);江苏4、14、18(22分);福建8、10、18(22分);山东3、19(17分);陕西6、10、19(22分);四川4、6、14、19(26分);浙江6、16、19(23分);天津6、12、19(21分);重庆3、19(18分);江西7、20(17分);湖南8、18(17分);辽宁7、15、18(21分)	46	359	18.89
2008	文科	全国Ⅰ11、16、18(22分);全国Ⅱ8、12、20(22分);北京8、16(19分);上海16(12分);安徽16、19(16分);广东7、18(19分);湖北4、18(16分);江苏16(12分);福建6、15、19(21分);山东6、19(17分);陕西8、19(17分);四川8、12、19(22分);浙江15、18(18分);天津5、13、19(21分);重庆11、20(17分);江西9、15、20(21分);湖南9、18(17分);辽宁12、14、19(21分)	41	330	17.37
	理科	全国Ⅰ11、16、18(22分);全国Ⅱ12、16、19(22分);北京8、16题(19分);上海16(12分);安徽16、18(16分);广东5、20(19分);湖北18(12分);江苏16(12分);福建6、15、18(21分);山东6、20(17分);陕西9、14、19(21分);四川8、15、19(21分);浙江14、18(18分);天津5、12、19(21分);重庆9、19(18分);江西10、16、20(21分);湖南9、17(17分);辽宁11、14、19(21分)	41	330	17.37
2009	文科	全国Ⅰ9、11、15、19(27分);全国Ⅱ5、16、19(22分);北京7、16(19分);上海5、8、8、16(16分);安徽15、20(18分);广东6、17(18分);湖北6、18(17分);江苏8、12、16(24分);福建5、20(17分);山东4、9、18(22分);陕西11、15、19(21分);四川5、9、15、19(26分);浙江4、12、19(23分);天津12、19(16分);重庆9、18(18分);江西9、14、20(21分);湖南6、18(22分);辽宁5、16、19(20分)	49	369	19.42
	理科	全国Ⅰ7、15、18(22分);全国Ⅱ5、12、15、18(27分);北京4、16题(19分);上海5、8、19(22分);安徽15、18(18分);广东5、18(19分);湖北3、18(17分);江苏8、12、16(24分)福建17(13分);山东4、18(17分);陕西10、15、18(21分);四川5、8、15、19(26分);浙江5、12、20(24分);天津12、19(16分);重庆9、19(17分);江西10、16、20(21分);湖南7、14、18(22分);辽宁11、15、18(21分)	47	366	19.26
2010	文科	全国Ⅰ6、9、12、20(27分);全国Ⅱ8、11、16、19(27分);北京5、8、17(24分);上海6、20(18分);安徽9、19(18分);广东9、18(19分);湖北4、14、18(22分);江苏16(14分);福建3、20(17分);山东4、20(17分);陕西8、18(17分);四川12、15、18(22分);浙江8、20(19分);天津12、19(16分);重庆9、20(17分);江西9、14、20(21分);湖南13、18(17分);辽宁11、16、19(22分)	44	354	18.63
	理科	全国Ⅰ7、12、19(22分);全国Ⅱ9、11、19(22分);北京3、8、16题(24分);上海12、21(18分);安徽7、8、18(22分);广东6、18(19分);湖北9、18(17分);江苏9、16(19分)福建6、12、18(22分);山东19(12分);陕西7、18(17分);四川11、15、18(21分);浙江6、12、20(24分);天津12、19(16分);重庆10、19(17分);江西10、16、20(21分);湖南13、18(17分);辽宁15、19(17分)	43	347	18.26

续表

年份		省份及编号	总计	总分	平均分
2011	文科	江苏16,22(24分);北京5,17(19分);福建15,20(16分);安徽8,19(18分);广州9,18(18分);海南8,16,18(22分);湖北7,18(17分);湖南4,19(17分);江西8,21(19分);辽宁8,10,18(22分);全国卷Ⅰ8,18(17分);全国卷Ⅱ2,8,12,15,20(27分);山东11,19(27分);陕西5,16(17分);上海7,20(18分);四川11,19(17分);天津10,17(18分);浙江7,20(19分);重庆10,20(17分)	43	359	18.89
	理科	江苏16,22(24分);安徽6,17(17分);北京7,16(19分);福建12,20(18分);广东7,18(18分);海南10,14,18(22);湖北8(12分);湖南3,19(17分);江西8,21(19分);辽宁8,12,15,18(27分);全国卷Ⅰ6,15,18(22分);全国卷Ⅱ6,11,16,19(27分);山东11,19(10分);陕西5(5分);上海7,21(18分);四川15,19(16分);天津10,17(18分);浙江3,20(20分);重庆9,19(17分)	42	346	18.21
2012	文科	安徽9,14,20(23分);北京7(5分);福建4,18(18分);山东13,19(16分);陕西8,18(17分);天津10,17(18分);四川6,10,14,19(26分);湖北15,19(17分);广东7,18(18分);江苏7,16(19分);辽宁13,16,18(22分);江西7,19(17分);湖南4,19(17分);全国8,16,19(22分);上海5,7,19(20分);新课标7,19(17分);重庆9,20(17分);浙江20(15分)	40	324	18
	理科	安徽6,12,18(22分);北京16(14分);福建418(18分);山东14,18(16分);陕西5,18(17分);天津17(13分);四川6,10,14,19(26分);湖北4,19(17分);广东6,18(18分);江苏7,16(19分);辽宁13,16,18(22分);江西10,19(17分);湖南3,18(17分);全国8,16,18(22分);上海6,8,14,19(24分);新课标7,11,19(,22分);重庆9,19(17分);浙江19(14分)	41	342	19
2013	文科	全国Ⅰ11,15,19(22分);全国Ⅱ9,15,18(22分);大纲11,16,19(22分);北京8,10,17(24分);天津10,17(18分);重庆8,19(17分);湖北16,20(18分);江西8,15,19(22分);四川2,19(17分);广东6,8,18(24分);山东4,19(17分);江苏8,16(19分);安徽15,18(17分);浙江4,5,20(25分);福建18(12分);辽宁10,13,18(22分);湖南7,17(17分);陕西12,18(17分)	43	352	19.56
	理科	全国Ⅰ6,8,18(22分);全国Ⅱ4,7,18(22分);大纲10,16,19(22分);北京14,17(19分);天津17(13分);重庆5,19(18分);湖北8,19(17分);江西8, 19(17分);四川3,19(17分);广东5,18(19分);山东4,18(17分);江苏8,16(19分);安徽15,19(18分);浙江10,12,20(24分);福建12,19(17分);辽宁10,13,18(22分);湖南7,19(17分);陕西12,18(17分)	40	337	18.72
2014(不含上海)	文科	新课标Ⅰ8,19(17分);新课标Ⅱ6,7,18(22分);大纲卷4,10,19(22分);北京11,17(19分);山东13,18(17分);江苏8,16(19分);浙江3,6,10,20(30分);福建3,19(17分);安徽8,19(18分);辽宁4,7,19(22分);天津10,17(18分);湖南8,18(17分);湖北7,20(18分);江西19(12分);陕西5(5分);重庆7,20(17分);四川4,18(17分);广东9,18(18分)	39	325	
	理科	新课标Ⅰ12,19(分);新课标Ⅱ6,11,18(分);大纲卷8,11,19(分);北京7,17(分);山东13,17(分);江苏8,16(分);浙江3,17,20(分);福建2,17(分);安徽7,8,20(分);辽宁4,7,19(分);天津10,17(分);湖南7,19(分);湖北5,19(分);江西5,10,19(分);陕西5,17(分);重庆7,19(分);四川8,18(分);广东7(分)	41	334	

【历年分值变化】

2004～2014 高考数学立体几何文科平均分：

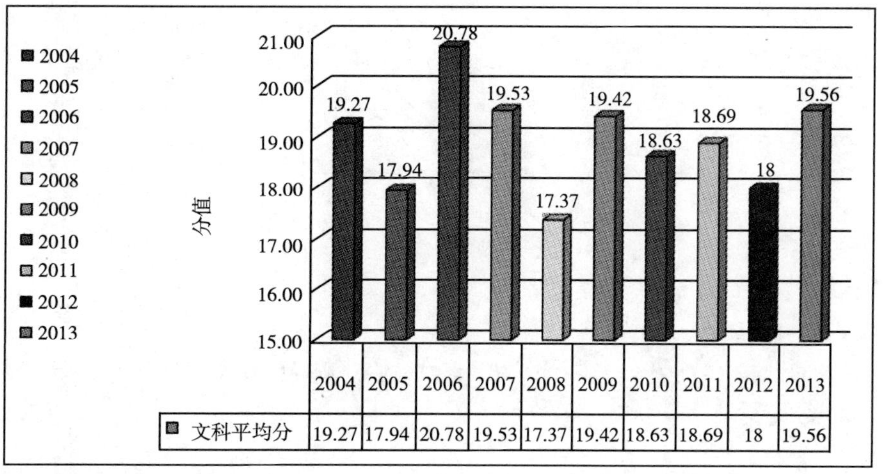

图 2.7

2004～2013 高考数学立体几何理科平均分：

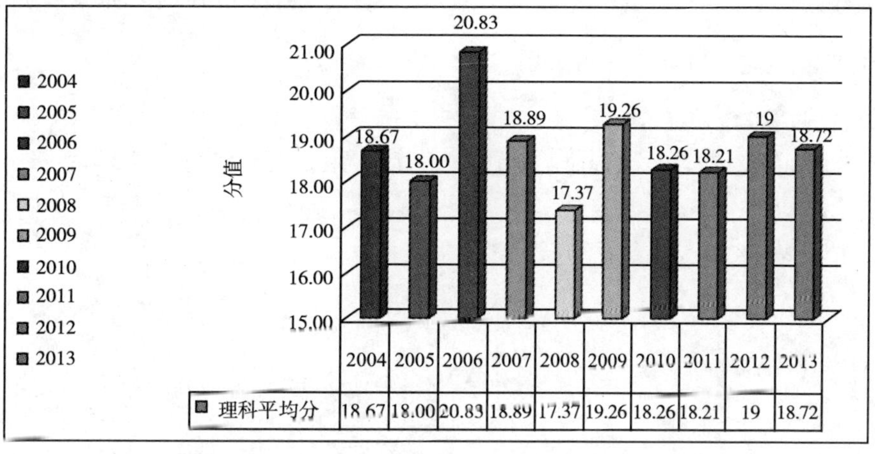

图 2.8

【热点回顾】

下表是 2004～2014 年间部分省市高考数学卷中立体几何部分的考查热点回顾：

年份	省/市	题号	知识点
2004	北京文	6	动点的轨迹问题
2005	上海文	12	简单几何体的表面积
2006	全国卷 1 理	13	空间中的角度问题
2007	全国卷 2 理	19	计算空间中距离与角
2008	北京理	4	空间中的点线面问题
2009	上海理	5	异面直线
2010	福建文	3	空间几何体的三视图
2011	江西理	21	空间中的点线面问题
2012	辽宁理	13	空间几何体的三视图
2013	大纲理	19	空间中的角度问题
2014	四川理	8	空间中的角度问题

【2014 年真题剖析】

(2014，浙江理，第 20 题)如图，在四棱锥 $A-BCDE$ 中，平面 $ABC\perp$平面 $BCDE$，$\angle CDE=\angle BED=90^\circ$，$AB=CD=2$，

$DE=BE=1, AC=\sqrt{2}$.

(Ⅰ)证明:$DE\perp$平面 ACD;

(Ⅱ)求二面角 $B-AD-E$ 的大小.

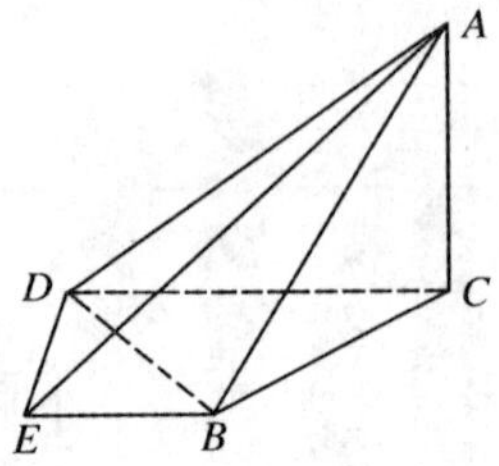

【历年真题重现】

1.(2009,全国卷Ⅱ文,第5题)

已知正四棱柱 $ABCD-A_1B_1C_1D_1$ 中,$AA_1=2AB$,E 为 AA_1 重点,则异面直线 BE 与 CD_1 所形成角的余弦值为 ( )

A. $\frac{\sqrt{10}}{10}$　　B. $\frac{1}{5}$　　C. $\frac{3\sqrt{10}}{10}$　　D. $\frac{3}{5}$

【答案】C

本题考查异面直线夹角求法,方法一:利用平移,$CD'\parallel BA'$,因此求$\triangle EBA'$中$\angle A'BE$ 即可,易知 $EB=\sqrt{2}$,$A'E=1$,$A'B=\sqrt{5}$,故由余弦定理求 $\cos\angle A'BE=\frac{3\sqrt{10}}{10}$,或由向量法可求.

2.(2010,北京文,第17题)

如图,正方形 $ABCD$ 和四边形 $ACEF$ 所在的平面互相垂直,$EF\parallel AC$,$AB=\sqrt{2}$,$CE=EF=1$.

(Ⅰ)求证:$AF\parallel$平面 BDE;

(Ⅱ)求证:$CF\perp$平面 BDE;

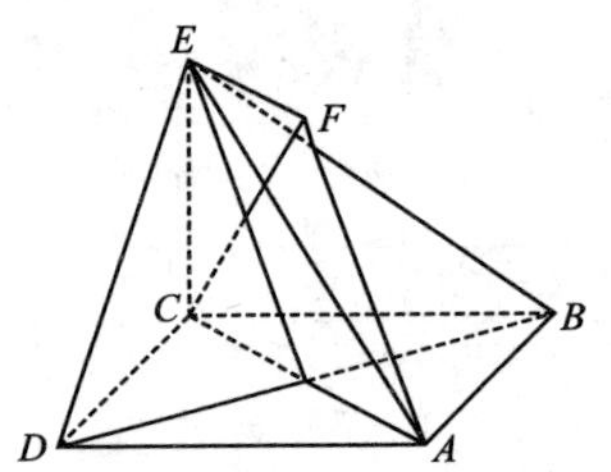

【答案】

(Ⅰ)设 AC 与 BD 交于点 G.

因为 $EF\parallel AG$,且 $EF=1$ $AG=\frac{1}{2}AC=1$.

所以四边形 $AGEF$ 为平行四边形.

所以 $AF\parallel EG$.

因为 $EG\subset$平面 BDE,$AF\not\subset$平面 BDE,

所以 $AF\parallel$平面 BDE.

(Ⅱ)连接 FG

因为 $EF\parallel CG$,$EF=CG=1$,且 $CE=1$,

所以四边形 $CEFG$ 为菱形.

所以 $CF\perp EG$.

因为四边形 $ABCD$ 为正方形,所以 $BD\perp AC$.

又因为平面 $ACEF\perp$平面 $ABCD$,

且平面 $ACEF\cap$平面 $ABCD$,

所以 $BD\perp$平面 $ACEF$. 所以 $CF\perp BD$.

又 $BD\cap EG=G$,

所以 $CF\perp$平面 BDE.

3.（2011，上海理，第 17 题）

设 A_1, A_2, A_3, A_4 是空间中给定的 5 个不同的点，则使 $\overrightarrow{MA_1}+\overrightarrow{MA_2}+\overrightarrow{MA_3}+\overrightarrow{MA_4}+\overrightarrow{MA_5}=\mathbf{0}$ 成立的点 M 的个数为（　　）

A. 0　　B. 1　　C. 5　　D. 10

【答案】B

4.（2012，辽宁理，第 18 题）

如图，直三棱柱 $ABC-A'B'C'$，$\angle BAC=90°$，$AB=AC=\lambda AA'$，点 M,N 分别为 $A'B$ 和 $B'C'$ 的中点.

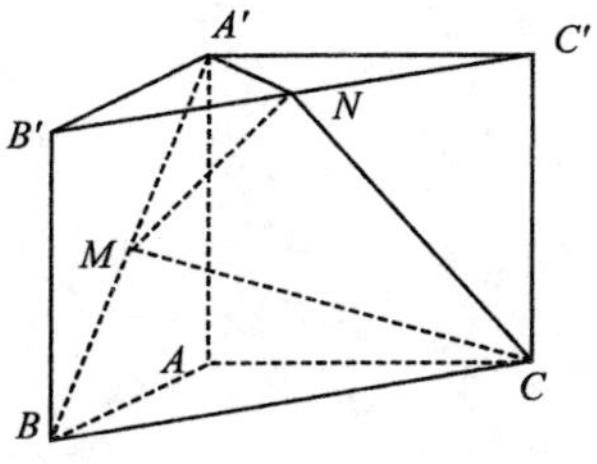

（Ⅰ）证明：MN∥平面 $A'ACC'$；

（Ⅱ）若二面角 $A'-MN-C$ 为直二面角，求 λ 的值.

【答案】

解答：（Ⅰ）证明：连接 AB'、AC'，由已知$\angle BAC=90°$，$AB=AC$，

三棱柱 $ABC-A'B'C'$ 为直三棱柱，所以 M 为 AB' 中点，

又因为 N 为 $B'C'$ 的中点，所以 MN∥AC'，

又 $MN\not\subset$平面 $A'ACC'$，因此 MN∥平面 $A'ACC'$；

法二：取 $A'B'$ 的中点 P，连接 MP、NP，M、N 分别为 AB'、$B'C'$ 的中点，所以 MP∥AA'，NP∥$A'C'$，

所以 MP∥平面 $A'ACC'$，PN∥平面 $A'ACC'$，又 $MP\cap NP=P$，因此平面 MPN∥平面 $A'ACC'$，

而 $MN\not\subset$平面 MPN，因此 MN∥平面 $A'ACC'$.

（Ⅱ）以 A 为坐标原点，分别以直线 AB、AC、AA' 为 x,y,z 轴，建立直角坐标系，如图，

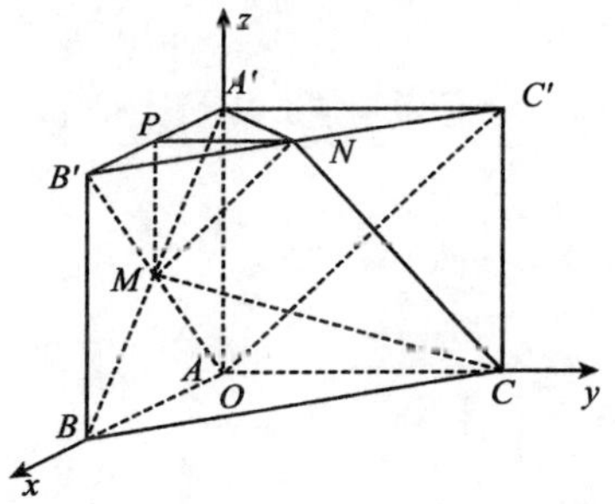

设 $AA'=1$，则 $AB=AC=1$，于是 $A(0,0,0)$，$B(\lambda,0,0)$，$C(0,\lambda,0)$，$A'(0,0,1)$，$B'(\lambda,0,1)$，$C'(0,\lambda,1)$.

所以 $M\left(\frac{\lambda}{2},0,\frac{1}{2}\right)$，$N\left(\frac{\lambda}{2},\frac{\lambda}{2},1\right)$，

设$\boldsymbol{m}=(x_1,y_1,z_1)$是平面 $A'MN$ 的法向量，

由$\begin{cases}\boldsymbol{m}\cdot\overrightarrow{A'M}=0,\\ \boldsymbol{m}\cdot\overrightarrow{MN}=0,\end{cases}$得$\begin{cases}\frac{\lambda}{2}x_1-\frac{1}{2}z_1=0,\\ \frac{\lambda}{2}y_1+\frac{1}{2}z_1=0.\end{cases}$

可取 $\boldsymbol{m}=(1,-1,\lambda)$，设 $\boldsymbol{n}=(x_2,y_2,z_2)$是平面 MNC 的法向量，

由$\begin{cases}\boldsymbol{n}\cdot\overrightarrow{NC}=0,\\ \boldsymbol{n}\cdot\overrightarrow{MN}=0,\end{cases}$得$\begin{cases}\frac{\lambda}{2}x_2+\frac{1}{2}y_2-z_2=0,\\ \frac{\lambda}{2}y_2+\frac{1}{2}z_2=0,\end{cases}$可取 $\boldsymbol{n}=(-3,-1,\lambda)$，

因为二面角 $A'-MN-C$ 为直二面角，所以 $\boldsymbol{m}\cdot\boldsymbol{n}=0$，

即$-3+(-1)\times(-1)+\lambda^2=0$，解得 $\lambda=\sqrt{2}$.

5.（2013，北京文，第 17 题）

如图，在四棱锥 $P-ABCD$ 中，$AB//CD$，$AB\perp AD$，$CD=2AB$，平面 $PAD\perp$ 底面 $ABCD$，$PA\perp AD$，E 和 F 分别是 CD 和 PC 的中点，求证：

（Ⅰ）$PA\perp$ 底面 $ABCD$；

（Ⅱ）$BE//$ 平面 PAD；

（Ⅲ）平面 $BEF\perp$ 平面 PCD.

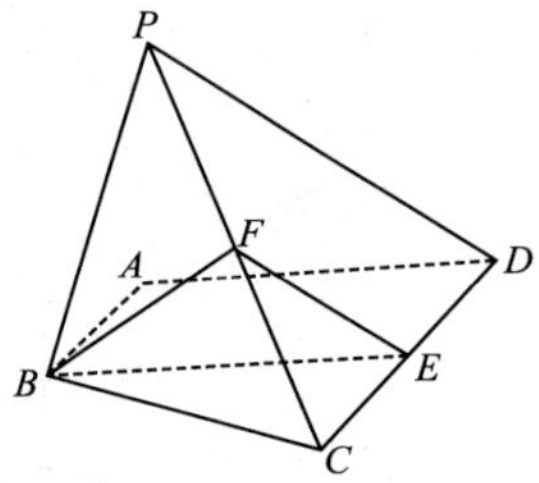

【备考策略】

同学们在备考这部分的时候要注意教材中的例题和解题思想. 教材是数学知识和数学思想方法的载体，又是教学的依据，是高考试题的源头，在解题时一定要把握住基本概念，再利用定理结论解题. 另外不能忽视平面几何知识的复习，知识复习要达到网络化，将解题方法进行归类、举一反三，还要注重推理训练、提高思维素质、渗透数学思想.

立体几何是高中数学的重要内容，在高考试题中占有很大的比重，高考试卷中立体几何把考查的立足点放在空间图形上，突出对空间观念和空间想象能力的考查.《考试大纲》要求：①掌握平面基本性质、空间两条直线、直线和平面、两个平面的位置关系(特别是平行和垂直关系)以及它们所成的角的概念；②能运用上述概念以及有关两条直线、直线和平面、两个平面的平行和垂直关系的性质与判定，进行论证和解决有关问题；③理解空间直角坐标系、空间向量的概念，掌握空间向量的加法、减法、数乘和数量积的定义、性质及其应用；掌握运用向量研究空间图形的数学思想方法.

【我们的工作】

1. TPS 系统

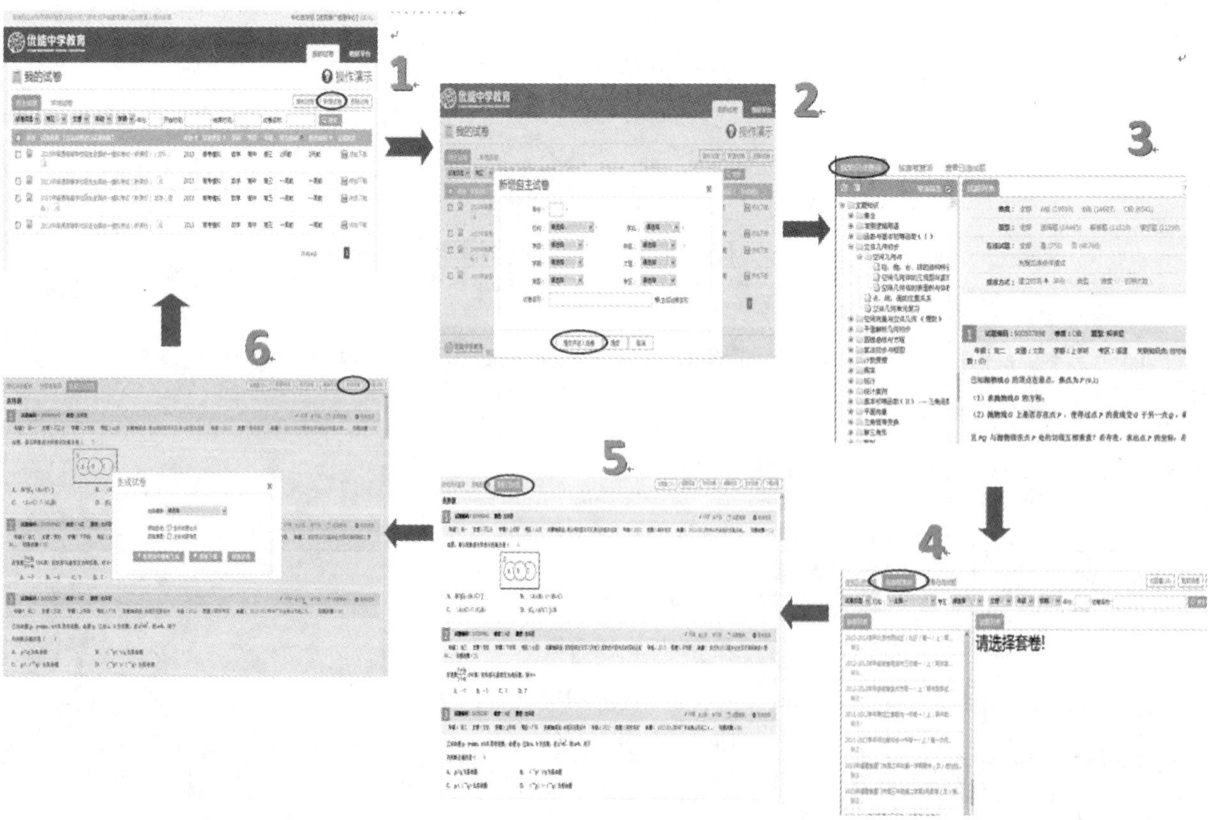

相似题例证

2014 真题

2014，新课标全国Ⅱ理，第 18 题

如图，四棱锥 $P-ABCD$ 中，底面 $ABCD$ 为矩形，$PA\perp$ 平面 $ABCD$，E 为 PD 的中点.

（Ⅰ）证明：$PB/\!/$平面 AEC；

（Ⅱ）设二面角 $D-AE-C$ 为 $60°$，$AP=1$，$AD=\sqrt{3}$，求三棱锥 $E-ACD$ 的体积.

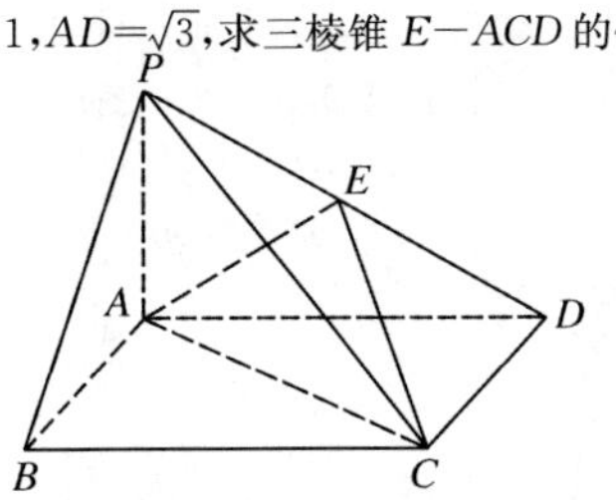

TPS 系统

S00501164

如图，正方形 $ADEF$ 与梯形 $ABCD$ 所在的平面互相垂直，$AD\perp CD$，$AB/\!/CD$，$AB=AD=\frac{1}{2}CD=2$，点 M 在线段 EC 上.

（Ⅰ）当点 M 为 EC 中点时，求证：$BM/\!/$平面 $ADEF$；

（Ⅱ）当平面 BDM 与平面 ABF 所成锐二面角的余弦值为 $\frac{\sqrt{6}}{6}$ 时，求三棱锥 $M-BDE$ 的体积.

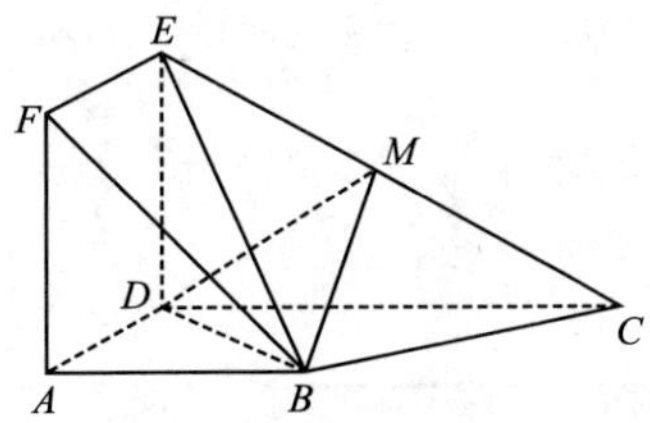

2. 高分策略

《高分策略》中的立体几何共分五大考点，囊括全国各地真题题型，并配有巩固练习以加强学生的掌握能力，其中典例的解析更是具体、深刻，从而增加了对真题的解读能力. 下图为立体几何章节的部分截图.

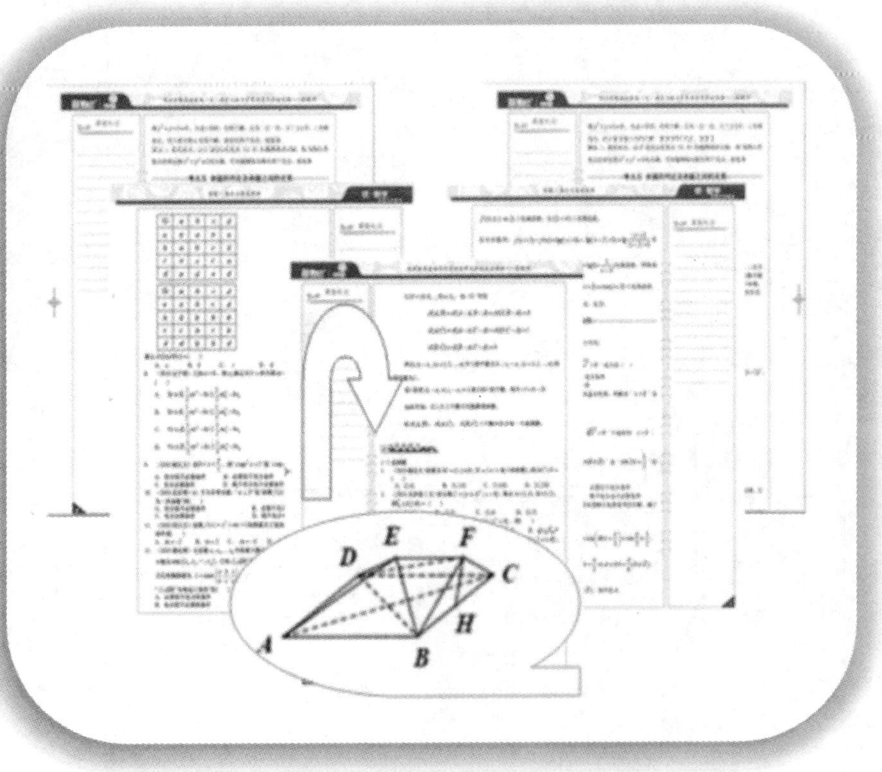

相似题例证

2014 真题

2014，湖北理，第 19 题

如图，在棱长为 2 的正方体 $ABCD-A_1B_1C_1D_1$ 中，E,F,M,N 分别是棱 AB,AD,A_1B_1,A_1D_1 的中点，点 P,Q 分别在棱 DD_1,BB_1 上移动，且 $DP=BQ=\lambda(0<\lambda<2)$.

(Ⅰ)当 $\lambda=1$ 时，证明：直线 BC_1∥平面 $EFPQ$；

(Ⅱ)是否存在 λ，使平面 $EFPQ$ 与平面 $PQMN$ 所成的二面角为直二面角？若存在，求出 λ 的值；若不存在，说明理由.

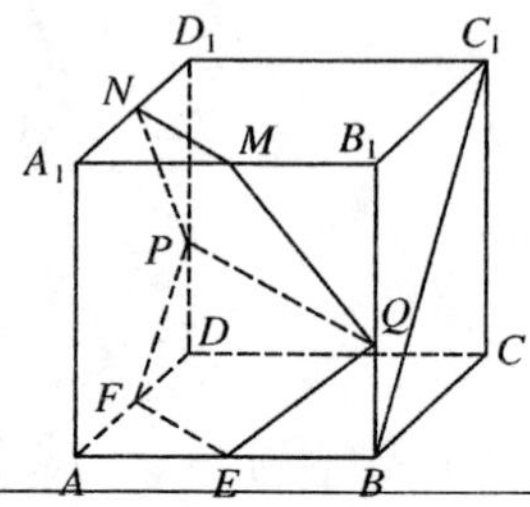

高分策略

131，2

如图，在正三棱柱 $ABC-A_1B_1C_1$ 中，点 D 在棱 BC 上，$AD\perp C_1D$.

(1)求证：$AD\perp$平面 BCC_1B_1；

(2)设点 E 是 B_1C_1 的中点，求证：A_1E∥平面 ADC_1.

(3)设点 M 在棱 BB_1 上，试确定点 M 的位置，使得平面 $AMC_1\perp$平面 AA_1C_1C.

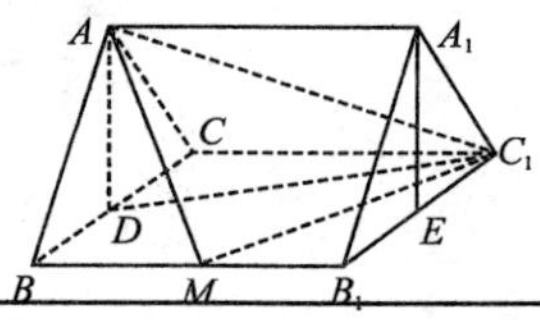

3. 高考预测卷

高考预测卷是新东方优能推广管理中心旗下的一系列高考丛书，其中数学预测卷分文理卷，每卷共五套题，预测题紧扣高考大纲和考试说明. 下图为高考预测卷及有关切片截图：

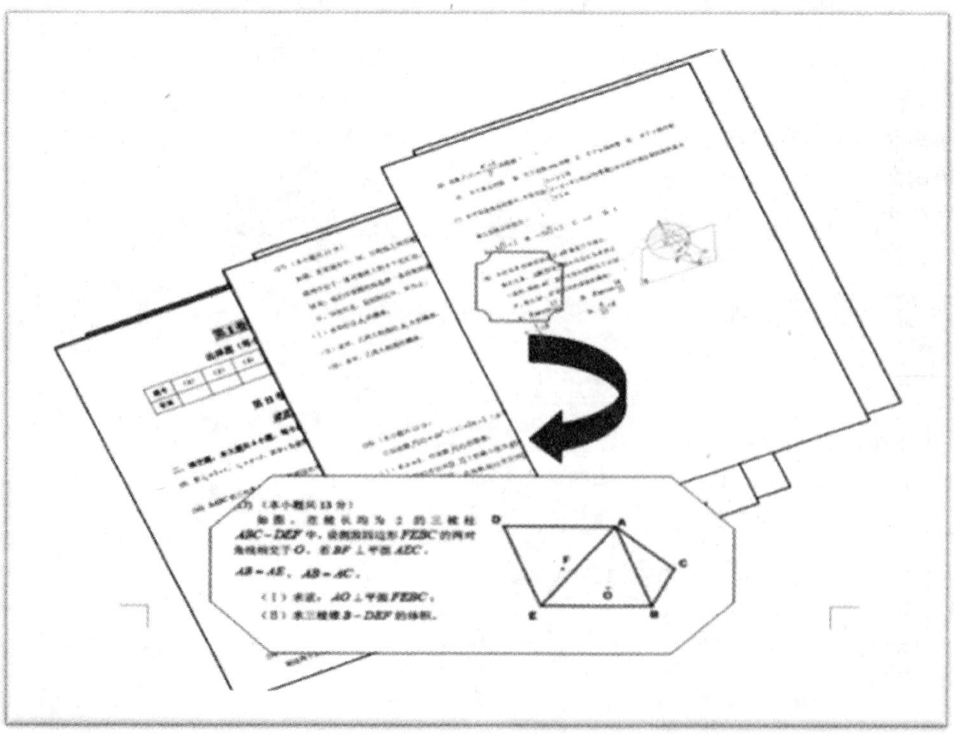

相似题例证

2014 真题	2014，江西理，第 19 题 如图，四棱锥 $P-ABCD$ 中，四边形 $ABCD$ 为矩形，平面 $PAD\perp$ 平面 $ABCD$. （Ⅰ）求证：$AB\perp PD$； （Ⅱ）若 $\angle BPC=90°$，$PB=\sqrt{2}$，$PC=2$，问 AB 为何值时，四棱锥 $P-ABCD$ 的体积最大？并求此时平面 BPC 与平面 DPC 夹角的余弦值. 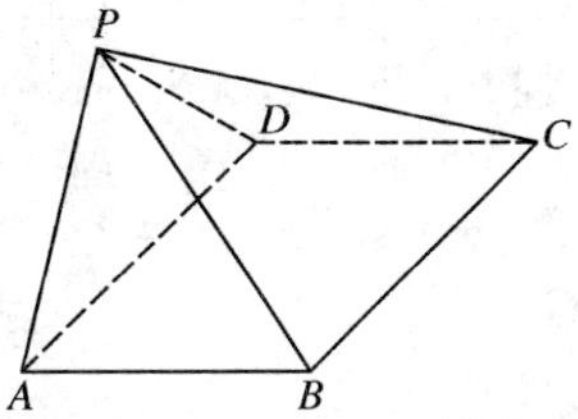
高考预测卷	文理科模拟卷 1　18 如图，在四棱锥 $P-ABCD$ 中，$PA\perp$ 底面 $ABCD$，$\angle BCD=120°$，$BCAB$，$CD\perp AD$，$BC=CD=PA=a$， (1)求证：平面 $PBD\perp PAC$； (2)求四棱锥 $P-ABCD$ 的体积. 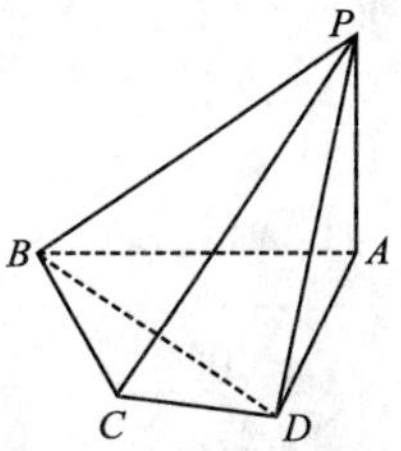

★★数列专题★★

【规律总结】①

数列是高中代数的重要内容，又是学习高等数学的基本，所以在数学高考中占有重要的地位，近几年本专题的试题平均占全卷总分的 8%左右. 大多是一道选择或填空题，一道解答题. 解答题多为中等以上难度的试题，突出考查考生的思维能力，解决问题的能力，试题大多有较好的区分度. 有关数列的试题经常是综合题，经常把数列知识和指数函数、对数函数及不等式的知识综合起来. 探索性问题是高考的热点，常在数列解答题中出现. 应用问题有时也要用到本专题的知识. 近几年的数列解答题文、理分开，文科比理科的要求层次明显降低，理科试题常要进行分类讨论. 数列主要考查的有：递推公式求数列的通项公式，等差数列、等比数列的定义和基本性质的考查，数列与不等式结合，等差数列、等比数列与函数之间的联系，数列极限问题.

【2004－2014 历年高考数学数列考情分析】

表 2.5　2004—2014 全国各省份的数列考情分析

年份		省份及编号	总计	总分	平均分
2004	文科	全国Ⅰ14、17(16 分)；全国Ⅱ17(12 分)；北京 14(5 分)；上海 4、12、22(26 分)；安徽 6、18(17 分)；广东 17(12 分)；湖北 9(5 分)；江苏 15、20(16 分)；福建 5(5 分)；浙江 3、17(19 分)；天津 20(12 分)；重庆 9、22(19 分)；湖南 20(12 分)	20	176	11.73
	理科	全国Ⅰ15、22(18 分)；全国Ⅱ19(12 分)；北京 14(5 分)；上海 4、12、22(26 分)；安徽 6、18(17 分)；广东 17(12 分)；湖北 8、22(19 分)；江苏 15、20(16 分)；浙江 3、22(19 分)；天津 8、21(17 分)；重庆 9、22(19 分)；湖南 8、22(19 分)	22	199	13.27

① 高青. 例析函数思想在解决数列问题中的应用[J]. 咸宁学院学报，2010，(6)：164-169.
赵海霞. 例析数列求和的常用方法[J]. 读与写杂志，2010，(7)：171-172.
王军华. 正向等差数列两个不等式的推广[J]. 天中学刊，2010，(2)：4-5.

续表

年份		省份及编号	总计	总分	平均分
2005	文科	全国Ⅰ21(12分);全国Ⅱ7、13、19(22分);北京17(13分);上海16、20(18分);广东10(5分);湖北19(12分);江苏3、23(19分);福建3、19(17分);山东1、21(17分);浙江16(14分);天津14、18(16分);重庆22(12分);江西22(14分);湖南5、16(17分);辽宁19(12分)	23	220	12.22
	理科	全国Ⅰ19(12分);全国Ⅱ11、18(17分);北京19(12分);上海7、12、20(22分);广东10(5分);湖北15、22(18分);江苏3、23(19分);福建2、15、22(23分);山东13、21(16分);浙江1、20(19分);天津13、18(16分);重庆14、22(16分);江西21(12分);湖南3(5分);辽宁19(12分)	26	224	12.44
2006	文科	全国Ⅰ5、17(17分);全国Ⅱ6、18(17分);北京6、20(19分);上海4、20(18分);安徽21(12分);广东6、19(19分);湖北4、20(18分);江苏21(14分);福建2、22(19分);山东14、22(18分);陕西3、20(17分);四川17(12分);浙江15(14分);天津2、21(17分);重庆2、14、22(21分);江西3、22(19分);湖南11、20(18分);辽宁20(12分)	32	301	16.72
	理科	全国Ⅰ10、22(17分);全国Ⅱ11、14、22(21分);北京20(14分);上海4、21(16分);安徽21(12分);广东6、19(19分);湖北2、17(18分);江苏21(14分);福建2、22(19分);山东22(14分);陕西20(12分);四川20(12分);浙江11(4分);天津7、21(19分);重庆2、14、22(21分);江西7、13、22(23分);湖南2、19(19分);辽宁9、14(9分)	32	283	15.72
2007	文科	全国Ⅰ6、21(17分);全国Ⅱ14、17(15分);北京10、16(18分);上海4、20(22分);安徽3、21(19分);广东13、20(19分);湖北20(13分);江苏20(16分);福建2、21(17分);山东18(12分);陕西5、20(17分);四川7、22(19分);浙江19(14分);天津8、20(19分);重庆1、22(17分);江西14、21(16分);湖南4、20(18分);辽宁5、20(17分)	32	305	16.94
	理科	全国Ⅰ15、22(17分);全国Ⅱ21(12分);北京10、15(18分);上海20(18分);安徽21(14分);广东5、21(19分);湖北6、8(10分);江苏20(16分);福建2、21(17分);山东17(12分);陕西5、22(17分);四川21(12分);浙江21(15分);天津8、13、21(23分);重庆1、14、21(21分);江西14、22(18分);湖南21(13分);辽宁4、21(17分)	30	289	16.06
2008	文科	全国Ⅰ7、19(17分);全国Ⅱ18(12分);北京7、20(18分);上海4、21(22分);安徽15、21(16分);广东4、21(19分);湖北21(14分);江苏19(16分);福建3、20(17分);山东20(12分);陕西4、20(17分);四川16、21(16分);浙江4、18(19分);天津4、20(17分);重庆1、22(17分);江西5、19(17分);湖南20(12分);辽宁20(12分)	30	290	15.26
	理科	全国Ⅰ5、22(17分);全国Ⅱ20(12分);北京6、20(18分);上海14、21(22分);安徽14、21(17分);广东2、21(17分);湖北14、21(19分);江苏19(16分);福建3、19(17分);山东19(12分);陕西4、22(19分);四川7、16、20(21分);浙江6、22(19分);天津15、22(18分);重庆14、22(16分);江西5、19(17分);湖南18(12分);辽宁21(12分)	32	301	15.84
2009	文科	全国Ⅰ14、17(15分);全国Ⅱ13、17(15分);北京10、20(18分);上海13、23(22分);安徽5、19(17分);广东5、20(19分);湖北10,19(17分);江苏14,17(19分);福建17(12分);山东13,20(16分);陕西13、21(16分);四川3、21(17分);浙江11、16(18分);天津20(12分);重庆5、21(17分);江西8、21(17分);湖南3,21(18分);辽宁3,17(15分)	34	290	15.26
	理科	全国Ⅰ14、20(17分);全国Ⅱ14、19(17分);北京14、20(18分);上海12、23(22分);安徽5、21(18分);广东4、21(19分);湖北10、15、19(23分);江苏14、17(19分);福建3(5分);山东20(12分);陕西13、22(16分);四川21(12分);浙江11(4分);天津6、22(19分);重庆14、21(17分);江西8、22(19分);湖南21(13分);辽宁6,14(10分)	32	280	14.74

续表

年份		省份及编号	总计	总分	平均分
2010	文科	全国Ⅰ4、17(15分);全国Ⅱ6、18(17分);北京16(13分);上海21(14分);安徽5、21(18分);广东4(5分);湖北7(5分);江苏19(16分);福建17(12分);山东7,18(17分);陕西16(12分);四川20(12分);浙江5,19(19分);天津15、22(18分);重庆2、16(18分);江西7、22(19分);湖南20(13分);辽宁3,14(10分)	27	253	13.32
	理科	全国Ⅰ4、22(17分);全国Ⅱ2、18(17分);北京2(5分);上海20(13分);安徽10、20(17分);广东4(5分);湖北20(13分);江苏19(16分);福建3、11(10分);山东9、18(17分);陕西9、16(17分);四川8、21(17分);浙江3、15(9分);天津6、22(19分);重庆1、21(17分);江西5、22(19分);湖南15、21(18分);辽宁6,16(10分)	31	256	13.47
2011	文科	全国Ⅰ17(12分);全国Ⅱ17(10分);北京12(5分),20(13分);上海23(18分);广东11(5分);江苏20(16分);浙江17(4分);19(14分);湖北17(12分);四川20(12分);天津11(5分);20(14分);陕西19(12分);湖南20(13分);福建17(12分);重庆1(5分),16(13分);安徽7(5分);21(13分);辽宁5(5分);15(5分);江西17(12分);山东20(12分);海南17(12分)	25	259	13.63
	理科	江苏20(16分);安徽18(13分);北京11,20(18分);福建16(13分);广州11,20(19分);海南无;湖北19(12分);湖南12,16(10分);江西5,18(17分);辽宁17(12分);全国卷Ⅰ17(12分);全国卷Ⅱ4、20(17分);山东20(12分);陕西19(12分);上海18、22(23分);四川8、11、20(22分);天津4、20(19分);浙江19(14分);重庆11、21(17分);	28	277	14.58
2012	文科	安徽5,21(18分);北京6,10,20(23分);福建2,14(9分);山东20(12分);陕西16(12分);天津16,18(25分);四川12,20(17分);湖北17,20(18分);广东12,19(19分);江苏6,20(21分);辽宁4,14(10分);江西5,13,17(22分);湖南16(5分);全国6,18(17分);上海14,23(22分);新课标12,14(10分);浙江19(14分)	32	274	15.22
	理科	安徽4,21(18分);北京10,20(18分);福建2,14(9分);山东20(12分);陕西17(12分);天津18(13分);四川12,16,20(21分);湖北18(12分);广东17,20(18分);江苏6,20(21分);辽宁6,14(10分);江西12(5分)	30	252	14
2013	文科	全国Ⅰ6,17(17分);全国Ⅱ17(12分);大纲7,17(15分);北京11,20(18分);天津19(14分);重庆12,16(18分);湖北19(13分);江西16(12分);四川16(12分);广东11,19(19分);山东20(12分);江苏14,19(21分);安徽7,19(18分);浙江19(14分);福建17(12分);辽宁4,14(10分);湖南15,19(18分);陕西17(12分)	27	267	14.83
	理科	全国Ⅰ7,14(10分);全国Ⅱ3,16(10分);大纲6,17,22(27分);北京10,20(18分);天津19(14分);重庆12(5分);湖北14,18(17分);江西3,17(17分);四川16(12分);广东12,19(19分);山东20(12分);江苏14,19(21分);安徽20(13分);浙江18(14分);福建9(5分);辽宁4,14(10分);湖南15(5分);陕西14,17(17分)	29	246	13.67
2014(不含上海)	文科	新课标Ⅰ17(12分);新课标Ⅱ5,16(10分);大纲卷8,17(15分);北京15(13分);山东19(12分);江苏7,20(21分);浙江19(16分);福建17(12分);安徽12,18(17分);辽宁9(5分);天津5,20(19分);湖南16(12分);湖北19(12分);江西13,17(17分);陕西16(12分);重庆2,16(18分);四川19(12分);广东13,19(19分)	26	254	
	理科	新课标Ⅰ17(12分);新课标Ⅱ17(12分);大纲卷10,18(17分);北京12(5分);山东19(12分);江苏7,20(21分);浙江19(14分);福建3(5分);安徽12(5分);辽宁8(5分);天津19,11(19分);湖南20(13分);湖北18(12分);江西17(12分);重庆2,22(17分);四川19(12分);广东13,19(19分)	22	212	

【历年分值变化】①

2004～2013 高考数学数列文科平均分：

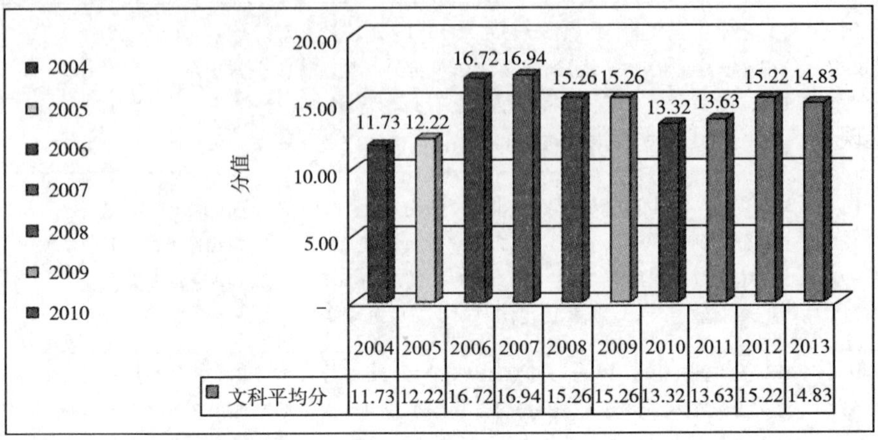

图 2.9

2004～2013 高考数学数列理科平均分：

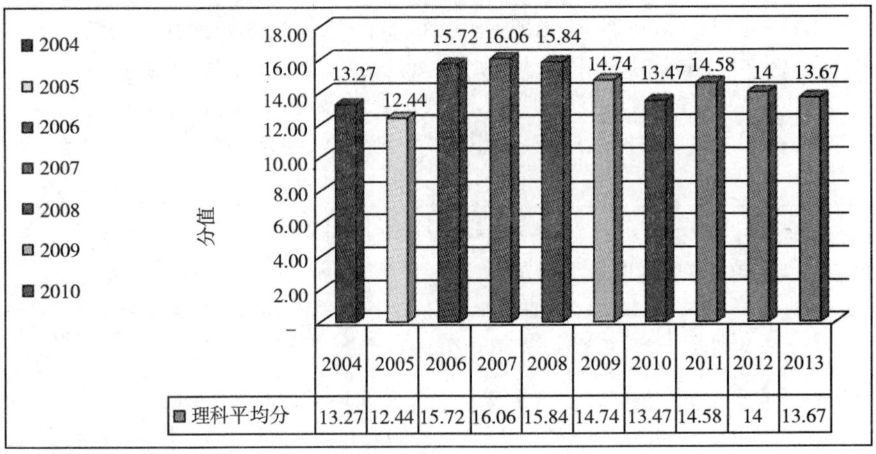

图 2.10

【热点回顾】

下表是 2004～2014 年间部分省市高考数学卷中数列部分的考查热点回顾：

年份	省/市	题号	知识点
2004	全国卷 1 理	15	数列的基本概念
2005	上海文	20	数列中的探索性问题
2006	全国卷 2 理	11	数列的前 n 项和
2007	上海文	14	数列与极限
2008	北京理	20	数列与函数
2009	安徽理	5	等差数列
2010	湖北文	17	数列的综合应用
2011	天津文	11	等差数列
2012	浙江理	7	数列与函数
2013	湖北理	18	数列与极限
2014	山东理	19	数列的通项与前 n 项和

① 杨远宏，杜兴芹．“曲线和方程”与“圆锥曲线方程”的结合[J]．德宏师范高等专科学校学报，2009，(4)：95－99．
尚月如．从高考数学试题看圆锥曲线的总复习[J]．中学数学杂质，2007，(5)：44－47．
胡群海．平面向量与圆锥曲线结合的高考题解法[J]．数学教学研究，2007，(10)：26－29．

【2014 年真题剖析】

(2014·新课标Ⅰ理,17)

已知数列$\{a_n\}$的前n项和为S_n,$a_1=1$,$a_n\neq0$,$a_na_{n+1}=\lambda S_n-1$,其中λ为常数.

(Ⅰ)证明:$a_{n+2}-a_n=\lambda$;

(Ⅱ)是否存在λ,使得$\{a_n\}$为等差数列?并说明理由.

【历年真题重现】

1.(2009,山东理,第 20 题)

等比数列$\{a_n\}$的前n项和为S_n,已知对任意的$n\in\mathbf{N}^*$,点(n,S_n),均在函数$y=b^x+r(b>0)$且$b\neq1$,b,r均为常数)的图象上.

(Ⅰ)求r的值;

(Ⅱ)当$b=2$时,记$b_n=2(\log a_n+1)(n\in\mathbf{N}^*)$,

证明:对任意的$n\in\mathbf{N}^*$,不等式$\frac{b_1+1}{b_1}\cdot\frac{b_2+1}{b_2}\cdots\cdots\frac{b_n+1}{b_n}>\sqrt{n+1}$成立.

【答案】

(Ⅰ)因为对任意的$n\in\mathbf{N}^*$,点(n,S_n),均在函数$y=b^x+r(b>0)$且$b\neq1$,b,r均为常数的图象上.

所以得$S_n=b^n+r$,当$n=1$时,$a_1=S_1=b+r$,

当$n\geqslant2$时,$a_n=S_n-S_{n-1}=b^n+r-(b^{n-1}+r)=b^n-b^{n-1}=(b-1)b^{n-1}$,

又因为$\{a_n\}$为等比数列,所以$r=-1$,公比为b,$a_n=(b-1)b^{n-1}$,

(Ⅱ)当$b=2$时,$a_n=(b-1)b^{n-1}=2^{n-1}$,$b_n=2(\log_2a_n+1)=2(\log_22^{n-1}+1)=2n$,

则$\frac{b_n+1}{b_n}=\frac{2n+1}{2n}$,

所以$\frac{b_1+b}{b_1}\cdot\frac{b_2+1}{b_2}\cdot\cdots\cdot\frac{b_n+1}{b_n}=\frac{3}{2}\cdot\frac{5}{4}\cdot\frac{7}{6}\cdot\cdots\cdot\frac{2n+1}{2n}$,

下面用数学归纳法证明不等式.

$\frac{b_1+1}{b_1}\cdot\frac{b_2+1}{b_2}\cdot\cdots\cdot\frac{b_n+1}{b_n}-\frac{3}{2}\cdot\frac{5}{4}\cdot\frac{7}{6}\cdot\cdots\cdot\frac{2n+1}{2n}>\sqrt{n+1}$成立.

当$n=1$时,左边$=\frac{3}{2}$,右边$=\sqrt{2}$,因为$\frac{3}{2}>\sqrt{2}$,所以不等式成立.

假设当$n=k$时不等式成立,即$\frac{b_1+1}{b_1}\cdot\frac{b_2+1}{b_2}\cdot\cdots\cdot\frac{b_k+1}{b_k}=\frac{3}{2}\cdot\frac{5}{4}\cdot\frac{7}{6}\cdot\cdots\cdot\frac{2k+1}{2k}>\sqrt{k+1}$成立.

当$n=k+1$时,左边$=\frac{b_1+1}{b_1}\cdot\frac{b_2+1}{b_2}\cdot\cdots\cdot\frac{b_k+1}{b_k}\frac{b_{k+1}+1}{b_{k+1}}=\frac{3}{2}\cdot\frac{5}{4}\cdot\frac{7}{6}\cdot\cdots\cdot\frac{2k+1}{2k}\cdot\frac{2k+3}{2k+2}>$

$\sqrt{k+1}\cdot\frac{2k+3}{2k+2}=\sqrt{\frac{(2k+3)^2}{4(k+1)}}=\sqrt{\frac{4(k+1)^2+4(k+1)+1}{4(k+1)}}=\sqrt{(k+1)+1+\frac{1}{4(k+1)}}>\sqrt{(k+1)+1}$,

所以当$n=k+1$时,不等式也成立.

由①②可得不等式恒成立.

2.(2010,江西文,第 22 题)

正实数数列$\{a_n\}$中,$a_1=1$,$a_2=5$,且$\{a_n^2\}$成等差数列.

(1)证明数列$\{a_n\}$中有无穷多项为无理数;

(2)当n为何值时,a_n为整数,并求出使$a_n<200$的所有整数项的和.

【答案】

证明:(1)由已知有:$a_n^2=1+24(n-1)$,

从而$a_n=\sqrt{1+24(n-1)}$,

方法一:取$n-1=24^{2k-1}$,则$a_n=\sqrt{1+24^{2k}}(k\in\mathbf{N}^*)$,

用反证法证明这些a_n都是无理数.

假设$a_n=\sqrt{1+24^{2k}}$为有理数,则a_n必为正整数,且$a_n>24^k$,

故$a_n-24^k\geqslant1$. $a_n-24^k>1$,与$(a_n-24^k)(a_n+24^k)=1$矛盾,

所以$a_n=\sqrt{1+24^{2k}}(k\in\mathbf{N}^*)$都是无理数,即数列$\{a_n\}$中有无穷多项为无理数;

方法二:因为$a_{n+1}^2=1+24n(n\in\mathbf{N}^*)$,当$n$的末位数字是 3,4,8,9 时,$1+24n$的末位数字是 3 和 7,它不是整数的平

方，也不是既约分数的平方，故此时 $a_{n+1}=\sqrt{1+24n}$ 不是有理数，因这种 n 有无穷多，故这种无理项 a_{n+1} 也有无穷多.

(2)要使 a_n 为整数，由 $(a_n-1)(a_n+1)=24(n-1)$ 可知：

a_n-1,a_n+1 同为偶数，且其中一个必为 3 的倍数，所以有 $a_n-1=6m$ 或 $a_n+1=6m$，

当 $a_n=6m+1$ 时，有 $a_n^2=36m^2+12m+1=1+12m(3m+1)(m\in\mathbf{N})$，

又 $m(3m+1)$ 必为偶数，所以 $a_n=6m+1(m\in\mathbf{N})$ 满足 $a_n^2=1+24(n-1)$，

即 $n=\dfrac{m(3m+1)}{2}+1(m\in\mathbf{N})$ 时，a_n 为整数；

同理 $a_n=6m-1(m\in\mathbf{N}^*)$ 有 $a_n^2=36m^2-12m+1=1+12m(3m-1)(m\in\mathbf{N}^*)$，

也满足 $a_n^2=1+24(n-1)$，即 $n=\dfrac{3(3m-1)}{2}+1(m\in\mathbf{N}^*)$ 时，a_n 为整数；

显然 $a_n=6m-1(m\in\mathbf{N}^*)$ 和 $a_n=6m+1(m\in\mathbf{N})$ 是数列中的不同项；

所以当 $n=\dfrac{m(3m+1)}{2}+1(m\in\mathbf{N})$ 和 $n=\dfrac{m(3m-1)}{2}+1(m\in\mathbf{N}^*)$ 时，a_n 为整数；

由 $a_n=6m+1<200(m\in\mathbf{N})$ 有 $0\leqslant m\leqslant 33$，

由 $a_n=6m-1<200(m\in\mathbf{N}^*)$ 有 $1\leqslant m\leqslant 33$.

设 a_n 中满足 $a_n<200$ 的所有整数项的和为 S，则

$S=(5+11+\cdots+197)+(1+7+\cdots+199)=\dfrac{5+197}{2}\times 33+\dfrac{1+199}{2}\times 34=6\ 733.$

3.(2011，浙江理，第 19 题)

已知公差不为 0 的等差数列 $\{a_n\}$ 的首项 $a_1=a\ (a\in\mathbf{R})$，设数列的前 n 项和为 S_n，且 $\dfrac{1}{a_1},\dfrac{1}{a_2},\dfrac{1}{a_4}$ 成等比数列.

(Ⅰ)求数列 $\{a_n\}$ 的通项公式及 S_n；

(Ⅱ)记 $A_n=\dfrac{1}{S_1}+\dfrac{1}{S_2}+\dfrac{1}{S_3}+\cdots+\dfrac{1}{S_n}$，$B_n=\dfrac{1}{a_1}+\dfrac{1}{a_2}+\dfrac{1}{a_{2^2}}+\cdots+\dfrac{1}{a_{2^n}}$，当 $n\geqslant 2$ 时，试比较 A_n 与 B_n 的大小.

【解析】(Ⅰ) $\dfrac{1}{a_2^2}=\dfrac{1}{a_1}\cdot\dfrac{1}{a_4}\Rightarrow a_2^2=a_1a_4\Rightarrow(a_1+d)^2=a_1(a_1+3d)\Rightarrow d=a_1=a$ 则 $a_n=a_1+(n-1)d=a_1+(n-1)a_1=na_1=na$，$S_n=a_1n+\dfrac{n(n-1)}{2}d=an+\dfrac{n(n-1)}{2}a=\dfrac{n(n+1)}{2}a$.

(Ⅱ) $A_n=\dfrac{1}{S_1}+\dfrac{1}{S_2}+\dfrac{1}{S_3}+\cdots+\dfrac{1}{S_n}=\dfrac{1}{\frac{1\times2}{2}a}+\dfrac{1}{\frac{2\times3}{2}a}+\dfrac{1}{\frac{3\times4}{2}a}+\cdots+\dfrac{1}{\frac{n(n+1)}{2}a}=\dfrac{2}{a}\dfrac{1}{1\times2}+\dfrac{2}{a}\dfrac{1}{2\times3}+\dfrac{2}{a}\dfrac{1}{3\times4}+\cdots+\dfrac{2}{a}\dfrac{1}{n(n+1)}=\dfrac{2}{a}\left(1-\dfrac{1}{n+1}\right)$.

因为 $a_{2^n}=2^na$，所以 $B_n=\dfrac{1}{a_1}+\dfrac{1}{a_2}+\dfrac{1}{a_{2^2}}+\cdots+\dfrac{1}{a_{2^{n-1}}}=\dfrac{1}{a}\cdot\dfrac{1-\left(\frac{1}{2}\right)^n}{1-\frac{1}{2}}=\dfrac{2}{a}\left(1-\dfrac{1}{2^n}\right)$.

当 $n\geqslant 2$ 时，$2^2=C_n^0+C_n^1+C_n^2+\cdots+C_n^n>n+1$ 即 $1-\dfrac{1}{n+1}<1-\dfrac{1}{2^n}$.

所以当 $a>0$ 时，$A_n<B_n$；当 $a<0$ 时，$A_n>B_n$.

4.(2012，安徽文，第 21 题)

设函数 $f(x)=\dfrac{x}{2}+\sin x$ 的所有正的极小值点从小到大排成的数列为 $\{x_n\}$.

(Ⅰ)求数列 $\{x_n\}$ 的通项公式.

(Ⅱ)设 $\{x_n\}$ 的前 n 项和为 S_n，求 $\sin S_n$.

【答案】(Ⅰ)求导函数可得 $f'(x)=\dfrac{1}{2}+\cos x$，

令 $f'(x)=0$，可得 $x=2k\pi\pm\dfrac{2\pi}{3}(k\in\mathbf{Z})$令

$f'(x)>0$，可得 $f'(x)>0\Leftrightarrow 2k\pi-\dfrac{2\pi}{3}<x<2k\pi+\dfrac{2\pi}{3}(k\in\mathbf{Z})$，

令 $f'(x)<0$，可得 $f'(x)<0\Leftrightarrow 2k\pi+\dfrac{2\pi}{3}<x<2k\pi+\dfrac{4\pi}{3}(k\in\mathbf{Z})$，

$\therefore$ 当 $x=2k\pi-\dfrac{2\pi}{3}(k\in\mathbf{Z})$ 时，$f(x)$ 取极小值，

$\therefore x_n=2n\pi-\frac{2\pi}{3}$.

(Ⅱ)$S_n=x_1+x_2+x_3+\cdots+x_n=2\pi(1+2+3+\cdots+n)-\frac{2n\pi}{3}=n(n+1)\pi-\frac{2n\pi}{3}$.

∴当 $n=3k(k\in\mathbf{N}^*)$时,$\sin S_n=\sin(-2k\pi)=0$,

当 $n=3k-1(k\in\mathbf{N}^*)$时,$\sin S_n=\sin\frac{2\pi}{3}=\frac{\sqrt{3}}{2}$,

当 $n=3k-2(k\in\mathbf{N}^*)$时,$\sin S_n=\sin\frac{4\pi}{3}=-\frac{\sqrt{3}}{2}$,

∴当 $n=3k(k\in\mathbf{N}^*)$时,$\sin S_n=0$,

当 $n=3k-1(k\in\mathbf{N}^*)$时,$\sin S_n=\frac{\sqrt{3}}{2}$,

当 $n=3k-2(k\in\mathbf{N}^*)$时,$\sin S_n=-\frac{\sqrt{3}}{2}$.

【答案】C

5.(2013,陕西文,第17题)

设 S_n 表示数列$\{a_n\}$的前 n 项和.

(Ⅰ)若$\{a_n\}$是等差数列,推导 S_n 的计算公式.

(Ⅱ)若 $a_1=1,q\neq0$,且对所有正整数 n,有 $S_n=\frac{1-q^n}{1-q}$,判断$\{a_n\}$是否为等比数列,并证明你的结论.

【备考策略】

策略一:高度重视课本,切实夯实基础

复习过程以课本为主,以知识模块为主线开展复习,不能脱离课本仅凭某本参考资料复习.复习过程中要做到三方面:深化对"双基"掌握和运用,激活教材知识.②形成有效的知识体系网络,复习过程尽量以知识体系为主,把同一知识体系及相关知识结合起来复习.努力做到知识系统化.在知识梳理的过程中,要注意提取和归纳重要的数学思想和数学方法,站在数学思想和数学方法的高度上来认识数学问题.③是积累解题经验,提高解题水平.高考强调能力,强调思想方法,强调站在学科整体的高度,这些都是对的,但往往又是细节决定成败.

策略二:加强对高考命题和"考试说明"的研究

①历年试题整体研究——找共性

②近年试题重点研究——找趋势

③相同试题对比研究——找变化

④不同试题分类研究——找差别

⑤课改试题集中研究——找新意、找动态

在复习中加强题源分析,从透视命题者思路中获取智慧.

高考题一般来源于下面五个方面:

(1)课本是试题的基本来源,是高考命题的主要依据,大多数试题的产生都是在课本的基础上组合、加工和发展的结果;

(2)历届高考题成为新高考题的借鉴,特别是全国题,它的发展变化在各省市命题中起引领作用;

(3)课本与课程标准的交集成为新高考题的创生地带,不能忽视课程改革背景下新理念、新内容对命题者的影响;

(4)高等数学的基本思想、基本问题为高考题的命制提供背景,这既是高考考查潜能的需要,也是命题者学术背景使然;

(5)当新增内容在内的考查内容常规化后,竞赛题将成为一个参考.

策略三:提高高考复习的针对性

1.努力提高运算能力

2.努力提高数学素养

3.努力提高阅读能力和审题能力

4.努力提高答题的规范性

5.学会应试的常识与复习的方法

【我们的工作】

1. TPS 系统

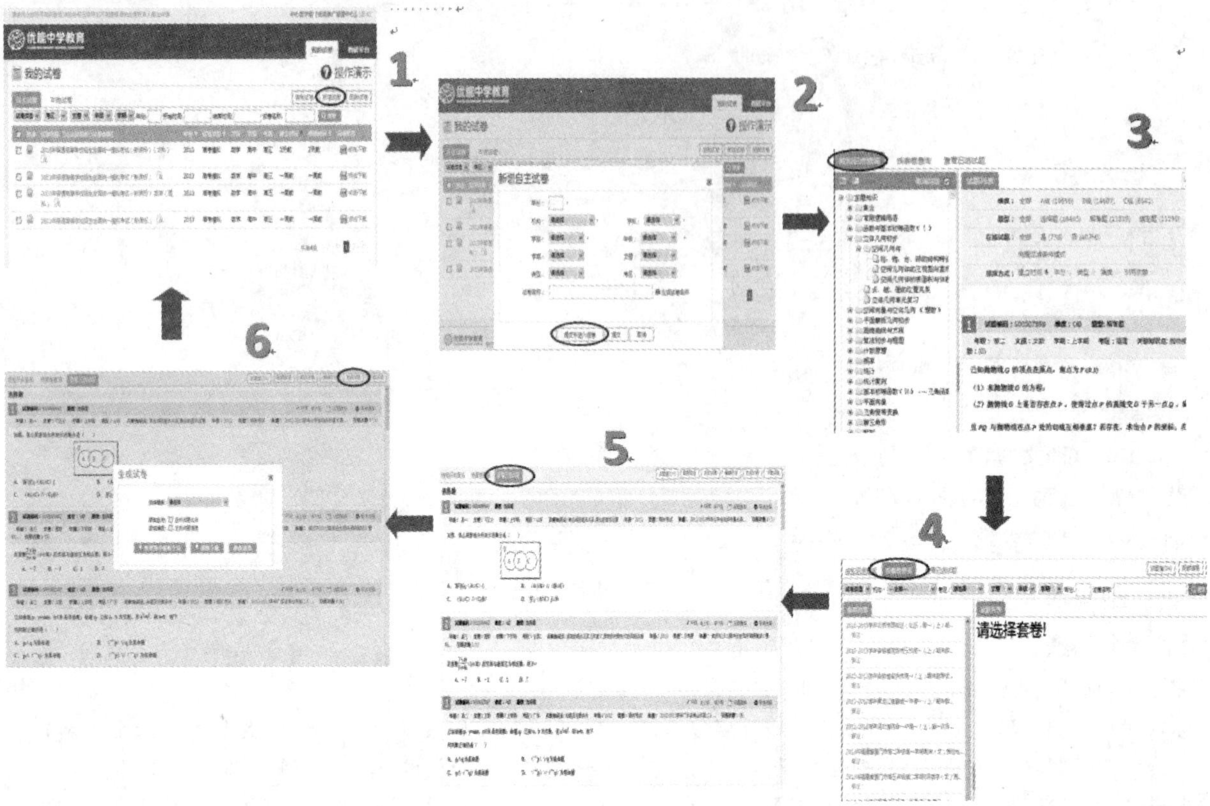

相似题例证

2014 真题	2014,江苏理,第 20 题 设数列$\{a_n\}$的前 n 项和为 S_n. 若对任意的正整数 n,总存在正整数 m,使得 $S_n=a_m$,则称$\{a_n\}$是"H 数列". (Ⅰ)若数列$\{a_n\}$的前 n 项和 $S_n=2^n(n\in\mathbf{N}^*)$,证明:$\{a_n\}$是"$H$ 数列"; (Ⅱ)设$\{a_n\}$是等差数列,其首项 $a_1=1$,公差 $d<0$. 若$\{a_n\}$是"H 数列",求 d 的值; (Ⅲ)证明:对任意的等差数列$\{a_n\}$,总存在两个"H 数列"$\{b_n\}$和$\{c_n\}$,使得 $a_n=b_n+c_n$ $(n\in\mathbf{N}^*)$成立.
TPS 系统	S00500938 若数列$\{b_n\}$满足:对于 $n\in\mathbf{N}^*$,都有 $b_{n+2}-b_n=d$(常数),则称数列$\{b_n\}$是公差为 d 的准等差数列. 如:若 $c_n=\begin{cases}4n-1,当 n 为奇数时,\\4n+9,当 n 为偶数时,\end{cases}$ 则$\{c_n\}$是公差为 8 的准等差数列. (1)求上述准等差数列$\{c_n\}$的第 8 项 c_8、第 9 项 c_9 以及前 9 项的和 T_9; (2)设数列$\{a_n\}$满足:$a_1=a$,对于 $n\in\mathbf{N}^*$,都有 $a_n+a_{n+1}=2n$. 求证:$\{a_n\}$为准等差数列,并求其通项公式; (3)设(2)中的数列$\{a_n\}$的前 n 项和为 S_n,若 $S_{63}>2\ 012$,求 a 的取值范围.

2. 高分策略

《高分策略》中的数列专题从八大考点将历年真题中出现的题型及预测题型涵盖,有专题内容丰富,知识结构清晰,考情分析透彻等特点. 下图为数列章节的部分截图.

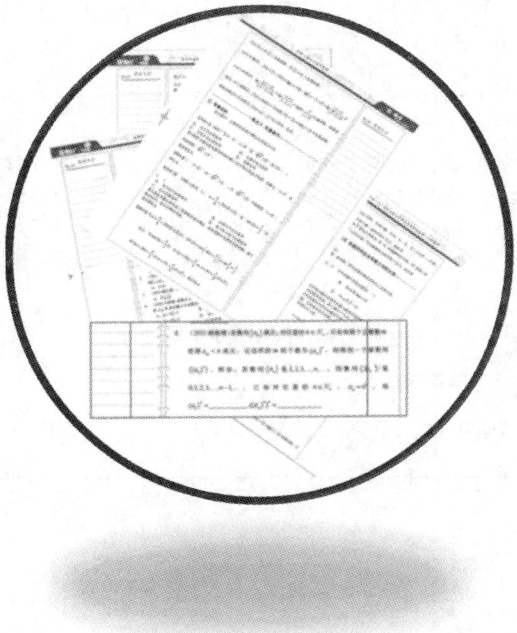

相似题例证

2014 真题	2014，全国大纲卷理，第 10 题 等比数列$\{a_n\}$中，$a_4=2,a_5=5$，则数列$\{\lg a_n\}$的前 8 项和等于 (　　) A. 6　　B. 5　　C. 4　　D. 3
高分策略	44，8 等差数列$\{a_n\}$中，$a_8-\frac{1}{2}a_{11}=6$，则数列的前 9 项之和等于 (　　) A. 24　　B. 48　　C. 72　　D. 108

3. 高考预测卷

《高考预测卷》是新东方优能推广管理中心旗下的一系列高考丛书，其中数学预测卷分文理卷，每卷共五套题，预测题紧扣高考大纲和考试说明. 下图为高考预测卷及有关切片截图.

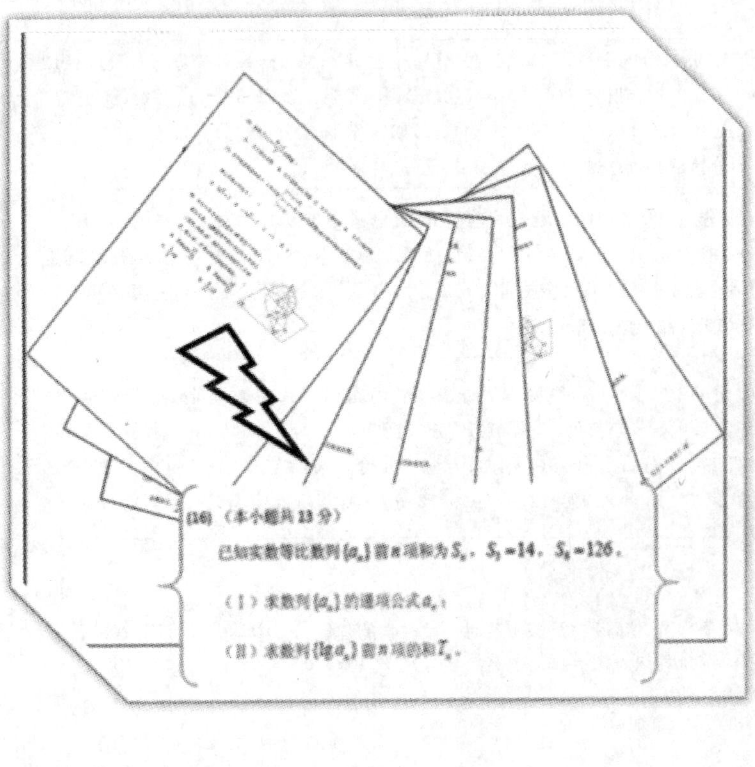

高考预测与真题对照

相似题例证

2014 真题	2014,北京文,第 15 题 已知$\{a_n\}$是等差数列,满足$a_1=3,a_4=12$,数列$\{b_n\}$满足$b_1=4,b_4=20$,且$\{b_n-a_n\}$为等比数列. (Ⅰ)求数列$\{a_n\}$和$\{b_n\}$的通项公式; (Ⅱ)求数列$\{b_n\}$的前 n 项和.
高考预测卷	文科模拟卷Ⅵ 18 已知数列$\{a_n\}$的首项为$a_1=3$,通项a_n与前n项和S_n之间满足$2a_n=S_n\cdot S_{n-1}(n\geqslant 2)$ (Ⅰ)求证:是$\left\{\frac{1}{S_n}\right\}$等差数列; (Ⅱ)求数列$\{a_n\}$的通项公式.

★★概率统计专题★★

【规律总结】①

概率与统计知识是高考的必考内容,是每年高考命题的热点. 它是以实际应用问题为载体,以排列组合和概率统计等知识为工具,以学生的实践能力为基点,考查概率的计算、排列与组合和随机变量分布列性质及其应用,全部题型属中低档题,这将是今后高考概率统计的考查特点和命题趋势.

近七年的高考题中,概率与统计的题目基本上是 1—2 道选择题、填空题+1 道解答题(部分自主命题省没有解答题),题型固定,解题思路基本一致,难度不大,属于给考生加分的题目. 所以分值的高低有时也在这类专题中有所差距,要做到准确、全面是概率统计的一个基本要求.

【2004－2014 历年高考数学概率统计考情分析】

表 2.6　2004—2014 全国各省份的概率与统计考情分析

年份	省份及编号		总计	总分	平均分
2004	文科	全国Ⅳ20(12 分);全国Ⅰ11(5 分)20(12 分);全国卷Ⅱ19(12 分);福建 18(12 分)湖北 21(12 分);湖南 6(5 分)19(12 分);江苏 6(5 分)9(5 分);上海 9(4 分)16(4 分)18(12 分);江苏 6(5 分)9(5 分);上海 9(4 分)16(4 分);重庆 11(5 分);18(12 分);广东 6(5 分)13(4 分);辽宁 5(5 分)8(5 分)16(4 分);天津 13(4 分)18(12 分);浙江 20(12 分)	24	164	10.93
	理科	全国Ⅳ19(12 分);全国Ⅰ11(5 分)18(12 分);全国Ⅱ13(4 分)18(12 分);福建 18(12 分);湖北 21(12 分);湖南 14(4 分);18(12 分);江苏 6(5 分)9(5 分);上海 9(4 分)16(4 分);重庆 11(5 分)18(12 分);广东 6(5 分)13(4 分);辽宁 5(5 分)8(5 分)16(4 分);天津 13(4 分)18(12 分);浙江 18(12 分)	26	168	11.20
2005	文科	北京 18(13 分);重庆 15、18(17 分);福建 18(12 分);广东 8、18(17 分);湖北 12、21(17 分);湖南 20(14 分);江苏 7、20(17 分);江西 12、19(17 分);辽宁 3、20(17 分);全国Ⅰ20(12 分);全国Ⅱ18(12 分);全国Ⅲ18(12 分);山东 10、13、18(21 分);上海 8(4 分);浙江 6、17(19 分);天津 3(5 分)	26	226	12.56
	理科	重庆 15(4 分)18(13 分);福建 18(12 分);广东 8(5 分)18(12 分);湖北 11(5 分)19(12 分);湖南 18(14 分);江苏 7(5 分)20(12 分);辽宁 3(5 分)20(12 分);全国Ⅰ20(12 分);全国Ⅲ17(12 分);山东 18(12 分);上海 8(4 分);天津 7(5 分)15(4 分);浙江 19(14 分);北京 17(13 分);江西 12(5 分)19(12 分);全国Ⅱ19(12 分)16(4 分)	24	218	12.11

① 沈俊. 2010 年浙江高考概率统计试题分析探源及对今后教学的建议[J]. 中学数学月刊,2008,(5):18－21.
肖婷. 2009 年高考概率与统计热点评析[J]. 中学数学研究,2010,(10):8－11.
吴金革. 高考概率统计知识复习指导[J]. 试题研究,2010:37－41.

续表

年份	省份及编号		总计	总分	平均分
2006	文科	安徽 12(5分)18(12分);北京 18(13分);福建 18(12分);湖北 12(5分)17(12分);湖南 12(4分)17(12分);江苏 10(5分);江西 8(5分)18(12分);辽宁 18(12分);全国Ⅰ 19(12分);全国Ⅱ 16(4分)19(12分);山东 19(12分);陕西 17(12分);上海 10(4分);四川 5(5分)12(5分)9(12分);天津 18(12分);浙江 18(14分);广东 16(12分);重庆 7(5分)17(13分)	26	243	13.50
	理科	北京 18(13分);福建 6(5分)15(4分);江苏 10(5分);江西 10(5分)18(12分);辽宁 19(12分);全国Ⅰ 18(12分)全国Ⅱ 16(4分)18(12分);山东 20(12分);陕西 18(12分);上海 9(4分);四川 12(5分)18(12分);天津 18(12分);浙江 18(14分);安徽 12(5分)18(12分);广东 16(12分);湖北 12(5分)19(10分);湖南 17(12分);重庆 6(5分)18(13分)	26	229	12.72
2007	文科	安徽 14(4分)19(13分);北京 18(12分);福建 18(12分);广东 8(5分)18(12分);海南 12(5分)20(12分);湖北 6(5分)7(5分)14(5分);湖南 7(5分)17(12分);江苏 17(12分);江西 6(5分)19(12分);辽宁 10(5分)17(12分);全国Ⅰ13(5分)18(12分);全国Ⅱ13(5分)19(12分);山东 8(5分);陕西 6(5分)18(12分);上海 9(4分);四川 3(5分)17(12分);天津 11(4分)18(12分);浙江 8(5分)13(4分);重庆 7(5分)17(13分)	34	273	14.37
	理科	安徽 10(5分)20(13分);北京 18(13分);福建 12(5分)15(4分);广东 9(5分)17(12分);海南 10(5分)20(12分);湖北 9(5分)14(5分)17(12分);湖南 5(5分)17(12分);江苏 17(12分);江西 10(5分)19(12分);辽宁 9(5分)19(12分);全国Ⅰ 18(12分);全国Ⅱ 14(5分)18(12分);山东 8(5分)12(5分)18(12分);陕西 18(12分);上海 7(4分);四川 12(5分)18(2分);天津 18(12分);浙江 15(4分);重庆 6(5分)18(13分)	33	270	14.21
2007	文科	安徽 18(12分);北京 18(13分);福建 18(12分);广东 11(5分)19(13分);海南 16(5分)19(12分);湖北 11(5分)14(5分);湖南 12(5分)16(12分);江苏 2(5分)6(5分)7(5分);江西 11(5分)18(12分);辽宁 7(5分)18(12分);全国Ⅰ 20(12分);全国Ⅱ 19(12分);山东 9(5分)18(12分);陕西 3(5分)18(12分);上海 8(4分);四川 18(12分);天津 11(4分)18(12分);浙江 19(14分);重庆 5(5分)9(5分)18(3分)	32	282	14.84
	理科	安徽 19(12分);北京 17(13分);福建 5(5分)20(12分);广东 3(5分)17(13分);海南 16(5分)19(12分);湖北 17(12分);湖南 15(5分)16(12分);江苏 2(5分)6(5分)7(5分);江西 11(5分)18(12分);辽宁 7(5分)18(12分);全国Ⅰ 20(12分);全国Ⅱ 6(5分)18(12分);山东 7(5分)18(12分)陕西 18(12分);上海 7(4分);四川 18(12分),天津 18(12分);浙江 19(14分);重庆 18(13分)	29	269	14.16
2009	文科	全国Ⅰ 20(12分);全国Ⅱ 20(12分);北京 17(13分);上海 11(4分)18(5分);安徽 10(5分)17(12分);重庆 8(5分)14(5分)17(13分);福建 3(5分)14(4分)18(12分);广东 11(5分)12(5分)18(13分);海南 3(5分)19(12分);湖北 12(5分)15(5分);湖南 9(5分)12(5分)17(12分);江苏 5(5分)6(5分);江西 10(5分)18(12分);辽宁 9(5分)20(12分);山东 11(5分)19(12分);陕西 18(12分);四川 5(5分)18(12分);天津 18(12分);浙江 14(4分)17(4分)	38	380	15.21
	理科	全国Ⅰ 19(12分);全国Ⅱ 19(12分);北京 17(13分);上海 7(4分)17(5分);安徽 10(5分)17(12分);重庆 6(5分)17(13分);福建 8(5分)12(4分)16(13分);广东 12(5分)17(12分);海南 3(5分)18(12分);湖北 3(5分)12(5分)16(10分);湖南 9(5分)13(5分)17(12分);江苏 5(5分)6(5分);江西 10(5分)18(12分);辽宁 13(5分)19(12分);山东 8(5分)11(5分)19(12分);陕西 19(12分);四川 18(12分);天津 11(4分)18(12分);浙江 19(14分)	36	299	15.74
2010	文科	全国Ⅰ19(12分);全国Ⅱ20(12分);安徽 10(5分)14(5分)18(13分);北京 3(5分)12(5分);重庆 5(5分)14(5分)17(13分);福建 14(5分)18(12分);广东 12(5分)17(12分);海南 19(12分);湖北 13(5分)17(12分);湖南 11(5分)17(12分);江苏 3(5分)4(5分);江西 9(5分)18(12分);辽宁 13(5分)18(12分);山东 6(5分)19(12分);上海 5(5分)9(5分);陕西 19(12分);四川 4(5分)17(12分);天津 18(12分);浙江 11(4分)17(4分)	35	294	15.47
	理科	全国Ⅰ 18(12分);全国Ⅱ 20(12分)19(12分);安徽 15(5分)20(13分);北京 11(5分)17(13分);重庆 13(5分)17(13分);福建 13(5分)16(13分);广东 7(5分)17(12分);海南 6(5分)19(12分);湖北 4(5分)6(5分)14(5分);湖南 11(5分)17(12分);江苏 3(5分)4(5分);江西 11(5分)18(12分);辽宁 3(5分)18(12分);山东 6(5分)20(12分);上海 6(4分)9(4分);陕西 14(5分)19(12分);四川 17(12分);天津 11(4分)18(12分);浙江 19(14分)	36	301	15.84

续表

年份	省份及编号		总计	总分	平均分
2011	文科	安徽 9(5 分);北京 16(13 分);福建 7,19(17 分);广州 13,17(18 分);海南 6,19(17 分);湖北 13(5 分);湖南 5,18(17 分);江西 12,16(17 分);辽宁 19(12 分);全国Ⅰ6,19(17 分);全国Ⅱ19(12 分);山东 18(12 分);陕西 20(12 分);上海 13(4 分);四川 12,17(17 分);天津 15(13 分);浙江 8(5 分);重庆 4,14,17(23 分);江苏 5(5 分);	28	241	12.68
	理科	江苏 5(5 分);安徽 20(13 分);北京 12,17(18 分);福建 4,13,19(22 分);广州 6,17(18 分);海南 6,19(17 分);湖北 5,7,12(15 分);湖南 4,15,18(22 分);江西 12,16(17 分);辽宁 5,19(17 分);全国Ⅰ4,19(17 分);全国Ⅱ19(12 分);山东 18(12 分);陕西 10,20(17 分);上海 9,12(8 分);四川 12,18(17 分);天津 16(13 分);浙江 9,15(9 分);重庆 13,17(18 分)	36	287	15.10
2012	文科	安徽 10,18(18 分);北京 3,17(18 分);福建 6,16(18 分);山东 14,18(16 分);陕西 19(12 分);天津 15(13 分);四川 3,17(17 分);湖北 2,11(10 分);广东 17(13 分);辽宁 11,19(17 分);江苏 2,6,22(20 分);江西 18(12 分);湖南 17(12 分);全国 20(12 分);上海 11(4 分);新课标 15,18(17 分);重庆 15,18(18 分);浙江 12(4 分)	29	251	13.94
	理科	安徽 17(12 分);北京 2,17(18 分);福建 6,16(18 分);山东 14,19(17 分);陕西 20(13 分);天津 9,16(18 分);四川 17(12 分);湖北 20(12 分);广东 7,17(18 分);辽宁 10,19(17 分);江苏 2,6,22(20 分);江西 10,19(17 分);湖南 17(12 分);全国 19(12 分);上海 11,17(9 分);新课标 15,18(17 分);重庆 15,17(18 分);浙江 19(14 分)	30	274	15.22
2013	文科	大纲 20(12 分);新课标Ⅰ3,18(17 分);新课标Ⅱ13,19(17 分);北京 16(13 分);天津 15(13 分);安徽 5,17(17 分);重庆 6,13,17(23 分);福建 11,14,19(22 分);广东 17(12 分);湖北 4,12,15(15 分);湖南 3,9,18(22 分);江苏 6,7(10 分);江西 4,5,18(22 分);辽宁 5,16,19(22 分);山东 10,17(17 分);陕西 5,19(17 分);四川 7,18(17 分);浙江 12(5 分)	37	310	17.22
	理科	大纲 20(12 分);新课标Ⅰ3,19(17 分);新课标Ⅱ14,19(17 分);北京 16(13 分);天津 16(13 分);安徽 5,21(18 分);重庆 4,18(18 分);福建 4,11,16(23 分);广东 4,17(17 分);湖北 9,11,20(22 分);湖南 2,18(17 分);江苏 6,7(10 分);江西 4, 18(17 分);辽宁 5,16,19(15 分);山东 14,19(17 分);陕西 4,5,19(22 分);四川 9,18(17 分);浙江 19(14 分)	36	299	16.61
2014	文科	新课标Ⅰ13,18(10 分);新课标Ⅱ13,19(10 分);大纲卷 20(12 分);北京 18(13 分);山东 8,16(17 分);江苏 4,6(10 分);浙江 14(4 分);福建 13,20(16 分);安徽 17(12 分);辽宁 6,18(17 分);天津 9,15(18 分);湖南 3,5,17(22 分);湖北 5,6,11(15 分);江西 3,7(10 分);陕西 6,9(10 分);重庆 3,15,17(23 分);四川 2,16(17 分);广东 6,12,17(23 分)	36	259	
	理科	新课标Ⅰ5,18(17 分);新课标Ⅱ5,19(17 分);大纲卷 20(12 分);北京 16(13 分);山东 7,18(17 分);江苏 4,6,22(20 分);浙江 9,12(9 分);福建 18(13 分);安徽 17(12 分);辽宁 14,18(17 分);天津 9,16(18 分);湖南 2,17(17 分);湖北 4,20(17 分);江西 6,12,21(24 分);陕西 6,9,19(22 分);重庆 3,18(18 分);四川 17(12 分);广东 6,11,17(23 分)	35	298	

【历年分值变化】①

2004～2013 高考数学概率与统计文科平均分：

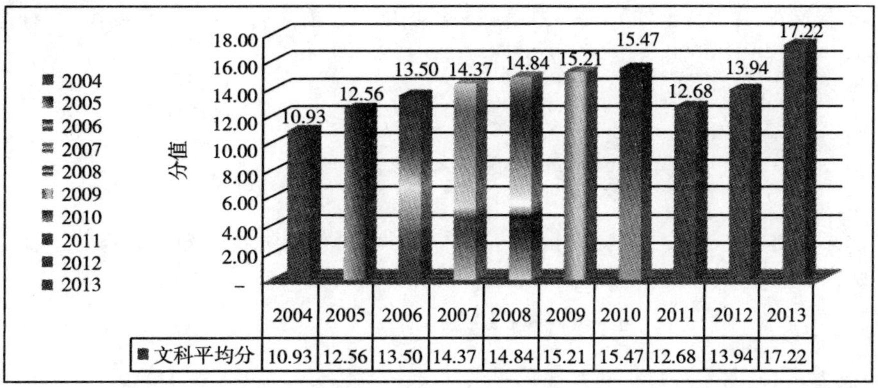

图 2.11

2004～2013 高考数学概率与统计理科平均分：

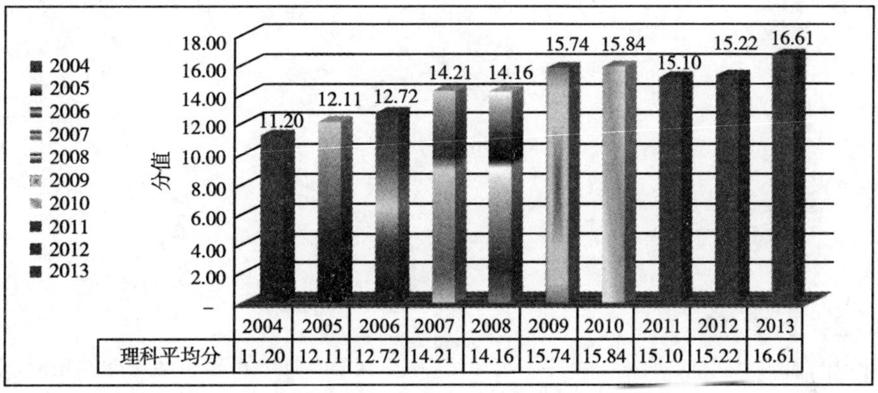

图 2.12

【热点回顾】

下表是 2004～2014 年间部分省市高考数学卷中概率统计部分的考查热点回顾：

年份	省/市	题号	知识点
2004	全国卷 1 理	11	几何概型与古典概型
2005	上海文	8	古典概型
2006	北京理	18	古典概型
2007	全国卷 2 文	14	正态分布
2008	全国卷 1 理	20	概率统计综合
2009	安徽理	11	抽样方法与直方图
2010	陕西理	19	抽样方法与直方图
2011	江西理	12	几何概率
2012	山东文	14	频率分布直方图
2013	陕西文	5	频率分布直方图
2014	山东理	18	概率率与分布列

【2014 年真题剖析】

1.（2014，大纲理，20）

设每个工作日甲、乙、丙、丁 4 人需使用某种设备的概率分别为 0.6，0.5，0.5，0.4，各人是否需使用设备相互独立.

（Ⅰ）求同一工作日至少 3 人需使用设备的概率；

（Ⅱ）X 表示同一工作日需使用设备的人数，求 X 的数学期望.

---

① 胡成龙. 2010 年高考理科试题对高中统计与概率数学的启示[J]. 遵义师范学校学报，2010，(5)：111－114.
熊小明. 高考概率统计考点解析与试题集粹[J]. 数学教学通讯，2005，(235)：69－73.
郑兴明. 马公正. 高考概率与统计试题考点分析[J]. 数学教学通讯，2004，(211)：51－53.

【历年真题重现】

1.（2009，全国卷2理，第20题）

某车间甲组有10名工人，其中有4名女工人；乙组有5名工人，其中有3名女工人，现采用分层抽样方法（层内采用不放回简单随机抽样）从甲、乙两组中共抽取3名工人进行技术考核.

（Ⅰ）求从甲、乙两组各抽取的人数；

（Ⅱ）求从甲组抽取的工人中恰有1名女工人的概率；

（Ⅲ）记ξ表示抽取的3名工人中男工人数，求ξ的分布列及数学期望.

【答案】

（Ⅰ）这一问较简单，关键是把握题意，理解分层抽样的原理即可. 另外要注意此分层抽样与性别无关.

（Ⅱ）在第一问的基础上，这一问处理起来也并不困难.

从甲组抽取的工人中恰有1名女工人的概率$P=\frac{C_4^1\cdot C_6^1}{C_{10}^2}=\frac{8}{15}$.

（Ⅲ）ξ的可能取值为0，1，2，3

$P(\xi=0)=\frac{C_4^2}{C_{10}^2}\cdot\frac{C_3^1}{C_5^1}=\frac{6}{75}$，$P(\xi=1)=\frac{C_4^1C_6^1}{C_{10}^2}\cdot\frac{C_3^1}{C_5^1}+\frac{C_4^2}{C_{10}^2}\cdot\frac{C_2^1}{C_5^1}=\frac{28}{75}$，

$P(\xi=3)=\frac{C_6^2}{C_{10}^2}\cdot\frac{C_2^1}{C_5^1}=\frac{10}{75}$，$P(\xi=2)=1-P(\xi=0)-P(\xi=1)-P(\xi=3)=\frac{31}{75}$.

分布列及期望略.

2.（2010，湖北理，第4题）

投掷一枚均匀硬币和一枚均匀骰子各一次，记"硬币正面向上"为事件A，"骰子向上的点数是3"为事件B，则事件A，B中至少有一件发生的概率是（　　）

A. $\frac{5}{12}$　　B. $\frac{1}{2}$　　C. $\frac{7}{12}$　　D. $\frac{3}{4}$

【答案】C

3.（2011，全国新课标理，第4题）

有3个兴趣小组，甲、乙两位同学各自参加其中一个小组，每位同学参加各个小组的可能性相同，则这两位同学参加同一个兴趣小组的概率为（　　）

A. $\frac{1}{3}$　　B. $\frac{1}{2}$　　C. $\frac{2}{3}$　　D. $\frac{3}{4}$

【答案】A

4.（2012，辽宁文，第20题）

电视传媒公司为了解某地区观众对某类体育节目的收视情况，随机抽取了100名观众进行调查，其中女性有55名. 下面是根据调查结果绘制的观众日均收看该体育节目时间的频率分布直方图；

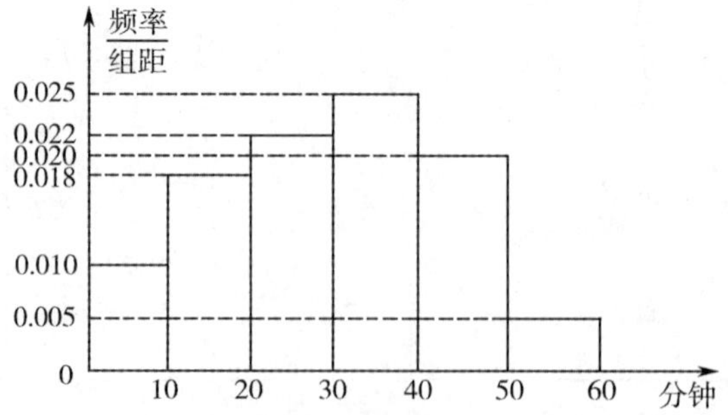

将日均收看该体育节目时间不低于40分钟的观众称为"体育迷"，已知"体育迷"中有10名女性.

（Ⅰ）根据已知条件完成下面的2×2列联表，并据此资料你是否认为"体育迷"与性别有关？

	非体育迷	体育迷	合计
男			
女			
合计			

（Ⅱ）将日均收看该体育项目不低于50分钟的观众称为"超级体育迷"，已知"超级体育迷"中有2名女性，若从"超级体育迷"中任意选取2人，求至少有1名女性观众的概率.

附 $\chi^2=\dfrac{n(n_{11}n_{22}-n_{12}n_{21})^2}{n_{1+}n_{2+}n_{+1}n_{+2}}$,

$P(\chi^2\geqslant k)$	0.05	0.01
k	3.841	6.635

【答案】

(Ⅰ)由频率分布直方图可知,在抽取的 100 人中,"体育迷"有 25 人,从而 2×2 列联表如下:

	非体育迷	体育迷	合计
男	30	15	45
女	45	10	55
合计	75	25	100

将 2×2 列联表中的数据代入公式计算,得 $K^2=\dfrac{n(n_{11}n_{22}-n_{12}n_{21})^2}{n_{1+}n_{2+}n_{+1}n_{+2}}=\dfrac{100\times(30\times10-45\times15)^2}{75\times25\times45\times55}=\dfrac{100}{33}\approx3.03$ 因为 $3.03<3.841$,所以没有理由认为"体育迷"与性别有关.

(Ⅱ)由频率分布直方图知,"超级体育迷"为 5 人,从而一切可能结果所的基本事件空间为

$\Omega=\{(a_1,a_2),(a_1,a_3),(a_2,a_3),(a_1,b_1),(a_1,b_2),(a_2,b_1),(a_2,b_2),(a_3,b_1),(a_3,b_2),(b_1,b_2)\}$,

其中 a_i 表示男性,$i=1,2,3$,b_i 表示女性,$i=1,2$,

Ω 由 10 个基本事件组成,而且这些基本事件的出现是等可能的. 用 A 表示事件"任选 3 人,至少有 1 人是女性". 则 $A=\{(a_1,b_1),(a_1,b_2),(a_2,b_1),(a_2,b_2),(a_3,b_1),(a_3,b_2),(b_1,b_2)\}$,

事件 A 由 7 个基本事件组成,因而 $P(A)=\dfrac{7}{10}$.

5. (2013,天津理,第 16 题)

一个盒子里装有 7 张卡片,其中有红色卡片 4 张,编号分别为 1,2,3,4;白色卡片 3 张,编号分别为 2,3,4. 从盒子中任取 4 张卡片(假设取到任何一张卡片的可能性相同).

(Ⅰ)求取出的 4 张卡片中,含有编号为 3 的卡片的概率;

(Ⅱ)再取出的 4 张卡片中,红色卡片编号的最大值设为 X,求随机变量 X 的分布列和数学期望.

【备考策略】

概率与统计部分是历年高考的常考内容,一般都会有一道大题出现,但是难度往往不大. 高考在这部分的考察主要针对基础知识以及从实际问题中提炼概率统计思想的能力,因此要求考生能够真正读懂题意,掌握题中所包含的概率知识,提炼出其中的数学语言并解决问题. 考生在备考时应熟练掌握古典概型和几何概型的求解思路,熟练运用排列组合的基本方法,然后注意从数学问题向实际问题的过渡,即练习从实际问题中挖掘数学语言,寻找解题思路.

【我们的工作】

1. TPS 系统

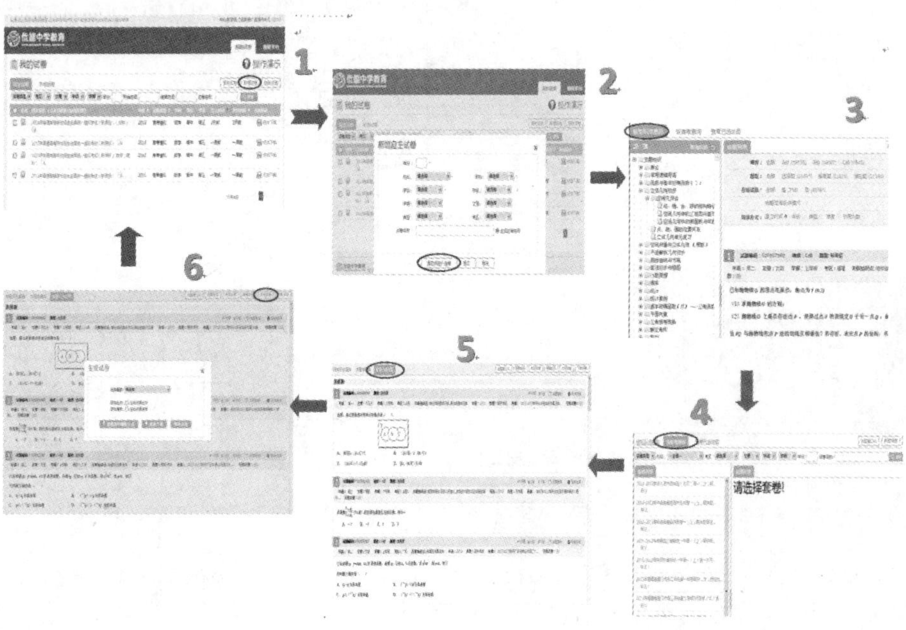

相似题例证

2014 真题

2014，四川理，第 17 题

一款击鼓小游戏的规则如下：每盘游戏都需击鼓三次，每次击鼓要么出现一次音乐，要么不出现音乐；每盘游戏击鼓三次后，出现一次音乐获得 10 分，出现两次音乐获得 20 分，出现三次音乐获得 100 分，没有出现音乐则扣除 200 分(即获得-200分)．设每次击鼓出现音乐的概率为$\frac{1}{2}$，且各次击鼓出现音乐相互独立．

(Ⅰ)设每盘游戏获得的分数为 X，求 X 的分布列；

(Ⅱ)玩三盘游戏，至少有一盘出现音乐的概率是多少？

(Ⅲ)玩过这款游戏的许多人都发现，若干盘游戏后，与最初的分数相比，分数没有增加反而减少了．请运用概率统计的相关知识分析分数减少的原因．

TPS 系统

S00048092

甲、乙两人玩一种游戏：甲从放有 x 个红球、y 个白球、z 个($x,y,z\geqslant1$，$x+y+z=10$)黄球的箱子中任取一球，乙从放有 5 个红球、3 个白球、2 个黄球的箱子中任取一球．规定：当两球同色时为甲胜，当两球异色时为乙胜．

(1)用 x,y,z 表示甲胜的概率；

(2)假设甲胜时甲取红球、白球、黄球的得分分别为 1 分、2 分、3 分，甲负时得 0 分，求甲得分数 ξ 的概率分布，并求 $E(\xi)$最小时的 x,y,z 的值．

2．高分策略

概率统计为近几年新增重要考点，针对这点《高分策略》用三大考点将全国各地部分真题收录，并进行归类整合，分析出考查方法、考查目标等有关考情，使考生可以充分理解概率统计．下图为概率统计章节部分截图．

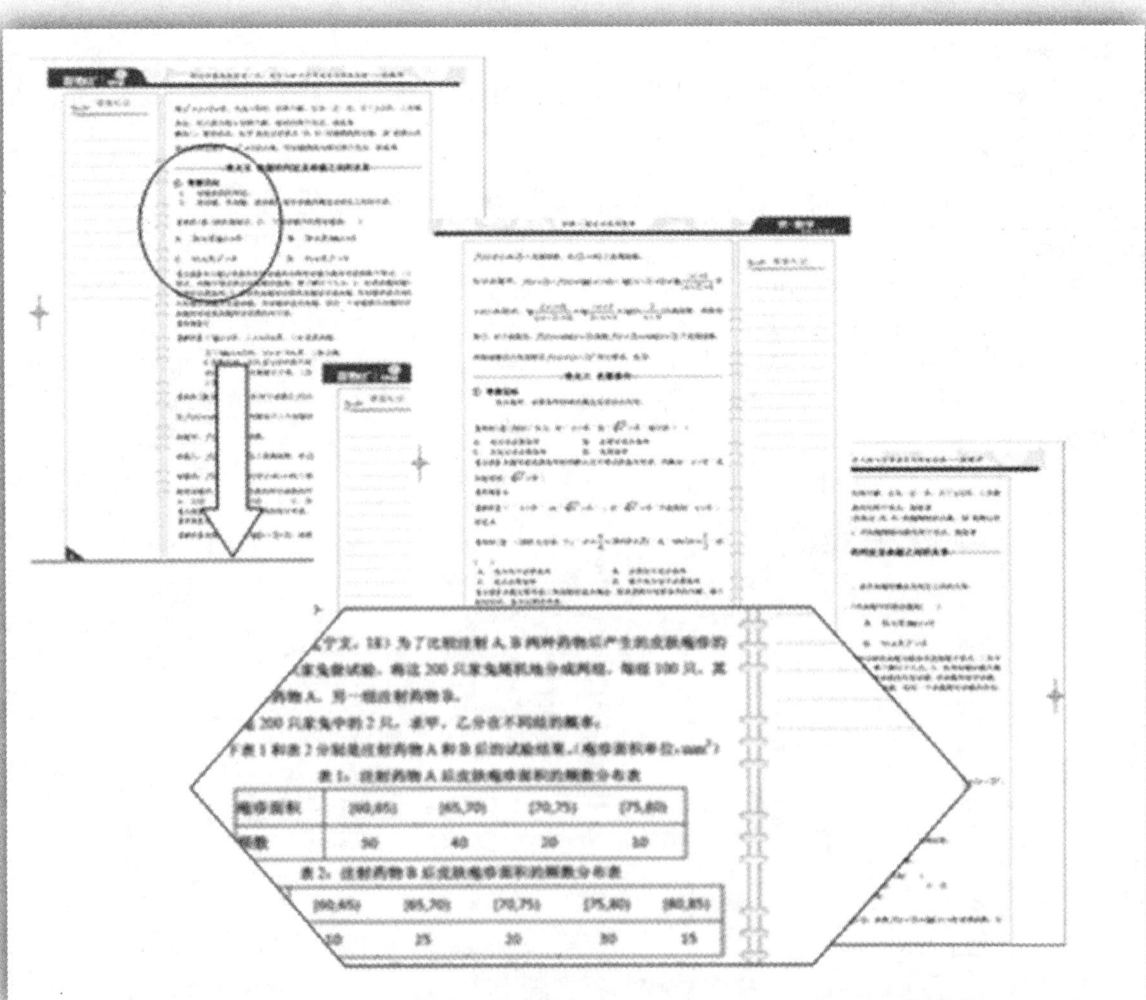

相似题例证

2014 真题

2014,北京理,第 16 题

李明在 10 场篮球比赛中的投篮情况统计如下(假设各场比赛相互独立):

场次	投篮次数	命中次数	场次	投篮次数	命中次数
主场 1	22	12	客场 1	18	8
主场 2	15	12	客场 2	13	12
主场 3	12	8	客场 3	21	7
主场 4	23	8	客场 4	18	15
主场 5	24	20	客场 5	25	12

(Ⅰ)从上述比赛中随机选择一场,求李明在该场比赛中投篮命中率超过 0.6 的概率;

(Ⅱ)从上述比赛中随机选择一个主场和一个客场,求李明的投篮命中率一场超过 0.6,一场不超过 0.6 的概率;

(Ⅲ)记 $\bar{x}$ 为表中 10 个命中次数的平均数.从上述比赛中随机选择一场,记 X 为李明在这场比赛中的命中次数.比较 EX 与 $\bar{x}$ 的大小.(只需写出结论)

高分策略

155,1

某班甲、乙两名同学参加 100 米达标训练,在相同条件下两人 10 次训练的成绩(单位:秒)如下:

	1	2	3	4	5	6	7	8	9	10
甲	11.6	12.2	13.2	13.9	14.0	11.5	13.1	14.5	11.7	14.3
乙	12.3	13.3	14.3	11.7	12.0	12.8	13.2	13.8	14.1	12.5

(Ⅰ)请作出样本数据的茎叶图;如果从甲、乙两名同学中选一名参加学校的 100 米比赛,从成绩的稳定性方面考虑,选派谁参加比赛更好,并说明理由(不用计算,可通过统计图直接回答结论);

(Ⅱ)从甲、乙两人的 10 次训练成绩中各随机抽取一次,求抽取的成绩中至少有一个比 12.8 秒差的概率;

(Ⅲ)经过对甲、乙两位同学的多次成绩的统计,甲、乙的成绩都均匀分布在[11.5,14.5]之间,现甲、乙比赛一次,求甲、乙成绩之差的绝对值小于 0.8 秒的概率.

3.高考预测卷

《高考预测卷》是新东方优能推广管理中心旗下的一系列高考丛书,其中数学预测卷分文理卷,每卷共五套题,预测题紧扣高考大纲和考试说明.下图为高考预测卷及有关切片截图.

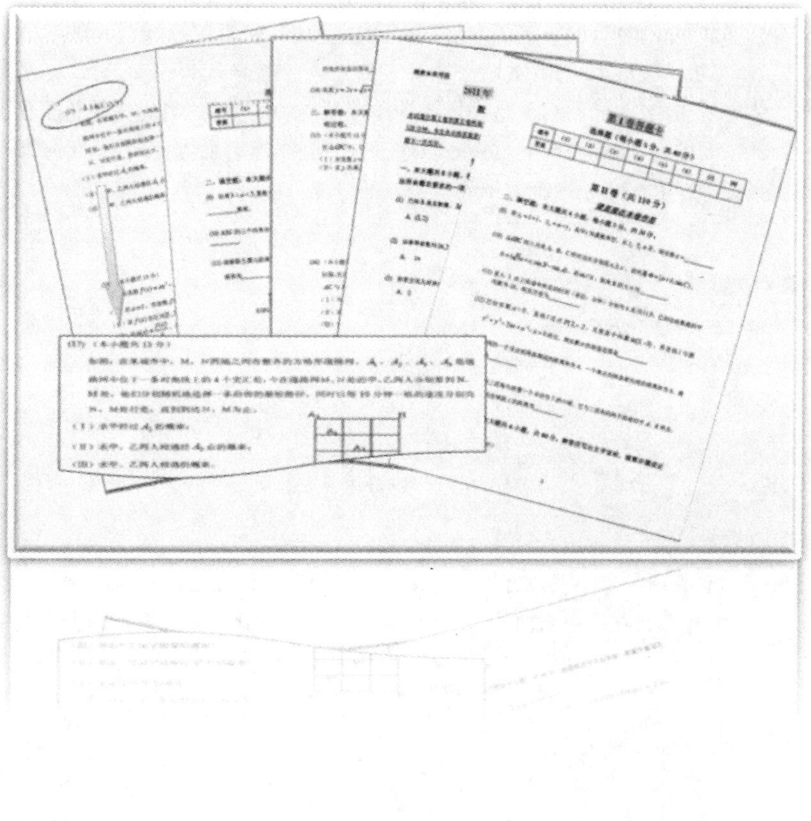

相似题例证

2014 真题	2014，湖南理，第 17 题 某企业有甲、乙两个研发小组，他们研发新产品成功的概率分别为$\frac{2}{3}$和$\frac{3}{5}$. 现安排甲组研发新产品 A，乙组研发新产品 B. 设甲、乙两组的研发相互独立. （Ⅰ）求至少有一种新产品研发成功的概率； （Ⅱ）若新产品 A 研发成功，预计企业可获利润 120 万元；若新产品 B 研发成功，预计企业可获利润 100 万元. 求该企业可获利润的分布列和数学期望.
高考预测卷	理科模拟卷Ⅳ　17 某医疗设备每台的销售利润与该设备的无故障适用时间 Q(单位：年)有关. 若 $Q\leqslant 1$，则销售利润为 0 元；若 $1\leqslant Q\leqslant 3$，则销售利润为 100 元；若 $Q>3$，则销售利润为 200 元. 设每台该种设备的无故障适用时间 $Q\leqslant 1$，$1\leqslant Q\leqslant 3$ 及 $Q>3$ 这三种情况发生的概率分别为 p_1,p_2,p_3，又知 p_1,p_2是方程 $25x^2-15x+a=0$ 的两个根，且 $p_1=p_2$. （Ⅰ）求 p_1,p_2,p_3的值； （Ⅱ）记 ξ 表示销售两台这种设备的利润总和，求的分布列和期望.

2.2　重视数学能力

由高考数学《考试大纲》可知，高考测试中学数学的基础知识、基本技能、基本思想和方法；考查逻辑思维能力、运算求解能力、空间想象能力，以及实践应用能力和数据处理能力以及创新能力. 对能力的考查是由数学科的特点和高考的性质决定的，数学由于其逻辑的严密性、结论的确定性和应用的广泛性的特点，在培养学生能力的过程中发挥重要的作用，因此，数学科考试应力图发挥学科的特点，测试考生的能力水平. 同时，高考是选拔性考试，注重预测效度，主要考查学生的学习潜能，因此，数学科考试查考生的能力，从学科角度和命题实践出发，可将高考的数学考试的能力要求归纳为以下几个方面：

2.2.1　逻辑思维能力

主要包括抽象概括能力和推理论证能力. 课改能力要求会对问题或数学材料进行观察、比较、分析、综合、抽象与概括；会用演绎、归纳和类比进行判断与推理；能准确、清晰、有条理地进行表述. 充分运用观察、比较、类比、分析、综合、演绎、归纳、抽象、概括等思维方式，对试题的条件和结论提供的外在信息与自身头脑中的储存的内在信息进行提取、组合、加工和转化，明确解题方向，形成解题策略，确定解题方法，选择解题步骤. 逻辑思维能力是数学能力的核心，数学是一个各部分紧密联系的逻辑系统，在数学领域中，只有被严密证明了的结论才被承认为正确. 数学证明离不开演绎推理，演绎推理能力是逻辑思维能力的重要组成部分. 归纳也是进行数学推理的一种能力，归纳的方法是获得数学结论的一个途径，运用不完全归纳法，通过观察、实验，从特例中归纳出一般结论，形成猜想，然后加以证明，这是数学研究的基本方法之一. 培养和提高学生的观察、分析和归纳能力，是逻辑思维能力培养的重要方面.

【真题重现】

1.（2012，陕西理，第 21 题）

设函数 $f_n(x)=x^n+bx+c(n\in\mathbf{N}^*,b,c\in\mathbf{R})$.

(1)设 $n\geqslant 2,b=1,c=-1$，证明：$f_n(x)$在区间$\left(\frac{1}{2},1\right)$内存在唯一的零点；

(2)设 $n=2$，若对任意 $x_1,x_2\in[-1,1]$，有$|f_2(x_1)-f_2(x_2)|\leqslant 4$，求 b 的取值范围；

(3)在(1)的条件下，设 x_n 是 $f_n(x)$在$\left(\frac{1}{2},1\right)$内的零点，判断数列 $x_2,x_3,\cdots,x_n\cdots$的增减性.

2.（2009，辽宁理，第 10 题）

某店一个月的收入和支出总共记录了 N 个数据 a_1,a_2,a_N，其中收入记为正数，支出记为负数. 该店用下边的程序框图计算月总收入 S 和月净盈利 V，那么在图中空白的判断框和处理框中，应分别填入下列四个选项中的（　　）

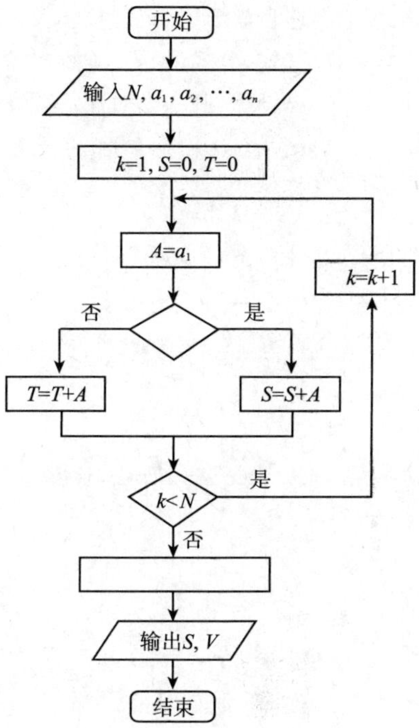

A. $A>0, V=S-T$　　　　B. $A<0, V=S-T$

C. $A>0,\ V=S+T$　　　　D. $A<0,\ V=S+T$

【答案】C

3.（2013，湖南，第 20 题）

已知 F_1, F_2 分别是椭圆 $E:\frac{x^2}{5}+y^2=1$ 的左、右焦点 F_1, F_2 关于直线 $x+y-2=0$ 的对称点是圆 C 的一条直径的两个端点.

（Ⅰ）求圆 C 的方程；

（Ⅱ）设过点 F_2 的直线 l 被椭圆 E 和圆 C 所截得的弦长分别为 a, b. 当 ab 最大时，求直线 l 的方程.

4.（2013，湖南文，第 21 题）

已知函数 $f(x)=\frac{1-x}{1+x^2}\mathrm{e}^x$.

（Ⅰ）求 $f(x)$的单调区间；

（Ⅱ）证明：当 $f(x_1)=f(x_2)(x_1\neq x_2)$时，$x_1+x_2<0$.

【2014 真题验证】

1.（2014，北京理，第 19 题）

已知椭圆 $C:x^2+2y^2=4$.

（Ⅰ）求椭圆 C 的离心率；

（Ⅱ）设 O 为原点. 若点 A 在椭圆 C 上，点 B 在直线 $y=2$ 上，且 $OA\perp OB$，试判断直线 AB 与圆 $x^2+y^2=2$ 的位置关系，并证明你的结论.

2.（2014，浙江理，第 22 题）

已知函数 $f(x)=x^3+3|x-a|(a\in\mathbf{R})$.

（Ⅰ）若 $f(x)$在$[-1,1]$上的最大值和最小值分别记为 $M(a), m(a)$，求 $M(a)-m(a)$；

（Ⅱ）设 $b\in\mathbf{R}$. 若$[f(x)+b]^2\leqslant 4$ 对 $x\in[-1,1]$恒成立，求 $3a+b$ 的取值范围.

2.2.2　运算求解能力

会根据概念、公式和法则对数、式和方程进行正确的运算和变形；能分析条件，寻求与设计合理、简捷的运算途径；能根据要求对数据进行估计，并能进行近似计算. 注意运算与推理的结合，当然运算也是一种推理，这里指的是运算中考虑可能的推理，交互使用运算与推理，通过推理简化运算过程或寻找更为合理的运算程序，这是运算能力的更高层次的要求.运算能力是一项基本能力,在高考中半数以上的题目需要运算,运算不仅可求出结果,有时还可辅助证题.在高考中,对运算能力的考查是比较全面的,涉及实数、复数、整式、分式、根式、对数式、三角式、集合等运算,包括数值计算和字母推演.准确是运算的基本要求;简捷、合理是对考生思维深刻性、灵活性的考查;熟练、迅速是对思维敏捷性的考查.

【真题重现】

1.(2012,江西理,第17题)

在△ABC中,角A,B,C的对边分别为a,b,c,已知$A=\frac{\pi}{4}$,$b\sin\left(\frac{\pi}{4}+C\right)-c\sin\left(\frac{\pi}{4}+B\right)=a$.

(1)求证:$B-C=\frac{\pi}{2}$

(2)若$a=\sqrt{2}$,求△ABC的面积.

2.(2010,全国1理,第17题)

已知△ABC的内角A,B及其对边a,b满足$a+b=a\cot A+b\cot B$,求内角C.

【答案】由$a+b=a\cot A+b\cot B$及正弦定理得

$\sin A+\sin B=\cos A+\cos B$,

$\sin A-\cos A=\cos B-\sin B$,

从而$\sin A\cos\frac{\pi}{4}-\cos A\sin\frac{\pi}{4}=\cos B\sin\frac{\pi}{4}-\sin B\cos\frac{\pi}{4}$,

$\sin\left(A-\frac{\pi}{4}\right)=\sin\left(\frac{\pi}{4}-B\right)$.

又$0<A+B<\pi$,

故$A-\frac{\pi}{4}=\frac{\pi}{4}-B$,

$A+B=\frac{\pi}{2}$,所以$C=\frac{\pi}{2}$.

3.(2009,广东文,第5题)

已知△ABC中,$\angle A,\angle B,\angle C$的对边分别为$a,b,c$若$a=c=\sqrt{6}+\sqrt{2}$且$\angle A=75°$,则$b=$(　　)

A. 2　　B. $4+2\sqrt{3}$　　C. $4-2\sqrt{3}$　　D. $\sqrt{6}-\sqrt{2}$

【答案】A

4.(2008,安徽理,第17题)

已知函数$f(x)=\cos\left(2x-\frac{\pi}{3}\right)+2\sin\left(x-\frac{\pi}{4}\right)\sin\left(x+\frac{\pi}{4}\right)$.

(Ⅰ)求函数$f(x)$的最小正周期和图象的对称轴方程;

(Ⅱ)求函数$f(x)$在区间$\left[-\frac{\pi}{12},\frac{\pi}{2}\right]$上的值域.

【答案】(1)$\because f(x)=\cos\left(2x-\frac{\pi}{3}\right)+2\sin\left(x-\frac{\pi}{4}\right)\sin\left(x+\frac{\pi}{4}\right)$

$$=\frac{1}{2}\cos 2x+\frac{\sqrt{3}}{2}\sin 2x+(\sin x-\cos x)(\sin x+\cos x)$$

$$=\frac{1}{2}\cos 2x+\frac{\sqrt{3}}{2}\sin 2x+\sin^2 x-\cos^2 x$$

$$=\frac{1}{2}\cos 2x+\frac{\sqrt{3}}{2}\sin 2x-\cos 2x$$

$$=\sin\left(2x-\frac{\pi}{6}\right),$$

周期$T=\pi$,由$2x-\frac{\pi}{6}=k\pi+\frac{\pi}{2}$,$(k\in\mathbf{Z})$,得$x=\frac{k\pi}{2}+\frac{\pi}{3}(k\in\mathbf{Z})$,

$\therefore$函数图象的对称轴方程为$x=k\pi+\frac{\pi}{3}(k\in\mathbf{Z})$.

(2)$\because x\in\left[-\frac{\pi}{12},\frac{\pi}{2}\right]$,$\therefore 2x-\frac{\pi}{6}\in\left[-\frac{\pi}{3},\frac{5\pi}{6}\right]$

因为$f(x)=\sin\left(2x-\frac{\pi}{6}\right)$在区间$\left[-\frac{\pi}{12},\frac{\pi}{3}\right]$上单调递增,在区间$\left[\frac{\pi}{3},\frac{\pi}{2}\right]$上单调递减,

所以 当 $x=\frac{\pi}{3}$时，$f(x)$取最大值 1.

又∵$f\left(-\frac{\pi}{12}\right)=-\frac{\sqrt{3}}{2}<f\left(\frac{\pi}{2}\right)=\frac{1}{2}$，当 $x=-\frac{\pi}{12}$时，$f(x)$取最小值$-\frac{\sqrt{3}}{2}$，

所以函数 $f(x)$在区间$\left[-\frac{\pi}{12},\frac{\pi}{2}\right]$上的值域为$\left[-\frac{\sqrt{3}}{2},1\right]$.

5.（2013，湖南文，第 16 题）

已知函数 $f(x)=f(x)=\cos x\cdot\cos\left(x-\frac{\pi}{3}\right)$.

(1)求 $f\left(\frac{2\pi}{3}\right)$的值；

(2)求使 $f(x)<\frac{1}{4}$成立的 x 的取值集合.

6.（2013，重庆理，第 16 题）

设 $a\in\mathbf{R}$，$f(x)=\cos x(a\sin x-\cos x)+\cos^2\left(\frac{\pi}{2}-x\right)$满足 $f\left(-\frac{\pi}{3}\right)=f(0)$，求函数 $f(x)$在$\left[\frac{\pi}{4},\frac{11\pi}{24}\right]$上的最大值和最小值.

【2014 真题验证】

1.（2014·大纲理，第 17 题）

$\triangle ABC$ 的内角 A,B,C 的对边分别为 a,b,c，已知 $3a\cos C=2c\cos A$，$\tan A=\frac{1}{3}$，求 B.

2.（2014·辽宁理，第 17 题）

在$\triangle ABC$ 中，内角 A,B,C 的对边分别为 a,b,c，且 $a>c$. 已知$\overrightarrow{BA}\cdot\overrightarrow{BC}=2$，$\cos B=\frac{1}{3}$，$b=3$. 求：

(Ⅰ)a 和 c 的值；

(Ⅱ)$\cos(B-C)$的值.

2.2.3　空间想象能力

能根据条件画出正确的图形，根据图形想象出直观形象；能正确地分析出图形的基本元素及其相互关系；能对图形进行分解、组合与变形是对“空间想象能力”的要求. 立体图形画在平面必然与实际图形产生差异，容易造成错觉，正确认识各元素的空间位置和图形的空间结构；空间想象能力的第二层次表现为能准确领会“点线—线线—线面—面面”之间的联系，并能就解题的根据、需要，对这些关系加以转化，多数情况是把给出的条件转化到某个平面上来，利用平面几何的知识来解题；空间想象能力的第三个层次，是能对题中给出的图形进行分割—分解，组合—拼补，变形—转换、位移或从不同视角观察图形，从而寻找出解题的最佳方法. 空间想象能力是对空间图形处理的能力. 高考中空间想象能力主要是通过立体几何内容考查，立体几何中立体图形的特征是通过概念描述的，而对图形的理解是解题的基础. 高考中通过考查概念，考查对图形及位置关系理解和掌握的程度，特别是对照图形，灵活运用概念于图形的能力. 在考查中一般不是只给出基本的元素计算，而是力求在考查角度和方位都有一些变化，在图形的变式和非标准位置图形中灵活运用概念、性质等.

【真题重现】

1.（2012，山东文，第 19 题）

如图，几何体 $E-ABCD$ 是四棱锥，$\triangle ABD$ 为正三角形，$CB=CD$，$EC\perp BD$.

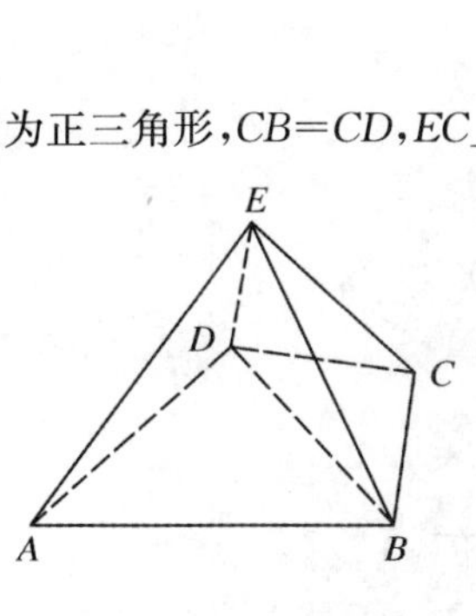

(Ⅰ)求证：$BE=DE$；

(Ⅱ)若$\angle BCD=120°$，M 为线段 AE 的中点，求证：$DM/\!/$平面 BEC.

2.（2010，北京文，第 17 题）

如图，正方形 $ABCD$ 和四边形 $ACEF$ 所在的平面互相垂直，$EF/\!/AC$，$AB=\sqrt{2}$，$CE=EF=1$.

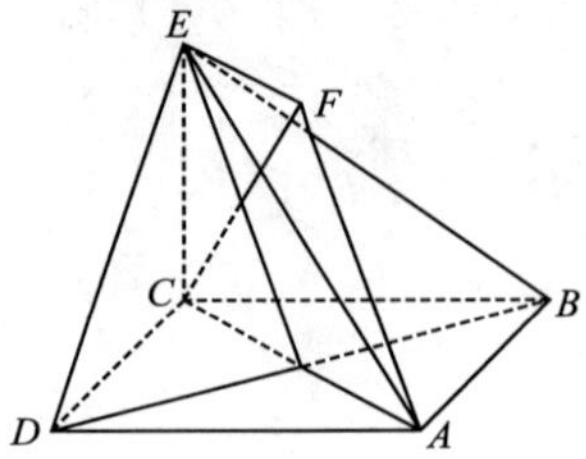

（Ⅰ）求证：$AF/\!/$平面 BDE；

（Ⅱ）求证：$CF\perp$平面 BDE；

【答案】

（Ⅰ）设 AC 与 BD 交于点 G. 因为 $EF/\!/AG$，$EF=1$ $AG=\frac{1}{2}AC=1$.

所以四边形 $AGEF$ 为平行四边形.

所以 $AF/\!/EG$.

因为 $EG\subset$平面 BDE，$AF\not\subset$平面 BDE，

所以 $AF/\!/$平面 BDE.

（Ⅱ）连接 FG

因为 $EF/\!/CG$，$EF=CG=1$，且 $CE=1$，

所以四边形 $CEFG$ 为菱形.

所以 $CF\perp EG$.

因为四边形 $ABCD$ 为正方形，所以 $BD\perp AC$.

又因为平面 $ACEF\perp$平面 $ABCD$，

且平面 $ACEF\cap$平面 $ABCD$，

所以 $BD\perp$平面 $ACEF$.

所以 $CF\perp BD$.

又 $BD\cap EG=G$，

所以 $CF\perp$平面 BDE.

3.（2009，湖北理，第 18 题）

如图，四棱锥 $S-ABCD$ 的底面是正方形，$SD\perp$平面 $ABCD$，$SD=2a$，$AD=\sqrt{2}a$ 点 E 是 SD 上的点，且 $DE=\lambda a(0<\lambda\leqslant 2)$

（Ⅰ）求证：对任意的 $\lambda\in(0,2]$，都有 $AC\perp BE$

（Ⅱ）设二面角 $C-AE-D$ 的大小为 θ，直线 BE 与平面 $ABCD$ 所成的角为 φ，若 $\tan\theta\cdot\tan\varphi=\lambda$，求 λ 的值

【答案】（Ⅰ）如图 1，连接 BE、BD，由地面 $ABCD$ 是正方形可得 $AC\perp BD$.

$\because SD\perp$平面 $ABCD$，$\therefore BD$ 是 BE 在平面 $ABCD$ 上的射影，$\therefore AC\perp BE$.

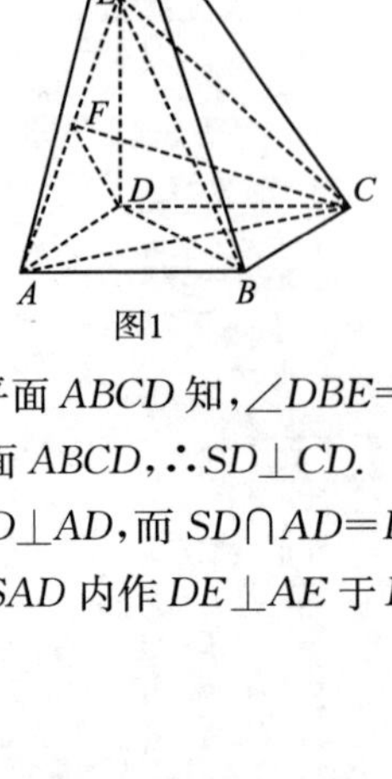

图1

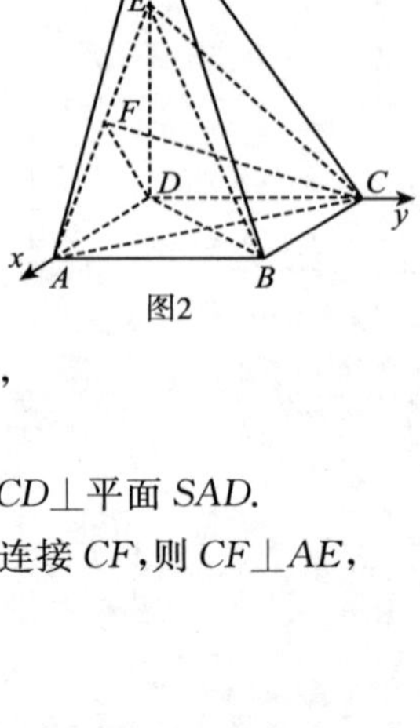

图2

（Ⅱ）解法 1：如图 1，由 $SD\perp$平面 $ABCD$ 知，$\angle DBE=\varphi$，

$\because SD\perp$平面 $ABCD$，$CD\subset$平面 $ABCD$，$\therefore SD\perp CD$.

又底面 $ABCD$ 是正方形，$\therefore CD\perp AD$，而 $SD\cap AD=D$，$CD\perp$平面 SAD.

连接 AE、CE，过点 D 在平面 SAD 内作 $DE\perp AE$ 于 F，连接 CF，则 $CF\perp AE$，

故$\angle CDF$是二面角$C-AE-D$的平面角，即$\angle CDF=\theta$.

在$Rt\triangle BDE$中，$\because BD=2a, DE=\lambda a$，$\therefore \tan\varphi=\dfrac{DE}{BD}=\dfrac{\lambda}{2}$.

在$Rt\triangle ADE$中，$\because AD=\sqrt{2a}, DE=\lambda a$，$\therefore AE=a\sqrt{\lambda^2+2}$，

从而$DF=\dfrac{AD\cdot DE}{AE}=\dfrac{\sqrt{2}\lambda a}{\sqrt{\lambda^2+2}}$.

在$Rt\triangle CDF$中，$\tan\theta=\dfrac{CD}{DF}=\dfrac{\sqrt{\lambda^2+2}}{\lambda}$，

由$\tan\theta\cdot\tan\varphi=1$，得$\dfrac{\sqrt{\lambda^2+2}}{\lambda}\cdot\dfrac{\lambda}{2}=1\Leftrightarrow\sqrt{\lambda^2+2}=2\Leftrightarrow\lambda^2=2$.

由$\lambda\in(0,2]$，解得$\lambda=\sqrt{2}$，即为所求.

证法2：以D为原点，$\overrightarrow{DA}, \overrightarrow{DC}, \overrightarrow{DS}$的方向分别作为$x, y, z$轴的正方向建立如图2所示的空间直角坐标系，则

$D(0,0,0), A(\sqrt{2},0,0), B(\sqrt{2}a,\sqrt{2}a,0), C(0,\sqrt{2}a,0), E(0,0\lambda a)$，

$\therefore \overrightarrow{AC}=(-\sqrt{2}a,\sqrt{2}a,0), \overrightarrow{BE}=(-\sqrt{2}a,-\sqrt{2}a,\lambda a)$

$\therefore \overrightarrow{AC}\cdot\overrightarrow{BE}=2a^2-2a^2+0\cdot\lambda a=0$，即$AC\perp BE$.

解法2：

由（Ⅰ）得$\overrightarrow{EA}=(\sqrt{2}a,0,-\lambda a), \overrightarrow{EC}=(0,\sqrt{2}a,-\lambda a), \overrightarrow{BE}=(-\sqrt{2}a,-\sqrt{2}a,\lambda a)$.

设平面ACE的法向量为$n=(x,y,z)$，则由$n\perp\overrightarrow{EA}, n\perp\overrightarrow{EC}$得

$\begin{cases}n\cdot\overrightarrow{EA}=0,\\ n\cdot\overrightarrow{EC}=0,\end{cases}$即$\begin{cases}\sqrt{2}x-\lambda z=0,\\ \sqrt{2}y-\lambda z=0,\end{cases}$取$z=\sqrt{2}$，得$n(\lambda,\lambda,\sqrt{2})$.

易知平面$ABCD$与平面ADE的一个法向量分别为$\overrightarrow{DS}=(0,0,2a)$与$\overrightarrow{DC}=(0,\sqrt{2}a,0)$.

$\therefore \sin\varphi=\dfrac{\overrightarrow{DS}\cdot\overrightarrow{BE}}{|\overrightarrow{DS}|\cdot|\overrightarrow{BE}|}=\dfrac{\lambda}{\sqrt{\lambda^2+4}}, \cos\theta=\dfrac{|\overrightarrow{DC}\cdot n|}{|\overrightarrow{DC}|\cdot|n|}=\dfrac{|\lambda|}{|2\lambda^2+2|}$.

$\because 0<\theta,\varphi<\dfrac{\pi}{2}, \lambda>0$，

$\therefore \tan\theta\cdot\tan\varphi\Leftrightarrow\theta+\varphi=\dfrac{\pi}{2}\Leftrightarrow\sin\varphi-\cos\theta\Leftrightarrow\dfrac{\lambda}{\sqrt{\lambda^2+4}}=\dfrac{\lambda}{\sqrt{2\lambda^2+2}}\Leftrightarrow\lambda^2=2$.

由于$\lambda\in(0,2]$，解得$\lambda=\sqrt{2}$，即为所求.

4.（2008，重庆文，第20题）

α和β为平面，$\alpha\cap\beta=l, A\in\alpha, B\in\beta, AB=5$，$A$，$B$在棱1上的 射影分别为$A'$，$B'$，$AA'=3$，$BB'=2$. 若二面角$\alpha-l-\beta$的大小为$\dfrac{2\pi}{3}$，求：

（Ⅰ）点B到平面α的距离；

（Ⅱ）异面直线l与AB所成的角（用反三角函数表示）.

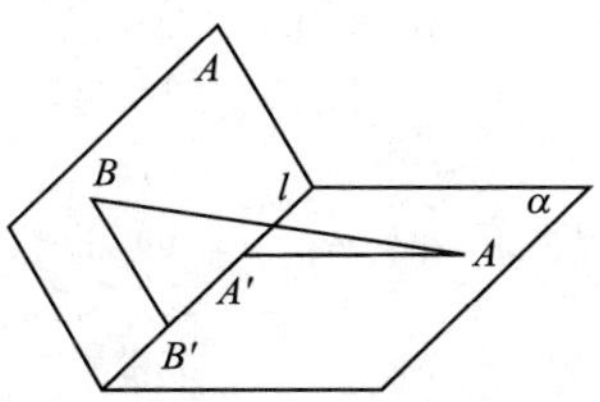

【答案】

(1)如图，过点$B'C\mathbin{/\mkern-5mu/}A'A$且使$B'C=A'A$. 过点$B$作$BD\perp CB'$，交$CB'$的延长线于$D$.

由已知$AA'\perp l$，可得$DB'\perp l$，又已知$BB'\perp l$，故$l\perp$平面$BB'D$，得$BD\perp l$又因$BD\perp CB'$，从而$BD\perp$平面α，BD之长即为点B到平面α的距离.

因$B'C\perp l$且$BB'\perp l$，故$\angle BB'C$为二面角$\alpha-l-\beta$的平面角.

由题意，$\angle BB'C=\dfrac{2\pi}{3}$，

因此在$Rt\triangle BB'D$中，$BB'=2$，$\angle BB'D=\pi-\angle BB'C=\dfrac{\pi}{3}$，

$BD=BB'\cdot\sin BB'D=\sqrt{3}$.

(Ⅱ)连接 AC、BC. 因 $B'C/\!/A'A$，$B'C=A'A$，$AA'\perp l$，知 $A'ACB'$ 为矩形，故 $AC/\!/l$. 所以$\angle BAC$ 或其补角为异面直线 l 与 AB 所成的角.

在$\triangle BB'C$ 中，$B'B=2$，$B'C=3$，$\angle BB'C=\dfrac{2\pi}{3}$，则由余弦定理，

$BC=\sqrt{B'B^2+B'C^2-B'C\cdot\cos BB'C}=\sqrt{19}$.

因 $BD\perp$平面 α，且 $DC\perp CA$，由三垂线定理知 $AC\perp BC$.

故在$\triangle ABC$ 中，$\angle BCA=\dfrac{\pi}{2}$，$\sin BAC=\dfrac{BC}{AB}=\dfrac{\sqrt{19}}{5}$.

因此，异面直线 l 与 AB 所成的角为 $\arcsin\dfrac{\sqrt{19}}{5}$.

5.(2013，北京文，第 17 题)

如图，在四棱锥 $P-ABCD$ 中，$AB/\!/CD$，$AB\perp AD$，$CD=2AB$，平面 $PAD\perp$底面 $ABCD$，$PA\perp AD$，E 和 F 分别是 CD 和 PC 的中点，求证：

(Ⅰ)$PA\perp$底面 $ABCD$；

(Ⅱ)$BE/\!/$平面 PAD；

(Ⅲ)平面 $BEF\perp$平面 PCD.

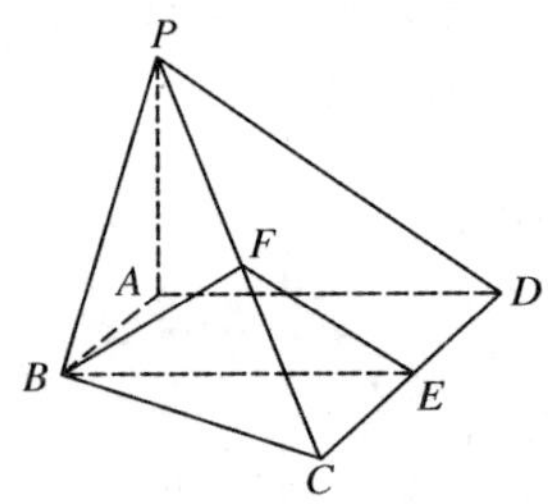

6.(2013 ，四川文，第 19 题)

如图，在四三棱锥 $ABC-A_1B_1C_1$ 中，侧棱 $AA_1\perp$底面 ABC，$AB=AC=2AA_1=2$，$\angle BAC=120°$，D、D_1 分别是线段 BC、B_1C_1 的中点，P 是线段 AD 上异于端点的点.

在平面 ABC 内，作出过点 P 与平面 A_1BC 平行的直线 l，说明理由，并证明直线 $l\perp$平面 ADD_1A_1；

设(1)中的直线 l 交 AC 于点 Q，求三棱锥 A_1-QC_1D 的体积.(椎体体积公式：$V=\dfrac{1}{3}Sh$，其中 S 为底面面积，h 为高)

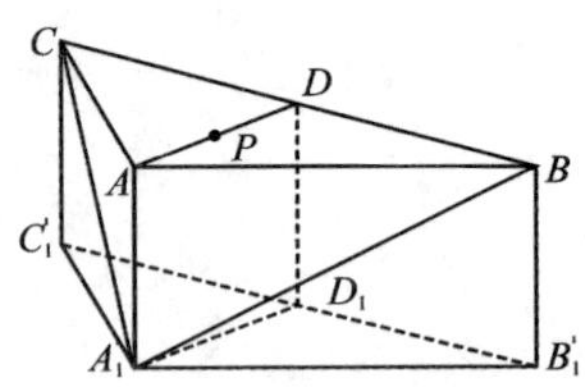

【2014 真题验证】

(2014，四川理，第 18 题)

三棱锥 $A-BCD$ 及其侧视图、俯视图如图所示. 设 M，N 分别为线段 AD，AB 的中点，P 为线段 BC 上的点，且 $MN\perp NP$.

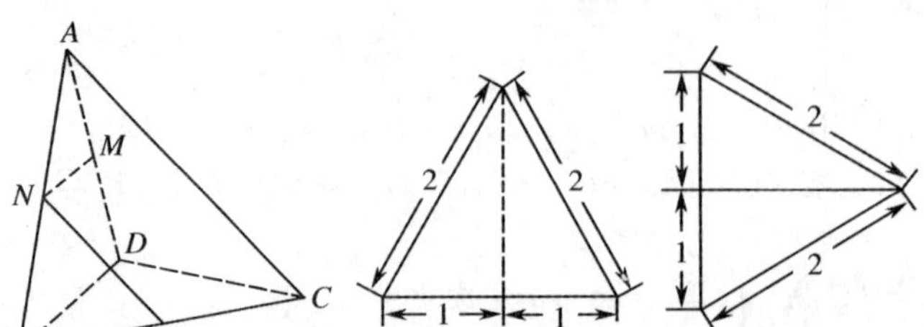

侧视图　　俯视图

(Ⅰ)证明：P 是线段 BC 的中点；

(Ⅱ)求二面角 $A-NP-M$ 的余弦值.

2.（2014，湖北理，第 19 题）

如图，在棱长为 2 的正方体 $ABCD-A_1B_1C_1D_1$ 中，E,F,M,N 分别是棱 AB,AD,A_1B_1,A_1D_1 的中点，点 P,Q 分别在棱 DD_1,BB_1 上移动，且 $DP=BQ=\lambda(0<\lambda<2)$.

（Ⅰ）当 $\lambda=1$ 时，证明：直线 $BC_1//$ 平面 $EFPQ$；

（Ⅱ）是否存在 λ，使平面 $EFPQ$ 与平面 $PQMN$ 所成的二面角为直二面角？若存在，求出 λ 的值；若不存在，说明理由.

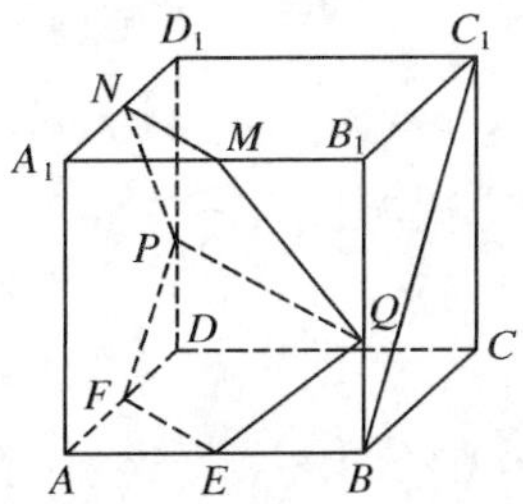

2.2.4 实践应用能力和数据处理能力

能收集数据、整理数据、分析数据，能从大量数据中抽取对研究问题有用的信息，并作出判断.数据处理能力主要依据统计或统计案例中的方法对数据进行整理、分析，并解决给定的实际问题；能综合应用所学数学知识、思想和方法解决问题，包括解决在相关学科、生产、生活中简单的数学问题；能理解对问题陈述的材料，并对所提供的信息资料进行归纳、整理和分类，将实际问题抽象为数学问题，建立数学模型；应用相关的数学方法解决问题并加以验证，并能用数学语言正确地表达和说明.应用的主要过程是依据现实的生活背景，提炼相关的数量关系，将现实问题转化为数学问题，构造数学模型，并加以解决.

这里所要解决的问题，包括纯数学问题和实际应用问题.

对于纯数学问题，分析和解决问题的思维活动表现为：(1)能从题目的条件中提取有用的信息，从题目的求解（或求证）中考虑需要的信息；(2)能在记忆系统里储存的数学信息中提取有关的信息，作为解决本题的依据，推动(1)中信息的延伸；(3)将(1)、(2)中获得的信息联系起来，进行加工、组合，主要是通过分析和综合，一方面从已知到未知，另一方面从未知到已知，寻找正反两个方面的知识“衔接点”——一个固有的或确定的数学关系；(4)将(3)中的思维过程整理，形成个从条件到结论的行动序列.

对于数学的应用问题，考查分析问题和解决问题能力的侧重点，则是现实客观事物的数学化.高考数学试题中设置这类问题，是基于现代社会对数学的需求，基于数学教育本身就是现实的数学教育，同时也是高校选拔人才的需要.

高考作为培养未来社会人才的选拔性考试，理所当然要面对社会现实.正是这个更深层次的原因，现在强调高考中的重视数学应用，不能单纯满足于课本应用题的变形和发展，应该让数学应用问题更加贴近现实的生活实际，引导考生置身于现实的社会大环境，关心自已身边的数学问题.这里不仅仅是要求解几个应用题，而是有着更深一层的意义，核心是应用数学的意识和能力.

【真题重现】

1.（2012，新课标，第 18 题）

某花店每天以每枝 5 元的价格从农场购进若干玫瑰花，然后以每枝 10 元的价格出售，如果当天卖不完，剩下的玫瑰花做垃圾处理.

（Ⅰ）若花店一天购进 16 枝玫瑰花，求当天的利润 y（单位：元）关于当天需求量 n（单位：枝，$n\in\mathbf{N}$）的函数解析式.

（Ⅱ）花店记录了 100 天玫瑰花的日需求量（单位：枝），整理得下表：

日需求量 n	14	15	16	17	18	19	20
频数	10	20	16	16	15	13	10

以 100 天记录的各需求量的频率作为各需求量发生的概率.

（ⅰ）若花店一天购进 16 枝玫瑰花，x 表示当天的利润（单位：元），求 x 的分布列，数学期望及方差；

（ⅱ）若花店计划一天购进 16 枝或 17 枝玫瑰花，你认为应购进 16 枝还是 17 枝？请说明理由.

2.（2010，全国 2 文，第 20 题）

如图，由 M 到 N 的电路中有 4 个元件，分别标为 r_1,r_2,r_3,r_4，电流能通过 r_1,r_2,r_3 的概率都是 p，电流能通过 r_4 的概率是 0.9，电流能否通过各元件相互独立，已知 r_1,r_2,r_3 中至少有一个能通过电流的概率为 0.999.

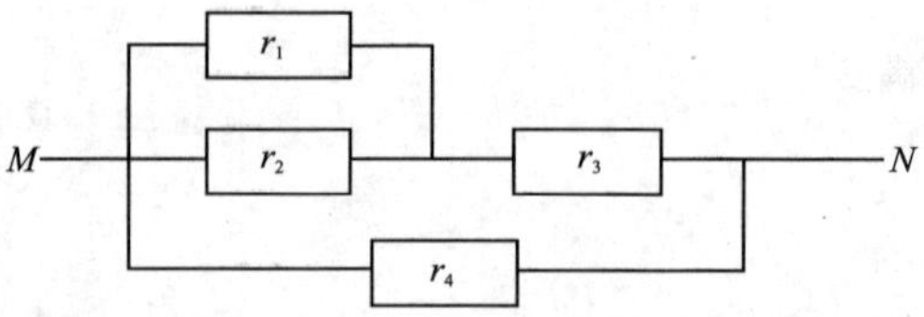

(Ⅰ)求 p；

(Ⅱ)求电流能在 M 与 N 之间通过的概率.

【答案】记 A_1 表示事件：电流能通过 T_i，$i=1,2,3,4$，

A 表示事件：T_1,T_2,T_3 中至少有一个能通过电流，

B 表示事件：电流能在 M 与 N 之间通过，

(Ⅰ)$\overline{A}=\overline{A_1}\cdot\overline{A_2}\cdot\overline{A_3}$，$A_1,A_2,A_3$ 相互独立，

$P(\overline{A})=P(\overline{A_1}\cdot\overline{A_2}\cdot\overline{A_3})=P(\overline{A_1})P(\overline{A_2})P(\overline{A_3})=(1-p)^3$，

又 $P(\overline{A})=1-P(A)=1-0.999=0.001$，

故$(1-p)^3=0.001$，$p=0.9$，

(Ⅱ)$B=A_4+\overline{A_4}\cdot A_1\cdot A_3+\overline{A_4}\cdot\overline{A_1}\cdot A_2\cdot A_3$，

$$\begin{aligned}P(B)&=P(A_4+\overline{A_4}\cdot A_1\cdot A_3+\overline{A_4}\cdot\overline{A_1}A_2\cdot A_3)\\&=P(A_4)+P(\overline{A_4}\cdot A_1\cdot A_3)+P(\overline{A_4}\cdot\overline{A_1}\cdot A_2\cdot A_3)\\&=P(A_4)+P(\overline{A_4})P(A_1)P(A_3)+P(\overline{A_4})P(A_1)P(A_2)P(A_3)\\&=0.9+0.1\times0.9\times0.9+0.1\times0.1\times0.9\times0.9=0.9891.\end{aligned}$$

3.(2009，江苏理，第19题)

按照某学者的理论，假设一个人生产某产品单件成本为 a 元，如果他卖出该产品的单价为 m 元，则他的满意度为 $\frac{m}{m+a}$；如果他买进该产品的单价为 n 元，则他的满意度为$\frac{n}{n+a}$. 如果一个人对两种交易(卖出或买进)的满意度分别为 h_1 和 h_2，则他对这两种交易的综合满意度为 $\sqrt{h_1h_2}$.

现假设甲生产 A、B 两种产品的单件成本分别为12元和5元，乙生产 A、B 两种产品的单件成本分别为3元和20元，设产品 A、B 的单价分别为 m_A 元和 m_B 元，甲买进 A 与卖出 B 的综合满意度为 $h_{甲}$，乙卖出 A 与买进 B 的综合满意度为 $h_{乙}$.

(1)求 $h_{甲}$ 和 $h_{乙}$ 关于 m_A、m_B 的表达式；当 $m_A=\frac{3}{5}m_B$ 时，求证：$h_{甲}=h_{乙}$；

(2)设 $m_A=\frac{3}{5}m_B$，当 m_A、m_B 分别为多少时，甲、乙两人的综合满意度均最大？最大的综合满意度为多少？

(3)记(2)中最大的综合满意度为 h_0，试问能否适当选取 m_A、m_B 的值，使得 $h_{甲}\geqslant h_0$ 和 $h_{乙}\geqslant h_0$ 同时成立，但等号不同时成立？试说明理由.

【答案】

(1)$h_{甲}=\sqrt{\frac{m_A}{m_A+12}\cdot\frac{m_B}{m_B+5}}$，$h_{乙}=\sqrt{\frac{m_A}{m_A+3}\cdot\frac{m_B}{m_B+20}}$，$(m_A\in[3,12],m_B\in[5,20])$，

当 $m_A=\frac{3}{5}m_B$ 时，$h_{甲}=\sqrt{\frac{\frac{3}{5}m_B}{\frac{3}{5}m_B+12}\cdot\frac{m_B}{m_B+5}}=\sqrt{\frac{m_B^2}{(m_B+20)(m_B+5)}}$，

$h_{乙}=\sqrt{\frac{\frac{3}{5}m_B}{\frac{3}{5}m_B+3}\cdot\frac{m_B}{m_B+20}}=\sqrt{\frac{m_B^2}{(m_B+5)(m_B+20)}}$，$h_{甲}=h_{乙}$.

(2)当 $m_A=\frac{3}{5}m_B$ 时，

$$h_{甲}=\sqrt{\frac{m_B^2}{(m_B+20)(m_B+5)}}=\sqrt{\frac{1}{\left(1+\frac{20}{m_B}\right)\left(1+\frac{5}{m_B}\right)}}=\sqrt{\frac{1}{100\left(\frac{1}{m_B}\right)^2+25\frac{1}{m_B}+1}},$$

由 $m_B\in[5,20]$得$\frac{1}{m_B}\in\left[\frac{1}{20},\frac{1}{5}\right]$，故当$\frac{1}{m_B}=\frac{1}{20}$即 $m_B=20$，$m_A=12$ 时，

甲乙两人同时取到最大的综合满意度为$\frac{\sqrt{10}}{5}$.

(3)由(2)知:$h_0=\frac{\sqrt{10}}{5}$

由 $h_{甲}=\sqrt{\frac{m_A}{m_A+12}\cdot\frac{m_B}{m_B+5}}\geqslant h_0=\frac{\sqrt{10}}{5}$得:$\frac{m_A+12}{m_A}\cdot\frac{m_B+5}{m_B}\leqslant\frac{5}{2}$,

令$\frac{3}{m_A}=x,\frac{5}{m_B}=y$,则 $x、y\in\left[\frac{1}{4},1\right]$,即:$(1+4x)(1+y)\leqslant\frac{5}{2}$.

同理,由 $h_{乙}\geqslant h_0=\frac{\sqrt{10}}{5}$得:$(1+x)(1+4y)\leqslant\frac{5}{2}$

另一方面,$x、y\in\left[\frac{1}{4},1\right]$,$\therefore 1+4x、1+4y\in[2,5]$,$1+x、1+y\in\left[\frac{5}{2},2\right]$,

$(1+4x)(1+y)\geqslant\frac{5}{2}$,$(1+x)(1+4y)\geqslant\frac{5}{2}$,当且仅当 $x=y=\frac{1}{4}$,即 $m_A=m_B$ 时,取等号.

所以不能选取 m_A、m_B 的值,使得 $h_{甲}\geqslant h_0$ 和 $h_{乙}\geqslant h_0$ 同时成立,但等号不同时成立.

4.(2008,北京文,第 17 题)

甲、乙等五名奥运志愿者被随机地分到 A,B,C,D 四个不同的岗位服务,每个岗位至少有一名志愿者.

(Ⅰ)求甲、乙两人同时参加 A 岗位服务的概率;

(Ⅱ)求甲、乙两人不在同一个岗位服务的概率;

(Ⅲ)设随机变量 ξ 为这五名志愿者中参加 A 岗位服务的人数,求 ξ 的分布列.

【答案】

(Ⅰ)记甲、乙两人同时参加 A 岗位服务为事件 E_A,那么 $P(E_A)=\frac{A_3^3}{C_5^2A_4^4}=\frac{1}{40}$,

即甲、乙两人同时参加 A 岗位服务的概率是$\frac{1}{40}$.

(Ⅱ)记甲、乙两人同时参加同一岗位服务为事件 E,那么 $P(E)=\frac{A_4^4}{C_5^2A_4^4}=\frac{1}{10}$,

所以,甲、乙两人不在同一岗位服务的概率是 $P(\overline{E})=1-P(E)=\frac{9}{10}$.

(Ⅲ)随机变量 ξ 可能取的值为 1,2. 事件"$\xi=2$"是指有两人同时参加 A 岗位服务,

则 $P(\xi=2)=\frac{C_5^2A_3^3}{C_5^3A_4^4}=\frac{1}{4}$.

所以 $P(\xi=1)=1-P(\xi-2)=\frac{3}{4}$,$\xi$ 的分布列如下.

ξ	1	3
P	$\frac{3}{4}$	$\frac{1}{4}$

5.(2007,海南理,第 17 题)

如图,测量河对岸的塔高 AB 时,可以选与塔底 B 在同一水平面内的两个测点 C 与 D. 现测得$\angle BCD=\alpha$,$\angle BDC=\beta$,$CD=s$,并在点 C 测得塔顶 A 的仰角为 θ,求塔高 AB.

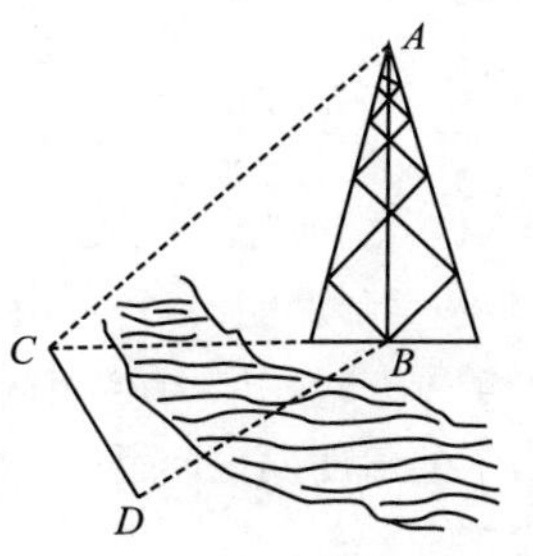

【答案】

在$\triangle BCD$ 中,$\angle CBD=\pi-\alpha-\beta$. 由正弦定理得$\frac{BC}{\sin\angle BDC}=\frac{CD}{\sin\angle CBD}$.

所以 $BC=\dfrac{CD\sin\angle BDC}{\sin\angle CBD}=\dfrac{s\cdot\sin\beta}{\sin(\alpha+\beta)}$. 在 Rt$\triangle ABC$ 中, $AB=BC\tan\angle ACB=\dfrac{s\cdot\tan\theta\sin\beta}{\sin(\alpha+\beta)}$.

6. (2013, 天津理, 第 16 题)

一个盒子里装有 7 张卡片, 其中有红色卡片 4 张, 编号分别为 1, 2, 3, 4; 白色卡片 3 张, 编号分别为 2, 3, 4. 从盒子中任取 4 张卡片(假设取到任何一张卡片的可能性相同).

(Ⅰ)求取出的 4 张卡片中, 含有编号为 3 的卡片的概率;

(Ⅱ)再取出的 4 张卡片中, 红色卡片编号的最大值设为 X, 求随机变量 X 的分布列和数学期望.

7. (2013, 山东文, 第 17 题)

某小组共有 A,B,C,D,E 五位同学, 他们的身高(单位: 米)及体重指标(单位: 千克/米)如下表所示:

	A	B	C	D	E
身高	1.69	1.73	1.75	1.79	1.82
体重指标	19.2	25.1	18.5	23.3	20.9

(Ⅰ)从该小组身高低于 1.80 的同学中任选 2 人, 求选到的 2 人身高都在 1.78 一下的概率;

(Ⅱ)从该小组同学中任选 2 人, 求选到的 2 人的身高都在 1.70 以上且体重指标都在[18.5, 23.9)中的概率.

【2014 真题验证】

1. (2014, 上海理, 第 21 题)

如图, 某公司要在 A,B 两地连线上的定点 C 处建造广告牌 CD, 其中 D 为顶端, AC 长 35 米, CB 长 80 米. 设点 A,B 在同一水平面上, 从 A 和 B 看 D 的仰角分别为 α 和 β.

(Ⅰ)设计中 CD 是铅垂方向. 若要求 $\alpha\geqslant 2\beta$, 问 CD 的长至多为多少(结果精确到 0.01 米)?

(Ⅱ)施工完成后, CD 与铅垂方向有偏差. 现在实测得 $\alpha=38.12°$, $\beta=18.45°$, 求 CD 的长(结果精确到 0.01 米).

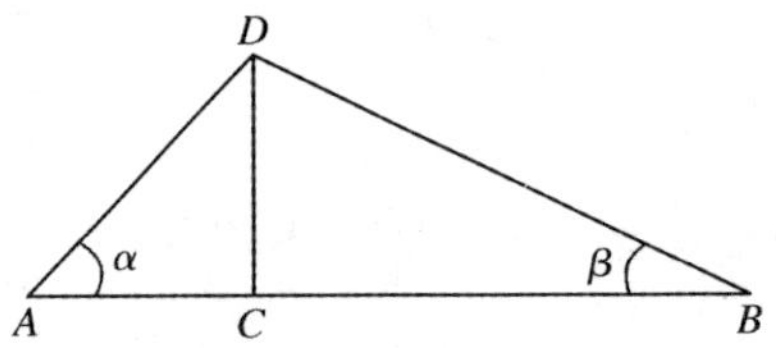

2. (2014, 新课标Ⅱ理, 第 19 题)

某地区 2007 年至 2013 年农村居民家庭人均纯收入 y(单位: 千元)的数据如下表:

年　份	2007	2008	2009	2010	2011	2012	2013
年份代号 t	1	2	3	4	5	6	7
人均纯收入 y	2.9	3.3	3.6	4.4	4.8	5.2	5.9

(Ⅰ)求 y 关于 t 的线性回归方程;

(Ⅱ)利用(Ⅰ)中的回归方程, 分析 2007 年至 2013 年该地区农村居民家庭人均纯收入的变化情况, 并预测该地区 2015 年农村居民家庭人均纯收入.

附: 回归直线的斜率和截距的最小二乘估计公式分别为: $\hat{b}=\dfrac{\sum\limits_{i=1}^{n}(t_i-\bar{t})(y_i-\bar{y})}{\sum\limits_{i=1}^{n}(t_i-\bar{t})^2}$, $\hat{a}=\bar{y}-\hat{b}\bar{t}$.

2.2.5　创新能力

创新是发展的动力, 高考数学一直追求从"知识立意"向"能力立意"转变. 因此高考试卷将会更加突出能力立意, 突出数学的本质, 突出对考生数学能力(尤其思维能力)和学习潜能的考查. 由近几年的高考试题中可知比较有创意的试题比比皆是, 这有效地遏制了"记题型, 背套路"的机械学习方式, 引导学生走向既重视解题方法, 又重视数学本质的正确轨道, 体现了高考命题创新的一大追求. 应用数学, 从数学的角度发现问题, 提出问题, 能够应用所学的数学知识和方法进行独立思考, 探索、研究和解决问题.

【真题重现】

1.(2012,福建文,第16题)

某地图规划道路建设,考虑道路铺设方案,方案设计图中,点表示城市,两点之间连线表示两城市间可铺设道路,连线上数据表示两城市间铺设道路的费用,要求从任一城市都能到达其余各城市,并且铺设道路的总费用最小. 例如:在三个城市道路设计中,若城市间可铺设道路的路线图如图1,则最优设计方案如图2,此时铺设道路的最小总费用为10.

现给出该地区可铺设道路的线路图如图3,则铺设道路的最小总费用为________.

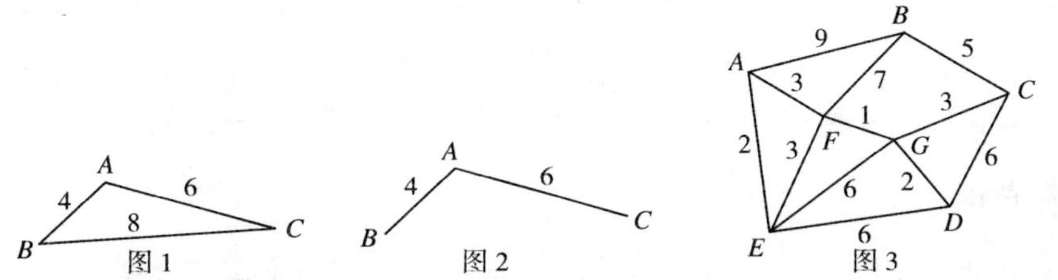

图1　图2　图3

2.(2010,北京理,第14题)

如图放置的边长为1的正方形$PABC$沿x轴滚动. 设顶点$P(x,y)$的轨迹方程是$y=f(x)$,则$y=f(x)$的最小正周期为;$y=f(x)$在其两个相邻零点间的图像与x轴所围区域的面积为________.

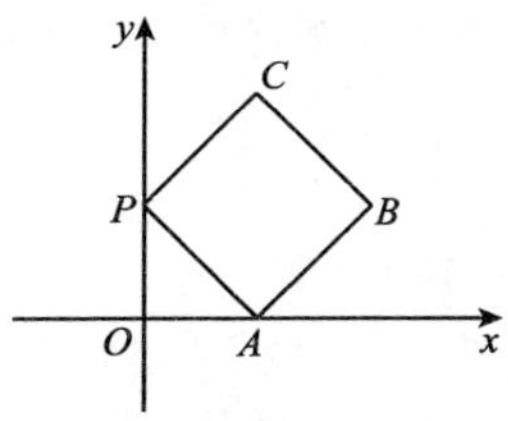

【答案】$\pi+1$

3.(2009,全国2理,第12题)

纸质的正方体的六个面根据其方位分别标记为上、下、东、南、西、北. 现在沿该正方体的一些棱将正方体剪开,外面朝上展平,得到右侧的平面图形,则标"△"的面的方位是(　　)

A. 南　　B. 北　　C. 西　　D. 下

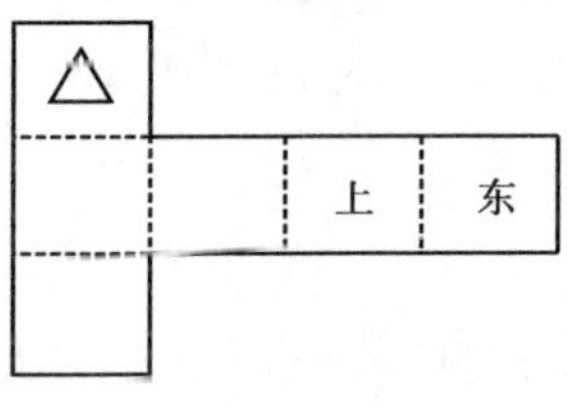

【答案】B

4.(2013,湖北文,第8题)

x为实数,$[x]$表示不超过x的最大整数,则函数$f(x)=x-[x]$在$\mathbf{R}$上为(　　)

A. 奇函数　　B. 偶函数　　C. 增函数　　D. 周期函数

5.(2013,福建理,第15题)

当$x\in\mathbf{R}$,$|x|<1$时,有如下表达式:

$1+x+x^2+\cdots+x^n+\cdots=\frac{1}{1-x}$. 两边同时积分得:$\int_0^{\frac{1}{2}}1\mathrm{d}x+\int_0^{\frac{1}{2}}x\mathrm{d}x+\int_0^{\frac{1}{2}}x^2\mathrm{d}x+\cdots\int_0^{\frac{1}{2}}x^n\mathrm{d}x+\cdots=\int_0^{\frac{1}{2}}\frac{1}{1-x}\mathrm{d}x$. 从而得到如下等式:$1\times\frac{1}{2}+\frac{1}{2}\times\left(\frac{1}{2}\right)^2+\frac{1}{3}\times\left(\frac{1}{2}\right)^3+\cdots+\frac{1}{n-1}\times\left(\frac{1}{2}\right)^{n+1}+\cdots=\ln2$ 请根据以上材料所蕴含的数学思想方法,计算:$\mathrm{C}_n^0\times\frac{1}{2}+\frac{1}{2}\mathrm{C}_n^1\times\left(\frac{1}{2}\right)^2+\frac{1}{3}\mathrm{C}_n^2\times\left(\frac{1}{2}\right)^3+\cdots+\frac{1}{n+1}\mathrm{C}_n^n\times\left(\frac{1}{2}\right)^{n+1}=$________.

【2014真题验证】

1.(2014,山东理,第15题)

已知函数$y=f(x)(x\in\mathbf{R})$. 对函数$y=g(x)(x\in I)$,定义$g(x)$关于$f(x)$的"对称函数"为函数$y=h(x)(x\in I)$,$y=h(x)$满足:对任意$x\in I$,两个点$(x,h(x))$,$(x,g(x))$关于点$(x,f(x))$对称. 若$h(x)$是$g(x)=\sqrt{4-x^2}$关于$f(x)=3x+b$

的"对称函数",且 $h(x)>g(x)$ 恒成立,则实数 b 的取值范围是________.

2.(2014,湖北理,第 14 题)

设 $f(x)$ 是定义在 $(0,+\infty)$ 上的函数,且 $f(x)>0$.对任意 $a>0,b>0$,若经过点 $(a,f(a)),(b,-f(b))$ 的直线与 x 轴的交点为 $(c,0)$,则称 c 为 a,b 关于函数 $f(x)$ 的平均数,记为 $M_f(a,b)$.例如,当 $f(x)=1(x>0)$ 时,可得 $M_f(a,b)=c=\frac{a+b}{2}$,即 $M_f(a,b)$ 为 a,b 的算术平均数.

(Ⅰ)当 $f(x)=$________$(x>0)$ 时,$M_f(a,b)$ 为 a,b 的几何平均数;

(Ⅱ)当 $f(x)=$________$(x>0)$ 时,$M_f(a,b)$ 为 a,b 的调和平均数 $\frac{2ab}{a+b}$.

(以上两空各只需写出一个符合要求的函数即可)

2.3 强调思想方法

数学思想和方法是数学知识在更高层次上的抽象和概括,是理解、思考、分析与解决数学问题的普通方法,它蕴含在数学知识发生、发展和应用的过程中.因此,对数学思想和方法的考查必然要与数学知识的考查进行多层次结合,通过对数学知识的考查,反映考生对数学思想、方法的理解和掌握程度.考查时,要从学科整体意义和思想含义上立意,注重通性通法,淡化特殊技巧,有效地检测考生对中学数学知识中所蕴含的数学思想和方法的掌握程度.

高考对数学思想的考查,通过对数学知识的考查来反映考生对数学思想和方法理解和掌握的程度.对数学思想方法的考查是考查考生能力的必由之路.

高考对数学方法的考查突出常规方法和通性通法,不追求对特殊技巧的考查,高考考的内容可以划分为三类,它们是数学基础知识、数学思想方法和数学能力.高考是以知识为载体,以方法为依托,以能力为目的来进行考查的,命题时则是以能力立意,以方法和知识为素材来进行命题设计的,在一套高考试卷中体现数学方法的试题占有较大的比例.预计 2014 年的高考考查数学基本方法的试题仍会占有较大比例,高考对数学基本方法的考查不会降低要求.

高考考查的主要数学思想包括:函数与方程的思想,数形结合的思想,分类与整合的思想,化归与转化的思想,特殊与一般的思想,有限与无限的思想,或然与必然的思想等.

2.3.1 函数与方程的思想

高考对函数与方程思想进行重点考查,通常使用选择题和填空题考查函数与方程思想的简单应用;而在解答题中,则从更深的层次,在知识网络的交汇处,从思想方法与相关能力综合的角度进行较为深入的考察.

【真题重现】

1.(2012,山东理,第 8 题)

定义在 $\mathbf{R}$ 上的函数 $f(x)$ 满足 $f(x+6)=f(x)$,当 $-3\leqslant x<-1$ 时,$f(x)=-(x+2)^2$,当 $-1\leqslant x<3$ 时,$f(x)=x$,则 $f(1)+f(2)+f(3)+\cdots+f(2\,012)=($ $)$

A. 335　　B. 338　　C. 1 678　　D. 2 012

2.(2007,全国 1 理,第 16 题)

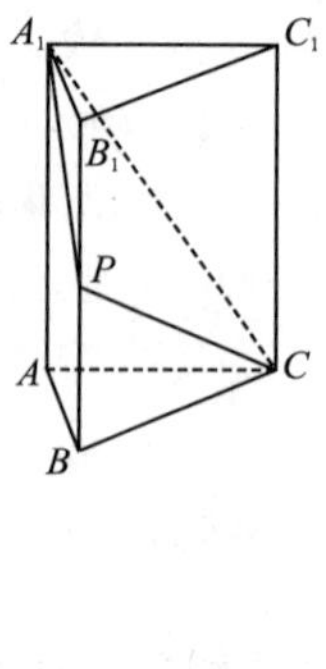

一个等腰直角三角形的三个顶点分别在正三棱柱的三条侧棱上.已知正三棱柱的底面边长为 2,则该三角形的斜边长为________.

【分析】因为题目中对正三棱柱的高未做要求,故可将三棱柱画成如图的形状,其中 $\triangle A_1PC$ 为等腰直角三角形.我们只要从两个三角形中考虑 A_1C,就可以得到一个方程.

【答案】在等腰直角 $\triangle A_1PC$ 中,易知 A_1C 为斜边,从而 $PA_1=PC$,且 P 为 BB_1 的中点.设 $BB_1=h$.

一方面,在 $\mathrm{Rt}\triangle AA_1C$ 中,$A_1C^2=AC^2+A_1A^2=4+h^2$;

另一方面,在等腰 $\mathrm{Rt}\triangle A_1PC$ 中,

$$A_1C^2=2PC^2=2(PB^2+BC^2)=2\left(\frac{h^2}{4}+4\right)=\frac{h^2}{2}+8,$$

从而 $4+h^2=\frac{h^2}{2}+8$,解之得 $h^2=8$,$\therefore A_1C=2\sqrt{3}$.

3.(2010,四川文,第 21 题)

已知定点 $A(-1,0),F(2,0)$,定直线 $l:x=\frac{1}{2}$,不在 x 轴上的动点 P 与点 F 的距离是它到直线 l 的距离的 2 倍,设点

P 的轨迹为 E，过点 F 的直线交 E 于 B、C 两点，直线 AB、AC 分别交 l 于点 M、N.

（Ⅰ）求 E 的方程；

（Ⅱ）试判断以线段 MN 为直径的圆是否过点 F，并说明理由.

【答案】

（Ⅰ）设 $P(x,y)$，则 $\sqrt{(x-2)^2+y^2}=2\left(x-\frac{1}{2}\right)$，化简得：$x^2-\frac{y^2}{3}=1(y\neq0)$.

（Ⅱ）由①当直线 BC 与 x 轴不垂直时，设 BC 的方程为 $y=k(x-2)(k\neq0)$，与双曲线方程 $x^2-\frac{y^2}{3}=1(y\neq0)$ 联立消去 y 得 $(3-k^2)x^2+4k^2x-(4k^2+3)=0$，

由题意知 $3-k^2\neq0$ 且 $\Delta>0$，设 $B(x_1,y_1)$，$C(x_2,y_2)$，则 $x_1+x_2=\frac{-4k^2}{3-k^2}$，$x_1x_2=-\frac{4k^2+3}{3-k^2}$，

$y_1y_2=k^2(x_1-2)(x_2-2)=k^2[x_1x_2-2(x_1+x_2)+4]=k^2\left[\frac{4k^2+3}{k^2-3}-\frac{8k^2}{k^2-3}+4\right]=\frac{-9k^2}{k^2-3}$.

$\because x_1,x_2\neq-1$，所以直线 AB 的方程为 $y=\frac{y_1}{x_1+1}(x+1)$，因此 M 点的坐标为 $\left(\frac{1}{2},\frac{3y_1}{2(x_1+1)}\right)$.

$\overrightarrow{FM}=\left(-\frac{3}{2},\frac{3y_1}{2(x_1+1)}\right)$，同理可得 $\overrightarrow{FN}=\left(-\frac{3}{2},\frac{3y_2}{2(x_2+1)}\right)$

$$因此\overrightarrow{FM}\cdot\overrightarrow{FN}=\left(-\frac{3}{2}\right)\times\left(-\frac{3}{2}\right)+\frac{9y_1y_2}{4(x_1+1)(x_2+1)}=\frac{9}{4}+\frac{\frac{-81k^2}{k^2-3}}{4\left(\frac{4k^2+3}{k^2-3}+\frac{4k^2}{k^2-3}+1\right)}=0$$

②当直线 BC 与 x 轴垂直时，设 BC 的方程为 $x=2$，则 $B(2,3)C(2,-3)$，AB 的方程为 $y=x+1$，因此 M 的坐标为 $M\left(\frac{1}{2},\frac{3}{2}\right)$，$\overrightarrow{FM}=\left(-\frac{3}{2},\frac{3}{2}\right)$，同理得 $\overrightarrow{FN}=\left(-\frac{3}{2},-\frac{3}{2}\right)$，因此 $\overrightarrow{FM}\cdot\overrightarrow{FN}=\left(-\frac{3}{2}\right)\times\left(-\frac{3}{2}\right)+\left(-\frac{3}{2}\right)\times\frac{3}{2}=0$.

综上 $\overrightarrow{FM}\cdot\overrightarrow{FN}=0$，$\therefore\overrightarrow{FM}\perp\overrightarrow{FN}$，即 $FM\perp FN$，故以线段 MN 为直径的圆过点 F.

4.（2013，江西文，第 21 题）

设函数 $f(x)=\begin{cases}\frac{1}{a}x, & 0\leqslant x\leqslant a,\\ \frac{1}{1-a}(1-x), & a<x\leqslant1.\end{cases}$ a 为常数且 $a\in(0,1)$.

（Ⅰ）当 $a=\frac{1}{2}$ 时，求 $f\left(f\left(\frac{1}{3}\right)\right)$；

（Ⅱ）若 x_0 满足 $f(f(x_0))=x_0$，但 $f(x_0)\neq x_0$，则称 x_0 为 $f(x)$ 的二阶周期点，证明函数 $f(x)$ 有且仅有两个二阶周期点，并求二阶周期点 x_1，x_2；

（Ⅲ）对于（Ⅱ）中的 x_1，x_2，设 $A(x_1,f(f(x_1)))$，$B(x_2,f(f(x_2)))$，$C(a^2,0)$，记 ΔABC 的面积为 $S(a)$，求 $S(a)$ 在区间 $\left[\frac{1}{3},\frac{1}{2}\right]$ 上的最大值和最小值.

5.（2013，山东理，第 22 题）

椭圆 C：$\frac{x^2}{a^2}+\frac{y^2}{b^2}=1(a>b>0)$ 的左、右焦点分别是 F_1，F_2，离心率为 $\frac{\sqrt{3}}{2}$，过 F_1 且垂直于 x 轴的直线被椭圆 C 截得的线段长为 1.

（Ⅰ）求椭圆 C 的方程；

（Ⅱ）点 P 是椭圆 C 上除长轴端点外的任一点，连接 PF_1，PF_2，设 $\angle F_1PF_2$ 的角平分线 PM 交 C 的长轴于点 $M(m,0)$，求 m 的取值范围；

（Ⅲ）在(2)的条件下，过点 P 作斜率为 k 的直线 l，使得 l 与椭圆 C 有且只有一个公共点，设直线 PF_1，PF_2 的斜率分别为 k_1，k_2，若 $k\neq0$，试证明 $\frac{1}{kk_1}+\frac{1}{kk_2}$ 为定值，并求出这个定值.

【2014 真题验证】

1.（2014，天津理，第 21 题）

已知函数 $f(x)=(\cos x-x)(\pi+2x)-\frac{8}{3}(\sin x+1)$，$g(x)=3(x-\pi)\cos x-4(1+\sin x)\cdot\ln\left(3-\frac{2x}{\pi}\right)$. 证明：

（Ⅰ）存在唯一 $x_0\in\left(0,\frac{\pi}{2}\right)$，使 $f(x_0)=0$；

（Ⅱ）存在唯一 $x_1\in\left(\frac{\pi}{2},\pi\right)$，使 $g(x_1)=0$，且对（Ⅰ）中的 x_0，有 $x_0+x_1<\pi$.

2.(2014,天津理,第 14 题)

正方形的四个顶点 $A(-1,-1)$,$B(1,-1)$,$C(1,1)$,$D(-1,1)$分别在抛物线 $y=-x^2$ 和$y=x^2$ 上,如图所示.若将一个质点随机投入正方形 $ABCD$ 中,则质点落在图中阴影区域的概率是________.

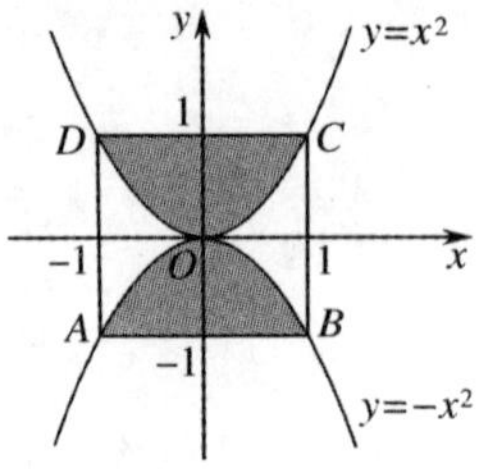

2.3.2 数形结合的思想

数形结合思想是一种很重要的数学思想,数与形是事物的两个方面.高考对数形结合思想的进行重点考查,一个方面是用选择题、填空题进行考查,数形结合思想用于简捷地解答一些选择题、填空题,另一方面在解答题中,通过画图,往往能激发解题灵感.如函数的解答题,在解答书写的过程中,一般不必画出函数图象,但解题思路又必须依赖于函数图象,这是在解答题中考查数形结合思想的一种形式.

【真题重现】

1.(2012,福建文,第 5 题)

已知双曲线$\frac{x^2}{a^2}-\frac{y^2}{5}=1$ 的右焦点为(3,0),则该双曲线的离心率等于 ( )

A. $\frac{3\sqrt{14}}{14}$　　B. $\frac{3\sqrt{2}}{4}$　　C. $\frac{3}{2}$　　D. $\frac{4}{3}$

2.(2013,湖南文,第 6 题)

函数 $f(x)=\ln x$ 的图像与函数 $g(x)=x^2-4x+4$ 的图像的交点个数为( )

A. 4　　B. 3　　C. 2　　D. 1

3.(2013,浙江理,第 15 题)

设 F 为抛物线 C:$y=4x$ 的焦点,过点 $F(-1,0)$的直线 l 交抛物线 C 于 A、B 两点,点 Q 位线段 AB 的中点,若$|FQ|=2$,则直线 l 的斜率等于________.

【2014 真题验证】

1.(2014,山东理,第 8 题)

已知函数 $f(x)=|x-2|+1$,$g(x)=kx$.若方程 $f(x)=g(x)$有两个不相等的实根,则实数 k 的取值范围是 ( )

A. $\left(0,\frac{1}{2}\right)$　　B. $\left(\frac{1}{2},1\right)$　　C. $(1,2)$　　D. $(2,+\infty)$

2.(2014,安徽理,第 10 题)

在平面直角坐标系 xOy 中,已知向量 $\boldsymbol{a}$,$\boldsymbol{b}$,$|\boldsymbol{a}|=|\boldsymbol{b}|=1$,$\boldsymbol{a}\cdot\boldsymbol{b}=0$,点 Q 满足$\overrightarrow{OQ}=\sqrt{2}(\boldsymbol{a}+\boldsymbol{b})$.曲线 $C=\{P|\overrightarrow{OP}=\boldsymbol{a}\cos\theta+\boldsymbol{b}\sin\theta,0\leqslant\theta<2\pi\}$,区域 $\Omega=\{P|0<r\leqslant|\overrightarrow{PQ}|\leqslant R,r<R\}$,若 $C\cap\Omega$ 为两段分离的曲线,则 ( )

A. $1<r<R<3$　　B. $1<r<3\leqslant R$　　C. $r\leqslant1<R<3$　　D. $1<r<3<R$

2.3.3 化归与转化的思想

高考中十分重视对化归与转化思想的考查,要求考生熟悉数学变换的思想,在变换思想指导下,有意识地运用变换的方法去灵活解决有关的数学问题.高考中重点考查一些常用的变换方法,如一般与特殊的转化,繁与简的转化,命题的等价转化,空间图形与平面图形的转化,数与形的转化等等.

【真题重现】

1.(2012,全国理,第 7 题)

已知 α 为第二象限角,$\sin\alpha+\cos\alpha=\frac{\sqrt{3}}{3}$,则 $\cos2\alpha=$ ( )

A. $-\frac{\sqrt{5}}{3}$　　B. $-\frac{\sqrt{5}}{9}$　　C. $\frac{\sqrt{5}}{9}$　　D. $\frac{\sqrt{5}}{3}$

2. (2006,天津理,第 21 题)

已知数列$\{x_n\}$,$\{y_n\}$满足 $x_1=x_2=1$,$y_1=y_2=2$,并且

$\frac{x_{n+1}}{x_n}=\lambda\frac{x_n}{x_{n-1}}$,$\frac{y_{n+1}}{y_n}\geqslant\lambda\frac{y_n}{y_{n-1}}$($\lambda$ 为非零参数,$n=2,3,4,\cdots$).

(Ⅰ)若 x_1,x_3,x_5 成等比数列,求参数 λ 的值;

(Ⅱ)当 $\lambda>0$ 时,证明$\frac{x_{n+1}}{y_{n+1}}\leqslant\frac{x_n}{y_n}$($n\in\mathbf{N}^*$);

(Ⅲ)当 $\lambda>1$ 时,证明$\frac{x_1-y_1}{x_2-y_2}+\frac{x_2-y_2}{x_3-y_3}+\cdots+\frac{x_n-y_n}{x_{n+1}-y_{n+1}}<\frac{\lambda}{\lambda-1}$($n\in\mathbf{N}^*$).

【答案】

(Ⅰ)由已知 $x_1=x_2=1$,

且$\frac{x_3}{x_2}=\lambda\frac{x_2}{x_1}\Rightarrow x_3=\lambda$,$\frac{x_4}{x_3}=\lambda\frac{x_3}{x_2}\Rightarrow x_4=\lambda^3$,$\frac{x_5}{x_4}=\lambda\frac{x_4}{x_3}\Rightarrow x_5=\lambda^6$,

若 x_1、x_3、x_5 成等比数列,则 $x_3^2=x_1x_5$,即 $\lambda^2=\lambda^6$.

而 $\lambda\neq0$,解得 $\lambda=\pm1$.

(Ⅱ)由已知 $\lambda>0$,$x_1=x_2=1$ 及 $y_1=y_2=2$,可得 $x_n>0$,$y_n>0$.

由不等式的性质,有$\frac{y_{n+1}}{y_n}\geqslant\lambda\frac{y_n}{y_{n-1}}\geqslant\lambda^2\frac{y_{n-1}}{y_{n-2}}\geqslant\cdots\geqslant\lambda^{n-1}\frac{y^2}{y_1}=\lambda^{n-1}$

另一方面,$\frac{x_{n+1}}{x_n}=\lambda\frac{x_n}{x_{n-1}}=\lambda^2\frac{x_{n-1}}{x_{n-2}}=\cdots=\lambda^{n-1}\frac{x_2}{x_1}=\lambda^{n-1}$

因此,$\frac{y_{n+1}}{y_n}\geqslant\lambda^{n-1}=\frac{x_{n+1}}{x_n}$($n\in\mathbf{N}^*$).故$\frac{x_{n+1}}{y_{n+1}}\leqslant\frac{x_n}{y_n}$($n\in\mathbf{N}^*$)

(Ⅲ)当 $\lambda>1$ 时,由(Ⅱ)可知 $y_n>x_n\geqslant1$($n\in\mathbf{N}^*$)

又由(Ⅱ)$\frac{x_{n+1}}{y_{n+1}}\leqslant\frac{x_n}{y_n}$($n\in\mathbf{N}^*$),则$\frac{y_{n+1}-x_{n+1}}{x_{n+1}}\geqslant\frac{y_n-x_n}{x_n}$

从而$\frac{y_{n+1}-x_{n+1}}{y_n-x_n}\geqslant\frac{x_{n+1}}{x_n}=\lambda^{n-1}$($n\in\mathbf{N}^*$).因此

$$\frac{x_1-y_1}{x_2-y_2}+\frac{x_2-y_2}{x_3-y_3}+\cdots+\frac{x_n-y_n}{x_{n+1}-y_{n+1}}\leqslant1+\frac{1}{\lambda}+\cdots+\left(\frac{1}{\lambda}\right)^{n-1}=\frac{1-\left(\frac{1}{\lambda}\right)^n}{1-\frac{1}{\lambda}}<\frac{\lambda}{\lambda-1}$$

4. (2013,湖南理,第 4 题)

若变量 x,y 满足约束条件$\begin{cases}y\leqslant2x,\\x+y\leqslant1,\\y\geqslant-1,\end{cases}$则 $x+2y$ 的最大值是(　　)

A. $-\frac{5}{2}$　　B. 0　　C. $\frac{5}{3}$　　D. $\frac{5}{2}$

【2014 真题验证】

1. (2014,江西理,第 7 题)

已知首项都是 1 的两个数列$\{a_n\}$,$\{b_n\}$($b_n\neq0$,$n\in\mathbf{N}^*$)满足 $a_nb_{n+1}-a_{n+1}b_n+2b_{n+1}b_n=0$.

(Ⅰ)令 $c_n=\frac{a_n}{b_n}$,求数列$\{c_n\}$的通项公式;

(Ⅱ)若 $b_n=3^{n-1}$,求数列$\{a_n\}$的前 n 项和 S_n.

2. (2014,广东理,第 12 题)

在$\triangle ABC$ 中,角 A,B,C 所对应的边分别为 a,b,c,已知 $b\cos C+c\cos B=2b$,则$\frac{a}{b}=$________

2.3.4　分类与整合的思想

高考将对分类与整合思想的考查放在了比较重要的位置,并以解答题为主进行考查.考查时要求考生理解什么样的问题需要分类研究,为什么要分类,如何分类以及分类后如何研究,最后如何整合.考查中经常对含有字母参数的数学问题进行分类与整合的研究,由此重点考查考生思维的严谨性与周密性.

分类讨论与整合的一般步骤是：

1. 确定讨论对象和确定研究的领域；

2. 进行科学分类(按照某一确定的标准在比较的基础上分类)，“比较”是分类的前提，“分类”是比较的结果，分类时，应不重复，不遗漏；

3. 逐类讨论；

4. 归纳小结，整合得出结论.

【真题重现】

1. (2012，全国理，第 20 题)

设函数 $f(x)=ax+\cos x, x\in[0,\pi]$.

(Ⅰ)讨论 $f(x)$ 的单调性；

(Ⅱ)设 $f(x)\leqslant 1+\sin x$，求 a 的取值范围.

2. (2008，北京理，第 14 题)

某校数学课外小组在坐标纸上，为学校的一块空地设计植树方案如下：第 k 棵树种植在点 $P_k(x_k, y_k)$ 处，其中 $x_1=1$，$y_1=1$，当 $k\geqslant 2$ 时，

$$\begin{cases} x_k=x_{k-1}+1-5\left[T\left(\frac{k-1}{5}\right)-T\left(\frac{k-2}{5}\right)\right], \\ y_k=y_{k-1}+T\left(\frac{k-1}{5}\right)-T\left(\frac{k-2}{5}\right). \end{cases}$$

$T(a)$ 表示非负实数 a 的整数部分，例如 $T(2,6)=2$，$T(0.2)=0$.

按此方案，第 6 棵树种植点的坐标应为________；第 2 008 棵树种植点的坐标应________.

【答案】(1，2)　(3，40))

3. (2010，四川卷理，第 10 题)

由 1、2、3、4、5、6 组成没有重复数字且 1、3 都不与 5 相邻的六位偶数的个数是　（　　）

A. 72　　B. 6　　C. 108　　D. 144

【答案】C

4. (2013，大纲理，第 14 题)

6 个人排成一行，其中甲、乙两人不相邻的不同排法共有________.

5. (2013，江苏，第 20 题)

设函数 $f(x)=\ln x-ax$，$g(x)=e^x-ax$，其中 a 为实数.

(1)若 $f(x)$ 在 $(1,+\infty)$ 上是单调减函数，且 $g(x)$ 在 $(1,+\infty)$ 上有最小值，求 a 的取值范围.

(2)若 $g(x)$ 在 $(-1,+\infty)$ 上是单调增函数，试求 $f(x)$ 的零点个数，并证明你的结论.

【2014 真题验证】

1. (2014，大纲理，第 22 题)

函数 $f(x)=\ln(x+1)-\frac{ax}{x+a}(a>1)$.

(Ⅰ)讨论 $f(x)$ 的单调性；

(Ⅱ)设 $a_1=1$，$a_{n+1}=\ln(a_n+1)$，证明：$\frac{2}{n+2}<a_n\leqslant\frac{3}{n+2}$.

2. (2014，四川理，第 16 题)

已知函数 $f(x)=\sin\left(3x+\frac{\pi}{4}\right)$.

(Ⅰ)求 $f(x)$ 的单调递增区间；

(Ⅱ)若 α 是第二象限角，$f\left(\frac{\alpha}{3}\right)=\frac{4}{5}\cos\left(\alpha+\frac{\pi}{4}\right)\cos 2\alpha$，求 $\cos\alpha-\sin\alpha$ 的值.

2.3.5　特殊与一般的思想

在高考中，经常出现能集中体现特殊与一般思想的试题，选择题中特别着重考查特殊与一般思想，突出体现特殊化方法的作用. 通过构造特殊函数、特殊数列，寻找特殊点，确定特殊位置，利用特殊值、特殊方程等，研究解决一般问题、抽象

问题、运动变化的问题、不确定的问题等等.

【真题重现】

1.（2012，湖南理，第6题）

函数 $f(x)=\sin x-\cos\left(x+\frac{\pi}{6}\right)$的值域为（　　）

A. $[-2,2]$　　B. $[-\sqrt{3},\sqrt{3}]$　　C. $[-1,1]$　　D. $\left[-\frac{\sqrt{3}}{2},\frac{\sqrt{3}}{2}\right]$

2.（2007，安徽文，第11题）

定义在 **R** 上的函数 $f(x)$既是奇函数，又是周期函数，T 是它的一个正周期，若将方程 $f(x)=0$ 在闭区间$[-T,T]$上的根的个数记为 n，则 n 可能为（　　）

A. 0　　B. 1　　C. 3　　D. 5

（提示：取 $f(x)=\sin x$）

【答案】D

3.（2013，湖南文，第4题）

已知 $f(x)$是奇函数，$g(x)$是偶函数，且 $f(-1)+g(1)=2$，$f(1)+g(-1)=4$，则 $g(1)$等于（　　）

A. 4　　B. 3　　C. 2　　D. 1

4.（2013，山东理，第3题）

已知函数 $f(x)$为奇函数，且当 $x>0$ 时，则 $f(-1)=$（　　）

A. -2　　B. 0　　C. 1　　D. 2

【2014 真题验证】

1.（2014，安徽理，第6题）

设函数 $f(x)(x\in\mathbf{R})$满足 $f(x+\pi)=f(x)+\sin x$. 当 $0\leqslant x<\pi$ 时，$f(x)=0$，则 $f\left(\frac{23\pi}{6}\right)=$（　　）

A. $\frac{1}{2}$　　B. $\frac{\sqrt{3}}{2}$　　C. 0　　D. $-\frac{1}{2}$

2.（2014，四川理，第15题）

以 A 表示值域为 **R** 的函数组成的集合，B 表示具有如下性质的函数 $\varphi(x)$组成的集合：对于函数 $\varphi(x)$，存在一个正数 M，使得函数 $\varphi(x)$的值域包含于区间$[-M,M]$. 例如，当 $\varphi_1(x)=x^3$，$\varphi_2(x)=\sin x$ 时，$\varphi_1(x)\in A$，$\varphi_2(x)\in B$. 现有如下命题：

①设函数 $f(x)$的定义域为 D，则“$f(x)\in A$”的充要条件是“$\forall b\in\mathbf{R}$，$\exists a\in D$，$f(a)=b$”；

②函数 $f(x)\in B$ 的充要条件是 $f(x)$有最大值和最小值；

③若函数 $f(x)$，$g(x)$的定义域相同，且 $f(x)\in A$，$g(x)\in B$，则 $f(x)+g(x)\notin B$；

④若函数 $f(x)=a\ln(x+2)+\frac{x}{x^2+1}(x>-2,a\in\mathbf{R})$有最大值，则 $f(x)\in B$.

其中的真命题有________（写出所有真命题的序号）.

2.3.6　有限与无限的思想

高考中对有限与无限思想的考查，既可单独考查，亦可在考查其他数学思想和方法的过程中同时考查有限与无限的思想. 例如，在使用由特殊到一般的归纳思想时，含有有限与无限的转化思想；在使用数学归纳法证明时，解决的是无限的问题，体现的也是有限与无限思想等等.

【真题重现】

1.（2012，陕西理，第11题）

观察下列不等式

$1+\frac{1}{2^2}<\frac{3}{2}$，

$1+\frac{1}{2^2}+\frac{1}{3^2}<\frac{5}{3}$，

$1+\frac{1}{2^2}+\frac{1}{3^2}+\frac{1}{4^2}<\frac{7}{4}$,

……

照此规律,第五个不等式为________.

2.(2006,江西理,第22题)

已知数列$\{a_n\}$满足:$a_1=\frac{3}{2}$,且$a_n=\frac{3na_{n-1}}{2a_{n-1}+n-1}(n\geqslant 2,n\in\mathbf{N}^*)$

(Ⅰ)求数列$\{a_n\}$的通项公式;

(Ⅱ)证明:对于一切正整数n,不等式$a_1\cdot a_2\cdots a_n<2\cdot n!$

【答案】

(Ⅰ)将条件变为:$1-\frac{n}{a_n}=\frac{1}{3}\left(1-\frac{n-1}{a_{n-1}}\right)$,因此$\left\{1-\frac{n}{a_n}\right\}$为一个等比数列,其首项为$1-\frac{1}{a_1}=\frac{1}{3}$,公比$\frac{1}{3}$,从而$1-\frac{n}{a_n}=\frac{1}{3^n}$,据此得$a_n=\frac{n\cdot 3^n}{3^n-1}(n\geqslant 1)$. 1°

(Ⅱ)证明:据1°得$a_1\cdot a_2\cdot\cdots\cdot a_n=\frac{n!}{\left(1-\frac{1}{3}\right)\cdot\left(1-\frac{1}{3^2}\right)\cdots\left(1-\frac{1}{3^n}\right)}$,

为证$a_1\cdot a_2\cdot\cdots\cdot a_n<2\cdot n!$,

只要证$n\in\mathbf{N}^*$时有$\left(1-\frac{1}{3}\right)\cdot\left(1-\frac{1}{3^2}\right)\cdots\left(1-\frac{1}{3^n}\right)>\frac{1}{2}$, 2°

显然,左端每个因式都是正数,先证明,对每个$n\in\mathbf{N}^*$,有

$\left(1-\frac{1}{3}\right)\cdot\left(1-\frac{1}{3^2}\right)\cdots\left(1-\frac{1}{3^n}\right)\geqslant 1-\left(\frac{1}{3}+\frac{1}{3^2}+\cdots+\frac{1}{3^n}\right)$, 3°

用数学归纳法证明3°式:

$n=1$时,3°式显然成立,

设$n=k$时,3°式成立,

即$\left(1-\frac{1}{3}\right)\cdot\left(1-\frac{1}{3^2}\right)\cdot\cdots\cdot\left(1-\frac{1}{3^k}\right)\geqslant 1-\left(\frac{1}{3}+\frac{1}{3^2}+\cdots+\frac{1}{3^k}\right)$

则当$n=k+1$时,

$\left(1-\frac{1}{3}\right)\cdot\left(1-\frac{1}{3^2}\right)\cdot\cdots\cdot\left(1-\frac{1}{3^k}\right)\cdot\left(1-\frac{1}{3^{k+1}}\right)\geqslant\left[1-\left(\frac{1}{3}+\frac{1}{3^2}+\cdots+\frac{1}{3^k}\right)\right]\cdot\left(1-\frac{1}{3^{k+1}}\right)$

$=1-\left(\frac{1}{3}+\frac{1}{3^2}+\cdots+\frac{1}{3^k}\right)-\frac{1}{3^{k+1}}+\frac{1}{3^{k+1}}\left(\frac{1}{3}+\frac{1}{3^2}+\cdots+\frac{1}{3^k}\right)$

$\geqslant 1-\left(\frac{1}{3}+\frac{1}{3^2}+\cdots+\frac{1}{3^k}+\frac{1}{3^{k+1}}\right)$,即当$n=k+1$时,3°式也成立.

故对一切$n\in\mathbf{N}^*$,3°式都成立.

利用3°得,

$\left(1-\frac{1}{3}\right)\cdot\left(1-\frac{1}{3^2}\right)\cdot\cdots\cdot\left(1-\frac{1}{3^n}\right)\geqslant 1-\left(\frac{1}{3}+\frac{1}{3^2}+\cdots+\frac{1}{3^n}\right)=1-\frac{\frac{1}{3}\left[1-\left(\frac{1}{3}\right)^n\right]}{1-\frac{1}{3}}$

$=1-\frac{1}{2}\left[1-\left(\frac{1}{3}\right)^n\right]=\frac{1}{2}+\frac{1}{2}\left(\frac{1}{3}\right)^n>\frac{1}{2}$.

故2°式成立,从而结论成立.

3.(2013,陕西文,第13题)

观察下列不等式

$(1+1)=2\times 1$,

$(2+1)(2+2)=2^2\times 1\times 3$,

$(3+1)(3+2)(3+3)=2^3\times 1\times 3\times 5$,

……

照此规律,第n个等式可为____________.

4.(2013,广东理,第19题)

设数列$\{a_n\}$的前n项和为S_n.已知$a_1=1$,$\frac{2S_n}{n}=a_{n+1}-\frac{1}{3}n^2-n-\frac{2}{3}$,$n\in\mathbf{N}^*$.

(1)求a_2的值;

(2)求数列$\{a_n\}$的通项公式;

(3)证明:对一切正整数n,有$\frac{1}{a_1}+\frac{1}{a_2}+\cdots+\frac{1}{a_n}<\frac{7}{4}$.

【2014真题验证】

1.(2014,新课标Ⅱ,第17题)

已知数列$\{a_n\}$满足$a_1=1$,$a_{n+1}=3a_n+1$.

(Ⅰ)证明:$\left\{a_n+\frac{1}{2}\right\}$是等比数列,并求$\{a_n\}$的通项公式;

(Ⅱ)证明:$\frac{1}{a_1}+\frac{1}{a_2}+\cdots+\frac{1}{a_n}<\frac{3}{2}$.

2.(2014,天津理,第19题)

已知q和n均为给定的大于1的自然数.设集合$M=\{0,1,2,\cdots,q-1\}$,集合$A=\{x\mid x=x_1+x_2q+\cdots+x_nq^{n-1},x_i\in M,i=1,2,\cdots,n\}$.

(Ⅰ)当$q=2$,$n=3$时,用列举法表示集合A;

(Ⅱ)设$s,t\in A$,$s=a_1+a_2q+\cdots+a_nq^{n-1}$,$t=b_1+b_2q+\cdots+b_nq^{n-1}$,其中$a_i,b_i\in M$,$i=1,2,\cdots,n$.证明:若$a_n<b_n$,则$s<t$.

2.3.7 或然与必然的思想

高考对必然与或然的思想考查主要通过概率统计进行,高考中对概率与统计的考查已放在了重要的位置,通过对随机事件,等可能性事件的概率,互斥事件有一个发生概率,古典概型,几何概型,条件概率,独立重复试验与二项分布,超几何分布,离散随机变量的分布列,离散型随机变量的期望值和方差,抽样方法,总体分布的估计等重点内容的考查,一方面考查基本概念和基本方法,另一方面考查在解决实际问题中能否运用或然与必然的辩证关系,从而体现了或然与必然思想.

【真题重现】

1.(2012,重庆理,第15题)

某艺校在一天的6节课中随机安排语文、数学、外语三门文化课和其他三门艺术课各1节,则在课表上的相邻两节文化课之间最多间隔1节艺术课的概率为________(用数字作答).

2.(2007,湖南理,第7题)

某地区为下岗人员免费提供财会和计算机培训,以提高下岗人员的再就业能力,每名下岗人员可以选择参加一项培训、参加两项培训或不参加培训,已知参加过财会培训的有60%,参加过计算机培训的有75%,假设每个人对培训项目的选择是相互独立的,且各人的选择相互之间没有影响.

(Ⅰ)任选1名下岗人员,求该人参加过培训的概率;

(Ⅱ)任选3名下岗人员,记ξ为3人中参加过培训的人数,求ξ的分布列和期望.

【答案】

任选1名下岗人员,记"该人参加过财会培训"为事件A,"该人参加过计算机培训"为事件B,由题设知,事件A与B相互独立,且$P(A)=0.6$,$P(B)=0.75$

(Ⅰ)解法一:任选1名下岗人员,该人没有参加过培训的概率是

$P_1=P(\overline{A}\cdot\overline{B})=P(\overline{A})\cdot P(\overline{B})=0.4\times0.25=0.1$

所以该人参加过培训的概率是$P_2=1-P_1=1-0.1=0.9$.

解法二:任选1名下岗人员,该人只参加过一项培训的概率是

$P_3=P(A\cdot\overline{B})+P(\overline{A}\cdot B)=0.6\times0.25+0.4\times0.75=0.45$

该人参加过两项培训的概率是$P_4=P(A\cdot B)=0.6\times0.75=0.45$.

所以该人参加过培训的概率是$P_5=P_3+P_4=0.45+0.45=0.9$.

(Ⅱ)因为每个人的选择是相互独立的,所以3人中参加过培训的人数ξ服从二项分布$B(3,0.9$,$P(\xi=k)=C_3^k\times$

$0.9^k\times0.1^{3-k}$，$k=0,1,2,3$)，即ξ的分布列是

ξ	0	1	2	3
P	0.001	0.027	0.243	0.729

ξ的期望是$E\xi=1\times0.027+2\times0.243+3\times0.729=2.7$

(或ξ的期望是$E\xi=3\times0.9=2.7$).

3.（2009，全国卷1文，第22题）

甲、乙二人进行一次围棋比赛，约定先胜3局者获得这次比赛的胜利，比赛结束.假设在一局中，甲获胜的概率为0.6，乙获胜的概率为0.4，各局比赛结果相互独立.已知前2局中，甲、乙各胜1局.

(Ⅰ)求再赛2局结束这次比赛的概率；

(Ⅱ)求甲获得这次比赛胜利的概率.

【答案】

本小题考查互斥事件有一个发生的概率、相互独立事件同时发生的概率，属于综合题.

记“第i局甲获胜”为事件$A_i(i=3,4,5)$，“第j局甲获胜”为事件$B_i(j=3,4,5)$.

(Ⅰ)设“再赛2局结束这次比赛”为事件A，则$A=A_3\cdot A_4\cdot A_3\cdot B_4$，由于各局比赛结果相互独立，故

$P(A)=P(A_3\cdot A_4+B_3\cdot B_4)=P(A_3\cdot A_4)+P(B_3\cdot B_4)$

$=P(A_3)P(A_4)+P(B_3)P(B_4)=0.6\times0.6+0.4\times0.4=0.52$.

(Ⅱ)记“甲获得这次比赛胜利”为事件B，因前两局中，甲、乙各胜1局，故甲获得这次比赛胜利当且仅当在后面的比赛中，甲先胜2局，从而$B=A_3\cdot A_4+B_3\cdot A_4\cdot A_5+A_3\cdot B_4\cdot A_5$，由于各局比赛结果相互独立，故

$P(B)=P(A_3\cdot A_4+B_3\cdot A_4\cdot A_5+A_3\cdot B_4\cdot A_5)$

$=P(A_3\cdot A_4)+P(B_3\cdot A_4\cdot A_5)+P(A_3\cdot B_4\cdot A_5)$

$=P(A_3)P(A_4)+P(B_3)P(A_4)P(A_5)+P(A_3)P(B_4)P(A_5)$

$=0.6\times0.6+0.4\times0.6\times0.6+0.6\times0.4\times0.6$

$=0.648$.

4.（2013，山东理，第19题）

甲、乙两支球队进行比赛，约定先胜3局者获得比赛的胜利，比赛随即结束.除第五局甲队获胜的概率是$\frac{1}{2}$外，其余每局比赛甲队获胜的概率都是$\frac{2}{3}$.假设各局比赛结果相互独立.

(1)分别求甲队以3∶0，3∶1，3∶2胜利的概率；

(2)若比赛结果为3∶0或3∶1，胜利方得3分，对方得0分；若比赛结果为3∶2，则胜利方得2分、对方得1分.求乙队得分X的分布列与数学期望.

【2014真题验证】

1.（2014，陕西理，第6题）

从正方形四个顶点及其中心这5个点中，任取2个点，则这2个点的距离不小于该正方形边长的概率为（　　）

A. $\frac{1}{5}$　　B. $\frac{2}{5}$　　C. $\frac{3}{5}$　　D. $\frac{4}{5}$

2.（2014，江西理，第21题）

随机将$1,2,\cdots,2n(n\in\mathbf{N}^*,n\geqslant2)$这$2n$个连续正整数分成$A$，$B$两组，每组$n$个数.$A$组最小数为$a_1$，最大数为$a_2$；$B$组最小数为$b_1$，最大数为$b_2$，记$\xi=a_2-a_1$，$\eta=b_2-b_1$.

(Ⅰ)当$n=3$时，求ξ的分布列和数学期望；

(Ⅱ)令C表示事件“ξ与η的取值恰好相等”，求事件C发生的概率$P(C)$；

(Ⅲ)对(Ⅱ)中的事件C，$\overline{C}$表示C的对立事件，判断$P(C)$和$P(\overline{C})$的大小关系，并说明理由.

2.4　重视数学方法

【考点透析】

数学基本方法包括待定系数法、换元法、配方法、割补法、反证法等；数学逻辑方法（或思维方法）包括分析与综合，归

纳与演绎,比较与类比,具体与抽象等;在高考数学中常用到的有综合法、分析法、反证法、数学归纳法、换元法、配方法、待定系数法、割补法、构造法、特值法等十种数学基本方法.

2.4.1 综合法

由因导果的一种推理论证方法.

【真题重现】

1.(2012,辽宁理,第22题)

如图,$\odot O$和$\odot O'$相交于A,B两点,过A作两圆的切线分别交两圆于C,D两点,连接DB并延长交$\odot O$于点E.证明:

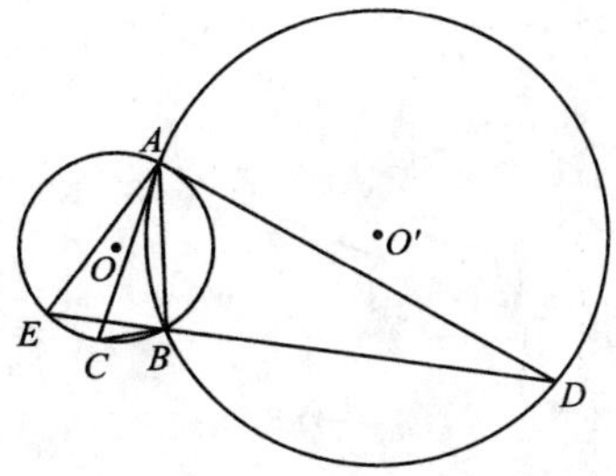

(Ⅰ)$AC\cdot BD=AD\cdot AB$;

(Ⅱ)$AC=AE$.

2.(2008,天津理,第19题)

如图,在四棱锥$P-ABCD$中,底面$ABCD$是矩形.已知$AB=3,AD=2,PA=2,PD=2\sqrt{2},\angle PAB=60°$.

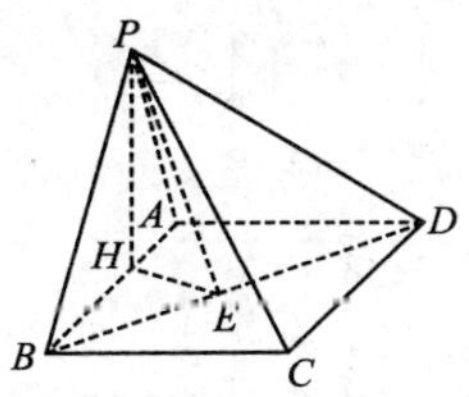

(1)证明$AD\perp$平面PAB;

(2)求异面直线PC与AD所成的角的大小;

(3)求二面角$P-BD-A$的大小.

【答案】

(1)根据演绎推理的三段论模式,根据有关的已知定理进行推证,注意转化的思想;(2)也得根据异面直线的角的定义这个大前提,作出两异面直线所成的角,再进行求解;(3)根据二面角的定义,作出二面角的平面角,再进行具体的计算.

(1)在$\triangle PAD$中,由题设$PA=2,AD=2,PD=2\sqrt{2}$,可得$PA^2+AD^2=PD^2$,于是$AD\perp PA$.在矩形$ABCD$中,$AD\perp AB$,又$PA\cap AB=A$,所以$AD\perp$平面PAB.(2)由题设,$BC/\!/AD$,所以$\angle PCB$(或其补角)是异面直线PC与AD所成的角.

在$\triangle PAB$中,由余弦定理得$PB=\sqrt{PA^2+AB^2-2PA\cdot AB\cdot\cos PAB}=\sqrt{7}$.

由(Ⅰ)知$AD\perp$平面PAB,$PB\subset$平面PAB,

所以$AD\perp PB$,因而$BC\perp PB$,于是$\triangle PBC$是直角三角形,

故$\tan\angle PCB=\dfrac{PB}{BC}=\dfrac{\sqrt{7}}{2}$.

所以异面直线PC与AD所成的角的大小为$\arctan\dfrac{\sqrt{7}}{2}$.

(3)过点P作$PH\perp AB$于H,过点H作$HE\perp BD$于E,连接PE.

因为$AD\perp$平面PAB,$PH\subset$平面PAB,所以$AD\perp PH$.又$AD\cap AB=A$,因而$PH\perp$平面$ABCD$,故HE为PE在平面$ABCL$内的射影.由三垂线定理可知,$BD\perp P$.从而$\angle PEH$是二面角$P-BD-A$的平面角.

由题设可得,$PH=PA\cdot\sin60°=\sqrt{3}$,$AH=PA\cdot\cos60°=1$,

$BH=AB-AH=2$,$BD=\sqrt{AB^2+AD^2}=\sqrt{13}$,$HE=\dfrac{AD}{BD}\cdot BH=\dfrac{4}{\sqrt{13}}$.

于是在 Rt$\triangle PHE$ 中，$\tan PEH=\dfrac{PH}{HE}=\dfrac{\sqrt{39}}{4}$. 所以二面角 $P-BD-A$ 的大小为 $\arctan\dfrac{\sqrt{39}}{4}$.

【2014 真题验证】

1. (2014, 辽宁理, 第 19 题)

如图，$\triangle ABC$ 和 $\triangle BCD$ 所在平面互相垂直，且 $AB=BC=BD=2$，$\angle ABC=\angle DBC=120^\circ$，$E$，$F$ 分别为 AC，DC 的中点.

(Ⅰ)求证：$EF\perp BC$；

(Ⅱ)求二面角 $E-BF-C$ 的正弦值.

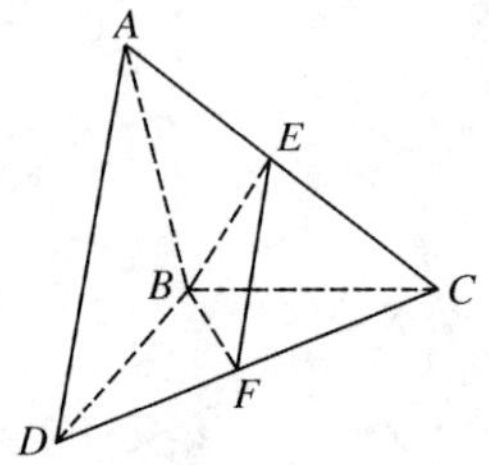

2. (2014, 山东理, 第 17 题)

如图，在四棱柱 $ABCD-A_1B_1C_1D_1$ 中，底面 $ABCD$ 是等腰梯形，$\angle DAB=60^\circ$，$AB=2CD=2$，M 是线段 AB 的中点.

(Ⅰ)求证：C_1M//平面 A_1ADD_1；

(Ⅱ)若 CD_1 垂直于平面 $ABCD$ 且 $CD_1=\sqrt{3}$，求平面 C_1D_1M 和平面 $ABCD$ 所成的角(锐角)的余弦值.

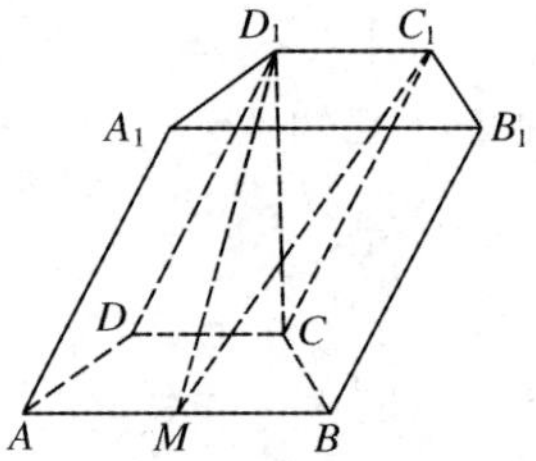

3. (2013, 北京文, 第 17 题)

如图，在四棱锥 $P-ABCD$ 中，$AB//CD$，$AB\perp AD$，$CD=2AB$，平面 $PAD\perp$ 底面 $ABCD$，$PA\perp AD$，E 和 F 分别是 CD 和 PC 的中点，求证：

(Ⅰ)$PA\perp$ 底面 $ABCD$；

(Ⅱ)BE//平面 PAD；

(Ⅲ)平面 $BEF\perp$ 平面 PCD.

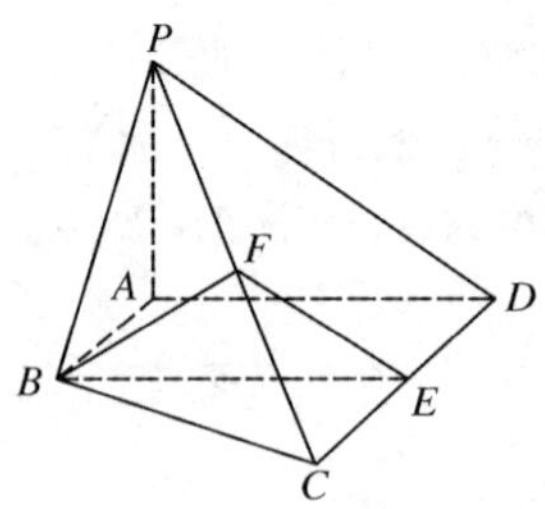

2.4.2 分析法

执果索因的一种推理论证方法.

【真题重现】

1. (2012, 辽宁理, 第 21 题)

设 $f(x)=\ln(x+1)+\sqrt{x+1}+ax+b$($a,b\in\mathbf{R}$，$a$，$b$ 为常数)，曲线 $y=f(x)$ 与直线 $y=\dfrac{3}{2}x$ 在(0,0)点相切.

(Ⅰ)求 a，b 的值.

(Ⅱ)证明：当 $0<x<2$ 时，$f(x)<\dfrac{9x}{x+6}$.

2. (2010,陕西理,第 21 题)

已知函数 $f(x)=\sqrt{x}$,$g(x)=a\ln x$,$a\in\mathbf{R}$.

(Ⅰ)若曲线 $y=f(x)$ 与曲线 $y=g(x)$ 相交,且在交点处有共同的切线,求 a 的值和该切线方程;

(Ⅱ)设函数 $h(x)=f(x)-g(x)$,当 $h(x)$ 存在最小值时,求其最小值 $\varphi(a)$ 的解析式;

(Ⅲ)对(Ⅱ)中的 $\varphi(a)$ 和任意的 $a>0$,$b>0$,证明:

$\varphi'\left(\frac{a+b}{2}\right)\leqslant\frac{\varphi'(a)+\varphi'(b)}{2}\leqslant\varphi'\left(\frac{2ab}{a+b}\right)$.

【答案】

(Ⅰ)$f'(x)=\frac{1}{2\sqrt{x}}$,$g'(x)=\frac{a}{x}$ $(x>0)$,

由已知得$\begin{cases}\sqrt{x}=a\ln x,\\ \frac{1}{2\sqrt{x}}=\frac{a}{x},\end{cases}$解得 $a=\frac{\mathrm{e}}{2}$,$x=\mathrm{e}^2$,

∴两条直线交点的坐标为$(\mathrm{e}^2,\mathrm{e})$,切线的斜率为 $k=f'(\mathrm{e}^2)=\frac{1}{2\mathrm{e}}$,

∴切线的方程为 $y-e=\frac{1}{2\mathrm{e}}(x-\mathrm{e}^2)$.

(Ⅱ)由条件知 $h(x)=\sqrt{x}-a\ln x(x>0)$,

∴$h'(x)=\frac{1}{2\sqrt{x}}-\frac{a}{x}=\frac{\sqrt{x}-2a}{2x}$.

(ⅰ)当 $a>0$ 时,令 $h'(x)=0$,解得 $x=4a^2$,

∴ 当 $0<x<4a^2$ 时,$h'(x)<0$,$h(x)$在$(0,4a^2)$上递减;

当 $x>4a^2$ 时,$h'(x)>0$,$h(x)$在$(4a^2,+\infty)$上递增.

∴$x=4a^2$ 是 $h(x)$在$(0,+\infty)$上的唯一极值点,从而也是 $h(x)$的最小值点,

∴最小值 $\varphi(a)=h(4a^2)=2a-a\ln 4a^2=2a(1-\ln 2a)$.

(ⅱ)当 $a\leqslant0$ 时,$h'(x)=\frac{\sqrt{a}-2a}{2x}>0$,$h(x)$在$(0,+\infty)$上递增,无最小值,

故 $h(x)$的最小值 $\varphi(a)$的解析式为 $\varphi(a)=2a(1-\ln 2a)(a>0)$.

(Ⅲ)由(Ⅱ)知 $\varphi'(a)=-2\ln 2a$.

对任意的 $a>0$,$b>0$,

$\frac{\varphi'(a)+\varphi'(b)}{2}=-\frac{2\ln 2a+2\ln 2b}{2}=-\ln 4ab$, ①

$\varphi'\left(\frac{a+b}{2}\right)=-2\ln\left(2\cdot\frac{a+b}{2}\right)=-\ln(a+b)^2\leqslant-\ln 4ab$, ②

$\varphi'\left(\frac{2ab}{a+b}\right)=-2\ln\left(2\cdot\frac{2ab}{a+b}\right)\geqslant=-2\ln\frac{4ab}{2\sqrt{ab}}=-\ln 4ab$, ③

故由①②③得 $\varphi'\left(\frac{a+b}{2}\right)\leqslant\frac{\varphi'(a)+\varphi'(b)}{2}\leqslant\varphi'\left(\frac{2ab}{a+b}\right)$.

3. (2013,辽宁理,第 21 题)

已知函数 $f(x)=(1+x)e^{-2x}$,$g(x)=ax+\frac{x^3}{2}+1+2x\cos x$,当 $x\in[0,1]$时,

(1)求证:$1-x\leqslant f(x)\leqslant\frac{1}{x+1}$;

(2)若 $f(x)\geqslant g(x)$恒成立,求实数 a 的取值范围.

【2014 真题验证】

(2014,北京理,第 18 题)

已知函数 $f(x)=x\cos x-\sin x$,$x\in\left[0,\frac{\pi}{2}\right]$.

(Ⅰ)求证:$f(x)\leqslant0$;

(Ⅱ)若 $a<\frac{\sin x}{x}<b$ 对 $x\in\left(0,\frac{\pi}{2}\right)$恒成立,求 a 的最大值与 b 的最小值.

2.4.3 数学归纳法

解决与正整数有关的问题的一个数学方法，经常与归纳法联用.

【真题重现】

1.（2012，辽宁理，第14题）

已知等比数列$\{a_n\}$为递增数列，且$a_5^2=a_{10}$，$2(a_n+a_{n+2})=5a_{n+1}$，则数列$\{a_n\}$的通项公式$a_n=$________.

2.（2013，新课标1理，第14题）

若数列$\{a_n\}$的前n项和$S_n=\frac{2}{3}a_n+\frac{1}{3}$，则$\{a_n\}$的通项公式是$a_n=$________.

【2014真题验证】

1.（2014，重庆理，第22题）

设$a_1=1$，$a_{n+1}=\sqrt{a_n^2-2a_n+2}+b(n\in\mathbf{N}^*)$.

（Ⅰ）若$b=1$，求a_2，a_3及数列$\{a_n\}$的通项公式；

（Ⅱ）若$b=-1$，问：是否存在实数c使得$a_{2n}<c<a_{2n+1}$对所有$n\in\mathbf{N}^*$成立？证明你的结论.

2.（2014，安徽理，第21题）

设实数$c>0$，整数$p>1$，$n\in\mathbf{N}^*$.

（Ⅰ）证明：当$x>-1$且$x\neq0$时，$(1+x)^p>1+px$；

（Ⅱ）数列$\{a_n\}$满足$a_1>c^{\frac{1}{p}}$，$a_{n+1}=\frac{p-1}{p}a_n+\frac{c}{p}a_n^{1-p}$. 证明：$a_n>a_{n+1}>c^{\frac{1}{p}}$.

2.4.4 待定系数法

待定系数法的实质是方程的思想，这个方法是将待定的未知数与已知数统一在方程关系中，从而通过解方程（组）求得未知数. 用待定系数法解题，具有思路清晰、可操作性强等特点.

【真题重现】

1.（2012，全国文，第18题）

已知数列$\{a_n\}$中，$a_1=1$，前n项和$S_n=\frac{n+2}{3}a_n$.

（Ⅰ）求a_2，a_3；

（Ⅱ）求a_n的通项公式.

2.（2008，全国卷1理，第21题）

双曲线的中心为原点O，焦点在x轴上，两条渐近线分别为l_1，l_2，经过右焦点F垂直于l_1的直线分别交l_1，l_2于A，B两点. 已知$|\overrightarrow{OA}|$、$|\overrightarrow{AB}|$、$|\overrightarrow{OB}|$成等差数列，且$\overrightarrow{BF}$与$|\overrightarrow{FA}|$同向.

(1)求双曲线的离心率；(2)设AB被双曲线所截得的线段的长为4，求双曲线的方程.

【答案】(1)利用方程思想；(2)待定系数.

(1)设$OA=m-d$，$AB=m$，$OB=m+d$，

由勾股定理可得：$(m-d)^2+m^2=(m+d)^2$，

得：$d=\frac{1}{4}m$，$\tan\angle AOF=\frac{b}{a}$，$\tan\angle AOB=\tan2\angle AOF=\frac{AB}{OA}=\frac{4}{3}$，

∴由倍角公式得$\frac{2\frac{b}{a}}{1-\left(\frac{b}{a}\right)^2}=\frac{4}{3}$，解得$\frac{b}{a}=\frac{1}{2}$，则离心率$e=\frac{\sqrt{5}}{2}$.

(2)过F直线方程为$y=-\frac{a}{b}(x-c)$，与双曲线方程$\frac{x^2}{a^2}-\frac{y^2}{b^2}=1$联立将$a=2b$，$c=\sqrt{5}b$代入，

化简有$\frac{15}{4b^2}x^2-\frac{8\sqrt{5}}{b}x+21=0$，

$\therefore 4=\sqrt{1+\left(\frac{a}{b}\right)^2}|x_1-x_2|=\sqrt{\left[1+\left(\frac{a}{b}\right)^2\right][(x_1+x_2)^2-4x_1x_2]}$，

将数值代入，有 $4=\sqrt{5\left[\left(\frac{32\sqrt{5}b}{15}\right)^2-4\,\frac{28b^2}{5}\right]}$，

解得 $b=3$，最后求得双曲线方程为：$\frac{x^2}{36}-\frac{y^2}{9}=1$.

3.（2013，天津文，第 11 题）

已知抛物线 $y^2=8x$ 的准线过双曲线$\frac{x^2}{a^2}-\frac{y^2}{b^2}=1(a>0,b>0)$的一个焦点，且双曲线的离心率为 2，则该双曲线的方程为_______.

【2014 真题验证】

1.（2014，陕西理，第 20 题）

如图，曲线 C 由上半椭圆 C_1：$\frac{y^2}{a^2}+\frac{x^2}{b^2}=1(a>b>0,y\geqslant 0)$和部分抛物线 C_2：$y=-x^2+1\ (y\leqslant 0)$连接而成，C_1 与 C_2 的公共点为 A,B，其中 C_1 的离心率为$\frac{\sqrt{3}}{2}$.

（Ⅰ）求 a,b 的值；

（Ⅱ）过点 B 的直线 l 与 C_1,C_2 分别交于点 P,Q(均异于点 A,B)，若 $AP\perp AQ$，求直线 l 的方程.

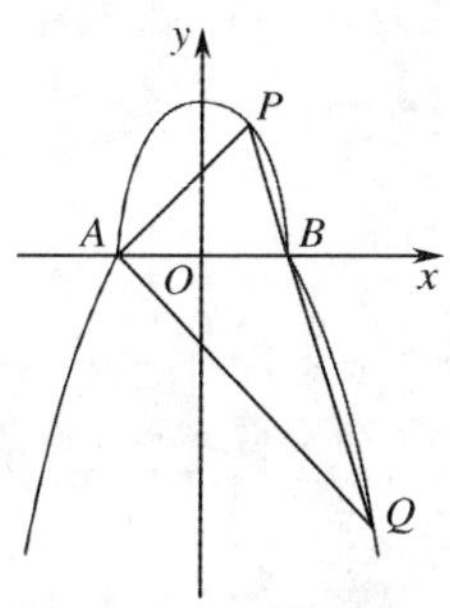

2.（2014，山东理，第 19 题）

已知等差数列$\{a_n\}$的公差为 2，前 n 项和为 S_n，且 S_1,S_2,S_4 成等比数列.

（Ⅰ）求数列$\{a_n\}$的通项公式；

（Ⅱ）令 $b_n=(-1)^{n-1}\frac{4n}{a_na_{n+1}}$，求数列$\{b_n\}$的前 n 项和 T_n.

2.4.5　特值法

所谓特值法是指解题中可以以特殊代替一般而不改变问题本质的一种方法.

【真题重现】

1.（2012，福建理，第 5 题）

下列不等式一定成立的是　（　　）

A. $\lg(x^2+\frac{1}{4})>\lg x(x>0)$　　B. $\sin x+\frac{1}{\sin x}\geqslant 2(x\neq k\pi,k\in\mathbf{Z})$

C. $x^2+1\geqslant 2|x|(x\in\mathbf{R})$　　D. $\frac{1}{x^2+1}>1(x\in\mathbf{R})$

2.（2009，福建理，第 21 题）

函数 $f(x)=ax+bx+c(a\neq 0)$的图象关于直线 $x=-\frac{b}{2a}$对称. 据此可推测，对任意的非零实数 a,b,c,m,n,p，关于 x 的方程 $m[f(x)]^2+nf(x)+p=0$ 的解集都不可能是　（　　）

A. $\{1,2\}$　　B. $\{1,4\}$　　C. $\{1,2,3,4\}$　　D. $\{1,4,16,64\}$

【答案】D

本题用特例法解决简洁快速，对方程 $m[f(x)]^2+nf(x)+P=0$ 中 m,n,p 分别赋值求出 $f(x)$，代入 $f(x)=0$，求出检验即得.

此外，高考中还常出现反证法、换元法、配方法、判别式法、参数法、比较法、放缩法、割补法等适用于一类具体数学问题的方法.

3. (2013，四川文，第 6 题)

函数 $f(x)=2\sin(\omega x+\varphi)\left(\omega>0,-<\varphi<\frac{\pi}{2}\right)$的部分图像如图所示，则 ω,φ 的值分别为(　　)

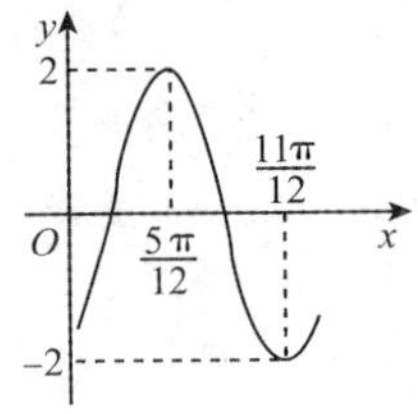

A. $2,-\frac{\pi}{3}$　　B. $2,-\frac{\pi}{6}$　　C. $4,-\frac{\pi}{6}$　　D. $4,\frac{\pi}{3}$

4. (2013，江西理，第 6 题)

若 $S_1=\int_1^2 x^2\mathrm{d}x,S_2=\int_1^2\frac{1}{x}\mathrm{d}x,S_3=\int_1^2 e^x\mathrm{d}x$，则 S_1,S_2,S_3 的大小关系为(　　)

A. $S_1<S_2<S_3$　　B. $S_2<S_1<S_3$　　C. $S_2<S_3<S_1$　　D. $S_3<S_2<S_1$

附录一　历年真题

1. 2004—2013 年高考数学全国卷Ⅰ(文科、理科)，教育部考试中心
2. 2004—2013 年高考数学全国卷Ⅱ(文科、理科)，教育部考试中心
3. 2004—2013 年高考数学上海卷(文科、理科)，上海市教育考试院
4. 2004—2013 年高考数学北京卷(文科、理科)，北京市教育考试院
5. 2004—2013 年高考数学安徽卷(文科、理科)，安徽省教育招生考试院
6. 2004—2013 年高考数学广东卷(文科、理科)，广东省教育考试院
7. 2004—2013 年高考数学浙江卷(文科、理科)，浙江省教育考试院
8. 2004—2013 年高考数学湖北卷(文科、理科)，湖北省教育考试院
9. 2004—2013 年高考数学江苏卷(文科、理科)，江苏省教育考试院
10. 2004—2013 年高考数学福建卷(文科、理科)，福建省教育考试院
11. 2004—2013 年高考数学山东卷(文科、理科)，山东省教育招生考试院
12. 2004—2013 年高考数学陕西卷(文科、理科)，陕西省教育考试院
13. 2004—2013 年高考数学四川卷(文科、理科)，四川省教育考试院
14. 2004—2013 年高考数学天津卷(文科、理科)，天津市教育考试院
15. 2004—2013 年高考数学湖南卷(文科、理科)，湖南省教育考试院
16. 2004—2013 年高考数学海南卷(文科、理科)，海南省教育考试院
17. 2004—2013 年高考数学辽宁卷(文科、理科)，辽宁省教育考试院
18. 2004—2013 年高考数学江西卷(文科、理科)，辽宁省教育考试院
19. 2004—2013 年高考数学黑龙江卷(文科、理科)，黑龙江省教育考试院
20. 2004—2013 年高考数学宁夏卷(文科、理科)，宁夏省教育考试院
21. 2004—2013 年高考数学重庆卷(文科、理科)，重庆市教育考试院

附录二　相关参考文献

【数学课程改革】

胡云飞. 2010 年高考数学引发的思考[J]. 新课程学习，2010，(11)：168.

徐勇，刘桥连. 2010 年福建省高考数学试卷评析(二)文科试卷的评价与思考[J]. 福建中学数学，2010，(6)：3—5. 李丽霞,张生春.2010年高考数学全国卷Ⅰ分析与教学启示[J].考试与招生,2010,(9):24－25.
杨岚清.2010年上海市高考数学试题引发的思考[J].数学教学,2010,(12):27－29.
柴化安.2010年新课标区高考数学探究性试题印象[J].中学数学教学,2010,(9):62.
施丽凤,杨勇.培养学生数学阅读能力的有效策略[J].话题讨论,2009,(6):1－2.
杨吉福.浅谈如何培养学生数学的理解能力[J].上饶日报,2009,(4):1.
张积荣.浅谈中学生数学阅读能力的培养[J].数学教研,2009,(16):50.
邱宝全.个性化学习才是学好高中数学的根本 [J].科技信息,2013,(02):366.
王晓梅.如何培养学生数学阅读的能力[J].赤峰日报,2010,(7):1－2.
张璇.浅谈高中数学教学方法及实施策略 [J].教育教学论坛,2013,(15):89－90.
朱亚文.略谈在高中数学课堂中培养学生创新思维 [J].现代阅读(教育版),2013,(04):175
王娟.浅析高中数学课学生自主学习与创新能力的培养 [J]中国校外教育,2013,(01):69.
胡素爱.多元互动教学,培养数学创新意识[J].教育实践与研究,2009,(09):45－46.
刘燕.开源导流学以致用——浅谈高中数学与生活[J].新课程学习(中).2011,(07).
曹巧宁.标新立异——浅谈新课标下的高效数学课堂[J].现代阅读(教育版).2012,(06).
黄凯.浅谈如何在高中数学教学中开展探究性学习[J].现代阅读(教育版).2012,(04):176.
罗军.浅析新课标下建设高中数学高校课堂的途径[J].现代交际,2013,(02).
刘志杰.如何在高中数学教学中培养创新思维 [J].现代阅读(教育版),2013,(05):148.

【高考规律】

尚兴琴.浅谈2012年高考数学复习方法 [J].中国校外教育,2013(02):114.
杜阿荣.融会贯通 灵活运用——提高高中生数学高考解题能力之我见 [J].西藏教育,2013,(03):57－58.
张新全.一道高考数学试题的赏析与教学启示 [J].合肥师范学院学报,2012,(03):115.
秦龙.新课标高考数学试题的几个显著特点 [J].科学咨询(教育科研),2012,(02):61.
何晓禹,余继光.一道高考数学题引起的研究性学习析[J].数学教学,2011,(3):43－46.
汤邵春,黄贤通.中日两国高考线性代数试题的对比研究[J].中学数学研究,2011,(3):6－9,
陈贵军.试析高等数学背景下的高考试题 [J].中国科技信息,2013,(2):162.
吴海燕.由一道高考题谈计算能力的培养[J].中学数学,2011,(3):51－52.
黄翠芬.例析数学思想在数列中的应用 [J].学周刊,2013,(10):157.
江嘉秋. 2012年福建高考数学试卷评析与启示 [J].福建教育学院学报,2012,(05):112－115.
王建亚.浅谈高中"数形结合思想方法"的教学渗透——由2012年一道江苏高考题的分析引发的教学感悟和体会[J].读与写(教育教学刊),2012,(11):82－83.
桂淑英.高考阅卷老师的忠告[J].中学数学杂志,2011,(3):46－48.

【备考策略】

朱鸿.中等程度及偏下学生高考数学复习的策略[J].考试周刊,2010,(44):2－3.
田晓雪.浅议高三学生数学备考心理素质的提高 [J].教育教学论坛,2012,(18):84－85.
邵志芳,李二霞.中高考数学试题难度的认知任务分析[J].华东师范大学学报,2010,(1):48－53.
李建华.精选思维起点,巧解数学问题 [J].学周刊,2013,(01):122－123.
付庆慧.高考数学复习七策略 [J].学周刊,2012,(20):106－107.
孙桂萍,郭世峰.重视数学思想方法提高高考复习效果 [J].学周刊,2012,(17):157－158.
尚兴琴.浅谈2012年高考数学复习方法 [J].中国校外教育,2013,(02):114.
李庆社.2011年高考数学命题趋势预测[J].中学数学杂志,2011,(1):47－50.

【重要知识点解析】

李灿辉.高中数学专题复习与研究——用分类讨论的思想解题 [J].剑南文学(经典教苑),2013,(01):354.
许静香,应之宁.新课程理念 高效率教学——谈谈概率与统计的高考复习[J].课改前沿,2010,(9):44－45.
康建秀.2010年高考概率与统计备考指南[J].重点辅导,2011:16－18.
王勇.余音绕粱　五年不绝　一道高考概率与统计题的强力辐射[J].中学数学,2010:42－44.
都述利.概率与统计高考命题趋势与指导[J].中学生数理化,2009,(7):46－47.
王敏.高考中的概率与数理统计[J].考试周刊,2009,(21):2－3.

段本强.教学实践中就函数奇偶性问题的探讨[J].群文天地,2012,(11):202.

吴金革.近三年山东高考概率统计试题分析及复习指导[J].中学数学杂志,2010,(11):36—38.

郭兴甫.新课程高考复习——概率与统计[J].中学数学杂志,2010,(11):36—38.

伊人学.含两个随机变量的二维几何概型解析[J].教育教学论坛,2012,(32):104—105.

肖婷.2009年高考概率与统计热点评析[J].中学数学研究,2010,(10):8—11.

吴金革.高考概率统计知识复习指导[J].试题研究,2010:37—41.

胡成龙.2010年高考理科试题对高中统计与概率教学的启示[J].遵义师范学院学报,2010,(5):111—114.

张丽波.新课标高考数学之"一元二次函数"[J].中国校外教育,2013,(04):101.

米运芳.例说高考数学备考中由具体到抽象——对离心率取值范围问题的讨论[J].学周刊,2013,(04):141.

许少华.2011年高考统计、概率命题预测[J].数学有数,2011,(4):15—18.

丁元林.概率命题预测[J].数学有数,2011,(4):15—18.

丁元林.过"四关"——学好立体几何[J].科技信息,2010,(27):299—300.

杨淑琴.立体几何教学点滴[J].在线学科教学,2010,(4):98.

冯爱银.利用导数求解函数零点的变式教学探讨[J].课程教学研究,2013,(04):51—55.

马桂枝.例谈不等式的证明[J].学周刊,2013,(04):132—133.

王联华.高中数学教学中函数的对称性教学研究[J].成功(教育),2013,(02):44.

李远文.高考解析几何题"设而不求"解题法的应用[J].学周刊,2013,(04):136—137.

张文明.数学思想方法的灵魂——化归[J].出国与就业(就业版),2012,(03):108—109.

李秀梅.解析几何中最值问题的常用解法[J].学周刊,2012,(17):130—133.

陈新慎.构造图形巧解向量问题[J].咸宁学院学报,2012,(06):211—212.

万玉龙.高考解题中的切线情结[J].科教导刊(中旬刊),2012,(09):48—49.

陆英,林元重.圆锥曲线在高考中常见的考查形式[J].萍乡高等专科学校学报,2012,(03):103—106.

管宏武.例谈2010年高考函数创新题的求解策略[J].高中生之友,2010,(9):20—21.

张可锋,陈益智,钟希望.化归在平面向量与立体几何中的一些应用——以2010—2011年高考数学题为例[J].佳木斯教育学院学报,2012,(07):264—265.

陈小丽.中学数学中的最值问题[J].科学大众(科学教育),2012,(12):29.

杨全发.不等式恒成立问题的等价转换策略[J].湘南学院学报,2012,(02):17.

林祥文.例析曲边多边形面积的求法[J].华夏教师,2013,(03):44.

韩文美.2010年高考压轴题之函数与导数[J].招生考试通讯,2011,(1):5—11.

胡维维.解析高考中的线性规划问题[J].学周刊,2012,(17):170—171.

先儒才,张晓斌.2010年高考数学试题(大纲课程卷)分类解析(一)[J].中国数学教育,2010,(7—8):88—96.

郭冠群.常见递推数列通项公式求法[J].和田师范专科学校学报,2010,(29):195—196.

唐擘.递推数列的通项公式[J].科技创新导报,2010,(11):254.

刘同心,付足.高考递推数列题型分类归纳解析[J].咸宁学院学报,2010,(6):164—169.

高青.例析函数思想在解决数列问题中的应用[J].咸宁学院学报,2010,(6):164—169.

赵海霞.例析数列求和的常用方法[J].读与写杂志,2010,(7):171—172.

王军华.正向等差数列两个不等式的推广[J].天中学刊,2010,(2):4—5.

杨远宏,杜兴芹."曲线和方程"与"圆锥曲线方程"的结合[J].德宏师范高等专科学校学报,2009,(4):95—99.

庹中友.2012年高考数学试题研究——统计与概率[J].凯里学院学报,2012,(06):153—155.

明丰.高职高考数学三角函数复习中的几个要点[J].成功(教育),2012,(07):137.

杨华.圆锥曲线中最值问题的解题策略[J].科学大众(科学教育),2013,(03):18—19.

张文.关于"恒成立"问题的解题归纳[J].中国校外教育,2013,(02):75—76.

杨超.排列组合在高考中的常见题型及解题技巧[J].科技信息,2013,(08):369—370.

江民杰,刘建华.关注新课改 对接新高考[J].中学数学,2010,(8):8—11.

刘永和.2011年高考数学三角函数热点解析[J].考试与招生,2010,(11):23—25.

王全瑞.例说数学思想在三角函数中的应用[J].中学数学研究,2011,(1):36—38.

王秀云.浅谈高考中的线性规划题型变化[J].南昌教育学院学报,2012,(06):131—132.

三、备考策略

3.1 高考数学考查的特点

简单地说，高考数学就是考查素质和潜能，而且是以题目的形式作为载体. 由于高考的限时性，要求考生在2小时内解答难度不同的22个数学试题，那么解题的效率和解决的程度，就成为衡量考生素质和潜能的标准. 从这个意义上说，高考数学考查有两个特点：一个是速度考查；一个是难度考查.

1. *速度考查*

所谓速度考查就是在有效的时间内完成试卷的量，要求考生对基础知识理解准确，基本技能掌握熟练，基本数学思想方法运用自如. 否则，在有效的时间里，是不可能完成试卷的. 这本身就是一种能力的考查. 另外，对速度的考查，常体现在常规题目上，而且占到80%左右. 常规题目，就是在平时学习和考试中经常出现的题目类型，它们的立意、情境、设计、设问都是我们熟知的.

2. *难度考查*

所谓难度考查就是分析问题和解决问题能力的考查，难度考查常体现在新颖题目类型上（应用题、探索题、开放题、创新题）. 这类题目是学生不熟悉的，其立意、情境、设计、设问都不同寻常.

3.2 数学高考命题的风格

高考命题一直在"稳中求进，稳中求变、稳中求新"，探索公平选拔、为素质教育服务的道路，已形成了一些稳定性的风格和值得注意的导向.

(1)在全面考查"基础知识、基本技能、基本方法"的基础上，更突出数学思想方法的考查，突出数学与现实生活的联系.

(2)在主体上考查中学数学的同时，会体现进一步学习高等数学的需要. 特别是一些有挑战性的压轴题，尤其各省独立命题之后，更是"注重理论数学，检测考生后继学习的潜能".

(3)新课程理念的渗透. 虽然新世纪课程改革刚刚起步，但其三维目标和十个基本理念会开始渗透. 如命题范围拓展了，出现人文关怀，体现"情感、态度、价值观"课程目标.

3.3 高考数学备考需要注意的几点

夯实基础，查缺补漏，揭示联系，构建网络，对基础知识的复习当然离不开课本（课本是知识的载体），但是仅靠课本是不够的. 对基础知识的复习必须习题化，在解答问题的过程中再现知识；习题还要题组化，通过题组建立知识点联系，形成知识网络. 考试大纲规定，数学高考强调综合性，要在知识之间认识它们之间内在的联系，并且在这个基础之上来形成知识的网络，数学试题也应该在知识网络的交汇点来设计. ①

提炼数学思想，注重能力训练. 考试大纲还指出，要在考查数学基础知识的同时考查数学思想方法，并且提出，要注重数学思想，淡化特殊的解题技巧. 高中数学涉及高考的数学思想方法主要有函数与方程的思想、数形结合的思想、分类与整合的思想、特殊和一般的思想、有限和无限的思想、必然和或然的思想. 数学能力主要有以下几个方面：一是空间想象能力，主要表现为识图、画图和想图. 高考要求：(1)根据题目的叙述画出图形、想出图形；(2)处理好图形中间的元素及元素和元素之间的关系；(3)注意简单图形和复杂图形的分解、组合与变换. 二是抽象和概括的能力. 因为数学抽象性是一个最突出的特点，很多涉及函数、数列的题目都具有抽象的特点，如何能够对抽象的对象经过思考概括出它的本质属性是一个很重要的方面. 三是推理论证. 近几年，数学高考对推理论证的要求是越来越高了，而我们在推理论证方面有很大缺陷，包括叙述不够严密、逻辑关系不够清楚等. 这方面既然是高考的重点内容，要有意识的加以训练. 四是运算求解. 运算当中要特别注意两点：对运算思路和方法的选择；如何保证运算的准确性. 有很多同学常常把运算错误归结为粗心大意，事实上是运算能力的欠缺，有些同学只会一种方法，不会用其他方法去验证，所以运算的思路和方法的多样性是提高运算能力的一个很重要的内容.

另外还要突出重点，注重落实，针对不同题型，采取不同的应试策略. 对于选择题除了能够读好题目以外，还要看各个

---

① 李婷婷. 数学冲刺的有途径——访北京市陈经纶中学特级教师丁益祥[J]. 高考数学，2010，3：61-63.
王孝宇. 破解高考数学课改革命密码[J]. 高考报，2009，(2)：33－35.
薛红霞. 论高考数学临场解题[J]. 考场指南，2010，(2)：246－247.

选项能够提供什么样的信息，另外，数形结合在解答选择题当中有着突出的重要作用. 由于填空题没有选择项来辅助，所以速度要适当放慢一点. 而对于简答题要求一是整体思考，二是完整性.

最后关注细节，着力克服复习备考中的几种不良倾向：克服包办代替的现象；克服选题多、滥、难，不能体现精、活、适的现象；克服查漏补缺不及时，未将落实进行到底的现象；克服忽视学情，只强调结果，不重视过程的现象.

附录　相关参考文献

施丽凤，杨勇. 培养学生数学阅读能力的有效策略[J]. 话题讨论，2009，(6)：1—2.
杨吉福. 浅谈如何培养学生数学的理解能力[J]. 上饶日报，2009，(4)：1.
张积荣. 浅谈中学生数学阅读能力的培养[J]. 数学教研，2009，(16)：50.
邱宝全. 个性化学习才是学好高中数学的根本 [J]. 科技信息，2013，(02)：366.
王晓梅. 如何培养学生数学阅读的能力[J]. 赤峰日报，2010，(7)：1—2.
张璇. 浅谈高中数学教学方法及实施策略 [J]. 教育教学论坛，2013，(15)：89—90.
朱亚文. 略谈在高中数学课堂中培养学生创新思维 [J]. 现代阅读(教育版)，2013，(04)：175
王娟. 浅析高中数学课学生自主学习与创新能力的培养 [J]中国校外教育，2013，(01)：69.
胡素爱. 多元互动教学，培养数学创新意识[J]. 教育实践与研究，2009，(09)：45—46.
刘燕. 开源导流学以致用——浅谈高中数学与生活[J]. 新课程学习(中). 2011，(07)
曹巧宁. 标新立异——浅谈新课标下的高效数学课堂[J]. 现代阅读(教育版). 2012，(06)
黄凯. 浅谈如何在高中数学教学中开展探究性学习[J]. 现代阅读(教育版). 2012，(04)：176
罗军. 浅析新课标下建设高中数学高校课堂的途径[J]. 现代交际，2013，(02)
刘志杰. 如何在高中数学教学中培养创新思维 [J]. 现代阅读(教育版)，2013，(05)：148.
许静香，应之宁. 新课程理念　高效率教学——谈谈概率与统计的高考复习[J]. 课改前沿，2010，(9)：44—45.
康建秀. 2010 年高考概率与统计备考指南[J]. 重点辅导，2011：16—18.
王勇. 余音绕梁　五年不绝　一道高考概率与统计题的强力辐射[J]. 中学数学，2010：42—44.
都述利. 概率与统计高考命题趋势与指导[J]. 中学生数理化，2009，(7)：46—47.
王敏. 高考中的概率与数理统计[J]. 考试周刊，2009，(21)：2—3.
段本强. 教学实践中就函数奇偶性问题的探讨 [J]. 群文天地，2012，(11)：202.
吴金革. 近三年山东高考概率统计试题分析及复习指导[J]. 中学数学杂志，2010，(11)：36—38.
郭兴甫. 新课程高考复习——概率与统计[J]. 中学数学杂志，2010，(11)：36—38.
伊人学. 含两个随机变量的二维几何概型解析 [J]. 教育教学论坛，2012，(32)：104—105.
肖婷. 2009 年高考概率与统计热点评析[J]. 中学数学研究，2010，(10)：8—11.
吴金革. 高考概率统计知识复习指导[J]. 试题研究，2010：37—41.
胡成龙. 2010 年高考理科试题对高中统计与概率教学的启示[J]. 遵义师范学院学报，2010，(5)：111—114.
张丽波. 新课标高考数学之"一元二次函数" [J]. 中国校外教育，2013，(04)：101.
米运芳. 例说高考数学备考中由具体到抽象——对离心率取值范围问题的讨论 [J]. 学周刊，2013，(04)：141.
许少华. 2011 年高考统计、概率命题预测[J]. 数学有数，2011，(4)：15—18.
丁元林. 概率命题预测[J]. 数学有数，2011，(4)：15—18.
尚兴琴. 浅谈 2012 年高考数学复习方法 [J]. 中国校外教育，2013(02)：114.
杜阿荣. 融会贯通 灵活运用——提高高中生数学高考解题能力之我见 [J]. 西藏教育，2013，(03)：57—58.
张新全. 一道高考数学试题的赏析与教学启示 [J]. 合肥师范学院学报，2012，(03)：115.
秦龙. 新课标高考数学试题的几个显著特点 [J]. 科学咨询(教育科研)，2012，(02)：61.
何晓禹，余继光. 一道高考数学题引起的研究性学习析[J]. 数学教学，2011，(3)：43—46.
汤邵春，黄贤通. 中日两国高考线性代数试题的对比研究[J]. 中学数学研究，2011，(3)：6—9.
陈贵军. 试析高等数学背景下的高考试题 [J]. 中国科技信息，2013，(2)：162.
吴海燕. 由一道高考题谈计算能力的培养[J]. 中学数学，2011，(3)：51—52.
黄翠芬. 例析数学思想在数列中的应用 [J]. 学周刊，2013，(10)：157.
江嘉秋. 2012 年福建高考数学试卷评析与启示 [J]. 福建教育学院学报，2012，(05)：112—115.
王建亚. 浅谈高中"数形结合思想方法"的教学渗透——由 2012 年一道江苏高考题的分析引发的教学感悟和体会[J]. 读与写(教育教学刊)，2012，(11)：82—83.
桂淑英. 高考阅卷老师的忠告[J]. 中学数学杂志，2011，(3)：46—48.

优能中学教育
U-CAN SECONDARY SCHOOL EDUCATION
耀起来
不要紧张
就耀从荣应对
创造自己的完美课程，你还需要了解。
To create the perfect course by yourself,
you need to know.
NEW ORIENTAL EDUCATION & TECHNOLOGY GROUP
U-CAN SECONDARY SCHOOL EDUCATION
zhongxue.xdf.cn
新东方
XDF.CN

优能中学教育
U-CAN SECONDARY SCHOOL EDUCATION
耀起来 不要迷茫
就耀崭新旅程

2014—2015年度高考备考策略研究报告

2014—2015 Research Report on NMT Preparation Strategies

Research Report
of National Matriculation Chinese Test

《语文学科》

总顾问：俞敏洪

顾　问：周成刚

总统筹：罗　娉　王　专

总策划：新东方优能中学推广管理中心（全国中高考教学考试研究院）

总　编：赵剑锋

本册主编：姜　忱

编　辑：陈贾雷　李建龙　李　晶

新东方 XDF.CN | 优能中学教育 U-CAN SECONDARY SCHOOL EDUCATION

西藏人民出版社

新学案

图书在版编目(CIP)数据

新学案.6/北京天利考试信息网编.
—拉萨：西藏人民出版社，2009.3（2014.7重印）
ISBN 978-7-223-02599-7

Ⅰ.①新… Ⅱ.①北… Ⅲ.①课程—教案（教育）—中学 Ⅳ.①G633

中国版本图书馆CIP数据核字(2009)第009073号

新学案.6

——2014—2015年度高考备考策略研究报告（语文学科）

作　　者　全国中高考教学考试研究院
责任编辑　杨永坤
装帧设计　高文辉
出　　版　西藏人民出版社
社　　址　拉萨市林廓北路23号　　**邮政编码：**850000
北京发行部：100013　北京市东土城路8号林达大厦A座13层
电　　话：010-61420186
印　　刷　三河市南阳印刷有限公司
经　　销　全国新华书店
开　　本　16开（880×1 230）　　**字　　数**　1 300 千
印　　张　43
版　　次　2014年7月第1版第2次印刷
标准书号　ISBN 978-7-223-02599-7
定　　价　398.00元（全6册）

目 录

第一章 语文学科高考命题趋势

语文是人类社会生活实践必需的最重要的交际工具和思维工具，是人类认知世界、传承和发展人类文化的最重要的工具，是人类文化的重要组成部分。① 人是一个整体，其语文能力与他的整体素质——思维、情感、意志、文化素养、个性品格等等，有着不可分割的联系。通过语言文字这个载体，我们可以领悟内涵，受到感染与熏陶；通过语言文字所承载的各类信息（各学科、各领域）的收集、筛选、分析、整合等，我们可以学得生存发展的本领。

语文是一门基础学科，对学好其他学科，对提高思想道德素质、科学文化素质，对日后工作和继续学习，对促进国家现代化建设、提高民族素质，对弘扬中华民族的优秀文化和吸收人类的进步文化，都具有重要意义。

1963 年《语文教学大纲》指出："语文是学好各门知识和从事各种工作的基本工具。"这是解放以来第一次在教学大纲中给语文定性，是"基本"的一种"工具"，是人们在学习和工作中所使用的。而 1986 年《大纲》再次指出："语文是从事学习和工作的基础工具。普通教育阶段各门学科都是基础学科，语文则是学习各门学科必须掌握的基础工具。"这个大纲既将语文定性为"工具"，又强调其基础地位。同时这个大纲还首次强调了语文的教育意义："语文学科对于提高学生的思想道德素质和科学文化素质，培养有理想、有道德、有纪律的社会主义公民，具有重要的意义。"这强调了语文学科的"工具性与思想性"。

1995 年《九年义务教育全日制初级中学语文教学大纲（试行）》，是继承了 1986 年《大纲》的思想，并吸收了自 1986 年以来近十年的教改经验而制定的。这个大纲指出："语文是学习和工作的基础工具。语文学科是学习其他各门学科的基础。"②这是强调语文学科的"工具性"。

2000 年颁布的《九年义务教育全日制初级中学语文教学大纲（试用修订版）》和《全日制普通高级中学语文教学大纲（试验修订版）》，对语文学科的性质是这样表述的："语文是最重要的交际工具，是人类文化的重要组成部分。"③

最近颁布的《义务教育语文课程标准》和《普通高中语文课程标准》，对语文学科性质的认识是："语文是最重要的交际工具，是人类文化的重要组成部分。工具性与人文性的统一，是语文课程的基本特点。"④

从上述话语不难看出，新中国成立五十多年来，我们对语文学科性质的认识经历了"工具性——工具性与思想性——工具性与人文性"的发展过程。

由于语文是基础教育中最为重要的一门学科，它的工具性、人文性、基础性和综合性，决定了它在整个高考中的地位，因此语文高考命题历来是社会舆论关注的热点话题。翻阅几十年的语文高考试卷，我们可以发现每年的语文试题都在不断变革，无论是考试的内容还是考试的形式、结构都在发生不同层次的变化。考试命题的变化折射出的是时代前进的历程，折射出的是学科能力目标的变化，也意味着价值标准取向的调整。⑤

倪文锦先生在论述语文考试的教育功能时指出，高考语文具有导向、评价、诊断反馈、预测和激励五方面的功能。⑥ 为配合高中新课程改革，高考语文学科改革遵循"稳中有变，变中有新"的原则，在求稳、求变、求新中朝着人文化、科学化、多元化发展。

---

①孙晓磊. 语文学科的作用[J]. 全国继教网，2009.

②中华人民共和国教育部. 九年义务教育全日制初级中学语文教学大纲（试行）. 人民教育出版社，1995.

③中华人民共和国教育部. 全日制普通高级中学语文教学大纲（试验修订版）. 人民教育出版社，2000.

④中华人民共和国教育部. 普通高中语文课程标准（实验）. 人民教育出版社，2003.

⑤唐卫红. 语文高考命题改革研究[D]. 福建：福建师范大学，2008.

⑥倪文锦. 新课程标准语文科高考大纲简析[D]. 上海：华东师范大学，2007.

高考考试语文命题有五大趋势：一是坚持稳中求变，体现能力立意；二是侧重主干知识，强调语文素养；三是重视迁移综合，突出表达应用；四是增加开放性题目，弘扬创新精神；五是支持课程改革，体现时代脉搏。

1.1 坚持稳中求变 体现能力意识

高考命题历来都要兼顾稳定性和探索性两个方面。稳定性就是对上一年考题的沿袭和传承。从稳定性来说，具有五个不变：①考点的大致分布不变；②各考点的能力要求不变；③全卷的平实与典型不变；④立足基础，考查能力的命题思路不变；⑤依据考纲、遵循教纲、参照课标的命题原则不变。①

知识立意重知识点的记忆，而能力立意重知识的应用；知识立意重知识覆盖面，而能力立意重知识的迁移；知识立意重考查孤立的知识点，而能力立意重知识间的联系，对复习教学提出了更高要求。因此，复习内容上由知识型复习向能力型复习转变，要正确把握知识型复习与能力型复习的特点，备考、复习中不仅要重知识的梳理，更要重能力的培养。

1.2 侧重主干知识 强调语文素养

主干知识即教纲、考纲上要求学生理解并能运用的那些知识点。侧重主干知识，着眼点还是“运用”。考点多，命题选择空间大(特别是考查语言基础的第一大题)。必须全面过关，突出主干知识。知识是能力形成的基础，脱离知识谈能力就是空中楼阁。

语文素养不仅仅含知识与能力两大层面，除了基础知识与听说读写的能力以外，还包含情感、态度、价值观等更深层次的内容。

从近些年全国卷以及各地自主命题卷考查的情况来看，语文试题对学生语文素养甚至综合素养的要求越来越高。突出表现为强调考查考生的人文底蕴、品德修养、思想境界、人生态度、价值取向等软实力，命题者更加注重对人文情怀的考查。②

1.3 重视迁移综合 突出表达应用

高考中与语言表达应用有直接与间接关系的题目占比高达五分之三，命题呈现出以下特点：

①重视课内知识与能力的综合，考点结合起来考查的力度加大；

②设题材料往往采用与生活密切相关的应用文；

③提供的语言情景往往要突出语言的交际功能、实际应用功能，难度加大；

④出题方式灵活，命题形式多样化，创新空间大。

1.4 增加开放性题目 弘扬创新精神

首先，开放出题的考查点扩大为话题作文、仿写、古诗鉴赏、现代散文鉴赏等。

其次，开放性题目出题角度小，可以多角度、多层面回答。考生的思维、情感可以任其飞扬，个性、才华可以得到充分的展示，其答案自然千差万别，丰富多彩，此类题没有唯一、标准答案，侧重考查考生的临场创新发挥能力。

1.5 支持课程改革 体现时代脉搏

新课程内容的特点是面向学生生活，面向社会发展，面向科技进步。让学生通过已有经验和兴趣，亲身体验探索、思考和研究的过程；强调所学知识应用于实际，从学科角度对某些日常生活、生产和其他学

---

①毛元德.高考语文命题趋势与复习应考对策[J].湖北：高考研究，2008.

②毛元德.高考语文命题趋势与复习应考对策[J].湖北：高考研究，2008.

科中的问题进行研究。

高考语文命题的取材以及创设的情景有鲜活的时代气息，往往贴近社会，贴近生活，贴近学生，能引发学生的情感体验和思考，这些都是对课程改革的有力支持。总之，高考的语言基础与运用题的素材、阅读与鉴赏的文章选择、作文命题等都应该具有时代性的要求。

附件一

考试大纲、课程改革、考试说明

1993 年《全日制高级中学语文教学大纲》(初审稿)
1995 年《九年义务教育全日制初级中学语文教学大纲(试行)》
1996 年《全日制普通高级中学语文教学大纲》(供试验用)
2000 年《全日制语文课程标准(实验稿)》
2002 年《全日制普通高级中学语文教学大纲》(修订版)
2001 年《普通高中语文课程标准(实验)》
2003 年《普通高中语文课程标准(实验)》
2005 年普通高等学校招生全国统一考试语文考试说明
2005 年普通高等学校招生全国统一考试北京卷语文考试说明
2005 年普通高等学校招生全国统一考试上海卷语文考试说明
2006 年普通高等学校招生全国统一考试语文考试说明
2006 年普通高等学校招生全国统一考试北京卷语文考试说明
2006 年普通高等学校招生全国统一考试上海卷语文考试说明
2007 年普通高等学校招生全国统一考试语文考试说明
2007 年普通高等学校招生全国统一考试北京卷语文考试说明
2007 年普通高等学校招生全国统一考试上海卷语文考试说明
2008 年普通高等学校招生全国统一考试语文考试说明
2008 年普通高等学校招生全国统一考试北京卷语文考试说明
2008 年普通高等学校招生全国统一考试上海卷语文考试说明
2009 年普通高等学校招生全国统一考试语文考试说明
2009 年普通高等学校招生全国统一考试北京卷语文考试说明
2009 年普通高等学校招生全国统一考试上海卷语文考试说明
2010 年普通高等学校招生全国统一考试语文考试说明
2010 年普通高等学校招生全国统一考试新课标卷语文考试说明
2010 年普通高等学校招生全国统一考试北京卷语文考试说明
2010 年普通高等学校招生全国统一考试上海卷语文考试说明
2011 年普通高等学校招生全国统一考试语文考试说明
2011 年普通高等学校招生全国统一考试新课标卷语文考试说明
2011 年普通高等学校招生全国统一考试北京卷语文考试说明
2011 年普通高等学校招生全国统一考试上海卷语文考试说明
2011 年普通高等学校招生全国统一考试江苏卷语文考试说明
2011 年普通高等学校招生全国统一考试山东卷语文考试说明
2012 年普通高等学校招生全国统一考试语文考试说明
2012 年普通高等学校招生全国统一考试新课标卷语文考试说明
2012 年普通高等学校招生全国统一考试北京卷语文考试说明

2012 年普通高等学校招生全国统一考试上海卷语文考试说明
2012 年普通高等学校招生全国统一考试江苏卷语文考试说明
2012 年普通高等学校招生全国统一考试山东卷语文考试说明
2013 年普通高等学校招生全国统一考试语文考试说明
2013 年普通高等学校招生全国统一考试新课标卷语文考试说明
2013 年普通高等学校招生全国统一考试北京卷语文考试说明
2013 年普通高等学校招生全国统一考试上海卷语文考试说明
2013 年普通高等学校招生全国统一考试江苏卷语文考试说明
2013 年普通高等学校招生全国统一考试山东卷语文考试说明

附件二

相关文献

陈　华.高考汉语能力测试创新研究[D].武汉:华中师范大学,2008.
陈　娟.新课程标准下对语文课程改革的认识[J].教改思考,2010(2).
陈伟红.新课标麾下的大语文教学[J].师道,2007(11).
成　龙.近三年高考语文新课标卷述评[J].高考中考,2010.
程红兵.高考语文测试的反思与前瞻[J].山东师大学报(社会科学版),1994(2).
董小群.新课标下的语文教学对策[J].西江教育论丛,2007(2).
葛云杰.语文高考命题取向的反思与展望[J].考试与素质教育研究,2006(1).
郝建梅.新课标下高中语文总复习技巧探究[J].中国教育技术装备,2008(23).
何家军.新课程高考质量评价标准体系研究[D].武汉:华中师范大学,2008.
胡　杰.新课标下语文高考备考[J].中学语文(下旬·大语文论坛),2009(6).
黄　俊.1978——2008:高考语文试卷研究报告[R].教育测量与评价(理论版),2009(12).
黄永长.语文新课程与高考改革研究[D].福建:福建师范大学,2009.
姜友华.双性并重:新课程理念下的高考语文训练[J].淮阴师范学院教育科学论坛,2009(1).
姜有荣.2009 年高考语文新课标卷巡礼[J].中学语文(上旬·教学大参考),2009(7).
姜有荣.2010 年高考语文“试验田”五大看点[J].新高考(高三语数外),2010(9).
蒋艳艳.新课程背景下高考语文试题研究[D].苏州:苏州大学,2010.
兰建海.高中新课程现代文阅读教学与高考应试对策研究[D].内蒙古:内蒙古师范大学,2010.
雷　泽.高中语文综合性学习与高考刍议[J].中学语文(下旬·大语文论坛),2009(12).
李　立.新课改视野中的高考改革方案述评[D].厦门:厦门大学,2009.
李　旭.新课程视角下的高考改革[J].福建师范大学学报(哲学社会科学版),2007(4).
李慧莲.中学生语文综合素质发展性评价初探[J].课程·教材·教法,2002(12).
李金波.对高考考试大纲(说明)的再认识[C].浙江:浙江省教育考试院,2010.
李明高.语文新课标:凸显十大关键词[J].中小学教师培训,2003(11).
刘庆根.新时期高考改革研究[D].江苏:扬州大学,2007.
刘振华.语文高考试题地方特色诠释[J].考试园地·考试研究,2006(5).
马志兵,李东伟.浅谈新课标颁布以来高考语文的变化[J].现代语文(教学研究),2007(12).
毛元德.高考语文命题趋势与复习应考对策[J].湖北:高考研究,2008.
毛智玲.对语文课程改革的思考[J].陕西:西北师范大学教育学院,2008.
倪文锦.新课程标准语文科高考大纲简析[D].上海:华东师范大学,2007.
彭浩波.高中语文新课程“人教版”必修课教材研究[D].上海:华东师范大学,2005.

苏新春,杜晶晶,袁冉.对四套新课标语文教材课后练习的四维分析研究[C].江西科技师范学院学报,2010(1).
孙晓磊.语文学科的作用[J].全国继教网,2009.
唐卫红.语文高考命题改革研究[D].福建:福建师范大学,2008.
田建荣,贾锦钰.论高考改革与高中新课程改革的有效衔接[J].教育科学研究,2009(3).
汪小问.谈新课改背景下的高三语文复习[J].试题与研究(新课程论坛),2010(24).
王后雄,张建中.新课程高考语文考试评价标准及试卷结构技术指标构想[J].语文建设,2008(2).
王后雄.新课程高考科目方案述论与改革价值取向[D].武汉:华中师范大学,2007.
王建稳.新课程背景下高考语文复习探析[J].中小学教学研究,2009(4).
王绍林.语文新课标与高考改革[J].社会科学论坛,2010(21).
王玉强.新课标对语文高考的导引作用[J].中学语文教学,2006(11).
韦　佳.浅论新课标理念下语文课程资源的开发和利用[J].中学语文(下旬·大语文论坛),2010(9).
徐丹凤.新课程标准下的语文高考命题改革[D].四川:四川师范大学,2009.
许小荣.高考语文试题研究[D].广西:广西师范大学,2007.
鄢文龙.新高考语文探究性试题分析[J].江西宜春学院文学新闻传播学院,2010.
阳利平.新课程的价值追求与语文教学的转型[D].湖南:湖南师范大学,2004.
姚赛男.2006年以来高考语文学科研究评略[J].兰州教育学院学报,2007(4).
张慧君.语文课改浅探[J].中学语文(下旬·大语文论坛),2008(12).
张丽佩.新课程语文教学案例分析与应用研究[D].长春:东北师范大学,2009.
张胜华.浅谈新课标下高考语文的本质[J].陕西教育(高教),2008(2).
张学慧.勤读生智慧苦练就华章——浅谈新课标下如何指导学生学好语文[J].新课程(教师版),2010(3).
张振鸿.略论新课程背景下高考命题面临的问题[J].当代教育科学,2008.
赵庭芳.近年语文考题的演变与语文新高考的思考[J].中学语文教学,2006(11).
周崇启.高中语文课程改革新论[D].黔南民族师范学院学报,2010(1).
周惠丽.浅析对高中语文新课标的再思考[J].考试周刊,2011(12).
周小琪.试谈语文课程改革的人本主义趋向[J].学科园地,2008(2).
朱成广.新课程视野下高中生语文学习评价探索[D].山东:山东师范大学,2006.
朱贻渊.走出混沌——新课标语文实验教材的"言语化"取向透视[J].中学语文教学,2009(10).
朱子健.对高中新课改背景下文言文教学的思考[C].辽宁:辽宁师范大学,2009.

第二章　语文学科各模块命题规律研究

2.1 语言基础知识的命题规律

▲考查应用能力的病句辨析为必考点；识记字音、辨识字形、成语的运用为高频考点。

语言是交际的工具，是承载人类文化的最重要载体。在《高中语文新课程标准》中明确了这样一句话，“中学语文教学目的在于培养学生以语文能力为核心的语文素质，提高正确理解和运用祖国语言文字的能力。”①

《高中语文新课程标准》提出语文的性质是“最重要的交际工具，是人类文化的重要组成部分。工具性与人文性的统一，是语文课程的基本特点”。②

高考语文试卷中所涉及的字音、字形、词语、句子等语文基础知识都是语文学习中最基本的要素，也是最直观反映学生语文水平的一面镜子。语文基础知识体现了语文工具性的特点，因此，它一直是语文试卷的稳定内容，在高考语文中占有重要的地位，考查题型多为选择题，分值为 3 分。

为适应新的课程改革，在全面推行素质教育，鼓励创造性思维的教育改革的背景下，语文考试改革进一步突出了对语文能力和语文素养的考查，加强了对理论联系实际能力和创造性思维能力的考查，从知识立意向能力立意转化更为突出，对知识性内容的考查进一步减弱，对应用能力的考查进一步加强。③

因此，考查应用能力的病句辨析题成为必考点。因为识记字音、字形、成语题考查的是最基本的识记能力，所以依然是高频考点。这些命题规律在历年真题中都有所体现。详见以下历年真题考点统计表。

2.1.1 识记字音

2.1.1.1 历年考题

历年真题考点统计

年份	地区	真题
2006	天津	1. 下列词语中加点的字，每对的读音完全相同的一组是（　　） A. 落笔/落照　剥削/瘦削不堪　靡靡之音/风靡一时 B. 刹那/古刹　累赘/果实累累　强弩之末/强人所难 C. 佣工/佣金　攒射/万头攒动　解甲归田/解囊相助 D. 殷红/殷切　绰约/绰绰有余　擢发难数/数典忘祖
2007	广东	1. 下列词语中加点的字，读音完全不相同的一组是（　　） A. 峥嵘　狰狞　慎重　缜密周全 B. 诅咒　趔趄　狙击　神情沮丧 C. 讥诮　眉梢　俏丽　峭拔刚劲 D. 辍笔　啜泣　拙劣　相形见绌
2008	北京	1. 下列词语中，字形和加点的字的读音全都正确的一项是（　　） A. 传媒　难以起齿　自诩(yǔ)　闭目塞(sè)听 B. 芯片　钩玄题要　豢(juàn)养　车载(zài)斗量 C. 转轨　众口铄金　执拗(niù)　半嗔(chēn)半喜 D. 幅射　赋于重任　补给(jǐ)　便(biàn)宜行事

---

①中华人民共和国教育部. 普通高中语文课程标准(实验). 人民教育出版社，2003.

②中华人民共和国教育部. 普通高中语文课程标准(实验). 人民教育出版社，2003.

③李　恒. 新时期高考语文知识类试题研究[D]. 上海：华东师范大学，2009.

年份	地区	题目			
2009	江苏	1. 下列词语中加点的字，读音完全都不相同的一组是 ( )			
		A. 调度/宏观调控	降解/降龙伏虎	搪塞/敷衍塞责	
		B. 省视/省吃俭用	拓本/落拓不羁	纤绳/纤尘不染	
		C. 圈养/可圈可点	喷薄/厚古薄今	重申/老成持重	
		D. 臧否/否极泰来	乐府/乐不思蜀	屏蔽/屏气凝神	
2010	山东	1. 下列词语中加点的字，读音全都正确的一组是 ( )			
		A. 饯别(jiàn)	晦涩(huì)	铁栅栏(zhà)	浑身解数(xiè)
		B. 扒手(pá)	吱声(zī)	和稀泥(hé)	步履蹒跚(pán)
		C. 畜养(xù)	寒噤(jìn)	露马脚(lòu)	扪心自问(mèn)
		D. 顺遂(suí)	什锦(shí)	蒸馏水(liú)	兵不血刃(xuè)
2011	全国卷	1. 下列词语中加点的字，读音全都正确的一组是 ( )			
		A. 逾越(yú)	鸟瞰(kàn)	一丘之貉(luò)	栩栩如生(xǔ)
		B. 溃败(kuì)	凹陷(wā)	贻笑大方(yí)	兢兢业业(jīng)
		C. 咀嚼(zǔ)	桧柏(guì)	罄竹难书(qìng)	饕餮(tiè)
		D. 觊觎(jì)	攻讦(jié)	光阴荏苒(rán)	心怀叵测(pǒ)
2012	广东	1. 下列词语中加点的字，每对读音都不相同的一组是 ( )			
		A. 桅杆/宫闱	聒噪/恬静	模具/模范	
		B. 清雅/菁华	旖旎/绮丽	处所/惩处	
		C. 歧视/跻身	橄榄/鸟瞰	角斗/角色	
		D. 赝品/鹰犬	殉情/徇私	参谋/参差	
2013	山东	1. 下列词语中加点的字，读音全部正确的一项是 ( )			
		A. 校订(jiào)	戛然(jiá)	佝偻病(gōu)	自怨自艾(yì)
		B. 降服(xiáng)	惊诧(chà)	超负荷(hè)	流水淙淙(zōng)
		C. 奇葩(pā)	胴体(tóng)	拗口令(ào)	三缄其口(jiān)
		D. 称职(chèn)	谄媚(chǎn)	一刹那(shà)	良莠不齐(yǒu)

2.1.1.2 模拟题型

根据题型特点和命题规律，优能 TPS 教学系统(以下简称 TPS)、《高分策略》模拟题、《高考预测卷》模拟题都设有相应模拟题让考生轻松备战高考。

◆TPS 模拟题(见图 1—3)

图 1

语文-切片试题维护（高中）

1 **难度：C级** **题型：基础知识**

年级：高三 **关联知识点：多音字**

下列词语中加点字的读音完全正确的一项是（　　）

A. 中（zhōng）肯　道劲（jìng）　浮藻（zǎo）　长歌当（dàng）哭

B. 艾蒿（hāo）　巷（hàng）道　下载（zǎi）　博闻强识（zhì）

C. 火钵（bō）　炮（páo）制　忤（wǔ）视　叱咤（zhà）风云

D. 隽（juàn）秀　绯（fēi）红　解剖（pōu）　引吭（háng）高歌

题型：

基础知识

答案：

C

2 **难度：C级** **题型：基础知识**

年级：高三 **关联知识点：多音字**

1. 下列加点字的音全都正确的一项是（　　）

A. 塑造（suò）　号召（zhào）　惩罚（chěng）　图穷匕见（bǐ）

B. 露骨（lù）　创伤（chuāng）　愧疚（jiū）　叱咤风云（chà）

C. 淬火（cuì）　作揖（yī）　愤懑（mèn）　百舸争流（gě）

D. 骨髓（suí）　沼泽（zhāo）　哺育（pǔ）　载人飞船（zài）

3 **难度：C级** **题型：基础知识**

年级：高三 **关联知识点：多音字**

2. 下列词语中加点的字，每对读音都不相同的一组是（　　）

A. 卡片 / 关卡　宿仇 / 星宿　蹊跷 / 另辟蹊径　差可告慰 / 差强人意

B. 落笔 / 落枕　刹那 / 古刹　伺候 / 伺机报复　犯而不校 / 校本课程

C. 似的 / 相似　提防 / 提醒　模范 / 大模大样　果实累累 / 连篇累牍

D. 称谓 / 相称　哽咽 / 吞咽　铜臭 / 乳臭未干　擢发难数 / 数见不鲜

图 2

下列词语中加点的字的读音完全正确的一组是（3 分）

A. 镌（juān）刻　粗犷（kuàng）　量（liàng）体裁衣　卷帙（zhì）浩繁

B. 埋（mán）怨　载（zài）体　暴殄（tiǎn）天物　戛（jiá）然而止

C. 宝藏（zàng）　晕（yūn）车　恪（kè）守不渝　称（chèng）心如意

D. 熨（yùn）帖　熟稔（rěn）　相形见绌（chù）　徇（xùn）私枉法

图 3

下列词语中，加点的字读音全部正确的一组是（3 分）

A. 户牖（yǒu）　汲水（jí）　正襟危坐（jīng）　暴戾恣睢（zì）

B. 长沮（jǔ）　荷担（hè）　情不自禁（jīn）　惊风乱飐（shǎn）

C. 沂水（yí）　数罟（cù）　量体裁衣（liáng）　叱咤风云（chà）

D. 盗跖（zhí）　粢盛（zī）　屏息以待（bǐng）　熙熙攘攘（rǎng）

题型:

基础知识

答案:

D

解析:

A 项“襟”应为“jīn”，B 项“沮”应为“jù”，“飐”应为“zhǎn”，C 项“量”应为“liàng”，“咤”应为“zhà”。

备注:

中

多音字

◆《高分策略》模拟题(见图 4)

(详见《高分策略》第 3 页)

图 4

高考预测

1. 下列词语中加点的字，读音全都正确的一组是（ ）

A. 乘(chéng)凉 独处(chǔ) 撷(jié)取 饮鸩(zhèn)止渴

B. 落蕊(ruǐ) 椽(yuán)条 谛(dì)听 殚(dān)精竭虑

C. 菀(wǎn)囿 酣(hān)睡 踱(duó)步 载(zài)誉归来

D. 颤(chàn)动 遂(suì)心 狙(jū)击 恪(kè)尽职守

2. 下列各组词语中加点字的读音全都正确的一组是（ ）

A. 应(yìng)届 气喘吁(xū)吁 按捺(nà) 弦(xuán)外之音

B. 刚愎(bì)自用 追根溯(sù)源 强劲(jìng) 噤(jìn)若寒蝉

C. 端倪(ní) 大腹便便(pián) 济济一堂(jì) 豢养(juàn)

D. 垂涎三尺(yán) 万马齐喑(ān) 复辟(bì) 整饬(chì)

3. 下列各组词语中加点字的注音，完全正确的一组是（ ）

A. 豆豉(gū) 埋怨(mán) 同仇敌忾(kài) 敷衍了事(hū)

B. 怃然(fǔ) 木讷(nà) 为虎作伥(chāng) 咄咄逼人(duō)

C. 着落(zháo) 蛊惑(gǔ) 锃光瓦亮(chèng) 引吭高歌(háng)

D. 骁勇(xiāo) 要挟(xié) 万马齐喑(yīn) 洗洗涮涮(shuàn)

4. 下列词语中加点的字，读音全都正确的一组是（ ）

A. 粗糙(zào) 窠(kē)臼 敛裾(jū) 嘈(cáo)杂

B. 刹(chà)那 讥诮(qiào) 纰(pī)漏 梦魇(yǎn)

C. 扁(biǎn)舟 逮(dài)捕 拓(tà)片 付梓(zǐ)

D. 创(chuàng)伤 强劲(jìn) 瑕疵(cī) 联袂(mèi)

课堂札记

◆《高考预测卷》模拟题(见图 5)

(详见《高考预测卷》专题一字音——预测试卷第 1 页)

图 5

专题一 语音——预测试卷

1. 下列词语中加点的字，读音全都不相同的一组是（ ）
  A. 证券　蛰伏　[illegible]　怙恶不悛
  B. 酗酒　[illegible]　和煦　嘘寒问暖
  C. 画眉　附和　划艇　祸起萧墙
  D. 鹁鸪　咫尺　蔗糖　龇牙咧嘴

2. 下列词语中加点字的读音有误的一项是（ ）
  A. 峥嵘（zhēng）　石栈（zhàn）
    馔玉（zhuàn）　崔嵬（wéi）
  B. 猿猱（náo）　荆杞（qǐ）
    盘飧（sūn）　青冢（zhǒng）
  C. 浡（bó）然　弓缴（jiǎo）
    庖（páo）厨　孝悌（tì）
  D. 羽旄（máo）　衅（xìn）钟
    管籥（yuè）　莅（lì）临

3. 下列词语中加点的字，注音全都正确的一组是（ ）
  A. 木讷（nà）　埋（mán）怨
    拘泥（ní）　参与（yù）
  B. 徇（xùn）私舞弊　癖（pǐ）好
    梵（fàn）语　潜（qián）移默化
  C. 贮（chǔ）藏　祛除（qū）
    盥洗（guàn）　杀一儆（jǐng）百
  D. 靓（liàng）妆　嫉（jí）妒
    炽（zhì）热　人才济济（jǐ）

4. 下列各组词语中加点的字，读音全部相同的一组是（ ）
  A. 堆砌　亲戚　休憩
    垂来问讯　锲而不舍
  B. 肄业　后裔　游弋
    络绎不绝　自怨自艾
  C. 殷红　哽咽　淹没
    姹紫嫣红　恹恹欲睡
  D. 盘踞　拮据　贫窭
    目光如炬　前倨后恭

5. 下列词语中加点的字，每对读音都不相同的一组是（ ）
  A. 档次/阻挡　熟稔/纸捻　抻面/嗔怪
  B. 发酵/孝敬　痉挛/径直　剽窃/漂泊
  C. 匍匐/黄埔　对峙/扶持　账本/怅然
  D. 船舷/弓弦　徇私/询问　毗邻/比较

  A. 遒劲/疾风劲草　负荷/荷枪实弹
    蹊跷/独辟蹊径
  B. 蛮横/飞来横祸　泄露/崭露头角
    着迷/不着边际
  C. 绯闻/缠绵悱恻　聒噪/恬不知耻
    黝黑/怙恶不悛
  D. 缱绻/蜷缩一团　晦暗/诲人不倦
    咋舌/朔风乍起

7. 下列各组词语中，加点字的读音完全相同的一组是（ ）
  A. 采撷　诙谐　挟嫌报复　与子偕老
  B. 反诘　拮据　鳞次栉比　残碑断碣
  C. 时髦　抛锚　广袤无垠　名列前茅
  D. 场所　场院　电影散场　临阵怯场

8. 下列词语中加点的字，注音全都正确的一组是（ ）
  A. 攒射（chuán）　犄角（jī）
    卡脖子（qiǎ）　一曝十寒（pù）
  B. 寥落（liáo）　诤友（zhèng）
    闷葫芦（mèn）　一哄而上（hòng）
  C. 札记（zhá）　驯服（xùn）
    露马脚（lòu）　妄自菲薄（fěi）
  D. 抨击（pēng）　踯躅（zhí）
    冠心病（guān）　光阴荏苒（rěn）

9. 下列词语中加点字的读音，完全相同的一项是（ ）
  A. 剽悍　漂泊　骠勇　虚无缥缈
  B. 驾驭　翁妪　熨帖　与会人员
  C. 干涸　阖家　弹劾　放浪形骸
  D. 囹圄　揶揄　觊觎　卖官鬻爵

10. 下列词语中加点的字，每对读音都不相同的一组是（ ）
  A. 胳膊 / 胳肢窝　躯壳 / 金蝉脱壳
    瓦砾 / 繁星闪烁
  B. 模范 / 模样儿　下载 / 风雪载途
    引擎 / 风驰电掣
  C. 刹车 / 刹那间　铜臭 / 遗臭万年
    粗犷 / 旷日持久
  D. 震颤 / 颤巍巍　蔓延 / 顺蔓摸瓜
    默契 / 提纲挈领

2.1.1.3 真题验证

【2014·自主命题卷(浙江)】:

1. 下列词语中,加点字的注音全都正确的一项是 （　　）
  A. 摭(zhí)拾　哄(hōng)笑　擎(qín)天柱　钻(zuān)木取火
  B. 屏(bǐng)息　包扎(zhā)　夹(jiā)克衫　言之凿(záo)凿
  C. 孱(càn)弱　牌坊(fāng)　干(gàn)细胞　铩(shā)羽而归
  D. 吟哦(é)　皲(jūn)裂　胳(gā)肢窝　蜚(fēi)声中外

【2014·自主命题卷(重庆)】:

1. 下列词语中,字形和加点字的读音全都正确的一组是 （　　）
  A. 屋檐下　绿草如茵　刀把(bà)子　相(xiàng)机行事
  B. 势利眼　卑躬屈膝　撒(sǎ)大网　博闻强识(zhì)
  C. 一溜烟　通货膨胀　狙(jū)击手　蓦(mù)然回首
  D. 辨证法　中流砥柱　沏(qī)茶喝　杀一儆(jǐng)百

【2014·自主命题卷(广东)】：

1. 下列词语中加点的字，每对读音都不相同的一组是（　　）

A. 驰骋/聘请　　饶恕/夙愿　　塞翁失马/敷衍塞责

B. 瑕疵/遐想　　遏止/摇曳　　是否/臧否

C. 诽谤/磅礴　　洗涤/嫡亲　　累积/劳累

D. 渗透/掺杂　　俯仰/辅导　　屡见不鲜/鲜为人知

2.1.2 辨识字形

2.1.2.1 历年考题

历年真题考点统计

年份	地区	真题
2006	全国Ⅱ	1. 下面各组词语中，有两个错别字的一组是（　　） A. 嘉奖　誓死如归　奏效　越俎代庖 B. 慰籍　弱不经风　整饬　历久弥新 C. 真谛　既往不咎　小憩　举步为艰 D. 体恤　提纲挈领　端倪　磬竹难书
2007	天津	2. 下列词语中没有错别字的一组是（　　） A. 临摹　度假　作客他乡　螳螂捕蝉，黄雀在后 B. 荫庇　频律　涣然冰释　鞠躬尽悴，死而后已 C. 磋商　寂寥　要言不繁　人为刀俎，我为鱼肉 D. 协迫　邂逅　珠联璧合　老骥伏枥，志在千里
2008	湖北	2. 下列各组词语，没有错别字的一组是（　　） A. 鸿鹄之志　如愿以偿　以偏概全　归纳演译 B. 冥思苦想　自行其事　风姿潇洒　烟波浩荡 C. 气喘吁吁　相辅相成　匪夷所思　安分守已 D. 蛊惑人心　一愁莫展　鼎力相助　面容安详
2009	重庆	2. 下列各组词语中，只有一个错别字的一组是（　　） A. 愧疚　必须品　防微杜渐　额手称庆 B. 搜寻　吊胃口　炙手可热　按捺不住 C. 剽悍　金刚钻　始作俑者　不明就理 D. 撮合　板着脸　破涕为笑　奉为圭臬
2010	山东	2. 下列词语中，没有错别字的一组是（　　） A. 依稀　膨涨　戈壁滩　云蒸霞蔚 B. 涵盖　阴霾　捉谜藏　烘云托月 C. 贻误　甬道　交谊舞　寥若晨星 D. 吆喝　绪论　擦边球　名门旺族
2011	天津	2. 下列词语中没有错别字的一组是（　　） A. 坐落　松弛　协奏曲　融会贯通 B. 扫描　诙谐　天然气　振耳欲聋 C. 博弈　巨擘　殊不知　毋庸置疑 D. 竞标　临摹　吓马威　门庭若市

2012	江西	2. 下列词语中，没有错别字的一组是			（　　）
		A. 家具	赝品	气概	水乳交融
		B. 萎靡	帐篷	更叠	暴殄天物
		C. 国粹	输赢	蛰伏	旁征博引
		D. 惭怍	诟病	九州	呕心沥血
2013	江西	2. 下列词语中，没有错别字的一组是			（　　）
		A. 松驰	回溯	卫戍	皇天后土
		B. 辨认	影碟	荣膺	残羹冷炙
		C. 豆蔻	聘礼	修葺	金壁辉煌
		D. 城阙	编纂	恻隐	亭亭玉立

2.1.2.2 模拟题型

◆TPS 模拟题（见图 6）

图 6

1　难度：A级　题型：基础知识

年级：高三　关联知识点：形近字

下列各组词语中，只有一个错别字的一组是（　　）

A. 惦量　精神涣散　销毁　莫衷一是

B. 慰藉　打报不平　肆业　变本加厉

C. 题纲　真知卓见　谆厚　永葆青年

D. 玷污　三番两次　邦交　望风披靡

2　难度：A级　题型：基础知识

年级：高三　关联知识点：形近字

下列各组词语中，没有错别字的一组是（　　）

A. 戳穿　力挽狂澜　调任　响彻云宵

B. 震撼　融汇贯通　惶恐　幅员辽阔

C. 装祯　慷慨激昂　伶俐　倜傥不羁

D. 凋蔽　索然寡味　迁徙　雍容华贵

3　难度：A级　题型：基础知识

年级：高三　关联知识点：形近字

下列各组词语中，没有错别字的一组是（　　）

A. 慰籍　糜烂　驱利避害　迫在眉睫

B. 仓皇　肇事　一言九鼎　脱颖而出

C. 急燥　炽烈　钩心斗角　碌碌无为

D. 繁衍　暇疵　斩钉截铁　迷天大谎

◆《高分策略》模拟题(见图 7)

(详见《高分策略》第 9 页)

图 7

高考预测

1. 下列各组词语中，错别字最多的一组是（ ）

A. 迭宕 秘诀 绵薄 胁从不问 共商国是 原型毕露

B. 嘉奖 脉膊 题跋 崭露头脚 欢呼鹊跃 蕙质兰心

C. 亵黩 觇视 坐落 嘻笑怒骂 老生常谈 功亏一篑

D. 班驳 撕打 攻讦 平心而论 竭泽而渔 掎角之势

2. 下列各组词语中没有错别字的一组是（ ）

A. 钦差 摇曳 岑寂 陈词烂调

B. 蕴藉 援例 涸辙 矫揉造作

C. 尺牍 搓商 孤僻 成绩蜚然

D. 吮血 锱铢 罅隙 命途多舛

3. 下列各项中错别字最多的一组是（ ）

A. 愁怅 历练 拌脚石 唉声叹气

B. 炫烂 烦燥 殊不知 风彩照人

C. 毅志 震憾 高品味 虚无缥渺

D. 度假 弦律 天然气 世外桃源

4. 下列各组词语中，没有错别字的一组是（ ）

A. 文过饰非 缘木求鱼 见风驶舵 斩钉截铁

B. 无上荣光 迫不急待 坐收渔利 各自为阵

C. 越组代庖 妍媸毕露 融汇贯通 目不暇接

D. 振聋发聩 明火执仗 集腋成裘 精简机构

知识补充

◆《高考预测卷》模拟题(见图 8—11)

(详见《高考预测卷》专题二字形——预测试卷第 1——4 页)

图 8

14. 下列各组词语中，没有错别字的一组是（　）

A．佳肴　污告　远见卓识　枉费心机

B．殉职　斑斓　穿流不息　理屈词穷

C．抱怨　贸然　无事生非　毁家纾难

D．宣泄　凌厉　事必恭亲　厉兵秣马

15. 下列词语中没有错别字的一项是（　）

A．宫阕　诤诤誓言　装订　皇天厚土

B．滥觞　舔犊情深　炫烂　花团锦簇

C．发贴　惠质兰心　蛰居　劳燕纷飞

D．歉收　唾手可得　观摩　一鳞半爪

图 9

30. 下列词语中，没有错别字的一组是（　）

A．装订　节骨眼　见危授命　叨陪鲤对

B．亲睐　照相机　声名雀起　涣然冰释

C．国粹　坐上客　关怀备至　揠苗助长

D．诛连　舶来品　攻城掠地　溯流而上

图 10

20. 下列词语中错别字最多的一项是（　）

A. 偷工简料　再所不辞
仗义执言　前景暗淡

B. 攻城略地　犯而不较
自负赢亏　故弄悬虚

C. 除强扶弱　作壁上观
游目骋怀　走投无路

D. 按途索骥　韬光养晦
不明就里　如哽在喉

21. 下列各句中没有错别字的一组是（　）

A. 退居二线，摆脱了繁忙的事务，“采菊东篱下，悠然见南山”，乐得个逍遥自在。可没过几天清静日子，他又闲不住了。

B. 望着那幽远的夜空中闪烁的群星，他又回想起那悠远的童年，回想起妈妈讲给他的许多动人的故事。

C. 如今人们都在惊叹人才“高消费”：文学硕士当迎宾小姐，副教授当殡仪馆领班……难道我们真的是人才过盛了吗？

D. 作者多年积淀着的质朴纯美的情和爱，汩汩地从笔端流淌出来，与崇高宽阔的胸怀相掣合，充满了纯朴的人情美。

22. 下列各组词语中没有错别字的一组是（　）

A. 蛊惑　惘然若失　震聋发聩　高山仰止，景行行止

B. 勉励　不胫而走　沽名钓誉　万变不离其宗

C. 幅射　名副其实　流言飞语　明修栈道，暗渡陈仓

D. 寒暄　老态龙钟　转瞬即逝　学富五车，才高八斗

25. 下列各句中，没有错别字的一项是（　）

A. 现代医学研究发现，过量摄入食醋会有碍钙的代谢，使骨质疏松，而胃溃疡和胃酸过多的人，食醋过多会使症状加重，至于骨伤患者更不宜多食。

B. 北京、深圳、上海、厦门等城市推出了不同版本的“限购令”，此前的一系列楼市调控难以真正撼动房价，反而让楼市更加扑溯迷离。

C. 赞美孙悟空的文章汗牛充栋，而担负西天取经神圣使命主角的唐僧却成了迂腐、懦弱、是非不清、人妖不辨形象的代表。这不能不说是阅读《西游记》的一个缺撼。

D. 昨日上午，备受关注的方玄昌、方舟子遇袭案在石景山法院开庭审理，华中科技大学教授肖传国等5人被指控犯有寻衅滋事罪。

26. 下列句子中没有错别字的一组是（　）

A. 联合国宪章的第一个原则就是各国主权平等原则。所有国际法文件，包括国际人权法在内，都附丽于联合国宪章确立的国家主权原则之上。

B. 站在新的起点上，面临前所未有的挑战和机遇，我们要学习发扬钉书机精神，认准目标，齐心协力，团结一心，不动摇、不懈怠。

C. 尽管楼市观望、僵持的氛围浓厚，但是还没有一家开发企业敢做出头鸟，名目张胆的大打降价促销牌。

D. 近日，众商家以“健康”为噱头的促销方式各异，其中一款打着“抗静电”口号的女士内衣，格不斐却引来不少人询问购买，让人咋舌。

27. 下列各句中，没有错别字的一句是（　）

A. 虽然因囊中羞涩而食不裹腹的小吴此时正痛心疾首地盘桓在湘江边，但狡黠的贾交警依然固我，坚持要给险些肇事的他以处罚，说是这样做可以起到杀一儆百的作用。

B. 探月卫星一小步，人类文明一大步。中国的“嫦娥工程”是一场永无止境、勇攀高峰的接力赛，

图 11

学的特点是浑厚凝重。清华如同“李白”，北大好比“杜甫”。

C. 优秀的文学作品总是在内容和形式统一的形象上呈献美，并用这种美来激励人、愉悦人、感染人和教育人。

D. 日落是一种优雅，一如婉啭的作别，从容的放手，没有春风骀荡般的欢畅，却有一种镇定的自敛，身已转而韵未散。

2. 指出下列成语中没有错别字的一项( )

A. 地崩山催　千钧一发
飞湍瀑流　画地为牢

B. 烹羊宰牛　长醉不醒
缘木求鱼　妍媸毕露

C. 牵衣顿足　稗官野史
鳞次制比　得鱼忘全

D. 群山万壑　日夜乾坤
戍马关山　隔篱呼邻

3. 下列词语中，只有一个错别字的一组是（ ）

A. 婉约派　发原地　别出心裁　貌和神离

B. 爆冷门　嫡孙女　陨身不恤　振耳欲聋

C. 水笼头　白内瘴　委曲求全　飞皇腾达

D. 雄赳赳　破天荒　咎由自取　挺而走险

4. 下列词语中，没有错别字的一组是（ ）

A. 振怒　实名制　攻城略地　识时务者为俊杰

B. 溶洞　连锁店　和衷共济　偷鸡不成蚀把米

C. 谩骂　亲和力　在所不惜　一年之季在于春

6. 下列各组词语中，没有错别字的一组是（ ）

A. 急流勇退　唇枪舌剑　直抒胸意　摩拳擦掌

B. 推崇备至　清风明月　死心塌地　韬光养晦

C. 寻章择句　革故鼎新　卓尔不群　闻风丧胆

D. 登峰造极　开源节流　刎颈之交　敬忠报国

7. 下列词语书写都正确的一组是（ ）

A. 坐位　涵义　煞车
清原正本　幡然醒悟

B. 盘踞　屏弃　诟骂
授人以柄　凭心而论

C. 扫描　平添　申冤
良晨美景　鸠占鹊巢

D. 经典　执著　鲠直
嘉言懿行　蓬荜生辉

8. 下列词语中，没有错别字的一组是( )

A. 沉湎　舛误　报不平　中流砥柱

B. 赡养　嘻戏　莫须有　推心置腹

C. 抉择　风靡　照相机　估名钓誉

D. 端倪　孱弱　钓鱼竿　刎颈之交

9. 下列各组词语中，错别字最多的一项是（ ）

A. 喝彩　打圆场　鞭辟入理　无立锥之地

B. 凋蔽　黄粱梦　曾经沧海　如坠五里雾中

C. 斡旋　挖墙角　难辞其咎　事实胜于雄辩

D. 枢纽　唱双簧　事必恭亲　坐收鱼人之利

10. 下列各组词语中，没有错别字的一项是（ ）

A. 彩票　水蒸气　毛骨耸然　义愤填膺

B. 文身　金钢石　一枕黄粱　枉费心机

C. 幅员　一柱香　不可思议　以逸代劳

D. 宛转　流水账　山清水秀　罄竹难书

2.1.2.3 真题验证

【2014·自主命题卷(浙江)】：

2. 下列各句中，没有错别字的一项是（ ）

A. 这个节目融合了京剧、粤剧、秦腔等中国戏曲的精萃，舞者多变的动作和戏剧化的表情，淋漓尽致地表达了喜怒哀乐的情绪。

B. 城郊的这座园林，亭台楼阁错落有致，溪流小径曲折萦纡，到了春天，杂花生树，草长莺飞，真是一处世外桃源。

C. 在全球一体化进程中，有些备受国人青睐的外国名品，其实是用中国的原料，在中国的流水线上生产出来的，已不是地道的泊来品。

D. 该公司在把握市场脉搏的基础上，另辟蹊径，依靠独树一帜的管理理念以及出奇不意的营销策略赢得了商机，获得了发展。

【2014·自主命题卷(安徽)】:

16. 下列词语中,没有错别字的一组是 （ ）

A. 切蹉 编纂 归谬法 满腹经纶 循循善诱
B. 水榭 巍峨 紫禁城 金碧辉煌 美轮美奂
C. 暮霭 霓虹 雷震雨 春风骀荡 静水流深
D. 关隘 戍守 烽火台 克敌致胜 捷报频传

【2014·自主命题卷(江西)】:

2. 下列词语中,没有错别字的一组是 （ ）

A. 弭乱 国粹 泊来品 入不敷出
B. 伺候 斐声 煞风景 得鱼忘筌
C. 日晷 陨落 挖墙脚 纵横捭阖
D. 萦回 撺掇 黑黝黝 入目三分

【2014·自主命题卷(湖北)】:

2. 下列各组词语中,没有错别字的一组是 （ ）

A. 俸禄 切蹉 投桃报李 一笑泯恩仇
B. 发轫 枢纽 并行不悖 久旱逢甘霖
C. 花哨 原委 如雷贯耳 时事造英雄
D. 调剂 伸张 促不及防 真人不露相

2.1.3 成语的运用

2.1.3.1 历年考题

历年真题考点统计

年份	地区	真题
2006	全国Ⅱ	2. 下列各句中,加点的成语使用不恰当的一句是 （ ） A. 这样的小错误对于整个题目的要求来说是无伤大雅,不足为训的,我们决不能只纠缠于细枝末节而忘了根本的目标。 B. 在灿若群星的世界童话作家中,丹麦作家安徒生之所以卓尔不群、久享盛誉,是因为他开启了童话文学的一个新时代。 C. "神舟"五号和"神舟"六号载人飞船的连续成功发射与顺利返回,为我国航天航空事业作出的巨大贡献,必须彪炳千古。 D. 盗挖天山雪莲日益猖獗的主要原因是,违法者众多且分布广泛,而管理部门又人手不足,因此执法时往往捉襟见肘。
2007	广东	2. 下列各句中加点的词语,使用恰当的一句是 （ ） A. 父亲收藏的那些产于不同时代、具有不同造型、来自不同国家的玩具汽车,把小小的书房挤得满满当当,间不容发。 B. 我们不能因为有姚明等人加盟美国 NBA,就妄自菲薄地说,我国的篮球运动足以与欧美篮球强国抗衡了。 C. 沈从文早在 20 世纪 30 年代就因在《边城》中描绘了一个独特的湘西世界,展现了豪爽与浪漫的湘西风情而名噪一时。 D. 我俩考虑问题时,他习惯从大的方面着眼,我总是从具体方法入手,虽然南辕北辙,但总能殊途同归。

2008 北京 3. 下列句子中，加点的成语使用不恰当的一句是 （ ）

A. 许多分析人士认为，微软收购雅虎这场角逐，可谓两败俱伤，而让他们强大的对手谷歌渔翁得利。

B. 环境专家试图用向湖里放鱼的方法治理湖水污染，因为这里的渔业资源已经到了竭泽而渔的地步。

C. 一些老师担心，如果学生满足于网上搜索素材，很容易使写作流于复制和拼贴，这并非杞人忧天。

D. 上山路上，我们常找开等高线图察看，有的同学还用军事望远镜煞有介事地东张西望，引来不少人围观。

2009 湖南 3. 下列各句中加点的成语使用不恰当的一句是 （ ）

A. 道德是一切制度运行的社会土壤，道德与法律在一个国家的文明框架中，唇齿相依，缺一不可。

B. 虽然计算机应用的范围越来越广，但拥有了它并不意味着一切工作都会那么轻而易举，一挥而就。

C. 传统节日是一宗重大而特殊的民族文化遗产，其文化内涵和相关习俗不应该与现代社会格格不入。

D. 将往昔林林总总的记忆吐露在纸上，我意识到完成了我生活中最重要的行动，我注定为记忆而生。

2010 江苏 2. 下列各句中，加点的成语使用恰当的一句是 （ ）

A. 司机张师傅冒着生命危险解救乘客的事迹，一经新闻媒体报道，就被传得满城风雨，感动了无数市民。

B. 近年来，在种种灾害面前，各级政府防患未然，及时启动应急预案，力争把人民的声明财产损失降到最低限度。

C. 这些"环保老人"利用晨练的机会，将游客丢弃在景点的垃圾信手拈来，集中带到山下，分类处理。

D. "生命的价值在于厚度而不在于长度，在于奉献而不在于获取……院士的一番话入木三分，让我们深受教育。

2011 全国卷 2. 下列各句中，加点的成语使用恰当的一项是 （ ）

A. 我读过弗莱的著作，很喜欢他那高屋建瓴的气势和包罗万象的体系，更欣赏他努力摆脱主观印象式品评的文学批评方法。

B. 奚羽先生指导弟子写论文时强调，学术论文要有的放矢。论证严密，语言准确而简洁，不能模棱两可，也不能繁文缛节。

C. 这是一家国家级出版社，近几年来，出版了很多深受读者尤其是在校大学生喜爱的精品图书，不少作家都对它趋之若鹜。

D. 虽然已经是晚上了，但候车大厅里依然人来人往，热闹非凡，大喇叭的广播声、商贩的叫卖声、孩子的哭泣声不绝如缕。

2012 山东 4. 下列各句中，加点的成语使用恰当的一项是 （ ）

A. 在这次演讲比赛中，来自基层单位的选手个个表现出色，他们口若悬河，巧舌如簧，给大家留下了深刻印象。

B. 陶渊明早年曾几度出仕，后来因为不满当时黑暗腐败的政治而走上归隐之路，过起了瓜田李下的田园生活。

C. 抗洪救灾形势严峻，各级领导都坚守岗位，没有擅离职守，久假不归现象，确保了人民群众生命财产的安全。

D. 五四时期，革命青年为救亡图存、振兴中华而奔走呼号，奋不顾身，表现出高尚的爱国情操和不屈的斗争精神。

2013 安徽 16. 下列各句中，加点的成语使用恰当的一句是 （ ）

A. 随着全社会对宏观经济增长目标的深入解读，“幸福感”“幸福指数”毋庸置疑地成为民生改善和文化发展进程中的重要话题，受到公众的普遍关注。

B.《舌尖上的中国》是国内首次使用高清设备拍摄的美食类纪录片，片中由近距离拍摄呈现出的各类食材的纹理构造，带给观众焕然一新的审美感受。

C. 如今，视觉文化方兴未艾，在这图像和文本相互转换、相互模仿、共同存在的现实状况下，图文关系正在成为中外学者共同关注的跨学科研究热点。

D. 完善各级各类学校的心理健康工作者队伍建设，实施有针对性的心理健康教育，可以亡羊补牢，使学生的常见心理问题在萌芽状态及时得到解决。

2.1.3.2 模拟题型

◆TPS 模拟题（见图 12）

图 12

1 **难度：A级　题型：基础知识**

年级：高三　关联知识点：成语的运用

下列各句中加点的成语使用恰当的一句是（　　）

A. 凌晨，伊拉克首都巴格达响起穿云裂石般的爆炸声，随着浓烟滚滚，火光映天。

B. 他的作文想象丰富，表达流畅，老师十分赞赏，称他的文章如天马行空，很有特点。

C. 经过她耐心的解释，我心头的疑虑就成了过眼云烟。

D. 他虽然腰缠万贯，但终日游手好闲，不学无术，身无长物。

2 **难度：A级　题型：基础知识**

年级：高三　关联知识点：成语的运用

下列各句中加点的成语使用恰当的一句是（　　）

A. 为了逃避公安机关的打击，这个贩黄窝点曾经在去年七月两次停业，待风声一过又东山再起。

B. 为了研究新产品，领导和群众焚膏继晷，很快拿出了第一方案。

C. 随着移动通讯的迅猛发展，手机单向收费政策呼之欲出。

D. 他喜欢舞文弄墨，再加上这两年的苦练，如今成了全县闻名的“笔杆子”。

3 **难度：A级　题型：基础知识**

年级：高三　关联知识点：成语的运用

下列各句中加点的成语使用不恰当的一句是（　　）

A. 老张从善如流，和同志们一起商量修改他原先提出的方案。

B. 她对着镜子，发现自己越发没精神了，于是想起“人比黄花瘦”的词句，禁不住地顾影自怜起来。

C. 中国小说史上多续书，但几乎没有一部续书的艺术质量可以与原书相媲美，这是无庸置喙的。

D. 那一脸的无奈，把他在生活重压下日渐萎缩的灵魂一览无余地展现出来。

◆《高分策略》模拟题(见图 13)

(详见《高分策略》第 16 页)

图 13

成语熟语

1. 下列各句中加点的熟语使用恰当的一项是（　）

A. 空谈误国，实干兴邦。要保持社会经济良好的发展态势，就必须力戒浮躁心态，坚决反对坐而论道，而应大力发扬求真务实的精神。

B. 从亚锦赛的溃不成军到斯坦维奇杯的屡遭绝杀，中国男篮最近的表现实难恭维，而教练郭士强的帅位也是风雨飘摇。

C. 欧洲央行总裁特里谢称，全球金融危机标志着工业化国家的金融中心自二战以来首次面临泥牛入海的危险处境，必须通过各国央行和政府的共同努力来加以克服。

D. 每逢年终岁末、辞旧迎新之时，央视春晚总是以其华美的演员服饰、专业化的灯光和音响以及令人回肠荡气的演员阵容而成为万千国民关注的焦点。

◆《高考预测卷》模拟题(见图 14)

(详见《高考预测卷》专题三——词语(包括成语和熟语)预测卷第 4 页)

图 14

21. 下列各句中，加点成语使用恰当的一句是（ ）

A. 北京时间8月24日8时，第29届北京奥运会落下帷幕，虽然奥林匹克圣火缓缓熄灭，但精彩的奥运会闭幕式表演让北京奥运会更显得曲尽其妙。

B. 随着金融危机海啸般的扑来，昔日辉煌的日本股市也江河日下，10月10日日经股指开盘十几分钟内即跌破9000点关口，创2003年6月3日以来新低。

C. 8月2日，石家庄市政府就接到三鹿集团关于毒奶粉的情况报告，但政府采取大而化之的做法，只作内部调查，未能及时上报，导致毒奶粉给群众生命安全造成重大危害。

D. 胡同文化是一种封闭的文化。住在胡同里的居民大都安之若素，不大愿意搬家。有在一个胡同里一住住几十年的，甚至有住几辈子的。

22. 下列各项中，加点的成语使用恰当的一项是（ ）

A. 饮水机行业在过快的发展中因监管乏力造成了饮水机市场鱼目混珠的局面，一些伪劣产品严重危害着人们的身体健康。

B. 上个世纪八九十年代，是中国文学的一个快速发展时期，名家名作大量涌现。当时，贾平凹写了很多部畅销小说，是中国家喻户晓的扫眉才子。

C. 他时刻念念不忘自己不幸的遭遇和痛苦的经历，无法振作精神，投入到正常工作中去。幸运的是，他遇到了她，最终走出了人生的阴霾。

D. 今年高票当选的罗市长在工作中高度重视科学

刚与曼联续签1年合约的斯科尔斯顶进头球，进而以1：0艰难战胜曼城队。

B. 距离北京理工大学校庆还有5天，世界各地的校友不日将启程，前往北京参加庆典，共贺母校七十华诞。

C. 我国企业遭遇的知识产权国际纠纷越来越多，但国内能够应对这些诉讼的高级人才却是百里挑一，极度缺乏。

D. 纵观本次比赛，中国队在进攻线上保持了强大的战斗力，主攻王一梅和副攻“双塔”薛明、马蕴雯都表现不俗，由她们三人组成的得分“铁三角”呼之欲出。

25. 下列各句中，加点的成语使用恰当的一句是（ ）

A. 上海世博会异彩纷呈，引起了参观者的极大兴趣，热情的人们趋之若鹜，纷纷涌入世博园，入园人数屡创新高。

B. 某大学副教授认为朱自清《背影》中父亲的行为有违交通法规，应将《背影》“请”出中学教材，一时间人们议论纷纷，闪烁其词。

C. 从一介书生到“晚清第一重臣”，其中有大动荡时代特有的风云际会，更有李鸿章本人的通权达变、审时度势。

D. 近来，一些不法分子漠不关心孩子的生命，残忍地制造了一系列校园血案，引起了全社会的无比愤慨与理性反思。

2.1.3.3 真题验证

【2014·自主命题卷（全国新课标Ⅰ）】：

13. 依次填入下列各句横线处的成语，最恰当的一组是（ ）

①医疗质量是关系到病人生命安危的大事，救死扶伤是医务人员________的天职。

②中国传统的严父慈母型的家庭关系，常令父亲们________地承担起教育子女的义务。

③在全国比赛中屡获金奖的我省杂技团，________地承担了这次出国演出任务。

A. 当仁不让	责无旁贷	义不容辞
B. 责无旁贷	义不容辞	当仁不让
C. 义不容辞	责无旁贷	当仁不让
D. 义不容辞	当仁不让	责无旁贷

2.1.4 病句辨析

2.1.4.1 历年考题

历年真题考点统计

年份	地区	真题
2006	全国Ⅱ	3. 下列各句中，没有语病的一句是（ ） A. 天津市为大部分农民工办理了银行卡，建立工资“月支付，季结算”，维护了广大农民工的合法权益。 B. 来这里聚会的无论老少，都被他清晰思路、开朗的性格、乐观的情绪及坚定的信心深深地感染了。 C. 不少学生偏食、挑食、导致蛋白质的摄入量偏低，钙、锌、铁等营养素明显不足，营养状况不容令人乐观。 D. 节约的目的不仅仅在于节约钱财，更在于节约大自然赋予我们的有限资源，以保护十分脆弱的生态环境。
2007	广东	4. 下列各句中没有语病的一句是（ ） A. 考古学家对两千多年前在长沙马王堆一号墓新出土的文物进行了多方面的研究，对墓主所处时代有了进一步的了解。 B. 纵观科学史，科学的发展与全人类的文化是分不开的，在西方是如此，在中国也是如此。 C. 读完徐志摩的《我所知道的康桥》，读者就会被这诗一般的语言所谱写的回忆梦幻曲所感染，使读者感到余味无穷，不忍释手。 D. 王林呆在实验室里半个月，好像与世隔绝了，所以他回到家，强迫着自己看了十天的报纸。
2008	北京	4. 下列句子中，没有语病的一句是（ ） A. 我国水墨画的主要成分是墨，加以清水，在宣纸上浸染，互渗，通过不同浓淡反映不同审美趣味，被国人称为“墨宝”。 B. 一名韩国官员透露，有关成员国已达成一致意见，同意建立该项基金，以防止1997年那样的金融危机不要再次发生。 C. 由于环境污染，常继发厌氧细菌的严重感染，极易发生破伤风，致使在当地或运送外地途中救治不及而死亡。 D. 世界卫生组织这份一年一度的报告，提供了儿童与成人的死亡率、疾病谱以及吸烟饮酒等健康风险因素的最新资料。
2009	江苏	2. 下列各句中，没有语病的一句是（ ） A. 随着全球气温升高，飓风、洪水、干旱等极端气象事件的频率和强度正在增加，气候变暖已成为全人类必须共同面对的挑战。 B. 对“80后”作家来说，存在的最大问题就是要克服彼此间的同质化倾向，张扬自己的艺术个性才是他们的发展之路。 C. 尽管国际金融危机的影响还在蔓延，但随着一系列经济刺激计划的逐步落实，中国经济出现回暖迹象，人们对经济复苏的信心开始回升。 D. 由于青少年心智尚未成熟，好奇心又强，对事物缺乏分辨力，容易被大众媒介中的不良信息诱导，从而产生思想上、行为上的偏差。

2010 山东 5.下列语句中，没有语病的一项是 ( )

A.中午还是阳光灿烂，但到下午5时左右，老天突然变脸，市区狂风大作，天昏地暗。据气象部门监测，这次特强沙尘暴瞬间风力达11级，地表能见度0米。

B.记者来到卧龙镇人民政府南侧的中国卧龙大熊猫博物馆前，只见这座被称为“中国唯一大熊猫博物馆”坐落在风景秀美的山下，周围流水淙淙，绿树成荫。

C.世博园开园以来，无论是风和日丽还是刮风下雨，参观的人流络绎不绝。截至5月9日17时30分，累计检票入园已达19.59万人次。

D.昨天上午，一位老人突然晕倒在购物中心，后经迅速赶到的120急救中心医护人员以及商场保安、在场群众的救护下，老人得到及时抢救，最终脱离了危险。

2011 全国卷 3.下列各句中，没有语病的一句是 ( )

A.不同的生活习俗、自然条件以及地理环境，使各地的居民在平面布局、结构方法、造型等方面呈现出淳朴自然，而又有着各自的特色。

B.历时三年的第六次全国人口普查是一次成功的国情大盘点，其数据将为我国社会经济发展规划的制定和政府的相关决策提供重要参考。

C.失眠是指因睡眠时间不足、质量不佳对身体产生损害而出现的不舒服的感觉，应对失眠需要了解相关的睡眠卫生知识，进行自我调护。

D.学校开展经典诵读活动有利于教风和学风建设，而中小学是人生品格形成的重要时期，所以这样的活动应着力于中小学就要抓紧抓好。

2012 北京 2.下列各句中，没有语病的一句是 ( )

A.据悉，一种新型的袖珍电脑将亮相本届科博会，它采用语言输入、太阳能供电，具有高雅、时尚、方便、环保的功能和作用。

B.依据欧洲银行已完成的压力测试结果显示，各国接受测试的91家大小银行，只有7家未能符合规定的6%的一级资本比率。

C.老北京四合院处于皇城天子脚下，受到等级制度的严格约束，在形制，格局方面难免会用千篇一律，显得呆板而缺乏创意。

D.大型情景剧音舞诗画《天安门》，一开就采用“幻影成像”与舞台真人的互动，营造远古“北京人”穿越时空向人们跑来。

2013 山东 5.下列各句中，没有语病的一句是 ( )

A.警察反复观察了两个目击者提供的弹壳，并进行技术分析，确定它们和从案发现场得到的弹壳并不是出自同一支枪。

B.跟随广播学习英语不失为一种有效的方法，不过大部分电台英语广播的语速较快，对于初学英语的人听起来确实感到困难。

C.这种新研制的牙膏香气浓郁，清新爽口，去污洁齿力强，而且不损伤牙釉质，能保持牙齿洁白光亮，深受消费者喜爱。

D.当今的世界，各个国家、地区相互依存，已经形成了你中有我、我中有你的格局，是一个经济全球化的时代。

2.1.4.2 模拟题型

◆TPS模拟题(详见TPS系统切片L—P1T06S0EL—C001)

下列各句中，没有语病的一句是 ( )

A.古往今来，青青翠竹吸引了无数诗人和画家，竹画成为我国诗画的传统题材之一，它象征了中华民族坚定顽强、不卑不亢的气概。

B.研究禽流感的目的，是为了从科学的角度对禽流感进行预防，减少禽流感造成的损失。

C. 面对有5名具有NBA打球经验的美国队，中国队并不怯阵，整场比赛打得气势如虹，最终以三分优势战胜对手。

D. 观察人士认为，中国经济在经过出口拉动型、投资拉动型增长之后，2007年将开始注重增强拉动经济增长的“第三驾马车”——消费的拉动力。

◆《高分策略》模拟题（详见《高分策略》第27页）

1. 下列句子中，没有语病的一句是 （　　）

A. 为亿万炎黄子孙和海外同胞所瞩目的桥山黄帝陵公祭活动，已经成为传承中华文明、凝聚民族精神的文化盛典。

B. 中国能否快速推广电子商务应用，不仅关系到中国企业能否渡过金融危机，还关系到中国抓住机遇缩小与世界经济的差距。

C. 蓝印花布是我国民间传统工艺品之一，它格调朴素、高雅，蕴含着中国人独特的生活情调和审美趣味，散发着迷人的魅力。

D. “地球一小时”活动虽然只有60分钟，但传递给地球人的节能环保作用却不可低估，它提醒人们：只要时时关注节能，就能为保护地球做出贡献。

◆《高考预测卷》模拟题

（详见《高考预测卷》专题四——病句预测卷第1页）

1. 下列各句在表达上没有语病的一句是 （　　）

A. 她在上届奥运会上获得了乒乓球女子单打金牌，在本届奥运会上再次蝉联这个项目的冠军。

B. 看着新买的29英寸的大彩电，老朱不由感慨万分，十几年前，买一台小小的12英寸彩电也要1 800元，而且还凭票供应，排队购买。

C. 石油和天然气价格的不断上涨，引起消费者信心指数连续下降，造成工农业生产成本大幅提高，给世界经济复苏蒙上了一层阴影。

D. 美国政府表示仍然支持强势美元，但这到底只是嘴上说说还是要采取果断措施，经济学家对此的看法是否定的。

2.1.4.3 真题验证

【2014·自主命题卷（全国新课标Ⅰ）】：

14. 下列各句中，没有语病的一句是 （　　）

A. 作为古希腊哲学家，他在本体论问题的论述中充满着辩证法，因此被誉为“古代世界的黑格尔”。

B. 古代神话虽然玄幻瑰奇，但仍然来源于生活现实，曲折地反映了先民们征服自然、追求美好生活的愿望。

C. 本书首次将各民族文学广泛载入中国文学通史，但就其章节设置、阐释深度等方面依然有很大的改进空间。

D. 由此可见，当时的设计者们不仅希望该过程中艺术活动是富有创造性的，而且技术活动也是富有创造性的。

【2014·自主命题卷（全国新课标Ⅱ）】：

14. 下列各句中，没有语病的一句是 （　　）

A. 他在新作《世界史》的前言中系统地阐述了世界是个不可分割的整体的观念，并将相关理论在该书的编撰中得到实施。

B. 作为一名语文老师，他非常喜欢茅盾的小说，对茅盾的《子夜》曾反复阅读，一直被翻得破烂不堪，只好重新装订。

C.《舌尖上的中国》这部风靡海内外的纪录片，用镜头展示烹饪技术，用美味包裹乡愁，给观众带来了心灵的震撼。

D. 如果我们能够看准时机，把握机会，那么今天所投资百万元带来的效益，恐怕是五年后投资千万元也比不上的。

【2014·自主命题卷(浙江)】：

4. 下列各句中，没有语病的一项是 （ ）

A. 一项好的政策照理会带来好的效果，但在现阶段，必须强化阳光操作、民主监督等制约措施，因为好经也要提防不被念歪。

B. 我国的改革在不断深化，那种什么事情都由政府包揽的现象正在改变，各种社会组织纷纷成立，这有利于社会矛盾和社会责任的分担。

C. 一个孩子学习绘画，即使基础不太好，但是如果老师能夸奖夸奖，哪怕给一个鼓励的微笑，他也会感到非常高兴，越画越有信心。

D. 执法部门对向未成年人出售、出租或以其他方式传播反动、淫秽、暴力、凶杀、封建迷信的图书报刊、音像制品，应依法从重处罚。

2.2 文言文阅读的命题规律

▲文言实词的理解，筛选文中的信息，归纳内容要点、概括中心意思，翻译，为文言文阅读必考点。

高考文言文阅读试题在高考中占据重要的地位。纵观近几年的高考文言文试题，该题分值基本保持在20分左右，约占高考语文试题总分值的12%。试题稳中有变，变中求新，侧重于从实词理解、筛选文中信息、分析归纳要点、概括中心意思以及理解并翻译句子等方面来考查考生的理解、分析综合能力。

从高考文言文试题命题考查的能力来看，《考试大纲》及《考试说明》将学生高考文言文的阅读能力定位为“能阅读浅易的文言文”，高考阅读文段从思想上来说必须是“文以载道”，从文字难易程度上来看必须是“浅显易懂”。按照这样的标准，“史经传记”就很自然地成为高考文言文阅读文段的首选，其中的叙述性文段，会纳入命题者的视野之内。①

近年来，高考文言文采用的题型一直分为客观题和主观题两种。客观题形式基本固定，以选择题的形式考查实词、虚词、理解与分析、筛选与概括等内容；主观题涉及翻译题、简答题和断句。② 单项选择题和翻译题是文言文试题命制的重点，其中，文言实词的理解，信息筛选，归纳内容要点、概括中心意思和翻译为必考点，在历年真题中都有体现。详见以下历年真题考点统计表。

2.2.1 文言实词的理解

2.2.1.1 命题规律

文言实词的考查单独设题，每年必考。设题以需要重点掌握的文言实词(120个)和教材中经常出现的文言实词为主，注重考查考生依据上下文正确理解常用实词的能力，题干的表述都是要求考生选出“对下列加点词的解释不正确的一项”。考查的实词以多义词为主，涉及通假字、古今异义、一词多义、偏义复词等，考查方式主要融合在词语解释和句子翻译中，总体分值往往占全篇试卷文言文总量的一半左右，可见文言文实词考查之重要。实词检测的重点在于对单音节词、一词多义的考查，且这些实词绝大多数都可以从教材中见到，其考测的义项也都是教材中出现过的义项，考生通过迁移推理，可以准确把握其

①杨加健. 高考文言文命题刍议[J]. 成都教育学院学报，2004(4).

②钱毅，周海英. 2005～2009年高考文言文命题述评[J]. 考试与招生，2010(10).

意义。①

2.2.1.2 历年考题

历年真题考点统计

年份	地区	真题
2006	全国Ⅱ	8. 对下列句子中加点的词的解释，不正确的一项是 （ ） A. 季布匿濮阳周氏　　匿：隐瞒 B. 意季布匿其所　　意：料想 C. 上乃赦季布，拜为郎中　　拜：授官 D. 诸将皆阿吕后意　　阿：迎合
2007	上海	18. 下列句中加点词不存在古今异义现象的一项是 （ ） A. 博涉书记　　B. 干善待遇 C. 访以当时之事　　D. 可以自娱
2008	北京	6. 下列语句中加点的词语的解释，不正确的一项是 （ ） A. 或欺负之者，延寿痛自刻责　　欺负：压迫、侮辱 B. 略依古礼，不得过法　　过法：逾越法规 C. 霍光擢延寿为谏大夫　　擢：提拔 D. 门卒当车，愿有所言　　愿：希望
2009	江苏	5. 对下列句子中加点词的解释，不正确的一项是 （ ） A. 遂属其家通明　　属：托付 B. 皆逡巡引却　　引却：后退 C. 通明故魁垒丈夫也　　魁垒：高大 D. 率倜傥非常之人　　率：率领
2010	山东	9. 对下列句子中加点词的解释，不正确的一项是 （ ） A. 道人濒行　　濒：临近 B. 客州人刘翁廷传所　　客：寄居 C. 遽薄京师　　薄：逼近 D. 又长于用车，卒不能办　　卒：步兵
2011	全国卷	8. 对下列句子中加点的词的解释，不正确的一项是 （ ） A. 元末举于乡，长龙溪书院　　长：执掌 B. 江西寇乱，鼎结乡兵自守　　结：聚合 C. 邓愈镇江西，数延见　　延：招聘 D. 乃留愈幕府赞军事　　赞：辅佐
2012	上海	17. 写出下列加点词语在句中的意思。 (1)使者以闻　　(2)布衣草履而牧羊 (3)岁余，羊肥息　　(4)上过其羊所，善之
2013	全国卷	4. 对下列句子中加点的词的解释，不正确的一项是 （ ） A. 登景泰二年进士　　登：升职 B. 录功进左副都御史　　录：记载 C. 振巩昌、临洮饥民　　振：救济 D. 勒石纪之而还　　勒：铭刻

①陈宗德. 2008 年高考文言文考题规律探析及今后教学和备考建议[J]. 现代语文，2008(9).

2.2.2 筛选文中的信息

2.2.2.1 命题规律

文言文阅读考查考生"筛选并提取文中的信息"的能力，实际上是考查考生对命题者所筛选提取的信息进行甄别判断的能力，并不要求考生根据某一特定要求到文中去搜寻筛选提取信息。所谓"信息"，在传记文考查中，常常指文中传记对象的言谈举止、特点的信息，体现人物志向和思想主张的信息，反映人物道德情操或才智的信息，表现人物性格和情感等的信息。这类试题要求考生在读懂原文的基础上，对文章的内容进行分析、归纳，准确把握文章的主要信息，从而体现出对文章的理解的程度。最常见的是定向考查的方式，即挑选若干文句，分别编为四组，要求排除干扰因素，找出全部说明某个问题的一组，选取与试题要求相符合的信息。①

2.2.2.2 历年考题

历年真题考点统计

年份	地区	真题
2006	全国Ⅱ	9. 以下六句话，分别编为四组，全都表现季节"任性使气"的一组是 （ ） ①季布为项籍用，职耳。 ②樊哙可斩也！ ③高帝将兵四十余力众，困于平城。 ④此人必有以卧欺陛下者。 ⑤吾闻曹丘生非长者，勿与通。 ⑥季布乃大飞鸣，引入为上客。 A. ①③⑤ B. ①④⑥ C. ②③④ D. ②⑤⑥
2007	湖北	11. 下列各组句子中，分别表明先祖"讲究孝道"和"乐善好施"的一组是 （ ） A. 事父母诸兄皆得其欢心 岁时勤力活家，人产计口给食 B. 遇诸兄弟门以内，蒸蒸如也 余悉以贩乡里贫乏者 C. 三事继母常、岳、卢、如所生 诸饿者以次受糜，妨其笠于槐，累累如也 D. 颍川公卒，哀毁如礼 遇事慷慨，不避艰险
2008	北京	9. 下列语句编为四组，全部直接反映韩延寿理政特点的一组是 （ ） ①延寿欲更改之，教以礼让 ②因与议定嫁娶丧祭仪品，略依古礼，不得过法 ③其始若烦，后皆便安之 ④又置正、五长，相率以孝弟，不得舍奸人 ⑤闻延寿贤，无因自达，故代卒 ⑥骑吏父来至府门，不敢入 A. ①③⑥ B. ②④⑤ C. ①②④ D. ③⑤⑥
2009	江苏	6. 下列句子中，表现沈通明"有情"、"有义"的一组是 （ ） ①通明匿仰妻子他所 ②裂束帛缚其爱妾，负之背 ③若辈亦知沈将军耶 ④意不自聊，祝发为浮屠 ⑤每醉辄歌呼邓州市上 ⑥已询知为彭巡抚，乃大喜吐实 A. ①②④ B. ②③⑤ C. ①⑤⑥ D. ③④⑥
2010	山东	11. 以下六名话分别编为四组，全部属于申甫失败原因的一组是 （ ） ①甫为京营副总兵，然实无兵予甫 ②率皆市中窭人予不知操兵者 ③甫所授术，又长于用车，卒不能办 ④权贵人俱不习兵 ⑤日夜下兵符，促甫使战 ⑥诸路援兵不至 A. ①②⑥ B. ①③⑤ C. ②④⑤ D. ③④⑥
2011	全国卷	9. 以下各组句子中，全都表明熊鼎处事精细求实的一组是 （ ） ①太祖欲官之，以亲老辞 ②复以细故烦御史

①钱毅，周海英. 2005～2009年高考文言文命题述评[J]. 考试与招生，2010(10).

③吾敢畏谴，诛无罪人乎　　④乃逮德仲，鞫实，立正其罪

⑤按历钩考之，莫敢隐者　　⑥知寇伪降，密疏论之

A. ①②⑤　B. ①④⑥　C. ②③④　D. ③⑤⑥

2012　上海　25. 下列与戴氏有关的表述不符合文意的一项是　（　）

A. 戴氏是谯国人，他是弘农公宾客中的一位佼佼者。

B. 戴氏堂是东池胜景，由弘农公建造送给戴氏居住。

C. 戴氏推崇孔子的思想，也能够博采其他人的学说。

D. 戴氏非常喜欢自然风物，常陶醉其中，抒发情怀。

2013　浙江　17. 下列各组句子中，加点词的意义和用法相同的一组是　（　）

A. 则皆可为材且良　　不者，若属皆且为所虏

B. 今也，庠序、师友、赏罚之法非古也　　野马也，尘埃也，生物之以息相吹也

C. 人愚也，则愚矣　　于其身也，则耻师焉

D. 拒而莫之与也　　恐年岁之不吾与

2.2.3 归纳内容要点，概括中心意思

2.2.3.1 命题规律

“归纳内容，概括中心意思”是对文言文整体阅读能力的考查。它侧重分析、综合能力，两个考点联系紧密，要求整体把握文章，是对文言文阅读能力的高层次要求。作者的观点态度有时表现得含蓄多样，比较分散，这就要求考生能从阅读材料中认真筛选，准确地分析和概括。对归纳内容要点，概括中心意思的考查一直保持稳定，①是必考点。

2.2.3.2 历年考题

历年真题考点统计

年份　地区　真题

2006　全国Ⅱ　10. 下列对原文有关内容的分析和概括，不正确的一项是　（　）

A. 季布本为项籍旧将，打仗时屡次陷汉王于困境。项羽灭后，汉高祖悬赏缉捕季布，鲁人朱家通过汝阴侯滕公劝说高祖，季布才最终得到赦免。

B. 汉惠帝时，单于写信侮辱吕后，吕后极为气愤，樊哙表示要率军痛击匈奴。季布摇动引历史故事，认为铁证如山然出兵难以取胜，说服吕后收回成命。

C. 汉文帝时，有人称赞季布贤能，文帝想任命他为御史大夫。季布到京后，在住所滞留一个月，拟议却未见实行，季布说起此事，文帝无言以对。

D. 曹丘有口才，他听说季布不喜欢自己，仍然坚持前往拜访。见面时，他热情地赞扬季布，尽力与之联络感情，终于使季布改变看法而善待自己。

2007　湖北　12. 下列对原文有关内容的分析和概括，不正确的一项是　（　）

A. 琅琊公的婚姻颇有传奇色彩，夫人初氏从天而降，主人认为是天赐良缘，于是令其结为夫妻。

B. 善人公生活简朴，乐善好施，人称“王菩萨”，在琅琊公五个儿子中排行第五，故名王伍。

C. 颍川公聪敏好学，博览群书，为官即赴颍川王府任教授，刚到任就患病，一年后去世。

D. 忠勤公忠孝双全，在上司面前敢于提出不同意见，在家乡父老面前则温文尔雅，恭敬而有礼貌。

---

①陈宗德. 2008年高考文言文考题规律探析及今后教学和备考建议[J]. 现代语文，2008(9).

年份	地区	试题
2008	北京	10. 下列的理解和分析,不符合文意的一项是 ( ) A. 韩延寿不喜欢百姓互相告发的民俗,主张和睦、礼让、宽容。 B. 韩延寿以律己,属下犯了错误,常深刻责己,感动了官吏。 C. 黄霸借助韩延寿打下的基础,继续倡导亲爱和睦,颍川大治。 D. 韩延寿善于审案,严格约束下属,因此令行禁止,诉讼锐减。
2009	江苏	7. 下列对原文有关内容的分析和概括,不正确的一项是 ( ) A. 沈通明原为明末军官,为人仗义轻财,年轻时以勇猛闻名,八十多岁时酒量仍不减当年,还像过去一样以行侠自豪。 B. 入清以后,沈通明闭门不出,后来移居苏州,改名换姓,靠给人算命维持生活,后出家为僧,不久还俗,北上邓州寻访故人。 C. 彭子籛注意到沈通明在邓州的异常行为,前去察看,但两人一见如故,相处很好,于是彭子籛免除了他的罪责,将他释放。 D. 作者认为明末像沈通明那样的人才得不到重用,而朝廷中掌权的大臣都是些心术不正、结党营私、追名逐利的小人。
2010	山东	12. 下列对原文有关内容的理解和分析,不正确的一项是 ( ) A. 申甫小时候曾路遇一位道人,道人通过狸鼠的游戏向申甫展示了八阵图的神奇,并打算传授给他。但由于年幼无知,申甫不愿意学习。 B. 申甫学佛不成而改学道人所传兵书。颖州大侠刘廷传的数百门客虽然喜欢谈论兵法,却都赶不上申甫,申甫因此得到了刘廷传的赏识。 C. 申甫到京师后屡遭挫折,后得到刘之纶、金声等人的举荐,被皇帝召见后授予京营副总兵的官职,申甫非常感动,表示誓死为国效力。 D. 在满桂兵败、朝廷遭遇危难之时,申甫亲自带兵上阵杀敌,中数十箭,为国捐躯,最后却没有得到朝廷公正的待遇,令人叹惋。
2011	全国卷	10. 以下对原文有关内容的概括和分析,不正确的一项是 ( ) A. 熊鼎卓有才能,处变不惊。他深受邓愈器重,留在邓手下任职。为母亲守孝后担任德清县丞,其时松江有人叛乱,邻郡惊恐,他冷静地控制了本县局面。 B. 熊鼎思虑周详,维护朝廷威信。广信郡县官员违法,皇上已颁发赦令,此时又要查究。熊鼎认为朝廷应取信天下,不应为小事出尔反尔,皇上这才作罢。 C. 熊鼎治政有方,坚持依法办事。分管台、温事务时,他迁走凶恶残暴的官将,百姓方才安定;平阳知州梅镒被诬贪污行贿,他听从民意,依法予以释放。 D. 熊鼎面对威逼,表现出凛然正气。朵儿只班率部投靠朝廷,熊鼎觉察其中有诈,不久叛寇果然作乱,并胁迫他北还,他维护正义,责骂叛寇,最终被杀。
2012	新课标	6. 下列对原文有关内容的概括和分析,不正确的一项是 ( ) A. 萧燧天分很高,为官不畏权贵。他自幼能文,进士及第后进入仕途;其时秦桧当权,与其亲党密告萧,要他主持秋试录用其子秦熺,遭到萧的拒绝。 B. 萧隧刚直敢言,所奏切中时弊。皇上向他征询意见,他乘便讽劝皇上亲近君子疏远小人,亲信有功可赏赐财物却不可赋予权力,得到皇上赞许采纳。 C. 萧隧政绩卓着,受到皇上嘉勉。严州面积狭小财物魔乏,他勤俭理政,以盈余填补拖欠,各地都感到宽松;皇上升迁萧隧的职位,调他去治理婺州。 D. 萧隧回到朝廷,仍关注各地大事。淳熙年间,江浙两年水涝干旱,他奏请下诏诸司协助解决,又奏言广西百姓深受身丁钱之害,建议大多得以施行。

2013	辽宁	6. 下列对原文有关内容的概括和分析，不正确的一项是　　（　）
		A. 赵立军事才能突出，石徐州保卫战中，他临危授命，抗击金军；绝地血战后及时整合乡民和残部的力量，击溃撤退中的敌军，收复徐州。
		B. 赵立为人正直，治军严明，在孤守楚州期间，虽然被金军重重围困，粮草、野菜全部吃光，但他和部下宁愿吃磨碎的榆树皮，也不扰民。
		C. 赵立屡建战功，成名显赫，皇帝看到他的奏折后，为他坚守孤城而感叹，认为即使是古代的名将也无法超越他，金人甚至不敢直呼其名。
		D. 赵立一生都怀有忠义报国之心。他痛恨金人，临终前还为自己不能继续为国杀敌而悲愤叹息，对于他的忠义，朝廷给予了非常高的评价。

2.2.4 翻译

2.2.4.1 命题规律

高考文言文翻译采用了主观题的形式，难度相对较高。翻译这种题型，对于检测学生是否初步读懂文章来说，是具有难度的，而且其考查也具有综合性，虚词、特殊句式的用法一般放到此部分来考查。①

2.2.4.2 历年考题

历年真题考点统计

年份	地区	真题
2006	全国Ⅱ	11. 把第Ⅰ卷文言阅读材料中画横线的句子翻译成现代汉语。 (1)夫陛下以一人之誉而召臣，一人之毁而去臣，臣恐天下有识闻之有以窥陛下也。 (2)季布名所以益闻者，曹丘扬之也。
2007	上海	20. 把下列句子译成现代汉语。 (1)游学青、徐、并、冀之间，与交友者多异之。 (2)无几，干以并州叛，卒至于败。
2008	北京	11. 用斜线(/)给下面短文画横线的部分断句。 杨朱过于宋东之逆旅有妾二人其恶者贵美者贱杨子问其故逆旅之父答曰美者自美吾不知其美也恶者自恶吾不知其恶也杨子谓弟子曰：“行贤而去自贤之心，焉往而不美。”
2009	江苏	8. 把文言文阅读材料中画线的句子翻译成现代汉语。 (1)仰妻子急，踪迹至通明家。 (2)方罢巡抚家居，独闻而异之。 (3)然而卒无补于明之亡也，何与？
2010	山东	13. 把文言文阅读材料中加横线的句子翻译成现代汉语。 (1)入嵩山，复遇故童子时所见道人，乞其术，师事之。 (2)甫数以其术干诸公卿，常不见听信。 (3)于是权贵人争咎甫，而讥刘公、金公不知人。
2011	全国卷	11. 把第Ⅰ卷文言文阅读材料中画横线的句子翻译成现代汉语。 (1)鼎至，奏罢不职有司数十辈，列部肃清。 (2)帝遣使慰劳，赐裘帽，复遣中使赵成召鼎。

①钱毅，周海英. 2005～2009年高考文言文命题述评[J]. 考试与招生，2010(10).

2012	新课标	7.把文中画横线的句子翻译成现代汉语。 (1)今贤否杂糅,风俗浇浮,兵未强,财未裕,宜卧薪尝胆以图内治。 (2)隧谓:"东西异路,不当与,然安忍于旧治坐视?"
2013	湖北	10.下列各组语句中,全都表明廉希宪举止不同寻常的一组是 ( ) ①三发连中,诸贵惊服 ②公之兄弟凡十人,后皆至一品 ③公方读书,略不答 ④因令彻去坐椅 ⑤及出,愧赧无人色 ⑥且戒内人备酒馔 A.①②⑤ B.①③④ C.②④⑥ D.③⑤⑥

2.2.5 模拟题型

◆TPS模拟题

(详见TPS系统切片L—P2T04SOEL—C001)

周文育,字景德,义兴阳羡人也。少孤贫,本居新安寿昌县,姓项氏,名猛奴。年十一,能反覆游水中数里,跳高五六尺,与群儿聚戏,众莫能及。义兴人周荟为寿昌浦口戍主,见而奇之,因召与语。文育对曰:"母老家贫,兄姊并长大,困于赋役。"荟哀之,乃随文育至家,就其母请文育养为己子,母遂与之。及荟秩满,与文育还都,见于太子詹事周舍,请制名字,舍因为立名文育,字景德。命兄子弘让教之书计。弘让善隶书,写蔡邕《劝学》及古诗以遗文育,文育不之省也,谓弘让曰:"谁能学此,取富贵但有大槊耳。"弘让壮之,教之骑射,文育大悦。

司州刺史陈庆之与荟同郡,素相善,启荟为前军军主。庆之使荟将五百人往新蔡悬瓠,慰劳白水蛮,蛮谋执荟以入魏,事觉,荟与文育拒之。时贼徒甚盛,一日之中战数十合,文育前锋陷阵,勇冠军中。荟于阵战死,文育驰取其尸,贼不敢逼。及夕,各引去。文育身被九创,创愈,辞请还葬,庆之壮其节,厚加赗遗而遣之。葬讫,会庐安兴为南江督护,启文育同行。累征俚獠,所在有功,除南海令。

安兴死后,文育与杜僧明攻广州,为高祖所败,高祖赦之,语在僧明传。后监州王劢以文育为长流,深被委任。劢被代,文育欲与劢俱下,至大庾岭,诣卜者,卜者曰:"君北下不过作令长,南入则为公侯。"文育曰:"足钱便可,谁望公侯。"卜人又曰:"君须臾当暴得银至二千两,若不见信,以此为验。"其夕,宿逆旅,有贾人求与文育博,文育胜之,得银二千两。旦日辞劢,劢问其故,文育以告,劢乃遣之。高祖在高要,闻其还也,大喜,遣人迎之,厚加赏赐,分麾下配焉。

(选自《陈书》,有删节)

1.对下列句子中加点词语解释不正确的一项是 ( )

A.荟哀(为感到哀伤;同情)之,乃随文育至家

B.素相善(赞许),启荟为前军军主

C.及夕,各引(退却)去

D.劢问其故(原因),文育以告

【考点解析】:文言实词的理解

2.下列各组句子中,分别表现周文育作战勇猛和为人有节义的一组是 ( )

A.①谁能学此,取富贵但有大槊耳 ②创愈,辞请还葬

B.①累征俚獠,所在有功 ②厚加赗遗而遣之

C.①文育前锋陷阵,勇冠军中 ②荟于阵战死,文育驰取其尸

D.①文育身被九创 ②足钱便可,谁望公侯

【考点解析】:筛选文中的信息

3.下列对原文有关内容的分析和概括,不正确的一项是 ( )

A.周文育本姓项,名叫猛奴,周荟见到他时认为他是个奇特的人,于是便向自己的母亲请求收他为养

子，后来改姓周，名文育，学习骑射。

B. 弘让教周文育写字和算术，但周文育不以为然，认为博取功名只要有长矛就可以了。弘让听后大为赞赏，于是教周文育骑马射箭。

C. 陈庆之派周荟慰劳白水蛮人，但蛮人却密谋活捉周荟送给魏，事情泄露后，周荟和周文育率兵抵抗。结果周荟战死，周文育身上也多处受伤。

D. 王劢的职务被别人代替后，周文育要和王劢一同北下，但走到大庾岭时听了卜人的话而返回，受到高祖的欢迎。

【考点解析】：归纳内容要点、概括中心意思

4. 把文言文阅读材料中的句子翻译成现代汉语。

①弘让善隶书，写蔡邕《劝学》及古诗以遗文育，文育不之省也。

②时贼徒甚盛，一日之中战数十合，文育前锋陷阵，勇冠军中。

③君须臾当暴得银至二千两，若不见信，以此为验。

【考点解析】：翻译

◆《高分策略》模拟题

（详见《高分策略》第 83 页）

三、阅读下面的文言文，完成 1～5 题。

蒋济字子通，楚国平阿人也。建安十三年，孙权率众围合肥。时大军征荆州，遇疾疫，唯遣将军张喜单将千骑，过领汝南兵以解围。济乃密白刺史，伪得喜书，云步骑四万已到雩娄[①]。权信之，遽烧围走，城用得全。拜济丹阳太守。民有诬告济为谋叛主率者，太祖闻之，曰："蒋济宁有此事！有此事，吾为不知人也。此必愚民乐乱，妄引之耳。"辟为丞相主簿西曹属。关羽围樊、襄阳。太祖以汉帝在许，近贼，欲徙都。济说太祖曰："刘备、孙权，外亲内疏，关羽得志，权必不愿也。可遣人劝权蹑其后，许割江南以封权，则樊围自解。"太祖如其言。权闻之，即引兵西袭公安、江陵。羽遂见禽。

文帝践阼，出为东中郎将。帝问曰："卿所闻见天下风教何如？"济对曰："未有他善，但见亡国之语耳。"帝忿然作色而问其故，济具以答，于是帝意解。明帝即位，迁为中护军。时中书监、令号为专任，济上疏曰："大臣太重者，国危；左右太亲者，身蔽；古之至戒也。"诏曰："夫骨鲠之臣，人主之所仗也。济才兼文武，服勤尽节，每军国大事，辄有奏议，忠诚奋发，吾甚壮之。"景初中，外勤征役，内务宫室，怨旷者多，而年谷饥俭。济上疏曰："陛下方当恢弘前绪，光大遗业，诚未得高枕而治也。凡使民必须农隙，不夺其时。夫欲大兴功之君，先料其民力而燠休[②]之。"诏曰："微护军，吾弗闻斯言也。"

齐王即位，迁太尉。是时，曹爽专政，丁谧、邓飏[③]等轻改法度。以随太傅司马宣王屯洛水浮桥，诛曹爽等，进封都乡侯，邑七百户。济上疏曰太傅奋独断之策陛下明其忠节罪人伏诛社稷之福也夫封宠庆赏必加有功今论谋则臣不先知语战则非臣所率固辞不许是岁薨谥曰景侯。

（选自《三国志》）

［注］①雩娄，yú lóu，今河南商城县东北部、固始县南部，安徽霍邱县部分地区。②燠休，使他们感到温暖和愉快。燠，yù，温暖，使温暖。③飏，yáng。

1. 对下列句子中加点词的解释，不正确的一项是　（　　）

A. 权闻之，即引兵西袭公安、江陵　　引：率领

B. 即引兵西袭公安、江陵。羽遂见禽　　见：被

C. 凡使民必须农隙，不夺其时　　夺：改变

D. 微护军，吾弗闻斯言也　　微：如果没有

【考点解析】：文言实词的理解

2. 下列各组句子中加点词语的意义和用法相同的一项是　（　　）

A. 蒋济字子通，楚国平阿人也　　夫骨鲠之臣，人主之所仗也

B. 过领汝南兵以解围　　太祖以汉帝在许，近贼，欲徙都

C. 可遣人劝权蹑其后　　帝忿然作色而问其故

D. 怨旷者多，而年谷饥俭　　诚未得高枕而治也

3. 以下六个句子，分别编为四组，全都表现蒋济"骨鲠之臣"的一组是　（　　）

①许割江南以封权，则樊围自解　　②未有他善，但见亡国之语耳

③大臣太重者，国危；左右太亲者，身蔽；古之至戒也　　④诚未得高枕而治也

⑤凡使民必须农隙，不夺其时　　⑥以随太傅司马宣王屯洛水浮桥，诛曹爽等

A. ①③⑤　　B. ③④⑤　　C. ①②⑥　　D. ②④⑥

【考点解析】：筛选文中的信息

4. 下列对原文有关内容的分析和概括，不正确的一项是　（　　）

A. 孙权带兵围攻合肥，而此时曹操正带兵攻打荆州，加之军中发生瘟疫，能派的救兵很少；蒋济用计让孙权主动撤兵，合肥得以保全。

B. 蒋济为人刚直，敢于直言。文帝问天下"风教"，他大胆进言，以"但见亡国之语耳"回答；明帝时，他以"诚未得高枕而治也"告诫皇上要爱惜百姓。

C. 凭着跟随太傅司马宣王诛杀曹爽等人的功劳，皇帝加封蒋济为都乡侯，邑七百户，他坚决推辞，皇帝没有答应。

D. 蒋济文武兼备，忠诚奋发，在数位人主手下任职，都能直言进谏，虽多次触怒人主，但始终都为人主所器重。

【考点解析】：归纳内容要点、概括中心意思

5. 断句和翻译。

(1)用斜线"/"给阅读文段中划波浪线的句子断句。

济 上 疏 曰 太 傅 奋 独 断 之 策 陛 下 明 其 忠 节 罪 人 伏 诛 社 稷 之 福 也 夫 封 宠 庆 赏 必 加 有 功 今 论 谋 则 臣 不 先 知 语 战 则 非 臣 所 率 固 辞 不 许 是 岁 薨 谥 曰 景 侯

(2)把阅读文段中划横线的句子翻译成现代汉语。

①济乃密白刺史，伪得喜书，云步骑四万已到雩娄。

②大臣太重者，国危；左右太亲者，身蔽；古之至戒也。

【考点解析】：翻译

◆《高考预测卷》模拟题

(详见《高考预测卷》专题十——文言文阅读预测卷第1页)

一、阅读下面的文言文，完成1～4题。

杏花书屋记

归有光

杏花书屋，余友周孺允所构读书之室也。孺允自言其先大夫玉岩公为御史，谪沅、湘时，尝梦居一室，室旁杏花烂漫，诸子读书其间，声琅然出户外。嘉靖初，起官陟宪使，乃从故居迁县之东门，今所居宅是也。公指其后隙地谓允曰："他日当建一室，名之为杏花书屋，以志吾梦云。"

公后迁南京刑部右侍郎，不及归而没于金陵。孺允兄弟数见侵侮，不免有风雨飘摇之患。如是数年，始获安居。至嘉靖二十年，孺公葺公所居堂，因于园中构屋五楹，贮书万卷，以公所命名，揭之楣间，周环艺以花果竹木。方春时，杏花粲发，恍如公昔年梦中矣。而回思洞庭木叶[①]、芳洲杜若[②]之间，可谓觉之所见者妄而梦之所为者实矣。登其室，思其人，能不慨然矣乎！

昔唐人重进士科，士方登第时，则长安杏花盛开，故杏园之宴，以为盛事。今世试进士，亦当杏花时，而士之得第，多以梦见此花为前兆。此世俗不忘于荣名者为然。公以言事忤天子，间关岭海十余年，所谓铁石心肠，于富贵之念灰灭尽矣；乃复以科名望其子孙。盖古昔君子，爱其国家，不独尽瘁其躬而已；至于其后，犹冀其世世享德而宣力于无穷也。夫公之所以为心者如此。

今去公之殁，曾几何时，向之所与同进者，一时富贵翕赫，其后有不知所在者。孺允兄弟虽蠖屈于时，而人方望其大用；而诸孙皆秀发，可以知《诗》《书》之泽也。《诗》曰："自今以始，岁其有，君子有谷，贻孙

子。于胥乐兮!”吾于周氏见之矣!

[注]①洞庭木叶:语出屈原《九歌·湘夫人》:“袅袅兮秋风,洞庭波兮木叶下。”②芳洲杜若:语出屈原《九歌·湘君》:“采芳洲兮杜若。”

1. 对下列句子中加点词的解释,不正确的一项是 ( )

A. 起官陟宪使　　陟:提拔,升迁

B. 周环艺以花果竹木　　艺:装饰

C. 士方登第时　　方:将,将要

D. 君子有谷,贻孙子　　贻:给予

【考点解析】:文言实词的理解

2. 下列句子中,全都表现作者对玉岩公的景仰之情的一组是 ( )

①以公所命名,揭之楣间　　②所谓铁石心肠,于富贵之念灰灭尽

③登其室,思其人,能不慨然矣乎　　④爱其国家,不独尽瘁其躬而已

⑤夫公之所以为心者如此　　⑥吾于周氏见之矣

A. ①②⑥　　B. ①③④　　C. ②④⑤　　D. ③⑤⑥

【考点解析】:筛选文中的信息

3. 下列对原文有关内容的分析和概括,不正确的一项是 ( )

A. 杏花书屋是周孺允根据先父玉岩公的意愿而建造的读书室,作者推测玉岩公以此表达其对子孙考取功名、为国效力的期望。

B. 周孺允建造杏花书屋是表达对父亲的思念、对父志的不忘;作者叙写杏花之宴,不仅照应了文题,还暗含了作者自己科举功名的向往。

C. 作者用“洞庭木叶”“芳洲杜若”照应前文玉岩公谪居沅、湘时的人生往事,认为玉岩公的贬谪犹如屈原的流放。

D. 文章先叙述杏花书屋的由来,再叙述其建造情况和周遭环境,然后以唐杏花之宴引起议论,最后表达对周氏子孙的美好祝愿。

【考点解析】:归纳内容要点、概括中心意思

4. 把文中的画线句翻译成现代汉语。

(1)孺允兄弟数见侵侮,不免有风雨飘摇之患。

(2)公以言事忤天子,间关岭海十余年。

(3)今去公之殁,曾几何时。

【考点解析】:翻译

2.2.6 真题验证

【2014·(全国新课标Ⅰ)】:

阅读下面的文言文,完成4～7题。

于休烈,河南人也。至性贞悫,机鉴敏悟。自幼好学,善属文。举进士,授秘书省正字。转比部员外郎,郎中。杨国忠辅政,排不附己者,出为中部郡太守。值禄山构难,肃宗践祚,休烈迁太常少卿,知礼仪事,兼修国史。肃宗自凤翔还京,励精听受,尝谓休烈曰:“君举必书,良史也。朕有过失,卿书之否?”对曰:“禹、汤罪己,其兴也勃焉。有德之君,不忘规过,臣不胜大庆。”时中原荡覆,典章殆尽,无史籍检寻。休烈奏曰:“《国史》《实录》,圣朝大典,修撰多时,今并无本。伏望下御史台推勘史馆所由,令府县招访。有人别收得《国史》《实录》,如送官司,重加购赏。”前修史官工部侍郎韦述陷贼,入东京,至是以其家藏《国史》一百一十三卷送于官。休烈寻转工部侍郎、修国史,献《五代帝王论》,帝甚嘉之。宰相李揆矜能忌贤以休烈修国史与己齐列嫉之奏为国子祭酒权留史馆修撰以下之休烈恬然自持殊不介意代宗即位,甄别名品,宰臣元载称之,乃拜右散骑常侍,依前兼修国史,累封东海郡公,加金

紫光禄大夫。在朝凡三十余年，历掌清要，家无儋石之蓄。恭俭温仁，未尝以喜愠形于颜色。而亲贤下士，推毂后进，虽位崇年高，曾无倦色。笃好坟籍，手不释卷，以至于终。大历七年卒，年八十一。是岁春，休烈妻韦氏卒。上特诏赠韦氏国夫人，葬日给卤簿鼓吹。及闻休烈卒，追悼久之，褒赠尚书左仆射，赙绢百匹、布五十端，遣谒者内常侍吴承倩就私第宣慰。儒者之荣，少有其比。

（节选自《旧唐书·于休烈传》）

4. 对下列句子中加点词语的解释，不正确的一项是（　　）

A. 自幼好学，善属文　　属文：撰写文章

B. 值禄山构难，肃宗践祚　　践祚：帝王即位

C. 肃宗自凤翔还京，励精听受　　励精：专心致志

D. 时中原荡覆，典章殆尽　　荡覆：动荡倾覆

5. 对文中画波浪线部分的断句，正确的一项是（　　）

A. 宰相李揆矜能忌贤/以休烈修国史与己齐列/嫉之/奏为国子祭酒/权留史馆/修撰以下之/休烈恬然自持/殊不介意/

B. 宰相李揆矜能忌贤/以休烈修国史与己齐列/嫉之/奏为国子祭酒/权留史馆修撰以下之/休烈恬然自持/殊不介意/

C. 宰相李揆矜能忌贤/以休烈修国史与己齐列/嫉之/奏为国子祭酒/权留史馆/修撰以下之/休烈恬然/自持殊不介意/

D. 宰相李揆矜能忌贤/以休烈修国史与己齐列/嫉之/奏为国子祭酒/权留史馆修撰以下之/休烈恬然/自持殊不介意/

6. 下列对原文有关内容的概括和分析，不正确的一项是（　　）

A. 休烈忠诚机敏，谨遵职业操守。他自幼好学，入仕后受到杨国忠排挤，离京到地方任职；安禄山叛乱后，他直言不讳地回答了肃宗关于史官职责的问题。

B. 休烈审察形势，做好本职事务。当时历经战乱，典章史籍散佚，他提出购求当朝大典以备查检使用，最终得到前修史官韦述家藏《国史》一百余卷。

C. 休烈淡泊名利，终生好学不倦。他虽遭贬职，却恬然处之，毫不在意，在朝三十余年，历任要职，并无多少积蓄；喜好典籍，终日捧读，直至去世。

D. 休烈夫妇去世，尽享身后哀荣。他夫人去世，皇上特诏追赠她国夫人；他本人去世，皇上追念许久，追赠他尚书左仆射，并派专人到他家表示慰问。

7. 把文中画横线的句子翻译成现代汉语。

(1)禹、汤罪己，其兴也勃焉。有德之君，不忘规过，臣不胜大庆。

(2)而亲贤下士，推毂后进，虽位崇年高，曾无倦色。

【2014·自主命题卷(安徽)】：

阅读下面的文言文，完成4～7题。

先生姓朱，讳筠，字竹君，顺天大兴人。九岁入都，十三岁通《五经》，有文名。先生少英异，至性过人，与弟文正公珪，俱擅文名，为钜公契赏。及丁父忧，服阕，不肯出仕，欲为名山大川之游。会文正公入觐，上询及先生，乃不敢引疾，谓弟曰："汝败我雅兴矣。"

先生以为经学本于文字训诂，刊布许氏《说文》于安徽以教士。复奏请采录《永乐大典》逸书，上览奏，异之，乃命开四库全书馆，御制诗以纪其事。又以《十三经》文字传写讹舛，奏请仿汉熹平、唐开成故事，择儒臣校正，立石太学，奉谕缓办，因著《十三经文字同异》若干卷藏于家。于是皖、闽之士闻绪言余论，始知讲求根柢之学，四海好学能文者，俱慕从先生游。而戴征君震、王观察念孙诸人，深于经术训诂之学，未遇时皆在先生幕府，卒以撰述名于时，盖自先生发之。

先生刚肠疾恶，俗流不敢至其门，寒畯有一善，誉之如不容口。其在都，载酒问字者，车辙断衢路；所

至之处，从游百数十人。既资深望重，则大言翰林以读书立品为职，不能趋谒势要。其督学安徽，旌表婺源故士江永、汪绂等，祠其主于乡贤，以劝朴学之士。在福建，与弟珪相代，一时传为盛事，而闽士攀辕走送者，数百里不绝。其后文正主持文教，海内名流皆以暗中索拔，多先生所赏契者，故世称据经好古之士为“朱派”云。

先生穷年考古，兼好金石文字，谓可证佐经史。为文仿迁、固，尤长于叙事。书法参通六书，有隋以前体格。藏书万卷，坐客常满，谈辨倾倒一世。所至名山川，搜奇揽胜，都人士传诵吟咏，至今不辍。

（节选自孙星衍《朱先生筠行状》）

先生为人坦无城府，内友于兄弟，外好交游，称述人善，惟恐不至，即有过辄掩覆之，后进之士，多因以得名。室中自辰至夕，未尝无客，与客饮酒谈笑穷日夜，而博闻强识不衰。时于其闲属文，其文才气奇横，于义理事物情态无不包，所欲言者无不尽。为学使时，遇教官诸生贤者，亲若同辈，劝人为学先识字，语意殷勤，去而人爱思之。所欲著书未就，有诗文集若干卷。

（节选自姚鼐《朱竹君先生别传》）

4. 对下列句子中加点词的解释，不正确的一项是 （　　）

A. 复奏请采录《永乐大典》逸书　　逸：散失

B. 奏请仿汉熹平、唐开成故事　　故事：先例

C. 未遇时皆在先生幕府　　遇：得志

D. 劝人为学先识字，语意殷勤　　殷勤：周到

5. 下列各组句子中，加点词的意义和用法相同的一组是 （　　）

A. 乃不敢引疾　　臣乃敢上璧

B. 御制诗以纪其事　　日削月割，以趋于亡

C. 四海好学能文者　　非蛇鳝之穴无可寄托者

D. 去而人爱思之　　临清流而赋诗

6. 下列对原文有关内容的概括和分析，不正确的一项是 （　　）

A. 朱筠才智过人，淡泊功名。他年少时即通晓《五经》，以善写文章著名，深得赏识；志趣超脱，不汲汲于仕途。

B. 朱筠倾心学问，推进学术。他倡导整理文化典籍并身体力行；重视文字训诂之学，对当时学人产生深远影响。

C. 朱筠兴趣广泛，豪爽好客。他爱好金石书法、藏书考古，喜游名山大川；家中坐客常满，饮酒论学终日不辍。

D. 朱筠致力文教，奖掖后进。他督学地方，尊崇先贤，引领学风；对寒门才俊极口称善，待门下学子亲若同辈。

7. 把原文中画线的句子翻译成现代汉语。

(1)先生以为经学本于文字训诂，刊布许氏《说文》于安徽以教士。

(2)既资深望重，则大言翰林以读书立品为职，不能趋谒势要。

(3)其文才气奇横，于义理事物情态无不包，所欲言者无不尽。

【2014·自主命题卷(山东)】：

阅读下面的文言文，完成9～12题。

詹鼎传

［明］方孝孺

詹鼎，字国器，台宁海人也。其家素贱，父鬻饼市中，而舍县之大家。大家惟吴氏最豪贵，舍其家，生鼎。鼎生六七年，不与市中儿嬉敖，独喜游学馆，听人读书，归，辄能言诸生所诵。吴氏爱之，谓其父令儿读书。鼎欣然，其父独不肯，骂曰：“吾故市人家，生子而能业，吾业不废足矣，奈何从儒生游也？”然鼎每自

课习，夜坐饼灶下，诵不休。其父见其志不可夺，遣之读书。逾年，尽通其师所能，师辞之。时吴氏家延师儒，鼎就学，吴氏亦子育之，使学。未数年，吴氏子无能与鼎谈者。其师去，鼎遂为吴氏诸子师。

元末方国珍起海上，不能制，以重位授之。国珍开府[①]庆元，求士为己用。国珍闻鼎有才，以计擒之。鼎为所获，无奈，因为之尽力，为其府都事，有廉名。国珍弟平章事，有人犯法，属鼎治，鼎论如法。平章之妻受赇，请于鼎。持不可，曰："今方氏欲举大谋，当用天下贤士，一心守法，曷使妇人得预事乎？"不许。妻怒，谮之，系鼎狱，半载乃释。

复起，为上虞制。上虞与伪吴王张士诚地相错，军吏贵臣甚众，以鼎儒生，不习边事，屡违约。鼎会众于庭，引一驿丞，责以不奉公，斩之。在庭者皆股栗，膝行请罪，膝屈久不能起，乃罢。后虽元帅、万夫长有所陈说，皆长跪以言，不敢举目视其面。鼎临事有才，简牍满前，须臾而决。

至正末，我兵临庆元城下，国珍惧，乘楼船遁于海。上怒，欲举兵诛之。莫为计，鼎为草表谢，辞甚恭而辩。<u>上读表，曰："孰谓方氏无人哉？是可以活其命矣。"乃赦之，不问。</u>更以国珍为右丞，鼎亦召至京师。

时河南行省缺郎中，吏部请命鼎为之。丞相曰："吾同事，以鼎才不可使外也。"待半岁，除留守都卫经历，改刑部郎中、刑部佐僚。未完，有司请除吏。丞相曰："刑部有詹鼎在，胜百辈。"其见称如此。鼎在刑部，一以宽仁行法，威声不起，而人皆乐其不苛刻。会大都督府受赂，除军吏。事发，诬鼎有赃。御史覆鼎，鼎言在留守时所养孤甥来省，恐有之，鼎诚不知。御史曰："法贵杀有名。"卒诛鼎，与百余人皆死。

（选自《逊志斋集》，有删改）

[注]①开府：古代指高级官员成立府署，选置僚属。

9. 对下列句子中加点词的解释，不正确的一项是（　　）

A. 而舍县之大家　　舍：寄居

B. 其父见其志不可夺　　夺：改变

C. 时吴氏家延师儒　　延：迎接

D. 属鼎治，鼎论如法　　属：交付

10. 下列各组句子中，加点词的意义和用法相同的一项是（　　）

A. 不与市中儿嬉敖　　客亦知夫水与月乎

B. 皆长跪以言　　具告以事

C. 后虽元帅、万夫长有所陈说　　及其所之既倦

D. 其见称如此　　其皆出于此乎

11. 以下六句话分别编为四组，全部属于体现詹鼎才能出众的一项是（　　）

①辄能言诸生所诵　　②夜坐饼灶下，诵不休

③为其府都事，有廉名　　④简牍满前，须臾而决

⑤鼎为草表谢，辞甚恭而辩　　⑥刑部有詹鼎在，胜百辈

A. ①②⑤　　B. ①④⑥

C. ②③⑤　　D. ③④⑥

12. 对原文有关内容的理解和分析，下列表述不正确的一项是（　　）

A. 詹鼎出身微贱，从小酷爱学习，开始遭到父亲的反对，但苦学不辍，使父亲的态度发生转变，又得到与吴氏诸子一同从师的机会，后成为吴氏诸子的老师。

B. 詹鼎被方国珍用计擒获，不得已做了方国珍府都事。平章之妻受贿替人求情，詹鼎坚持秉公执法，后遭平章妻诬陷，身陷牢狱，半年后才被释放。

C. 詹鼎在上虞时，军吏贵臣认为他不熟悉边防事务，多次违反纪律。为整肃纪律，詹鼎以不奉公的罪名杀了一名驿丞，使部属人人畏惧，从而树立了权威。

D. 詹鼎曾任上虞制、河南行省郎中、留守都卫经历、刑部郎中、刑部佐僚等职。他在刑部任职时，适逢

大都督府受贿案败露，被人诬陷贪赃，后被处死。

2.3 古代诗歌鉴赏的命题规律

▲分析作者的感情、鉴赏表达技巧（表现手法）为古代诗歌鉴赏的高频考点。

作为语言的精华，诗词这种源远流长的韵文是被誉为"诗的国度"的中国的文化瑰宝。经常阅读古诗词，不仅可以让我们感受、认识和传承祖国博大精深的民族文化，更可以陶冶情操，提高我们的审美能力和文化修养；对我们实现"弘扬和培育民族精神，使学生受到优秀文化的熏陶，塑造热爱祖国和中华文明、献身人类进步事业的品格，形成健康美好的情感和奋发向上的人生态度"①课程目标，具有十分重要的意义和价值。

《普通高中语文课程标准（实验）》指出，"学习鉴赏中外文学作品，具有积极的鉴赏态度，注重审美体验，陶冶性情，涵养心灵，能感受形象，品味语言，领悟作品的丰富内涵，体会其艺术表现力，有自己的情感体验和思考。努力探索作品中蕴含的民族心理和时代精神，了解人类丰富的社会生活和情感世界。"②

各地《考试说明》对诗词鉴赏的总体要求为：鉴赏文学作品形象、语言和表达技巧；评价文学作品的思想内容。

诗词鉴赏成为高考语文试卷中必不可少的组成部分，且其分值从最初期的3～5分扩大到现在的6～10分，考查形式从最初期的选择、填空的客观题型为主发展到现在的以简答、分析等主观题型为主，符合了新课标精神。③

经考查，分析作者的感情、鉴赏表达技巧（表现手法）这两类题型在历年各地的试卷中出现频率很高，能代表高考语文古代诗歌鉴赏考查的最新要求。

2.3.1 分析作者的感情

2.3.1.1 历年考题

历年真题考点统计

年份	地区	真题
2006	全国Ⅱ	12.(2)试分析下阙的内容，以及作者在词中所抒发的思想感情。
2007	湖北	14.(2)两首诗各表达了作者什么样的思想感情？
2008	安徽	12.(1)诗中小孤山的形象寄托了作者怎样的思想感情？
2009	广东	10.(1)作者通过咏月主要抒发了怎样的感情？
2010	天津	13.(2)两首诗在抒发送别之情的同时各表达了什么情感？
2011	全国	12.(2)简要分析作者在这首词中所表现的心情。
2012	新课标	8.这首词表达了什么样的感情？"红叶黄花秋意晚"一句对表达这种感情有什么作用？
2013	江苏	9.(2)"世味门常掩，时光簟已便"一联表达了诗人什么样的心境？

【详见以下历年考题】：

2006·全国Ⅱ：

12.阅读下面这首宋词，然后回答问题。

南柯子

王　炎

山冥云阴重，天寒雨意浓。数枝幽艳湿啼红。莫为惜花惆怅对东风。

蓑笠朝朝出，沟塍处处通。人间辛苦是三农①。要得一犁水足望年丰。

［注］①三农：指春耕、夏耘、秋收。

①中华人民共和国教育部．普通高中语文课程标准(实验)．人民教育出版社，2003.

②中华人民共和国教育部．普通高中语文课程标准(实验)．人民教育出版社，2003.

③缪芙蓉．高考与高中语文古代诗词鉴赏教学[D]．苏州大学，2008年4月．

(2)试分析下阙的内容,以及作者在词中所抒发的思想感情。

2007·湖北卷:

14.阅读下面两首唐诗,然后回答问题。

华清宫

吴　融

四郎飞雪晴去端,惟此宫中落便干。
绿树碧檐相掩映,无人知道外边寒。

过华清宫

李　约

君王游乐万机轻,一曲霓裳四海兵。
玉辇升天人已尽,故宫惟有树长生。

(2)两首诗各表达了作者什么样的思想感情?

2008·安徽卷:

12.阅读下面这首诗,然后回答问题。

小孤山①

[宋]谢枋得②

人言此是海门关,海眼③无涯骇众观。天地偶然留砥柱,江山有此障狂澜。
坚如猛士敌场立,危似孤臣末世难。明日登峰须造极,渺观宇宙我心宽。

[注]①小孤山:位于安徽宿松县城南65公里的长江之中,四无依傍,地势险要,是南宋军事要地。②谢枋得:宋弋阳(今属江西)人,以忠义自任,曾率军抗元。兵败后隐居福建一带,后被元人胁迫至燕京,绝食而死。③海眼:急流遇阻所形成的大漩涡。

(1)诗中小孤山的形象寄托了作者怎样的思想感情?

2009·广东卷:

10.阅读下面的诗歌,然后回答问题。

月

杜　甫

万里瞿唐①月,春来六上弦②。
时时开暗室,故故③满青天。
爽和风襟静,高当泪满悬。
南飞有乌鹊,夜久落江边。

[注]①瞿唐:瞿塘峡,位于长江三峡奉节至巫山段,安史之乱后,杜甫曾困居于此。②上弦:上弦月,农历每月初七、初八的弓形月亮。③故故:常常,频频。

(1)作者通过咏月主要抒发了怎样的感情?

2010·天津卷:

13.阅读下面两首唐诗,按照要求作答。

峡口送友人

(司空曙　唐诗)

峡口花飞欲尽春,天涯去住泪沾巾。
来时万里同为客,今日翻成送故人。

送蜀客

剑南风景腊前春,山鸟江风得雨新。
莫怪送君行较远,自缘身是忆归人。

(2)两首诗在抒发送别之情的同时各表达了什么情感?

2011·全国卷:

12.阅读下面这首宋词,然后回答问题。

关河令

周邦彦①

阴时晴渐向暝,变一庭凄冷。伫听寒声②,云深无雁影③。　　更深人去寂静,但照壁孤灯相映。酒已都醒,如何消夜永!

[注]①周邦彦(1056～1121):字美成,号清真居士,钱塘(今浙江杭州)人。②寒声:指秋声,如风声、落叶声、虫鸣声等。③雁:古人认为雁能传书。

(2)简要分析作者在这首词中所表现的心情。

2012·新课标:

阅读下面这首宋词,完成8,9题。

思远人

晏几道

红叶黄花秋意晚,千里念行客。飞云过尽,归鸿无信,何处寄书得。　　泪弹不尽临窗滴,就砚旋研墨。渐写到别来,此情深处,红笺为无色。

8.这首词表达了什么样的感情?“红叶黄花秋意晚”一句对表达这种感情有什么作用?

2013·江苏卷:

9.阅读下面这首诗,然后回答问题。

醉　眠

唐　庚

山静似太古,日长如小年。
馀花犹可醉,好鸟不妨眠。
世味门常掩,时光簟已便。
梦中频得句,拈笔又忘筌。

[注]唐庚:北宋文学家,此诗为其谪居惠州时所作。

(2)“世味门常掩,时光簟已便”一联表达了诗人什么样的心境?

2.3.1.2 模拟题型

◆TPS模拟题(详见TPS系统切片L—P4T05S0EL—C001)

阅读下列一首宋词,然后回答问题。

生查子·独游西岸①

辛弃疾

青山招不来,偃蹇谁怜汝②?岁晚太寒生,唤我溪边住。山头明月来,本在天高处。夜夜入清溪,听读《离骚》去。

[注]①淳熙八年(1181)冬,辛弃疾被诬罢官,长期闲居于上饶城北的带湖之畔。西岩就在上饶城南,风景优美。这首词是他闲居期间的记游之作。②偃蹇:高耸、傲慢的样子。

简要分析“夜夜入清溪,听读《离骚》去”表现了诗人什么样的思想情感。

◆《高分策略》模拟题

(详见《高分策略》第70页)

2.阅读下面这首诗,回答问题。

行舟忆永和兄弟

(宋)周必大

一挂吴帆不计程,几回系缆几回行。
天寒有日云犹冻,江阔无风浪自生。
数点家山常在眼,一声寒雁正关情。
长年忽得南来鲤,恐有音书作急烹。

[注]《汉乐府·饮马长城窟行》有“呼儿烹鲤鱼,中有尺素书”之句。

(2)诗歌的尾联使用了什么表现手法,表达了作者怎样的思想感情?

◆《高考预测卷》模拟题

(详见《高考预测卷》专题十——古代诗歌鉴赏预测卷第1页)

二、阅读下面这首诗,完成1,2题。

不 见

(唐)杜 甫

不见李生久,佯狂真可哀!
世人皆欲杀,吾意独怜才。
敏捷诗千首,飘零酒一杯。
匡山读书处,头白好归来。

[注]这首诗写于客居成都的初期,或许杜甫此时辗转得悉李白已在流放夜郎途中获释,遂有感而作。

1.请结合全诗简要分析诗歌所表达的思想感情。

2.3.1.3 真题验证

【2014·自主命题卷(江苏)】:

10.阅读下面两首唐诗,回答问题。

休暇日访王侍御不遇

韦应物

九日驱驰一日闲,寻君不遇又空还。
怪来诗思清人骨,门对寒流雪满山。

访隐者不遇成二绝(其二)

李商隐

城郭休过识者稀,哀猿啼处有柴扉。
沧江白石渔樵路,日暮归来雨满衣。

(1)请简要分析第一首诗中作者情绪的变化过程。

【2014·自主命题卷(天津)】:

14.阅读下面两首诗,按要求作答。

暮 春

[宋]黄庚

芳事阑珊三月时,春愁惟有落花知。
柳绵飘白东风老,一树斜阳叫子规。

暮春山间

[宋]黄公度

缓步春山春日长,流莺不语燕飞忙。
桃花落处无人见,濯手惟闻涧水香。

(3)两首诗都写了暮春之景,表达的情感有何不同?

2.3.2 鉴赏表达技巧(表现手法)

2.3.2.1 历年考题

历年各地真题考点统计

年份	地区	真题
2006	北京	12.②本诗表现了诗人在田园生活中感受的乐趣,请具体说明表现了什么乐趣,这种乐趣是怎样表现的?

2007	湖北	14.(1)两首诗描写了不同时期的华清宫,请指出二者主要运用了哪种相同的表现手法,并作简要说明。
2008	江苏	10.(2)"总为浮云能蔽日"一句中用了何种修辞方法?尾联表达了诗人什么样的思想感情?
2009	安徽	9.这首词最突出的表现手法是什么?请分别结合上阙和下阙作简要分析。
2010	山东	14.(2)这首诗整体上运用了什么表现手法,表达了怎样的情感?请作简要分析。
2011	江苏	9.(2)"渭北春天树,江东日暮云"一联表达了什么样的思想感情?用了何种表现手法?
2012	山东	14.(2)请结合全诗分析"孤舟"这一意象的作用。
2013	天津	14.(3)请举一例分析本词虚实相生的艺术手法。

【详见以下历年真题】:

2006·北京卷:

12.阅读下面这首诗,完成①~②题。

移居(其二)

陶渊明

春秋多佳日,登高赋新诗。过门更相呼,有酒斟酌之。

农务各自归,闲暇辄相思。相思则披衣,言笑无厌时。

此理将不胜,无为忽去兹。衣食当须纪,力耕不吾欺。

[注]将:岂;纪:经营。

②本诗表现了诗人在田园生活中感受的乐趣,请具体说明表现了什么乐趣,这种乐趣是怎样表现的?

2007·湖北卷:

14.阅读下面两首唐诗,然后回答问题。

华清宫

吴 融

四郎飞雪晴去端,惟此宫中落便干。

绿树碧檐相掩映,无人知道外边寒。

过华清宫

李 约

君王游乐万机轻,一曲霓裳四海兵。

玉辇升天人已尽,故宫惟有树长生。

(1)两首诗描写了不同时期的华清宫,请指出二者主要运用了哪种相同的表现手法,并作简要说明。

2008·江苏卷:

10.阅读下面这首唐诗,然后回答问题。

登金陵凤凰台

李 白

凤凰台上凤凰游,凤去台空江自流。

吴宫花草埋幽径,晋代衣冠成古丘。

三山半落青天外,一水中分白鹭洲。①

总为浮云能蔽日,长安不见使人愁。

[注]①一水:亦作"二水"。

(2)"总为浮云能蔽日"一句中用了何种修辞方法?尾联表达了诗人什么样的思想感情?

2009·安徽卷：

阅读下面这首词，完成8,9题。

小重山·端午

[元]舒　頔

碧艾香蒲处处忙。谁家儿共女，庆端阳。细缠五色臂丝[①]长。空惆怅，谁复吊湘[②]。　往事莫论量。千年忠义气，日星光。《离骚》读罢总堪伤。无人解，树转午阴凉。

[注]①五色臂丝：荆楚风俗，端午节以五彩丝系臂。②沅湘：沅水和湘水。湘水支流中有汨罗江。

9.这首词最突出的表现手法是什么？请分别结合上阕和下阕作简要分析。

2010·山东卷：

14.阅读下面这首古诗，回答问题。

咏怀八十二首(其七十九)

阮　籍

林中有奇鸟。自言是凤凰。清朝饮醴泉，日夕栖山冈。高鸣彻九州，延颈望八荒。适逢商风[①]起，羽翼自摧藏。一去昆仑西，何时复回翔。但恨处非位，怆悢[②]使心伤。

[注]①商风：秋风。②怆悢(liàng)：悲伤。

(2)这首诗整体上运用了什么表现手法，表达了怎样的情感？请作简要分析。

2011·江苏卷：

9.阅读下面这首唐诗，然后回答问题。

春日忆李白

杜　甫

白也诗无敌，飘然思不群。
清新庾开府，俊逸鲍参军。
渭北春天树，江东日暮云。
何时一樽酒，重与细论文。

[注]庾开府、鲍参军：指庾信、鲍照，均为南北朝时著名诗人。渭北、江东：分别指当时杜甫所在的长安一带与李白所在的长江中下游南岸地区。论文：此处指论诗。

(2)“渭北春天树，江东日暮云”一联表达了什么样的思想感情？用了何种表现手法？

2012·山东卷：

14.阅读下面这首宋诗，回答问题。

吴松[注]道中二首(其二)

晓路雨萧萧，江乡叶正飘。
天寒雁声急，岁晚客程遥。
鸟避征帆却，鱼惊荡桨跳。
孤舟宿何许？霜月系枫桥。

[注]吴松：即吴淞，江名。

(2)请结合全诗分析“孤舟”这一意象的作用。

2013·天津卷：

14.阅读下面这首词，按要求作答。(8分)

鹧鸪天　送廓之秋试[①]

[宋]辛弃疾

白苎[②]新袍入嫩凉。春蚕食叶响回廊。禹门[③]已准桃花浪，月殿先收桂子香。
鹏北海，凤朝阳。又携书剑路茫茫。明年此日青云去，却笑人间举子忙。

[注]①秋试:科举时代秋季举行的考试。②白苎(zhù):用白色苎麻织成的布。③禹门:即龙门,古时以“鱼跃龙门”喻指考试得中。

(3)请举一例分析本词虚实相生的艺术手法。

2.3.2.2 模拟题型

◆TPS模拟题

(详见TPS系统切片L—P4T03S0EL—C001)

清平乐·五月十五夜玩月

刘克庄

风高浪快,万里骑蟾背,曾识姮娥真体态,素面原无粉黛。身游银阙珠宫,俯看积气濛濛。醉里偶摇桂树,人间道是凉风。

这首词主要是运用什么手法来描绘词人“玩月”的?试简要赏析这样写的好处。

◆《高分策略》模拟题

(详见《高分策略》第70页)

2.阅读下面这首诗,回答问题。

行舟忆永和兄弟

(宋)周必大

一挂吴帆不计程,几回系缆几回行。
天寒有日云犹冻,江阔无风浪自生。
数点家山常在眼,一声寒雁正关情。
长年忽得南来鲤,恐有音书作急烹。

[注]《汉乐府·饮马长城窟行》有“呼儿烹鲤鱼,中有尺素书”之句。

(1)颔联写到“天寒有日云犹冻”,其中“冻”字的使用有何妙处?

◆《高考预测题》模拟题

(详见《高考预测卷》专题十——古代诗歌鉴赏预测卷第1页)

二、阅读下面这首诗,完成1,2题。

不　见

(唐)杜　甫

不见李生久,佯狂真可哀!世人皆欲杀,吾意独怜才。
敏捷诗千首,飘零酒一杯。匡山读书处,头白好归来。

[注]这首诗写于客居成都的初期,或许杜甫此时辗转得悉李白已在流放夜郎途中获释,遂有感而作。

2.这首诗使用了多种表达技巧,请举出一种并作赏析。

2.3.2.3 真题验证

【2014·自主命题卷(安徽)】:

阅读下面这首词,完成8,9题。

阮郎归·西湖春暮

[南宋]马子严

清明寒食不多时,香红渐渐稀。番腾①妆束闹苏堤,留春春怎知?　花褪雨,絮沾泥。凌波②寸不移。三三两两叫船儿,人归春也归。

[注]①番腾:同“翻腾”。②凌波:这里指女子步履。曹植《洛神赋》:“凌波微步,罗袜生尘。”

9.这首词描写了暮春之景,请从点面结合的角度做简要赏析。

【2014·自主命题卷(浙江)】:

阅读下面这首诗,完成21,22题。(7分)

溪行逢雨与柳中庸

[唐]李瑞

日落众山昏,萧萧暮雨繁。

那堪两处宿,共听一声猿。

三峡吟

[南宋]徐照

山水七百里,上有青枫林①

啼猿不自愁,愁落行人心。

[注]①上有青枫林:《楚辞·招魂》中有"湛湛江水兮上有枫,目极千里兮上春心"句。

22. 简要分析这两首诗抒情手法的差异。

2.4 现代文阅读的命题规律

现代文阅读是现代社会的人在学习、工作和生活中每天都会从事的一项最基本的活动。我们从阅读文章中或学习新知识、或了解社会动态、或欣赏文学作品等等,通过阅读我们可以扩充知识、了解社会、陶冶情操,从而使我们的生活更加充实。①

现代文阅读是人们认识世界的基本方法和获取信息的最基本的途径,培养学生的现代文阅读能力是中学语文教学的重要内容,对学生现代文阅读能力进行考查是语文教学的重要任务,现代文阅读试题是高考语文试卷的重要组成部分。

2000年颁布的《九年义务教育全日制初级中学语文教学大纲(试用修订版)》和《全日制普通高级中学语文教学大纲(试验修订版)》提出的教学目的为:"在小学语文教学的基础上,进一步指导学生正确地理解和运用祖国语文,提高阅读、写作和口头交际能力,发展学生的语感和思维,养成学习语文的良好习惯。"

2.4.1 自然社科类文本阅读的命题规律

▲筛选信息、归纳内容要点、概括中心思想,为必考点;理解文中重要概念的含义,根据文章内容进行推断想象为高频考点

近几年,以自然科学类文章为主的考查局面已被打破,社会科学类文章受到了重视,形成了"自然科学类文本/社会科学类文本"的考查模式。如2006年16套卷中有8套卷选用社会科学类文章(其中福建卷和上海卷两类文章均有设题),2007年18套卷有13套卷选用社会科学类文章,2008年全国18套卷中自然科学与社会科学类文章各有9篇。社科文阅读在高考现代文阅读中也占据了重要的位置。这种变化有利于培养学生实际应用的阅读能力。

结合考试大纲和考试说明,从符合社会对人才的能力要求来看,自然科学类文本阅读和社会科学类文本阅读应格外注重对学生进行以下能力的培养,这些能力在现代社会中都是非常重要的,考查点也都是围绕这些能力来设置的:理解(文中重要概念)能力;对文章里蕴含的信息进行查找、筛选、概括和提取等能力;合理推断能力。

2.4.1.1 理解文中重要概念的含义

此考点主要考查对文中某一具体概念的理解,要求考生能够对其进行准确把握。此考点的题目一般表述为"下列关于'什么(词语)'的说法,正确/不正确的一项是",或者"下列对于'什么(词语)'的理解,正确的一项是"等等。考生须对文中的重要概念进行深入理解和判断。通过历年真题分析得出,这一考查内容为高频考点。详见历年各地真题考点统计。

①成正全.高考语文现代文阅读命题研究[D].上海:华东师范大学,2006.

历年各地真题考点统计

年份	地区	真题	
2006	全国Ⅰ	5. 下列对"阿尔戈斯"方案相关内容的说明，正确的一项是	( )
2007	上海	1. 以下对"包豪斯"的介绍符合文意的一项是	( )
2008	全国Ⅱ	5. 下列对于"明代白银货币化"的理解，正确的一项是	( )
2009	山东	6. 下列选项中关于"簕桥"的说明，不正确的一项是	( )
2010	湖北	6. 下列对古人"天圆地圆"观念解说，不准确的一项是	( )
2011	全国	5. 下列关于"意境"和"意象"的表述，不符合原文意思的一项是	( )
2012	上海	3. 第③段加点词"倾听"在文中的意思是________。	
2013	福建	10. 下列对文章所说的"时尚"的理解正确的一项是	( )

2.4.1.2 筛选信息，归纳内容要点，概括中心思想

此考点主要是对具体的内容加以筛选、归纳，概括出内容的要点，分析、归纳材料的中心思想。此考点的题目一般表述为"下列理解，符合/不符合原文意思的一项是"。"内容要点"可以是某一段的要点，也可以是某几段的要点，考生须根据题意有目的地归纳和整理。通过历年真题分析得出，这一考查内容为必考点。参见历年各地真题考点统计。

历年各地真题考点统计

年份	地区	真题	
2006	全国Ⅱ	6. 下列表述，不符合原文意思的一项是	( )
2007	上海	1. 以下对"包豪斯"的介绍符合文意的一项是	( )
2008	北京	14. 下列说法符合文意的一项是	( )
2009	江苏	15. 下列对文意的理解，不正确的一项是	( )
2010	山东	6. 关于"人生境界"的理解，符合原文意思的一项是	( )
2011	全国	6. 下列理解，不符合原文意思的一项是	( )
2012	新课标	2. 下列理解和分析，不符合原文意思的一项是	( )
2013	广东	12. 下列说法，符合文意的两项是	( )( )

2.4.1.3 根据文章内容进行推断想象

根据文章内容进行推断想象，即要求考生根据已知信息对事物的发展趋势做出预测或对可能产生的结果进行判断，或要求在原有表象基础上进行加工改造，从而创造出新形象。该考点的题目一般表述为"根据原文提供的信息，下列推断正确/不正确的一项是"，实际就是对考生思维方法的考查，要求考生能够运用逻辑思维、形象思维等多种思维方法去思考问题，寻求答案。通过历年真题分析得出，这一考查内容为高频考点。参见历年各地真题考点统计。

历年各地真题考点统计

年份	地区	题目	
2006	全国Ⅱ	7. 依据原文提供的信息，下列推断正确的一项是	( )
2007	湖南	9. 依据原文信息，下列推断正确的一项是	( )
2008	北京	15. 下列推断不符合文意的一项是	( )
2009	全国Ⅰ	7. 根据原文内容，下列推断不正确的一项是	( )
2010	湖北	8. "后来，把璇玑变得更简单：一部分变成璧，竹管和外包的大石块就变成琮。"下列对这句话的理解和推断，准确的一项是	( )
2011	全国	7. 根据原文提供的信息，下列推断不正确的一项是	( )
2012	四川	7. 根据原文提供的信息以下推断不正确的一项是	( )
2013	广东	15. 国学大师陈寅恪通过唐代历史解读白居易的诗，同时，他又通过白居易的诗《卖炭翁》考察唐代"宫市"弊政。陈寅恪的研究体现了文中的什么思想方法？请结合文意分析。	

2.4.2 模拟题型

◆TPS 模拟题(详见 TPS 教学系统切片 L—P5T00S0EL—C001)

阅读下面文章,完成 1～3 题。

金庸的权力观

金庸曾在《三十三剑客图》中说过,“研究中国历史上这些大人物的心理和个性,是一件很有趣味的事。千百年来物质生活虽然改变极大,但人的心理、对权力之争夺和保持的种种方法,还是极少有什么改变。”

金庸的第一部武侠小说《书剑恩仇录》对权力进行了无情的否定。书中写到,正是为了至高无上的权力,乾隆背叛了六和塔上的盟约,践踏了海宁潮前兄弟击掌、互不伤害的誓言。美丽的香香公主最后留下血写的遗言“不要相信皇帝”,撕破了乾隆道貌岸然的面具,用鲜血刻画出了他的阴险、毒辣和狡诈。《碧血剑》对李自成杀进北京以后迅速腐化、堕落的描述,也见证了“权力趋向腐败,绝对的权力趋向绝对腐败”这一颠扑不破的真理。《倚天屠龙记》里的张无忌不具备做“政治领袖”的条件,却是个可以信赖的人,他有许多美好的品质。在人性的尺度之下,小说中的朱元璋和张无忌相比却显得暗淡无光,美丽的周芷若也一点都不可爱。就是从《天龙八部》到《笑傲江湖》,金庸小说中常常出现“千秋万载,一统江湖”的口号,不过是“普天之下,莫非王土”的另一种说法而已。从宫廷到江湖,都是如此。东方不败因掌握大权而腐化,任我行也免不了同样的结局,那是人性中的普遍现象。岳不群、左冷禅掌了权也一样如此,他们都野心勃勃,将无限的权力视为人生的最高目标,这是中国社会被数千年专制政治所毒化而出现的畸形现象。与写作武侠小说几乎同步,自 1959 年创立《明报》以来,金庸执笔写社评,特别是他的早期社评也贯穿着自己对权力的批判、否定。他在《笑傲江湖》后记中得出了“政治上大多数时候是坏人当权”的结论。

如果不是《鹿鼎记》的出现,金庸在他的武侠小说世界对权力的否定几乎达到了现代认识水平,不幸的是,他还是以最后的《鹿鼎记》完成了对权力的肯定。《鹿鼎记》的真正主角不是韦小宝,而是康熙这个雄才伟略的英明君主,其主旨是什么样的英雄豪杰、“侠之大者”都比不上一个开明的当权者,世间的一切最终靠康熙这样的英明君主。

既然“侠以武犯禁”,与依靠好皇上实现一切人生社会理想的白日梦不和谐,那么,到这一步,金庸的武侠小说确实写不下去了。在这一意义上,二月河大肆吹捧康熙、雍正、乾隆之类创造“盛世”的好皇上不过是延续了金庸的这一思路罢了。

1994 年,金庸访问台湾时亲口说:“在中国皇帝中,我对康熙的评价很高,他不但思想开明,而且很好学,还去学了外国的学问。”从否定权力到回归权力,金庸的权力观的演变表明他最终未能走出传统士大夫式的观念。也就是说,对皇权的依附和对好皇帝的期盼曾是中国读书人几千年的梦。

1. 对“金庸的权力观”的认知过程最符合作者观点的一项是　(　　)

A. 金庸通过武侠小说对权力进行了无情的否定。

B. 权力趋向腐败,绝对的权力绝对腐败。

C. 权力是人生的最高目标。

D. 从对权力的否定回归到了对权力的肯定。

【考点解析】:理解文中重要概念的含义

2. 下面有关《鹿鼎记》的阐述不符合原文意思的一项是　(　　)

A. 金庸在《笑傲江湖》和《鹿鼎记》中对权力的认识是有差别的。

B.《鹿鼎记》的出现体现了金庸对权力的终极否定,这是金庸的武侠小说写不下去的内在原因。

C. 出于对“思想开明”“很好学”的康熙的景仰,金庸在《鹿鼎记》中着重刻画了康熙这个雄才伟略的英明君主。

D. 如韦小宝般的“侠之大者”终究比不上一个英明君主,因此他们只能是《鹿鼎记》中的配角。

【考点解析】:筛选信息,归纳内容要点,概括中心思想

3. 根据原文提供的信息，以下推断不正确的一项 （　　）

A. 朱元璋和张无忌相比暗淡无光是因为他是他是张无忌的部下。

B. “政治上大多数时候是坏人当权”的结论不仅对岳不群、左冷禅等人物作出了评价，而且还表明了金庸对权力的批判和否定。

C. 与金庸的武侠小说不同的是，二月河回避了“以武犯禁”的侠气而着力于吹捧康熙、雍正和乾隆等创造“盛世”的好皇上。

D. 对皇权的依附和对好皇帝的期盼一直深藏在中国传统士大夫们的观念中。

【考点解析】：根据文章内容进行推断想象

◆《高分策略》模拟题

（详见《高分策略》第 137 页）

一、阅读下面的文字，回答 1～3 题。

稀土元素是 18 世纪末叶开始陆续发现的，当时人们常把不溶于水的固体氧化物称为“土”，“土”一般是以氧化物状态分离出来的，又很稀少，因而得名为“稀土”。稀土元素实际就是指化学元素周期表中镧系元素以及与镧系的 15 个元素密切相关的两个元素——钪和钇。

稀土是我国最丰富的战略资源，它是很多高精尖产业所必不可少原料，我国有不少战略资源（如铁矿等）贫乏，但稀土资源却非常丰富。“中东有石油，我们有稀土。”然而，在发达国家先后将稀土视为战略资源，并有所行动的时候，稀土在中国更多的时候只被看作是换取外汇的普通商品。中国稀土占据着几个世界第一：储量占世界总储量的第一，生产规模第一，出口量世界第一，而且中国是世界上惟一大量供应不同等级、不同品种稀土产品的国家。可以说，中国是在敞开了门不计成本地向世界供应。中国的稀土冶炼分离年生产能力 20 万吨，超过世界年需求量的一倍。而中国的大方，造就了一些国家的贪婪。以制造业和电子工业起家的日本、韩国自身资源短缺，对稀土的依赖不言而喻。中国出口量的近 70% 都去了这两个国家。至于稀土储量世界第二的美国，早早便封存了国内最大的稀土矿芒廷帕斯矿，转而每年从我国大量进口。西欧国家储量本就不多，它们也是我国稀土的重要用户。发达国家的贪婪表现在，除了生产所需，它们还通过政府拨款超额购进，存储在各自国家的仓库中——这种做法，日美韩等国行之有年；除了购买，还通过投资等方式规避中国法律，参与稀土开发，行公开掠夺之实。

遗憾的是，至今未见政府有效的控制举措。许多专家呼吁的战略储备制度，至今不见动静。而且，由于并未真正认识到稀土战略价值，导致中国的稀土开发变成了不折不扣的资源浪费——生产无序、竞争无度，中国在拥有对稀土资源垄断性控制的同时，却完全不具有定价权，稀土价格长期低位徘徊。如果任这种趋势发展，中国将为其短视以及不负责任的生产开发付出代价。

目前，中国稀土的主要购买国日本、韩国、美国，前二者与中国存在种种纠纷，后者则在台湾问题上构成对中国最大的现实威胁，而且是近些年世界局部战争主要参与者。事实上有些对抗已经在中国东海、黄海上演。但是，在这些对抗发生时，很少有人想到那些真正能威胁中国的战机、舰艇与导弹，监视中国的雷达上的关键部件可能就是中国不计后果出口的稀土造就的。美日韩都是稀土科技大国。以日本为例，日本在有关稀土应用的材料科学、雷达、微电子产业上甚至拥有比美国更强的技术制造能力。美军现役武器中，潜艇用高强度钢、导弹微电子芯片的 80% 由日本制造，战机引擎的特种陶瓷也是日本研发……日本科学家曾夸口说，如果不用日本芯片，美国巡航导弹的精度就不是 10 米，而是 50 米。不过，我们可以想象，这些微电子芯片、高强度钢如果缺少了稀土，可能根本就无法被制造出来。

1. 下列关于“稀土元素”或“稀土”的理解准确的一项是 （　　）

A. 稀土元素是指一些不溶于水的固体氧化物。

B. 稀土元素包含化学元素周期表中的 17 种镧系元素。

C. 稀土目前在我国只被看作是换取外汇的普通商品。

D. 稀土作为一种战略资源在军事方面有重要作用。

【考点解析】：理解文中重要概念的含义

2. 下列表述符合原文意思的一项是 （　　）

A. 我国是世界最大的稀土出口国，目前我国的出口已使国际市场稀土供过于求。

B. 日韩是我国稀土的主要出口国，美国和西欧国家也完全依赖于我国的稀土。

C. 商品买卖并非美日韩等发达国家合法获取我国稀土资源的唯一有效手段。

D. 虽然我国在稀土销售方面拥有垄断优势，但是目前稀土价格仍在低价徘徊。

【考点解析】：筛选信息，归纳内容要点，概括中心思想

3. 根据原文提供的信息，下列推断正确的一项是 （　　）

A. 我国稀土储量多，产量高，品种丰富，可以说我们的稀土开发水平是很高的。

B. 日本在某些产业上技术制造能力比美国强，这说明日本才是我国面临的最大武力威胁。

C. 美国早早就封存了国内最大的稀土矿，可见他们对稀有资源相当珍惜。

D. 如果我国停止对美日韩的稀土出口，能有效避免它们对我国国家安全的威胁。

【考点解析】：根据文章内容进行推断想象

◆《高考预测卷》模拟题

（详见《高考预测卷》专题十三论述类文章阅读——预测试卷第 4 页）

三、阅读下面的文字，完成 1～4 题。

略论思维的“惰性”

章炳元

人类思维具有能动性和创造性，它能透过事物的现象认识它的本质，把握它的发展规律，从而预见未来。爱因斯坦依据广义相对论作出的光线偏折、引力红移、引力辐射等科学预言，马克思依据社会发展规律作出的资本主义必然灭亡和共产主义必然胜利的科学论断，表明了人类的思维具有多么惊人的科学预见性！不仅如此，人类的思维还能能动地指导实践，成为改造自然和社会的巨大物质力量。社会生产和社会生活发展到今天这样的现代化水平，充分显示了被恩格斯誉为“地球上最美的花朵”——人类思维的巨大威力！

然而，任何事物都有两重性。人类的思维除了有能动性和创造性的一面外，又有保守性和“惰性”的一面；它既能跑到实践的前面去指导实践，又常常会落后于实践而限制新事物发展。毛泽东同志曾列举当年游击战争的例子说：当斗争发展使我们离开山头跑向平地后，“我们的身子早已下山了，但是我们的思想依然还是在山上”。这种思想落后于存在的现象，除去客观因素外，正是思维“惰性”的反映。自然界的物体有一种保持原来运动状态的“惯性”，因此静止的东西你要让它动起来必须下大力，而运动着的东西你要让它停下来也必须花大劲。人们的思想也往往这样：当一种新事物、新理论刚刚出世时，总会受到各方面的挑剔和反对，许多新发现往往就这样被窒息于呱呱坠地之时；可是，对于已经流行的观点，即使有弊病也很难纠正。贝佛里奇在列举科学史上许多这样的事例后说：“人具有一种‘对新设想的抗拒心理’。”席勒在谈到这种抗拒心理时甚至这样说：“这种惰性可被列为大自然的一项基本‘法则’。”

形成这种思维“惰性”的心理因素有三个。一是因循守旧。人脑有一种依据业已流行的传统观念，而不是依据面前的新情况作判断、论是非的强烈倾向。当普朗克实际上已经冲破经典物理学框框，提出量子假说，向着微观世界迈步时，他却“作茧自缚”，仍然抱着传统的观念不放，力图把自己的新理论纳入经典物理学的轨道，结果徒劳无益。而爱因斯坦正是敢于冲破传统观念的束缚，把普朗克的量子概念推广到光的辐射和吸收上，创立了光的量子学说，在历史上第一次揭示了微观客体的波粒二象性。二是迷信权威。伽利略发现的“摆动定律”和“落体定律”，所以遭到那么多人的讥笑和反对，就是因为他推翻了被奉为权威的亚里斯多德的“摆幅短，需时少”和“重者下落快、轻者下落慢”的错误观点。为此，伽利略深有感触地说：“这些人甘心情愿做亚里斯多德的奴隶，把他的什么话都奉为圣旨，一点不能违反。”三是怕犯错误。德国化学家维勒在从无机原料合成有机尿素后，却在有机化学面前却步了。其原因，在他给老师的信里说得很清楚：有机化学就像是一片"原始热带森林"，是"一片狰狞的、无边无际的、使人没法逃得出来的丛莽，也使人非常害怕走进去"。看来，正是胆怯和害怕出错扼杀了维勒的创造性思维，使他畏缩不前了。我国著名的地质学家李四光说得好："科学的存在全靠它的新发现，如果没有新发现，科学便死了！"扼杀了创造性思维，也就扼杀了科学的发展。

经济体制改革是项开创性工作，要进行创造性思维，就要破除思维的"惰性"。倘若只会顺着权威的思路和传统的观念去想，只会进行再生性的和习惯性的思维，那么我们的事业就不可能有开拓和进展。唯有跳出前人的思维窠臼，破除因循守旧、迷信权威、害怕出错等"惰性"心理，才能充分发挥思维的能动性，使创造性思维的灿烂花朵盛开，结出丰硕的果实。

（选自《语文读本》第五册第 17 课，武汉市教科院编著）

1. 下列对"思维惰性"这一概念内涵的理解正确的一项是 （　　）

A. 人类思维常常会具有落后于实践而限制新事物发展的心理特征。

B. 人类思维具有能动性和创造性，它能透过事物的现象认识它的本质，把握它的发展规律，从而预见未来。

C. 人具有一种"对新设想的抗拒心理"，"这种惰性可被列为大自然的一项基本'法则'"。

D. 人类的思维还能能动地指导实践，成为改造自然和社会的巨大物质力量。

【考点解析】：理解文中重要概念的含义

2. 下列理解不符合原文意思的一项是 （　　）

A. 作者精辟指出了人类容易产生思维惰性的三个主观原因——因循守旧、迷信权威、怕犯错误。

B. 本文充分发挥敢于质疑的精神，对"地球上最美的花朵"——人类思维惰性产生的心理原因进行了深入的剖析。

C. 作者鼓励人们打破传统和权威的思维桎梏，克服思维的"惰性"，让创造思维的花朵盛开。

D. 文中列举了古今中外的大量事例和著名人物的许多言论，内容翔实，深入浅出，却又无堆砌之感。

【考点解析】：筛选信息，归纳内容要点，概括中心思想

3. 根据原文提供的信息，下列推断正确的一项是 （　　）

A. 人类思维具有能动性和创造性，它能透过事物的现象认识它的本质，因而能自觉地控制思维"惰性"的产生。

B. 人类只要跳出前人的思维窠臼，破除因循守旧、迷信权威、害怕出错三种"惰性"心理，就能充分发挥好思维的创造性。

C. 人类思维常常超前于实践，又时时会落后于实践；既能指导实践，又限制新事物发展，所以人类难以驾驭。

D. 人脑中的固守现成流行的传统观念的倾向，使得人们无法对面前的新情况作出是非判断。

【考点解析】：根据文章内容进行推断想象

4. 作者说，人类的思维有保守性和"惰性"的一面。请分条概括其依据。

2.4.3 真题验证

【2014·自主命题卷(福建)】：

阅读下面的文字，完成 10～12 题。

阅历与读书

赵迎辉

①读书的过程中，我们都有这样的体会：同一本书，在不同的人生阶段阅读，往往会有不同的理解和感受。之所以如此，是因为阅历的缘故。有无阅历、阅历多少不仅影响着读书的倾向，某些时候甚至关系到读书的效果。

②阅历之所以会对读书产生深浅有别的影响，原因在于阅读并非是对作品的简单再现，而是一个积极主动的再创造过程，人生的经历与生活的经验都会参与进来。正如歌德所说的："阅历丰富的人读书时，常常是一只眼看到纸面上的话，另一只眼则留心看纸的背面。"生活阅历越丰富，越有助于人们对作品的全面理解和深刻把握。

③一般来说，一个人的生活阅历是不是丰富，往往与其年龄密切相关。随着年龄的增长，我们经历的人和事越来越多，获得的经验和教训也越来越多，对一些事物的看法逐渐由浅入深，由表及里，这时我们的阅历就会日趋丰富。不过这并不是绝对的。有的人年龄虽然不大，但却走过许多地方，经过诸多历练，体验过各种身份和角色，经历过复杂岗位的锻炼和艰苦生活的磨砺，这种经历同样可以让他拥有丰富的阅历。人既然不能任意拉长生命的长度，那么要想增加自己的阅历，就要努力拓宽生命的宽度。培根认为"用书之智不在书中，而在书外，全凭观察得之"，只有亲身体验，躬行践履，才能准确把握社会现实，不断提高理解能力，做到学以致用、知行合一，从而更加深入地领悟书中蕴含的寓意和韵味。

④然而阅历不等于经历。并不是说只要经历过的，就会自然而然地成为人们的阅历。经历只是一种经过，或走过，或听过，或看过，形成的是事物的表象，是感性的。而阅历则是一个人对社会、对事件的经历及理解程度，是在表象的基础上对经历进行思考、领悟、概括、提炼，是感性与理性的有机统一。

⑤读书增长阅历，阅历助益读书，但这并不意味着读书和阅历可以互相代替。人类发展的历史反复证明，读书和阅历都是获取知识的重要源泉，也是提高能力的必经之路，二者不可偏废。只有将读书和阅历紧密结合，既博览群书，又勇于实践，既潜心书本，又深入生活，并用阅读拓展阅历，以阅历深化阅读，才能做到读书和阅历相长、理论与实践结合，并在二者的相辅相成中更好地学习和工作。

（摘编自《学习时报》2013 年 10 月 28 日）

10. 下列对文章中"阅历"的理解，不符合原文意思的一项是　（　　）

A. 它与年龄相关，随着年龄的增长，经历的人和事增多，阅历自然而然地就会丰富。

B. 随着经历增多，经验和教训也增多，对事物的见解逐渐深入，阅历就会越来越丰富。

C. 阅历不等于经历，经历是一种经过，所形成的是事物的表象，它只是阅历的基础。

D. 在感性表象的基础上，对经历进行理性思考，这才形成感性与理性相统一的阅历。

11. 请根据文章内容，简述阅历与读书的关系。

12. 请简述文章②～④段的论述思路。

2.4.4 文学类文本阅读的命题规律

▲对归纳概括、审美（鉴赏表现手法）、探究能力的考查将成为试题的主体。

对与文学类文本阅读的高考命题，教育部考试中心早就提出要从知识立意向能力立意转向，注重对考生能力和素质的考查。随着 2001 年新的《语文课程标准》的颁布，高考语文现代文阅读试题在语文学科的科学测试上注重进行新的探索：增加了注重语表达能力和思维过程的开放性与灵活性的主观题的比重，突出了对能力的考查；更加注重考查学生的现代文阅读的积累、感悟和批判能力；加强对学生情感与价值观的引导。这些都与语文新课程改革的精神合拍。① 与之相应，归纳概括、审美（鉴赏表达手法）、探究能力的考查应成为试题的主体，鼓励学生发表有创新意识的见解。

对现代文阅读的考查，主要看学生是否读懂了一篇或一段现代文阅读，在读懂的基础上进一步考查学生是否将所读内容内化为自己的东西、是否读出了自己的见解，对这种见解的高下还可进行进一步的区别，以鉴别学生不同的现代文阅读素养。现代文阅读命题所选材料还应强调人文精神，结合社会热点、焦点问题，引导学生关注国家、人类和世界的命运，重视实际，强调人与自然、社会协调发展的现代意识。这些规律都在历年真题中有所体现。详见以下历年真题考点统计表。

①成正全. 高考语文现代文阅读命题研究[D]. 上海：华东师范大学，2006.

2.4.4.1 **归纳概括**

历年真题考点统计

年份	地区	真题
2006	全国Ⅰ	17.联系全文,概括写出本文的主旨。
2007	湖北	19.简要概括本文女主人公的形象特点与文章主旨。
2008	上海	11.概括本文的语言风格,联系文章主要内容进行赏析。
2009	全国Ⅱ	16.作者坚信岳桦与白桦是迥然不同的,他的主要理由是什么?请根据文意作简要概括。
2010	湖南	18.概述文章所表现的荷之美。
2011	新课标卷	11.(1)下列对小说有关内容的分析和概括,最恰当的两项是
2012	四川	15.第3自然段主要叙述了什么内容?这些内容在全文结构中的作用是什么?
2013	北京	19.作者从湖光山色中感受到西湖的哪些特点?

2.4.4.2 **鉴赏表现手法**

历年真题考点统计

年份	地区	真题
2006	上海	10.第二次偶遇写得很有感染力,请指出其中运用的两种写作手法并举例说明。
2007	全国Ⅱ	17.为了表现海南岛古今的巨大变化,文章多处使用了对比手法,请加以分析。
2008	北京	18.请仔细体会第三段结尾的一句话:“它来得是那么神速,将我那模糊的季节感惊醒了。”回答下面问题。②作者使用了“惊醒”一词,好在哪里?
2009	江苏	13.本文写的是都江堰,但不以描写见长,请具体说明它在艺术表现上有哪些特色。
2010	山东	19.第一段中划线部分突出的语言特色是什么?请举例分析。
2011	安徽	13.(1)对小说中画线①处的人物语言进行赏析。
2012	四川	16.第6自然段的画线句子运用了反复的修辞手法。请结合文章内容赏析其表达效果。
2013	辽宁	12.(2)本文第⑥自然段有何作用?请简要分析。

2.4.4.3 **开放性、探究性题目**

参照《语文课程标准》三维目标的划分,高考对现代文阅读的考查不仅考查知识与能力,还应从过程与方法、情感态度与价值观两个角度展开考查。“探究性、开放性试题”应成为高考语文现代文阅读试题的一部分,这类题没有标准答案,关键看考生是否言之有物、言之成理,是否有独创的见解,能承担起对学生的语文素养进行全面考查的重任。

《2008普通高等学校招生全国统一考试(江苏卷)说明》解释为:“探究,指探讨疑点难点,有所发现和创新。”在选考部分的能力陈述中,将“探究”能力细化为:“从不同角度和层面发掘作品的丰富意蕴;探讨文本反映的人生价值和时代精神;对作品进行个性化阅读和有创意的解读;探究文本反映的人生价值和时代精神;对作品进行个性化阅读和有创意的解读;探究文本中的疑点和难点,提出自己的见解。”综合起来,此类题型可以从评价探究和创新探究两种角度考查,这也意味着试题的思辨性、开放性逐步增大。

从2007年高考开始,在全国范围内高考的能力要求都新增了“探究”一项,注重对学生的探究能力和探究精神的培养成为新课标的最大亮点。新课改高考必然会对学生的探究性能力进行考查。这一些新课改理念和精神,在江苏、上海近几年的试题中都得到了有效体现,整体上是值得肯定的。这与新考纲的要求是基本吻合的。尤其是《新考纲》在第二部分“考试能力要求”中,增加了能力层级F,即“探究”。从以下几套考题的文学类阅读文本和实用类阅读文本所罗列的考点来看均有体现。而且是基于对“作品”和“文本”自身的探究,即围绕“作品”和“文本”内部方面去探究。

2008、2009江苏的试卷命题就体现这一能力要求:2008年江苏卷第15题“小说题为‘侯银匠’,但写侯菊的文字多，请结合全文探究作者这样安排的理由。”2009 年江苏卷第 14 题“请探究都江堰蕴含了‘上善若水’的哪几层深意?”都属于这类题型。这类试题能引领考生迅速地将思维的触角深入到阅读鉴赏的审美过程之中，将自己的聪明才智挥洒在阅读欣赏的有效劳动过程中，是对新课程目标的落实，是对新课改理念的实践。新课标高考试题试卷的变化是与新课标精神有一一对应关系的，两者是相互呼应，互为补充的。

在阅读材料的选择上，除选择文质兼美者的文学作品外之外，也可适当选一点瑕瑜互见的文段，引导学生纠正不正确的观点或改写原文；在题干设置上，可改变叙述人称为“你”，体现对考生的人文关怀，同时又把学生的主体地位表现出来，显得没有为难考生的意思；在题干、题肢的设置上，尽可能降低审题难度，而凸现对语文学习的核心内容的考查，这样，内涵也显得“大器”，给考生自己留给更广阔的施展空间；在答案设置上，考虑文学作品欣赏的特殊性——形象大于思维，利用题干设置引导学生探索如何从多角度有创意地开展阅读，以拓展思维空间。详见历年真题考点统计。

历年真题考点统计

年份	地区	真题
2007	上海	12. 文末说“不，不仅是一种享受……”，请续写一段 80 字左右的文字。
2008	江苏	15. 小说题为“侯银匠”，但写侯菊的文字多，请结合全文探究作者这样安排的理由。
2009	安徽	14. 这篇小说意蕴丰富，给人以多方面的启迪。请结合作品，分别对下面两个问题进行探究。
2010	山东	22. 你认为本文的主要人物是哪一个？请结合文本说明理由。
2011	安徽	14. 小说的结尾部分，写了从来没喝过酒的巴尔塔萨喝得酩酊大醉，这样安排有什么作用？根据小说，请从两个不同的角度谈谈你的见解。
2012	四川	17. 这篇文章有人认为重在写柴禾、有人认为重在写人、你赞成哪种看法，请说明理由。
2013	安徽	14. 第⑦段称赞齐白石的“见识与魄力”，其实，作者当时根据自己对社会发展变化的观察与思考写成的这篇文章，同样显示了他的“见识与魄力”。请结合文本，从两个方面谈谈作者的“见识与魄力”。

2.4.5 模拟题型

◆TPS 模拟题(详见 TPS 系统切片 L—P6T04S0EL—C002)

阅读下文，回答问题。

我的母校，我的梦

竹　林

那面镜子，我是经常梦见的。

即使在梦中，我也知道，这面长方形的镜子，镶嵌在教学大楼的入口处，它又大又明亮，像最忠实的哨兵，恭候每个早晨蜂拥而来的莘莘学子。老校长说，当你们走进校门的时候，你们要照一照镜子，看看镜子里的你，头发乱不乱，纽扣系好了没有，衣着是不是很整洁，脚上的鞋带有松弛吗？如果因为匆忙，你在某个细节上有所疏忽，那么镜子会告诉你。你整理好自己，带着美的仪表、美的心灵走进教室，那么你的一天是美好的，你的未来也将是美好的。

老校长穿一件浅色带条纹的薄呢大衣，头发一丝不苟地向后梳去，有着那个时代罕见的儒雅风度。他似乎已经很老了，可是他让我们如沐春风。

镜子里的这个女孩一天天长高，她腼腆而羞涩，没有什么好衣服穿，但无师自通地学会了缝补破洞，用装满热水的茶杯熨烫洗过的衣服，她永远是干干净净的。

我看着她，有时会有一些疑惑：她真的是我吗？

是的，那个目光清澈，白皙娇嫩的女孩何以会是我？也许她是从别的地方飘来的一朵云，因为老校长的召唤，她走进镜子做了我的影像。

既然如此，那么我也可能是她的影像。

霍金先生说，我们是生活在一张膜上，也许这膜就是一张全息图。这样，我也许就是另外的宇宙投射在本宇宙的影子了。

那么镜子呢？呵呵，镜子也许是一径朦胧的小路，一条神秘的时空隧道，它维系着现实和梦想，过去和未来，我们的天空和别人的天空。

镜子被覆盖，无疑是一场大灾难。在镜子被覆盖的日子里，几乎所有的走廊和墙壁都贴满了大字报，所以镜子也不能幸免。

没有了镜子的警示，我们的眼睛受到了蒙蔽，我们年轻的心被邪恶的力量诱惑着。已经不上课了，学生的主业是“革命造反”。

一天，某个造反派组织让我们几个无缘戴上红袖章的同学在一张大字报上签名，这真让人感到受宠若惊。

我展开大字报一看，是批判教英语的张先生的。张先生是解放前的教会学校毕业的，一口的英式英语，人很洋气，说话又嗲声嗲气，确实有点“资产阶级少奶奶”的派头。而且，张先生并不特别喜欢我，她喜欢的是一个工人阶级出身的女孩，那女孩口语特别棒，上课回答问题，镇得我们一愣一愣的。

可是，因为这样我就应该批判她吗？我把询问的目光投向了琴。她过去是班长，虽然现在也落难了，可我还是习惯听她的。琴说，让我回去考虑一下好吗？于是我也顺势推舟，对对，回去考虑一下。

第二天一早，那个组织的头头问我考虑得怎么样。我的心怦怦乱跳，只见琴从课桌后转过脸来，沉稳地说，我昨天一夜没睡着觉，想了一夜，我想我不能签这个名。我突然松了一口气，赶紧说我也不签。就在这个瞬间，我突然明白，我们的镜子，它还在；它在我们的心中，依然明亮。

进入市西中学后的第一节作文评讲课，先生的脸色十分严肃，他说我非常遗憾地告诉大家，全班只有三个5分。

接着他开始讲评。我好紧张，我全神贯注竖直了耳朵，希望能从中得到自己能够胜出的蛛丝马迹。

可是没有，他表扬一篇从缠毛线中得到启示的作文，那不是我写的。而且，先生的脸冷冷的，似乎再也没有朝我看一眼。

我暗暗叫苦，惨了惨了！

本来，这里强手如林，别的功课上差一点，我是心安理得的。可败在作文上，打击太大了。

14岁的孩子不懂得掩饰自己，只怕当时的表情比哭还难看。

作文本从前面的座位依次往下传，我的心怦怦乱跳。

翻开本子的时候，心还在跳。可突然间，我咧开嘴，克制不住地笑出了声——我看见一个大大的、红红的、非常好看的“5”出现在我写的那篇作文上面。还有评语，很简单的两个字：真挚！

我抬起头，一脸傻笑地去望先生，发现自己刚才纯属多心。先生乌黑的眼珠里闪着惯有的微笑，跟这样的目光接触，心一下子就温暖起来了；一种被欣赏、被宠爱的快乐，会荡漾在心头。以致每次看到先生时都忍不住要笑。有一次先生批评我，笑，笑，吃饱笑药啦？

可是暖暖的笑意也在先生的眼眸里闪动。

回想起来，中学那几年是我一生中笑声最多的日子，仿佛把一生的笑都挥霍掉了，以后，就很难得了。

不过，也许正因为有着这样的笑支撑着我，使我即使在哭的时候也不会绝望。

在自己生活中那些最不堪的日子里，我总是在现实和梦境间的这一条朦胧小路上徘徊。常常分不清哪是梦，哪是现实。

镜子里的世界有别样的朴素，别样的恬美；因为喜欢，它又变得美轮美奂。

有一首诗，我从镜子里寄给了泰戈尔：“穿过岁月的帷幕/我来到你的面前/在没有我的世界/我与你接吻/吻你的思想/吻你的灵魂/吻你火焰一样/飘动的头发……”

我从不怀疑天堂的邮路有阻，因为早在市西的校园里，我已经收到了诗人从春天的财富里为我采摘的鲜花，从天空的云彩里为我滤下的辉煌金影。

所以，我现在是诗人亲手创办的那所被称为“和平之院”的学校的女教师。我从神圣的恒河里出浴，挽起了湿漉漉的长发。我在老榕树的浓影下授课，我和我的学生们的声音，有如天籁，来来回回穿越，诗人颤动的唇，和那神奇妙曼的多维空间，最后定格在——我母校的镜子里。

哦，市西中学，我的母校，我的梦！

1. 文章以“镜子”开篇，并贯穿全文。下面两句话中“镜子”的含义有什么不同？

2. 请从语言表达的角度对文中“那个目光清澈，白皙娇嫩的女孩何以会是我？也许她是从别的地方飘来的一朵云，因为老校长的召唤，她走进镜子做了我的影像”这段话进行评析。

【考点解析】：鉴赏表现手法

3. 作者在文中深情回忆了中学时代的三件往事。请用简洁的语言概括这三件事的内容，并说明这些事对作者的人生所产生的积极影响。

【考点解析】：分析概括

4. 作者把一首诗“从镜子里”寄给了印度文学大师泰戈尔，渴望与大师进行穿越时空的心灵交流，这是源于作者在中学时代从泰戈尔的作品中得到的“鲜花”和“辉煌金影”。除泰戈尔外，哪一位文学大师能带给你这样的美好体验和深层思考？请结合其作品，谈谈你的体验和思考。（不少于 60 字）

【考点解析】：开放性、探究性题目

◆《高分策略》模拟题

（详见《高分策略》第 110 页）

三、阅读下面文字，回答 1～4 题。

光明在低头的一瞬

俄罗斯的教堂，与街头随处可见的人物雕像一样多。雕像多是这个民族历史中各个阶层的伟大人物。大理石、青铜、石膏雕刻着的无一不是人物肉身的姿态，其音容笑貌，在各色材质中如花朵一样绽放。至于这躯壳里的灵魂去了哪里，只有上帝知道了。

莫斯科与圣彼得堡那几座著名的东正教堂，并没有给我留下太美好的印象，因为它们太富丽堂皇了。五彩壁龛中供奉的圣像无一不是镀金的，圣经故事的壁画绚丽得让人眼晕，支撑教堂的柱子也是描金钩银，充满奢华之气。宗教是朴素的，我总觉得教堂的氛围与宗教精神有点相悖。

即使这样，我还是在教堂中领略到了俗世中难以感受到的清凉与圣洁之气。比如安静地在圣洗盆前排着长队等待施洗的人，在布道台上神情凝重地清唱赞美诗的教士。但是这些感动与我在一座小教堂中遇见扫烛油的老妇人相比，就微不足道了。

莫斯科的东南方向，有一座被森林和草原环绕的小城——弗拉基米尔，城边有一座教堂，里面有俄罗斯大画师安德烈·鲁勃廖夫的壁画作品。我看过关于这位画师的传记电影，所以相逢他的壁画，有一种惊喜的感觉。教堂里参观的人并不多，我仰着脖子，看安德烈·鲁勃廖夫留在拱顶的画作。同样是画基督，他的用色是单纯的，赭黄占据了大部分空间，仿佛又老又旧的夕照在弥漫。人物的形态如刀削般直立，其庄严感一览无余，是宗教类壁画中的翘楚。我在心底感叹：毕竟是大画师啊，敢于用单一的色彩、简约的线条来描绘人物。

就在我收回目光，满怀感慨低下头来的一瞬，我被另一幅画面所打动了：有一位裹着头巾的老妇人，正在安静地打扫着凝结在祭坛下面的烛油！

她起码有六十岁了，她扫烛油时腰是佝偻的，直身的时候腰仍然是佝偻的，足见她承受了岁月的沧桑和重负。她身穿灰蓝色的长袍，戴蓝色的暗花头巾，一手握着把小铁铲，一手提着笤帚，脚畔放着盛烛油的撮子，一丝不苟地打扫着烛油。她像是一个虔诚的教徒，面色白皙，眼窝深陷，脸颊有两道深深的半月形皱纹，微微抿着嘴，表情沉静。教堂里偶尔有游客经过，她绝不张望一眼，而是耐心细致地铲着烛油，待它们聚集到一定程度后，用笤帚扫到铁铲里，倒在撮子中。她做这活儿的时候是那么虔诚，手中的工具没有发出一声刺耳的响声，她大概是怕惊扰了上帝吧——虽然说几个世纪以来，上帝不断听到刀戈相击的声音，听到枪炮声中贫民的哀号。

我悄悄地站在老妇人的侧面，看着祭坛，看着祭坛下的她。以她的年龄，还在教堂里做着清扫的事务，其家境大约是贫寒的。上帝只有一个，朝拜者却有无数，所以祭坛上蜡炬无数。它们播撒光明的时候，也在流泪。从祭坛上蜂飞蝶舞般飞溅下来的烛泪，最终凝结在一起，汇成一片，牛乳般润泽，琥珀般透明，宛如天使折断了的翅膀。老妇人打扫着的，既是人类祈祷的心声，也是上帝安抚尘世中受苦人的甘露。

如果我是个画家就好了，我会以油画，展现在教堂中看到的这一幕令人震撼的情景。画的上部是安德烈·鲁勃廖夫的壁画，中部是祭坛和蜡烛，下部就是这个扫烛油的老妇人。如果有列宾在世就好了。这个善于描绘底层人苦难的伟大画家，会把这个主题表达得深沉博大，画面一定充满辛酸而又喜悦的气氛。

这样一个扫烛油的老妇人，使弗拉基米尔之行变得有了意义。她的形象不被世人知晓，也永远不会像莫斯科街头伫立的那些名人雕像一样，被人纪念着，拜谒着。但她的形象却深深地镌刻在了我心中！镌刻在心中的雕像，该是不会轻易消失的吧？

我非常喜欢但丁在《神曲》的《天堂篇》中的几句诗，它们像星星一样闪耀在结尾《最后的幻象》中：

无比宽宏的天恩啊，由于你
我才胆敢长久仰望那永恒的光明，
直到我的眼力在那上面耗尽！

那个扫烛油的老妇人，也许看到了这永恒的光明，所以她的劳作是安然的。而我从她身上，看到了另一种永恒的光明：

光明的获得不是在仰望的时刻，而是于低头的一瞬！

（有删改）

1. 作者为什么说莫斯科与圣彼得堡著名的东正教堂“并没有给我留下太美好的印象”？

【考点解析】：分析概括

2. 根据上下文，解释文中画线短语或句子的含意。

（1）辛酸而又喜悦

（2）光明的获得不是在仰望的时刻，而是于低头的一瞬！

3. 本文对比手法的运用巧妙，请结合文章内容简要赏析。

【考点解析】：鉴赏表现手法

4. 请综合全文，谈谈你对本文标题含义的理解。

【考点解析】：开放性、探究性题目

◆《高考预测卷》模拟题

（详见《高考预测卷》专题十二文学类文章阅读预测卷第1页）

一、阅读下面的作品，完成1～4题。

雷雨前[①]

茅　盾

（一）

（1）清早起来，就走到那座小石桥上。摸一摸桥石，竟像还带点热。昨天整天里没有一丝儿风。傍晚响了一阵子干雷，也没有风，这一夜就闷得比白天还厉害。天快亮的时候，这桥上还有两三个人躺着，也许就是他们把这些石头又困得热烘烘。

(2)满天里张着个灰色的幔②,看不见太阳。然而太阳的威力好像透过了那灰色的幔,直逼着你头顶。

(3)河里连一滴水也没有了,河中心的泥土也裂成乌龟壳似的。田里呢,早就像开了无数的小沟,——有两尺多阔的,你能说不像沟么?那些苍白色的泥土,干硬得就跟水门汀差不多。好像它们过了一夜工夫还不曾把白天吸下去的热气吐完,这时它们那些扁长的嘴巴里似乎有白烟一样的东西往上冒。

(4)站在桥上的人就同浑身的毛孔全都闭住,心口泛淘淘,像要呕出什么来。

(二)

(5)这一天上午,天空老张着那灰色的幔,没有一点点漏洞,也没有动一动。也许幔外边有的是风,但我们罩在这幔里的,把鸡毛从桥头抛下去,也没见它飘飘扬扬踱方步。就跟住在抽出了空气的大筒里似的,人张开两臂用力行一次深呼吸,可是吸进来只是热辣辣的一股闷。

(6)汗呢,只管钻出来,钻出来,可是胶水一样,胶得你浑身不爽快,像结了一层壳。

(7)午后三点钟光景,人像快要干死的鱼,张开了一张嘴,忽然天空那灰色的幔裂了一条缝!不折不扣一条缝!像明晃晃的刀口在这幔上划过。然而划过了,幔又合拢,跟没有划过的时候一样,透不进一丝儿风。一会儿,长空一闪,又是那灰色的幔裂了一次缝。然而中什么用?

(8)像有一只巨人的手拿着明晃晃的大刀在外边想挑破那灰色的幔,像是这巨人已在咆哮发怒越来越紧了,一闪一闪满天空瞥过那大刀的光亮,隆隆隆,幔外边来了巨人的愤怒的吼声!

(9)猛可地闪光和吼声都没有了,还是一张密不通风的灰色的幔!

(10)空气比以前加倍闷!那幔比以前加倍厚!天加倍黑!

(11)你会猜想这时那幔外边的巨人在揩着汗,歇一口气;你断得定他还要进攻。你焦躁地等着,等着那挑破灰色幔的大刀的一闪电光,那隆隆隆的怒吼声。

(12)可是你等着,等着,却等来了苍蝇。它们从龌龊的地方飞出来,嗡嗡嗡地,绕住你,叮你的涂一层胶似的皮肤。戴红顶子像个大员模样的金苍蝇刚从粪坑里吃饱了来,专拣你的鼻子尖上蹲。

(13)也等来了蚊子。哼哼哼地,像老和尚念经,或者老秀才读古文。苍蝇给你传染病,蚊子却老实要喝你的血呢!

(14)你跳起来拿着蒲扇乱扑,可是赶走了这一边的,那一边又是一大群乘隙进攻。你大声叫喊,它们只回答你个哼哼哼,嗡嗡嗡!

(15)外边树梢头的蝉儿却在那里唱高调:"要死哟!要死哟!"

(16)你汗也流尽了,嘴里干得像烧,你手里也软了,你会觉得世界末日也不会比这再坏!

(三)

(17)然而猛可地电光一闪,照得屋角里都雪亮。幔外边的巨人一下子把那灰色的幔扯得粉碎了!轰隆隆,轰隆隆,他胜利地叫着。胡——胡——挡在幔外边整整两天的风开足了超高速度扑来了!蝉儿噤声,苍蝇逃走,蚊子躲起来,人身上像剥落了一层壳那么一爽。

(18)霍!霍!霍!巨人的刀光在长空飞舞。

(19)轰隆隆,轰隆隆,再急些!再响些吧!

(20)让大雷雨冲洗出个干净清凉的世界!

(选自选修教材《现代散文选读》)

[注]①文发表于1934年,九一八事变之后。②幔:原指为遮挡而悬挂起来的布、绸子、丝绒等。

1.请简要分析文章前三小节景物描写的表达特色。

【考点解析】:分析概括

2.文章在描写幔外"巨人"后,插入了"苍蝇""蚊子""蝉儿"的描写,这样写有什么作用?

【考点解析】:鉴赏表现手法

3.文章最后一部分写法上的突出特点是"照应缜密,收束有力"。它的每个句子都照应了前文,堪称篇末缩结全文的范例。请以第17小节为例，找出与该段中每句相照应的句子，任意找出四处即可。

4.作者通过描写“雷雨前”的种种景象，寄寓了丰富的情感，请联系全文以及写作背景予以探究。

【考点解析】:开放性、探究性题目

2.4.6 真题验证

【2014·全国新课标卷Ⅰ】:

11.阅读下面的文字，完成(1)～(4)题。

古渡头

叶　紫

太阳渐渐地隐没到树林中去了，晚霞散射着一片凌乱的光辉，映到茫无际涯的淡绿的湖上，现出各种各样的色彩来。微风波动着皱纹似的浪头，轻轻地吻着沙岸。

破烂不堪的老渡船，横在枯杨的下面。渡夫戴着一顶尖头的斗笠，弯着腰，在那里洗刷一叶断片的船篷。

我轻轻地踏到他的船上，他抬起头来，带血色的昏花的眼睛，望着我大声说道：

“过湖吗，小伙子?”

“唔，”我放下包袱，“是的。”

“那么，要等到明天啰。”他又弯腰做事去了。

“为什么呢?”我茫然地，“我多给你些钱不能吗?”

“钱? 你有多少钱呢?”他的声音来得更加响亮了，教训似的。他重新站起来，抛掉破篷子，把斗笠脱在手中，立时现出了白雪般的头发，“年纪轻轻，开口就是‘钱’，有钱就命都不要了吗?”

我不由得暗自吃了一惊。

他从舱里拿出一根烟管，饱饱地吸足了一口，接着说：“看你的样子也不是一个老出门的。哪里来的呀?”

“从军队里回来。”

“军队里? ……”他又停了一停，“是当兵的吧，为什么又跑开来呢?”

“我是请长假的。我妈病了。”

“唔! ……”

两个人都沉默了一会儿，他把烟管在船头上磕了两磕，接着又燃第二口。

夜色苍茫地侵袭着我们的周围，浪头荡出了微微的合拍的呼啸。我的心里偷偷地发急，不知道这老头子到底要玩什么花头。于是，我说：

“既然不开船，老人家，就让我回到岸上去找店家吧!”

“店家，”老头子用鼻子哼着，“年轻人到底不知事。回到岸上去还不同过湖一样的危险吗? 到连头镇去还要退回七里路。唉! 年轻人……就在我这船中过一宵吧。”

他擦着一根火柴把我引到船艘后头，给了我一个两尺多宽的地方。好在天气和暖，还不至于十分受冻。

当他再擦火柴吸上了第三口烟的时候，他的声音已经和缓多了。我躺着，一面细细地听着孤雁唳过寂静的长空，一面又留心他和我谈的一些江湖上的情形，和出门人的秘诀。

“……就算你有钱吧，小伙子，你也不应当说出来的。这湖上有多少歹人啊! ……我欢喜你这样的孝顺孩子。是的，你的妈妈一定比我还欢喜你，要是在病中看见你这样远跑回去。只是，我呢? ……我，我有一个桂儿。你知道吗? 我的桂儿，他比你大得多呀! 你怕不认识他吧? 外乡人……那个时候，我们爷儿俩同驾着这条船。我给他收了个媳妇……”

“他们呢?”

“他们？那一年，北佬来，你知道了吗？北佬打了败仗，从我们这里过，我的桂儿给北佬兵拉着，要他做伕子。桂儿，他不肯，脸上一拳！我，我不肯，脸上一拳！……小伙子，你做过这些个丧天良的事情吗？……

“小伙子！你看，我等了一年，我又等了两年，三年……我的儿媳妇改嫁给卖肉的朱胡子了，我的孙子长大了。可是，我看不见我的桂儿，我的孙子他们不肯给我……他们说：‘等你有了钱，我们一定将孙子给你送回来。’可是，小伙子，我得有钱呀！

“结冰，落雪，我得过湖；刮风，落雨，我得过湖……

“年成荒，捐重，湖里的匪多，过湖的人少，但是，我得找钱……

“小伙子，你是有爹妈的人，你将来也得做爹妈的。我欢喜你，要是你真的有孝心，你是有好处的，像我，我一定得死在这湖中。我没有钱，我寻不到我的桂儿，我的孙子不认识我，没有人替我做坟，没有人给我烧纸钱……我说，我没有丧过天良，可是天老爷他不向我睁开眼睛……”

他逐渐地说得悲哀起来，终于哭了，不住地把船篷弄得呱啦呱啦地响；他的脚在船舱边下力地蹬着。可是，我寻不出来一句能够劝慰他的话，心头像给什么东西塞得紧紧的。

外面风浪渐渐地大了起来，我翻来覆去地睡不着，他也翻来覆去地睡不着。

可是，第二天，又是一般的微风，细雨。太阳还没有出来，他就把我叫起了。他的脸上丝毫看不出一点异样的表情来，好像昨夜间的事情，全都忘记了。

我目不转睛地瞧着他。

“有什么好瞧呢？小伙子！过了湖，你还要赶你的路程呀！”

离开渡口，因为是走顺风，他就搭上橹，扯起破碎风篷来。他独自坐在船艘上，毫无表情地捋着雪白的胡子，任情地高声朗唱着：

我住在这古渡前头六十年。

我不管地，也不管天，

我凭良心吃饭，我靠气力赚钱！

有钱的人我不爱，无钱的人我不怜！

……

（有删改）

(1)下列对作品有关内容的分析和概括，最恰当的两项是　　(　　)(　　)

A. 作品以抒情的笔调叙述了渡夫的人生遭遇和心灵世界，反映了动荡不安的现实，表达了作者对底层劳动人民的同情和对当时社会的不满。

B. 渡夫不愿马上开船送我过湖，还教训我：“年纪轻轻，开口就是‘钱’，有钱就命都不要了吗？”这让我暗自吃惊，因为我担心他谋财害命。

C. 渡夫没有让我回到岸上去，而是让我在他船里过一宵，因为他看我太年轻，怕我遇到不测，想告诉我一些江湖上的情形和出门在外的经验。

D. 渡夫在船里把他儿子桂儿被北佬抓做伕子的事情告诉我，这一方面表达他对我孝顺母亲的赞赏和羡慕之情，一方面表达他失子之后的孤独和忧虑。

E. 第二天一早，我被渡夫叫起来之后，目不转睛地瞧着他，发现他的脸上没有什么异样的表情，想知道他为什么把昨夜的事情全都忘记了。

(2)作品中的渡夫有哪些性格特点？请简要分析。

(3)作品是怎样叙述渡夫的故事的？这样写有什么好处？请简要分析。

(4)作品为什么以渡夫的任情高歌为结尾？结合全文，谈谈你的看法。

【2014·自主命题卷(浙江)】:

阅读下面的文字,完成11~15题。

走　眼

王伟锋

老街两边,一溜儿开有十多家古玩店。"珍宝斋"的门店在老街的最里面。老板姓赵,做这一行已经有20多年了。赵老板内行,眼力好。据说,好东西只要打他眼前一过,没有看走眼的。

一次,老街有家店收了一件钧瓷,吃不准货色。半条街的人都看过了,但谁也不敢拍板下结论。店主亲自出马,恭恭敬敬地请赵老板赏脸,过去给看一眼。赵老板热心,当即过去,反复把玩了,淡淡地说:"收着。"

店主心中一喜,禁不住颤声问:"能收?"

赵老板朗声道:"能收!"后来,那件钧瓷出手,价钱竟然翻了10倍。自此,赵老板声名日隆。

但是,新近开张的"云芳斋"的李老板却偏不信这个邪。李老板的店原本开在省城,不知怎么一时兴起,在小镇开了一家分店。他初来乍到,想干一件露脸的事,好在老街尽快站稳脚跟。

这天,"珍宝斋"来了个外乡人。看打扮,像是落难之人。一进店,那人便掏出一个精巧的盒子,说盘缠儿不够了,身上有块玉,想换俩钱花。伙计打开盒子,一看,心里一惊,赶忙一溜小跑,把正在后院竹椅上闭目养神的赵老板请了过来。

赵老板拿过那盒子,看了一下玉,又盖上盒子,端详良久,问卖家:"想淘换多少钱?"

卖家说:"少说也得这个数。"说着,伸出五根手指。

赵老板不语,站起身来,踱了几步,站定,对着卖家伸出了三根手指。

卖家摇摇头,固执地伸出五根手指,神色凝重地说:"这可是家传的宝贝,低于这个数,免谈。"

"收了。给客人添茶。"赵老板微微皱了皱眉头,不动声色地吩咐道。客人走后,赵老板拿了盒子,低声嘱咐了伙计几句,然后不紧不慢地踱着方步,回后院品茶去了。

卖家出了古玩街,在镇上拐了几个弯,又勾回头,一闪身进了"云芳斋"的后院。伙计远远地看得仔细,回来向赵老板汇报。赵老板低头沉思良久,叹了口气,说:"这个李老板,不怎么地道啊!"

隔天,李老板和街上的几个店主来到"珍宝斋",进门便嚷:"听说贵店新近收了件好东西,拿出来,让大家开开眼!"

赵老板拱手道:"小玩意儿而已,不值一提。"见赵老板不肯拿出玉,李老板暗自得意,忍不住大声嚷嚷:"赵老板,您不让我们开眼,莫非您这一次走了眼,收了个扔货?"

赵老板干咳一下,默不作声。李老板愈发得意起来:"呵呵,想不到,老街赫赫有名的赵老板,也有看走眼的时候。"

这可关系到"珍宝斋"的声誉,连伙计都急了,赵老板依旧笑而不答。

李老板恣意取笑一番之后,领着一群人得意洋洋而去。伙计实在忍不住了,说:"老板,您怎么一句话也不说啊?莫非咱们真的着了人家的道,收了个赝品?"

赵老板粲然一笑,说:"玉的确不怎么样,但盒子实实在在是个好东西。上等的古檀香木,名家雕刻的纹饰。你说,究竟是谁走眼了?"伙计明白过来,心里那块石头终于落了地。他不解地问:"既然如此,你为何不说,羞辱李老板一番呢?以其人之道,还治其人之身!"

赵老板长叹一声,说:"都在这个圈子里混饭吃,得饶人处,且饶人吧!"

一个月后,"珍宝斋"做成了一笔买卖,一个雕工精良的古檀香木盒子卖了个好价钱,整条老街都轰动了。

不久,老街的人发现,"云芳斋"的牌子在夜里悄悄摘掉了,店面转给了一个本地人。

(本文有删改)

11. 赵老板在鉴定钧瓷时,小说先用"淡淡",后用"朗声"来描写他的神态,反映了人物怎样的心理?

12.“买玉”情节中，作者使用了“欧·亨利笔法”，试做简要分析。
13.小说结尾处，李老板为什么会悄悄摘牌走人？
14.这篇小说为什么要用“走眼”做题目？
15.结合赵老板这一人物形象分析作品主旨。

【2014·自主命题卷(福建)】：

阅读下面的文字，完成13～15题。

祖 屋

农 人

祖屋，是我内心深处最鲜活的那一处，秘不示人，只怕她遭了风雨的侵蚀，抑或因晾在空气下而变质。在我心中，她由高大到矮小，由缤纷到简单，由喧嚣到沉寂，到后来一直缩进我的梦里，晶莹成了枕边的一颗泪珠。

在很长的时间里，祖屋是我的整个世界。或许是自第一次睁开眼睛，我便开始了探寻祖屋的秘密。接下来，便用小小的身躯，摸爬丈量着这个宅院……

祖屋的大门朝东南。所谓的大门，只是一个枝条编成的柴扉而已，柴扉上钉着小扣，上着一把几乎锈透了的老锁，其实只是做做样子。主屋是三间西屋，石头砌垒的底层墙上，土坯一直到顶，其上是用厚厚的黄草拍成的蓑衣似的草屋脊。正屋用细泥糊就的外墙面，被风雨侵蚀，一条条的细槽沟和窄缝遍布其上，斑驳着岁月的手艺。

祖屋中，正正当当四平八稳地摆着一张八仙桌。记事起，就觉得爷爷除去到院里纳凉、到地里干活之外，从来没有离开过这桌子右边——也被我们称为“上首”——他那把椅子。每年除夕夜，总是这样一幅场景：爷爷稳坐上首，爸爸、叔叔、哥哥、我和堂弟则围桌而坐，相互让菜、敬酒、劝酒，奶奶则带着她的儿媳们张罗忙活。

大桌子的旁边，是在农村被称为“憋来气”的上炉子，也是我印象里最暖的所在。冬天里，往炉边一凑，仿佛冻透了的手脚、冻得通红的鼻头和接近透明的耳朵瞬间被暖了过来，有时接过奶奶递来的煎饼，贴在炉壁上一烤，一股香气便悄悄弥漫开来。那被上炉子烙得焦黄的煎饼，至今烙在我的脑海里，抠都抠不掉……

呼吸着祖屋院子里几代人呼吸过的空气，踩着院子里叠了无数摞的几代人的脚印，我渐渐长大。祖屋却总是一副老成持重的模样。看起来同样一成不变的，是屋檐下的那个燕子窝。小学时，有一次放学回来，我同忙碌着的燕子有过一次对话，刚刚北归的它，身上还附着南方的暖意。我对燕子说，“佐罗先生，你好”，燕子瞅着我发愣，看来这家伙健忘，过了个冬天就把老朋友给忘了，“它不是你那只燕子了，这是它孩子，我认得”，奶奶在一旁边喂着鸡边对我说。噢，原来也是在变的。

那时候，无论上学还是上班，在外面游荡累了，总要回祖屋住上几天。每到清晨，爷爷奶奶便会在院子里说起话来。有时是催我们起床，有时则是云彩啦天气啦一些无关紧要的事情——原来他们只是需要一个话头来打破这农家院的寂静罢了。早上飘荡在祖屋院里或高或低的说话声，或许是我所有关于故乡的记忆中最难割舍的情愫。

后来，没有了人气养着的祖屋，再也打不起一点点精神来。就像当年我的祖父，坐在他那把咯吱作响的躺椅上，到最后老得连眼皮都不愿眨一下。没有悬念，一切都抵御不了岁月的磨洗。我的祖屋，虽然拼命挣扎着力图站直身子，拼命挣扎着不被风雨剥去最后一层外衣，拼命挣扎着给这个院落和世界留下最后一点记忆，但在一个风雨之夜，最终还是轰然倒下——这当然是父亲后来告诉我的。若干年下来，我觉得那轰然倒下的身影，一直实实在在地压在我心上。

现在，站在已无往日印迹的祖屋的院子里，思绪纷扬。一阵从岁月深处的角落里吹来的风，抚着我的耳朵，轻轻告诉我：“她也经常思念过去。”

（摘编自《人民日报》2013年7月13日）

13. 下列对作品的概括与分析,不正确的两项是 (　　)(　　)

A. 祖屋深藏在“我”的内心深处,“我”担心“她”被侵蚀或变质;祖屋曾是“我”的整个世界,“她”陪伴着“我”长大。

B. “一个枝条编成的柴扉”“石头砌垒的底层墙”“厚厚的黄草拍成的蓑衣似的草屋脊”,写出了祖屋的简朴、雅致与厚重。

C. 文中写祖屋里的八仙桌及发生在它周围的生活片段,点明“爷爷”在祖屋中的中心地位,表现了“我”家的和乐融洽。

D. 祖屋里的“土炉子”是“我”记忆中最温暖的地方,它既可取暖又可烙饼,用它烙的煎饼,深深地印在“我”的脑海里。

E. 文章生动描绘了祖屋形象,突出“她”的可亲可爱,借此强调“她”是“我”的精神支柱,“她”的倒塌令“我”失魂落魄。

14. 文中借“燕子窝”表达了“我”的什么情感?请简要说明。

15. 请根据文本,探析“她也经常思念过去”这句话的含意。

2.5 作文的命题规律

▲作文关注五大意识:人文意识、辩证意识、创新意识、文体意识、生本意识。

《2011年普通高等学校招生全国统一考试大纲的说明(课程标准实验版)》中明确指出考生要“能写论述类、实用类和文学类文章。”①高考作文命题内容依然多侧重人生感悟、人格教育、时代生活等。关注自然,关注生活,关注时代,依然是作文的终极目的。新课标,也在呼唤真性情、真感悟的文章。高考作文,既是对考生读写能力的考查,又是对考生认知水平和情感价值观的考查。

具体来说,一方面要夯实基础,全面训练,扎实推进。所谓基础,主要指五种表达方式的准确运用、基本文体的驾驭与把握、准确审题立意、快速布局谋篇与构思作文,此外,还包括规范的书写、正确运用标点符号、遣词造句、卷面整洁等。

近几年作文的分值出现了50分、60分、70分三种分值,几乎占据高考语文试题总分值半壁江山。它的重要性不言而喻,考生务必高度重视。

近几年的作文一般都会关注以下五大意识:人文意识、辩证意识、创新意识、文体意识、生本意识。

一、人文意识

高考作文不是纯知识技能的考查,同时也要关注学生的情感、态度和价值观。叶圣陶说道:“我们不能只思索作文的法度、技术等问题而不去管文字的原料——思想感情等问题,而应把育人训练贯穿于作文教学的全过程,从命题、指导到批改、讲评。命题要切合学生思想实际,有一定的针对性和教育性。”语文高考命题不仅要考查考生能否准确熟练地使用祖国语言文字进行阅读表达的能力,而且语文还是“人类文化的重要组成部分”,语文高考命题更为关注的是考生的思想道德素质、科学文化素质和语文素养。今年的高考也是在作文命题这方面迈出了可喜的一步,大部分都把思想性巧妙地蕴含在题目和材料之中,使学生在审题和作文过程中接受了一次思想道德的洗礼。②

二、辩证意识

高考作文命题往往涉及哲学观点,考查考生思维的深刻性和辩证性。如果能从哲学角度去分析材料,认识问题,就可以高屋建瓴、抓住事物的本质。掌握并运用辩证观点去分析解决问题,是提高我们认识问题的重要途径。唯物辩证法包括联系观、一分为二观、发展观、内外因结合观、对立统一观、量变质变

---

①中华人民共和国教育部.2011年普通高等学校招生全国统一考试大纲的说明(课程标准实验版).人民教育出版社,2011.

②赵明亮.高考作文命题的五种意识[J].新语文学习(中学教学),2010.2.

观等等。中学生认识肤浅、思维片面是突出的问题，说到底是没有掌握辩证思维的方法。透过纷繁复杂的表象准确地抽象出事物的本质是高考作文命题所要考查的一项基本能力。要辩证地说理，要全面分析事物的各个侧面以及事物之间的内在联系，抓住事物的主要矛盾和矛盾的主要方面，从而对事物作出正确的合乎事实的分析评价。考生一定要学会全面地看问题，避免其片面性；要学会发展地看问题，认识矛盾内部的联系和转化，避免思维僵化。①

三、创新意识

创造力的主要特点是：标新立异、独辟蹊径、常中出新、平中显奇。刘勰说："文律运周，日新其业，变则久，通则不乏。"这里的"变"主要指变换写作手法、变换写作素材、变换写作模式、变换选题角度和写作结构。李渔也说："才人所撰诗赋、古文与佳人所刺绣，无不随时更变，变则新，不变则腐；变则活，不变则板。"这是说写作应该时时创新，才有价值。苏霍姆林斯基曾把"鲜明的思想""活生生的语言"和"创造精神"称为科学的语文教学的三根支柱。"有创新"是指"见解新颖，材料新鲜，构思新巧，推理想象有独到之处，有个性色彩"②。高考作文在发展等级中设立"有创新"的条目，目的正是想通过一个侧面鼓励学生创造性作文。创新伴随着我们每个人的生活和工作，敢于去挑战，打破传统，善于捕捉稍纵即逝的灵感，让灵感结成丰硕的果实，让我们社会永远进步发展。纵观2011年全国高考作文命题，创新主要表现在思维方法、思想内容、语言形式等方面。③

四、文体意识

文体是文章的体式，关乎文章全局，是从文章表现形式上所作的界定。有的考生作文在文体上非驴非马，"四不像"，是会影响考试成绩的。今年多省作文的命题提示都要求必须写成议论文或记叙文，这其实就是在强调文体意识，暗示教师在平时作文教学中应"严格要求文体规范"。在考试时，考生应根据题目或材料的要求确定好自己作文的最佳文体。

五、生本意识

叶圣陶说过："作文原是生活的一部分。我们的生活充实到某种程度，自然要说某种的话，也自然能说某种的话"。学生的生活经验是学生进行写作的源头活水。接受美学认为：作品写出来，如果没有读者的参与，亦即没有读者的解读、欣赏、创造，作品就是一种死的存在。同样，高考命题所提供的题目、话题和材料如果不能激发考生的兴趣、冲动和共鸣，很难说这是一个成功的命题。因此，高考命题一开始遇到的问题就是考生有什么样的生活体验，有什么样的思想情感，能写出什么内容和水平的文章。对此问题，任何命题者都必须考虑、不能回避。笔者认为：在高考作文命题中，命题不是难倒考倒学生，更不是炫耀才华，而是引导考生关注内心情感、关注七彩人生、关注纷繁社会；不仅关注国内，而且关注世界，要有全球意识和担当精神。不妨把这种自觉的意识叫做高考命题的生本意识。高考命题只有树立这样的意识，高考作文才能受到众多考生的欢迎，真正考出学生的真实水平。

(1)关注人与自然的关系

大自然是我们赖以生存的场地，大自然对人类而言是不可或缺的。大自然给了人类生存的物质能源，带给人类心灵上真正的舒坦，带给人类视觉上的和谐，无论今天和未来，人类需要清澈的江河湖海；需要茂密的森林、草原；需要头顶上挂着朵朵白云的蓝天。不止如此，人类最初接受的启蒙教育也是来自于大自然。对于人类而言，大自然的赐予太多太多，惟有时时感恩，不断反思，才会有更加美好的生活。人与自然的关系一直就是高考命题的方向，今年很多地方的作文题目都很明显地打上"自然"的烙印。二者强调的是，与自然应该和谐相处，而不是一味地向自然索取，掠夺！在自然中保有心灵的清纯和快意。那么，对2015年考生来说，这是应该值得关注的问题。

---

①潘玉梅，王万岭．解读高中语文新课标理念下的高考作文[C]．巢湖学院学报，2009.11.

②江苏省教育考试院．2009年普通高等学校招生全国统一考试江苏卷语文考试说明．2009.

③赵明亮．高考作文命题的五种意识[J]．新语文学习(中学教学)，2010.2.

(2)关心人与社会的关系

人不能离开社会而生活，人是社会中的一份子，人类的活动是离不开社会的。所谓文以载道，文章合为时而作，那么，高考作文命题方向亦如此。关注社会，关注热点时事，必然在作文中体现出来。近年来有关留守儿童、农民工问题、独生子女问题等一直都是一个热点，一直深受关注，特别是今年我国发生的重大事情特别多，如果我们不把自己的视野放在现实社会生活中，去关注这些事件；如果我们只是把文章角度放在写“古人”，满篇全文与“古人”对话这些方面，怎能体现出对社会的关注？又怎能体现出对未来的想望？所以，考生如果希望在作文方面获得好成绩，除了有扎实的语文知识功底和写作技巧之外，还要对国事家事有深刻的认识和透彻的了解，具有一定的现实敏感度和社会责任感。远离现实、比较虚的题目，恐怕不是高考试题所需要做的。①

以上作文的五大意都在历年真题中有所考查，详见“历年考题”。

2.5.1 历年考题

2005·全国卷Ⅰ：

21.阅读下面的文字，根据要求作文。(60分)

有一次，人们问丹麦物理学家玻尔教授：“您创建了一个第一流的物理学派，有什么秘诀？”不料玻尔却回答说：“因为我不怕在学生面前显露我的愚蠢。”听到这个回答，大家都感到十分诧异和不解。

玻尔的回答确实出人意料，但仔细想想又在情理之中。生活中，我们常常会遇到类似的情况，请以“出人意料和情理之中”为话题，自定立意，自选文体，自拟标题，写一篇不少于800字的文章。所写内容必须在话题范围之内。

【考点解析】：辩证意识

2006·全国卷Ⅱ：

21.阅读下面的文字，根据要求写一篇不少于800字的文章。(60分)

据有关部门调查，六年来我国国民图书阅读率持续走低：1999年为60.4%，2001年为54.2%，2003年为51.7%，而2005年为48.7%，首次低于50%。造成图书阅读率持续走低的原因是多方面的。识字的人为什么不读书？中年人多数说“没时间”，青年人多数说“不习惯”，还有人说“买不起”、“没地方借”。

与图书阅读率走低相反，网上阅读率正在迅速增长；1999年为3.7%，2003年为18.3%，2005年为27.8%。

要求全面理解材料，但可以选择一个侧面、一个角度构思作文。自主确定立意，确定文体，确定标题；不要脱离材料内容及其含意作文，不要套作，不得抄袭。

【考点解析】：文体意识，生本意识

2007·上海卷：

27.作文：以“必须跨过这道坎”为题，写一篇文章。(70分)

要求(1)不少于800字。(2)不要写成诗歌。(3)不得透露个人相关信息。

【考点解析】：文体意识，人文意识

2008·北京卷：

23.作文(60分)

课堂上，老师说：“今天我们来做个小实验。”随后，他拿出一个装满石块的玻璃广口瓶，放在讲台上，问道：“瓶子满了吗？”所有学生答：“满了！”“真的？”老师从桌下拿出一小桶沙子，慢慢倒进去，填满石块的间隙，“满了吗？”学生们若有所思。老师又拿来一壶水倒了进去，直到水面与瓶口持平。“这个

---

①赵明亮.高考作文命题的五种意识[J].新语文学习(中学教学)，2010.2.

实验说明了什么?"老师问道。课堂活跃起来。

一个学生说:"很多事情看起来到达到了极限,实际上还存在很大空间。"

一个学生说:"顺序很重要。先放这桶沙子,有此石块肯定就放不进去了。"

一个学生说:"对,得先放石块。有些分量重的东西就得优先安排。"

一个学生说:"也不一定,先沙子和水就一定不行么?"

……

请就以上材料,展开联想,自定角度,写一篇文章。题目自拟,文体自选(除诗歌外),不少于800字。

【考点解析】:辩证意识

2009·江苏卷:

18. 时尚表现为服饰、语言、文艺等方面的新奇事物在一定时期内的模仿和流传。各种时尚层出不穷,其间美与丑、雅与俗、好与坏,交错杂陈。创新与模仿永不停息地互动,有些时尚如过眼云烟,有些时尚会沉淀为经典。

请以"品味时尚"为题写一篇不少于800字的文章。

要求:①角度自选;②立意自定;③除诗歌外,文体自选。

【考点解析】:辩证意识,创新意识

2010·山东卷:

23. 阅读下面文字,根据要求作文。(60分)

人生的一切变化,一切魅力,一切美都是由光明和阴影构成的。

——列夫·托尔斯泰

请根据阅读后的感悟和联想,写一篇不少于800字的文章。

要求:①自定立意;②自拟标题;③除诗歌外文体不限;④文体特征鲜明。

【考点解析】:辩证意识,人文意识,创新意识

2011·湖北卷:

23. 请以"旧书"为题写一篇作文。要求:请先将作文题写在答题卡上,然后作文;立意自定;文体自选;字数不少于800字。(60分)

【考点解析】:人文意识

2012·天津卷:

阅读下面的材料,按照要求作文。

两条小鱼一起游泳,遇到一条老鱼从另一方向游来,老鱼向他们点点头,说:"早上好,孩子们,水怎么样?"两条小鱼一怔,接着往前游,游了一会儿,其中一条小鱼看了另一条小鱼一眼,忍不住说:"水到底是什么东西?"

看来,有些最常见而又不可或缺的东西,恰恰最容易被我们忽视;有些看似简单的事情,却能够引发我们深入思考……

请根据以上材料,自选角度,自拟题目,自选文体(诗歌除外),写一篇不少于800字的文章。不得套作,不得抄袭。

【考点解析】:人文意识

通过对历年作文命题的分析和思考,我们发现,高考作文越来越具有创新性,讲求开放性,但不论怎样创新变化,都离不开在"生活性、实用性、文化性、人文性、思辨性"这个圈子里做文章。突出开放、强调个性是今后高考命题的一个重要趋势。因此,考生要做好的一个重要工作就是:寻找自身特色。把自己读过的书,看过的精彩文章,有过的独特经历,或听说过的让人心有所动的事,或曾有过的好构思,写过的好文章等,都集中起来,按项分类,作为素材储备。每个人擅长的文体不同,记叙、说明、议论、抒情,只要题目允许,在考场上,你要尽量用自己熟悉的体裁和表述方式,展示自己的特色。

2.5.2 模拟题型

◆TPS 模拟题

(详见 TPS 系统切片 L—P9T02S0EL—C001)

阅读下面的文字,根据要求写一篇不少于 800 字的文章。

人人都在思考,在当今的经济现状下,中国人的性格是什么?人人都在关注,在现今的文化交融里,中国人的性格是什么?人人都在议论,在如今的世界格局中,中国人的性格是什么?抗震救灾的凝聚与坚强、08 奥运会的团结和拼搏、以及温总理所表现出的豁达与睿智……还有很多很多。如今我们迎来了新中国的 60 华诞。请你说说我们中国人的性格,勾勒出一张属于我们的中国脸谱!

要求:要选准角度,明确立意,自选文体,自拟标题,不要套作,不要抄袭。

【考点解析】:生本意识

◆《高分策略》模拟题

(详见《高分策略》第 151 页)

1. 阅读下面的文字,根据要求作文。

有一家英国报纸以"世界上最大的快乐是什么?"为题,作有奖征答。获奖的三个答案是:

(一)一位艺术家殚精竭虑完成了一件作品,望着作品吹口哨;

(二)小孩在沙滩上忙了一天,用砂石筑成一座堡垒;

(三)外科医生完成了一个历经 8 小时的手术,终于救活了一条命。

请以"这就是快乐"为题,写一篇不少于 800 字的文章。

【审题】这是一篇命题作文。快乐,时时刻刻围绕在你身边,只要抓住"快乐"这个话题,去写自己感受最深的人和事,便能扣题。

【立意】写好这篇作文,首先要具备正确的、高品位的人生观、价值观,不要写无聊、庸俗、低级趣味的快乐;其次,要有具体的、切实的事例作支撑,不能流于空洞。写记叙文,就要想一想,在自己的生活中,哪一些事、哪一些经历是自己感到最快乐的;写议论文就要想一想:什么是真正的快乐?快乐来源于什么?怎样才能得到快乐?有了立意,有了材料,就可以拟定进行构思,组织材料写作了。

【考点解析】:人文意识

◆《高考预测卷》模拟题

(详见《高考预测卷》2011 年高考语文模拟试卷 A 第 5 页)

22. 作文(60 分)。

"心随境转是凡夫,境随心转是圣贤。""境随心转则悦,心随境转则烦"。心态,是一个人的世界观和处事的态度,它和人所处境遇紧密相关,往往决定着人一生的前途和命运。

请以"心态与境遇"为题,写一篇不少于 800 字的文章。

要求:①角度自选;②立意自定;③除诗歌外,文体自选。

【考点解析】:辩证意识、创新意识

2.5.3 真题验证

2.5.3.1 人文意识

2014 年人文意识作文真题验证

地区	真题
大纲卷	21. 阅读下面的文字,根据要求写一篇不少于 800 字的文章。(60 分) 农民工老王突发胃穿孔,被送进医院。为救治这名贫困患者,医院开通"绿色通道"给他做了手术,又进行了十天治疗。虽然老板主动送来 5 000 元,老王仍欠下 4 000 多元医药费,而医院默许他出了院。老王刚一康复就回到了工地:"哪怕打工还钱再难,我也得努力。

是医院和老板救了我。”可欠款还是像石头一样压在他心上，最终，老王鼓足勇气找到医院，说出了想在医院打工抵债的心思。院方深受感动，聘他为陪检员。老王也特别敬业，作为曾经的患者，他格外懂得怎样帮助病人。

要求：选好角度，确定立意，明确文体，自拟标题；不要脱离材料内容及含意的范围作文，不要套作，不得抄袭。

北京　23. 作文。(50 分)

阅读下面文字，按要求作文。

北京过去有许多“老规矩”，如“出门回家都要跟长辈打招呼”“吃菜不许满盘子乱挑”“不许管闲事儿”“笑不露齿，话不高声”“站有站相，坐有坐相”“做客时不许随便动主人家的东西”“忠厚传世，勤俭持家”等，这些从小就被要求遵守的准则，点点滴滴，影响了一辈辈北京人。

世易时移，这些“老规矩”渐渐被人们淡忘了。不久前，有网友陆续把一些“老规矩”重新整理出来贴到网上，引发了一片热议。

“老规矩”被重新提起并受到关注，这种现象引发了你哪些思考？请自选角度，自拟题目写一篇文章。文体不限(诗歌除外)。不少于 700 字。

湖南　22. 阅读下面的材料，根据要求作文。(60 分)

被誉为“最美乡镇干部”的某乡党委书记，在一个其他人不肯去、去了也待不到两年的地方，一干就是八年，以坚定的信念和顽强的意志，率领村民发奋图强，将穷乡僻壤建设成了美丽乡村。面对洒满心血与汗水的山山水水，他深有感触地说：“心在哪里，风景就在哪里。”

请根据上面的材料，自选角度，自拟题目，写一篇不少于 800 字的记叙文或议论文。

2.5.3.2 辩证意识

2014 年辩证意识作文真题验证

地区	真题
新课标卷Ⅰ	18. 阅读下面的材料，根据要求写一篇不少于 800 字的文章。(60 分) “山羊过独木桥”是为民学校传统的团体比赛项目。规则是，双方队员两两对决，同时相向而行，走上仅容一人通行的低矮独木桥，能突破对方阻拦成功过桥者获胜，最后以全队通过人数多少决定胜负。因此习惯上，双方相遇时，会像山羊抵角一样，尽力使对方落下桥，自己通过。不过，今年预赛中出现了新情况：有一组比赛，双方选手相遇时，互相抱住，转身换位，全都顺利过了桥。这种做法当场就引发了观众、运动员和裁判员的激烈争论。 事后，相关的思考还在继续。 要求：选好角度，确定立意，明确文体，自拟标题；不要脱离材料内容及含意的范围作文，不要套作，不得抄袭。
新课标卷Ⅱ	18. 阅读下面的材料，根据要求写一篇不少于 800 字的文章。(60 分) 不少人因为喜欢动物而给它们喂食，某自然保护区的公路边却有如下警示：给野生动物喂食，易使它们丧失觅食能力。不听警告执意喂食者，将依法惩处。 要求：选好角度，确定立意，明确文体，自拟标题；不要脱离材料内容及含意的范围作文；不要套作，不得抄袭。
广东	24. 阅读下面的文字，根据要求作文。(60 分) 黑白胶片的时代，照片很少，只记录下人生的几个瞬间，在家人一次次的翻看中，它能唤起许多永不褪色的记忆。但照片渐渐泛黄，日益模糊。 数码技术的时代，照片很多，记录着日常生活的点点滴滴，可以随时上传到网络与人分

享。它从不泛黄，永不模糊，但在快速浏览与频繁更新中，值得珍惜的“点滴”也可能被稀释。

要求：①自选角度，确定立意，自拟标题，文体不限。

②不要脱离材料内容及含意的范围。

③不少于800字。

④不得套作，不得抄袭。

山东　23.阅读下面的材料，根据自己的感悟和联想，写一篇不少于800字的文章。（60分）

窗子就是一个画框，从窗子望出去，就可以看见一幅图画。有人看到的是雅，有人看到的是俗，有人看到的是闹，有人看到的是静……

要求：①选准角度，自定立意；②自拟题目；③除诗歌外，文体不限；④文体特征鲜明。

浙江　26.阅读下面文字，根据要求作文。（60分）

门与路，永远相连。门是路的终点，也是路的起点。它可以挡住你的脚步，也可以让你走向世界。

大学的门，一边连接已知，一边通往未知，学习、探索、创造，是它的通行证；大学的路，从过去到未来，无数脚印在此交集，有的很浅，有的很深。

综合上述材料，结合你的所感所思，写一篇不少于800字的文章。

[注意]①自拟题目，选好角度，确定立意。②不得脱离材料内容及含意的范围作文。③明确文体，但不得写成诗歌。④不得抄袭、套作。

安徽　21.阅读下面的材料，根据要求写一篇不少于800字的文章。（60分）

一位表演艺术家和一位剧作家就演员改动剧本台词一事，发表了不同的意见。

表演艺术家说：演员是在演戏，不是念剧本，可以根据表演的需要改动台词。

剧作家说：剧本是一剧之本，体现了作者的艺术追求；如果演员随意改动台词，就可能违背创作的原意。

要求选好角度，确定立意，明确文体（诗歌除外），自拟标题；不要脱离材料内容及含意的范围作文；不要套作，不得抄袭，不得透露个人相关信息；书写规范，正确使用标点符号。

湖北　23.阅读下面的材料，按要求作文。（60分）

游客们来到山脚下，这里流水潺潺，鸟语花香，游客问下山的人：上面有好看的吗？有人答没有，有人答有。

于是有人留在山脚赏景，有人继续爬山。来到山腰，这里古木参天，林静山幽。问下山的人：上面好看吗？有人答没啥好看的，有人答好看。

于是有人在山腰流连，有人继续攀登。来到山顶，只见云海茫茫，群山隐约。

请根据你对材料的理解和感悟，自选一个角度，写一篇不少于800字的文章，文体自定，标题自拟。要求：立意明确，不要套作，不得抄袭。

哲学是关于人生的学问，用到高考作文题目便成了一种思辨，一种逻辑，一种从非黑即白的思维模式中跳出来的新视野、新眼光，这正是我们这一代人所缺乏的。上表所列省份的作文命题体现了浓重的思辨色彩，给广大考生指明了命题和思维训练的方向。

2.5.3.3 创新意识

2014年创新意识作文真题验证

地区	真题
上海	27.根据以下材料，自选角度，自拟题目，写一篇不少于800字的文章（不要写成诗歌）。 你可以选择穿越沙漠的道路和方式，所以你是自由的；你必须穿越这片沙漠，所以你又是不自由的。

2.5.3.4 文体意识

2014年文体意识作文真题验证

地区	真题
四川	21.作文(60分) 阅读下面的文字,根据要求作文。 人,只有在自己站起来之后,这个世界才能属于他。 这句话引发了你哪些思考?请自选角度写一篇不少于800字的文章。要求:①题目自拟,立意自定,文体自选;②不得抄袭,不得套作;③用规范汉字书写。
天津	23.阅读下面的文字,按要求作文。(60分) 也许将来有这么一天,我们发明了一种智慧芯片,有了它,任何人都能古今中外无一不知,天文地理无所不晓。比如说,你在心里默念一声"物理",人类有史以来有关物理的一切公式、定律便纷纷浮现出来,比老师讲的还多,比书本印的还全。你逛秦淮河时,脱口一句"旧时王谢堂前燕",旁边卖雪糕的老大娘就接茬说"飞入寻常百姓家",还慈祥地告诉你,这首诗的作者是刘禹锡,这时一个金发碧眼的外国小女孩抢着说,诗名《乌衣巷》,出自《全唐诗》365卷4117页……这将是怎样的情形啊! 读了上面的材料,你有怎样的联想或思考?请就此写一篇文章。 要求:①自选角度,自拟标题;②文体不限(诗歌除外),文体特征鲜明;③不少于800字;④不得抄袭,不得套作。

新课程标准关于写作教学的要求,体现了淡化文体意识、注重语言运用能力,淡化理论讲解,注重实际操作的精神。新的语文教材也变以往的"文体"单元的"主题"单元。近几年来,高考作文"文体要求"方面的改革力度也是很大的,明确地规定了对文章体裁的新要求,"文体不限""文体自选"等字眼频频出现。这充分体现在写作教学中应该根据学生自身的特点培养他们的写作热情,做到因材施教,从而达到关注学生言语生命发展的目的。

2.5.3.5 生本意识

2014年生本意识作文真题验证

地区	真题
福建	20.阅读下面的材料,根据要求作文。(70分) 有些人一提到空谷就想起悬崖峭壁,而另一些人想到的却是栈道桥梁。 上面的材料,引发你怎样的感悟和联想?请就此写一篇不少于800字的议论文或记叙文。 要求:(1)必须符合文体要求;(2)角度自选,立意自定,标题自拟;(3)不要脱离材料内容及含意的范围;(4)不得抄袭,不得套作。
重庆	22.阅读下面的材料,根据要求作文。 一个游客去波罗的海海滨度假,找到一处房屋,打算同房东——一位和蔼可亲的老人签下租房合同。老人劝他不妨先试住几天,看究竟合适不合适,再做决定。 游客住下后感到很满意。到第5天,将要签合同时,却发生了一点意外:一个精美的玻璃杯被他不小心打碎了。他有些忐忑不安地打电话告诉了老人,老人说:"不要紧,你又不是故意的,我过来签合同时再拿一个来。"游客把碎玻璃和屋里的其他垃圾打扫了。不久,老人来了,进屋后就问:"玻璃杯碎片呢?"游客回答说,已装进垃圾袋,放到门外了。老人赶紧出门,打开垃圾袋看过后,脸色凝重地对游客说:"对不起,我不再把房子租给你了。" 然后,老人仔细地将玻璃碎片一一捡了出来,放入另一个垃圾袋,写上:"玻璃碎片,危险!" 要求:①结合材料的内容和含意,选准角度,明确立意;②自拟标题,自选文体(诗歌除外),不少于800字;③不得套作,不得抄袭。

江西　21. 阅读下面的文字，按要求作文。（50 分）

探究作为我国现行课程标准倡导的学习方式之一，常常出现在课堂、实验室或课外学习过程中。有的同学觉得，探究给自己留下了一段难忘的学习经历；有的同学认为，探究是一种重要的学习方式；有的同学则抱怨，探究在教学活动中往往流于形式……

对课内外学习中的探究，你有何体验、见闻或思考？请自选角度，自拟题目，写一篇文章。

要求：①写记叙文或议论文；②不得透露个人信息；③不得抄袭，不得套作；④字数不少于 700 字。

附件一

各地历年真题名录

全国卷Ⅰ：

2005 年普通高等学校招生全国统一考试（语文）（全国Ⅰ卷）

2006 年普通高等学校招生全国统一考试（语文）（全国Ⅰ卷）

2007 年普通高等学校招生全国统一考试（语文）（全国Ⅰ卷）

2008 年普通高等学校招生全国统一考试（语文）（全国Ⅰ卷）

2009 年普通高等学校招生全国统一考试（语文）（全国Ⅰ卷）

2010 年普通高等学校招生全国统一考试（语文）（全国Ⅰ卷）

2011 年普通高等学校招生全国统一考试（语文）（全国卷）

2012 年普通高等学校招生全国统一考试（语文）（全国卷）

2013 年普通高等学校招生全国统一考试（语文）（全国卷）

2014 年普通高等学校招生全国统一考试（语文）（全国卷）

全国卷Ⅱ：

2005 年普通高等学校招生全国统一考试（语文）（全国Ⅱ卷）

2006 年普通高等学校招生全国统一考试（语文）（全国Ⅱ卷）

2007 年普通高等学校招生全国统一考试（语文）（全国Ⅱ卷）

2008 年普通高等学校招生全国统一考试（语文）（全国Ⅱ卷）

2009 年普通高等学校招生全国统一考试（语文）（全国Ⅱ卷）

2010 年普通高等学校招生全国统一考试（语文）（全国Ⅱ卷）

新课标卷：

2009 年普通高等学校招生全国统一考试（语文）（新课标卷）

2010 年普通高等学校招生全国统一考试（语文）（新课标卷）

2011 年普通高等学校招生全国统一考试（语文）（新课标卷）

2012 年普通高等学校招生全国统一考试（语文）（新课标卷）

2013 年普通高等学校招生全国统一考试（语文）（新课标卷）

2014 年普通高等学校招生全国统一考试（语文）（新课标卷）

上海卷：

2005 年普通高等学校招生全国统一考试（语文）（上海卷）

2006 年普通高等学校招生全国统一考试（语文）（上海卷）

2007 年普通高等学校招生全国统一考试（语文）（上海卷）

2008 年普通高等学校招生全国统一考试（语文）（上海卷）

2009年普通高等学校招生全国统一考试(语文)(上海卷)
2010年普通高等学校招生全国统一考试(语文)(上海卷)
2011年普通高等学校招生全国统一考试(语文)(上海卷)
2012年普通高等学校招生全国统一考试(语文)(上海卷)
2013年普通高等学校招生全国统一考试(语文)(上海卷)
2014年普通高等学校招生全国统一考试(语文)(上海卷)
北京卷:
2005年普通高等学校招生全国统一考试(语文)(北京卷)
2006年普通高等学校招生全国统一考试(语文)(北京卷)
2007年普通高等学校招生全国统一考试(语文)(北京卷)
2008年普通高等学校招生全国统一考试(语文)(北京卷)
2009年普通高等学校招生全国统一考试(语文)(北京卷)
2010年普通高等学校招生全国统一考试(语文)(北京卷)
2011年普通高等学校招生全国统一考试(语文)(北京卷)
2012年普通高等学校招生全国统一考试(语文)(北京卷)
2013年普通高等学校招生全国统一考试(语文)(北京卷)
2014年普通高等学校招生全国统一考试(语文)(北京卷)
江苏卷:
2005年普通高等学校招生全国统一考试(语文)(江苏卷)
2006年普通高等学校招生全国统一考试(语文)(江苏卷)
2007年普通高等学校招生全国统一考试(语文)(江苏卷)
2008年普通高等学校招生全国统一考试(语文)(江苏卷)
2009年普通高等学校招生全国统一考试(语文)(江苏卷)
2010年普通高等学校招生全国统一考试(语文)(江苏卷)
2011年普通高等学校招生全国统一考试(语文)(江苏卷)
2012年普通高等学校招生全国统一考试(语文)(江苏卷)
2013年普通高等学校招生全国统一考试(语文)(江苏卷)
2014年普通高等学校招生全国统一考试(语文)(江苏卷)
湖南卷:
2005年普通高等学校招生全国统一考试(语文)(湖南卷)
2006年普通高等学校招生全国统一考试(语文)(湖南卷)
2007年普通高等学校招生全国统一考试(语文)(湖南卷)
2008年普通高等学校招生全国统一考试(语文)(湖南卷)
2009年普通高等学校招生全国统一考试(语文)(湖南卷)
2010年普通高等学校招生全国统一考试(语文)(湖南卷)
2011年普通高等学校招生全国统一考试(语文)(湖南卷)
2012年普通高等学校招生全国统一考试(语文)(湖南卷)
2013年普通高等学校招生全国统一考试(语文)(湖南卷)
2014年普通高等学校招生全国统一考试(语文)(湖南卷)

广东卷：

2005 年普通高等学校招生全国统一考试(语文)(广东卷)

2006 年普通高等学校招生全国统一考试(语文)(广东卷)

2007 年普通高等学校招生全国统一考试(语文)(广东卷)

2008 年普通高等学校招生全国统一考试(语文)(广东卷)

2009 年普通高等学校招生全国统一考试(语文)(广东卷)

2010 年普通高等学校招生全国统一考试(语文)(广东卷)

2011 年普通高等学校招生全国统一考试(语文)(广东卷)

2012 年普通高等学校招生全国统一考试(语文)(广东卷)

2013 年普通高等学校招生全国统一考试(语文)(广东卷)

2014 年普通高等学校招生全国统一考试(语文)(广东卷)

天津卷：

2005 年普通高等学校招生全国统一考试(语文)(天津卷)

2006 年普通高等学校招生全国统一考试(语文)(天津卷)

2007 年普通高等学校招生全国统一考试(语文)(天津卷)

2008 年普通高等学校招生全国统一考试(语文)(天津卷)

2009 年普通高等学校招生全国统一考试(语文)(天津卷)

2010 年普通高等学校招生全国统一考试(语文)(天津卷)

2011 年普通高等学校招生全国统一考试(语文)(天津卷)

2012 年普通高等学校招生全国统一考试(语文)(天津卷)

2013 年普通高等学校招生全国统一考试(语文)(天津卷)

2014 年普通高等学校招生全国统一考试(语文)(天津卷)

湖北卷：

2005 年普通高等学校招生全国统一考试(语文)(湖北卷)

2006 年普通高等学校招生全国统一考试(语文)(湖北卷)

2007 年普通高等学校招生全国统一考试(语文)(湖北卷)

2008 年普通高等学校招生全国统一考试(语文)(湖北卷)

2009 年普通高等学校招生全国统一考试(语文)(湖北卷)

2010 年普通高等学校招生全国统一考试(语文)(湖北卷)

2011 年普通高等学校招生全国统一考试(语文)(湖北卷)

2012 年普通高等学校招生全国统一考试(语文)(湖北卷)

2013 年普通高等学校招生全国统一考试(语文)(湖北卷)

2014 年普通高等学校招生全国统一考试(语文)(湖北卷)

安徽卷：

2005 年普通高等学校招生全国统一考试(语文)(安徽卷)

2006 年普通高等学校招生全国统一考试(语文)(安徽卷)

2007 年普通高等学校招生全国统一考试(语文)(安徽卷)

2008 年普通高等学校招生全国统一考试(语文)(安徽卷)

2009 年普通高等学校招生全国统一考试(语文)(安徽卷)

2010 年普通高等学校招生全国统一考试(语文)(安徽卷)

2011 年普通高等学校招生全国统一考试(语文)(安徽卷)
2012 年普通高等学校招生全国统一考试(语文)(安徽卷)
2013 年普通高等学校招生全国统一考试(语文)(安徽卷)
2014 年普通高等学校招生全国统一考试(语文)(安徽卷)
重庆卷:
2009 年普通高等学校招生全国统一考试(语文)(重庆卷)
2010 年普通高等学校招生全国统一考试(语文)(重庆卷)
2011 年普通高等学校招生全国统一考试(语文)(重庆卷)
2012 年普通高等学校招生全国统一考试(语文)(重庆卷)
2013 年普通高等学校招生全国统一考试(语文)(重庆卷)
2014 年普通高等学校招生全国统一考试(语文)(重庆卷)
四川卷:
2009 年普通高等学校招生全国统一考试(语文)(四川卷)
2010 年普通高等学校招生全国统一考试(语文)(四川卷)
2011 年普通高等学校招生全国统一考试(语文)(四川卷)
2012 年普通高等学校招生全国统一考试(语文)(四川卷)
2013 年普通高等学校招生全国统一考试(语文)(四川卷)
2014 年普通高等学校招生全国统一考试(语文)(四川卷)
辽宁卷:
2009 年普通高等学校招生全国统一考试(语文)(辽宁卷)
2010 年普通高等学校招生全国统一考试(语文)(辽宁卷)
2011 年普通高等学校招生全国统一考试(语文)(辽宁卷)
2012 年普通高等学校招生全国统一考试(语文)(辽宁卷)
2013 年普通高等学校招生全国统一考试(语文)(辽宁卷)
2014 年普通高等学校招生全国统一考试(语文)(辽宁卷)
江西卷:
2011 年普通高等学校招生全国统一考试(语文)(江西卷)
2012 年普通高等学校招生全国统一考试(语文)(江西卷)
2013 年普通高等学校招生全国统一考试(语文)(江西卷)
2014 年普通高等学校招生全国统一考试(语文)(江西卷)
福建卷:
2011 年普通高等学校招生全国统一考试(语文)(福建卷)
2012 年普通高等学校招生全国统一考试(语文)(福建卷)
2013 年普通高等学校招生全国统一考试(语文)(福建卷)
2014 年普通高等学校招生全国统一考试(语文)(福建卷)
浙江卷:
2011 年普通高等学校招生全国统一考试(语文)(浙江卷)
2012 年普通高等学校招生全国统一考试(语文)(浙江卷)
2013 年普通高等学校招生全国统一考试(语文)(浙江卷)
2014 年普通高等学校招生全国统一考试(语文)(浙江卷)

附件二

相关文献

曹春齐. 诗歌鉴赏的切入技巧[J]. 语文教学与研究(大众版),2004(4).
柴小倩. 解读高考作文的考查目标[C]. 文教资料,2009(13).
陈　励. 基于学生发展的高中文言文课堂教学研究[D]. 广西:广西师范大学,2006.
陈金乐. 文学鉴赏与语文高考——古诗词鉴赏中知识与素养不容忽视[J]. 考试周刊,2011(15).
陈雪霞. 从高考语文试题谈现代文阅读教学[J]. 大语文论坛,2010(6).
陈志国,赵海燕. 高考语文科选作题研究[J]. 中学语文教学,2010(5).
陈宗德. 2008 年高考文言文考题规律探析及对今后教学和备考建议[J]. 考试与素质教育研究,2008(9).
成正全. 高考语文现代文阅读命题研究[D]. 上海:华东师范大学,2006.
邓　敏. 探究性阅读题的测试内容及解答方略[J]. 东西南北・教育观察,2010(10).
丁兆存. 高考图表题的主要特点及解答策略[J]. 中学语文园地(高中版),2009(11).
高俊文. 新课标视野下高考作文试题探析[D]. 武汉:湖北大学,2008.
顾朝阳. 关于新课改下作文命题的开放性[J]. 教学大参考,2006(9).
郭　超. 新课标理念下话题作文的反思[D]. 吉林:东北师范大学学位评定委员会,2007.
韩宝珊. 从高考试题分析高中语文诗词鉴赏教学[D]. 内蒙古:内蒙古师范大学,2010.
胡海蕾. 新课改背景下的文言文教学思考[D]. 天津:天津师范大学,2006.
乐中保. 语文高考阅读测试内容研究[D]. 上海:上海师范大学,2009.
李　恒. 新时期高考语文知识类试题研究[D]. 上海:华东师范大学,2009.
李　伟. 中学生文学鉴赏能力培养初探[D]. 江西:江西师范大学,2005.
李翠青. 中学现代散文鉴赏教学研究[D]. 北京:首都师范大学,2006.
李慧琴. 高考现代文阅读试题变化及教学导向[J]. 语文建设,2004(12).
李　倩. 错别字备考策略谈[J]. 成功(教育版),2010(10).
梁丽华. 从 2010 年高考谈传记阅读教学[J]. 黑河教育,2010(6).
刘　明. 培养四种意识关注四个问题——高考现代文阅读备考策略[J]. 语文教学通讯,2009(1).
刘　芹. 高考文学作品阅读主观性试题答题技巧[J]. 中学语文(中旬・读写新空间),2009(9).
刘　芹. 全面阅读探究细节——高考文言文整体阅读方法例谈[J]. 高考中考,2011(3).
刘志刚. 高考古代诗词鉴赏试题及答题状况研究[D]. 内蒙古:内蒙古师范大学,2007.
刘忠华. 高考语文知识试题的变迁及其社会学意蕴[D]. 湖南:湖南科技学院中文系,2009(6).
柳小平. 关于高考作文题命制的几点思考[J]. 语文教学通讯・高中刊,2006(2).
缪芙蓉. 高考与高中语文古代诗词鉴赏教学[D]. 苏州:苏州大学,2008.
牛清风. 新课标语文文言文课的尝试[J]. 河南:试题与研究(教学论坛),2010(1).
欧阳昱北. 随风起舞笔如椽——新课标背景下高考作文的思考[J]. 教育界,2010(7).
潘玉梅,王万岭. 解读高中语文新课标理念下的高考作文[C]. 巢湖学院学报,2009. 11.
钱国利. 对高考语文探究题的探究[D]. 大连教育学院学报,2009.
钱毅,周海英. 2005—2009 年高考文言文命题述评[J]. 教育测量与评价,2010(10).
沈　莉. 高考现代文阅读答题分析[J]. 中学语文. 2010(3).
司新华. 高考语文主观阅读题答案中的若干问题[J]. 语文建设,2010(5).
宋雅帆. 诗歌鉴赏的基本步骤[J]. 现代语文(教学研究),2008(5).

唐海波.文本从考生实际出发,设题从稳定和新课标着眼——2008年高考语文现代文阅读题综述[J].语文建设,2008(7).
唐四林.高考文言文阅读应试指导浅谈[J].中学语文,2008(7).
王大绩."解放天足"与"削足适履"的博弈——谈"新课标"高考作文的命题与阅卷[C].中学语文教学,2009(5).
王大绩.高考语文阅读试题的特点和对策[J].河南教育(上旬)备考指南,2010(4).
王大绩.简约其途,丰腴其实——高考现代文阅读简答题方法例说[J].中学语文教学,2010(3).
王根喜.高考三种常见语运题解答技巧例析[J].现代语文(教学研究),2009(1).
王立敏,刘淼.(范围作文)试题材料和试题要求的命制[J].中学语文教学,2007(11).
王周平.高考小说阅读命题特点及答题方略[J].中学语文(中旬·读写新空间),2010(7).
王周平.立足文本,创意解读——现代文"探究题"题型探究[J].中学语文,2010(1).
魏　杰.作文教学与情感教育初探[D].南京:南京师范大学,2008.
吴　迪.试论情境型试卷——高考语文试卷的实用性研究[D].哈尔滨:哈尔滨师范大学,2010.
吴卫东.高考现代文阅读概括类试题答题对策[J].中学语文,2009(14).
吴文年,舒银根.新课标下的古诗文课堂教学策略浅谈[J].江西教育科研,2007(1).
肖永凯.浅谈高考语文复习中的阅读鉴赏教学[J].中学教学参考(上旬),2010(5).
徐殿东.在平稳中变化,给新课改亮绿灯——2010年高考全国卷作文题评析[J].语文学习,2010(7).
徐建华,杨晓波.从语言运用到高考作文[J].语文教学与研究(大众版),2010(5).
颜　敏.回归与前瞻:高考文言文阅读[J].中学语文教学,2010(6).
杨书松.新课程高考语文探究能力考查之探究[J].语文建设,2009(9).
姚建芳.重视规律研究强化方法指导[J].语文教学与研究(大众版),2008(6).
余　晖.2010年全国高考语文现代文阅读试题分析[J].考试(中考教师),2010(9).
俞水花.高考语文文言虚词命题特征及复习策略[J].科研博览,2009(5).
曾丽芳.浅谈高考现代文阅读题应试的方法、思路和技巧[J].科技信息,2009(32).
湛承芳.明确思路把握要点——高考现代文阅读作用类试题设题特点及应试策略[J].中学语文,2010(9).
张　莉.新课标实施后高考语文阅读试题研究[D].四川:四川师范大学,2009.
张海平.高考语文评点类试题探究[J].新课程,2010(5).
赵明亮.高考作文命题的五种意识[J].新语文学习(中学教学),2010.2
赵　美.高考背景下的高中作文教学研究[D].河北:河北师范大学,2008.
赵　华,黄美玲.2008年高考文言文阅读命题特点及趋势[J].大语文论坛·复习备考,2008(9).
郑守春.个性化写作必须抓住真情实感[J].语文教学与研究(大众版),2010(5).
周春梅.高考现代文阅读文本选择标准[J].今日科苑.2010(2)
周京昱.高考语文科课标卷阅读选考试题的新兴评价观[C].中国考试,2009(12).
周珺红.高考语文现代文阅读备考策略[J].考试指南,2010(6).
周世忠.高考作文命题的审美追求[J].中学语文教学,2006(12).
朱成祥.高中作文教学的基本思路及创新策略研究[D].苏州:苏州大学,2008.
朱丹萍.高中古诗词课程内容研究[D].上海:华东师范大学,2010.
朱士连.中学语文语言运用题的教学实践与探究[D].福建:福建师范大学,2008.
朱习文,张鹏飞.高考文言文阅读命题变化及趋势分析[J].中学语文,2008.

第三章　备考战略

3.1 语言基础知识

3.1.1 识记字音

平时多注意对字音的识记、积累。

考场上应注意：

(1)常见多音字标次读音正确的可能性大；

(2)形声字标不同声旁读音的正确可能性小；

(3)生僻字一般不会标错音。

排除法是较好的方法。

3.1.2 辨识字形

(1)逐个审读容易出错的字，可以辨析出一些形近而音不同的别字；

(2)如果怀疑某个是别字，可以写出几个同音字来比较，可以写出几个形似字来比较；

(3)通过分析形声字的形旁来推导这个字的含义，再放到这个词语中去判定是否相符。

多使用结构分析法：字形结构及词语结构分析法。

3.1.3 成语的运用

(1)不能望文生义；

(2)体会成语的感情色彩；

(3)要注意成语的使用范围，搭配的对象。

采用排除法，将最容易判断的成语先排除，逐渐减少选项，同时也要做记号。

3.1.4 病句辨析

(1)重点注意分析并列短语作句子成分与其他成分的搭配，可以将并列短语拆开逐一与其他成分搭配，验证其是否得当；

(2)对于句式杂糅的句子，先凭语感判定其不协调，再分别造句，再放回原文中，验证其是否得当；

(3)对于语序不当的句子，也要先凭语感检测，再将不协调的词语或句子调换位置，看是否通畅自然；

(4)有多重否定或还有反问的句子，要将否定换成肯定来理解和判断；

(5)对因不明词义而造成前后矛盾的语句，应尽力推敲出这个关键词语的含义，推敲方法是拆字组词；

(6)对逻辑概念方面的不协调，可以凭事理和常识推断。

考场上需注意：

(1)注意题干的要求，究竟选择的是有语病的还是无语病的一项；

(2)做题思路通常是：检查句子的主干，是否缺成分→→推敲词语运用，是否搭配合理→→心里默读，看是否有不同的句式混用→→综合思考，是否符合逻辑思维，特别注意以下几种情况：

①介词“关于”、“对于”、“对”等开头的句子，注意主语的残缺；

②类似于“A 是 B”的句子，注意 AB 的协调，也可能是句式杂糅；

③动词后有很长的修饰词语，注意是否宾语残缺；

④用“和”、“或”以及顿号连接的并列成分，注意歧义及内在逻辑顺序是否失当以及意义的从属关系；

⑤前半句使用了“能否”、“可否”等双面词语，注意后半句是否与前半句协调；

⑥反问句及疑问句注意是否表意相反。

3.2 文言文阅读

3.2.1 文言实词的理解

实词理解：分析字形，辨明字义。从字音相同推测通假字，用互文见义对照解释前后词。用成语比较推导词义。联系上下文，前后对照，保持一致。一些不曾见过的实词释义往往是作为正确项来干扰考生。

古今异义题：古代多单音节词，类似于现代双音节的词，古义尽可能分开理解。分开解释的含义放在具体语境中检验、权衡。

3.2.2 筛选文中信息

(1)参透题干，吃透题干中的概括性论断的含义；

(2)分析信息，逐句分析所给语句，把它们与题干中的论断是非进行比较，以便做出判断；

(3)对照确认，根据所给答案逐一与原文对照；

(4)确定答案，在理解每个句子的基础上，立足全文辨析和判定句子陈述的内容。

3.2.3 归纳内容要点，概括中心意思

(1)总揽文意，整体把握；

(2)把握题干，准确定位文中信息；

(3)借助注释提示，找到解题突破口；

(4)辨析差异，排除干扰。

3.2.4 翻　译

古文翻译，自由顺序，首览全篇，掌握大意；先明主题，搜集信息，由段到句，从句到词，全都理解，连贯一起，对待难句，则需心细，照顾前文，联系后句，仔细斟酌，揣摩语气，力求做到，合情合理，词句之间，联系紧密。若有省略，补出本意，加上括号，表示增益。人名地名，不必翻译，人身称谓，依照惯例，“吾”“余”为我，“尔”“汝”为你。省略倒装，都有规律。实词虚词，随文释义，敏化语感，因句而异。译完之后，还须仔细，逐句对照，体会语气，句子流畅，再行搁笔。

3.3 古代诗歌鉴赏

3.3.1 评价诗词的思想内容和作者的观点态度

题目类型：“表达了怎样的思想感情”，或结合意境提问，或就某句某联发问。

解题格式：

(1)所抒情感：通过什么内容＋抒发什么感情；

(2)概括诗歌主旨：这是一首什么样的诗＋诗歌各句分别写了什么＋通过什么手法＋抒发什么情感＋评价。

3.3.2 鉴赏古代诗词的表达技巧、方式和手法

(1)诗歌表达技巧的题目答题范式：

明手法(用一两个词准确指出用了何种手法)＋阐释运用(结合诗句阐释说明诗人运用了这种手法的依据)＋分析效果(表达了诗人怎样的感情，或是刻画了什么形象，或表现什么主旨)；

(2)细读题干，注意辨析不同的说法；如“艺术手法”多侧重艺术构思和创作，“写作特色”要多从描写方法和篇章结构来考虑。

3.4 现代文阅读

3.4.1 自然社科类文本阅读

（一）整体把握，宏观勾勒。

(1)阅读全文后提出下列问题：文章说明的对象是什么？有什么最新成果？今后的发展前景如何？作者的态度和看法如何？

(2)理清全文脉络，迅速提取每一节的主要信息。

(3)随时勾勒关键词语，包括关联词、副词、否定词、表示相反的词语、比喻词等。

（二）紧扣语境，把握内涵。

(1)准确理解文中词语的含义，有三种技巧：①瞻前顾后法，即联系上下文选择恰当的义项；②比照辨析法，即仔细比较辨析文中的一词多义现象和同义词、近义词在语言运用中的差异；③参考语境法，即根据语境揣摩词语的语境义、比喻义、借代义，分析词语派生或隐含的内容。

(2)准确理解文中句子的含义：①结构比较复杂的句子，可以用抽取主干法；②内涵较为丰富的句子，应依照“句不离段”的原则，结合语境整体分析；③与文章中心和结构密切相关的句子，要注意其位置，弄清来龙去脉。

（三）找准信息，识别混淆。第一步，阅读题干和选项，根据题干信息有重点地阅读全文勾画相关信息。第二步，比较选项和与选项有关的文中信息：①是否程度深浅、范围大小混淆；②是否偶然、必然混淆；③是否指代混淆、主客颠倒、偷换概念；④是否现实和设想混淆；⑤是否肯定和否定、主要和次要混淆、⑥是否无中生有；⑦是否条件和结果、原因和结果的关系颠倒。

3.4.2 文学类文本阅读

（一）强化五项基本能力

在把握命题的基本规律的前提下，我们要有针对性地强化解题过程中的六种相关联的基本能力，并掌握相应的基本方法，这是搞好这一部分复习的根本。

1.快速阅读全文，把握文章主旨。

考场上的时间压力，使我们不可能像平时那样从容地去对文章的每个细节详加揣摩，而实践证明，“因题读文”又常常导致对文章理解的片面、不准确、不深刻，甚至会是误解，这是阅读的大忌。在“加强文本阅读的整体性综合”已成为高考命题的明确趋势的情况下，提高这两种能力更成为提高解题水平的基本前提。提高这两种能力应注意以下几种方法：

(1)把握行文的一般规律，理清作者的行文思路。文意的起承转合都是遵循一定的规律的，往往有一定的语言标志。这些标志主要有：承上启下的过渡句(段)，领起句或总括句，表示主次轻重的词语等。阅读时，必须抓住这些语言标志，认真揣摩，反复领会。当然，有些文章的结构并没有明显的语言标志，这就要从文章的内部逻辑联系方面去分析。

(2)把握散文的文体特点，梳理作者的情感脉络和把握文章的内容主旨。阅读时，心中要有文体意识，要首先注意文题、作者、写作时间、注释说明等，然后找出画龙点睛的句子。作为托物言志类的哲理性散文，在叙述和描写中总有一些议论和抒情的语句，阅读时一定要善于抓住议论抒情的句子去把握文意，尤其注意文章结尾的议论抒情，它们往往就是全文的主旨所在。如《胡杨仰止》一文的最后几句议论，对理解全篇主旨十分有帮助。

(3)抓住每段的主旨句或关键句，化面为点(对每段的内容进行高度浓缩)，连点成线(将各段主要内容连成一体)，以把握文章的主体内容，形成对文章的整体认知，即作品写了什么人(事)，有什么特点，表达了什么感情，如何评价这些人(或事)等。主旨句一般位于文章的开头或结尾。关键句是文中负载主要信息的语句，一般包含在如下句中：①指示语。文中专门告诉你文章对象的句子。如告诉时间空间范围的时空指示语。②概括语。揭示层次，指示文章内容的句子。③情态语。表情态基调的句子。如《肖邦之家》的开头和结尾中感觉和肖邦在“促膝谈心”的句子，就是主旨句。

2.全面审题与确认阅读区间的能力。

审题在回答问题中的重要性不言而喻。有些在题干中已经明示,如《胡杨仰止》第二题:“文章描写了胡杨的哪些特点?试根据三、四两段的内容,作简要概括。”有些要我们根据题干内容的需要去寻找。所以全面审题,有效地利用题干中的信息提示,方能回答得全面。一般而言,形成全面审题的能力要从下面几个角度进行思考:

(1)体会命题意图。题干的设置通常包含三个方面的内容:创设情境、设问角度和命题意图。前两者是显性的,后者则是隐性的,但却又是最为关键的,它直接关系到答题的方向,与命题意图吻合的答案才是正确的,要努力通过题干去揣摩命题的意图。

(2)明确答题方向。题干中的答题方向同样是非显性的,把握方向,遵循方向,就能提高答题的准确性。

(3)寻找阅读区间。发掘题干中所隐含的信息,以题干的“此信息”去求答案区间的“彼信息”。

(4)确定答题方法。答题方法包括答案应采用怎样的句式去表述、用怎样的方法去推求答案等几个方面,这同样会在试题题干中有所反映。

3.阅读区间确认能力,是在审题基础之上对文章相关内容的一种分析认知能力,它是以审题的全面、准确、到位和对文章精确的整体认知为前提的。这里的“区间”,是指回答特定问题时所必须依据的文体材料的大致范围,区间确定的是否准确到位直接决定了答题的质量。

需要强调的是,在目前高考命题越来越注重整体性综合的背景下,阅读区间的确认能力就显得更为突出。这需要对文章进行全面扫描和综合性思考,需要审题的高精度,避免区间确定的片面性,不能关注一点不计其余。这才能不会因丢点而失分。

4.信息筛选与语言转换整合能力。

这两种能力在答题过程中起着决定性的作用。从本质上说,现在高考阅读所考查的,其实就是一种实用阅读能力,而实用阅读都是以筛选信息为根本目的的。因此,从这个意义上说“信息筛选能力”便成为阅读的核心能力。“筛选”的过程也就是一个对阅读区间的局部精读、提炼的过程。要提高这一能力就要注意做好以下几个方面的工作:

(1)要注意信息间的各种关系。这些关系主要包括:解证关系、总分关系、因果关系、本原与转折关系、前后照应关系、替代与被替代关系等,明确了信息间的彼此关系,我们才可能分清主次,准确把握主要信息,从而进行正确的筛选。

(2)要特别注意信息的标志。这些标志主要包括:顺序词(如首先、其次等)、关系词(如各种关联词等)以及提示词等。

语言转换和整合能力,是指在筛选信息的基础上,对主要信息进行深加工的一种能力,也即答题语言的最终组织能力。这种能力主要体现为转换说法、语言重组、提炼概括等。从解题过程上看,这是解题的最后一环,也就是“成败在此一举”的决定性一环。

5.转换说法,也就是将作者的意思用自己的语言表达出来。语言重组概括提炼则是依题目要求对文章从某一角度进行表述,这是一种更高层面的语言组织能力。要提高语言的组织能力一定要注意如下几个角度:

(1)紧扣题意,选用恰当的句式、适宜的角度作答,即如何问就如何答,使“答”与“问”有直接的关联性。现在的考题一般应该紧扣题干要求,对准文中的有效信息,将题干要求与文中的已知信息重新进行组合,使之成为全面、凝练、流畅、契合要求的标准答案。

(2)有效利用文中的重要词句。一般来说,答案要点中的关键词语和主要意思就在原文中,我们应牢牢将其抓住,进行有效的提取、剪接、重组。

(3)需要高度概括的题,要把握好角度,对文章主旨形成清晰明确的认识,对文章的前后关联要做到心中有数,对相关信息在文中的地位和作用要清楚明确。有了这几个前提才能准确答题。如《肖邦之家》的第一题。

(二)解题过程中的一些技巧

1.看赋分,配答案。一般来说,每题赋分都在4分以上,这也决定了每个题目的答案要点一般不可能只是一点。一般情况4分题答案至少应有两点,6分题答案至少应有三点。如果命题人在作答处已标明(1)(2)之类序号,则按序号答够要点;如果未标明序号,考生也应该心中有数,不可只答一点了事。

2.合理安排答题顺序。从命题的一般原则上说,本部分试题有一个从易到难的梯度,应从前到后步步推进。

3.把握各题间的相互关联。如果是对全文的赏析,在一些关键点上,往往与前面的题有或多或少的联系,如果把握好这种联系,对我们解题当然是有启发意义的。

4.了解错误选项的设置方法,做好多选题。一般而言,选项设置的迷惑性表现在如下几方面:程度深浅、范围大小有意混淆;偶然、必然有意混淆(把原文中的可能有意说成必然,把偶尔说成往往);已然、未然有意混淆(有意把原文中的设想或推测说成已经);以偏概全(把其中一方面或一部分所具有的某些特点说成是所有同类事物的特点);张冠李戴(把甲的说成是乙的);因果颠倒(把因说成果,或把果说成因);误划类别(把同类的拆开或把不同类的归在一起);无中生有(原文中本无此意,而凭空捏造出这种说法);偷换概念(乍看与原文的说法一样,但仔细推敲就会发现实际上并不是一回事)。了解了这些手法,对提高解题意识意义重大。

5.开放性试题,在语言组织上要注意点面结合,避免抽象。公式化和概念化的表述,是高考中的大忌。在组织语言时,要先"盖帽"后分析,要言之有据。

3.5 写　作

3.5.1 审　题

通过审题,清楚作文要求,如:作文文体,题目范围,作文命题形式等。重点清楚作文的命题形式,以便保证作文题目的正确。例如,命题作文,一定要使用命题要求里给出的题目,否则会相应扣掉作文分数。材料作文与话题作文则可自拟题目。

3.5.2 立　意

立意一定要准确。所谓准确,就是文章的内容不要跑出题目范围,文章的主旨要切合主题。

例如,材料作文中的漫画,往往是通过比喻的形式表现或讽刺某些不良现象;材料作文中的文字,往往会通过一个富含深意的小故事来说明一个道理。那么,立意就一定要围绕漫画的喻意或文段所揭示的道理,抓住本质,确定写作内容。

3.5.3 行　文

(1)题目

俗话说,题目是文章的眼睛。起一个漂亮的题目,则会使文章增色不少。如果是命题作文,则不用考虑"题目"的设计;如果是材料作文或者话题作文,则要注意在题目上下功夫,力求题目的新颖活泼。可使用以下技巧方法来给文章起题目:

a.巧妙运用修辞手法

①比喻,拟人,借代。例如,《我渴望老师的"阳光"》,以"阳光"喻暖人的关爱,简洁生动。《地球就诊记》,以"环保"为话题,将"地球"拟人化,生动活泼。《人生需要掌声》,这一标题借"掌声"代"鼓励",也很有创意。

②排比。例如,《爷爷·奶奶·玫瑰花》,把爷爷、奶奶一辈子相亲相爱的故事串连起来,情真意切,令人敬佩。

③对比。例如,《躺着读书,站着做人》,"躺着"与"站着"形成姿势上的对比,使得标题包含哲理,令人回味。

④反问。例如,《中国的教育家,您难道还没发现吗?》,反问中饱含着摆脱应试教育重负的强烈愿望,观点鲜明,言辞恳切。

⑤设问。例如,《错? 对!》先问后答,以简驭繁,构思巧妙。

⑥顶真。例如,《读书乐、乐读书》,用顶真手法较为风趣地再现读书的乐趣和喜欢读书的性格。

⑦双关。例如,《我最需要一剂良药》,"良药"既能治腿疾又能治心病,一语双关,内蕴丰富。

⑧对偶。例如,《一头白发,满山青葱》,以"环保"为话题,将文旨浓缩在对偶句里,体现出考生善于推敲的语言功夫。

⑨反语。例如,《做了半小时"上帝"》,从未独自上街的小作者带着"顾客就是上帝"的心理到街上闯荡,不想这"上帝"却倍受折腾,并没有得到应有的待遇。

⑩仿写。例如,《将学习进行到底》,仿照《将爱情进行到底》这一标题而做。

b. 引用法

①引用名句。例如,《救救孩子》(以"素质教育"为话题),引用了鲁迅《狂人日记》里的一句话:"救救孩子……"。

②引用诗句。例如,《横看成岭侧成峰》(以"答案是丰富多采的"为话题),引用了苏轼《题西林壁》里的诗句。

③引用流行歌词。例如,《一千零一个愿望》。

c. 符号法

①标点符号。可以在文题中出现的标点符号有逗号、顿号、叹号、问号、省略号、双引号、间隔号。例如,《读书乐、乐读书》中的顿号,《爷爷·奶奶·玫瑰花》中的间隔号,《错? 对!》中的问号和叹号。

②算数符号。例如,《勤劳×高科技=致富》中的"乘号""等号",《7+1=0》中的"加号",《成绩≠素质》中的"不等于号"。

总之,题目要新,要独具特色,这样才能吸引人的眼球,给人以全新的精神享受和启迪。拟题方法多种多样,希望大家平时多留心,多思考。

(2)开头

开头几段一定要精雕细刻,要出彩,这才能给评卷老师留下好印象,使作文增分。可使用以下技巧方法:

a. 开门见山,直奔主题法

例如:以"相信自己与听取别人的意见"为话题

人生的追求,就如水上行舟,只有高扬起两面风帆——相信自己与善于听取别人的意见,我们才能进退自如,抵达胜利的彼岸。

b. 制造悬念,引人入胜法

例如:以"常识"为话题

一大早,厂长刚来到办公室,小李便窜了进来,手里捧着杯热气腾腾的铁观音,谄媚地递给厂长,神秘兮兮地小声说道:"厂长啊,跟您商量个事儿,带我的那个师傅,能不能换成徐科长?"厂长大惑不解:"怎么? 张师傅对你太严厉?""没有的事,张师傅经验老到,技术纯熟,这样好的师傅应该留给小王。"

c. 提出问题,引人注意法

例如:以"感情的亲疏与对事物的判断"为话题

你会因喜爱北国的皑皑白雪而对南国的椰林海风不屑一顾吗? 你会因沉迷于江南的小桥流水,青瓦白墙而否定西北的"大漠孤烟直,长河落日圆"的美吗? 你会介意林黛玉"使性子"而不看经典名著《红楼梦》吗? 你会因钟情流行音乐而厌烦"沉闷乏味"的古典音乐吗?

d. 巧用排比、比喻、拟人等修辞法

例如：以“诚信”为话题

生活如酒，或芳香，或浓烈，因为诚实，它变得醇厚；生活如歌，或高昂，或低沉，因为守信，它变得悦耳；生活如画，或明丽，或素雅，因为诚信，它变得美丽。（排比修辞）

e. 引用与主题相关的诗句法

例如：以“双赢”为话题

你在桥上看风景

看风景的人在楼上看你

明月装饰了你的窗子

你装饰了别人的梦

很喜欢卞之琳的这首小诗，隽永而深刻，有一种悠悠情思令人遐想。简单的文字，如工笔描绘出的一幅画，细腻而自然。

f. 可巧述故事，引人入胜

例如：以“诚信”为话题

话说诚信被那个“聪明”的年轻人投弃到水里以后，他拼命地游着，最后来到了一个岛上。“诚信”就躺在沙滩上休息，心里计划着等待哪位路过的朋友允许他搭船，救他一命。

g. 可巧用题记，揭示主旨

例如：一棵芦苇并不会快乐，当她快乐了，是因为她开始了思考。——题记

在一堂课上，老师往空杯中放一块石头，再向其中充入沙子，然后是加水。一个杯子装上石头满了吗？安于现状的人说满了；装进了沙子后满了吗？聪明的人说满了；善于思考的人说还可以加水。

(3)结尾

文章一定要有结尾，有了结尾，才算一篇完整的文章。文章如果没有结尾，会被扣掉相应的分数。可以使用的技巧方法：

a. 自然收束

不论哪种文体的文章，在把内容表达完了之后，自然而然地收束全文，而不去设计蕴意深刻的哲理语句，不去突出含义丰富的象征形体，这样的结尾方法为“自然收束法”。它完全避免了文章画蛇添足、无病呻吟的结尾毛病，显得单纯明快，朴实无华。

例如：“我就是你的师傅，”小王凑近他耳边小声说，“还要告诉你，有真才实学才有前途，这是常识，懂么?”小王拍了拍小李的肩膀，看着小李愣住的样子，开心地笑了。

b. 呼应篇首

主要有以下几种方法：

①复现式呼应。文章开头的抒情、议论、人物描写、场景设置、说明要点等等，在结尾重复一次，首尾相比，语句略有不同。由于开头结尾对同一内容反复强调，使文章的主旨更加突出，同时使文章的首尾结构具有一种回环之美。

例如：【开头】小溪回转流淌，若想奔向大海的怀抱，必须冲破群山的阻挡；种子蓄势待发，若想接受阳光的沐浴，必须冲开泥土的屏障；蝶蛹身居茧中，若想拥抱湛蓝的天空，必须打开茧的束缚。打开人生之茧，才能成就精彩人生，创造人生的辉煌！

【结尾】人生如春天，作茧自裹缠。一朝眉羽成，钻破亦在我。作为一名有骨气、有意气的人，打开生命的茧，才能成就精彩人生，创造人生的辉煌！

②递进式呼应。文章的结尾在文章开头的记叙、描写、议论、抒情的基础之上，在遥相呼应的同时，表达出更深一层的含义，以此带动读者认识和情感上的飞跃，给人留下回味的余地，同时深化文章主题。

例如：【开头】世间有许多诱惑让我们深陷沼泽不能自拔，面对诱惑，我们需要坚守自己的精神家园。

【结尾】坚守自己的精神家园，不为诱惑所动，我们的心灵将纯正高尚，我们的人生将纯真快乐。

③虚实式呼应。文章开头写实，结尾为了深化文章的中心或者为了突出文章的意境而进行虚化描述。这种虚实式的结尾经常用于记叙文，能给读者以意境之美。

例如：【开头】我们惊叹太白清新飘逸的诗句，那是因为他熟悉中华的经典；我们欣赏郎朗清脆婉转的琴声，那是因为他熟悉黑白的键盘；我们感叹哥白尼的发现，那是因为他熟悉浩瀚的宇宙。

【结尾】熟悉，万法一如。

c. 抒情结尾

用抒情的方式收束结尾，能够表达作者心中的情愫，激起读者情感的波澜，引起读者的共鸣，有着强烈的艺术感染力。这种结尾方式主要用于写人记事的记叙文之中，也可用于说明文、议论文的写作。

例如：奔腾的黄河水啊，请你再一次发出震人心魄的咆哮，请你再一次滋润空虚的心灵，请你再一次唤醒民族的真性——还有，那早已失去的民族精魂！

d. 发表议论

运用议论，往往能够深化作文主题及人物形象，深刻反映社会生活，表达作者情感，增添作品的思考及理性的色彩，赋予读者以警策、鼓舞和力量等等。它们有的气势磅礴，表现作者的胸襟气度；有的细腻柔和，抒发人物的情感；有的则刚直明快，对事物的剖析入木三分，真可谓异彩纷呈，形态万千。

例如：是啊，生命不可能从谎言中开出灿烂的鲜花。在人类所有的美德中，诚实一直是第一位的！……傻妹妹，我们还是要坚持做人的底线，永葆诚实的美德！

参考文献：

[1]曹春齐. 诗歌鉴赏的切入技巧[J]. 语文教学与研究(大众版)，2004(4).

[2]柴小倩. 解读高考作文的考查目标[C]. 文教资料，2009(13).

[3]陈　华. 高考汉语能力测试创新研究[D]. 武汉：华中师范大学，2008.

[4]陈　娟. 新课程标准下对语文课程改革的认识[J]. 教改思考，2010(2).

[5]陈　励. 基于学生发展的高中文言文课堂教学研究[D]. 广西：广西师范大学，2006.

[6]陈金乐. 文学鉴赏与语文高考——古诗词鉴赏中知识与素养不容忽视[J]. 考试周刊，2011(15).

[7]陈伟红. 新课标麾下的大语文教学[J]. 师道，2007(11).

[8]陈雪霞. 从高考语文试题谈现代文阅读教学[J]. 大语文论坛，2010(6).

[9]陈娅美. 2010年高考名篇名句考查试题述评[J]. 试题与研究(教学论坛)，2010(19).

[10]陈志国，赵海燕. 高考语文科选作题研究[J]. 中学语文教学，2010(5).

[11]陈宗德. 2008年高考文言文考题规律探析及对今后教学和备考建议[J]. 考试与素质教育研究，2008(9).

[12]成　龙. 近三年高考语文新课标卷述评[J]. 高考中考，2010.

[13]成正全. 高考语文现代文阅读命题研究[D]. 上海：华东师范大学，2006.

[14]程红兵. 高考语文测试的反思与前瞻[J]. 山东师大学报(社会科学版)，1994(2).

[15]邓　敏. 探究性阅读题的测试内容及解答方略[J]. 东西南北·教育观察，2010(10).

[16]丁兆存. 高考图表题的主要特点及解答策略[J]. 中学语文园地(高中版)，2009(11).

[17]董小群. 新课标下的语文教学对策[J]. 西江教育论丛，2007(2).

[18]高俊文. 新课标视野下高考作文试题探析[D]. 武汉：湖北大学，2008.

[19]葛云杰. 语文高考命题取向的反思与展望[J]. 考试与素质教育研究，2006(1).

[20]顾朝阳. 关于新课改下作文命题的开放性[J]. 教学大参考，2006(9).

[21]郭　超. 新课标理念下话题作文的反思[D]. 吉林：东北师范大学学位评定委员会，2007.

[22]韩宝珊. 从高考试题分析高中语文诗词鉴赏教学[D]. 内蒙古：内蒙古师范大学，2010.

[23]郝建梅.新课标下高中语文总复习技巧探究[J].中国教育技术装备,2008(23).
[24]何家军.新课程高考质量评价标准体系研究[D].武汉:华中师范大学,2008.
[25]贺　币.2011年高考语言运用创新试题设计[J].语文教学之友,2010(10).
[26]胡　杰.新课标下语文高考备考[J].中学语文(下旬·大语文论坛),2009(6).
[27]胡海蕾.新课改背景下的文言文教学思考[D].天津:天津师范大学,2006.
[28]黄　俊.1978——2008:高考语文试卷研究报告[R].教育测量与评价(理论版),2009(12).
[29]黄永长.语文新课程与高考改革研究[D].福建:福建师范大学,2009.
[30]姜友华.双性并重:新课程理念下的高考语文训练[J].淮阴师范学院教育科学论坛,2009(1).
[31]姜有荣.2009年高考语文新课标卷巡礼[J].中学语文(上旬·教学大参考),2009(7).
[32]姜有荣.2010年高考语文"试验田"五大看点[J].新高考(高三语数外),2010(9).
[33]蒋艳艳.新课程背景下高考语文试题研究[D].苏州:苏州大学,2010.
[34]兰建海.高中新课程现代文阅读教学与高考应试对策研究[D].内蒙古:内蒙古师范大学,2010.
[35]乐中保.语文高考阅读测试内容研究[D].上海:上海师范大学,2009.
[36]雷　泽.高中语文综合性学习与高考刍议[J].中学语文(下旬·大语文论坛),2009(12).
[37]李　恒.新时期高考语文知识类试题研究[D].上海:华东师范大学,2009.
[38]李　立.新课改视野中的高考改革方案述评[D].厦门:厦门大学,2009.
[39]李　伟.中学生文学鉴赏能力培养初探[D].江西:江西师范大学,2005.
[40]李　旭.新课程视角下的高考改革[J].福建师范大学学报(哲学社会科学版),2007(4).
[41]李翠青.中学现代散文鉴赏教学研究[D].北京:首都师范大学,2006.
[42]李慧莲.中学生语文综合泰质发展性评价初探[J].课程·教材·教法,2002(12).
[43]李慧琴.高考现代文阅读试题变化及教学导向[J].语文建设,2004(12).
[44]李金波.对高考考试大纲(说明)的再认识[C].浙江:浙江省教育考试院,2010.
[45]李明高.语文新课标:凸显十大关键词[J].中小学教师培训,2003(11).
[46]李　倩.错别字备考策略谈[J].成功(教育版),2010(10).
[47]梁丽华.从2010年高考谈传记阅读教学[J].黑河教育,2010(6).
[48]刘　明.培养四种意识关注四个问题—高考现代文阅读备考策略[J].语文教学通讯,2009(1).
[49]刘　芹.高考文学作品阅读主观性试题答题技巧[J].中学语文(中旬·读写新空间),2009(9).
[50]刘　芹.全面阅读探究细节——高考文言文整体阅读方法例谈[J].高考中考,2011(3).
[51]刘庆根.新时期高考改革研究[D].江苏:扬州大学,2007.
[52]刘振华.语文高考试题地方特色诠释[J].考试园地·考试研究,2006(5).
[53]刘志刚.高考古代诗词鉴赏试题及答题状况研究[D].内蒙古:内蒙古师范大学,2007.
[54]刘忠华.高考语文知识试题的变迁及其社会学意蕴[D].湖南:湖南科技学院中文系,2009(6).
[55]柳小平.关于高考作文题命制的几点思考[J].语文教学通讯·高中刊,2006(2).
[56]马志兵,李东伟.浅谈新课标颁布以来高考语文的变化[J].现代语文(教学研究),2007(12).
[57]毛元德.高考语文命题趋势与复习应考对策[J].湖北:高考研究,2008.
[58]毛智玲.对语文课程改革的思考[J].陕西:西北师范大学教育学院,2008.
[59]缪芙蓉.高考与高中语文古代诗词鉴赏教学[D].苏州:苏州大学,2008.
[60]倪文锦.新课程标准语文科高考大纲简析[D].上海:华东师范大学,2007.
[61]牛清风.新课标语文文言文课的尝试[J].河南:试题与研究(教学论坛),2010(1).
[62]欧阳昱北.随风起舞笔如椽——新课标背景下高考作文的思考[J].教育界,2010(7).
[63]潘玉梅,王万岭.解读高中语文新课标理念下的高考作文[C].巢湖学院学报,2009.11.
[64]彭浩波.高中语文新课程"人教版"必修课教材研究[D].上海:华东师范大学,2005.

[65]钱国利.对高考语文探究题的探究[D].大连教育学院学报,2009.
[66]钱毅周海英.2005—2009年高考文言文命题述评[J].教育测量与评价,2010(10).
[67]沈　莉.高考现代文阅读答题分析[J].中学语文.2010(3).
[68]司新华.高考语文主观阅读题答案中的若干问题[J].语文建设,2010(5).
[69]宋雅帆.诗歌鉴赏的基本步骤[J].现代语文(教学研究),2008(5).
[70]苏新春,杜晶晶,袁冉.对四套新课标语文教材课后练习的四维分析研究[C].江西科技师范学院学报,2010(1).
[71]孙晓磊.语文学科的作用[J].全国继教网,2009.
[72]唐海波.文本从考生实际出发,设题从稳定和新课标着眼——2008年高考语文现代文阅读题综述[J].语文建设,2008(7).
[73]唐四林.高考文言文阅读应试指导浅谈[J].中学语文,2008(7).
[74]唐卫红.语文高考命题改革研究[D].福建:福建师范大学,2008.
[75]田建荣,贾锦钰.论高考改革与高中新课程改革的有效衔接[J].教育科学研究,2009(3).
[76]汪小问.谈新课改背景下的高三语文复习[J].试题与研究(新课程论坛),2010(24).
[77]王大绩."解放天足"与"削足适履"的博弈——谈"新课标"高考作文的命题与阅卷[C].中学语文教学,2009(5).
[78]王大绩.高考语文阅读试题的特点和对策[J].河南教育(上旬)备考指南,2010(4).
[79]王大绩.简约其途,丰腴其实—高考现代文阅读简答题方法例说[J].中学语文教学,2010(3).
[80]王根喜.高考三种常见语运题解答技巧例析[J].现代语文(教学研究),2009(1).
[81]王后雄,张建中.新课程高考语文考试评价标准及试卷结构技术指标构想[J].语文建设,2008(2).
[82]王后雄.新课程高考科目方案述论与改革价值取向[D].武汉:华中师范大学,2007.
[83]工建稳.新课程背景下高考语文复习探析[J].中小学教学研究,2009(4).
[84]王立敏,刘森.(范围作文)试题材料和试题要求的命制[J].中学语文教学,2007(11).
[85]工绍林.语文新课标与高考改革(上)[J].社会科学论坛,2010(21).
[86]王绍林.语文新课标与高考改革(下)[J].社会科学论坛,2010(21).
[87]王玉强.新课标对语文高考的导引作用[J].中学语文教学,2006(11).
[88]王周平.高考小说阅读命题特点及答题方略[J].中学语文(中旬·读写新空间),2010(7).
[89]王周平.立足文本,创意解读——现代文"探究题"题型探究[J].中学语文,2010(1).
[90]韦　佳.浅论新课标理念下语文课程资源的开发和利用[J].中学语文(下旬·大语文论坛),2010(9).
[91]魏　杰.作文教学与情感教育初探[D].南京:南京师范大学,2008.
[92]吴　迪.试论情境型试卷——高考语文试卷的实用性研究[D].哈尔滨:哈尔滨师范大学,2010.
[93]吴卫东.高考现代文阅读概括类试题答题对策[J].中学语文,2009(14).
[94]吴文年,舒银根.新课标下的古诗文课堂教学策略浅谈[J].江西教育科研,2007(1).
[95]肖永凯.浅谈高考语文复习中的阅读鉴赏教学[J].中学教学参考(上旬),2010(5).
[96]徐丹凤.新课程标准下的语文高考命题改革[D].四川:四川师范大学,2009.
[97]徐殿东.在平稳中变化,给新课改亮绿灯——2010年高考全国卷Ⅲ作文题评析[J].语文学习,2010(7).
[98]徐建华,杨晓波.从语言运用到高考作文[J].语文教学与研究(大众版),2010(5).
[99]许小荣.高考语文试题研究[D].广西:广西师范大学,2007.
[100]鄢文龙.新高考语文探究性试题分析[J].江西宜春学院文学新闻传播学院,2010.
[101]颜　敏.回归与前瞻:高考文言文阅读[J].中学语文教学,2010(6).

[102]阳利平. 新课程的价值追求与语文教学的转型[D]. 湖南:湖南师范大学,2004.
[103]杨书松. 新课程高考语文探究能力考查之探究[J]. 语文建设,2009(9).
[104]姚建芳. 重视规律研究强化方法指导[J]. 语文教学与研究(大众版),2008(6).
[105]姚赛男. 2006年以来高考语文学科研究评略[J]. 兰州教育学院学报,2007(4).
[106]余　晖. 2010年全国高考语文现代文阅读试题分析[J]. 考试(中考教师),2010(9).
[107]俞水花. 高考语文文言虚词命题特征及复习策略[J]. 科研博览,2009(5).
[108]曾丽芳. 浅谈高考现代文阅读题应试的方法、思路和技巧[J]. 科技信息,2009(32).
[109]湛承芳. 明确思路把握要点——高考现代文阅读作用类试题设题特点及应试策略[J]. 中学语文,2010(9).
[110]张　莉. 新课标实施后高考语文阅读试题研究[D]. 四川:四川师范大学,2009.
[111]张海平. 高考语文评点类试题探究[J]. 新课程,2010(5).
[112]张慧君. 语文课改浅探[J]. 中学语文(下旬·大语文论坛),2008(12).
[113]张丽佩. 新课程语文教学案例分析与应用研究[D]. 长春:东北师范大学,2009.
[114]张胜华. 浅谈新课标下高考语文的本质[J]. 陕西教育(高教),2008(2).
[115]张学慧. 勤读生智慧苦练就华章——浅谈新课标下如何指导学生学好语文[J]. 新课程(教师版),2010(3).
[116]张振鸿. 略论新课程背景下高考命题面临的问题[J]. 当代教育科学,2008.
[117]赵明亮. 高考作文命题的五种意识[J]. 新语文学习(中学教学),2010. 2
[118]赵　美. 高考背景下的高中作文教学研究[D]. 河北:河北师范大学,2008.
[119]赵华,黄美玲. 2008年高考文言文阅读命题特点及趋势[J]. 大语文论坛·复习备考,2008(9).
[120]赵庭芳. 近年语文考题的演变与语文新高考的思考[J]. 中学语文教学,2006(11).
[121]郑守春. 个性化写作必须抓住真情实感[J]. 语文教学与研究(大众版),2010(5).
[122]周崇启. 高中语文课程改革新论[D]. 黔南民族师范学院学报,2010(1).
[123]周春梅. 高考现代文阅读文本选择标准[J]. 今日科苑. 2010(2)
[124]周惠丽. 浅析对高中语文新课标的再思考[J]. 考试周刊,2011(12).
[125]周京昱. 高考语文科课标卷阅读选考试题的新兴评价观[C]. 中国考试,2009(12).
[126]周珺红. 高考语文现代文阅读备考策略[J]. 考试指南,2010(6).
[127]周世忠. 高考作文命题的审美追求[J]. 中学语文教学,2006(12).
[128]周小琪. 试谈语文课程改革的人本主义趋向[J]. 学科园地,2008(2).
[129]朱成广. 新课程视野下高中生语文学习评价探索[D]. 山东:山东师范大学,2006.
[130]朱成祥. 高中作文教学的基本思路及创新策略研究[D]. 苏州:苏州大学,2008.
[131]朱丹萍. 高中古诗词课程内容研究[D]. 上海:华东师范大学,2010.
[132]朱士连. 中学语文语言运用题的教学实践与探究[D]. 福建:福建师范大学,2008.
[133]朱习文,张鹏飞. 高考文言文阅读命题变化及趋势分析[J]. 中学语文,2008.
[134]朱贻渊. 走出混沌——新课标语文实验教材的"言语化"取向透视[J]. 中学语文教学,2009(10).
[135]朱子健. 对高中新课改背景下文言文教学的思考[C]. 辽宁:辽宁师范大学,2009.

优能中学教育
U-CAN SECONDARY SCHOOL EDUCATION
耀起来 不要迷茫
就耀崭新旅程

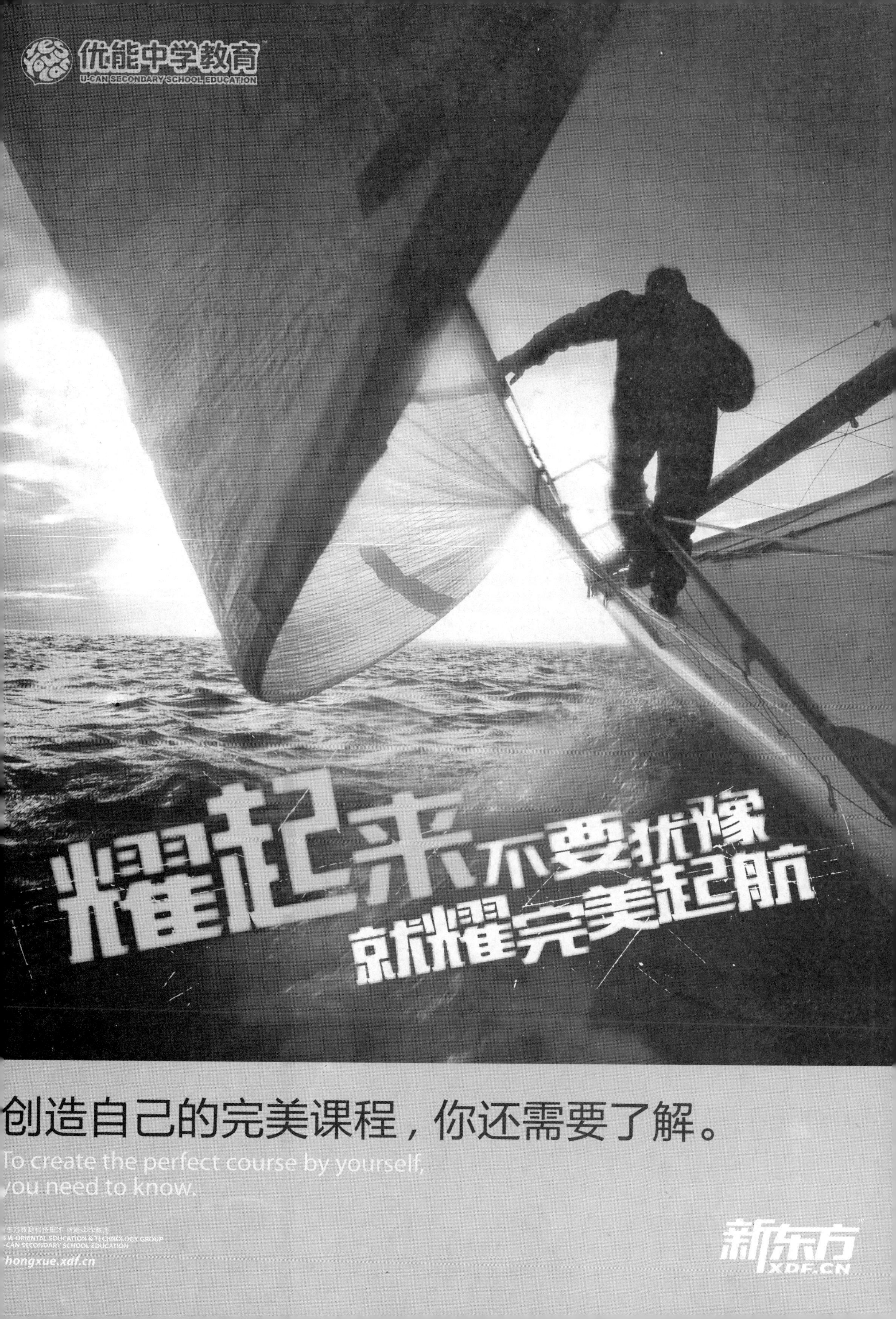
优能中学教育
U-CAN SECONDARY SCHOOL EDUCATION
耀起来 不要犹豫
就耀完美起航
创造自己的完美课程，你还需要了解。
To create the perfect course by yourself,
you need to know.
W ORIENTAL EDUCATION & TECHNOLOGY GROUP
CAN SECONDARY SCHOOL EDUCATION
hongxue.xdf.cn
新东方
XDF.CN

优能中学教育
U-CAN SECONDARY SCHOOL EDUCATION
优
高考
决胜
高考发挥超强实力
尽在优能中学教育
TO CREATE THE
PERFECT COURSE
BY YOURSELF
U-CAN HAS IT ALL.
高考
Search搜课
创造自己的完美课程，你还需要了解。
To create the perfect course by yourself,
you need to know.
NEW ORIENTAL EDUCATION & TECHNOLOGY GROUP
U-CAN SECONDARY SCHOOL EDUCATION
zhongxue.xdf.cn
新东方
XDF.CN

2014—2015年度高考备考策略研究报告

2014—2015 Research Report on NMT Preparation Strategies

Research Report
of National Matriculation English Test

《英语学科》

总顾问：俞敏洪

顾　问：周成刚

总统筹：罗　娉　王　专

总策划：新东方优能中学推广管理中心（全国中高考教学考试研究院）

总　编：赵剑锋

本册主编：钟　雷

编　辑：陈贾雷　李建龙　李　晶

新东方 XDF.CN | 优能中学教育 U-CAN SECONDARY SCHOOL EDUCATION

西藏人民出版社

新学案

图书在版编目(CIP)数据

新学案.6/北京天利考试信息网编.
—拉萨：西藏人民出版社，2009.3（2014.7重印）
ISBN 978-7-223-02599-7

Ⅰ.①新… Ⅱ.①北… Ⅲ.①课程—教案（教育）—中学 Ⅳ.①G633

中国版本图书馆CIP数据核字(2009)第009073号

新学案.6

——2014—2015年度高考备考策略研究报告（英语学科）

作　　者　全国中高考教学考试研究院
责任编辑　杨永坤
装帧设计　高文辉
出　　版　西藏人民出版社
社　　址　拉萨市林廓北路23号　　**邮政编码**：850000
北京发行部：100013　北京市东土城路8号林达大厦A座13层
电　　话：010-61420186
印　　刷　三河市南阳印刷有限公司
经　　销　全国新华书店
开　　本　16开（880×1 230）　　**字　　数**　1 300 千
印　　张　43
版　　次　2014年7月第1版第2次印刷
标准书号　ISBN 978-7-223-02599-7
定　　价　398.00元（全6册）

目 录

英语学科研究报告

1. 英语学科概述

1.1 学习英语的意义及其在高考中的作用

语言是人类最重要的思维和交流工具，也是人们参与社会活动的重要条件。语言对促进人的全面发展具有重要意义。当今社会生活和经济活动日益全球化，外国语已经成为世界各国公民必备的基本素养之一。因此，学习和掌握外语，特别是英语，具有重要意义。

学生学习外语，一方面可以促进心智、情感、态度与价值观的发展和综合人文素养的提高，满足学生心智和情感态度的发展需求；另一方面，掌握一门国际通用语种可以为学习国外先进的文化、科学、技术和进行国际交往创造条件，满足高中毕业生就业、升学和未来生存发展的需要。

同时，进行外语教育还有利于提高国民素质，有利于我国对外开放和国际交往，有利于增强我国的综合国力，满足国家经济建设和科技发展对人才的需求。

因此，高中阶段的外语教育具有多重的人文和社会意义。

外语是高考若干学科之一，长期以来一直与语文、数学一起列为所有考生的必考科目，受到考生的广泛重视。目前，外语学科提供英、日、俄、德、法、西六个语种供考生选择，但选择英语的考生每年均超过考生总数的99%。由此可以看出，英语学科在高考中发挥着非常重要的作用。[1]

1.2 高考英语测试的发展历程

回顾我国高考英语测试的历史发展轨迹，我们不难看出，我国普通高等学校招生统一考试英语学科的测试内容、题型的设置和阅卷方法的改革，大体上经历了以下四个阶段：

第一阶段：自 1952 年全国实施高等学校招生统一考试起，至 1965 年，即 文革”前夕止。此时我国的高考英语测试主要有三种题型，即阅读题、英译汉、汉泽英。阅卷方式采用人工阅卷。

英语阅读题型所占分数比例为全卷的 20% 到 36%，一般为 100~300 词的英语短文，要求考生在仔细阅读后用英语回答几个问题（1959 年的阅读题甚至只要求考生用中文回答）。问题难度不一，三分之二的问题可以从原文中直接找出答案，三分之一的问题用 How，Why 之类的疑问词提问，相对来说难一些。

英译汉题型有两种形式。一 种是句子英译汉，一般是给七八个英文句子，要求译成汉语。另一种是短文英译汉，文章长短不一。例如，1961 年考题仅 100 词左右，分值占总分的 32%；而 1962 年有 203 词，分值占总分的 30%。1959 至 1964 年都是采取短文英译汉的题型。

此外，1962、1963 两年出现过阅读理解与英译汉混合题型：即在英语短文中有四句话，加有括号，要译成中文，另外还要用英语回答 6 个问题。1965 年还出现了一道五选一的多项选择题，这是我国高考英语历史上第一次使用该题型。

上述题型，在一定程度上反映了这个阶段高考英语命题的随意性很大，主观题型占很大的比例，还谈不上英语测试的科学化、规范化。

第二阶段：自 1977 年恢复高考起，到 1987 年为止。1977 年刚刚恢复高考时，英语由各省、直辖市、自治区自行命题和组织考试。自 1978 年起，高考英语由全国统一命题。80 年代中期，我国开始英语标准化的研究，并在广东进行试验。这一考试定名为 MET（Matriculation English Test）。其后，部分省（自治区）参与了这一试验。

第二阶段高考英语测试的主要特点是：命题逐步走向科学化、规范化。

在我国英语测试领域的先驱、原广州外国语学院院长桂诗春教授的带领下，我国高考英语测试在历经多年的徘徊与摸索之后，实现了向标准化测试的平稳过渡。

在第二阶段，试题变化较多，但最终走向了相对的稳定。首先，大题的总数不一致。1978 年为 6 题，1984、1985 年为 8 题，其余各年均为 7 题。1986 年，除 7 题正题外，另有一道附加题，当然该题成绩仅供参考。1987 年改为 7 题，与 MET 一致，以后多年都是这样。其次，试题题型有变化。1978 年的高考题，继承了 文革”前的基本题型，大部分

1　刘庆思 . 改革开放三十年来我国高考英语科的发展情况［J］. 课程　教材　教法2008，（04）.

是主观性题型，增加了 1965 年才出现的多项选择题（multiple choice），但其形式已由五选一改成了四选一。另外，1978 年试题出现了句型转换和短文填空两个新题型。从 1980 年起，不考英译汉；从 1982 年起，汉译英题型也消失了。从 1987 年起，短文填空改为四选一的完形填空（Cloze）。多项选择题 1978 年为三选一，1979 年改为四选一，其后一直采用四选一的形式。1987 年，题型已向 MET 试卷靠拢。

1985 年以后，阅卷方式也进行了重大改革，参加标准化考试试验的省（自治区）均实现了机器审阅客观性试题。另外，在 1985 年，上海市已开始高考单独命题的探索。

第三阶段：从 1988 年起，到 2001 年止。从 1988 年起，全国各地均实现了高考英语标准化考试（MET）。从 1990 年起，当时的国家教委又推出了 NMET（National MatriculationEnglish Test），并逐渐推广到全国。自 2000 年起，江苏等省试点加试听力（Listening Comprehension），2001 年起，听力测试正式计入高考总分。与此同时，去掉了语音知识、补全对话和单词拼写部分，减少了单项填空部分试题的数量。在由 MET 向 NMET 的过渡中，高考英语试题的显著变化有：总分由 100 分改为 150 分；以 2001 年高考为例，全国卷、上海卷均包括 Listening Comprehension，Grammar and vocabulary，Cloze，Reading Comprehension，Writing 等几个部分。不过，全国卷 Writing 部分第一小节为 Correction，上海卷则为 Translation。其余部分均采用标准化题型，阅卷方式采用机器阅卷（阅标准化客观题部分）与人工阅卷（阅写作主观题部分）相结合。

第四阶段：从 2002 年起至今。2002 年，北京市开始高考单独命题，英语试题题型与全国卷一致，初步形成了全国卷、上海卷、北京卷三足鼎立的局面。2003 年高考，北京卷在题型设置上大胆创新，摒弃了写作部分一直存在争议的短文改错题型，采用两篇作文（情景作文与开放式作文相结合）的考查方式，旨在考查考生的创新能力。上海卷听力部分还增加了 8 题单词填空的主观题型。2004 年则是我国高考历史上改革幅度最大的一年，除了上海、北京继续单独命题外，又新增天津、重庆、江苏、浙江、福建、湖南、湖北、辽宁、广东等九省市单独命题，全国卷又按地区的不同命制了四份试题，广东省的英语也分为两份。2005 年高考单独命题的省份继续增加，而且上海市的高考英语题型构成推陈出新，有比较大的变化，即语法题由 20 题压缩为 15 题；单独设置的词汇题取消，在语法部分设置 5 题词汇题；阅读理解由四篇增加为五篇，其中增加的那篇是新题型，采用从六个选项中选出五个答案的匹配题，每题一分；翻译部分增加一题，分值增加五分。由此可见，我国的高考英语测试题型日臻完善。本阶段阅卷方式采用机器阅卷（阅标准化客观题部分）与人工阅卷（阅写作主观题部分）相结合，但人工阅卷部分（如写作）在部分省市开始尝试网上阅卷，即将考生的主观题答案扫描上网，让两位阅卷老师同时评分，一般采用两个得分的平均值；如果差异过大，电脑会自动将试卷转发给另一组阅卷老师，或转给阅卷领导小组裁决，这就在最大程度上保证了主观题评分的公正性。

自上世纪 50 年代初的主观题型到 80 年代末的 MET，再到 90 年代初的 NMET，直到如今的分省市单独命题，我国高考英语测试沐浴着改革开放的春风，迅速地走向成熟，并已成为当今世界上规模最大的英语标准化测试。目前，高考英语测试正处在不断改进、完善的过程中。[2]

1.3 新课程改革后高考英语改革

2003 年，教育部在原《教学大纲》的基础上制订了各学科普通高中《课程标准》，开始对中学的教学内容、教学方法和评价方法等进行较为彻底的改革。新课改后课程内容更加关注学生的生活以及与现代社会和科技发展的联系，关注学生的学习兴趣和经验。不再单纯以学科为中心组织教学内容，不再刻意追求学科体系的严密性、完整性、逻辑性，而是从高中学生发展的需要出发，结合社会和学科发展的实际，精选学生终身发展必备的知识，课程内容既要体现其时代性，又要反映其基础性，同时还强调选择性，以满足不同学生发展的需要。课程内容的这一变化，将会有效地改变学生学习生活和现实世界相脱节的状况，极大地调动学生学习的主动性和积极性。

新课改试验首先在山东、广东、海南和宁夏进行，而参加试验的学生于 2007 年高中毕业，参加普通高考。为此，教育部组织进行了又一轮的高考改革。

高中英语课程改革毫无疑问对高考英语改革提出了新的任务和新的课题。2007 年山东、宁夏、广东和海南；2008 年江苏；2009 天津、浙江、福建、安徽和辽宁；2010 年北京、陕西、吉林、湖南和黑龙江，先后开始普通高中新课改后的高考改革。2010 年江西、山西、河南和新疆也实施了普通高中新课改后的高考改革。新课改背景下的高考英语改革坚持 突出语篇，强调应用，注重交际”这一命题原则，体现了 稳中有变，变中求新”的命题指导思想，对高中英语

2 刘决生 . 我国高考英语测试的历史与现状 [J]. 上海教育科研，2005，（3）：40-43.

课程改革具有较好的导向性与前瞻性[3]。一是高考英语改革根据现代外语教学与测试发展的要求，体现了高中英语新课程的评价理念，在如何考查考生语言能力运用问题上作出了不懈的努力和探索；二是高考英语试题在测试的深度和广度上有了新的拓展，进一步强化了测试目标的设定、测试内容的筛选和考点均衡的分配。

1.4《新课程标准》及《考试大纲》中对语言技能和语言知识的要求

高考改革主要体现在两个方面：一是高考科目组的调整，二是考试内容的更新。[4]各自主命题省份，在考试中心的指导下，根据本省情况，依据《课程标准》和《考试大纲》分别制订了自己的 考试说明"，对试卷结构和考查内容进行了调整。在研究各地高考试卷前，我们有必要了解《课程标准》和《考试大纲》中所规定的各种语言技能和提出的新的语言知识的要求。

《课程标准》中将语言技能分为听、说、读、写四种技能。当前，我国高考英语中对 说"进行考查的地区很少，只有上海、江苏、广东等有条件的省市进行口试，并将口语成绩作为英语专业及涉外专业录取新生的依据。因此，在此只侧重分析《课程标准》中听、读、写技能的要求。通观全国各地高考英语试卷，对这三项能力的考查则主要体现在听力、单项、完形填空、阅读和写作部分中。

1.4.1 听力部分的能力要求

2003 年颁布的新课标对高中学生写作能力的要求在原来《高中英语教学大纲》的基础上有所提高，它对高中必须达到的九级语言技能的听力能力要求如下：

能听懂有关部门熟悉话题的演讲、讨论、辩论和报告；

能听懂国内外一般的英语新闻广播；

能抓住较长发言的内容要点，理解讲话人的观点及意图；

能从言谈中判断对方的态度、喜恶、立场及隐含意思等；

能理解一般的幽默；

能在听的过程中克服一般性的口音干扰。

在应试方面，高考大纲中对听力部分要求为听懂有关日常生活中所熟悉话题的简短独白和对话，高考中听力技能的试题设计要求如下：

表 1　高考中听力技能的试题设计要求

测试要点	测试方式	说明
1. 获取具体的、事实性信息； 2. 理解主旨、要义； 3. 对所听到内容的背景，说话者之间的关系进行简单的推断； 4. 理解说话者的意图、观点或态度； 5. 记录或加工所获取信息。	1. 单项选择； 2. 是非题； 3. 完成句子； 4. 完成图表； 5. 简单记录、总结； 6. 按指令完成任务。	所选语言材料要体现真实口语交际语段的特点，长度适中，语速正常。

获取事实性的具体信息的能力：为了说明和解释主旨，对话或独白中需要一些具体信息，如：时间、地点、人物、价钱、数量、事情的前因后果、方式方法等，这些信息是理解对话或独白的重点。

理解主旨和要义的能力：任何一段对话或独白总会围绕一个主旨或一个中心思想展开。有时主旨大意较明确，有时贯穿整个对话或独白，需考生自己去归纳、概括。

对所听内容作出简单推断的能力：根据对话内容，在理解的基础上对说话背景、说话者之关系等作出推理。

理解说话者的意图、观点和态度的能力：有时说话者的意图或观点是隐含在对话、独白的字里行间，需要考生自己去揣摩、判断。

记录或加工所获取信息的能力：对所听到的内容进行分析处理，以文字形式表达出来。

3　平克虹 . 高考英语试卷结构与题型的发展与演变 [J]. 中小学外语教学（中学篇），2006（11）：1-6.

4　刘庆思 . 改革开放三十年来我国高考英语科的发展情况 [J]. 课程 · 教材 · 教法，2008，（04）.

1.4.2 单项选择、语法部分的能力要求

根据《高中英语课程标准》中关于语言技能的要求，结合高考大纲和各地考试说明，高考英语单项选择题对考生能力和知识的考查具体体现在以下三个方面：

一是特定语境中理解运用语法知识的能力；

二是特定语境中理解运用词汇知识的能力；

三是特定语境中理解运用日常用语的能力。

《考试大纲》中要求考生能够运用基本的语法知识，掌握 3 000~3 500 个词汇和 400~500 个习惯用语或固定搭配，并且能从语言运用的角度出发，把语言的形式、意义和用法有机结合起来，能在具体语境中了解和掌握语法的表意功能。

1.4.3 完形填空部分的能力要求

"完形填空测试要求测试对象补全某一个语篇中被以任意比例或者固定比例删掉的词或短语，删词比例一般在 5 到 10 个词之间不等"。它以格式塔心理学中的完形概念为基础，强调语言综合能力的考查。实际上，完形填空是 Taylor（1953）设计用于测试文章可读度的程序，后来被用于测试英语本族语者的阅读能力，再后来才被用于考查学生外语或第二外语综合运用能力。[5]

根据《高中课程标准》对语言技能的评价要求，可以看出完形填空考查的以下 6 种能力：

对固定搭配掌握能力；

对句型结构的分析能力；

对文化信息和背景常识的理解能力；

对文段逻辑结构的分析能力；

对文章语境的把握能力；

对文章主旨大意的理解能力。

结合完形填空对知识点的考查，对这些能力的考查又可从低到高分为四层：

（1）单词层次：只需看单词，无需看单词外的上下文就能决定答案。

（2）词组层次：选项与前后词有固定搭配的关系，只需看空前后的词便能决定答案。

（3）句子层次：在本句之内就可以决定空缺需要填什么词，不用超出句子的范围。

（4）语篇层次：空缺需要填什么词，要超出句子在语篇语境的层次上加以考虑。

1.4.4 阅读部分的能力要求

总体来说，阅读被认为是一种在读者与篇章之间发生的选择性过程。在这一过程中读者的背景知识及各种语言知识与篇章中的信息相互交流，最后获得对篇章的理解。阅读能力是可分的。它是一个由众多不同类型、不同层次的小能力或次能力组合而成的概念，测试和教授阅读能力实际就是测试和教授这些众多的小能力或次能力。近年来的考试大纲明确规定以下五种基本能力：

词义判断能力

单句理解能力

细节定位能力

推测判断能力

总结归纳能力

1.4.5 写作部分的能力要求

2003 年颁布的新课标对高中学生写作能力的要求在原来《高中英语教学大纲》的基础上有所提高，它对九级语言技能的写作能力要求如下：

能用英文书写摘要、报告、通知和公务信函等；

5　毛延生，张建丽 . 国内完形填空研究 20 年述评 [J]. 外语教学理论与实践 . 2008（2）：55-61.

能比较详细和生动地用英语描述情景、态度或感情；

能阐述自己的观点和评述他人的观点，文体恰当，用词准确；

能在写作中恰当地处理引用的资料及他人的原话；

能填写各种表格，写个人简历和申请书，用语基本正确、得当；

能做简单的笔头翻译；

能在以上写作过程中做到文字通顺，格式正确。

在应试方面，作文在整张试卷中比重有所上升，文章篇幅加长，对文章的层次要求更高。《课程标准》中对高考中写作技能的试题设计要求如下：

表 2　高考中写作技能的试题设计要求

测试要点	测试方式	说明
1. 内容清楚、连贯； 2. 结构完整； 3. 逻辑性强； 4. 主题突出； 5. 用词及文体恰当。	1. 短文写作（日记、小故事等）； 2. 实用性写作（卡片、信件、说明、留言、填写表格等）； 3. 图文信息转换（图表描述、信息解读、写配图说明）； 4. 接续完成文段； 5. 写电子邮件等。	1. 写作任务、话题、语言结构、文体等要求应与高中学生认知能力发展、生活体验和语言能力相适应； 2. 文段长度依写作任务和测试要求可控制在 50~200 词左右。

1.4.6 语言知识上的新要求

《课程标准》规定了高中学生应该学习和掌握的英语语言基础知识，包括语音、词汇、语法、功能和话题等五个方面的内容。其中语音、词汇、语法为旧大纲中出现的语言知识要素，而功能和话题则为新《课程标准》中新增的语言知识目标。根据国家英语课程要求的分级目标，高中毕业时应达到的基本要求为八级目标，下面为《课程标准》中对 功能”和 话题”规定的八级目标：

表 3　《课程标准》中对 功能”和 话题”规定的八级目标

语言知识	目标要求
功能	1. 在更广的语境中恰当理解和表达问候、告别、感谢、介绍等交际功能； 2. 在日常人际交往中有效地使用得体的语言进行表达，如发表意见、进行判断、责备、投诉等； 3. 灵活运用已经学过的常用功能项目，进一步学习并掌握新的语言功能项目； 4. 在实际生活中较熟练地实现信息沟通的目的。
话题	1. 熟悉个人、家庭和社会交往等方面的话题； 2. 进一步熟悉有关日常生活、兴趣爱好、风俗习惯、科学文化等方面的话题； 3. 熟悉我国一般社会生活的话题：职业、节日、风俗、社交礼仪； 4. 了解有关英语国家日常生活习惯的话题。

附录 1 英语课程标准、高考大纲、高考考试说明

国家教育部 . 九年制义务教育全日制初级中学英语教学大纲（试用）［S］，人民教育出版 . 1992.

国家教育部 . 全日制高级中学英语教学大纲（初审稿）［S］，人民教育出版社 . 1993.

国家教育部 . 全日制普通高级中学英语教学大纲（供实验用）［S］，人民教育出版社 . 1996.

国家教育部 . 英语课程标准［M］. 北京：北京师范大学出版社 . 2003.

2004—2014 年普通高等学校招生全国统一考试大纲（大纲版）. 教育部考试中心 .

2005—2014 年普通高等学校招生全国统一考试大纲（新课标版）. 教育部考试中心 .

2004—2014 年普通高等学校招生全国统一考试北京卷考试说明 . 北京市考试院 .

2004—2014 年普通高等学校招生全国统一考试上海卷考试说明 . 上海市考试院 .

2004—2014 年普通高等学校招生全国统一考试湖北卷考试说明 . 湖北省考试院 .

2004—2014 年普通高等学校招生全国统一考试广东卷考试说明 . 广东省考试院 .

2004—2014 年普通高等学校招生全国统一考试重庆卷考试说明 . 重庆市考试院 .

2004—2014 年普通高等学校招生全国统一考试江苏卷考试说明 . 江苏省考试院 .

2004—2014 年普通高等学校招生全国统一考试辽宁卷考试说明 . 辽宁省考试院 .

2004—2014 年普通高等学校招生全国统一考试福建卷考试说明 . 福建省考试院 .

2004—2014 年普通高等学校招生全国统一考试浙江卷考试说明 . 浙江省考试院 .

2005—2014 年普通高等学校招生全国统一考试江西卷考试说明 . 江西省考试院 .

2005—2014 年普通高等学校招生全国统一考试天津卷考试说明 . 天津市考试院 .

2005—2014 年普通高等学校招生全国统一考试湖南卷考试说明 . 湖南省考试院 .

2005—2014 年普通高等学校招生全国统一考试山东卷考试说明 . 山东省考试院 .

2005—2014 年普通高等学校招生全国统一考试安徽卷考试说明 . 安徽省考试院 .

2006—2014 年普通高等学校招生全国统一考试陕西卷考试说明 . 陕西省考试院 .

2006—2014 年普通高等学校招生全国统一考试四川卷考试说明 . 四川省考试院 .

2007—2014 年普通高等学校招生全国统一考试海南 / 宁夏卷考试说明 . 海南省考试院 / 宁夏考试院 .

附录2相关参考文献

【英语课程改革】

钟启泉．外语教育展望［M］．华东师范大学出版社，2002，1.

金华．从认知心理学角度解读普通高中英语课程标准（实验）［J］．海外英语，2010，（06）．

张海芝．新课程下英语高考改革的走向及对策［J］．吉林师范大学学报（人文社会科学版），2010，（3）：90-92.

宋卫民．高中英语课程改革与高考英语改革［J］．宜春学院学报，2010，（11）：169-171.

詹先君，刘玲．建国以来高考英语试题走向及其动因分析［J］．教育与考试，2009，（1）：30-36.

孟丽军．从2009年英语考纲变化看上海英语高考［J］．中国教师，2009，（S2）：280.

刘梅．试析新课标下高考英语命题特点的启示［J］．科教文汇（中旬刊），2009，（3）：176-177.

李宝忱．高考英语试卷命题在不断加大改革力度——从近年高考英语试卷题型配置内容形式变化谈［J］．英语教师，2009，（02）．

陈应衫．注重基础，突出能力，着眼运用——2009年高考英语考试大纲导读［J］．语数外学习（高考英语），2009，（04）：1-2.

刘庆思．改革开放三十年来我国高考英语学科的发展情况［J］．课程 教材 教法，2008，（04）．

张彦军．2007年高考英语考试大纲解读［J］．高中生之友，2007，（Z2）．

于健从．上海：高考英语改革与时俱进［J］．中国教育报，2007，（9）．

于健．关于近六年高考英语改革的思考［N］．中国教育报，2007-04-10.

王笃勤．从《英语课程标准》到高考［J］．山东师范大学外国语学院学报（基础英语教育），2007，（05）：72-79.

何伟琼．走向交际能力测试的英语高考——分析近年英语高考的命题原则［J］．乐山师范学院学报，2006，（02）：128-132.

张凌．对比分析《英语教学大纲》和《英语课程标准》［D］．东北师范大学，2005.

刘决生．我国高考英语测试的历史与现状［J］．上海教育科研，2005，（3）：40-43.

杨敏．《普通高中英语课程标准（实验）》的基本理念与理论依据［J］．山东外语教学，2004，（03）：3-8.

刘决生．完善试题结构引进交际性测试［J］．中国教育报，2004，（12）．

熊慧康．大纲、标准及我国英语教学改革［J］．四川外语学院学报，2004，（01），

成晓光．对我国英语课程标准的思考［J］．外语与外语教学，2002，（05）：23-26.

【命题趋势和试卷分析】

胡红玲．从高考题透视英语中形容词和副词比较级的特殊用法［J］．语文学刊（外语教育与教学），2011，（4）：59-61.

徐欣幸，沈本良．高考（上海卷）英语口试的实践与思考［J］．中国考试，2011，（1）：36-41.

国文红．近四年英语高考试题分析［J］．中学教学参考，2011，（07）：125-126.

聂益民．2010年高考英语试题（全国卷Ⅱ）解析及备考策略［J］．考试与招生，2010，（09）．

程晓堂．2010年高考英语试题对语言运用能力考查情况的评析［J］．基础教育课程，2010，（09）．

宋卫民．2008年全国19套高考英语试卷述评［J］．教育测量与评价（理论版），2009，（2）：45-48.

郑月莉．2009年高考英语试卷评析［J］．考试与招生，2009，（9）：33-34.

赖丽燕．2009年英语高考试题分析及建议［J］．基础教育课程，2009，（09）：70-73.

李梅．从高考英语改革看高中英语教学改革——以2009年高考英语全国卷Ⅰ为例［J］．新课程研究（基础教育），2009，（12）．

黄桂蓉．高考英语交际用语的考查［J］．中学英语之友（高三版），2009，（04）．

宋卫民 . 2007 年全国高考 19 份英语试卷题型结构的分析与比较［J］. 教学与管理，2008，（7）：76-77.

朱晓青 . 2007 年上海英语高考试卷评析及启示［J］. 现代教学，2008，（05）.

杨希 . 2008 年全国高考英语客观题趋势分析［J］. 新东方英语（中学版），2008，（05）.

朱筱杭 . 从英语高考试题谈五种阅读能力的培养［J］. 山东师范大学外国语学院学报（基础英语教育），2008，(4)：72-76.

王秋艳 . 高考英语全国卷与各省市自主命题卷阅读理解试题内容效度分析［J］. 考试研究，2008，（03）.

张瑞霞 . 高考英语试题特点分析［J］. 山西教育（教师教学），2008，（11）.

吴晓 . 2007 年高考英语试题（海南卷）分析报告［J］. 新课程（综合版），2008，（01）：76-78.

杨希 . 2007 年高考英语试题分析［J］. 新东方英语（中学版），2007，（09）.

廖善平，邓道宣 . 2007 年高中课改实验区英语高考命题的对比分析［J］. 山东师范大学外国语学院学报（基础英语教育），2007，（6）：84-91.

陈晓东，宋全政，刘见 . 新高考英语：在平稳中求发展［N］. 中国教育报，2007-07-11.

李志坤，刘建平 . 2005 年高考英语湖北卷与全国卷比较评析及备考启示［J］. 山东师范大学外国语学院学报（基础英语教育），2006，（1）：85-88.

平克虹 . 高考英语试卷结构与题型的发展与演变［J］. 中小学外语教学（中学篇），2006，（11）.

曹荣苏 . 2006 年全国高考英语（江苏卷）试卷分析［J］. 山东师范大学外国语学院学报（基础英语教育），2006，(06)：83-87.

刘张生，冯安云 . 2005 年春季上海市高考英语试卷评析［J］. 试题与研究，2005，（15）.

吴磊 . 2005 年高考英语试题评析（上海卷）［J］. 基础教育外语教学研究，2005，（11）：51-56.

韩风 . 2004 年江苏卷与全国卷高考英语试题比较与评析［J］. 通化师范学院学报，2004，（07）.

张怀斌 . 2002 年高考英语试卷分析［J］. 西安外国语学院学报，2003，（1）：93-95.

教育部考试中心 . 2003 年普通高等学校招生全国统一考试试题评价报告英语［J］. 中国考试，2003，（Z3）.

高洪德，刘益祯 . 2003 年全国普通高考英语试题分析［J］. 山东师大外国语学院学报（基础英语教育），2003，(2)：6-9.

江苏省南京市教研室外语组 . 狠抓基础知识提高综合应用语言能力——2003 年高考英语试题给教学的启示［J］. 中国考试，2003，（18）.

刘庆思 . 高考英语科考试说明修订说明［J］. 中学生英语读写（高考版），2003，（04）.

黄惠民，林新事，丁昌佑 . 2001 年高考英语试卷分析［J］. 哈尔滨学院学报（教育），2002，（6）：42-44.

段世龙 . 2000 年英语高考试题分析与启示［J］. 宜宾师范高等专科学校学报，2001，（1）：80-81.

2. 英语学科命题趋势研究

结合《普通高中英语课程标准》，参考《高考英语考试大纲》和各地《考试说明》，通过对2004—2014年全国各地高考英语试题进行统计和分析，我们得出了关于高考英语试题的以下五点趋势。对每个趋势进行剖析后，我们在【真题回顾】中摘取每年部分地区的高考真题进一步展现所得趋势的可靠性。同时在【我们的工作】中，通过对2014年高考真题的分析进一步对趋势规律进行验证后，展示了我们的TPS2.0系统中符合高考英语试题趋势的部分试题。最后根据对高考试题的研究和所得趋势，给广大师生提供一些备考战略迎接下一次高考。

2.1 听力选材真实、内容丰富、贴近生活，侧重考查获取事实性信息的能力和对信息进行推理判断的能力

2.1.1【趋势剖析】

听力材料题材丰富、生活气息浓厚、注重实用。各地偏爱 人际关系” 计划与愿望”“旅游与交通”“学校生活”四大话题。

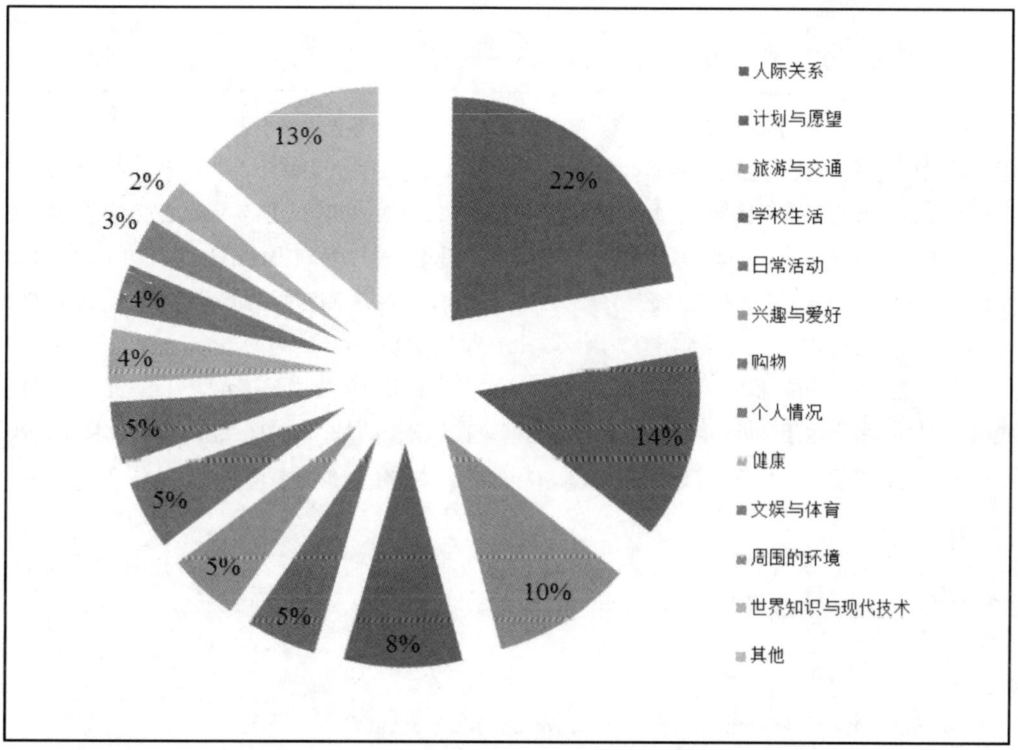

图1 2004–2014年全国高考听力材料高频话题分布[6]

首先，通过对2004—2014年全国各地区听力材料的题材分布进行统计，发现听力取材的分布基本覆盖了《课程标准》中所列出的话题，体现了听力选材丰富，内容涉及面广泛，这对《课程标准》要求的拓宽中学生视野，提高他们对中外文化异同的敏感性和鉴别能力相契合。

其次，九年来各地听力材料的高频话题有“人际关系”“计划与愿望”“旅游与交通”“学校生活”四大话题，其中尤以“人际关系”话题最热。除此之外，还有“日常活动”“兴趣与爱好”“购物”和“个人情况”等话题受到青睐。这些高频话题大都选自真实语境，非常贴近中学生的实际生活，符合学生们的兴趣。

同时，近年高考中涉及较少的话题有“历史与地理”“语言学习”“自然”等，这些话题一是不适合作为听力话题，二是离中学生的生活实际较远。可见，高考听力选材注重贴近生活，紧密联系实际，追求材料的实用性（听力题材分布

6 此统计数据参考了邓北平．我国高考英语听力考试的历史与现状研究（一）．http://blog. sina. com. cn/s/blog-492fa15e0100dp9a. html

统计表见附录 3）。

听力试题侧重考查学生获取事实性信息的能力和进行推理判断的能力。

通过对近 10 年高考英语全国各地听力题目的统计发现，考查学生获取事实性信息的能力和进行推理判断的能力的题目在高考听力试题中所占比重最大，出题频率居高不下（见图 2）。

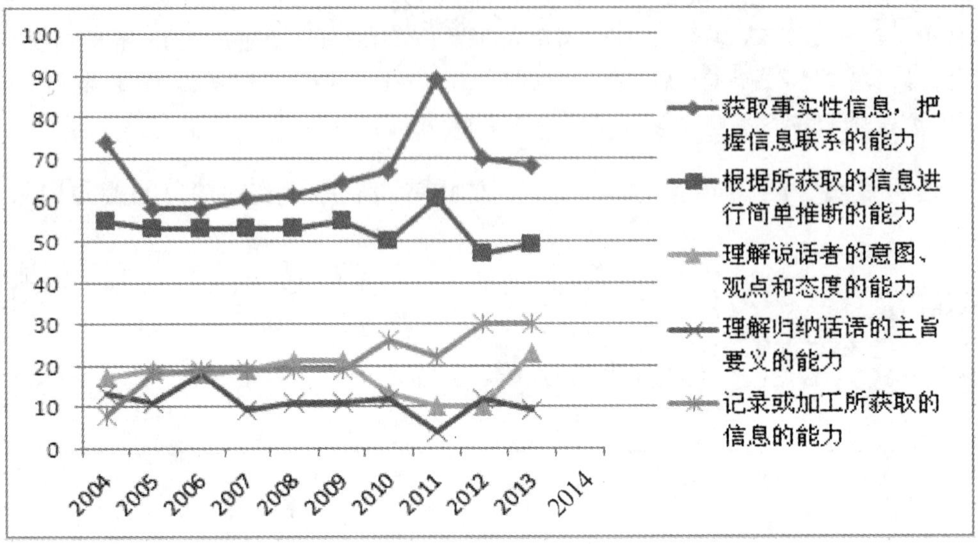

图 2　2004—2014 年全国高考听力能力考查趋向分析

听力题中的细节题主要考查考生获取事实性的具体信息的能力，侧重对时间、地点、人物、价格、数量、事情的前因后果、方式方法等信息的理解和捕捉。这些信息往往可以直接在材料中获得。推理判断题则要求考生根据对话内容，在理解的基础上对谈话地点、背景、说话者之关系等作出推理，因此学生要对获得的信息进行加工后才能推理出答案。

基于对 10 年来全国八个地区听力试题的趋势分析，可以见到，近年来高考听力能力考查的趋势仍然是考查学生获取事实性信息和对信息进行推理判断这两大能力，因此学生应重点加强这两项能力的培养。

另一方面，通过趋向分析可以看出，考查学生记录或加工所获取信息的能力呈逐年上升趋势。上海自 2004 到 2014 年一直在考查这一能力，重庆也于 2005 年开始引入相关题型。值得一提的是，2010 的北京卷也新加入了填空型听力题，据此可见高考听力在保持稳定的基础上，进一步加强了对综合语言运用能力的考查。

2.1.2【真题回顾】

高考高频话题“人际关系”

1.（2005 北京卷，4）

【听力原文】

W：We are having a little party at the weekend. Can you and Mary come？

M：That sounds nice. Thank you. But I ll have to check with Mary first.

【解析】本题的选材属于“人际关系”类话题，是高考听力中的高频话题。

2.（2007 上海卷，9）

【听力原文】

M：Let s go watch the fireworks tonight.

W：I have tickets to the theatre.

【解析】本题的选材属于“人际关系”类话题。

3.（2009 重庆卷，4）

【听力原文】

M：Can you stay for a tea？

W：I d love to，but I have to buy some fruits before the kids get home.

【解析】本题的选材为“人际关系”类话题，材料中的男士对女士进行邀请，属于《课标》中“人际关系”子话题中的 getting together，是高考听力高频话题。

4.（2011 全国卷，5）

【听力原文】

W：Thanks for all you ve done for me. Hey，listen，would you like to go to see a film sometime？

M：Yeah，that d be great. I d love it.

【解析】本题的选材属于“人际关系”类话题。

5.（2014 北京卷，5）

【听力原文】

M：Mary s birthday is coming. What shall we buy for her？

W：Is a pen okay？

M：Err...She has lots of pens. What about getting her a bicycle？

W：Oh，no！ We can t afford it. Let s get her a book. She loves reading very much.

M：That s a good idea.

【解析】本题的选材属于“人际关系”类话题。

高考高频话题“计划与愿望”

1.（2006 上海卷，1）

【听力原文】

—Were you here on March 5th？

—Mm，not really. In fact I arrived three days later.

【解析】本题的选材属于“计划与愿望”类话题，是高考听力高频话题。

2.（2012 全国卷，1）

【听力原文】

M：Excuse me，madam.

W：Yes？

M：How long can I keep the book？

W：For one month. Please make sure you return the book before it s due.

【解析】本题的选材属于“计划与愿望”类话题，是高考听力高频话题。

高考高频话题“旅游与交通”

1.（2014 湖南卷，3）

【听力原文】

W：Ladies and gentlemen，right now it s 12 o clock. And we re going to stop at this restaurant for lunch. The bus driver will pick you up in an hour.

M：Where will he meet us？

W：Right here，in front of the restaurant and be sure to be on time.

M：But I want to buy some gifts before we leave. Do you know any good place around here？

【解析】本题的选材属于“旅游与交通”类子话题，是高考听力高频话题。

2.（2009 天津卷，70）

【听力原文】

W：Good morning.

M：Good morning. What can I do for you？

W：I d like a ticket to New York，please.

M：Round trip？

W：No，one way.

M：Okey，that ll be 55.

W：$55？ Last time I took this coach it was only 50. Hmm，does this coach still leave 2：15？

M：2：15 at Gate 11. You ought to be at door by 2：00，though.

W：Fine.

M：Do you want to check in your suitcases？

W：Just two. I ll carry the other one with me.

M：That s good. We can only check in two anyway. Give these baggage tickets to the driver when you get to New York.

W：Okay，thanks a lot.

M：You re welcome. Have a good trip.

【解析】本题的选材属于“旅游与交通”类话题，属于高频话题。

3.（2011 全国卷，7）

【听力原文】

M：So，Messy，how was your holiday？

W：Oh，we loved it. Tom liked Germany best but France was my favorite.

M：So did Rachel finally go with you？

W：No，she wasn t able to. She was called away for a business trip to China.

M：That s a pity. So where exactly did you go and visit？

W：Well，we travelled all over，Italy，Spain and Holland. We even bathed in the Swiss lake.

M：You did，really？

【解析】本题的选材属于“旅游与交通”类话题，属于高频话题。

高考高频话题“日常生活”

1.（2014 湖南卷，2）

【听力原文】

M：Hi Jane，I m going out for a coffee break. Will you join me？

W：Sure，oh Peter，you look tired. Are you getting sick？

M：No，my new neighbor s dog kept me awake all night. It never stopped barking.

W：Oh dear，you d better go and talk to your neighbor about it.

【解析】本题的选材属“日常生活”类话题。

2.（2012 全国卷，5）

【听力原文】

W：I am sorry the cake is late. We ll do better next time. I promise.

M：Well，I m sorry too. You have to take it back. The birthday party is over and we don t need the cake any more.

【解析】本题的选材属“日常生活”类话题，属于高频话题。

高考高频话题“购物”

1.（2014 湖北卷，3）

【听力原文】

W：I bought a size 10 of this jacket yesterday，but I just found size 8 fits me better. Could you hold this one for me，I ll bring the other one back tomorrow.

M：Sure，Ma am，I would put this one away for you.

【解析】本题的选材属于“购物”类话题，属于高频考点。

高考能力考查趋势“获取事实性信息的能力”

1.（2007 天津卷，76）

【听力原文】

W：I can t find my purse.

M：Oh，no. Maybe you left it at the bank. You took it out when you cashed the cheque.

W：But I remember having it after that.

M：Well，you paid for the coffee when we were in that coffee shop. Remember？

W：That s right. I remember feeling it to my pocket as we walked out.

M：And then，we dropped in...bookshop.

W：Yes. But I remember taking a piece of paper out of my purse to write down the name of the book on it. I think I must have left the purse on the shelf. I ll call the bookshop and see if they found it.

【题目】

Which is the right order of the places the speakers have been to？

A. Coffee shop—bookshop—bank

B. Bookshop—bank—coffee shop

C. Bank—coffee shop—bookshop

【答案】C

【解析】本题考查获取事实性信息的能力。虽然相关信息都在材料中直接给出，但是要求学生认真听清顺序，做出正确的排序。

2.（2014 新课标卷 I，4）

【听力原文】

W：What do you want to do tonight？

M：How about going to the cinema？ I should be home from work at 5:45. Then we can go out and eat before we see a film.

W：What do you want to see？

M：There s a good art film at the Green House Cinema.

W：Let s see. It starts at 6:15. I don t think we can get there in time to see the beginning. How about the action film at the New State Cinema？ It starts at 6:50. Perhaps the 7 o clock one at the UME Cinema is even better. It stars Jacky Chan.

M：OK，that s fine. I like him too.

【题目】

When will the man be home from work？

A. At 5:45. B. At 6:15. C. At 6:50.

【答案】A

【解析】考查获取事实性信息的能力。听力材料中出现多个时间，需要学生认真听清材料避免混乱。

3.（2011 全国卷 I，3）

【听力原文】

M：Let s meet at 4：40.

W：Well，could we make it at 5：20？

M：That s a bit late for me. I could manage 5：10.

W：OK. See you then.

【题目】

At what time will the two speakers meet？

A. 5：20.　　　　B. 5：10.　　　　C. 4：40.

【答案】B

【解析】考查获取事实性信息的能力。听力材料中出现多个时间，需要学生认真听清材料避免混乱。

高考能力考查趋势“推理判断的能力”

1.（2006 全国卷 I，10）

【听力原文】

M：Hi，you must be that new secretary，welcome! I m Tom Robison from public relations.

W：Hi，Mr. Robison. Thanks. My name s Lisa Jones，working in sales now.

M：Please call me Tom，Lisa.

W：OK，Tom. Have you worked here long？

M：Yes，over 20 years.

W：Wow that is a long time. Do you enjoy working here？

M：Well，yes. I suppose I took the job because err well the money is good，and it s good place to work in，but to be honest，what I really enjoy is the chance to go abroad，just visiting other countries. That s the best thing.

W：That s nice，for me the best thing about working here is that I live close to the office，I can go home for lunch，and I don t have to worry about the traffic.

【题目】

What is the relationship between the speakers？

A. Fellow clerks.　　　　B. Boss and secretary.　　　　C. Customer and salesperson.

【答案】考查推理判断的能力。问及说话者之间关系的题目在高考中十分常见，要求学生根据文中的线索来推测出两者关系，本材料中的开始部分，男士介绍自己是公共关系部的，而女士说自己是销售部的，并且由后面的谈话可知是同事间互相交流经验，故可知两人是 Fellow clerks。

2.（2008 广东卷，6）

【听力原文】

Rainforests are the lungs of the planet-storing vast quantities of carbon dioxide and producing a significant amount of the world s oxygen. Rainforests have their own perfect system for guaranteeing their own survival; the tall trees make a cover of branches and leaves which protect themselves，smaller plants，and the forest animals from heavy rain，dry heat and strong winds.

Amazingly，the trees grow in such a way that their leaves and branches，although close together，never actually touch those of another tree. Scientists think this is a deliberate method to prevent the spread of any tree diseases and make life more difficult for leaf-eating insects. To survive in the forest，animals must climb from tree to tree. The ground floor of the forest is not all covered with leaves and bushes，but is where leaves turn into food for the trees and other forest life.

They are not called rainforests for nothing! Rainforests can produce 75% of their own rain. At least 80 inches of rain a year is normal and in some areas there may be as much as 430 inches of rain annually. This is real rain. In just two hours，streams can rise ten to twenty feet.

【题目】

How do rainforests manage to survive？

A. By storing large quantities of carbon dioxide.

B. By developing ways to protect themselves.

C. By producing a large amount of oxygen.

【答案】B

【解析】考查推理判断的能力。听力材料的开始就提到了"Rainforests have their own perfect system for guaranteeing their own survival"，其后面就是热带雨林生存的方式，但是选项没有直接从文中截取，而是需要学生理解并归纳推理出正确的答案。

3.（2009 湖南卷，1）

【听力原文】

W：I don t know what s wrong with my watch. It was just a month ago that I had it repaired.

M：Don t waste your time and money any more，it s a very old watch and is quite worn out.

【题目】

What does the man mean？

A. It will take about one month to repair the watch.

B. It costs too much to have the watch repaired.

C. The watch is no longer worth repairing.

【答案】C

【解析】考查推理判断的能力。试题中的选项在原材料中无法找到，而是需要学生对说话者的话语有所理解并猜测其意思。材料中男士说这块表太旧了，不值得再浪费时间和金钱在它上面，可以推测出他的意思是 C. The watch is no longer worth repairing. 这块表不值得再修了。

4.（2010 上海卷，1）

【听力原文】

W：Excuse me，I received this electric toothbrush as a gift，and I d like to return it as I already have one.

M：Sorry，you can only exchange it for something else of equal value.

【题目】

What s probably the man？

A. A shop assistant.　　B. A dentist.　　C. An electrician.　　D. A bank clerk.

【答案】A

【解析】考查推理判断的能力。由材料中女士想要退货因为已经有了相同的牙刷，男士表示无法退货但是可以换一件价值相当的商品，可推理知道此情景是发生在商店或者超市中，故判断男士为 shop assistant。

5.（2012 全国卷，9）

【听力原文】

W：Hi Joe，many people in our department are leaving for Thanksgiving. What are you going to do？

M：I think I ll just stay at home. I may see some friends and watch a few DVDs. And I probably would go to the auto car show. What about you，Ariel？ What s your plan？

W：I m going to do some travelling with my family.

M：Oh？ Where to？

W：Toronto and on our way we are going to visit my aunt Bettie in Kinston.

M：That s exciting. How long do you plan to stay？

W：Two days. I have a get-together party with my college friends on the 10th in Toronto. Oh，I m afraid I ve got to go now. My husband is waiting for me and we ll have to pick up Daniel from school. Have a nice holiday，Joe.

M：Thank you! You too.

【题目】

13. What would Joe probably do during the Thanksgiving holiday？

A. Go to a play.　　B. Stay at home.　　C. Visit Kinston.

14. What is Ariel going to do in Toronto？

A. Attend a party.　　B. Meet her aunt.　　C. See a car show.

15. Why is Ariel in a hurry to leave？

A. To call up Betty.　　B. To buy some DVDs.　　C. To pick up Daniel.

16. What might be the relationship between the speakers？

A. Classmates.　　B. Fellow workers.　　C. Guide and tourist.

【答案】

13. B　14. A　15. C　16. B

【解析】考查推理判断的能力。从“many people in our department”可以推断出两人的关系是“Fellow workers”。

高考能力考查趋势“记录或加工所获取信息的能力”

1.（2014 北京卷，16-20）

【听力原文】

W：Check in ticket office. Can I help you？

M：Yes，I d like to buy tickets for the Modern Dance Festival on June 10th.

W：One moment please. We still have seats in the middle section from Rows 11 to 15.

M：How much is it？

W：45 dollars for one.

M：Umm...I ll have two，please.

W：OK. I ll need your credit card information，please.

M：It s a visa card. The number is 2564 8549 7215.

W：And your name，sir？

M：George Hinde. H-I-N-D-E.

W：Let me check. George Hinde. H-I-N-D-E. Is that right？

M：Yes.

W：How would you like to get your tickets？

M：By post，please.

W：Your tickets should arrive tomorrow.

M：Great.

W：Your address，sir？

M：I am in Room 104，Thomas Place，74 William Avenue.

W：Thank you，sir.

【题目】

Ticket-booking Form

Event & Date	Modern __16__ Festival，June 10th
Number & Section	Two tickets，__17__ section
Name	George __18__
Address	Room __19__，Thomas Place，74 William Avenue
Payment	Visa，2564 8549 7215
Way of Delivery	By __20__

【答案】16. Dance　17. middle　18. Hinde　19. 104　20. post

【解析】考查记录或加工所获取信息的能力。学生做这种题时应首先看清表、以及表中的相关内容，带着问题去听，就会减少漏听率。

2.（2012 北京卷，10）

【听力原文】

W：Pacific Bell，may I help you？

M：I d like to have my phone disconnected.

W：May I ask why？

M：Well，I am moving house. I ve just graduated and I m moving to California in August for a new job there.

W：Congratulations!

M：Thanks.

W：Alright，may I have your phone number please？

M：Sure. It s 3204287859.

W：And the name on the account please.

M：It s Edward Ryefield，that s R-Y-E-F-I-E-L-D.

W：OK. For security purposes，may I have your date of birth please？

M：It s June 5th，1988.

W：Thank you. Now when would you like it to be disconnected？

M：August 9th by 5 pm.

W：No problem.

M：Oh，yes，one more thing. I have a monthly pre-paid home phone plan with you. Can I get some of my money back now that I have canceled my service before the end of the billing cycle？

W：Sorry，you can t.

M：That s too bad.

W：Sorry about that. Mr. Ryefield，the telephone will be disconnected at 5 pm，August 9th.

【题目】

Telephone Cancellation Request Form	
Account Name	Edward __16__
Telephone No.	17
Home Phone Plan	Nonrefundable（不退款）__18__ pre-paid plan
Reason for Cancellation	__19__ house
Cancellation Date Required	__20__ 9，by 5：00 pm

【答案】

16. Ryefield　17. 3204287859/3204287859　18. monthly　19. Moving/Move　20. August/Aug.

【解析】考查记录或加工所获取信息的能力。学生做这种题时应首先看清表、以及表中的相关内容，带着问题去听，就会减少漏听率。

2.1.3【我们的工作】

高考试题分析

我们对已掌握的高考英语全国I卷进行统计分析发现，全国I卷的听力部分选材也体现了“题材丰富、生活气息浓厚、注重实用”的特点。如下表所示，听力材料中涉及的话题均与日常生活贴近。从下表中（表 4）可以看出全国 I 2013 高考英语听力试题侧重考查学生获取事实性信息的能力、记录或加工所获取的信息的能力和进行推理判断的能力。

表 4　高考英语全国 I 听力能力考查统计

考查能力	题目数量
获取事实性信息，把握信息联系的能力	9
记录或加工所获取的信息的能力	4
根据所获取的信息进行简单推断的能力	5
理解说话者的意图、观点和态度的能力	1
理解归纳话语的主旨要义的能力	1

高考试题对照

相似题例证

来源	听力原文与试题
2014 北京卷，2	【题目】 2. What subject does the man like best ? A. History. B. Biology. C. Chemistry. 【答案】A 【解析】话题为“学校生活”。
TPS2.0 组卷系统	【来源】2012 年普通高等学校招生全国统一模拟考试（北京卷）\ 选择题，短对话 \S00391328 < 试题 > Where does this conversation most probably take place ? A. In a restaurant.　　B. In a grocery.　　C. In a library. < 答案 >C < 听力材料 > W：Excuse me. I m looking for the textbook for my geography course. It s called “Worldwide Climate” . Do you have it ? M：Yes，we do. You can find it in Section 24 on the top shelf. 【解析】本题涉及的话题为《课标》中话题“学校生活”。

来源	听力原文与试题
2013 全国 I 卷，Text 1	2. What does the man want to do ? A. Take photos. B. Buy a camera. C. Help the woman. 【答案】A 【解析】本题涉及的话题为《课标》中“计划与愿望”中的“planning”。
TPS2.0 组卷系统	【来源】2012 年上海市徐汇区高三英语一模试卷 \ 选择题，短对话 \S00419818 < 试题 > A. She has to work that day.　　B. She doesn t like parties. C. She has to do some sports.　　D. She must stay at home. < 答案 >A < 听力材料 > M：There is a party Saturday night at the foreign Student s Club. Can you make it ? W：I wish I could，but I have a part-time job on weekends. Q：Why can t the woman make it to the party ? 【解析】本题的选材属于“计划与愿望”类话题。

来源	听力原文与试题
2013 北京卷，2	【题目】 2. What will the man buy ? A. Vegetable B. Meat C. Bread 【答案】C 【解析】本题的选材属于“购物”类话题。
TPS2.0 组卷系统	【来源】2012 年普通高等学校招生全国统一模拟考试（上海卷）\ 选择题，短对话 \S00295307 < 试题 > A. Take a different train. B. Go shopping at the new store. C. Find a new repair shop. D. Buy a different car. < 答案 >D < 听力材料 > M：My car is in the repair shop again. W：Maybe you should consider trading it in for a new one. Q：What does the woman think the man should do ? 【解析】本题的选材属于“购物”类话题。

来源	听力原文与试题
2013 湖北卷，Text 4	4. What does the man mean ? A. The door is unlocked. B. He is not the one to blame. C. Somebody has just left the lab. 【答案】B 【解析】话题为《课标》中“人际关系”类话题。
TPS2.0 组卷系统	【来源】2012 年上海市闵行区高三英语一模试卷 \ 选择题，短对话 \S00435583 < 试题 > A. Receptionist and guest. B. Hairdresser and customer. C. Doctor and patient. D. Boss and staff. < 答案 >B < 听力材料 > W：Do you want the same cut as usual ? M：Almost. But I d like it a little shorter over the ears. Q：What s the relationship between the two speakers ? 【解析】本题的选材属于“人际关系”类话题。

2.1.4【备考战略】

听力是高考英语卷面的第一部分，同学们做听力题时难免会有些紧张。但如果平时同学们能有针对性地加强听力训练，并注意运用以下方法，就能顺利解决每一道听力试题。

选择反映时代气息与文化背景的材料。

选择反映时代气息与文化背景的听力材料，可以在听的实践中学习处理语言的能力，例如考试中常会出现一些平时少见的人名地名，需要考生学会应对。尤其需要在平时训练中注意培养英语语言文化意识。

确定任务要求，训练听力技巧。

听是交际的主要方式，听英语时应该确定恰当的任务。要多关注所听内容的背景，谈话或对话的话题中心，说话人彼此关系与各自态度等，而不是脱离话题中心去单纯追求某一细节。需要注重听力技巧的培养与训练，寻求符合语言习得规律的有效途径，而不是简单重复，盲目做题。

捕捉信号词，明辨主次信息。

听录音时，要带着预测得出的“蛛丝马迹”，抓住关键信息以提高答题效率。注意常用的信号词。

养成做笔记习惯，适时做好记录。

学会边听边记。听长对话和独白时，更要养成这种习惯。做笔记时要有重点、有技巧，如用阿拉伯数字、符号、首字母、缩写形式甚至中文。记录的重点应是数字、日期、时间、年龄、尺码、地名等，具体可以根据预测情况确定。

学会忽略生词，充分利用重复信息。

听的时候，注意力要紧跟会话者的思路。个别地方没听清是常有的事，可能是遇到了生词。遇到这种情况，一定要毫不犹豫地跳过去，同学们可以通过上下文猜测单词的大意。

正视听力过程中的困难，培养良好心态。

听力测试题不像其他书面题型，遇到不明白的地方可以回顾前面的材料，或停下来自由思考。听力的做题速度是由命题人统一掌握的，录音材料瞬息即逝，无“回听”的机会或停下自由思考的余地。临场心态对听力成绩影响极大，因此，必须培养良好的心态。

充分利用考前时间，浏览试题并预测听的重点。

充分利用考前 5 分钟及每题听前 5~20 秒等一切可以利用的时间，积极进行预测。具体方法：快速阅读题干和选项，理解题干的意思和选项的大致含义，然后掌握备选项的特征，确定每个小题的考查点或听的重点。

2.2 单项部分突出语境，淡化语法，注重实际运用能力；语法填空成为高考命题新宠

2.2.1【趋势剖析】

通过对 2004—2014 年全国高考单项选择题的分析研究，我们发现高考英语对语法，尤其是具体的语法规则和条目的考查正在逐年淡化，即传统的语法项目单项选择题多以对话的方式，将语法规则放在一个真实具体的语言环境里加以考查。新课标地区的单项填空题更侧重于考查考生在具体语境中的语言综合运用能力和信息处理能力。命题者加重了对语境理解和语法知识相融合的考查力度，也就是说，在高考测试过程中，命题者改变了以前单纯考查语法的模式，增设了语境化因素，要求考生在准确理解语境的前提下，运用所学语法知识，正确解题。

根据《高中英语课程标准》中关于语言技能的要求，结合高考大纲和各地考试说明，高考英语单项选择题对考生能力和知识的考查具体体现在以下三个方面：

一是特定语境中理解运用语法知识的能力；

二是特定语境中理解运用词汇知识的能力；

三是特定语境中理解运用日常用语的能力。

下图（图 3）即为全国高考英语对这三种能力考查的走势曲线图：

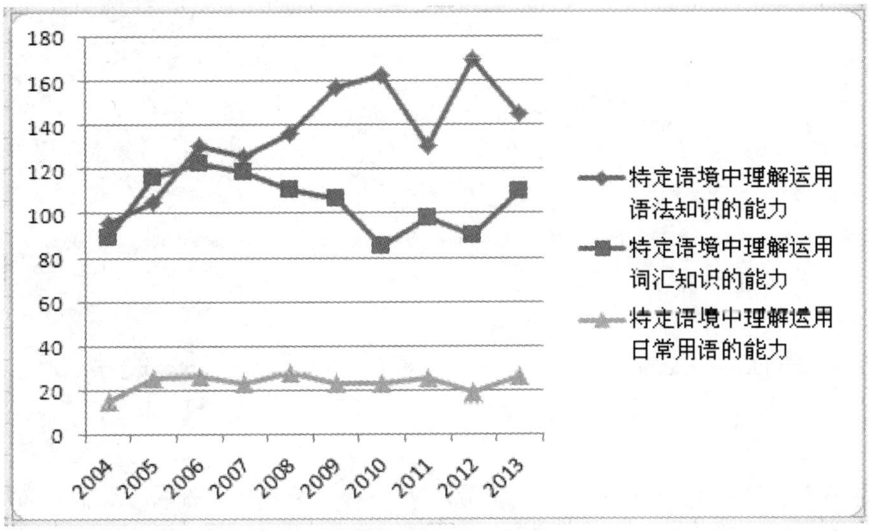

图 3　2004–2014 年全国高考英语单项部分语境能力考查走势图

从图中可以看出，全国各地高考英语考查对语境把握能力的题目逐年增加。同时，不难看出，特定语境中理解运用语法知识的能力是考查的重点，数量逐年上升；其次是特定语境中理解运用词汇知识的能力，但是，数量有所减少；最后，对使用语言进行交际的能力要求不断提高。单项选择题作为传统的语法项目，现多以对话的方式，将语法规则放在一个真实具体的语言环境里加以考查。

值得注意的是，各地也在不断地尝试改变语法词汇基础知识的考查方式，题型不断地推陈出新。例如：湖北卷从 2007 年开始将词汇和语法部分分开考查，其中语法部分则以翻译并完成句子的方式考查；广东卷从 2007 年开始不再设置单项选择题，取而代之的是语法填空题，2014 年高考中以新课标 Ⅰ 卷、Ⅱ 卷、广东卷为代表的试题，取消了单项选择题，代之以语法填空题型。改变了以前单纯考查语法的模式，增设了语境化因素，对考生在语境中运用知识的能力提出了更高的要求。

2.2.2【真题回顾】

高考考查趋势“特定语境中理解运用语法知识的能力”

1.（2014 北京卷，27）

______ I have a word with you？ It won t take long.

A. Can　　B. Must　　C. Shall　　D. Should

【答案】A

【解析】考查情态动词辨析。难度中等。分析题干可知，第一句话表示征求对方的许可，即“我可以跟你谈谈吗？”can意为“能够，可以”，符合语境。故选A。

2.（2014全国卷，33）

______ me tomorrow and I ll let you know the lab result.

A. Calling B. Call C. To call D. Having called

【答案】B

【解析】考查祈使句。难度中等。分析句子结构可知，and后面连接的是句子，所以其前也应是一个句子，据此可知所填词必须是动词原形，故选B。本句整体上是“祈使句 +and+ 句子”结构。

3.（2005江西卷，29）

______ and no way to reduce her pain and suffering from the terrible disease，the patient sought her doctor s help to end her life.

A. Having given up hope of cure B. With no hope for cure

C. There being hope for cure D. In the hope of cure

【答案】B

【解析】根据语境，可知此句的主语为the patient，故选择With no hope for cure and no way to ... 表示病人的心理状态，其他三个选项均有逻辑错误。

4.（2008上海卷，29）

According to the air traffic rules，you ______ switch off your mobile phone before boarding.

A. may B. can C. would D. should

【答案】D

【解析】根据语境选择恰当的情态动词。句意：根据航空交通法，你应该在登机前把手机关掉。should意为“应该”，表示一种义务或责任，符合该句语境，答案为D。

5.（2009安徽卷，29）

Some people who don t like to talk much are not necessarily shy，they______ just be quiet people.

A. must B. may C. should D. would

【答案】B

【解析】根据语境选择恰当的情态动词。句意：言语不多的人未必就是害羞，他们或许就是安静的人呢。must表示“肯定是”；may意为“或许是”；should意为“应该是”；would意为“想必是”。这里用may表示推测，语气不是很肯定。

6.（2009北京卷，34）

______ twice，the postman refused to deliver our letters unless we chained our dog.

A. Being bitten B. Bitten C. Having bitten D. To be bitten

【答案】B

【解析】本题考查结合语境的非谓语选择。句意：被咬过两次之后，邮递员拒绝为我们送信，除非我们把狗拴住。the postman与bite之间是被动和完成的关系，所以答案为B。A表示正在被咬，C是主动语态，D表示目的或将来时，均不符合题意。

7.（2010北京卷，26）

—I m sorry，but I don t quite follow you. Did you say you wanted to return on September 20？

— Sorry，I ______ myself clear. We want to return on October 20.

A. hadn t made B. wouldn t make

C. don t make D. haven t made

【答案】D

【解析】上文说没听清是几号回来。而下文则说很抱歉我没说清楚。根据句意我们只能选didn t make或者haven t made。那在选项中我们只能选择D。A项hadn t made是过去完成时表过去的过去，不符合题意。B项wouldn t make是过去将来时，时态不正确。C 项为一般现在时不正确。

8.（2011 全国卷，28）

I wasn t sure if he was really interested or if he______polite.

A. was just being　　B. will just be　　C. had just been　　D. would just be

【答案】A

【解析】分析句子结构可知，逗号后面的“weather______”为独立主格结构，空白处与前面的名词“weather”是逻辑上的主谓关系，因此，应该使用现在分词形式。故答案选 A。

9.（2012 全国卷 24）

I wasn t sure if he was really interested or if he______polite.

A. was just being　　B. will just be　　C. had just been　　D. would just be

【答案】A

【解析】考查动词时态。句意为：我不确定他是真的感兴趣还是仅仅出于礼貌。叙述过去的情况且强调说话人的一种语气，应用进行时态。故选 A。

10.（2013 福建卷，22）

______ basic first-aid techniques will help you respond quickly to emergencies.

A. Known　　B. Having known

C. Knowing　　D. Being known

【答案】C

【解析】考查动名词。句意为：懂得基本的急救技能会帮助你很快地应对各种事故。故选 C。

高考考查趋势“特定语境中理解运用词汇知识的能力”

1.（2014 湖南卷，24）

As John Lennon once said，life is ______ happens to you while you are busy making other plans.

A. which　　B. that　　C.what　　D.where

【答案】C

【解析】考查名词性从句。难度中等。句意为：正如 John Lennon 曾经说过的那样，当我们正在为生活疲于奔波时，生活已离我们远去。分析句子成分可知，“______ happens to you while you are busy making other plans”是表语从句，从句中缺少主语。故用 what 引导。故 C 项正确。

【知识拓展】在名词性从句中，从句中缺少主语、宾语和表语都用 what 引导。

2.（2005 江苏卷，28）

David has won the first prize in singing; he is still very excited now and feels ______ desire to go to bed.

A. the most　　B. more　　C. worse　　D. the least

【答案】D

【解析】本题需要结合语境选择相应的形容词比较级、最高级。由前半句可知 David 得了第一名所以非常兴奋，故推理得知他应当兴奋得不想睡觉：the least desire to go to bed。

3.（2005 广东卷，26）

You d better take something to read when you go to see the doctor ______ you have to wait.

A. even if　　B. as if　　C. in case　　D. in order that

【答案】C

【解析】本题考查结合句意的连词辨析。前半句说当你去看医生的时候最好带本书过去，因此与后面的逻辑关系应该是以防（in case）你要等很久，故选 C。

4.（2006 福建卷，30）

______ homework did we have to do that we had no time to take a rest.

A. So much　　B. Too much　　C. Too little　　D. So little

【答案】A

【解析】本题考查结合语境的形容词辨析。根据后半句"that we had no time to take a rest（我们根本没空休息）"可知应该是很多的家庭作业，故排除 C、D。又根据 so...that... 这一固定句型，选择 A。

5.（2014 陕西卷，15）

______ the delayed flight will take off depends much on the weather.

A. Why　　B. When　　C. That　　D.What

【答案】B

【解析】考查名词性从句。难度中等。句意为：被延误的飞机何时起飞在很大程度上取决于天气情况。句子谓语为 depends on，主语从句"______ the delayed flight will take off"成分齐全，排除选项 D；根据语境可知，此处表示起飞的时间，故选 when，在句中作时间状语。故 B 项正确。

6.（2007 辽宁卷，25）

Health problems are closely connected with bad eating habits and a ______ of exercise.

A. limit　　B. lack　　C. need　　D. demand

【答案】B

【解析】本题考查结合语境的动词辨析。注意主语为 Health problems，后面与 exercise 并列的也是坏的饮食习惯，可知此处应意为缺乏锻炼，故排除 C、D。又根据固定搭配 a lack of，可知选 B。句意为健康问题与不好的饮食习惯和缺乏锻炼息息相关。

7.（2007 陕西卷，12）

He and his wife are of the same______; they both want their son to go to college.

A. soul　　B. spirit　　C. mind　　D. heart

【答案】C

【解析】本题考查根据语境辨析名词。由后半句"they both want their son to go to college.（他们都希望儿子上大学）"可知此处选 mind 合适，mind 意为"想法"。其他三个选项均不合题意。

8.（2007 湖南卷，21）

Reality is not the way you wish things to be，nor the way they appear to be，______ the way they actually are.

A. as　　B. or　　C. but　　D. and

【答案】C

【解析】本题考查上下文逻辑，要求学生根据句子语境进行判断。根据句意可知前后文为转折的关系，故选 but。

9.（2008 全国卷Ⅱ，9）

—What are you reading，Tom？

—I m not really reading，just ______ the pages.

A. turning off　　B. turning around　　C. turning over　　D. turning up

【答案】C

【解析】本题考查结合语境的动词短语辨析。朋友问 Tom 正在看什么，他回答"I m not really reading.（我不算真正在看书）"，可推断后面为"只是胡乱翻翻书"之意，故选 C。turn over 意为"翻阅"。

10.（2008 湖北卷，21）

The young man made a ______ to his parents that he would try to earn his own living after graduation.

A. prediction　　B. promise　　C. plan　　D. contribution

【答案】B

【解析】考查根据语境的名词辨析。根据后面的解释：他会在毕业后努力挣钱养活自己，可知选择 promise（承诺）比较恰当。prediction（预测），plan（计划），contribution（贡献）均不符合文意。

11.（2010 山东卷，31）

Your house is always so neat—how do you ______ it with three children？

A. manage　　B. serve　　C. adapt　　D. construct

【答案】A

【解析】本题考查动词在具体语境中的使用。句意：你家里总是那么整洁——家里有三个孩子，你是怎么设法做到的？表示“设法做成某事”用 manage it。serve 表示“为……服务，接待”；adapt 表示“使适应，使适合”；construct 表示“建造，构筑，构思”。

12.（2010 江苏卷，22）

The doctor is skilled at treating heart trouble and never accepts any gift from his patients，so he has a very good ______.

A. expectation　　B. reputation　　C. contribution　　D. civilization

【答案】B

【解析】本题考查名词辨析，需要学生在语境中作出判断。前半句说这个医生从不收病人的礼物，所以他应该有好的 reputation（名声）。其他选项均不符合语境。

13.（2011 全国卷，27）

Mary is really good at taking notes in class. She can______almost every word her teacher says.

A. put out　　B. put down　　C. put away　　D. put together

【答案】B

【解析】句意为：Mary 非常擅长在课堂上做笔记。她几乎能记下老师所说的每一个词。四个选项均为动词短语，A 项表示“扑灭，生产，出版”；B 项表示“写下，记下，放下，镇压”；C 项表示“把……收起，放好，储存”；D 项表示“把……放在一起，组合”。由此可知，B 项与题意相符。故答案选 B。

14.（2012 全国卷，25）

—Someone wants you on the phone.

—______nobody knows I am here.

A. Although　　B. And　　C. But　　D. So

【答案】C

【解析】句意为：有人给你打电话。但是没人知道我在这。根据句意可知，此处含有转折语气，故选 C。

15.（2013 全国卷，24）

Michelle found a job as a high school teacher which ______ spending quite a lot of time with students.

A. enjoys　　B. involves　　C. practices　　D. suggests

【答案】B

【解析】根据“which”可知后句是介绍前句所指的工作，只有“involves”符合句中“包含”的意思。

高考考查点“使用语言进行交际的能力”

1.（2014 四川卷，10）

—How about dinner tonight？ It s on me.

—______.

A. You are welcome　　B. Oh，I d like to　　C. Well，I m afraid so　　D.That s all right

【答案】B

【解析】考查情景交际。难度中等。句意为：今晚一起去吃饭，怎么样？我请客。哦，我愿意去。You are welcome 意为“不用谢”；Oh，I d like to 意为“哦，我愿意去”；Well，I m afraid so 意为“恐怕是这样的”；That s all right 意为“别客气，没关系”。故选 B。

语法填空

1.（2014 新课标卷Ⅰ）

阅读下面材料，在空白处填入适当的内容（不多于 3 个单词）或括号内单词的正确形式。

Are you facing a situation that looks impossible to fix？

In 1969，the pollution was terrible along the Cuyahoga River near Cleveland，Ohio. It __61__ (be) unimaginable that it could ever be cleaned up. The river was so polluted that it __62__ (actual) caught fire and burned. Now，years later，this river is one of __63__ most outstanding examples of environmental cleanup.

But the river wasn t changed in a few days __64__ even a few months. It took years of work

__65__ (reduce) the industrial pollution and clean the water. Finally, that hard work paid off and now the water in the river is __66__ (clean) than ever.

Maybe you are facing an impossible situation. Maybe you have a habit __67__ is driving your family crazy. Possibly you drink too much or don t know how to control your credit card use. When you face such an impossible situation, don t you want a quick fix and something to change immediately?

While there are __68__ (amaze) stories of instant transformation, for most of us the __69__ (change) are gradual and require a lot of effort and work, like cleaning up a polluted river. Just be __70__ (patience).

【文章大意】本文是一篇议论文，主要论述了当我们面对比较棘手的困境时，不要急于求成，需要耐心地付出努力，这样情况就会逐渐得到好转。

61.【答案】was

【解析】考查动词的时态。难度中等。根据下文中的“could”，并结合文中的时态“was”可知，空格处表示的是过去的状态，应用一般过去时。故空格处填 was。

62.【答案】actually

【解析】考查词性转换。难度中等。空格处在句中作状语，用于修饰动词“caught”，因此应用提示词的副词形式。故空格处填 actually。

63.【答案】the

【解析】考查冠词。难度中等。下文中的“most outstanding”为形容词的最高级，表特指，因此之前应用定冠词。故空格处填 the。

64.【答案】or

【解析】考查连词。难度中等。根据上下文内容可知，此处表示选择关系，指的是那条河流没有在几天内或几个月内发生变化，因此连词 or 符合语境。故空格处填 or。

65.【答案】to reduce

【解析】考查非谓语动词。难度中等。根据固定句式“It takes/took sb. some time to do sth.”可知，空格处应用动词不定式。故空格处填 to reduce。

66.【答案】cleaner

【解析】考查形容词比较级。难度中等。根据下文中的 “than ever”，并结合语境可知，空格处应用提示词的比较级形式。故空格处填 cleaner。

67.【答案】that/which

【解析】考查定语从句。难度中等。先行词“habit”在从句中作主语，且指物，因此应用关系代词 that/which 引导定语从句。故空格处填 that/which。

68.【答案】amazing

【解析】考查词性转换。难度中等。空格处在句中作“stories”的定语，因此应用提示词的现在分词形式 amazing（属于现在分词形容词化）。故空格处填 amazing。

69.【答案】changes

【解析】考查主谓一致。难度中等。根据下文中的系动词“are”可知，作为主语的空格处应用提示词的复数形式。故空格处填 changes。

70.【答案】patient

【解析】考查词性转换。难度中等。空格处在句中作表语，由此结合语境可知，空格处应用提示词的形容词形式。故空格处填 patient。

17.（2014 广东卷）

阅读下面短文，按照句子结构的语法性和上下文连贯的要求，在空格处填入一个适当的词或使用括号中词语的正确形式填空，并将答案填写在标号为 16~25 的相应位置上。

Last year, my brother and I went to Miami for a vacation. Some of my friends who had been there before said __16__ was a wonderful holiday destination. Before we went, we had planned for months. When the day came, we were ready.

After our plane landed, we went to the hotel. We had made our reservation six months __17__ (early), but the man at the front desk said there had been a mistake. We __18__ (tell) that our rooms hadn t been reserved for that week, __19__ for the week after. I didn t understand __20__ this would happen and my credit card had already been charged __21__ the reservation. What s worse, the hotel had been fully booked. When we were wondering what to do, the manager came out. She was __22__ (surprise) helpful. She apologized for the mistake and gave us a spare VIP room on __23__ top floor. We had never stayed in such an amazing room, and we weren t charged extra.

The next day, my brother and I went to the beach __24__ we watched some people play volleyball. We got a little __25__ (sunburn), but the day had been so relaxing that we didn t mind.

【文章大意】本文是一篇记叙文。“我”和“我”哥哥去 Miami 旅游，虽然预订了旅馆，可是由于差错，“我们”没有住成；最后在经理的帮助下，“我们”住上了 VIP 房间。“我们”玩得很开心。

16.【答案】it

【解析】考查代词。难度中等。分析该句结构可知，该句中空格处引导宾语从句，并且该从句中缺主语，所以用 it 代指上句中的旅游地 Miami。故用 it。

17.【答案】earlier

【解析】考查形容词的比较级。难度中等。此处是指我们提前六个月就预定好了房间，空格处为 early 的比较级，意为“较早的”。故用 earlier。

18.【答案】were told

【解析】考查动词的时态和语态。难度中等。句意为：我们被告知，我们预定的房间是在下周而非这周。根据全文的过去时态可知，此处应用过去时，又因为“We”与 tell 之间为被动关系，所以此处用动词的过去时的被动形式。故用 were told。

19.【答案】but

【解析】考查连词辨析。难度中等。根据该句中“hadn t been reserved for that week”和“for the week after”可知，空格处前后为转折关系。故用 but。

20.【答案】why

【解析】考查疑问副词。难度中等。根据语境可知，“我”无法理解为什么会发生这样的事。故用 why，表示“为什么”。

21.【答案】for

【解析】考查介词。难度中等。“我”的信用卡已经因预定了房间而被收费了。charge for 意为“收费，要价”，为固定短语。故用 for。

22.【答案】surprisingly

【解析】考查词性转换。难度中等。根据该句结构可知，空格处修饰形容词“helpful”。故用 surprise 的副词形式 surprisingly。

23.【答案】the

【解析】考查冠词。难度中等。根据语境可知，经理给了“我们”顶楼的一间 VIP 房间。on the top floor 为固定短语，意为“在顶层，在顶楼”。故用 the。

24.【答案】where

【解析】考查定语从句。难度中等。根据该句结构和语境可知，该句为定语从句，先行词为“beach”，在从句中作地点状语。故用 where 引导。

25.【答案】sunburnt/sunburned

【解析】考查词性转换。难度中等。该句句意为：我们有一点晒伤了……get sth. done 为固定搭配，意为“受到……”，故用 sunburnt/sunburned。

2.2.3【我们的工作】

高考试题分析

通过对 2014 年全国高考英语试卷单项选择试题分析发现，时态、非谓语、从句仍然是高考中的重点。同时交际用语及各词类的使用也是高考中的热门点。延续了 2004—2013 年的趋势，与语境结合的题目仍然是考查的重点，同时对特定语境中语法知识的考查仍然是命题的热点。（见图 4）

图 4　2014 年全国高考英语单项选择考点分布

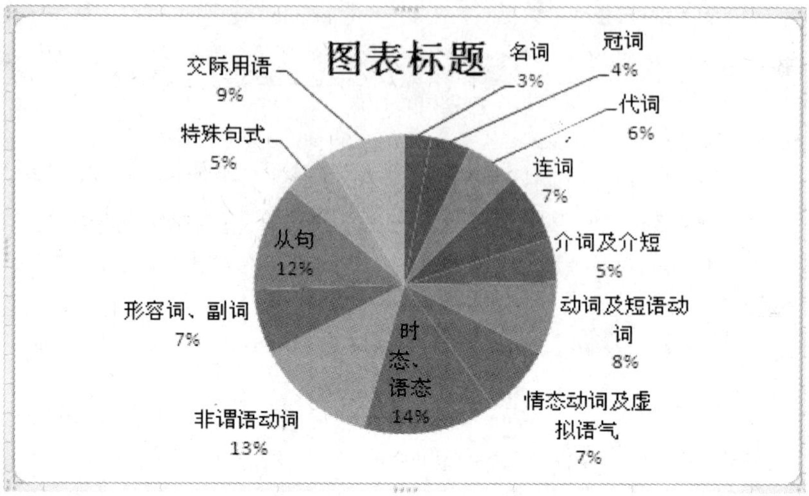

真题例证

来源	单项选择试题
2014 山东卷，4	4. Susan made ______ clear to me that she wished to make a new life for herself. A. that　　B. this　　C. it　　D. her
TPS2.0 组卷系统	【来源】2012 年浙江省高考英语试题 \ 人称代词、物主代词、反身代词、疑问代词、指示代词 \ S00467513 < 试题 > Studying Wendy s menu . I found that many of the items are similar to ______ of McDonald s . A. those　　B. ones　　C. any　　D. all < 答案 >A < 解析 >those=that ones，代指前面的 many of the items，表示复数、特指，被 of McDonald s 修饰，符合语境。ones 表示复数、泛指；any 任何一个；all 全部，均不符合语境，故排除。
匹配度分析：两道题目均考查指示代词的用法。	

来源	单项选择试题
2013 安徽卷，27	27. This project requires close teamwork. ______ Will be achieved unless we work well together. A. Nothing　　B. Anything　　C. Something　　D. Everything
TPS2.0 组卷系统	【来源】2012-2013 学年重庆育才中学高三上期第二次月考英语试卷 \ 不定代词 \ S00016503 < 试题 > The soup would be better with a bit more salt. But there is ______ at the moment. A. nothing　　B. none　　C. neither　　D. no one < 答案 >B < 解析 >none 强调数量为零，nothing 没有东西，neither 二者都不，no one 没有人。
匹配度分析：两道题目均考查不定代词的用法。	

来源	单项选择试题
2013 安徽卷，31	31. If parents have children help with housework，the children will feel needed. ______，they will learn to take care of themselves. A. On the contrary　　B. In a word C. That is to say　　D. What s more
TPS2.0 组卷系统	【来源】203 中 13 级第一次模拟英语试卷 /S00006430 < 试题 > ______ it is so hot，I guess we can t do anything until after dark. A. In case　　B. Now that　　C. Even if　　D. As though < 答案 >B < 解析 >In case 以防， now that 既然，even if 即使，as though 好像。根据句意选 B。
匹配度分析：两道题目均考短语意义的辨析。	

来源	单项选择试题
2013 北京卷，28	28. Hurry up! Mark and Carl ______ us. A. expect　　B. are expecting　　C. have expected　　D. will expect
TPS2.0 组卷系统	【来源】2012-2013 学年重庆育才中学高三上期第二次月考英语试卷 / 一般过去时，过去完成时 / S00212436 < 试题 > —It s said that another Chinese writer named Gao Xingjian ______the Nobel Prize in Literature in 2000. —But he ______ to France by the time he won it. So Mo Yan is the first Chinese winner. A. Won; had moved　　B. won; moved C. had won; had moved　　D. had won; moved < 答案 >A < 解析 >in 2000，故一空为过去时；by the time he won it 可知第二空是过去完成时。
匹配度分析：两道题目均考时态的在情景语句中的运用。	

来源	单项选择试题
2013 新课标 2，13	13. Four and ______ half hours of discussion took us up to midnight，and ______ break for cheese，chocolate and tea with sugar. A. a；a　　B. the；the　　C. 不填；the　　D. a；不填
TPS2.0 组卷系统	【来源】2012 年重庆市巴蜀中学高 2012 级高三（下）英语第二次模拟考试 / 冠词 / S00189897 < 试题 > ______ W（w）ord came that ______ president would make a speech on how to deal with the Financial Crisis on the air. A；the　　B. /；the　　C. The；/　　D. /；/ < 答案 >B < 解析 >Word 为抽象名词，前面通常不用冠词，来表泛指。president 前用定冠词来表特指对金融危机做出演讲的总统。
匹配度分析：两道题目均考冠词在情景语句中的运用。	

来源	单项选择试题
2013 山东卷，35	35. Finally he reached a lonely island ______ was completely cut off from the outside world. A. when　　B. where　　C. which　　D. whom
TPS2.0 组卷系统	【来源】2011–2012 年重庆巴蜀中学 2009 届高三英语（上）第二次模拟试题 ---- 林静雅 \ 时间状语从句，词汇在语境中的选择 \S00113896 < 试题 > —How long do you think it ll be ______ I can go back to work ? —Well，you ll be feeling much better by next weekend. A. before　　B. when　　C. until　　D. that < 答案 >A < 解析 >it is + 时间段 +before 需要多久才……，其他选项不符合句意。
匹配度分析：两道题目均考状语从句在情景语句中的运用。	

2.2.4【备考战略】

掌握基础语法知识基本概念，不要死扣语法的条条框框。提高基础语法知识的运用能力，即语法知识在语句、语段、语篇中的理解运用。

掌握一定基础词法的搭配和惯用法。

掌握常用词汇词义的本意、转意、搭配的正确理解。

动词复习是重点。高考备考语法复习要全面，但是重点要突出。例如：动词时态、动词语态、动词短语、情态动词、非谓语动词。

动词时态重点掌握、理解常见时态的运用。例如：三个一般时：一般现在时、一般过去时、一般将来时；两个进行时：现在进行时、过去进行时；一个完成时：现在完成时。

非谓语动词复习是难点。理解非谓语动词的基本概念，明确其构成的特点。例如它们的动词特点：可以跟宾语，也有时态和语态的不同。非谓语动词的考查点是考生在高考中的失分点。

从句复习是关注点。状语从句、定语从句为重点复习内容。复习的关键内容为关联词使用的复习。

2.3 完形填空强化语篇，弱化词法，突出综合运用能力的考查

2.3.1【趋势剖析】

通过对 2007—2014 年全国高考完形填空题的分析，我们发现，高考完形填空题的考点层次从小到大可分为四层：（1）单词层次。单词层次是最低的层次。在这个层上，我们只需看单词，无需看单词外的上下文就能决定填什么词。（2）词组层次。在这个层上，所要填的词和它前后的词有固定搭配的关系，只要看空缺前后的词便能决定该填什么。（3）句子层次。在这一层上，空缺需要填什么词，本句之内就可以决定，不用超出句子的范围。（4）语篇层次。空缺需要填什么词，不能只看本句，要超出句子在语篇语境的层次上加以考虑。高层次的考点，在考查高层次能力的同时，必然也考查到了低层次的能力。例如，一个语篇层次的考点，在考查语篇层次的能力的同时，必然也考到了句子层次、词组层次和单词层次的能力。概括地说，高层次能包含低层次，低层次不包含高层次。因此，考点层次越高，考查的效度越高。[7] 完形填空大多设置 15~20 个空，而在这些空中，90% 的空是从语篇层面考查考生对词汇知识的运用。这就要求考生在掌握全文大意的基础上，通过对上下文句子结构和逻辑关系进行分析解题。

下图（图 5）即为全国高考英语完形填空对这四个层次的能力考查的走势曲线图：

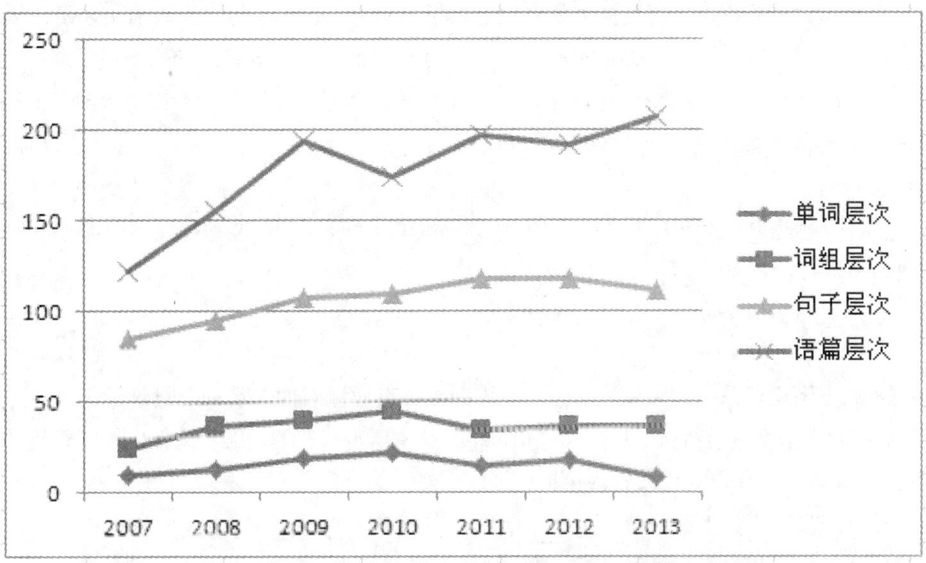

图 5 2007–2014 年完形填空能力考查曲线图

从上图可以看出，高考完形填空题在逐渐弱化对单词和词组的单纯考查，不断强化对语篇层次分析运用知识的能力的考查。

2.3.2【真题回顾】

高考高频能力考查“语篇层次”

1.（2004 上海卷，B 篇）

The birthrate in Europe has been in a steady decrease since the 1960 s. European countries，realizing crisis is at hand，are providing great encouragement for parents to create more babies in the 21st century.

Affairs Ministry concluded last year that, 65 (in spite of) cash encouragement, some women just dont want to be 66 (left) holding the baby. “What we know is that it s good for the 67 if men and women share the burden of having children，” - says Soren Kindlund，family policy adviser at the Swedish ministry.

67. A. birthrate B. income C. health D. spirit

【答案】A

---

7 陈朝媛．(2004 年 -2008 年) 年高考英语重庆卷完形填空考点效度分析 [J]. 考试周刊，2010，（14）.

【解析】本题考查学生把握语篇的能力。文章的第一句话已经揭示了该文的主题与 birthrate（出生率）有关。并且前文陈述目前欧洲国家正在采取措施应对出生率的下降，现在一些妇女不愿意独自培养孩子，因此“如果丈夫和妻子能够共同承担抚养孩子的责任，会有益于出生率的提高。”故根据前后文和对语篇的把握，可知此处应选 birthrate。

2.（2004 江苏卷）

“Did she have an accident ? Something 45（worse）? ” I thought to myself about her __46__ . Now that she was gone，I felt I had 47（known） her.

46. A. disappearance B. appearance C. misfortune D. fortune

【答案】A

【解析】考查联系上下文的能力。前文提到“Of course，I 42（remembered） all this only after she was seen no more. ”并且后一句也有“Now that she was gone...”因此可知这个女人消失了，故选 disappearance。

3.（2005 山东卷）

My sister and I grew up in a little village in England. Our father was a struggling __36__ , but I always knew he was 37（special）.

36. A. biologist B. manager C. lawyer D. gardener

【答案】C

【解析】本题是典型的考查联系上下文能力的题目。如果不读下文，无法得知作者的父亲是什么职业。根据第三段 he said，“...my dad __49__ me to go into law. And I ve __50__ regretted it. I wanted to be a biologist，__51__ I didn t pursue my __52__. You know what you want. Go fulfill it. ”可推测作者的爸爸接受了他父亲的要求学习了法律，而没有追求自己的梦想（biologist），故答案为 C。

4.（2005 全国卷 I）

The man had a newspaper 38（open） in front of him，which he was __39__ to read，but I could 40（see） that he was keeping an eye on me.

39. A. hoping B. thinking C. pretending D. continuing

【答案】C

【解析】本题考查上下文联系。如果单从语法角度讲，无法有效地对四个动词进行辨析，因为它们都可以接动词不定式，因此就需要结合上下文进行辨析。后半句以由 but 引导表示转折，“我能看到他仍然盯着我看”，故可以推测这个男人只是假装（pretend）看报纸，以此作为掩护。因此选 C。

5.（2006 湖南卷）

“What s up ? ” I asked. He answered in __47__ English，“I...I no get money to buy book.”

47. A. old B. broken C. traditional D. modern

【答案】B

【解析】根据下文，“I...I no get money to buy book.”可以看出孩子的英语不是很好，句子有很明显的语法错误，故选 B。broken English 有“蹩脚的英语”的意思。即使学生不熟悉这种表达，根据排除法并联系上下文也可以判断出正确答案。

6.（2006 北京卷）

We started 41（talking） about life，and I told them about one of my __42__ . I said that we must very often give things up 43（as） we grow—our youth，our beauty，our friends—but it always 44（seems） that after we give something up，we gain something new in its place.

42. A. decisions B. experiences C. ambitions D. beliefs

【答案】D

【解析】本题考查篇章理解。下文说，我认为在我们成长的过程中，我们经常要放弃一些东西——我们的青春，美丽，和朋友，但是每当我们放弃一些的时候，我们也同时获得了一些新的东西。这是作者的一种 belief（信念），而 decisions（决定），experiences（经验）和 ambitions（野心）均不符合语境。

7.（2007 四川卷）

She said，“There s an old saying—the __39__ you stay away from the motherland，the sweeter your blood 40（grows） to the mosquitoes."

39. A. earlier B. longer C. sooner D. later

【答案】B

【解析】此题是典型的考查联系上下文的题目。作者的祖母说"有一个老说法，你离开祖国的时间越长，对蚊子来说你的血越甜。"此处选择 longer 是根据上文中交代作者已经离开祖国去美国居住长达 14 年，今年暑假才回到菲律宾，故可知应选 B。

8.（2007 广东卷）

Wouldn t it be great if we didn t have to remember passwords（密码）ever again？ If we could just sit in front of our computers and be __21__ logged in（登录）？

21. A. automatically B. personally C. correctly D. occasionally

【答案】A

【解析】本题考查根据上下文辨析副词。文章开篇提出"如果我们不需要再记密码了是不是很棒？"下句是与该句并列的，解释说明了这一句话，那就是 we could just sit in front of our computers and be automatically logged in.（我们仅仅需要坐在电脑前等待自动登录。）故可根据前一句的线索推断出此处的正确答案为 A。

9.（2008 天津卷）

Jenna, a popular girl from Westwood Middle School, had graduated first in her class and was ready for new 16 (challenges) in high school.

__17__, high school was different.

17. A. Therefore B. However C. Otherwise D. Besides

【答案】B

【解析】本题考查上下文的逻辑关系。前文说 Jenna 已经准备好了迎接高中期间新的"挑战"，下文又提到了她在高中生活中遇到的一些困难，故此处应选择表转折的 However，意为"尽管做了准备，然而，高中还是不一样的"。

10.（2008 陕西卷）

When the children came back to steal her __29__, she had them stuck on the tree.

29. A. branch B. food C. tree D. fruit

【答案】D

【解析】考查学生联系上下文的能力。本题的答案可在文章第一段中的"They would climb her tree and then run away with pears"找到。

11.（2009 浙江卷）

But what we actually saw simply __23__ us all —the rundown houses, the children in rags, the people begging for money...

23. A. puzzled B. annoyed C. embarrassed D. shocked

【答案】D

【解析】本题考查根据语境进行动词词义辨析。上文描写城市生活，按照常理城市本该是富裕繁华的景象，但后面却描写了城市里生活最艰辛的穷人，这是人们始料不及的，所以我们感到很"震惊（shocked）"，故选 D。

12.（2009 湖北卷）

We would have a literature reading task for __34__. The next day, when we came to class, there would be two or three topics on the blackboard 35（related） to the homework reading.

34. A. review B. performance C. practice D. homework

【答案】D

【解析】考查前后文联系。根据 35 空后面的 to the homework reading 可推出此处也是 homework。

13.（2010 山东卷）

Recently I realized I had been a 53（star） that night. I was 54（embarrassed）, but I fought the urge to run off the stage. __55__, I finished the routine with a smile on my face.

55. A. However B. Instead C. In total D. In return

【答案】B

【解析】考查上下文的逻辑关系。分析上下文逻辑可知，此处表示转折意义，所以本句句意应为“相反地，我脸上带着微笑完成了动作”。

14.（2010 北京卷）

Mrs. Neidl would ask me for my __37__. She wanted to know how I thought we should 38（handle）things. At first I had no idea how to answer because I knew 39（nothing）about stage design! But I slowly began to respond to her 40（questions）. It was cause and effect：She believed I had opinions，so I began to 41（form）them.

37. A. opinion　B. impression　C. information　D. intention

【答案】A

【解析】考查名词及篇章理解。第二句话“她想知道我对我们该如何处理该事件的想法”直接提示了此题应选opinion“观点，看法”这个词。第二段倒数第四句话中也出现了这个词从而验证了其正确性。impression 印象；information 信息；intention 意图，均不符合题意。故本题正确答案为 A 项。

15.（2012 全国卷）

And misunderstandings occur as a result of it. 41（For example），different societies treat the __42__ between people differently. Northern Europeans usually do not like having 43（bodily）contact（接触）even with friends，and certainly not with 44（strangers）.

42. A. trade　B. distance　C. connections　D. greetings

【答案】B

【解析】根据下文“...contact even with friends...touch each other...”可知，此处的语境表示的是对待人与人之间的距离。A 项表示“贸易，交易，商业”；B 项表示“距离，路程”；C 项表示“关系，连接，联络”；D 项表示“问候，招呼”。B 项符合语境。故答案选 B。

16.（2013 湖北卷）

He looked around cautiously as he 37（stole）into the room where grain was stored and was quite __38__ as he filled his bag with wheat.

38. A. curious　B. nervous　C. pitiful　D. sensible

【答案】B

【解析】根据句意可推测出当时的他很紧张，“nervous”符合题意。故选 B。

17.（2014 新课标卷 I）

阅读下面短文，从短文后各题所给的四个选项（A、B、C 和 D）中，选出可以填入空白处的最佳选项。

As a general rule，all forms of activity lead to boredom when they are performed on a routine（常规）basis. As a matter of fact，we can see this __41__ at work in people of all __42__. For example，on Christmas morning，children are excited about __43__ with their new toys. But their __44__ soon wears off and by January those __45__ toys can be found put away in the basement. The world is full of __46__ stamp albums and unfinished models，each standing as a monument to someone s __47__ interest. When parents bring home a pet，their child __48__ bathes it and brushes its fur. Within a short time，however，the __49__ of caring for the animal is handed over to the parents. Adolescents enter high school with great __50__ but are soon looking forward to __51__. The same is true of the young adults going to college. And then，how many __52__，who now complain（抱怨）about the long drives to work，__53__ drove for hours at a time when they first __54__ their driver s licenses（执照）? Before people retire，they usually __55__ to do a lot of __56__ things，which they never had __57__ to do while working. But __58__ after retirement，the golfing，the fishing，the reading and all of the other pastimes become as boring as the jobs they __59__. And，like the child in January，they go searching for new __60__.

41. A. principle　B. habit　C. way　D. power

42. A. parties　B. races　C. countries　D. ages

43. A. working　B. living　C. playing　D. going

44. A. confidence	B. interest	C. anxiety	D. sorrow
45. A. same	B. extra	C. funny	D. expensive
46. A. well-organized	B. colorfully-printed	C. newly-collected	D. half-filled
47. A. broad	B. passing	C. different	D. main
48. A. silently	B. impatiently	C. gladly	D. worriedly
49. A. promise	B. burden	C. right	D. game
50. A. courage	B. calmness	C. confusion	D. excitement
51. A. graduation	B. independence	C. responsibility	D. success
52. A. children	B. students	C. adults	D. retirees
53. A. carefully	B. eagerly	C. nervously	D. bravely
54. A. required	B. obtained	C. noticed	D. discovered
55. A. need	B. learn	C. start	D. plan
56. A. great	B. strange	C. difficult	D. correct
57. A. time	B. money	C. skills	D. knowledge
58. A. only	B. well	C. even	D. soon
59. A. lost	B. chose	C. left	D. quit
60. A. pets	B. toys	C. friends	D. colleagues

【文章大意】本文是一篇议论文。文章以小孩、青少年、成年人和一些退休的人为例，论述了人们有时难以长时间专注于一种活动。

41. A 【解析】考查名词辨析。难度中等。根据上文“As a general rule，all forms of activity lead to boredom when they are performed on a routine（常规）basis.”可知，此处指的是我们能够看到这一原则起作用，因此 principle 符合语境。故选 A。

42. D 【解析】考查名词辨析。难度中等。根据上文中的“at work in people of all”，并结合所举例子可知，此处是指这一原则对于各个年龄段的人都起作用，因此 ages 与语境相符。故选 D。

43. C 【解析】考查动词辨析。难度中等。根据本句中的“with their new toys”可知，孩子们对于玩新玩具感到很兴奋，play 用于空格处，可与下文中的介词“with”构成动词短语，即 play with，意为“摆弄，玩弄”，与语境相符。故选 C。

44. B 【解析】考查名词辨析。难度中等。根据空格后的“soon wears off”，并结合下文中的“a monument to someone's ______ interest”可知，孩子们对于新玩具的兴趣很快就会消退，因此 interest 符合语境。故选 B。

45. A 【解析】考查形容词辨析。难度中等。根据下文中的“toys can be found put away in the basement”可知，到一月份时那些孩子们曾经很感兴趣的同样的玩具就已经被放到地下室里，因此 same 符合语境。故选 A。

46. D 【解析】考查形容词辨析。难度中等。根据空格后的“and unfinished models”，并结合选项可知，此处与“unfinished”相呼应，指的是半满的集邮册，half-filled 意为“半满的”，符合语境。故选 D。

47. B 【解析】考查形容词辨析。难度中等。结合上文中的“But their ______ soon wears off”可知，此处指的是短暂的兴趣，passing 意为“经过的，短暂的”，与语境相符。故选 B。

48. C 【解析】考查副词辨析。难度中等。根据空格后的“bathes it and brushes its fur”，并结合上文内容可知，当父母把宠物刚刚带回家时，他们的孩子高兴地为宠物洗澡，为宠物刷毛，因此 gladly 符合语境。故选 C。

49. B 【解析】考查名词辨析。难度中等。根据空格后的“caring for the animal is handed over to the parents”可知，在很短的时间内，照顾宠物的责任就会转交给父母。burden 意为“责任，负担”，符合语境。故选 B。

50. D 【解析】考查名词辨析。难度中等。根据上文中的“Adolescents enter high school with great”，并结合选项可知，青少年怀着非常兴奋的心情进入高中，因此 excitement 符合语境。故选 D。

51. A 【解析】考查名词辨析。难度中等。根据上文中的“but are soon looking forward to”的转折可知，青少年十分兴奋地进入高中，但是不久就开始盼望着毕业，因此 graduation 与语境相符。故选 A。

52. C 【解析】考查名词辨析。难度中等。根据空格后的“who now complain（抱怨）about the long drives to work”可知，

此处指的是现在抱怨要开那么远的车去上班的成年人，因此 adults 符合语境。故选 C。

53. B 【解析】考查副词辨析。难度中等。根据空格后的“drove for hours at a time when they first”，并结合选项可知，这些成年人在刚获得驾照时曾经渴望一次连续开车几小时，eagerly 意为“渴望地”，符合语境。故选 B。

54. B 【解析】考查动词辨析。难度中等。根据下文中的“their driver s licenses（执照）”可知，此处指的是成年人刚获得他们的驾照，obtain 意为“获得，得到”，与语境相符。故选 B。

55. D 【解析】考查动词辨析。难度中等。根据上文中的“Before people retire，they usually”，并结合下文中的内容可知，在人们退休前，他们常常计划做许多美好的事情，因此 plan 符合语境。故选 D。

56. A 【解析】考查形容词辨析。难度中等。结合上文语境中的“the golfing，the fishing，the reading”可知，这些都是美好的事情，因此 great 符合语境。故选 A。

57. A 【解析】考查名词辨析。难度较小。根据上文中的“they never had”，并结合下文中的“while working”可知，当他们工作时，他们没有时间去做那些自己想做的事情，因此 time 与语境相符。故选 A。

58. D 【解析】考查副词辨析。难度中等。根据下文中的“after retirement，the golfing... other pastimes become as boring as the jobs”可知，退休后不久，他们感到打高尔夫球、钓鱼、读书及其他的消遣方式和曾经的工作一样无聊，因此 soon 符合语境。故选 D。

59. C 【解析】考查动词辨析。难度中等。根据上文中的“retirement”，并结合选项可知，此处指的是他们离开工作岗位，因此 leave 符合语境。故选 C。

60. B 【解析】考查名词辨析。难度中等。根据上文中的“And，like the child in January，they go searching for new”，并结合上文中的“by January those______toys can be found put away in the basement”可知，像在一月份的孩子一样，这些退休的人开始寻找新的玩具，即新的消遣方式，因此 toy 与语境相符。故选 B。

18.（2014 北京卷）

阅读下面短文，掌握其大意，从每题所给的 A、B、C、D 四个选项中，选出最佳选项。

The Fitting-in of Suzy Khan

The first time I saw Suzy Khan，I knew I had to help her. She was really small for her age of 12. The boys in my class often __36__ about her and laughed their heads off. She would open a book，pretending to read，with tears dropping on the open page.

All I knew was that she was an orphan（孤儿）from Africa. She had just been adopted by a family in town who __37__ that the best way for her to learn American ways of life was to be with American kids. I looked down at this __38__ girl and promised myself that somehow I would help her.

But how could I help her __39__ in with us? There had to be a __40__ .

One day，when I went into the classroom，I saw that Suzy had __41__ her geography book to a picture of a train，and in her notebook，she had made a（n）__42__ copy.

I was surprised and thought that she could do something in the coming __43__ show. So，I took her to see the art teacher，Miss Parker，and showed her what Suzy had __44__ . “Why，it s wonderful，” said Miss Parker，who then showed us a poster she had painted __45__ the talent show. “I need more of these，but I just don t have enough __46__ . Could you help me，Suzy?”

On the day of the talent show，Suzy s __47__ were everywhere—all over the hall and all over the school，each one different.

“And finally，” said Mr. Brown，the schoolmaster，at the end of the show，“we have a（n）__48__ award. I m sure you ve all noticed the wonderful posters.” Everyone nodded. “One of our own students __49__ them.”

I could hear everyone whispering. “Who in our school could draw __50__ well?”

Mr. Brown waited a while before saying，“__51__ this student worked so hard on the posters，she deserves a __52__ ，too. Our mystery（神秘）artist is our new student—Suzy Khan!”

Mr. Brown thanked her for all the wonderful posters and gave her a professional artist s set. “Thank you，” she cried.

I __53__, at that time when I was looking at her excited face, she d probably never __54__ anything in her whole life.

Everyone started to __55__ their hands. Suzy Khan gave them a shy smile and the applause was deafening. I knew then Suzy was going to be all right.

36. A. joked	B. cared	C. forgot	D. worried
37. A. reported	B. decided	C. complained	D. questioned
38. A. rich	B. proud	C. tiny	D. popular
39. A. come	B. fall	C. fit	D. tie
40. A. manner	B. pattern	C. choice	D. way
41. A. read	B. taken	C. opened	D. put
42. A. free	B. perfect	C. final	D. extra
43. A. art	B. talk	C. quiz	D. talent
44. A. colored	B. written	C. carved	D. drawn
45. A. at	B. after	C. for	D. around
46. A. room	B. time	C. paper	D. interest
47. A. gifts	B. books	C. photos	D. posters
48. A. special	B. academic	C. national	D. royal
49. A. painted	B. found	C. printed	D. collected
50. A. very	B. that	C. quite	D. too
51. A. If	B. Though	C. Unless	D. Since
52. A. prize	B. rank	C. rest	D. place
53. A. replied	B. realized	C. remembered	D. regretted
54. A. offered	B. valued	C. owned	D. controlled
55. A. clap	B. wave	C. raise	D. shake

【文章大意】本文是一篇记叙文。作者的一名学生曾经是班里男孩子开玩笑的对象，后来作者引导她充分发挥自己的长处，最终使她拥有了自信，并得到了同学们的认可。

36. A 【解析】考查动词辨析。难度中等。根据下文中的“about her and laughed their heads off”可知，作者班里的男孩子们经常拿 Suzy 开玩笑，因此 joke 符合语境。故选 A。

37. B 【解析】考查动词辨析。难度中等。根据下文中的“that the best way for her... American kids”可知，收养她的家庭决定，对她来说，学习美国生活方式的最好方法就是和美国的孩子们在一起，因此 decide 符合语境。故选 B。

38. C 【解析】考查形容词辨析。难度中等。根据上文“I looked down at this”，并结合第一段第二句“She was really small...”可知，作者低头看着这个娇小的女孩，因此 tiny 符合语境。故选 C。

39. C 【解析】考查动词辨析。难度中等。根据下文“in with us”并结合选项可知，作者想帮助小女孩融入他们。在选项中，fit 可与文中的“in”构成短语，即“fit in with”，意为“适应，与……合得来”，与语境相符。故选 C。

40. D 【解析】考查名词辨析。难度中等。根据上文“There had to be a”，并结合上句话内容可知，作者认为必须有方法，因此 way 符合语境。故选 D。

41. C 【解析】考查动词辨析。难度中等。根据下文“her geography book to a picture...”可知，作者看到 Suzy 已经打开了地理书，因此 open 符合语境。与第一段中的“open”相呼应。故选 C。

42. B 【解析】考查形容词辨析。难度中等。根据上文“she had made a（n）”，并结合下一段第一句“I was surprised...”可知，Suzy 在她的笔记本上很完美地临摹了书上面的图片，因此 perfect 符合语境。与下文中的“it s wonderful”相呼应。故选 B。

43. D 【解析】考查名词辨析。难度中等。根据上文“...thought that she could do something in the coming”，并结合下文中的“the art teacher”及“the talent show”可知，作者认为 Suzy 可以在即将开始的才艺表演上有所表现，talent 意为“才能，才华”，符合语境。故选 D。

44. D 【解析】考查动词辨析。难度中等。根据上文中的“she had made a（n）______copy”可知，此处指的是向美术老师展示 Suzy 画的东西，因此 draw 符合语境。故选 D。

45. C 【解析】考查介词辨析。难度中等。根据上文“... showed us a poster she had painted”可知，美术老师展示了为才艺表演绘制的海报，因此 for 与语境相符。故选 C。

46. B 【解析】考查名词辨析。难度中等。根据上文“I need more of these，but I just don t have enough”可知，美术老师说她需要更多这样的海报，但是她没有足够的时间，因此 time 符合语境。故选 B。

47. D 【解析】考查名词辨析。难度中等。根据下文中的“I m sure you ve all noticed the wonderful posters.”，并结合上文语境可知，到处都是 Suzy 绘制的海报，因此 poster 符合语境。故选 D。

48. A 【解析】考查形容词辨析。难度中等。根据上文中的内容，并结合选项可知，在才艺表演要结束时，Brown 先生说会有特别的奖励，因此 special 与语境相符。故选 A。

49. A 【解析】考查动词辨析。难度中等。根据上文中的“a poster she had painted”可知，此处指的是“我们的一个学生绘制的海报”，因此 paint 符合语境。故选 A。

50. B 【解析】考查副词辨析。难度较大。根据语境“I could hear everyone whispering. ‘Who in our school could draw______well ”可知，此处指的是“在我们学校谁能画得那么好呢？”，在选项中，that 可作副词，意为“那么，那样”，符合语境。故选 B。

51. D 【解析】考查连词辨析。难度中等。根据下文“this student worked so hard... she deserves a...”可知，空格处表示原因，因此应用 since 作状语从句的引导词。故选 D。

52. A 【解析】考查名词辨析。难度中等。根据上文中的“award”可知，此处指的是 Suzy 也应该得到奖赏，因此 prize 符合语境。故选 A。

53. B 【解析】考查动词辨析。难度中等。根据下文“at that time when I was...”可知，当看到她激动的脸时，作者意识到她也许从未拥有过什么东西，因此 realize 符合语境。故选 B。

54. C 【解析】考查动词辨析。难度中等。根据上下文语境可知，own 意为“拥有”，与语境相符。故选 C。

55. A 【解析】考查动词辨析。难度中等。根据下文“their hands”，并结合选项可知，每个人都鼓掌向她表示祝贺，clap 意为“拍手，鼓掌”，符合语境。故选 A。

2.3.3【我们的工作】

2014 高考试题分析

通过对 2014 全国各地区 19 套高考真题的分析发现，2014 年完形填空部分依然延续“强化语篇，弱化词法，突出综合运用能力的考查”这一趋势。下图（图 6）为 2014 全国高考英语完形填空对词汇，词组，句子，语篇这四个层次的考查分布图。从图中可以看出，今年的高考完形填空验证了之前剖析的高考趋势，仍旧弱化对单词和词组的单纯考查，加强对句子和语篇层次分析运用知识的能力的考查。

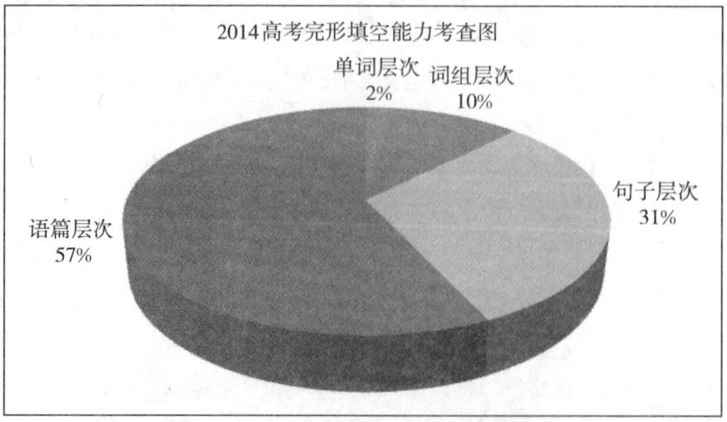

图 6　2014 年完形填空能力考查分布图

相似题例证

来源	完形填空
2014 安徽卷	I had already told her that I hadn t ___46___ a car, and hadn t realised how ___47___ taking taxis would be. After a while she said, "My dear, don t use any more taxis. I m retired and it would be my pleasure to ___48___ you wherever you wish." 46. A.donated B. repaired C. hired D. guided 47. A.convenient B. worthwhile C. unfortunate D. expensive 48. A.inspire B. entertain C. call D. drive 46.【解析】C。 47.【解析】D。 48.【解析】D。
TPS2.0 组卷系统	【来源】2012 年北京市朝阳区高三第二次模拟英语试题 \ 记叙文（完形填空），经历感悟 \S00377354 【典例】 Last January I was given a chance to work in another country. At first, I lived a ___[1]___ life, but soon I met a group of new friends and they were really nice. [1] A. private B. lonely C. colorful D. normal 【解析】 [1]. 下一句提到朋友很友好，此处应该是没有朋友的生活很孤独，所以填 lonely。
匹配度分析：两篇都对语篇层次上的能力进行了考查。	

来源	完形填空
2013 辽宁卷	At the age when she gained some ___40___ skill and sensibility（识别力）, she ___41___ her mother for a bike ride ___42___ the garden. Her mother finally allowed her to go, ___43___ her keeping close to the house and not ___44___ too far. The day was beautiful. The little girl knew ___45___ where she was heading! ___46___ the hill and across the valley, she rode to the ___47___ of the golden house. 40. A. different B. scientific C. musical D. basic 45. A. madly B. rapidly C. exactly D. possibly 40.【解析】D 45.【解析】C
TPS2.0 组卷系统	【来源】2012 年厦门双十中学高三英语热身考试卷 \ 记叙文（完形填空）\S00505874 【典例】 After several rough ___[14]___ of buffing, I finally made up my mind that I was going to do this. For about a week, I ___[15]___ with the buffer, putting all my weight and ___[16]___ into it. Eventually, I learned the ___[17]___ was not to struggle with it at all, just go ___[18]___ the flow of it, and by the second week, I was ___[19]___ and running it with one hand. [14] A. weeks B. months C. days D. years [15] A. met B. struggled C. combined D. lived [14]【解析】从后文 for about a week，可看出前面应是 days。 [15]【解析】从后面 "was not to struggle with it at all" 可看出同词复现。
匹配度分析：两篇都对语篇层次上的能力进行了考查。	

相似题例证

来源	完形填空
2013 湖南	The voice behind the __45__ answered, "Billy doesn t live here anymore. He ran away from home." Glancing behind me to see if anyone else was coming, I begged, "Aw, c mon, Mom! I m __46__ your son. Let me in!" 45. A. house B. tree C. door D. yard 46. A. also B. still C. even D. already 45.【解析】C 46.【解析】B
TPS2.0 组卷系统	【来源】2012 年北京市西城区高三第二次模拟英语试题 \ 经历感悟，记叙文（完形填空）\S00287426 【典例】 I was __[4]__ with this ominous(不祥的)cloud. I thought to myself, "Hmm, this can t be a good __[5]__." Soon enough, the highway became a snow-packed wall of white. I should have remembered that such severe changes in __[6]__ are common in this part of America. I then tried to get to the populous area of South Bend and got __[7]__ in the snow, __[8]__ to turn left onto a street. I __[9]__ for 20 minutes to dig myself out with only a scraper（刮刀）. [6] A. weather B. direction C. position D. system [7] A. frozen B. stuck C. hurt D. lost [6]【解析】空前描述遇到了大雪封山，而上一段还是晴空万里，说明天气发生了变化。 [7]【解析】线索在第五段首句，another lady got stuck。
匹配度分析：两篇都对语篇层次上的能力进行了考查。	

来源	完形填空
2013 江西	Diane Ray was completely self-centered and very spoilt. Her parents gave her __36__ she wanted, knowing that she would throw a temper tantrum（耍小孩脾气）if they did not. She would scream and kick and __37__ on the floor drumming her heels. Her parents always __38__. 37. A. jump B. lie C. spin D. sleep 38. A. set out B. set in C. gave in D. gave out
TPS2.0 组卷系统	【来源】2012 年重庆市巴蜀中学高 2012 级高三（下）英语第二次模拟考试 \ 记叙文（完形填空），情感故事 \S00392132 【典例】 I __[17]__ the lessons carefully. Nicole has struggled to learn over the past 18 years: __[18]__, sympathy, and hard work. There have been a few holes along the way. __[19]__, she is well-equipped and eager to embrace the future. The next step, I recognized, was mine to take: giving my daughter and myself the __[20]__ we both needed. [19] A. Therefore B. Instead C. Still D. Besides [20] A. character B. strength C. relief D. independence 19.【解析】C 前一句说沿途有一些坎坷，空后面是她已经为未来做好了充分准备。所以此处应该填具有转折意义的词，故填 still 然而。 20.【解析】D 母亲反思相通了，自然要充分放手，就会给母女都带来自由独立 independence。
匹配度分析：两篇都对语篇层次上的能力进行了考查。	

相似题例证

来源	完形填空
2013 天津	___27___ Dad remained optimistic. He ___28___ to be grateful for other things like good health and food on our plated. Only then did I truly begin to ___29___ Dad and his faith that guided us through the hard times. 28. A. happened B. seemed C. continued D. aimed 【答案】C
TPS2.0 组卷系统	【来源】2012-2013 学年重庆育才中学高三上期第二次月考英语试卷\记叙文（完形填空），经历感悟\S00319451 Both the mother and daughter knew that the chances were very ___[2]___: finding a donor heart that ___[3]___ Maria s blood type could take years. ___[4]___, Carmen was determined to save her mother. She kept ___[5]___ hospitals all over the country. [2] A. small B. distant C. hard D. precious [2]【解析】根据下面一句可知找到匹配的心脏几率是很小的。
匹配度分析：两篇都对语篇层次上的能力进行了考查。	

2.3.4【备考战略】

注意词组、习语和句型的积累、同义词的辨析以及在生活常识中的灵活运用。很多词语在不同的上下文中会有不同的意思。

增加阅读量，培养语感。完形填空试题考查的重点是在准确理解文章的基础上，根据上下文进行推理判断，才能得出正确答案。

精选练习，不断总结。要有计划、有步骤，由简到难、由短到长地进行有针对性的专项训练。

做完形填空试题要养成不依赖选项的习惯，完全按对文章的理解进行逻辑推理的判断，久而久之就会提高篇章意识，成为能与作者进行积极交流的读者。

2.4 阅读理解体裁全面，题材丰富，题型多样，全面考查了考生不同层面的阅读能力

2.4.1【趋势剖析】

注重体裁的多样化

从体裁方面看，高考阅读理解尽量追求体裁的多样化。总的说来，一般分为以下四种：记叙文、说明文、应用文和议论文。近 8 年高考阅读理解对体裁的考查呈这样的趋势：说明文一般占 31% 左右；记叙文占 23% 左右；应用文占 13% 左右；议论文占 16% 左右，夹叙夹议占 17%。（详见下图 7）考查最多的是说明文，特别是介绍国外新科技、新发明的文章，一直是高考考查的热点，这也符合学习外语的根本目的。议论文的考查往往是难度最大、最有区分度的体裁，考生失误较多的题目往往出现在议论文，因此大家对议论文也应该给予足够的重视。

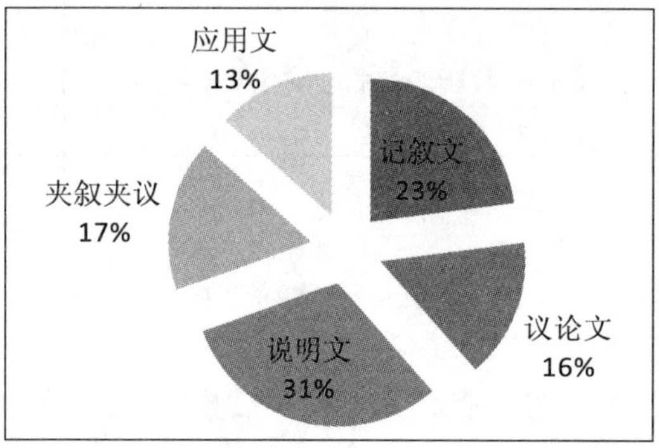

图 7　2006–2013 年全国各地区阅读理解体裁分类比重

展现题材的丰富性

高考阅读理解注重题材的多样化、现代化和生活化，不仅主题广泛、科学实用，而且生动有趣。阅读理解涵盖了人物故事、名人传记、前沿科技、环境保护、地理现象和历史文化等话题，并且趋向于当今世界的热点话题，充分体现了语言是文化的载体这一重要思想。相较来看，社会文化、人物故事、科普知识和时文报道类的文章占有较大的比重（详见下图 8）。

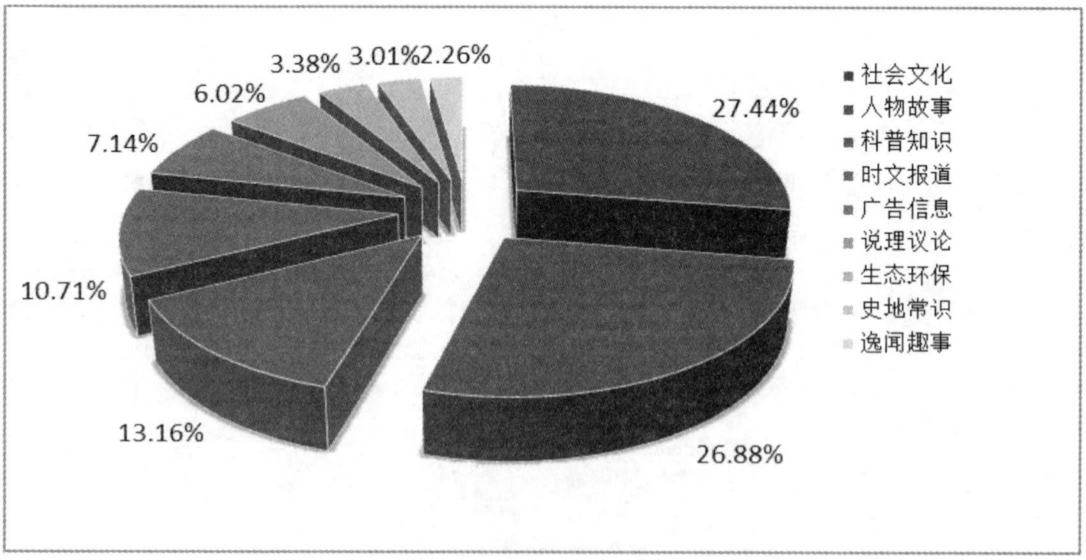

图 8　2006–2013 全国各地区阅读理解题材分类比重

不同题型考查了学生不同层面的阅读能力，同时又有所侧重

阅读理解题型多样，比较全面地考查了考生不同层面的阅读能力。题型分布合理，以细节理解题为主，对推理判断题和主旨大意题的考查整体呈上升趋势。（详见下图 9）

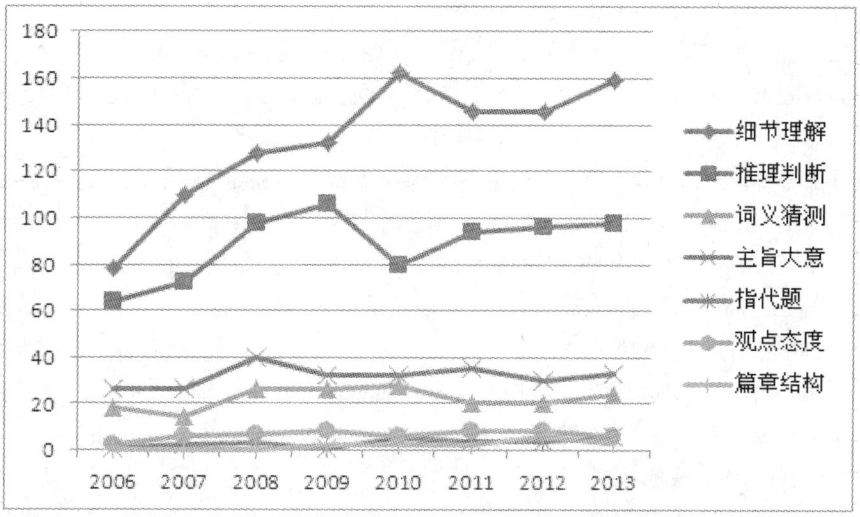

图 9　2006–2013 全国各地区阅读理解题型趋势

综上所述，我们不难发现，体裁多样化，题材丰富化，题型的能力化，已成为高考英语阅读理解考查的一个趋势。

2.4.2【真题回顾】

1.（2014 重庆卷，E 篇）

【探究】本文是一篇议论文。虽然人们一般认为个性和态度决定着一个人的行为，但是很多时候一个人的行为却是由外界的压力造成的。因此，作者提醒人们要谨慎对待外界的压力，小心做事。

It s generally believed that people act the way they do because of their personalities and attitudes. They recycle their garbage because they care about the environment. They pay $5 for a caramel brul e latte because they like expensive coffee drinks.

It s undeniable that behavior comes from our inner dispositions（性情）, but in many instances we also draw inferences about who we are, as suggested by the social psychologist Daryl Bem, by observing our own behavior. We can be strangers to ourselves. If we knew our own minds, why would we need to guess what our preferences are from our behavior? If our minds were an open book, we would know exactly how much we care about the environment or like lattes. Actually, we often need to look to our behavior to figure out who we are.

Moreover, we don t just use our behavior to learn about our particular types of character—we infer characters that weren t there before. Our behavior is often shaped by little pressures around us, which we fail to recognize. Maybe we recycle because our wives and neighbors would disapprove if we didn' t. Maybe we buy lattes in order to impress the people around us. We should not mistakenly believe that we always behave as a result of some inner disposition.

Whatever pressures there can be or inferences one can make, people become what they do, though it may not be in compliance（符合）with their true desires. Therefore, we should all bear in mind Kurt Vonnegut s advice: "We are what we pretend to be, so we must be careful about what we pretend to be."

52. According to the passage, personalities and attitudes are commonly believed to______.

A. determine one s behavior　　B. reflect one s taste

C. influence one s surroundings　　D. result from one s habits

53. Which of the following would Daryl Bem most probably agree with?

A. The return of a wallet can indicate one s honesty.　B. A kind person will offer his seat to the old.

C. One recycles plastics to protect the environment.　D. One buys latte out of true love of coffee.

54. What can be inferred from the underlined sentence in the passage?

A. We fail to realize our inner dispositions.　　B. We can be influenced by outside pressures.

C. Our behavior is the result of our true desires.　　D. Our characters can shape our social relationships.

55. What does the author mainly discuss in the passage?

A. Personalities and attitudes.　　B. Preferences and habits.

C. Behavior and personalities.　　D. Attitudes and preferences.

【答案解析】

52. A 【解析】细节理解题。难度中等。根据第一段第一句“It s generally believed that people act the way they do because of their personalities and attitudes.”可知，人们一般认为个性和态度决定着一个人的行为。故选 A 项。

53. A 【解析】推理判断题。难度中等。根据第二段第一句中的“It s undeniable that behavior comes from our inner dispositions（性情），but in many instances we also draw inferences about who we are”可推知，Daryl Bem 最可能赞同归还钱包能够说明一个人的诚实。故选 A 项。

54. B 【解析】推理判断题。难度中等。根据画线句子的前面一句“Our behavior is often shaped by little pressures around us, which we fail to recognize.”和其后面一句“Maybe we buy lattes in order to impress the people around us.”可推知，我们可能会受到外部压力的影响。故选 B 项。

55. C 【解析】主旨大意题。难度中等。文章开门见山提出个性和态度与一个人的行为的关系。全文都围绕行为和个性的关系展开，所以 C 项概括了文章主旨。故选 C 项。

2.（2014 湖南卷，A 篇）

【探究】该题是一篇应用文，题材为广告信息类，题型以细节理解题为主。

Want to improve your writing skills? New Writing South is directing the way!

● **Towner Writer Squad（班组）for kids aged** 13–17

Led by comedy and TV writer，Marian Kilpatrick，Towner Writer Squad will meet once a month at the contemporary art museum for 11 months，starting 12 October，2014.

The **FREE** squad sessions will include introductions to a wide range of writing styles，from poetry to play writing and lyrics（抒情诗）to flash fiction，to support the development of young writers.

Application & Selection

If you would like to apply to be part of the Towner Writer Squad，please send a sample piece of your writing （about 500 words），responding to the title ‘LUNCH ，with your name，age，address and e-mail address to：*debo@newwritingsouth.com*

Once all applications are in，you will be invited to an open selection event on 17 September，4–5 pm，at the gallery of Towner. This will be an informal opportunity to meet the Squad Leader，Squad Associate and other young people.

You will also have a chance to get to know the fantastic gallery space and get a taste of what s to come.

Deadline for applications：8 September，2014

For further information go to：*facebook. com/towner or towner. org. uk* or *newwritingsouth. com*

Any questions—feel free to send your e-mail to Towner Writer Squad Associate：*wharne@towner. gov. uk*

※※※※※※※※

● **Beginner Writing Project for kids aged** 10–13

Due to popular demand，a writing project will be started for eager beginners.

Start time：6 September，2014

Meet every other Saturday，2–4 pm，at the Towner Study Centre.

Study and write at your own pace—you do not have to rush—as you have a year to go through the project. Practise under the guidance of some experienced writers and teachers who can help you with basic writing skills. Most importantly，build confidence and have fun while writing!

No previous experience or special background is required. Many others have been successful this way. If they can do it，why can t you?

Fee：£179

For more information go to：*newtowner. org. uk* or *generate. org. uk*

56. Towner Writer Squad will be started ______.

A. to train comedy and TV writers
B. to explore the fantastic gallery space
C. to introduce a contemporary art museum
D. to promote the development of young writers

57. To join the Writer Squad，each applicant should first ______.

A. provide a piece of their writing
B. meet the Writer Squad Leader
C. offer their family information
D. complete an application form

58. Applications for the Writer Squad should be e-mailed no later than ______.

A. 6 September，2014
B. 8 September，2014
C. 17 September，2014
D. 12 October，2014

59. What is most important for the beginners?

A. Practising as much as possible.
B. Gaining confidence and having fun.
C. Studying and writing at their own pace.
D. Learning skills from writers and teachers.

60. More information about Beginner Writing Project can be found at ______.

A. *facebook. com/towner*
B. *newwritingsouth. com*
C. *newtowner. org. uk*
D. *towner. org. uk*

【答案解析】

56. D 【解析】细节理解题。难度中等。根据大标题"● **Towner Writer Squad（班组）for kids aged** 13–17"下的第二段"The **FREE** squad sessions will include introductions to a wide range of writing styles，from poetry to play writing and lyrics（抒情诗）to flash fiction，to support the development of young writers."可知，建立此班级的目的在于支持年轻作家的发展。故 D 项正确。

57. A 【解析】细节理解题。难度中等。根据标题"**Application & Selection**"下的第一段第一句"If you would like to apply to be part of the Towner Writer Squad，please send a sample piece of your writing （about 500 words）..."可知，A 项正确。

58. B 【解析】细节理解题。难度中等。根据"**Deadline for applications：8 September，2014**"可知，此处表示申请加入这个写作班级的截止期限是 2014 年 9 月 8 日。故 B 项正确。

59. B 【解析】细节理解题。难度较小。根据倒数第三段最后一句"Most importantly，build confidence and have fun while writing!"可知，B 项正确。

60. C 【解析】细节理解题。难度较小。根据最后一段中的"For more information go to：*newtowner. org. uk* or *generate. org. uk*"可知，C 项正确。

3.（2014 全国卷，A 篇）

【探究】本文是一篇记叙文。作者的丈夫初到悉尼却将重要文件和护照丢失，好心人在垃圾箱里捡到后给他打电话，这让他感激万分，并恢复了对人性的信任。

Arriving in Sydney on his own from India，my husband，Rashid，stayed in a hotel for a short time while looking for a house for me and our children.

During the first week of his stay，he went out one day to do some shopping. He came back in the late afternoon to discover that his suitcase was gone. He was extremely worried as the suitcase had all his important papers，including his passport（护照）.

He reported the case to the police and then sat there，lost and lonely in a strange city，thinking of the terrible troubles of getting all the paperwork organised again from a distant country while trying to settle down in a new one.

Late in the evening，the phone rang. It was a stranger. He was trying to pronounce my husband s name and was asking him a lot of questions. Then he said they had found a pile of papers in their trash can（垃圾桶）that had been left out on the footpath.

My husband rushed to their home to find a kind family holding all his papers and documents（文件）. Their young daughter had gone to the trash can and found a pile of unfamiliar papers. Her parents had carefully sorted them out，although they had found mainly foreign addresses on most of the documents. At last they had seen a half-written letter in the pile in which my husband had given his new telephone number to a friend.

That family not only restored the important documents to us that day but also restored our faith and trust in people. We still remember their kindness and often send a warm wish their way.

56. What did Rashid plan to do after his arrival in Sydney?

A. Go shopping. B. Find a house. C. Join his family. D. Take a vacation.

57. The girl s parents got Rashid s phone number from ______.

A. a friend of his family B. a Sydney policeman

C. a letter in his papers D. a stranger in Sydney

58. What does the underlined word "restored" in the last paragraph mean?

A. Showed. B. Gave back. C. Delivered. D. Sent out.

59. Which of the following can be the best title for the text?

A. From India to Australia B. Living in a New Country

C. Turning Trash to Treasure D. In Search of New Friends

【答案解析】

56. B 【解析】细节理解题。难度中等。根据第一段内容可知，作者的丈夫只身一人到达悉尼之后就开始找房子。故选 B。

57. C 【解析】细节理解题。难度中等。根据倒数第二段最后一句可知，那位女孩的父母是在一封写了一半的信里发现作者丈夫留给朋友的新电话号码的。故选 C。

58. B 【解析】词义猜测题。难度较小。根据"not only... but also..."所连接的"restore"后面的宾语，并结合上文可知，小女孩一家人把那些重要的文件还给了作者的丈夫，所以此处应选 B 项，意为"恢复"。

59. C 【解析】标题概括题。难度中等。文章主要讲述了作者的丈夫丢失的重要文件被人扔在垃圾箱里面，然后又被一家好心人捡到重新归还给作者的丈夫的故事，这使作者的丈夫又重拾了对人性的信任。作者丈夫的这些东西之所以能够失而复得离不开垃圾箱这一线索。因此 C 项做标题最恰当。

4.（2005 重庆卷，D 篇）

【探究】该题是一篇议论文，题材为史地常识类，题型多样。

Everyone should visit a lighthouse at least once.

The most important reason for such a visit is to realize how our ancestors（祖先）battled nature with the basic tools they had."They had only basic ways of creating light, and yet they found a way of using this simple technology in isolated(孤零零的) places to save ships from hitting rocks.

Secondly，visiting lighthouses will help us to understand the lives of lighthouse keepers. By their very nature，lighthouses were built on some rocks or cliffs. Thus，the lighthouse keepers often lived lonely lives. To walk around their small home and imagine the angry storm outside beating against the walls，is to take a step towards understanding the lives they had.

The reasons for a visit to a lighthouse are not all so backward-looking in time. It is true that lighthouses were built in out-of-the-way places. But on a pleasant sunny summer day，this very isolation has a natural beauty that many people will love to experience. Therefore，with the gentle waves touching all round the lighthouse，the visitor is likely to think it is a world preferable to the busy and noisy modem life.

Another reason for considering a visit is that the lighthouses themselves can be very attractive buildings. Mankind could often not be content just to put up a basic structure，but felt the need，even in such an isolated place，to build with an artistic touch. The result is a view for tired eyes to enjoy.

Finally，lighthouses have a romantic attraction，summed up by the image of the oil-skin coaled keeper climbing his winding stairs to take care of the light to warn ships and save lives，

67. What is the reason to look back into the past of a lighthouse？

A. To escape from the busy and noisy city.

B. To look for die tools used by our ancestors.

C. To experience the natural beauty of a lighthouse.

D. To learn about the living condition of lighthouse keepers.

68. The underlined phrase “out-of-the-way” in Paragraph 4 means ______.

A. far-away　B. dangerous　C. ancient　D. secret

69. Lighthouses were often built with an artistic touch ______.

A. to attract visitors　B. to guide passing ships

C. to give a pleasant sight　D. to remember lighthouse keepers

70. How many reasons are mentioned for a visit to a Hothouse？

A. Three.　B. Four.　C. Five.　D. Six.

【答案解析】

67. D　细节判断题。由第二段第一句可知。易错项：B 项原意为去灯塔寻找我们祖先用过的灯具，如果考生不仔细辨析，可能会以为第二段第一句印证了选项 B。

68. A　猜测词义题。由第四段第三排第一词“isolation”可知该地方是偏僻的。

69. C　细节推理题。由第五段最后一句“the result is view for tired eyes to enjoy”推断。

70. C　归纳推断题。由全文可推断。

5.（2006 全国卷Ⅱ，E 篇）

【探究】该题是一篇夹叙夹议的文章，题材为社会文化类，题型以推理判断题为主。

“Who made your T-shirt ？” A Geo letown University student raised that question. Pietra Rivoli，a professor of business，wanted to find the answer. A few weeks later，she bought a T-shirt and began to follow its path from Texas cotton. rim to Chinese factory to charity bin（慈善捐赠箱）. The result is an interesting new book. *The trai s of a T-shirt in the Global Economy*（经济）.

Following a T-shirt around the world in a way to make her point more interesting，but it also frees Rivoli from the usual arguments over global trade. She goes wherever the T-shirt goes，and there are surprises around every corner. In China，Rivoli shows why a clothing factory，even with its poor conditions，means a step toward a better are for the people who word there. In the colorful used-clothing markets of Tanzania，she realizes that “it is only in this final stage of life that the T-shirt will meet a real market，” where the price of a shirt changes by the hour and is different by its size and even color. Rivoli s book is full of me able people and scenes，like the noise，the bad air and the “muddy-sweet smell（泥土香味）of the cotton. “She says，“Here in the factory，Shanghai smells like Shallowater Texas.”

Rivoli is her best when making those sorts of unexpected connections，she even finds one between the free traders and those who are against globalization. The chances opened up by trade are vast，she argues，but free markets need the correcting force of politics to keep them in check. True economic progress needs them both.

57. What do we learn about Professor Rivoli？

A. She used to work on a cotton farm.　B. She wrote a book about world trade.

C. She wants to give up her teaching job.　D. She wears a T-shirt wherever she goes.

58. By saying T-shirt “meet a real market”，Rivoli means in Tanzania ______.

A. cheaper T-shirt are needed　B. used T-shirt are hard to sell

C. prices of T-shirt rise and fall frequently　D. prices of T-shirt are usually reasonable

59. What does the word “them” underlined in the last paragraph refer to？

A. Free-markets.　B. Price changes.

C. Unexpected connection. D. Chances opened up by trade.

60. What would be the best title for the text ?

A. What T-shirt Can Do to Help Cotton Farms B. How T-shirt Are Made in Shanghai

C. How T-shirt Are Sold in Tanzania D. What T-shirt Can Teach Us

【答案解析】

57. B 这是一道推断题。根据第一段最后一句“The result is an interesting new book. The Travel of a T-shirt in the Global Economy”可以知道 Rivoli 通过 T-shirt 的生产运输过程来研究全球经济。

58. C 这是一道推理题。根据“where the price of a shirt changes by the hour and is different by its size and even color.”T-shirt 的价格每时都在变，所以要迎合市场。

59. A 这是一道指代题。根据“but free markets need the correcting force of politics to keep them in check. True economic progress needs them both”自由的市场需要政治力量来维持其秩序，所以 them 应该指代的是 free markets。

60. D 这是一道主旨题。本文主要讲述了 Rivoli 通过研究 T-shirt 的生产、贸易过程，并从 T-shirt 的贸易反映出全球自由贸易的规律。所以比较贴近原文主旨的标题是“What T-shirts Can Teach Us”。

6.（2006 江苏卷，C 篇）

【探究】该题是一篇应用文，题材为广告信息类，题型以细节理解题和推理判断题为主，辅有主旨大意题。

I		II
The opening ceremony of this famous yearly competition（比赛）will begin at 11：30 a. m. There will be music groups，rappers and children s chorus. 12：25 pm. sees the introduction of the eaters who come from all over the world. At 12：40 pm. ，the historic 12-minute all-you-can-eat competition will begin. The world record stands at over 50 hot dogs and buns in 12 minutes. Will anyone beat the record this year ? Viewing is available on a first-come- first-served basis Television are invited to use a two-tiered（两层）stage three metres from the main stage. The area in front of the main stage is kept for photographers and television cameras without tripods（三脚架）.		Few periods m history are as exciting as the time when the Vikings（北欧海盗）were known—and sometimes feared — through-out Scandinavia，the British Isles，Russia，all the Mediterranean，Africa and even America. Froj 1 is a family-based society，which aims to relive and describe the Vikings from a harbor- Froj 1，on the Swedish island of Gotland. Froj 1 was one of the richest trading centres in the Viking world. The members of the society aim to recreate the clothing，weapons，tools，jewellery，games，food and furniture of that long-gone period. They want to enjoy an escape to a simpler，more relaxed time，with like-minded people. They will also use the items they have made to relive that age at various public entertainments.

64. According to Advertisement I，the famous yearly competition is ______.

A. a music competition B. an eating competition

C. a cooking competition D. a picture-taking competition

65. People who come to watch the competition earliest may ______.

A. get the best watching position B. get the best food

C. watch whatever they want to D. take good pictures

66. The best title for Advertisement Ⅱ would be ______.

A. The Vikings B. Reliving of the Vikings

C. Froj 1 D. A Viking Reliving Society

67. From the advertisement we know that Froj 1 used to be ______.

A. a Viking club B. a family-based society

C. a European island D. a trading centre

【答案解析】

64. B 这是一道推断题。从广告 I 第一段“the historic 12-minute all-you-can-eat competition will begin.”可知，这

是一场吃的比赛。

65. A　这是一道细节推断题。从广告 I 的第二段“Viewing is available on a first-come-first-served basis”可知观看比赛的原则是先来先服务。因此，来得早的观众能得到好的观看位置。

66. D　这是一道主旨题。本文讲了 Fr jel 的过去和现在，从表面上看，C、D 都正确。但是作为一个广告，Fr jel 作为题目的话，没有特点，读者看过后不知道讲的是什么。D 概括出了 Fr jel 这个地方的特点，而且对读者有吸引力。

67. D　这是一道推测题。从第二段最后一句“Fr jel was one of the richest trading centres in the Viking world.”可知 Fr jel 曾是北欧海盗世界最富有的贸易中心之一，D 正确。这里容易混淆的是答案 B。第二段第一句“Fr jel is a family-based society”可看出，似乎 B 也正确，但是这句话用的是一般现在时态，表明现在的状态。而本题问的是过去的事情，因此 B 不正确。

7.（2007 湖北卷，B 篇）

【探究】该题是一篇说明文的文章，题材为史地常识类，题型以细节理解题为主。

How can a creature weighing over 5 tons and normally taking 150 kilograms of food and 120 liters of water per day survive in a desert environment？

In the southwest African country of Namibia，and the Sahara lands of Mali further north，the desert elephant does just that.

Although not regarded as a separate species from the African elephant，the desert cousin differs in many ways. Their bodies are smaller，to absorb less heat，and their feet are larger for easier walking across sandy surfaces. They are taller，to reach higher branches. They have shorter tusks（象牙），and most importantly，longer trunks to dig for water in riverbeds.

Desert elephants can travel over 70 kilometers in search for feeding grounds and waterholes，and have a larger group of families. They drink only every 3-4 days，and can store water in a “bag” at the back of their throat，which is only used when badly needed. Desert elephants are careful feeders-they seldom root up trees and break fewer branches，and thus maintain what little food sources are available. Yong elephants may even eat the dung（粪便）of the female leader of a group when facing food shortage.

During drought they are unlikely to give birth to their young but with good rains the birthrate will increase greatly. Desert elephants have sand baths，sometimes adding their own urine（尿液）to make them muddy!

As we continue to overheat our weak planet，it can only be hoped that other animal species will adapt as extraordinarily well to change as the desert elephant.

65. The underlined part in Paragraph 2 means “______”.

A. remains in the African countries　　B. drinks 120 liters of water a day

C. manages to live in desert areas　　D. eats 150 kilograms of food daily

66. Desert elephants are called careful feeders because they ______.

A. rarely ruin trees　　B. drink only every 3-4 days

C. search for food in large groups　　D. protect food sources for their young

67. The author answers the question raised in the first paragraph with ______.

A. stories and explanation　　B. facts and descriptions

C. examples and conclusion　　D. evidence and argument

68. What can be inferred from the last sentence in the passage？

A. Overheating the earth can be stopped.　　B. Not all animal species are so adaptable.

C. The planet will become hotter and hotter.　　D. Not all animals are as smart as desert elephants.

【答案解析】

65. C　词义猜测题。

66. A　细节理解题。

67. B　细节理解题。

68. B　推理判断题。

8.（2014 山东卷，D 篇）

【探究】该题是一篇说明文，介绍了一种电脑牙刷。

How fit are your teeth? Are you lazy about brushing them? Never fear：An inventor is on the case. An electric toothbrush senses how long and how well you brush，and it lets you track your performance on your phone.

The Kolibree toothbrush was exhibited at the International Consumer Electronics Show in Las Vegas this week. It senses how it is moved and can send the information to an Android phone or iPhone via a Bluetooth wireless connection.

The toothbrush will be able to teach you to brush right （don t forget the insides of the teeth!）and make sure you re brushing long enough. “It s kind of like having a dentist actually watch your brushing on a day-to-day basis，” says Thomas Serval，the French inventor.

The toothbrush will also be able to talk to other applications on your phone，so developers could，for instance，create a game controlled by your toothbrush. You could score points for beating monsters among your teeth. “We try to make it smart but also fun，” Serval says.

Serval says he was inspired by his experience as a father. He would come home from work and ask his kids if they had brushed their teeth. They said “yes，” but Serval would find their toothbrush heads dry. He decided he needed a brush that really told him how well his children brushed.

The company says the Kolibree will go on sale this summer，for $99 to $199，depending on features. The U. S. is the first target market.

Serval says that one day，it ll be possible to replace the brush on the handle with a brushing unit that also has a camera. The camera can even examine holes in your teeth while you brush.

56. Which is one of the features of the Kolibree toothbrush?

A. It can sense how users brush their teeth.

B. It can track users school performance.

C. It can detect users fear of seeing a dentist.

D. It can help users find their phones.

57. What can we learn from Serval s words in Paragraph 3?

A. You will find it enjoyable to see a dentist.

B. You should see your dentist on a day-to-day basis.

C. You can brush with the Kolibree as if guided by a dentist.

D. You d like a dentist to watch you brush your teeth every day.

58. Which of the following might make the Kolibree toothbrush fun?

A. It can be used to update mobile phones.

B. It can be used to play mobile phone games.

C. It can send messages to other users.

D. It can talk to its developers.

59. What is Paragraph 5 mainly about?

A. How Serval found out his kids lied to him.

B. Why Serval thought brushing teeth was necessary.

C. How Serval taught his kids to brush their teeth.

D. What inspired Serval to invent the toothbrush.

60. What can we infer about Serval s children?

A. They were unwilling to brush their teeth.

B. They often failed to clean their toothbrushes.

C. They preferred to use a toothbrush with a dry head.

D. They liked brushing their teeth after Serval came home.

61. What can we learn about the future development of the Kolibree?

A. The brush handle will be removed.

B. A mobile phone will be built into it.

C. It will be used to fill holes in teeth.

D. It will be able to check users teeth.

【答案解析】

56. A 【解析】细节理解题。难度中等。由第一段最后一句可知，这种电动牙刷可以感知你刷牙的时间和刷牙的情况，你可以通过手机来追踪自己的刷牙情况。故选 A。

57. C 【解析】推理判断题。难度中等。由第三段第一句可知，这种牙刷能够教你正确的刷牙方式，并确保你花足够长的时间来刷牙。因此，Serval 这句话的意思是：用这种电动牙刷就好像有牙医天天在监督你刷牙的情况一样。故选 C。

58. B 【解析】细节理解题。难度中等。由第四段可知，这种牙刷可以控制手机中的游戏，通过刷牙来打败牙齿中的“怪物”，以此来获得分数，这让这个牙刷既智能又有趣。故选 B。

59. D 【解析】段落大意题。难度中等。通过阅读第五段可知，作为父亲，Serval 发现孩子没有刷牙却说自己刷牙了这种情况之后，他决定设计一种能够清楚地知道孩子刷牙情况的牙刷。所以，本段旨在说明 Serval 发明这种牙刷的灵感来源。故选 D。

60. A 【解析】推理判断题。难度中等。Serval 的孩子没有刷牙却说自己刷牙了，这说明孩子们不喜欢刷牙。故选 A。

61. D 【解析】细节理解题。难度中等。由最后一段可知，以后牙刷上会装上摄像机，这样人们在刷牙的时候甚至可以检查牙齿上的洞，这说明这种牙刷在将来能够对人们的健康程度进行检查。故选 D。

9.（2008 海南 / 宁夏卷，C 篇）

【探究】该题是一篇应用文，题材为时文报道类，题型以细节理解题为主。

Do s and Don ts in Whale（鲸）Watching

The Department of Fisheries and Oceans has developed guidelines for whale watching in Johnstone Strait，where killer whales are found on a daily basis each summer. It is strongly recommended that vessel（船只）operators follow these guidelines for all kinds of whales.

● Approach whales from the side，not from the front or the back.

● Approach no closer than 100 metres，then stop the boat but keep the engine on.

● Keep noise levels down-no horns，whistles or racing of engines.

● Start your boat only after the whales are more than 100 metres from your vessel.

● Leave the area slowly，gradually moving faster when you are more than 300 metres from the whales.

● Approach and leave slowly，avoiding sudden changes in speed or direction.

● Avoid disturbing groups of resting whales.

● Keep at low speeds and remain in the same direction if travelling side by side with whales.

● When whales are travelling close to shore，avoid crowding them near the shore or coming between the whales and the shore.

● Limit the time spent with any group of whales to less than 30 minutes at a time when within 100 to 200 metres of whales.

● If there is more than one vessel at the same observation spot，be sure to avoid any boat position that would result in surrounding the whales.

● Work together by communicating with other vessels，and make sure that all operators are aware of the whale watching guidelines.

64. For whom is this text written？

A. Tour guides.　　B. Whale watchers.

C. Vessel operators.　　D. Government officials.

65. When leaving the observation areas，the vessel should ______.

A. move close to the beach　　B. increase speed gradually

C. keep its engine running slowly　　D. remain at the back of the whales

66. When going side by side with whales，the vessel should ______.

A. keep moving in the same direction　　B. surround the whales with other boats

C. travel closer and closer to the shore　　D. take a good viewing position

67. What is the shortest safe distance from the whales？

A. 400 metres.　　B. 300 metres.　　C. 200 metres.　　D. 100 metres.

【答案解析】

64. C 细节理解题。从第一段最后一句话可知：这些对各种各样的鲸都必须遵守的操作规则被强烈地推荐给船只操作员。

65. B　细节理解题。从操作规则第四、五条可知：在一百米之外，才能启动船只；三百米之外，才逐渐加速。

66. A　细节理解题。从操作规则第八条可知：当船只和鲸并排前进时，保持低速且应同一个方向前进。

67. D　细节理解题。从操作规则第二条可知：靠近鲸不能低于一百米，然后停止，但要让发动机开着。所以最近的安全观察距离应是 100 米。

10.（2008 山东卷，D 篇）

【探究】该题是一篇记叙文，题材为社会文化类，题型以细节理解题和推理判断题为主。

Melissa Poe was 9 years old when she began a campaign for a cleaner environment by writing a letter to the then President Bush. Through her own efforts，her letter was reproduced on over 250 donated billboards across the country.

The response to her request for help was so huge that Poe established Kids For A Cleaner Environment（Kids F. A. C. E.）in 1989. There are now 300 000 members of Kids FACE worldwide and is the world s largest youth environmental organization.

Poe has also asked the National Park Service to carry out a "Children s Forest" project in every national park. In 1992，she was invited as one of only six children in the world to speak at the Earth Summit in Brazil as part of the Voices of the Future Program. In 1993，she was given a Caring Award for her efforts by the Caring Institute.

Since the organization started，Kids F. A. C. E. members have distributed and planted over 1 million trees! Ongoing tree-planting projects include Kid s Yards—the creation of backyard wildlife habitats（栖息地）and now Kids F. A. C. E. is involved in the exciting Earth Odyssey，which is a great way to start helping.

"Starting the club turned out to be a way to help people get involved with the environment. Club members started doing things like recycling，picking up litter and planting trees as well as inviting other kids to join their club."

"We try to tell kids that it s not OK to be lazy，" she explains. "You need to start being a responsible，environmentally friendly person now，right away，before you become a resource-sucking adult."

72. Kids F. A. C. E is ______.

A. a program to help students with writing　　B. a project of litter recycling

C. a campaign launched by President Bush　　D. a club of environmental protection

73. What can we learn about Poe？

A. She was awarded a prize in Brazil.　　B. She donated billboard across the country.

C. She got positive responses for her efforts.　　D. She joined the National Park Service.

74. Kid s Yards is ______.

A. established in a national park　　B. started to protect wildlife

C. a wildlife-raising project　　D. an entertainment park for kids

75. Which of the following can be inferred from the text？

A. Adults are resource-sucking people.　　B. Poe sought help from a youth organization.

C. Kids F. A. C. E members are from the U. S.　　D. Kids are urged to save natural resources.

【答案与解析】

72. D　细节理解题。由第二段关键句"Kids For A Cleaner Environment（Kids F. A. C. E.）... is the world s largest youth environmental organization.."可知 Kids For A Cleaner Environment（Kids F. A. C. E.）是一个环境保护组织。

73. C　推理判断题。由第一段关键句"Through her own efforts，her letter was reproduced on over 250 donated billboards across the country."和第二段关键句"The response to her request for help was so huge that..."。A 项错在 in Brazil；B 项错在 donated；D 项错在 joined。

74. B　细节理解题。由第四段的内容描述"Ongoing tree-planting projects include Kid s Yards—the creation of backyard wildlife habitats（栖息地）…"可知 Kid s Yards 成立的目的是来保护野生动物的。

75. D　推理判断题。由倒数第二段"Club members started doing things like recycling，picking up litter and planting trees as well as inviting other kids to join their club"和最后一段的" 'We try to tell kids that it s not OK to be lazy，　she explains. 'You need to start being a responsible，environmentally friendly person now，right away，before you become a resource-sucking adult.."可知向孩子们发出了号召和呼吁，积极行动起来去保护自然，做一个有责任感的，为环境负责的人。

11.（2009 辽宁卷，A 篇）

【探究】该题是一篇夹叙夹议的文章，题材为人物故事类，题型以细节理解题和推理判断题为主，辅有词义猜测题。

When I was going home to India last year，I called up my mother to ask if she wanted anything from China.

When India had not opened up its markers to the world，I carried suitcase loads of dark glasses and jeans. Thankfully，we can get all these anywhere in India now.

Still，her answer surprised me：“Green tea.”

As long as I can remember she didn t even drink Indian tea.

I dutifully bought a big packet of Longjing and headed home to hear the story. My mother and her brother，both regular newspaper readers，believed that Chinese green tea was the wonder drug for all illnesses.

At the turn of the century，China was not really familiar to the average Indian，It was a strange country.

How things change! And how soon!

Now every town of any size seems to have a“China Market”. And everyone is talking about China.

The government of India has planned to send a team to China to see how things are done A minister once said that India must open the doors for more foreign investment（投资）and such a step would“work wonders as it did for China”.

But it s a two-way street，I just heard about a thousand Shenzhen office workers who have gone to Rangalore to train in software. Meanwhile，all the IT majors are setting up a strong presence in China.

No wonder that trade，which was only in the millions just ten years ago，is expected to his about US$15 billion for last year and US$20 billion by 2008，a goal set by both governments.

No wonder，my colleague wrote some weeks ago about this being the Sino-Indian（中印）century as the two countries started on January I the Sino-Indian Friendship Year.

But what is still a wonder to me is my mother drinking Chinese tea.

56. Why did the mother ask for Chinese green tea？

A. She was tired of Indian tea.　　B. She had a son working in China.

C. She believed it had a curing effect.　　D. She was fond of Chinese products.

57. What does the author mean by“it s a two-way street in paragraph 10？

A. China and India have different traffic rules.

B. Tea trade works wonders in both India and China.

C. Chinese products are popular in both China and India.

D. The exchanges between India and China benefit both.

58. What do we know about the Indian IT industry？

A. It will move its head office to Shenzhen.　　B. It is seeking further development in China.

C. It has attracted an investment of US$15 billion.　　D. It caught up with the US IT industry in 2008.

59. In the text the author expresses______.

A. his concern for his mother s health　　B. his support for drinking Chinese green tea

C. his surprise at China s recent development　　D. his wonder at the growth of India s IT industry

【答案与解析】

56. C　细节理解题。由第五段的 ...believed that Chinese green tea was the wonder drug for all illnesses 可知他们认为中国茶能治好病，选 C。

57. D　词义猜测题。由它上面的第九段 The government of India has planned to send a team to China to see... 可知双双开放，实现双赢，选 D 符合。

58. B　推理判断题。由 a thousand Shenzhen office workers who have gone to Rangalore to train in software. 可知印度领先，选 B。

59. C　推理判断题。由倒数后三段 No wonder 可知作者对中国的发展，很惊奇，选 C。其他不合句意。

12.（2009 福建卷，B 篇）

【探究】该题是一篇说明文，题材为社会文化类，题型以细节理解题和推理判断题为主。

Foreign drivers will have a pay on-the-spot fines of up to ￡900 for breaking the traffic law to be carried our next month.

If they do not have enough cash or a working credit card，their vehicles will clamped（扣留）until they pay law takes effect，because the money would be returned if the driver went to court and was found not guilty. In practice，very few foreign drives are likely to return to Britain to deal with their eases.

Foreign drivers are rarely charged because police cannot take action against them if they fail to appear in court. Instead，officers often merely give warnings.

Three million foreign-registered vehicles enter Britain each year. Polish vehicles make up 36 percent，French vehicles 10 percent and German vehicles 9 percent.

Foreign vehicles are 30 percent more vehicles entre Britain each year. Polish vehicles make up 36 percent. French crashes caused by foreign vehicle rose by 47 percent between 2003 and 2008. There were almost 400 deaths and serious injuries and 3 000 slight injuries form accidents caused by foreign vehicles in 2008.

The new Law is party intended to settle the problem of foreign lorry divers ignoring limits to weight and hours at the wheel. Foreign Lorries are three times more likely to be in a crash than British Lorries. Recent spot checks found that three quarters of Lorries that failed safety teats were registered overseas.

The standard deposit for a careless driving offence —such as driving too close to the vehicle in front or reading a map at the wheel—will be ￡300. Deposits for speeding offences and using mobile phones will be ￡60. Foreign drivers will not get points as punishment added to their licenses，while British drivers will.

60. The first paragraph serves as a（n）______.

A. explanation　　B. introduction　　C. comment　　D. background

61. The foreign drivers who break the traffic law and do not pay on the spot are likely to be forted up to ______.

A. ￡60　　B. ￡300　　C. ￡900　　D. ￡980

62. We can learn from the passage that ______.

A. many foreign drivers have been fined by Britain police

B. 300 000 German vehicles enter Britain every year

C. 25 percent of foreign vehicles entering Britain have failed safety tests

D. British drivers will be punished with points and fines for breaking the traffic law

63. The new traffic law is mainly intended to ______.

A. limit the number of foreign vehicles entering Britain

B. increase the British movement s additional income

C. lower the rate of traffic accidents and injuries

D. get foreign drives to appear in count

【答案解析】

从下个月起，英国将实行一种新的交通法规：当外国司机在英国违反了交通法，将被处以 900 英镑的罚款。如果被罚款的外国司机向法院申诉获胜，这笔罚款将被退还。

60. B　推理判断题。本文第一自然段是简单介绍英国的新交通法规，故本题选 B。

61. D　计算题。由第一和第二自然段的大意可知本题选 D，即当场不能交罚款的外国司机罚款的费用是 900+80=980 英镑。

62. D　细节理解题。由文章最后一句可知本题选 D。

63. C　推理判断题。由第六自然段和第七自然段的首句可知本题选 C。

13.（2010 北京卷，A 篇）

【探究】该题是一篇夹叙夹议的文章，题材为人物故事类，题型以细节理解题为主。

Goldie s Secret

She turned up at the doorstep of my house in Cornwall. No way could I have sent her away. No way, not me anyway. Maybe someone had kicked her out of their car the night before. "We re moving house. No space for her any more with the baby coming." "We never really wanted her, but what could we have done ? She was a present." People find all sorts of excuses for abandoning an animal. And she was one of the most beautiful dogs I had ever seen.

I called her Goldie. If I had known what was going to happen I would have given her a more creative name. She was so unsettled during those first few days. She hardly ate anything and had such an air of sadness about her. There was nothing I could do to make her happy, it seemed. Heaven knows what had happened to her at her previous owner s. But eventually at the end of the first week she calmed down. Always by my side, whether we were out on one of our long walks or sitting by the fire.

That s why it was such a shock when she pulled away from me one day when we were out for a walk. We were a long way from home, when she started barking and getting very restless. Eventually I couldn t hold her any longer and she raced off down the road towards a farmhouse in the distance as fast as she could.

By the time I reached the farm I was very tired and upset with Goldie. But when I saw her licking(舔)the four puppies(幼犬) I started to feel sympathy towards them. "We didn t know what had happened to her," said the woman at the door. "I took her for a walk one day, soon after the puppies were born, and she just disappeared." "She must have tried to come back to them and got lost," added a boy from behind her.

I must admit I do miss Goldie, but I ve got Nugget now, and she looks just like her mother. And I ve learnt a good lesson: not to judge people.

56. How did the author feel about Goldie when Goldie came to the house ?

A. Shocked. B. Sympathetic.

C. Annoyed. D. Upset.

57. In her first few days at the author s house, Goldie ______.

A. I felt worried D. was angry

C. ate a little D. sat by the fire

58. Goldie rushed off to a farmhouse one day because she ______.

A. saw her puppies B. heard familiar barkings

C. wanted to leave the author D. foundher way to her old home

59. The passage is organized in order of ______.

A. time B. effectiveness

C. importance D. complexity

【答案解析】

56. B 情绪推断，较难题。此推断题的难点在于，原文没有直接的形容词表述，要求学生通过具体的描述总结。原文第 2 段 She hardly ate anything and had such an air of sadness about her. There was nothing I could do to make her happy, it seemed. Heaven knows what had happened to her at her previous owners. 表明作者同情被遗弃的小狗，希望帮助它高兴起来。

57. A 细节题，较难题。要做对此题关键要排除 C 项的干扰，原文第 2 段 She hardly ate anything and had such an air of sadness about her. hardly ate anything 的表述与 ate little 是不一样的。前者是几乎什么都不吃，后者是吃得少，此错误选项属于"改变否定 / 肯定的程度"。

58. D 原因推断题，简单题，通过原文第 4 段的描写可得正确答案。

59. A 题中问文章的行文结构，简单题，此篇记叙文按照时间顺序发展。

14.（2010 天津卷，A 篇）

【探究】该题是一篇应用文，题材为科普知识类，题型以细节理解题为主。

WELCOME

Welcome to Windsor Castle, the oldest and largest occupied castle in the world. Windsor is one of the official residences (住所) of the Queen, who sometimes stays here.

Audio tours

Free audio tours are available on leaving the Admission Centre at the start of your visit. There is a descriptive audio tour for blind and poor-sighted visitors.

Guided tours

Visitors can explore the history of the Castle through a tour of the Precincts with an expert guide. Tours depart at regular intervals throughout the day from the Courtyard and finish at the entrance to the State Apartments.

Visitors with children

For those visiting with children, a special family tour and various activities are offered during school holidays and at weekends. Please note that, for safely reasons, pushchairs are not permitted in the State Apartments. However, baby carriers are available to borrow.

St George s Chapel

Visitors arriving at the Castle after 15: 00 from March to October are advised to visit St George s Chapel first before it closes.

Shopping

Shops offer a wide range of souvenirs designed for the Royal Collection, including books, postcards, china, jewellery, and children s toys. Please ask at the Middle Ward shop about our home delivery service.

Refreshments

Bottled water can be purchased from the Courtyard and Middle Ward shops. Form April to September ice cream is also available. Visitors wishing to leave the Castle for refreshments in the town may obtain re-entry permits from the castle shops. Eating and drinking are not permitted in the State Apartments or St George s Chapel.

Photography and mobile phones

Non-commercial photography and filming are welcomed in the Castle. Photography, video recording and filming are not permitted inside the State Apartments or St George s Chapel in consideration of other visitors.

Security

As Windsor Castle is a working royal palace, visitors and their belongings should get through airport-style security checks. For safety and security reasons a one-way system operates along the visitor route.

36. A visitor can apply for a free audio tour ______.

A. in the Courtyard　　B. in the State Apartments

C. at the Admission Center　　D. at St George s Chapel

37. What is specially offered to visitors with kids?

A. A security guard.　　B. A pushchair.

C. A free toy.　　D. A baby carrier.

38. Who can get re-entry permits?

A. Visitors wishing to eat outside the Castle.　　B. Visitors buying gifts in the castle shops.

C. Visitors buying water from the Courtyard.　　D. Visitors eating outside St George s Chapel.

39. Why are visitors required to turn off their mobile phones?

A. To ensure the safety of others.　　B. To ensure the security of the Castle.

C. To prevent them from disturbing others.　　D. To prevent the use of the built-in cameras.

40. In the last part, a "working royal palace" refers to one ______.

A. still being constructed　　B. still used by the royal family

C. where the Queen usually works　　D. where works of art are on show

【答案解析】

36. C　细节理解题。在 Audio tours 标题下直接找到 the Admission Center。

37. D　细节理解题。在 visitors with babies 标题下有 baby carriers are available to borrow。

38. A　细节理解题。在 Refreshments 标题下有 Visitors wishing to leave the castle for refreshments in the town may obtain the re-entry permits from the castle shops。

39. C　细节理解题。在 Photography and mobile phones 标题下有 Mobile phones must be switched off...inconsideration of other visitors。

40. B 词义猜测题。根据第一部分中的句子 Windsor is one of the official residences of the Queen，who sometimes stays there. 可以猜测 B 项正确，C 项是不正确的，因为该项只是 Queen usually works。

15.（2014 重庆卷，A 篇）

【探究】本文是一篇夹叙夹议文，主要讲述了作者和室友不同的生活习惯使两人之间的矛盾爆发，但一次电话改变了她们之间的关系，使她们学会了一起愉快相处的秘诀：让步、整理和不放手。

I was never very neat，while my roommate Kate was extremely organized. Each of her objects had its place，but mine always hid somewhere. She even labeled（贴标签）everything. I always looked for everything. Over time，Kate got neater and I got messier. She would push my dirty clothing over，and I would lay my books on her tidy desk. We both got tired of each other.

War broke out one evening. Kate came into the room. Soon，I heard her screaming，"Take your shoes away! Why under my bed!" Deafened，I saw my shoes flying at me. I jumped to my feet and started yelling. She yelled back louder.

The room was filled with anger. We could not have stayed together for a single minute but for a phone call. Kate answered it. From her end of the conversation，I could tell right away her grandma was seriously ill. When she hung up，she quickly crawled（爬）under her covers，sobbing. Obviously，that was something she should not go through alone. All of a sudden，a warm feeling of sympathy rose up in my heart.

Slowly，I collected the pencils，took back the books，made my bed，cleaned the socks and swept the floor，even on her side. I got so into my work that I even didn t notice Kate had sat up. She was watching，her tears dried and her expression one of disbelief. Then，she reached out her hands to grasp mine. I looked up into her eyes. She smiled at me，"Thanks."

Kate and I stayed roommates for the rest of the year. We didn t always agree，but we learned the key to living together：giving in，cleaning up and holding on.

36. What made Kate so angry one evening?

A. She couldn t find her books. B. She heard the author shouting loud.

C. She got the news that her grandma was ill. D. She saw the author s shoes beneath her bed.

37. The author tidied up the room most probably because ______.

A. she was scared by Kate s anger B. she hated herself for being so messy

C. she wanted to show her care D. she was asked by Kate to do so

38. How is Paragraph 1 mainly developed?

A. By analyzing causes. B. By showing differences.

C. By describing a process. D. By following time order.

39. What might be the best title for the story?

A. My Friend Kate B. Hard Work Pays Off

C. How to Be Organized D. Learning to Be Roommates

【答案解析】

36. D 【解析】细节理解题。难度中等。根据第二段第三句中的"Take your shoes away! Why under my bed!"可知，Kate 生气的原因是作者的鞋子在她的床下面。故选 D 项。

37. C 【解析】推理判断题。难度中等。根据第三段最后一句"All of a sudden，a warm feeling of sympathy rose up in my heart."可知，作者对 Kate 表示同情，因此整理房间可能是想表示自己对她的关心。故选 C 项。

38. B 【解析】写作手法题。难度中等。文章第一段讲述了作者不爱整洁，爱乱放东西，而室友 Kate 却安排得井然有序，说明了两人之间的差异。因此第一段主要是通过显示差异来组织安排的。故选 B 项。

39. D 【解析】标题概括题。难度中等。纵观全文可知，文章主要讲述了作者和室友不同的生活习惯使两人的矛盾爆发，但一次电话改变了她们之间的关系，使她们学会了一起愉快相处的秘诀：让步、整理和不放手。D 项概括了文章主旨最适合作为文章标题。故选 D 项。

16.（2013 湖北卷，A 篇）

【探究】该题是一篇夹叙夹议的文章，题材为人物故事类，题型以细节理解题为主。

Some years ago，writing in my diary used to be a usual activity. I would return from school and spend the expected half hour recording the day s events，feelings，and impressions in my little blue diary. I did not really need to express my emotions by way of words，but I gained a certain satisfaction from seeing my experiences forever recorded on paper. After all，isn t accumulating memories a way of preserving the past？

When I was thirteen years old，I went on a long journey on foot in a great valley，well-equipped with pens，a diary，and a camera. During the trip，I was busy recording every incident，name and place I came across. I felt proud to be spending my time productively，dutifully preserving for future generations a detailed description of my travels. On my last night there，I wandered out of my tent，diary in hand. The sky was clear and lit by the glare of the moon，and the walls of the valley looked threatening behind their screen of shadows. I automatically took out my pen...

At that point，I understood that nothing I wrote could ever match or replace the few seconds I allowed myself to experience the dramatic beauty of the valley. All I remembered of the previous few days were the dull characterizations I had set down in my diary.

Now，I only write in my diary when I need to write down a special thought or feeling. I still love to record ideas and quotations that strike me in books，or observations that are particularly meaningful. I take pictures，but not very often—only of objects I find really beautiful. I m no longer blindly satisfied with having something to remember when I grow old. I realize that life will simply pass me by if I stay behind the camera，busy preserving the present so as to live it in the future.

I don t want to wake up one day and have nothing but a pile of pictures and notes. Maybe I won t have as many exact representations of people and places；maybe I ll forget certain facts，but at least the experiences will always remain inside me. I don t live to make memories—I just live，and the memories form themselves.

51. Before the age of thirteen，the author regarded keeping a diary as a way of ______.

A. observing her school routine　　B. expressing her satisfaction

C. impressing her classmates　　D. preserving her history

52. What caused a change in the author s understanding of keeping a diary？

A. A dull night on the journey.　　B. The beauty of the great valley.

C. A striking quotation from a book.　　D. Her concerns for future generations.

53. What does the author put in her diary now？

A. Notes and beautiful pictures.　　B. Special thoughts and feelings.

C. Detailed accounts of daily activities.　　D. Descriptions of unforgettable events.

54. The author comes to realize that to live a meaningful life is ______.

A. to experience it　　B. to live the present in the future

C. to make memories　　D. to give accurate representations of it

【答案】

51. D.

52. B.

53. B.

54. A.

2.4.3【我们的工作】

高考试题分析

通过对 2014 年全国高考英语试卷分析发现，从体裁方面看，高考阅读理解仍然尽量追求体裁的多样化。其中，考查最多的依旧是说明文（30.77%），其次是记叙文（25.64%），夹叙夹议，议论文，最后是应用文。整体比重与 2006—2013 年全国各地区阅读理解体裁分类比重相似。（见下图 10）

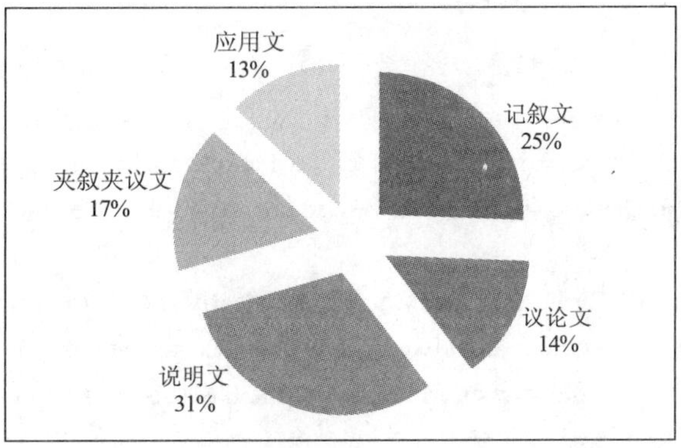

图 10　2014 年全国各地区阅读理解体裁分类比重

通过对高考阅读理解的分析，不难发现阅读理解的题材依旧多样化、现代化和生活化，社会文化、人物故事、科普知识和时文报道类的文章依旧占有较大的比重，此外值得注意的是广告信息类的题材也占有较大的比重。（见下图 11）

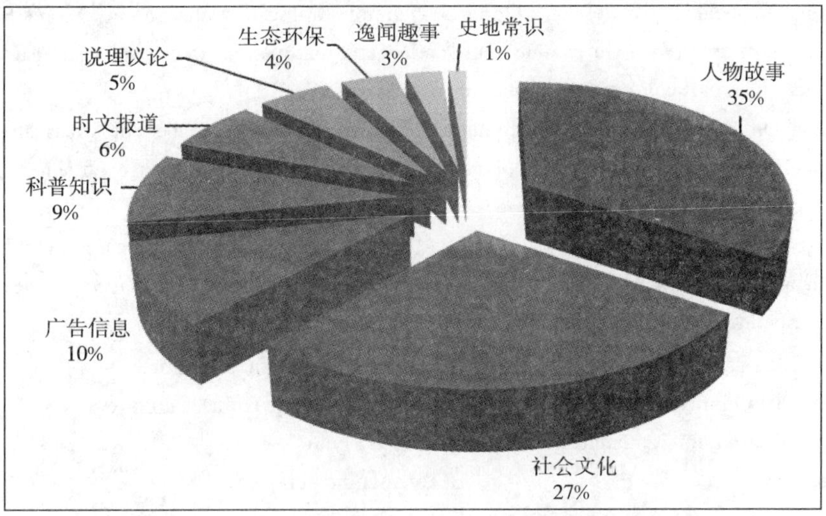

图 11　2014 年全国各地区阅读理解题材分类比重

通过分析 2014 年各地的高考阅读理解，我们发现，阅读理解的题型多样，如细节理解题、推理判断题、主旨大意题、观点态度题等，比较全面地考查了学生不同层面的阅读能力。经过对数据的统计和分析，高考阅读理解仍旧以细节理解题为主，对推理判断题和主旨大意题的考查整体呈稳步上升的趋势。（见图 12）

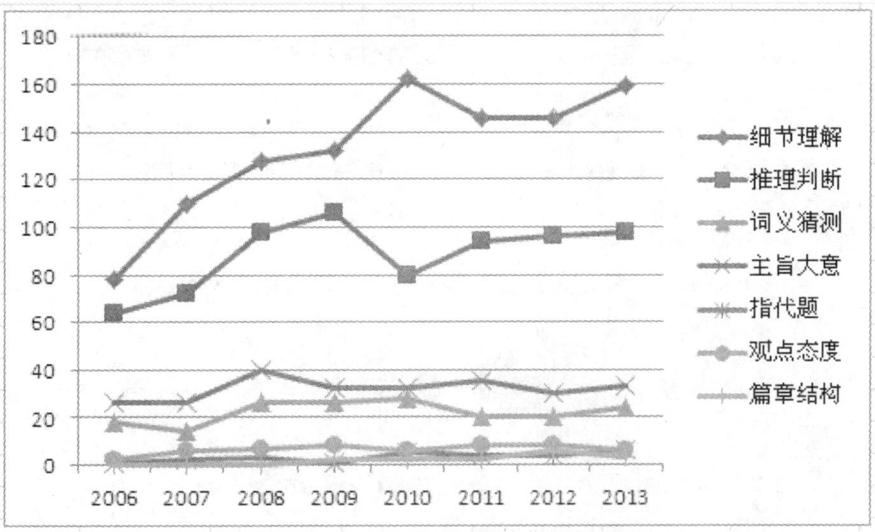

图 12　2006—2013 全国各地区阅读理解题型趋势

真题例证

1.（2014 全国大纲卷，C 篇）

C

One of the latest trends(趋势) in American childcare is Chinese au pairs. Au Pair in Stamford，Conn，for example，has got increasing numbers of requests for Chinese au pairs from zero to around 4 000 since 2004. And that s true all across the country.

"I thought it would be very useful for him to learn Chinese at an early age," Joseph Stocke，the managing director of a company，says of his 2-year-old son. "I would at least like to give him the chance to use the language in the future." After only six months of being cared for by a 25-year-old woman from China，the boy can already understand basic Chinese daily expressions，his dad says.

Li Drake，a Chinese native raising two children in Minnesota with an American husband，had another reason for looking for an au pair from China: She didn t want her children to miss out on their roots. "Because I am Chinese，my husband and I wanted the children to keep exposed to(接触) the language and culture(文化)，" she says.

"Staying with a native speaker is better for children than simply sitting in a classroom，" says Suzanne Flynn，a professor in language education of children. "But parents must understand that just one year with an au pair is unlikely to produce wonders. Complete mastery demands continued learning until the age of 10 or 12."

The popularity of au pairs from China has been strengthened by the increasing numbers of American parents who want their children to learn Chinese. It is expected that American demand for au pairs will continue to rise in the next few years.

64. What does the term "au pair" in the text mean?

A. A mother raising her children on her own.　　B. A young foreign woman taking care of children.

C. A professor in language education of children.　　D.A child learning a foreign language at home.

65. Li Drake has her children study Chinese because she wants them ______.

A. to live in China some day　　B. to speak the language at home

C.to catch up with other children　　D. to learn about the Chinese culture

66. How can children learn a foreign language best according to Flynn?

A. From their parents.　　B. By attending classes.

C. From a native speaker.　　D. By starting at an early age.

67. What can we infer from the text?

A. Learning Chinese is becoming popular in America.

B. Educated women do better in looking after children.

C. Chinese au pairs need to improve their English skills.

D. Children can learn a foreign language well in six months.

【探究】本文是一篇说明文，题型考查深入，主要有细节理解题。这种题材类的文章在我们的 TPS 主题教学系统中有所考查。

【真题匹配】

【来源】TPS2.0 组卷系统 \2012 年厦门双十中学高三英语热身考试卷 \ 说明文（阅读理解），细节理解题，其他，常规选择题 \S00505876

【典例】

IUCN，the International Union for Conservation of Nature

IUCN WORLD CONSERVATION CONGRESS（大会）

6~15 September 2012，Jeju，Korea

· **Forum**

Addressing the world s most pressing sustainable development challenges，the Forum offers a unique platform for debates，workshops，dialogues，roundtable discussions，training courses，music and exhibitions.

Events are organized by the IUCN Secretariat，IUCN Members，Commissions and partners and the host country. The Call for Contributions invites you to propose events to be considered for the Forum，part of Congress which is open to all（from 7 to 11 September 2012）.

· Simple steps on how to submit a proposal for the Forum

1）Click here：Call for Contributions：propose an event for the Forum.

2）Go below "Sign in" and create your account.

3）Edit your proposal：Check again all the information you provide and make changes if you want to. Click on Save draft.

4）Invite co-organizers：Get people to join you in organizing the event by inviting them via e-mail.

5）Click on Submit Proposal.

Basically，you have the opportunity to teach，host a discussion，give training or just show your work.

Workshops（TEACH）

· 120 minutes session，number of people to be confirmed.

· The idea is to promote understanding on a specific issue while engaging participants to share their knowledge and know-how.

Knowledge Cafe（DISCUSS）

· 120 minutes session，suitable for 12 people at the most.

· These aim to share collective knowledge（explore areas of common interest）and gain a deeper understanding of a subject and the issues involved.

Conservation Campus（TRAIN）

· Half day or full day modules（模式），for up to 30 people.

· It s an interactive（互动的）training session where participants develop new skills and knowledge transfer on relevant conservation topics.

· This type of event provides more in-depth exploration of topics aimed at building the capacity of participants.

Posters（SHOW）

· Your posters are meant to display conservation work and achievements in an easy and direct way.

· Owners will have time to present their poster during lunch breaks（approximately 10 minutes）.

[1] The Call for Contributions is intended to ______.

A. appeal to the public to protect the environment

B. invite more people to participate in workshops

C. collect proposals for the Forum of IUCN Congress

D. introduce the 2012 IUCN World Conservation Congress

[2] The following statements about the Forum are true EXCEPT that ______.

A. it will last 2 hours with more than 30 participants

B. Conservation Campus lasts about half a day or a whole day

C. the number of people shouldn t be more than a dozen in a Knowledge Cafe

D. a poster owner will have about 10 minutes to present his work at lunch breaks

[3] We can learn from the passage that ______.

A. the Forum will last from 6 to 15 September 2012

B. the host country is the only organizer of the Forum

C. areas of common interest will be explored in Workshops

D. certain procedures are required for your proposals to be considered

<答案>

[1] C　　[2] A　　[3] D

<解析>

【语篇解读】

本篇是一篇网上发布的说明文，讲了 IUCN（国际自然与自然资源保护联合会）关于世界资源保护大会的一些说明，如大会的几个部分以及具体的流程。

［1］首先定位到第二段 the Call for Contributions invites you to propose events to be considered for the Forum. 可看出答案为 C。

［2］判断正误题需要逐个在文中定位并判断，如果选项有大写字母或数字则更容易定位。如 A 中“2 hours”与文中 from 7 to 11 September 2012 不符，且 30 这个数字只出现在 **Conservation Campus**（TRAIN）这个环节，所以此项错。

［3］细节题定位是关键。6~15 September 2012 是 CONGRESS 大会的时间，而 Forum 的时候是 from 7 to 11 September 2012，故 A 项错；从 Events are organized by the IUCN Secretariat，IUCN Members，Commissions and partners and the host country. 可看出 B 项错；从 The idea is to promote understanding on a specific issue while engaging participants to share their knowledge and know-how. 可看出话题已确定，Workshop 的目的在于提升大家对于特定话题的认识以及交流观点，并非 C 项“探索共同感兴趣的话题”；D 项中 procedure 流程，从文章的结构也可看出需要走一些流程。

2.（2013 福建卷，A 篇）

When I was 12，all I wanted was a signet（图章）ring. They were the “<u>in</u>” thing and it seemed every girl except me had one. On my 13th birthday，my Mum gave me a signet ring with my initials（姓名首字母）carved into it. I was in heaven.

What made it even more special was that it was about the only thing that wasn t being “replaced” . We d been burnt out in fires that swept through our area earlier that year and had lost everything—so most of the “ new” stuff（东西）we got was really just to replace what we d lost. But not my ring. My ring was new.

Then，only one month later，I lost it. I took it off before bed and it was missing in the morning. I was sad and searched everywhere for it. But it seemed to have disappeared. Eventually，I gave up and stopped looking for it. And two years later，we sold the house and moved away.

Years passed，and a couple of moves later，I was visiting my parents when Mum told me that she had something for me. It wasn t my birthday，nor was it Easter or Christmas or any other gift-giving occasion. Mum noticed my questioning look. “ You ll recognize this one，” she said，smiling.

Then she handed me a small ring box. I took it from her and opened it to find my beautiful signet ring inside. The family who had bought our house 13 years earlier had recently decided to do some redecorations，which included replacing the carpets. When they pulled the carpet up in my old bedroom，they found the ring. As it had my initials carved into it，they realized who owned the ring. They d had it professionally cleaned up by a jeweler before sending it to my mother. And it still fits me.

56. The underlined word “in” in the first paragraph probably means “______” .

A. fashionable　　B. available　　C. practical　　D. renewable

【推理判断题】

57. When she got the ring back，the writer was about ______.

A. 13 years old　　B. 15 years old　　C. 26 years old　　D. 28 years old

【推理判断题】

58. Which of the following is TRUE according to the passage？

A. The writer s family moved several times.

B. The writer never stopped looking for her ring.

C. The writer s ring was cleaned up by the new house owner.

D. The writer lost her ring in the morning when she took it off.

【推理判断题】

59. What would be the best title for the passage？

A. My New Ring　　B. Lost and Found　　C. Lost and Replaced　　D. An Expensive Ring

【主旨大意题】

【真题匹配】

【来源】TPS2.0 组卷系统 \2012 年北京市丰台区高三第二次模拟英语试题 \ 主旨大意题，记叙文（阅读理解）\S00119313

【典例】

As a newspaper reporter，Inez s father traveled around the world. He wrote stories about the interesting people he met. On her fifteenth birthday，Inez could hardly believe it when her father announced that she was old enough to go with him on one of his trips! He said his next story would be about salt mining in Europe. Inez had never thought much about salt，she didn t know what to expect，but she knew she would love being with her father.

Months later, when Inez and her father arrived at the salt mine, they found themselves walking into the middle of a busy workday. Mrs. Walker, the owner, said she would not be available to talk until the workday was over. She suggested that Inez and her father should help out so Inez s father would have first-hand experience for his story. Before Inez realized what was happening, she was in the factory. This was not what she had imagined her trip would be like.

People rushed past her carrying hammers, nails, and wood to make boxes for the salt. Everyone seemed to be in such a hurry. As another newly constructed box was pushed at her, Inez spread a label with glue and stuck it on the side of the box. When she had agreed to go with her father on his newspaper assignment, she had pictured an adventure, not hard labor.

Inez looked at the salt covering her father s once-blue pants and sighed. She could taste the salt in her mouth and smell it in the air. Inez had been using salt all her life, but she had never imagined that it existed in such quantities or that it was so hard to package.

Inez s father rubbed his hands together and grinned at her. "I know this probably isn t what you had in mind," he said, "but sometimes the best days are the ones that don t go as planned."

Best? she wondered. She had learned two lessons today. One was to value every grain of salt to fall from a shaker. The other was to hear the details before agreeing to go on a job with her father!

[1] Why does Inez s father travel around the world?

A. He relaxes after he finishes writing.　　B. He enjoys moving around from place to place.

C. He likes to take his family on adventure trips.　　D. He needs to collect information for stories.

[2] What job does Inez help to do in the salt mine?

A. To attach labels to the box.　　B. To interview the workers.

C. To carry salt packages.　　D. To package the salt.

[3] How does Inez feel while working at the salt mine?

A. Happy.　　B. Inspired.　　C. Disappointed.　　D. Annoyed.

[4] Why does the author most likely write this story?

A. To discuss what it is like when a child travels with a parent.

B. To describe how places around the world are different.

C. To explain which tools are used when packaging salt.

D. To show that sometimes events turn out differently than expected.

<答案>

[1] D

[2] A

[3] C

[4] D

<解析>

【语篇解读】

本文是一篇人物故事类的记叙文。本文讲述了 Inez 在十五岁的时候和爸爸一起去欧洲的盐矿。当到达盐矿的时候，他们发现盐矿的工作都很忙，因此 Inez 提出建议帮工，这样父亲就能拿到第一手资料。开始劳动之后 Inez 才发现，工作非常辛苦。之后 Inez 看了父亲的照片，发现父亲的裤子上全是白色的盐。她自己的嘴里都是盐，空气中也全是盐的味道。父亲安慰 Inez，有的时候最好的日子并不是想象中的那样。Inez 学到了两个教训，第一是珍惜盐，第二是在同意跟父亲一起工作之前要问详细的细节。

[1] 本题属于细节理解题。文章第一段第一句中可以找到答案，属于难度较低的题。从"As a newspaper reporter, Inez s father traveled around the world."可知是 He needs to collect information for stories. 。

[2] 本题属于细节理解题。需要找到对应细节，是难度较低的题。从第三段中 Inez 工作的描写可得到答案。Inez spread a label with glue and stuck it on the side of the box. 可知工作是给盒子贴标签。

[3] 该题属于推理判断题，需要理解全文中 Inez 的情绪作答，属于中等难度的题。本来 Inez 对自己的盐矿之旅充满期待，但是没想到还要做苦力，看到父亲的裤子上全是盐，空气中也全是盐的味道，因此 Inez 感觉非常失望。

[4] 该题属于主旨大意题。需要理解作者写作意图作答，属于难度较大的题。文章讲述了 Inez 跟随父亲工作，满心期待，但是最终却发现工作完全不是自己想象中的愉快，最终总结得出了两个教训，一个是珍惜盐，另一个是在跟着父亲工作时要事先问好细节。因此文章的主旨是说明有时候事情并不像我们期待的那样。

相似题例证

（2013 辽宁卷，D 篇）

"Indeed，" George Washington wrote in his diary in 1785，"some kind of fly，or bug，had begun to eat the leaves before I left home." But the father of America was not the father of bug. When Washington wrote that，Englishmen hade been referring to insects as bugs for more than a century，and Americans had already created lightning-bug（萤火虫）. But the English were soon to stop using the bugs in their language，leaving it to the Americans to call a bug a bug in the nineteenth and twentieth centuries.

The American bug could also be a person，referring to someone who was crazy about a particular activity. Although fan became the usual term，sports fans used to be called racing bugs，baseball bugs，and the like.

Or the bug could be a small machine or object，for example，a bug-shaped car. The bug could also be a burglar alarm，from which comes the expression to bug，that is，"to install（安装）an alarm". Now it means a small piece of equipment that people use for listening secretly to others conversation. Since the 1840s，to bug has long meant "to cheat"，and since the 1940s it has been annoying.

We also know the bug as a flaw in a computer program or other design. That meaning dates back to the time of Thomas Edison. In 1878 he explained bugs as "little problems and difficulties" that required months of study and labor to overcome in developing a successful product. In 1889 it was recorded that Edison "had been up the two previous nights discovering 'a bug in his invented record player."

68. We learn from Paragraph 1 that ______.

A. Americans had difficulty in learning to use the word bug

B. George Washington was the first person to call an insect a bug

C. the word bug was still popularly used in English in the nineteenth century

D. both Englishman and Americans used the word bug in the eighteenth century

【细节理解题】

69. What does the word "flaw" in the last paragraph probably mean？

A. Explanation.　　B. Finding.　　C. Origin.　　D. Fault.

【推理判断题】

70. The passage is mainly concerned with______.

A. the misunderstanding of the word bug　　B. the development of the word bug

C. the public views of the word bug　　D. the special characteristics of the word bug

【主旨大意题】

【探究】本文是一篇人物故事类的夹叙夹议的文章，题型丰富，有细节理解题、推理判断题、主旨大意题等。这种题材类的文章在我们的 TPS 中有所考查。

【真题匹配】

【来源】TPS2.0 组卷系统\2012 年重庆市西南大学附属中学高三第五次月考 - 彭明莉\议论文（阅读理解）\S00451009

【典例】

When you hear the word "recycling"，what comes to your mind？ The color green or global warming？

What if I were to tell you there is a dark side of recycling？ A type of recycling that does more harm than good. The dark side of recycling has nothing to do with the environment but rather has a lot to do with the recycling of ideas.

Environmental unrest isn t the only trouble we must face. Idea pollution is quickly becoming widespread across the online world.

Think about it. When was the last time you read an original blog post？ I m guessing it has been quite a while. Why do you think top bloggers（博主）of today win so much respect？ Do you think they recycle their ideas？ With each recycled idea the online world becomes much more polluted. Used content contributes to the ever increasing mass of digital smog（烟雾）.

The first step to reduce pollution is simple：stop recycling. When you stop recycling，you will then be forced to take up the task of creating from your own ideas. When you recycle an excellent idea，it soon becomes good. When you recycle a good idea，it soon becomes just OK. The chain continues until the key part of what used to make the idea good is saturated（饱和），leaving you nothing but a pile of mess.

In order not to pollute，your ideas must go beyond "just recycled". Your ideas must stand out from the pollution of the web. For your voice and talent to be heard and seen, you must go far beyond the standard copy of your neighbors' ideas.

For the next week, make a promise not to recycle. Let your ideas flourish and flow. Believe in your ability to create, because the death of recycling starts with YOU.

[1] Which is true about top bloggers of today according to the writer?

A. They are not worth much respect. B. They tend to express many fresh ideas.

C. They often recycle their ideas. D. They make good use of others' ideas.

[2] The 5th paragraph mainly talks about ______.

A. how to stop recycling ideas B. the good effects of stopping recycling

C. the bad effects of recycling ideas D. how to recycle good ideas online

[3] This passage is written mainly for ______.

A. top bloggers B. net researchers

C. environment polluters D. common bloggers

[4] The main purpose of this passage is ______.

A. to remind people to pay attention to environmental protection

B. to prove that the web environment is becoming worse and worse

C. to call on people to write online more creatively instead of repeating

D. to warn people not to pollute our web environment with bad words

<答案>

[1] A

[2] C

[3] D

[4] C

<解析>

【语篇解读】

文章是一篇与时俱进的文章，谈到现在流行的微博“转发”，作者的态度是做自己。

[1] 细节推理题。由第四段推出答案。

[2] 主旨大意题。由第五段二、三、四句推出答案。

[3] 推理判断题。由最后一段“For the next week, make a promise not to recycle. Let your ideas flourish and flow. Believe in your ability to create, because the death of recycling starts with you.”推出答案。

[4] 主旨大意题。由全文，重点是最后一段推出答案。

2.4.4【备考战略】

高考卷中的“阅读理解”和“完形填空”大题集中地考查了阅读。实际上，对于阅读能力的考查贯彻全卷，因此在备考时要注意以下几个方面：

每日坚持让学生课上或课下读2~4篇文章，扩大阅读量，熟悉不同的篇章结构和语句结构，同时激发学生阅读兴趣。

先把词汇表上的单词记好，适当扩大词汇量，训练学生掌握构词法知识。选材中出现生词完全正常，平时培养处理词汇的能力。例如，需要把握英语一词多义的基本特征，遇到生词时能够尽快判断是否为关健词，尽快突破，通过障碍。

选材侧重生活化、现代化的文章。生词太多的文章可不看，文章内容离现实太远的也可不看。

适当练习长句分析，分清主谓宾定状补。提高对疑难长句的分析和理解能力。

重视准确阅读，还要练习如何推理，分析，概括，如何答题，最好以高考试题为答题样本，对常考的问题做适当归类。加强细节理解能力、判断能力和主旨归纳能力的训练。

选择部分文章进行泛读，即只读懂意思，不查单词。泛读对增强语感、练习略读和扫读的用处极大。

半数文章要精读，即句句细看，某些句子甚至要译成中文以精确理解。

使学生养成良好的阅读习惯，扩大眼幅，不要点读，减少回读，默读时不出声音，不要有伴随动作。

练习限时阅读，提高阅读速度。课堂内外的阅读训练中一定要注意坚持适当的速度要求，力争40分钟完成5篇文章。

2.5 写作体现实用性、真实性和开放性原则，侧重对实际应用能力的考查

2.5.1【趋势剖析】

写作体裁多样化，应用文最多，体现实用性。

在每年自主命题卷中，写作题的体裁都覆盖了应用文、议论文、记叙文和夹叙夹议文，通过对2004年以来高考英语写作体裁的统计发现，应用文（53%）考查总是占最大比例，其次是议论文（27%）（见图13），且应用文的体现形式书信、发言稿居多。通过对近10年来高考英语写作体裁的分析发现：应用文的考查仍是热点，议论文的考查呈现上升趋势，夹叙夹议与议论文的考查则呈现交叉变化的走向（见图13）。

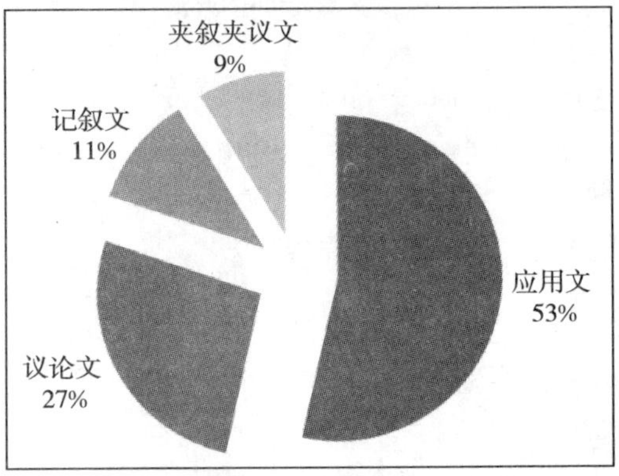

图13 2004–2013年全国写作体裁总计分布

写作选材丰富，情境贴近生活，体现真实性。

通过对2004年以来全国各地高考英语写作题材进行统计，我们发现写作选材覆盖了《课程标准》中所要求的24个话题，其中近年来各地尤其偏好“学校生活”（25%）、“日常生活”（12%）和“人际关系”（11%）（见图14），这些题材与现实生活密切相关，内容为考生所熟悉，都是学生身边的事，情境逼真，真实性较高，学生读题后觉得有很多话可说，这也提高了对学生语言组织能力的考查。贴近生活的题材更突出考查学生实际运用语言的能力。

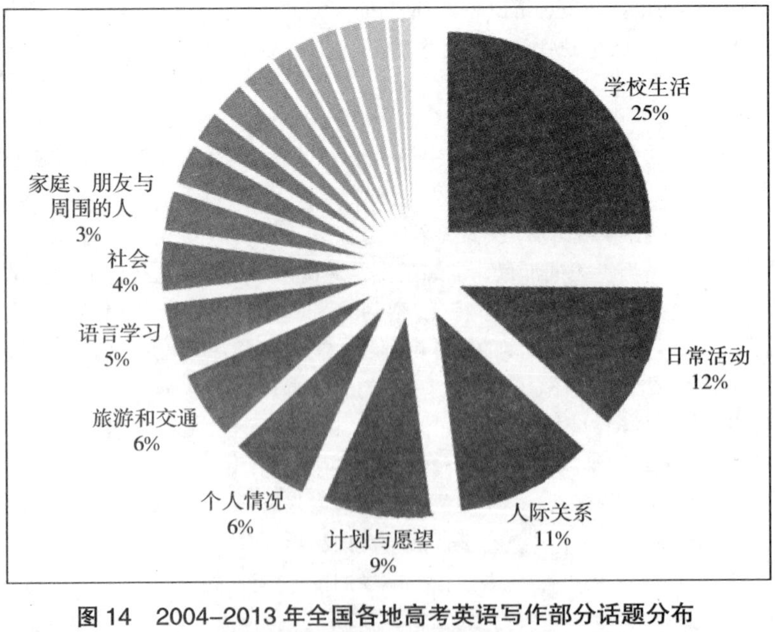

图14 2004–2013年全国各地高考英语写作部分话题分布

写作同时具有开放性和半开放性，并且趋向于开放，更加注重考查考生的思维能力

高考英语书面表达是有控制的表达，而不是自由写作，即命题人通过文字提示、图表或图画限定了写作内容、时间、词数，有时还限定短文的开头语和结束语。根据高考英语写作题目中的限制性要求，可以将写作分为三类：一为开放型

写作，即只提供图画、文字，不做任何写作内容上的限定；二为半开放型写作，即提供题材后，题目中对写作内容、方向、意图进行一定限制，并留给考生发挥的空间；三为开放欠缺型写作，即题目中对写作内容、方向和意图做明确规定，考生只需翻译题目意思即可，进行自主发挥空间较小。

通过对高考英语写作题进行开放型、半开放型和开放欠缺型的分类统计，得到如下写作题开放性程度趋向图。从图中（图 15）可以看到，近年来全国各地的半开放型写作题目呈明显上升趋势，而开放欠缺型写作呈下降趋势，可见写作部分越来越重视考生在指导语下自主观点的表达，而不只是简单的翻译。如北京地区出现的开放型写作，只提供一幅图，不作任何文字提示，对考生的思维能力提出了更高的要求。但开放型写作目前只有北京卷中有所体现，其他地区偏爱半开放型写作。

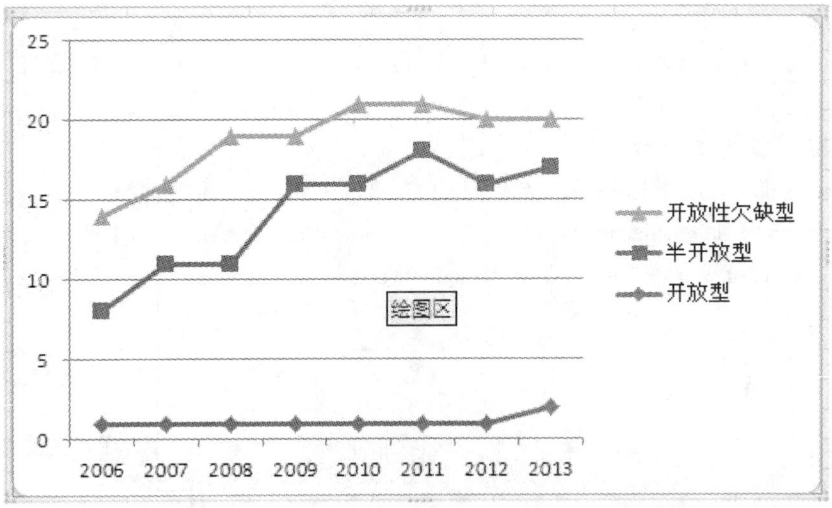

图 15　2006—2013 年全国各地写作要求开放性程度趋向图

2.5.2【真题回顾】

1.【开放式写作】（2010 北京卷，开放作文）

【题目】请根据下面提示，写一篇短文。词数不少于 50。

In your spoken English class, your teacher shows you the following picture. You are asked to describe the picture and explain how you understand it.

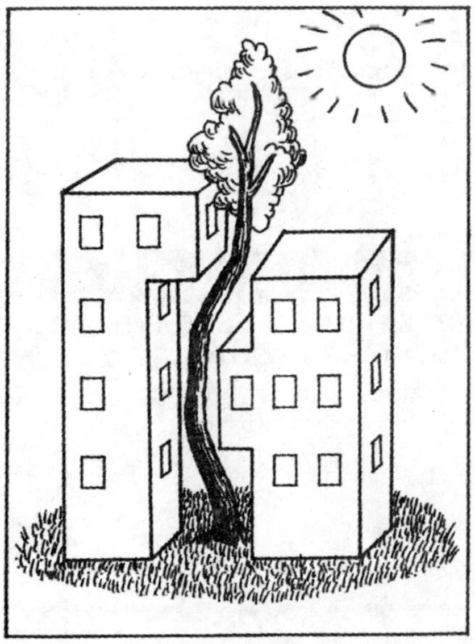

【解析】本题为开放型写作，题目中对考生写作内容和立意没有限定。图片内容：阳光，楼（挨得很近），弯曲的树。(the sun，two apartments/flats closely-located，the winding/twisted tree）。考生可以从（1）人生角度：在成长的道路上（树的成长），有曲折，有困难，（建筑的阻挡，弯曲）但是只要向着光明和希望（太阳）去努力拼搏，坚持不懈，还是能

够冲破桎梏取得成功（树在楼的夹缝中长高了，超出建筑）；（2）和谐角度：城市的发展（建筑）和环境的可持续发展（树的成长）要协调，要平衡，才能欣然共存（在阳光下）；（3）立意与现实生活关系：引导 90 后要具有积极的生活态度，生活并非一帆风顺；扣住低碳生活的环保热点，城市和环境的和谐发展也是低碳生活的必需。

【范文】

As is drawn in the picture，a twisted but tall tree grows between two apartments，comes out over the top of the buildings，and finally embraces the bright sun.

This picture is really thought-provoking. We are to the tree what our life to its growing-up process. There are always obstacles in our life that we have to face. Just like the tree，we also need to break through those difficulties and to be confident to embrace our own life.

To sum up，life is not always easy for misfortunes do occur. However，as long as we overcome the difficulties，our life is sure to be colorful.

2.【半开放型写作】（2010 湖北卷）

【题目】你根据以下提示，结合生活中的一个事例，用英语写一篇短文，谈谈微笑的作用。

The best example of universally understood body language may be the smile. A smile can help us get through difficult situation and find friends in a world of strangers. A smile can open doors and tear down walls.

注意：①无须写标题；

②内容只需涉及一个方面；

③词数为 100 左右。

【解析】微笑在生活中再熟悉不过了。题目中只要求写微笑的作用，但没有对内容的细节进行详细规定，留给学生充分的自主发挥空间，属于半开放型写作。

【范文】

I still remember how nervous I was on my first day in the new school three years ago，when I found it difficult to follow my teacher in the first English class. The teacher spoke English throughout the class，which was totally different from the lessons I had taken before.

In the morning class the next day，the English teacher came to me while I was reading the text aloud as other students. After listening to me for a while，she gave me a big smile and said she liked my voice very much.

The smile shone on the whole day and the following days. A week later，I volunteered to take charge of English study in my class.

Thanks to the comforting smile in my first morning class，I began to be confident.

3.【应用文：书信】（2014 新课标卷 I，书面表达）

【题目】假定你是李华，计划暑假期间去英国学习英语，为期六周。下面的广告引起了你的注意，请给该校写封信，询问有关情况（箭头所指内容）。

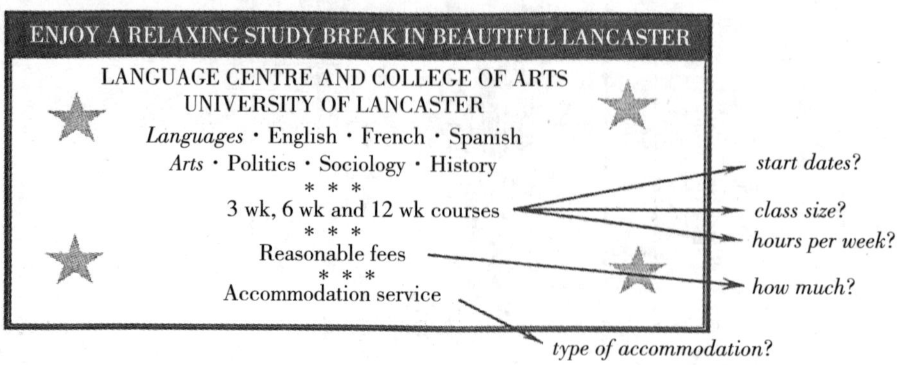

注意：1. 词数 100 左右；

2. 可以适当增加细节，以使行文连贯；

3. 参考词汇：住宿 accommodation

Dear Sir/Madam,

____

____

____

____

Yours faithfully,

Li Hua

【解析】本篇书面表达是一篇书信体应用文。在写作前，考生需要认真阅读英文广告内容及写作要求，进一步明确写作的具体任务。试题已经给出了书信的开头和结尾，因此考生不需要考虑格式问题，可直接进入主题，展开写作。在写作时，注意文中至少涵盖三方面的内容要点，即参加为期六周的英语学习班、询问相关情况（开课时间、每周课时数量、每班人数、学费和住宿等）、盼望对方回信。短文应以第一人称为中心人称，以一般现在时为主，当然，根据情况可使用现在完成时态和一般将来时态。此外，在文中需要穿插使用一些过渡性词汇或短语，以使全文上下连贯，行文紧凑。

【范文】

Dear Sir/Madam,

I am a student in China and I plan to go to Britain to attend a summer school during the vacation. I ve seen your ad, and I d like to know something more about your six-week English course. First, when will the course start and how many class hours are there per week? Besides, I wish there would not be too many students in a class. I d also like to know how much I have to pay for the course and whether accommodation is included. Would there be host family or university dormitory?

I am looking forward to your early reply.

Yours faithfully,

Li Hua

4.【应用文：书信】（2014 北京卷，书面表达）

【题目】你给英国朋友 Chris 写一封信，内容包括：

1. 你们原计划 7 月份一同去云南旅游；

2. 由于脚部受伤，你无法按原计划前往；

3. 表达你的歉意并建议将旅行推迟到 8 月份。

注意：1. 词数不少于 50;

2. 可适当增加细节，以使行文连贯；

3. 开头和结尾已给出，不计入总词数。

Dear Chris,

____

____

____

____

Yours,

Joe

【解析】这又是一篇书信形式的应用文，书信形式的应用文在全国各地的高考英语卷中的出现率是最高的，在实际生活中也非常实用。

【范文】

Dear Chris,

How is it going?

I remember we planned to visit Yunnan in July. But now, because my left foot was injured, I cannot go with you as planned.

I m sorry about it. Can I suggest that we put it off until early August? I wish you could understand. I m looking forward to hearing from you soon.

Yours,

Joe

5.【应用文：书信】（2008 福建卷）

【题目】假设你是李华，这则广告引起了你的兴趣，请用英文写一封自荐信。要点如下：

※ 对夏令营主题的理解；

※ 根据招聘要求自我介绍；

※ 参加夏令营的目的。

注意：①信的开头和结尾已为你写好，不计入总词数；

②词数 100 左右。

Dear Sir,

I' m Li Hua from Fujian. ______

______

______

______

______

______

______

I am looking forward to your early reply.

Sincerely yours,

Li Hua

【解析】本题考查的是书信形式的应用文写作，用于申请和自荐，在现实生活中实用性强。

【范文】

Dear Sir,

I m Li Hua from Fujian. When I was reading the advertisement, the aim of this activity impressed me greatly. I think it instructive to learn to live together by living together. It is a good opportunity for the only child like me to learn to share and work together. Therefore I recommend myself to you without hesitation.

As a boy of 17, I am outgoing, good at English and have experience of working well with children aged from 7 to 12. I think it is a kind of win-win activity. For one thing, I can help take care of the children. For another thing, I can improve my English, make more friends, and enrich my life during the summer vacation.

I am looking forward to your early reply.

Sincerely yours,

Li Hua

6.【应用文：回帖】（2009 陕西卷）

【题目】假定你是李华，在一个英文网络论坛上，你看到一个名叫 Grown-up 的中学生发帖（post）寻求帮助。请根据以下内容、写作要点和要求回帖。

写作要点：

※ 告诉 Grown-up 要理解母亲；

※ 给 Grown-up 提出解决问题的具体建议。

要求：短文须写在答题卡指定区域；短文字数不少于 80（不含写好的部分）；内容充实，结构完整，语意连贯；书写清晰、工整。

Grown-up	Post at 18-5-2009 20:08	1#

Newbie
☆

Hi, everyone,
I'm 17 years old and I am going to university this autumn.
But my mother continues to treat me as a seven-year-old.
What should I do?

TOP

《Last Topic | Next Topic》 +REPLY +NEW

【解析】现在网络交流变得越来越普遍，学生们也经常在论坛中回帖进行交流。题目以网络帖子的形式出现，具有时代性，也更贴近现在学生的信息生活，情景真实。

【范文】

Hi，Grown-up!

As a student of your age，I understand your situation. The problem you are facing is common among our teenagers. However，it should be wise not to do anything that may hurt her feelings. Here are a few suggestions.

First，it s advisable to talk more with your mom. Heart to heart talks help you understand each other better. They are also opportunities to let her know your ideas of and attitudes toward many things.

Second，you should learn to do your own things well，proving to your mom that you are already a "grown-up"，it s even better if you could share more of the housework，such as cleaning，washing and cooking.

Hope my ideas will work.

7.【应用文：电子邮件】（2008 湖北卷）

【题目】假如你是卜曼宜，你购买了一部某外国公司生产的手机，因有质量问题，要求该公司更换。请根据下列要点，用英文写一封电子邮件。

要点：

※ 问题：手机不响铃，不能发短信；该产品已售完，无法更换；型号新，无配件，无法维修。

※ 要求：公司应尽快予以更换。

注意：①词数为 100 左右；

②参考词汇：配件 spare part；

③电子邮件的开头和结尾已为你写好（不计入你所写词数）；

④已给出的电子邮件的开头和结尾不得抄入答题卡。

Dear Sir,

I am writing to you for the mobile phone of Dephone-S250 I bought on 20th Apr. 2008 at Tele Mall in Wuhan，P. R. China ______

______

______

Thank you for your consideration.

Sincerely yours,

Bu Manyi

【解析】本文以购物遇到质量问题为内容，写电子邮件与公司进行交涉，考查在具体情境下应用英语的能力。

【范文】

Dear Sir,

I am writing to you for the mobile phone of Dephone-S250 I bought on 20th Apr. 2008 at Tele Mall in Wuhan，P. R. China. Ten days after that，it didn t ring and send short messages. Then I took it to the seller，but was told that the model had been sold out and I had to wait at least three months for a new one. Later I went to the repairman. He said since it was a new model in China，it was impossible to fix it without the right spare parts. I was so desperate on hearing that. How can I wait that long？ Therefore，I require that you send me a new one of the same model within a month.

Thank you for your consideration.

Sincerely yours，

Bu Manyi

8.【日常生活】（2005 辽宁卷，书面表达）

【题目】下面四幅图片描述的是，星期一早晨李华在上学路上经历的一件事。请根据图片所提供的信息以第三人称用英语写一篇短文。

注意：①短文必须包括所有图片的主要内容，短文的内容要连贯、完整；

②短文单词数：100 左右（开头已给出的单词不计入单词总数）。

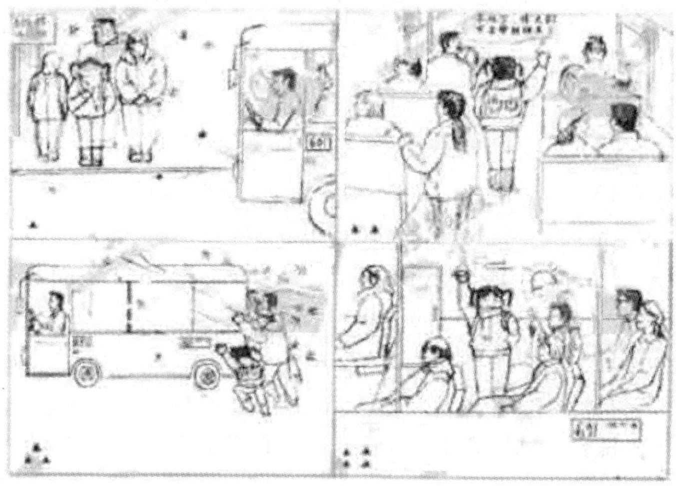

【解析】题目要求根据图画描写上学路上经历的一件事，情景真实，大多考生都可能有所经历。

【范文】

It was snowing heavily on Monday morning. Li Hua was at the bus stop，waiting for Bus No. 601 to go to school. After a while，a bus came and she got on it. There were many passengers in the bus. Some were talking and some were looking out of the windows. Suddenly the bus stopped. The driver turned around and said，"Sorry. The bus has broken down. Please get off and help push the bus." When they heard this，Li Hua and the other passengers got off the bus. They worked hard together，pushing the bus slowly forward. Soon the bus was running again. All the passengers were smiling and the sun was shining.

9.【学校生活】（2005 重庆卷，书面表达）

【题目】毕业前夕，你班决定给李老师送一份礼物，大家提出两条建议：

①送影集（album），里面有每个同学的照片；

②送磁带，录有每个同学对老师的祝福。

请以"An Album or a Tape"为题，用英语写一篇短文。首先简述以上两条建议，然后表明你同意其中哪一条。并说明理由。

※ 短文必须以第一人称书写；

※ 词数：100 词左右；

※ 请在答题卡上作答。

【解析】题目给出的情景可能是许多毕业班的同学都经历过的，容易引起学生共鸣。同时该话题还体现了关怀的人文精神，符合新课标的精神。

10.【学校生活】（2005 福建卷，书面表达）

【题目】目前，学校存在少数学生考试作弊现象。某英文杂志社拟对此现象向中学生征文，标题是"My Opinion on Cheating in Examinations"。请根据下列提示用英语写一篇征文稿。

内容要点如下：

主要原因	考试偏多、偏难
	不用功、懒惰
	取悦父母、老师
个人看法	作弊不对，违反校规
	要诚实，努力学习
	……（其他看法）

注意：①短文必须包括所有内容要点，可适当发挥；

②短文标题与开头已为你写好，不计入总词数；

③词数：100 左右；

④参考词汇：作弊 cheat（v.）。

My Opinion on Cheating in Examinations

It is known to us all that some students cheat in examinations at school.

____

【解析】考试作弊的现象经常发生在学校中，容易引起学生共鸣。同时题目对写作内容的要求没有做严格的限定，在提供部分内容规定的同时给学生留下了充分的发挥空间，是典型的半开放型写作。

【范文】

My Opinion on Cheating in Examinations

It is known to us all that some students cheat in examinations at school.

As students，we often take examinations at school，but sometimes we have too many examinations which are too difficult for us. On the other hand，some of us are lazy and don t work hard at their lessons. So when taking examinations，they sometimes cheat in order to get better results to please their parents and teachers.

In my opinion，it is wrong to cheat in examinations because it breaks the rules of schools，we students should be honest and try to get good results by studying hard instead of cheating in examinations. What s more，we should improve our study methods and get well prepared for examinations.

11.【学校生活】（2014 北京卷，情景作文）

【题目】假设你是红星中学高三（1）班的学生李华，请根据以下四幅图的先后顺序，为校刊“英语园地”写一篇短文，记述你和同学们向学校提建议，解决自行车存放问题的过程。

注意：1. 词数不少于 60；

2. 短文的开头已给出，不计入总词数。

There was a problem with the parking place for bikes in our school.

【解析】本篇书面表达是一篇看图作文。考生在写作前，需要仔细审题，认真审读试题所提供的中文材料及四幅图片，努力捕捉其中的关键性信息，进一步明确写作任务。写作时，应按照四幅图片的先后顺序进行描述，时态以一般过去时为主，第一人称为主要人称，要点与要点之间使用好过渡性词汇或者短语，以使上下连贯，行文紧凑。 四幅图片描述四个部分，但要注意不能脱离主旨。另外，需要注意的是，试题已经给出了作文的开头，写作时，不能置之不顾，所写的第一句话应该与试题给出的开头相衔接。考生还应注意词数要求。

【范文】

There was a problem with the parking place for bikes in our school. I noticed the entrance was small and almost blocked. So my classmates and I had a discussion and wrote a report. Then we went to meet the schoolmaster in his office and gave the report to him. He accepted our suggestions. Soon afterwards，a second entrance was opened to the parking place. Now it is easy for us to park our bikes there.

12.【计划与愿望】（2006 陕西卷，书面表达）

【题目】暑假即将来临。你班同学讨论了假期计划，提出了不同看法，请根据提示写一篇有关讨论的英语短文，并谈谈你的看法。

	优 点	缺 点
待在家中	花费少、舒适方便	不能亲身了解外界
外出旅游	增长知识、开阔眼界	花费多、旅途不便

注意：①短文写在答题卡上的指定区域，词数 80~120（不含已写好部分）；

②短文必须包括表中所列要点，可根据内容分段表述；

③可适当增加细节，以使行文连贯；

④参考词汇：眼界 horizon（或 view）。

The summer holiday is corning. Our class have had a discussion about what to do during the holiday.

.

【解析】每年暑假，同学们都有自己的安排和活动。本题中要求对暑假计划发表看法，体现的是“计划与愿望”的话题，暑假生活的题材与学生实际生活息息相关。

13.【家庭、朋友和亲人】（2006 江西卷，书面表达）

【题目】请用“中秋节的等待”为题，用英语写一篇短文，描述下面的内容，并就此发表你的评论。

要求：①文章必须包括描述和评论两部分；

②词数为 100 左右。

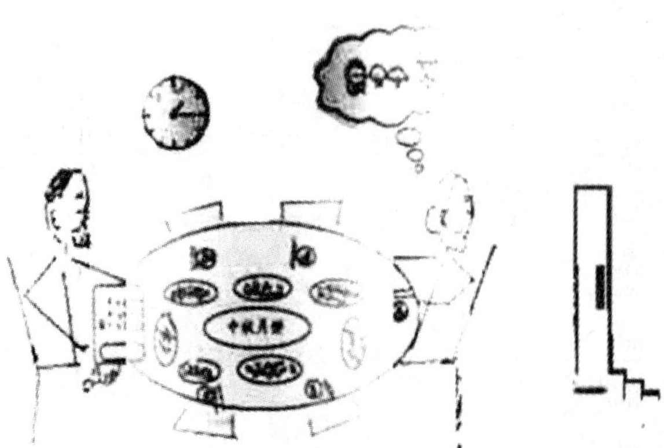

【解析】生活步伐加快，竞争日趋激烈的今天，图画展现了当今社会经常发生的现象。该题材呼吁子女对父母的关怀和家庭的概念，体现了新课标中“家庭、朋友和亲人”的话题。

14.【兴趣与爱好】（2007 广东卷，基础写作）

【题目】上周，我们以“谁是你的偶像”为题，在 2 600 名学生中进行了一次调查（survey）。以下是调查数据：

偶像（idol）	女生	男生
伟　人	18%	18%
父　母	25%	11%
影视明星	50%	14%
体育明星	6%	48%
没有偶像	1%	9%

根据以上数据，写一篇短文，包括以下内容：

①调查时间、调查问题以及调查对象；

②男女生在以明星为偶像方面的差异；

③“父母”在男女生偶像中的排序差异；

④男女生在以伟人为偶像方面的异同；

⑤你的偶像及理由。

【写作要求】

1. 只能使用 5 个句子表达全部内容；

2. 文中不能出现真实姓名和学校名称。

【解析】偶像崇拜是中学生群体中的普遍现象，该话题容易引起学生共鸣，让学生有话可说，并且对写作内容做了一定规定外还允许学生发挥写自己的偶像及理由，是半开放型写作。

15.【旅游与交通】（2010 北京卷，情景作文）

【题目】假设你是红星中学高二（1）班的学生李华，利用上周末的时间帮助祖父母安排了去北戴河的旅行。请根据以下四幅图的先后顺序，写一篇英文周记，叙述你从准备到送行的全过程。

注意：周记的开头已为你写好。词数不少于 60。

Last weekend, I helped my grandparents prepare their trip to Beidaihe.

【解析】和 90 后的学生特点相联系，积极引导高中学生要培养独立性，增加实践能力，并要照顾体谅长辈。所以文章末尾的立意也可以往这方面考虑。同时图画中涉及的旅游出行安排，符合北京地区考生的生活特点。

【范文】

Last weekend，I helped my grandparents prepare their trip to Beidaihe. On Saturday morning，together with my grandparents，I searched the Internet for the train schedule，the weather in Beidaihe，and some hotel information. In the afternoon，I went to the train station and managed to buy two tickets for my grandparents although there was a long queue. After dinner，I packed into the suitcase the things my grandparents need，such as clothes，glasses，an umbrella，and a map. The next morning，I went to the station to see them off. Waving goodbye to them on the platform，I felt happy for them and wished them a safe journey.

16.【语言学习】（2010 江苏卷）

【题目】假设你应邀参加学校组织的“英语学习师生座谈会”，请你根据下表所提示的信息，用英语写一篇发言稿，简单介绍自己英语学习的情况，并对学校今后的英语教学提出建议。

自己英语学习的情况	1. 英语学习的目的
	2. 英语学习的方法
	3. 课外自学的途径
	……
对学校英语教学的建议	（请考生根据自己的经历与感想，提出两至三点建议）。

注意：1. 对所给要点逐一陈述，适当发挥，不要简单翻译；

2. 词数 150 左右。开头和结尾已经写好，不计入总词数；

3. 文中不得提及考生所在学校和本人姓名。

Dear teacher and schoolmates，

It s a great pleasure for me to be today and share myexperience of learning English with you.

Thank you for listening.

【解析】该作文题目涉及《课程标准》中的“语言学习”的话题，同考生的英语学习经历息息相关，考生看到题目后有话可说。该写作的体裁要求为发言稿，学生在平时生活中也可能用上这类应用文，体现了实用性。

【范文】

Dear teacher and schoolmates，

It s a great pleasure for me to be today and share my experience of learning English with you. I m interested in English and hope to be an interpreter in the future. Naturally it s very important for me to learn English well. As everybody knows vocabulary is an important part of language，just like bricks in a building. I usually memorize twenty new words a day and put them to use whenever possible. After class，I often listen to English programs on TV and on the radio. Besides，I ve learned a lot from the Internet and other sources.

Now，I d like to make some suggestions on English teaching and learning in our school. Firstly，we should be given more opportunities to use what we ve learned in order to have a better grasp of it. Secondly，I hope our teachers can recommend more interesting books and magazines and give us more free time to read them. Finally，I suggest we have more English activities， such as English contests and festivals.

Thank you for listening.

17.【应用文 . 电子邮件】(2012 全国卷)

【题目】

假定你是李华，从互联网上得知一个国际中学生组织将在新加坡（Singapore）举办夏令营，欢迎各国学生参加。请写一封电子邮件申请参加。

内容主要包括：

1. 自我介绍（包括英语能力）；

2. 参加意图（介绍中国、了解其他国家）；

3. 希望获准。

注意：

1. 词数 100 左右；

2. 可以适当增加细节，以使行文连贯；

3. 邮件开头和结尾已为你写好。

Dear Sir or Madam,

____

Regards,

Li IIua

【范文】

Dear Sir or Madam,

I m Li Hua, a middle school student from China. I read the announcement of the summer camp that you have posted on the Internet and I am interested in it. I know that you welcome students from different countries and I d like to take part in it. I ve been learning English for 10 years, and I speak fluent English. What is more, I ll be able to tell students from other countries about China and learn about their countries as well. I hope I will be accepted as a member of your summer camp.

Looking forward to your reply!

Regards,

Li Hua

18.【看图作文】(2013 湖北卷)

请根据以下提示，并结合事例，用英语写一篇短文。

We all know that "sticks and stones may break our bones", but we should also be aware that words can hurt people, too.

注意：①无须写标题，不得照抄英语提示语；

②除诗歌外，文体不限；

③文中不得透露个人姓名和学校名称；

④词数为 120 左右。

2.5.3【我们的工作】

高考试题分析

通过对 2014 年全国 19 套高考英语试卷（共 20 道写作题）分析发现，英语写作仍旧以半开放型写作为主（75%）。值得一提的是北京卷的写作也采用了图画式的开放型写作。从全国来看，开放欠缺型写作保持下降趋势，写作继续趋向于开放。

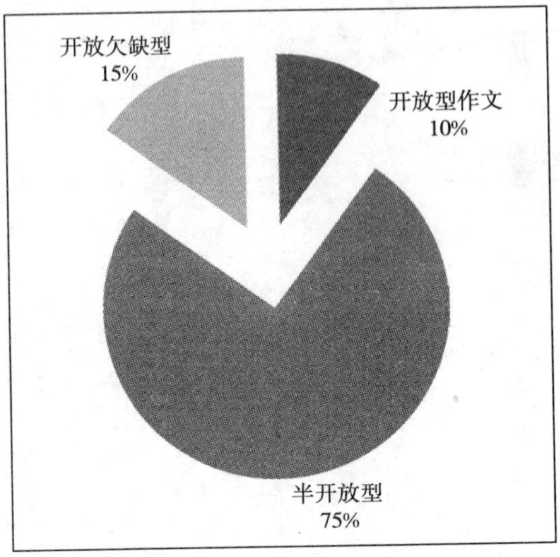

图 18　2014 年全国高考英语写作开放性类型分布

通过对写作题材进行统计发现，主要涉及以下表中几个话题（图 19）。从全国来看，“学校生活”“日常生活”“人际关系”话题依旧为各地所偏爱。写作体现的题材都贴近生活、展现真实情境，具有真实性。

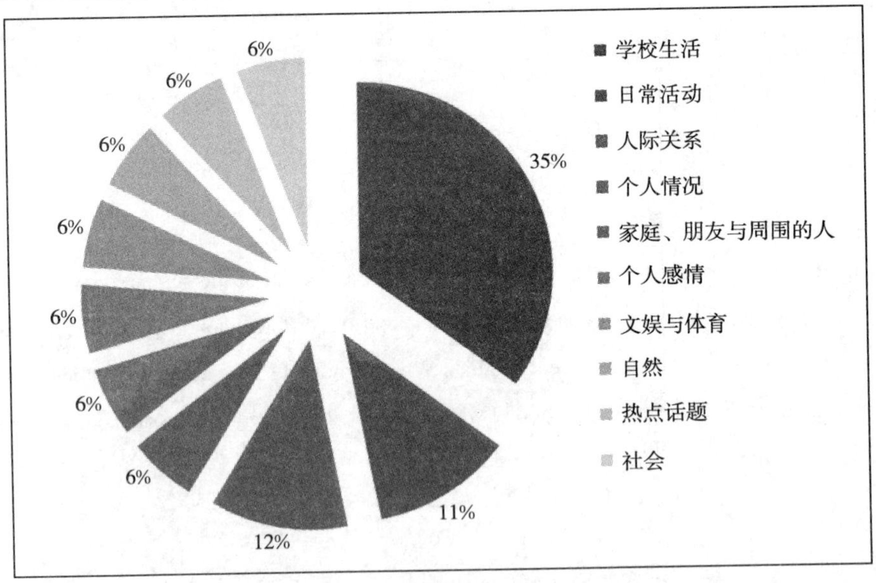

图 19　2014 高考英语写作题材分布

2014 年全国英语写作体裁依旧覆盖了应用文、议论文、记叙文、夹叙夹议各种体裁。应用文仍占最大比重（55%），可以看出各地对写作的实用性的重视。其中应用文的写作又以书信的形式居多。

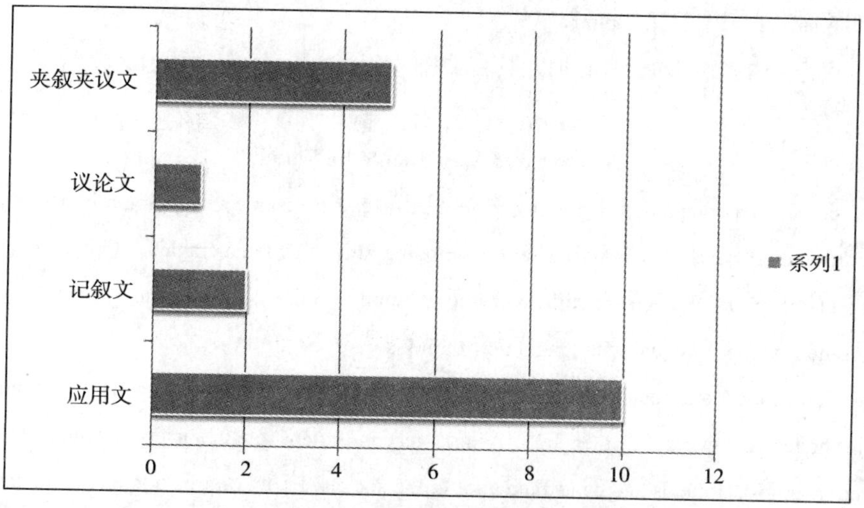

图 20 2014 高考英语写作体裁分布

真题例证

我们 TPS2.0 系统中的题目有许多题目都符合上述分析的高考英语写作部分的趋势，含有 20 个开放式作文切片，符合不断趋于开放的特点；并且题目体裁多样化，有 14 个不同体裁（记叙文、议论文、说明文、应用文）的作文切片；该系统中的写作题目选材丰富，许多题目的题材贴近生活，展现真实情景。

相似题例证

（2014 北京卷）

【题目】假设你是红星中学高三 (1) 班的学生李华，请根据以下四幅图的先后顺序，为校刊“英语园地”写一篇短文，记述你和同学们向学校提建议，解决自行车存放问题的过程。

注意：1. 词数不少于 60；

2. 短文的开头已给出，不计入总词数。

There was a problem with the parking place for bikes in our school. ________________________________

【真题匹配】

【来源】TPS2.0 组卷系统（TPS 主题教学 \ 高中 \ 英语 \ 写作 \ 议论文 \ 图画式 \ 高三 \C\E-P7S3N2L-C09）

【题目】【江西省九所重点中学 2008 届高三第二次联合考试】

仔细观察下面的图画，请就画面所在地反映的问题谈谈你的看法。

参考词汇：简历 resume； 毕业证书 diploma

【解析】本题为议论文体裁的写作，考生可以自己发挥根据图画的提示，针对图画反映的问题发表自己的观点，

【参考范文】

Women and Men Should be Equal

A young woman comes to a company to apply for a job. She takes her resume and diploma in her hands. Seeing her，the man in charge of the personnel branch（人事部门）says disappointedly，“A female again.” The picture does not describe a special case. Such is quite common. Women are still looked down upon in society. A great number of men still hold that women are inferior to men. Women can not be equal with men. I don t think so.

First，men and women are born equal. Women are certainly as talented as men if they are given equal opportunities of education. Indeed，in the modern world，women are playing a very important role in society. Women are working side by side and compete with men in almost all fields and contribute a lot to the society. Furthermore，there are two sex groups，namely，men and women. Our human society could not have existed or advanced without either of them. Since men and women are equal by nature，men and women are equal important roles in all human activities；either is necessary to the society. Women should not be treated as an inferior sex；they should be on an equal footing（处于平等地位）with men and they should enjoy the same treatment as men.

Above all，women and men should be equal.

相似题例证

（2013 北京卷，情景作文）

【题目】You are discussing the following picture with your English friend Jim. Now you are telling him how you understand the picture and what makes you think so.

【解析】考查记叙文的写作。情境真实，贴近学生生活。

【真题匹配】

【来源】TPS2.0 组卷系统 \2012 年北京市西城区高三第一次模拟英语试题 \ 记叙文（写作），图画作文 \S00023153

假设你是红星中学高二（1）班的学生李华，上周你和爸爸去看望了你们资助了两年的贫困学生小明。下面四幅图描述了事情的全过程，请根据图片的先后顺序，为校刊“英语园地”写一篇短文。

注意：1. 文章的开头已为你写好。

2. 词数不少于 60。

For two years my family has been supporting Xiao Ming，a boy from a poor family.

____

____

____

____

____

<解析>

第一篇情景作文，仍然是四幅图的，题材也是和学生的生活息息相关。图画的内容体现的是学生生活中发生的事情，符合高中学生的年龄特点和生活背景。本文应为记叙文体裁，使用第一人称，主体时态应该用一般过去式。考生必须首先理解图画的含义，然后才能组句成文。

图	表达	过渡性词语
图 1. 出发去小明家；	set off；on a country road	Early in the morning
图 2. 到达小明家；	arrived at Xiao Ming s home；working in the garden；sitting in the sun	After a two-hour drive
图 3. 和小明交流；	gave him some books and a schoolbag；showed us his excellent school work	Once inside
图 4. 分别	saw us off；waved goodbye	When we left

<范文>

For two years my family has been supporting Xiao Ming，a boy from a poor family.

Last weekend my father and I went to visit him again. Early in the morning we set off，and soon we were on a country road，I paid little attention to the scenery on the way，for my mind was already there with Xiao Ming. After a two-hour drive，we arrived at Xiao Ming s home. At that moment，Xiao Ming was working in the garden，while his grandfather was sitting in the sun. We were excited to see each other. Immediately，they invited us to rest in their house. Once inside，we gave him some books and a schoolbag. Grateful and moved，Xiao Ming showed us his excellent school work，which impressed us greatly. We talked so happily that we didn t realize it was time to leave. Xiao Ming and his grandfather saw us off at the village entrance and we waved goodbye to them，promising to come back again.

I really feel happy about what we did that day. By helping others，we ourselves actually gain a lot.

相似题例证

（2013 山东卷）

【题目】假如你是新华中学的学生李华，你的美国朋友 Tom 一周前给你发电子邮件，询问你暑假里的打算，但你因准备期末考试未能及时回复。请根据以下要点给他回封邮件：

1. 未及时回信的原因；

2. 你假期的打算（如做兼职、旅行、做志愿者等）。

注意：1. 词数：120~150；

2. 可适当增加细节，以使行文连贯。

【解析】本文通过对 Email 进行回复考查应用文的写作。同时电子邮件为近来新兴的交流方式，具有时代性。

【真题匹配】

【来源】TPS2.0 组卷系统 \2012 年普通高等学校招生全国统一模拟考试（山东卷）\ 提纲作文，应用文（写作）\S00099351

假定你是李华，18 岁，来自淄博，一个月前刚到英国，正在一所大学学习暑期课程，在写作方面遇到一些困难，希望得到学校辅导中心（Learning Center）的帮助。请按下列要点写一封信：

1. 本人简介；

2. 求助内容；

3. 约定时间；

4. 你的联系方式（Email：lihua@126. com；Phone：12345678）。

注意：

1. 词数 100~120；

2. 可以适当增加细节，以使行文连贯；

3. 开头结尾已为你写好。

Dear Sir/Madam，

____

____

____

____

Yours，

Li Hua

<范文>

Dear Sir/Madam，

I m Li Hua，18 years old，a Chinese student from Zibo. I am taking summer courses in your university now. I d appreciate it if you could help me with my problem.

I came here last month and found my courses interesting. What s more，people here are friendly to me. To my joy，I have made great progress in my English. However，I have some difficulty in writing a good composition. Fortunately，I was told the learning center could provide help for students and I am eager to get help.

I have no class on Tuesday morning and Friday afternoon. Please let me know which day is OK with you. You can send Email to me. My Email address：Lihua @126. com，or you can phone me，my phone number：12345678.

I m looking forward to your early reply.

Yours，

Li Hua

2.5.4【备考战略】

利用课文中的重点字、词、词组造句。

要求学生能举一反三地造句、循环往复，从简到繁，这样他们在表达自己的思想时，一些早已烂熟于心的词语及句型框架就能呼之即出，信手拈来。

学生进行模仿作文。

仿写是独立写作的预备阶段，也为独立写作打下了基础。现行中学英语教材有很多是英文原著改编的，有童话、寓言、短剧、小说节选、书信、日记，也有名人轶事、史地知识、科普文章，还有应用文、记叙文、论说文等，这些题材广泛、体裁多样的范文都是学习仿写的好材料。

训练学生写段落大意和查找主题句。

在学习议论文和说明文时，学生可以在文章的开头、末尾或中间查找主题句。这样可以帮助学生完成从控制性写作到半控制性写作的过渡，提高英语概括能力，也可以提高学生写作时的整体性和逻辑性。

学生对短文进行缩写或改写。

缩写或改写课文的能力与理解课文的能力密切相关，互相影响，这样做有助于提高学生理解课文大意和概括所见所闻的逻辑思维能力，有助于提高学生独立地创造性地运用语言的能力，有利于学生记忆有用的短语或句型。

学生进行课文背诵。

根据文章具体情况作不同的要求。较好的文章要全背，有的则背诵部分段落。学生在写作时就可以很自然地写出地道的、符合英语习惯的句子。

把课文听写贯穿于写作训练中。

听写的作用在于帮助学生复习、巩固已学的单词和句型，使学生在写作时碰到类似的语句时能知道该如何表达。

学习并掌握一些固定范文模板。

平时掌握一些不同体裁的范文模板，在考场上只要英语写作结构意识良好，应试写作就简化成为一个填空的过程，根据提示要点，适当灵活地填入要点、素材，文章框架就自然而然形成。为了使行文连贯，可以适当增加细节。另外，添加一些连词、序数词或过渡词汇可以使短文层次分明，逻辑清楚。

附录1高考真题

	全国Ⅰ	全国Ⅱ	新课标Ⅰ	新课标Ⅱ	新课标	自主命题
2006	河北，河南，山西，广西，海南等	黑龙江，吉林			无	上海，北京，湖北，广东，江苏，辽宁，重庆，福建，浙江，湖南，天津，江西，山东，安徽，陕西，四川
2007	河北，河南，山西，广西等	贵州，黑龙江，吉林，云南，新疆，内蒙古，青海，西藏			无	上海，北京，湖北，广东，江苏，辽宁，重庆，福建，浙江，湖南，天津，江西，山东，安徽，陕西，四川，宁夏，海南
2008	河北，河南，山西，广西等	贵州，黑龙江，吉林，云南，新疆，内蒙古，青海，西藏			无	上海，北京，湖北，广东，江苏，辽宁，重庆，福建，浙江，湖南，天津，江西，山东，安徽，陕西，四川，宁夏，海南
2009	河北，河南，山西，广西等	贵州，黑龙江，吉林，云南，新疆，内蒙古，青海，西藏			无	上海，北京，湖北，广东，江苏，辽宁，重庆，福建，浙江，湖南，天津，江西，山东，安徽，陕西，四川，宁夏，海南
2010	河北，河南，山西，广西等	贵州，云南，甘肃，新疆，青海，西藏，内蒙古			吉林，宁夏，黑龙江	北京，上海，安徽，重庆，福建，广东，湖北，湖南，江苏，江西，山东，陕西，四川，天津，浙江，辽宁
2011	河北，广西等	云南，贵州，甘肃，青海，内蒙古，西藏			河南，山西，新疆，吉林，黑龙江，宁夏，海南	北京，上海，安徽，重庆，福建，广东，湖北，湖南，江苏，江西，山东，陕西，四川，天津，浙江，辽宁
2012	河北，河南，山西，广西等	贵州，黑龙江，吉林，云南，甘肃，新疆，内蒙古，青海，西藏广西			海南，宁夏	北京、上海、天津、重庆、辽宁、江苏、浙江、安徽、福建、江西、山东、湖北、湖南、广东、四川、陕西
2013		广西	河南、河北、山西	青海、西藏、甘肃、贵州、吉林、宁夏、内蒙古、黑龙江、新疆、云南、海南		北京、上海、天津、重庆、辽宁、江苏、浙江、安徽、福建、江西、山东、湖北、湖南、广东、四川、陕西
2014		广西	河南、河北、山西	青海、西藏、甘肃、贵州、吉林、宁夏、内蒙古、黑龙江、新疆、云南、海南		北京、上海、天津、重庆、辽宁、江苏、浙江、安徽、福建、江西、山东、湖北、湖南、广东、四川、陕西

附录 2 相关参考文献

【高考英语听力试题研究】

吴琼 . 高考改革首先实行英语听力的“一年多考”［J］. 考试周刊，2011，（22）.

黄钰涵 . 2007 至 2010 年高考英语全国卷听力测试构建分析［J］. 和田师范专科学校学报，2011，（2）：123-125.

苏克银 . 从会话含义看高考英语听力理解试题［J］. 英语知识，2010，（6）.

苏克银 . 语境理论在高考英语听力理解中的运用［J］. 英语知识，2010，（07）.

夏春来 . 2010 年高考英语听力解读及 2011 年听力备考策略［J］. 新高考（高三语数外），2010，（10）.

洪美兰 . 高考听力分析及高分应试策略［J］. 中学英语之友（综合版），2010，（10）.

夏光明 . 高考英语听力测试分析与研究［J］. 英语教师，2010，（6）.

冯青松 . 高考英语听力试题要求及应试策略［J］. 素质教育论坛，2010，（5）.

辜向东，雷雪梅 . 2008 年高考英语听力试题分析与研究［J］. 教育测量与评价（理论版），2009，（11）：48-52.

刘庆思 . 从试卷设计看高考英语科对听力的考查［J］. 课程 教材 教法，2009，（06）.

尹全胜 . 高考英语听力测试特点及答题能力专项训练［J］. 考试周刊，2008，（9）.

贾海霞 . 了解高考听力特点 制定高分应试策略［J］. 才智，2008，（12）：130.

董敏 . 2007 年高考英语听力试题特点［J］. 山东师范大学外国语学院学报（基础英语教育），2007，（6）：92-96.

邓北平 . 我国高考英语听力考试的历史与现状研究（一）. http：//blog. sina. com. cn/s/blog＿492fa15a. html.

沈蓓蓓 . 高考听力理解试题解析［J］. 中小学教学研究，2007，（12）.

姚生军 . NMET 听力试题分析——兼评 NMET+2005 听力试题［J］. 中小学外语教学（中学），2006，（8）.

孔军 . 2002 高考英语（北京卷）听力试题特点与解题方法技巧［J］. 试题研究，2003，（9）.

【高考英语单项试题研究】

崔红 . 2010 年北京高考英语单项填空题详解［J］. 高中生，2010，（36）.

谢奎金 . 2009 年高考英语全国卷 I 单选题评析［J］. 中学生英语（高中生），2009，（Z7）.

杨铁军 . 高考英语单项选择题的特点及解题技巧［J］. 考试与招生，2009，（07）.

张连继 . 英语高考单项填空的命题特征和解题技巧［J］. 考试周刊，2009，（36）.

陈坚 . 2005-2008 年全国高考英语试卷单选题比较分析［J］. 考试（高考英语版），2008，（Z5）.

刘新会 . 浅析 2008 年高考英语单项选择题的新角度考查［J］. 中学英语之友（高三版），2008，（Z2）.

李也白 . 2006 年高考英语单项填空题解析（全国卷）［J］. 英语知识，2007，（01）.

刘新会 . 2007 年高考英语全国卷 I 单项填空题评析［J］. 考试（高考英语版），2007，（Z3）.

郝昌民 . 单选备考要当心——评 2005 年高考英语单项选择题［J］. 试题与研究，2005，（27）.

周贞雄，陈根花 . 高考英语单项填空命题规律探秘与备考策略［J］. 当代教育论坛，2005，（10）.

【高考英语完形填空试题研究】

孙依璇 . 2011 年高考英语完形填空命题预测［J］. 高中生，2011，（06）.

贾彩媛 . 高考英语完形填空的特点及高分策略［J］. 考试周刊，2011，（22）.

陈朝媛 . 2004 年 -2008 年高考英语重庆卷完形填空考点效度分析［J］. 考试周刊，2010，（14）.

马荣广 . 2009 高考英语完形填空题的考点效度分析［J］. 科技信息，2010，（17）：153-154.

王丽 . 2009 年高考英语（全国卷）完形填空试题分析［J］. 考试周刊，2010，（35）.

胡悠 . 2010 年全国各地高考英语完形填空题分类解析（一）［J］. 广东教育（高中版），2010，（Z1）.

朱洪翠 . 高考英语完形填空命题特点及解题方法探析［J］. 考试周刊，2010，（2）.

杨天如 . 2008 年高考全国卷英语完形填空评析［J］. 英语知识，2009，（02）.

王幼平 . 2009 年高考全国各地英语卷完形填空题考查热点分析［J］. 中学生英语（高中版），2009，（Z7）.

黄利军 . 2009 年高考英语全国卷（I）完形填空和阅读理解评析［J］. 试题与研究，2009，（30）.

潘怡斐 . 谈上海高考新形势下完形填空能力的提高［J］. 语文学刊（外语教育与教学），2009，（1）：139-141.

车应森 . 文化意识与语篇理解的有效整合——解析 2009 年高考英语全国卷（I）完形填空［J］. 中学生英语（高中版），

2009，（Z7）.

兰春寿 . 高考英语完形填空题的效度分析［J］. 山东师范大学外国语学院学报（基础英语教育），2008，（5）：75-78.

毛延生，张建丽 . 国内完形填空研究 20 年述评［J］. 外语教学理论与实践，2008，（2）：55-61.

车应森 . 剖析完形填空明确高考导向——解析 2006 年高考英语全国卷（Ⅰ）完形填空［J］. 中学生英语（高三版），2006，（Z6）.

廖惠新，李彩燕 . 2003 高考英语试卷完形填空评析［J］. 福建教育学院学报，2003，（8）：21-22.

邹晓兰 . 近三年高考英语试题分析［J］. 高中生之友，2003，（02）.

【高考英语阅读研究】

邱劲 . 从语篇变量看高考英语阅读测试的效度［J］. 重庆邮电大学学报（社会科学版），2010，（3）：153-156.

薛峰，秦秀莲 . 2007 年全国高考英语试卷阅读部分信度和效度的研究［J］. 教育理论与实践，2008，（5）：30-31.

肖清奎 . 高考英语阅读理解能力考查［J］. 考试（高考理科版），2008，（03）.

王云华 . 高考英语阅读理解题的类型及解题方法［J］. 山东师范大学外国语学院学报（基础英语教育），2008，（5）：79-86.

王君 . 高考英语阅读理解命题趋势及高分策略［J］. 四川文理学院学报，2008，（18）.

莫咏仪 . 近年高考英语阅读理解题的命题趋势及备考策略［J］. 广东教育，2005，（7）.

缪庭 . 从高考阅读理解看素质教育要求［J］. 辽宁教育，2001，（04）.

辜向东，杨培绒，冯娜 . 2009 年 19 套高考英语卷书面表达题命题质量探究［J］. 教育测量与评价（理论版），2010，（12）：47-50.

江世勇 . 从高考英语书面表达看高中生英语思维能力的培养［J］. 英语教师，2010，（10）.

王云华 . 高考书面表达题的设计特点及成文策略［J］. 山东师范大学外国语学院学报（基础英语教育），2009，（1）：61-66.

邢文骏 . 高考英语书面表达的命题趋势和解题策略［J］. 山东师范大学外国语学院学报（基础英语教育），2009，（3）：77-82.

王锦清，赵红梅 . 高考英语书面表达试题的效度分析［J］. 山东师范大学外国语学院学报（基础英语教育），2009，（3）：65-69.

陶战勇 . 从礼貌原则看高考英语书面表达题的参考答案［J］. 山东师范大学外国语学院学报（基础英语教育），2007，（3）：82-85.

【备考策略】

刘捍东 . 高考英语复习备考策略［J］. 才智，2011，（6）：114-144.

林红 . 高考英语阅读理解命题研究及备考策略［J］. 大连教育学院学报，2011，（1）：33-36.

廖小珍 . 高考英语书面表达的备考策略［N］. 考试报 综合信息版，2011-04-15.

杨延从 . 高考英语短文填词题的命题特点与备考建议［J］. 山东师范大学外国语学院学报（基础英语教育），2010，（2）：72-75.

徐利霞 . 谈高考英语写作备考［J］. 科技信息，2010，（29）：339.

吴晓 . 2010 年高考英语考纲解读与复习备考策略［J］. 新教育，2010，（04）.

缪庭 . 2010 年高考英语备考指南［J］. 新高考（语文数学英语），2010，（01）.

张丽彩 . 2008 年高考英语书面表达试题分析与 2009 年备考策略［J］. 英语教师，2009，（06）.

陈杰 . 高考英语阅读理解备考策略［J］. 青海教育，2009，（03）.

孙婧姝 . 09 年高考英语作文备考策略［J］. 考试（高考英语版），2008，（Z6）.

黄丽燕 . 新课程背景下英语高考备考及考试策略［J］. 中小学外语教学（中学篇），2008，（11）.

曹璟 . 2009 年高考英语命题展望与备考建议［J］. 山西教育（招生考试），2008，（10）：57-60.

夏春来 . 2007 高考英语听力备考 ABC［J］. 山西师范大学学报（自然科学版），2007，（S1）：129-130.

章正彪 . 英语高考书面表达备考策略［J］. 陕西教育，2007，（03）.

张贵福 . 2006 年高考英语听力分析及备考策略［J］. 山东教育（中学刊），2006，（14）.

王金仓 . 浅谈 2005 年高考英语备考策略［N］. 甘肃经济日报，2004-10-12.

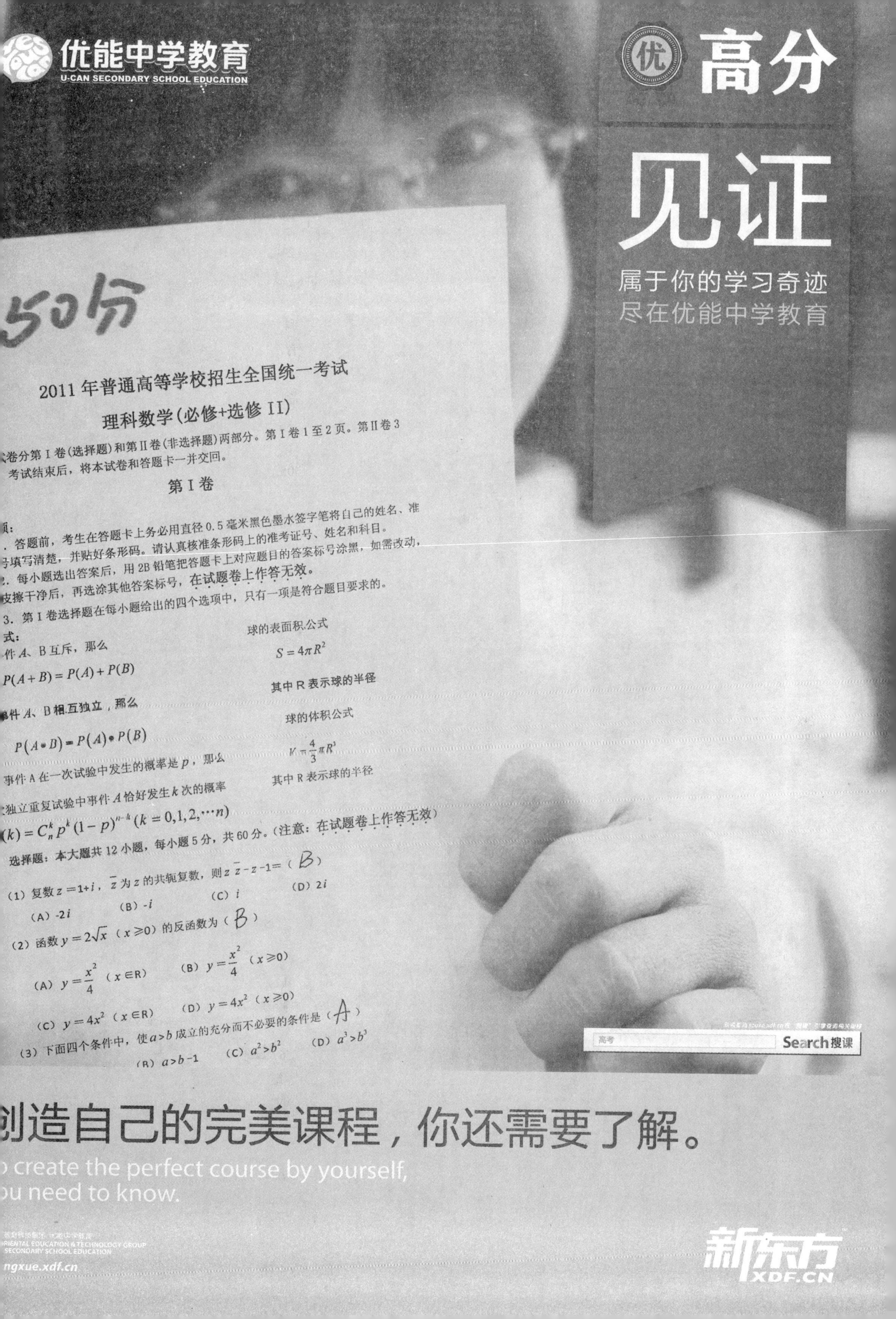
优能中学教育
U-CAN SECONDARY SCHOOL EDUCATION
高分
见证
属于你的学习奇迹
尽在优能中学教育
50分
2011年普通高等学校招生全国统一考试
理科数学(必修+选修II)
Search搜课
创造自己的完美课程，你还需要了解。
o create the perfect course by yourself,
ou need to know.
新东方
XDF.CN

优能中学教育
U-CAN SECONDARY SCHOOL EDUCATION
耀起来
不要紧张
就耀从荣应对

优能中学教育
U-CAN SECONDARY SCHOOL EDUCATION
耀起来 不要犹豫
就耀完美起航

优能中学教育
U-CAN SECONDARY SCHOOL EDUCATION
优
高考
决胜
高考发挥超强实力
尽在优能中学教育
TO CREATE THE
PERFECT COURSE
BY YOURSELF
U-CAN HAS IT ALL.
高考
Search 搜课
创造自己的完美课程，你还需要了解。
To create the perfect course by yourself,
you need to know.
NEW ORIENTAL EDUCATION & TECHNOLOGY GROUP
U-CAN SECONDARY SCHOOL EDUCATION
zhongxue.xdf.cn
新东方
XDF.CN

优能中学教育
U-CAN SECONDARY SCHOOL EDUCATION
耀起来
不要紧张
就耀从荣应对
创造自己的完美课程，你还需要了解。
To create the perfect course by yourself,
you need to know.
NEW ORIENTAL EDUCATION & TECHNOLOGY GROUP
U-CAN SECONDARY SCHOOL EDUCATION
zhongxue.xdf.cn
新东方
XDF.CN

2014–2015年度高考备考策略研究报告

2014—2015 Research Report on NMT Preparation Strategies

Research Report
of National Matriculation Physics Test

《物理学科》

总顾问：俞敏洪

顾　问：周成刚

总统筹：罗　娉　王　专

总策划：新东方优能中学推广管理中心（全国中高考教学考试研究院）

总　编：赵剑锋

本册主编：许纪跃

编　辑：陈贾雷　李建龙　李　晶

新东方 XDF.CN　|　优能中学教育 U-CAN SECONDARY SCHOOL EDUCATION

西藏人民出版社

新学案

图书在版编目(CIP)数据

新学案. 6/北京天利考试信息网编.
—拉萨：西藏人民出版社，2009.3（2014.7重印）
ISBN 978-7-223-02599-7

Ⅰ.①新…　Ⅱ.①北…　Ⅲ.①课程—教案（教育）—中学　Ⅳ.①G633

中国版本图书馆CIP数据核字(2009)第009073号

新学案. 6

——2014—2015年度高考备考策略研究报告（物理学科）

作　　者　全国中高考教学考试研究院
责任编辑　杨永坤
装帧设计　高文辉
出　　版　西藏人民出版社
社　　址　拉萨市林廓北路23号　　**邮政编码：**850000
北京发行部：100013　北京市东土城路8号林达大厦A座13层
电　　话：010-61420186
印　　刷　三河市南阳印刷有限公司
经　　销　全国新华书店
开　　本　16开（880×1 230）　　**字　　数**　1 300 千
印　　张　43
版　　次　2014年7月第1版第2次印刷
标准书号　ISBN 978-7-223-02599-7
定　　价　398.00元（全6册）

目 录

一、学科发展趋势解读

1.1 物理学科综述

物理学是一门以实验为基础的科学，通过物理学的学习，一方面提高我们的动手操作能力和观察能力，同时也培养我们尊重实验、实事求是的科学作风，提高我们的思想素质．学习物理学，很重要的一个方面就是学习科学家认识自然、探索规律的方法和途径，培养学习者科学的思维方法，提高认识世界的能力．学习物理学，还要学习科学家献身科学研究和实验，不怕挫折和失败的坚韧不拔的意志品质，使学习者的智力因素和非智力因素都得到发展，提高学习者的心理素质．物理学充满了对立统一，是活的唯物辩证法．通过学习物理学，学习者不自觉地就受到辩证唯物主义思想的教育，坚持唯物论和辩证法，反对唯心主义和形而上学，坚持真理，崇尚科学，提高辨别是非的能力．

物理学的发展，促进了科学技术的进步，现代物理学更成为高新技术的基础．在牛顿力学和万有引力定律的基础上发展起来的空间物理，能把宇宙飞船送上太空，使人类实现了飞天的梦想；带电粒子在电场磁场中偏转的规律在科学技术中的应用，使核物理的研究使放射线的应用成为可能．20世纪初相对论和量子力学的建立，诞生了近代物理，开创了微电子技术的时代，可以说没有量子力学也就没有现代科技．20世纪60年代，激光器诞生．激光物理的进展使激光在制造业、医疗技术和国防工业中得到了广泛的应用．20世纪80年代高温超导体的研究取得了重大突破，为超导体的实际应用开辟了道路．20世纪90年代发展起来的纳米技术，使人们可以按照自己的需要设计并重新排列原子或者原子团，使其具有人们希望的特性．纳米材料的应用现在是一个新兴的又应用很广泛的前沿技术．生命科学的发展也离不开物理学，如：脱氧核糖核酸(DNA)是存在于细胞核中的一种重要物质，它是储存和传递生命信息的物质基础．可以说物理学的发展，促进了各个领域科学技术的进步，使人类的生产和生活发生了翻天覆地的变化．

同样，物理学推动了社会的进步．物理学的发展引发了一次又一次的产业革命，推动着社会和人类文明的发展，可以说社会的每一次大的进步都与物理学的发展紧密相连．18世纪中叶，在热学发展的基础上发明并改进了蒸汽机．蒸汽机的广泛使用，促成了手工业向机械化大生产的转变，并使陆上和海上的大规模的长途运输成为可能，大大推动了社会的发展．1840年，法拉第发现了电磁感应现象，并逐渐形成了完整的电磁场理论．在此基础上发展起来的电力工业，使人类进入电气化的时代，给人类的生产和生活带来翻天覆地的变化．20世纪70年代，微观物理方面取得重大突破，开创了微电子工业，使世界开始进入了以电子计算机应用为特征的信息时代．可以说社会的每一次巨大的进步都是在物理学发展的基础上完成的，没有物理学的发展，就没有人类社会和文明的如此巨大进步．

1.2 高中物理学科的发展

1977年，由于“文化大革命”的冲击而中断了十年的中国高考制度得以恢复，中国由此重新迎来了尊重知识、尊重人才的时代．物理作为理科生的必考科目，30多年来经历了诸多变化．归纳起来，有如下几点变化规律：

1. 整卷变化

自1977年恢复高考至90年代末的20多年间，高考物理单独成卷，分值也经历了100分到150分的调整．由于2000年“3＋X”高考改革，物理、化学、生物3科合并为“理科综合能力测试”，总分为300分，其中物理、化学、生物所占比例分别为40％、33％、27％，分数分别为120分，100分，80分．虽然大部分省市都采用“3＋X”模式，但江苏、广东两省以及上海市依旧使用物理单科试卷．继上海之后，2007年，山东等部分省市率先实行课程标准后的高考，此后高考试卷题目开始具有选择性．2010年，我国部分省市开始使用新课标高考卷．

2. 命题多元化

自1977恢复高考以来的前20年，除上海外全国其他省市均采用全国卷，统一命题．随后，在北京、安徽等地出现了小规模、难度相对较小的春季考试．近年来，随着教育改革的不断深入，多个省市均采用自主命题的形式，高考试卷出现多元化．

到2006年物理试卷共有9套，其中理综卷6套，物理卷3套．2007年和2008年有13套，其中有4套是首批课程标准教科书使用的省份，它们分别是：广东、山东、宁夏和海南．2009年有15套，2010年有14套，2011年有19套，2012年有14套．

湖南、辽宁、宁夏、陕西、吉林、黑龙江在2010年率先开始用新课标高考卷,2011年用新课标高考卷的省份有河南、山西、吉林、黑龙江、宁夏、新疆,而2012年又增加了内蒙和云南.

2013年有15套,其中理综或物理采用自主命题的地区共12个,分别为:安徽、北京、重庆、福建、广东、江苏、山东、上海、四川、天津、浙江、海南.新课标卷分为新课标全国卷(Ⅰ)和新课标全国卷(Ⅱ).新课标全国卷(Ⅰ)理综卷适用的地区共14个,分别为:河南、山西、新疆、宁夏、吉林、黑龙江、内蒙古、河北、云南、湖南、湖北、江西、陕西、辽宁.新课标全国卷(Ⅱ)理综卷适用地区共4个,分别为:青海、西藏、甘肃、贵州.大纲版全国卷适用的地区只有广西一地.

由于课程标准教科书中有必修与选修,所以高考试卷中有必考与选考.教科书的必修1、必修2和选修3-1、选修3-2是高考的必考内容,教科书的选修3-3、选修3-4、选修3-5是选考的内容,部分省市是3选2,部分省份是2选1.

3. 题型

从1979年开始出现选择题以来,除少数论证题(如推导动量守恒定律考过两次)外,高考物理题型主要有3种,即选择题、填空题和计算题.

(1)选择题

选择题最初是单选题,即在提供的选项中只有一项是正确的,这种题型相对比较容易,因为在几个选项中你只要肯定有一项是正确的,其他项没有把握也不要紧,甚至不用看它也行.

后来出现了多选题,即在提供的选项中有至少2项是正确的,这种题型相对比较难,因为在几个选项中不能肯定有几项是正确的,每一项都得去研究.出现多选题之初,是把单选题与多选题分开的,即设为两个大题,明确告诉你,该大题是单选题还是多选题.

再后来出现了混选题,即在每小题给出的四个选项中,有的小题只有一个选项正确,有的小题有多个选项正确,这就更增加了解题的难度.

对多选题或混选题,它的判分方法是:每小题(例如)5分,全部选对的得5分,选不全的得2分,有选错或不答的得0分.解题技巧是:疑项不选,每题必做."疑项不选"的意思是:有把握正确的选项你要选,没有把握(有怀疑、疑虑、疑惑)的选项不要选,例如某题的有两个选项B、C你认为可选,但对C,你有把握,对B,你没有把握,你就宁愿只选C,可得2分,如果选了B、C,结果正确答案是CD,你则只能得0分,就连累C也不能得分."每题必做"的意思是:如果有一个题很难,你没有有把握正确的选项,那么,你就在没有把握的选项中写一个,也有得2分的可能,如果不写,则为0分.

选择题选项的设置也与最初的有4个、5个的进一步的统一到4个,由用数字(1234)表示过渡到统一用ABCD表示,更进一步,4项全对的题没有了,还要求4个选择项的文字长度大致相等,还有的把4项分为2组,成对称状态.总之:在发展变化中.

(2)填空题

原来的填空题有实验题和计算题,近年除上海卷外,其余卷的填空题都是实验题.作为计算题的填空题,看不到解题过程,不容易判断考生的分析和表达能力,而且结果中数字或单位有一点错就1分不得.

(3)计算题

计算题是高考题的重头戏,占分由原来的40%发展到现在的60%.所谓计算题,题头这样写:"解答应写出必要的文字说明、方程式和重要演算步骤.只写出最后答案的不能得分.有数值计算的题,答案中必须明确写出数值和单位."这就告诉我们,要注意解题的规范化.所谓规范化,就是要注意解题步骤和程序,不忘说明原因和道理,文字说明要写出物理过程和应用的物理规律;公式书写按课本的写法,注意字母的大写与小写,注意英文字母与希腊字母的区别,注意字母的正体与斜体的不同;解题所用字母要与题设一致,相同物理量要用下标区别,如v_1、v_2等;文字运算和数字计算要正确、准确,求出结果要检验,答案中不要忘记写单位,也不要写错单位.

4. 内容

1980年代,是按课本学习和复习,迎接高考,1990年代以来,国家教育部(原国家教委)考试中心每年一度发布考试大纲(原考试说明),考试内容以大纲为准.力、热、电、光、原子物理5部分,近年随着高考内容取消热学的"气体状态方程"和光学的"透镜成像公式"(以前这两项也是高考热点),更强化了力学和电磁学这两大主干、核心、重点知识.以前的4个计算大题,基本上是力学、电磁学各一个,热学、光学隔年一个,力电综合一个;近年的计算大题,大部分是力学综合、电磁学综合或力电综合题,总之,计算题是体现突出重点的,而整卷的覆盖面是由选择题来体现的.

5. 立意

国家教育部考试中心《考试大纲》指出:高考命题由知识立意逐渐向能力立意转化.高考把对能力的考核放在首要位置.要通过考核知识及其运用来鉴别考生能力的高低,但不应把某些知识与某种能力简单地对应起来.

目前,高考物理科要考核的能力主要包括以下几个方面:

(1)理解能力　理解物理概念、物理规律的确切含义，理解物理规律的适用条件，以及它们在简单情况下的应用；能够清楚地认识概念和规律的表达形式(包括文字表述和数学表达)；能够鉴别关于概念和规律的似是而非的说法；理解相关知识的区别和联系.

(2)推理能力　能够根据已知的知识和物理事实、条件，对物理问题进行逻辑推理和论证，得出正确的结论或作出正确的判断，并能把推理过程正确地表达出来.

(3)分析综合能力　能够独立地对所遇到的问题进行具体分析，弄清其中的物理状态、物理过程和物理情境，找出其中起重要作用的因素及有关条件；能够把一个复杂问题分解为若干较简单的问题，找出它们之间的联系；能够理论联系实际，运用物理知识综合解决所遇到的问题.

(4) 应用数学处理物理问题的能力　能够根据具体问题列出物理量之间的关系式，进行推导和求解，并根据结果得出物理结论；必要时能运用几何图形，函数图象进行表达、分析.

(5)实验能力　能独立完成“知识内容表”中所列的实验，能明确实验目的，能理解实验原理和方法，能控制实验条件，会使用仪器，会观察、分析实验现象，会记录、处理实验数据，并得出结论，能灵活地运用已学过的物理理论、实验方法和实验仪器去处理问题.

随着“理科综合能力测试”的出现，更强调了知识的综合性和能力的考查. 怎样体现能力立意，知识立意与能力立意如何区别，是近几年物理高考研究者见仁见智的课题.

6. STS

高考物理与科学、技术、生活(STS)的联系越来越密切. 以前的高考题，多以质点、小球、木块等抽象的物体为对象. 近年，出现了以电冰箱、电视机、人造卫星等实际的物体为对象的题目，题目联系实际，联系高新科技.

7. 难度

高考物理题的难度，除 1987 年、1993 年等出现特别难的情况外，整体是呈现稳中有升的趋向，相临的两年看不出多大的变化，当回头看的话，这几年的难度与 1980 年代初比，不可同日而语. 正如小孩子，天天见看不出长大，但几年不见，就刮目相看了. 由于难度在逐渐增大，致使物理难学的观念越来越加剧，题海战术越来越强，学生负担越来越重.

8. 创新

随着高考改革的深入，新颖题型不断出现，以上海为引领潮流者. 近几年，推出如信息题、辨析题、建模题、实验图象题等新题型，使物理试卷为之一新.

自 2001 年以来，每一年都有一道与众不同的题型(第 19 题或 20 题)，这种题型的结构是：首先是题干，然后以“某同学解法如下”为引导词，写出一种解法，最后是“该同学的解法对吗？如果正确，请继续解出结果，你如果认为不正确，请写出正确的解法.”这种特色题型，有利于考查学生的理解能力和分析能力，就是对物理概念的深入理解和对物理过程的正确分析. 在教学中，这种题都是学生容易出现错误的地方，用这样的题目对他们进行训练，有利于避免类似的错误.

社会在进步，科学在发展、教育在改革，与之相适应的高考也在与时俱进.

1.3　高中物理教学大纲改革

1978 年，在拨乱反正、大力加强基础科学的研究与教学的大背景下，教育部颁布了《全日制十年制学校物理教学大纲》. 这个大纲对知识学习的要求比现行大纲的要求要高. 例如，欧姆表、惠斯通电桥、电源的输出功率、含反电动势的电路，都在要求之列.

1983 年又颁布了高中数学、物理、化学的教学纲要，把教学要求分为“基本要求”和“较高要求”. 与之对应，出现了“甲种本”“乙种本”两个版本教材. 在教学实践中，出现了盲目追求高要求的倾向. 在这之后，由于高考命题以“乙种本”为标准，多数学校以高考为目的进行教学，出现了过早划分文理科的现象，许多学生只学过力学之后就停止了物理课的学习.

1990 年为了改变许多学生不能学到“较完全的物理知识”的现象，教育部颁布了新的教学大纲，规定高一、高二两年全体学生学习“必修物理课”，高三年级中，报考理工科大学的学生学习“选修物理课”. 这个办法在实施上有些困难，因为许多内容，例如圆周运动，在高一物理课中只能学角速度、线速度，而向心力等内容则要到高三再学. 教师说这种情况是：话到嘴边留半句. 因此，在教学实践中，多数学校都是把必修内容和选修内容“打通”学习的.

1997 年，原国家教委在山西、江西、天津两省一市开始试验新课程计划，1999 年在进行修订之后，这个课程计划及各科教学大纲的“试验修订本”扩大到 10 个省市试用，2001 年扩大到 25 个省市，成为我国当前高中课程的主流结构.

在这个计划中，物理课由“二一分段”改为“两类物理课”，开始出现“分类型”“选择性”的思想. 学生可以选择学习Ⅰ类物理课和Ⅱ类物理课. Ⅰ类物理课是全体学生都要达到的标准，是高中毕业会考的依据，Ⅱ类物理课是较高要求的物理课，是理工科大学入学考试的依据.

由于学生入学时对自己的能力倾向不完全了解，也难以决定将来是否报考理工科大学，所以，两类物理课在高一的学习内容是完全一样的；同时由于学习Ⅱ类物理课的学生要按Ⅰ类物理课进行会考，Ⅱ类物理课的内容完全覆盖Ⅰ类物理课.

1.4 课程标准改革

1.4.1 课改理念

“新课标”的课改理念主要有：“注重全体学生的发展，改变学科本位的观念”“注重科学探究，提倡学习方式多样化”“从生活走向物理，从物理走向社会”“注意学科渗透，关心科技发展”“构建多元化的评价体系”等内容.

2005年的广东卷把“热力学第二定律”列为一个较大的题目进行考查，很多人不理解，殊不知它是当今支撑“世界图景的多元化格局”的四大理论之一，它揭示了物质世界的方向性和过程性，“在自然定律中占有至高无上的地位”(爱丁顿)，这与耗散结构、混沌问题都有着一定的联系，从新课标的“改变学科本位”体现科技前沿的思想出发，“热力学第二定律”的知识虽然出现在教材的非重点章节，但作为具有导向功能的高考，就不得不对该知识点给予足够的凸显. 这已经是对此问题进行考查的信号. 这一点在明年或之后的高考命题中必将继续凸显. 它至少要作为选择题的一个分支出现，考查这类知识必须督促基础物理教育转变“学科本位”.

关于研究性学习的探究性试题从2002年的上海卷就已经预示了高考的新趋势. 这类试题在2005年高考中占的分量更重(32分)，2005年的其他高考卷也陆续出现，目的就是要体现课程标准的“注重科学探究提倡学习方式多样化”的课改理念. 大家公认的事实是：上海总是在教学改革方面走在全国的前列，它的高考命题方向体现着全国物理高考命题的发展趋势. 看一下近几年的高考试题，不难对此观点认可.

“从生活走向物理，从物理走向社会”也就是平常所讲的STS教育，是近年来高考所刻意追求的方向如全国卷中的“跳蚤跳高”、上海卷中的“手指宽度”等等，无不渗透着生活气息.

至于“注意学科渗透，关心科技发展”“世界物理年”也许是2005年物理事件中最为热门的的话题，如果不注意物理学史、科学史的渗透或对科技发展漠不关心，就很难猜押到2005高考命题会出与爱因斯坦有关的物理知识. 100年前的1905年爱因斯坦发表了他的举世注目的三篇论文，“世界物理年”正是为了纪念这位科学天才而定的. 如果知道了这一点，在复习备考中就会有意识地对与爱因斯坦有关的知识进行归纳强化. 2005年的北京卷和上海卷都出了这方面的内容这对我们理解新课标与高考的关系是一个很好的例证.

关于“构建多元化的评价体系”，预示着高考今后必将出一些开放性的试题. 比如，出那些让考生依据物理学知识对某一问题进行多元化的解决、判断或评价从而改变当前“考试就是做题”的现状. 对某一物理问题，提供开放的情景，让考生进行解决，只要能够用物理知识自圆其说，可以让学生异想天开. 评卷时进行多元评价，这样才能体现多元化的评价体系. 这样的试题上海卷中已经有所体现. 以后估计仍然是高考命题改革的方向之一.

1.4.2 课改特点

(1)物理课的总课时比原来的课时减少大约三分之一.

(2)加强了实验操作训练.

(3)课程评价上强调更新观念.

(4)增加了“课题研究”.

(5)增大了弹性、划出了学生自主活动的时间.

(6)强调发挥物理课程在观念、态度领域的教育功能.

新大纲的特点很多，可以概括为：物理课时少了，内容多了(在适当减少部分内容深度的同时拓宽了知识面，如增加了热力学第二定律、氢原子中的电子云、不确定关系等)，突出了实践(强调了知识运用于生活、技术、社会，加强了实验操作训练，增加了课题研究活动)，加大了弹性，给学生自主安排的时间多了，有利于落实素质教育.

整体来说，新大纲的要求提高了. 为此，我们必须转变观念，从课程整体改革的高度来认识物理课的变化，以适应时代、社会的需求.

教学的重心要转移一下，学习知识要立足于发展能力、增长智慧. 观点高一些，方法明确一些，思路清晰一些，知识面广一些，重实践(知识运用于生活、技术、社会，重视实验操作，课题研究实践活动)，重科学观点、科学态度、科学习惯、科学精神，使学生学会学习、学会生存、学会合作、学会创造，全面提高学生的素质.

1.4.3 课改目标

"知识与技能""过程与方法""情感、态度、价值观"是"新课标"的课程目标.作为对中学物理教学改革具有指导功能的高考必然对此有所体现和渗透.近几年的高考命题已经有此迹象.如2003年上海春季卷中的"十个最美的实验……,科学美蕴藏于各门科学的实验之中,有待于……感悟、发现……"一题,实质上就是一道关于"美感"的题目,对培养学生鉴赏美、评价美、创造美的能力,感受什么是物理美(如简单美、对称美、和谐美)具有一定作用.爱国主义情感也是一种重要的情感之一,结合"神舟六号"事件设置物理情景的题目对学生的爱国主义教育是一个很好的命题铺设点,比如天体运动万有引力部分、动力学部分、动量能量部分关于飞船的逃逸塔、运行周期等各个环节进行命题的可能性也是应该关注的.

1.5 2014年各考区考情变化

2014年高考物理与2013年相比,大部分省份变化不大,各科均采用2013年的高考形式.新课标卷分为两套,分别为新课标卷Ⅰ和新课标卷Ⅱ.2014年高考物理采用新课标卷Ⅰ的地区有7个,分别为:河南、山西、河北、湖南、湖北、江西、陕西;采用新课标卷Ⅱ的地区有11个,分别为:青海、西藏、甘肃、贵州、内蒙古、新疆、宁夏、吉林、黑龙江、辽宁、云南;理综或物理采用自主命题的地区共有12个,分别为:安徽、北京、重庆、福建、广东、江苏、山东、上海、四川、天津、浙江、海南;而采用大纲版全国卷的地区只有广西一省.

2014年各版本物理或理综试卷与2013年相比也发生了一些改动.下面分别以新课标卷、北京卷、上海卷、广东卷和山东卷为例来具体说明.

2014年高考新课标理综试卷物理试题符合高考考纲的要求.整套试题注重基础,突出重点,考查内容具有较为合理的知识覆盖面和比例.考查考生对基础知识、基本能力和基本方法掌握的情况,考查重点是高中物理的主干知识和核心内容.考题难度与2013年高考相比有所降低.物理试题的最大特点是突出对力学知识的考查,这也是备考过程中有所准备和预期的.实验题重视力学实验的的考查,把实验题目的分数在力学实验和电学实验两部分均分,这也是新的思路和方向.选修部分难度适中,考查知识常规、基础,三个备选部分难度相当,相对公平.总体来说,试题难度适中,区分度较好,试题表现出了很好的检验考查效果.

2014年北京卷呈现下列特点:计算难度下降,更贴近课本,与实际生活和工业生产结合更紧,对原理、公式、实验设计等考查的更深刻与透彻.

2014年上海卷以上海卷考试手册为依据,以有利于高校选拔新生,有利于中学实施素质教育和对学生创新精神与实践能力的培养为指导思想.在考查学生高中物理基础知识和基本技能的基础上,重点考查了学生的物理思维能力、物理实验能力、综合分析和应用能力.上海卷物理试卷与2014年相同.试卷总题数为33题,约4 900字,阅读量与去年相当,试题内容分布及难度符合考试手册的要求.

试题无论从知识点考查的深度,还是考查学生思考问题的能力要求上都对学生提出了一定的要求.对于基本知识,主要考查学生对于基本知识、概念的理解和掌握,而非简单识记.为了强调教材在教学中的重要地位,今年物理试题继续保持了近年对课本的重视程度,很多试题的材料均取自高中物理教材,个别试题直接取自教材练习册.这样做的目的是希望高中物理教学或复习不要抛开课本而沉湎于题海之中.

为了促进在教与学的过程中更加重视知识的形成、概念的建立和方法的掌握,试卷中有相当一部分试题体现了对学生理解、分析和推理能力的考查.要求学生能建立物理模型、分析物理过程,有清晰的物理图象.有些试题如果概念、图象清晰,可以较为简捷求解,否则这些题目虽然也能得到正确的解答,但可能会花费较多的时间.目的在于希望学生在学习过程中更重视对于问题的理解,而不是简单地以做练习题来代替学习.简言之,就是希望学生学会思考问题,而不只是学会解题.

2014年高考广东理综物理部分试题秉承了广东高考《考试说明》特色——立足主干,突出能力,适度创新,贴近生活,关注科技.纵观近年来的广东高考物理命题,我们可以发现:试题的难度稳中有降,努力突出物理学科实质,减少非学科因素对试题的影响.主观题的命制也做到探究有度,开放可控,科学选拔,彰显公平.

广东理综选择题的难度不大,偏重于对物理知识与科技、生产与生活实际的联系的直接考查.实验题主要考查考生对图象法处理数据和对实验仪器的连接、实验原理的理解.计算题设计精巧,前后相应、梯度很好.要求考生具备一定的物理过程分析能力和理解能力.试题的命制以考查能力是主要目标,知识点的覆盖次之.

物理试题难度保持不变,评卷过程中对题目的论述要求提高,要求考生必须在平时加强基本功训练,做到审题细致、不漏字眼,表述简明扼要,突出物理关系,重视物理过程和思想的规范表述,重视求解的准确度.

2014年高考山东卷物理试题切合高中物理教学,贴近考生的实际,注重基础,突出能力,适度展现科技新发展.试题对考生的思维起点要求适当，思维跨度设置合理，有效地考查考生的物理思维品质. 试题语言表达科学严谨，情景叙述简明扼要，问题设置独具匠心.

试题的命制突出能力，体现素质教育新理念. 试题全面考查了《考试说明》中规定的五种能力，层级恰当，覆盖全面，比例合理. 既注重加强与学生生活、现代社会及科技发展的联系，适度反映当代科学技术发展的重要成果，体现新课标培养学生的社会参与意识和对社会负责任的态度的要求，也注意在考生所熟悉的经典情景上不断创新，设计出新颖的设问方式，体现出稳中有变，变中求新的特点.

试题重视实验，突出方案设计和操作. 既考查考生的基本科学素养，又全方位考查考生的实验能力. 试题覆盖合理，有利于高校人才选拔. 纵观全部物理试题，既突出了对主干知识的考查，又达到了较广的覆盖面. 试卷整体平稳，稳中有变，变中求新. 试题内容注重基础，突出能力，设计科学，完全符合山东卷《考试说明》的要求. 对中学的教学起到了很好的引导作用，也能保证考试有较高的信度、效度，有利于科学选拔人才.

1.6 对考生的能力要求

(1)理解能力

理解物理概念、物理规律的确切含义，理解物理规律的适用条件，以及它们在简单情况下的应用；能够清楚地认识概念和规律的表达形式(包括文字表述和数学表达)；能够鉴别关于概念和规律的似是而非的说法；理解相关知识的区别和联系.

(2)推理能力

能够根据已知的知识和物理事实、条件，对物理问题进行逻辑推理和论证，得出正确的结论或做出正确的判断，并能把推理过程正确地表达出来.

(3)分析综合能力

能够独立地对所遇到的问题进行具体分析，弄清其中的物理状态、物理过程和物理情境，找出其中起重要作用的因素及有关条件；能够把一个较复杂问题分解为若干较简单的问题，找出它们之间的联系；能够理论联系实际，运用物理知识综合解决所遇到的问题.

(4)应用数学处理物理问题的能力

能够根据具体问题列出物理量之间的关系式，进行推导和求解，并根据结果得出物理结论，必要时能运用几何图形，函数图象进行表达、分析.

(5)实验能力

能独立完成“知识内容表”中所列的实验，能明确实验目的，能理解实验原理和方法，能控制实验条件，会使用仪器，会观察、分析实验现象，会记录、处理实验数据，并得出结论. 能灵活地运用已学过的物理理论、实验方法和实验仪器去处理问题.

附录一

1. 课标、考纲及考试说明

【历年课程标准】

全日制普通高级中学物理教学大纲. 第一版，人民教育出版社，2002
全日制普通高级中学课程计划. 第一版，人民教育出版社，2002
全日制中学物理教学大纲高中部分(修订本). 第三版，人民教育出版社，1995
全日制普通高级中学物理教学大纲(试验修订版). 第二版，人民教育出版社，2000

【历年考试大纲】

2003 年高考物理考试说明(新课程版)
2004 年高考物理科考试大纲(旧课程版)
2004 年普通高等学校招生全国统一考试物理科考试大纲(新课程版)
2005 年高考物理考试大纲
2006 年高校招生全国统一考试大纲(理综物理)
2006 年高校招生全国统一考试大纲(物理单科)
2007—2013 年高考物理考试大纲(大纲版)
2007—2013 年高考物理考试大纲(课标实验版)

【历年考试说明】

2007—2013 年北京市高考考试大纲说明(物理)
2007—2013 年江苏省高考物理考试说明
2007、2010、2011、2012、2013 年广东省高考理综考试大纲(物理部分)
2007、2008 年宁夏回族自治区高考理科综合考试说明——物理学科
2007、2009、2011、2012、2013 年上海市高考物理大纲
2007、2008 年海南省高考物理考试说明
2009、2010、2012、2013 年浙江省普通高考理科综合考试说明——物理
2009、2011 年山东省高考考试说明：物理
2010 年天津市高考物理卷考试大纲说明
2011 年安徽省高考考试说明：物理
2011 年云南省高考物理大纲

2. 物理学科高考研究参考文献

【物理课程改革】

[1] 廖伯琴. 高中物理新课程的反思与课标修订建议[J]. 基础教育课程，2013，(Z1)：71-73.
[2] 万欣欣，张伟. 新课程理念下物理课程教学改革实践[J]. 教育教学论坛，2013，(10)：5-10.
[3] 黄敏. 新课程改革背景下的高中物理教学[J]. 中学生数理化(学研版) [J]，2013，(4)：3-4.
[4] 胡志坚. 新课程背景下中学物理校本课程之功能与实践初探[J]. 新课程学习(上)，2013，(1).
[5] 张永生. 新课改下的高中物理教学研究[J]. 理科考试研究，2013，(3).
[6] 白亚娟. 浅议新课程下的高中物理教学[J]. 现代阅读(教育版)，2013，(4)：7-8.
[7] 马鲁敏. 浅议新课改背景下的高中物理教学[J]. 现代阅读(教育版)，2013，(7)：78-79.
[8] 崔大军. 从课程标准谈高中物理有效教学[J]. 中学教学参考，2013，(5).
[9] 武建忠. 基于新课改的"探究性"教学方法在高中物理习题课中的应用探索[J]. 考试(教研版)，2013，(1)：56-58.

[10] 沈苏杭. 新课标下的高中物理概念教学探究[J]. 考试周刊，2013，(9).

[11] 李勇. 高考物理命题的理念及改革[J]. 物理与工程，2001，(2):56-58.

【备考战略】

[1]刘宏娟. 强基础 重能力 求创新——2012年西藏自治区中考物理试题特征探析及启示[J]. 西藏教育，2013，(3)：61-62.

[2]赵金丽. 物理习题存在的科学性问题研究[J]. 课程教学研究，2013，(4)：78-82.

[3]侯贵民. 2012年高考物理试题特点及2013年复习建议[J]. 大连教育学院学报，2013，(1)：49-50.

[4]孙晓辉. 关注实验探究 重视知识建构——大连市2012年中考物理试题分析及教学建议[J]. 大连教育学院学报，2013，(1)：58-60.

[5]吴玉敏. 四个"注重"助力高考——物理高考复习谈[J]. 学周刊，2013，(14)：148.

[6]梁海英. 高中物理复习教学中应注意的几个问题[J]. 现代阅读(教育版)，2013，(6)：106.

[7]瞿小飞. 重视物理模型整合培养学生创新能力[J]. 成才之路，2013，(4)：45-46.

[8]许文. 上天有路 入地有门——例谈万有引力定律的应用[J]. 湖北招生考试，2013，(7)：46-48.

[9]蓝坤彦，马卉. 抓住复合场 四两拨千斤[J]. 湖北招生考试，2013，(7)：52-55.

[10]马国伟. 高三物理复习方法教学现状及对策[J]. 高考(综合版)，2013，(1)：55.

[11]朱永波. 对几道高考联系生活实际题的分析[J]. 中学生数理化(学研版)，2013，(3)：33.

[12]司娴. 浅谈如何搞好高中物理复习[J]. 中学生数理化(学研版)，2013，(3)：47.

[13]李春凤. 应用数学方法处理物理问题专题分析[J]. 考试与招生，2013，(3)：32-34.

[14]干恒. 浅析2012年高考物理的几个特色选择题[J]. 物理教师，2013，(3)：78+80.

[15]韦叶平. 高中物理课堂有效渗透创新实验的实践与策略[J]. 物理教师，2013，(3)：20-22.

[16]陈景松. 一道中考物理试题引发的思考[J]. 物理教师，2013，(3)：36.

[17]祝加伟. 评析2012年高考物理浙江卷[J]. 中学物理，2013，(7)：71-72.

[18]叶玲. 面对江苏高考方案 模拟测试应用Z标准分[J]. 中学物理，2013，(3)：58-59.

[19]林一鸣. 2012年广西中考物理试题特点分析及其对教学的启示[J]. 广西教育，2012，(42)：7-8+17.

[20]王超良. 构建网络 理清思路 提升能力——对高考理综(物理)第二轮复习的思考[J]. 教学月刊·中学版(教学管理)，2013，(3)：29-34.

[21]崔丽娟，康永辉. 围绕《考纲》才能科学备考[J]. 招生考试通讯(高考版)，2013，(3)：18-20.

[22]侯贵民. 物理核心考查这些事[J]. 招生考试通讯(高考版)，2013，(3)：20.

[23]黄晓标. 2012年全国高考新课标理综江西卷物理试题评析[J]. 物理教学，2013，(3)：36-38.

[24]任才生. 2013年高考"时事"物理命题预测[J]. 物理教学，2013，(3)：70-73.

[25]朱加沐. 时无重至，贵在得法——求解运动物体时间的策略[J]. 湖南中学物理，2013，(2)：26-27+14.

[26]何荣锐. 高考实验题的分析与策略[J]. 湖南中学物理，2013，(2)：60-64.

[27]李岳峰. 高考物理试题中隐含条件挖掘[J]. 文理导航(中旬)，2013，(2)：36.

[28]仪传文. 一道高考物理试题引发的思考——电表的读数规则[J]. 中学生数理化(学研版)，2013，(4)：42.

[29]杨志宇，孙丽娜. 高考物理选择题的"能力立意"[J]. 理科考试研究，2013，(3)：46-47.

[30]丁锋，徐高本. 凸显新课改理念的新课标试题[J]. 理科考试研究，2013，(3)：51-53.

[31]郑圣国. 从考生的角度看2010年江苏高考物理第9题[J]. 湖南中学物理，2013，(3)：76+61.

[32]邓治国. 高考物理组合题及其教学策略研究[J]. 湖南中学物理，2013，(3)：4-6+14.

[33]沈玉梅. 物理试题情境化对试题难度的影响[J]. 中学物理教学参考，2013，(1)：41-43.

[34]耿建. 新课程高考实验题探究能力的考查——以江苏省物理高考实验试题为例[J]. 物理教学，2013，(4)：22-25+61.

[35]王安民，文波. 高三物理复习"双研会"的策划与启示[J]. 物理教学，2013，(4)：54-55.

[36]钟鸣. 高考实验题·根在课本里[J]. 物理教学，2013，(4)：74-75+66.

[37]王建国，左祥胜. 以函数图象为依托，巧解静电场中的图象问题[J]. 湖南中学物理，2013，(4)：75-76+78.

[38]李良杰. 出好模拟试题 提升高三物理复习效率[J]. 中小学教学研究，2013，(3)：41-43.

[39]张俊. 透析2012年高考物理图象试题[J]. 高中数理化，2012，(21)：39-40.

[40]许文，张永键. 2012年理综(新课标卷)物理试题评析[J]. 湖北招生考试，2012，(25)：51-56.

[41]蓝坤彦. 2012 年高考湖北理综物理试卷评析[J]. 湖北招生考试,2012,(28):59-64.

[42]干恒. 浅谈高考"物理分析"试题的解答方法[J]. 物理通报,2012,(10):50-51+54.

[43]陶昌宏. 2012 年北京市高中新课程高考物理试卷评析[J]. 物理通报,2012,(11):86-90+93.

[44]孟卫东,张河桥,俞家新. 2012 年高考北京理综卷物理部分试题分析[J]. 物理通报,2012,(11):91-93.

[45]谢伯仁. 近年高考探究性考题的类型及特点[J]. 物理通报,2012,(11):94-96.

[46]刘俏梅. 物理:试题覆盖有限,围绕主干知识[J]. 招生考试通讯(高考版),2012,(9):13-15.

[47]叶玲. "另类"圆周运动问题赏析[J]. 中学物理教学参考,2012,(8):26-28.

[48]马如宝. 上海高考物理试题第 23 题的另一种解法[J]. 中学物理教学参考,2012,(8):52.

[49]刘承制. 谈提高解决高考物理试题的能力[J]. 学苑教育,2012,(24):84-85.

[50]邢洪明. 2012 全国高考山东理综物理试题分析[J]. 物理教学探讨,2012,(8):32-34.

[51]叶玉琴. 2012 年安徽高考物理试题评析[J]. 湖南中学物理,2012,(11):71-72+78.

[52]殷位海,翟羽佳. 对一道 2011 江苏高考物理试题及其解答完备性的思考[J]. 物理教学探讨,2012,(6):77-79.

[53]唐定斌. 对近年来物理高考江苏卷中现代物理试题的分析与思考[J]. 物理教学探讨,2012,(9):45-47+51.

[54]田建忠. 由 2012 年江苏高考谈常规题中寻求新变化[J]. 湖南中学物理,2012,(10):53-54.

[55]曹宏. 例谈"分解和建构"在分析、求解物理综合问题中的运用[J]. 物理教师,2012,(12):45-46+48.

[56]孟拥军. 百花齐放 引领潮流——2012 年高考物理实验题分析与思考[J]. 物理教师,2012,(11):62-64.

[57]孙鸿毅. 2012 年高考天津卷理科综合能力测试物理部分试卷分析[J]. 物理通报,2012,(12):66-67.

[58]曾斌. 平稳创新 突出能力 梯度适当 立意新颖——2012 高考广东理综卷物理试题评析[J]. 物理通报,2012,(12):73-78.

[59]杨斌. 突出基础 考查能力 平稳过渡——2012 年高考(大纲版)理综卷物理评析[J]. 物理通报,2012,(12):78-80.

[60]陈俊. 2012 年高考江苏物理试卷评析[J]. 物理通报,2012,(12):81-84.

[61]常广国. 用极限分析法处理高考选择题[J]. 物理教学探讨,2012,(9):73-74.

[62]陈庆远. 高三物理综合习题课有效课堂策略初探[J]. 中国科教创新导刊,2012,(33):43.

[63]林少彬. 物理力学"滑块——木板"模型全攻略[J]. 广东教育(高中版),2012,(12):61-63.

[64]林崇军. 从高考试题看高中物理课程改革——2012 年浙江省高考理综物理试题的启示[J]. 物理教学探讨,2012,(11):4-5.

[65]罗翀. 2012 年福建高考物理试题评析与探讨[J]. 物理教学探讨,2012,(11):16-18.

二、学科命题规律研究

针对物理历年课标、考试大纲、考试说明以及物理课程标准改革的分析，对各地历年高考真题进行研究，发现高考物理试题有如下趋势：

2.1 加强理论联系生活实际，提高运用物理知识解决实际应用问题的能力

2.1.1 总述

正如《普通高中物理课程标准(实验)》中所强调的 0F①，近几年高考物理部分所出的试题越来越加强与学生生活、现代社会及科技发展的联系，反映当代科学技术发展的重要成果和新的科学思想，关注物理学的技术应用所带来的社会热点问题，培养学生的社会参与意识和对社会负责任的态度.

2.1.2 【考点剖析】

理论联系实际类题常以信息迁移题出现，信息迁移题又称为新物理情景题、材料阅读题，简称为信息题，是指题述中借助文字、图表等向学生提供中学生未曾学过的知识与解题信息，或创设一个中学生陌生的新情景，用于考查学生的潜能、阅读理解能力和创新能力的物理问题，而且对学生的心理素质也是一个考验，有利于公平竞争，能抑制“题海战术”，有助于中学物理教学实施创新教育 1F②.

高考物理理论联系实际试题以生活、生产、科学研究中的有关情景为载体，都是考生比较熟悉的，有的立意新，有的设问巧，有的过程多、情境复杂，这些试题均有效地考查了高考物理所提出的五大学科能力和理论联系实际能力，较好地区分了考生的知识能力水平，主要从以下几个方面予以考查 2F③，如下举出 2013 年全国课标卷和 2013 年广东物理卷的知识考查方面和例证(如表 1，表 2 所示)：

表 1 以 2013 年全国新课标卷Ⅰ高考理综物理卷为例

考查方面	实例论证
联系国家当前高精尖领域中物理学的应用	如第 20 题借助“神舟九号”的与“天宫一号”对接成功考查两物体之间的相对运动、相对速度
强调物理与实际应用的联系	如第 21 题借助航母舰载机考查物体的运动

表 2 以 2013 年广东卷理综试题为例

考查方面	实例论证
联系日常生活中的现象或事件	如第 15 题研究“喷墨打印机中墨汁微滴在电场中运动规律”. 如第 18 题研究“生活中常见的喷水装置的工作原理”. 如第 19 题研究“游乐场水上导轨下滑的速度”
联系科学或工业技术	如第 13 题研究“航母舰载机的起飞速度”. 第 14 题研究“卫星绕地球环行速度”

重视与生活、生产的联系，重视与技术、社会的联系是高中物理《课程标准》的一个重要特点 3F④.《课程标准》所制定的 10 个选修模块，有 2 个模块侧重于物理学与社会科学、人文科学的融合，这两个模块中，列有专门的二级主题，加强物理与生活、社会的联系，如选修 1 - 1 中的“电磁技术与社会发展”“家用电器与日常生活”，选修 1 - 2 中的“热与生活”“能源与社会发展”等.《课程标准》还有 3 个模块侧重从技术应用的角度展示物理学. 从这 3 个模块的二级标题名称“力与机械”“热与热机”“电磁波与信息技术”“光与光学仪器”“原子结构与核技术”等，就能感觉到课程对物理学知识的应用与实践的强调. 其他的选修模块和共同必修模块，同样重视物理学的应用和社会意义.

---

①丁庆红，王岳. 从新课程改革的理念看 2008 年高考物理试题[J]. 北京教育学院学报(自然科学版)，2009，(4)：39 - 45.

②李勇. 高考物理命题理念及改革[J]. 物理与工程，2001，(11)：56 - 58.

③陈继明，瞿孝平，伏森泉. 把握试题特点 明确备考方向—2006 年湖北高考理综卷物理试题分析及 2007 届高三复习备考建议[J]. 武汉市教育科学研究院学报，2006，(4)：51 - 69.

④何丽娜. 如何使物理贴近学生生活、联系社会实际.

共同必修模块(物理 1 和物理 2)的内容标准中，关于加强物理学与生活、社会的联系方面，相应的条目可以简单的分为以下六大类(如图 1 所示)：

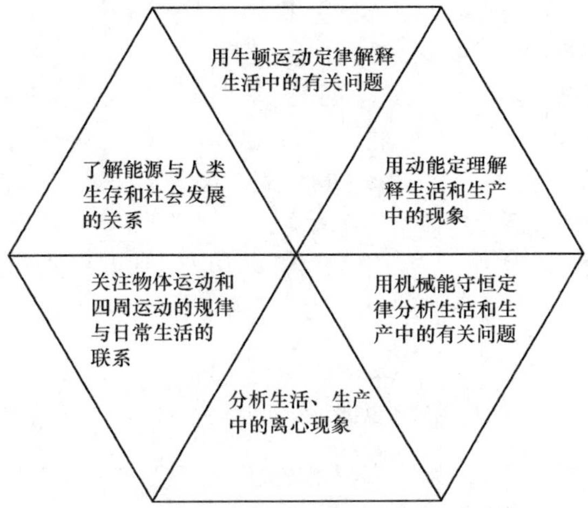

图 1　共同必修模块分类

在共同必修两个模块的共 25 条内容标准中，明确提出与生活、生产相联系的规定，以上 6 条，占有一个不小的百分比，其他模块的情况也类似.

总之，这类试题着眼于生产生活实际及科技前沿，巧设问题情境，既贴近了中学物理教学实际，对中学物理教学起到了良好的导向作用，也体现了新课程理念的要求，使考生可以认识到物理和科学技术发展的联系，可以激发考生学习科学的兴趣.

2.1.3 【考题模型】

(2013 北京卷)23. 蹦床比赛分成预备运动和比赛动作. 最初，运动员静止站在蹦床上在预备运动阶段，他经过若干次蹦跳，逐渐增加上升高度，最终达到完成比赛动作所需的高度；此后，进入比赛动作阶段. 把蹦床简化为一个竖直放置的轻弹簧，弹力大小 $F=kx$(x 为床面下沉的距离，k 为常量). 质量 $m=50$ kg 的运动员静止站在蹦床上，床面下沉 $x_0=0.10$ m；在预备运动中，家丁运动员所做的总共 W 全部用于其机械能；在比赛动作中，把该运动员视作质点，其每次离开床面做竖直上抛运动的腾空时间均为 $\Delta t=2.0$ s，设运动员每次落下使床面压缩的最大深度均为 x_1. 取重力加速度 $g=10$ m/s^2，忽略空气阻力的影响.

(1)求常量 k，并在图中画出弹力 F 随 x 变化的示意图；

(2)求在比赛动作中，运动员离开床面后上升的最大高度 h；

(3)借助 F - x 图象可以确定弹性做功的规律，在此基础上，求 x_1 和 W 的值.

2.1.4 【真题验证】

从表 3 可以看出，表 3 给出了 2005 至 2014 年历年真题相应的知识考查点，从这些知识考查点中可以看出高考物理在理论联系生活实际、注重应用方面是一个重要的知识点.

表 3　2005 至 2014 年历年真题相应的知识考查点

年份	地区	题号	题型	分值	考点
2005	江苏	2	选择题	4	现代物理与现代社会的联系
2006	全国Ⅱ	17	选择题	6	带电粒子在电磁叠加场中的运动在新科技中的应用
2007	宁夏	23	计算题	15	牛顿运动力学在滑雪运动中的实际分析
2008	北京	23	计算题	18	运动学及电学在新能源方面的应用
2009	天津	12	计算题	20	天体运动与新科学发现的联系
2010	全国Ⅰ	20	选择题	6	光的反射在实际生活中的应用
2011	北京	18	选择题	6	牛顿运动力学在竖直方向的运动分析
2012	山东	15	选择题	6	天体运动与国家空间技术新发展的联系
2013	安徽	18	选择题	6	物体的斜抛运动与消防中水柱高度联系
2014	全国Ⅰ	24	计算题	12	运动学理论在刹车中的应用

下面是表 3 中的历年真题：

(2005 江苏卷)2. 为了强调物理学对当今社会的重要作用并纪念爱因斯坦，2004 年联合国第 58 次大会把 2005 年定为国际物理年. 爱因斯坦在 100 年前发表了 5 篇重要论文，内容涉及狭义相对论、量子论和统计物理学，对现代物理学的发展作出了巨大贡献. 某人学了有关的知识后，有如下理解，其中正确的是 (　　)

A. 所谓布朗运动就是液体分子的无规则运动

B. 光既具有波动性，又具有粒子性

C. 在光电效应的实验中，入射光强度增大，光电子的最大初动能随之增大

D. 质能方程表明：物体具有的能量与它的质量有简单的正比关系

(2006 全国卷Ⅱ)17. ab 是长为 l 的均匀带电细杆，P_1、P_2 是位于 ab 所在直线上的两点，位置如图所示，ab 上电荷产生的静电场在 P_1 处的场强大小为 E_1，在 P_2 处的场强大小为 E_2，则以下说法正确的是 (　　)

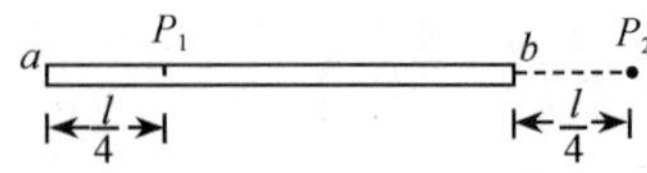

A. 两处的电场方向相同，$E_1>E_2$

B. 两处的电场方向相反，$E_1>E_2$

C. 两处的电场方向相同，$E_1<E_2$

D. 两处的电场方向相反，$E_1<E_2$

(2007 宁夏卷)23. 倾斜雪道的长为 25 m，顶端高为 15 m，下端经过一小段圆弧过渡后与很长的水平雪道相接，如图所示. 一滑雪运动员在倾斜雪道的顶端以水平速度 $v_0=8$ m/s 飞出，在落到倾斜雪道上时，运动员靠改变姿势进行缓冲使自己只保留沿斜面的分速度而不弹起. 除缓冲外运动员可视为质点，过渡轨道光滑，其长度可忽略. 设滑雪板与雪道的动摩擦因数 $\mu=0.2$，求运动员在水平雪道上滑行的距离(取 $g=10$ m/s^2).

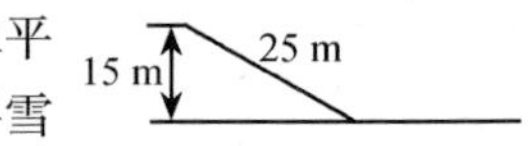

(2008 北京卷)23. 风能将成为 21 世纪大规模开发的一种可再生清洁能源. 风力发电机是将风能(气流的动能)转化为电能的装置. 其主要部件包括风轮机、齿轮箱、发电机等，如图所示.

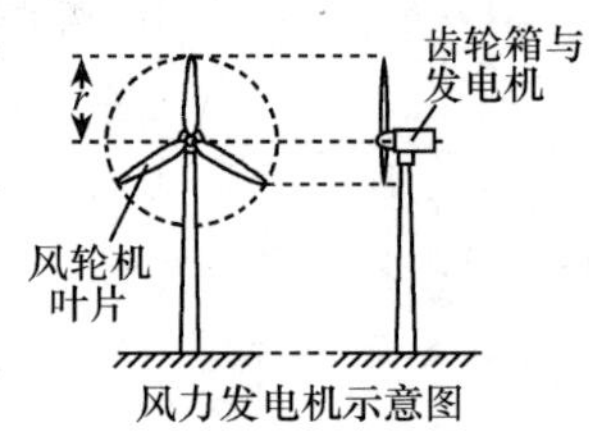

风力发电机示意图

(1)利用总电阻 $R=10\ \Omega$ 的线路向外输送风力发电机产生的电能. 输送功率 $P_0=300$ kW，输电电压 $U=10$ kV，求导线上损失的功率与输送功率的比值；

(2)风轮机叶片旋转所扫过的面积为风力发电机可接受风能的面积. 设空气密度为 ρ，气流速度为 v，风轮机叶片长度为 r. 求单位时间内流向风轮机的最大风能 P_m；在风速和叶片数确定的情况下，要提高风轮机单位时间接受的风能，简述可采取的措施.

(3)已知风力发电机输出电功率 P 与 P_m 成正比. 某风力发电机在风速 $v_1=9$ m/s 时能够输出电功率 $P_1=540$ kW. 我国某地区风速不低于 $v_2=6$ m/s 的时间每年约为 5 000 小时，试估算这台风力发电机在该地区的最小年发电量是多少千瓦时.

(2009 天津卷)12. 2008 年 12 月，天文学家们通过观测的数据确认了银河系中央的黑洞"人马座 A"的质量与太阳质量的倍数关系. 研究发现，有一星体 S_2 绕人马座 A 做椭圆运动，其轨道半长轴为 9.50×10^2 天文单位(地球公转轨道的半径为一个天文单位)，人马座 A 就处在该椭圆的一个焦点上. 观测得到 S_2 星的运行周期为 15.2 年.

(1)若将 S_2 星的运行轨道视为半径 $r=9.50\times10^2$ 天文单位的圆轨道，试估算人马座 A 的质量 M_A 是太阳质量 M_S 的多少倍(结果保留一位有效数字)；

(2)黑洞的第二宇宙速度极大，处于黑洞表面的粒子即使以光速运动，其具有的动能也不足以克服黑洞对它的引力束缚. 由于引力的作用，黑洞表面处质量为 m 的粒子具有势能为 $E_p=-G\frac{Mm}{R}$(设粒子在离黑洞无限远处的势能为零)，式中 M、R 分别表示黑洞的质量和半径. 已知引力常量 $G=6.7\times10^{-11}$ N·m^2/kg^2，光速 $c=3.0\times10^8$ m/s，太阳质量 $M_S=2.0\times10^{30}$ kg，太阳半径 $R_S=7.0\times10^8$ m，不考虑相对论效应，利用上问结果，在经典力学范围内求人马座 A 的半径 R_A 与太阳半径 R_g 之比应小于多少(结果按四舍五入保留整数).

(2010 全国卷Ⅰ)20. 某人手持边长为 6 cm 的正方形平面镜测量身后一棵树的高度. 测量时保持镜面与地面垂直，镜子与眼睛的距离为 0.4 m. 在某位置时，他在镜中恰好能够看到整棵树的像；然后他向前走了 6.0 m，发现用这个镜子长度的 5/6 就能看到整棵树的像. 这棵树的高度约为 (　　)

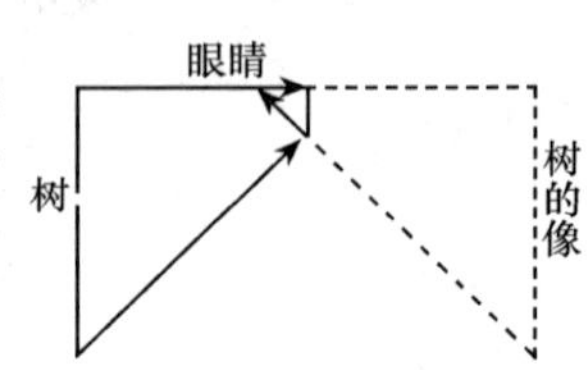

A. 4.0 m　　B. 4.5 m　　C. 5.0 m　　D. 5.5 m

(2011 北京卷)18. "蹦极"就是跳跃者把一端固定的长弹性绳绑在踝关节等处，从几十米高处跳下的一种极限运动. 某人做蹦极运动，所受绳子拉力 F 的大小随时间 t 变化的情况如图所示. 将蹦极过程近似为在竖直方向的运动，重力加速度为 g. 据图可知，此人在蹦极过程中最大加速度约为 (　　)

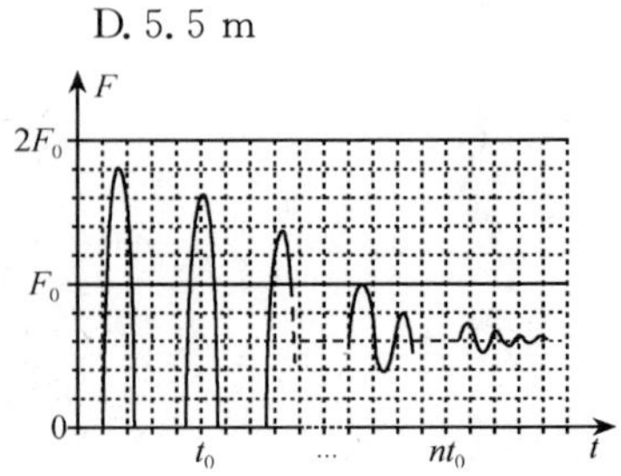

A. g

B. $2g$

C. $3g$

D. $4g$

(2012 山东卷)2011 年 11 月 3 日,"神舟八号"飞船与"天宫一号"目标飞行器成功实施了首次交会对接.任务完成后"天宫一号"经变轨升到更高的轨道,等待与"神舟九号"交会对接.变轨前和变轨完成后"天宫一号"的运行轨道均可视为圆轨道,对应的轨道半径分别为 R_1、R_2,线速度大小分别为 v_1、v_2.则 $\frac{v_1}{v_2}$ 等于 (　　)

A. $\sqrt{\frac{R_1^3}{R_2^3}}$　　B. $\sqrt{\frac{R_2}{R_1}}$　　C. $\frac{R_2^2}{R_1^2}$　　D. $\frac{R_2}{R_1}$

(2013 安徽卷)18.由消防水龙带的喷嘴喷出水的流量是 0.28 m^3/min,水离开喷口时的速度大小为 $16\sqrt{3}$ m/s,方向与水平面夹角为 60 度,在最高处正好到达着火位置,忽略空气阻力,则空中水柱的高度和水量分别是 (　　)
(重力加速度 g 取 10 m/s^2)

A. 28.8 m　1.12×10^{-2} m^3　　B. 28.8 m　0.672 m^3

C. 38.4 m　1.29×10^{-2} m^3　　D. 38.4 m　0.776 m^3

(2014 新课标卷Ⅰ)24.公路上行驶的两汽车之间应保持一定的安全距离.当前车突然停止时,后车司机可以采取刹车措施,使汽车在安全距离内停下而不会与前车相碰.通常情况下,人的反应时间和汽车系统的反应时间之和为 1 s.当汽车在晴天干燥沥青路面上以 108 km/h 的速度匀速行驶时,安全距离为 120 m.设雨天时汽车轮胎与沥青路面间的动摩擦因数为晴天时的 2/5,若要求安全距离仍为 120 m,求汽车在雨天安全行驶的最大速度.

2.1.5 【备考战略】

联系生产实际、生活实际和科学技术,注重学以致用是高考命题的原则之一,也是中学物理教学的原则.高考物理中理论联系实际的试题往往来源于一个实际问题 4F①,经过命题者加工简化而成,在大多数情况下这些热点问题仅仅是作为问题背景或素材,解决试题的落脚点并不在实际的层面,而重在理论的层面上,即通过试题给出的情境,获取有用信息,摸索需要解决的物理问题的研究方法,从实际的问题情景中抽象出具体的物理模型,再以物理模型为基础分析其中的物理规律,寻找各物理量之间的关系,建立定量的关系式进行解答.在这个过程中,考生必须阅读试题提供的有关信息,甚至包括一些自己本来不知道的知识或其他学科知识,这也是对考生阅读、理解能力的考查.

联系实际类题常以信息迁移题出现,处理信息题的思维程序 5F②:审题(详读题给信息),类比(结合书本知识,找出两者的联系,这是解题的核心),求解(运用相应的物理规律解题),回味(最后将结论与题中信息分析比较).信息题要求学生在考场上独立完成现场学习、接受新信息,将信息进行有效提炼、加工、联想、类比等处理,并与原有物理知识衔接,进而迁移、创造,解决新问题.解决这类问题的关键是要善于挖掘出实际问题的本质内涵,进行模型化处理,把不熟悉的问题转化为熟悉的问题,"脱衣脱帽"提取有用信息,转换成熟悉的物理模型,形成有效的解题思路.

2.1.6 我们的工作

1.【TPS 系统】

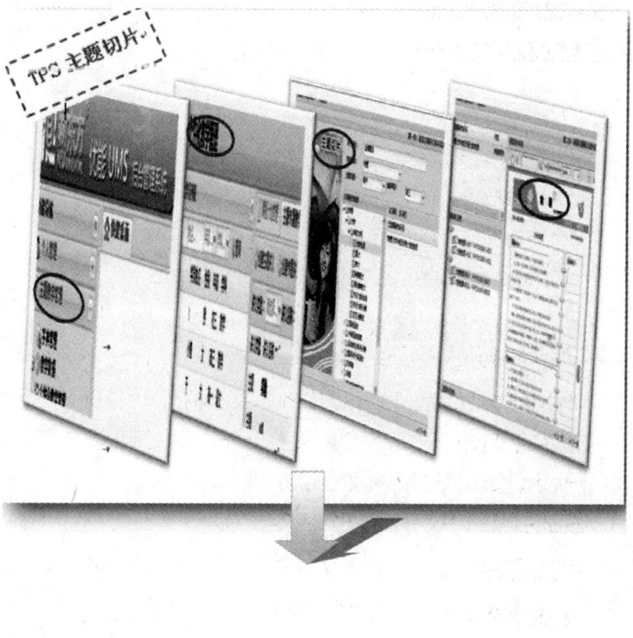

①王庆领.2000 年高考物理试题趋向预测及复习建议[J].乌鲁木齐成人教育学院学报,2000,(3):52 - 56.
②刘丽群.高考理综冲刺指导[J].石家庄日报,2006,(10):1 - 7.

<table>
<tr><th>真题原题</th><th>相似题原题</th></tr>
<tr><td>(2013 新课标Ⅱ)21. 公路急转弯处通常是交通事故多发地带. 如图,某公路急转弯处是一圆弧,当汽车行驶的速率为 v_c 时,汽车恰好没有向公路内外两侧滑动的趋势,则在该弯道处 ( )

A. 路面外侧高内侧低
B. 车速只要低于 v_c,车辆便会向内侧滑动
C. 车速虽然高于 v_c,但只要不超出某一高度限度,车辆便不会向外侧滑动
D. 当路面结冰时,与未结冰时相比,v_c 的值变小</td><td>TPS 系统:P - P1S5JN10 - B002
一辆汽车正在水平公路上转弯,沿曲线由 M 向 N 行驶,速度逐渐减小. 下列四个图中画出的汽车所受合力 F 的方向可能正确的是 ( )
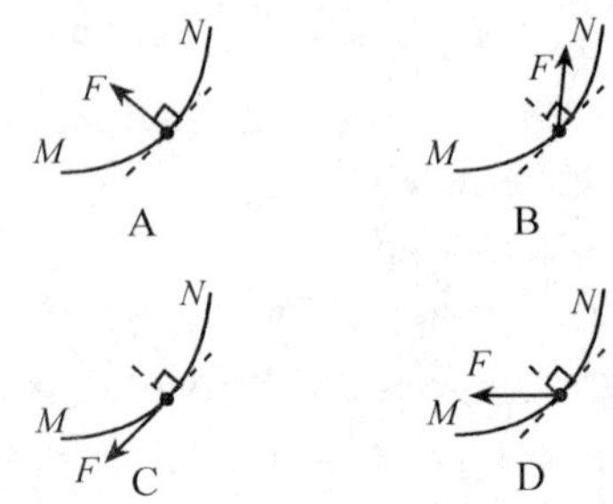
</td></tr>
<tr><td>(2013 江苏卷)2. 如图所示,“旋转秋千”中的两个座椅 A、B 质量相等,通过相同长度的缆绳悬挂在旋转圆盘上. 不考虑空气阻力的影响,当旋转圆盘绕竖直的中心轴匀速转动时,下列说法正确的是 ( )
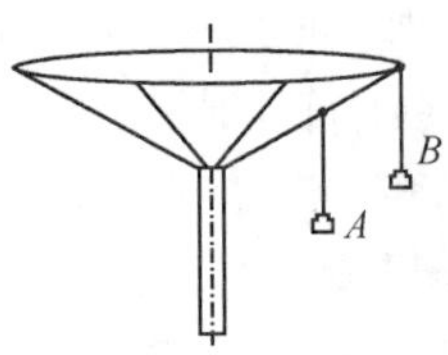

A. A 的速度比 B 的大
B. A 与 B 的向心加速度大小相等
C. 悬挂 A、B 的缆绳与竖直方向的夹角相等
D. 悬挂 A 的缆绳所受的拉力比悬挂 B 的小</td><td>TPS 系统:P - P1S8JN05 - B17
有一种杂技表演叫“飞车走壁”,由杂技演员驾驶摩托车沿圆台形表演台的侧壁高速行驶,做匀速圆周运动. 图中粗线圆表示摩托车的行驶轨迹,轨迹离地面的高度为 h. 下列说法中正确的是 ( )
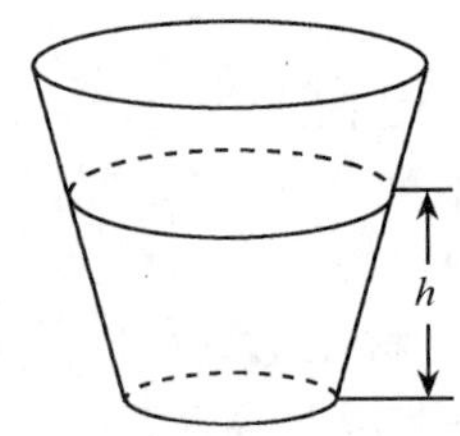

A. h 越高摩托车对侧壁的压力将越大
B. h 越高摩托车做圆周运动的向心力将越大
C. h 越高摩托车做圆周运动的周期将越小
D. h 越高摩托车做圆周运动的线速度将越大</td></tr>
<tr><td>(2014 江苏卷)5. 一汽车从静止开始做匀加速直线运动,然后刹车做匀减速直线运动,直到停止. 下列速度 v 和位移 x 的关系图象中,能描述该过程的是 ( )
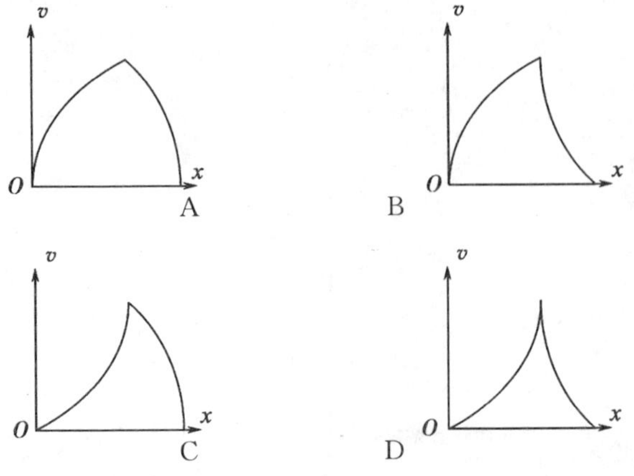
</td><td>TPS 系统:P - P1S6JN04 - B08
如图所示,汽车以 10 m/s 的速度匀速驶向路口,当行驶至距路口停车线 20 m 处时,绿灯还有 3 s 熄灭. 而该汽车在绿灯熄灭时刚好停在停车线处,则汽车运动的速度(v) - 时间(t)图象可能是 ( )
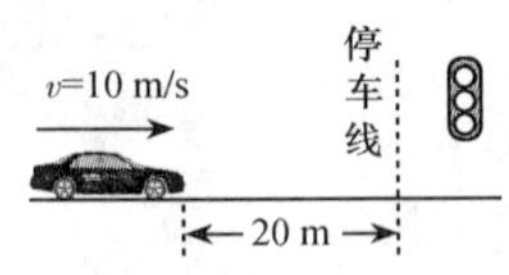

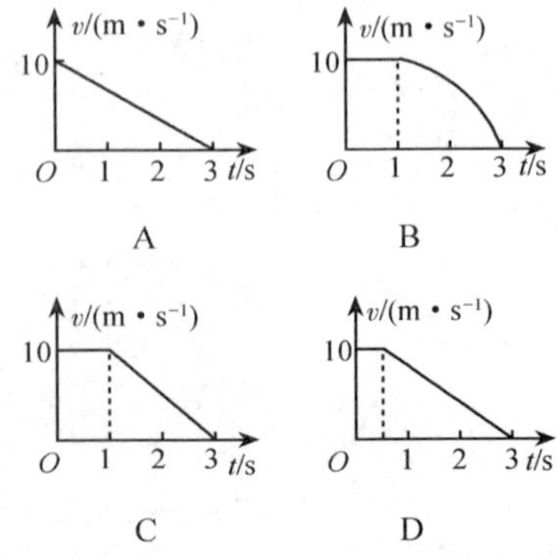
</td></tr>
</table>

续表

真题原题	相似题原题
(2013 江苏卷)14. 如图所示,将小砝码置于桌面上的薄纸板上,用水平向右的拉力将纸板迅速抽出,砝码的移动很小,几乎观察不到,这就是大家熟悉的惯性演示实验. 若砝码和纸板的质量分别为 m_1 和 m_2,各接触面间的动摩擦因数均为 μ. 重力加速度为 g. 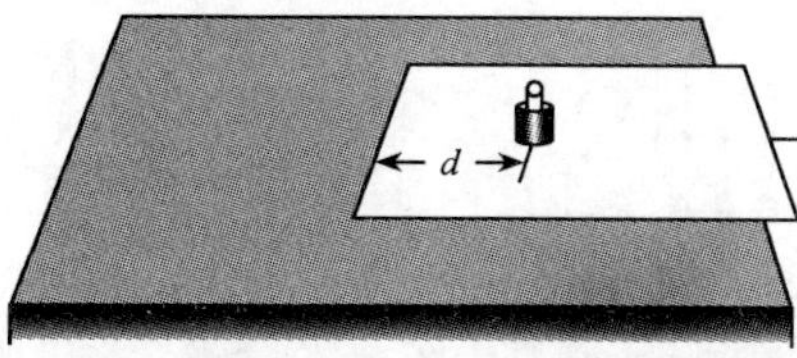 (1)当纸板相对砝码运动时,求纸板所受摩擦力大小; (2)要使纸板相对砝码运动,求所需拉力的大小; (3)本实验中,$m_1=0.5$ kg,$m_2=0.1$ kg,$\mu=0.2$,砝码与纸板左端的距离 $d=0.1$ m,取 $g=10$ m/s^2. 若砝码移动的距离超过 $l=0.002$ m,人眼就能感知. 为确保实验成功,纸板所需的拉力至少多大?	TPS 系统:P - P2S3KN05 - C005 如图所示,一质量 $M=2.0$ kg 的长木板静止放在光滑水平面上,在木板的右端放一质量 $m=1.0$ kg 可看做质点的小物块,小物块与木板间的动摩擦因数为 $\mu=0.20$. 用水平恒力 F 向右拉动木板使木板在水平面上做匀加速直线运动,经过 $t=1.0$ s 后撤去该恒力,此时小物块恰好运动到距木板右端 $l=1.0$ m 处. 在此后的运动中小物块没有从木板上掉下来. 取 $g=10$ m/s^2,求: 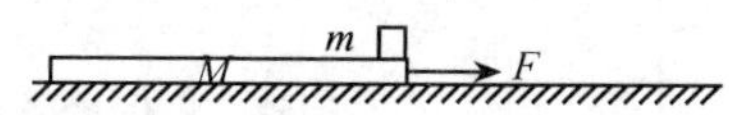 (1)作用于木板的恒力 F 的大小; (2)木板的长度至少是多少.

2.【高分策略】

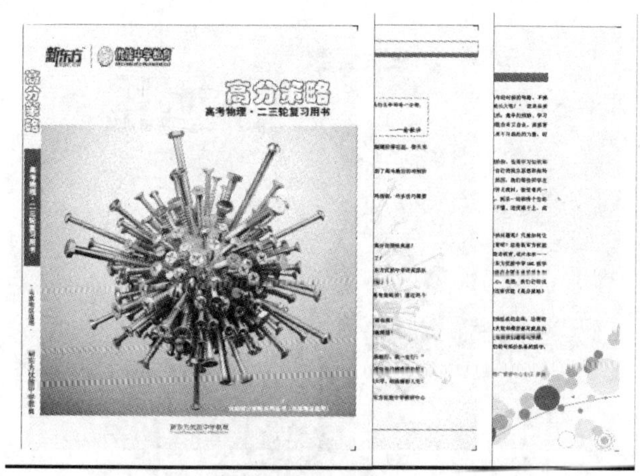

真题原题	相似题原题
(2013 广东卷)13. 某航母跑道长 200 m. 飞机在航母上滑行的最大加速度为 6 m/s^2,起飞需要的最低速度为 50 m/s. 那么,飞机在滑行前,需要借助弹射系统获得的最小初速度为 (　　) A. 5 m/s　　B. 10 m/s C. 15 m/s　　D. 20 m/s	来源:专题一 匀速直线运动的规律 题型四 中国正在兴建航母,引起世界的关注,航母的飞行甲板长为 300 m,若该航母上所配舰载战斗机在飞机甲板上所能达到的最大加速度为 3.5 m/s^2. 该战斗机安全起飞的最小速度为 50 m/s,为保证该战斗机安全起飞,则航母的弹射装置应使战斗机具有的初速度至少为 (　　) A. 10 m/s　　B. 20 m/s C. 30 m/s　　D. 40 m/s
(2013 大纲卷)15. 根据热力学第一定律,下列说法正确的是 (　　) A. 电冰箱的工作过程表明,热量可以从低温物体向高温物体传递 B. 空调机在制冷过程中,从室内吸收的热量少于向室外放出的热量 C. 科技的进步可以使内燃机成为单一热源的热机 D. 对能源的过度消耗将使自然界得能量不断减少,形成能源危机	来源:专题六 热力学三大定律 题型二 关于热力学定律,下列说法正确的是 (　　) A. 在一定条件下物体的温度可以降到 0 K B. 物体从单一热源吸收的热量可全部用于做功 C. 吸收了热量的物体,其内能一定增加 D. 压缩气体总能使气体的温度升高

续表

<table>
<tr><th>真题原题</th><th>相似题原题</th></tr>
<tr><td>(2014 福建卷)16. 图为模拟远距离输电实验电路图,两理想变压器的匝数 $n_1=n_4<n_2=n_3$,四根模拟输电线的电阻 R_1、R_2、R_3、R_4 的阻值均为 R,A_1、A_2 为相同的理想交流电流表,L_1、L_2 为相同的小灯泡,灯丝电阻 $R_L>2R$,忽略灯丝电阻随温度的变化. 当 A、B 端接入低压交流电源时 ( )
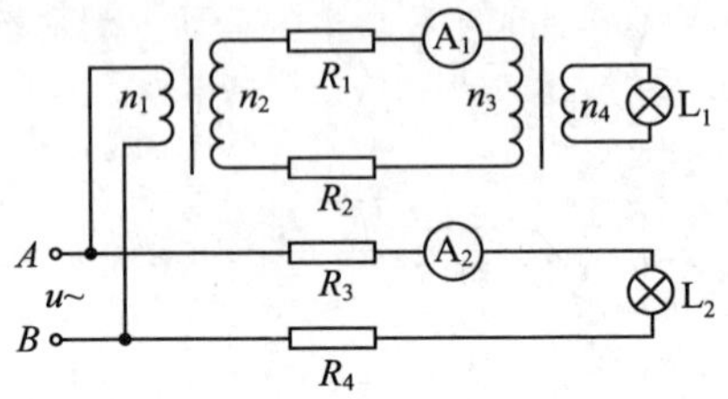
A. A_1、A_2 两表的示数相同
B. L_1、L_2 两灯泡的亮度相同
C. R_1 消耗的功率大于 R_3 消耗的功率
D. R_2 两端的电压小于 R_4 两端的电压</td><td>来源:专题九 交变电流 题型一
电阻 R_1、R_2 交流电源按照图 1 所示方式连接,$R_1=10\ \Omega$,$R_2=20\ \Omega$. 合上开关后 S 后,通过电阻 R_2 的正弦交变电流 I 随时间 t 变化的情况如图 2 所示. 则 ( )
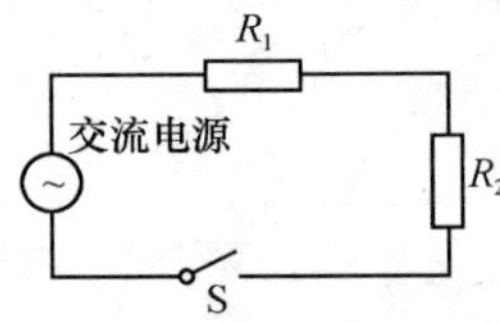
图 1
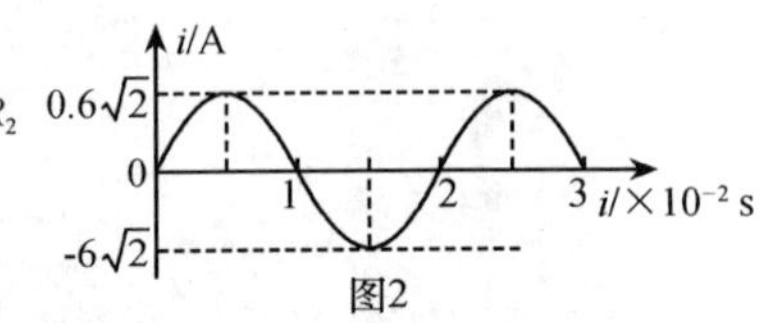
图2
A. 通过 R_1 的电流的有效值是 1.2 A
B. R_1 两端的电压有效值是 6 V
C. 通过 R_2 的电流的有效值是 $1.2\sqrt{2}$ A
D. R_2 两端的电压有效值是 $6\sqrt{2}$ V</td></tr>
</table>

3.【预测卷】

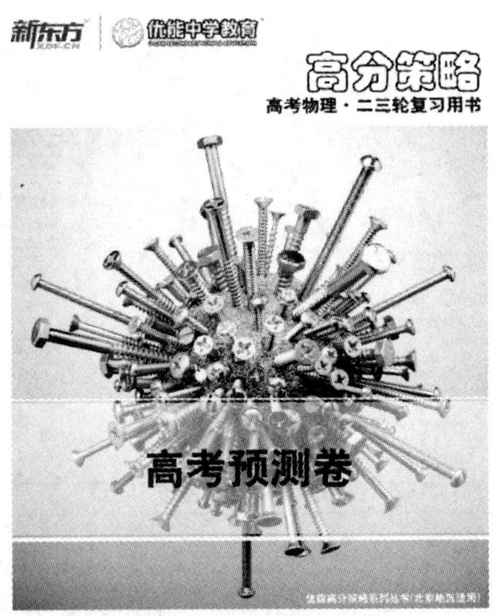

<table>
<tr><th>真题原题</th><th>相似题原题</th></tr>
<tr><td>(2014 山东卷)17. 如图,将额定电压为 60 V 的用电器,通过一理想变压器接在正弦交变电源上. 闭合开关 S 后,用电器正常工作,交流电压表和交流电流表(均为理想电表)的示数分别为 220 V 和 2.2 A. 以下判断正确的是 ( )
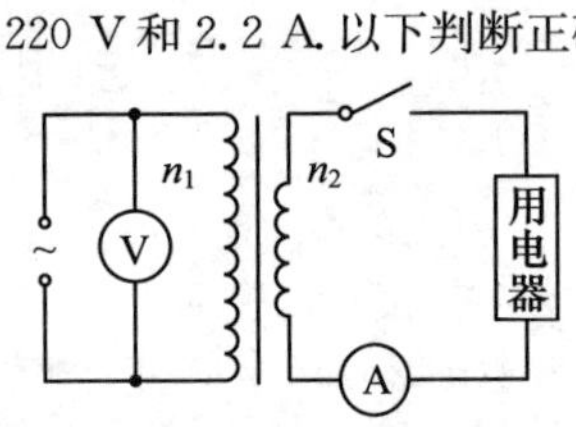
A. 变压器输入功率为 484 W
B. 通过原线圈的电流的有效值为 0.6 A
C. 通过副线圈的电流的最大值为 2.2 A
D. 变压器原、副线圈匝数比 $n_1:n_2=11:3$</td><td>来源:优能 2013 高考预测卷(江苏卷)
在如图所示电路中,当变阻器 R_3 的滑动头 P 向 b 端移动时 ( )
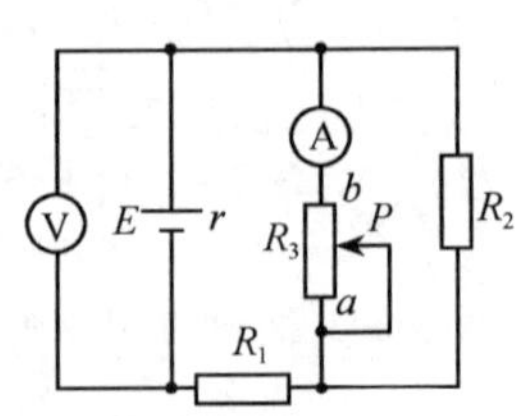
A. 电压表示数变大,电流表示数变小
B. 电压表示数变小,电流表示数变大
C. 电压表示数变大,电流表示数变大
D. 电压表示数变小,电流表示数变小</td></tr>
</table>

续表

<table>
<tr><th>真题原题</th><th>相似题原题</th></tr>
<tr><td>(2013 上海卷)16. 汽车以恒定功率沿公路做直线运动，途中通过一块沙地. 汽车在公路及沙地上所受阻力均为恒力，且在沙地上受到的阻力大于在公路上受到的阻力. 汽车在驶入沙地前已做匀速直线运动，它在驶入沙地到驶出沙地后的一段时间内，位移 s 随时间 t 的变化关系可能是 (　　)
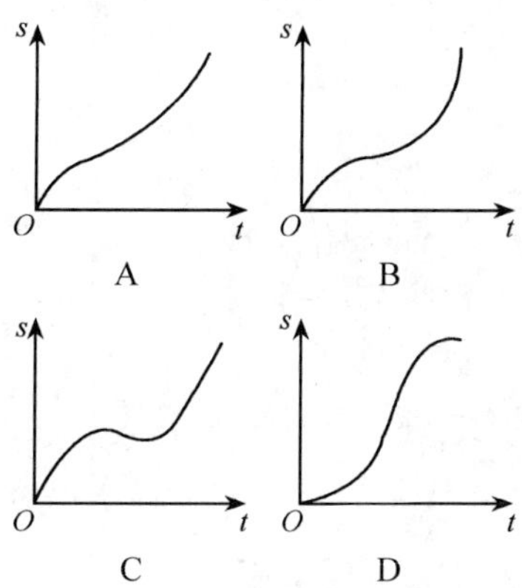
</td><td>来源：优能 2013 高考预测卷(上海卷)
某同学匀速向某一方向走了一段路后，停了一会儿，然后沿原路匀速返回出发点，下图中能反映此同学运动的位移—时间关系图象的是 (　　)
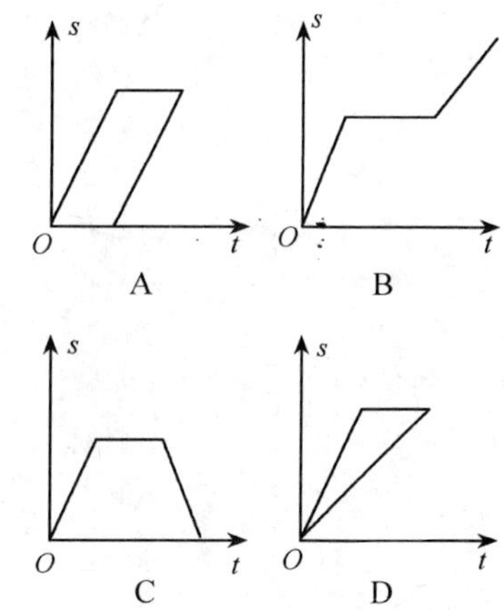
</td></tr>
<tr><td>(2013 天津卷)2. 我国女子短道速滑队在 2014 年世锦赛上实现女子 3 000 m 接力三连冠. 观察发现，“接棒”的运动员甲提前站在“交棒”的运动员乙前面. 并且开始向前滑行，待乙追上甲时，乙猛推甲一把，使甲获得更大的速度向前冲出. 在乙推甲的过程中，忽略运动员与冰面间在水平方向上的相互作用，则 (　　)

A. 甲竖的冲量一定等于乙对甲的冲量
B. 甲、乙的动量变化一定大小相等方向相反
C. 甲的动能增加量一定等于乙的动能减少量
D. 甲对乙做多少负功，乙对甲就一定做多少正功</td><td>来源：优能 2013 高考预测卷(天津卷)
如图所示，质量为 M 的物体 P 静止在光滑的水平桌面上，有另一质量为 $m(M>m)$ 的物体 Q 以速度 v_0 正对 P 滑行，则它们相碰后(设桌面足够大)有 (　　)
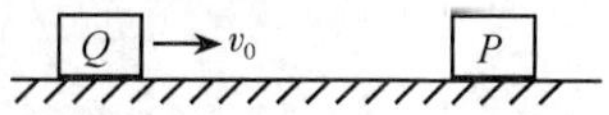

A. Q 物体一定被弹回，因为 $M>m$
B. Q 物体可能继续向前
C. Q 物体速度不可能为零
D. 若相碰后两物体分离，则过一段时间可能再碰</td></tr>
</table>

2.2　选题以信息学科热点为背景，注重基础概念考查

从高考命题的趋势来看，选择题主要考查对物理概念、物理现象、物理过程和物理规律的认识、判断、辨析、理解和应用等. 题中的计算量有减少的趋势. 但选择题的地位却越来越高，对考生来说，选择题完成的情况关乎整场考试的成败. 选择题中，纯粹考查基础知识的题目大概从以下章节中抽取：相对论、光学、原子物理、万有引力与航天、机械振动与机械波、交变电流. 余下的选择题中会涉及到力学和电学的主干知识，需要较强的综合应用能力，比如机械能守恒定律、电磁感应等. 最后一道选择题会有很强的综合性，可能是考查一种解决问题的方法或考查推测能力. 有的题可以说完全是能力的体

现，考的是智力和应变能力 6F①.

如表 4 所示，总结了历年全国Ⅰ卷的基础概念考查情况，说明了高考物理还是以物理概念为基础，在基础概念的基础上再加深难度，以考查考生的综合应用和应变能力.

表 4　历年全国卷Ⅰ热、光和近代物理量概念考查情况

（注：鉴于课改原因，2013 年新课标卷Ⅰ相当于之前的全国卷Ⅰ）

年份	题号	题型	分值	考点
2004	21	选择题	6	
2005	17	选择题	6	
2007	17	选择题	6	
2008	21	选择题	6	折射及全反射相关计算
2009	15	选择题	6	
2010	20	选择题	6	
2006	15	选择题	6	光的本性知识理解各种学说
2008	21	选择题	6	（光的本性问题）
2012	16	选择题	6	
2004	18	选择题	6	光电效应（光的本性问题）
2005	21	选择题	6	
2006	18	选择题	6	
2007	16	选择题	6	分子动理论、内能（热学）
2009	14	选择题	6	
2010	19	选择题	6	
2012	14	选择题	6	
2013	33	选择题	6	
2004	16	选择题	6	与阿伏伽德罗常数有关的运算
2008	19	选择题	6	（热学）
2005	21	选择题	6	
2006	18	选择题	6	气体状态及相关运算、热力学定律（热学）
2007	16	选择题	6	
2007	19	选择题	6	
2009	16	选择题	6	能级、波尔理论问题
2004	14	选择题	6	
2005	15	选择题	6	
2006	14	选择题	6	原子核的组成、核反应、核能问题
2008	18	选择题	6	
2010	14	选择题	6	
2012	15	选择题	6	
2013	35	填空题	6	
2011	14	选择题	6	气体状态及相关运算、热力学定律

2.2.1　总述

从高考命题的趋势来看，选择题主要考查对物理概念、物理现象、物理过程和物理规律的认识、判断、辨析、理解和应用等 7F②.

物理现象、物理过程来源于实践，理论联系生活实际（实践性）也是近年高考命题的热点之一，高考试题紧密联系生活，可以有效地考查学生运用物理知识分析、解决实际问题的能力，并引导教学朝着新课改的大方向快速发展. 近年来生

①李康思，源于教材的高考物理试题分析[J]基础教育研究，2010，(3)43－45.

②汪晓武，刘宝海. 近年来部分高考物理试题分析[J]. 教学与管，2009，(20)106－107.

活应用类问题为何在高考中频频亮相，仔细推敲其共性不难发现：第一，试题背景鲜活、生动、新颖、有情趣，能立足于生活；第二，切入点熟悉，学生易于"找路"；第三，涉及知识面广，考生在"走路"中不易走"远"，且试题又有一定的梯度，有利于高考选拔 8F①.

1. 选择题的特点

(1)严谨性强. 物理中的每一个概念、名词、术语、符号乃至习惯用语，往往都有明确、具体而又深刻的含义，这个特点反映到选择题中，表现出来的就是试题有很强的严谨性. 所以，解题时对题中的一字一句都得认真推敲，严防产生思维定势，不能将物理语言与日常用语混淆. 解答时切莫"望文生义"，误解题意.

(2)信息量大. 选择题对考查基本概念和基本规律具有得天独厚的优势，它可以考查考生对某个或多个物理概念的含义或物理规律的适应条件、运用范围的掌握和理解的程度，也可以考查考生对物理规律和物理图象的较浅层次上的应用等. 选择题考查的知识点往往较多，对所考查知识的覆盖面也较大，它还可以对重点内容进行多角度多层次的考查.

2. 题型分类

根据高考知识点考查情况的不同，把物理选择题主要分为三类(如表 5 所示)：

表 5　物理选择题主要分类

层次	层次要求	具体类型	具体要求
识记水平类	选择题中低水平的能力考查题型，主要用于考查考生的再认能力、判断是非能力和比较能力	组合型、填空型	这两种题型的解题方法大致类似，可先将含有明显错误的选项予以排除，那么，剩下的选项就必定是正确的选项.
		判断型	此题型要求学生对基础知识做出"是"或"不是"的判断，主要用于考查考生对理论是非的判断能力. 考生只要熟悉教材中的基本概念、基本原理、基本观点等基础知识就能得出正确的选项.
		比较型	此题型的题干是两个物理对象，选项是对题干中的两个物理对象进行比较后的判断. 考生只要记住所学的基础知识并能区别相似的物理现象和物理概念，就能进行正确地比较，并从比较中识别各个研究对象的特征，得出正确的选项.
理解水平类	选择题中中等水平的能力考查题型，主要用于考查考生的理解能力、逻辑思维能力和分析推理能力等	内涵型	此题型的题干内容多是基本概念、基本规律或物理现象，选项则是对题干的理解. 它要求考生理解基础知识，把握基础知识之间的内在联系.
		发散型	此题型要求选项对题干的内容做多侧面、多角度的理解或说明，主要用于考查考生的理解能力、分析能力和推理能力.
		因果型	此题型要求考生回答物理知识之间的因果关系，题干是"果"、选项是"因"，或者题干是"因"、选项是"果". 它主要考查考生的理解能力、分析能力和推理能力.
运用水平类	选择题中高水平的能力考查题型，主要用于考查考生对知识的运用能力	图线型	此题型的题干内容为物理图象和对该图象的语言描述，要求考生利用相关知识对图象中的图线进行分析、判断和推理. 其中，弄清横、纵坐标的物理意义、物理量之间的定性和定量关系以及图象中的点、线、斜率、截距、面积和交点等的物理意义是解题的关键.
		信息型	此题型的题干内容选自于现实生活或工农业生产中的有关材料，或者是与高科技、现代物理前沿理论相关的内容，要求考生分析、思考并正确回答信息中所包含的物理知识，或运用物理知识对信息进行分析、归纳和推理.
		计算型	此题型其实就是小型的计算题，它将正确的和错误的计算结果混在一起作为选项. 其中，错误结果的产生一般都是对物理规律的错误运用、对运动过程的错误分析或由于运算中的疏漏所造成的.

2.2.2　高考常见的三大概念考查点

专题 1　机械振动与机械波命题规律剖析

【考点剖析】

1. 从命题类型来看：选择题是本部分高考命题的主打类型，绝大部分题目都是以这种形式呈现，其次是填空类题型，

①李俊格. 从试卷分析到高考物理后期复习[J]. 教育科学，2009，117.

计算或证明类题型除在新课程改革实验区外，出现的几率最低，且表现出极强的综合性，与动力学规律的联系相当普遍，“机械振动与机械波”知识仅占有真题的较少部分.

2. 从命题数量及所占分值比例来看：在每套高考理综试卷或高考物理试卷中，“机械振动与机械波”仅占据一席之地，命题数量最多不超出两个.

3. 从命题难度来看：由于波的图象与常规有所不同、又涉及多解，显得略有难度之外，总的命题难度不高，本年度“机械振动与机械波”所有高考命题的难度均徘徊在易题与中档题之间.

4. 从命题涉及知识点来看：“机械振动与机械波”高考命题覆盖面较广，在参与统计的考卷中，共涉及了简谐运动、简谐运动的特例、简谐运动的图象、外力作用下的振动、机械波、横波的图象等六个大的知识点，并特别注重了对重点知识点的考查，其中横波的图象考查次数最多，其次是简谐运动的图象命题，机械振动、波的特有现象（包括干涉、衍射）和多普勒效应也是考查的知识点.

5. 从命题知识点考查形式来看：“机械振动与机械波”命题的一个显著特点就是考查具有较强的综合性，知识点间的联系较为突出. 主要表现在两个方面，一是“机械振动与机械波”块内知识点间的融合，一个命题往往涉及到振动或波的多个方面，不少题目同时涉及到机械振动和机械波的知识点，特别值得一提的是振动图象与波动图象的融合，再就是振动图象与描述波的物理量间的融合；第二个大的方面就是与块外知识点间的融合，主要体现为与动力学规律的综合.

“振动和波”部分的试题既有常规考法：即以振动图象和波形图为载体，考查描述机械运动和机械波的物理量（振幅、周期、频率、加速度、波长、波速等），也有创新考查方式：从学生思维定势和简谐运动的能量转化处命题. 通常有以下几种命题方式：

1. 以课本演示实验为背景，考查描述机械运动和机械波的物理量.
2. 以振动图象和波形图为载体，考查描述机械运动和机械波的物理量以及波的特性.
3. 以简谐运动为载体，考查能量转化问题.
4. 从学生思维定势处命题.

下面对北京、上海、全国Ⅰ、全国Ⅱ历年机械振动和机械波这部分的考查情况做统计分析如下（如表 6 所示）：

表 6　全国卷Ⅰ、全国卷Ⅱ、北京、上海历年机械振动和机械波

（注：鉴于课改原因，2013 年后新课标卷Ⅰ、Ⅱ相当于之前的全国卷Ⅰ、Ⅱ）

考卷	年份	题号	题型	分值	考点
全国卷Ⅰ	2005	18	选择题	6	波的形成与传播问题分析
	2006	19	选择题	6	简谐问题分析
	2007	15	选择题	6	振动图象与波的图象综合问题分析
	2008	16	选择题	6	波的多解问题分析
	2009	20	选择题	6	振动图象与波的图象综合问题分析
	2010	21	选择题	6	简谐问题分析
	2012	20	选择题	6	振动图象与波的图象综合问题分析
	2013	34	选择题	6	波的形成与传播问题分析
	2014	34	选择题	6	波动图象与振动图象
全国卷Ⅱ	2005	18	选择题	6	波的形成与传播问题分析
	2006	15	选择题	6	波的形成与传播问题分析
	2007	15	选择题	6	波的形成与传播问题分析
	2008	17	选择题	6	波的多解问题分析
	2009	14	选择题	6	简谐问题分析
	2010	15	选择题	6	波的形成与传播问题分析
	2011	21	选择题	6	机械波的形成与传播问题分析
	2013	34	选择题	6	简谐运动问题分析
	2014	34	选择题	6	机械波、机械振动

续表

考卷	年份	题号	题型	分值	考点
北京卷	2005	17	选择题	6	振动图象与波的图象综合问题分析
	2006	17	选择题	6	简谐运动问题分析
	2007	19	选择题	6	简谐运动问题分析
	2008	16	选择题	6	机械波的形成与传播问题分析
	2009	17	选择题	6	振动图象与波的图象综合问题分析
	2010	17	选择题	6	振动图象与波的图象综合问题分析
	2011	16	选择题	6	机械波的传播问题分析
	2012	17	选择题	6	简谐运动问题分析
	2013	15	选择题	6	振动图象与波的图象综合问题分析
	2014	17	选择题	6	振动图象与波的图象综合问题分析
上海卷		13	画图题	4	波的形成与传播问题分析
	2005	9	选择题	5	简谐运动问题分析
		13	选择题	5	波的形成与传播问题分析
	2006	10	选择题	5	振动图象与波的图象综合问题分析
	2007	5	填空题	4	波的形成与传播问题分析
		9	选择题	5	波的形成与传播问题分析
		8	选择题	5	波的干涉衍射问题
	2008	12	选择题	5	波的干涉衍射问题
		22	计算题	12	振动图象与波的图象综合问题分析
	2009	4	选择题	5	简谐运动问题分析
		10	填空题	4	波的干涉衍射问题
		12	填空题	4	波的形成与传播问题分析
	2010	2	选择题	5	波的干涉衍射问题
		3	选择题	5	波的干涉衍射问题
		16	选择题	5	振动图象与波的图象综合问题分析
		20	选择题	5	波的形成与传播问题分析
	2012	12	选择题	3	简谐运动问题分析
		17	选择题	4	波的干涉衍射问题
		23	填空题	4	波的形成与传播问题分析
	2013	4	选择题	2	简谐问题分析
	2014	7	选择题	2	简谐运动

分析以上各表可得：

在历年高考中，除了上海卷对机械振动与机械波部分考查分值比例较大以外，其余三个地区基本上机械振动与机械波每年会出一道选择题，占 6 分的分值. 简谐运动问题、波的形成与传播问题和振动图象与波的图象综合问题在 2005 年到 2013 年出现的频次都差不多，考查的难度也属于中等偏下，只要对概念的理解把握好就可以做对. 波的多解问题分析在这几年的高考中没有出现，但是我们也不能掉以轻心，也要对它进行掌握. 本专题考查的重点是简谐运动与机械波的图象、单摆周期公式的应用和共振、波长、波速、频率间的关系、波的干涉和衍射. 命题的方式依然是选择题为主，当然以问答题、作图题出现也有可能. 复习时应该通览教材，理解振动和波的基本概念和规律、电磁波的形成与传播，以应对以选择题形式覆盖知识点的考查，掌握波速公式、折射定律、解题的基本方式. “振动图象与波的图象综合问题分析”考点虽近两年都出现了，但因其是本专题中的主要难点，仍应引起同学们足够的重视.

【考题模型】

(2013 北京卷)15. 一列沿 x 轴正方向传播的间谐机械横波，波速为 4 m/s. 某时刻波形如图所示，下列说法正确的是 （　　）

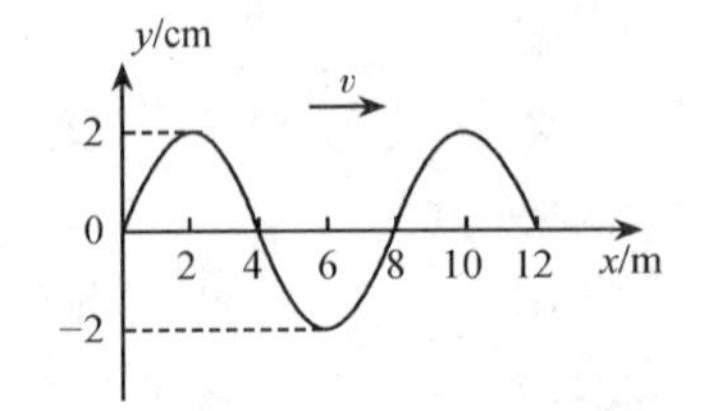

A. 这列波的振幅为 4 cm　　B. 这列波的周期为 1 s

C. 此时 $x=4$ m 处质点沿 y 轴负方向运动　　D. 此时 $x=4$ m 处质点的加速度为 0

【真题验证】

下面是全国Ⅰ历年机械振动和机械波的真题：

(2005 全国卷Ⅰ)18. 一列沿 x 轴正方向传播的简谐横波，周期为 0.50 s. 某一时刻，离开平衡位置的位移都相等的各质元依次为 P_1, P_2, P_3，……. 已知 P_1 和 P_2 之间的距离为 20 cm，P_2 和 P_3 之间的距离为 80 cm，则 P_1 的振动传到 P_2 所需的时间为 （　　）

A. 0.50 s　　B. 0.13 s　　C. 0.10 s　　D. 0.20 s

(2006 全国卷Ⅰ)19. 一砝码和一轻弹簧构成弹簧振子，图 1 所示的装置可用于研究该弹簧振子的受迫振动. 匀速转动把手时，曲杆给弹簧振子以驱动力，使振子做受迫振动. 把手匀速转动的周期就是驱动力的周期，改变把手匀速转动的速度就可以改变驱动力的周期. 若保持把手不动，给砝码一向下的初速度，砝码便做简谐运动，振动图线如图 2 所示. 当把手以某一速度匀速转动，受迫振动达到稳定时，砝码的振动图线如图 3 所示. 若用 T_0 表示弹簧振子的固有周期，T 表示驱动力的周期，Y 表示受迫振动达到稳定后砝码振动的振幅，则 （　　）

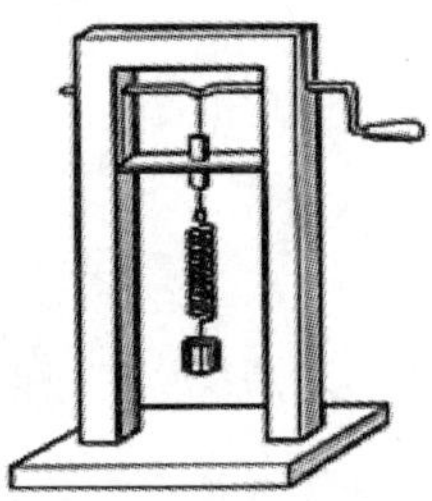

图1

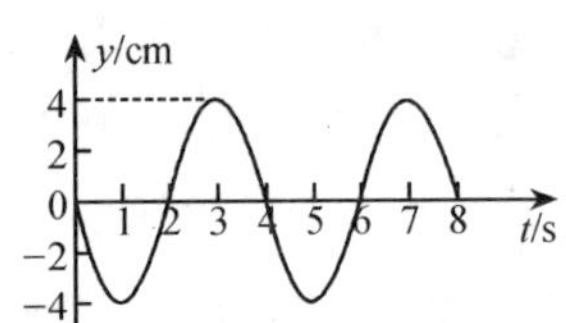

图2

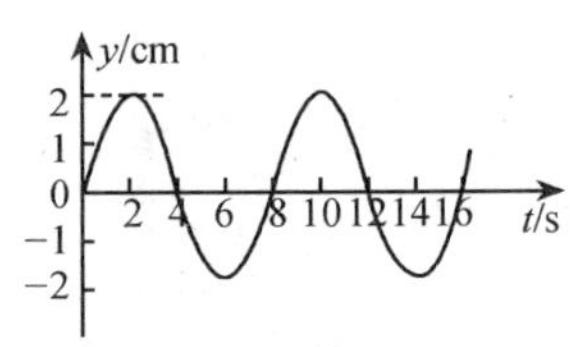

图3

A. 由图线可知 $T_0=4$ s

B. 由图线可知 $T_0=8$ s

C. 当 T 在 4 s 附近时，Y 显著增大；当 T 比 4 s 小得多或大得多时，Y 很小

D. 当 T 在 8 s 附近时，Y 显著增大；当 T 比 8 s 小得多或大得多时，Y 很小

(2008 全国卷Ⅰ)16. 一列简谐横波沿 x 轴传播，周期为 T. $t=0$ 时刻的波形如图所示. 此时平衡位置位于 $x=3$ m 处的质点正在向上运动，若 a、b 两质点平衡位置的坐标分别为 $x_a=2.5$ m，$x_b=5.5$ m，则 （　　）

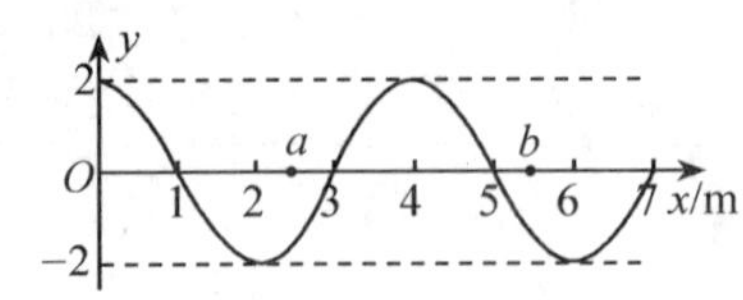

A. 当 a 质点处在波峰时，b 质点恰在波谷　　B. $t=T/4$ 时，a 质点正在向 y 轴负方向运动

C. $t=3T/4$ 时，b 质点正在向 y 轴负方向运动　　D. 在某一时刻，a、b 两质点的位移和速度可能相同

(2009 全国卷Ⅰ)20. 一列简谐横波在某一时刻的波形图如图 1 所示，途中 P、Q 两质点的横坐标分别为 $x=1.5$ m 和 $x=4.5$ m. P 点的振动图象如图 2 所示.

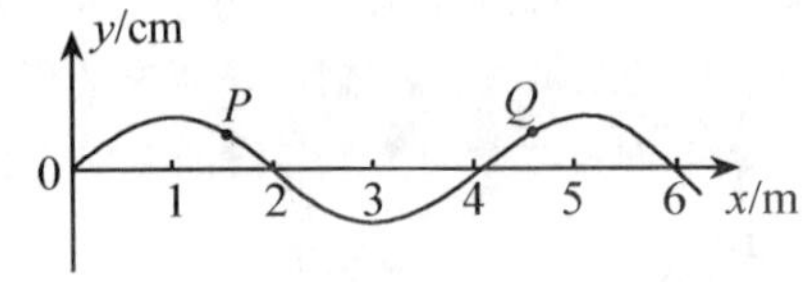

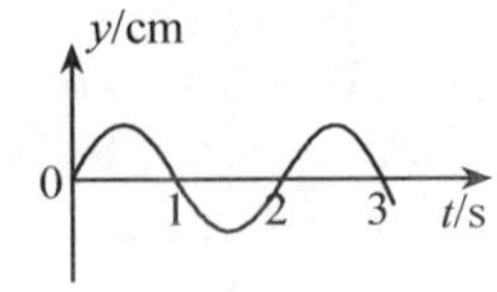

在下列四幅图中，Q 点的振动图象可能是　　　　（　　）

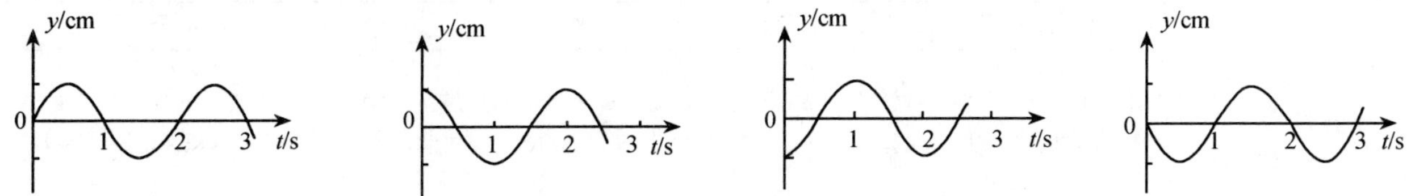

A　　B　　C　　D

(2010 全国卷Ⅰ)21. 一简谐振子沿 x 轴振动，平衡位置在坐标原点. $t=0$ 时刻振子的位移 $x=-0.1$ m；时刻 $x=0.1$ m；$t=4$ s 时刻 $x=0.1$ m. 该振子的振幅和周期可能为　　　　（　　）

A. 0.1 m，$\frac{8}{3}$ s　　B. 0.1 m，8 s

C. 0.2 m，$\frac{8}{3}$ s　　D. 0.2 m，8 s

(2011 全国)21. 一列简谐横波沿 x 轴传播，波长为 1.2 m，振幅为 A. 当坐标为 $x=0$ 处质元的位移为 $-\frac{\sqrt{3}}{2}A$，A 向 y 轴负方向运动时，坐标为 $x=0.4$ m 处质元的位移为 $-\frac{\sqrt{3}}{2}A$. 当坐标 $x=0.2$ m 处的质元位于平衡位置且向 y 轴正方向运动时，$x=0.4$ m 处质元的位移和运动方向分别为　　　　（　　）

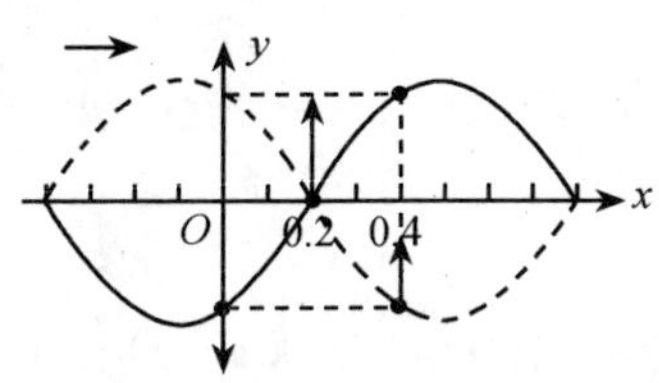

A. $-\frac{1}{2}A$、沿 y 轴正方向　　B. $-\frac{1}{2}A$、沿 y 轴负方向

C. $-\frac{\sqrt{3}}{2}A$、沿 y 轴正方向　　D. $-\frac{\sqrt{3}}{2}A$、沿 y 轴负方向

(2012 全国大纲卷)一个弹簧振子沿 x 轴做简谐运动，取平衡位置 O 为 x 轴坐标原点. 从某时刻开始计时，经过四分之一的周期，振子具有沿 x 轴正方向的最大加速度. 能正确反映振子位移 x 与时间 t 关系的图象是　　　　（　　）

A　　B　　C　　D

(2014 新课标Ⅰ卷)34(1)(6 分)图(a)为一列简谐横波在 $t=2$ s 时的波形图，图(b)为媒质中平衡位置在 $x=1.5$ m 处的质点的振动图象，P 是平衡位置为 $x=2$ m 的质点. 下列说法正确的是________.(填正确答案标号. 选对 1 个得 3 分，选对 2 个得 4 分，选对 3 个得 6 分. 每选错 1 个扣 3 分，最低得分为 0 分)

A. 波速为 0.5 m/s

B. 波的传播方向向右

C. 0～2 s 时间内，P 运动的路程为 8 cm

D. 0～2 s 时间内，P 向 y 轴正方向运动

E. 当 $t=7$ s 时，P 恰好回到平衡位置

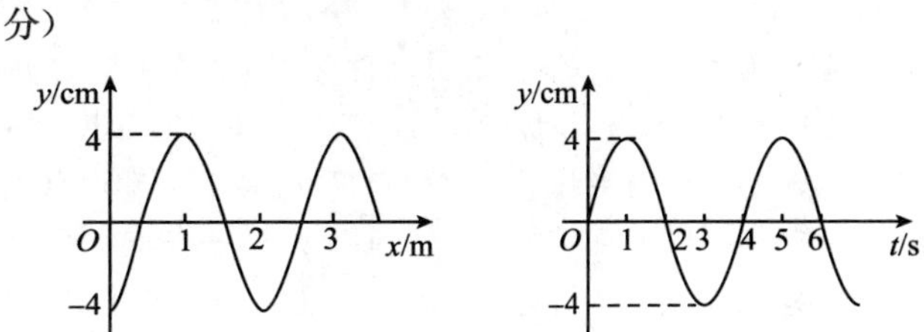

(a)　　(b)

【备考战略】

物理概念是从物理现象和事实中抽象出来的，是物理定律、公式和学说的基础，如果不能掌握物理概念就不可能进一步学习和掌握物理定律和公式. 在高考物理选择题的备考复习中，对物理概念的把握可以从以下几个方面入手：

一、由现象到本质建立概念

二、抓要点，破难点，掌握概念

三、找联系，抓类比，深化概念

四、分层次，抓阶段，完善概念

五、多思辨，勤练习，巩固概念

根据历年高考物理题型，下面总结出了解答选择题部分的九种常见方法(如表 7 所示)：

表 7 解答不定项选择题的方法和技巧

方法	技巧
直接判断法	利用题中所给的条件，根据所学的知识和规律直接判断，得出正确的答案．这种方法一般适用于基本不需要“转弯”或推理简单的题目．这些题目主要考查考生对物理识记内容的记忆和理解程度，一般属常识性知识题目．
逐步淘汰法	通过分析、推理和计算，将不符合题意的选项一一排除，最终留下的就是符合题意的选项．
特值代入法	它是让题目中所涉及的某一物理量取特殊值，通过相对简单的分析和计算进行判断的一种方法．
作图分析法	若题干或选项中已经给出了函数图，则需从图象纵、横坐标的物理意义以及图线中的“点”“线”“斜率”“截距”和“面积”等诸多方面寻找解题的突破口．用图象法解题不但快速、准确，能避免繁杂的运算，还能解决一些用一般计算方法无法解决的问题．
极限分析法	将某些物理量的数值推向极致，并根据一些显而易见的结果、结论或熟悉的物理现象进行分析和推理的一种办法．
单位判断法	从物理量的单位出发筛选出正确答案．如果等式两边单位不一致，或所列选项的单位与题干要求不统一，则肯定有错误；或者，尽管式子两边的单位一致，却仍不能确保此式肯定正确，因为用单位判断法不能确定常数项的正确与否．
类比分析法	所谓类比，就是将两个(或两类)研究对象进行对比，分析它们的相同或相似之处、相互的联系或所遵循的规律，然后根据它们在某些方面有相同或相似的属性，进一步推断它们在其他方面也可能有相同或相似的属性的一种思维方法．
整体分析法	当题干中所涉及到的物体有多个时，把多个物体所构成的系统作为一个整体来进行研究的方法．
构建模型法	模型思维法是利用抽象、理想化、简化、类比等手段，突出主要因素，忽略次要因素．把研究对象的物理本质特征抽象出来，从而进行分析和推理的一种思维方法．

高考物理选择题为不定项选择题．不定项选择题既可以考查识记的内容，又可以考查理解、运用知识的层次，它可以从不同侧面、不同角度进行选项设置，综合性比较强，因而是考生们在答题中感到难度较大同时也是失分较多的一个题型，所以要求同学们注重对物理概念、物理规律的准确理解，能够从整体上把握知识 10F①．

专题 2 热、光和近代物理命题规律剖析

【考点剖析】

热学、光学和原子物理(含量子论初步)尽管不是高考的重点内容(有人称之为“非重点”内容)，但它作为高中物理的必备知识，也是考生必须掌握的内容之一，所以该部分内容还是历年高考的必考点．从这个意义上讲，它也是高考的一个热点，而且是较易把握的热点，如下表 8 所示，总结了历年全国Ⅰ卷的基础概念考查情况，说明了高考物理还是以物理概念为基础，在基础概念的基础上再加深难度，以考查考生的综合应用和应变能力．

近几年高考来看，该部分高考的考查主要集中在以气体为研究对象的微观和宏观关系的分析、光的折射、光的本性、原子的核式结构和能级跃迁、核反应和质能方程等知识点．该部分内容虽然知识要求不高，试题难度不大，命题也大多以选择题的形式出现，而且“考课本”和“不回避陈题”是该部分内容的一个特点．但因其考查涉及知识点较多，如果没有熟记基本知识要点，对基本概念理解不透彻，加上部分考生对这“非重点”内容的疏忽，还是很容易导致失分的．

【考题模型】

(2013 北京卷)20．以往我们认识的光电效应是单光子光电效应，即一个电子子啊短时间内能吸收到一个光子而从金属表面逸出．强激光的出现丰富了人们对于光电效应的认识，用强激光照射金属，由于其光子密度极大，一个电子在短时间内吸收多个光子成为可能，从而形成多光子电效应，这已被实验证实．光电效应实验装置示意图如图．用频率为 ν 的普通光源照射阴极 k，没有发生光电效应，换同样频率为 ν 的强激光照射阴极 k，则发生了光电效应；此时，若加上反向电压 U，即将阴极 k 接电源正极，阳极 A 接电源负极，在 kA 之间就形成了使光电子减速的电场，逐渐增大 U，光电流会逐渐减小；当光电流恰好减小到零时，所加反向电压 U

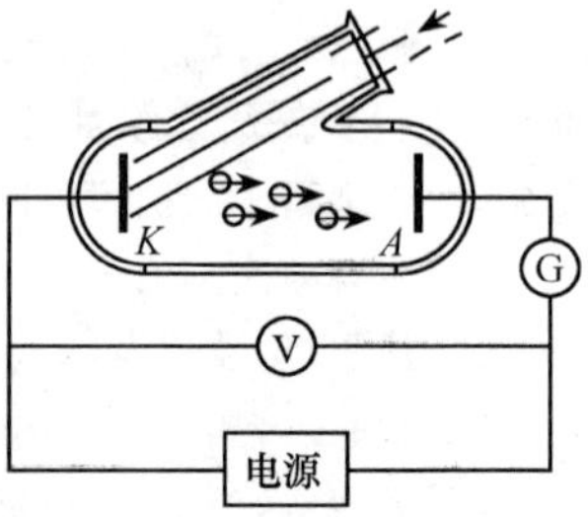

①郑虎锋，2010 年高考复课之我见，基础教育，2009，673 - 674．

可能是下列的(其中 W 为逸出功,h 为普朗克常量,e 为电子电量)　　(　　)

A. $U=\frac{h\nu}{e}-\frac{W}{e}$　　B. $U=\frac{2h\nu}{e}-\frac{W}{e}$

C. $U=2h\nu-W$　　D. $U=\frac{5h\nu}{2e}-\frac{W}{e}$

【真题验证】

表 8　历年全国Ⅰ热、光和近代物理量概念考查情况

(注:鉴于课改原因,2013 年后新课标卷Ⅰ相当于之前的全国卷Ⅰ)

考点	年份	题号	题型	分值	具体考点
光的性质	2005	17	选择题	6	折射及全反射相关计算
	2006	15	选择题	6	光的本性知识理解各种学说
	2007	17	选择题	6	折射及全反射相关计算
	2008	21	选择题	6	折射及全反射相关计算
	2009	15	选择题	6	折射及全反射相关计算
	2010	20	选择题	6	折射及全反射相关计算
	2011	16	选择题	6	折射与色散的相关概念
	2012	16	选择题	6	光的干涉与衍射
	2014	34(2)	计算题	9	光的折射与全反射
气体和内能	2005	21	选择题	6	分子动理论、内能(热学)
	2006	18	选择题	6	分子动理论、内能(热学)
	2007	16	选择题	6	分子动理论、内能(热学)
	2008	19	选择题	6	与阿伏伽德罗常数有关的运算
	2009	14	选择题	6	分子动理论、内能(热学)
	2010	19	选择题	6	分子动理论、内能(热学)
	2011	14	选择题	6	分子动理论、内能(热学)
	2012	14	选择题	6	分子动理论、内能(热学)
	2013	33	选择题	6	分子动理论、内能(热学)
	2014	33	选择题、计算题	15	分子动理论、内能
近代物理	2005	15	选择题	6	原子核的组成、核反应问题
	2006	14	选择题	6	原子核的组成、核反应问题
	2007	19	选择题	6	能级、波尔理论问题
	2008	18	选择题	6	原子核的组成、核反应问题
	2009	16	选择题	6	能级、波尔理论问题
	2010	14	选择题	6	原子核的组成、核反应问题
	2011	18	选择题	6	能级、波尔理论问题
	2012	15	选择题	6	原子核的组成、核反应问题
	2013	35	填空题	6	原子核的组成、核反应问题
	2014	35(1)	选择题	6	天然放射性

以下是历年全国卷Ⅰ中的真题:

【光的性质】

(2006 全国卷Ⅰ)15. 红光和紫光相比,　　(　　)

A. 红光光子的能量较大;在同一种介质中传播时红光的速度较大

B. 红光光子的能量较小;在同一种介质中传播时红光的速度较大

C. 红光光子的能量较大;在同一种介质中传播时红光的速度较小

D. 红光光子的能量较小;在同一种介质中传播时红光的速度较小

(2007 全国卷Ⅰ)17. 从桌面上有一倒立的玻璃圆锥，其顶点恰好与桌面接触，圆锥的轴(图中虚线)与桌面垂直，过轴线的截面为等边三角形，如图所示，有一半径为 r 的圆柱形平行光束垂直入射到圆锥的底面上，光束的中心轴与圆锥的轴重合. 已知玻璃的折射率为 1.5，则光束在桌面上形成的光斑半径为 ( )

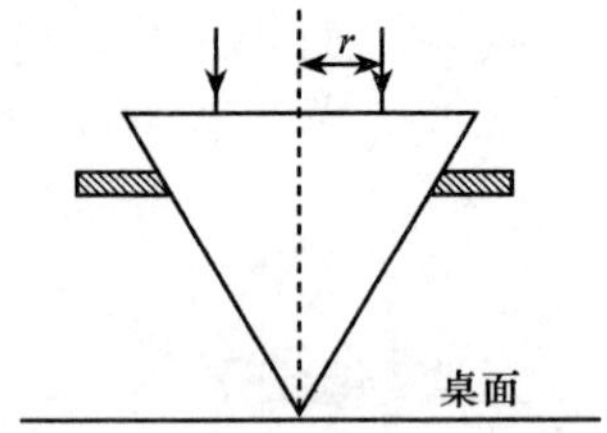

A. r　　B. $1.5r$
C. $2r$　　D. $2.5r$

(2008 全国卷Ⅰ)21. 一束由红、蓝两单色光组成的光线从一平板玻璃砖的上表面以入射角 θ 射入，穿过玻璃砖自下表射出. 已知该玻璃对红光的折射率为 1.5. 设红光与蓝光穿过玻璃砖所用的时间分别为 t_1 和 t_2，则在 θ 从 $0°$ 逐渐增大至 $90°$ 的过程中 ( )

A. t_1 始终大于 t_2　　B. t_1 始终小于 t_2
C. t_1 先大于后小于 t_2　　D. t_1 先小于后大于 t_2

(2009 全国卷Ⅰ)15. 某物体左右两侧各有一竖直放置的平面镜，两平面镜相互平行，物体距离左镜 4 m，右镜 8 m，如图所示，物体在左镜所成的像中从右向左数的第三个像与物体的距离是 ( )

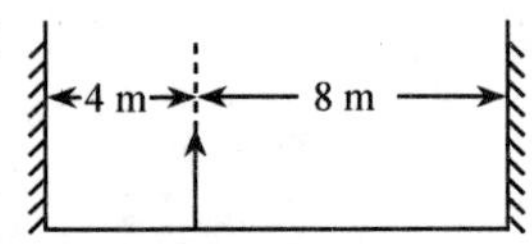

A. 24 m　　B. 32 m　　C. 40 m　　D. 48 m

(2010 全国卷Ⅰ)20. 某人手持边长为 6 cm 的正方形平面镜测量身后一棵树的高度. 测量时保持镜面与地面垂直，镜子与眼睛的距离为 0.4 m. 在某位置时，他在镜中恰好能够看到整棵树的像；然后他向前走了 6.0 m，发现用这个镜子长度的 5/6 就能看到整棵树的像. 这棵树的高度约为 ( )

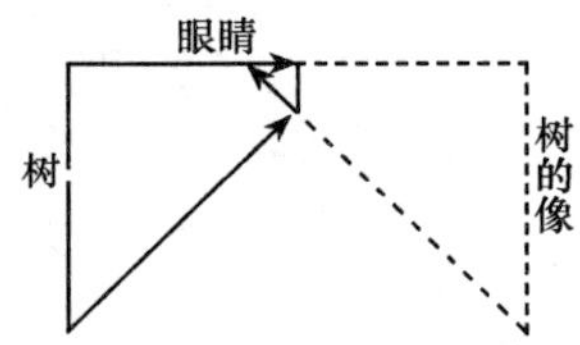

A. 4.0 m　　B. 4.5 m　　C. 5.0 m　　D. 5.5 m

(2011 全国卷)16. 雨后太阳光入射到水滴中发生色散而形成彩虹. 设水滴是球形的，图中的圆代表水滴过球心的截面，入射光线在过此截面的平面内，a、b、c、d 代表四条不同颜色的出射光线，则它们可能依次是 ( )

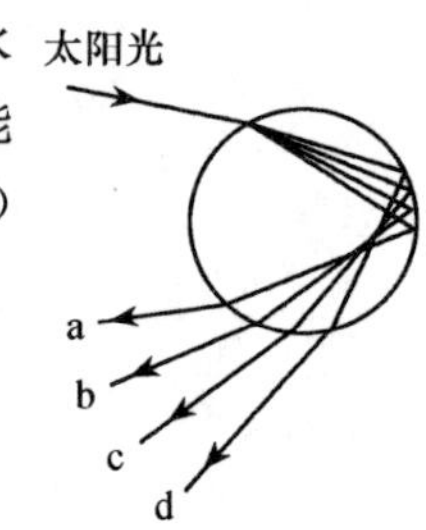

A. 紫光、黄光、蓝光和红光
B. 紫光、蓝光、黄光和红光
C. 红光、蓝光、黄光和紫光
D. 红光 、黄光、蓝光和紫光

(2014 新课标卷Ⅰ)一个半圆柱形玻璃砖，其横截面是半径为 R 的半圆，AB 为半圆的直径，O 为圆心，如图所示. 玻璃的折射率为 $n=\sqrt{2}$.

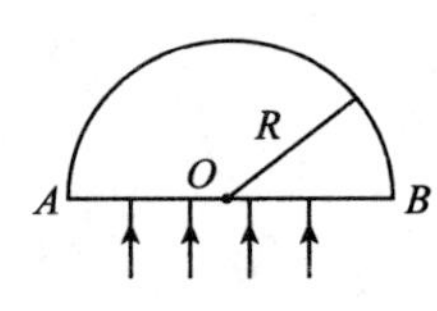

(i)一束平行光垂直射向玻璃砖的下表面，若光线到达上表面后，都能从该表面射出，则入射光束在 AB 上的最大宽度为多少？

(ii)一细束光线在 O 点左侧与 O 相距 $\frac{\sqrt{3}}{2}R$ 处垂直于 AB 从下方入射，求此光线从玻璃砖射出点的位置.

【气体和内能】

(2005 全国卷Ⅰ)21. 如图所示，绝热隔板 K 把绝热的气缸分隔成体积相等的两部分，K 与气缸壁的接触是光滑的. 两部分中分别盛有相同质量、相同温度的同种气体 a 和 b. 气体分子之间相互作用势能可忽略. 现通过电热丝对气体 a 加热一段时间后，a、b 各自达到新的平衡 ( )

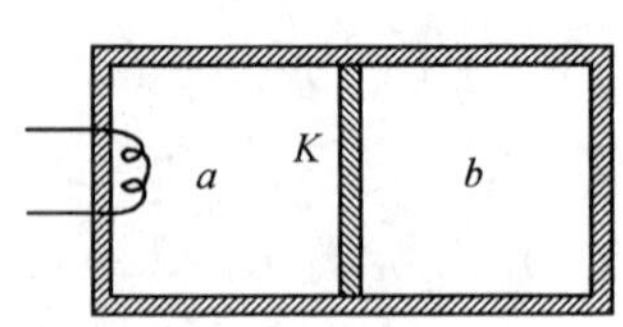

A. a 的体积增大了，压强变小了　　B. b 的温度升高了
C. 加热后 a 的分子热运动比 b 的分子热运动更激烈　　D. a 增加的内能大于 b 增加的内能

(2006 全国卷Ⅰ)18. 下列说法中正确的是 ( )

A. 气体的温度升高时，分子的热运动变得剧烈，分子的平均动能增大，撞击器壁时对器壁的作用力增大，从而气体的压强一定增大
B. 气体的体积变小时，单位体积的分子数增多，单位时间内打到器壁单位面积上的分子数增多，从而气体的压强一定增大
C. 压缩一定量的气体，气体的内能一定增加
D. 分子 a 从远处趋近固定不动的分子 b，当 a 到达受 b 的作用力为零处时，a 的动能一定最大

(2007 全国卷Ⅰ)16. 如图所示，质量为 m 的活塞将一定质量的气体封闭在气缸内，活塞与气缸之间无摩擦，a 态是气缸放在冰水混合物中气体达到的平衡状态，b 态是气缸从容器中移出后，在室温(27℃)中达到的平衡状态，气体从 a 态变化到 b 态的过程中大气压强保持不变. 若忽略气体分子之间的势能，下列说法中正确的是 ( )

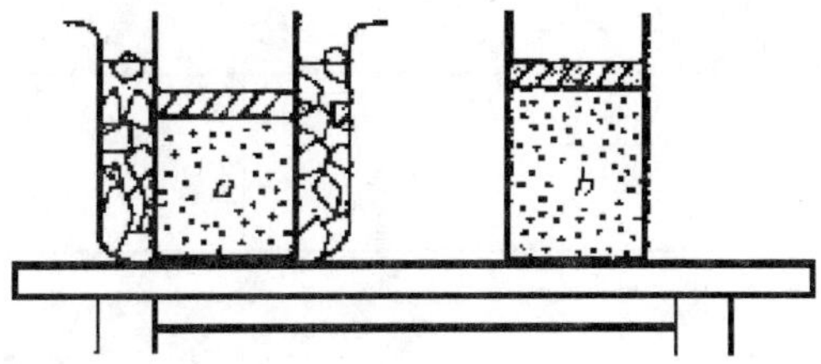

A. 与 b 态相比，a 态的气体分子在单位时间内撞击活塞的个数较多

B. 与 a 态相比，b 态的气体分子在单位时间内对活塞的冲量较大

C. 在相同时间内，a、b 两态的气体分子对活塞的冲量相等

D. 从 a 态到 b 态，气体的内能增加，外界对气体做功，气体向外界释放了热量

(2008 全国卷Ⅰ)19. 已知地球半径约为 6.4×10^6 m，空气的摩尔质量约为 29×10^{-3} kg/mol，一个标准大气压约为 1.0×10^5 Pa. 利用以上数据可估算出地球表面大气在标准状况下的体积为 ( )

A. 4×10^{16} m³　　B. 4×10^{18} m³　　C. 4×10^{30} m³　　D. 4×10^{22} m³

(2009 全国卷Ⅰ)14. 下列说法正确的是 ( )

A. 气体对器壁的压强就是大量气体分子作用在器壁单位面积上的平均作用力

B. 气体对器壁的压强就是大量气体分子单位时间作用在器壁上的平均冲量

C. 气体分子热运动的平均动能减少，气体的压强一定减小

D. 单位面积的气体分子数增加，气体的压强一定增大

(2010 全国卷Ⅰ)19. 右图为两分子系统的势能 E_p 与两分子间距离 r 的关系曲线. 下列说法正确的是 ( )

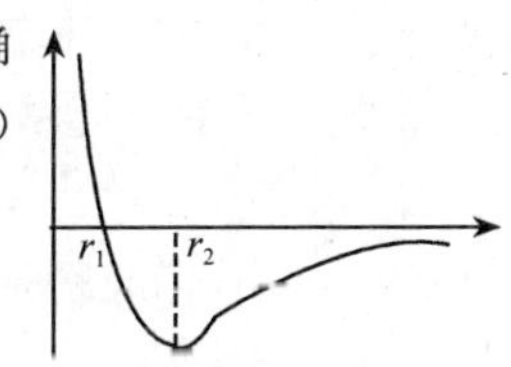

A. 当 r 大于 r_1 时，分子间的作用力表现为引力

B. 当 r 小于 r_1 时，分子间的作用力表现为斥力

C. 当 r 等于 r_2 时，分子间的作用力为零

D. 当 r 由 r_1 变到 r_2 的过程中，分子间的作用力做负功

(2011 全国卷)14. 关于一定量的气体，下列叙述正确的是 ( )

A. 气体吸收的热量可以完全转化为功　　B. 气体体积增大时，其内能一定较少

C. 气体从外界吸收热量，其内能一定增加　　D. 外界对气体做功，气体的内能可能减少

(2013 新课标卷Ⅰ)33. [物理—选修 3—3]

(1)(6 分)两个相距较远的分子仅在分子力作用下由静止开始运动，直至不再靠近. 在此过程中，下列说法正确的是________.(填正确答案标号. 选对 1 个得 3 分，选对 2 个得 4 分，选对 3 个得 6 分. 每选错 1 个扣 3 分，最低得分为 0 分)

A. 分子力先增大，后一直减小　　B. 分子力先做正功，后做负功

C. 分子动能先增大，后减小　　D. 分子势能先增大，后减小

(2014 新课标卷Ⅰ)33. [选修 3—3](15 分)

(1)(6 分)一定量的理想气体从状态 a 开始，经历三个过程 ab、bc、ca 回到原状态，其 $p-T$ 图象如图所示. 下列判断正确的是________.(填正确答案标号. 选对 1 个得 3 分，选对 2 个得 4 分，选对 3 个得 6 分. 每选错 1 个扣 3 分，最低得分为 0 分)

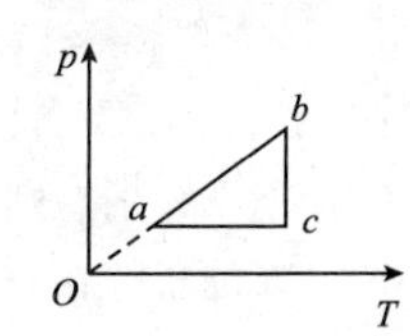

A. 过程 ab 中气体一定吸热

B. 过程 bc 中气体既不吸热也不放热

C. 过程 ca 中外界对气体所做的功等于气体所放的热

D. a、b 和 c 三个状态中，状态 a 分子的平均动能最小

E. b 和 c 两个状态中，容器壁单位面积单位时间内受到气体分子撞击的次数不同

(2)(9 分)一定质量的理想气体被活塞封闭在竖直放置的圆柱形气缸内，气缸壁导热良好，活塞可沿气缸壁无摩擦地滑动. 开始时气体压强为 p，活塞下表面相对于气缸底部的高度为 h，外界的温度为 T_0. 现取质量为 m 的沙子缓慢地倒在活塞的上表面，沙子倒完时，活塞下降了 $h/4$. 若此后外界的温度变为 T，求重新达到平衡后气体的体积. 已知外界大气的压强始

终保持不变，重力加速度大小为 g.

【近代物理】

(2005 全国卷Ⅰ)15. 已知 π^+ 介子、π^- 介子都是由一个夸克(夸克 u 或夸克 d)和一个反夸克(反夸克 $\bar{u}$ 或反夸克 $\bar{d}$)组成的，它们的带电量如下表所示，表中 e 为元电荷.

	π^+	π^-	u	d	$\bar{u}$	$\bar{d}$
带电量	$+e$	$-e$	$+\frac{2}{3}e$	$-\frac{2}{3}e$	$-\frac{2}{3}e$	$+\frac{1}{3}e$

下列说法正确的是 ( )

A. π^+ 由 u 和 $\bar{d}$ 组成　B. π^+ 由 d 和 $\bar{u}$ 组成　C. π^- 由 u 和 $\bar{d}$ 组成　D. π^- 由 d 和 $\bar{u}$ 组成

(2006 全国卷Ⅰ)14. 某原子核 $^A_Z X$ 吸收一个中子后，放出一个电子，分裂为两个 α 粒子. 由此可知 ( )

A. $A=7, Z=3$　B. $A=7, Z=4$　C. $A=8, Z=3$　D. $A=8, Z=4$

(2007 全国卷Ⅰ)19. 用大量具有一定能量的电子轰击大量处于基态的氢原子，观测到了一定数目的光谱线. 调高电子的能量再次进行观测，发现光谱线的数目原来增加了 5 条. 用 Δn 表示两次观测中最高激发态的量子数 n 之差，E 表示调高后电子的能量. 根据氢原子的能级图可以判断，Δn 和 E 的可能值为 ( )

A. $\Delta n=1$, $13.22\ \text{eV}<E<13.32\ \text{eV}$　B. $\Delta n=2$, $13.22\ \text{eV}<E<13.32\ \text{eV}$

C. $\Delta n=1$, $12.75\ \text{eV}<E<13.06\ \text{eV}$　D. $\Delta n=2$, $12.72\ \text{eV}<E<13.06\ \text{eV}$

(2008 全国卷Ⅰ)18. 三个原子核 X、Y、Z, X 核放出一个正电子后变为 Y 核, Y 核与质子发生核反应后生成 Z 核并放出一个个氦(^4_2He)，则下面说法正确的是 ( )

A. X 核比 Z 核多一个原子　B. X 核比 Z 核少一个中子

C. X 核的质量数比 Z 核质量数大 3　D. X 核与 Z 核的总电荷是 Y 核电荷的 2 倍

(2009 全国卷Ⅰ)16. 氦氖激光器能产生三种波长的激光，其中两种波长分别为 $\lambda_1=0.632\ 8\ \mu\text{m}$, $\lambda_2=3.39\ \mu\text{m}$，已知波长为 λ_1 的激光是氖原子在能级间隔为 $\Delta E_1=1.96\ \text{eV}$ 的两个能级之间跃迁产生的. 用 ΔE_2 表示产生波长为 λ_2 的激光所对应的跃迁的能级间隔，则 ΔE_2 的近似值为 ( )

A. 10.50 eV　B. 0.98 eV　C. 0.53 eV　D. 0.36 eV

(2010 全国卷Ⅰ)14. 原子核 $^{238}_{92}U$ 经放射性衰变①变为原子核 $^{234}_{90}Th$，继而经放射性衰变②变为原子核 $^{234}_{91}Pa$，再经放射性衰变③变为原子核 $^{234}_{92}U$. 放射性衰变①、②和③依次为 ( )

A. α 衰变、β 衰变和 β 衰变　B. β 衰变、α 衰变和 β 衰变

C. β 衰变、β 衰变和 α 衰变　D. α 衰变、β 衰变和 α 衰变

(2011 全国卷)18. 已知氢原子的基态能量为 E_1，激发态能量 $E_n=E_1/n^2$，其中 $n=2,3,\cdots$. 用 h 表示普朗克常量，c 表示真空中的光速. 能使氢原子从第一激发态电离的光子的最大波长为 ( )

A. $-\frac{4hc}{3E_1}$　B. $-\frac{2hc}{E_1}$　C. $-\frac{4hc}{E_1}$　D. $-\frac{9hc}{E_1}$

(2012 全国大纲卷)15. $^{235}_{92}U$ 经过 m 次 α 衰变和 n 次 β 衰变 $^{207}_{82}Pb$，则 ( )

A. $m=7, n=3$　B. $m=7, n=4$　C. $m=14, n=9$　D. $m=14, n=18$

(2013 新课标卷Ⅰ)35. [物理—选修 3—5]

(1)(6 分)一质子束入射到能止靶核 $^{27}_{13}Al$ 上，产生如下核反应：

$$P+^{27}_{13}Al \longrightarrow X+n$$

式中 P 代表质子，n 代表中子，X 代表核反应产生的新核. 由反应式可知，新核 X 的质子数为________，中子数为________.

(2014 新课标卷Ⅰ)(1)关于天然放射性，下列说法正确的是________.

A. 所有元素都可能发生衰变　B. 放射性元素的半衰期与外界的温度无关

C. 放射性元素与别的元素形成化合物时仍具有放射性　D. α、β 和 γ 三种射线中，γ 射线的穿透能力最强

E. 一个原子核在一次衰变中可同时放出 α、β 和 γ 三种射线

【备考战略】

针对高考对该部分的考查特点，建议大家在复习和训练过程中注意把握以下几点：

1. 对热学，要掌握以“一个基本理论”“两个基本模型”(分子的球体和正方体模型)、“三个基本定律”和“四个基本关系”(布朗运动与分子运动的关系、温度与分子动能的关系、分子力做功与分子势能变化的关系和内能的变化与做功和热

传递的关系）为核心的知识整体结构；理解以温度、内能和压强等为主体的重要热学概念；明确以分子运动理论、热力学定律和能量守恒定律为核心的热学规律. 要能从微观的角度、从分子运动理论的观点来认识热现象和气体压强的产生；要能利用阿伏伽德罗常数来联系微观和宏观在数量上的关系；要能用热力学第一、第二定律和能量守恒定律来分析和讨论物体内能的变化.

2. 对涉及光的直线传播、反射和折射的光学问题，作出正确的光路图常是解题的关键，而运用数学知识则是求解的手段. 要掌握分析这类问题的常用方法，即光路追踪法（用作图法分析光的传播过程）和光路可逆法（在几何光学中，所有的光路都是可逆的）.

3. 对光的本性及原子物理，复习时一定要紧扣课本，并以课本上介绍的一些实验为线索，将相应的实验现象和结论（或规律）穿插其中来把握该部分的知识结构. 在熟记基本知识要点的基础上，应能对一些物理现象作出相应的解释，能应用结论（或规律）来解决一些简单问题.

4. 要重视质量守恒、电荷守恒、能量守恒、动量守恒等守恒规律在原子物理中的应用. 尤其是原子核在场（匀强电场或磁场）中的衰变问题，自然界中的各守恒规律都得到全面的体现，复习中应紧紧把握这些守恒规律，牢固树立守恒思想.

由于该部分内容的试题常涉及一些物理前沿问题，是比较活跃的科学领域，所以预测今后高考在坚持原有考查的基础上，会在试题的问题背景、信息提供的方式和知识应用的能力等方面有所突破；会更注重知识与能力的双重体现，设计所谓“起点高而落点低”的应用型试题. 因此复习过程中一方面要抓基础知识，另一方面也要注重能力、方法的培养，注意知识的灵活迁移，对“非重点”内容的考查不留盲点.

专题 3　万有引力命题规律剖析

【考点剖析】

万有引力方面的主要考点有：万有引力定律及其应用、环绕速度（均为Ⅱ类要求），第二宇宙速度和第三宇宙速度（均为Ⅰ类要求）. 从近几年的高考试题来看，对人造地球卫星和天体的运动考查频率很高，也就是对万有引力定律和圆周运动结合起来进行考查，题型有选择题和计算题，重点考查的内容为万有引力定律，行星、卫星的运行等，尤其是与其他学科综合以及与新的前沿知识联系起来命题也是题目的一大特点. 由于航天技术、人造地球卫星属于现代科技发展的重要领域，有关人造卫星问题的考查频率会越来越高，加上载人航天的成功和中国的探月计划的实施，这些都是命题的热点内容，估计将要以此为背景进行命题，因此在这些知识点的应用上应引起高度重视.

突破方法

1. 人造地球卫星问题涉及很多关系，如卫星的线速度与轨道半径的关系、周期同半径的关系、变轨问题等等. 尽管这方面的题目千变万化，但有一点是不会改变的，即万有引力提供向心力.

2. 万有引力定律有一个重要的应用就是估算天体的质量或平均密度. 问题的核心在于：①研究一天体绕待测天体的圆周运动②二者之间的万有引力提供向心力.

高考能力要求

一、理解能力

1. 理解万有引力定律的内容及使用条件

2. 理解万有引力和重力的关系

3. 理解同步卫星的特点，理解三种宇宙速度

二、推理能力

1. 掌握万有引力和重力的代换运算

2. 掌握地球（或天体）的卫星各物理量的关系

3. 会推导第一宇宙速度

三、分析综合能力

能分析解决各种以天体运动为背景的物理应用问题

【考题模型】

（2013 广东卷）14. 如图，甲、乙两颗卫星以相同的轨道半径分别绕质量为 M 和 $2M$ 的行星做匀速圆周运动，下列说法正确的是（　　）

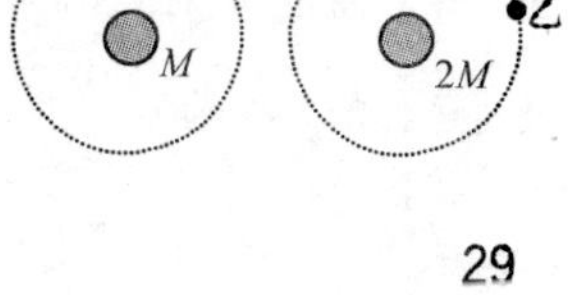

A. 甲的向心加速度比乙的小　　B. 甲的运行周期比乙的小

C. 甲的角速度比乙的大　　D. 甲的线速度比乙的大

【真题验证】

下面对北京、上海、全国Ⅰ、全国Ⅱ历年万有引力部分的考查情况做统计分析如下(如表9所示):

表9

(注:鉴于课改原因,2013年后新课标卷Ⅰ、Ⅱ相当于之前的全国卷Ⅰ、Ⅱ)

考卷	年份	题号	题型	分值
全国卷Ⅰ	2006	16	选择题	6
	2007	14	选择题	6
	2008	17	选择题	6
	2009	19	选择题	6
	2010	25	计算题	18
	2013	20	选择题	6
	2014	19	选择题	6
全国卷Ⅱ	2007	20	选择题	6
	2008	25	计算题	20
	2009	26	计算题	21
	2010	21	选择题	6
	2011	19	选择题	6
	2013	20	选择题	6
	2014	18	选择题	6
上海卷	2004	3	选择题	5
	2009	8	选择题	5
	2010	15	选择题	3
	2012	22B	填空题	3
	2013	9	选择题	3
北京卷	2005	20	选择题	6
	2006	18	选择题	6
	2007	15	选择题	6
	2008	17	选择题	6
	2009	22	计算题	16
	2010	16	选择题	6
	2011	15	选择题	6
	2012	18	选择题	6
	2014	23	计算题	18

下面是全国Ⅰ、全国Ⅱ、上海、北京历年万有引力部分历年真题:

全国卷Ⅰ

(2005全国卷Ⅰ)16. 把火星和地球绕太阳运行的轨道视为圆周. 由火星和地球绕太阳运动的周期之比可求得 ( )

A. 火星和地球的质量之比　　B. 火星和太阳的质量之比

C. 火星和地球到太阳的距离之比　　D. 火星和地球绕太阳运行速度大小之比

(2006全国卷Ⅰ)16. 我国将要发射一颗绕月运行的探月卫星"嫦娥一号". 设该卫星的轨道是圆形的,且贴近月球表面. 已知月球的质量约为地球质量的$\frac{1}{81}$,月球的半径约为地球半径的$\frac{1}{4}$,地球上的第一宇宙速度约为7.9 km/s,则该探月卫星绕月运行的速率约为 ( )

A. 0.4 km/s　　B. 1.8 km/s　　C. 11 km/s　　D. 36 km/s

(2007 全国卷Ⅰ)14. 据报道，最近有太阳系外发现了首颗“宜居”行星，其质量约为地球质量的 6.4 倍，一个在地球表面重量为 600 N 的人在这个行星表面的重量将变为 960 N. 由此可推知，该行星的半径与地球半径之比约为 ( )

A. 0.5　　B. 2　　C. 3.2　　D. 4

(2008 全国卷Ⅰ)17. 已知太阳到地球与地球到月球的距离的比值约为 390，月球绕地球旋转的周期约为 27 天. 利用上述数据以及日常的天文知识，可估算出太阳对月球与地球对月球的万有引力的比值约为 ( )

A. 0.2　　B. 2　　C. 20　　D. 200

(2009 全国卷Ⅰ)19. 天文学家新发现了太阳系外的一颗行星. 这颗行星的体积是地球的 4.7 倍，是地球的 25 倍. 已知某一近地卫星绕地球运动的周期约为 1.4 小时，引力常量 $G=6.67\times10^{-11}\ \mathrm{N\cdot m^2/kg^2}$，由此估算该行星的平均密度为 ( )

A. $1.8\times10^3\ \mathrm{kg/m^3}$　　B. $5.6\times10^3\ \mathrm{kg/m^3}$　　C. $1.1\times10^4\ \mathrm{kg/m^3}$　　D. $2.9\times10^4\ \mathrm{kg/m^3}$

(2013 新课标Ⅰ)20. 2012 年 6 月 18 日，“神舟九号”飞船与“天宫一号”目标飞行器在离地面 343 km 的近圆轨道上成功进行了我国首次载人空间交会对接. 对接轨道所处的空间存在极其稀薄的大气，下面说法正确的是 ( )

A. 为实现对接，两者运行速度的大小都应介于第一宇宙速度和第二宇宙速度之间

B. 如不加干预，在运行一段时间后，天宫一号的动能可能会增加

C. 如不干涉，天宫一号的轨道高度将缓慢降低

D. 航天员在天宫一号中处于失重状态，说明航天员不受地球引力作用

全国卷Ⅱ

(2005 全国卷Ⅱ)18. 已知引力常量 G、月球中心到地球中心的距离 R 和月球绕地球运行的周期 T. 仅利用这三个数据，可以估算出的物理量有 ( )

A. 月球的质量　　B. 地球的质量

C. 地球的半径　　D. 月球绕地球运行速度的大小

(2007 全国卷Ⅱ)20. 假定地球、月球都静止不动，用火箭从地球沿地月连线向月球发射一探测器. 假定探测器在地面附近脱离火箭. 用 W 表示探测器从脱离火箭处飞到月球的过程中克服地球引力做的功，用 E_k 表示探测器脱离火箭时的动能，若不计空气阻力，则 ( )

A. E_k 必须大于或等于 W，探测器才能到达月球　　B. E_k 小于 W，探测器也可能到达月球

C. $E_k=W/2$，探测器一定能到达月球　　D. $E_k=W/2$，探测器一定不能到达月球

(2008 全国卷Ⅱ)25. 我国发射的“嫦娥一号”探月卫星沿近似于圆形的轨道绕月飞行. 为了获得月球表面全貌的信息，让卫星轨道平面缓慢变化. 卫星将获得的信息持续用微波信号发回地球. 设地球和月球的质量分别为 M 和 m，地球和月球的半径分别为 R 和 R_1，月球绕地球的轨道半径和卫星绕月球的轨道半径分别为 r 和 r_1，月球绕地球转动的周期为 T. 假定在卫星绕月运行的一个周期内卫星轨道平面与地月连心线共面，求在该周期内卫星发射的微波信号因月球遮挡而不能到达地球的时间(用 M、m、R、R_1、r、r_1 和 T 表示，忽略月球绕地球转动对遮挡时间的影响).

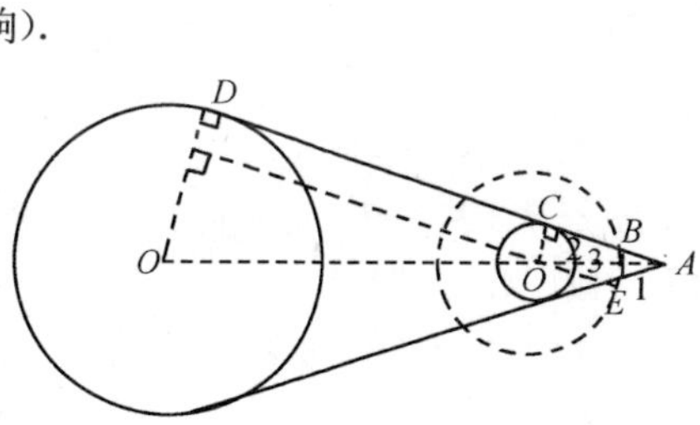

(2009 全国卷Ⅱ)26. 如图，P、Q 为某地区水平地面上的两点，在 P 点正下方一球形区域内储藏有石油，假定区域周围岩石均匀分布，密度为 ρ；石油密度远小于 ρ，可将上述球形区域视为空腔. 如果没有这一空腔，则该地区重力加速度(正常值)沿竖直方向；当存在空腔时，该地区重力加速度的大小和方向会与正常情况有微小偏高. 重力加速度在原竖直方向(即 PO 方向)上的投影相对于正常值的偏离叫作“重力加速度反常”. 为了探寻石油区域的位置和石油储量，常利用 P 点附近重力加速度反常现象. 已知引力常数为 G.

设球形空腔体积为 V，球心深度为 d(远小于地球半径)，$\overline{PQ}=x$，求空腔所引起的 Q 点处的重力加速度反常.

若在水平地面上半径 L 的范围内发现：重力加速度反常值在 δ 与 $k\delta(k>1)$之间变化，且重力加速度反常的最大值出现在半为 L 的范围的中心，如果这种反常是由于地下存在某一球形空腔造成的，试求此球形空腔球心的深度和空腔的体积.

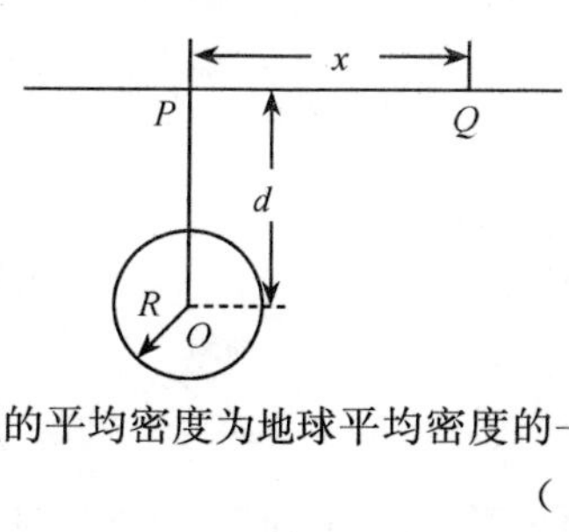

(2010 全国卷Ⅱ)21. 已知地球同步卫星离地面的高度约为地球半径的 6 倍. 若某行星的平均密度为地球平均密度的一半，它的同步卫星距其表面的高度是其半径的 2.5 倍，则该行星的自转周期约为 ( )

A. 6 小时　　B. 12 小时　　C. 24 小时　　D. 36 小时

(2011 全国卷)19. 我国“嫦娥一号”探月卫星发射后，先在“24 小时轨道”上绕地球运行(即绕地球一圈需要 24 小时)；然后，经过两次变轨依次到达“48 小时轨道”和“72 小时轨道”；最后奔向月球. 如果按圆形轨道计算，并忽略卫星质量的变化，则

在每次变轨完成后与变轨前相比，（　　）

A. 卫星动能增大，引力势能减小　　B. 卫星动能减小，引力势能减小

C. 卫星动能增大，引力势能增大　　D. 卫星动能减小，引力势能增大

(2013 新课标卷Ⅱ)20. 目前，在地球周围有许多人造地球卫星绕着它转，其中一些卫星的轨道可近似 wie 圆，且轨道半径逐渐变小. 若卫星在轨道半径逐渐变小的过程中，只受到地球引力和薄气体阻力的作用，则下列判断正确的是（　　）

A. 卫星的动能逐渐减小　　B. 由于地球引力做正功，引力势能一定减小

C. 由于气体阻力做负功，地球引力做正功，机械能保持不变　　D. 卫星克服气体阻力做的功小于引力势能的减小

上海卷

(2004 上海卷)3. 火星有两颗卫星，分别是火卫一和火卫二，它们的轨道近似为圆. 已知火卫一的周期为 7 小时 39 分. 火卫二的周期为 30 小时 18 分，则两颗卫星相比（　　）

A. 火卫一距火星表面较近　　B. 火卫二的角速度较大

C. 火卫一的运动速度较大　　D. 火卫二的向心加速度较大

(2009 上海卷)8. 牛顿以天体之间普遍存在着引力为依据，运用严密的逻辑推理，建立了万有引力定律. 在创建万有引力定律的过程中，牛顿（　　）

A. 接受了胡克等科学家关于“吸引力与两中心距离的平方成反比”的猜想

B. 根据地球上一切物体都以相同加速度下落的事实，得出物体受地球的引力与其质量成正比，即 $F\propto m$ 的结论

C. 根据 $F\propto m$ 和牛顿第三定律，分析了地月间的引力关系，进而得出 $F\propto m_1m_2$

D. 根据大量实验数据得出了比例系数 G 的大小

(2010 上海卷)15. 月球绕地球做匀速圆周运动的向心加速度大小为 a，设月球表面的重力加速度大小为 g_1，在月球绕地球运行的轨道处由地球引力产生的重力加速度为 g_2. 则（　　）

A. $g_1=a$　　B. $g_2=a$　　C. $g_1+g_2=a$　　D. $g_2-g_1=a$

(2012 上海卷)22B. 已知万有引力常量为 G，地球半径为 R，同步卫星距地面的高度为 h，地球的自转周期为 T，地球表面的重力加速度为 g. 则地球质量可表达为________或________.

(2013 上海卷)9. 小行星绕恒星运动，恒星均匀地向四周辐射能量，质量缓慢减小，可认为小行星在绕恒星运动一周的过程中近似做圆周运动. 则经过足够长的时间后，小行星运动的（　　）

A. 半径变大　　B. 速率变大　　C. 角速度变大　　D. 加速度变大

北京卷

(2004 北京卷)20. 1990 年 5 月，紫金山天文台将他们发现的第 2752 号小行星命名为吴健雄星，该小行星的半径为 16 km. 若将此小行星和地球均看成质量分布均匀的球体，小行星密度与地球相同. 已知地球半径 $R=6\ 400$ km，地球表面重力加速度为 g. 这个小行星表面的重力加速度为（　　）

A. $400g$　　B. $\frac{1}{400}g$　　C. $20g$　　D. $\frac{1}{20}g$

(2005 北京卷)20. 已知地球质量大约是月球质量的 81 倍，地球半径大约是月球半径的 4 倍. 不考虑地球、月球自转的影响，由以上数据可推算出（　　）

A. 地球的平均密度与月球的平均密度之比约为 9∶8

B. 地球表面重力加速度与月球表面重力加速度之比约为 9∶4

C. 靠近地球表面沿圆轨道运行的航天器的周期与靠近月球表面沿圆轨道运行的航天器的周期之比约为 8∶9

D. 靠近地球表面沿圆轨道运行的航天器线速度与靠近月球表面沿圆轨道运行的航天器线速度之比约为 81∶4

(2006 北京卷)18. 一飞船在某行星表面附近沿圆轨道绕该行星飞行. 认为行星是密度均匀的球体，要确定该行星的密度，只需要测量（　　）

A. 飞船的轨道半径　　B. 飞船的运行速度　　C. 飞船的运行周期　　D. 行星的质量

(2007 北京卷)15. 不久前欧洲天文学就发现了一颗可能适合人类居住的行星，命名为“格利斯 581c”. 该行星的质量是地球的 5 倍，直径是地球的 1.5 倍. 设想在该行星表面附近绕行星沿圆轨道运行的人造卫星的动能为 E_{k1}，在地球表面附近绕地球沿圆轨道运行的相同质量的人造卫星的动能为 E_{k2}，则 $\frac{E_{k1}}{E_{k2}}$ 为（　　）

A. 0.13　　B. 0.3　　C. 3.33　　D. 7.5

(2008 北京卷)17. 据媒体报道，嫦娥一号卫星环月工作轨道为圆轨道，轨道高度 200 km，运用周期 127 分钟. 若还知道引

力常量和月球平均半径，仅利用以上条件不能求出的是　　（　　）

A. 月球表面的重力加速度　　B. 月球对卫星的吸引力

C. 卫星绕月球运行的速度　　D. 卫星绕月运行的加速度

(2009 北京卷)22. 已知地球半径为 R，地球表面重力加速度为 g，不考虑地球自转的影响. 推到第一宇宙速度 v_1 的表达式；若卫星绕地球做匀速圆周运动，运行轨道距离地面高度为 h，求卫星的运行周期 T.

(2010 北京卷)16. 一物体静置在平均密度为 ρ 的球形天体表面的赤道上. 已知万有引力常量为 G，若由于天体自转使物体对天体表面压力恰好为零，则天体自转周期为　　（　　）

A. $\left(\frac{4\pi}{3G\rho}\right)^{1/2}$　　B. $\left(\frac{3}{4\pi G\rho}\right)^{1/2}$　　C. $\left(\frac{\pi}{G\rho}\right)^{1/2}$　　D. $\left(\frac{3\pi}{G\rho}\right)^{1/2}$

(2011 北京卷)15. 由于通讯和广播等方面的需要，许多国家发射了地球同步轨道卫星，这些卫星的　　（　　）

A. 质量可以不同　　B. 轨道半径可以不同

C. 轨道平面可以不同　　D. 速率可以不同

(2012 北京卷)18. 关于环绕地球运动的卫星，下列说法正确的是　　（　　）

A. 分别沿圆轨道和椭圆轨道运行的两颖卫星，不可能具有相同的周期

B. 沿椭圆轨道运行的一颖卫星，在轨道不同位置可能具有相同的速率

C. 在赤道上空运行的两颖地球同步卫星. 它们的轨道半径有可能不同

D. 沿不同轨道经过北京上空的两颗卫星，它们的轨道平面一定会重合

【备考战略】

万有引力定律与牛顿三定律，并称经典力学四大定律，可见万有引力定律的重要性. 万有引力定律已成为高考和各地模拟试卷命题的热点. 此部分内容在《考纲》中列为Ⅱ级要求. 近 5 年来，本考点知识已成为高考的热点内容之一，重点考查的内容有：万有引力定律，行星、卫星的运行等，当前星际探索成为世界新的科技竞争焦点，而我国的载人航天已取得了成功，探月计划也进入实质性进程之中，因此在这些知识点的应用上应引起高度重视.

有关万有引力类的题目立意越来越新，但解题涉及的知识，难度不大，规律性较强. 根据试题特点，我们应注意以下几个方面：

一、加强对万有引力定律的理解

1. 万有引力定律的适用条件

万有引力适用于宏观物质和低速运动（指速度与光束相比，基本可以忽略不计）条件下，因为微观物质适用量子力学，高速运动需要用相对论来解释. 因为物体的质量是随着运动速度的变化而改变的，速度越大，质量越大. 而如果速度远小于光速，而质量变化可以忽略不计.

2. 注意物体在地面上所受的引力与重力的区别和联系

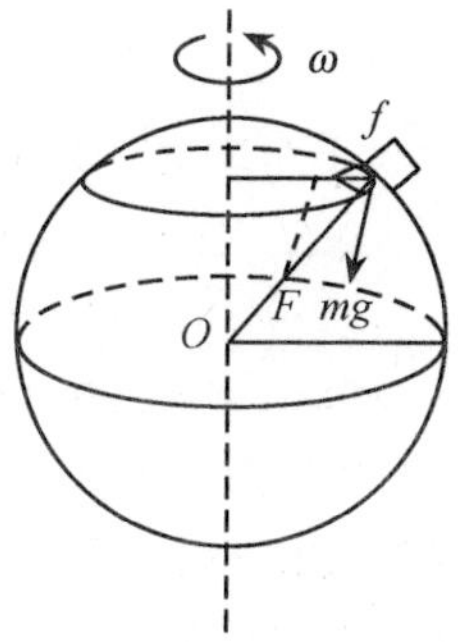

地球对物体的引力是物体具有重力的根本原因. 但重力又不完全等于引力. 这是因为地球在不停地自转，地球上的一切物体都随着地球自转而绕地轴做匀速圆周运动，这就需要向心力. 这个向心力的方向是垂直指向地轴的，它的大小是 $f=mr\omega^2$，式中的 r 是物体与地轴的距离，ω 是地球自转的角速度. 这个向心力来自哪里？只能来自地球对物体的引力 F，它是引力 F 的一个分力如右图，引力 F 的另一个分力才是物体的重力 mg.

在不同纬度的地方，物体做匀速圆周运动的角速度 ω 相同，而圆周的半径 r 不同，这个半径在赤道处最大，在两极最小（等于零）. 纬度为 α 处的物体随地球自转所需的向心力 $f=mR\omega^2\cos\alpha$（R 为地球半径），由公式可见，随着纬度升高，向心力将减小，在两极处 $R\cos\alpha=0$，$f=0$. 作为引力的另一个分量，即重力则随纬度升高而增大. 在赤道上，物体的重力等于引力与向心力差，即 $mg=G\frac{Mm}{R^2}$.

在两极，引力就是重力. 但由于地球的角速度很小，仅为 10^{-5} rad/s 数量级，所以 mg 与 F 的差别并不很大.

在不考虑地球自转的条件下，地球表面物体的重力 $mg=G\frac{Mm}{R^2}$，这是一个很有用的结论.

从图中还可以看出重力 mg 一般并不指向地心，只有在南北两极和赤道上重力 mg 才能向地心.

同样，根据万有引力定律知道，在同一纬度，物体的重力和重力加速度 g 的数值，还随着物体离地面高度的增加而减小.

若不考虑地球自转，地球表面处有 $mg=G\frac{Mm}{R^2}$. 可以得出地球表面处的重力加速度 $g=G\frac{M}{R^2}$.

在距地表高度为 h 的高空处，万有引力引起的重力加速度为 g'，由牛顿第二定律可得：$mg'=G\frac{Mm}{(R+h)^2}$ 即 $g'=\frac{M}{(R+h)^2}=\frac{R^2}{(R+h)^2}g$.

如果在 $h=R$ 处，则 $g'=g/4$. 在月球轨道处，由于 $r=60R$，所以重力加速度 $g'=g/3\ 600$.

重力加速度随高度增加而减小这一结论对其他星球也适用.

二、注重万有引力定律在天文学上的应用

1. 万有引力定律提供天体做圆周运动的向心力

(1)注意人造地球卫星的绕行速度、角速度、周期与半径的关系

①由得 $G\frac{Mm}{r^2}=m\frac{v^2}{r}$ 得 $v=\sqrt{\frac{GM}{r}}$ r 越大，v 越小

②由 $G\frac{Mm}{r^2}=mr\omega^2$ 得 $\omega=\sqrt{\frac{GM}{r^3}}$ r 越大，ω 越小

③由得 $G\frac{Mm}{r^2}=m\frac{4\pi^2}{T^2}r$ 得 $T=\sqrt{\frac{4\pi^2r^3}{GM}}$ r 越大，T 越大

(2)注意求天体质量、密度问题

由 $G\frac{Mm}{r^2}=m\frac{4\pi^2}{T^2}r$，$M=\rho\frac{4}{3}\pi R^3$ 即可求得.

(3)注意人造地球卫星的离心向心问题，特别要注意天体半径与卫星轨迹半径区别.

2. 人造地球卫星

要注意三种宇宙速度的定义及求法.

2.2.3 我们的工作

1.【TPS 系统】

真题原题	相似题原题
(2014 北京卷)17. 一简谐机械横波沿 x 轴正方向传播，波长为 λ，周期为 T. $t=0$ 时刻的波形如图甲所示，a、b 是波上的两个质点. 图乙是波上某一质点的振动图象. 下列说法中正确的是 (　　) 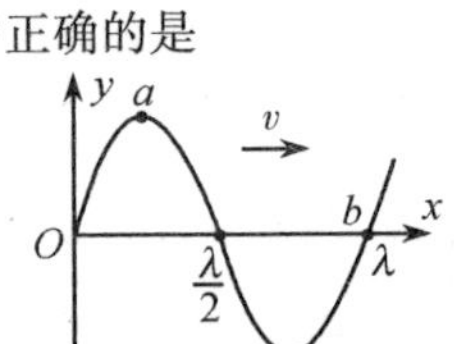 甲 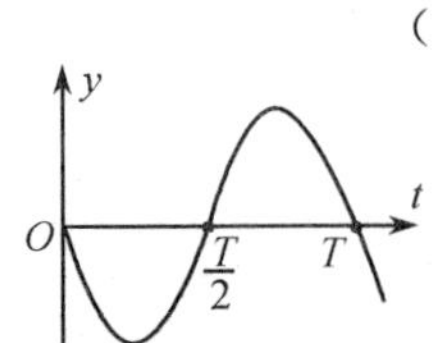 乙 A. $t=0$ 时质点 a 的速度比质点 b 的大 B. $t=0$ 时质点 a 的加速度比质点 b 的小 C. 图乙可以表示质点 a 的振动 D. 图乙可以表示质点 b 的振动	TPS 系统：P - P1S8JN05 - B001 图示为一列向右传播的横波在 $t=0$ 时刻的波形图，a、b、c 三个质点从图示时刻起第一次回到平衡位置的先后次序是 (　　) 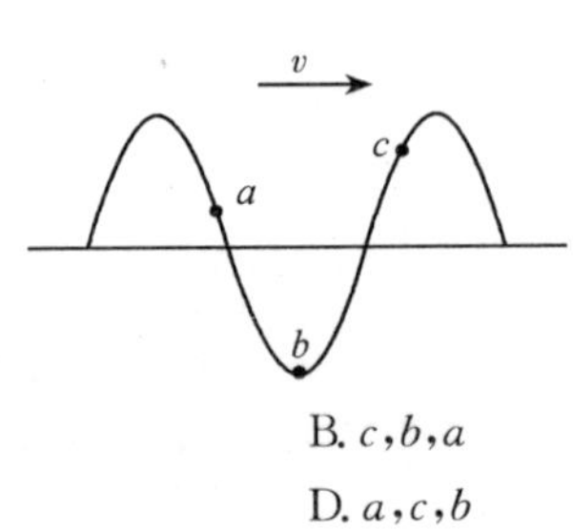 A. b,c,a　　B. c,b,a C. a,b,c　　D. a,c,b

续表

真题原题	相似题原题
(2013 福建卷)16. 如图，$t=0$ 时刻，波源在坐标原点从平衡位置沿 y 轴正方向开始振动，振动周期为 0.4 s，在同一均匀介质中形成沿 x 轴正、负两方向传播的简谐横波. 下图中能够正确表示 $t=0.6$ 时波形的图是 (　　) 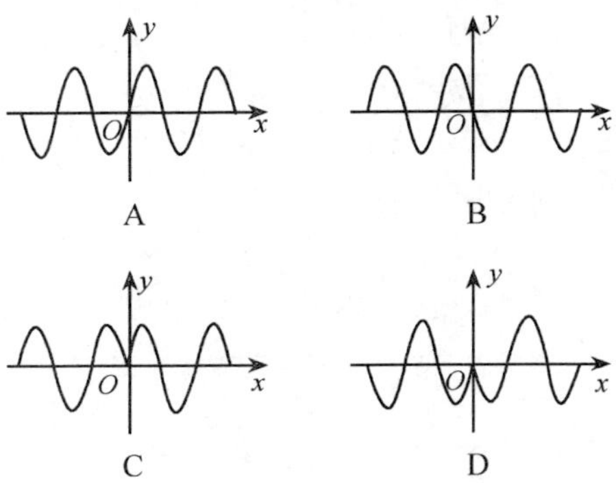 A　B　C　D	TPS 系统：P - P1S8JN04 - B005 一列简谐横波沿 x 轴正方向传播，波速为 5 m/s. 甲图为该波中质点 O 的振动图象，下图中能正确表示该波在 0.2 s 时的波的图象是 (　　) 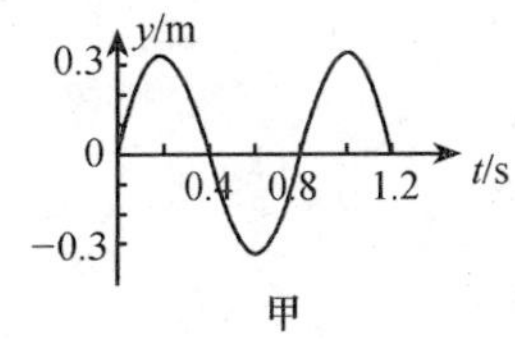 甲 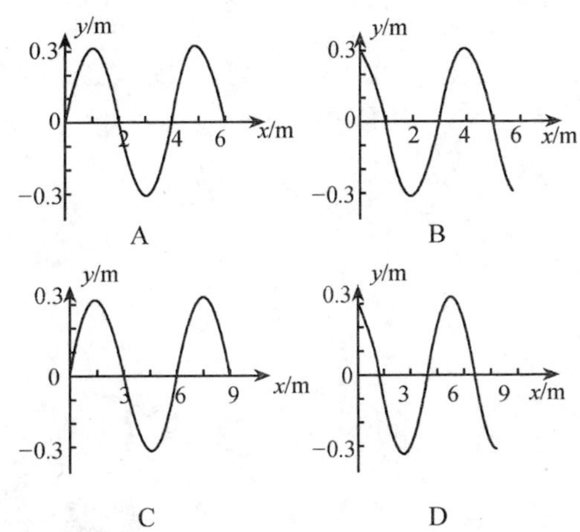 A　B　C　D
(2013 天津卷)1. 下列说法正确的是 (　　) A. 原子核发生衰变时要遵守电荷守恒和质量守恒的规律 B. α 射线、β 射线、γ 射线都是高速运动的带电粒子流 C. 氢原子从激发态向基态跃迁只能辐射特定频率的光子 D. 发生光电效应时光电子的动能只与入射光的强度有关	TPS 系统：P - P3S0LN01 - B005 下列说法中不正确的是 (　　) A. 光电效应现象证明了光的粒子性 B. 铀 238 发生 α 衰变的方程式是 $^{238}_{92}U \longrightarrow ^{234}_{90}TH + ^{4}_{2}He$ C. 卢瑟福根据 α 粒子散射实验提出了原子的核式结构模型 D. 光由光疏介质进入光密介质时频率增大
(2013 大纲卷)14. 下列现象中，属于光的衍射现象的是 (　　) A. 雨后天空出现彩虹 B. 通过一个狭缝观察日光灯可看到彩色条纹 C. 海市蜃楼现象 D. 日光照射在肥皂泡上出现彩色条纹	TPS 系统：P - P6S1LN20 - D001 关于衍射，下列说法中正确的是 (　　) A. 影的存在是一个与衍射相矛盾的客观事实 B. 双缝干涉中也存在着光衍射现象 C. 光的衍射现象完全否定了光的直线传播结论 D. 干涉现象中明暗相间的干涉条纹的出现是光衍射的结果
(2013 江苏卷)1. 火星和木星沿各自的椭圆轨道绕太阳运行，根据开普勒行星运动定律可知 (　　) A. 太阳位于木星运行轨道的中心 B. 火星和木星绕太阳运行速度的大小始终相等 C. 火星与木星公转周期之比的平方等于它们轨道半长轴之比的立方 D. 相同时间内，火星与太阳连线扫过的面积等于木星与太阳连线扫过的面积	TPS 系统：P - P1S5JN10 - B017 下列关于开普勒对与行星运动规律的认识的说法正确的是 (　　) A. 所有行星绕太阳运动的轨道都是椭圆 B. 所有行星绕太阳运动的轨道都是圆 C. 所有行星的轨道的半长轴的二次方跟公转周期的三次方的比值都相同 D. 所有行星的公转周期与行星的轨道的半径成正比

续表

真题原题	相似题原题
(2013 上海卷)17. 某半导体激光器发射波长为 1.5×10^{-6} m,功率为 5.0×10^{-3} W 的连续激光. 已知可见光波长的数量级为 10^{-7} m,普朗克常量 $h=6.63\times10^{-34}$ J·s,该激光器发出的 (　　) A. 是紫外线 B. 是红外线 C. 光子能量约为 1.3×10^{-18} J D. 光子数约为每秒 3.8×10^{16} 个	TPS 系统:P - P1S5JN10 - B003 验钞机发出的“光”能使钞票上的荧光物质发光;家用电器上遥控器发出的“光”用来控制电视机、空调器,对于它们发出的“光”,下列说法中正确的是 (　　) ①验钞机发出的“光”是红外线 ②遥控器发出的“光”是红外线 ③红外线是由原子的内层电子受到激发后产生的 ④红外线是由原子的外层电子受到激发后产生的 A. ①④　　B. ②③ C. ①③　　D. ②④

2.【高分策略】

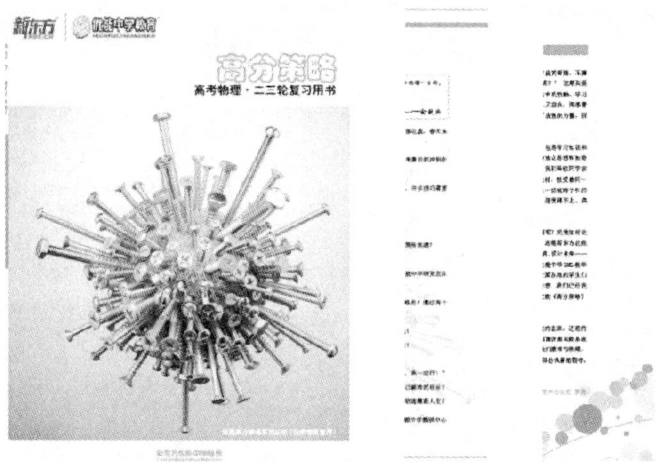

真题原题	相似题原题
(2013 上海卷)1. 电磁波与机械波具有的共同性质是 (　　) A. 都是横波 B. 都能传输能量 C. 都能在真空中传播 D. 都具有恒定的波速	来源:专题六 机械振动与机械波题型一 关于光波和声波,下列说法正确的是 (　　) A. 光波和声波都是横波 B. 光波和声波的传播都需要介质 C. 光波和声波从空气射入水中时,速度都变小 D. 由空气射入水中时,光波的波长变小,声波的波长变大
(2013 上海卷)2. 当用一束紫外线照射锌板时,产生了光电效应,这时 (　　) A. 锌板带负电 B. 有正离子从锌板逸出 C. 有电子从锌板逸出 D. 锌板会吸附空气中的正离子	来源:专题十 光学和近代物理 题型四 在演示光电效应的实验中,原来不带电的一块锌板与灵敏验电器相连,用弧光灯照射锌板时,验电器的指针就张开一个角度,如图所示,这时 (　　)  验电器　锌板　弧光灯 A. 锌板带正电,指针带负电　　B. 锌板带正电,指针带正电 C. 锌板带负电,指针带正电　　D. 锌板带负电,指针带负电

续表

真题原题	相似题原题
(2014 福建卷)30.(1)如图,放射性元素镭衰变过程中释放出 α、β、γ 三种射线,分别进入匀强电场和匀强磁场中,下列说法正确的是________.(填选项前的字母) 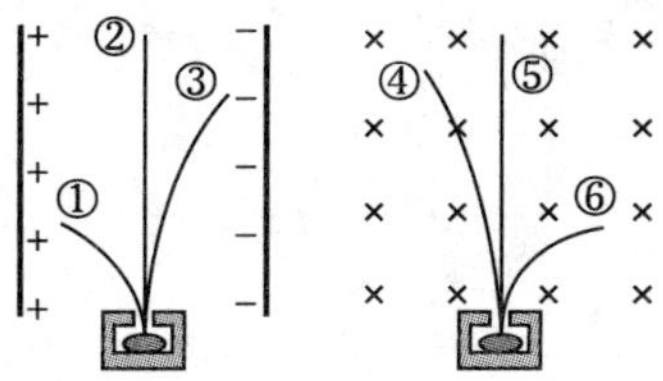 A. ①表示 γ 射线,③表示 α 射线 B. ②表示 β 射线,③表示 α 射线 C. ④表示 α 射线,⑤表示 γ 射线 D. ⑤表示 β 射线,⑥表示 α 射线	来源:专题十 光学和近代物理 题型六 下列关于原子核衰变的说法中正确的是 ( ) A. 原子核的衰变既有自发的,也有人工发生的 B. 衰变时放出的 β 射线为原子的核外电子电离后形成的电子流 C. 衰变时放出的射线本质上都是电磁波 D. 用加温、加压或改变其化学状态的方法都不能改变原子核衰变的半衰期
(2013 四川卷)3. 光射到两种不同介质的分界面,分析其后的传播情形可知 ( ) A. 折射现象的出现说明光是纵波 B. 光总会分为反射光和折射光 C. 折射光与入射光的传播方向总是不同的 D. 发生折射是因为光在不同介质中的传播速度不同	来源:专题四 光学和近代物理 题型五 关于光的反射定律,某同学的叙述如下,其中错误的是( ) A. 反射光线跟入射光线和法线在同一平面上 B. 反射光线跟入射光线分居在法线的两侧 C. 入射角等于反射角 D. 入射角为 θ,反射角也为 θ
(2013 新课标Ⅱ)20. 目前,在地球周围有许多人造地球卫星绕着它转,其中一些卫星的轨道可近似为圆,且轨道半径逐渐变小. 若卫星在轨道半径逐渐变小的过程中,只受到地球引力和薄气体阻力的作用,则下列判断正确的是 ( ) A. 卫星的动能逐渐减小 B. 由于地球引力做正功,引力势能一定减小 C. 由于气体阻力做负功,地球引力做正功,机械能保持不变 D. 卫星克服气体阻力做的功小于引力势能的减小	来源:专题八 天体的运动 题型五 我国"嫦娥一号"探月卫星发射后,先在"24 小时轨道"上绕地球运行(即绕地球一圈需要 24 小时);然后,经过两次变轨依次到达"48 小时轨道"和"72 小时轨道";最后奔向月球. 如果按圆形轨道计算,并忽略卫星质量的变化,则在每次变轨完成后与变轨前相比 ( ) A. 卫星动能增大,引力势能减小 B. 卫星动能增大,引力势能增大 C. 卫星动能减小,引力势能减小 D. 卫星动能减小,引力势能增大

3.【预测卷】

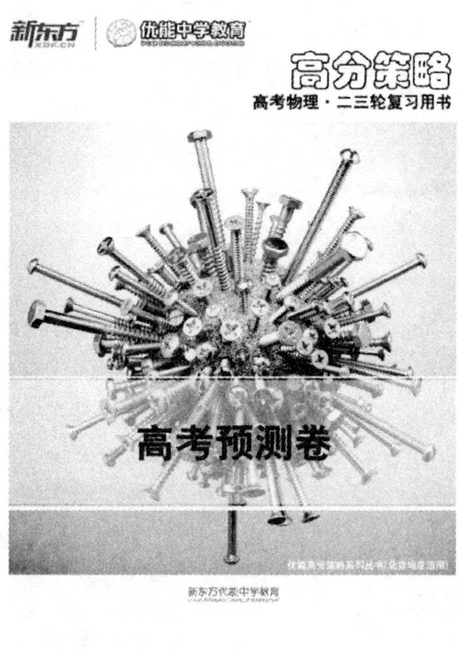

真题原题	相似题原题
(2013 上海卷)14. 一列横波沿水平绳传播，绳的一端在 $t=0$ 时开始做周期为 T 的简谐运动，经过时间 $t(\frac{3}{4}T<t<T)$，绳上某点位于平衡位置上方的最大位移处. 则在 $2t$ 时，该点位于平衡位置的 (　　) A. 上方，且向上运动 B. 上方，且向下运动 C. 下方，且向上运动 D. 下方，且向下运动	来源：优能 2013 高考预测卷(上海卷) P、Q、M 是某弹性绳上的三个质点，沿绳建立 x 坐标轴. 一简谐横波正在沿 x 轴的正方向传播，振源的周期为 0.4 s. 在 $t=0$ 时刻的波形如图所示，则在 $t=0.2$ s 时 (　　) 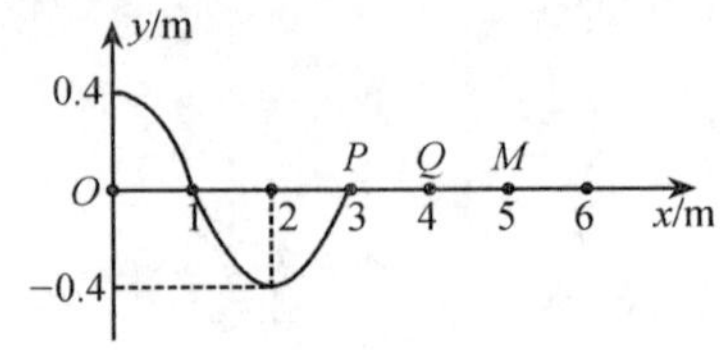 A. 质点 P 处于波谷 B. 质点 P 处于平衡位置且向上运动 C. 质点 Q 处于波峰 D. 质点 M 处于平衡位置且向上运动
(2013 上海卷)9. 小行星绕恒星运动，恒星均匀地向四周辐射能量，质量缓慢减小，可认为小行星在绕恒星运动一周的过程中近似做圆周运动. 则经过足够长的时间后，小行星运动的 (　　) A. 半径变大 B. 速率变大 C. 角速度变大 D. 加速度变大	来源：优能 2013 高考预测卷(上海卷) 环绕地球的人造卫星近似地认为做圆周运动，若卫星从离地较近的轨道进入离地较远的轨道运行时，下列说法中正确的是 (　　) A. 动能减小，周期减小 B. 动能减小，周期变大 C. 动能减小，加速度变小 D. 动能减小，机械能变大
(2014 上海卷)5. 链式反应中，重核裂变时放出的可以使裂变不断进行下去的粒子是 (　　) A. 质子 B. 中子 C. β 粒子 D. α 粒子	来源：优能 2013 高考预测卷(上海卷) $^{238}_{92}U$ 衰变为 $^{222}_{86}Rn$ 要经过 m 次 α 衰变和 n 次 β 衰变，则 m，n 分别为 (　　) A. 4，2 B. 2，4 C. 4，6 D. 16，6
(2013 福建卷)14. 一束由红、紫两色组成的复色光，从空气斜射向玻璃三棱镜. 下面四幅途中能正确表示该复色光经三棱镜分离成两束单色光的是 (　　) 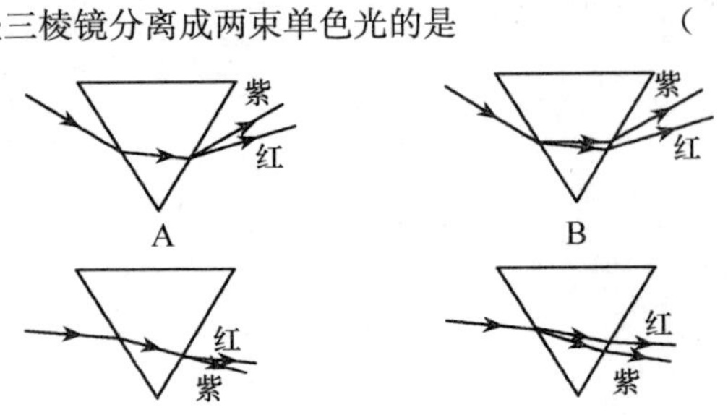 	来源：优能 2013 高考预测卷(福建卷) 如图所示，一束复色光射到玻璃三棱镜 AB 面上，从三棱镜的 AC 面折出的光线分成 a，b 两束，如图所示，有下列几个结论，其中正确的是 (　　) 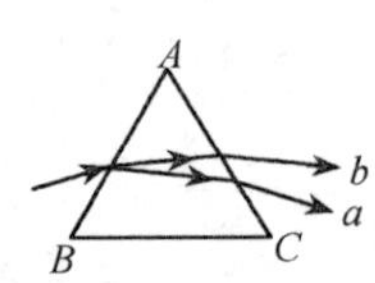 A. a 光的光子能量比 b 光的光子能量大 B. 光 a、b 射到同一金属表面时，若光 a 能发生光电效应，那么光 b 也一定能发生光电效应 C. 光从棱镜内射，a 光的临界角大于 b 光的临界角 D. 在此玻璃三棱镜中 a 光的光速比 b 光的光速小

2.3 整体注重物理学科内主干知识的综合，题型可以丰富多样

2.3.1 总述

物理学科综合是一种含有多个物理过程、多个研究对象、运用到多个物理概念和规律的难度较大的题目.它的特点就在于知识的综合与能力的综合.综合题的题型可以是计算、证明，也可以是选择、填空、问答.

【物理学科主要的知识综合】

从近年来高考物理试题特点可以看出，物理学科内知识的综合主要有：1、牛顿第三定律与匀变速直线运动的综合；2、动量和能量的综合；3、以带电粒子在电场、磁场中为模型的电学与力学的综合；4、电磁感应现象与闭合电路欧姆定律的综合；5、串并联电路规律与实验的综合.

高考物理试题的题数较少，所以突出学科内综合已成为高考物理试题的一个显著特点，因此要特别注意基础知识、主干知识之间的综合运用.图 2 给出了上海卷、全国卷 1 和全国卷 2 在物理学科内知识综合题在历年中考查情况.

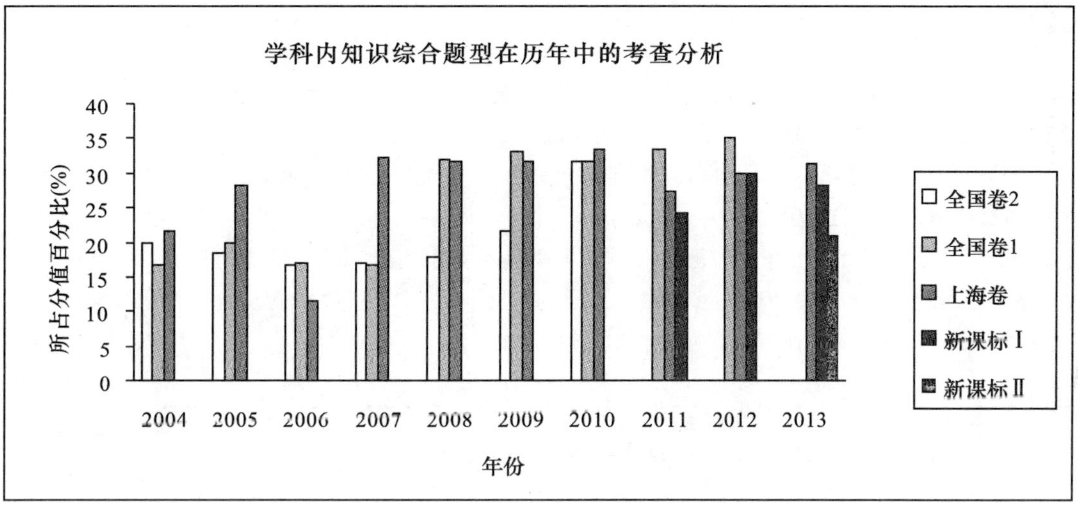

图 2　学科内知识综合题型在历年中的考查分析

表 10　主干知识之间的综合运用

综合分类	具体表现
牛顿运动定律与物体运动的综合	主要有三种综合形式：一是牛顿定律与匀变速直线运动的的综合；二是牛顿定律与圆周运动的综合；三是用能量观点解决带电粒子在电场中的运动.
动量和能量的综合	动量、能量思想是贯穿整个物理学的基本思想，应用动量和能量的观点求解的问题，是力学三条主线中的两条主线的结合部，是中学物理中涉及面最广，灵活性最大，综合性最强，内容最丰富的部分.
电学与力学的综合	主要是在力学、带电粒子在匀强电场中运动、通电导体在磁场中运动、电磁感应过程中导体的运动等形式中出现.
电磁感应现象与闭合电路欧姆定律的综合	电磁感应是物理学中的主干知识内容之一，是学科内综合的一个生长点，通常电磁感应现象可以与闭合电路欧姆定律、安培力、交流电等知识进行综合.

上表 10 中，分析了高考物理中知识点综合运用的主要分类和各个分类的主要内容.

从以上数据，我们可以得出学科内的知识综合越来越受到重视，然而高考物理试题的题量较少，从而突出了学科内综合已成为高考物理试题的一个显著特点，因此要特别注意基础知识、主干知识之间的综合运用.

2.3.2 高考常见的四大知识综合考查点

专题1 牛顿运动定律与物体运动的结合

【考点剖析】

牛顿运动定律是高中物理的核心内容之一，是动力学的“基石”，也是整个经典力学的理论基础，是历年高考的必考内容. 考查的重点有：准确理解牛顿第一定律；熟练掌握牛顿第二定律及其应用，尤其是物体的受力分析方法；理解牛顿第三定律；理解和掌握运动和力的关系.

物体的直线运动是高中物理的重要章节，是整个物理基础内容之一，是动力学的基础和重要组成部分. 考点涉及位移、速度、加速度等诸多物理量，基本公式也较多. 近三年来，高考主要考查的是直线运动的有关概念、规律及其应用，重点是匀变速直线运动规律的应用及图象.

物体的曲线运动主要考点有运动的合成与分解、抛体运动、匀速圆周运动的向心力(均为Ⅱ类要求)，匀速圆周运动、角速度、线速度、向心加速度、离心现象(均为Ⅰ类要求). 近三年来，本考点知识已成为高考的热点内容之一，有时为选择题，有时以计算题形式出现，重点考查的内容有：平抛运动的规律及其研究方法，圆周运动的角度、线速度、向心加速度，做圆周运动的物体的受力与运动的关系；重点考查的方法有运动的合成与分解，竖直平面内的圆周运动应掌握最高点和最低点的处理方法.

具体考查如下：

(1)位移、速度和加速度，匀变速直线运动及其公式、图象等考点在《考试大纲》中均为Ⅱ类要求，为历年高考必考的主干知识. 可单独命题(选择题、实验题)，也可综合命题(解答题).

(2)也可与其他考点如牛顿运动定律、电场、磁场等综合命题(解答题). 近年来，联系生活实际的题目频频出现，如体育运动、汽车过红绿灯等，需要引起注意.

(3)运动的合成与分解，一般不会单独命题，但它作为解决抛体运动的思想方法一定会有所考查.

(4)抛体运动与圆周运动是两种重要的运动形式，为历年高考必考内容，且一般都是综合体，难度大，分值高.

如下所示图3是历年真题中考查牛顿运动定律与物体的运动情况：

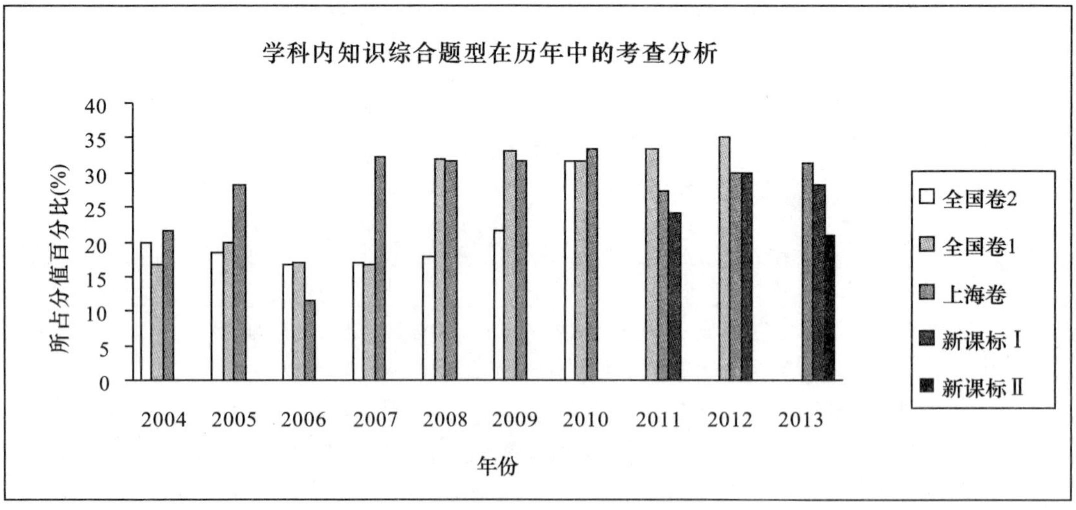

图3 牛顿运动定律与物体的运动历年真题考查情况

【考题模型】

(2013新课标Ⅰ)24. 水平桌面上有两个玩具车A和B，两者用一轻质细橡皮筋相连，在橡皮筋上有一红色标记R. 在初始时橡皮筋处于拉直状态，A、B和R分别位于直角坐标系中的$(0,21)$、$(0,-1)$和$(0,0)$点. 已知A从静止开始沿y轴正向做加速度大小为a的匀加速运动；B平行于x轴朝x轴正向匀速运动. 在两车此后运动的过程中，标记R在某时刻通过点$(1,1)$. 假定橡皮筋的伸长是均匀的，求B运动速度的大小.

【真题验证】

如下表11所示，下面对牛顿运动定律与物体运动的结合在历年高考题中考查情况：

表11 牛顿运动定律与物体运动的结合在历年高考题中考查情况

年份	地区	题号	题型	分值	考查知识点
2005	北京	23	计算	16	牛顿运动定律
2006	全国Ⅰ	24	计算	19	加速度公式，位移公式
2007	全国Ⅱ	23	计算	16	向心力，圆周运动临界位置
2008	江苏	13	计算	15	平抛运动公式
2009	全国Ⅱ	15	选择	6	速度图象，牛顿第二定律
		20	选择	6	平抛运动，动能定理
2010	全国Ⅰ	18	选择	6	平抛速度和位移的分解
	福建	22	计算	20	牛顿第二定律，位移公式，速度公式
2011	北京	18	选择	6	匀变速直线运动规律
	安徽	16	选择	6	匀加速直线运动规律，加速度公式
2012	江苏	4	选择	3	牛顿第二定律
	山东	16	选择	5	匀变速直线运动规律
2013	安徽	22	计算	14	匀加速直线运动规律，加速度公式
2014	全国Ⅰ	35(2)	计算	9	自由落体动能，动能定理

以下是牛顿运动定律与物体运动的结合在历年高考题中的真题：

(2005北京卷)23. AB是竖直平面内的四分之一圆弧轨道，在下端B与水平直轨道相切，如图所示. 一小球自A点起由静止开始沿轨道下滑. 已知圆轨道半径为R，小球的质量为m，不计各处摩擦. 求

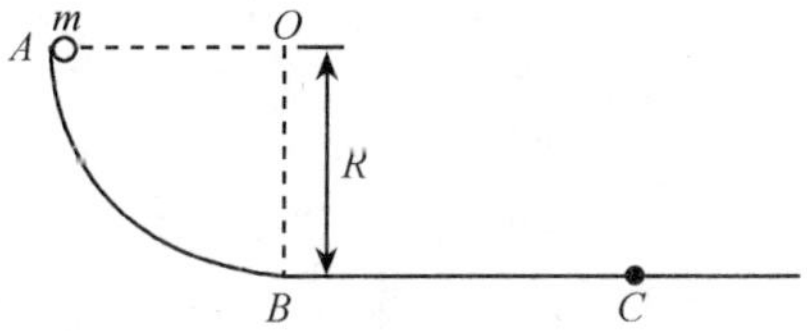

(1)小球运动到B点时的动能；

(2)小球下滑到距水平轨道的高度为$\frac{1}{2}R$时的速度大小和方向；

(3)小球经过圆弧轨道的B点和水平轨道的C点时，所受轨道支持力N_B、N_C各是多大？

(2006全国卷Ⅰ)24. 一水平的浅色长传送带上放置一煤块(可视为质点)，煤块与传送带之间的动摩擦因数为μ. 初始时，传送带与煤块都是静止的. 现让传送带以恒定的加速度a_0开始运动，当其速度达到v_0后，便以此速度做匀速运动. 经过一段时间，煤块在传送带上留下了一段黑色痕迹后，煤块相对于传送带不再滑动. 求此黑色痕迹的长度.

(2007全国卷Ⅱ)23. 如图所示，位于竖直平面内的光滑轨道，由一段斜的直轨和与之相切的圆形轨道连接而成，圆形轨道的半径为R. 一质量为m的小物块从斜轨道上某处由静止开始下滑，然后沿圆形轨道运动. 要求物块能通过圆形最高点，且在该最高点与轨道间的压力不能超过$5mg$(g为重力加速度).

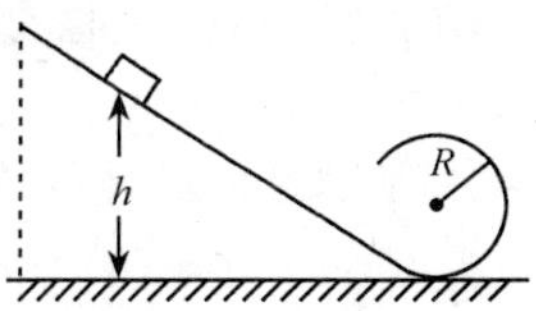

求物块初始位置相对于圆形轨道底部的高度h的取值范围.

(2008江苏卷)13. 抛体运动在各类体育运动项目中很常见，如乒乓球运动. 现讨论乒乓球发球问题，设球台长$2L$、网高h，乒乓球反弹前后水平分速度不变，竖直分速度大小不变、方向相反，且不考虑乒乓球的旋转和空气阻力.(设重力加速度为g)(1)若球在球台边缘O点正上方高度为h_1处以速度v_1水平发出，落在球台的P_1点(如图实线所示)，求P_1点距O点的距离x_1.(2)若球在O点正上方以速度v_2水平发出，恰好在最高点时越过球网落在球台的P_2点(如图虚线所示)，求v_2的大小.(3)若球在O点正上方水平发出后，球经反弹恰好越过球网且刚好落在对方球台边缘P_3处，求发球点距O点的高度h_3.

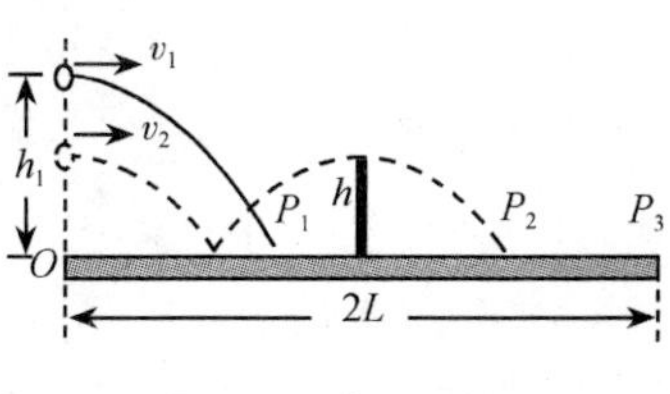

(2009 全国卷Ⅱ)15. 两物体甲和乙在同一直线上运动，它们在 0～0.4 s 时间内的 v-t 图象如图所示. 若仅在两物体之间存在相互作用，则物体甲与乙的质量之比和图中时间 t_1 分别为 ( )

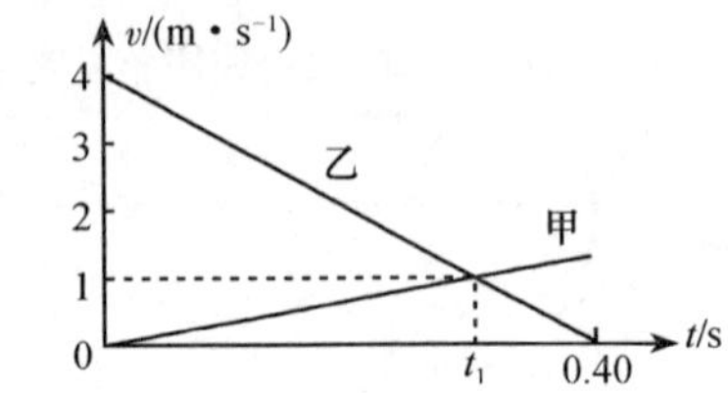

A. $\frac{1}{3}$ 和 0.30 s

B. 3 和 0.30 s

C. $\frac{1}{3}$ 和 0.28 s

D. 3 和 0.28 s

(2009 全国卷Ⅱ)20. 以初速度 v_0 竖直向上抛出一质量为 m 的小物体. 假定物块所受的空气阻力 f 大小不变. 已知重力加速度为 g，则物体上升的最大高度和返回到原抛出点的速率分别为 ( )

A. $\frac{v_0^2}{2g\left(1+\frac{f}{mg}\right)}$ 和 $v_0\sqrt{\frac{mg-f}{mg+f}}$

B. $\frac{v_0^2}{2g\left(1+\frac{f}{mg}\right)}$ 和 $v_0\sqrt{\frac{mg}{mg+f}}$

C. $\frac{v_0^2}{2g\left(1+\frac{2f}{mg}\right)}$ 和 $v_0\sqrt{\frac{mg-f}{mg+f}}$

D. $\frac{v_0^2}{2g\left(1+\frac{2f}{mg}\right)}$ 和 $v_0\sqrt{\frac{mg}{mg+f}}$

(2010 全国卷Ⅰ)18. 一水平抛出的小球落到一倾角为 θ 的斜面上时，其速度方向与斜面垂直，运动轨迹如图中虚线所示. 小球在竖直方向下落的距离与在水平方向通过的距离之比为 ( )

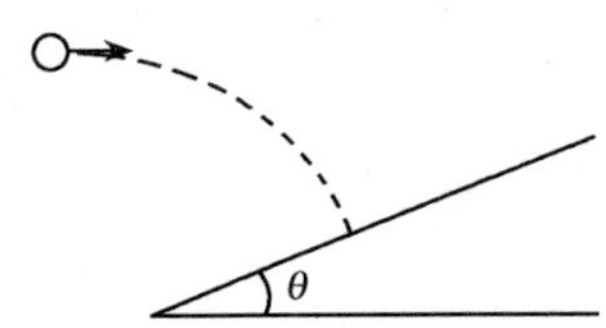

A. $\tan\theta$

B. $2\tan\theta$

C. $\frac{1}{\tan\theta}$

D. $\frac{1}{2\tan\theta}$

(2010 福建卷)22. 如图所示，物体 A 放在足够长的木板 B 上，木板 B 静止于水平面. $t=0$ 时，电动机通过水平细绳以恒力 F 拉木板 B，使它做初速度为零、加速度 $a_B=1.0\ \text{m/s}^2$ 的匀加速直线运动. 已知 A 的质量 m_A 和 B 的质量 m_B 均为 2.0 kg，A、B 之间的动摩擦因数 $\mu_1=0.05$，B 与水平面之间的动摩擦因数 $\mu_2=0.1$，最大静摩擦力与滑动摩擦力大小视为相等，重力加速度 g 取 $10\ \text{m/s}^2$. 求

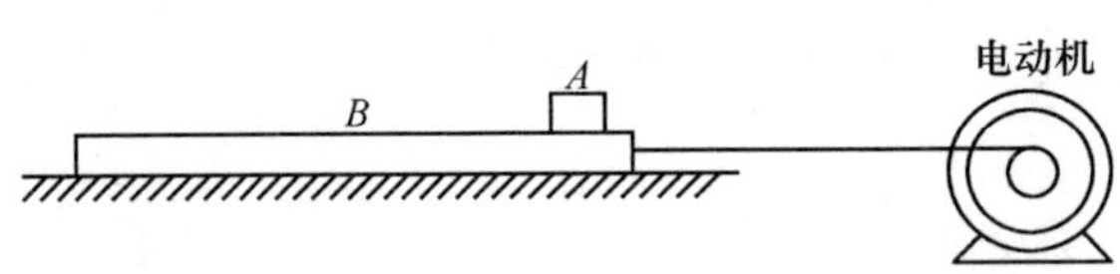

(1)物体 A 刚运动时的加速度 a_A；

(2)$t=1.0$ s 时，电动机的输出功率 P；

(3)若 $t=1.0$ s 时，将电动机的输出功率立即调整为 $P'=5$ W，并在以后的运动过程中始终保持这一功率不变，$t=3.8$ s 时物体 A 的速度为 1.2 m/s. 则在 $t=1.0$ s 到 $t=3.8$ s 这段时间内木板 B 的位移为多少?

(2011 北京卷)18. "蹦极"就是跳跃者把一端固定的长弹性绳绑在踝关节等处，从几十米高处跳下的一种极限运动. 某人做蹦极运动，所受绳子拉力 F 的大小随时间 t 变化的情况如图所示. 将蹦极过程近似为在竖直方向的运动，重力加速度为 g. 据图可知，此人在蹦极过程中最大加速度约为 ( )

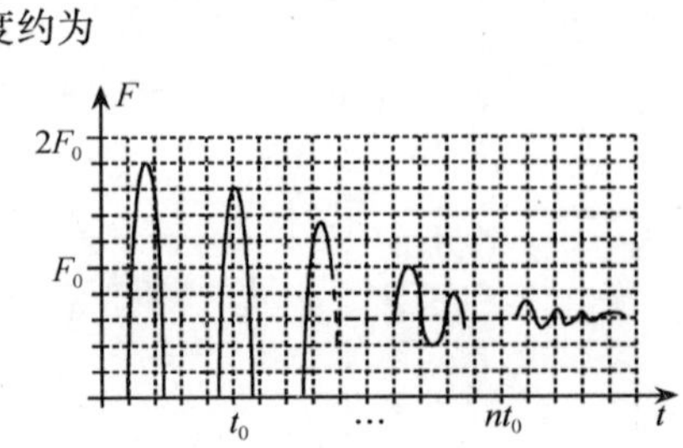

A. g

B. $2g$

C. $3g$

D. $4g$

(2011 安徽卷)16. 一物体作匀加速直线运动，通过一段位移 Δx 所用的时间为 t_1，紧接着通过下一段位移 Δx 所用时间为 t_2. 则物体运动的加速度为 (　　)

A. $\frac{2\Delta x(t_2-t_1)}{t_2t_2(t_2+t_1)}$　　　　B. $\frac{\Delta x(t_2-t_1)}{t_1t_2(t_2+t_1)}$

C. $\frac{2\Delta x(t_2+t_1)}{t_1t_2(t_2-t_1)}$　　　　D. $\frac{\Delta x(t_2+t_1)}{t_1t_2(t_2-t_1)}$

(2012 山东卷)16. 将地面上静止的货物竖直向上吊起，货物由地面运动至最高点的过程中，v-t 图象如图所示. 以下判断正确的是 (　　)

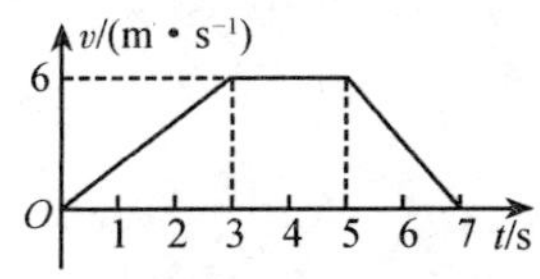

A. 前 3 s 内货物处于超重状态　　　　B. 最后 2 s 内货物只受重力作用

C. 前 3 s 内与最后 2 s 内货物的平均速度相同　　　　D. 第 3 s 末至第 5 s 末的过程中，货物的机械能守恒

(2012 江苏卷)将一只皮球竖直向上抛出，皮球运动时受到空气阻力的大小与速度的大小成正比. 下列描绘皮球在上升过程中加速度大小 a 与时间 t 关系的图象，可能正确的是 (　　)

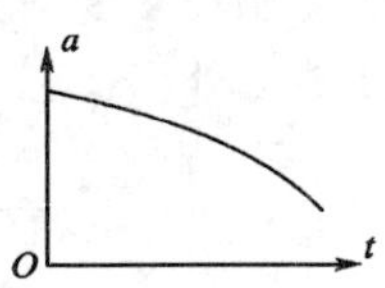

A

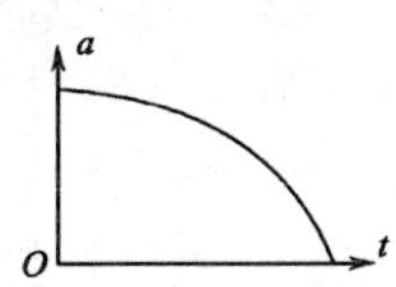

B

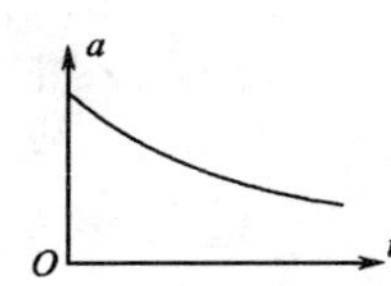

C

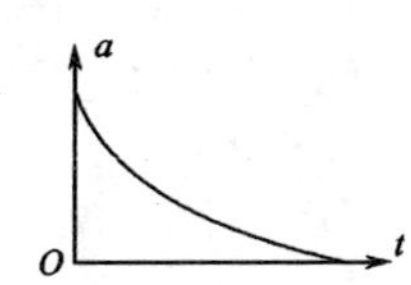

D

(2013 安徽卷)22. 一物体放在水平地面上，如图甲所示，已知物体所受水平拉力 F 随时间 t 的变化情况如图乙所示，物体相应的速度 v 随时间 t 的变化关系如图丙所示. 求：

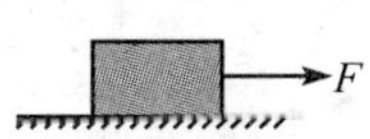

甲

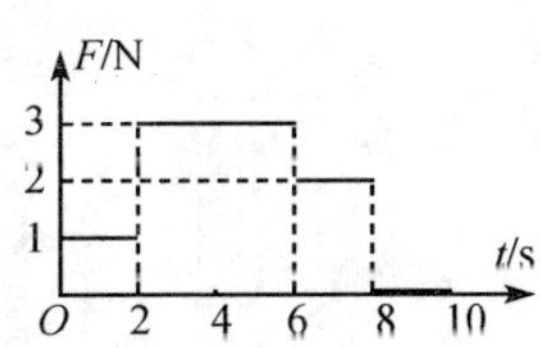

乙

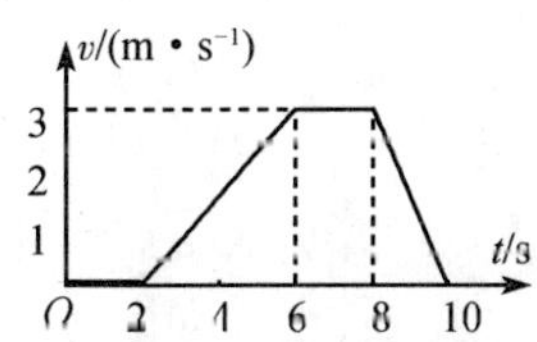

丙

(1)0～8 s 时间内拉力的冲量；

(2)0～6 s 时间内物体的位移；

(3)0～10 s 时间内，物体克服摩擦力所做的功.

(2014 新课标卷Ⅰ)35. (2)如图，质量分别为 m_A、m_B 的两个弹性小球 A、B 静止在地面上方，B 球距地面的高度 $h=0.8$ m，A 球在 B 球的正上方. 先将 B 球释放，经过一段时间后再将 A 球释放. 当 A 球下落 $t=0.3$ s 时，刚好与 B 球在地面上方的 P 点处相碰，碰撞时间极短，碰后瞬间 A 球的速度恰为零. 已知 $m_B=3m_A$，重力加速度大小 $g=10\ \text{m/s}^2$，忽略空气阻力及碰撞中的动能损失. 求：

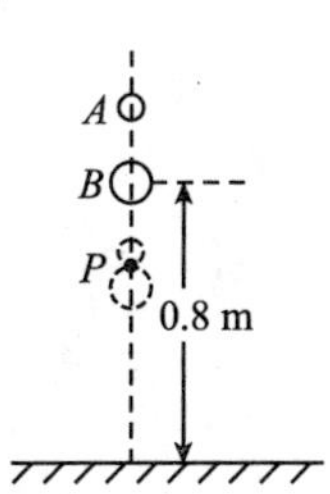

(i)B 球第一次到达地面时的速度；

(ii)P 点距离地面的高度.

【备考战略】

(1)正确理解“加速度”“平均速度”的概念，理解“速度”和“速率”概念的区分. 加速度表示物体速度变化的快慢，而并非表示物体速度变化的大小；平均速度表示物体运动快慢的；速度是矢量，速率是速度的大小，是个标量.

(2)对研究对象的受力分析是解题的关键：选取研究对象. 有时将物体隔离，进行受力分析较方便，有时把互相作用的几个物体看成一个整体来进行研究更简捷. 到底选哪个物体作为研究对象，得凭一定的经验和技巧，这就要求做一定数量的习题，从解题的过程中去体验和总结，变成自己的知识和技能.

(3)运用隔离法求解简单的连接体问题：连接体问题历来是牛顿运动定律中的难点，一般的处理思想是用整体法求出整体的加速度，然后再隔离出其中的一个物体来，局部和整体的加速度相同，再对其中一个物体求解题意中要求的问题，例如受力分析求解某一个力，或者解决某一个物体的运动动力学问题等等.

(4)在圆周运动中要理解向心加速度的概念,不仅会计算,而且要能理解向心加速度只是改变线速度的方向,不改变速度的大小.

(5)掌握圆周运动和平抛运动的规律,这在曲线运动中经常会出现,特别是结合在与其它知识点的应用中.

(6)结合实际:出应用型的试题,是今后高考命题所追求的一个趋向.运用万有引力定律解决人造卫星的运动问题,虽然仍然是简化成了匀速圆周运动,但终究反映了一些现代科技的气息,可以说是很好的应用型试题的出题点.万有引力定律应用的试题几乎年年高考都有,一般是与卫星的运动相结合,有应用型试题的味道.卫星的运动涉及的知识比较多,万有引力定律、匀速率圆周运动的规律、牛顿运动定律等.解决这类问题,一是强调抓基本方法,既然是匀速率圆周运动,卫星必然受到向心力,向心力是万有引力提供的,因此牢牢地抓住基本公式是解决这类问题的关键;另一方面要从道理上明白卫星的运动过程.

专题2　动量、功和能量

【考点剖析】

纵观近几年高考,机械能考题要求考生深刻理解、准确掌握功、平均功率、瞬时功率、动能、重力势能等重要的概念及相关物理量的判断和计算.准确理解动能定理,机械能守恒定律的全部内容,熟练、掌握它们的运用方法,牢固树立功是能量转化的量度,能量守恒和能的转化观点.尤其是多次出现可用动量守恒和功能关系、能量守恒相结合的综合压轴题,且有的物理情境设置新颖,有的贴近于生活实际,这类问题对考生的综合分析能力、推理能力要求较高,应注意这部分内容在解决实际综合问题时的应用,能通过解决实际综合问题培养分析、综合、推理和判断的能力,并注意处理这些问题时常用的方法和技巧.

下图4所示,为动量和能量部分在近七年高考中的所占比重分布:

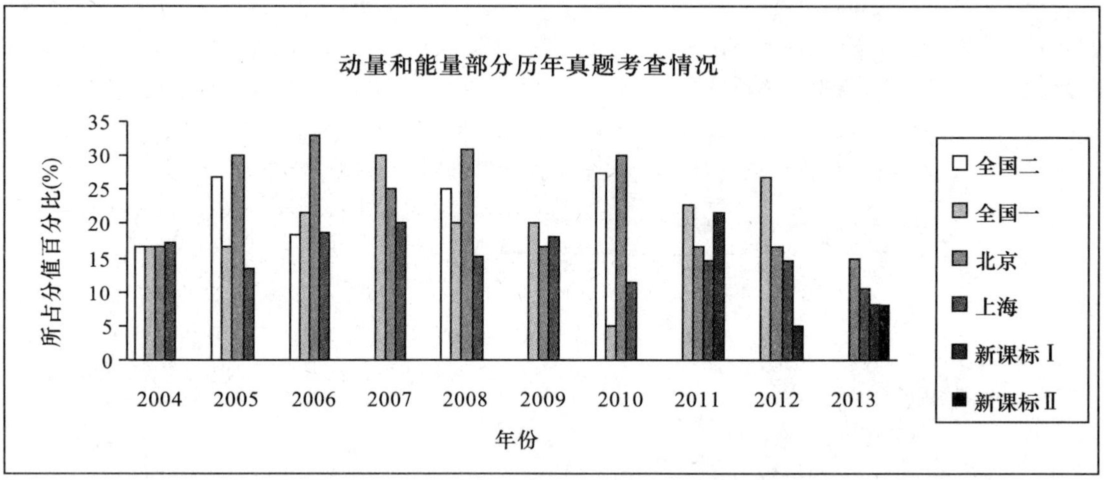

图4　动量和能量部分历年真题考查情况

从上图4可以看出:在历年高考中,功和能、动量的综合运用作为考查重点,分值较大(往往在20分左右),并主要考查力学综合类和多过程力学综合类的计算题.纵观近几年高考,对本专题考查的热点包括功和功率、动能定理、机械能守恒定律、能的转化和守恒定律.考查具有灵活性强、综合面大、能力要求高的特点.涉及本章知识的命题不仅年年有、题型全、份量重,而且多年的高考压轴题均与本章的功和能知识有关.解题时需对物体或系统的运动过程进行详细分析、挖掘隐含条件,寻找临界点.而且与机械能相关的大部分试题都与牛顿定律、圆周运动、动量守恒及电磁学的等相关知识点联系而出综合题,试题思路往往隐蔽、过程复杂、难度较大,需要考生有扎实的基础知识和熟练的解决问题的能力.2013年考查一般力学综合问题和多过程力学综合问题的可能性较大.动量和能量的综合运用历来是高考的重点和难点,考试难度一般较大,属于综合运用题.对这部分知识的考查更注重对物理规律的理解和对物理现象、物理情境分析能力的考查,同时对计算能力也有一定的考查.

【考题模型】

(2013广东卷)35.图18,两块相同平板 P_1、P_2 至于光滑水平面上,质量均为 m. P_2 的右端固定一轻质弹簧,左端 A 与弹簧的自由端 B 相距 L.物体 P 置于 P_1 的最右端,质量为 $2m$ 且可以看作质点. P_1 与 P 以共同速度 v_0 向右运动,与静止的 P_2 发生碰撞,碰撞时间极短,碰撞后 P_1 与 P_2 粘连在一起,P 压缩弹簧后被弹回并停在 A 点(弹簧始终在弹性限度内). P 与

P_2 之间的动摩擦因数为 μ，求

(1) P_1、P_2 刚碰完时的共同速度 v_1 和 P 的最终速度 v_2；

(2)此过程中弹簧最大压缩量 x 和相应的弹性势能 E_p.

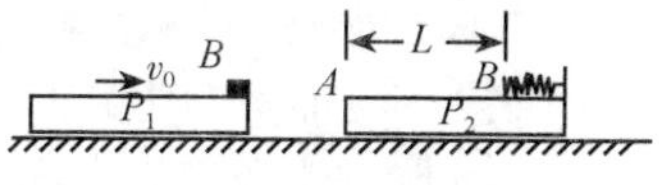

【真题验证】

如下表 12 所示，是历年各地高考物理试题在动量、功和能量的综合考查情况：

表 12　历年各地高考物理试题在动量、功和能量的综合考查情况

年份	地区	题号	题型	分值	考点
2005	全国Ⅱ	25	计算题	16	水平方向上的碰撞
2006	北京	23	计算题	18	动量定理的应用
2007	全国Ⅰ	24	计算题	18	动量、动能定理综合
2008	天津	24	计算题	18	动量和能量的综合应用
2009	全国Ⅰ	25	计算题	18	水平方向的碰撞问题、多过程力学综合问题
2010	全国新课标	34(2)	计算题	18	碰撞问题、动量守恒问题
2011	全国卷	26	计算题	20	碰撞问题、动量守恒问题
2012	北京卷	24	计算题	20	动量守恒问题
2013	广东卷	35	计算题	18	碰撞问题、动量守恒问题
2014	全国Ⅱ	16	选择题	6	功与能量的转化

以下是结合在历年高考题在动量、功和能量的中的真题：

(2005 全国卷Ⅱ)25. 质量为 M 的小物块 A 静止在离地面高 h 的水平桌面的边缘，质量为 m 的小物块 B 沿桌面向 A 运动以速度 v_0 与之发生正碰(碰撞时间极短). 碰后 A 离开桌面，其落地点离出发点的水平距离为 L. 碰后 B 反向运动. 求 B 后退的距离. 已知 B 与桌面间的动摩擦因数为 μ. 重力加速度为 g.

(2006 北京卷)23. 如图 1 所示，真空中相距 $d=5$ cm 的两块平行金属板 A、B 与电源连接(图中未画出)，其中 B 板接地(电势为零)，A 板电势变化的规律如图 2 所示. 将一个质量 $m=2.0\times10^{-23}$ kg，电量 $q=+1.6\times10^{-1}$ C 的带电粒子从紧临 B 板处释放，不计重力. 求：

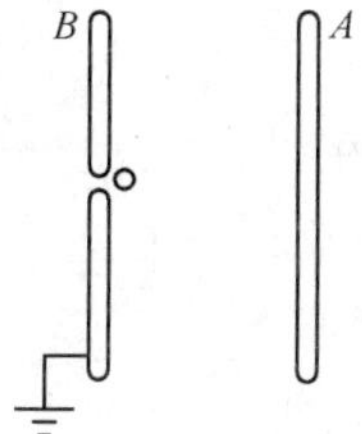

图1

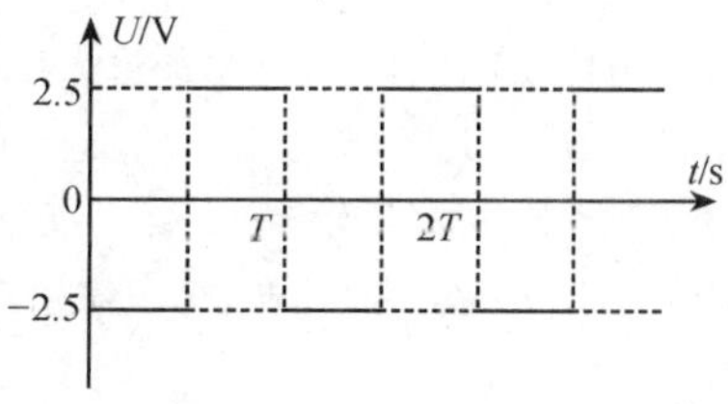

图2

(1)在 $t=0$ 时刻释放该带电粒子，释放瞬间粒子加速度的大小；

(2)若 A 板电势变化周期 $T=1.0\times10^{-5}$ s，在 $t=0$ 时将带电粒子从紧临 B 板处无初速释放，粒子到达 A 板时动量的大小；

(3) A 板电势变化频率多大时，在 $t=\frac{T}{4}$ 到 $t=\frac{T}{2}$ 时间内从紧临 B 板处无初速释放该带电粒子，粒子不能到达 A 板.

(2007 全国卷Ⅰ)24. 如图所示，质量为 m 的由绝缘材料制成的球与质量为 $M=19m$ 的金属球并排悬挂. 现将绝缘球拉至与竖直方向成 $\theta=60°$ 的位置自由释放，下摆后在最低点处与金属球发生弹性碰撞. 在平衡位置附近存在垂直于纸面的磁场. 已知由于磁场的阻尼作用，金属球将于再次碰撞前停在最低点处. 求经过几次碰撞后绝缘球偏离竖直方向的最大角度将小于 45°.

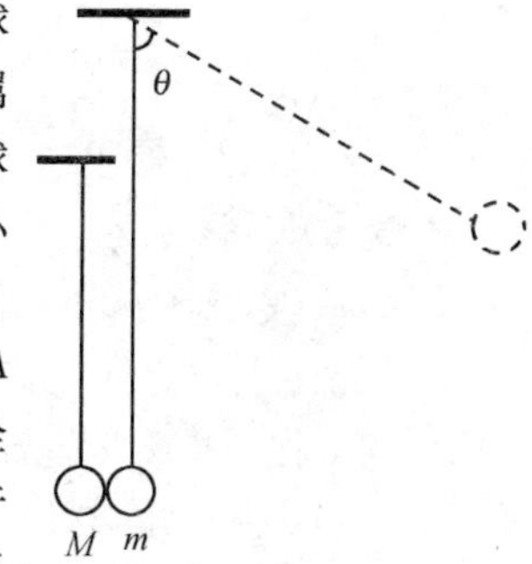

(2008 天津卷)24. 光滑水平面上放着质量 $m_A=1$ kg 的物块 A 与质量 $m_B=2$ kg 的物块 B，A 与 B 均可视为质点，A 靠在竖直墙壁上，A、B 间夹一个被压缩的轻弹簧(弹簧与 A、B 均不拴接)，用手挡住 B 不动，此时弹簧弹性势能 $E_p=49$ J. 在 A、B 间系一轻质细绳，细绳长度大于弹簧的自然长度，如图所示. 放手后 B 向右运动，绳在短暂时间内被拉断，之后 B 冲上与水平面相切的竖直半圆光滑轨道，其半径 $R=0.5$ m，B 恰能到达最高点 C. 取 $g=10$ m/s²，求

(1)绳拉断后瞬间 B 的速度 v_B 的大小；

(2)绳拉断过程绳对 B 的冲量 I 的大小；

(3)绳拉断过程绳对 A 所做的功 W.

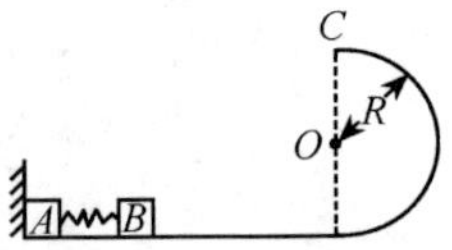

(2009 全国卷Ⅰ)25. 如图所示，倾角为 θ 的斜面上静止放置三个质量均为 m 的木箱，相邻两木箱的距离均为 l. 工人用沿斜面的力推最下面的木箱使之上滑，逐一与其它木箱碰撞. 每次碰撞后木箱都粘在一起运动. 整个过程中工人的推力不变，最后恰好能推着三个木箱匀速上滑. 已知木箱与斜面间的动摩擦因数为 μ，重力加速度为 g. 设碰撞时间极短，求

(1)工人的推力；

(2)三个木箱匀速运动的速度；

(3)在第一次碰撞中损失的机械能.

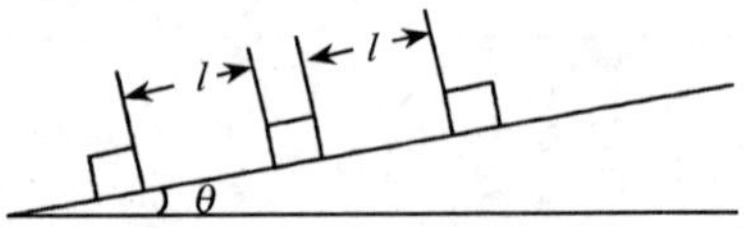

(2010 全国新课标)34.(2)如图所示，光滑的水平地面上有一木板，其左端放有一重物，右方有一竖直的墙. 重物质量为木板质量的 2 倍，重物与木板间的动摩擦因数为 μ. 使木板与重物以共同的速度 v_0 向右运动，某时刻木板与墙发生弹性碰撞，碰撞时间极短. 求木板从第一次与墙碰撞到再次碰撞所经历的时间. 设木板足够长，重物始终在木板上. 重力加速度为 g.

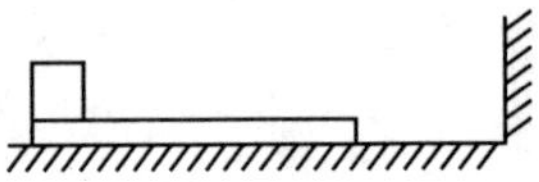

(2011 全国卷)26. 装甲车和战舰采用多层钢板比采用同样质量的单层钢板更能抵御穿甲弹的射击. 通过对一下简化模型的计算可以粗略说明其原因.

质量为 $2m$、厚度为 $2d$ 的钢板静止在水平光滑桌面上. 质量为 m 的子弹以某一速度垂直射向该钢板，刚好能将钢板射穿. 现把钢板分成厚度均为 d、质量均为 m 的相同两块，间隔一段距离水平放置，如图所示. 若子弹以相同的速度垂直射向第一块钢板，穿出后再射向第二块钢板，求子弹射入第二块钢板的深度. 设子弹在钢板中受到的阻力为恒力，且两块钢板不会发生碰撞不计重力影响.

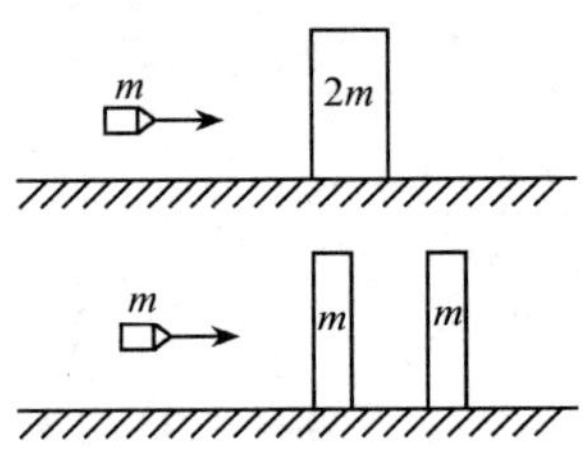

(2012 北京卷)匀强电场的方向沿 x 轴正向，电场强度 E 随 x 的分布如图所示. 图中 E_0 和 d 均为已知量. 将带正电的质点 A 在 O 点由静止释放. A 离开电场足够远后，再将另一带正电的质点 B 放在 O 点也由 G 静止释放，当 B 在电场中运动时，A、B 间的相互作用力及相互作用能均为零；B 离开电场后，A、B 间的相互作用视为静电作用. 已知 A 的电荷量为 Q. A 和 B 的质量分别为 m 和 $\frac{m}{4}$. 不计重力.

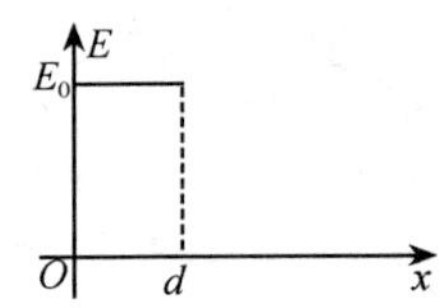

(1)求 A 在电场中的运动时间 t；

(2)若 B 的电荷量 $q=\frac{4}{9}Q$，求两质点相互作用能的最大值 E_{pm}；

(3)为使 B 离开电场后不改变运动方向. 求 B 所带电荷量的最大位 q_m.

(2013 广东卷)35. 图 18，两块相同平板 P_1、P_2 至于光滑水平面上，质量均为 M. P_2 的右端固定一轻质弹簧，左端 A 与弹簧的自由端 B 相距 L. 物体 P 置于 P_1 的最右端，质量为 $2m$ 且可以看作质点. P_1 与 P 以共同速度 v_0 向右运动，与静止的 P_2 发生碰撞，碰撞时间极短，碰撞后 P_1 与 P_2 粘连在一起，P 压缩弹簧后被弹回并停在 A 点(弹簧始终在弹性限度内). P 与 P_2 之间的动摩擦因数为 μ，求

(1)P_1、P_2 刚碰完时的共同速度 v_1 和 P 的最终速度 v_2；

(2)此过程中弹簧最大压缩量 x 和相应的弹性势能 E_p.

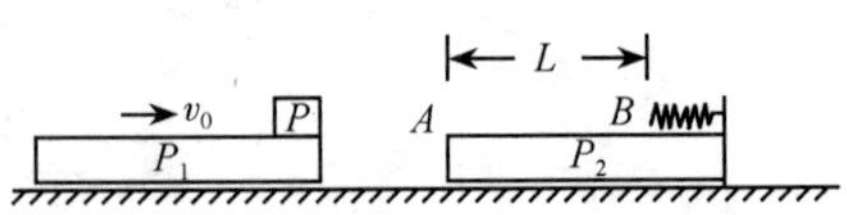

(2014 新课标卷Ⅱ)16. 一物体静止在粗糙水平地面上. 现用一大小为 F_1 的水平拉力拉动物体，经过一段时间后其速度变为 v. 若将水平拉力的大小改为 F_2，物体从静止开始经过同样的时间后速度变为 $2v$. 对于上述两个过程，用 W_{F1}、W_{F2} 分别表示拉力 F_1、F_2 所做的功，W_{f1}、W_{f2} 分别表示前后两次克服摩擦力所做的功，则 (　　)

A. $W_{F2}>4W_{F1}$，$W_{f2}>2W_{f1}$

B. $W_{F2}>4W_{F1}$，$W_{f2}=2W_{f1}$

C. $W_{F2}<4W_{F1}$，$W_{f2}=2W_{f1}$

D. $W_{F2}<4W_{F1}$，$W_{f2}<2W_{f1}$

【备考战略】

1. 选取研究对象和研究过程，要建立在分析物理过程的基础上. 临界状态往往应作为研究过程的开始或结束状态.

2. 要能视情况对研究过程进行恰当的理想化处理.

3. 可以把一些看似分散的、相互独立的物体圈在一起作为一个系统来研究，有时这样做，可使问题大大简化. 有的问题，可以选这部分物体作研究对象，也可以选取那部分物体作研究对象；可以选这个过程作研究过程，也可以选那个过程作研究过程；这时，首选大对象、长过程.

4. 确定对象和过程后，就应在分析的基础上选用物理规律来解题，规律选用的一般原则是：

(1)对单个物体,宜选用动量定理和动能定理,其中涉及时间的问题,应选用动量定理,而涉及位移的应选用动能定理.

(2)若是多个物体组成的系统,优先考虑两个守恒定律.

(3)若涉及系统内物体的相对位移(路程)并涉及摩擦力的,要考虑应用能量守恒定律先求出速度,然后再运用能量守恒规律.

功和能的概念是物理学中的重要概念,能的转化和守恒定律是自然界中最重要、最普遍、最基本的客观规律,功和能量转化的关系不仅为解决力学问题开辟了一条新的重要途径,同时它也是分析解决电磁学、热学等领域中问题的重要依据,运动能量的观点分析解决有关问题时,可以不涉及过程中力的作用细节,关心的只是过程中能量转化的关系和过程的始末状态,这往往能把握住问题的实质,使解决问题的思路变得简捷,并且能解决一些牛顿定律无法解决的问题.

专题3　场与力学的综合

从近几年的高考物理试题中可以看出,场和力学的综合主要考查的是带电粒子电磁场中运动、通电导体在磁场中运动、电磁感应过程中导体的运动等.作为高中物理主干知识的电磁学,是每年高考物理的必考核心知识,考察内容主要是电场、磁场对带电粒子的作用.在力、电磁场综合试题中,巧妙地将电场、磁场性质和牛顿运动定律、功和能等力学知识巧妙的结合在一起,以带电粒子的运动为背景考查学生的分析推理能力以及对相关知识的掌握情况.

带电粒子在电场、磁场或复合场中的运动,命题多把磁场的性质、运动学规律、牛顿运动定律、圆周运动、功能关系、电磁感应等有机的结合起来,着重考察考生的理解能力、推理能力、分析综合能力.

如下图5所示,考查分析了上海卷、北京卷、全国卷1和全国卷2的历年高考题在电学与力学综合题型方面的情况,从图中可以看出,历年的高考物理题中,电学和力学综合题型一直受到关注,注重体现了考查考生的理解能力、推理能力、分析综合能力的特点.

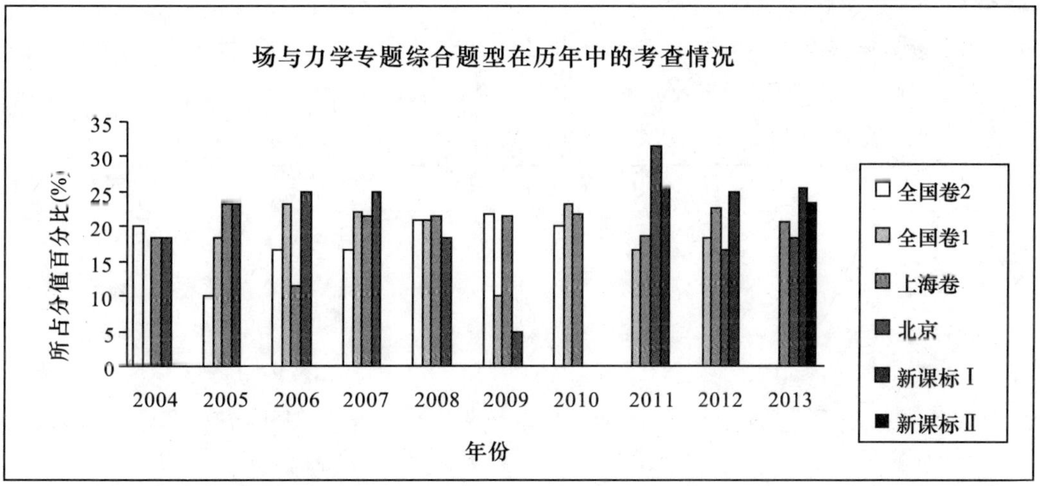

图5　场与力学专题综合题型在历年中的考察情况

【考点剖析】

从近几年的高考试题来看,考查本专题的频率很高,试题主要以计算题为主,着重考查的一方面有带电粒子在电磁场中的运动情况,主要常见的几种情况有:(1)带电粒子在电场中的加速和偏转;(2)带电粒子在电场和重力场中的运动;(3)带电粒子在电磁拼接场中的运动.

力、电综合运用的另一着重考查点有电磁感应和力学规律方面的综合运用,近几年高考中,电磁感应中的力学问题常见类型:(1)单金属棒运动类:产生的感应电动势 $E=Blv$(注意公式成立的条件),运动的金属棒相当于电源,金属棒在一闭合电路中时其两端的电压为路端电压,把握金属棒的受力情况和运动情况是解题的关键;(2)双金属棒运动类:双金属棒在导轨上滑行时,要特别注意两棒的运动方向,从而确定"电源"的电动势方向,弄清"电源"的连接方式,据闭合电路欧姆定律计算电路中的电流,从而求出要求的其他问题,和单金属棒在导轨上滑动一样,要认真进行受力情况和运动情况的动态分析,以及动能、能量的综合分析.

针对高考物理试题的研究分析,高考主要要求考生具有较强的空间想象能力及对物理过程和物理规律的综合分析能力，能够看懂有关立体示意图，并借助几何图形进行物理、数学方面的分析推理.

带电粒子在某种场中(重力场、电场、磁场或复合场)中的运动问题，本质还是物体的动力学问题 16F[①].

1. 电场力、磁场力、重力的性质和特点

匀强场中重力和电场力均为恒力，可能做功；洛伦兹力总不做功；电场力和磁场力都与电荷正负、场的方向有关，磁场力还受粒子的速度影响，反过来影响粒子的速度变化.

2. 动力学理论

(1)粒子所受的合力和初速度决定粒子的运动轨迹及运动性质；

(2)匀变速直线运动公式、运动的合成和分解、匀速圆周运动的运动学公式；

(3)牛顿运动定律、动量定理和动量守恒定律；

(4)动能定理、能量守恒定律.

3. 数学知识和方法

对粒子运动路线上空间位置、距离的关系，注意利用几何知识、代数知识、图象知识和数形结合的思想综合分析运算.

4. 在生产、生活、科研中的应用

如显像管、回旋加速器、速度选择器、正负电子对撞机、质谱仪、电磁流量计、磁流体发电机、霍尔效应等等.

正因为这类问题涉及知识面大、能力要求高，而成为近几年高考的热点问题，题型有选择题、填空、作图等，更多的是压轴题的说理、计算题.

【考题模型】

(2013 新课标Ⅱ)24. 如图，匀强电场中有一半径为 r 的光滑绝缘圆轨道，轨道平面与电场方向平行. a、b 为轨道直径的两端，该直径与电场方向平行. 一电荷为 $q(q>0)$ 的质点沿轨道内侧运动. 经过 a 点和 b 点时对轨道压力的大小分别为 N_a 和 N_b 不计重力，求电场强度的大小 E、质点经过 a 点和 b 点时的动能.

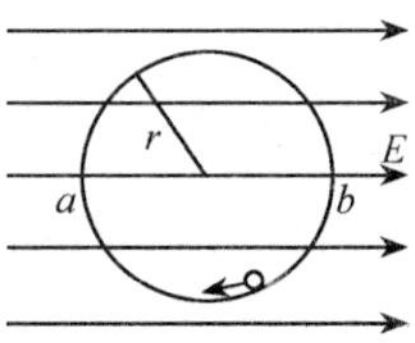

【真题验证】

如下表 13 所示，表 13 给出了 2004 至 2013 年历年部分地区的真题考查情况，从这些知识考查点中可以看出高考物理在电学和力学综合部分的考查方面是高考物理非常注重的知识点.

表 13　历年电学和力学综合部分的考查方面

年份	地区	题号	题型	分值	考点
2005	全国Ⅱ	24	计算题	19	带电粒子在叠加场中的运动
2006	全国Ⅰ	25	计算题	20	带电粒子在电场和重力场中的运动
2007	上海	22	计算题	13	带电粒子在电场中的运动
2008	全国Ⅱ	19	选择题	6	带电粒子在电场和重力场中的运动
2009	上海	23	计算题	12	带电物体在电场和重力场中的运动
2010	全国Ⅰ	17	选择题	6	电磁感应中的单导体棒问题
2011	北京	23	计算题	18	带电粒子在磁场中的运动
2012	新课标	25	计算题	18	带电粒子在电场和磁场中的运动
2013	北京卷	22	计算题	16	带电粒子在电场和磁场中的运动
2014	全国大纲	25	计算题	20	带电粒子在复合场中的运动

下面是电学与力学部分在历年高考中的真题考查情况：

(2005 全国卷Ⅱ)24. 在同时存在匀强电场和匀强磁场的空间中取正交坐标系 $Oxyz$(z 轴正方向竖直向上)，如图所示. 已知电场方向沿 z 轴正方向，场强大小为 E；磁场方向沿 y 轴正方向，磁感应强度的大小为 B；重力加速度为 g. 问：一质量为 m、带电量为 $+q$ 的从原点出发的质点能否在坐标轴(x,y,z)上以速度 v 做匀速运动？若能，m、q、E、B、v 及 g 应满足怎样的关系？若不能，说明理由.

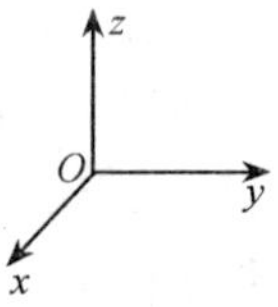

---

①陈新庆，2011 物理高考的几点思考

(2006 全国卷Ⅰ)25. 有个演示实验，在上下面都是金属板的玻璃盒内，放了许多用锡箔纸揉成的小球，当上下板间加上电压后，小球就上下不停地跳动. 现取以下简化模型进行定量研究. 如图所示，电容量为 C 的平行板电容器的极板 A 和 B 水平放置，相距为 d，与电动势为 ε、内阻可不计的电源相连. 设两板之间只有一个质量为 m 的导电小球，小球可视为质点. 已知：若小球与极板发生碰撞，则碰撞后小球的速度立即变为零，带电状态也立即改变，改变后，小球所带电荷符号与该极板相同，电量为极板电量的 a 倍(a 远小于 1). 不计带电小球对极板间匀强电场的影响. 重力加速度为 g.

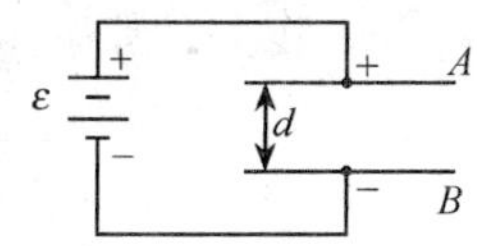

(1)欲使小球能够不断地在两板间上下往返运动，电动势 ε 至少应大于多少？

(2)设上述条件已满足，在较长的时间间隔 T 内小球做了很多次往返运动. 求在 T 时间内小球往返运动的次数以及通过电源的总电量.

(2007 上海卷)22. 如图所示，边长为 L 的正方形区域 $abcd$ 内存在着匀强电场. 电量为 q、动能为 E_k 的带电粒子从 a 点沿 ab 方向进入电场，不计重力.

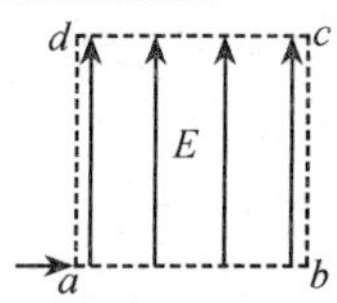

(1)若粒子从 c 点离开电场，求电场强度的大小和粒子离开电场时的动能；

(2)若粒子离开电场时动能为 E'_k，则电场强度为多大？

(2008 全国卷Ⅱ)19. 一平行板电容器的两个极板水平放置，两极板间有一带电量不变的小油滴，油滴在极板间运动时所受空气阻力的大小与其速率成正比. 若两极板间电压为零，经一段时间后，油滴以速率 v 匀速下降；若两极板间的电压为 U，经一段时间后：油滴以速率 v 匀速上升. 若两极板间电压为 $-U$，油滴做匀速运动时速度的大小方向将是 ( )

A. $2v$、向下　　B. $2v$、向上　　C. $3v$、向下　　D. $3v$、向上

(2009 上海卷)23. 如图，质量均为 m 的两个小球 A、B 固定在弯成 $120°$ 角的绝缘轻杆两端，OA 和 OB 的长度均为 l，可绕过 O 点且与纸面垂直的水平轴无摩擦转动，空气阻力不计. 设 A 球带正电，B 球带负电，电量均为 q，处在竖直向下的匀强电场中. 开始时，杆 OB 与竖直方向的夹角 $\theta_0=60°$，由静止释放，摆动到 $\theta=90°$ 的位置时，系统处于平衡状态，求：

(1)匀强电场的场强大小 E；

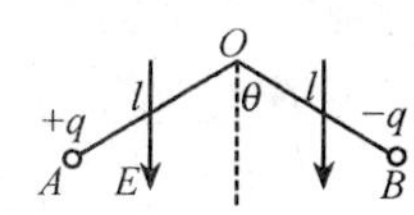

(2)系统由初位置运动到平衡位置，重力做的功 W_g 和静电力做的功 W_e；

(3)B 球在摆动到平衡位置时速度的大小 v.

(2010 全国卷Ⅰ)17. 某地的地磁场磁感应强度的竖直分量方向向下，大小为 4.5×10^{-5} T. 一灵敏电压表连接在当地入海河段的两岸，河宽 100 m，该河段涨潮和落潮时有海水(视为导体)流过，设落潮时，海水自西向东流，流速为 2 m/s. 下列说法正确的是 ( )

A. 电压表记录的电压为 5 mV　　B. 电压表记录的电压为 9 mV

C. 河南岸的电势较高　　D. 河北岸的电势较高

(2011 北京卷)23. 利用电场和磁场，可以将比荷不同的离子分开，这种方法在化学分析和原子核技术等领域有着重要的应用. 如图所示的矩型区域 $ACDG$ (AC 边足够长)中存在垂直于纸面的匀强磁场，A 处有一狭缝. 离子源产生的离子，经静电场加速后穿过狭缝沿垂直于 GA 边且垂直于磁场的方向射入磁场，运动到 GA 边，被相应的收集器收集. 整个装置内部为真空.

已知被加速的两种正离子的质量分别是 m_1 和 m_2 ($m_1>m_2$)，电荷量均为 q. 加速电场电的电势差为 U，离子进入电场时的初速度可以忽略. 不计重力，也不考虑离子间的相互作用.

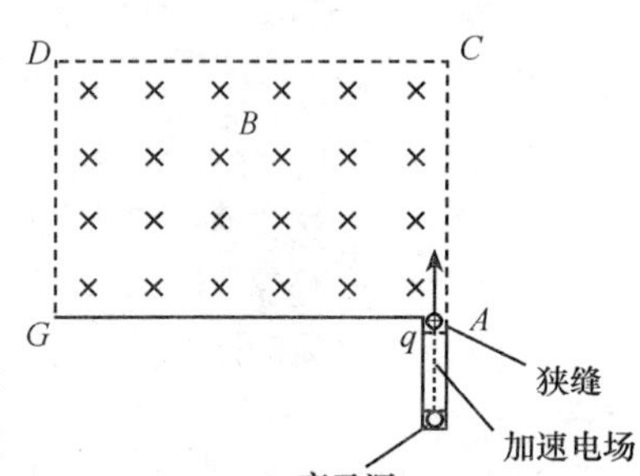

(1)求质量为 m_1 的离子进入磁场时的速率 v_1；

(2)当磁感应强度的大小为 B 时，求两种离子在 GA 边落点的间距 s；

(3)在前面的讨论中忽略了狭缝宽度的影响，实际装置中狭缝具有一定宽度. 若狭缝过宽，可能使两束离子在 GA 边上的落点区域交叠，导致两种离子无法完全分离. 设磁感应强度大小可调，GA 边长为定值 L，狭缝宽度为 d，狭缝右边缘在 A 处. 离子可以从狭缝各处射入磁场，入射方向仍垂直于 GA 边且垂直于磁场. 为保证上述两种离子能落在 GA 边上并完全分离，求狭缝的最大宽度.

(2012 全国新课标卷)如图，一半径为 R 的圆表示一柱形区域的横截面(纸面). 在柱形区域内加一方向垂直于纸面的匀强磁场，一质量为 m、电荷量为 q 的粒子沿图中直线在圆上的 a 点射入柱形区域，在圆上的 b 点离开该区域，离开时速度方向与直线垂直. 圆心 O 到直线的距离为 $\frac{3}{5}R$. 现将磁场换为平等于纸面且垂直于直线的匀强电场，同一粒子以同样速度沿直线在 a 点射入柱形区域，也在 b 点离开该区域. 若磁感应强度大小为 B，不计重力，求电场强度的大小.

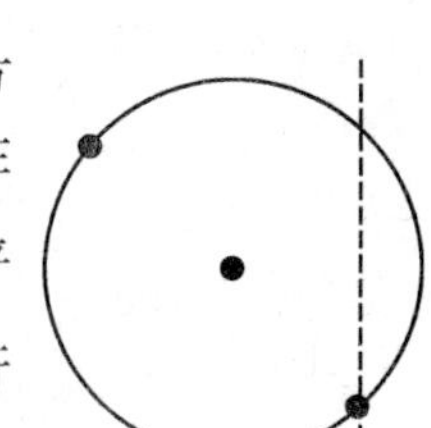

(2013 北京卷)22.(16分) 如图所示,两平行金属板间距为 d,电势差为 U,板间电场可视为匀强电场;金属板下方有一磁感应强度为 B 的匀强磁场.带电量为 $+q$、质量为 m 的粒子,由静止开始从正极板出发,经电场加速后射出,并进入磁场做匀速圆周运动.忽略重力的影响,求:

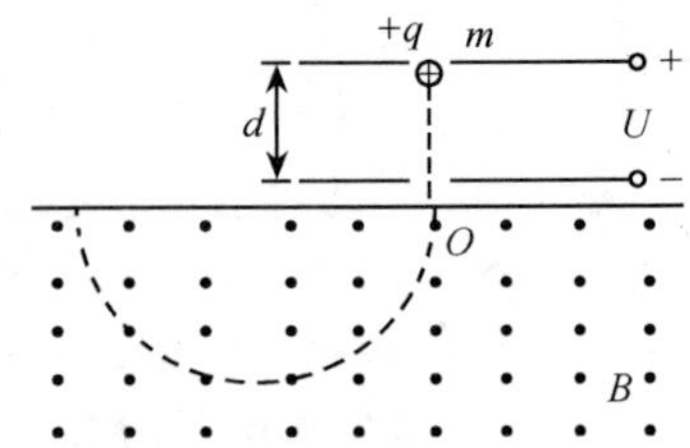

(1)匀强电场场强 E 的大小;

(2)粒子从电场射出时速度 v 的大小;

(3)粒子在磁场中做匀速圆周运动的半径 R.

(2014 全国大纲)25.如图,在第一象限存在匀强磁场,磁感应强度方向垂直于纸面(xOy 平面)向外;在第四象限存在匀强电场,方向沿 x 轴负向.在 y 轴正半轴上某点以与 x 轴正向平行、大小为 v_0 的速度发射出一带正电荷的粒子,该粒子在$(d,0)$点沿垂直于 x 轴的方向进入电场.不计重力.若该粒子离开电场时速度方向与 y 轴负方向的夹角为 θ,求:

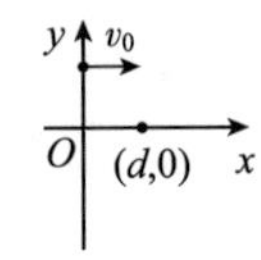

(1)电场强度大小与磁感应强度大小的比值;

(2)该粒子在电场中运动的时间.

【备考战略】

电学和力学的综合中的带电粒子在电磁场中的运动是高中物理的一个难点,是高考必考的重点和热点.

带电粒子在电场中的运动问题,是高考试题中经常出现的一类问题,高考命题所涉及的电场既有匀强电场,也有非匀强电场和交变电场,涉及的知识既有电场知识,也有力学中的有关知识.

电场对带电粒子有两种基本的作用,其一使带电粒子加速,其二使带电粒子偏转.而带电粒子在电场中的运动问题可分为五类,即带电粒子在电场中的平衡问题、加速问题、偏转问题、轨迹问题及带电粒子在交变电场中的运动问题.平衡问题运用物体的平衡条件;直线运动问题运用运动学公式、牛顿运动定律、动量关系及能量关系;偏转问题运用运动的合成和分解,以及运动学中的平抛运动规律等;而对带电粒子在交变电场中运动,则应从粒子的受力情况入手,根据其初始状态的速度,根据牛顿运动定律、能量守恒以及对称性来分析粒子在不同时间内的运动情况.

带电粒子在磁场中的运动问题,综合性较强,解这类问题既要用到物理中的洛仑兹力、圆周运动的知识,还要牵涉到数学中的平面几何、解析几何知识.纵观历年高考试题不难发现,实际上单独考查磁场知识的题目很少,绝大多数试题的考查方式为磁场中的通电导线或带电的运动粒子在安培力或洛仑兹力作用下的运动,尤其以带电粒子在洛仑兹力作用下在匀强磁场中做匀速圆周运动的问题居多,侧重于知识应用方面的考查,且难度较大,对考生的空间想象能力及物理过程、运动规律的综合分析能力要求较高.但只要准确地画出轨迹图,并灵活运用几何知识和物理规律,找到已知量与轨道半径 R、周期 T 的关系,求出有关物理量应该是水到渠成的.

专题4 电磁感应现象与闭合电路欧姆定律的综合

电磁感应是物理学中的主干知识内容之一,是学科内综合的一个生长点,通常电磁感应现象可以与闭合电路欧姆定律、安培力、交流电等知识进行综合.

【考点剖析】

1)专题解析

电磁感应是高中物理教材中的重要内容,它是前面电学和磁学的发展,又是"交变电流""电磁振荡电磁波"的学习基础,也是历年高考题中经常出现的内容.

电磁感应定律是高中物理中的难点之一,高中物理教材中这一章的内容体系常有变动.1993版的人教社高中物理读本第三册,整章内容分为电磁感应现象、感生电流的方向楞次定律、楞次定律的应用、法拉第电磁感应定律、电磁感应现象中能量的转化、自感,直流电动机的电动势和涡流作为选修内容出现.1995版的人教社高中物理必修第二册中整章内容分为电磁感应现象、感应电动势和自感三部分,涡流作为选修内容出现.2000版的人教社高中物理必修加选修第二册,整章分为电磁感应现象、法拉第电磁感应定律、楞次定律、自感、日光灯原理,涡流作为选修内容出现.2004版的人教社高中物理选修3-2中,整章分为划时代的发现、探究电磁感应的产生条件、法拉第电磁感应定律、楞次定律、感生电动势和动生电动势、互感和自感、涡流,第一次出现了动生电动势的概念,涡流不再是选修内容.理解各种版本的变化背景将有助于对高考的预测.

2)规律分析

电磁感应现象的基本规律反应了磁场、电路、电流之间的本质联系,反应了能量的转换与守恒关系,从近几年的高考试题来看,考查本专题的频率很高,试题主要体现在感应电流方向的判断、导体切割磁感线时感应电动势大小的计算等，着重考查电磁感应现象、楞次定律、法拉第电磁感应定律、自感等知识，常以选择题和计算题的形式出现，其中，计算题往往是综合题，命题形式主要是电磁感应与电路规律、电磁感应与力学规律、电磁感应与能量守恒、电磁感应与图象的综合等，导体切割磁感线类问题是力、电综合的一个重要知识点，与电荷量相关是两大主力题型. 发生电磁感应的过程中往往涉及多种形式的能的转化，因此，从功和能的观点入手，分析清楚能量转化的关系，常常是解决电磁感应问题的重要途径.

图 6 为历年真题中的电磁感应与闭合电路欧姆定律、安培力、功和能等知识进行的综合考查情况.

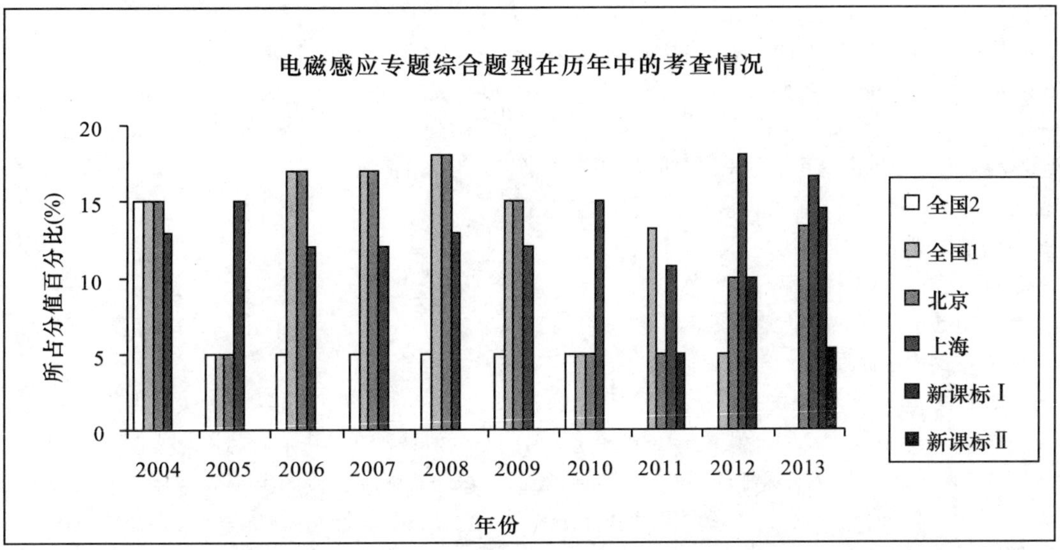

图 6　电磁感应专题综合题型在历年中的考查情况

【考题模型】

如下给出了与题型相对应的高考真题作为考题模型，如下所示：

(2013 北京卷)17. 如图，在磁感应强度为 B、方向垂直纸面向里的匀强磁场中，金属杆 MN 在平行金属导轨上以速度 v 向右匀速滑动，MN 中产生的感应电动势为 E_1；若磁感应强度增为 $2B$，其他条件不变，MN 中产生的感应电动势变为 E_2. 则通过电阻 R 的电流方向及 E_1 与 E_2 之比 $E_1:E_2$ 分别为　(　　)

A. $c\to a$，2 : 1　　B. $a\to c$，2 : 1

C. $a\to c$，1 : 2　　D. $c\to a$，1 : 2

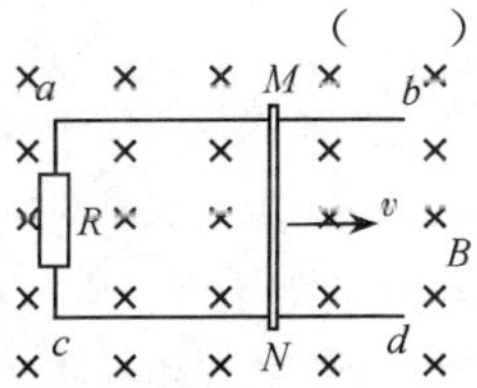

【真题验证】

如下表 14 所示，下表是对电磁感应与电路综合在历年高考中考查情况：

表 14

年份	地区	题号	题型	分值	考点
2005	江苏	16	计算题	16	电磁感应与电路的综合
2006	四川	17	选择题	6	电磁感应与电路的综合
2007	上海	23	计算题	13	电磁感应与电路的综合
2008	上海	24	计算题	14	电磁感应与电路的综合
2009	福建	18	选择题	6	电磁感应与电路的综合
2010	福建	21	计算题	19	电磁感应与电路的综合
2011	全国	24	计算题	15	电磁感应与电路的综合
2012	浙江	24	计算题	16	电磁感应与电路的综合
2013	广东	36	计算题	18	电磁感应与电路的综合
2014	北京	24	计算题	20	电磁感应与电路的综合

以下给出了历年的验证真题，如下所示：

(2005 江苏)16. 如图所示，固定的水平光滑金属导轨，间距为 L，左端接有阻值为 R 的电阻，处在方向竖直、磁感应强度为 B 的匀强磁场中，质量为 m 的导体棒与固定弹簧相连，放在导轨上，导轨与导体棒的电阻均可忽略. 初始时刻，弹簧恰处于自然长度，导体棒具有水平向右的初速度 v_0. 在沿导轨往复运动的过程中，导体棒始终与导轨垂直并保持良好接触.

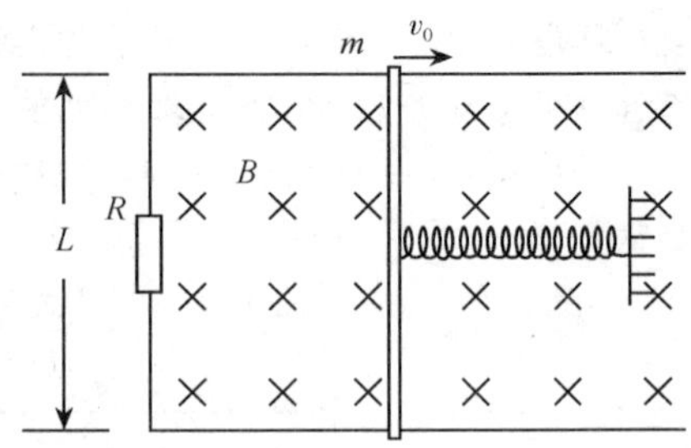

(1)求初始时刻导体棒受到的安培力.

(2)若导体棒从初始时刻到速度第一次为零时，弹簧的弹性势能为 E_p，则这一过程中安培力所做的功 W_1 和电阻 R 上产生的焦耳热 Q_1 分别为多少？

(3)导体棒往复运动，最终将静止于何处？从导体棒开始运动直到最终静止的过程中，电阻 R 上产生的焦耳热 Q 为多少？

(2006 四川)17. 如图所示，接有灯泡 L 的平行金属导轨水平放置在匀强磁场中，一导体杆与两导轨良好接触并做往复运动，其运动情况与弹簧振子做简谐运动的情况相同. 图中 O 位置对应于弹簧振子的平衡位置，P、Q 两位置对应于弹簧振子的最大位移处. 若两导轨的电阻不计，则 (　　)

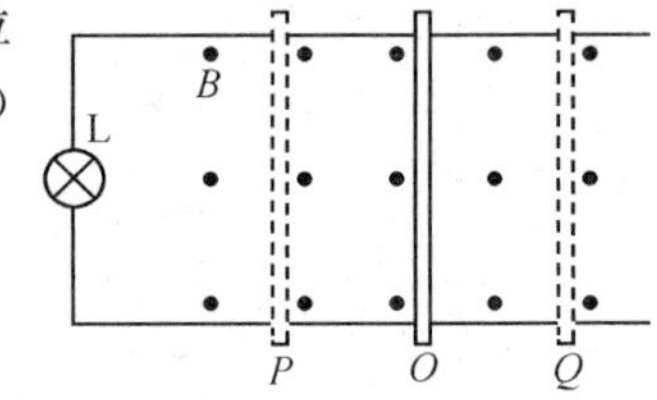

A. 杆由 O 到 P 的过程中，电路中电流变大

B. 杆由 P 到 Q 的过程中，电路中电流一直变大

C. 杆通过 O 处时，电路中电流方向将发生改变

D. 杆通过 O 处时，电路中电流最大

(2007 上海卷)23. 如图(a)所示，光滑的平行长直金属导轨置于水平面内，间距为 L. 导轨左端接有阻值为 R 的电阻. 质量为 m 的导体棒垂直跨接在导轨上. 导轨和导体棒的电阻均不计，且接触良好. 在导轨平面上有一矩形区域内存在着竖直向下的匀强磁场，磁感应强度大小为 B. 开始时，导体棒静止于磁场区域的右端. 当磁场以速度 v_1 匀速向右移动时，导体棒随之开始运动，同时受到水平向左、大小为 f 的恒定阻力，并很快达到恒定速度. 此时导体棒仍处于磁场区域内.

(1)求导体棒所达到的恒定速度 v_2；

(2)为使导体棒能随磁场运动，阻力最大不能超过多少？

(3)导体棒以恒定速度运动时，单位时间内克服阻力所做的功和电路中消耗的电功率各为多大？

(4)若 $t=0$ 时磁场由静止开始水平向右做匀加速直线运动，经过较短时间后，导体棒也做匀加速直线运动，其 v-t 关系如图(b)所示，已知在时刻 t 导体棒的瞬时速度大小为 v_t，求导体棒做匀加速直线运动时的加速度大小.

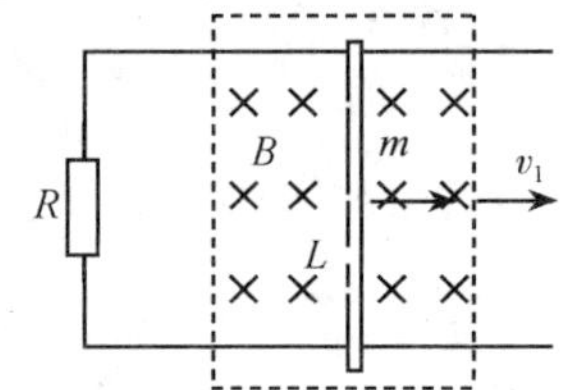

(a)

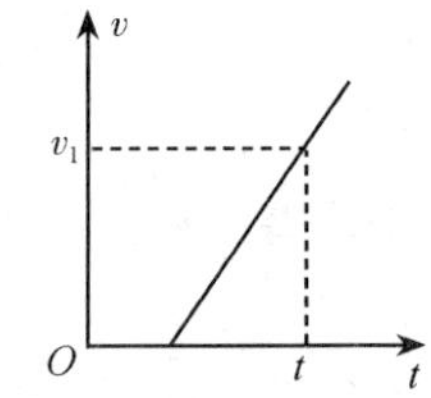

(b)

(2008 上海卷)24. 如图所示，竖直平面内有一半径为 r、内阻为 R_1、粗细均匀的光滑半圆形金属环，在 M、N 处与相距为 $2r$、电阻不计的平行光滑金属轨道 ME、NF 相接，EF 之间接有电阻 R_2，已知 $R_1=12R$，$R_2=4R$. 在 MN 上方及 CD 下方有水平方向的匀强磁场Ⅰ和Ⅱ，磁感应强度大小均为 B. 现有质量为 m、电阻不计的导体棒 ab，从半圆环的最高点 A 处由静止下落，在下落过程中导体棒始终保持水平，与半圆形金属环及轨道接触良好，平行轨道足够长. 已知导体棒 ab 下落 $r/2$ 时的速度大小为 v_1，下落到 MN 处的速度大小为 v_2.

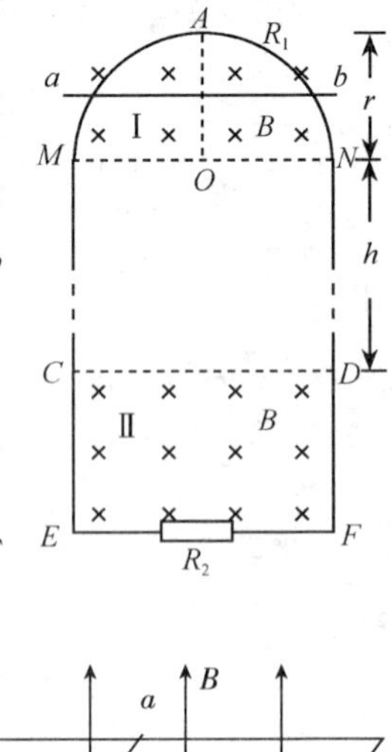

(1)求导体棒 ab 从 A 下落 $r/2$ 时的加速度大小；

(2)若导体棒 ab 进入磁场Ⅱ后棒中电流大小始终不变，求磁场Ⅰ和Ⅱ之间的距离 h 和 R_2 上的电功率 P_2；

(3)若将磁场Ⅱ的 CD 边界略微下移，导体棒 ab 刚进入磁场Ⅱ时速度大小为 v_3，要使其在外力 F 作用下做匀加速直线运动，加速度大小为 a，求所加外力 F 随时间变化的关系式.

(2009 福建卷)18. 如图所示，固定放置在同一水平面内的两根平行长直金属导轨的间距为 d，其右端接有阻值为 R 的电阻，整个装置处在竖直向上磁感应强度大小为 B 的匀强磁场中. 一质量为 m(质量分布均匀)的导体杆 ab 垂直于导轨放置，且与两导轨保持良好接触，杆与导轨之间的动摩擦因数为 μ. 现杆在水平向左、垂直于杆的恒力 F 作用下从静止开始沿导轨运动距离 l 时，速度恰好达到最大(运动过程中杆始终与导轨保持垂直). 设杆接入电路的电阻为 r，导轨电阻不计，重力加速度大小为 g. 则此过程 (　　)

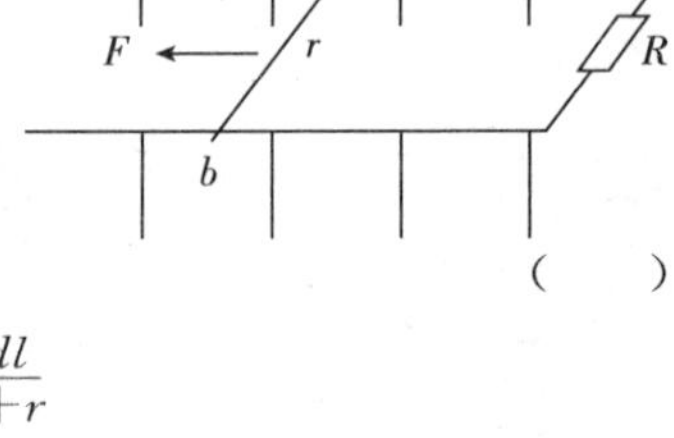

A. 杆的速度最大值为$\dfrac{(F-\mu mg)R}{B^2d^2}$

B. 流过电阻 R 的电量为$\dfrac{Bdl}{R+r}$

C. 恒力 F 做的功与摩擦力做的功之和等于杆动能的变化量

D. 恒力 F 做的功与安培力做的功之和大于杆动能的变化量

(2010 福建卷)21. 如图所示，两条平行的光滑金属导轨固定在倾角为 θ 的绝缘斜面上，导轨上端连接一个定值电阻. 导体棒 a 和 b 放在导轨上，与导轨垂直并良好接触. 斜面上水平虚线 PQ 以下区域内，存在着垂直穿过斜面向上的匀强磁场. 现对 a 棒施以平行导轨斜向上的拉力，使它沿导轨匀速向上运动，此时放在导轨下端的 b 棒恰好静止. 当 a 棒运动到磁场的上边界 PQ 处时，撤去拉力，a 棒将继续沿导轨向上运动一小段距离后再向下滑动，此时 b 棒已滑离导轨. 当 a 棒再次滑回到磁场上边界 PQ 处时，又恰能沿导轨匀速向下运动. 已知 a 棒、b 棒和定值电阻的阻值均为 R，b 棒的质量为 m，重力加速度为 g，导轨电阻不计. 求

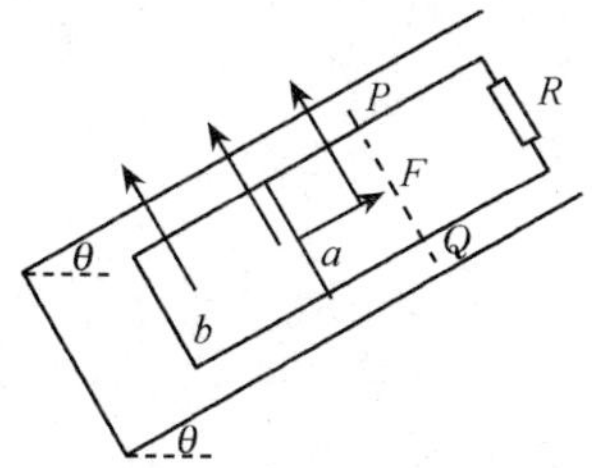

(1) a 棒在磁场中沿导轨向上运动的过程中，a 棒中的电流强度 I_a，与定值电阻 R 中的电流强度 I_R 之比；

(2) a 棒质量 m_a；

(3) a 棒在磁场中沿导轨向上运动时所受的拉力 F.

(2011 全国卷)如图，两根足够长的金属导轨 ab,cd 竖直放置，导轨间距离为 L，电阻不计. 在导轨上端并接两个额定功率均为 P、电阻均为 R 的小灯泡. 整个系统置于匀强磁场中，磁感应强度方向与导轨所在平面垂直. 现将一质量为 m、电阻可以忽略的金属棒 MN 从图示位置由静止开始释放. 金属棒下落过程中保持水平，且与导轨接触良好. 已知某时刻后两灯泡保持正常发光. 重力加速度为 g. 求：

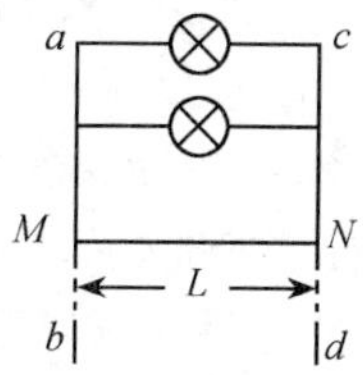

(1)磁感应强度的大小；

(2)灯泡正常发光时导体棒的运动速率.

(2012 浙江卷)24. 如图所示，两块水平放置、相距为 d 的长金属板接在电压可调的电源上. 两板之间的右侧区域存在方向垂直纸面向里的匀强磁场. 将喷墨打印机的喷口靠近上板下表面，从喷口连续不断喷出质量均为 m、水平速度均为 v_0、带相等电荷量的墨滴. 调节电源电压至 U，墨滴在电场区域恰能沿水平向右做匀速直线运动；进入电场、磁场共存区域后，最终垂直打在下板的 M 点.

(1)判断墨滴所带电荷的种类，并求其电荷量；

(2)求磁感应强度 B 的值；

(3)现保持喷口方向不变，使其竖直下移到两板中间的位置. 为了使墨滴仍能到达下板 M 点，应将磁感应强度调至 B'，则 B' 的大小为多少？

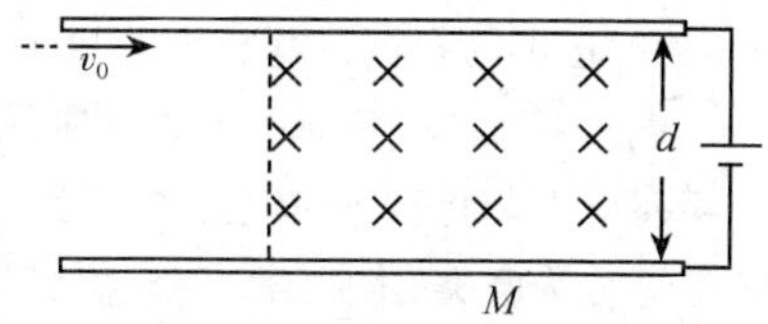

(2013 广东卷)36. 如图甲所示，在垂直于匀强磁场 B 的平面内，半径为 r 的金属圆盘绕过圆心 O 的轴转动，圆心 O 和边缘 K 通过电刷与一个电路连接，电路中的 P 是加上一定正向电压才能导通的电子元件. 流过电流表的电流 I 与圆盘角速度 ω 的关系如图乙所示，其中 ab 段和 bc 段均为直线，且 ab 段过坐标原点. $\omega>0$ 代表圆盘逆时针转动. 已知：$R=3.0\ \Omega$，$B=1.0\ T$，$r=0.2\ m$. 忽略圆盘、电流表和导线的电阻.

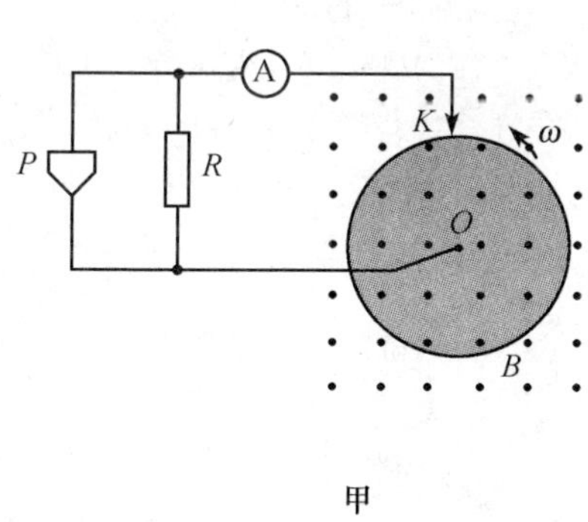

甲

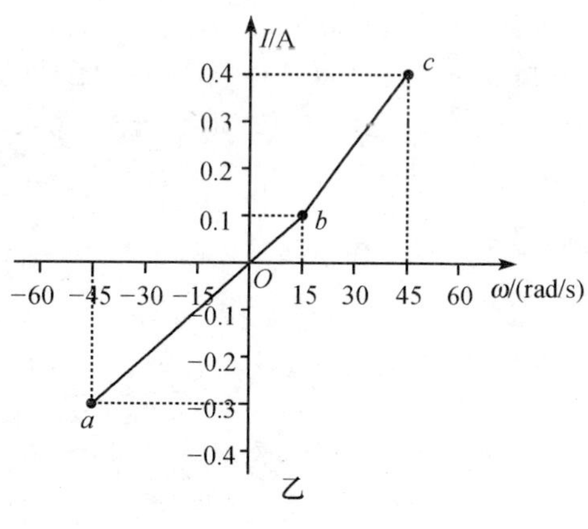

乙

(1)根据图乙写出 ab、bc 段对应 I 与 ω 的关系式；

(2)求出图乙中 b、c 两点对应的 P 两端的电压 U_b 和 U_c；

(3)分别求出 ab、bc 段流过 P 的电流 I_P 与其两端电压 U_P 的关系式.

(2014 北京卷)24. 导体切割磁感线的运动可以从宏观和微观两个角度来认识. 如图所示，固定于水平面的 U 形导线框处于竖直向下的匀强磁场中，金属直导线 MN 在与其垂直的水平恒力 F 作用下，在导线框上以速度 v 做匀速运动，速度 v 与恒力 F 方向相同；导线 MN 始终与导线框形成闭合电路. 已知导线 MN 电阻为 R，其长度 L 恰好等于平行轨道间距，磁场的磁感应强度为 B. 忽略摩擦阻力和导线框的电阻.

(1)通过公式推导验证：在 Δt 时间内，F 对导线 MN 所做的功 W 等于电路获得的电能 $W_电$，也等于导线 MN 中产生的焦耳热 Q；

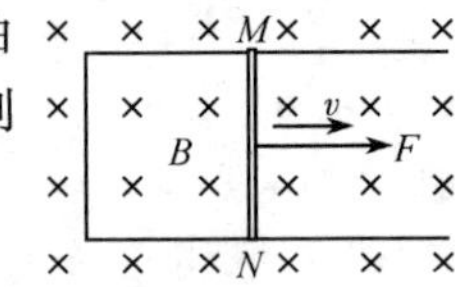

(2)若导线 MN 的质量 $m=8.0$ g、长度 $L=0.10$ m，感应电流 $I=1.0$ A，假设一个原子贡献 1 个自由电子，计算导线 MN 中电子沿导线长度方向定向移动的平均速率 v_e（下表中列出一些你可能会用到的数据）；

阿伏加德罗常数 N_A	6.0×10^{23} mol^{-1}
元电荷 e	1.6×10^{-19} C
导线 MN 的摩尔质量 μ	6.0×10^{-2} kg/mol

(3)经典物理学认为，金属的电阻源于定向运动的自由电子和金属离子（即金属原子失去电子后的剩余部分）的碰撞. 展开你想象的翅膀，给出一个合理的自由电子的运动模型；在此基础上，求出导线 MN 中金属离子对一个自由电子沿导线长度方向的平均作用力 $\overline{f}$ 的表达式.

【备考战略】

近几年高考中，电磁感应中的力学问题常见类型：(1)单金属棒运动类：产生的感应电动势 $E=BLv$（注意公式成立的条件），运动的金属棒相当于电源，金属棒在一闭合电路中时其两端的电压为路端电压，把握金属棒的受力情况和运动情况是解题的关键；(2)双金属棒运动类：双金属棒在导轨上滑行时，要特别注意两棒的运动方向，从而确定"电源"的电动势方向，弄清"电源"的连接方式，据闭合电路欧姆定律计算电路中的电流，从而求出要求的其他问题，和单金属棒在导轨上滑动一样，要认真进行受力情况和运动情况的动态分析，以及动能、能量的综合分析.

方法：在电磁感应现象中，切割磁感线的导体或磁通量发生变化的回路相当于电源. 解决电磁感应与电路综合问题的基本思路是：

(1)明确哪部分相当于电源，由法拉第电磁感应定律和楞次定律确定感应电动势的大小和方向.

(2)画出等效电路图.

(3)运用闭合电路欧姆定律. 串并联电路的性质求解未知物理量.

电磁感应现象中常涉及磁感应强度 B、磁通量 Φ、感应电动势 E 和感应电流 I 随时间 t 变化的图象，对于切割磁感线产生感应电动势和感应电流的情况，还经常涉及感应电动势 E 和感应电流 I 随线圈位移 x 变化的图象. 这些图象问题大体上可分为两类：①由给定的电磁感应过程选出或画出正确的图象；②由给定的有关图象分析出电磁感应过程，求解相应的物理量. 不管是何种类型，均需利用右手定则、楞次定律和法拉第电磁感应定律、闭合电路欧姆定律等规律综合分析解决，其中，要特别注意题目中规定的正方向，回路中的感应电动势 e、感应电流 i、磁感应强度 B 的方向，在相应的 e-t 图、i-t 图、B-t 图中用正、负值来反映.

楞次定律是该专题的基础也是重点内容之一. 对楞次定律的理解：闭合电路磁通量发生改变时，电路中产生感应电流. 感应电流方向的判断有两种方法.

(1)内容：感应电流具有这样的方向，即感应电流的磁场总要阻碍引起感应电流磁通量的变化.

(2)对楞次定律的理解：①阻碍原磁通量的变化；②阻碍相对运动；③阻碍电流的变化（即自感现象）.

2.3.3 我们的工作

1.【TPS 系统】

真题原题	相似题原题
(2013 大纲卷)24. 一客运列车匀速行驶,其车轮在轨道间的接缝处会产生周期性的撞击. 坐在该客车中的某旅客测得从第 1 次到第 16 次撞击声之间的时间间隔为 10.0 s. 在相邻的平行车道上有一列货车,当该旅客经过货车车尾时,火车恰好从静止开始以恒定加速度沿客车行进方向运动. 该旅客在此后的 20.0 s 内,看到恰好有 30 节火车车厢被他连续超过. 已知每根铁轨的长度为 25.0 m,每节货车车厢的长度为 16.0 m,货车车厢间距忽略不计. 求: (1)客车运行速度的大小; (2)货车运行加速度的大小.	TPS 系统:P - P1S2JN08 - B001 一些同学乘坐高速列车外出旅游,当火车在一段平直轨道上匀加速行驶时,一同学提议说:"我们能否用身边的器材测出火车的加速度?"许多同学参与了测量工作,测量过程如下:他们一边看着窗外每隔 100 m 的路标,一边用手表记录着时间,他们观测到从第一根路标运动到第二根路标的时间间隔为 5 s,从第一根路标运动到第三根路标的时间间隔为 9 s,请你根据他们的测量情况,求: (1)火车的加速度大小; (2)他们到第三根路标时的速度大小.
(2013 上海卷)31. 如图,质量为 M,长为 L、高为 h 的矩形滑块置于水平地面上,滑块与地面间动摩擦因数为 μ;滑块上表面光滑,其右端放置一个质量为 m 的小球. 用水平外力击打滑块左端,使其在极短时间内获得向右的速度 v_0,经过一段时间后小球落地. 求小球落地时距滑块左端的水平距离. 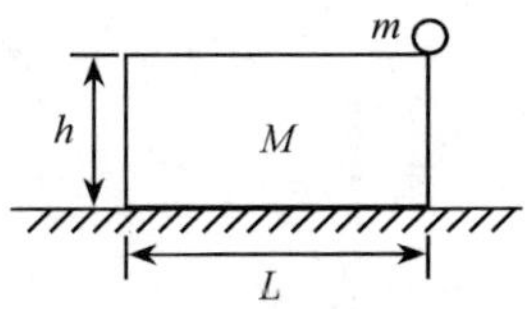	TPS 系统:P - P1S2JN03 - B015 如图所示,一质量 $M=2.0$ kg 的长木板静止放在光滑水平面上,在木板的右端放一质量 $m=1.0$ kg 可看做质点的小物块,小物块与木板间的动摩擦因数为 $\mu=0.20$. 用水平恒力 F 向右拉动木板使木板在水平面上做匀加速直线运动,经过 $t=1.0$ s 后撤去该恒力,此时小物块恰好运动到距木板右端 $l=1.0$ m 处. 在此后的运动中小物块没有从木板上掉下来. 取 $g=10\ m/s^2$,求: 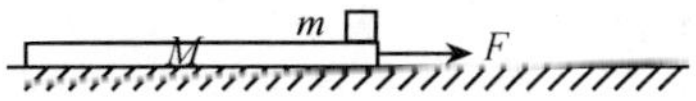 (1)作用于木板的恒力 F 的大小; (2)木板的长度至少是多少?
(2014 新课标Ⅱ)25.(19 分)半径分别为 r 和 $2r$ 的同心圆形导轨固定在同一水平面内,一长为 r、质量为 m 且质量分布均匀的直导体棒 AB 置于圆导轨上面,BA 的延长线通过圆导轨中心 O,装置的俯视图如图所示. 整个装置位于一匀强磁场中,磁感应强度的大小为 B,方向竖直向下. 在内圆导轨的 C 点和外圆导轨的 D 点之间接有一阻值为 R 的电阻(图中未画出). 直导体棒在水平外力作用下以角速度 ω 绕 O 逆时针匀速转动,在转动过程中始终与导轨保持良好接触. 设导体棒与导轨之间的动摩擦因数为 μ,导体棒和导轨的电阻均可忽略. 重力加速度大小为 g. 求: (1)通过电阻 R 的感应电流的方向和大小; (2)外力的功率. 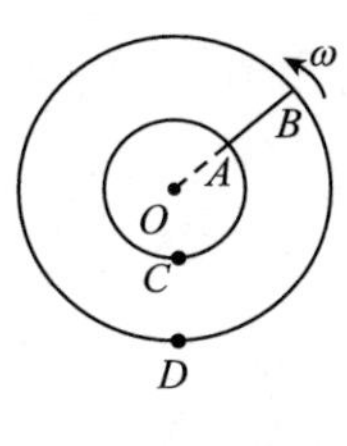	TPS 系统:P - P2S2KN05 - C010 如图所示,一矩形金属框架与水平面成 $\theta=37°$角,宽 $L=0.4$ m,上、下两端各有一个电阻 $R_0=2\ \Omega$,框架其它部分的电阻不计,框架足够长,垂直于金属框平面的方向有一向上的匀强磁场,磁感应强度 $B=1.0$ T. ab 为金属杆,与框架良好接触,其质量 $m=0.1$ kg、电阻 $r=1.0\ \Omega$,杆与框架的动摩擦因数 $\mu=0.5$. 杆 ab 由静止开始下滑,在速度达到最大的过程中,框架上端电阻 R_0 中产生的热量 $Q_0=0.5$ J. ($\sin37°=0.6$,$\cos37°=0.8$),取 $g=10\ m/s^2$. 求: (1)流过 R_0 的最大电流; (2)从开始到速度达到最大的过程中,ab 杆沿斜面下滑的距离; (3)在 1 s 时间内通过杆 ab 横截面的最大电量. 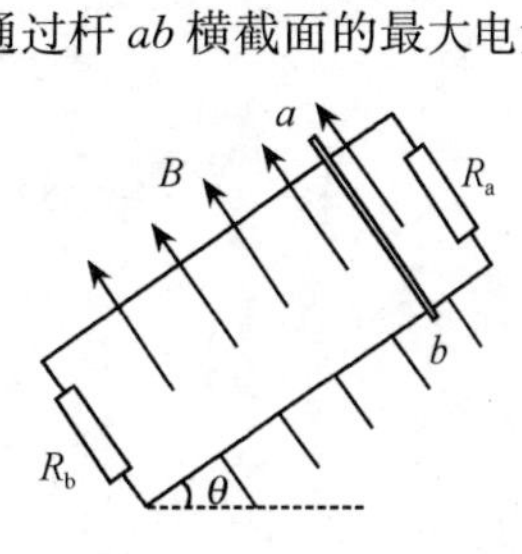

续表

<table>
<tr><th>真题原题</th><th>相似题原题</th></tr>
<tr>
<td>(2013 大纲卷)26. 如图所示，虚线 OL 与 y 轴的夹角 $\theta=60°$，在此角范围内有垂直于 xOy 平面向外的匀强磁场，磁感应强度大小为 B. 一质量为 m、电荷量为 $q(q>0)$ 的粒子从左侧平行于 x 轴射入磁场，入射点为 M. 粒子在磁场中运动的轨道半径为 R. 粒子离开磁场后的运动轨迹与 x 轴交于 P 点(图中未画出)，且 $\overline{OD}=R$. 不计粒子重力. 求 M 点到 O 点的距离和粒子在磁场中运动的时间.
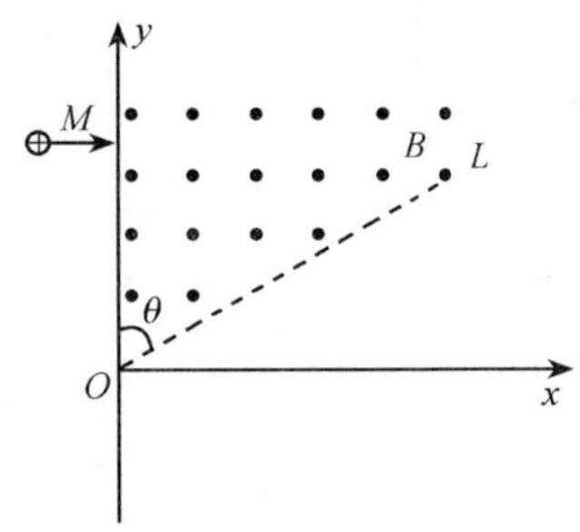</td>
<td>TPS 系统：P - P2S2KN05 - C010
两个同位素离子质量分别为 m_1 和 $m_2(m_1<m_2)$，经同一电场加速后，进入顶角为 30°的三角形磁场区域，进入的速度方向与磁场边界垂直，如图所示. 两种离子均能穿过磁场区域，其中质量为 m_1 的离子射出时速度方向恰与边界垂直，另一质量为 m_2 的离子射出时速度方向与边界成 θ 角(θ 角为钝角且为弧度单位).
(1)求质量分别为 m_1、m_2 的两种同位素离子在磁场中运动半径之比；
(2)若质量为 m_1 的离子穿过磁场用时为 t，求质量为 m_2 的离子穿过磁场所用的时间.
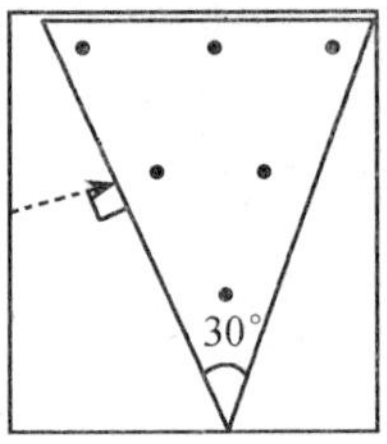</td>
</tr>
<tr>
<td>(2014 广东卷)36.(18 分)如图所示，足够大的平行挡板 A_1、A_2 竖直放置，间距 $6L$. 两板间存在两个方向相反的匀强磁场区域Ⅰ和Ⅱ，以水平面 MN 为理想分界面. Ⅰ区的磁感应强度为 B_0，方向垂直纸面向外. A_1、A_2 上各有位置正对的小孔 S_1、S_2，两孔与分界面 MN 的距离均为 L. 质量为 m、电量为 $+q$ 的粒子经宽度为 d 的匀强电场由静止加速后，沿水平方向从 S_1 进入Ⅰ区，并直接偏转到 MN 上的 P 点，再进入Ⅱ区. P 点与 A_1 板的距离是 L 的 k 倍. 不计重力，碰到挡板的粒子不予考虑.
(1)若 $k=1$，求匀强电场的电场强度 E；
(2)若 $2<k<3$，且粒子沿水平方向从 S_2 射出，求出粒子在磁场中的速度大小 v 与 k 的关系式和Ⅱ区的磁感应强度 B 与 k 的关系式.
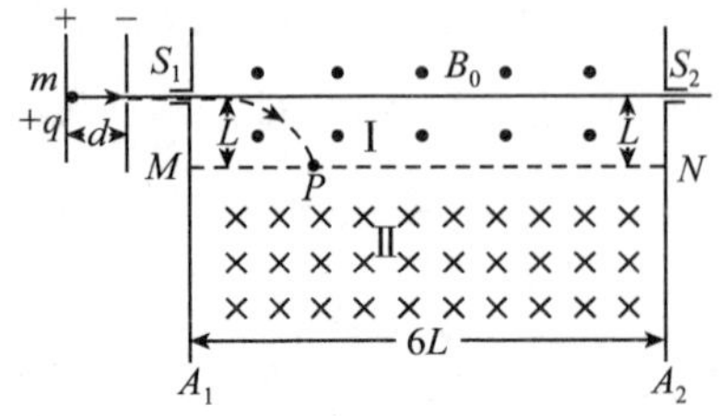</td>
<td>TPS 系统：P - P2S4KN09 - D03
在一与纸面垂直. 方向向里. 场强 $H=1\ 000$ 奥斯特的匀强磁场中，有一铜环，铜环平面与磁力线垂直，环的半径 $l=10$ 厘米. 一直金属杆 AB 通过环心，两端和环连在一起(如图)，此金属杆的电阻为 0.8 欧姆. 铜环绕着通过杆中心而垂直于环面的铜轴顺时针匀速转动，转速为 $n=50$ 转/秒. 一阻值 $R=2$ 欧姆的电阻器经过电刷 K. L 分别与轴和环相接触. 问通过电阻器的电流强度是多少安培，方向怎样(铜环和铜轴的电阻很小，可忽略不计，1 000 奥斯特=0.1 T)
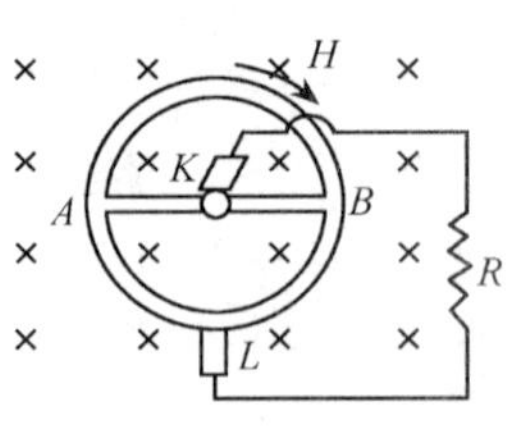</td>
</tr>
</table>

2.【高分策略】

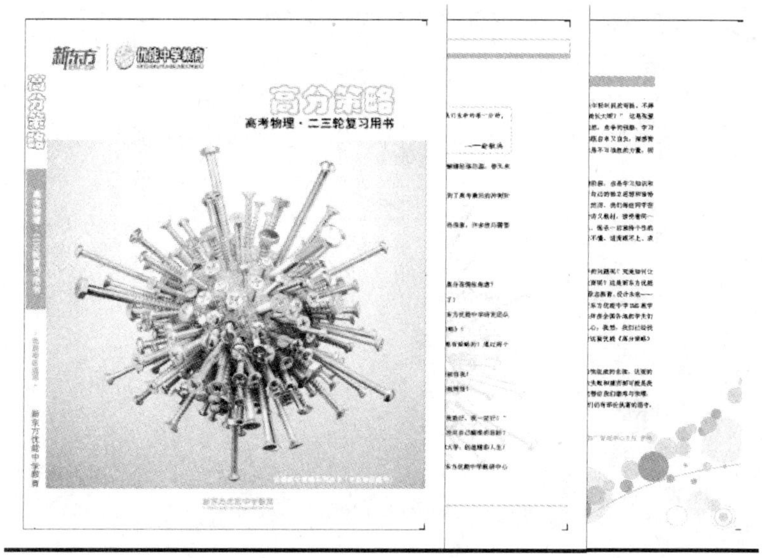

真题原题	相似题原题
(2013 新课标Ⅱ)14. 一物块静止在粗糙的水平桌面上. 从某时刻开始,物块受到一方向不变的水平拉力作用. 假设物块与桌面间的最大静摩擦力等于滑动摩擦力. 以 a 表示物块的加速度大小,F 表示水平拉力的大小. 能正确描述 F 与 a 之间的关系的图象是 (　　) 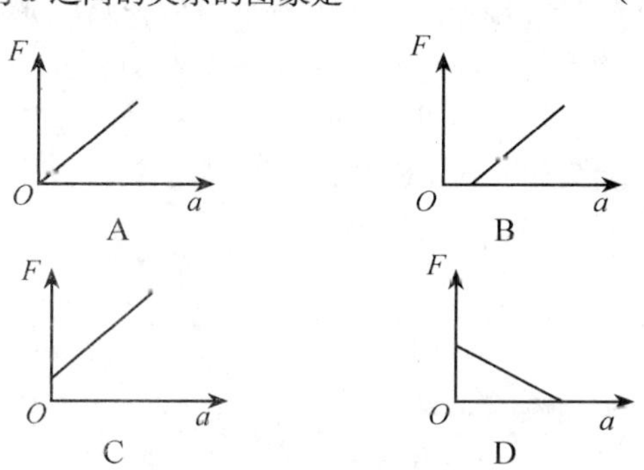	来源:专题二 力和物体的直线运动 题型三 如图所示,水平面上质量相等的两木块 A、B 用一轻弹簧相连接,用一竖直向上的力 F 拉动木块 A,使木块 A 缓慢上升至弹簧恢复原长. 现改变力 F 使木块 A 由静止开始匀加速上升. 研究从木块 A 开始匀加速运动到木块 B 刚离开地面这个过程,并且选定这个过程中木块 A 的起始位置为坐标原点,则下列图象中可以表示力 F 和木块 A 的位移 x 之间关系的是 (　　) 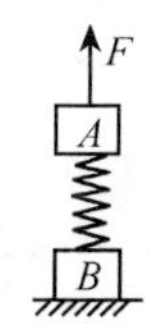 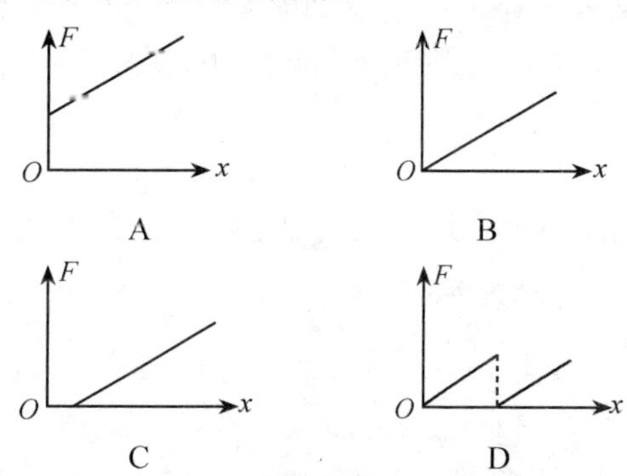
(2013 新课标Ⅱ)22. 某同学利用下述装置对轻质弹簧的弹性势能进行探究,一轻质弹簧放置在光滑水平桌面上,弹簧左端固定,右端与一小球接触而不固连;弹簧处于原长时,小球恰好在桌面边缘,如图甲所示. 向左推小球,使弹簧压缩一段距离后由静止释放;小球离开桌面后落到水平地面. 通过测量和计算,可求得弹簧被压缩后的弹性势能. 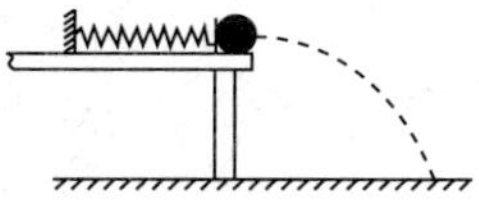 甲 回答下列问题: (1)本实验中可认为,弹簧被压缩后的弹性势能 E_p 与小球抛出时的动能 E_k 相等. 已知重力加速度大小为 g. 为求得 E_k,至少需要测量下列物理量中的________(填正确答案标号).	来源:专题六 动量和能量的综合运用 题型四 如图所示,光滑水平轨道与光滑圆弧轨道相切,轻弹簧的一端固定在轨道的左端,OP 是可绕 O 点转动的轻杆,且摆到某处就能停在该处,另有一小钢球. 现在利用这些器材测定弹簧被压缩时的弹性势能. 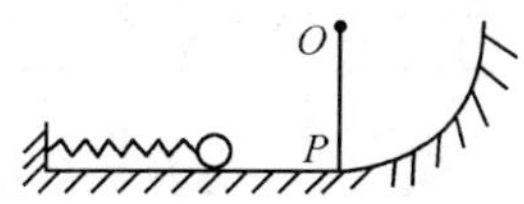 (1)还需要的器材是________、________. (2)以上测量实际上是把对弹性势能的测量转化为对________能的测量,进而转化为对________和________的直接测量.

续表

真题原题	相似题原题
A. 小球的质量 m B. 小球抛出点到落地点的水平距离 s C. 桌面到地面的高度 h D. 弹簧的压缩量 Δx E. 弹簧原长 l_0 (2) 用所选取的测量量和已知量表示 E_k，得 $E_k=$ ________. (3)图乙中的直线是实验测量得到的 $s-\Delta x$ 图线. 从理论上可推出，如果 h 不变，m 增加，$s-\Delta x$ 图线的斜率会________(填“增大”“减小”或“不变”)；如果 m 不变，h 增加，$s-\Delta x$ 图线的斜率会________(填“增大”“减小”或“不变”). 由图乙中给出的直线关系和 E_k 的表达式可知，E_p 与 Δx 的________次方成正比. 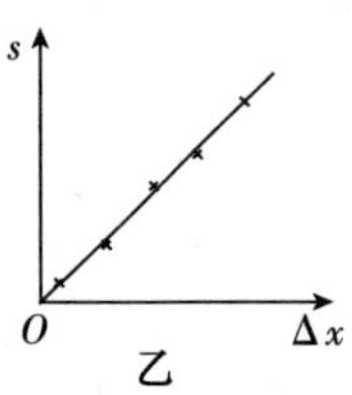 乙	
(2013 四川卷)11. 如图所示，竖直平面(纸面)内有直角坐标系 xOy，x 轴沿水平方向. 在 $x\leqslant 0$ 的区域内存在方向垂直于纸面向里，磁感应强度大小为 B_1 的匀强磁场. 在第二象限紧贴 y 轴固定放置长为 l、表面粗糙的不带电绝缘平板，平板平行于 x 轴且与 x 轴相距 h. 在第一象限内的某区域存在方向相互垂直的匀强磁场(磁感应强度大小为 B_2、方向垂直于纸面向外)和匀强电场(图中未画出). 一质量为 m、不带电的小球 Q 从平板下侧 A 点沿 x 轴正向抛出；另一质量也为 m、带电量为 q 的小球 P 从 A 点紧贴平板沿 x 轴正向运动，变为匀速运动后从 y 轴上的 D 点进入电磁场区域做匀速圆周运动，经 $\frac{1}{4}$ 圆周离开电磁场区域，沿 y 轴负方向运动，然后从 x 轴上的 K 点进入第四象限. 小球 P、Q 相遇在第四象限的某一点，且竖直方向速度相同. 设运动过程中小球 P 电量不变，小球 P 和 Q 始终在纸面内运动且均看作质点，重力加速度为 g. 求： 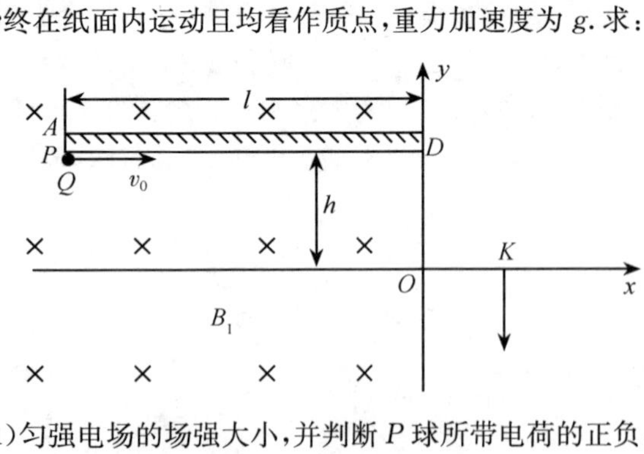 (1)匀强电场的场强大小，并判断 P 球所带电荷的正负； (2)小球 Q 的抛出速度 v_0 的取值范围； (3) B_1 是 B_2 的多少倍？	来源：专题五动量和能量的综合运用题型二 如图所示，坐标系 xOy 在竖直平面内，x 轴上、下方分别有垂直于纸面向外的磁感应强度为 $B_1=B_0$ 和 $B_2=3B_0$ 的足够大匀强磁场. 今有一质量为 m、电荷量为 q 的带正电荷粒子(不计重力)，在 xOy 平面内，自图中 O 点出发，以初速度 v_0 沿与 x 轴成 30°角斜向上射入磁场. 求： 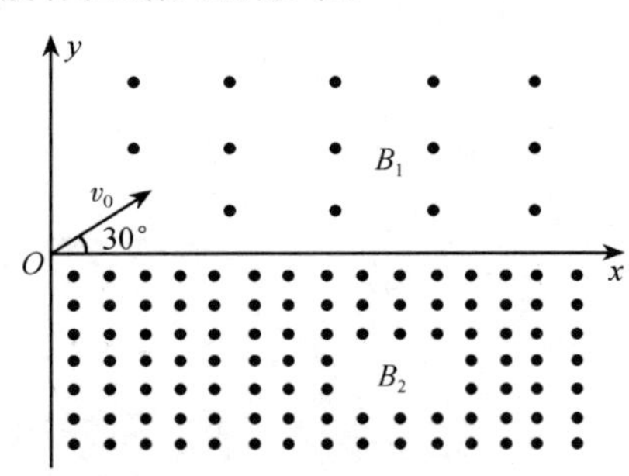 (1)粒子从 O 点射出到第二次通过 x 轴的过程中所经历的时间 t； (2)粒子第二次通过 x 轴时的位置坐标.

续表

<table>
<tr><th>真题原题</th><th>相似题原题</th></tr>
<tr><td>(2013 江苏卷)15. 在科学研究中,可以通过施加适当的电场和磁场来实现对带电粒子运动的控制. 如图甲所示的 xOy 平面处于匀强电场和匀强磁场中,电场强度 E 和磁感应强度 B 随时间 t 做周期性变化的图象如题图乙所示. x 轴正方向为 E 的正方向,垂直纸面向里为 B 的正方向. 在坐标原点 O 有一粒子 P,其质量和电荷量分别为 m 和 $+q$. 不计重力. 在 $t=\frac{\tau}{2}$ 时刻释放 P,它恰能沿一定轨道做往复运动.
(1)求 P 在磁场中运动时速度的大小 v_0;
(2)求 B_0 应满足的关系;
(3)在 t_0($0<t_0<\frac{\tau}{2}$)时刻释放 P,求 P 速度为零时的坐标.
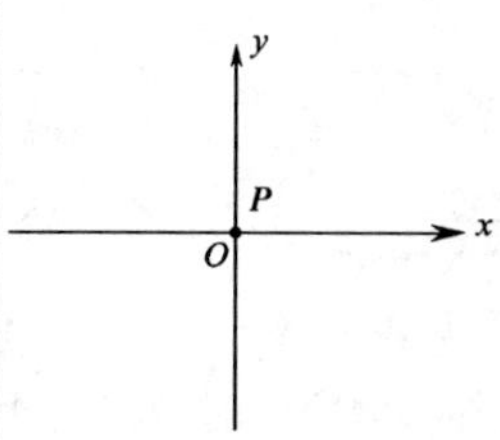甲
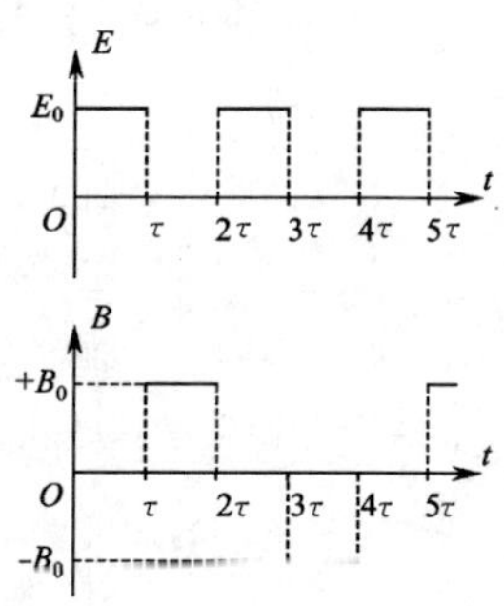乙</td>
<td>来源:专题七 电磁场 题型五
如图甲所示,在边界 MN 左侧存在斜方向的匀强电场 E_1;在 MN 的右侧有竖直向上、场强大小为 $E_2=0.4$ N/C 的匀强电场,还有垂直纸面向内的匀强磁场 B(图甲中未画出)和水平向右的匀强电场 E_3(图甲中未画出),B 和 E_3 随时间变化的情况如图乙所示,P_1P_2 为距 MN 边界 2.28 m 的竖直墙壁,现有一带正电微粒质量为 4×10^{-7} kg,电量为 1×10^{-5} C,从左侧电场中距 MN 边界 $\frac{1}{15}$ m 的 A 处无初速释放后沿直线运动,最后以 1 m/s 的速度垂直 MN 边界进入右侧场区,设此时刻 $t=0$,取 $g=10\ \text{m/s}^2$. 求:
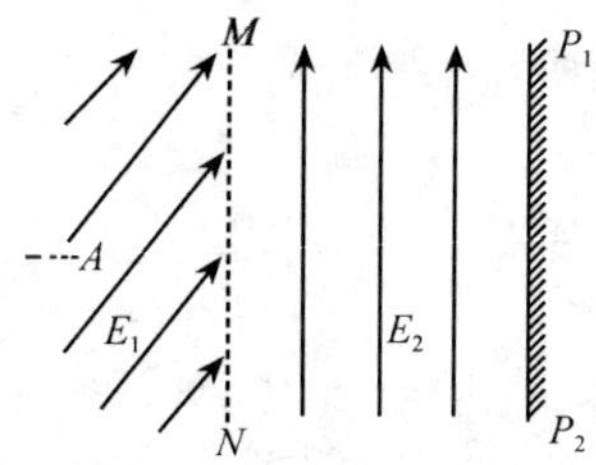甲
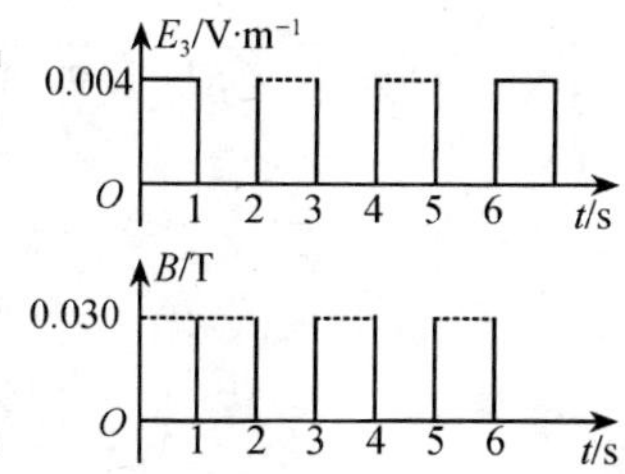乙
(1)MN 左侧匀强电场的电场强度 E_1($\sin37°=0.6$);
(2)带电微粒在 MN 右侧场区中运动了 1.5 s 时的速度;
(3)带电微粒在 MN 右侧场区中运动多长时间与墙壁碰撞?($\frac{1.2}{2\pi}\approx0.19$)</td></tr>
<tr><td>(2013 新课标Ⅱ)24. 如图,匀强电场中有一半径为 r 的光滑绝缘圆轨道,轨道平面与电场方向平行. a、b 为轨道直径的两端,该直径与电场方向平行. 一电荷量为 q($q>0$)的质点沿轨道内侧运动,经过 a 点和 b 点时对轨道压力的大小分别为 F_{N_a} 和 F_{N_b} 不计重力,求电场强度的大小 E、质点经过 a 点和 b 点时的动能.
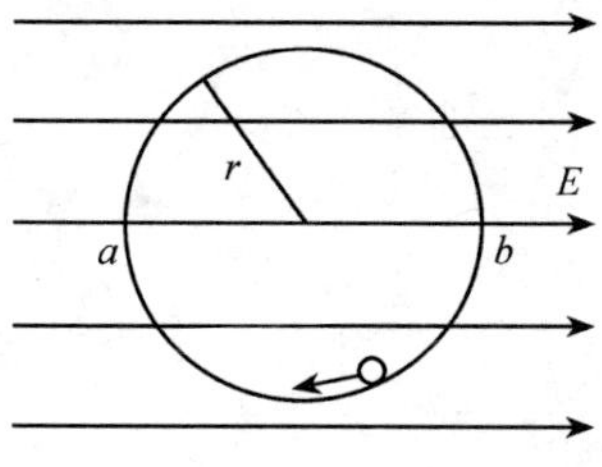</td>
<td>来源:专题七 电磁场 题型五
如图所示,光滑绝缘水平台距水平地面高 $h=0.80$ m,地面与竖直绝缘光滑圆形轨道在 A 点连接,A 点距竖直墙壁 $s=0.60$ m,整个装置位于水平向右的匀强电场中. 现将质量为 $m=0.1$ kg、电荷量为 $q=1\times10^{-3}$ C 的带正电荷的小球(可视为质点),从平台上的端点 N 由静止释放,离开平台 N 点后恰好切入半径为 $R=0.4$ m 的绝缘光滑圆形轨道,并沿圆形轨道运动到 P 点射出. 图中 O 点是圆轨道的圆心,B、C 分别是圆形轨道的最低点和最高点,AO 与 BO 之间夹角为 53°,取 $g=g=10\ \text{m/s}^2$,$\sin37°=0.6$,$\cos37°=0.8$,求:
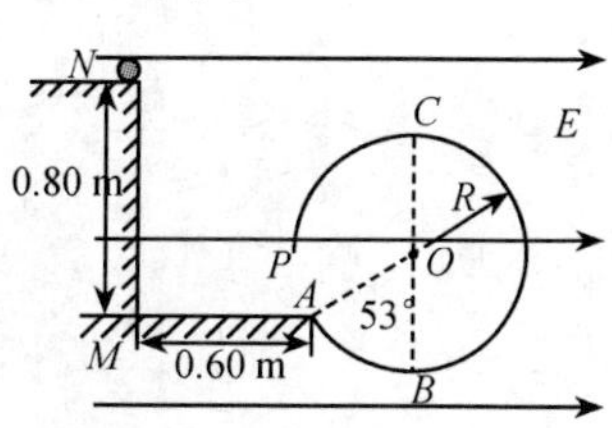(1)电场强度 E 的大小;
(2)运动过程中,小球的最大速度(结果可以保留根号);
(3)小球对轨道的最小压力.</td></tr>
</table>

续表

真题原题	相似题原题
(2014 上海卷)33.(14 分)如图,水平面内有一光滑金属导轨,其 MN、PQ 边的电阻不计,MP 边的电阻阻值 $R=1.5\ \Omega$,MN 与 MP 的夹角为 $135°$,PQ 与 MP 垂直,MP 边长度小于 1 m. 将质量 $m=2$ kg,电阻不计的足够长直导体棒搁在导轨上,并与 MP 平行. 棒与 MN、PQ 交点 G、H 间的距离 $L=4$ m. 空间存在垂直于导轨平面的匀强磁场,磁感应强度 $B=0.5$ T. 在外力作用下,棒由 GH 处以一定的初速度向左做直线运动,运动时回路中的电流强度始终与初始时的电流强度相等. (1)若初速度 $v_1=3$ m/s,求棒在 GH 处所受的安培力大小 F_A; (2)若初速度 $v_2=1.5$ m/s,求棒向左移动距离 2 m 到达 EF 所需时间 Δt; (3)在棒由 GH 处向左移动 2 m 到达 EF 处的过程中,外力做功 $W=7$ J,求初速度 v_3. 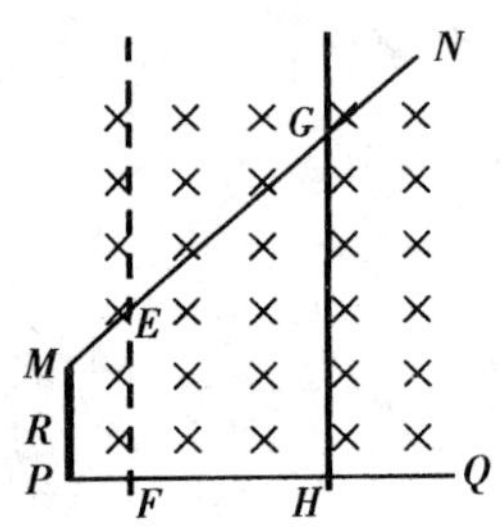	来源:专题八 电磁感应 题型六 如图所示,水平桌面上有两根相距 16 cm、足够长的水平平行固定的的光滑金属导轨,导轨的一端接有电阻 R,若在导轨平面内建立直角坐标系,取与导轨平行向右的方向为 x 轴,而与导轨垂直的水平方向为 y 轴,在 $x<0$ 的一侧没有磁场,在 $x>0$ 的一侧有竖直向下的磁场穿过导轨平面,该磁场的磁感应强度的大小沿 y 轴方向是均匀的,但沿 x 轴方向随 x 的增大而增大,且有 $B=kx$,式中 $k=\frac{16}{3}$ T/M. 质量为 m 的金属杆 AB 水平而与导轨垂直放置,可在导轨上沿与导轨平行的方向运动. 当 $t=0$ 时,AB 位于 $x=0$ 处,并有沿 x 轴正方向的初速度 v_0,$v_0=5$ m/s. 在运动过程中,有一大小变化的沿 x 轴方向水平拉力 F 作用于 AB,使 AB 有沿 x 轴负方向、大小为 $a=10\ m/s^2$ 的恒定加速度匀变速直线运动,除 R 外,其他电阻都可以忽略,求: 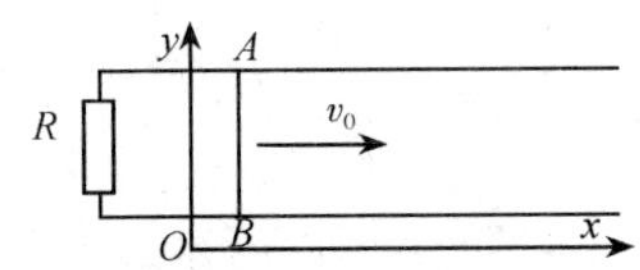 (1)该回路中的感应电流可以持续的时间; (2)当 AB 向右运动的速度为 2.5 m/s 时,回路中的感应电动势的大小; (3)当 AB 向右运动时若设法使电阻 R 随 AB 的位置坐标 x 成正比地增大,则拉力 F 与时间 t 是几次函数关系.

3.【预测卷】

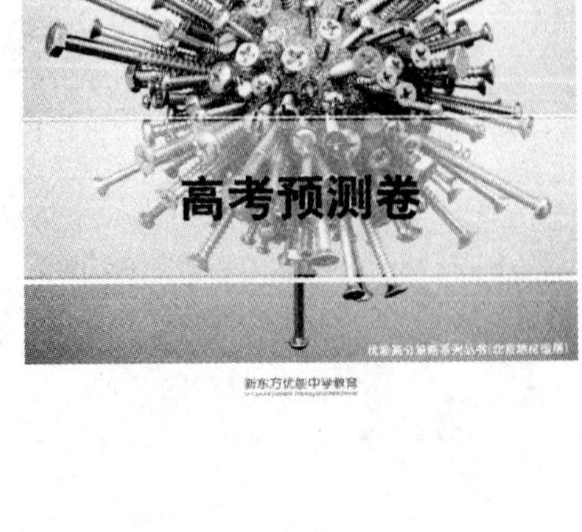

真题原题	相似题原题
(2014 福建卷)18. 如图，两根相同的轻质弹簧，沿足够长的光滑斜面放置，下端固定在斜面底部挡板上，斜面固定不动. 质量不同、形状相同的两物块分别置于两弹簧上端. 现用外力作用在物块上，使两弹簧具有相同的压缩量，若撤去外力后，两物块由静止沿斜面向上弹出并离开弹簧，则从撤去外力到物块速度第一次减为零的过程，两物块　（　　） 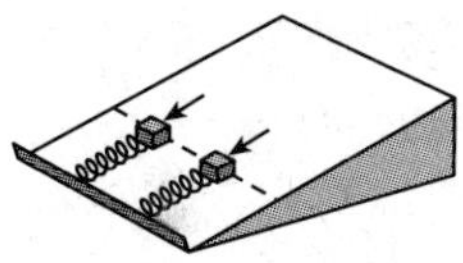 A. 最大速度相同　B. 最大加速度相同 C. 上升的最大高度不同　D. 重力势能的变化量不同	来源：优能 2013 高考预测卷(天津卷) 如右图，水平地面上有一楔形物块 a，其斜面上有一小物块 b，b 与平行于斜面的细绳的一端相连，细绳的另一端固定在斜面上. a 与 b 之间光滑，a 和 b 以共同速度在地面轨道的光滑段向左运动. 当它们刚运行至轨道的粗糙段时　（　　） 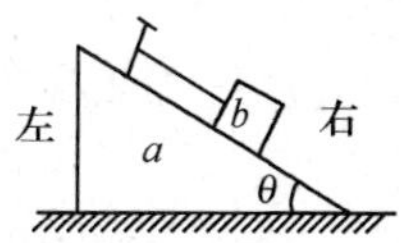 A. 绳的张力减小，b 对 a 的正压力减小 B. 绳的张力增加，斜面对 b 的支持力增加 C. 绳的张力减小，地面对 a 的支持力增加 D. 绳的张力增加，地面对 a 的支持力减小
(2013 福建卷)21. (19 分)质量为 M、长为 $\sqrt{3}L$ 的杆水平放置，杆两端 A、B 系着长为 $3L$ 的不可伸长且光滑的柔软轻绳，绳上套着一质量为 m 的小铁环. 已知重力加速度为 g，不计空气影响. (1)现让杆和环均静止悬挂在空中，如图甲，求绳中拉力的大小； (2)若杆与环保持相对静止，在空中沿 AB 方向水平向右做匀加速直线运动，此时环恰好悬于 A 端的正下方，如图乙所示. ①求此状态下杆的加速度大小 a； ②为保持这种状态需在杆上施加一个多大的外力，方向如何？ 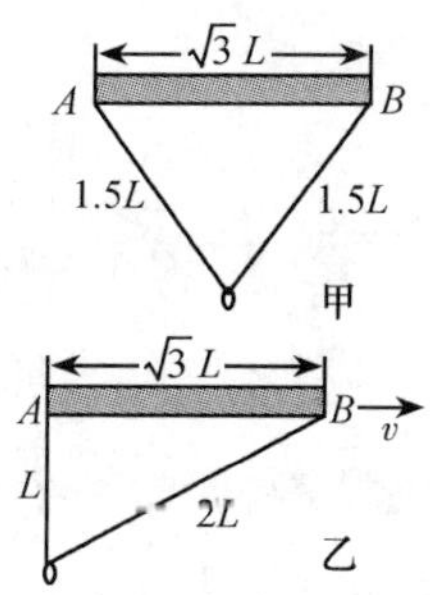	来源：优能 2013 高考预测卷(福建卷) 如图所示，质量为 m 的小球放在水平地面上，当小球受到与地面成 60°的拉力 F 作用后，小球沿与地面 30°方向(虚线所示)做匀加速直线运动. 经过 t 秒后，改变 F 的大小和方向，使 F 的沿逆时针方向转过 60°. 小球沿原方向做匀减速直线运动. 求： 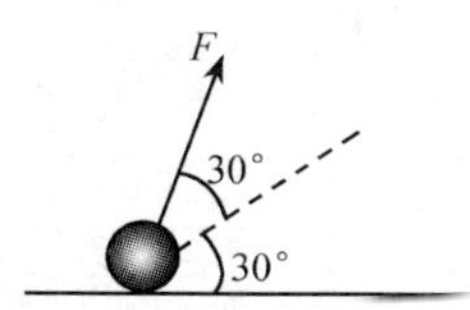 (1)开始时 F 的大小； (2)t 秒时小球的速度； (3)小球离地面的最大高度.
(2013 北京卷)22. (16 分)如图所示，两平行金属板间距为 d，电势差为 U，板间电场可视为匀强电场；金属板下方有一磁感应强度为 B 的匀强磁场. 带电量为 $+q$、质量为 m 的粒子，由静止开始从正极板出发，经电场加速后射出，并进入磁场做匀速圆周运动. 忽略重力的影响，求： (1)匀强电场场强 E 的大小； (2)粒子从电场射出时速度 v 的大小； (3)粒子在磁场中做匀速圆周运动的半径 R. 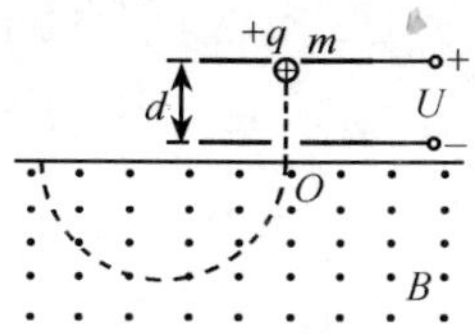	来源：优能 2013 高考预测卷(北京卷) 质谱仪是一种测定带电粒子质量和分析同位素的重要工具，它的构造原理如图所示. 离子源 S 产生带电量为 q 的某种正离子，离子产生出来时速度很小，可以看作是静止的. 粒子从容器 A 下方小孔 S_1 飘入电势差为 U 的加速电场，然后经过小孔 S_2 和 S_3 后沿着与磁场垂直的方向进入磁感应强度为 B 的匀强磁场中，最后打到照相底片 D 上. 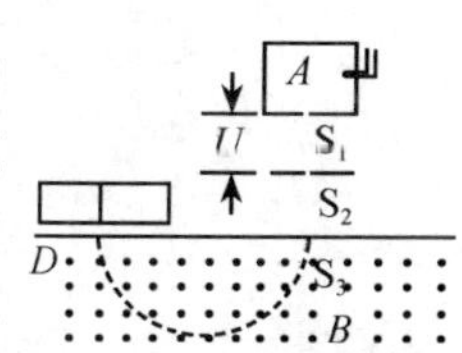 (1)小孔 S_1 和 S_2 处的电势比较，哪处的高？$+q$ 在小孔 S_1 和 S_2 处的电势能，哪处高？如果容器 A 接地且电势为 0，则小孔 S_1 和 S_2 处的电势各为多少？(设小孔极小，其电势和小孔处的电极板的电势相同) (2)求粒子进入磁场时的速率和粒子在磁场中运动的轨道半径. (3)如果从容器下方的 S_1 小孔飘出的是具有不同的质量的带电量为 q 的正离子，那么这些粒子打在照相底片的同一位置，还是不同位置？如果是不同位置，那么质量分别为 $m, m+1, m+2, m+3, \cdots$ 的粒子在照相底片的排布等间距吗？写出说明.

续表

真题原题	相似题原题
(2013 天津卷)11.(18 分)一圆筒的横截面如图所示,其圆心为 O. 筒内有垂直于纸面向里的匀强磁场,磁感应强度为 B. 圆筒下面有相距为 d 的平行金属板 M、N,其中 M 板带正电荷. N 板带等量负电荷. 质量为 m、电荷量为 q 的带正电粒子自 M 板边缘的 P 处由静止释放,经 N 板的小孔 S 以速度 v 沿半径 SO 方向射入磁场中. 粒子与圆筒发生两次碰撞后仍从 S 孔射出,设粒子与圆筒碰撞过程中没有动能损失,且电荷量保持不变,在不计重力的情况下,求: (1)M、N 间电场强度 E 的大小; (2)圆筒的半径 R; (3)保持 M、N 间电场强度 E 不变,仅将 M 板向上平移 $\frac{2}{3}d$,粒子仍从 M 板边缘的 P 处由静止释放,粒子自进入圆筒至从 S 孔射出期间,与圆筒的碰撞次数 n. 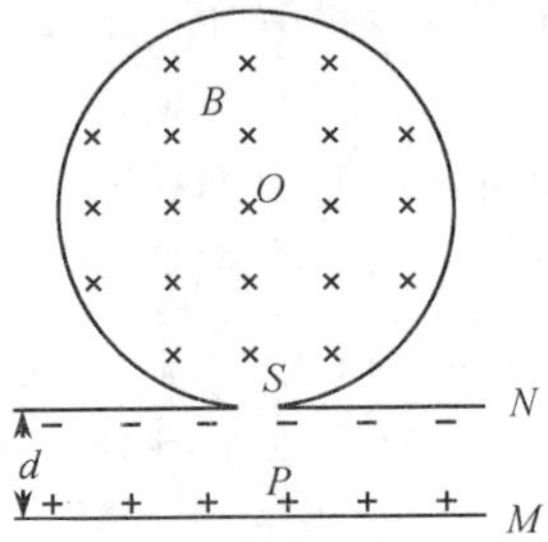 	来源:优能 2013 高考预测卷(天津卷) 如图所示,在半径为 R 的绝缘圆筒内有匀强磁场,方向垂直纸面向里,圆筒正下方有小孔 C 与平行金属板 M、N 相通. 两板间距离为 d,两板与电动势为 E 的电源连接,一带电量为 $-q$、质量为 m 的带电粒子(重力忽略不计),开始时静止于 C 点正下方紧靠 N 板的 A 点,经电场加速后从 C 点进入磁场,并以最短的时间从 C 点射出. 已知带电粒子与筒壁的碰撞无电荷量的损失,且碰撞后以原速率返回. 求: (1)筒内磁场的磁感应强度大小; (2)带电粒子从 A 点出发至重新回到 A 点射出所经历的时间. 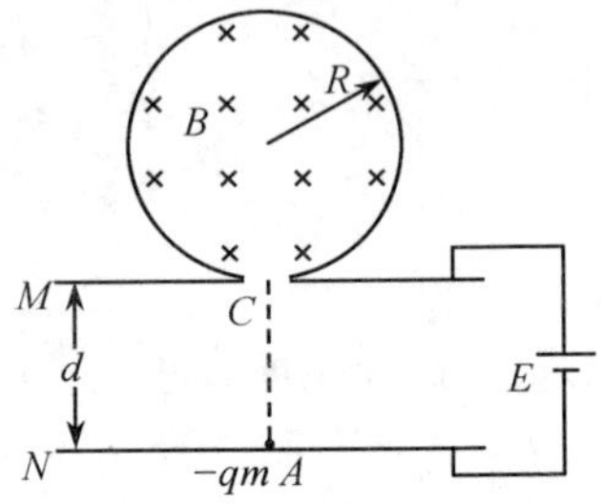

2.4 实验题以电学为主,力学、热学、光学为辅,以能力立意,稳中求变,注重创新

2.4.1 总述

1. 测试内容稳定,以电学实验为主,以力学、热学、光学为辅,电学实验实际考查比例最重. 力学、热学、光学仍注重基本仪器的使用和基本技能的考查.

2. 以能力立意,注重对综合能力和物理思维方法的考查,体现在探究性实验的比例在加重.

3. 测试形式稳中求变,仍以测量性实验为主体,但考查更趋于灵活、科学.

2.4.2 【考点剖析】

高考实验试题对实验观察能力考查的较少,主要注重实验操作能力及实验思维能力考查,基本仪器的操作、使用、读数几乎是每年必考内容,而反映实验思维能力水平指标的内容,例如实验设计、实验操作、仪器的选取、数据处理等,更是每年的重点考查内容. 实验试题注重对操作过程、实验设计等方面的考查,试图通过笔试鉴别出考生是否动手和操作过实验,以此来衡量学生实验能力水平的高低.

表 15　全国高考物理实验题考查的能力分析统计表

年份	基本仪器	基本技能
1996	游标卡尺、螺旋测微器、米尺	数据记录、电路连接、实验步骤、仪器选择、实验设计
1997	游标卡尺、螺旋测微器、米尺电流表、电压表滑动变阻器、多用表	误差分析、电路连接、仪器选择、实验设计
1998	电流表、电压表	数据记录、误差分析、实验设计
1999	游标卡尺、螺旋测微器、米尺	电路连接、实验步骤、实验设计
2000	电流表、电压表	误差分析、电路连接、实验步骤、仪器选择、实验设计
2001	电流表、电压表	数据记录、误差分析、电路连接
2002	游标卡尺、螺旋测微器、米尺	数据记录、误差分析、实验步骤、实验设计
2003	游标卡尺、螺旋测微器、米尺电流表、电压表滑动变阻器、多用表	数据记录、误差分析、实验步骤、仪器选择、实验设计
2004	游标卡尺、螺旋测微器、米尺电流表、电压表滑动变阻器、多用表	数据记录、误差分析、电路连接
2005	电流表、电压表滑动变阻器、多用表	数据记录、误差分析、仪器选择、实验设计
2006	电流表、电压表滑动变阻器、多用表	误差分析、仪器选择、实验设计

表 16 全国高考实验题统计

全国高考实验题考查的知识范围、实验内容、分值统计表						
年份	题号	知识点	题型	分值	实验内容	分值所占比例
1996	6	电学	选择题	4	平行板电容器	14%
	15	力学	实验题	5	验证机械能守恒	
	16	电学	实验题	6	用电流场模拟静电场等势线	
	17	电学	实验题	6	用伏安法测电阻	
1997	14	基本仪器的使用	选择题	5	万用电表的使用	14.7%
	15	基本仪器的使用	实验题	5	游标卡尺的使用	
	16	热学	实验题	6	验证玻马定理	
	17	电学	实验题	6	测电压表的内阻	
1998	18	电磁学	实验题	6	测电磁感应系数	11.3%
	19	力学	实验题	5	验证牛顿第二定律	
	20	热学	实验题	6	测定未知电阻	
1999	17	基本仪器的使用	实验题	4	游标卡尺的读数	11.3%
	18	光学	实验题	6	凸透镜成像	
	19	电学	实验题	7	电阻的测量	
2000	9	电学	选择题	4	电路故障分析	16%
	14	力学	实验题	6	验证动量守恒定律	
	15	光学	实验题	6	共轭法测凸透镜焦距	
	16	电学	实验题	8	测电流表的电阻	
2001	29	电学	实验题	4	电表的选取	16.7%
	29	电学	实验题	8	电路图的连接	
	29	电学	实验题	8	实验数据的处理	
2002	29	热学	实验题	7	用验证玻马定律实验仪器测大气压强	5.83%
2003	27	电学	实验题	5	电阻的测量	12.5%
	27	电学	实验题	3	由 $U-I$ 图线求电阻的步骤	
	27	基本仪器的使用	实验题	4	游标卡尺的读数	
	27	数据处理	实验题	3	实验数据的处理、有效数字	
2004	22	基本仪器的使用	实验题	5	螺旋测微器、游标卡尺的读数	13.3%
	22	电学	实验题	13	电流表改装、校准、设计电路、有效数字	
2005	22	力学	实验题	5	验证平行四边形法则	14.7%
	22	电学	实验题	12	测量电源电动势和内电阻	
2006	22	光学	实验题	5	双缝干涉测光波波长	14.17%
	22	电学	实验题	12	测电压表的内阻	

上表(如表 16 所示)给出了全国高考实验题考查的知识范围、实验内容、分值统计情况

根据表 15 和表 16 中的数据,我们总结得出了以下的结论:

(1)实验题型多样,取材广泛 17F①

实验题取材广泛,从力学到电学、光学,均有涉及,且以电学实验为主.这些实验题有的是课本上经典学生实验,而更多的是“源于教材又高于教材”的创新题,侧重考查学生的综合素质和利用基本原理、方法进行创新的能力,力求达到“只有动手做过实验才能得高分”的实验命题思想,对今后的实验教学有很好的促进作用.

①袁令民.从新课标看高考物理实验试题的现状和趋势.

(2)注重主要实验仪器的使用与读数和基本试验方法的考查

(3)注重对实验操作的考查

实验步骤的排序，纠错、电路连线、画电路图、实验误差的处理、仪器及量程选择等都与实验的实际操作有关，真正的考查了考生的实际操作能力. 如 1996 年 16 题考查“电流场模拟静电场”的实验操作，2002 年 29(1)题考查了“用验证玻—马定律实验仪器测量大气压强”的实验操作，2004 年 23(2)题考查了“将电流表改装、校准、设计电路及有效数字”，2005 年 22(1)题考查了“双缝干涉实验测光波波长”的实验操作.

(4)注重对实验数据处理的考查

对实验数据的正确处理，从而得出正确的实验结果和结论，它体现了学生实验思维能力水平的高低. 2002 年大纲还开始要求学生会处理有效数字. 如 2003 年 27(2)题考查用 $U-I$ 图求电阻时的计数点的选取、划线求斜率，进而求电阻值，其中还要求剔除误差过大的点，而 27(4)题同样考查了数据的处理问题；2004 年 23(2)题考查了有效数字的选取及如何求改装后的电压表的内阻的大小等.

(5)电学实验考查较多

由于高中教材中电学实验所占的比率较大，且电学实验与实际生产生活结合紧密，绝大部分学校均有条件完成这些实验. 因此，高考电学实验考查较多且试题选材灵活，考查范围广.

(6)注重实验方法的考查，强调实验创新 18F①

用学过的原理去设计一个实验来测定某一物理量或验证一种事实：实验原理和方法的迁移，即用学生实验中学过的方法去设计实验完成其它物理量的测量. 2006 年全国卷Ⅱ考查测定小灯泡的伏安特性曲线，设计了两个实验方案，让你选择最合理的方案.

(7)突出设计性实验的考查，体现了“出活题，考能力”的思想 19F②

设计性实验具有综合性强，考查全面，能力要求高等特点，已逐渐成为高考实验考查的热点也是得分难点. 近几年高考每年都有设计性实验题，综合性考查学生创造性地应用已学过的知识、方法、原理灵活处理具体实验问题的能力. 这类试题要求考生有较强的综合素质，为考生创造能力的发挥提供了较大的思维空间. 如 2004 年的 23(2)题、2005 年的 22(2)题、2006 年 22(2)题等.

回顾近几年高考考查的实验题，可以说都是以教材中的实验为基础，再进行一定程度的改编. 改编的主要思路有：实验目的变化、实验装置变化、数据处理方法变化、实验情景变化. 如下表 17 所示：我们给出了改编的主要思路和实例论证.

表 17　实验题考察思路变化及实例论证

思路变化	实例论证
实验目的变化	2004 年理综卷第 22 题，其实验目的是将电压表改装成电流表并进行校准，而教材中的实验目的是将电流表改装成电压表并进行校准. 2004 年天津理综卷第 22 题，实验目的是将小量程电流表改装成双量程电流表. 教材中实验目的是改装单量程电压表.
实验装置变化	2000 年物理卷第 14 题，利用了“研究平抛物体的运动”的实验装置代替“验证动量守恒”的实验装置”2001 年理综卷第 29 题，要求选择合适电表测电流表的内阻并进行实物图连接，试题中所提供的实验仪器与教材不同：没有提供电压表，而要求利用电阻箱和电流表替代.
数据处理方法变化	2001 年春季招生卷第 14 题，要求学生利用逐差法处理数据求加速度，但与课本中的学生实验相比，只有两个地方做了改动. 通过这两处数据处理方法的变化，可以检测学生是否真正理解了逐差法这种处理数据的方法，以此来检验学生的实验能力与应变能力. 2001 年物理卷第 15 题，仍考查利用打点计时器求加速度，但所给纸带的数据是每打 2 个点的间距.
实验情景变化	2000 年理科综合能力测试卷中的第 31 题考查学生“用多用电表测电阻”，试题中被测电阻没有与外电路断开，三个电阻成三角形连接，但课本中要求学生在用多用电表测电阻时必须将电阻与外电路断开，实验情景稍有变化. 2003 年物理卷第 12 题，通过变换实验情景将教材中匀加速直线运动的纸带变换成匀减速直线运动的纸带

①王丕广. 高考物理实验与高中物理教学.

②梁勇. 物理实验专题复习策略.

2.4.3 【考题模型】

(2013 安徽卷)21. Ⅰ.(5 分)根据单摆周期公式 $T=2\pi\sqrt{\frac{1}{g}}$,可以通过实验测量当地的重力加速度. 如图甲所示,将细线的上端固定在铁架台上,下端系一小钢球,就做成了单摆.

(1)用游标卡尺测量小钢球直径,示数如图乙所示,读数为________ mm.

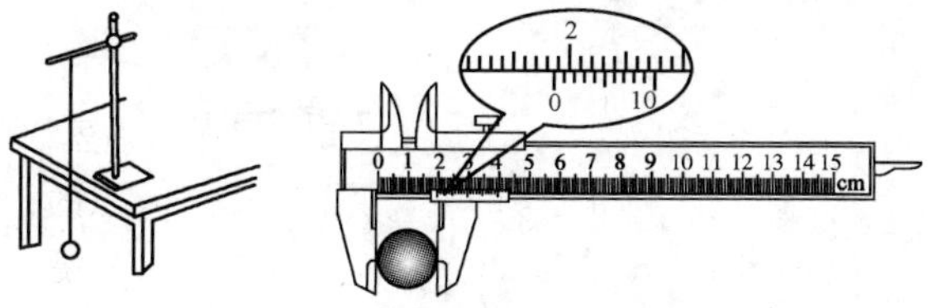

甲　　　　　　　　　　乙

(2)以下是实验过程中的一些做法,其中正确的有________.

a. 摆线要选择细些的、伸缩性小些的,并且尽可能长一些

b. 摆球尽量选择质量大些、体积小些的

c. 为了使摆的周期大一些,以方便测量,开始时拉开摆球,使摆线相距平衡位置有较大的角度

d. 拉开摆球,使摆线偏离平衡位置大于 5 度,在释放摆球的同时开始计时,当摆球回到开始位置时停止计时,此时间间隔 Δt 即为单摆周期 T

e. 拉开摆球,使摆线偏离平衡位置不大于 5 度,释放摆球,当摆球振动稳定后,从平衡位置开始计时,记下摆球做 50 次全振动所用的时间 Δt,则单摆周期 $T=\frac{\Delta t}{50}$

2.4.4 【真题验证】

1)基本仪器的使用和读数考察情况(如下表 18 所示)

表 18　基本仪器的使用和读数考察情况

年份	地区	题号	题型	分值	考查范围
2005	全国Ⅱ	22(1)	填空题	5	游标卡尺的读数
2006	北京	21(1)	填空题	5	游标卡尺的读数
2007	天津	22(1)	填空题	5	游标卡尺的读数
2008	全国Ⅱ	22(1)	填空题	5	螺旋测微器读数
2009	上海	15(1)	填空题	3	欧姆表的读数
2010	全国Ⅰ	23(4)	填空题	4	电流表的读数
2011	全国	23(2)	填空题	5	多用电表读数
2012	课标卷	22	填空题	9	螺旋测微器读数
2013	新课标卷Ⅰ	22	填空题	7	游标卡尺的读数
2014	浙江卷	21	填空题	10	弹簧秤的读数

表 18 中历年真题:

(2005 全国卷Ⅱ)22.(1)用游标为 50 分度的卡尺(测量值可准确到 0.02 mm)测定某圆柱的直径时,卡尺上的示数如图. 可读出圆柱的直径为________ mm.

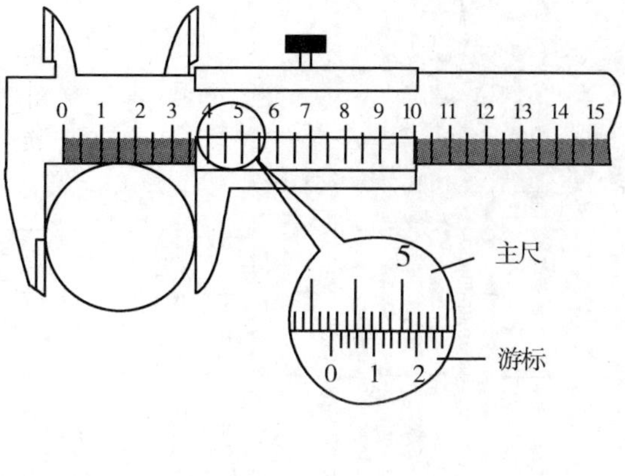

(2006 北京卷)21.(1)游标为 20 分度(测量值可准确到 0.05 mm)的卡尺示数如图 1 所示,两测脚间狭缝的宽度为________ mm.用激光照射该狭缝,在屏上出现衍射条纹.如果减小狭缝的宽度,衍射条纹的宽度将变.

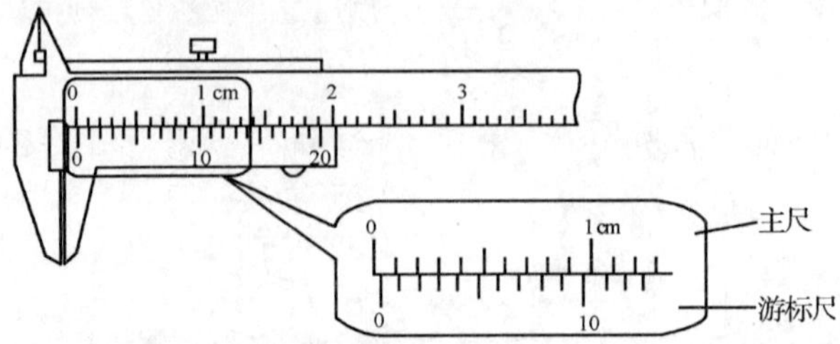

(2007 天津卷)22.(1)一种游标卡尺,它的游标尺上有 50 个小的等分刻度,总长度为 49 mm.用它测量某物体长度,卡尺示数如图所示,则该物体的长度是________ cm.

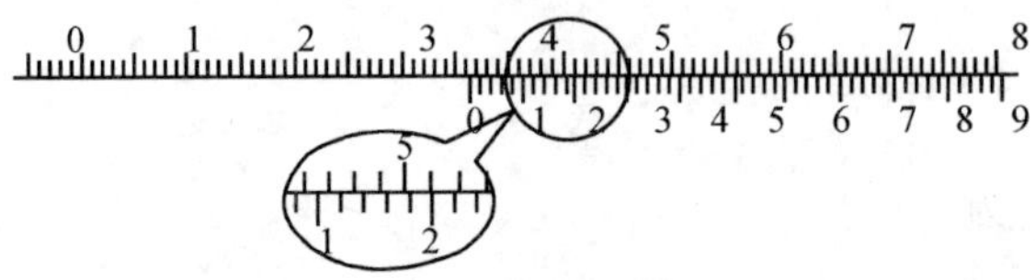

(2008 天津卷)22.(1)螺旋测微器测量金属导线的直径,其示数如图所示,该金属导线的直径为________ mm.

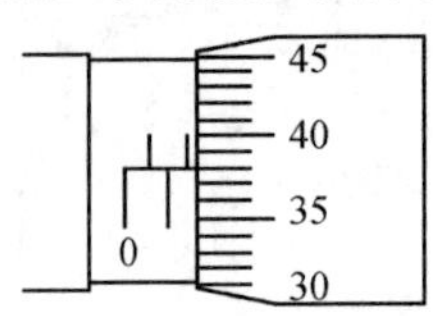

(2009 上海卷)15.(1)用多用表的欧姆挡测量阻值约为几十 kΩ 的电阻 R_x,以下给出的是可能的操作步骤,其中 S 为选择开关,P 为欧姆挡调零旋钮,把你认为正确的步骤前的字母按合理的顺序填写在下面的横线上.

a. 将两表笔短接,调节 P 使指针对准刻度盘上欧姆挡的零刻度,断开两表笔

b. 将两表笔分别连接到被测电阻的两端,读出 R_x 的阻值后,断开两表笔

c. 旋转 S 使其尖端对准欧姆挡×1 k

d. 旋转 S 使其尖端对准欧姆挡×100

e. 旋转 S 使其尖端对准交流 500 V 挡,并拔出两表笔.

根据下图所示指针位置,此被测电阻的阻值约为__________ Ω.

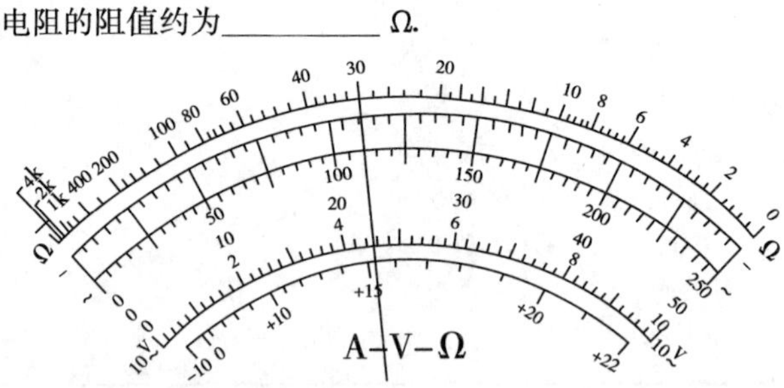

(2010 全国卷Ⅰ)23.(4)若测量时,A_1 未调到满偏,两电流表的示数如图 3 所示,从图中读出 A_1 的示数 $I_1=$________,A_2 的示数 $I_2=$________;由读出的数据计算得 $I_m=$________.(保留 3 位有效数字)

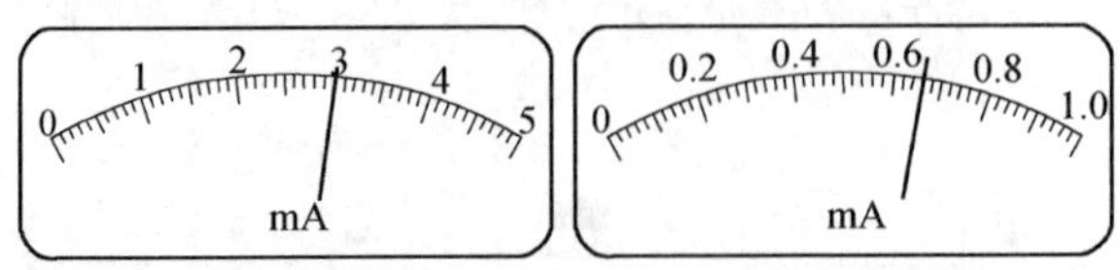

电流表A_1示数　　电流表A_2示数

(2010 课标卷)22.某同学利用螺旋测微器测量一金属板的厚度.该螺旋测微器校零时的示数如图(a)所示,测量金属板厚度时的示数如图(b)所示.图(a)所示读数为________ mm,图(b)所示读数为________ mm,所测金属板的厚度为________ mm.

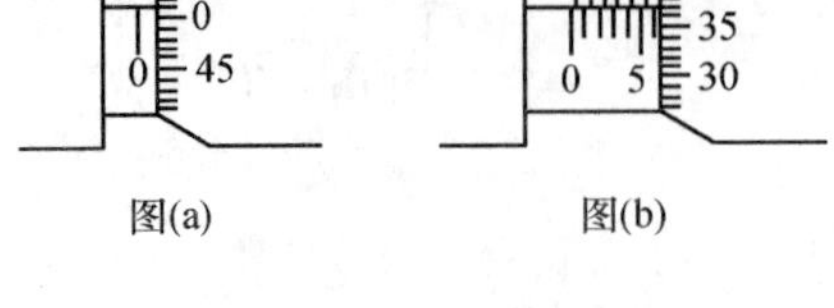

图(a)　　图(b)

(2013 新课标卷Ⅰ)22.(1)测量 d 时,某次游标卡尺(主尺的最小分度为 1 mm)的示如图(b)所示. 其读数为________ cm.

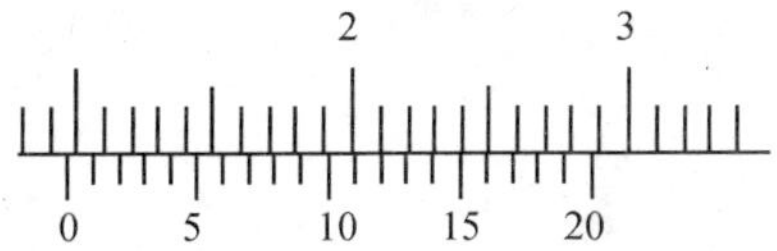

(2014 浙江卷)21.(10 分)在“探究弹力和弹簧伸长的关系”时,某同学把两根弹簧如图 1 连接起来进行探究.

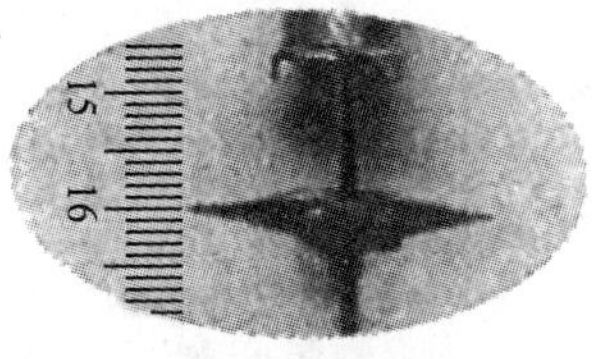

图 2

表 1

钩码数	1	2	3	4
L_A/cm	15.71	19.71	23.66	27.76
L_B/cm	29.96	35.76	41.51	47.36

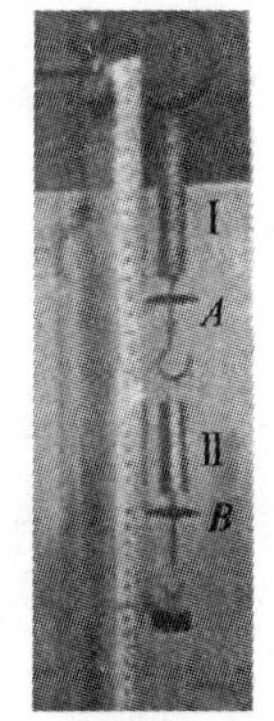

图 1

(1)某次测量如图 2 所示,指针示数为________ cm.

(2)在弹性限度内,将 50 g 的钩码逐个挂在弹簧下端,得到指针 A、B 的示数 L_A 和 L_B 如表 1. 用表 1 数据计算弹簧Ⅰ的劲度系数为________ N/m(重力加速度 $g=10\ \text{m/s}^2$). 由表 1 数据________(填“能”或“不能”)计算出弹簧Ⅱ的劲度系数.

表 19　以电学、力学综合设计实验突出能力的考查情况

年份	地区	题号	题型	分值	能力考查
2005	全国Ⅱ	22(1)	电学设计	12	该实验是将课本基本实验中半偏法测电阻改成 $\frac{2}{3}$ 偏,要求深刻理解基本实验原理,考察综合创新能力
2006	北京	21(1)	电学设计	13	分析小灯泡的灯丝电阻 R 随电压 U 变化情况,该题的原型亦来源于课本,考查灵活运用知识的能力
2007	天津	22(1)	力学探究	11	该题联系实际,立意新颖,考查综合运用知识的能力
2008	全国Ⅱ	22(1)	电学设计	12	本题是一道电学综合体,考查了多个知识点,多种能力. 首先是伏安法测电阻的电流表内外解法的选择,其次是联系到控制电路的滑动变阻器的限流或分压连接,还有与图象相联系,同时联系上了另外一个物理量 B,使得题目很新颖
2009	上海	15(1)	电学设计	11	该题要求设计自动控制路灯电路,具有一定的实用性. 引入了光敏电阻传感器、电磁开关概念,考查综合运用电磁学知识解题的能力
2010	全国Ⅰ	23(4)	电学设计	10	该实验为描绘小灯泡的伏安特性曲线,第一问要求通过数据描绘伏安特性曲线,考查数据处理能力;第二问要求通过图象探究灯丝电阻与温度的关系,考查分析实验现象,探究实验原理的能力
2011	山东	23	力、电综合	12	考查力、电综合能力和探究实验原理的能力
2012	北京	21	电学设计	12	该实验为测定金属的电阻率,第一问考查螺旋测微器;第二问通过设计电路选用相关仪器,考查分析实验现象,探究实验原理的能力
2013	北京	21	电学设计	18	该实验为测定某电阻的阻值,第一问考查电表的选择;第二问考查电路图的连接;第三问考查电表的读数;第四问考查产生误差的原因;第五问考查两变量之间的变化关系
2014	浙江	22	电学设计	10	根据电路图完成设计,判断图表

表 19 中,历年真题:

(2005 江苏卷)12. 将满偏电流 $I_g=300\ \mu\text{A}$、内阻未知的电流表Ⓖ改装成电压表并进行核对.

(1)利用如图所示的电路测量电流表Ⓖ的内阻(图中电源的电动势 $E=4\ \text{V}$):先闭合 S_1,调节 R,使电流表指针偏转到满刻度;再闭合 S_2,保持 R 不变,调节 R',使电流表指针偏转到满刻度的 $\frac{2}{3}$,读出此时 R' 的阻值为 200 Ω,则电流表内阻的测量值 $R_g=$________ Ω.

(2)将该表改装成量程为 3 V 的电压表，需________(填“串联”或“并联”)阻值为 $R_0=$________ Ω 的电阻.

(3)把改装好的电压表与标准电压表进行核对，试在下面画出实验电路图和实物连接图.

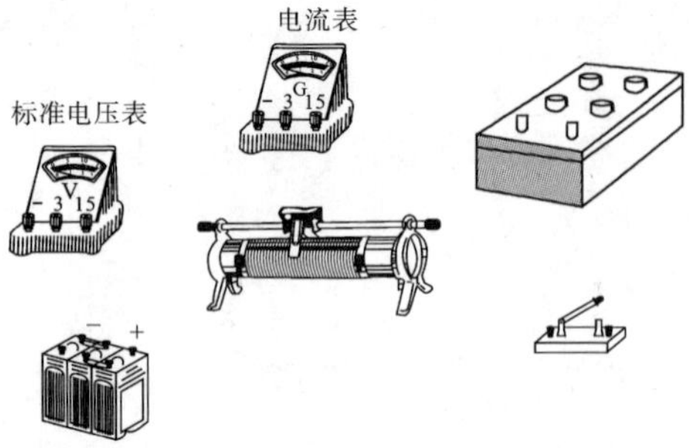

(2006 北京卷)21.(1)游标为 20 分度(测量值可准确到 0.05 mm)的卡尺示数如图 1 所示，两测脚间狭缝的宽度为________ mm. 用激光照射该狭缝，在屏上出现衍射条纹. 如果减小狭缝的宽度，衍射条纹的宽度将变________.

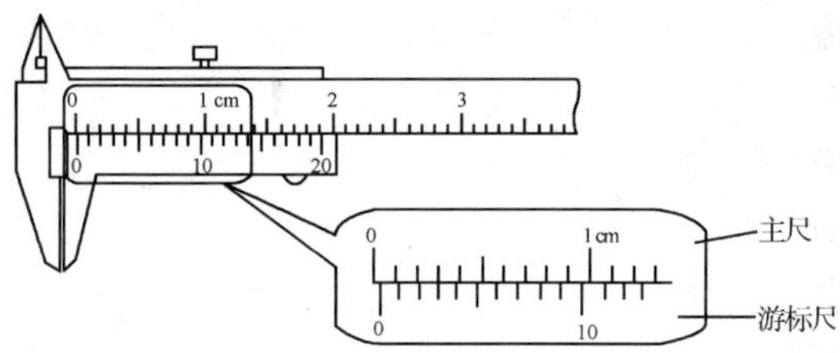

图 1

(2)某同学用图 2 所示电路，测绘标有“3.8 V，0.3 A”的小灯泡的灯丝电阻 R 随电压 U 变化的图象.

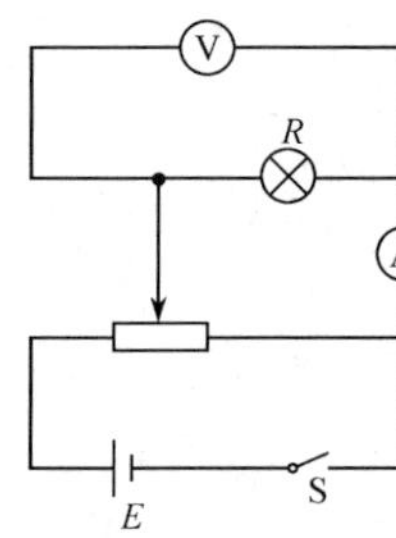

图 2

①除了导线和开关外，有以下一些器材可供选择：

电流表：A_1(量程 100 mA，内阻约 2 Ω)；

A_2(量程 0.6 A，内阻约 0.3 Ω)；

电压表：V_1(量程 5 V，内阻约 5 kΩ)；

V_2(量程 15 V，内阻约 15 Ω)；

电源：E_1(电动势为 1.5 V，内阻为 0.2 Ω)；

E_2(电动势为 4 V，内阻约为 0.04 Ω).

为了调节方便，测量准确，实验中应选用电流表________，电压表________，滑动变阻器________，电源________.(填器材的符号)

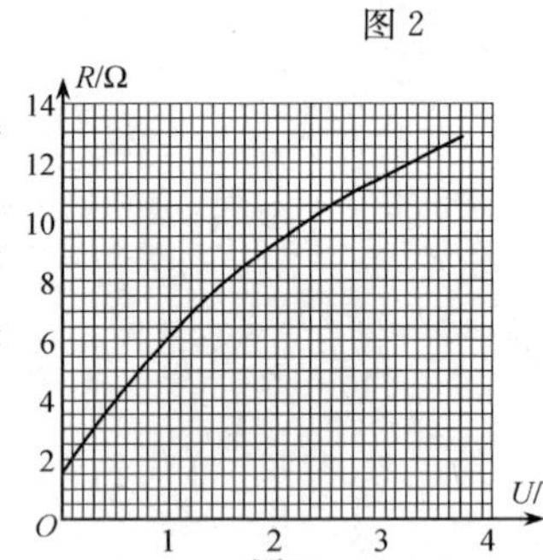

图 3

②根据实验数据，计算并描绘出 $R-U$ 的图象如图 3 所示. 由图象可知，此灯泡在不工作时，灯丝电阻为________；当所加电压为 3.00 V 时，灯丝电阻为________，灯泡实际消耗的电功率为________ W.

③根据 $R-U$ 图象，可确定小灯泡耗电功率 P 与外加电压 U 的关系. 符合该关系的示意图是下列图中的________.

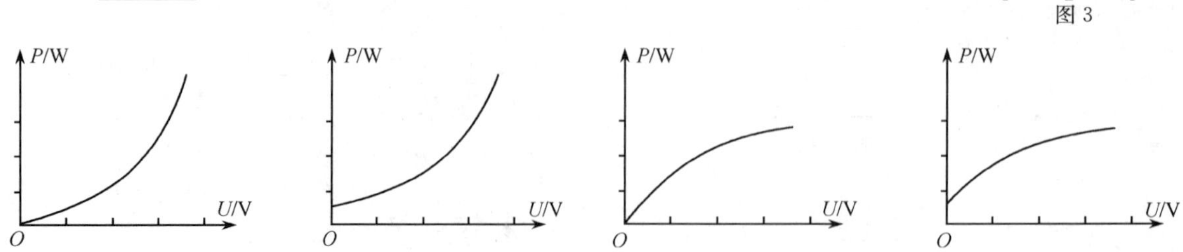

(2007 重庆卷)22.(1)在“描绘小灯泡的伏安特性曲线”实验中，用导线 a、b、c、d、e、f、g 和 h 按如图所示方式连接电路，电路中所有元件都完好，且电压表和电流表已调零. 闭合开关后：

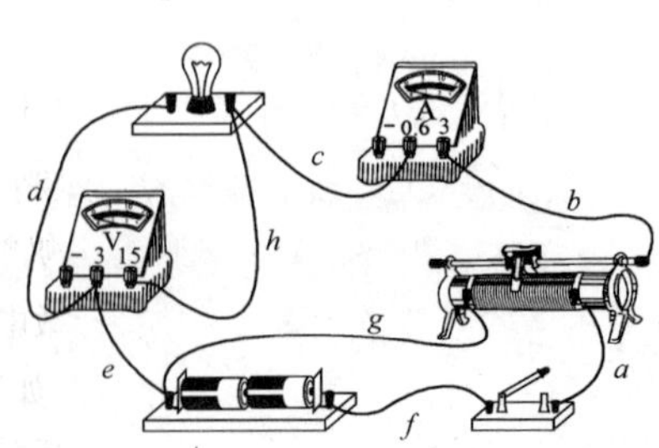

①若电压表的示数为 2 V，电流表的示数为零，小灯泡不亮，则断路的导线为________；

②若电压表的示数为零，电流表的示数为 0.3 A，小灯泡亮，则断路的导线为________；

③若反复调节滑动变阻器，小灯泡亮度发生变化，但电压表、电流表的示数不能调为零，则断路的导线为________.

(2)建造重庆长江大桥复线桥时将长百米、重千余吨的钢梁从江水中吊起(如下图). 施工时采用了将钢梁与水面成一定倾角出水的起吊方案. 为了探究该方案的合理性，某研究性学习小组做了两个模拟实验. 研究将钢板从水下水平拉出(实验1)和以一定倾角拉出(实验2)的过程中总拉力的变化情况.

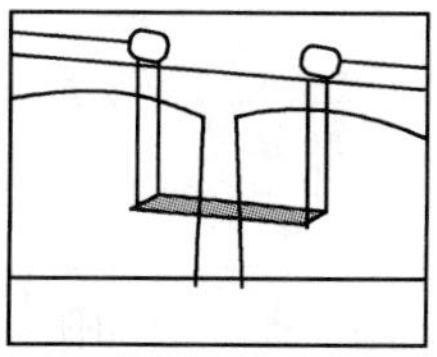

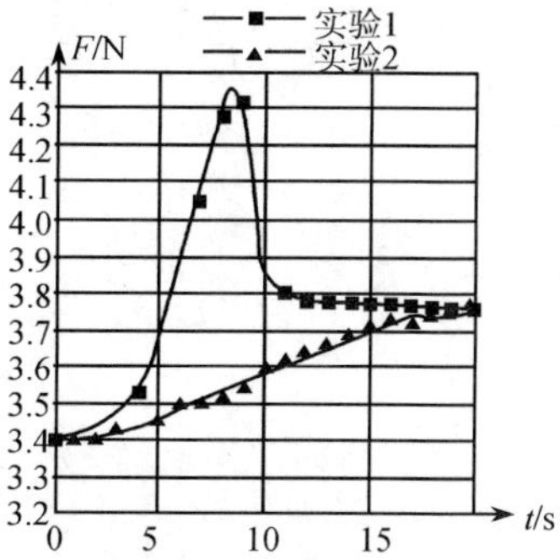

①必要的实验器材有：钢板、细绳、水盆、水、支架、刻度尺、计时器和________等.

②根据实验曲线(右图)实验 2 中的最大总拉力比实验 1 中的最大总拉力降低了________%.

③根据分子运动理论，实验 1 中最大总拉力明显增大的原因是________________.

④可能导致测量总拉力的实验误差的原因有：读数不准、钢板有油污、________、________等等(答出两个即可).

(2008 山东卷)23. 2007 年诺贝尔物理学奖授予了两位发现“巨磁电阻”效应的物理学家. 材料的电阻随磁场的增加而增大的现象称为磁阻效应，利用这种效应可以测量磁感应强度. 若图 1 为某磁敏电阻在室温下的电阻一磁感应强度特性曲线，其中 R_B、R_O 分别表示有、无磁场时磁敏电阻的阻值. 为了测量磁感应强度 B，需先测量磁敏电阻处于磁场中的电阻值 R_B. 请按要求完成下列实验.

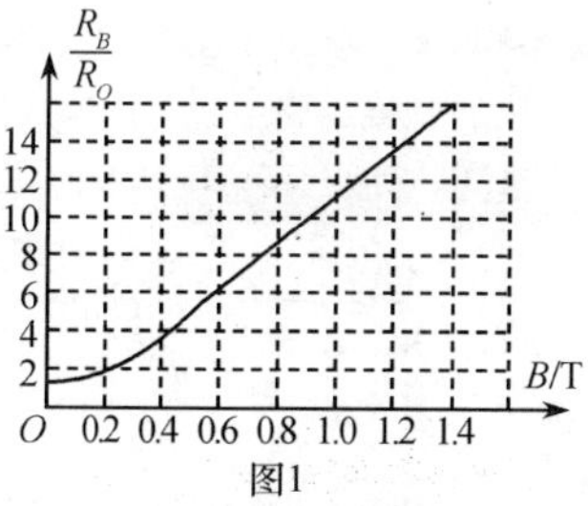

图1

(1)设计一个可以测量磁场中该磁敏电阻阻值的电路，在图 2 的虚线框内画出实验电路原理图(磁敏电阻及所处磁场已给出，待测磁场磁感应强度大小约为 0.6～1.0 T，不考虑磁场对电路其它部分的影响). 要求误差较小.

提供的器材如下：

A. 磁敏电阻，无磁场时阻值 $R_0=150\ \Omega$

B. 滑动变阻器 R，全电阻约 $20\ \Omega$

C. 电流表 A，量程 2.5 mA，内阻约 $30\ \Omega$

D. 电压表 V，量程 3 V，内阻约 3 kΩ

E. 直流电源 E，电动势 3 V，内阻不计

F. 开关 S，导线若干

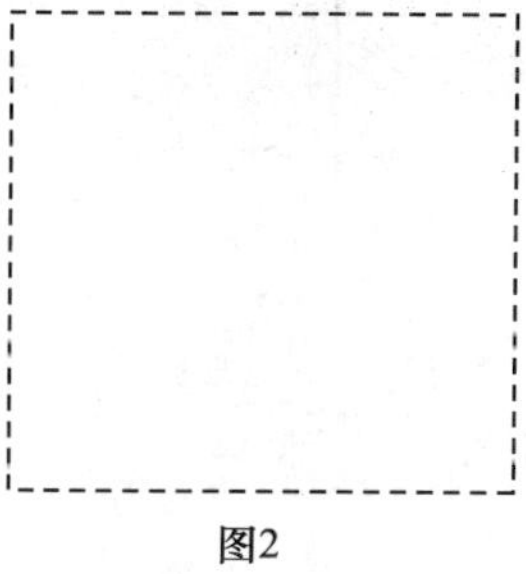
图2

(2)正确接线后，将磁敏电阻置入待测磁场中，测量数据如下表：

	1	2	3	4	5	6
U(V)	0.00	0.45	0.91	1.50	1.79	2.71
I(mA)	0.00	0.30	0.60	1.00	1.20	1.80

根据上表可求出磁敏电阻的测量值 $R_B=$________ Ω，结合图 1 可知待测磁场的磁感应强度 $B=$________ T.

(3)试结合图 1 简要回答，磁感应强度 B 在 0～0.2 T 和 0.4～1.0 T 范围内磁敏电阻阻值的变化规律有何不同?

(4)某同学查阅相关资料时看到了图 3 所示的磁敏电阻在一定温度下的电阻－磁感应强度特性曲线(关于纵轴对称)，由图线可以得到什么结论?

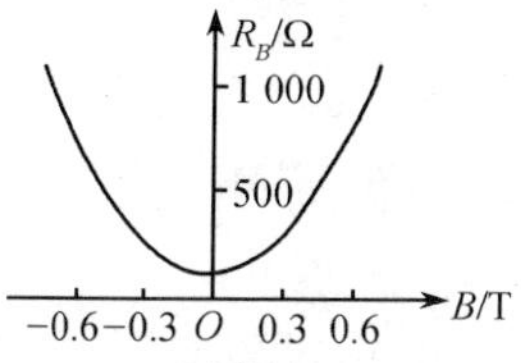

图3

(2009 宁夏、辽宁卷)23. 青岛奥运会帆船赛场采用风力发电给蓄电池充电，为路灯提供电能. 用光敏电阻作为传感器控制路灯电路的开关，实现自动控制. 光敏电阻的阻值随照射光的强弱而变化，作为简化模型，可以近似认为，照射光较强(如白天)时电阻几乎为 0；照射光较弱 (如黑天)时电阻接近于无穷大. 利用光敏电阻作为传感器，借助电磁开关，可以实现路灯自动在白天关闭，黑天打开. 电磁开关的内部结构如图所示. 1，2 两接线柱之间是励磁线圈，3，4 两接线柱分别与弹簧片

和触点连接．当励磁线圈中电流大于 50 mA 时，电磁铁吸合铁片，弹簧片和触点分离，3，4 断开；电流小于 50 mA 时，3，4 接通．励磁线圈中允许通过的最大电流为 100 mA．

(1)利用以下器材设计一个自动控制路灯的电路，画出电路原理图．

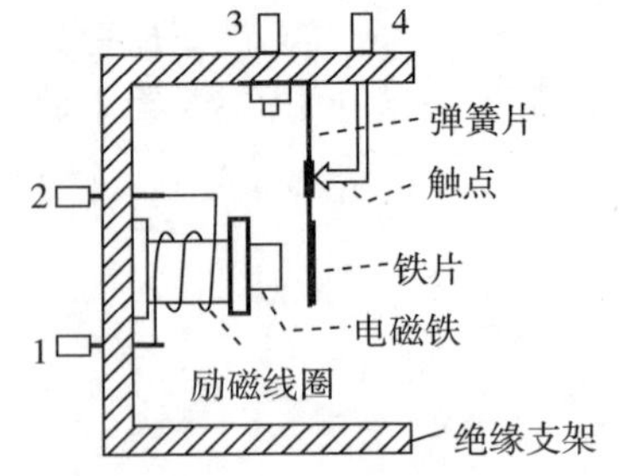

电磁开关内部结构图

光敏电阻 R_1，符号 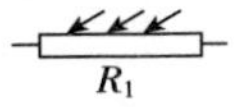

灯泡 L，额定功率 40 W，额定电压 36 V，符合 

保护电阻 R_2，符号 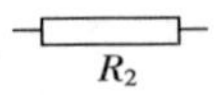

电磁开关，符号 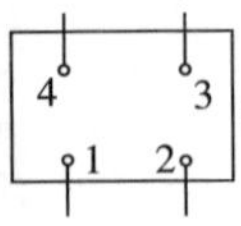

蓄电池 E，电压 36 V，内阻很小；开关 S，导线若干．

(2)回答下列问题．

①如果励磁线圈的电阻为 200 Ω，励磁线圈允许加的最大电压为__________ V，保护电阻 R_2 的阻值范围为__________ Ω．

②在有些应用电磁开关的场合，为了安全，往往需要在电磁铁吸合铁片时，接线柱 3，4 之间从断开变为接通．为此，电磁开关内部结构应如何改造？请结合本题中电磁开关内部结构图说明．

答：____．

③任意举出一个其他的电磁铁应用的例子．

答：____．

(2010 浙江卷)21．在"探究弹簧弹力大小与伸长量的关系"实验中，甲、乙两位同学选用不同的橡皮绳代替弹簧，为测量橡皮绳的劲度系数，他们在橡皮绳下端依次逐个挂上钩码(每个钩码的质量均为 $m=0.1$ kg，取 $g=10$ m/s^2)，并记录绳下端的坐标 X 加 i(下标 i 表示挂在绳下端钩码个数)．然后逐个拿下钩码，同样记录绳下端的坐标 X 减 i，绳下端坐标的平均值 $X_i=(X$ 加 $i+X$ 减 $i)/2$ 的数据如下表：

挂在橡皮绳下端的钩码个数	橡皮绳下端的坐标(X_i/mm)	
	甲	乙
1	216.5	216.5
2	246.7	232.0
3	284.0	246.5
4	335.0	264.2
5	394.5	281.3
6	462.0	301.0

(1)同一橡皮绳的 $X_{加i}X_{减i}$(大于或小于)；

(2)同学的数据更符合实验要求(甲或乙)；

(3)选择一组数据用作图法得出该橡皮绳的劲度系数 k(N/m)；

(4)为了更好地测量劲度系数，在选用钩码时需考虑的因素有哪些？

Ⅱ．在"描绘小灯泡的伏安特性曲线"的实验中，某同学测得电流－电压的数据如下表所示：

电流 I/mA	2.7	5.4	12.4	19.5	27.8	36.4	47.1	56.1	69.6	81.7	93.2
电压 U/V	0.04	0.08	0.21	0.54	1.30	2.20	3.52	4.77	6.90	9.12	11.46

(1)用上表数据描绘电压随电流的变化曲线；

(2)为了探究灯丝电阻与温度的关系，已作出电阻随电流的变化曲线如图所示：请指出图线的特征，并解释形成的原因．

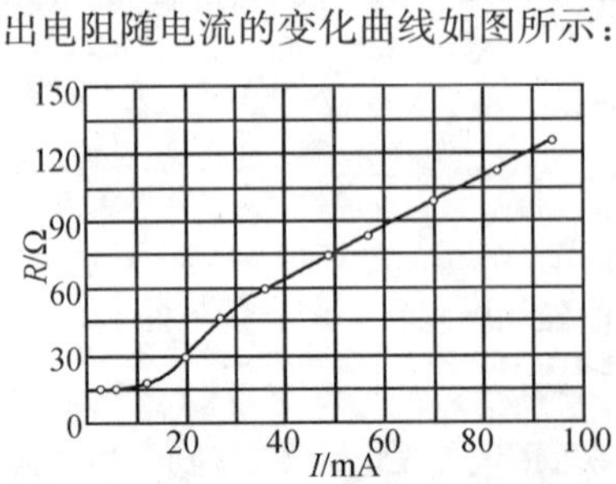

(2012 北京卷)21(2)用伏安法测金属丝的电阻 R_x．实验所用器材为：电池组(电动势 3 V，内阻约 1 Ω)、电流表(内阻约 0.1 Ω)、电压表(内阻约3 kΩ)、滑动变阻器 R(0～20 Ω，额定电流2 A)、开关、导线若干．

某小组同学利用以上器材正确连接好电路，进行实验测量，记录数据如下：

次数	1	2	3	4	5	6	7
U/V	0.10	0.30	0.70	1.00	1.50	1.70	2.30
I/A	0.020	0.060	0.160	0.220	0.340	0.460	0.520

由以上实验数据可知，他们测量 R_x 是采用图中的________（填“甲”或“乙”）图.

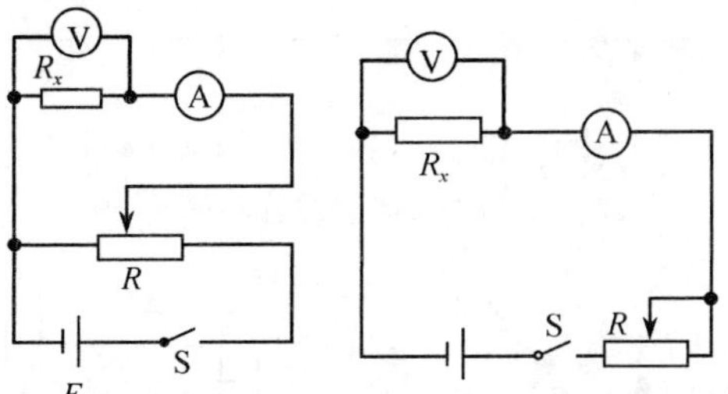

图2

（2013 北京卷）21.（18 分）某同学通过实验测定一个阻值约为 5 Ω 的电阻 R_x 的阻值.

(1)现有电源（4 V，内阻可不计）、滑动变阻器（0～50 Ω，额定电流 2 A）、开关和导线若干，以及下列电表：

A. 电流表（0～3 A，内阻约 0.025 Ω）　　B. 电流表（0～0.6 A，内阻约 0.125 Ω）

C. 电压表（0～3 V，内阻约 3 kΩ）　　D. 电压表（0～15 V，内阻约 15 kΩ）

为减小测量误差，在实验中，电流表应选用________，电压表应选用________（填器材前的字母）；实验电路应采用图 a 中的________（填“甲”或“乙”）.

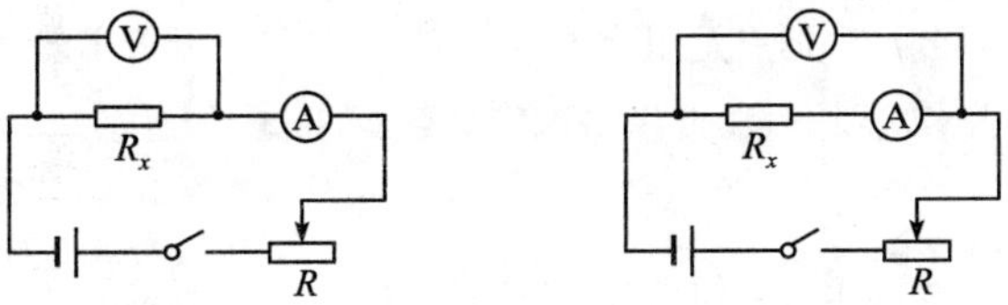

甲　　乙

图a

(2)图 b 是测量 R_x 的实验器材实物图，图中已连接了部分导线. 请根据在(1)问中所选的电路图，补充完成图 b 中实物间的连线.

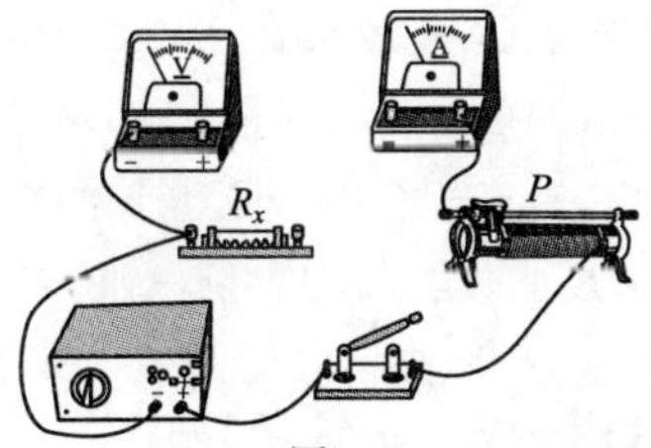

图b

(3)接通开关，改变滑动变阻器滑片 P 的位置，并记录对应的电流表示数 I、电压表示数 U. 某次电表示数如图 c 所示，可得该电阻的测量值 $R_x=\dfrac{U}{I}=$________ Ω(保留两位有效数字).

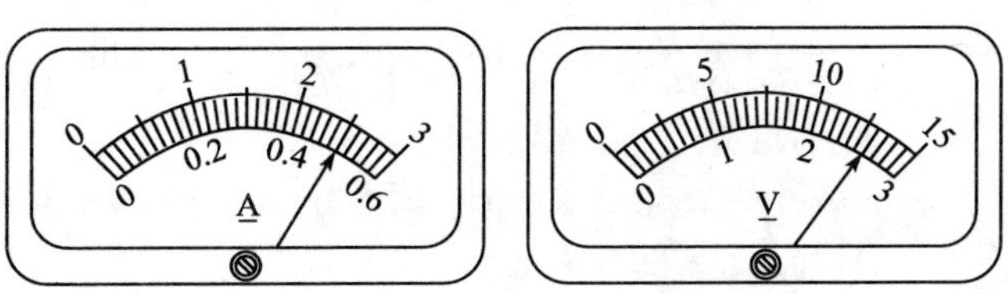

图c

(4)若在(1)问中选用甲电路，产生误差的主要原因是________；若在(1)问中选用乙电路，产生误差的主要原因是________.（选填选项前的字母）

A. 电流表测量值小于流经 R_x 的电流值　　B. 电流表测量值大于流经 R_x 的电流值

C. 电压表测量值小于 R_x 两端的电压值　　D. 电压表测量值大于 R_x 两端的电压值

(5)在不损坏电表的前提下，将滑动变阻器滑片 P 从一端滑向另一端，随滑片 P 移动距离 x 的增加，被测电阻 R_x 两端的电压U也随之增加,下列反映$U-x$关系的示意图中正确的是________.

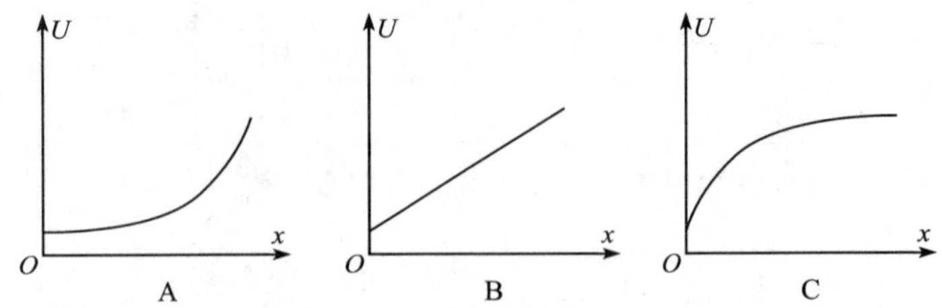

(2014 浙江卷)22.(10分)小明对2B铅笔芯的导电性能感兴趣,于是用伏安法测量其电阻值.

(1)图1是部分连接好的实物电路图,请用电流表外接法完成接线并在图1中画出.

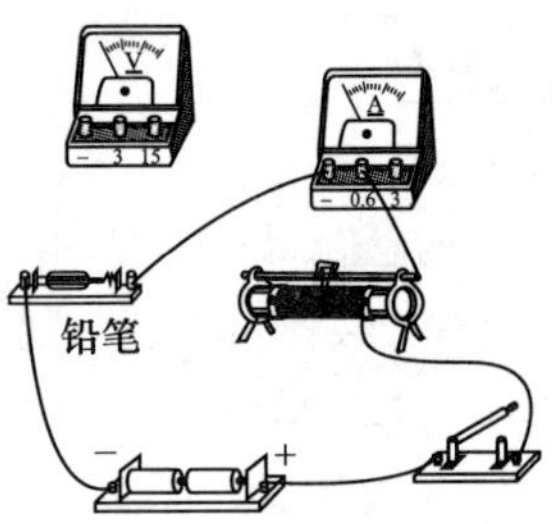

图1

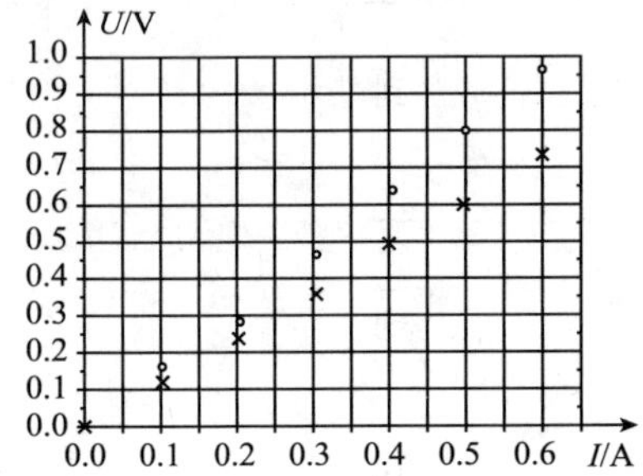

图2

(2)小明用电流表内接法和外接法分别测量了一段2B铅笔芯的伏安特性,并将得到的电流、电压数据描到$U-I$图上,如图2所示.在图中,由电流表外接法得到的数据点是用________(填"○"或"×")表示的.

(3)请你选择一组数据点,在图2上用作图法作图,并求出这段铅笔芯的电阻为________Ω.

2.4.5 【备考战略】

实验能力在物理高考中一直占有相当重要的地位,物理高考力图通过在笔试的形式下考查同学们的实验能力,同时也希望通过考查一些简单的设计性的实验来鉴别同学们独立的解决新问题的能力、"迁移"能力.实验试题的设计本着"来源于教材而不拘泥于教材"的原则,有利于引导同学们在学习过程中重视基本实验、常规实验,注重培养和提高同学们的实验能力和素质20F①.

然而,从高考得分统计结果看,实验题的得分情况并不理想,最主要的原因还是传统的实验学习观造成的.长期以来,中学物理实验学习多侧重于"验证知识、形成概念、激发兴趣、培养技能",比较忽视以实验为载体来培养多种能力和素质品质.而从目前的高考实验试题的命题趋势看,传统的实验观已越来越不适应新的高考理念了.从总体上来说,物理实验应包含:知识(形成概念、理解知识、掌握实验方法等)、技能(实验仪器、用品的操作和使用等)、能力(通过实验解决实际问题,以及解决实验中出现的问题等)、情感态度价值观(科学态度、科学精神,以及节约、安全、环保的意识等)等四项基本功能.

针对高考物理实验部分试题的分析,提出以下三条备考建议:

1.明确实验目的和要求全面把握中学物理实验,如表20所示给出了高中物理实验的总体分类:

表20 高中物理实验分类

高中物理实验总体分类		
基本仪器的使用	要求	这类实验要求了解仪器的基本结构,熟悉各部分的名称,懂得工作(测量)原理,掌握合理的操作方法,会正确读数,明确注意事项.
	真题	2004年全国卷第22题通过提供螺旋测微器的测量示意图,考查同学们能否正确读数.该题考查的是基本仪器的读数方法.
测量性实验	要求	这类实验要求明确被测物理量的含义,懂得实验原理,掌握正确的实验方法,并对实验结果能科学地进行误差分析.
	真题	2003年理综卷第23题通过"用伏安法测量电阻值R,并求出电阻率P_0"为主题,从设计简单的实验方案、实验数据的处理方法、游标卡尺的读数等

①肖小山,近三年高考实验题分析及对09年高考物理实验复习的几点建议

续表

高中物理实验总体分类		
验证性实验	要求	这类实验要求明确验证规律，懂得实验原理，掌握实验步骤，能科学地进行实验误差分析.
研究性实验	要求	这类实验在明确实验目的的同时，要能正确的选择实验方法，选择相应的实验器材，通过归纳整理，用科学的表达方式总结出研究的结论及规律.
	真题	2002 年理综卷第 29(Ⅰ)题用“验证玻意耳定律”的仪器来测量大气压强 P_0. 该题较好的体现了“立足于教材而不拘泥于教材”的精神，试题情景、方法取材于“验证玻意耳定律”，但又不同于教材，能够较好的鉴别同学们对“验证玻意耳定律”实验原理、方法的理解和迁移能力，反映了同学们理解问题、分析问题的能力.

2. 熟悉常见考查方法及题型做到有的放矢成竹在胸(如表 21 所示)

表 21　高考中实验考查的常用方法

高考中实验考查的常用方法						
对实验原理的考查	对实验步骤的考查		实验操作题		实验误差	
真题	要求	真题	要求	真题	要求	真题
2004 年春招卷第 22(2)题就是对“用单摆测定重力加速度”实验原理的考查，要求同学们能够理解实验原理，对用间接法测量的物理量，能够对公式熟练变形.	解答这类问题，一般是根据实验原理、目的构想出合理的步骤，在结合试题叙述进行解答.	2003 年江苏卷第 13 题通过“测量多用电表直流内阻”，考查同学们简单设计实验、解决问题的能力.	实验题尽力想考查同学们的实验技能，但考试又限于笔试，就只能出一些与实验操作相近的题目，这类试题有：电路实物连接、插针确定光路、画出实验电路图等.	2002 年上海卷第 15(1)题要求同学们用实线当导线连接实物电路图.	这类考试常见于研究匀变速直线运动纸带分析、单摆的振动周期、伏安法测电阻时的内、外接法.	2003 年春招卷第 27(3)题“用伏安法测电阻”，要求同学们选择适当的器材，并画出电路图. 此题要求同学们能够正确选择安培表是内接还是外接，以减小系统误差.

3. 掌握原理和方法重视实验数据的处理(如表 22 所示)

表 22　实验数据的处理方法

实验数据的处理方法				
按有效值数字规范读数	列表法处理数据		作图法处理数据	
详解	详解	真题	详解	真题
这类题目常见于螺旋测微器和游标卡尺的读数，对于螺旋测微器要求保留一位估读数字，而游标卡尺则是根据主尺与游标上对齐的刻度读数，没有估读数字. 同学们应自己动手系统归纳.	这种方法便于随时检查测量结果的合理性，及时发现问题和分析问题，找出各量的规律性联系，求出经验公式等.	2003 年上海卷第 17 题要求学生能够根据表格中的数据分析实验中出现的问题.	根据图线找函数关系，确定图线方程，平滑曲线还具有多次测量取平均值的效果，有时可根据图线发现测量错误.	2003 年理综卷第 23(2)题要求学生能够根据图中的数据关系求出电阻值，并能剔除错误值.

根据上述表 20、表 21、表 22 的分析，要求考生在习题中及实验时要意识地培养学生创新意识，培养学生的敛散思维，拓宽学生的思维空间及实验能力的应用范围. 通过近几年高考实验题的分析可以知道，这些题虽然不是直接考查课本的实验，但是并不会超过高中所学知识，只要仔细想一想，都能够从课本实验找到来源，能根据平时所学的知识找出解题途径. 因此这就要求学生在平时注重知识积累，敢于创新，不断探索新的方法，切不可以死记硬背.

总之，我们在物理实验复习过程中，既要注重基础知识的全面复习，又不能照搬课本，要注重培养学生的发散思维、创新能力，才能更好的迎接高考、适应高考.

2.4.6 我们的工作

1.【TPS 系统】

真题原题	相似题原题
(2013 广东卷)34(2)图丙是测量电阻 R_x 的原理图. 学生电源输出电压可调,电流表量程选 0.6 A(内阻不计),标有长度刻度的均匀电阻丝 ab 的总长为 30.0 cm. 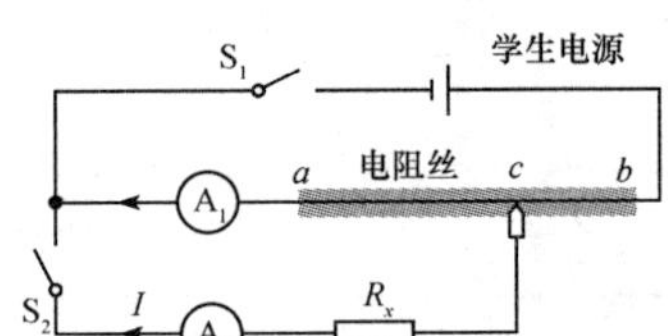 丙 ①根据原理图连接图丁的实物图. 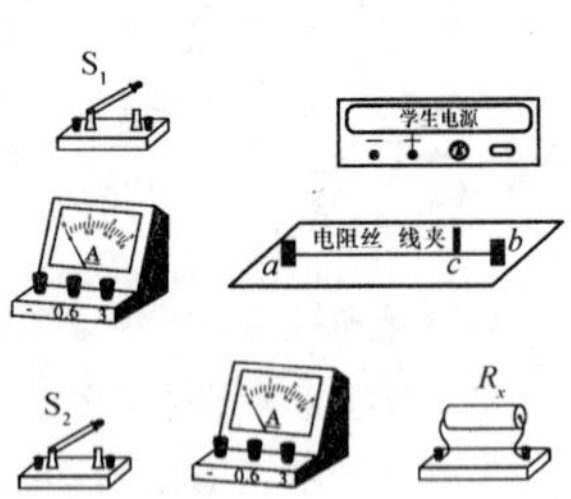 丁 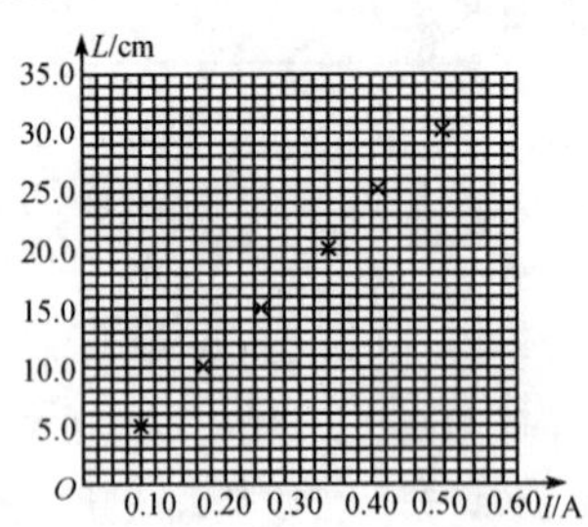 戊 ②断开 S_2,合上 S_1;调节电源输出电压为 3.0 V 时,单位长度电阻丝的电压 $u=$________ V/cm. 记录此时电流表 A_1 的示数. ③保持 S_1 闭合,合上 S_2;滑动 c 点改变 ac 的长度 L,同时调节电源输出电压,使电流表 A_1 的示数与步骤②记录的值相同,记录长度 L 和 A_2 的示数 I. 测量 6 组 L 和 I 值,测量数据已在图戊中标出. 写出 R_x 与 L、I、U 的关系式 $R_x=$________;根据图戊中的点用作图法算出 $R_x=$________ Ω.	TPS 系统:P - P6S1LN16 - D001 现有如图 a 所示的实验器材(示意图),要完成"测定干电池的电动势和内阻"实验. ①若用"伏安法"测定干电池的电动势和内阻,请在已用器材的基础上,再选用其它最少的器材,在实物连线图上完成必需的导线连接. 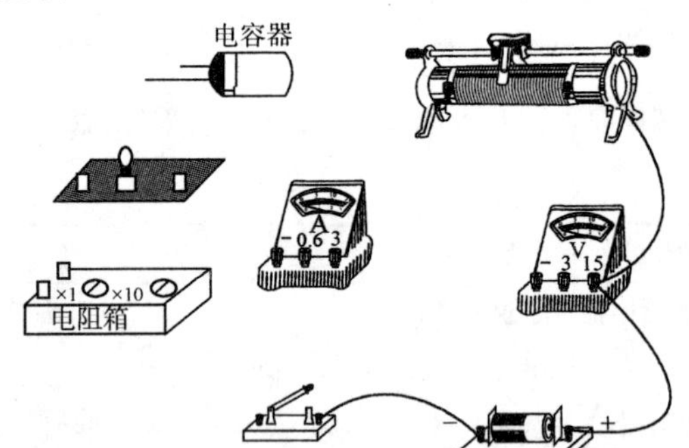 图a ②若根据测得的实验数据,在 $U-I$ 图象上描点如图 b,请用作图法求出干电池的电动势和内阻. $E=$________ V,$r=$________ Ω. 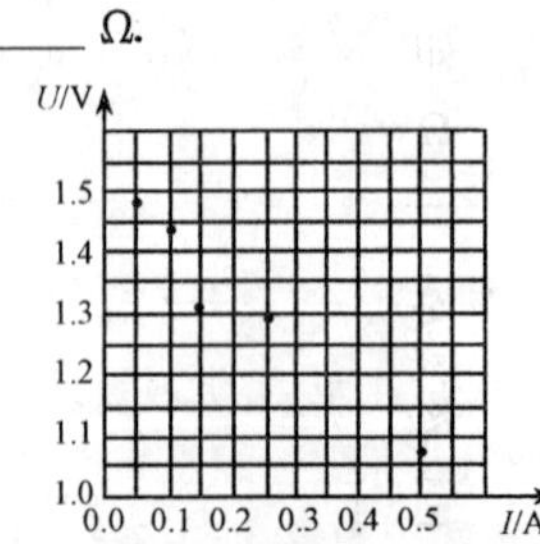 图b ③若所给的电压表已损坏,请选用图 a 中的器材测定干电池的电动势和内阻,在方框中画出实验电路图.

续表

真题原题	相似题原题
(2013 安徽卷)Ⅲ.(7 分)根据闭合电路欧姆定律,用图甲所示电路可以测定电池的电动势和内电阻.图中 R_0 是定值电阻,通过改变 R 的阻值,测出 R_0 两端的对应电压 U_{12},对所得的实验数据进行处理,就可以实现测量目的.根据实验数据在 $\frac{1}{U_{12}}-R$ 坐标系中描出坐标点,如图乙所示.已知 $R_0=150\ \Omega$,请完成以下数据分析和处理. 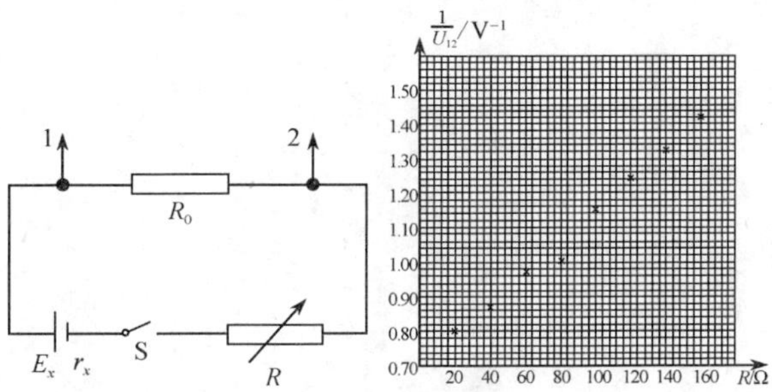 (1)图乙中电阻为________ Ω 的数据点应剔除; (2)在坐标纸上画出 $\frac{1}{U_{12}}-R$ 关系图线; (3)图线的斜率是________ ($V^{-1}\cdot\Omega^{-1}$),由此可得电池电动势 $E_x=$________ V.	TPS 系统:P - P6S1LN13 - D002 用下列器材,测定小灯泡的额定功率 A. 待测小灯泡:额定电压 6 V,额定功率约为 5 W B. 电流表:量程 1.0 A,内阻约为 0.5 Ω C. 电压表:量程 3 V,内阻 5 kΩ D. 滑动变阻器 R:最大阻值为 20 Ω,额定电流 1 A E. 电源:电动势 8 V,内阻很小 F. 定值电阻 R_0:阻值为 10 kΩ G. 开关一个,导线若干 回答下列问题: (1)实验中,电流表应采用________(填"内"或"外")接法; (2)在方框中完成实验电路图; 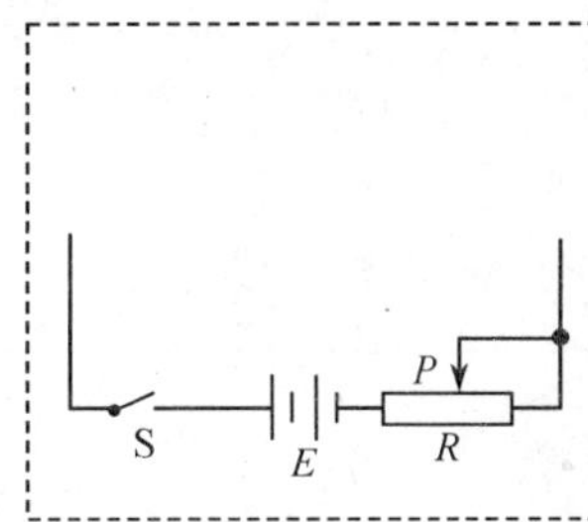 (3)实验中,电压表的示数为________ V 时,即可测定小灯泡的额定功率.
(2013 新课标Ⅰ)某学生实验小组利用图甲所示电路,测量多用电表内电池的电动势和电阻"×1 k"挡内部电路的总电阻.使用的器材有: 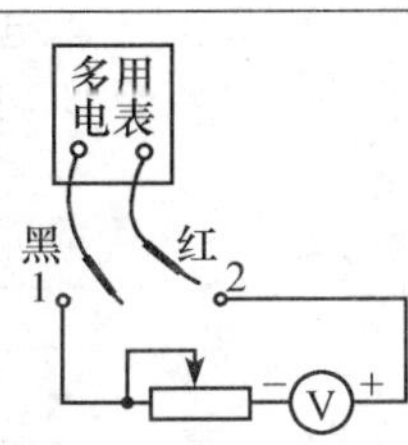 甲 多用电表 电压表(量程 5 V,内阻十几千欧) 滑动变阻器(最大阻值 5 kΩ) 导线若干. 回答下列问题: (1)将多用电表挡位调到电阻"×1 k"挡,再将红表笔和黑表笔________,调零点. (2)将图甲中多用电表的红表笔和________(填"1"或"2")端相连,黑表笔连接另一端. (3)将滑动变阻器的滑片调到适当位置,使多用电表的示数如图乙所示,这时电压表的示数如图丙所示.多用电表和电压表的读数分别为________ kΩ 和________ V. 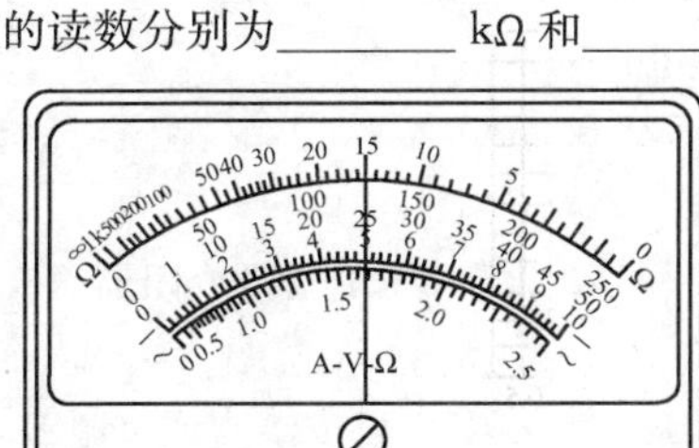 乙	TPS 系统:P - P1S6LN18 - D001 (1)某同学用多用电表粗测某电阻的阻值,选用倍率为"×1 Ω"的电阻挡测电阻时,按规范操作,指针的位置如图中的 a.现要较准确的测量该电阻的阻值,在用红、黑表笔接触这个电阻两端之前,以下哪些操作是必须的,请选择其中有用的,按操作顺序写出: A. 用螺丝刀调节表盘下中间部位的调整螺丝、使表针指零 B. 将红表笔和黑表笔接触 C. 把选择开关旋转到"×10 Ω"位置 D. 把选择开关旋转到"×100 Ω"位置 E. 调节欧姆调零旋钮使表针指着欧姆零点 按正常顺序操作后,指针的位置如图中 b,则该电阻的大小为________ Ω. (2)现在需要更精确测量上述电阻,提供的器材有: A. 电压表 V(量程 3 V,内阻约 10 kΩ) B. 电流表 A_1(量程 0.6 A,内阻约为 0.1 Ω) C. 电流表 A_2(量程 50 mA,内阻约为 50.0 Ω) D. 滑动变阻器 R_1(阻值 0~10 kΩ,额定电流 0.1 A) E. 滑动变阻器 R_2(阻值 0~20 Ω,额定电流 0.1 A) F. 电池组 E(电动势约为 6 V,内阻不计) G. 开关 S 和导线若干 请在虚线框内画出实验电路图.设计的电路图中,电流表选择________;滑动变阻器选择________.(用器材前面的字母代号表示)

续表

真题原题	相似题原题
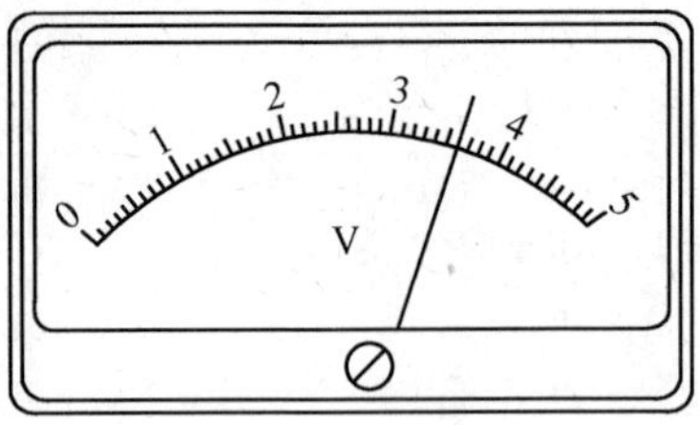 丙 (4)调节滑动变阻器的滑片,使其接入电路的阻值为零.此时多用电表和电压表的读数分别为 12.0 kΩ 和 4.00 V.从测量数据可知,电压表的内阻为________ kΩ. (5)多用电表电阻挡内部电路可等效为由一个无内阻的电池、一个理想电流表和一个电阻串联而成的电路,如图丁所示.根据前面的实验数据计算可得,此多用电表内电池的电动势为________ V, 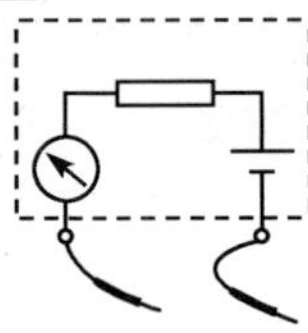 丁 电阻"×1 k"挡内部电路的总电阻为________ kΩ.	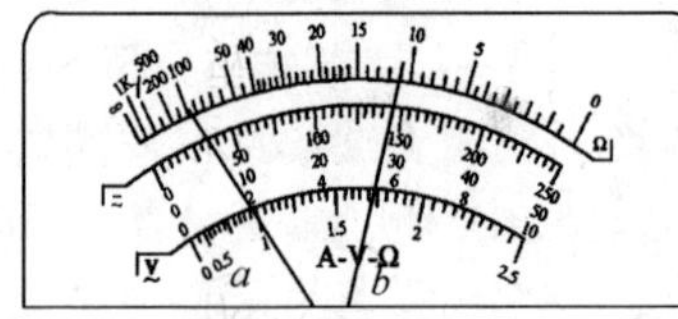

2.【高分策略】

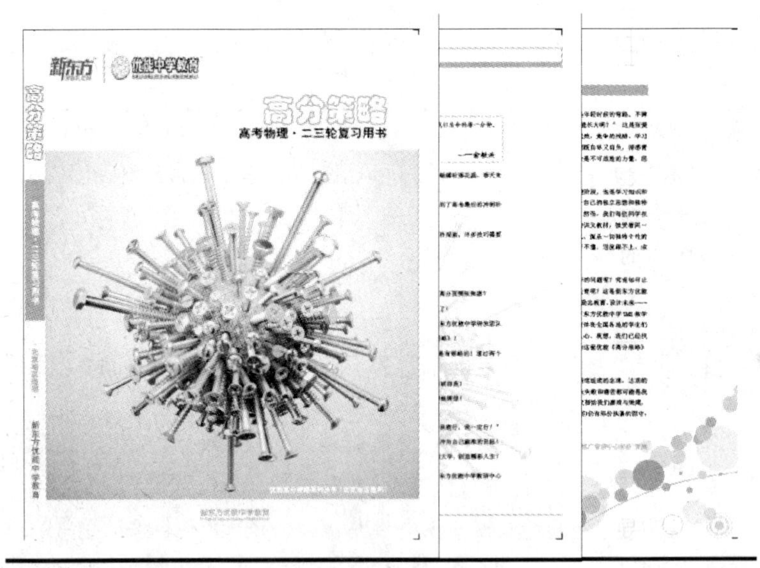

真题原题	相似题原题
(2013 江苏卷)10.(8 分)为探究小灯泡的电功率 P 和电压 U 的关系,小明测量小灯泡的电压 U 和电流 I,利用 $P=UI$ 得到电功率.实验所使用的小灯泡规格为"3.0 V　1.8 W",电源为 12 V 的电池,滑动变阻器的最大阻值为 10 Ω. (1)准备使用的实物电路如图甲所示.请将滑动变阻器接入电路的正确位置.(用笔画线代替导线) (2)现有 10 Ω、20 Ω 和 50 Ω 的定值电阻,电路中的电阻 R_1 应选________ Ω 的定值电阻. (3)测量结束后,应先断开开关,拆除________两端的导线,再拆除其他导线,最后整理好器材.	来源:专题十一 物理实验 伏安特性类实验题型二 (变式练习 1)在"描绘小灯泡的伏安特性曲线"的实验中,可供选择的实验仪器如下: 小灯泡,标有"3.8 V,0.3 A"字样,滑动变阻器 R_1,最大阻值 10 Ω,额定电流 1.0 A 电压表 V,量程 0～5 V,内阻 5 kΩ,滑动变阻器 R_2,最大阻值 1 kΩ,额定电流 0.5 A 电流表 A_1,量程 0～100 mA,内阻 4 Ω,直流电源 E,电动势约为 6 V,内阻约为 0.5 Ω 电流表 A_2,量程 0～500 mA,内阻 0.4 Ω,导线、开关等

续表

真题原题	相似题原题
(4)小明处理数据后将 P、U^2 描点在坐标纸上，并作出了一条直线，如图乙所示. 请指出图象中不恰当的地方. 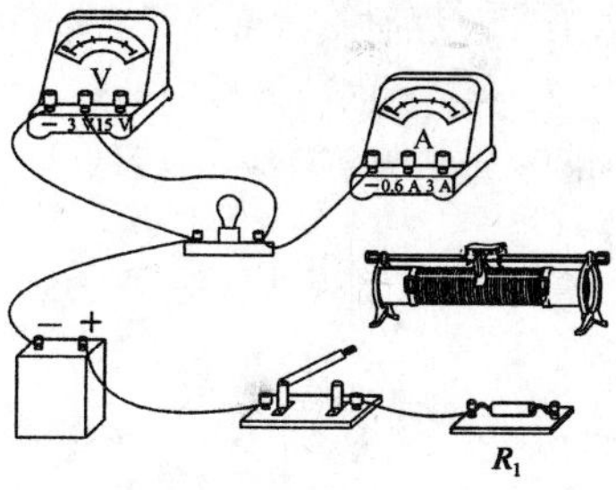 甲 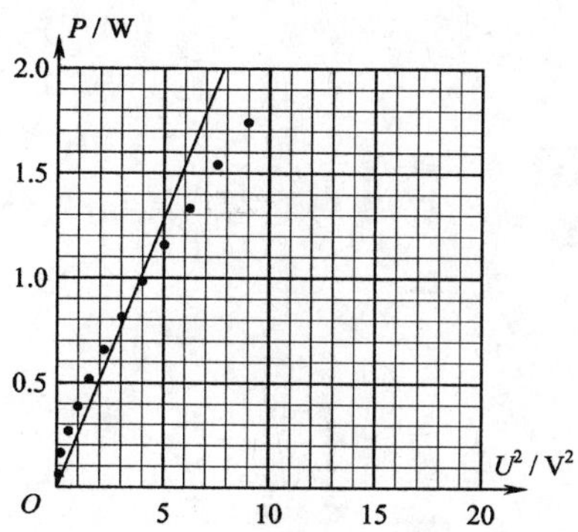 乙	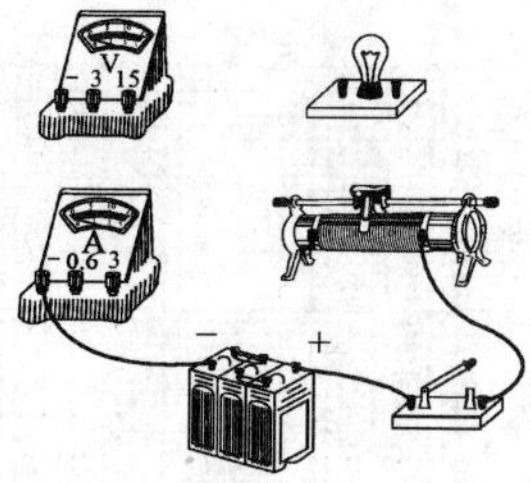 甲 (1)在上述器材中，滑动变阻器应选________. (2)在图甲中用笔画线代替导线，把实验仪器连接成完整的实验电路. (3)利用实验中得到实验数据在 $I-U$ 坐标系中，描绘出了图乙所示的小灯泡的伏安特性曲线. 根据此图给出的信息，可以判断出图丙中正确的是(图中 P 为小灯泡功率)　　(　　) 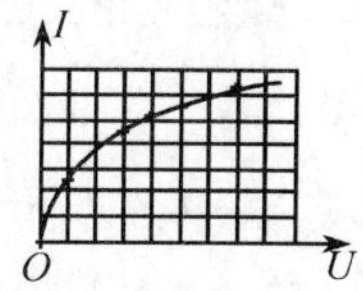 乙 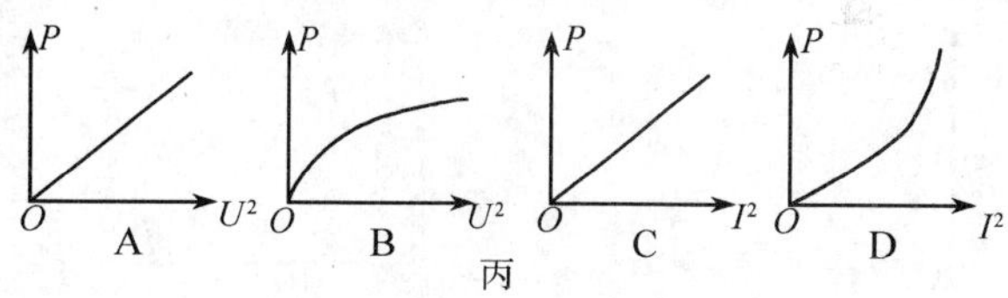 丙
(2014 北京卷)21.(18 分)利用电流表和电压表测定一节干电池的电动势和内电阻. 要求尽量减小实验误差. (1)应该选择的实验电路是图 1 中的________(填“甲”或“乙”). 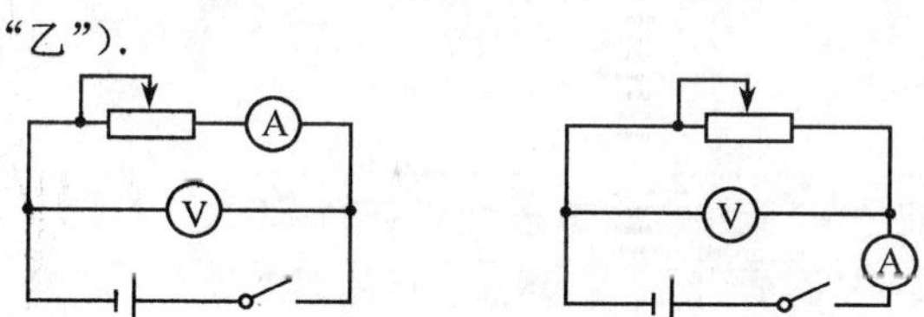 图1 (2)现有电流表(0～0.6 A)、开关和导线若干，以及以下器材： A. 电压表(0～15 V)　　B. 电压表(0～3 V) C. 滑动变阻器(0～50 Ω)　　D. 滑动变阻器(0～500 Ω) 实验中电压表应选用________；滑动变阻器应选用________.(选填相应器材前的字母) (3) 某位同学记录的 6 组数据如下表所示，其中 5 组数据的对应点已经标在图 2 的坐标纸上，请标出余下一组数据的对应点，并画出 $U-I$ 图线. 序号：1，2，3，4，5，6 电压 U(V)：1.45，1.40，1.30，1.25，1.20，1.10 电流 I(A)：0.060，0.120，0.240，0.260，0.360，0.480 (4)根据(3)中所画图线可得出干电池的电动势 $E=$________V，内电阻 $r=$________Ω.	来源：专题十　物理实验 测电阻类实验 题型一 (变式练习 1)在做“描绘小灯泡的伏安特性曲线”实验中，所用的实验材除电动势为 6 V 的电源，额定电压为 2.5 V，额定功率为 0.5 W 的小灯泡，以及开关和导线外，还提供的器材有： A. 电压表 V(0～3 V～15 V，内阻分别约为 2 kΩ、10 kΩ) B. 电流表 A(0～0.6 A～3 A，内阻分别约为 2 Ω、0.4 Ω) C. 滑动变阻器 R_1(最大阻值为 20 Ω) D. 滑动变阻器 R_2(最大阻值为 1 kΩ)，则： (1)在以上所提供的器材中，电压表的量程应选________，滑动变阻器应选________. (2)如图甲所示，是没有连接完的实物电路(已连接好的导线有 a、b、c、d、e 五根)，要求尽可能多测几组数据，那么： ①根据题意在虚线方框内画出实验电路图. ②根据实验电路图，请你用笔画线代替导线，将实物电路连接完整.

续表

真题原题

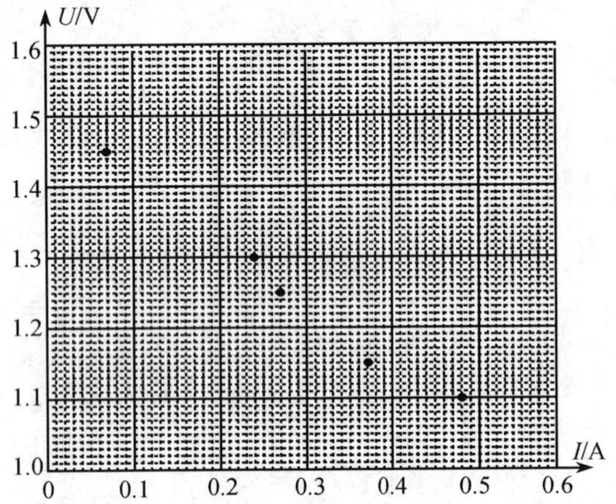

图2

(5)实验中,随着滑动变阻器滑片的移动,电压表的示数 U 及干电池的输出功率 P 都会发生变化. 图 3 的各示意图中正确反映 P - U 关系的是________.

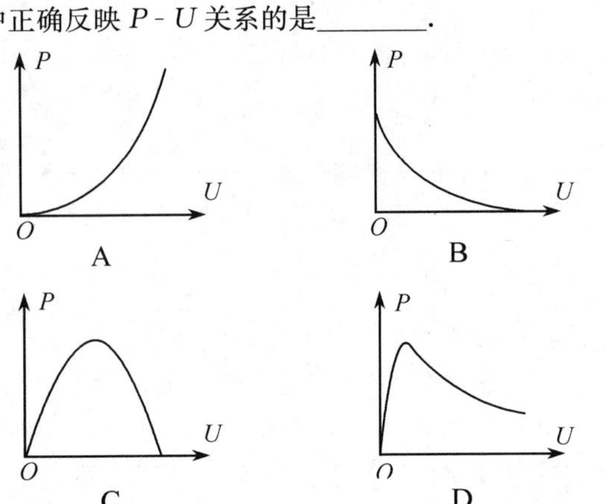

图 3

相似题原题

(3)连好电路,闭合开关,通过移动滑片 P,分别记下了多组对应的电压表和电流表的读数,并绘制成了如图乙所示的 U - I 图线,根据 U - I 图线提供的信息,可计算出小灯泡在常温下的电阻是________ Ω(保留一位有效数字).

(4)在 1 V 以内的图象近似为一直线,原因是____________.

真题原题

(2013 上海卷)(8 分)如图,研究平抛运动规律的实验装置放置在水平桌面上,利用光电门传感器和碰撞传感器可测得小球的水平初速度和飞行时间,底板上的标尺可以测得水平位移.

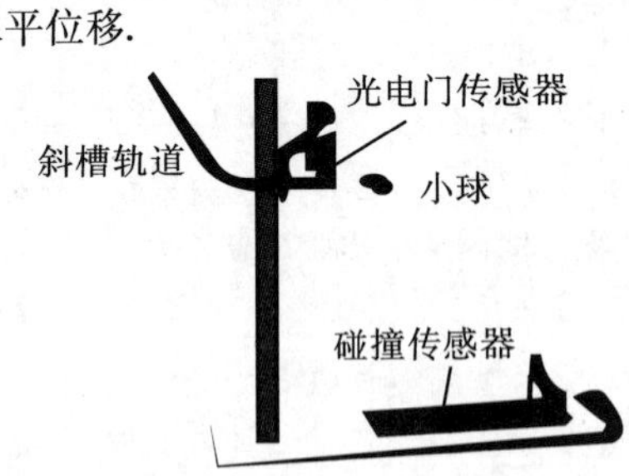

保持水平槽口距底板高度 $h=0.420$ m 不变. 改变小球在斜槽导轨上下滑的起始位置,测出小球做平抛运动的初速度 v_0、飞行时间 t 和水平位移 d,记录在表中.

v_0(m/s)	0.741	1.034	1.318	1.584
t(ms)	292.7	293.0	292.8	292.9
d(cm)	21.7	30.3	38.6	46.4

相似题原题

来源:专题十一 物理实验 其余力学实验 题型二

(变式练习 2)在做研究平抛运动规律的探究实验中. 槽口高为 h,测得小球离开槽口的速度为 v_0,小球做平抛运动的水平位移为 d. 落地时间为 t. 当小球从 $h=0.45$ m 处下落得到数据表如表 a 所示. 第二次从 0.8 m 高处下落的实验数据表设计如表 b 所示.

表 a $h=0.45$ m

v_0(m/s)	0	2	3	4
d(m)	0	0.60	0.90	1.20
t(s)	0.3	0.3	0.3	0.3

表 b $h=0.8$ m

v_0(m/s)	0	2	4
d(m)	0		
t(s)			

(1)从表(a)中第③行数据可得出初步的结论是__________.

(2)从表(a)中第①、②两行可得出的初步结论是__________.

续表

<table>
<tr><th>真题原题</th><th>相似题原题</th></tr>
<tr><td>
(1)由表中数据可知,在 h 一定时,小球水平位移 d 与其初速度 v_0 成________关系,与________无关.
(2)一位同学计算出小球飞行时间的理论值 $t_{理}=\sqrt{\frac{2h}{g}}=\sqrt{\frac{2\times 0.420}{10}}=289.8$ ms,发现理论值与测量值之差约为 3 ms. 经检查,实验及测量无误,其原因是________________________.
(3)另一位同学分析并纠正了上述偏差后,另做了这个实验,竟发现测量值 t' 依然大于自己得到的理论值 $t'_{理}$,但二者之差在 3~7 ms 之间,且初速度越大差值越小. 对实验装置的安装进行检查,确认斜槽槽口与底座均水平,则导致偏差的原因是________________.
</td><td>
(3)猜测平抛运动在竖直方向是自由落体运动,在表(b)的五个空格中填上可能出现的数据.
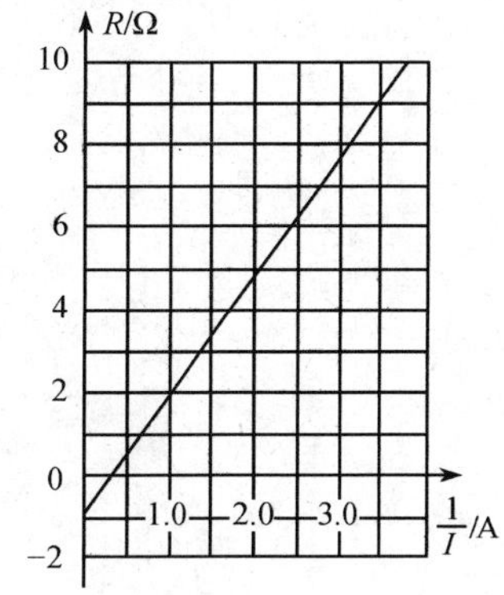

</td></tr>
<tr><td>
(2013 大纲卷)23.(12 分)测量小物块 Q 与平板 P 之间动摩擦因数的实验装置如图所示. AB 是半径足够大的、光滑的四分之一圆弧轨道,与水平固定放置的 P 板的上表面 BC 在 B 点相切,C 点在水平地面的垂直投影为 C'. 重力加速度大小为 g. 实验步骤如下:
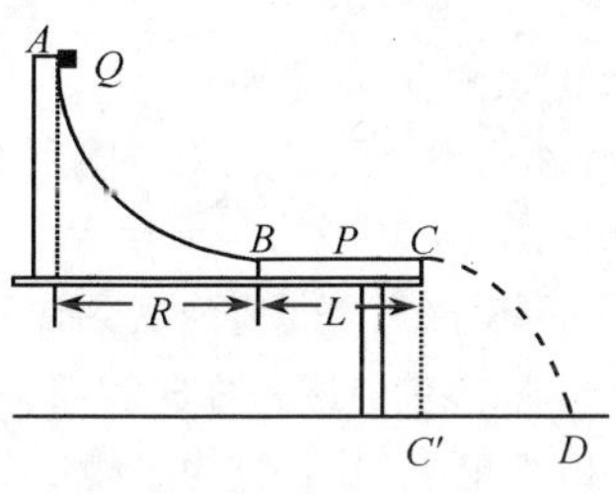

①用天平称出物块 Q 的质量 m;
②测量出轨道 AB 的半径 R、BC 的长度 L 和 CC' 的长度 h;
③将物块 Q 在 A 点从静止释放,在物块 Q 落地处标记其落地点 D;
④重复步骤③,共做 10 次;
⑤将 10 个落地点用一个尽量小的圆围住,用米尺测量圆心到 C' 的距离 s.
(1)用实验中的测量量表示:
(ⅰ)物块 Q 到达 B 点时的动能 E_{kB}=________;
(ⅱ)物块 Q 到达 C 点时的动能 E_{kC}=________;
(ⅲ)在物块 Q 从 B 运动到 C 的过程中,物块 Q 克服摩擦力做的功 E_f=________;
(ⅳ)物块 Q 与平板 P 之间的动摩擦因数 μ=________.
</td><td>
来源:专题十一 物理实验 其余力学实验 题型一
【例题 1】物理小组在一次探究活动中测量滑块与木板之间的动摩擦因数. 实验装置如图 1 所示,打点计时器固定在斜面上. 滑块拖着穿过打点计时器的纸带从斜面上加速滑下,如图 1 所示. 图 2 是打出纸带的一段.
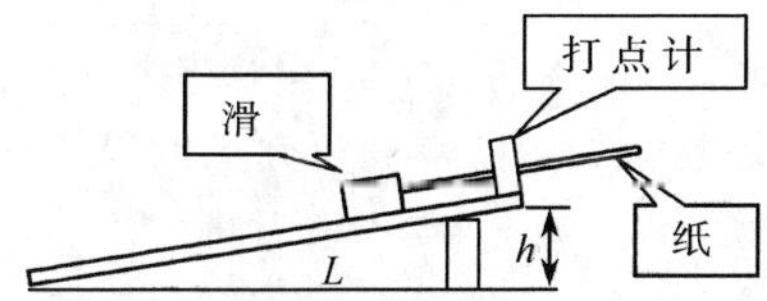

图 1
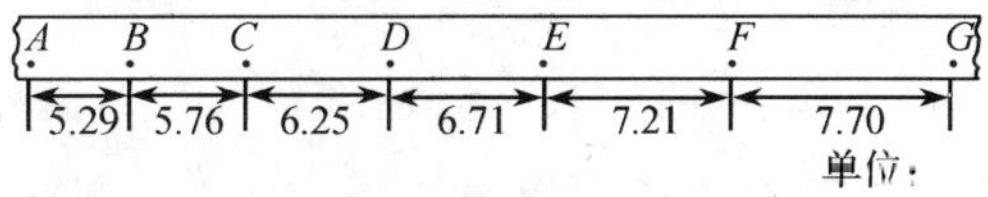

图 2
①先利用纸带测出滑块的加速度 a,已知打点计时器使用的交流电频率为 50 Hz,选 A、B、C、……等 7 个点为计数点,各计数点间均有一个点没有画出,各计数点间距离如图 2 所示,滑块下滑的加速度 a=________ m/s^2.
②除了加速度 a,为测量动摩擦因数,下列物理量中还应测量的有________.(填入所选物理量前的字母)
A. 木板的长度 L
B. 木板的末端被垫起的高度 h
C. 木板的质量 m_1
D. 滑块的质量 m_2
E. 滑块运动的时间 t
③滑块与木板间的动摩擦因数 μ=________(用被测物理量的字母表示,重力加速度为 g). 与真实值相比,测量的动摩擦因数应该比真实值________(填“偏大”或“偏小”). 写出支持你的看法的一个论据:________________________.
</td></tr>
</table>

3.【预测卷】

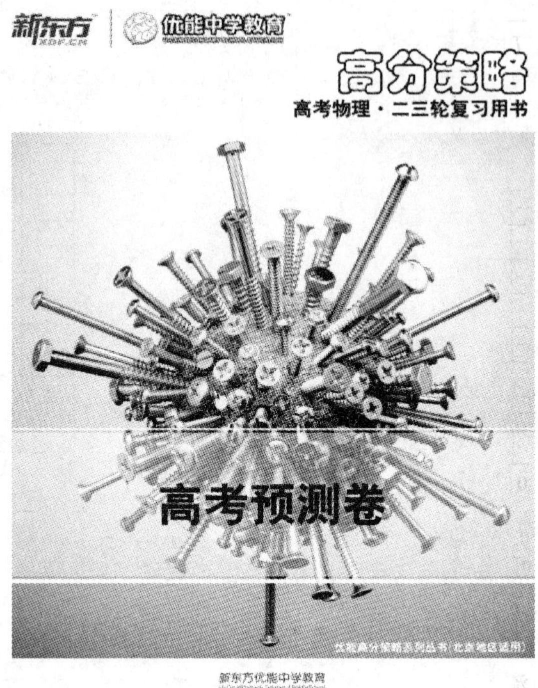

真题原题	相似题原题

真题原题

(2013 山东卷)21.(2)霍尔效应是电磁基本现象之一,近期我国科学家在该领域的实验研究上取得了突破性进展. 如图丙所示,在一矩形半导体薄片的 P、Q 间通入电流 I,同时外加与薄片垂直的磁场 B,在 M、N 间出现电压 U_H,这个现象称为霍尔效应,U_H 为霍尔电压,且满足 $U_H=k\dfrac{IB}{d}$,式中 d 为薄片的厚度,k 为霍尔系数. 某同学通过实验来测定该半导体薄片的霍尔系数.

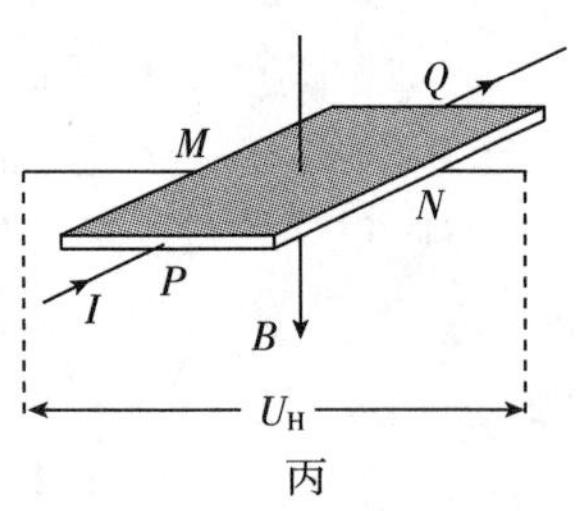

丙

①若该半导体材料是空穴(可视为带正电粒子)导电,电流与磁场方向如图丙所示,该同学用电压表测量 U_H 时,应将电压表的"+"接线柱与________(填"M"或"N")端通过导线连接.

②已知薄片厚度 $d=0.40$ mm,该同学保持磁感应强度 $B=0.10$ T 不变,改变电流 I 的大小,测量相应的 U_H 值,记录数据如下表所示.

$I(\times10^{-3}$ A)	3.0	6.0	9.0	12.0	15.0	18.0
$U_H(\times10^{-3}$ V)	1.1	1.9	3.4	4.5	6.2	6.8

相似题原题

来源:优能 2013 高考预测卷(山东卷)

2007 年诺贝尔物理学奖授予了两位发现"巨磁电阻"效应的物理学家. 材料的电阻随磁场的增加而增大的现象称为磁阻效应,利用这种效应可以测量磁感应强度. 图 1 为某磁敏电阻在室温下的电阻——磁感应强度特性曲线,其中 R_B、R_0 分别表示有、无磁场时磁敏电阻的阻值. 为了测量磁感应强度 B,需先测量磁敏电阻处于磁场中的电阻值 R_B. 请按要求完成下列实验.

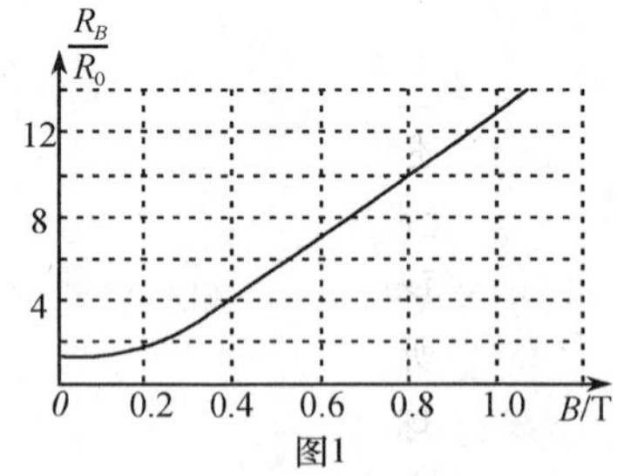

图1

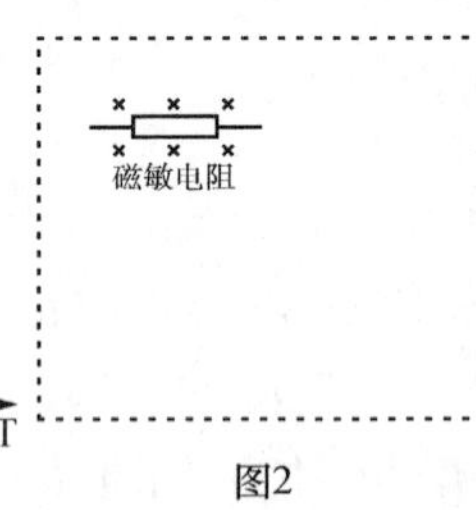

图2

①设计一个可以测量磁场中该磁敏电阻阻值的电路,在图 2 的虚线框内画出实验电路原理图(磁敏电阻及所处磁场已给出,待测磁场磁感应强度大小约为 0.6~1.0 T,不考虑磁场对电路其它部分的影响). 要求误差较小. 提供的器材如下:

A. 磁敏电阻,无磁场时阻值 $R_0=150\ \Omega$

B. 滑动变阻器 R,全电阻约 20 Ω

C. 电流表,量程 2.5 mA,内阻约 30 Ω

D. 电压表,量程 3 V,内阻约 3 kΩ

E. 直流电源电动势 3 V,内阻不计

续表

真题原题	相似题原题

真题原题

根据表中数据在给定区域内画出U_H-I图线，利用图线求出该材料的霍尔系数为________$\times10^{-3}$ V·m·A^{-1}·T^{-1}（保留两位有效数字）.

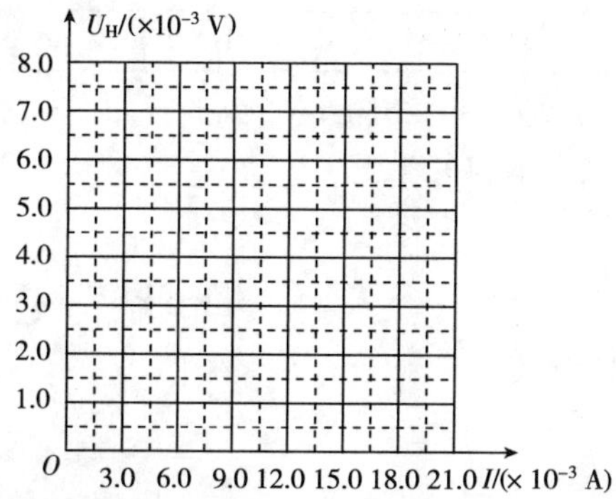

③该同学查阅资料发现，使半导体薄片中的电流反向再次测量，取两个方向测量的平均值，可以减小霍尔系数的测量误差，为此该同学设计了如图丁所示的测量电路，S_1、S_2均为单刀双掷开关，虚线框内为半导体薄片（未画出）. 为使电流从Q端流入，P端流出，应将S_1掷向________（填“a”或“b”），S_2掷向________（填“c”或“d”）.

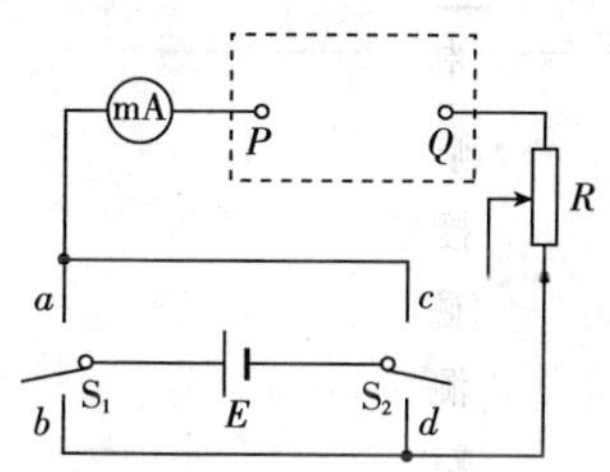

丁

为了保证测量安全，该同学改进了测量电路，将一合适的定值电阻串接在电路中. 在保持其他连接不变的情况下，该定值电阻应串接在相邻器件________和________（填器件代号）之间.

相似题原题

F. 开关S，导线若干

②正确接线后，将磁敏电阻置入待测磁场中，测量数据如下表：

序号	1	2	3	4	5
U/V	0.00	0.45	0.90	1.50	1.79
I/mA	0.00	0.30	0.60	1.00	1.20

根据上表可求出磁敏电阻的测量值$R_B=$________Ω，结合图1可知待测磁场的磁感应强度$B=$________T.

③某同学查阅相关资料时看到了图3所示的磁敏电阻在一定温度下的电阻—磁感应强度特性曲线（关于纵轴对称），由图线可以得到什么结论？答：________________.

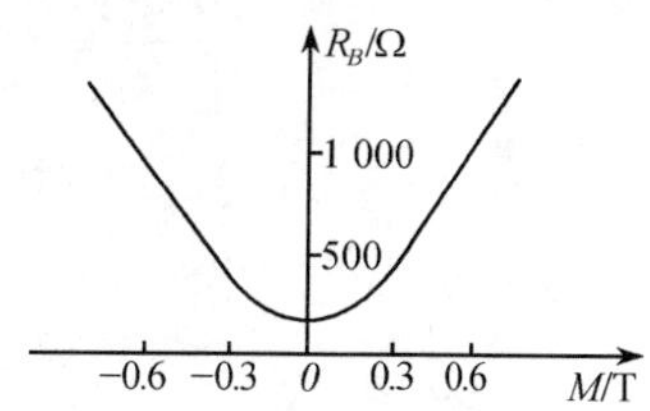

图3

真题原题

（2013新课标Ⅱ）22. 某同学利用下述装置对轻质弹簧的弹性势能进行探究，一轻质弹簧放置在光滑水平桌面上，弹簧左端固定，右端与一小球接触而不固连；弹簧处于原长时，小球恰好在桌面边缘，如图甲所示. 向左推小球，使弹簧压缩一段距离后由静止释放；小球离开桌面后落到水平地面. 通过测量和计算，可求得弹簧被压缩后的弹性势能.

甲

回答下列问题：

(1)本实验中可认为，弹簧被压缩后的弹性势能E_p与小球抛出时的动能E_k相等. 已知重力加速度大小为g. 为求得E_k，至少需要测量下列物理量中的________（填正确答案标号）.

相似题原题

来源：优能2013高考预测卷（新课标卷）

22. 有一学生要研究轻质弹簧的弹性势能与弹簧长度改变量的关系，他的实验如下：在离地面高度为h的光滑水平桌面上，沿着与桌子边缘垂直的方向放置一轻质弹簧，其左端固定，右端与质量为m的一小钢球接触. 当弹簧处于自然长度时，小钢球恰好在桌子边缘. 如图所示，让钢球向左压缩弹簧一段距离后由静止释放，使钢球沿水平方向射出桌面，小球在空中飞行后落到水平地面，水平距离为S.

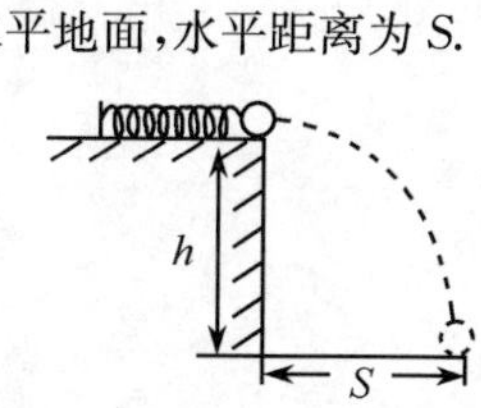

(1)请你推导出弹簧的弹性势能E_p与小钢球质量m、桌面离地面高度h、水平距离S等物理量的关系式：________________.

续表

<table>
<tr><th>真题原题</th><th>相似题原题</th></tr>
<tr><td>A. 小球的质量 m
B. 小球抛出点到落地点的水平距离 s
C. 桌面到地面的高度 h
D. 弹簧的压缩量 Δx
E. 弹簧原长 l_0
(2)用所选取的测量量和已知量表示 E_k，得 $E_k=$ ________.
(3)图乙中的直线是实验测量得到的 $s-\Delta x$ 图线. 从理论上可推出，如果 h 不变，m 增加，$s-\Delta x$ 图线的斜率会________(填“增大”“减小”或“不变”)；如果 m 不变，h 增加，$s-\Delta x$ 图线的斜率会________(填“增大”“减小”或“不变”). 由图乙中给出的直线关系和 E_k 的表达式可知，E_p 与 Δx 的________次方成正比.
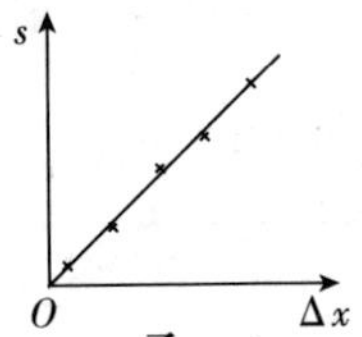
乙</td><td>(2)弹簧长度的压缩量 x 与对应的钢球在空中飞行的水平距离 S 的实验数据如下表所示：
<table><tr><td>弹簧长度压缩量 x(cm)</td><td>0.50</td><td>0.75</td><td>1.00</td><td>1.25</td><td>1.50</td><td>1.75</td></tr><tr><td>钢球飞行水平距离 S(m)</td><td>1.01</td><td>1.50</td><td>2.01</td><td>2.48</td><td>3.01</td><td>3.50</td></tr></table>从上面的实验数据，请你猜测弹簧的弹性势能 E_p 与弹簧长度的压缩量 x 之间有何关系？为什么？________________.</td></tr>
</table>

附录一

1. 各地历年高考物理真题

历年真题

<table>
<tr><th></th><th>2001</th><th>2002</th><th>2003</th><th>2004</th><th>2005</th><th>2006</th><th>2007</th><th>2008</th><th>2009</th><th>2010</th><th>2011</th><th>2012</th><th>2013</th><th>2014</th></tr>
<tr><td>北京</td><td>全国物理卷</td><td colspan="2"></td><td colspan="11">北京卷理综</td></tr>
<tr><td>上海</td><td colspan="2">上海卷理综、物理</td><td>上海卷综合（物理）</td><td colspan="7">上海卷理综</td><td colspan="4">上海卷物理</td></tr>
<tr><td>天津</td><td colspan="2">天津卷理综</td><td>全国卷（新课程）</td><td colspan="11">天津卷理综</td></tr>
<tr><td>重庆</td><td>全国物理卷</td><td colspan="2">全国卷理综</td><td>全国卷二理综</td><td colspan="10">重庆卷理综</td></tr>
<tr><td>辽宁</td><td>全国物理卷</td><td>全国物理卷</td><td colspan="3">辽宁卷文理综合</td><td colspan="3">全国一卷理综</td><td>宁夏卷理综</td><td colspan="3">新课标理综</td><td colspan="2">新课标卷理综</td></tr>
<tr><td>江苏</td><td>全国物理卷</td><td colspan="2">江苏卷大综合</td><td colspan="11">江苏卷物理</td></tr>
<tr><td>浙江</td><td>全国物理卷</td><td colspan="2">全国卷理综</td><td colspan="5">全国卷一理综</td><td colspan="6">浙江卷理综</td></tr>
<tr><td>湖南</td><td>全国物理卷</td><td colspan="2">全国卷理综</td><td>全国卷二理综</td><td colspan="5">全国卷一理综</td><td colspan="3">新课标卷理综</td><td colspan="2">新课标卷理综</td></tr>
<tr><td>湖北</td><td>全国物理卷</td><td colspan="2">全国卷理综</td><td colspan="2">全国卷二理综</td><td colspan="5">全国卷一理综</td><td>全国卷理综</td><td colspan="3">新课标卷理综</td></tr>
<tr><td>福建</td><td>全国物理卷</td><td colspan="2">全国卷理综</td><td colspan="5">全国卷一理综</td><td colspan="6">福建卷理综</td></tr>
<tr><td>山东</td><td>全国物理卷</td><td colspan="2">全国卷理综</td><td colspan="3">全国卷一理工</td><td colspan="8">山东卷理综</td></tr>
<tr><td>安徽</td><td>全国物理卷</td><td colspan="2">全国卷理综</td><td colspan="5">全国卷一理综</td><td colspan="6">安徽卷理综</td></tr>
<tr><td>江西</td><td>全国物理卷</td><td colspan="2">全国卷理综</td><td colspan="7">全国卷一理综</td><td colspan="4">新课标理综</td></tr>
<tr><td>四川</td><td>全国物理卷</td><td colspan="2">全国卷理综</td><td>全国卷二理综</td><td>全国卷二理综</td><td colspan="9">四川卷理综</td></tr>
<tr><td>陕西</td><td>全国物理卷</td><td colspan="2">全国卷理综</td><td>全国卷二理综</td><td>全国卷二理综</td><td colspan="4">全国卷一理综</td><td colspan="5">新课标卷理综</td></tr>
<tr><td>河北</td><td>全国物理卷</td><td colspan="2">全国卷理综</td><td colspan="7">全国卷一理综</td><td>全国卷理综</td><td colspan="3">新课标卷理综</td></tr>
<tr><td>陕西</td><td>全国物理卷</td><td colspan="2">全国卷理综</td><td colspan="7">全国卷一理综</td><td colspan="4">新课标卷理综</td></tr>
<tr><td>山西</td><td>全国物理卷</td><td colspan="2">全国卷理综</td><td colspan="7">全国卷一理综</td><td colspan="4">新课标卷理综</td></tr>
<tr><td>广西</td><td>全国物理卷</td><td colspan="2">全国卷理综</td><td>广东卷物理</td><td>全国卷二理综</td><td colspan="5">全国卷一理综</td><td colspan="4">全国卷理综</td></tr>
<tr><td>云南</td><td>全国物理卷</td><td colspan="2">全国卷理综</td><td>全国卷二理综</td><td>全国卷三理综</td><td colspan="5">全国卷二理综</td><td>全国卷理综</td><td colspan="3">新课标卷理综</td></tr>
<tr><td>贵州</td><td>全国物理卷</td><td colspan="2">全国卷理综</td><td>全国卷四理综</td><td>全国卷三理综</td><td colspan="5">全国卷二理综</td><td colspan="2">全国卷理综</td><td colspan="2">新课标卷理综</td></tr>
<tr><td>甘肃</td><td>全国物理卷</td><td colspan="2">全国卷理综</td><td>全国卷四理综</td><td>全国卷三理综</td><td colspan="5">全国卷二理综</td><td colspan="2">全国卷理综</td><td colspan="2">新课标卷理综</td></tr>
<tr><td>青海</td><td>全国物理卷</td><td colspan="2">全国卷理综</td><td>全国卷四理综</td><td>全国卷三理综</td><td colspan="5">全国卷二理综</td><td colspan="2">全国卷理综</td><td colspan="2">新课标卷理综</td></tr>
<tr><td>新疆</td><td>全国物理卷</td><td colspan="2">全国卷理综</td><td>全国卷四理综</td><td>全国卷三理综</td><td colspan="5">全国卷二理综</td><td colspan="4">新课标卷理综</td></tr>
<tr><td>内蒙古</td><td>全国物理卷</td><td colspan="2">全国卷理综</td><td>全国卷三理综</td><td>全国卷三理综</td><td colspan="5">全国卷二理综</td><td>全国卷理综</td><td colspan="3">新课标卷理综</td></tr>
<tr><td>西藏</td><td>全国物理卷</td><td colspan="2">全国卷理综</td><td>全国卷三理综</td><td>全国卷三理综</td><td colspan="5">全国卷二理综</td><td colspan="2">全国卷理综</td><td colspan="2">新课标卷理综</td></tr>
<tr><td>黑龙江</td><td>全国物理卷</td><td colspan="2">全国卷理综</td><td colspan="6">全国卷二理综</td><td colspan="5">新课标卷理综</td></tr>
<tr><td>吉林</td><td>全国物理卷</td><td colspan="2">全国卷理综</td><td colspan="6">全国卷二理综</td><td colspan="5">新课标卷理综</td></tr>
<tr><td>宁夏</td><td>全国物理卷</td><td colspan="2">全国卷理综</td><td>全国卷四理综</td><td>全国卷三理综</td><td>全国卷一理综</td><td colspan="3">宁夏卷理综</td><td colspan="5">新课标卷理综</td></tr>
<tr><td>海南</td><td>全国物理卷</td><td colspan="2">全国卷理综</td><td>全国卷三理综</td><td colspan="2">全国卷一理综</td><td colspan="8">海南卷物理</td></tr>
<tr><td>广东</td><td>全国物理卷</td><td colspan="2">全国卷理综</td><td>广东卷物理</td><td colspan="2">广东卷综合、物理</td><td colspan="4">广东卷物理</td><td colspan="4">广东卷理综</td></tr>
</table>

2. 物理学科高考研究参考文献

【考点剖析】

[1]盛建国. 浅析初中物理试题中"日常生活化"现象[J]. 物理教学探讨,2012,11:34 - 35.

[2]左永军. 高考力学知识点复习的几点建议[J]. 数理化学习,2012,11:3 - 4.

[3]钱止菊. 高考物理中地磁场问题的归纳[J]. 新课程(中旬),2012,10:105 - 106.

[4]王达浩. 谈高考物理信息题信息的获取与利用[J]. 考试周刊,2012,87:2.

[5]杨巍. 活用加速度,巧攻轻质模型难题[J]. 湖南中学物理,2012,12:60 - 62.

[6]刘仁海. 化"变"为"恒" 事半功倍——解析 2012 年江苏高考物理试题中的变力作用问题[J]. 湖南中学物理,2012,12:65 - 66.

[7]高矿. 物理选修模块教学中应重视的几个问题——对近年江苏高考物理选修模块考查的反思[J]. 湖南中学物理,2012,12:20 - 22.

[8]李一新. 2012 年高考有关万有引力考题归类分析[J]. 中学物理教学参考,2012,11:61 - 63.

[9]李展华,陈晓明. 高三实验复习应如何有效开展——从近 4 年浙江省高考物理实验命题特点谈起[J]. 教学仪器与实验,2013,02:44 - 48.

[10]李丽琼. 平抛运动中的"时空"约束——以 2012 年高考物理试题为例[J]. 物理通报,2013,03:85 - 88.

[11]任波成. 波粒二象性、原子结构、原子核经典试题解析[J]. 高中数理化,2013,05:34 - 35.

[12]傅明峰. 关于 2012 年高考理综全国卷第 26 题的解法探析[J]. 高中数理化,2013,05:44 - 45.

[13]李红伟. 近五年高考新课标全国卷理综物理选择题分析[J]. 物理通报,2013,02:86 - 89.

[14]吴彬彬. "双电荷"问题考频、考因分析及应对策略[J]. 湖南中学物理,2013,01:56 - 58+24.

[15]母战峰. 动态电路中如何运用串反并同[J]. 考试与评价,2013,01:58.

[16]张艳香,王振学. 综合性物理试题的评价与研究[J]. 物理教学,2013,02:45 - 47.

[17]黄红波. 江苏高考物理实验题的新课程特点与答题情况分析[J]. 物理教学,2013,02:64 - 67.

[18]郑春旺. 巧用动量与能量的观点处理高中物理问题[J]. 高中数理化,2013,04:29.

[19]宁鹏程. 对 2012 年高考有关机械波和机械振动问题思考和分析[J]. 高中数理化,2013,03:31 - 34.

[20]谷广智. 光学经典试题解析[J]. 高中数理化,2013,03:42 - 43.

[21]刘振华. 与“矿井”有关的高考物理选择题的分析与拓展[J]. 物理通报,2013,02:82 - 84.

[22]潘霞娟. 2012 江苏高考物理 14 题要点突破——不计质量的力学模型[J]. 物理通报,2013,02:84 - 85.

[23]钱呈祥,韩叙虹. 约束问题与临界值问题例析[J]. 教学月刊(中学版),2013,01:57 - 59.

[24]丁庆红,王岳. 从新课程改革的理念看 2008 年高考物理试题[J]. 北京教育学院学报,2009,(1):39 - 45.

【备考战略】

[1]陈林桥,陈润龙. 浅谈数学知识在近几年高考物理解题中的运用[J]. 物理教学探讨,2012,11:48 - 53.

[2]戴绍南. 从新课标高考物理实验题看创新能力培养的重要性[J]. 物理教学探讨,2012,11:69 - 71.

[3]沈宗绍. 物理复习应回归教材、夯实基础、提升能力——2012 高考理综试题(新课标卷)23 题、24 题的启发[J]. 物理教学探讨,2012,11:72 - 74.

[4]杨咏泉. 新课标高考物理备考复习策略[J]. 快乐阅读,2013,03:76.

[5]郭长江,牟亚萍. 透析 2012 年全国高考上海物理卷[J]. 物理教学,2012,12:46 - 49.

[6]谈勉. 2012 年浙江省高考物理试题分析及对教学的启示[J]. 文理导航(中旬),2012,12:52.

[7]姜攀. 高考物理实验试题考查能力的现状分析[J]. 教师,2012,36:103.

[8]陈从先. 物理高考中的“建模”能力培养[J]. 物理教学探讨,2012,12:26 - 28.

[9]张北春. 2012 年江西省高考理综物理试题分析[J]. 高中生之友,2012,19:36 - 37.

[10]吴文胜. 从高考试卷谈物理学科复习[J]. 福建基础教育研究,2012,11:95 - 97.

[11]李青. 物理实验教学目标的探索实践[J]. 中学生数理化(教与学),2013,01:62.

[12]杨海燕. 2010 年上海高考物理试题第 12 题的题意及解答值得商榷[J]. 中学物理,2013,01:61.

[13]左祥胜. 对 2012 年江苏省高考物理试题选择题第 3 题的商榷[J]. 湖南中学物理,2012,12:58+62.

[14]游艳琳,熊建文. 广东省高考物理实验题特点及其对教学的启示[J]. 实验教学与仪器,2013,01:9 - 11.

[15]孟爱玲. 高三物理复习备考的建议[J]. 中学生数理化(教与学),2013,03:68.

[16]闵伟东. 高中物理教学中学生解题困难探析[J]. 中学教学参考,2013,02:46.

[17]叶春璞. 高三物理教学的反思[J]. 成才之路,2013,03:49.

[18]黄小均. 从高考角度看高中物理学习的主次重点[J]. 中学生数理化(教与学),2013,05:53.

[19]黄恕伯. 2012 年中考物理试题“红黑榜”[J]. 基础教育课程,2013,03:34 - 38.

[20]耿建. 新课程高考实验题探究能力的考查及教学启示——以江苏省物理高考实验试题为例[J]. 实验教学与仪器,2013,03:3 - 5.

[21]王化银. 推进微元方法在物理教学中的应用[J]. 物理通报,2013,03:9 - 12.

[22]王菊梅. 物理原创题创作的实践与体会[J]. 中学物理,2013,04:84 - 86.

[23]於凌云. 对 2012 年江苏高考物理试卷第 14 题的解析与启示[J]. 中学物理,2013,05:58 - 59.

[24]宋金凤. 为什么质量均匀分布的球壳对壳内物体的引力为零[J]. 中学物理,2013,05:60.

[25]许冬保,肖凯. 2012 年高考江苏物理试题第 3 题的多视角分析[J]. 中学物理,2013,05:66 - 67.

[26]张北春. 高考物理选择题方法突破[J]. 高中生之友,2013,Z1:84 - 86.

[27]王宗伟. 对安徽省 2012 年中考物理一道试题的质疑[J]. 实验教学与仪器,2013,02:11 - 12.

[28]孟拥军. 2012 高考物理实验题分析与思考[J]. 物理实验,2012,10:20 - 23.

[29]丁庆红,黎周. 2012 年高考物理北京卷命题特色[J]. 北京教育学院学报(自然科学版),2012,02:5 - 12.

[30]丁庆红,赵继发,李静. 2012 年高考物理命题的理念与特色[J]. 北京教育学院学报(自然科学版),2012,03:9 - 14+37.

[31]丁庆红. 谈高考物理试题的探究性[J]. 中国考试,2012,11:28 - 33.

[32]涂荣忠. 培养学生思维积极性提高学生独立思考能力[J]. 中国民族教育,2013,03:36 - 38.

[33]陈燕,王祖浩. 高考实验题“绝对难度”评估工具的研究[J]. 全球教育展望,2013,02:45 - 53.

[34]陈桂平. 因学施教,构建高三物理复习高效课堂模式[A]. 国家教师科研专项基金科研成果(华夏教师篇卷 1)[C]. 2013:2.

[35]孟拥军. 例谈 2011 年高考物理试题中的隐含条件[J]. 高中数理化,2012,01:30 - 32.

[36]郭晨跃,王宏博,罗莹. SOLO 理论在高考物理试题比较研究中的应用[J]. 物理教师,2012,01:1 - 3+7.

[37]王超良.注重基础考查着意能力测试——2011年浙江省高考理综(物理)试题评析[J].数理化解题研究(高中版),2012,03:45-47.

[38]冯源.2011年全国普通高考四川卷物理试题参考答案的细究与另解[J].中学物理,2012,01:55-56.

[39]朱灵俊,陈金刚,郭于钗,黄干生.紧密联系实际突出课改理念——浙江省2011年高考理综物理试题评析[J].物理教学探讨,2012,01:46-50.

[40]金剑,陈凭心.2011年高考联系生活物理试题分类研究[J].物理通报,2012,02:85-87.

[41]朱文惠,许冬保.刍议高考试题优劣的评价——由2011年新课程高考物理试题网上评议结果引发的思考[J].湖南中学物理,2012,02:63-65.

[42]孙国标,杨丽芬.关注过程联系实际着眼能力——2011年浙江高考理科综合(物理)试题评析[J].理科考试研究,2012,03:32-35.

[43]曹开铮.江苏2011年高考物理试题亮点多[J].物理通报,2012,04:91-93.

[44]许冬保,潘文.透析2011年高考物理试题中的定性与半定量问题[J].物理教师,2012,04:59-60+63.

[45]雷文新.2011年福建省高考理综物理试题的特点及其对教学的启示[J].物理教学探讨,2012,04:10-12.

[46]张文欣.2011年广东省高考物理试题分析[J].教师,2012,18:44-45.

[47]刘军.高考物理压轴题备战攻略[J].试题与研究,2012,13:1-3.

[48]姚红军.对一道高考物理试题的探讨[J].物理通报,2012,07:102+106.

[49]宋小羽,麻永斌.2012年高考物理试题特点与2013年备考策略[J].大连教育学院学报,2012,03:54-55.

[50]王艳丽.高考物理实验试题对物理实验教学影响的调查研究[D].西南大学,2012.

[51]陈信余.最通识最基础最经典——2012广东高考理综(物理)试题评析[J].广东教育(高中版),2012,Z1:106-109.

[52]蔡亮.管中窥豹,略见一斑——由一道2012年江苏高考物理试题谈问题设置的严密性[J].湖南中学物理,2012,08:52-53.

[53]王琦.2012年高考物理试题中的波的图象问题归纳[J].物理教学,2012,09:57-59.

[54]张淼.值得关注的新(课改)高考物理试题[J].物理教师,2012,09:65-68.

[55]沈亚华.透视2012年江苏高考物理试题 反思高中物理教学[J].物理教师,2012,10:54 57.

[56]陈继明,瞿孝平,伏森泉.把握试题特点明确备考方向——2006年湖北高考理综卷物理试题分析及2007届高三复习备考建议[J].武汉市教育科学院学报,2006,(10):51-69.

[57]张京文.从北京地区考生物理高考成绩统计看当前物理教学存在的问题[J].北京教育学院学报,2007,(4):37-42.

优能中学教育
U-CAN SECONDARY SCHOOL EDUCATION
耀起来
不要紧张
就耀从荣应对

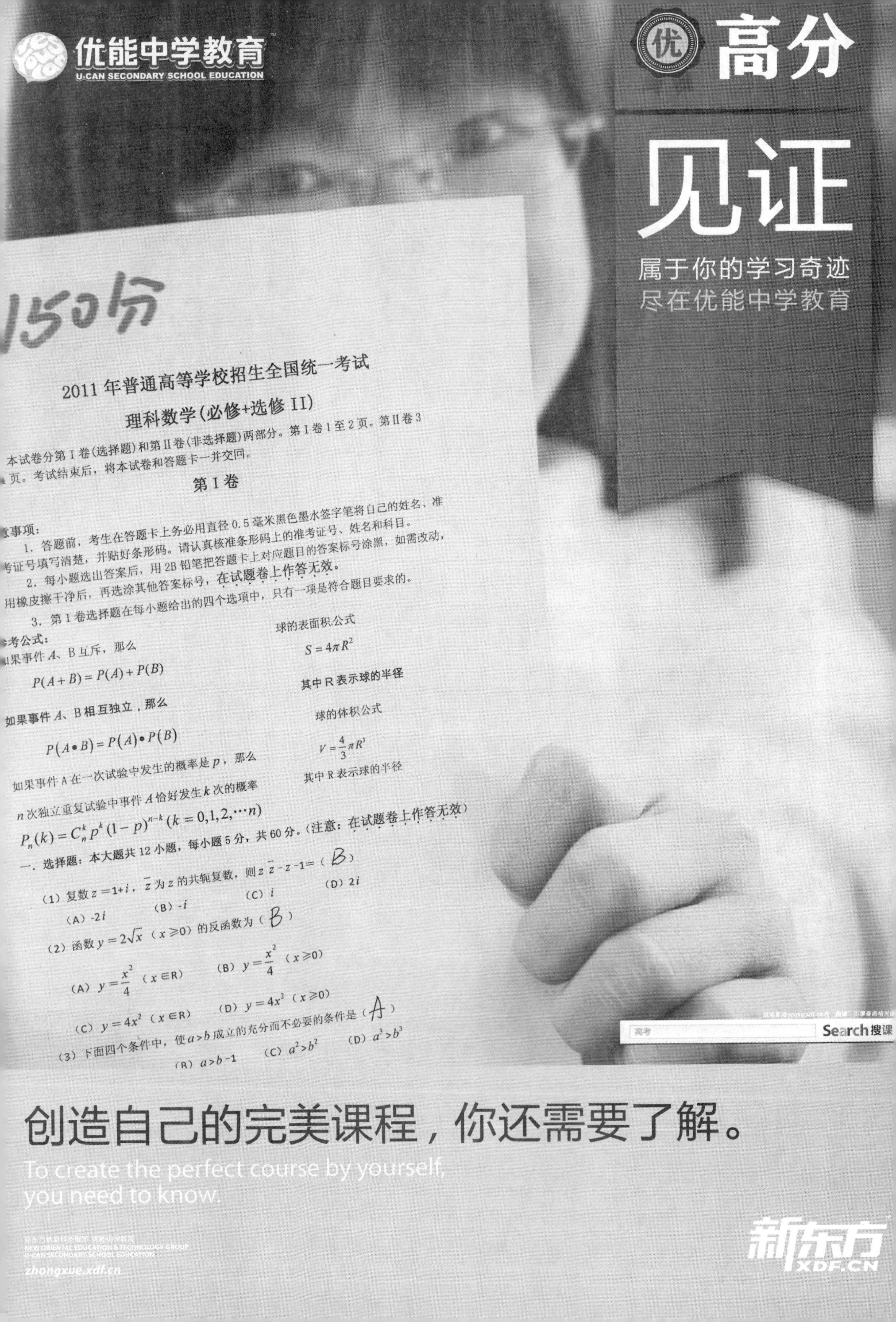

优能中学教育
U-CAN SECONDARY SCHOOL EDUCATION
优
高分
见证
属于你的学习奇迹
尽在优能中学教育
150分
2011年普通高等学校招生全国统一考试
理科数学(必修+选修II)
本试卷分第I卷(选择题)和第II卷(非选择题)两部分。第I卷1至2页。第II卷3
页。考试结束后，将本试卷和答题卡一并交回。
第I卷
1. 答题前，考生在答题卡上务必用直径0.5毫米黑色墨水签字笔将自己的姓名、准
考证号填写清楚，并贴好条形码。请认真核准条形码上的准考证号、姓名和科目。
2. 每小题选出答案后，用2B铅笔把答题卡上对应题目的答案标号涂黑，如需改动，
用橡皮擦干净后，再选涂其他答案标号，在试题卷上作答无效。
3. 第I卷选择题在每小题给出的四个选项中，只有一项是符合题目要求的。
球的表面积公式
$S=4\pi R^2$
$P(A+B)=P(A)+P(B)$
其中R表示球的半径
如果事件A、B相互独立，那么
球的体积公式
$P(A\bullet B)=P(A)\bullet P(B)$
$V=\frac{4}{3}\pi R^3$
如果事件A在一次试验中发生的概率是p，那么
其中R表示球的半径
n次独立重复试验中事件A恰好发生k次的概率
$P_n(k)=C_n^k p^k(1-p)^{n-k}(k=0,1,2,\cdots n)$
一. 选择题：本大题共12小题，每小题5分，共60分。(注意：在试题卷上作答无效)
(1) 复数$z=1+i$，$\bar{z}$为z的共轭复数，则$z\bar{z}-z-1=$(B)
(A) $-2i$ (B) $-i$ (C) i (D) $2i$
(2) 函数$y=2\sqrt{x}$ ($x\geqslant0$)的反函数为(B)
(A) $y=\frac{x^2}{4}$ ($x\in R$) (B) $y=\frac{x^2}{4}$ ($x\geqslant0$)
(C) $y=4x^2$ ($x\in R$) (D) $y=4x^2$ ($x\geqslant0$)
(3) 下面四个条件中，使$a>b$成立的充分而不必要的条件是(A)
(B) $a>b-1$ (C) $a^2>b^2$ (D) $a^3>b^3$
高考
Search搜课
创造自己的完美课程，你还需要了解。
To create the perfect course by yourself,
you need to know.
NEW ORIENTAL EDUCATION & TECHNOLOGY GROUP
U-CAN SECONDARY SCHOOL EDUCATION
zhongxue.xdf.cn
新东方
XDF.CN

2014–2015年度高考备考策略研究报告

2014—2015 Research Report on NMT Preparation Strategies

Research Report
of National Matriculation Chemistry Test

《化学学科》

总顾问：俞敏洪
顾　问：周成刚
总统筹：罗　娉　王　专
总策划：新东方优能中学推广管理中心（全国中高考教学考试研究院）
总　编：赵剑锋
本册主编：孔维钢
编　辑：陈贾雷　李建龙　李　晶

新东方 XDF.CN | 优能中学教育 U-CAN SECONDARY SCHOOL EDUCATION　　西藏人民出版社　　新学案

图书在版编目(CIP)数据

新学案.6/北京天利考试信息网编.
—拉萨：西藏人民出版社，2009.3（2014.7重印）
ISBN 978-7-223-02599-7

Ⅰ.①新…　Ⅱ.①北…　Ⅲ.①课程—教案（教育）—中学　Ⅳ.①G633

中国版本图书馆CIP数据核字(2009)第009073号

新学案.6

——2014—2015年度高考备考策略研究报告（化学学科）

作　　者　全国中高考教学考试研究院
责任编辑　杨永坤
装帧设计　高文辉
出　　版　西藏人民出版社
社　　址　拉萨市林廓北路23号　　**邮政编码：**850000
北京发行部：100013　北京市东土城路8号林达大厦A座13层
电　　话：010-61420186
印　　刷　三河市南阳印刷有限公司
经　　销　全国新华书店
开　　本　16开（880×1 230）　　**字　　数**　1 300 千
印　　张　43
版　　次　2014年7月第1版第2次印刷
标准书号　ISBN 978-7-223-02599-7
定　　价　398.00元（全6册）

目　录

1. 化学学科高考命题趋势

1.1 学科地位

化学(chemistry)是研究物质的组成、结构、性质以及变化规律的科学,是人类用以认识和改造物质世界的主要方法和手段之一。它与人类的衣、食、住、行以及能源、信息、材料、国防、环境保护、医药卫生、资源利用等方面都有密切的联系,是一门社会迫切需要的实用学科。它的成就是社会文明的重要标志。

中学化学学习是化学教育的重要阶段,《普通高中化学课程标准》对高中化学提出三维课程目标、全面培养学生科学素养、注重学习方式转变等。在考试评价上强调纸笔测试"重点应放在考查学生对化学基本概念、基本原理以及化学、技术与社会的相互关系的认识和理解;应重视考查学生对知识的综合运用、技能和方法、分析和解决问题的能力;应注意选择具有真实情景的综合性、开放性的问题"。

1.2 高考化学改革

自 1977 年我国恢复高考制度以来,高考一直在进行改革,每一次大的改革都有一个变化、稳定、发展的过程。如果从高考命题角度去看,经历了四次大的变革。即"知识型""知识—能力型""知识—能力—素质型""能力立意型"四个发展阶段,如表 1-1 所示。

新课程改革后,高中化学学科在课程标准、教学理念、教材编写等方面进行了较大变革。正在全国范围稳步推进的《普通高中课程方案(实验)》(以下简称《课程方案》),通过设置课程模块以及合理划分必修模块与选修模块之间的比例关系等措施,"构建重基础、多样化、有层次、综合性的课程结构",以"适应社会需求的多样化和学生全面发展的要求"。①

高中化学课程强调从学生已有的经验和将要经历的社会生活实际出发,认识化学与人类生活的密切关系,关注人类面临的与化学相关的社会问题,培养学生的社会责任感、参与意识和决策能力。

新一轮高中化学课程改革的目标集中于在综合反映学科发展需要、社会发展需要、学生发展需要,体现基础性、时代性、选择性的基础上进一步提高学生的科学素养,为未来社会培养适应时代发展的人才。②

表 1-1 当今高考化学命题概况③

命题角度	时间背景	命题原则	考查目标	试题特点
能力［能力立意］	素质教育背景下,1999 年提出了高考命题指导思想以"能力立意"的口号。新课标考试大纲进一步明确了能力立意的命题主旨。	(1)有利于高校选拔具有创新精神和实践能力的全面发展的新生(2)有利于基础教育全面实施素质教育(3)有利于推进普通高中课程改革,有利于正确引导基础教育的化学教学。	(1)突出主干知识的考查,将能力考查置于命题的核心位置(2)突出考查"接受、吸收、整合化学信息能力、分析问题和解决问题的能力、化学实验与探究能力",知识考查服务于能力考查(3)关注学习过程与方法,尝试在考核中渗透情感、态度与价值观。	试题包括立意、情境、设问三个方面。习题具有真实性、情境性、开放性和探究性。

1.2.1 高中化学课程改革的理念、特点和目标

新课程力求更全面地展示未来公民所需要的化学科学素养,以更具弹性的课程结构和更丰富的课程内容,为"不同的学生学习不同的化学"提供基础。新课程强调在全面发展的基础之上突出特长,彰显个性,引导学生进一步学习化学的基本原理和基本方法,形成科学的世界观;从学生已有的经验和将要经历的社会生活实际出发,帮助学生认识化学与人类生

① 高考对课程结构改革的影响——以化学学科为例
② 高中化学课程改革的主要目标是什么?
③ 蒋晓荣. 恢复高考 22 年来高考化学命题立意的变迁与启示[J]. 化学教育. 2010. (3):66—67.

活的密切关系，关注人类面临的与化学相关的社会问题，培养学生的社会责任感、参与意识和决策能力；立足于学生适应现代生活和未来发展的需要，着眼于提高21世纪公民的科学素养，构建“知识与技能”“过程与方法”“情感态度与价值观”相融合的高中化学新课程目标体系。①

• 高中化学课程改革所秉承的理念

立足于学生适应现代生活和未来发展的需要，着眼于提高21世纪公民的科学素养，旨在构建知识与技能、过程与方法、情感态度与价值观的课程目标体系；确立适应不同学生发展需要的高中课程体系。提供给学生多样化的选择是高中化学课程体系的明显标志，为满足志趣和发展潜能不同的学生发展的需要奠定了良好的基础。②

• 高中化学课程改革的主要特点

高中化学课程改革的特点主要体现在以下几点：重视发展，淡化甄别与选拔，实现评价功能的转化；重视综合评价，关注个体差异，实现评价指标的多元化；强调质性评价，定性与定量相结合，实现评价方法的多样化；强调参与与互动、自评与他评相结合，实现评价主体的多元化；注重过程，终结性评价与形成性评价相结合，实现评价重心的转移。

• 高中化学课程改革的主要目标

建立有共同基础而又能适应不同学生发展需要的、适应时代需要的、可选择的化学课程体系；体现化学课程的应用性和实践性，培养学生从化学视角看待物质世界，能应用化学知识和化学方法参与社会决策和解决问题的能力；倡导以科学探究为主的多样的学习方式，重视化学学习方法的启迪，提高学生终身学习的能力，在现代社会的生存和竞争能力；建立有利于学生个性发展的课程评价体系；充分发掘化学课程的人文内涵，有利于学生形成正确的人生观、世界观和价值观，有利于学生思维能力、分析解决问题能力的发展，提高科学素养和人文素养。

1.2.2 高中化学课程改革下高考化学的特点

• 试题平稳过渡，继续强化对中学化学主干知识的考查，突出重点

试题着重考查学科的主干知识和重点知识，体现了基础性。比较好地继承了原有高考试题的优点。

• 联系实际，关注社会现实问题

新课标要求“反映现代化学研究和发展趋势，体现化学时代特色，以化学视角观察社会、科学、生活、关注化学科最新发展，用化学知识解决实际问题”。新课标下，高考化学向考生传递了化学的最新科技动态、化学与社会生活密切联系的信息。

• 减少虚拟，贴近真实

新课程强调“将化学知识应用于生产、生活实践的意识，能够对与化学有关的社会问题做出合理的判断”“关注与化学有关的社会热点问题”。摒弃虚拟的、不真实的框图提问方式，取而代之的是工艺流程、操作流程、生产有用产品问题、有机实际合成路线或实际反应等流程提问或情景设问，引导师生关注生产实际，解决实际问题，强化学生社会责任感、参与意识与决策能力。

• 关注信息获取和加工能力，考查学生学习潜能

新课标在课程目标的过程与方法中要求学生“多种手段获取信息，并运用比较、分类、归纳、概括等方法对信息进行加工”。高考试题表现形式主要是信息题、数据分析对比归纳题，以考查学生思维的缜密型、统摄性、创造性和学习潜能。

• 关注学生个性发展，体现选择性

新课标要求“为学生个性发展提供多样性选择”“以激励每一个学生走向成功”，所以实验区新课标高考题中均出现了“必考”与“选考”的划分。

• 强化实验考查，体现化学学科特点

由于新课标要求“通过以化学实验为主的多种探究活动”“激发学习化学的兴趣”，新课标实验区高考试题强化实验考查，以体现化学学科特色，对新课程教学进行正确的导向。

• 引领课改，渗透科学探究

新课标要求“通过以化学实验为主的多种探究活动，使学生体验科学探究过程”“培养学生的创新精神和实践能力”。如何“设计方案、实验操作、预期现象和结论”，给学生足够的思维空间，让学生自由发挥。

---

① 谈课程改革中化学教师教学理念的更新

② 高中化学课程改革的主要目标是什么？

1.3 考试大纲中知识、能力要求的变化

近年来，以《普通高等学校招生全国统一考试大纲(新课标卷)》(以下简称《新课标考纲》)为指导纲领的新课程高考引领了全国高考的新一轮改革。与过去"3 + X"考试方案中理科综合化学科考试大纲(以下简称《大纲版考纲》)相比，《新课标考纲》在考试目标、能力要求和考试内容上均有不同，而内容改革是这轮高考改革的重点和难点。

1.3.1 知识要求的变化

《新课标考纲》中的考试内容与《大纲版考纲》中"根据普通高等学校对新生文化素质的要求，参照教育部颁布的《全日制普通高级中学教学大纲》，并考虑中学教学实际"所要求的不同，包括必考内容和选考内容。必考内容涵盖必修模块"化学1""化学2"和选修模块"化学反应原理"的内容。选考内容涵盖选修模块"化学与生活""化学与技术""物质结构与性质""有机化学基础"的内容，考生从中任选一个模块考试。

表 1-2 《新课标考纲》与《大纲版考纲》对知识点要求的比较(选考部分)

《大纲版考纲》	《新课标考纲》	变化说明
了解几种晶体类型(离子晶体、原子晶体、分子晶体、金属晶体)及其性质	了解原子晶体的特征，能描述金刚石、二氧化硅等原子晶体的结构与性质的关系。了解分子晶体与原子晶体、离子晶体、金属晶体的结构微粒、微粒间作用力的区别。	对物质的结构与性质知识点细化，难度加大，要求提高。对于各种晶体类型特征，不仅要了解其基本特征和性质，更要求学生从微观的角度提升对物质本质的认识。
初步了解氢键	了解氢键的存在对物质性质的影响，能列举含有氢键的物质	
了解金属与合金在性能上的主要差异。了解生活中常见合金的组成。	初步了解合金的概念	加大考查力度，提高难度，注重与日常生活的联系，提倡学以致用。
了解生活中常用合成高分子材料的化学成分及其性能，评价高分子材料的使用对人类生活质量和环境质量的影响。	初步了解重要合成材料的主要品种的主要性质和用途	
了解水污染的危害。了解污水处理中主要的化学方法及其原理。	初步了解生活用水的净化及污水处理的基本原理	要求学生了解水污染的危害和处理措施，更关注与科学、技术、社会相结合的知识。

从表 1-2 中可以看出，在必考部分《新课标考纲》难度比《大纲版考纲》要求低，而选考部分的难度要求略高，各模块难度设置有差异性，有利于促进学生个性特长的发展。

《大纲版考纲》和《新课标考纲》呈现出不同的倾向性：从目标来看，《大纲版考纲》强调掌握"双基"，而《新课标考纲》强调考查学生全面的科学素养；从内容来看，《大纲版考纲》注重学科系统知识的考查，《新课标考纲》注重贴近社会、贴近生活，体现 STS 教育思想。《大纲版考纲》主张学生应"比较系统地掌握化学基础知识和基本技能"。虽然也倡导"应用"，但更多的是应用科学知识解决科学问题。而《新课标考纲》则认为，对科学知识的要求知道"是什么""为什么"固然不可缺少，但更重要的是知道这一知识"能用于做什么"，如何用于解决生活和社会中的实际问题。①

表 1-3 列出了《新课标考纲》的新增考点。由表 1-3 知，新增考点大致可以分为以下 3 类：体现知识与技能的内容；体现科学探究过程与方法的内容；体现化学学科与生活生产联系的内容。新增的考点使得《新课标考纲》与高中新课程改革进行了有效的衔接。

① 王明召，高盘良，王磊. 普通高中课程标准实验教科书. 化学反应原理. 第 3 版，济南：山东科学技术出版社，2007. 82—88.

表 1-3 《新课标考纲》新增考点(仅列必考部分)①

新增考点	说 明
(1)了解化学的主要特点是在原子、分子水平上认识物质。了解化学可以识别、改变和创造分子	体现知识与技能
(2)了解科学探究的基本过程,学习运用以实验和推理为基础的科学探究方法。认识化学是以实验为基础的一门科学	体现科学探究过程与方法
(3)了解定量研究的方法是化学发展为一门科学的重要标志	体现科学探究过程与方法
(4)了解科学、技术、社会的相互关系(如化学与生活、材料、能源、环境、生命过程、信息技术的关系等)	体现化学学科与生活生产联系
(5)了解在化工生产中遵循"绿色化学"思想的重要性	体现化学学科与生活生产联系
(6)能说出常见的能量转化形式	体现知识与技能
(7)能用盖斯定律进行有关反应热的简单计算	体现知识与技能
(8)了解催化剂在生产、生活和科学研究领域中的重大作用	体现化学学科与生活生产联系
(9)了解化学平衡建立的过程。理解化学平衡常数的含义,能够利用化学平衡常数进行简单的计算	体现知识与技能
(10)了解水的电离,离子积常数	体现知识与技能
(11)了解难溶电解质的溶解平衡及沉淀转化的本质	体现知识与技能
(12)了解化学实验是科学探究过程中的一种重要方法	体现科学探究过程与方法
(13)能识别化学品安全使用标识	体现化学学科与生活生产联系
(14)设计、评价或改进实验方案	体现科学探究过程与方法
(15)了解控制实验条件的方法	体现科学探究过程与方法

1.3.2 能力要求的变化

《新课标考纲》对能力要求包括:接受、吸收、整合化学信息的能力;分析问题和解决(解答)化学问题的能力;化学实验探究能力。对比《大纲版考纲》,《新课标考纲》突出了以下特点②:

• 考查考生接受、吸收、整合信息的能力

该项能力的要求,敏锐全面地观察是先导,从现实生活、生产实际或科学实验中发现问题甄别和筛选所提供的相关信息是重点,将获得的有效信息与已有知识正确地建立联系、用于解决实际问题是关键。

• 考查考生分析问题和解决化学问题的能力

解决问题的能力是能力的综合体现,主要的是考生能将实际问题进行分解、归类、运用相关知识,采用分析、假设、推理、转换、重组、计算等方法解决给出的问题。重要的是能将分析、解决问题的过程、结果用正确规范的化学用语、化学语言正确地表达,并做出合理的解释。

• 考查考生完成化学实验和探究能力

强调化学实验能力和探究能力的考查,是为了充分体现新课程标准对实验教学的新要求,这也是新课程改革的着力点之一,实验题的设置一般采用探究性、拓展性学习的方法,体现考查考生对化学实验的全面性认识和整体性掌握。多样化、选择性和探究性,让学生全面而有个性的发展是这一次高中新课程改革的亮点,而新的大纲在维护统一考试的前提下,尽可能反映新课标教学中倡导的这种多样性和选择性,体现学生的个性化发展。③

---

① 从考试内容标准角度看新旧高考大纲之差异性

② 沃秀娟.新课程背景下高考化学试题的变化及教学启示.

③ 国家教育考试中心 2006 年普通高等学校招生全国统一考试大纲的说明[M].北京:高等教育出版社,2005.519－522.

1.4 命题趋势探究

1.4.1 立足基础，考查核心和主干知识

新课程高考“不再是难度的竞争，也不是特殊技巧的角逐”。通过分析近几年高考试卷我们得知，试卷中所考查的知识技能范围和认知领域能力要求均在课程标准和考试大纲范围之内，完全符合“在努力保证不超纲的前提下，重视对学生能力和素质的考查”的要求。但知识不拘泥于课本，试题内容“陈旧”而角度新颖，强调能力而不偏离教材；考查基础而不追求面面俱到；重视能力而不脱离实际。认知领域能力要求不局限于考试手册的程序性描述，把学科的核心和主干知识作为选拔测试的重点，重在理解和灵活应用。①

表 1-4 《大纲版考纲》与《新课标考纲》对知识点的要求比较（必考部分）

《大纲版考纲》	《新课标考纲》	变化说明
掌握电子式、原子结构示意图、分子式、结构式和结构简式的表示方法。	了解原子结构示意图、分子式、结构式和结构简式的表示方法。	删去了用电子式表示原子结构的要求，化学用语的表达难度降低。
了解原子的结构及同位素的概念。理解原子序数、核电荷数、质子数、中子数、以及质量数与质子数之间的相互关系。	了解原子结构。了解原子序数、核电荷数、质子数、中子数、核外电子数以及它们之间的相互关系。	删去了同位素、质量数、质子数、中子数等概念的要求。
理解离子键、共价键的含义。理解极性键和非极性键。了解极性分子和非极性分子。了解分子间作用力。初步了解氢键。	了解化学键的定义。了解离子键、共价键的形成。	对概念要求降低，偏重应用。
理解氧化还原反应，掌握重要氧化剂、还原剂之间的常见反应。	了解氧化还原反应的本质是电子的转移。了解常见的氧化还原反应。	对概念要求降低，偏重应用。
初步了解新能源的开发。	了解能源是人类生存和社会发展的重要基础。了解化学在解决能源危机中的重要作用。	关注科学、技术、生活相关知识。
理解电解质的电离平衡概念。	了解弱电解质在水溶液中的电离平衡。	
理解盐类水解的原理。	了解盐类水解的原理。	降低难度。
了解离子反应的概念。	理解离子反应的概念。	
从原子的核外电子排布，理解ⅠA、ⅡA族元素（单质、化合物）的相似性和递变性。 以氢氧化钠为例，了解重要的碱的性质和用途。		
了解钠的重要化合物。掌握钠和镁的化学性质、掌握 Fe 和 Al 的化学性质。以 Fe(Ⅱ)、Fe(Ⅲ)的相互转化为例，理解变价金属元素的氧化还原性。 掌握氯气的化学性质，了解几种重要的含卤素化合物的性质和用途，了解这些元素的单质及某些氧化物，氢化物的性质。	了解常见金属（如 Na、Al、Fe、Cu 等）及其重要化合物的主要性质及其应用。 了解常见非金属单质（如 H、C、N、O、Si、S、Cl 等）及其重要化合物的主要性质及应用。	契合了课程标准中“根据生产生活中的应用实例或通过实验探究，了解钠、铝、铁、铜等金属及其重要化合物的主要性质，能列举合金材料的重要应用”和“通过实验了解氯、氮、硫、硅等非金属及其重要化合物的主要性质，认识其在生产中的应用和对生态环境的影响”的相关内容，适当降低了难度，侧重于知识在实际生产生活中的应用。
以 Na_2O_2 为例，了解过氧化物的性质。 掌握硫酸、硝酸的化学性质。		

① 李建堂. 立足基础考查能力——2006 年高考全国理综卷化学试题分析及启示[J]. 化学教育. 2006(10):29—31.

续表

《大纲版考纲》	《新课标考纲》	变化说明
掌握各类烃(烷烃、烯烃、炔烃、芳香烃)中各种碳碳键、碳氢键的性质和主要化学反应。以一些典型的烃类衍生物(乙醇、乙酸)为例,了解官能团在化合物中的作用。掌握各主要官能团的性质和主要化学反应。	了解甲烷、乙烯、苯等有机化合物的主要性质。了解乙醇、乙酸的组成和主要性质及重要应用。	将炔烃、卤代烃、醛酮等内容删去,更关注学生对常见有机化合物的认识和应用。
通过上述各类化合物的化学反应,掌握有机反应的主要类型。	了解上述有机化合物发生反应的类型。	要求相当,对于不常见的反应不要求学生记忆。
理解由单体通过聚合反应生产高分子化合物的简单原理。	了解常见高分子材料的合成反应及重要应用。	难度降低。

通过对历年各地考题的分析,核心和主干知识考查的主要内容有:化学反应及能量变化、物质结构、元素周期表和元素周期律、化学反应速率和化学平衡、物质的量及其计算、电化学知识的应用、电解质溶液的电离平衡与溶液 pH 的简单计算、有机物官能团的性质及转化、化学实验基本操作及方案的设计、化学用语及化学计量等,由于受综合科化学部分试题数目的限制,主干知识还时考时不考,但元素周期表和元素周期律、物质结构、化学速率与化学平衡、强弱电解质溶液及其离子浓度 pH、有机物官能团的性质及转化、化学实验基本操作及方案的设计、元素及其化合物性质、化学用语及化学计量是年年必考的。

1.4.2 强化对实验探究能力的考查

探究学习是相对于接受学习的一种学习方式,是适应“以学生发展为本”教育理念的全新的学习方式。学生可以而且应该用科学研究的方法来进行探究性学习,科学探究也是基础教育阶段化学课程的重要内容和目标,学生通过科学探究活动可以了解、体验、学习科学探究的方法,教育和高考试题设计也会因此而调整。新的化学课程倡导从学生和社会发展需要出发,发挥学科自身的优势,将科学探究作为课程改革的突破口,激发学生的主动性和创造性,促进积极主动地学习,使获得化学知识和技能的过程也成为理解化学、进行科学探究、联系社会生活实际和形成科学价值观的过程。①

化学实验是科学探究的重要途径,因此,以实验为载体的科学探究性试题的面世,是化学高考改革的一大里程碑,无疑体现了三维课程目标的要求。近年来,很多地区高考化学试题强化了实验探究能力的考查(表 1-5)。

表 1-5 试题所考查的实验探究能力(以广东 2012 年高考题为例)

题号	考查实验探究能力
31	以探究碘的反应速率为载体,考查了学生对于碘的实验探究、分析实验现象并得出结论的探究过程的理解。
33	以探究苯甲酸钾、甲苯为载体,考查了学生对实验装置图的观察并获取信息、对实验步骤的分析和理解、对实验现象的表述、分析能力,同时考查了对离子鉴别的能力,合理控制有机实验条件的探究能力。

1.4.3 剖析学科时事热点,渗透 STSE 教育

随着新课程标准和新课程改革在全国的不断推广和实施,高考试题应更加注重命题的真实性和情境性,更加关注生活、社会和科学发展,体现其实践性,加强对科学思维方法以及综合运用所学知识分析、解决实际问题能力的考查。② 同时,有必要突出试题的新颖性、创新性,使其更富有时代感、亲切感。

纵观近三年的新课标卷和大纲卷高考真题,以 STSE 为载体命题考查基础知识成为主流试题。STSE(科学一技术一社会一环境)内容试题分布较广,主要考查内容有社会热点和新闻中的化学问题,涉及化工生产、广告用语、环保、农业生产、医药、日常生活、印刷业、高新产品等方面。③

• 环境问题是当今社会的热点、焦点问题,当今的环境问题主要包括:温室效应、酸雨、臭氧层被破坏、光化学烟雾、白色污染、水体富营养化、重金属及其盐的污染、沙漠化等。

---

① 俞水泉. 从新课标实验区高考化学试题谈新课标下高考复习[J]. 中学化学教学参考. 2009(1-2):45-46

② 2005—2010 年高考全国卷Ⅱ理科综合能力测试有机化学试题分析

③ 化学考试大纲热点问题解读

• 能源问题是当今社会的热点、焦点问题，同时也是高考命题的热点，尤其是综合考试。在中学化学中讨论能量或能源问题的章节主要有：化学反应及其能量变化、电化学、煤和石油等。

• 材料是当今化学领域研究的重要内容之一。在高考命题时，材料方面的知识往往只是作为命题的背景材料，作为一种载体考查基本概念、基本理论。

• 自然资源是当前节能减排的热点、焦点话题。在高考中，以工农业生产、地质灾害为背景，考查化学科学对自然资源的利用问题。

STSE 教育思想是 STS 的延伸，新课程改革的教材编写也更注重化学与社会、科技、生活的联系，以求更好地落实新课改的理念，即反映现代化学科研成果和发展趋势，体现化学时代特色，以化学视角观察社会、科学、生活，关注化学学科最新发展，用化学知识解决实际问题，全面提高国民的科学素养、质疑创新思想。①

近年来的化学高考命题趋势是在重视基础、强化能力前提下越来越关注对社会、科技、生活等题材的涉及，以考查学生灵活分析、整合知识及解决实际问题的能力，同时也较好地体现了试题的新颖性、创新性，使试题富有时代性、亲切感。现将高考可能涉及的社会热点归纳如表 1-6。

表 1-6　社会热点归纳

社会热点	对应知识	结合点
大气污染与防治	氧族、氮族	硫氧化物、氮氧化物污染
水污染与防治	氧化还原反应、离子反应	重金属离子、有机物污染、BOD、COD 苯类污染物
臭氧的利与弊	多步反应综合分析、催化剂	光化学污染与氟利昂破坏臭氧层
温室效应	碳族	CO_2 或 CH_4 的超量排放
人体健康与保健	Ca、Fe、Zn、I、Se、Al、F	Ca、Fe、Zn 为热门补品元素；I、Se 为微量元素；Al 长期累积引起疾病；F 适量可固齿、过量导致骨骼疏松
饮食卫生	卤素、亚硝酸盐、甲醇	加碘盐、自来水消毒、假酒中含甲醇、工业盐中含亚硝酸盐、“苏丹红一号”、过氧乙酸
医药知识 高科技、新材料	烃的衍生物、有机反应、合成同位素、化学键、晶体、聚合反应	糖尿病检测、医药中的多种官能团、新药的有机合成 C_{60}、N_{60}、N_5AsF、BGO……液晶材料、高分子材料
能源、资源 地质灾害	反应热、核反应、电化学 电化学、自然资源的合理利用	氢能源、核能、可逆电池、新型电池、可燃冰、燃料、海洋资源 地震、泥石流等灾害

1.4.4　融入对化学学科思想方法的考查

“化学”是一门在原子、分子层次上研究物质的组成、结构、性质及其变化的科学。化学学科思想是人们在学习、研究和解决化学问题时所运用的思维方法，它具有其自身的特殊性。化学学科的基本思想包括：整体性思想、联系思想（结构和性质、微观和宏观、量变质变思想、定性和定量、相互转化、发散思想、有序思维思想）、守恒思想、一般与特殊的思想、极限思想、动态平衡思想、构建模型的思想、验证探究思想、绿色化学思想、学以致用思想等。“化学学科方法”包括：①哲学方法论，如唯物辩证法、矛盾分析方法、两点论和重点论等；②一般科学方法论，如观察、分析、综合、抽象、比较、分类、类推、联想、假说、归纳、演绎、迁移法、类比、实验、图像法、模型法、公式法、证明、反驳、推理法（顺推法、逆推法、猜测论证法）、枚举法等；③具体科学方法，如化学信息加工方法、控制变量法、守恒法（转移电子守恒、元素守恒、电荷守恒、能量守恒）、终态法、假设法（极端假设法、过程假设法、赋值假设法、极限法）、等效法、化学分析测量方法、实验研究的方法（包括实验的观察方法、描述方法、条件控制的方法、实验设计的基本方法、研究物质性质的方法等）、化学问题抽象为数学、物理、生物问题的方法等。②

新课程标准明确指出：“化学思想方法是化学知识在更高层次上的抽象和概括，它是反映化学学科规律和特点的哲学思想。”在中学阶段，化学思想方法渗透在化学知识的学习中对化学思想方法的考查必须与化学知识的考查结合进行。试

---

① 李欢. 化学教学中的 STSE 教育[J]. 科技教育.

② 周存军. 谈中学化学学科思想和方法的培养[J]. 现代教育科学. 2009(3)：101—102.
董景礼. 浅谈化学学科思想教育[J]. 阜阳师范学院学报(自然科学版). 2005(6)：90—92.

题在考查化学知识的同时，巧妙地融入了化学学科思想方法的考查(表 1-7)。

表 1-7 试题所考查的学科思想(以北京 2012 年高考题为例)

题号	考查化学学科思想
6	化学与社会和谐发展；分类与比较
7	分类与比较
8	物质变化是有条件的(控制变量)
9	分类与比较
10	物质变化是有条件的(控制变量)；宏观与微观；分类与比较
11	分类与比较；宏观与微观
12	定性与定量
25	物质变化是有条件的(控制变量)；分类与比较；定性与定量；宏观与微观；化学与社会和谐发展
26	化学与社会和谐发展；定性与定量；宏观与微观；分类与比较
27	物质变化是有条件的(控制变量)；定性与定量；宏观与微观
28	物质结构决定性质；分类与比较；宏观与微观

1.4.5 注重信息与学科素养整合能力测试

我国在《基础教育课程改革纲要(试行)》解读一书中指出："面对新世纪的挑战，为了实现教育的跨越式发展，我们必须将迅速提高青少年的信息素养作为渗透整个素质教育的核心要素，并力求将信息素养的培育融入有机联系的教材、认知工具、网络以及各种学习与教学资源的开发之中，以形成人对信息的需求，培养人查找、评估、有效利用传达和创造具有各种表征信息的能力，并由此拓展对信息本身的认识。"化学是一门应用性很强的，与人们的生活息息相关的学科，其本身的特点以及化学教学手段的现代化，使得学生的信息素养与化学新课程教学息息相关，是学生学习能力的重要部分，是新课程教学的重要培养目标。①

新课程化学教学要求培养学生自主的提取信息、加工信息以及归纳整理信息的能力。化学考试大纲则明确要求学生具有"能够通过对实际事物、实验现象、实物、模型、图形、图表的观察，以及对自然界、社会、生产、生活中的化学现象的观察，获取有关的信息，并进行初步加工、吸收、有序存储的能力"。②由于有考试目标激励和任务动机驱使，很多试题都能挑战学生的能力与智慧，把对接受处理信息以及对知识技能和学科方法的考查贯穿于实际问题的解决过程中，使考生在解答高考题时体验学科的价值，感悟学习化学科学的意义，极大地丰富了试题的考试内涵。新课程高考化学试题中的"信息"最主要表现形式有：图片符号信息，数据、图表、图象信息，仪器、装置信息，框图信息等。③

表 1-8 化学试题所考查的信息素养(以 2012 北京卷为例)

题号	考查信息素养
8	化学反应的实验装置图
12	电化学反应的装置图
26	化学平衡反应的速率曲线图；能量变化的曲线图
27	银氨溶液化学反应路线图
28	有机合成的路线图

① 吴伟丽. 化学新课程教学中学生信息素养的培养研究. 硕士学位论文.

② 2010 年高考考试大纲理科综合

③ 冯宇. 2009 年新课程高考化学试题的特点及启示[J]. 教育理论与实践. 2010(3)：12—14.

附录一　课程改革类文献

单旭峰.高考化学“信息迁移能力”考查路径及思考[J].中国考试.2013(2):26—28.

李运芬.对新课标下高考化学实验的研究[J].学周刊.2013(1):138.

李建华.新课程高考化学复习策略探讨[J].科学咨询(教育科研).2013(1):85.

曾兵芳,韦佳.新课程高考化学工艺流程试题的特点与启示[J].考试与招生.2012(7):45—48.

吴佳丹.新课程背景下高考化学试题能力导向研究[D].华中师范大学.2012:5—14.

徐瑞洋.新课标高考化学试题特点及备考策略[J].大连教育学院学报.2012(3):52—54.

曾兵芳,郑燕,李金海.2011年新课程高考化学试题的特点与思考[J].教育测量与评价(理论版).2011(11):45—48.

郭璟春.浅谈高考化学实验复习方法[C].甘肃省化学会第二十七届年会暨第九届甘肃省中学化学教学经验交流会论文摘要集.2011(7):20—27.

李小兰,何统华。浅谈新课程背景下高考化学试题命题[C].中国化学会第三届关注中国西部地区中学化学教学发展论坛论文集.2011(7):50—56.

沈骏松,王春.立足基础,突出能力,引领课改——2010年北京高考化学试题评析与启示[J].高中数理化.2010(11):47—49.

张世勇,胡乔生.新课程背景下高考化学实验题特点分析与启示[J].教育理论与实践.2010(7):15—17.

沈艳华.新课标下高考化学试题研究概谈[J].新课程(中学版).2010(7):94—95.周改英.新课程高考化学实验命题存在的问题分析[J].教学仪器与实验.2010(6):50—53.

杨帆.新课程高考方案下的化学复习策略[J].教学月刊(中学版).2009(7):50.

周改英.新课改背景下高考化学实验试题的命制特点及教学策略[J].实验教学与仪器.2009,26(6):4—6.

陈说.新课标下如何进行高考化学考前有效辅导[J].新课程学习.2009(6):94.

杨克理.新理念新教材新实验——探究近两年高考化学实验题[J].中学化学教学参考.2009(5):60—61.

温海波.新课改理念下的元素化合物高考复习新思路[J].中学化学教学参考.2009(1):30—31.

张甫宗.新课程背景下的高考化学复习[J].考试周刊.2008(40):5—6.

王后雄.新课程视野下高考化学命题设计的发展与创新[J].化学教学.2008(3):55—60.

王后雄.新课程下高考化学试题内容、结构及能力要素的初步研究[J].考试研究.2007,3(4):32—48.

王后雄.新课程下高考化学试题内容选材及能力结构要素分析[J].教育科学研究.2007(8):22—28.

王云生.课程改革背景下高考对化学教学的要求　从3份高考化学试题得到的启示[J].化学教育.2006,27(1):40—41,54.

胡一毅.保持稳定,巩固、提高、渗透二期课改理念一评2004年高考化学(上海卷)[J].化学教学.2004(7):74—77.

附录二　命题趋势类文献

柳楠,李中华.高考和奥赛中同类化学试题的分析与启示[J].教育教学论坛.2013(6):230—231.

刘雅莉,赵海燕.高考化学题库内部结构的设计[J].中国考试.2013(4):13—15.

李金海,曾兵芳.2012年高考化学卷的特点与思考——基于江苏、海南、上海3省市化学卷的统计分析[J].教育测量与评价(理论版).2013(2):49—53.

刘艳华.2012年高考化学备考回顾与启示[J].延边教育学院学报.2012(6):43—47.

张世仙,罗宿星,伍远辉,朱万强,金茜.高考化学开放性试题分析及教学建议[J].遵义师范学院学报.2012(5):20—24.

张世勇,林芳明.科学素养理念下新课程高考化学探究性试题的特点及启示[J].教育测量与评价(理论版).延边教育学院学报.2012(2):50—53.

崔顺女. 近两年高考化学试题的特点与启示[J]. 延边教育学院学报. 2011(4):43—46.

赵宇. 2010 年课改实验区高考创新实验题统计分析[J]. 化学教学. 2011(1):54—56.

岑彭新. 09 年高考化学试题(江苏卷)的结构与特点[J]. 理科爱好者(教育教学版). 2010(1):31.

冯宇,李德庆. 2009 年新课程高考化学试题的特点及启示[J]. 教学理论与实践. 2010 (3):12—14.

李俊生,胡志刚. 2009 年全国高考理综(全国卷Ⅰ)化学试题能力考核因素的研究及启示[J]. 福建教育学院学报. 2010,11(2):125—128.

崔顺女. 2010 年新课程高考化学试题的特点及分析[J]. 延边教育学院学报. 2010, 24(4):33—38,42.

廖旭果. 2010 年浙江省高考理综卷化学创新试题解析、点评与反思[J]. 中学化学教学参考. 2010(8):55—59.

叶能胜. 浅析 2010 年北京高考化学实验试题命题特点及对实验教学的导向作用[J]. 中国现代教育装备. 2010(18):14—15.

周柳玉. 浅谈高考化学命题的趋势——绿色化学[J]. 新课程学习. 2010(3):183.

张秀球. 趋势就是特色神似胜于形似——高考化学命题走向分析[J]. 高中生之友(高考版). 2010(1):87—90.

许克敏. 新课程高考化学命题方向[J]. 大题分解. 2010(6):50—53.

徐文媛,龙威等. 新课程高考化学命题趋势——2010 年五大教育强省、市化学高考试题对比与分析[J]. 教育探索. 2010(12):45—46.

肖中荣. 新高考化学实验命题方向初探[J]. 化学教学. 2010(1):64—67.

郑明. 高考化学试题中有机化学试题的命题特点与趋向[J]. 考试周刊. 2009(27): 1—3.

刘海平,魏戚光. 高考化学命题趋势探析[J]. 课程教材教学研究(教育研究). 2009(1):83—85.

韩娟,张英锋. 化学探究性试题的考查方式和变化趋势[J]. 考试与招生. 2009(3):27— 30.

王春. 新课程视角下高考化学实验试题考查动向及复习启示[J]. 中学化学教学参考. 2009(9):48—50.

毛根发. 例说新课程背景下的高考化学命题的几个新方向[J]. 考试周刊. 2009(17): 6—7.

黄兵兵. 稳中求变稳中求新—2004—2007 年全国高考理科综合化学试题特点与启示[J]. 福建教育学院学报. 2008(6):53—55.

赵宇. 2008 年课改实验区高考化学试题情景素材的价值取向性分析[J]. 教育理论与实践. 2008(10):9—11.

王瑶. 高考化学主观试题导向性初步研究[D]. 上海:上海师范大学,2007.

赵莽焱. 2007 年高考化学试题的分析与总复习建议[J]. 化学竞赛与高考. 2007:349—350.

张明山. 2004 年全国高考上海化学试卷的命题对高中化学教学改革的启示[J]. 化学教学. 2005(1):108—110.

董银麒. 2003 年理科综合能力测试(全国卷)化学试题的特点及启示[J]. 化学教育. 2003,24(11):33—40.

周改英. 2003 年上海高考化学实验试题的特点及启示[J]. 中学化学教学参考. 2003(12):7—9.

附录三 考纲解读类文献

张巧英. 高考化学复习误区经验谈[J]. 现代阅读(教育版). 2013(3):110.

侯玲霞. 新课程理念下的高三化学复习[J]. 现代阅读(教育版). 2013(1):166.

江先伟. 新课标下优化课堂教学模式的探讨[J]. 现代阅读(教育版). 2013(1):167—168.

杨超怀. 高三学生化学实验能力结构分析与培养策略研究[D]. 广西师范大学. 2012:5—13.

占惠娟. 基于化学学科能力的 MCE(Shanghai)研究[D]. 华东师范大学。2012:10—15.

吕艳春. 高考化学中知识与能力的转化[D]. 教育教学论坛. 2011(10):43.

王艳平. 分析高考化学考卷明确复习方向[J]. 中国教育技术装备. 2011(1):152.

李树娜. 化学试题事前难度的认知任务分析[D]. 华东师范大学。2011:40—43.

汪洪俊. 化学实验教学与考试大纲[J]. 素质教育论坛. 2010(8):32.

石敬珠. 化学实验备考策略:从考纲研读走向考场实战[J]. 考试周刊. 2010(4):1—2.

邓阳,叶依丛. 从考试内容标准角度看新旧高考大纲之差异性[J]. 化学教育. 2010 (1) :41—43

曾兵芳,周兰根. 2009 年新课程高考化学卷科学探索能力考查的分析与思考[J]. 教育理论和实践. 2009(12):15—17.

方建华. 规范实施高中新课程的四个政策底线[J]. 教学理论. 2009(2):64—65.

杨明生. 2009 年高考化学新考纲分析[J]. 高中数理化. 2009:84－85.
魏戚光，赵敏. 研读考纲，把握命题方向[J]. 课程教材教学研究. 2008(23):59－60.
陆军. 2008 年江苏化学高考说明的特点和应考策略[J]. 化学教育. 2008(1):44－45.
严济良. 新课程背景下化学的焦虑与探索[J]. 化学教育. 2007(12):32－34
陈奕利. 研究高考考试大纲提高化学复习效率[J]. 福建教育学院学报. 2007 (6): 99－ 100.
王美文. 研读考纲有效复习提升能力－2007 年高考化学后期复习要点[J]. 化学教育. 2007(4):44－46.
刘树领，周建国等. 2007 年高考化学《考试大纲(课标版)》新增知识考点解读[J]. 理化生. 2007(4):38－39.
张英锋. 解读考试说明，把握复习尺寸[J]. 化学教育. 2003(4):21－23.
王美文. 注意基础突出能力体现应用[J]. 化学教育. 2003(3):27－28.

2. 化学学科高考命题规律

高中化学主干知识可以分为以下五部分：基本概念和基本理论、元素及其化合物、有机化学、化学实验及化学计算。在近年高考试题中，这五部分所占比重虽然每年都略有调整，但保持相对稳定，详见图 2-1。

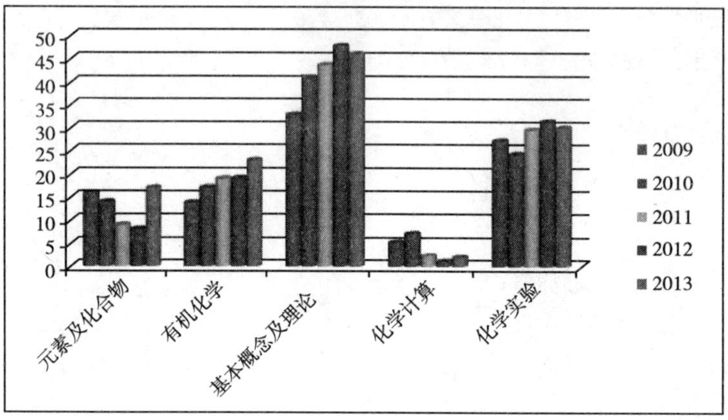

图 2-1　各模块在 2009～2013 年试卷中所占比例均值对比

2.1　基本概念和基本理论

基本概念原理内容是一种概括性知识、是一种揭示本质的认识，它是科学知识体系中非常重要而核心的内容，学生掌握化学概念原理既是获取化学知识的重要途径，又是形成能力、发展智力的基础。高中化学新课程的概念原理内容分布在各个课程模块中。由于新课程课程结构的变化，高中化学必修课程的概念原理知识具有主体覆盖面较广、教学要求较浅、与选修模块构成螺旋上升的特点。

基本概念与基本理论模块在试题中的比重呈不规律变化，在新课标和全国卷中整体呈下降趋势(图 2-2)。模块的分值及比例高低走向明显地揭示了高考考核知识的基本趋势。随着时代的发展和教育改革的推进，科学考核学生素养和应变知识能力的要求越来越高。

地区 年份	基本概念及理论					
	2009	2010	2011	2012	2013	平均分
北京	7(6分);10(6分);28(2分);9(6分);26(2分);11(6分);6(6分)	7(6分);10(6分);26(9分);12(6分);11(6分);6(6分)	6(6分);9(6分);25(12分);10(6分);26(6分)	6(6分);7(6分);9(6分);12(6分);25(13分);26(12分);	6(6分);7(6分);13(6分);25(17分);28(15分)	39.8
上海	5(2分);12(3分);2(2分);18(4分);7(3分);24(8分);15(3分);23(4分);14(3分);19(4分);25(10分);20(4分);16(3分);13(3分);	2(2分);7(3分);20(3分);4(3分);18(4分);9(3分);19(4分);24(8分);25(8分);16(3分);	4(2分);20(4分);21(4分);5(2分);7(3分);23(8分);3(2分);25(8分);18(4分);16(3分);24(8分);	11(3分);4(2分);17(4分);5(8分);19(4分);6(8分);5(3分);3(2分);9(3分)7(8分);7(3分);20(4分);14(3分)	5(2分);2(2分);17(4分);5(8分);21(4分);6(8分);6(3分);4(2分);10(3分);4(8分);7(3分);20(4分);12(3分);10(8分)	48.5
新课标		12(6分);13(6分);28(2分);37(15分);7(6分);11(6分);28(8分);	7(6分);12(6分);26(10分);13(6分);37(15分);27(12分);10(6分);11(6分)	6(6分);7(6分);10(6分);27(15分);9(6分);8(6分);11(6分);	6(6分);7(6分);10(6分);27(15分);26(15分);	46.7

续表

地区 年份	基本理念及理论					
	2009	2010	2011	2012	2013	平均分
广东	6(3分);12(4分);10(4分);11(4分);1(3分);18(4分);15(4分);7(3分);20(10分);9(3分);14(4分)	7(4分);8(4分);12(4分);10(4分);9(4分);31(16分);23(6分);	9(4分);8(4分);22(6分);31(15分);11(4分);12(4分);32(16分);	11(4分);8(4分);10(4分);22(6分);31(16分);32(17分);23(6分);	6(6分);7(6分);8(6分);12(6分);13(6分);30(16分);22(6分);23(6分);	40
海南	8(3分);13(9分);2(3分);12(3分);4(3分);6(3分);7(4分);15(9分);	10(4分);7(4分);15(9分);11(4分);6(2分);3(2分);14(8分);5(2分);2(2分);9(4分);	1(2分);10(4分);13(9分);4(2分);5(2分);8(4分);15(9分);12(4分);6(2分);11(4分);	7(4分);12(4分);6(2分);15(9分);11(4分);3(2分);13(8分);16(9分);	7(4分);10(4分);5(2分);8(4分);15(9分);11(4分);3(2分);13(8分);16(9分);	44
江苏	2(3分);4(3分);13(3分);11(4分);7(3分);8(3分);17(8分);14(4分);20(10分);16(8分);12(4分);	5(2分);3(2分);6(2分);13(4分);2(2分);14(4分);17(8分);16(10分);12(4分);8(4分);11(4分);	2(2分);8(2分);6(2分);4(2分);3(2分);5(2分);10(2分);16(12分);15(4分);14(4分);18(12分);	2(2分);8(2分);9(2分);3(2分);12(4分);4(2分);10(2分);16(12分);14(4分);	2(2分);1(2分);4(2分);3(2分);5(2分);9(2分);11(4分);13(4分);21(12分)	43
山东	10(4分);11(4分);32(8分);28(6分);14(4分);13(4分);15(4分);29(12分);	12(4分);9(4分);4(4分);28(14分);11(4分);32(8分);10(4分);15(4分);29(12分);	30(8分);28(14分);10(4分);13(4分);32(8分);14(4分);15(4分);	7(3分);9(3分);32(8分);29(16分);13(3分);28(12分);	7(4分);9(4分);10(4分);11(4分);13(3分);28(12分);29(12分)	40.6
安徽	10(6分);7(6分);11(6分);13(6分);12(6分);	12(6分);28(10分);9(6分);7(6分);10(6分);13(6分);11(6分);	28(7分);8(6分);7(6分);9(6分);11(6分);13(6分);12(6分);	8(6分);7(6分);9(6分);11(6分);13(6分);12(6分);25(16分);	7(6分);8(6分);9(6分);10(6分);11(6分);12(6分);25(16分);	45.9
福建	8(6分);6(6分);11(6分);13(6分);12(6分);	8(6分);7(6分);10(6分);11(6分);	7(6分);9(6分);10(6分);11(6分);12(6分);30(13分);	10(6分);30(13分);8(6分);23(14分);11(6分);12(6分);9(6分);24(16分);	6(6分);23(16分);7(6分);23(14分);8(6分);9(6分);10(6分);24(16分);	32.1
四川	8(6分);9(6分);10(6分);12(6分);13(6分);29(12分);	7(6分);8(6分);9(6分);10(6分);13(6分);27(16分);29(12分);	7(6分);8(6分);10(6分);11(6分);13(6分);29(14分);	7(6分);9(6分);10(6分);12(6分);13(6分);26(13分);	7(6分);9(6分);10(6分);14(11分);17(15分);	45
浙江	8(6分);9(6分);10(6分);12(6分);	8(6分);9(6分);12(6分);	9(6分);10(6分);12(6分);27(14分);	7(6分);9(6分);10(6分);12(6分);13(6分);27(15分);	7(6分);8(6分);9(6分);13(6分);26(15分);28(15分);	33
天津	8(6分);10(6分);11(6分);12(6分);26(14分);30(14分);	10(6分);11(6分);12(6分);26(14分);30(14分);	8(6分);10(6分);11(6分);12(6分);26(14分);30(14分)	11(6分);12(6分);26(14分);30(14分);	8(6分);9(6分);10(6分);30(14分);	45.2

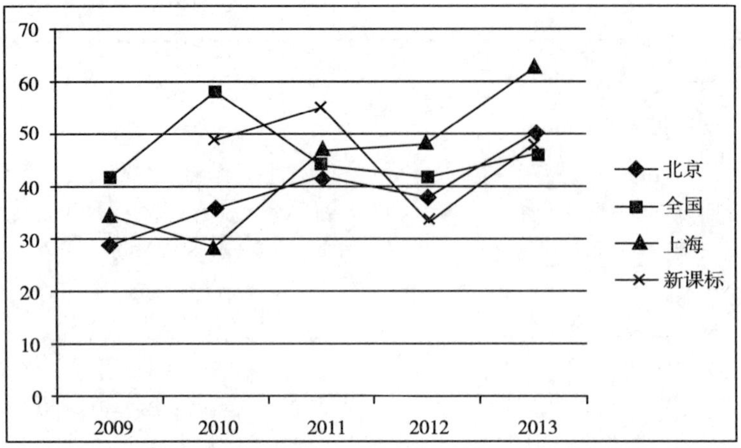

图 2-2 历年基本概念和基本理论模块在试题中比例变化(以北京、上海、新课标、全国为例)

2.1.1 能力要求

(1)以基本原理为基础,将无机物和有机物的性质、离子的检验、实验操作过程联系起来,注重考查学生分析能力、逻辑推理能力、综合思维能力。

(2)注重考查基本的电极反应式书写(复杂的则不要求书写,但仍然要求结合基本概念来判定);考查通过电极反应式进行简单计算,注重通过数学方法来解决化学问题,考查学生用数学方法解决化学问题的能力。

(3)注重考查化学原理与生活实际相联系。

2.1.2 命题规律

1. 考题考频统计(以北京卷、上海卷、新课标(2010—2013)、全国卷四套试卷为例进行统计,下同。)

表 2-1 2010—2013 年双基部分专题考频统计表

模块	专题	考频			
		北京	新课标	全国	上海
基本概念	化学计量与化学用语	1	2	3	12
	物质组成、分类和性质	3	2	2	1
	离子反应	2	1	6	12
	氧化还原反应	1	2	2	14
基本原理	元素周期表与元素周期律	3	2	4	11
	物质结构与性质	2	3	5	6
	化学反应与能量	4	1	3	4
	反应速率与化学平衡	2	2	4	3
	电离平衡	4	3	3	6
	电化学	5	2	2	12

2. 命题特点分析

(1)注重基础:化学基本概念与基本理论题的挥毫泼墨

随着高考试卷整体难度的调整和试卷长度的缩短,高考化学基本概念、基本理论试题也越来越注重考查基础知识和主干知识。题目涉及的内容和背景资料基本上为考生所熟知,例如高考常考不懈的“五同”的概念、原子的构成、化学键的类型、离子反应、平衡体系中反应物的转化率、勒夏特列原理的应用等都是化学基本概念、基本理论中的重点,也是基点。

(2)突出迁移:概念、理论试题的神来之笔

高考化学概念与理论试题重视基础,但不是就基础考基础,而是注重化学概念与理论基础的延伸和拓展,注重将课本理论知识的综合和应用。例如“氢镍电池”、“熔融盐燃料电池”、“镍镉可充电电池”、“甲醇燃料电池”等,都是课本原电池知识的灵活迁移。

(3)面向现实:概念、理论试题的依附渊源

高考命题不拘泥于大纲,引导学生注意社会实际问题,经常用化学视角观察现实问题。试题密切联系生产和生活中各类化学问题,重视化学与环境、能源、资源、健康、科技等方面的联系。概念、理论试题更有这方面的优势。

(4)再现探究:理论试题的发展创新

高考概念、理论试题在强调知识应用的同时,还尝试对学生拓展性学习和研究性学习的考查,强化对学生获取信息、处理信息、运用信息解决问题的能力的考核。适当增加开放性试题,鼓励有创造性的答案,要求用研究性的思路考虑问题,提出更优的实验方案。试题不具难度但有深度,体现了考改与课改的一致性,配合和支持了中学新课程改革。

(5)体现区分:概念、理论试题的选拔功能

虽然高考试题难度下降,但其作为选拔性考试的性质决定了高考试题要有必要的区分度和适当的难度。纵观近几年的高考试题,体现这种区分和选拔功能的试题大多为基本概念、理论试题。概念、理论试题在高考试卷的选拔功能中起着重要作用。试卷中低于整卷难度系数的无论从题量还是从分数权重大多为理论试题,有个别试题甚至成为全卷的难题。

(6)热点重复:概念、理论试题的不简单连续

据统计,高考理论试题的比重每年都比考试说明规定的要高,基本理论是高考考查的重点内容之一。近几年高考化学各理论板块的题量和分值,不难看出每年各理论板块具有一定数量和分值的试题,理论部分的考点多,重现率高。但这种连续和重复不是简单的连续和重复,渐变和创新贯穿其中。

2.1.3 考点分析

专题1 化学计量与化学用语

化学用语体现了化学学科特色,化学计量则体现了化学学科思想,它们贯穿于高中化学学习的始终。常用化学用语和常用化学计量是近年高考考查的热点之一(表2-2),前者的考查方式灵活多样,可以独立命题考查,也可以渗透于填空、实验、计算等题型中;后者以物质的量为基点,考查物质的量与阿伏加德罗常数、物质所含微粒数、化学键数(或共价键数、共用电子对数)、物质的量、摩尔质量、气体体积、气体摩尔体积、物质的量浓度、质量分数、溶解度等的转化关系及反应过程。充分利用比较法正确理解化学用语的含义是复习常用化学用语的关键。利用比较法正确理解物质的量、阿伏加德罗常数、摩尔质量、气体摩尔体积、物质的量浓度的含义,熟悉相关计算是掌握常用化学计量的关键。①

表2-2 化学计量与化学用语专题考频统计表②

考点	考频			
	北京	新课标	全国	上海
化学用语	0	1	2	4
物质的量	2	1	2	3
阿伏加德罗常数	1	3	2	7

考点1 化学用语

化学用语在考试中的要求是能正确书写。

【考查方式】

(1)判断化学用语使用的正误,多为选择题;

(2)按题目的要求用相应的化学用语正确表示综合题结果。正确使用化学用语要注意三点:a.审清题目要求,否则就是差之毫厘谬以千里,如:结构式、结构简式、结构示意图等;b.规范,每一种化学用语都有相应的规定,如元素符号的大小写,有机物结构简式中的原子连接顺序等;c.要注意灵活使用相应的规律,如质量守恒、得失电子守恒等规律。

【历年真题回顾】

1.(2013年安徽)

我国科学家研制出一种催化剂,能在室温下高效催化空气中甲醛的氧化,其反应如下:$HCHO+O_2 \xrightarrow{催化剂} CO_2+H_2O$。下列有关说法正确的是 ( )

① 雷范军.理综背景下怎样复习化学用语及化学计量[J].广东教育(高中版)2009(11):68—72.

② 以下统计表均以北京卷、上海卷、全国卷Ⅰ、全国卷Ⅱ四套试卷为例进行统计.

A. 该反应为吸热反应　　　　B. CO_2分子中的化学键为非极性键

C. HCHO分子中既含α键又含π键　　　　D. 没生成1.8 g H_2O消耗2.24 L O_2

【答案】C

2.(2013 江苏)

下列有关化学用语表示正确的是　（　　）

A. 丙烯的结构简式：C_3H_6　　　　B. 氢氧根离子的电子式：$[:\ddot{\underset{\cdot\cdot}{O}}:H]^-$

C. 氯原子的结构示意图：(+17) 2 8 8　　　　D. 中子数为146、质子数为92的铀(U)原子$^{146}_{92}U$

【答案】B

3.(2014 江苏)

下列有关化学用语表示正确的是　（　　）

A. 过氧化钠的电子式：$Na:\ddot{\underset{\cdot\cdot}{O}}:\ddot{\underset{\cdot\cdot}{O}}:Na$　　　　B. 质子数为35、中子数为45的溴原子：$^{80}_{35}Br$

C. 硫离子的结构示意图：(+16) 2 8 6　　　　D. 间二甲苯的结构简式：H_3C—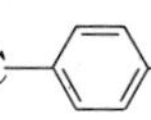—CH_3

【答案】B

4.(2014 浙江)

某研究小组为了探究一种无机矿物盐X(仅含四种元素)的组成和性质，设计并完成了如下实验：

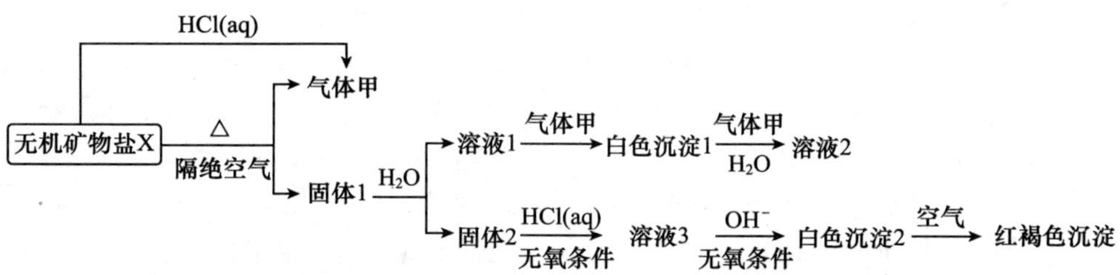

另取10.80 g X在惰性气流中加热至完全分解，得到6.40 g固体1。请回答如下问题：

(1)画出白色沉淀1中金属元素的原子结构示意图：________，写出气体甲的电子式：__________________________________。

(2)X的化学式是________________，在惰性气流中加热X至完全分解的化学反应方程式为___________________。

(3)白色沉淀2在空气中变成红褐色沉淀的原因是____________________________________(用化学反应方程式表示)。

(4)一定条件下，气体甲与固体1中的某种成分可能发生氧化还原反应，写出一个可能的化学反应方程式：________，并设计实验方案验证该反应的产物________。

【答案】(1)(+20) 2 8 8 2　$\overset{\times\times}{\underset{\times\times}{\times O}}::C::\overset{\times\times}{\underset{\times\times}{O\times}}$

(2)$CaFe(CO_3)_2$　$CaFe(CO_3)_2 \xlongequal{\triangle} CaO+FeO+2CO_2\uparrow$

(3)$4Fe(OH)_2+2H_2O+O_2 \xlongequal{} 4Fe(OH)_3$

(4)$2FeO+CO_2 \xlongequal{\triangle} Fe_2O_3+CO$　检测Fe_2O_3：将固体用稀盐酸溶解，加入KSCN溶液若显红色，表明产物中有Fe(Ⅲ)；检测CO：将气体通过灼热CuO，黑色固体变为红色

考点2　阿伏加德罗常数

阿伏加德罗常数相关题型是高考中的高频考点(表2-2)，也是覆盖率极大的一类问题。

【考查方式】

(1)与物质结构相关知识结合；

(2)与氧化还原反应相关知识结合；

(3)与化学平衡相关知识结合；

(4)与电解与水解相关知识结合；

(5)与新增考点相结合。

【历年真题回顾】

1.(2014 全国)

N_A 表示阿伏加德罗常数,下列叙述正确的是 (　　)

A. 1 mol FeI_2 与足量氯气反应时转移的电子数为 $2N_A$

B. 2 L 0.5 mol·L^{-1}硫酸钾溶液中阴离子所带电荷数为 N_A

C. 1 mol Na_2O_2 固体中含离子总数为 $4N_A$

D. 丙烯和环丙烷组成的 42 g 混合气体中氢原子的个数为 $6N_A$

【答案】D

2.(2013 广东)

设 N_A为阿伏加德罗常数的数值,下列说法正确的是 (　　)

A. 常温常压下,8 g O_2含有 $4N_A$ 个电子

B. 1 L 0.1 mol L^{-1}的氨水中有 N_A 个 NH_4^+

C. 标准状况下,22.4 L 盐酸含有 N_A 个 HCl 分子

D. 1 mol Na 被完全氧化生成 Na_2O_2,失去个 $2N_A$ 电子

【答案】A

3.(2013 江苏)

设 N_A 为阿伏加德罗常数的值。下列说法正确的是 (　　)

A. 1 L 1 mol·L^{-1}的 NaClO 溶液中含有 ClO^- 的数目为 N_A

B. 78 g 苯含有 C=C 双键的数目为 $3N_A$

C. 常温常压下,14 g 由 N_2 与 CO 组成的混合气体含有的原子数目为 N_A

D. 标准状况下,6.72 L NO_2 与水充分反应转移的电子数目为 $0.1N_A$

【答案】C

考点 3　物质的量

【考查方式】

(1)与阿伏加德罗常数相结合,以选择题形式出现;

(2)作为一个工具在化学计算中使用。

【历年真题回顾】

1.(2013 江苏)

磷是地壳中含量较为丰富的非金属元素,主要以难溶于水的磷酸盐如$Ca_3(PO_4)_2$等形式存在。它的单质和化合物在工农业生产中有着重要的应用。

(1)白磷(P_4)可由 $Ca_3(PO_4)_2$、焦炭和 SiO_2 在一定条件下反应获得。相关热化学方程式如下:

$2Ca_3(PO_4)_2(s)+10C(s)=\!=\!=6CaO(s)+P_4(s)+10CO(g)\quad \Delta H=+3\ 359.26\ kJ\cdot mol^{-1}$

$CaO(s)+SiO_2(s)=\!=\!=CaSiO_3(s)\quad \Delta H=-89.61\ kJ\cdot mol^{-1}$

$2Ca_3(PO_4)_2(s)+6SiO_2(s)+10C(s)=\!=\!=6CaSiO_3(s)+P_4(s)+10CO(g)\ \Delta H_3$

则 $\Delta H_3=$________ kJ·mol^{-1}。

(2)白磷中毒后可用 $CuSO_4$ 溶液解毒,解毒原理可用下列化学方程式表示:

$$11P_4+60CuSO_4+96H_2O=\!=\!=20Cu_3P+24H_3PO_4+60H_2SO_4$$

60 mol $CuSO_4$ 能氧化白磷的物质的量是________。

(3)磷的重要化合物 NaH_2PO_4、Na_2HPO_4 和 Na_3PO_4 可通过 H_3PO_4 与 NaOH 溶液反应获得,含磷各物种的分布分数(平衡时某物种的浓度占各物种浓度之和的分数)与 pH 的关系如图所示。

①为获得尽可能纯的 NaH_2PO_4,pH 应控制在________;pH=8 时,溶液中主要含磷物种浓度大小关系为________。

②Na_2HPO_4 溶液显碱性,若向溶液中加入足量的 $CaCl_2$ 溶液,溶液则显酸性,其原因是______(用离子方程式表示)。

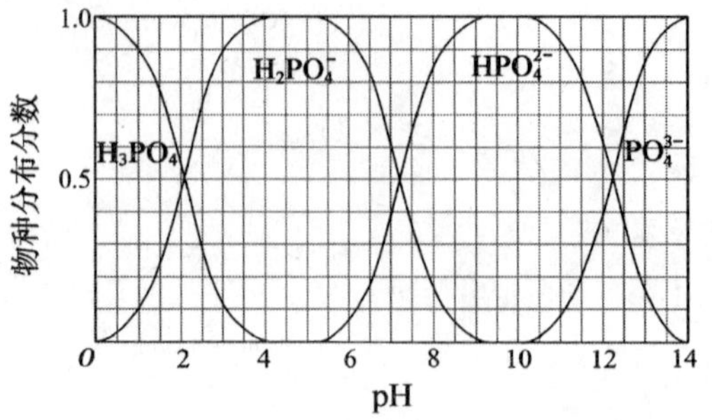

(4)磷的化合物三氯氧磷(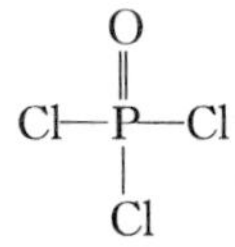)与季戊四醇(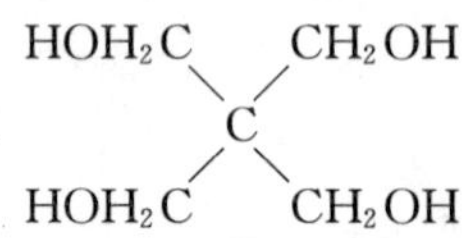)以物质的量之比 2∶1 反应时,可获得一种新型阻燃剂中间体 X,并释放出一种酸性气体。季戊四醇与 X 的核磁共振氢谱如下图所示。

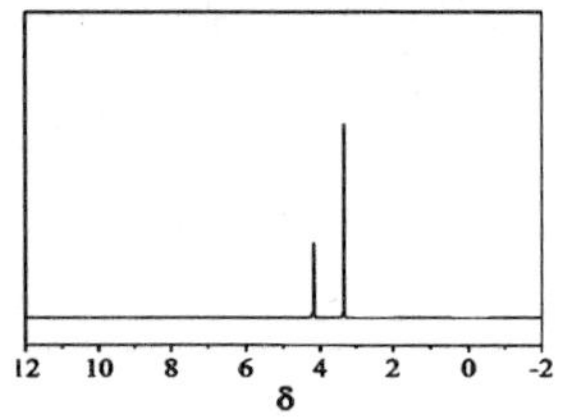

季戊四醇的核磁共振氢谱

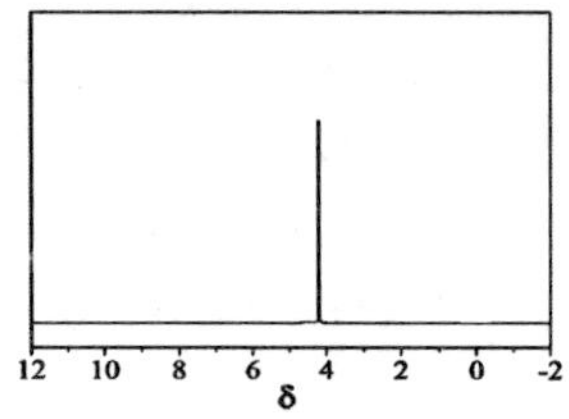

X的核磁共振氢谱

①酸性气体是________(填化学式)。

②X 的结构简式为________。

【答案】(1)2 821.6

(2)3 mol

(3)①4～5.5(介于此区间内的任意值或区间均可) $c(HPO_4^{2-})>c(H_2PO_4^-)$

②$3Ca^{2+}+2HPO_4^{2-}$ ══ $Ca_3(PO_4)_2\downarrow+2H^+$

(4)①HCl ② 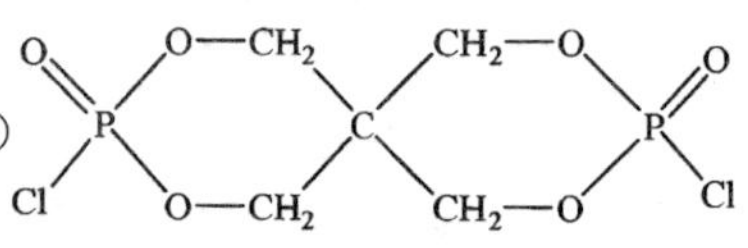

2.(2014 广东)

设 n_A 为阿伏加德罗常数的数值,下列说法正确的是 ( )

A. 18 g H_2O 含有 $10n_A$ 个质子

B. 1 mol 甲苯含有 $6n_A$ 个 C—H 键

C. 标准状况下,22.4 L 氨水含有 n_A 个 NH_3 分子

D. 56 g 铁片投入足量浓 H_2SO_4 中生成 n_A 个 SO_2 分子

【答案】A

专题 2 物质的组成、分类和性质

物质组成、性质和分类中出现了很多重要的基本概念,如:元素、原子、化学变化、单质等,在解决这些基本概念的试题时,一是要注意这些概念组中各个概念间的关系;二是要善于将概念与物质、现象对应;三是要注意概念的内涵与外延。考查的比较简单,考查的频率也不高(表 2-3)。

表 2-3 物质的组成、分类和性质专题考点考频统计表

考点	考频			
	北京	新课标	全国	上海
物质的分类	2	1	1	2
物质的性质	1	0	2	1

考点 1 物质的分类

物质的分类体现了化学学科中分类与比较的思想,虽在历年高考中出现的频率不高,但我们也应该充分领悟。

【考查方式】

(1)以选择题形式出现;考查具体知识的应用;

(2)结合具体的元素化合物进行考查,并不以单纯的概念辨析形式出现。

【历年真题回顾】

1.(2014 四川)

下列关于物质分类的说法正确的是 ( )

A. 金刚石、白磷都属于单质　　B. 漂白粉、石英都属于纯净物

C. 氯化铵、次氯酸都属于强电解质　　D. 葡萄糖、蛋白质都属于高分子化合物

【答案】A

2.(2013 广东)

下列说法正确的是 ( )

A. 糖类化合物都具有相同的官能团　　B. 酯类物质是形成水果香味的主要成分

C. 油脂的皂化反应生成脂肪酸和丙醇　　D. 蛋白质的水解产物都含有羧基和羟基

【答案】B

3.(2013 江苏)

燃料电池能有效提高能源利用率,具有广泛的应用前景。下列物质均可用作燃料电池的燃料,其中最环保的是 ( )

A. 甲醇　　B. 天然气　　C. 液化石油气　　D. 氢气

【答案】D

4.(2013 四川)

下列物质分类正确的是 ( )

A. SO_2、SiO_2、CO 均为酸性氧化物　　B. 稀豆浆、硅酸、氯化铁溶液均为胶体

C. 烧碱、冰醋酸、四氯化碳均为电解质　　D. 福尔马林、水玻璃、氨水均为混合物

【答案】B

考点 2　物质的性质

【考查方式】

(1)以选择题形式出现;

(2)结合具体的元素化合物进行考查,并不以单纯的概念辨析形式出现。

【历年真题回顾】

1.(2014 北京)

下列金属中,表面自然形成的氧化层能保护内层金属不被空气氧化的是 ( )

A. K　　B. Na　　C. Fe　　D. Al

【答案】D

2.(2014 江苏)

下列物质性质与应用对应关系正确的是 ( )

A. 晶体硅熔点高硬度大,可用于制作半导体材料

B. 氢氧化铝具有弱碱性,可用于制胃酸中和剂

C. 漂白粉在空气中不稳定,可用于漂白纸张

D. 氧化铁能与酸反应,可用于制作红色涂料

【答案】B

3.(2012 新课标)

下列说法中正确的是 ( )

A. 医用酒精的浓度通常为 95%

B. 单质硅是将太阳能转变为电能的常用材料

C. 淀粉、纤维素和油脂都属于天然高分子化合物

D. 合成纤维和光导纤维都是新型无机非金属材料

【答案】B

专题 3　离子反应

考点 1　离子方程式书写

离子方程式的书写及正误判断是历年高考的必考题型，所考查的化学反应均为中学化学教材中的基本反应，一些同学失分的原因大都属于对化学式能否拆分处理不当，电荷未配平，产物不合理和漏写部分反应等。

【考查方式】

(1)方程式是否符合客观事实；

(2)"="、"⇌"、"↓"、"↑"及必要条件是否正确、齐全；

(3)表示各物质的化学式是否正确；

(4)是否忽视平衡原则；

(5)是否忽视电解质强弱；

(6)是否漏掉参与反应的某些离子；

(7)是否忽视水解因素的影响；

(8)是否符合题设条件及要求，如"过量"、"少量"、"等物质的量"、"适量"、"任意量"以及滴加顺序等对反应方程式的影响。①

【历年真题回顾】

1.(2014 全国)

下列离子方程式错误的是　　(　　)

A. 向 $Ba(OH)_2$ 溶液中滴加稀硫酸：$Ba^{2+}+2OH^-+2H^++SO_4^{2-}=BaSO_4\downarrow+2H_2O$

B. 酸性介质中 $KMnO_4$ 氧化 H_2O_2：$2MnO_4^-+5H_2O_2+6H^+=2Mn^{2+}+5O_2\uparrow+8H_2O$

C. 等物质的量的 $MgCl_2$、$Ba(OH)_2$ 和 HCl 溶液混合：$Mg^{2+}+2OH^-=Mg(OH)_2\downarrow$

D. 铅酸蓄电池充电时的正极反应：$PbSO_4+2H_2O-2e^-=PbO_2+4H^++SO_4^{2-}$

【答案】C

2.(2014 北京)

下列解释事实的方程式不正确的是　　(　　)

A. 测 0.1 mol/L 氨水的 pH 为 11：$NH_3\cdot H_2O\rightleftharpoons NH_4^++OH^-$

B. 将 Na 块放入水中，产生气体：$2Na+2H_2O=2NaOH+H_2\uparrow$

C. 用 $CuCl_2$ 溶液做导电实验，灯泡发光：$CuCl_2\xlongequal{\text{通电}}Cu^{2+}+2Cl^-$

D. Al 片溶于 NaOH 溶液中，产生气体：$2Al+2OH^-+2H_2O=2AlO_2^-+3H_2\uparrow$

【答案】C

3.(2014 江苏)

下列指定反应的离子方程式正确的是　　(　　)

A. Cu 溶于稀 HNO_3：$Cu+2H^++NO_3^-=Cu^{2+}+NO_2\uparrow+H_2O$

B. $(NH_4)_2Fe(SO_4)_2$ 溶液与过量 NaOH 溶液反应制 $Fe(OH)_2$：$Fe^{2+}+2OH^-=Fe(OH)_2\downarrow$

C. 用 CH_3COOH 溶解 $CaCO_3$：$CaCO_3+2H^+=Ca^{2+}+H_2O+CO_2\uparrow$

D. 向 $NaAlO_2$ 溶液中通入过量 CO_2 制 $Al(OH)_3$：$CO_2+AlO_2^-+2H_2O=Al(OH)_3\downarrow+HCO_3^-$

【答案】D

4.(2014 四川)

能正确表示下列反应的离子方程式是　　(　　)

A. Cl_2 通入 NaOH 溶液：$Cl_2+OH^-=Cl^-+ClO^-+H_2O$

B. $NaHCO_3$ 溶液中加入稀 HCl：$CO_3^{2-}+2H^+=CO_2\uparrow+H_2O$

---

① 2010 年高考离子反应试题选析与点评

C. $AlCl_3$ 溶液中加入过量稀氨水：$Al^{3+}+4NH_3\cdot H_2O=AlO_2^-+4NH_4^++2H_2O$

D. Cu 溶于稀 HNO_3：$3Cu+8H^++2NO_3^-=3Cu^{2+}+2NO\uparrow+4H_2O$

【答案】D

5.（2012 四川）

下列离子方程式正确的是 （　　）

A. 钠与水反应：$Na+2H_2O=Na^++2OH^-+H_2\uparrow$

B. 硅酸钠溶液与醋酸溶液混合：$SiO_3^{2-}+2H^+=H_2SiO_3\downarrow$

C. 0.01 mol/L $NH_4Al(SO_4)_2$溶液与 0.02 mol/L $Ba(OH)_2$溶液等体积混合：

$NH_4^++Al^{3+}+2SO_4^{2-}+2Ba^{2+}+4OH^-=2BaSO_4\downarrow+Al(OH)_3\downarrow+NH_3\cdot H_2O$

D. 浓硝酸中加入过量铁粉并加热：$Fe+3NO_3^-+6H^+\overset{\triangle}{=}Fe^{3+}+3NO_2\uparrow+3H_2O$

【答案】C

6.（2012 全国）

能正确表示下列反应的离子方程式是 （　　）

A. 硫酸铝溶液中加入过量氨水：$Al^{3+}+3OH^-=Al(OH)_3\downarrow$

B. 碳酸钠溶液中加入澄清石灰水：$Ca(OH)_2+CO_3^{2-}=CaCO_3\downarrow+2OH^-$

C. 冷的氢氧化钠溶液中通入氯气：$Cl_2+2OH^-=ClO^-+Cl^-+H_2O$

D. 稀硫酸中加入铁粉：$2Fe+6H^+=2Fe^{3+}+3H_2\uparrow$

【答案】C

考点 2　离子共存

离子共存问题是高考中的常见题型，特别要注意有限制条件的离子共存问题，如强酸性、无色透明、碱性、pH=1、甲基橙呈红色、发生氧化还原反应、由水电离出的 H^+ 浓度为 $10^{-13}\ mol\cdot L^{-1}$等。

【考查方式】

(1)给定条件下 4 组离子的选择：这种考查方式的特点主要是题干多样化，离子組合多变化；

(2)结合实验定性考查离了的共存：这种考查方式不仅能体现考生对离子反应的熟练程度，而且能反映出考生对一些常见离子的检验操作和基本的一些实验现象的掌握情况。考查类型主要有选择型和简答型；

(3)结合实验定量考查离子的共存：这种考查方式在第 2 种方式的基础上实现了从定性考查向定量考查的转变，充分体现了高考命题的特点：创新，建立在基础知识和基本能力上的创新，基础而不失新颖。

【历年真题回顾】

1.（2014 安徽）

下列有关 $Fe_2(SO_4)_3$ 溶液的叙述正确的是 （　　）

A. 该溶液中，K^+、Fe^{2+}、C_6H_5OH、Br^-可以大量共存

B. 和 KI 溶液反应的离子方程式：$Fe^{3+}+2I^-=Fe^{2+}+I_2$

C. 和 $Ba(OH)_2$ 溶液反应的离子方程式：$Fe^{3+}+SO_4^{2-}+Ba^{2+}+3OH^-=Fe(OH)_3\downarrow+BaSO_4\downarrow$

D. 1 L 0.1 $mol\cdot L^{-1}$该溶液和足量的 Zn 充分反应，生成 11.2 g Fe

【答案】D

2.（2014 广东）

水溶液中能大量共存的一组离子是 （　　）

A. Na^+、Ca^{2+}、Cl^-、SO_4^{2-}　　B. Fe^{2+}、H^+、SO_3^{2-}、ClO^-

C. K^+、Fe^{3+}、NO_3^-、SCN^-　　D. Mg^{2+}、NH_4^+、Cl^-、SO_4^{2-}

【答案】D

3.（2013 江苏）

常温下，下列各组离子在指定溶液中一定能大量共存的是 （　　）

A. 使甲基橙变红色的溶液：Mg^{2+}、K^+、SO_4^{2-}、NO_3^-

B. 使酚酞变红色的溶液：Na^+、Cu^{2+}、HCO_3^-、NO_3^-

C. 0.1 $mol\cdot L^{-1}$ $AgNO_3$ 溶液：H^+、K^+、SO_4^{2-}、I^-

D. 0.1 mol·L^{-1} $NaAlO_2$ 溶液：H^+、Na^+、Cl^-、SO_4^{2-}

【答案】A

4.(2014 江苏)

25℃时，下列各组离子在指定溶液中一定能大量共存的是 （　　）

A. pH=1 的溶液中：Na^+、K^+、MnO_4^-、CO_3^{2-}

B. $c(H^+)=1\times10^{-13}$ mol·L^{-1}的溶液中：Mg^{2+}、Cu^{2+}、SO_4^{2-}、NO_3^-

C. 0.1 mol·L^{-1} NH_4HCO_3 溶液中：K^+、Na^+、NO_3^-、Cl^-

D. 0.1 mol·L^{-1} $FeCl_3$ 溶液中：Fe^{2+}、NH_4^+、SCN^-、SO_4^{2-}

【答案】C

专题 4　氧化还原反应

氧化还原反应时高中化学的重要内容，涉及知识面广。主要考查对氧化还原反应相关概念的理解与应用，常常与电化学、有机等知识结合在一起，考查综合应用能力。在历年的高考中，主要考查了氧化还原反应方程式的配平与氧化还原性及其强弱的判断(表 2-4)。

表 2-4　氧化还原反应专题考点考频统计表

考点	考频			
	北京	新课标	四川	上海
基本概念	1	0	1	7
氧化还原方程式的配平与计算	2	2	1	6

考点 1　关于氧化还原反应的基本概念

其主要考查内容有：举例说明氧化还原反应的有关概念、本质；判断氧化剂与还原剂、氧化产物与还原产物、被氧化元素与被还原元素、氧化反应与还原反应；氧化剂(或还原剂)的氧化性(或还原性)的强弱比较。

【考查方式】

(1)判断两剂两产物两变化：氧化还原反应中氧化剂与还原剂、氧化性与还原性、氧化产物与还原产物、被氧化元素与被还原元素、氧化反应与还原反应等概念的考查；

(2)物质的氧化性、还原性的强弱比较：氧化性或还原性强弱的比较问题，常以选择题为主，主要方向是，确定有关物质氧化性或还原性的强弱顺序、判断氧化还原反应能否发生、选择适当试剂将溶液中的某种杂质氧化(还原)而除去等。①

【历年真题回顾】

1.(2014 山东)

下表中对应关系正确的是 （　　）

A	$CH_3CH_3+Cl_2\xrightarrow{光}CH_3CH_2Cl+HCl$ $CH_2=CH_2+HCl\longrightarrow CH_3CH_2Cl$	均为取代反应
B	由油脂得到甘油 由淀粉得到葡萄糖	均发生了水解反应
C	$Cl_2+2Br^-=2Cl^-+Br_2$ $Zn+Cu^{2+}=Zn^{2+}+Cu$	均为单质被还原的置换反应
D	$2Na_2O_2+2H_2O=4NaOH+O_2\uparrow$ $Cl_2+H_2O=HCl+HClO$	均为水做还原剂的氧化还原反应

【答案】B

2.(2012 安徽)

科学家最近研究出一种环保安全的储氢方法，其原理可表示为：

$NaHCO_3+H_2\underset{释氢}{\overset{储氢}{\rightleftharpoons}}HCOONa+H_2O$。下列有关说法正确的是 （　　）

① 雷范军. 氧化还原反应常见题型分类例析

A. 储氢、释氢过程均无能量变化

B. $NaHCO_3$、HCOONa 均含有离子键和共价键

C. 储氢过程中，$NaHCO_3$ 被氧化

D. 释氢过程中，每消耗 0.1 mol H_2O 放出 2.24 L 的 H_2

【答案】B

3.(2012 安徽)

X,Y,Z,W 是元素周期表前四周期中常见的元素，其相关信息如下表：

元素	相关信息
X	X 的基态原子 L 层电子数是 K 层电子数的 2 倍
Y	Y 的基态原子最外层电子排布式为：ns^nnp^{n+2}
Z	Z 存在质量数为 23，中子数为 12 的核素
W	W 有多种化合价，其白色氢氧化物在空气中会迅速变成灰绿色，最后变成红褐色

(1)W 位于元素周期表第________周期第________族，其基态原子最外层有________个电子。

(2)X 的电负性比 Y 的________(填“大”或“小”)；X 和 Y 的气态氢化物中，较稳定的是________________(写化学式)。

(3)写出 Z_2Y_2 与 XY_2 反应的化学方程式，并标出电子转移的方向和数目：____________。

(4)在 X 的原子与氢原子形成的多种分子中，有些分子的核磁共振氢谱显示有两种氢，写出其中一种分子的名称：________。氢元素、X，Y 的原子也可共同形成多种分子和某种常见无机阴离子，写出其中一种分子与该无机阴离子反应的离子方程式：____。

【答案】(1)4　Ⅷ　2

(2)小　H_2O

(3)

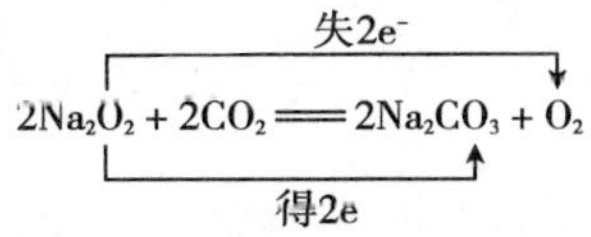

(4)丙烷(或丙炔或 2-甲基丙烯或 1,2,4,5-四甲基苯等)

$CH_3COOH+HCO_3^- \xlongequal{} CH_3COO^- +CO_2\uparrow +H_2O$

4.(2012 北京)

已知$_{33}As$、$_{35}Br$ 位于同一周期，下列关系正确的是　(　　)

A. 原了半径：As>Cl>P　　B. 热稳定性：$HCl>AsH_3>HBr$

C. 还原性：$As^{3-}>S^{2-}>Cl^-$　　D. 酸性：$H_3AsO_4>H_2SO_4>H_3PO_4$

【答案】C

考点 2　氧化还原反应的配平和计算

氧化还原反应中比较典型的计算有：求氧化剂与还原剂的物质的量之比或质量之比，求参加反应的氧化剂或还原剂的量，确定反应前后某一元素的价态等。解答这类试题的关键是紧紧抓住“氧化剂得电子总数等于还原剂失电子总数”，根据元素化合价的升降情况确定反应中电子得失的量，再确定反应物或生成物的物质的量。

【考查方式】

这部分知识以氧化还原反应中的守恒定律(质量守恒，电子守恒，化合价升降守恒，电荷守恒)为理论基础，结合离子方程式的书写、考查氧化还原反应中离子方程式的书写、配平以及计算。

【历年真题回顾】

1.(2014 上海)

铜液的组成元素中，短周期元素原子半径从大到小的排列顺序为____________。其中氮元素原子最外层电子排布的轨道表示式是____________________。通过比较____________可判断氮、磷两种元素的非金属性强弱。

【答案】C>N>O>H 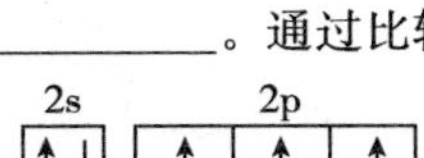 NH_3 和 PH_3 的稳定性

2.(2013 广东)

大气中的部分碘源于 O_3 对海水中 I^- 的氧化。将 O_3 持续通入 NaI 溶液中进行模拟研究。

(1)O_3 将 I^- 氧化成 I_2 的过程由 3 步反应组成:

①$I^-(aq)+O_3(g)=\!=\!=IO^-(aq)+O_2(g)\quad \Delta H_1$

②$IO^-(aq)+H^+(aq)\rightleftharpoons HOI(aq)\quad \Delta H_2$

③$HOI(aq)+H^+(aq)\rightleftharpoons I_2(aq)+H_2O(l)\quad \Delta H_3$

总反应的化学方程式为______________,其反应热 $\Delta H=$________。

(2)在溶液中存在化学平衡:$I_2(aq)+I^-(aq)\rightleftharpoons I_3^-(aq)$,其平衡常数表达式为________。

(3)为探究 Fe^{2+} 对氧化 I^- 反应的影响(反应体系如图甲),某研究小组测定两组实验中 I_3^- 浓度和体系 pH,结果见图乙和下表。

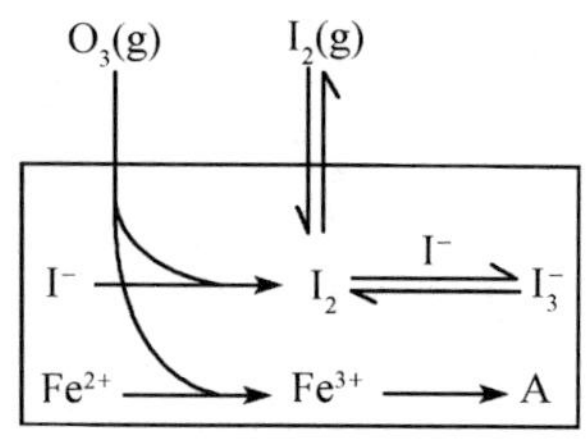

甲

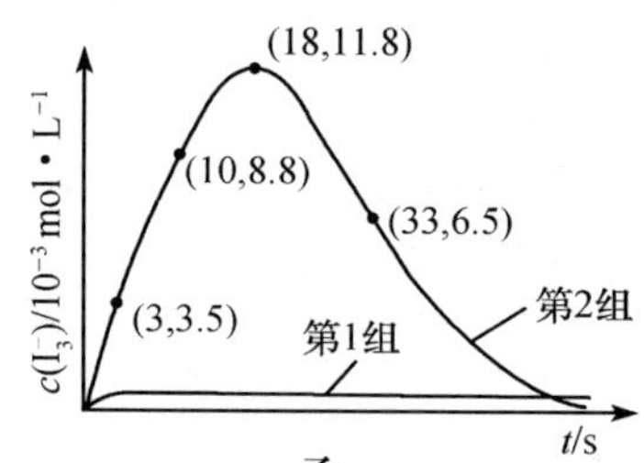

乙

编号	反应物	反应前 pH	反应后 pH
第 1 组	O_3+I^-	5.2	11.0
第 2 组	$O_3+I^-+Fe^{2+}$	5.2	4.1

①第 1 组实验中,导致反应后 pH 升高的原因是________________________。

②图甲中的 A 为________。由 Fe^{3+} 生成 A 的过程能显著提高 I^- 的转化率,原因是____。

③第 2 组实验进行 18 s 后,I_3^- 浓度下降。导致下降的直接原因有________(双选)。

A. $c(H^+)$减小　　B. $c(I^-)$减小

C. $I_2(g)$不断生成　　D. $c(Fe^{3+})$增加

(4)据图乙,计算 3～13 s 内第 2 组实验中生成 I_3^- 的平均反应速率(写出计算过程,结果保留两位有效数字)。

【答案】(1)$2I^-(aq)+O_3(g)+2H^+(aq)=\!=\!=O_2(g)+I_2(aq)+H_2O(l)$;$\Delta H=\Delta H_1+\Delta H_2+\Delta H_3$

(2)根据化学平衡表达式的书写方法得出:$K=\dfrac{c(I_3^-)}{c(I_2)\cdot c(I^-)}$

(3)①消耗 H^+,导致其浓度在不断的下降,即 pH 逐渐的升高;②该转化是 Fe^{2+} 和 Fe^{3+} 之间的相互转化,所以生成物 A 应为 Fe^{2+}。Fe^{3+} 氧化 I^- 生成 I^2,使平衡向 $c(I^-)$减小的方向移动;

③BD

(4)化学反应速率为 0.55 $mol\cdot L^{-1}\cdot s^{-1}$

3.(2013 四川)

明矾石经处理后得到明矾$[KAl(SO_4)_2\cdot 12H_2O]$。从明矾制备 Al、$K_2SO_4$ 和 H_2SO_4 的工艺过程如下所示:

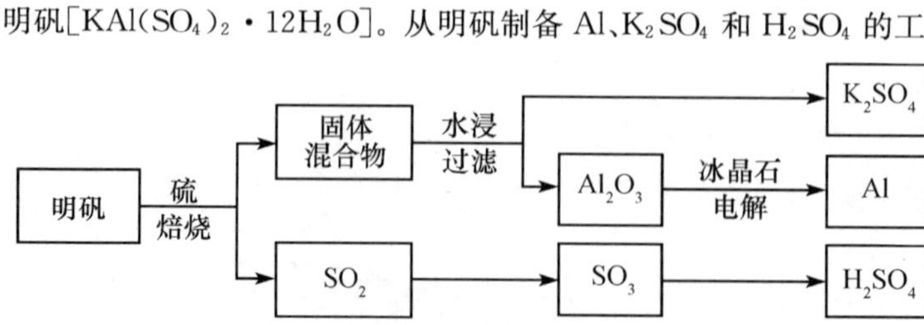

焙烧明矾的化学方程式为:$4KAl(SO_4)_2\cdot 12H_2O+3S=\!=\!=2K_2SO_4+2Al_2O_3+9SO_2+48H_2O$。

请回答下列问题:

(1)在焙烧明矾的反应中,还原剂是________。

(2)从水浸后的滤液中得到 K_2SO_4 晶体的方法是________。

(3)Al_2O_3 在一定条件下可制得 AlN,其晶体结构如图所示,该晶体中 Al 的配位数是________。

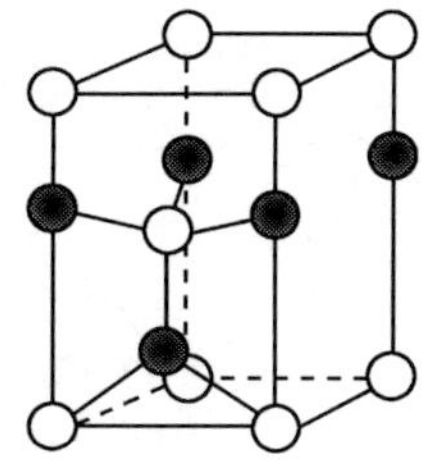

图中: Al ○ N ●

(4)以 Al 和 NiO(OH)为电极,NaOH 溶液为电解液组成一种新型电池,放电时 NiO(OH)转化为 $Ni(OH)_2$,该电池反应的化学方程式是________。

(5)焙烧产生的 SO_2 可用于制硫酸。已知 25℃、101 kPa 时:

$2SO_2(g)+O_2(g)\rightleftharpoons 2SO_3(g)\quad \Delta H_1=-197\ kJ/mol$;

$2H_2O(g)=\!=\!=2H_2O(l)\quad \Delta H_2=-44\ kJ/mol$;

$2SO_2(g)+O_2(g)+2H_2O(g)=\!=\!=2H_2SO_4(l)\quad \Delta H_3=-545\ kJ/mol$。

则 $SO_3(g)$ 与 $H_2O(l)$ 反应的热化学方程式是________________________________。

焙烧 948 t 明矾(M=474 g/mol),若 SO_2 的利用率为 96%,可生产质量分数为 98%的硫酸________ t。

【答案】(1)S(硫);(2)蒸发结晶;(3)4

(4)$Al+3NiO(OH)+NaOH+H_2O=\!=\!=NaAlO_2+3Ni(OH)_2$

(5)$SO_3(g)+H_2O(l)=\!=\!=H_2SO_4(l)$, $\Delta H=-130\ kJ/mol$;432

4.(2012 新课标)

铁是应用最广泛的金属,铁的卤化物、氧化物以及高价铁的含氧酸盐均为重要化合物。

(1)要确定铁的某氯化物 $FeCl_x$ 的化学式,可用离子交换和滴定的方法。实验中称取 0.54 g 的 $FeCl_x$ 样品,溶解后先进行阳离子交换预处理,再通过含有饱和 OH^- 的阴离子交换柱,使 Cl^- 和 OH^- 发生交换。交换完成后,流出溶液的 OH^- 用 0.40 $mol\cdot L^{-1}$ 的盐酸滴定,滴至终点时消耗盐酸 25.0 mL。计算该样品中氯的物质的量,并求出 $FeCl_x$ 中 x 的值:(列出计算过程);

(2)现有一含有 $FeCl_2$ 和 $FeCl_3$ 的混合物样品,采用上述方法测得 $n(Fe):n(Cl)=1:2.1$,则该样品中 $FeCl_3$ 的物质的量分数为________。在实验室中,$FeCl_2$ 可用铁粉和________反应制备,$FeCl_3$ 可用铁粉和________反应制备;

(3)$FeCl_3$ 与氢碘酸反应时可生成棕色物质,该反应的离子方程式为________________________;

(4)高铁酸钾(K_2FeO_4)是一种强氧化剂,可作为水处理剂和高容量电池材料。$FeCl_3$ 与 KClO 在强碱性条件下反应可制取 K_2FeO_4,其反应的离子方程式为________________。与 MnO_2-Zn 电池类似,K_2FeO_4-Zn 也可以组成碱性电池,K_2FeO_4 在电池中作为正极材料,其电极反应式为________________,该电池总反应的离子方程式为__________。

【答案】(1)$n(Cl)=0.025\,0\ L\times0.40\ mol\cdot L^{-1}=0.010\ mol$

$0.54\ g-0.010\ mol\times35.5\ g\cdot mol^{-1}=0.19\ g$

$n(Fe)=0.19\ g\div56\ g\cdot mol^{-1}=0.003\,4\ mol$

$n(Fe):n(Cl)=0.003\,4:0.010\approx1:3, x=3$

(2)0.10　盐酸氯气

(3)$2Fe^{3+}+2I^-=\!=\!=2Fe^{2+}+I_2$(或 $2Fe^{3+}+3I^-=\!=\!=2Fe^{2+}+I_3^-$)

(4)$2Fe(OH)_3+3ClO^-+4OH^-=\!=\!=2FeO_4^{2-}+5H_2O+3Cl^-$

$FeO_4^{2-}+3e^-+4H_2O=\!=\!=Fe(OH)_3+5OH^-$

$2FeO_4^{2-}+8H_2O+3Zn=\!=\!=2Fe(OH)_3+3Zn(OH)_2+4OH^-$

5.(2012 江苏)

利用石灰乳和硝酸工业的尾气(含 NO,NO_2)反应,既能净化尾气,又能获得应用广泛的 $Ca(NO_2)_2$,其部分工艺流程如下:

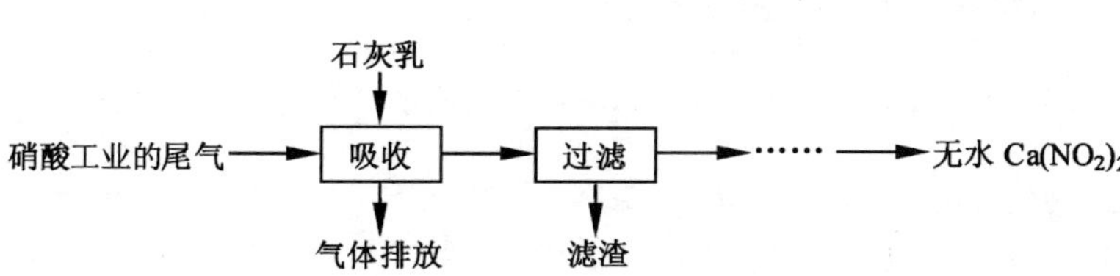

(1)一定条件下,NO 与 NO_2 存在下列反应:$NO(g)+NO_2(g)\rightleftharpoons N_2O_3(g)$,其平衡常数表达式为 $K=$__________。

(2)上述工艺中采用气—液逆流接触吸收(尾气从吸收塔底进入,石灰乳从吸收塔顶喷淋),其目的是__________;滤渣可循环使用,滤渣的主要成分是__________(填化学式)。

(3)该工艺需控制 NO 和 NO_2 物质的量之比接近 1∶1。若 $n(NO):n(NO_2)>1:1$,则会导致__________;若 $n(NO):n(NO_2)<1:1$,则会导致__________。

(4)生产中溶液需保持弱碱性,在酸性溶液中 $Ca(NO_2)_2$ 会发生分解,产物之一是 NO,其反应的离子方程式为_____。

【答案】(1)$\frac{c(N_2O_3)}{c(NO)\cdot c(NO_2)}$

(2)使尾气中的 NO,NO_2 被充分吸收　$Ca(OH)_2$

(3)排放气体中 NO 含量升高　产品 $Ca(NO_2)_2$ 中 $Ca(NO_3)_2$ 含量升高

(4)$3NO_2^-+2H^+=NO_3^-+2NO\uparrow+H_2O$

专题 5　元素周期表和元素周期律

元素周期律能对物质的结构性质进行推理和预测,元素周期表更是直观明了地显示出所有化学元素间的位置、结构关系。应用元素周期律和元素周期表,既能推断原子的结构,又能预测元素的性质,如金属性、非金属性的变化,半径的变化,同时还可进行性质、实验、推断等方面的考查。

表 2-5　元素周期表和元素周期律专题考点考频统计表

考点	考频			
	北京	新课标	全国	上海
元素性质的递变规律	4	2	3	6
“位、构、性”间的关系	2	1	2	3

考点 1　元素性质的递变规律

元素周期律的内容广泛,既包括原子核外电子排布、半径、主要化合价等物质结构方面的变化规律,又包括元素的金属性、非金属性,单质化合物的熔点、沸点、溶解性、稳定性等性质方面的变化规律。

【考查方式】

(1)考查“原子序数与元素周期表(律)的关系”;

(2)考查“元素金属性或非金属性强弱比较”;

(3)考查“元素周期律”主要考查同一周期元素及其化合物性质递变规律。

【历年真题验证】

1.(2014 新课标Ⅰ)

X、Y、Z 均为短周期元素,X、Y 处于同一周期,X、Z 的最低价离子分别为 X^{2-} 和 Z^-,Y^+ 和 Z^- 具有相同的电子层结构。下列说法正确的是　(　　)

A. 原子最外层电子数:X>Y>Z　　B. 单质沸点:X>Y>Z

C. 离子半径:$X^{2-}>Y^+>Z^-$　　D. 原子序数:X>Y>Z

【答案】D

2.(2013 天津)

下列有关元素的性质及其递变规律正确的是　(　　)

A. ⅠA 族与ⅦA 族元素间可形成共价化合物或离子化合物

B. 第二周期元素从左到右,最高正价从+1 递增到+7

C. 同主族元素的简单阴离子还原性越强,水解程度越大

D. 同周期金属元素的化合价越高,其原子失电子能力越强

【答案】A

3.(2014 江苏)

短周期主族元素 X、Y、Z、W 的原子序数依次增大。X 原子的最外层电子数是其内层电子数的 2 倍,Y 是地壳中含量最高的元素,Z^{2+} 与 Y^{2-} 具有相同的电子层结构,W 与 X 同主族。下列说法正确的是　(　　)

A. 原子半径的大小顺序：$r(W)>r(Z)>r(Y)>r(X)$　　B. Y 分别与 Z、W 形成的化合物中化学键类型相同

C. X 的最高价氧化物对应的水化物的酸性比 W 的弱　　D. Y 的气态简单氢化物的热稳定性比 W 的强

【答案】D

4.（2013 四川）

同周期元素 W、X、Y、Z 的原子序数依次增大，W、X 原子的最外电子层电子数之比为 4 ∶ 3，Z 原子比 X 原子的核外电子数多 4。下列说法正确的是　（　　）

A. W、Y、Z 的电负性大小顺序一定是 Z>Y>W

B. W、X、Y、Z 的原子半径大小顺序可能是 W>X>Y>Z

C. Y、Z 形成的分子的空间构型可能是正四面体

D. WY_2 分子中 σ 键与 π 键的数目之比是 2∶1

【答案】C

5.（2012 北京）

已知 $_{33}As$、$_{35}Br$ 位于同一周期，下列关系正确的是　（　　）

A. 原子半径：As>Cl>P　　B. 热稳定性：$HCl>AsH_3>HBr$

C. 还原性：$As^{3-}>S^{2-}>Cl^-$　　D. 酸性：$H_3AsO_4>H_2SO_4>H_3PO_4$

【答案】C

考点 2　“位、构、性”间的关系

【考查方式】

（1）考查元素周期表的结构。元素周期表的结构包括三个内容，元素周期表的周期、族及对应的元素。对周期和族的常见考查方式有：

①同一族周期元素原子序数间的关系；

②补齐元素周期表；

③对周期表进行分区等。

（2）根据元素周期律和元素周期表进行物质推断，考查物质的组成特征与结构特征。

【历年真题回顾】

1.（2014 浙江）

如表所示的五种元素中，W、X、Y、Z 为短周期元素，这四种元素的原子最外层电子数之和为 22。下列说法正确的是　（　　）

	X	Y	
W			Z
T			

A. X、Y、Z 三种元素最低价氢化物的沸点依次升高

B. 由 X、Y 和氢三种元素形成的化合物中只有共价键

C. 物质 WY_2、W_3X_4、WZ_4 均有熔点高、硬度大的特性

D. T 元素的单质具有半导体的特性，T 与 Z 元素可形成化合物 TZ_4

【答案】D

2.（2014 广东）

甲～辛等元素在周期表中的相对位置如下表。甲与戊的原子序数相差 3，戊的一种单质是自然界硬度最大的物质，丁与辛属同周期元素。下列判断正确的是　（　　）

甲				戊
乙				己
丙	丁		辛	庚

A. 金属性：甲>乙>丁

B. 原子半径：辛>己>戊

C. 丙与庚的原子核外电子数相差 13

D. 乙的单质在空气中燃烧生成只含离子键的化合物

【答案】BC

3.（2014 全国）

A、B、D、E、F 为短周期元素，非金属元素 A 最外层电子数与其周期数相同，B 的最外层电子数是其所在周期数的 2 倍。B 在 D 中充分燃烧能生成其最高价化合物 BD_2。E^+ 与 D^{2-} 具有相同的电子数。A 在 F 中燃烧，产物溶于水得到一种强酸。回答下列问题：

(1)A 在周期表中的位置是________，写出一种工业制备单质 F 的离子方程式：________________________________。

(2)B、D、E 组成的一种盐中，E 的质量分数为 43%，其俗名为________，其水溶液与 F 单质反应的化学方程式为________________________；在产物中加入少量 KI，反应后加入 CCl_4 并振荡，有机层显________色。

(3)由这些元素组成的物质，其组成和结构信息如下表：

物质	组成和结构信息
a	含有 A 的二元离子化合物
b	含有非极性共价键的二元离子化合物，且原子数之比为 1∶1
c	化学组成为 BDF_2
d	只存在一种类型作用力且可导电的单质晶体

a 的化学式为____________；b 的化学式为____________；c 的电子式为____________；d 的晶体类型是________。

(4)由 A 和 B、D 元素组成的两种二元化合物形成一类新能源物质。一种化合物分子通过________键构成具有空腔的固体；另一种化合物（沼气的主要成分）分子进入该空腔，其分子的空间结构为________。

【答案】(1)第一周期ⅠA 族　$2Cl^- + 2H_2O \xlongequal{电解} 2OH^- + H_2\uparrow + Cl_2\uparrow$[或 $2NaCl(熔融) \xlongequal{电解} 2Na + Cl_2\uparrow$]

(2)纯碱(或苏打)　$2Na_2CO_3 + Cl_2 + H_2O \xlongequal{} NaClO + NaCl + 2NaHCO_3$　紫　(3)NaH　Na_2O_2 和 Na_2C_2　(2 分)

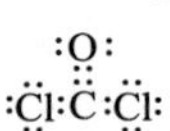
金属晶体

(4)氢　正四面体

4.(2014 福建)

元素周期表中第ⅦA 族元素的单质及其化合物的用途广泛。

(1)与氯元素同族的短周期元素的原子结构示意图为________。

(2)能作为氯、溴、碘元素非金属性(原子得电子能力)递变规律的判断依据是________(填序号)。

a. Cl_2、Br_2、I_2 的熔点　　b. Cl_2、Br_2、I_2 的氧化性

c. HCl、HBr、HI 的热稳定性　　d. HCl、HBr、HI 的酸性

(3)工业上，通过如下转化可制得 $KClO_3$ 晶体：

$$NaCl 溶液 \xrightarrow[Ⅰ]{80℃,通电} NaClO_3 溶液 \xrightarrow[Ⅱ]{室温,KCl} KClO_3 晶体$$

①完成Ⅰ中反应的总化学方程式：□ NaCl + □ H_2O ══ □ $NaClO_3$ + □________。

②Ⅱ中转化的基本反应类型是________，该反应过程能析出 $KClO_3$ 晶体而无其他晶体析出的原因是____________。

(4)一定条件下，在水溶液中 1 mol Cl^-、ClO_x^-(x=1,2,3,4)的能量(kJ)相对大小如下图所示。

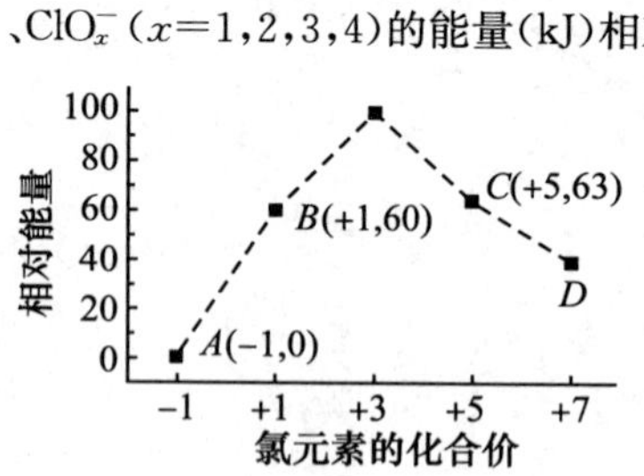

①D 是________(填离子符号)。

②B→A+C 反应的热化学方程式为________(用离子符号表示)。

【答案】(1)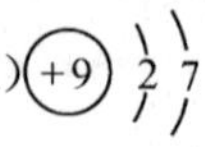

(2)bc

(3)①[1] NaCl + [3] H_2O ══ [1] $NaClO_3$ + [3] $H_2\uparrow$

②复分解反应　室温下，氯酸钾在水中的溶解度明显小于其他晶体

(4)①ClO_4^-

②$3ClO^-(aq) \xlongequal{} ClO_3^-(aq) + 2Cl^-(aq)$　$\Delta H = -117\ kJ \cdot mol^{-1}$

5.(2014 海南)

4 种相邻主族短周期元素的相对位置如表，元素 x 的原子核外电子数是 m 的 2 倍，y 的氧化物具有两性。回答下列问题：

		m	n
x	y		

(1)元素 x 在周期表中的位置是第________周期、第________族，其单质可采用电解熔融________的方法制备。

(2)m、n、y 三种元素最高价氧化物的水化物中，酸性最强的是________，碱性最强的是________。(填化学式)

(3)气体分子$(mn)_2$的电子式为________。$(mn)_2$称为拟卤素，性质与卤素类似，其与氢氧化钠溶液反应的化学方程式为____。

【答案】(1)三　ⅡA　$MgCl_2$

(2)HNO_3　$Al(OH)_3$

(3)∶N⋮⋮C∶C⋮⋮N∶　$2NaOH+(CN)_2 = NaCN+NaOCN+H_2O$

专题 6　物质的结构和性质

物质结构是看不见的，中学研究的物质结构包括原子结构，分子结构和晶体结构。物质的结构决定了物质的性质，如晶体类型与物质的硬度、熔点、沸点的关系，分子的极性与物质的溶解性、热稳定性的关系等。

表 2-6　物质的结构和性质专题考点考频统计表

考点	考频			
	北京	新课标	全国	上海
晶体结构和性质	2	4	1	2
原子结构	3	1	3	5
分子性质	0	0	1	2

考点 1　物质的结构和性质

许多试题就是以结构与性质间的关系为素材进行考查。

【考查方式】

对物质结构的考查一般侧重于下面几个方面：

(1)是构成物质粒子的许多物理量之间的关系，如质子、中子、质量数之间的关系；

(2)是对结构与性质间的关系进行考查，如：原子核外电子排布、电离能、电负性、化学键、分子间作用力、晶体类型、分子的极性、晶体的熔沸点等；

(3)是半径的比较、晶体化学式的确定等简单定量分析和计算；

(4)渗透到"位、构、性"关系考查。

【历年真题回顾】

1.(2014 江苏)

含有 NaOH 的$Cu(OH)_2$悬浊液可用于检验醛基，也可用于和葡萄糖反应制备纳米Cu_2O。

(1)Cu^+基态核外电子排布式为________。

(2)与OH^-互为等电子体的一种分子为________(填化学式)。

(3)醛基中碳原子的轨道杂化类型是________；1 mol 乙醛分子中含有的 σ 键的数目为________。

(4)含有 NaOH 的$Cu(OH)_2$悬浊液与乙醛反应的化学方程式为________________________________。

(5)Cu_2O在稀硫酸中生成 Cu 和$CuSO_4$。铜晶胞结构如下图所示，铜晶体中每个铜原子周围距离最近的铜原子数目为________。

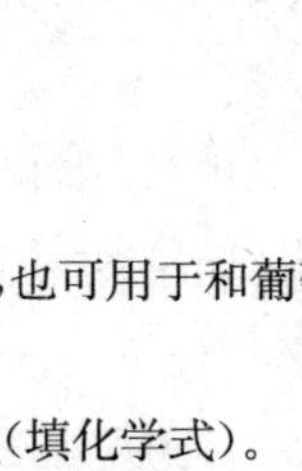

【答案】(1)$[Ar]3d^{10}$(或$1s^22s^22p^63s^23p^63d^{10}$)

(2)HF

(3)sp^2　6 mol(或 $6\times6.02\times10^{23}$个)

(4)$2Cu(OH)_2+CH_3CHO+NaOH \xrightarrow{\triangle} CH_3COONa+Cu_2O\downarrow+3H_2O$

(5)12

2.(2013 江苏)

元素 X 位于第四周期,其基态原子的内层轨道全部排满电子,且最外层电子数为 2。元素 Y 基态原子的 3p 轨道上有 4 个电子。元素 Z 的原子最外层电子数是其内层的 3 倍。

(1)X 与 Y 所形成化合物晶体的晶胞如图所示。

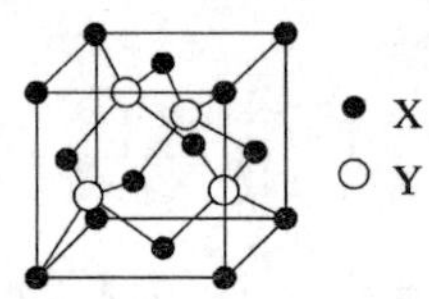

①在 1 个晶胞中,X 离子的数目为________。

②该化合物的化学式为________。

(2)在 Y 的氢化物(H_2Y)分子中,Y 原子轨道的杂化类型是________。

(3)Z 的氢化物(H_2Z)在乙醇中的溶解度大于 H_2Y,其原因是________________________________。

(4)Y 与 Z 可形成 YZ_4^{2-}。

①YZ_4^{2-} 的空间构型为________(用文字描述)。

②写出一种与 YZ_4^{2-} 互为等电子体的分子的化学式:________。

(5)X 的氯化物与氨水反应可形成配合物$[X(NH_3)_4]Cl_2$,1 mol 该配合物中含有σ键的数目为________。

【答案】(1)①4　②ZnS

(2)sp^3

(3)水分子与乙醇分子之间形成氢键

(4)①正四面体　②CCl_4(或 $SiCl_4$ 等)

(5)16 mol(或 $16\times6.02\times10^{23}$个)

3.(2013 四川)

X、Y、Z、R 为前四周期元素且原子序数依次增大。X 的单质与氢气可以化合生成气体 G,其水溶液 pH>7;Y 单质是一种黄色晶体;R 基态原子 3d 轨道的电子数是 4s 轨道电子数的 3 倍。Y、Z 分别与钠元素可以形成化合物 Q 和 J,J 的水溶液与 $AgNO_3$溶液反应可生成不溶于稀硝酸的白色沉淀 L;Z 与氢元素形成的化合物与 G 反应生成 M。

请回答下列问题:

(1)M 固体的晶体类型是________。

(2)Y 基态原子的核外电子排布式是________;G 分子中 X 原子的杂化轨道的类型是________。

(3)L 的悬浊液加入 Q 的溶液,白色沉淀转化为黑色沉淀,其原因是______________。

(4)R 的一种含氧酸根 RO_4^{2-} 具有强氧化性,在其钠盐中加入稀硫酸,溶液变为黄色,并有无色气体产生,该反应的离子方程式是______________。

【答案】(1)离子晶体;(2)①$1s^22s^22p^43s^23p^4$;②sp^3杂化;

(3)Ag_2S 的溶解度小于 AgCl 的溶解度;

(4)$4FeO_4^{2-}+2OH^- = 4Fe^{3+}+3O_2\uparrow+10H_2O$

4.(2014 福建)

氮化硼(BN)晶体有多种相结构。六方相氮化硼是通常存在的稳定相,与石墨相似,具有层状结构,可做高温润滑剂。立方相氮化硼是超硬材料,有优异的耐磨性。它们的晶体结构如下图所示。

(1)基态硼原子的电子排布式为________。

(2)关于这两种晶体的说法,正确的是________(填序号)。

a. 立方相氮化硼含有 σ 键和 π 键,所以硬度大　　b. 六方相氮化硼层间作用力小,所以质地软

c. 两种晶体中的 B—N 键均为共价键　　d. 两种晶体均为分子晶体

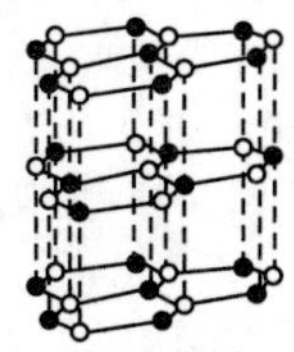
六方相氮化硼

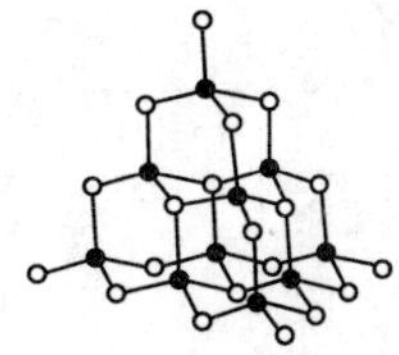
立方相氮化硼

○ 氮原子　● 硼原子

(3)六方相氮化硼晶体层内一个硼原子与相邻氮原子构成的空间构型为________，其结构与石墨相似却不导电，原因是____。

(4)立方相氮化硼晶体中，硼原子的杂化轨道类型为________。该晶体的天然矿物在青藏高原地下约 300 km 的古地壳中被发现。根据这一矿物形成事实，推断实验室由六方相氮化硼合成立方相氮化硼需要的条件应是________。

(5)NH_4BF_4(氟硼酸铵)是合成氮化硼纳米管的原料之一。1 mol NH_4BF_4 含有________ mol 配位键。

【答案】(1)$1s^22s^22p^1$

(2)bc

(3)平面三角形　层状结构中没有自由移动的电子

(4)sp^3　高温、高压

(5)2

5.(2014 山东)

石墨烯(图甲)是一种由单层碳原子构成的平面结构新型碳材料，石墨烯中部分碳原子被氧化后，其平面结构会发生改变，转化为氧化石墨烯(图乙)。

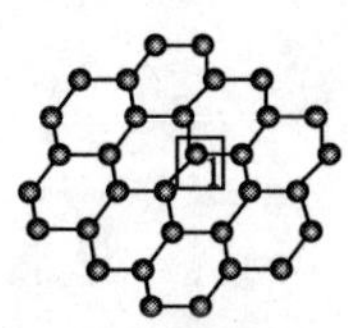

甲　石墨烯结构

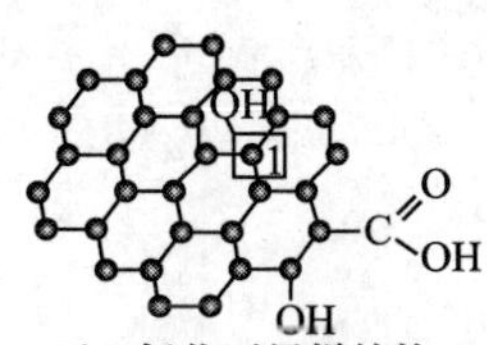

乙　氧化石墨烯结构

(1)图甲中，1 号 C 与相邻 C 形成 σ 键的个数为________。

(2)图乙中，1 号 C 的杂化方式是________，该 C 与相邻 C 形成的键角________(填“>”“<”或“=”)图甲中 1 号 C 与相邻 C 形成的键角。

(3)若将图乙所示的氧化石墨烯分散在 H_2O 中，则氧化石墨烯中可与 H_2O 形成氢键的原子有________(填元素符号)。

(4)石墨烯可转化为富勒烯(C_{60})，某金属 M 与 C_{60} 可制备一种低温超导材料，晶胞如图丙所示，M 原子位于晶胞的棱上与内部。该晶胞中 M 原子的个数为________，该材料的化学式为________________。

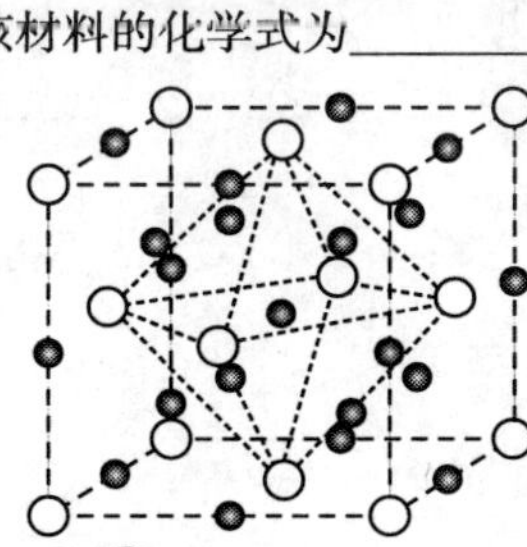
○ C_{60}　● M

丙

【答案】(1)3

(2)sp^3　<

(3)O、H

(4)12　M_3C_{60}

专题 7　化学反应和能量

化学反应中的能量变化考查的重点是热化学方程式的书写和有关反应热的简单计算。在进行热化学方程式书写时除了像一般的化学方程式一样地考虑守恒外，还要注意能量守恒，也就是反应热的准确计算和正确表示。因为反应热与物质的聚集状态和反应条件有关，所以还要准确标明物质的聚集状态。

表 2-7　化学反应和能量专题考点考频统计表

考点	考频			
	北京	新课标	全国	上海
盖斯定律的应用	1	1	2	3
化学能与热能、电能的转化	3	2	1	2

考点　盖斯定律的应用

盖斯定律是指化学反应不管是一步完成还是分几步完成，其反应热是相同的。即是说，热化学方程式具有叠加性，ΔH同样可以，但必须连同“+”、“−”在内相加减。

【考查方式】

(1)热化学方程式的书写、热化学方程式的正误判断。近几年的以填空题的形式与其他知识结合考查热化学方程式书写，需要注意的是反应热的计算；

(2)常以信息给予题的形式考查盖斯定律的应用等。

【历年真题回顾】

1.(2014 全国)

化合物 AX_3 和单质 X_2 在一定条件下反应可生成化合物 AX_5。回答下列问题：

(1)已知 AX_3 的熔点和沸点分别为−93.6℃和 76℃，AX_5 的熔点为 167℃。室温时 AX_3 与气体 X_2 反应生成 1 mol AX_5，放出热量 123.8 kJ。该反应的热化学方程式为____________________________________。

(2)反应 $AX_3(g)+X_2(g)\rightleftharpoons AX_5(g)$在容积为 10 L 的密闭容器中进行。起始时 AX_3 和 X_2 均为 0.2 mol。反应在不同条件下进行，反应体系总压强随时间的变化如图所示。

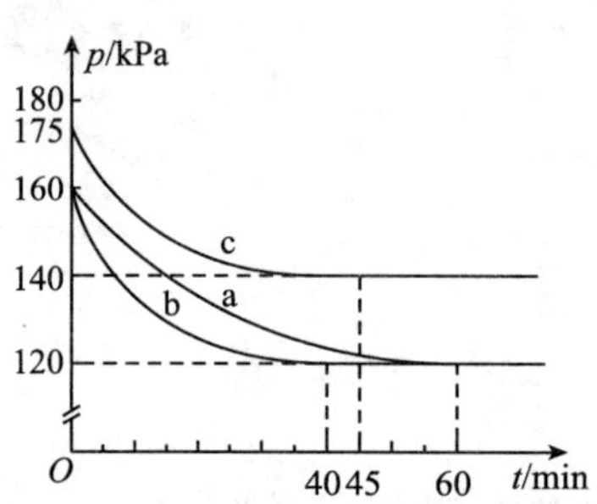

①列式计算实验 a 从反应开始至达到平衡时的反应速率 $v(AX_5)=$____________________。

②图中 3 组实验从反应开始至达到平衡时的反应速率 $v(AX_5)$由大到小的次序为________(填实验序号)；与实验 a 相比，其他两组改变的实验条件及判断依据是：b____________________________________、

c____。

③用 p_0 表示开始时总压强，p 表示平衡时总压强，α 表示 AX_3 的平衡转化率，则 α 的表达式为________________；实验 a 和 c 的平衡转化率：α_a 为________、α_c 为________。

【答案】

(1)$AX_3(l)+X_2(g)\xlongequal{}AX_5(s)\quad \Delta H=-123.8\ kJ\cdot mol^{-1}$

(2)①$\dfrac{0.10\ mol}{10\ L\times 60\ min}=1.7\times 10^{-4}\ mol\cdot L^{-1}\cdot min^{-1}$

解：开始时 $n_0=0.4$ mol，总压强为 160 kPa，平衡时总压强为 120 kPa，则平衡时气体总物质的量为 n，

$\dfrac{120\ kPa}{160\ kPa}=\dfrac{n}{0.40\ mol}$，$n=0.40\ mol\times\dfrac{120\ kPa}{160\ kPa}=0.30\ mol$，

$$AX_3(g)+X_2(g)\rightleftharpoons AX_5(g)$$

起始时 n_0/mol：　0.20　　0.20　　0

平衡时 n/mol：　$0.20-x$　　$0.20-x$　　x

$(0.20-x)+(0.20-x)+x=0.30$

$x=0.10$

$v(AX_5)=\dfrac{0.10\ mol}{10\ L\times 60\ min}=1.7\times 10^{-4}mol\cdot L^{-1}\cdot min^{-1}$

②bca　加入催化剂。反应速率加快，但平衡点没有改变　温度升高。反应速率加快，但平衡点向逆反应方向移动（或反应容器的容积和起始物质的量未改变，但起始总压强增大）

③$\alpha=2\left(1-\frac{p}{p_0}\right)$　50%　40%

2.（2013 江苏）

磷是地壳中含量较为丰富的非金属元素，主要以难溶于水的磷酸盐如$Ca_3(PO_4)_2$等形式存在。它的单质和化合物在工农业生产中有着重要的应用。

(1)白磷(P_4)可由 $Ca_3(PO_4)_2$、焦炭和 SiO_2 在一定条件下反应获得。相关热化学方程式如下：

$2Ca_3(PO_4)_2(s)+10C(s)═══6CaO(s)+P_4(s)+10CO(g)$

$\Delta H=+3\ 359.26\ kJ\cdot mol^{-1}$

$CaO(s)+SiO_2(s)═══CaSiO_3(s)$　$\Delta H=-89.61\ kJ\cdot mol^{-1}$

$2Ca_3(PO_4)_2(s)+6SiO_2(s)+10C(s)═══6CaSiO_3(s)+P_4(s)+10CO(g)\ \Delta H_3$

则 $\Delta H_3=$________ $kJ\cdot mol^{-1}$。

(2)白磷中毒后可用 $CuSO_4$ 溶液解毒，解毒原理可用下列化学方程式表示：

$$11P_4+60CuSO_4+96H_2O═══20Cu_3P+24H_3PO_4+60H_2SO_4$$

60 mol $CuSO_4$ 能氧化白磷的物质的量是________。

(3)磷的重要化合物 NaH_2PO_4、Na_2HPO_4 和 Na_3PO_4 可通过 H_3PO_4 与 NaOH 溶液反应获得，含磷各物种的分布分数（平衡时某物种的浓度占各物种浓度之和的分数）与 pH 的关系如图所示。

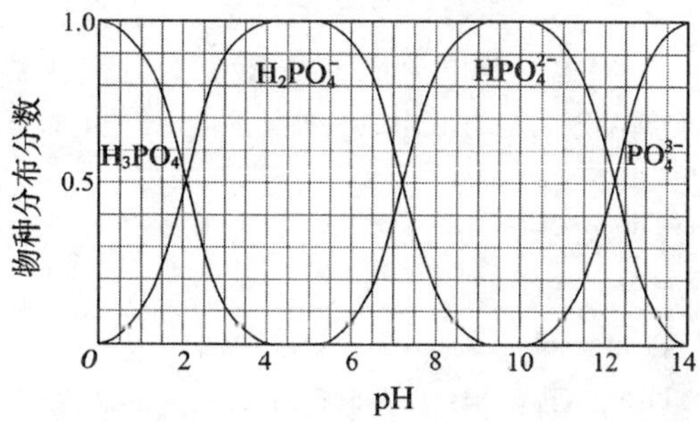

①为获得尽可能纯的 NaH_2PO_4，pH 应控制在________；pH=8 时，溶液中主要含磷物种浓度大小关系为________。

②Na_2HPO_4 溶液显碱性，若向溶液中加入足量的 $CaCl_2$ 溶液，溶液则显酸性，其原因是_______（用离子方程式表示）。

(4)磷的化合物三氯氧磷（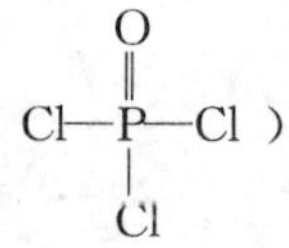）与季戊四醇（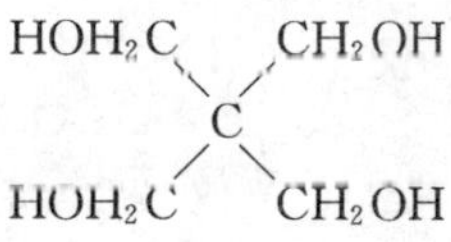）以物质的量之比 2∶1 反应时，可获得一种新型阻燃剂中间体 X，并释放出一种酸性气体。季戊四醇与 X 的核磁共振氢谱如图所示。

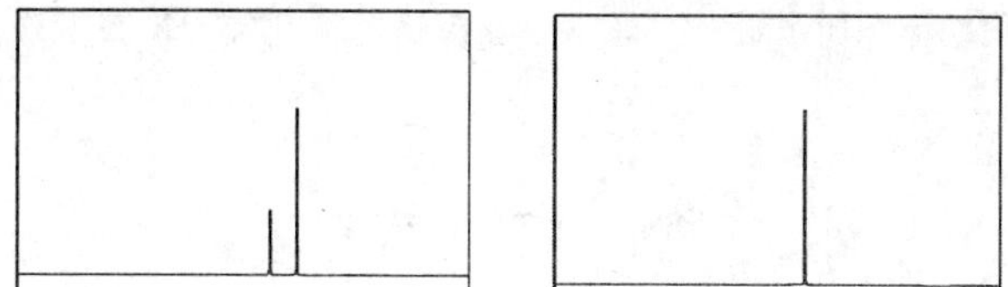

季戊四醇的核磁共振氢谱　　X的核磁共振氢谱

①酸性气体是________（填化学式）。

②X 的结构简式为________。

【答案】(1)2 821.6

(2)3 mol

(3)①4～5.5（介于此区间内的任意值或区间均可）　$c(HPO_4^{2-})>c(H_2PO_4^-)$

②$3Ca^{2+}+2HPO_4^{2-}═══Ca_3(PO_4)_2\downarrow+2H^+$

(4)①HCl　②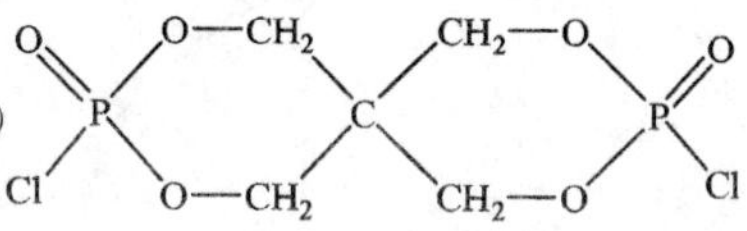

3.(2013 四川)

明矾石经处理后得到明矾$[KAl(SO_4)_2 \cdot 12H_2O]$。从明矾制备 Al、$K_2SO_4$ 和 H_2SO_4 的工艺过程如下所示：

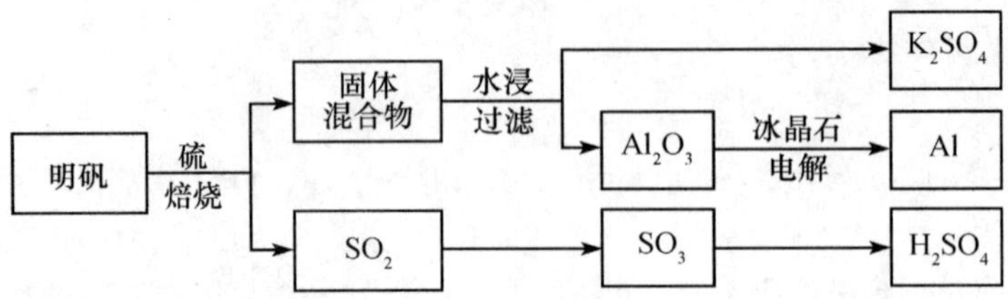

焙烧明矾的化学方程式为 $4KAl(SO_4)_2 \cdot 12H_2O + 3S \xlongequal{} 2K_2SO_4 + 2Al_2O_3 + 9SO_2 + 48H_2O$

请回答下列问题：

(1)在焙烧明矾的反应中，还原剂是________。

(2)从水浸后的滤液中得到 K_2SO_4 晶体的方法是________。

(3)Al_2O_3 在一定条件下可制得 AlN，其晶体结构如图所示，该晶体中 Al 的配位数是________。

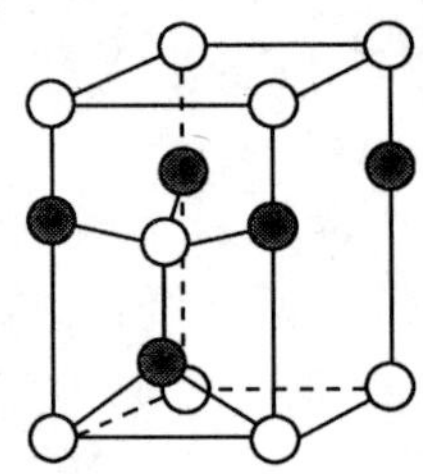

图中: Al ○ N ●

(4)以 Al 和 NiO(OH)为电极，NaOH 溶液为电解液组成一种新型电池，放电时 NiO(OH)转化为 $Ni(OH)_2$，该电池反应的化学方程式是________。

(5)焙烧产生的 SO_2 可用于制硫酸。已知 25℃、101 kPa 时：

$2SO_2(g) + O_2(g) \rightleftharpoons 2SO_3(g) \quad \Delta H_1 = -197\ kJ/mol$；

$2H_2O(g) \xlongequal{} 2H_2O(l) \quad \Delta H_2 = -44\ kJ/mol$；

$2SO_2(g) + O_2(g) + 2H_2O(g) \xlongequal{} 2H_2SO_4(l) \quad \Delta H_3 = -545\ kJ/mol$。

则 $SO_3(g)$ 与 $H_2O(l)$ 反应的热化学方程式是____。

焙烧 948 t 明矾($M = 474\ g/mol$)，若 SO_2 的利用率为 96%，可生产质量分数为 98%的硫酸________ t。

【答案】(1)S(硫)；(2)蒸发结晶；(3)4

(4)$Al + 3NiO(OH) + NaOH + H_2O \xlongequal{} NaAlO_2 + 3Ni(OH)_2$

(5)$SO_3(g) + H_2O(l) \xlongequal{} H_2SO_4(l)$，$\Delta H = -130\ kJ/mol$；432；

4.(2012 江苏)

某反应的反应过程中能量变化如下图所示(图中 E_1 表示正反应的活化能，E_2 表示逆反应的活化能)。下列有关叙述正确的是 (　　)

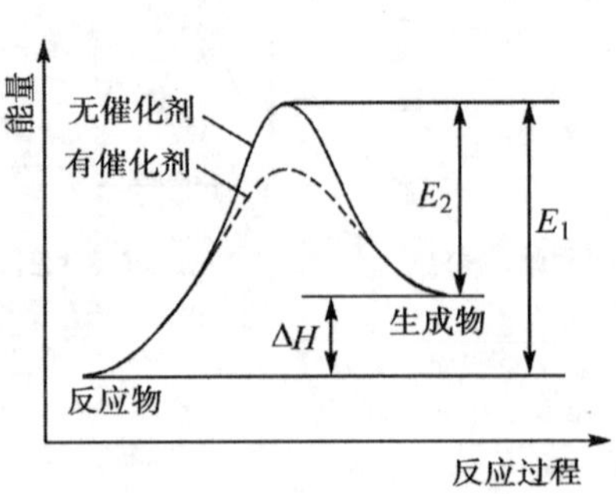

A. 该反应为放热反应

B. 催化剂能改变该反应的焓变

C. 催化剂能降低该反应的活化能

D. 逆反应的活化能大于正反应的活化能

【答案】C

5.(2012 北京)

用 Cl_2 生产某些含氯有机物时会产生副产物 HCl。利用反应 A,可实现氯的循环利用。

反应 A:$4HCl+O_2 \xrightleftharpoons[400℃]{CuO/CuCl_2} 2Cl_2+2H_2O$

(1)已知:

ⅰ.反应 A 中,4 mol HCl 被氧化,放出 115.6 kJ 的热量。

ⅱ.

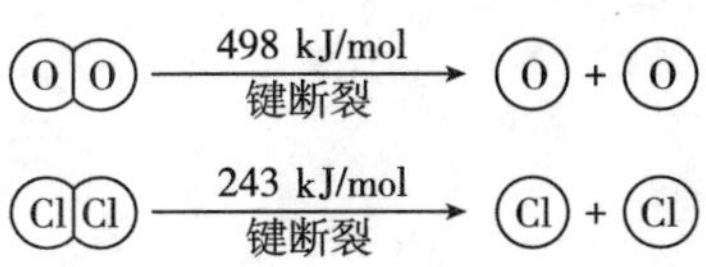

①H_2O 的电子式是____________。

②反应 A 的热化学方程式是____________。

③断开 1 mol H—O 键与断开 1 mol H—Cl 键所需能量相差约为________ kJ,H_2O 中 H—O 键比 HCl 中 H—Cl 键________(填“强”或“弱”)。

(2)对于反应 A,下图是在4 种投料比[$n(HCl):n(O_2)$,分别为 1:1,2:1,4:1,6:1]下,反应温度对 HCl 平衡转化率影响的曲线。

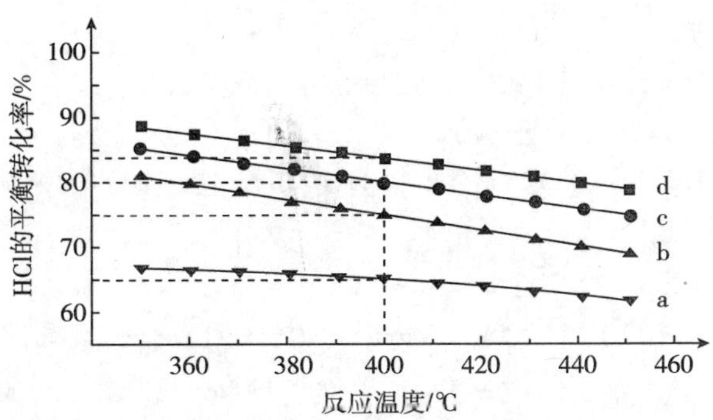

①曲线 b 对应的投料比是________。

②当曲线 b,c,d 对应的投料比达到相同的 HCl 平衡转化率时,对应的反应温度与投料比的关系是________。

③投料比为 2:1、温度为 400℃时,平衡混合气中 Cl_2 的物质的量分数是________。

【答案】(1)①$H:\ddot{\underset{\cdot\cdot}{O}}:H$

②$4HCl(g)+O_2(g) \xlongequal{400℃} 2Cl_2(g)+2H_2O(g) \quad \Delta H=-115.6\ kJ/mol$

③32 强

(2)①4:1 ②投料比越高,对应的反应温度越低 ③30.8%

专题 8 化学反应速率和化学平衡

化学反应速率是高考常考知识点,学生必须掌握在化学反应中速率之比等于计量数之比,外界条件对速率的
键是外界条件的改变引起单位体积内活化分子数量的变化。对化学平衡状态的判断要抓住平衡时的特征:如对同
而言:$V_正=V_逆$;各组分的浓度不再发生改变;物质的转化率不变等。外界条件对平衡的影响符合勒夏特列原理,但
注意平衡移动对反应物的转化率,各组分的百分含量,气体的密度,混合气体的平均相对分子质量,气体颜色
化。对这一部分内容的考查,一般都要求定性分析与定量计算相结合,同时试题中往往要求识图用图
含的直接或间接信息。

表 2-8 化学反应速率和化学平衡专题考点考频统计表

考点	考频	
	北京	新课标
化学平衡状态及其影响因素	4	3
化学反应速率与平衡综合应用	4	1

考点 1 化学平衡状态及其影响因素

该部分内容在考试中一般不单独出现,多数和化学反应速率结合在一起出现在大题

【考查方式】

(1)化学平衡基本概念的考查,常以选择题形式呈现;

(2)化学平衡状态的判断;

(3)外部因素对化学平衡的影响,如浓度、压强、温度、催化剂等。

【历年真题回顾】

1.(2014 江苏)

一定温度下,在三个体积均为 1.0 L 的恒容密闭容器中发生反应:

$$2CH_3OH(g) \rightleftharpoons CH_3OCH_3(g) + H_2O(g)$$

容器编号	温度(℃)	起始物质的量(mol)	平衡物质的量(mol)	
		$CH_3OH(g)$	$CH_3OCH_3(g)$	$H_2O(g)$
Ⅰ	387	0.20	0.080	0.080
Ⅱ	387	0.40		
Ⅲ	207	0.20	0.090	0.090

下列说法正确的是 ( )

A. 该反应的正反应为放热反应

B. 达到平衡时,容器Ⅰ中的 CH_3OH 体积分数比容器Ⅱ中的小

C. 容器Ⅰ中反应到达平衡所需时间比容器Ⅲ中的长

D. 若起始时向容器Ⅰ中充入 CH_3OH 0.15 mol、CH_3OCH_3 0.15 mol 和 H_2O 0.10 mol,则反应将向正反应方向进行

【答案】AD

2.(2013 江苏)

一定条件下存在反应:$CO(g)+H_2O(g) \rightleftharpoons CO_2(g)+H_2(g)$,其正反应放热。现有三个相同的 2 L 恒容绝热(与外界没有热量交换)密闭容器Ⅰ、Ⅱ、Ⅲ,在Ⅰ中充入 1 mol CO 和 1 mol H_2O,在Ⅱ中充入 1 mol CO_2 和 1 mol H_2,在Ⅲ中充入 2 mol CO 和 2 mol H_2O,700℃条件下开始反应。达到平衡时,下列说法正确的是 ( )

A. 容器Ⅰ、Ⅱ中正反应速率相同

B. 容器Ⅰ、Ⅲ中反应的平衡常数相同

C. 容器Ⅰ中 CO 的物质的量比容器Ⅱ中的多

D. 容器Ⅰ中 CO 的转化率与容器Ⅱ中 CO_2 的转化率之和小于 1

【答案】CD

3.(2012 全国)

合成氨所需的氢气可用煤和水作原料经多步反应制得,其中的一步反应为:$CO(g)+H_2O(g) \xrightleftharpoons{催化剂} CO_2(g)+H_2(g)$;$\Delta H<0$。反应达到平衡后,为提高 CO 的转化率,下列措施中正确的是 ( )

A. 增加压强　　B. 降低温度　　C. 增大 CO 的浓度　　D. 更换催化剂

【答案】B

考点2 化学反应速率与平衡综合应用

一般来讲,化学反应速率与化学平衡是紧密相连的,那么当二者同时出现时,就要理清思路,仔细分析。特别是以下几种不准确的表述:(1)反应物和生成物之间存在着一个简单的代数关系;(2)增加反应物的浓度则逆反应的反应速率降低;(3)当增加反应物的浓度(或升高反应体系的温度,减少反应体系的体积)达到新的平衡后,正、逆反应的反应速率与起平衡状态时的反应速率一致;(4)催化剂能提高正反应的速率,但不能提高逆反应的速率。以上这些表述都是片面的、整的。

考查方式】

基本概念的考查;

应速率和化学平衡变化过程的描述—图像;

应速率与化学平衡的外部影响因素;

衡的定量判断。

【历年真题回顾】

1.(2014 天津)

合成氨是人类科学技术上的一项重大突破,其反应原理为

$$N_2(g)+3H_2(g) \rightleftharpoons 2NH_3(g) \quad \Delta H=-92.4\ kJ \cdot mol^{-1}$$

一种工业合成氨的简易流程图如下:

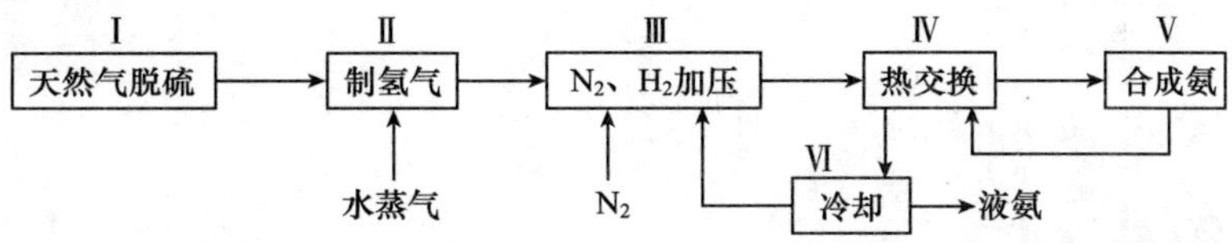

(1)天然气中的 H_2S 杂质常用氨水吸收,产物为 NH_4HS。一定条件下向 NH_4HS 溶液中通入空气,得到单质硫并使吸收液再生,写出再生反应的化学方程式:________________________________。

(2)步骤Ⅱ中制氢气原理如下:

①$CH_4(g)+H_2O(g) \rightleftharpoons CO(g)+3H_2(g) \quad \Delta H=+206.4\ kJ \cdot mol^{-1}$

②$CO(g)+H_2O(g) \rightleftharpoons CO_2(g)+H_2(g) \quad \Delta H=-41.2\ kJ \cdot mol^{-1}$

对于反应①,一定可以提高平衡体系中 H_2 百分含量,又能加快反应速率的措施是________。

a. 升高温度　　b. 增大水蒸气浓度　　c. 加入催化剂　　d. 降低压强

利用反应②,将 CO 进一步转化,可提高 H_2 产量。若 1 mol CO 和 H_2 的混合气体(CO 的体积分数为 20%)与 H_2O 反应,得到 1.18 mol CO、CO_2 和 H_2 的混合气体,则 CO 转化率为________。

(3)图甲表示 500℃、60.0 MPa 条件下,原料气投料比与平衡时 NH_3 体积分数的关系。根据图中 a 点数据计算 N_2 的平衡体积分数:________。

(4)依据温度对合成氨反应的影响,在图乙坐标系中,画出一定条件下的密闭容器内,从通入原料气开始,随温度不断升高,NH_3 物质的量变化的曲线示意图。

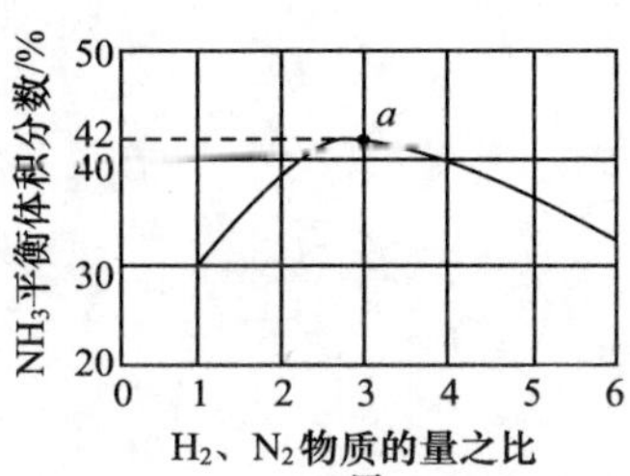

甲

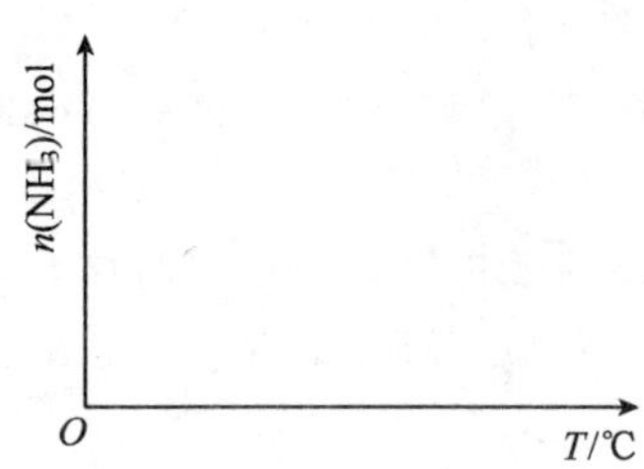

乙

(5)上述流程图中,使合成氨放出的能量得到充分利用的主要步骤是________(填序号)。

简述本流程中提高合成氨原料总转化率的方法:________________________________。

【答案】(1)$2NH_4HS+O_2 \xrightarrow{一定条件} 2NH_3 \cdot H_2O+2S\downarrow$

(2)a　90%

(3)14.5%

(4)

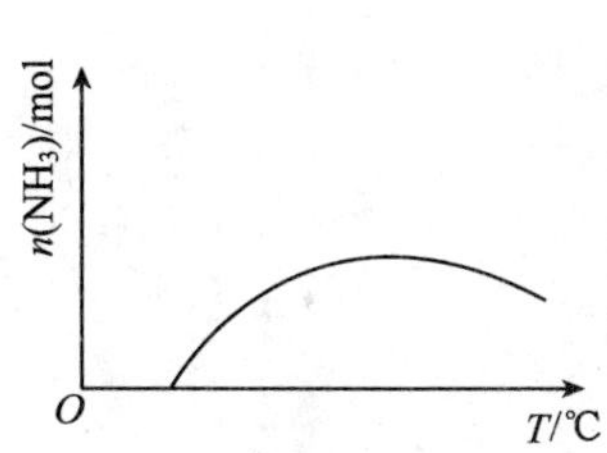

(5)Ⅳ　对原料气加压(或分离液氨后,未反应的 N_2、H_2 循环使用)

2.(2013 天津)

某市对大气进行监测,发现该市首要污染物为可吸入颗粒物 $PM_{2.5}$(直径小于等于2.5 μm 的悬浮颗粒物),其主要来源为燃煤、机动车尾气等。因此,对 $PM_{2.5}$、SO_2、NO_x 等进行研究具有重要意义。

请回答下列问题:

(1)将 $PM_{2.5}$ 样本用蒸馏水处理制成待测试样。

若测得该试样所含水溶性无机离子的化学组分及其平均浓度如下表：

离子	K^+	Na^+	NH_4^+	SO_4^{2-}	NO_3^-	Cl^-
浓度/$mol \cdot L^{-1}$	4×10^{-6}	6×10^{-6}	2×10^{-5}	4×10^{-5}	3×10^{-5}	2×10^{-5}

根据表中数据判断 $PM_{2.5}$ 的酸碱性为________，试样的 pH=________。

(2)为减少 SO_2 的排放，常采取的措施有：

①将煤转化为清洁气体燃料。

已知：$H_2(g)+\frac{1}{2}O_2(g)=\!=\!=H_2O(g)\quad \Delta H=-241.8\ kJ\cdot mol^{-1}$

$C(s)+\frac{1}{2}O_2(g)=\!=\!=CO(g)\quad \Delta H=-110.5\ kJ\cdot mol^{-1}$

写出焦炭与水蒸气反应的热化学方程式：________________________________。

②洗涤含 SO_2 的烟气。以下物质可做洗涤剂的是________。

a. $Ca(OH)_2$　　b. Na_2CO_3　　c. $CaCl_2$　　d. $NaHSO_3$

(3)汽车尾气中 NO_x 和 CO 的生成及转化。

①已知汽缸中生成 NO 的反应为：$N_2(g)+O_2(g)\rightleftharpoons 2NO(g)\quad \Delta H>0$

若 1 mol 空气含 0.8 mol N_2 和 0.2 mol O_2，1 300℃时在密闭容器内反应达到平衡，测得 NO 为 8×10^{-4}mol。计算该温度下的平衡常数 $K=$________。

汽车启动后，汽缸温度越高，单位时间内 NO 排放量越大，原因是________________________________。

②汽车燃油不完全燃烧时产生 CO，有人设想按下列反应除去 CO：

$$2CO(g)=\!=\!=2C(s)+O_2(g)$$

已知该反应的 $\Delta H>0$，简述该设想能否实现的依据：________________________________。

③目前，在汽车尾气系统中装置催化转化器可减少 CO 和 NO 的污染，其化学反应方程式为________________。

【答案】(1)酸性　4

(2)①$C(s)+H_2O(g)=\!=\!=CO(g)+H_2(g)\quad \Delta H=+131.3\ kJ\cdot mol^{-1}$

②ab

(3)①$4\times10^{-6}$　温度升高，反应速率加快，平衡右移

②该反应是焓增、熵减的反应，任何温度下均不自发进行

③$2CO+2NO\xlongequal{催化剂}2CO_2+N_2$

3.(2012 江苏)

温度为 T 时，向 2.0 L 恒容密闭容器中充入 1.0 mol PCl_5，反应 $PCl_5(g)=\!=\!=PCl_3(g)+Cl_2(g)$经过一段时间后达到平衡。反应过程中测定的部分数据见下表：

t/s	0	50	150	250	350
$n(PCl_3)$/mol	0	0.16	0.19	0.20	0.20

下列说法正确的是　(　　)

A. 反应在前 50 s 的平均速率 $v(PCl_3)=0.0032\ mol\cdot L^{-1}\cdot s^{-1}$

B. 保持其他条件不变，升高温度，平衡时 $c(PCl_3)=0.11\ mol\cdot L^{-1}$，则反应的 $\Delta H<0$

C. 相同温度下，起始时向容器中充入 1.0mol PCl_5、0.20 mol PCl_3 和 0.20 mol Cl_2，反应达到平衡前 v(正)$>v$(逆)

D. 相同温度下，起始时向容器中充入 2.0 mol PCl_3 和 2.0 mol Cl_2，达到平衡时，PCl_3 的转化率小于 80%

【答案】C

4.(2014 江苏)

已知：$C(s)+O_2(g)=\!=\!=CO_2(g)\quad \Delta H_1$

$CO_2(g)+C(s)=\!=\!=2CO(g)\quad \Delta H_2$

$2CO(g)+O_2(g)=\!=\!=2CO_2(g)\quad \Delta H_3$

$4Fe(s)+3O_2(g)=\!=\!=2Fe_2O_3(s)\quad \Delta H_4$

$3CO(g)+Fe_2O_3(s)=\!=\!=3CO_2(g)+2Fe(s)\quad \Delta H_5$

下列关于上述反应焓变的判断正确的是　(　　)

A. $\Delta H_1>0$，$\Delta H_3<0$　　B. $\Delta H_2>0$，$\Delta H_4>0$

C. $\Delta H_1=\Delta H_2+\Delta H_3$　　D. $\Delta H_3=\Delta H_4+\Delta H_5$

【答案】C

5.(2012 安徽)

工业上从废铅蓄电池的铅膏回收铅的过程中，可用碳酸盐溶液与处理后的铅膏（主要成分为 $PbSO_4$）发生反应：$PbSO_4(s)+CO_3^{2-}(aq)\rightleftharpoons PbCO_3(s)+SO_4^{2-}(aq)$。某课题组用 $PbSO_4$ 为原料模拟该过程，探究上述反应的实验条件及固体产物的成分。

(1)上述反应的平衡常数表达式：$K=$________。

(2)室温时，向两份相同的 $PbSO_4$ 样品中分别加入同体积、同浓度的 Na_2CO_3 和 $NaHCO_3$ 溶液均可实现上述转化，在________溶液中 $PbSO_4$ 转化率较大，理由是__________________。

(3)查阅文献：上述反应还可能生成碱式碳酸铅[$2PbCO_3\cdot Pb(OH)_2$]，它和$PbCO_3$受热都易分解生成 PbO。该课题组对固体产物(不考虑 $PbSO_4$)的成分提出如下假设，请你完成假设二和假设三：

假设一：全部为 $PbCO_3$；

假设二：____________；

假设三：____________。

(4)为验证假设一是否成立，课题组进行如下研究。

①定性研究：请你完成下表中内容。

实验步骤(不要求写出具体操作过程)	预期的实验现象和结论
取一定量样品充分干燥，……	

②定量研究：取 26.7 mg 的干燥样品，加热，测得固体质量随温度的变化关系如图。某同学由图中信息得出结论：假设一不成立。你是否同意该同学的结论，并简述理由：____。

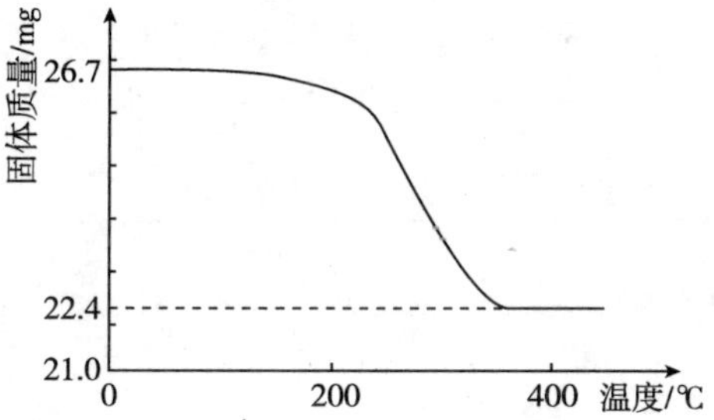

【答案】$\frac{c(SO_4^{2-})}{c(CO_3^{2-})}$

(2)Na_2CO_3 相同浓度的 Na_2CO_3 和 $NaHCO_3$ 溶液中，前者 $c(CO_3^{2-})$较大

(3)全部为 $2PbCO_3\cdot Pb(OH)_2$　$PbCO_3$ 和 $2PbCO_3\cdot Pb(OH)_2$ 混合物

(4)①

实验步骤(不要求写具体操作过程)	预期的实验现象和结论
取一定量样品充分干燥，然后将样品加热分解，将产生的气体依次通入盛有无水硫酸铜的干燥管。	若无水硫酸铜不变蓝，则假设一成立；若无水硫酸铜变蓝，则假设一不成立。

②同意，若全部为 $PbCO_3$ 时，26.7 mg 样品完全分解后，最终固体质量应为 22.3 mg

6.(2012 山东)

偏二甲肼与 N_2O_4 是常用的火箭推进剂，二者发生如下化学反应：

$(CH_3)_2NNH_2(l)+2N_2O_4(l)=\!=\!=2CO_2(g)+3N_2(g)+4H_2O(g)$　(Ⅰ)

(1)反应(Ⅰ)中氧化剂是____________。

(2)火箭残骸中常现红棕色气体，原因为 $N_2O_4(g)\rightleftharpoons 2NO_2(g)$　(Ⅱ)

当温度升高时，气体颜色变深，则反应(Ⅱ)为________(填“吸热”或“放热”)反应。

(3)一定温度下，反应(Ⅱ)的焓变为 ΔH。现将 1 mol N_2O_4 充入一恒压密闭容器中，下列示意图正确且能说明反应达到平衡状态的是________。

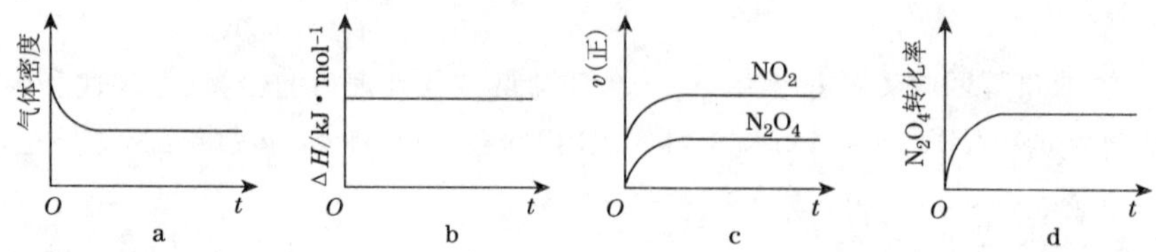

若在相同温度下，上述反应改在体积为 1 L 的恒容密闭容器中进行，平衡常数________(填“增大”“不变”或“减小”)，反应 3 s 后 NO_2 的物质的量为 0.6 mol，则 0～3 s 内的平均反应速率 $v(N_2O_4)$＝________ mol·L^{-1}·s^{-1}。

(4)NO_2 可用氨水吸收生成 NH_4NO_3。25℃时，将 a mol NH_4NO_3 溶于水，溶液显酸性，原因是________(用离子方程式表示)。向该溶液滴加 b L 氨水后溶液呈中性，则滴加氨水的过程中水的电离平衡将________(填“正向”“不”或“逆向”)移动，所滴加氨水的浓度为________ mol·L^{-1}。($NH_3 \cdot H_2O$ 的电离平衡常数取 $K_b = 2\times10^{-5}$ mol·L^{-1})

【答案】(1)N_2O_4

(2)吸热

(3)ad　不变　0.1

(4)$NH_4^+ + H_2O \rightleftharpoons NH_3 \cdot H_2O + H^+$　逆向　$\frac{a}{200b}$

专题 9　电离平衡

电离平衡的知识是高中化学的教学重点，历来也是高考重点(表 2-9)。电解质溶液导电性的比较，强电解质和弱电解质的概念、水的电离和弱电解质电离平衡的概念及计算盐类水解的原理和离子浓度大小的比较。在今后的高考中，结合数学图像对弱电解质电离平衡的简单计算进行考查，盐类水解的原理、离子浓度大小的比较仍是命题的热点。

表 2-9　电离平衡专题考点统计表

考点	考频			
	北京	新课标	全国	上海
盐类的水解	0	2	4	3
弱电解质的电离平衡	1	1	3	4
水的电离与溶液酸碱性	3	4	2	2

考点 1　盐类水解

【考查方式】

(1)比较溶液中离子浓度的大小；

(2)比较溶液 pH 值的大小或溶液酸碱性；

(3)配制某些易水解的盐溶液(如铝盐、锡盐、铜盐、铵盐及硫化钠等)时，要考虑盐类水解；

(4)比较溶液中微粒种类多少或离子数目的多少；

(5)盐类水解的应用。

【历年真题回顾】

1.(2014 福建)

下列关于 0.10 mol·L^{-1} $NaHCO_3$ 溶液的说法正确的是　(　　)

A. 溶质的电离方程式为 $NaHCO_3 = Na^+ + H^+ + CO_3^{2-}$

B. 25℃时，加水稀释后，$n(H^+)$与 $n(OH^-)$的乘积变大

C. 离子浓度关系：$c(Na^+)+c(H^+)=c(OH^-)+c(HCO_3^-)+c(CO_3^{2-})$

D. 温度升高，$c(HCO_3^-)$增大

【答案】B

2.(2014 江苏)

25℃时，下列有关溶液中微粒的物质的量浓度关系正确的是　(　　)

A. 0.1 mol·L^{-1} CH_3COONa溶液与0.1 mol·L^{-1} HCl溶液等体积混合：
$c(Na^+)=c(Cl^-)>c(CH_3COO^-)>c(OH^-)$

B. 0.1 mol·L^{-1} NH_4Cl溶液与0.1 mol·L^{-1}氨水等体积混合(pH>7)：
$c(NH_3·H_2O)>c(NH_4^+)>c(Cl^-)>c(OH^-)$

C. 0.1 mol·L^{-1} Na_2CO_3溶液与0.1 mol·L^{-1} $NaHCO_3$溶液等体积混合：
$\frac{2}{3}c(Na^+)=c(CO_3^{2-})+c(HCO_3^-)+c(H_2CO_3)$

D. 0.1 mol·L^{-1} $Na_2C_2O_4$溶液与0.1 mol·L^{-1} HCl溶液等体积混合($H_2C_2O_4$为二元弱酸)：
$2c(C_2O_4^{2-})+c(HC_2O_4^-)+c(OH^-)=c(Na^+)+c(H^+)$

【答案】AC

3.(2013 四川)

室温下，将一元酸HA的溶液和KOH溶液等体积混合(忽略体积变化)，实验数据如下表：

实验编号	起始浓度/(mol·L^{-1})		反应后溶液的pH
	c(HA)	c(KOH)	
①	0.1	0.1	9
②	x	0.2	7

下列判断不正确的是 (　　)

A. 实验①反应后的溶液中：$c(K^+)>c(A^-)>c(OH^-)>c(H^+)$

B. 实验①反应后的溶液中：$c(OH^-)=c(K^+)-c(A^-)=\frac{K_w}{1\times10^{-9}}$ mol/L^{-1}

C. 实验②反应后的溶液中：$c(A^-)+c(HA)>0.1$ mol/L^{-1}

D. 实验②反应后的溶液中：$c(K^+)=c(A^-)>c(OH^-)=c(H^+)$

【答案】B

4.(2013 广东)

50℃时，下列各溶液中，离子的物质的量浓度关系正确的是 (　　)

A. pH=4的醋酸中，$c(H^+)=4.0$ mol·L^{-1}

B. 饱和小苏打溶液中，$c(Na^+)=c(HCO_3^-)$

C. 饱和食盐水中：$c(Na^+)+c(H^+)=c(Cl^-)+c(OH^-)$

D. pH=12的纯碱溶液中，$c(OH^-)=1.0\times10^{-2}$ mol·L^{-1}

【答案】C

5.(2012 江苏)

25℃时，有$c(CH_3COOH)+c(CH_3COO^-)=0.1$ mol·L^{-1}的一组醋酸、醋酸钠混合溶液，溶液中$c(CH_3COOH)$，$c(CH_3COO^-)$与pH的关系如图所示。下列有关溶液中离子浓度关系的叙述正确的是 (　　)

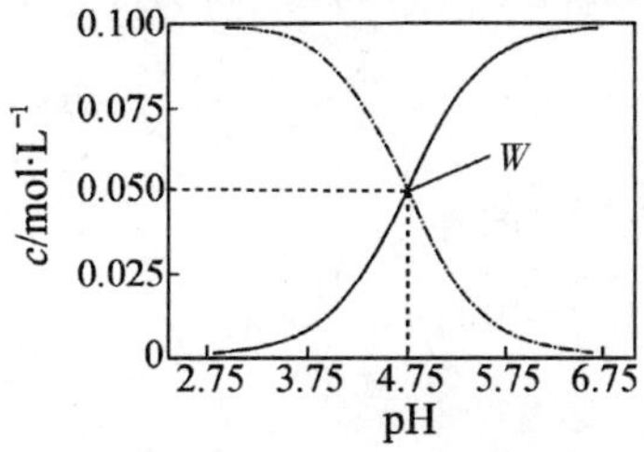

A. pH=5.5的溶液中：$c(CH_3COOH)>c(CH_3COO^-)>c(H^+)>c(OH^-)$

B. W点所表示的溶液中：$c(Na^+)+c(H^+)=c(CH_3COOH)+c(OH^-)$

C. pH=3.5的溶液中：$c(Na^+)+c(H^+)-c(OH^-)+c(CH_3COOH)=0.1$ mol·L^{-1}

D. 向W点所表示的1.0 L溶液中通入0.05 mol HCl气体(溶液体积变化可忽略)：$c(H^+)=c(CH_3COOH)+c(OH^-)$

【答案】BC

考点2　弱电解质的电离平衡

弱电解质溶液中的平衡受外界条件的影响，同时又具有一些固有的特征，如电离和水解过程都是吸热过程、溶液中存在电荷守恒等。

【考查方式】

(1)电离方程式书写；

(2)影响电离平衡的因素；

(3)结合数学图象对弱电解质电离平衡的简单计算进行考查。

【历年真题回顾】

1.(2014 新课标Ⅱ)

一定温度下，下列溶液的离子浓度关系式正确的是 (　　)

A. pH=5 的 H_2S 溶液中，$c(H^+)=c(HS^-)=1\times10^{-5}$ mol·L^{-1}

B. pH=a 的氨水溶液，稀释 10 倍后，其 pH=b，则 $a=b+1$

C. pH=2 的 $H_2C_2O_4$ 溶液与 pH=12 的 NaOH 溶液任意比例混合：$c(Na^+)+c(H^+)=c(OH^-)+c(HC_2O_4^-)$

D. pH 相同的①CH_3COONa、②$NaHCO_3$、③NaClO 三种溶液的 $c(Na^+)$：①>②>③

【答案】D

2.(2014 安徽)

室温下，在 0.2 mol·L^{-1} $Al_2(SO_4)_3$ 溶液中，逐滴加入 1.0 mol·L^{-1} NaOH 溶液，实验测得溶液 pH 随 NaOH 溶液体积变化曲线如图，下列有关说法正确的是 (　　)

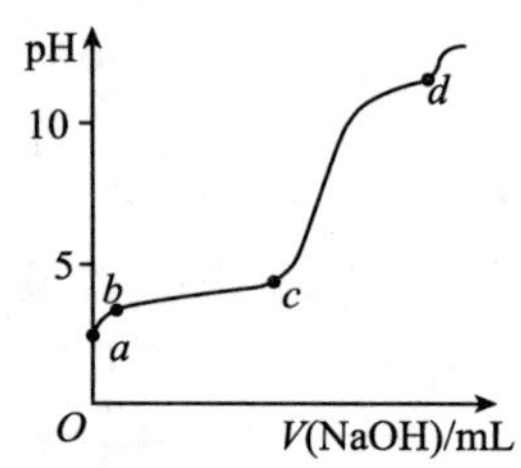

A. a 点时，溶液呈酸性的原因是 Al^{3+} 水解，离子方程式为 $Al^{3+}+3OH^-\rightleftharpoons Al(OH)_3$

B. $a\sim b$ 段，溶液 pH 增大，Al^{3+} 浓度不变

C. $b\sim c$ 段，加入的 OH^- 主要用于生成 $Al(OH)_3$ 沉淀

D. d 点时，$Al(OH)_3$ 沉淀开始溶解

【答案】C

3.(2013 安徽)

已知 $NaHSO_3$ 溶液显酸性，溶液中存在以下平衡：

$HSO_3^- + H_2O \rightleftharpoons H_2SO_3 + OH^-$　①

$HSO_3^- \rightleftharpoons H^+ + SO_3^{2-}$　②

向 0.1 mol·L^{-1} 的 $NaHSO_3$ 溶液中分别加入以下物质，下列有关说法正确的是 (　　)

A. 加入少量金属 Na，平衡①左移，平衡②右移，溶液中 $c(HSO_3^-)$ 增大

B. 加入少量 Na_2SO_3 固体，则 $c(H^+)+c(Na^+)=c(HSO_3^-)+c(OH^-)+\frac{1}{2}c(SO_3^{2-})$

C. 加入少量 NaOH 溶液，$\frac{c(SO_3^{2-})}{c(HSO_3^-)}$、$\frac{c(OH^-)}{c(H^+)}$ 的值均增大

D. 加入氨水至中性，则 $2c(Na^+)=c(SO_3^{2-})>c(H^+)=c(OH^-)$

【答案】AC

4.(2013 江苏)

一定温度下，三种碳酸盐 MCO_3(M：Mg^{2+}、Ca^{2+}、Mn^{2+})的沉淀溶解平衡曲线如下图所示。已知：$pM=-\lg c(M)$，$p(CO_3^{2-})=-\lg c(CO_3^{2-})$。下列说法正确的是 (　　)

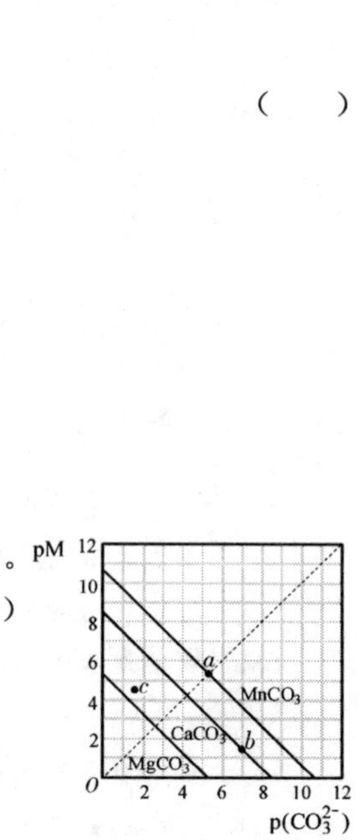

A. $MgCO_3$、$CaCO_3$、$MnCO_3$ 的 K_{sp} 依次增大

B. a 点可表示 $MnCO_3$ 的饱和溶液，且 $c(Mn^{2+})=c(CO_3^{2-})$

C. b 点可表示 $CaCO_3$ 的饱和溶液，且 $c(Ca^{2+})<c(CO_3^{2-})$

D. c 点可表示 $MgCO_3$ 的不饱和溶液，且 $c(Mg^{2+})<c(CO_3^{2-})$

【答案】BD

5.(2012年广东)

对于常温下 pH 为 2 的盐酸,叙述正确的是 (　　)

A. $c(H^+)=c(Cl^-)+c(OH^-)$

B. 与等体积 pH=12 的氨水混合后所得溶液显酸性

C. 由 H_2O 电离出的 $c(H^+)=1.0\times10^{-12}$ mol·L −1

D. 与等体积 0.01 mol·L^{-1} 乙酸钠溶液混合后所得溶液中:$c(Cl^-)=c(CH_3COO^-)$

【答案】AC

6.(2010浙江)

已知:

①25℃时弱电解质电离平衡数:$K_a(CH_3COOH)=1.8\times10^{-5}$,$K_a(HSCN)=0.13$;难溶电解质的溶度积常数:$K_{ap}(CaF_2)=1.5\times10^{-10}$

②25℃时,2.0×10^{-3} mol·L^{-1} 氢氟酸水溶液中,调节溶液 pH(忽略体积变化),得到 c(HF)、$c(F^-)$ 与溶液 pH 的变化关系,如图1所示:

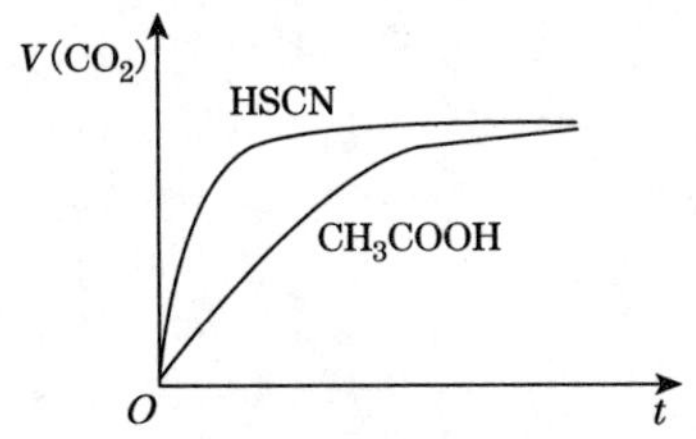

图1

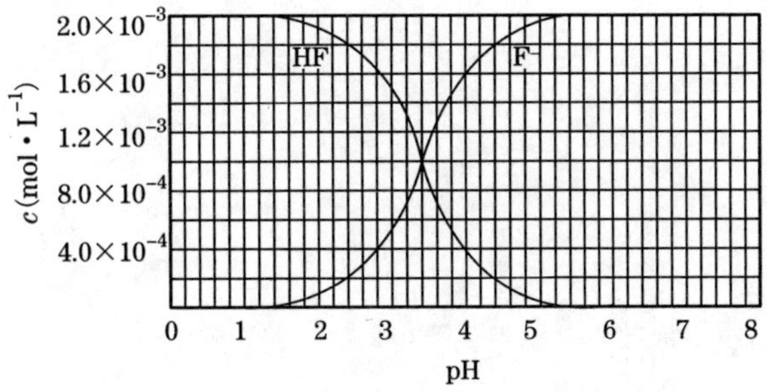

图2

请根据以下信息回答下面问题:

(1)25℃时,将 20 mL 0.10 mol·L^{-1} CH_3COOH 溶液和 20 mL 0.10 mol·L^{-1} HSCN 溶液分别与 20 mL 0.10 mol·L^{-1} $NaHCO_3$ 溶液混合,实验测得产生的气体体积(V)随时间(t)变化的示意图为图2所示:反应初始阶段,两种溶液产生 CO_2 气体的速率存在明显差异的原因是__________,反应结束后所得两溶液中,$c(CH_3COO^-)$ $c(SCN^-)$(填"<"">"或"=")

(2)25℃时,HF 电离平衡常数的数值 $K_a\approx$,列式并说明得出该常数的理由。

(3)4.0×10^{-3} mol·L^{-1} HF 溶液与 4.0×10^{-4} mol·L^{-1} $CaCl_2$ 溶液等体积混合,调节混合液 pH 为 4.0(忽略调节混合液体积的变化),通过列式计算说明是否有沉淀产生。

【答案】题给信息多,可以对信息进行初步分析,也可以根据问题再去取舍信息。信息分析:①HSCN 比 CH_3COOH 易电离,CaF_2 难溶。②F^- 在 pH=6,pH=0 时以 HF 存在。F^- 与 HF 总量不变。

(1)相同的起始条件,只能是因为两种酸的电离度不同导致溶液中起始反应时 H^+ 浓度不同引起反应速率的不同。反应结束后,溶质为 CH_3COONa 和 NaSCN,因 CH_3COOH 酸性弱于 HSCN,故 CH_3COONa 水解程度大,$c(CH_3COO^-)<c(SCN^-)$。(2)HF 电离平衡常数 $K_a=[c(H^+)\times c(F^-)]/c(HF)$,其中 $c(H^+)$、$c(F^-)$、$c(HF)$ 都是电离达到平衡时的浓度,选择中间段图像求解。根据图像:pH=4 时,$c(H^+)=10^{-4}$,$c(F^-)=1.6\times10^{-3}$、$c(HF)=4.0\times10^{-4}$。

$K_a=0.4\times10^{-3}$。

(3)pH=4.0,则 $c(H^+)=10^{-4}$,此时:根据 HF 电离,产生的 $c(F^-)=1.6\times10^{-3}$,而溶液中的 $c(Ca^{2+})=2.0\times10^{-4}$。$c^2(F^-)\times c(Ca^{2+})=5.12\times10^{-10}$,$5.12\times10^{-10}$ 大于 $K_{ap}(CaF_2)=1.5\times10^{-10}$,此时有少量沉淀产生。

考点3　水的电离与溶液酸碱性

水的电离不但受温度的影响,同时也受溶液酸碱性的强弱以及在水中溶解的不同电解质的影响。溶液的酸碱性取决于溶液中 $c(H^+)$ 与 $c(OH^-)$ 的相对大小,溶液呈中性时 pH 不一定等于7。对于 pH 计算,若溶液呈酸性,可由 pH 定义直接计算,若溶液呈碱性,一定要先算出 $c(OH^-)$,再由水的离子积计算出 $c(H^+)$。

【考查方式】

(1)水的电离与离子积;

(2)溶液的酸碱性与 pH。

【历年真题回顾】

1.(2014 山东)

已知某温度下 CH_3COOH 和 $NH_3 \cdot H_2O$ 的电离常数相等，现向 10 mL 浓度为 0.1 $mol \cdot L^{-1}$ 的 CH_3COOH 溶液中滴加相同浓度的氨水，在滴加过程中 ( )

A. 水的电离程度始终增大

B. $\frac{c(NH_4^+)}{c(NH_3 \cdot H_2O)}$先增大再减小

C. $c(CH_3COOH)$与 $c(CH_3COO^-)$之和始终保持不变

D. 当加入氨水的体积为 10 mL 时，$c(NH_4^+)=c(CH_3COO^-)$

【答案】D

2.(2013 山东)

某温度下，向一定体积 0.1 $mol \cdot L^{-1}$ 的醋酸溶液中逐滴加入等浓度的 NaOH 溶液，溶液中 pOH(pOH$=-\lg[OH^-]$)与 pH 的变化关系如图所示，则 ( )

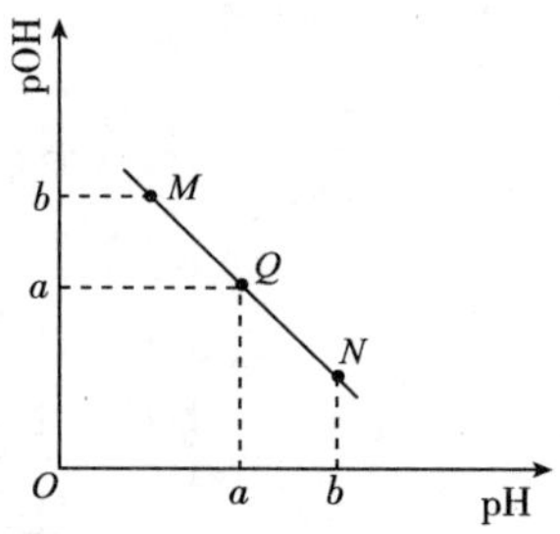

A. M 点所示溶液的导电能力强于 Q 点

B. N 点所示溶液中 $c(CH_3COO^-)>c(Na^+)$

C. M 点和 N 点所示溶液中水的电离程度相同

D. Q 点消耗 NaOH 溶液的体积等于醋酸溶液的体积

【答案】C

3.(2013 四川)

室温下，将一元酸 HA 的溶液和 KOH 溶液等体积混合(忽略体积变化)，实验数据如下表：

实验编号	起始浓度/($mol \cdot L^{-1}$)		反应后溶液的 pH
	c(HA)	c(KOH)	
①	0.1	0.1	9
②	x	0.2	7

下列判断不正确的是 ( )

A. 实验①反应后的溶液中：$c(K^+)>c(A^-)>c(OH^-)>c(H^+)$

B. 实验①反应后的溶液中：$c(OH^-)=c(K^+)-c(A^-)=\frac{K_w}{1\times10^{-9}}$ mol/L^{-1}

C. 实验②反应后的溶液中：$c(A^-)+c(HA)>0.1\ mol \cdot L^{-1}$

D. 实验②反应后的溶液中：$c(K^+)=c(A^-)>c(OH^-)=c(H^+)$

【答案】B

4.(2013 天津)

下列有关电解质溶液的说法正确的是 ( )

A. 在蒸馏水中滴加浓 H_2SO_4，K_W不变

B. $CaCO_3$难溶于稀硫酸，也难溶于醋酸

C. 在 Na_2S 稀溶液中，$c(H^+)=c(OH^-)-2c(H_2S)-c(HS^-)$

D. NaCl 溶液和 CH_3COONH_4溶液均显中性，两溶液中水的电离程度相同

【答案】D

5.（2012 新课标）

已知温度 T 时水的离子积常数为 K_W。该温度下，将浓度为 a mol/L 的一元酸 HA 与 b mol/L 的一元碱 BOH 等体积混合，可判定该溶液呈中性的依据是 （ ）

A. a＝b

B. 混合溶液的 pH ＝ 7

C. 混合溶液中，$c(H^+) = \sqrt{K_W}$ mol/L

D. 混合溶液中，$c(H^+) + c(B^-) = c(OH^-) + c(A^-)$

【答案】C

6.（2012 浙江）

下列说法正确的是 （ ）

A. 常温下，将 pH＝3 的醋酸溶液稀释到原体积的 10 倍后，溶液的 pH＝4

B. 为确定某酸 H_2A 是强酸还是弱酸，可测 NaHA 溶液的 pH。若 pH＞7，则 H_2A 是弱酸；若 pH＜7，则 H_2A 是强酸

C. 用 0.200 0 mol/L NaOH 标准溶液滴定 HCl 与 CH_3COOH 的混合溶液（混合液中两种酸的浓度均约为 0.1 mol/L），至中性时，溶液中的酸未被完全中和

D. 相同温度下，将足量氯化银固体分别放入相同体积的①蒸馏水、②0.1 mol/L 盐酸、③0.1 mol/L 氯化镁溶液、④0.1 mol/L硝酸银溶液中，Ag^+ 浓度：①＞④＝②＞③

【答案】C

专题 10 电化学

电化学知识是理论部分的重要内容，也是历年高考考查的重点（表 2-10）。电化学知识既可以综合学科内的知识，如化学实验现象的判断和分析、定量实验的操作要求、离子方程式的书写、氧化还原反应问题分析、化学计算等，也可以涉及学科间知识的运用，如物理学中的有关电流强度的计算、有关电量和阿伏加德罗常数的计算等，还可以与生产生活（如金属的腐蚀和防护、电镀废液的危害与环保）、新科技及新技术（新型电池）等问题相联系，是不可忽视的知识点。

表 2-10 电化学专题考点考频统计表

考点	考频			
	北京	新课标	全国	上海
电解的原理和应用	4	1	6	2
电化学的腐蚀和防护	6	3	4	5

考点 1 电解的原理和应用

电解的原理和应用是历年高考热点，需要掌握其基础知识，达到灵活运用。主要包含金属的精炼、氯碱工业、活泼金属的制取、有关电解产物的判断和计算等内容。必须熟悉微粒在各种电极上的放电次序，这样才能准确地判断出相关的电解产物，然后进行有关的计算。有关电解的计算通常可根据电解方程式或电极反应式列比例求解或是利用各电极、线路中转移的电子数目守恒列等式求解。

【考查方式】

（1）电解原理的基础知识，包括电极名称或电解产物的确定，根据电极变化判断金属活泼性强弱、电极材料、电极反应式等

（2）有关电解的计算，通常是求电解后某产物的质量、物质的量、气体的体积、某元素的化合价、溶液的 pH 以及物质的量浓度等

（3）联系生产生活，主要是新技术、新情景等问题的处理

【历年真题回顾】

1.（2014 全国）

下图是在航天用高压氢镍电池基础上发展起来的一种金属氢化物镍电池（MH - Ni 电池）。下列有关说法不正确的是 （ ）

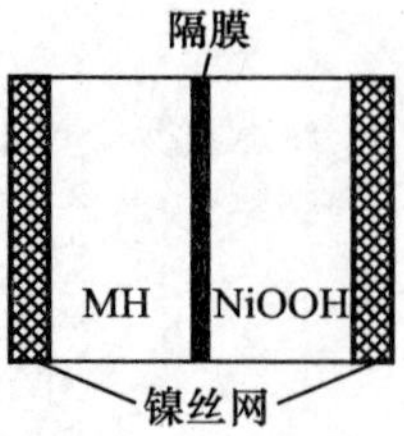

A. 放电时正极反应为 $NiOOH+H_2O+e^- \longrightarrow Ni(OH)_2+OH^-$

B. 电池的电解液可为 KOH 溶液

C. 充电时负极反应为 $MH+OH^- \longrightarrow H_2O+M+e^-$

D. MH 是一类储氢材料，其氢密度越大，电池的能量密度越高

【答案】C

2.(2014，浙江)

镍氢电池(NiMH)目前已经成为混合动力汽车的一种主要电池类型。NiMH 中的 M 表示储氢金属或合金。该电池在充电过程中的总反应方程式是

$$Ni(OH)_2+M = NiOOH+MH$$

已知：$6NiOOH+NH_3+H_2O+OH^- = 6Ni(OH)_2+NO_2^-$

下列说法正确的是 (　　)

A. NiMH 电池放电过程中，正极的电极反应式为 $NiOOH+H_2O+e^- = Ni(OH)_2+OH^-$

B. 充电过程中 OH^- 离子从阳极向阴极迁移

C. 充电过程中阴极的电极反应式：$H_2O+M+e^- = MH+OH^-$，H_2O 中的 H 被 M 还原

D. NiMH 电池中可以用 KOH 溶液、氨水等作为电解质溶液

【答案】A

3.(2014 新课标Ⅱ)

2013 年 3 月我国科学家报道了如图所示的水溶液锂离子电池体系。下列叙述错误的是 (　　)

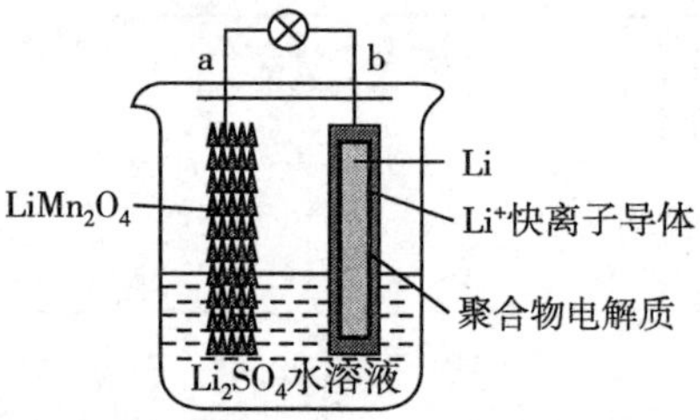

A. a 为电池的正极

B. 电池充电反应为 $LiMn_2O_4 = Li_{1-x}Mn_2O_4+xLi$

C. 放电时，a 极锂的化合价发生变化

D. 放电时，溶液中 Li^+ 从 b 向 a 迁移

【答案】C

4.(2013 江苏)

$Mg-H_2O_2$ 电池可用于驱动无人驾驶的潜航器。该电池以海水为电解质溶液，示意图如图。该电池工作时，下列说法正确的是 (　　)

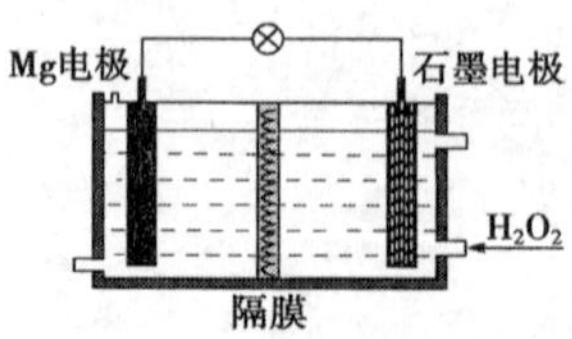

A. Mg 电极是该电池的正极

B. H_2O_2 在石墨电极上发生氧化反应

C. 石墨电极附近溶液的 pH 增大

D. 溶液中 Cl^- 向正极移动

【答案】C

5.（2013 浙江）

电解装置如图所示，电解槽内装有 KI 及淀粉溶液，中间用阴离子交换膜隔开。在一定的电压下通电，发现左侧溶液变蓝色，一段时间后，蓝色逐渐变浅。已知：$3I_2+6OH^-═IO_3^-+5I^-+3H_2O$；下列说法不正确的是（　　）

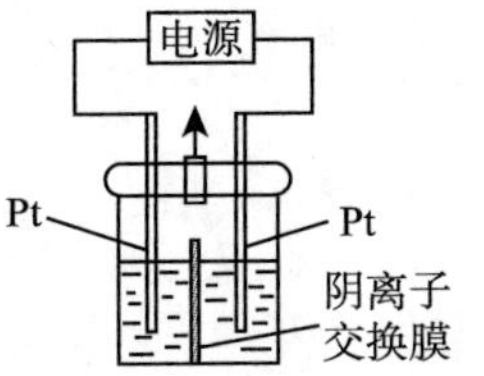

A. 右侧发生的电极方程式：$2H_2O+2e^-═H_2\uparrow+2OH^-$

B. 电解结束时，右侧溶液中含有 IO_3^-

C. 电解槽内发生反应的总化学方程式：$KI+3H_2O═KIO_3+3H_2\uparrow$

D. 如果用阳离子交换膜代替阴离子交换膜，电解槽内发生的总化学反应不变

【答案】D

6.（2012 福建）

(1)电镀时，镀件与电源的________极连接。

(2)化学镀的原理是利用化学反应生成金属单质沉积在镀件表面形成镀层。

①若用铜盐进行化学镀铜，应选用________（填“氧化剂”或“还原剂”）与之反应。

②某化学镀铜的反应速率随镀液 pH 变化如图所示。该镀铜过程中，镀液 pH 控制在 12.5 左右。据图中信息，给出使反应停止的方法：________________________________。

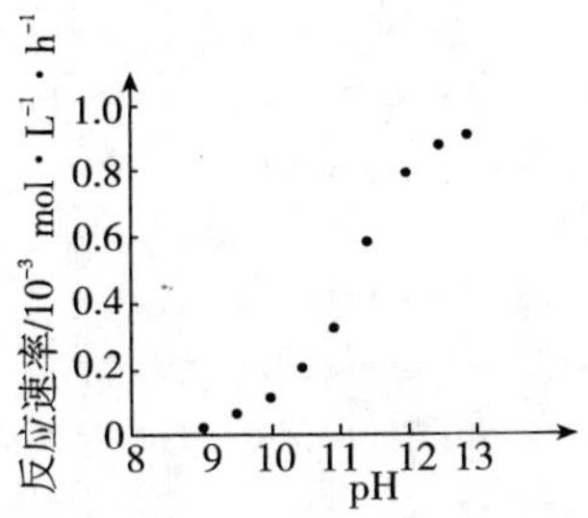

【答案】(1)负极

(2)①还原剂，②调剂 pH＝8～9

2.1.4　真题 · 规律验证

表 1

2014 年真题	【江苏卷，2】下列有关化学用语表示正确的是（　　） A. 过氧化钠的电子式：Na：$\ddot{O}$：$\ddot{O}$：Na　　B. 质子数为 35、中子数为 45 的溴原子：$^{80}_{35}Br$ C. 硫离子的结构示意图：　　D. 间二甲苯的结构简式：H_3C—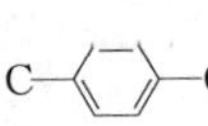—CH_3
考点	(2)专题 1 考点 1 化学用语
验证规律	按题目的要求用相应的化学用语正确表示综合题结果
相似题	【TPS 系统 · S00503774】下列化学用语正确的是（　　） A. 溴化钠的电子式：Na：$\ddot{Br}$：　　B. 水分子的结构式：H—O—H C. 硫原子结构示意图：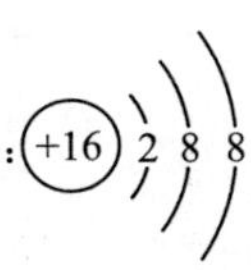　　D. 氯离子的电子式：Cl^- 【TPS 系统 · S00503774】下列化学用语表示正确的是（　　） A. CO_2分子的比例模型示意图：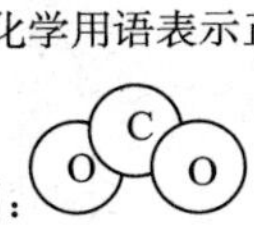　　B. 三氟化氮的电子式：F：$\ddot{N}$：F（下方 F） C. 二氧化硅的分子式：SiO_2　　D. 含有 10 个中子的氧原子：$^{18}_{8}O$

表 2

2013 年真题	【广东卷,9】设 n_A 为阿伏加德罗常数的数值,下列说法正确的是 (　　) A. 常温常压下,8 g O_2 含有 $4n_A$ 个电子 B. 1 L 0.1 mol·L^{-1}的氨水中有 n_A 个 NH_4^+ C. 标准状况下,22.4 L 盐酸含有 n_A 个 HCl 分子 D. 1 mol Na 被完全氧化生成 Na_2O_2,失去 $2n_A$ 个电子 【江苏卷,7】设 N_A 为阿伏加德罗常数的值。下列说法正确的是 (　　) A. 1 L 1 mol·L^{-1}的 NaClO 溶液中含有 ClO^- 的数目为 N_A B. 78 g 苯含有 C=C 双键的数目为 $3N_A$ C. 常温常压下,14 g 由 N_2 与 CO 组成的混合气体含有的原子数目为 N_A D. 标准状况下,6.72 L NO_2 与水充分反应转移的电子数目为 $0.1N_A$
考点	专题 1 考点 3 阿伏加德罗常数
验证规律	与物质结构、氧化还原反应相关知识结合考查
相似题	【TPS 系统·S00435935】N_A 代表阿伏加德罗常数,下列叙述正确的是 (　　) A. 在 20℃、1.01×10^5 Pa 时,2.8gC_2H_4 和 CO 的混合气体中含气体分子数小于 $0.1N_A$ B. 23g 金属钠与足量氧气反应,生成 Na_2O_2 和 Na_2O 的混合物,钠失去 N_A 个电子 C. 7.8gNa_2S 和 Na_2O_2 的固体混合物中含有的阴离子数大于 $0.1N_A$ D. 0.5mol 的甲基($-CH_3$)所含电子数为 $5N_A$ 【TPS 系统·S00435935】N_A 代表阿伏加德罗常数,下列叙述正确的是 (　　) A. 0.2 mol H_2O_2完全分解转移的电子数为 $0.4N_A$ B. 300 mL 2 mol/L 蔗糖溶液中所含分子数为 $0.6N_A$ C. 在标准状况下,2.8 g N_2和 2.8 g CO 所含电子数均为 $1.4N_A$ D. 在常温常压下,2.24 L SO_2与 O_2混合气体中所含氧原子数为 $0.2N_A$
其他相似题链接	TPS2.0 系统 S0048599　S00336021 TPS1.0 系统 C－P1S02JN02－B02　第 4、9 题 TPS1.0 系统 C－P1S02JN02－D02　第 10 题

表 3

2013 年真题	【北京卷,8】下列解释事实的方程式不准确的是 (　　) A. 用浓盐酸检验氨:$NH_3+HCl = NH_4Cl$ B. 碳酸钠溶液显碱性:$CO_3^{2-}+H_2O \rightleftharpoons HCO_3^-+OH^-$ C. 钢铁发生吸氧腐蚀时,铁做负极被氧化:$Fe-3e^- = Fe^{3+}$ D. 长期盛放石灰水的试剂瓶内壁出现白色固体: $Ca(OH)_2+CO_2 = CaCO_3\downarrow+H_2O$ 【四川卷,3】下列离子方程式正确的是 (　　) A. Cl_2 通入水中:$Cl_2+H_2O = 2H^++Cl^-+ClO^-$ B. 双氧水中加入稀硫酸和 KI 溶液:$H_2O_2+2H^++2I^- = I_2+2H_2O$ C. 用铜做电极电解 $CuSO_4$ 溶液:$2Cu^{2+}+2H_2O \xlongequal{电解} 2Cu+O_2\uparrow+4H^+$ D. $Na_2S_2O_3$ 溶液中加入稀硫酸:$2S_2O_3^{2-}+4H^+ = SO_4^{2-}+3S\downarrow+2H_2O$
考点	专题 3 考点 1 离子方程式正误判断
验证规律	(1)方程式是否符合客观事实; (2)"="、"$\rightleftharpoons$"、"↓"、"↑"及必要条件是否正确、齐全; (3)表示各物质的化学式是否正确; (4)是否忽视平衡原则; (5)是否忽视电解质强弱; (6)是否漏掉参与反应的某些离子; (7)否忽视水解因素的影响; (8)是否符合题设条件及要求,如"过量"、"少量"、"等物质的量"、"适量"、"任意量"以及滴加顺序等对反应方程式的影响。

续表

相似题	【TPS 系统 · S00460743】下列反应的离子方程式正确的是（　　） A. 向 100 mL0.1 mol/L $FeBr_2$ 溶液中通入 0.025 mol 的 Cl_2，充分反应 $2Fe^{2+}+4Br^{-}+3Cl_2 \longrightarrow 2Fe^{3+}+2Br_2+6Cl^{-}$ B. 向 $Fe(NO_3)_3$ 溶液中加入过量的 HI 溶液 $2NO_3^{-}+8H^{+}+6I^{-} \longrightarrow 3I_2+2NO\uparrow+4H_2O$ C. 将碳与足量的浓硫酸共热反应后的气体混合物，通入过量氢氧化钠溶液中 $CO_2+SO_2+4OH^{-} \longrightarrow SO_3^{2-}+CO_3^{2-}+H_2O$ D. 将等体积等物质的量浓度的 $NaHCO_3$ 溶液与 $Ba(OH)_2$ 溶液混合 $HCO_3^{-}+Ba^{2+}+OH^{-} \longrightarrow BaCO_3\downarrow+H_2O$ 【TPS 系统 · S00355212】下列反应的离子方程式的书写中，正确的是（　　） A. 碳酸氢钙溶液中加入足量烧碱溶液：$Ca^{2+}+HCO_3^{-}+OH^{-} = CaCO_3\downarrow+H_2O$ B. 向溴水中通入 SO_2：$Br_2+2H_2O+SO_2 = 4H^{+}+SO_4^{2-}+2Br^{-}$ C. 向水中通入 Cl_2：$Cl_2+H_2O = 2H^{+}+Cl^{-}+ClO^{-}$ D. 把一小块 Na 投入到足量的水中：$Na+H_2O = Na^{+}+OH^{-}+H_2\uparrow$
其他相似题链接	《高分策略》P_{24}检验练习 2 《高分策略》P_{23}典例 1 TPS2.0 系统 S0059065、S00506698、S00506650、S00503785 等 TPS1.0 系统 C—P1S04JN05—D04 典型例题、第 1—8 题

表 4

2013 年真题	【安徽卷，9】下列分子或离子在指定的分散系中能大量共存的一组是（　　） A. 银氨溶液：Na^{+}、K^{+}、NO_3^{-}、$NH_3\cdot H_2O$　　B. 空气：C_2H_2、CO_2、SO_2、NO C. 氢氧化铁胶体：H^{+}、K^{+}、S^{2-}、Br^{-}　　D. 高锰酸钾溶液：H^{+}、Na^{+}、SO_4^{2-}、葡萄糖分子 【广东卷，8】水溶液中能大量共存的一组离子是（　　） A. Na^{+}、Al^{3+}、Cl^{-}、CO_3^{2-}　　B. H^{+}、Na^{+}、Fe^{2+}、MnO_4^{-} C. K^{+}、Ca^{2+}、Cl^{-}、NO_3^{-}　　D. K^{+}、NH_4^{+}、OH^{-}、SO_4^{2-} 【江苏卷，3】常温下，下列各组离子在指定溶液中一定能大量共存的是（　　） A. 使甲基橙变红色的溶液：Mg^{2+}、K^{+}、SO_4^{2-}、NO_3^{-}　　B. 使酚酞变红色的溶液：Na^{+}、Cu^{2+}、HCO_3^{-}、NO_3^{-} C. 0.1 mol·L^{-1} $AgNO_3$ 溶液：H^{+}、K^{+}、SO_4^{2-}、I^{-}　　D. 0.1 mol·L^{-1} $NaAlO_2$ 溶液：H^{+}、Na^{+}、Cl^{-}、SO_4^{2-}
考点	专题 3 考点 2 离子共存
验证规律	结合实验定性考查离子的共存、结合实验定量考查离子的共存
相似题	【TPS 系统 · S00138280】在含有大量 Na^{+} 和 NO_3^{-} 的溶液中，能大量共存的离子组是（　　） A. H^{+}　Fe^{3+}　ClO^{-} Cl^{-}　　B. H^{+}　NH_4^{+}　Fe^{2+}　Br^{-} C. Ag^{+}　K^{+}　CO_3^{2-} SO_4^{2-}　　D. K^{+}　AlO_2^{-} Cl^{-}　OH^{-} 【TPS 系统 C · S00228910】下列各组离子能大量共存的是（　　） ①"84"消毒液的水溶液中：Fe^{2+}、Cl^{-}、Ca^{2+}、Na^{+} ②加入 KSCN 显红色的溶液：K^{+}、NH_4^{+}、Cl^{-}、S^{2-} ③能够与金属 Cu 常温下反应放出气体的溶液：Fe^{3+}、Al^{3+}、SO_4^{2-}、K^{+} ④pH=2 的溶液中：NH_4^{+}、Na^{+}、Cl^{-}、Cu^{2+} ⑤无色溶液中：K^{+}、CH_3COO^{-}、HCO_3^{-}、MnO_4^{-} A. ②③　　B. ①③　　C. ①⑤　　D. ③④
其他相似题链接	《高分策略》P_{27}第 11 题 TPS2.0 系统 S00506694、S00211938、S00098479 等 TPS1.0 系统 C—P1S04JN06—D04 第 3、4、7 题 TPS1.0 系统 C—P1S04JN06—B04 第 1—22 题

表 5

<table>
<tr><td>2013 年真题</td><td>【四川卷,11】明矾石经处理后得到明矾[$KAl(SO_4)_2 \cdot 12H_2O$]。从明矾制备 Al、K_2SO_4 和 H_2SO_4 的工艺过程如下所示:
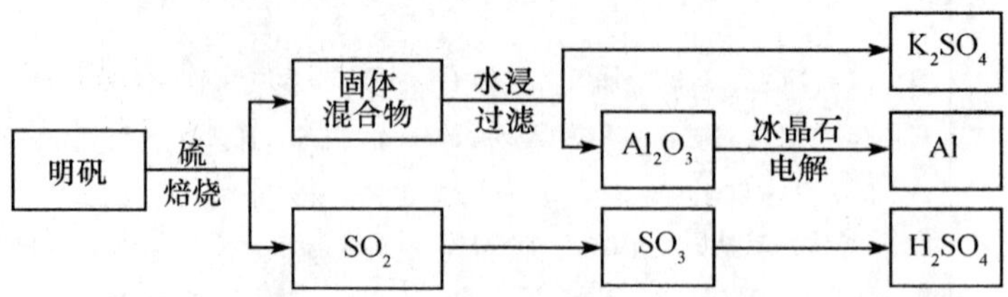

焙烧明矾的化学方程式为:$4KAl(SO_4)_2 \cdot 12H_2O+3S \xlongequal{} 2K_2SO_4+2Al_2O_3+9SO_2+48H_2O$
请回答下列问题:
(1)在焙烧明矾的反应中,还原剂是________。
(2)从水浸后的滤液中得到 K_2SO_4 晶体的方法是________。
(3)Al_2O_3 在一定条件下可制得 AlN,其晶体结构如图所示,该晶体中 Al 的配位数是________。
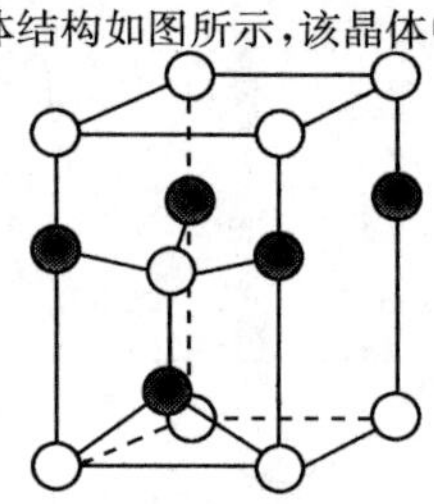
图中: Al ○ N ●
(4)以 Al 和 NiO(OH)为电极,NaOH 溶液为电解液组成一种新型电池,放电时 NiO(OH)转化为 $Ni(OH)_2$,该电池反应的化学方程式是________。
(5)焙烧产生的 SO_2 可用于制硫酸。已知 25℃、101 kPa 时:
$2SO_2(g)+O_2(g) \rightleftharpoons 2SO_3(g)$ $\Delta H_1=-197$ kJ/mol;
$2H_2O(g) \xlongequal{} 2H_2O(l)$ $\Delta H_2=-44$ kJ/mol;
$2SO_2(g)+O_2(g)+2H_2O(g) \xlongequal{} 2H_2SO_4(l)$ $\Delta H_3=-545$ kJ/mol。
则 $SO_3(g)$ 与 $H_2O(l)$ 反应的热化学方程式是________________________________。
焙烧 948 t 明矾(M=474 g/mol),若 SO_2 的利用率为 96%,可生产质量分数为 98%的硫酸________ t。</td></tr>
<tr><td>考点</td><td>专题 4 考点 2 氧化还原反应配平和计算</td></tr>
<tr><td>验证规律</td><td>以氧化还原反应中的守恒定律(质量守恒,电子守恒,化合价升降守恒,电荷守恒)为理论基础,结合离子方程式的书写、考查氧化还原反应中离子方程式的书写、配平以及计算。</td></tr>
<tr><td>相似题</td><td>【TPS1.0 系统·C—P1S05JN08—C02,6】已知酸性高锰酸钾溶液可以氧化亚铁离子和草酸根离子,其离子反应式为:________ $MnO_4^-+C_2O_4^{2-}+H^+ \longrightarrow CO_2\uparrow+Mn^{2+}+H_2O$
现称取草酸亚铁[FeC_2O_4]样品 2.00g(其中的杂质不跟高锰酸钾和硫酸反应),再其溶于稀硫酸,然后用 0.200 $mol \cdot L^{-1}$的酸性高锰酸钾溶液滴定,达到终点时消耗了 33.4 mL 酸性高锰酸钾溶液。
(1)请写出 MnO_4^- 和 Fe^{2+}反应的离子方程式(反应物与生成物分别填入以下空格内)。
[MnO_4^-]+[Fe^{2+}]+→________+________+________。
(2)反应中,被还原的元素是________,还原剂是________。
(3)将高锰酸钾氧化 $C_2O_4^{2-}$ 反应中的氧化剂与还原剂填入下列空格中,并标出电子转移的方向和数目。
[　　　]+[　　　]+……
(4)求样品中草酸亚铁的质量分数</td></tr>
<tr><td>其他相似题链接</td><td>TPS 系统 C—P1S05JN05—B01 第 7、15 题</td></tr>
</table>

表 6

2013 年真题	【天津卷,3】下列有关元素的性质及其递变规律正确的是 (　　) A. ⅠA 族与ⅦA 族元素间可形成共价化合物或离子化合物 B. 第二周期元素从左到右,最高正价从+1 递增到+7 C. 同主族元素的简单阴离子还原性越强,水解程度越大 D. 同周期金属元素的化合价越高,其原子失电子能力越强 【江苏卷,10】短周期元素 X、Y、Z、W 的原子序数依次增大,且原子最外层电子数之和为 13。X 的原子半径比 Y 的小,X 与 W 同主族,Z 是地壳中含量最高的元素。下列说法正确的是 (　　) A. 原子半径的大小顺序:$r(Y)>r(Z)>r(W)$ B. 元素 Z、W 的简单离子的电子层结构不同 C. 元素 Y 的简单气态氢化物的热稳定性比 Z 的强 D. 只含 X、Y、Z 三种元素的化合物,可能是离子化合物,也可能是共价化合物 【四川卷,4】同周期元素 W、X、Y、Z 的原子序数依次增大,W、X 原子的最外层电子数之比为 4∶3,Z 原子比 X 原子的核外电子数多 4。下列说法正确的是 (　　) A. W、Y、Z 的电负性大小顺序一定是 Z>Y>W B. W、X、Y、Z 的原子半径大小顺序可能是 W>X>Y>Z C. Y、Z 形成的分子的空间构型可能是正四面体 D. WY_2 分子中 σ 键与 π 键的数目之比是 2∶1
考点	专题 5 考点 1 元素性质的递变规律
验证规律	考查原子序数与元素周期表(律)的关系、元素金属性或非金属性强弱比较、同一周期元素及其化合物性质递变规律
相似题	【TPS 系统・S00481362】元素 X、Y、Z 原子序数之和为 36,X、Y 在同一周期,X^+ 与 Z^{2-} 具有相同的核外电子层结构。下列推测不正确的是 (　　) A. 同周期元素中 X 的金属性最强 B. 原子半径 X>Y,离子半径 $X^+>Z^{2-}$ C. 同族元素中 Z 的氢化物稳定性最高 D. 同周期元素中 Y 的最高价含氧酸的酸性最强 【TPS 系统・S00489873】以下性质的比较中,正确的是(　　) A. 原子半径:Cl>Na>O>N B. 密度:脂肪>四氯化碳>水>苯 C. 熔点:NaF>NaCl>CCl_4>CF_4 D. 热稳定性:HF>HCl>H_2S>H_2O
其他相似题链接	TPS2.0 系统 S00138145、S00048870 TPS1.0 系统 C－P1S16JN03－B03 第 10、12 题

表 7

2013 年真题	【浙江卷,9】短周期元素 X、Y、Z、W、Q 在元素周期表中的位置如表所示,其中 X 元素的原子内层电子数是最外层电子数的一半,则下列说法中正确的是 (　　) <table><tr><td>X</td><td></td><td>Y</td><td></td></tr><tr><td>Z</td><td></td><td>W</td><td>Q</td></tr></table>A. 钠与 W 可能形成 Na_2W_2 化合物 B. 由 Z 与 Y 组成的物质在熔融时能导电 C. W 得电子能力比 Q 强 D. X 有多种同素异形体,而 Y 不存在同素异形体

续表

<table>
<tr><td>2013 年真题</td><td>【安徽卷,25】X、Y、Z、W 是元素周期表中原子序数依次增大的四种短周期元素,其相关信息如下表:
<table>
<tr><th>元素</th><th>相关信息</th></tr>
<tr><td>X</td><td>X 的最高价氧化物对应的水化物化学式为 H_2XO_3</td></tr>
<tr><td>Y</td><td>Y 是地壳中含量最高的元素</td></tr>
<tr><td>Z</td><td>Z 的基态原子最外层电子排布式为 $3s^23p^1$</td></tr>
<tr><td>W</td><td>W 的一种核素的质量数为 28,中子数为 14</td></tr>
</table>
(1)W 位于元素周期表第________周期第________族;W 的原子半径比 X 的________(填“大”或“小”)。
(2)Z 的第一电离能比 W 的________(填“大”或“小”);油由固态变为气态所需克服的微粒间作用力是________;氢元素、________、________的原子可共同形成多种分子,写出其中一种能形成同种分子间氢键的物质名称:________。
(3)震荡下,向 Z 单质与盐酸反应后的无色溶液中滴加溶液直至过量,能观察到的现象是________;________的单质与氢氟酸反应生成两种无色气体,该反应的化学方程式是____。
(4)在 25℃、101 kPa 下,已知 13.5 g 的固体单质在气体中完全燃烧后恢复至原状态,放热 419 kJ,该反应的热化学方程式是____。</td></tr>
<tr><td>考点</td><td>专题 5 考点 2 位一构一性相互关系</td></tr>
<tr><td>验证规律</td><td>考查元素周期表的结构、根据元素周期律和元素周期表进行物质推断</td></tr>
<tr><td>相似题</td><td>【TPS 系统·S00510186】X、Y、Z 是周期表中相邻的三种短周期元素,它们原子半径依次减小,X 与 Z 的核电荷数之比为 3∶4,X、Y、Z 分别与氢元素形成氢化物。下列叙述正确的是 (　　)
A. Z 是第二周期ⅠVA 族元素
B. 最高价氧化物对应的水化物的酸性:Y>X
C. 非金属性:X>Y>Z
D. X、Y、Z 的氢化物稳定性逐渐减弱
【TPS 系统·S00506417】A、D、E、X、Y 是原子序数依次增大的短周期主族元素。其中 X 原子最外层电子数是内层电子总数的 3 倍;X、Y 同族;A 与 X、Y 既不同族也不同周期;D 元素的某种同位素原子在考古方面有重要应用。
(1)Y 的离子结构示意图为________。
(2)钠、A 和 X 三种元素组成的化合物,其所含的化学键类型有。
(3)甲由 A、E 两种元素组成,分子中含有 18 个电子,只存在共价单键。常温下甲是一种无色液体。
①甲是一种二元弱碱,写出其一级电离方程式:________。
②甲在碱性溶液中能够将 CuO 还原为 Cu_2O,已知每 1 mol 甲参加反应有 4 mol 电子转移,该反应的化学方程式为:________。
(4)处理含 DX、YX_2 烟道气污染的一种方法,是在催化剂作用下使两者反应,产物之一为单质 Y。已知反应生成 1gY 固体单质时放出 8.4kJ 热量,此反应的热化学方程式为____________。
(5)将 0.050 mol YX_2(g)和 0.030 mol X_2(g)放入容积为 1L 的密闭容器中,反应:$X_2(g)+2YX_2(g) \rightleftharpoons 2YX_3(g)$在一定条件下达到平衡。
①若其他条件不变,增大体系的压强,平衡常数 K ________(填“增大”、“减小”或“不变”)。
②平衡时测得 $c(X_2)=0.010mol \cdot L^{-1}$。该条件下反应的平衡常数 K=________,YX_2的平衡转化率为________。</td></tr>
<tr><td>其他相似题链接</td><td>《高分策略》P_{47}第 14 题
TPS2.0 系统 S00134381、S00506652
TPS1.0 系统 C—P1S16JN05—B04 第 20、21、25、26 题</td></tr>
</table>

表 8

<table>
<tr><td>2013 年真题</td><td>【江苏卷,2】下列有关化学用语表示正确的是　　（　　）
A. 丙烯的结构简式:C_3H_6　　B. 氢氧根离子的电子式:$[:\ddot{\underset{..}{O}}:H]^-$
C. 氯原子的结构示意图: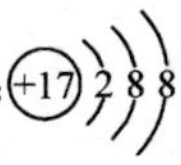　　D. 中子数为 146、质子数为 92 的铀(U)原子:$^{146}_{92}U$
【江苏卷,21】元素 X 位于第四周期,其基态原子的内层轨道全部排满电子,且最外层电子数为 2。元素 Y 基态原子的 3p 轨道上有 4 个电子。元素 Z 的原子最外层电子数是其内层的 3 倍。
(1)X 与 Y 所形成化合物晶体的晶胞如图所示。
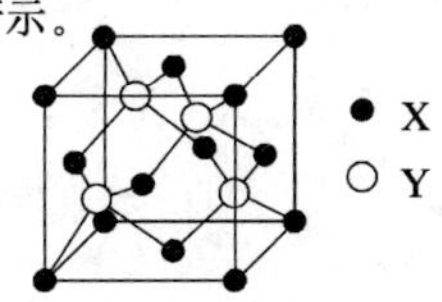
①在 1 个晶胞中,X 离子的数目为________。
②该化合物的化学式为________。
(2)在 Y 的氢化物(H_2Y)分子中,Y 原子轨道的杂化类型是________。
(3)Z 的氢化物(H_2Z)在乙醇中的溶解度大于 H_2Y,其原因是________。
(4)Y 与 Z 可形成 YZ^{2-}
①YZ^{2-} 的空间构型为________(用文字描述)。
②写出一种与 YZ_4^{2-} 互为等电子体的分子的化学式:________。
(5)X 的氯化物与氨水反应可形成配合物$[X(NH_3)_4]Cl_2$,1 mol 该配合物中含有σ键的数目为________。
【四川卷,8】X、Y、Z、R 为前四周期元素且原子序数依次增大。X 的单质与氢气可化合生成气体 G,其水溶液 pH >7;Y 的单质是一种黄色晶体;R 基态原子 3d 轨道的电子数是 4s 轨道电子数的 3 倍。Y、Z 分别与钠元素可形成化合物 Q 和 J,J 的水溶液与 $AgNO_3$ 溶液反应可生成不溶于稀硝酸的白色沉淀 L;Z 与氢元素形成的化合物与 G 反应生成 M。
请回答下列问题:
(1)M 固体的晶体类型是________。
(2)Y 基态原子的核外电子排布式是________;G 分子中 X 原子的杂化轨道类型是________。
(3)L 的悬浊液加入 Q 的溶液,白色沉淀转化为黑色沉淀,其原因是________。
(4)R 的一种含氧酸根 RO_4^{2-} 具有强氧化性,在其钠盐溶液中加入稀硫酸,溶液变为黄色,并有无色气体产生,该反应的离子方程式是________。</td></tr>
<tr><td>考点</td><td>专题 6 考点物质结构与性质</td></tr>
<tr><td>验证规律</td><td>(1)主要考查原子核外电子排布、电离能、电负性、化学键、分子间作用力、晶体类型等主干知识;
(2)渗透到“位、构、性”关系考查</td></tr>
<tr><td>相似题</td><td>【TPS 系统・S00179460】X、Y、T、Q 四种元素,位于元素周期表前四周期,元素的性质或结构信息见下表。<table><tr><td>元素</td><td>性质或结构信息</td></tr><tr><td>X</td><td>单质为双原子分子,分子中含有 3 对共用电子对,常温下单质气体性质稳定,但其原子较活泼</td></tr><tr><td>Y</td><td>二价阳离子的外围电子层排布为 $3d^9$</td></tr><tr><td>T</td><td>原子核外 s 轨道电子总数等于 p 轨道电子总数;人体内含量最多的元素,且其单质是常见的助燃剂。</td></tr><tr><td>Q</td><td>第三周期主族元素中原子半径最小</td></tr></table>请根据上述信息回答下列问题:
(1)写出 X_3^- 的一种等电子体的化学式________;X 的气态氢化物易液化的原因是:________。
(2)写出 T 元素基态原子的核外电子排布图________;Q 元素的原子核外有________种运动状态不同的电子。</td></tr>
</table>

续表

相似题	(3)元素 X、T 的电负性相比，________的小(填元素名称)；元素 X 的第一电离能与 T 相比较，T 的________(填“大”或“小”)。 (4)甲醛(CH_2O)分子中 σ 键与 π 键的个数之比为________。 (5)Y 元素在周期表中位于________区。Y 单质晶体的晶胞如下图所示，该晶胞中实际拥有________个原子，该晶体中 Y 原子在三维空间里的堆积方式为________堆积。 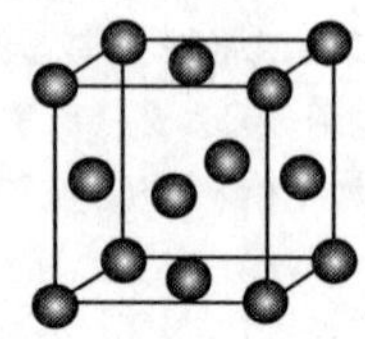 (6)在 Y 的硫酸盐溶液中通入 X 的气态氢化物至过量，先出现蓝色沉淀，最后溶解形成深蓝色的溶液。此蓝色沉淀溶解的离子方程式为：________ (7)元素 X 与 Q 可形成化合物 XQ_3，根据价层电子对互斥理论判断 XQ_3 的空间构型为________，分子中 X 原子的杂化方式为________杂化。

表 9

2013 年真题	【四川卷，11】明矾石经处理后得到明矾[$KAl(SO_4)_2\cdot 12H_2O$]。从明矾制备 Al、K_2SO_4 和 H_2SO_4 的工艺过程如下所示： 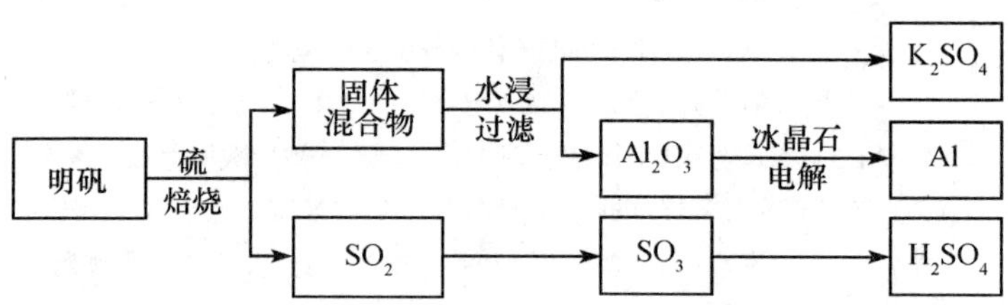 焙烧明矾的化学方程式为：$4KAl(SO_4)_2\cdot 12H_2O+3S═══2K_2SO_4+2Al_2O_3+9SO_2+48H_2O$ 请回答下列问题： (1)在焙烧明矾的反应中，还原剂是________。 (2)从水浸后的滤液中得到 K_2SO_4 晶体的方法是________。 (3)Al_2O_3 在一定条件下可制得 AlN，其晶体结构如图所示，该晶体中 Al 的配位数是________。 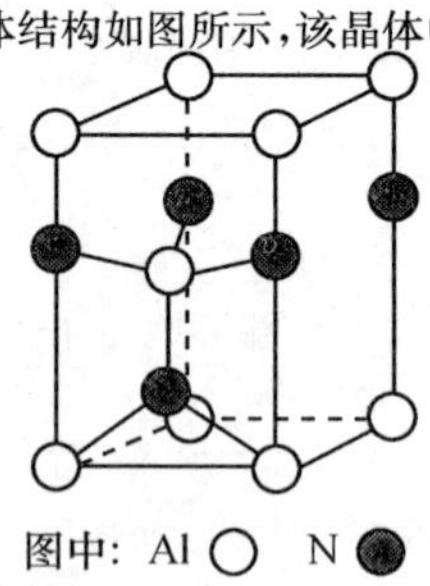 图中：Al ○　N ● (4)以 Al 和 NiO(OH)为电极，NaOH 溶液为电解液组成一种新型电池，放电时 NiO(OH)转化为 $Ni(OH)_2$，该电池反应的化学方程式是________。 (5)焙烧产生的 SO_2 可用于制硫酸。已知 25℃、101 kPa 时： $2SO_2(g)+O_2(g)\rightleftharpoons 2SO_3(g)\quad \Delta H_1=-197\ kJ/mol$； $2H_2O(g)═══2H_2O(l)\quad \Delta H_2=-44\ kJ/mol$； $2SO_2(g)+O_2(g)+2H_2O(g)═══2H_2SO_4(l)\quad \Delta H_3=-545\ kJ/mol$。 则 $SO_3(g)$与 $H_2O(l)$反应的热化学方程式是________________________________。 焙烧 948 t 明矾(M=474 g/mol)，若 SO_2 的利用率为 96%，可生产质量分数为 98%的硫酸________t。
考点	专题 7 考点 1 盖斯定律应用
验证规律	盖斯定律的综合应用

续表

相似题

【TPS系统·S00112901】甲醇(CH_3OH)是一种重要的化工原料，广泛应用于化工生产，也可以直接用做燃料。

已知：

$CH_3OH(l)+O_2(g)=CO(g)+2H_2O(g)$；$\Delta H$a=－443.64 kJ·mol^{-1}

$2CO(g)+O_2(g)=2CO_2(g)$；ΔHb=－566.0 kJ·mol^{-1}

(1)试写出$CH_3OH(l)$在氧气中完全燃烧生成CO_2和$H_2O(g)$的热化学方程式：________

(2)甲醇作为燃料，它的优点是燃烧时排放的污染物少，从而不仅能缓解能源紧张和温室效应的问题，还能改善大气质量。试利用(1)中的热化学方程式计算，完全燃烧20 g甲醇，生成二氧化碳和水蒸汽时，放出的热量为________kJ，生成的CO_2气体标准状况下体积是________L

(3)科研人员新近开发出一种由甲醇和氧气以强碱做电解质溶液的新型手机电池，可使手机连续使用一个月甲醇在________极反应；电极反应式为________。

(4)利有电池可实现电能向化学能转化。某同学设计了一种电解法制取$Fe(OH)_2$的实验装置(如下图所示)，下列叙述正确的是________(填序号)

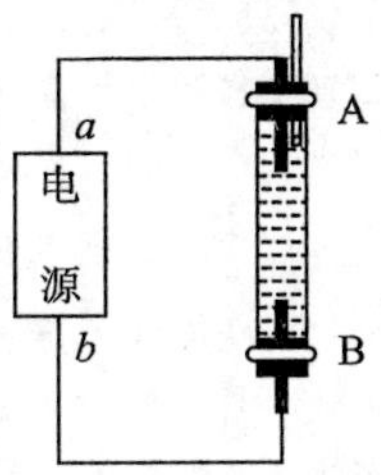

A. 电源中的a一定为正极，b一定为负极

B. 可以用NaCl溶液作为电解液

C. A、B两端都必须用铁作电极

D. 阴极发生的反应是：$2H^++2e^-\longrightarrow H_2\uparrow$

若将所得$Fe(OH)_2$沉淀暴露在空气中，其颜色变化是________，反应的化学方程式为________。

表10

2013年真题

【江苏卷，15】一定条件下存在反应：$CO(g)+H_2O(g)\rightleftharpoons CO_2(g)+H_2(g)$，其正反应放热。现有三个相同的2 L恒容绝热(与外界没有热量交换)密闭容器Ⅰ、Ⅱ、Ⅲ，在Ⅰ中充入1 mol CO和1 mol H_2O，在Ⅱ中充入1 mol CO_2和1 mol H_2，在Ⅲ中充入2 mol CO和2 mol H_2O，700℃条件下开始反应。达到平衡时，下列说法正确的是　(　　)

A. 容器Ⅰ、Ⅱ中正反应速率相同

B. 容器Ⅰ、Ⅲ中反应的平衡常数相同

C. 容器Ⅰ中CO的物质的量比容器Ⅱ中的多

D. 容器Ⅰ中CO的转化率与容器Ⅱ中CO_2的转化率之和小于1

【天津卷，10】某市对大气进行监测，发现该市首要污染物为可吸入颗粒物$PM_{2.5}$(直径小于等于2.5 μm的悬浮颗粒物)，其主要来源为燃煤、机动车尾气等。因此，对$PM_{2.5}$、SO_2、NO_x等进行研究具有重要意义。

请回答下列问题：

(1)将$PM_{2.5}$样本用蒸馏水处理制成待测试样。

若测得该试样所含水溶性无机离子的化学组分及其平均浓度如下表：

离子	K^+	Na^+	NH_4^+	SO_4^{2-}	NO_3^-	Cl^-
浓度/mol·L^{-1}	4×10^{-6}	6×10^{-6}	2×10^{-5}	4×10^{-5}	3×10^{-5}	2×10^{-5}

根据表中数据判断$PM_{2.5}$的酸碱性为________，试样的pH=________。

(2)为减少SO_2的排放，常采取的措施有：________

①将煤转化为清洁气体燃料。

已知：$H_2(g)+\frac{1}{2}O_2(g)=H_2O(g)$　$\Delta H=-241.8$ kJ·mol^{-1}

$C(s)+\frac{1}{2}O_2(g)=CO(g)$　$\Delta H=-110.5$ kJ·mol^{-1}

写出焦炭与水蒸气反应的热化学方程式：________________________________。

续表

<table>
<tr><td>2013年真题</td><td>②洗涤含 SO_2 的烟气。以下物质可做洗涤剂的是________。
a. $Ca(OH)_2$　　b. Na_2CO_3　　c. $CaCl_2$　　d. $NaHSO_3$
(3)汽车尾气中 NO_x 和 CO 的生成及转化。
①已知汽缸中生成 NO 的反应为：$N_2(g)+O_2(g)\rightleftharpoons 2NO(g)$　$\Delta H>0$
若 1 mol 空气含 0.8 mol N_2 和 0.2 mol O_2，1 300℃时在密闭容器内反应达到平衡，测得 NO 为 8×10^{-4}mol。计算该温度下的平衡常数 $K=$________。汽车启动后，汽缸温度越高，单位时间内 NO 排放量越大，原因是_____。
②汽车燃油不完全燃烧时产生 CO，有人设想按下列反应除去 CO：
$$2CO(g)=2C(s)+O_2(g)$$
已知该反应的 $\Delta H>0$，简述该设想能否实现的依据：________________。
③目前，在汽车尾气系统中装置催化转化器可减少 CO 和 NO 的污染，其化学反应方程式为________________。</td></tr>
<tr><td>考点</td><td>专题 8 考点 2 速率与化学平衡综合运用</td></tr>
<tr><td>验证规律</td><td>基本概念的考查、对反应速率和化学平衡变化过程的描述——图像、化学反应速率与化学平衡的外部影响因素、化学平衡的定量判断</td></tr>
<tr><td>相似题</td><td>【TPS 系统·S00084315】科学家一直致力于“人工固氮”的新方法研究。
(1)根据最新“人工固氮”的研究报道，在常温、常压、光照条件下，N_2 在催化剂(掺有少量 Fe_2O_3 的 TiO_2)表面与水发生下列反应：$2N_2(g)+6H_2O(l)\rightleftharpoons 4NH_3(g)+3O_2(g)$　$\Delta H=a$ kJ·mol^{-1}。进一步研究 NH_3 生成量与温度的关系，常压下达到平衡时测得部分实验数据如下表：
<table>
<tr><td>温度 T/K</td><td>303</td><td>313</td><td>323</td></tr>
<tr><td>NH_3 生成量/(10^{-6} mol)</td><td>4.8</td><td>5.9</td><td>6.0</td></tr>
</table>
①此合成反应的 a________ 0（填“>”、“<”或“=”）
②已知：$N_2(g)+3H_2(g)\rightleftharpoons 2NH_3(g)$　$\Delta H=-92.4$kJ·mol^{-1}，$2H_2(g)+O_2(g)=2H_2O(l)$　$\Delta H=-571.6$kJ·mol^{-1}，则 $2N_2(g)+6H_2O(l)\rightleftharpoons 4NH_3(g)+3O_2(g)$　$\Delta H=$________；
(2)用水稀释 0.1 mol·L^{-1}氨水，溶液中随着水量的增加而减小的是(填字母标号)________
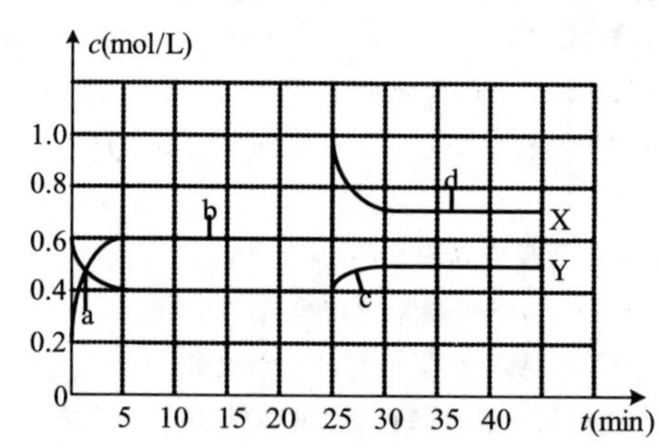

A. 图中两条曲线 X 和 Y，其中 X 表示 NO_2 浓度随时间的变化
B. a、b、c、d 四个点中，表示化学反应处于化学平衡状态的是 b 和 d
C. 反应进行至 25min 时，曲线变化的原因是加入了 0.4 mol N_2O_4
D. 若要达到与 d 相同的平衡状态，在 25 min 时还能采取的措施是缩小容器的体积
【TPS 系统·S00034511】在一容积为 2 L 的密闭容器中，加入 0.2 mol 的 N_2 和 0.6 mol 的 H_2，在一定条件下发生如下反应：$N_2(g)+3H_2(g)\rightleftharpoons 2NH_3(g)$；$\Delta H<0$ 反应中 NH_3 的物质的量浓度变化情况如下图所示：请回答下列问题；
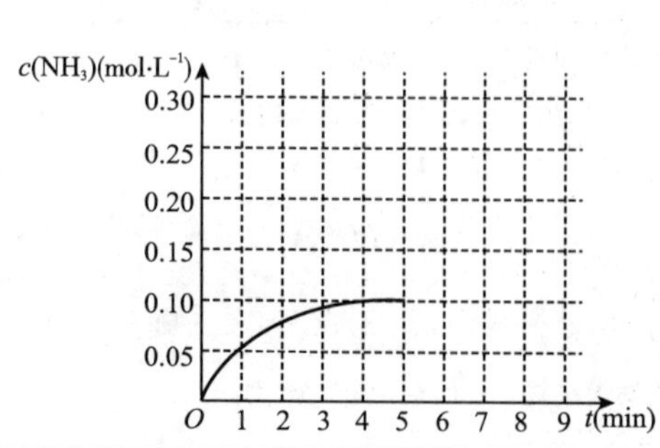

</td></tr>
</table>

续表

相似题	(1)根据上图，计算从反应开始到平衡时，平均反应速率 $v(NH_3)$ 为________。 (2)该反应的化学平衡常数表达式 K ________。 (3)反应达到平衡后，第 5 分钟末，保持其它条件不变，若改变反应温度，则 NH_3 的物质的量浓度不可能为________。(填序号)。 a. 0.20 mol·L^{-1}　　b. 0.12 mol·L^{-1}　　c. 0.10 mol·L^{-1}　　d. 0.08 mol·L^{-1} (4)反应达到平衡后，第 5 分钟末，保持其它条件不变，若只把容器的体积缩小一半，平衡移动________(填"向逆反应方向"、"向正反应方向"或"不")，化学平衡常数________(填"增大"、"减少"或"不变")。 (5)在第 5 分钟末将容器的体积缩小一半后，若在第 8 分钟末达到新的平衡(此时 NH_3 的浓度约为 0.25 mol·L^{-1})，请在上图中画出第 5 分钟末到此平衡时 NH_3 浓度的变化曲线。
其他相似题链接	TPS2.0 系统 S00506731、S00503072 等 TPS1.0 系统 C—P1S20JN05—C02　第 4、8、10、11 题

表 11

2013 年真题	【江苏卷，14】一定温度下，三种碳酸盐 MCO_3(M：Mg^{2+}、Ca^{2+}、Mn^{2+})的沉淀溶解平衡曲线如图所示。已知：pM＝－lg c(M)，p$c(CO_3^{2-})$＝－lg $c(CO_3^{2-})$。下列说法正确的是　　(　　) 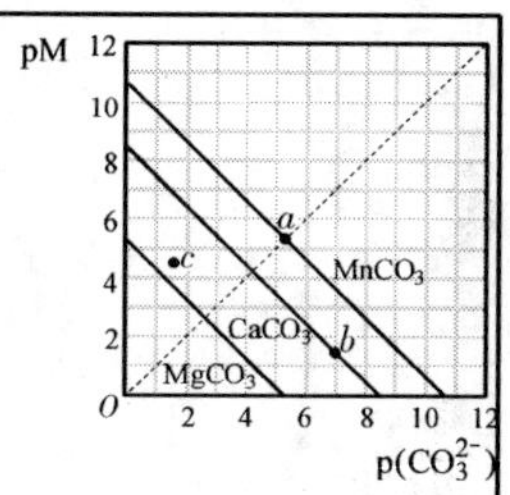 A. $MgCO_3$、$CaCO_3$、$MnCO_3$ 的 K_{sp} 依次增大 B. a 点可表示 $MnCO_3$ 的饱和溶液，且 $c(Mn^{2+})=c(CO_3^{2-})$ C. b 点可表示 $CaCO_3$ 的饱和溶液，且 $c(Ca^{2+})<c(CO_3^{2-})$ D. c 点可表示 $MgCO_3$ 的不饱和溶液，且 $c(Mg^{2+})<c(CO_3^{2-})$
考点	专题 9 考点 1 盐类水解
验证规律	比较离子浓度、pH 值，比较溶液中微粒种类多少或离子数目的多少，盐类水解的应用
相似题	【TPS 系统·S00154060】下列图示与对应的叙述相符的是　　(　　) 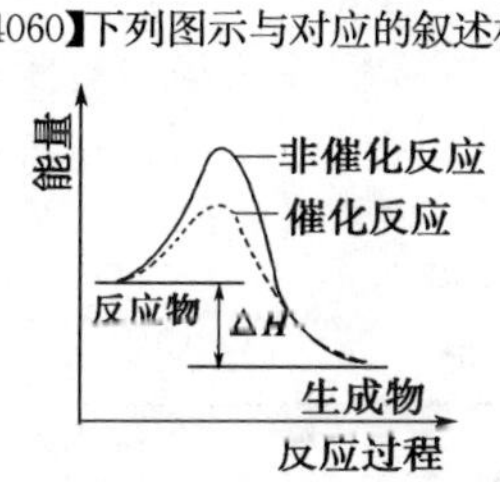 图1 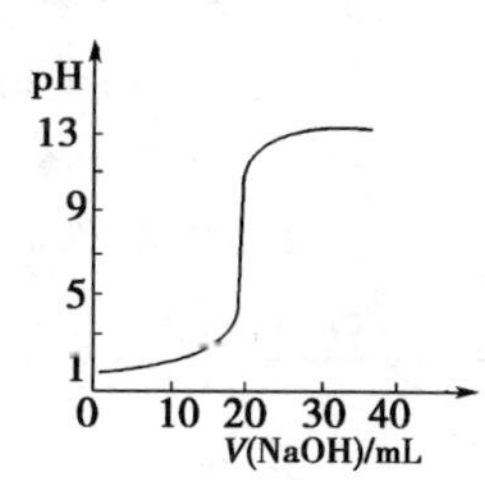 图2 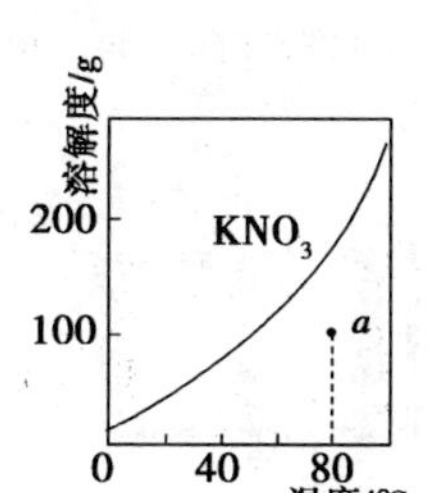 图3 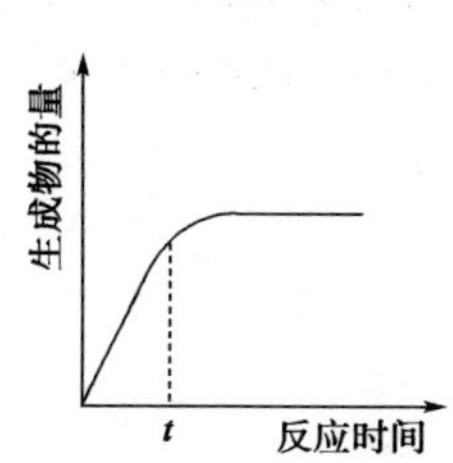 图4 A. 图 1 表示某吸热反应分别在有、无催化剂的情况下反应过程中的能量变化 B. 图 2 表示 0.1000 mol·L^{-1}NaOH 溶液滴定 20.00 mL 0.1000 mol·$L^{-1}$$CH_3COOH$ 溶液所得到的滴定曲线 C. 图 3 表示 KNO_3 的溶解度曲线，图中 a 点所示的溶液是 80 ℃时 KNO_3 的不饱和溶液 D. 图 4 表示某可逆反应生成物的量随反应时间变化的曲线，由图知 t 时反应物转化率最大
其他相似题链接	TPS2.0 系统 S00372266、S00263369、S00374207 TPS1.0 系统 C—P1S21KN09—B04　第 12 题

表 12

2013 年真题	【安徽卷,13】已知 $NaHSO_3$ 溶液显酸性,溶液中存在以下平衡: $HSO_3^- + H_2O \rightleftharpoons H_2SO_3 + OH^-$ ① $HSO_3^- \rightleftharpoons H^+ + SO_3^{2-}$ ② 向 0.1 $mol \cdot L^{-1}$ 的 $NaHSO_3$ 溶液中分别加入以下物质,下列有关说法正确的是 (　　) A. 加入少量金属 Na,平衡①左移,平衡②右移,溶液中 $c(HSO_3^-)$ 增大 B. 加入少量 Na_2SO_3 固体,则 $c(H^+)+c(Na^+)=c(HSO_3^-)+c(OH^-)+\frac{1}{2}c(SO_3^{2-})$ C. 加入少量 NaOH 溶液,$\frac{c(SO_3^{2-})}{c(HSO_3^-)}$、$\frac{c(OH^-)}{c(H^+)}$ 的值均增大 D. 加入氨水至中性,则 $2c(Na^+)=c(SO_3^{2-})>c(H^+)=c(OH^-)$ 【江苏卷,14】一定温度下,三种碳酸盐 MCO_3(M:Mg^{2+}、Ca^{2+}、Mn^{2+})的沉淀溶解平衡曲线如图所示。已知:$pM=-\lg c(M)$,$p(CO_3^{2-})=-\lg c(CO_3^{2-})$。下列说法正确的是 (　　) 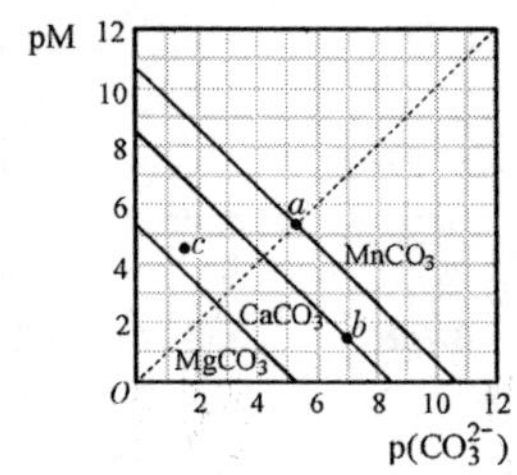 A. $MgCO_3$、$CaCO_3$、$MnCO_3$ 的 K_{sp} 依次增大 B. a 点可表示 $MnCO_3$ 的饱和溶液,且 $c(Mn^{2+})=c(CO_3^{2-})$ C. b 点可表示 $CaCO_3$ 的饱和溶液,且 $c(Ca^{2+})<c(CO_3^{2-})$ D. c 点可表示 $MgCO_3$ 的不饱和溶液,且 $c(Mg^{2+})<c(CO_3^{2-})$
考点	专题 9 考点 2 电离平衡
验证规律	电离方程式书写、影响电离平衡的因素
相似题	【TPS 系统 · S00186323】对于 0.1 $mol \cdot L^{-1}$ 的醋酸溶液,下列说法中错误的是 (　　) A. 醋酸根的浓度大约是 0.1 $mol \cdot L^{-1}$ B. 若加入少量的冰醋酸,则氢离子浓度减小 C. 若加入少量的固体 NaOH,则醋酸根离子浓度增大 D. 若加入少量的浓盐酸,则醋酸根离子浓度减小
其他相似题链接	TPS1.0 系统 C-P1S21KN01-B01　第 9 题

表 13

2013 年真题	【江苏卷,9】Mg - H_2O_2 电池可用于驱动无人驾驶的潜航器。该电池以海水为电解质溶液,示意图如图。该电池工作时,下列说法正确的是 (　　) 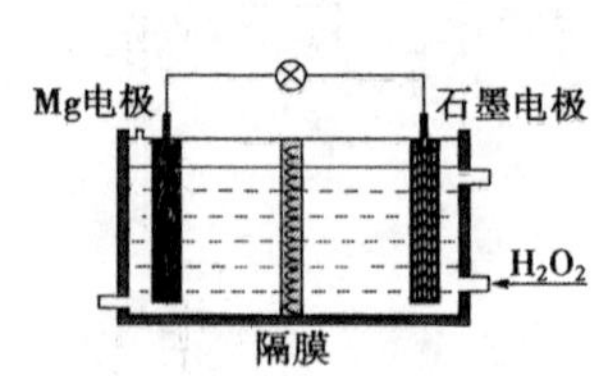 A. Mg 电极是该电池的正极　　B. H_2O_2 在石墨电极上发生氧化反应 C. 石墨电极附近溶液的 pH 增大　　D. 溶液中 Cl^- 向正极移动 【天津卷,6】为增强铝的耐腐蚀性,现以铅蓄电池为外电源,以 Al 做阳极、Pb 做阴极,电解稀硫酸,使铝表面的氧化膜增厚。反应原理如下: 电池:$Pb(s)+PbO_2(s)+2H_2SO_4(aq) = 2PbSO_4(s)+2H_2O(l)$ 电解池:$2Al+3H_2O \xlongequal{电解} Al_2O_3+3H_2\uparrow$

续表

<table>
<tr><td>2013 年真题</td><td>
电解过程中，以下判断正确的是　　（　　）

<table>
<tr><td></td><td>电池</td><td>电解池</td></tr>
<tr><td>A</td><td>H^+移向 Pb 电极</td><td>H^+移向 Pb 电极</td></tr>
<tr><td>B</td><td>每消耗 3 mol Pb</td><td>生成 2 mol Al_2O_3</td></tr>
<tr><td>C</td><td>正极：$PbO_2+4H^++2e^-$ ══ $Pb^{2+}+2H_2O$</td><td>阳极：$2Al+3H_2O-6e^-$ ══ $Al_2O_3+6H^+$</td></tr>
<tr><td>D</td><td>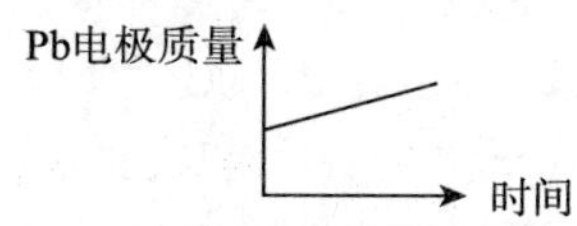
</td><td>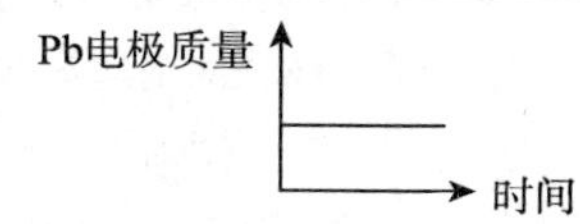
</td></tr>
</table>

【浙江卷，11】电解装置如图所示，电解槽内装有 KI 及淀粉溶液，中间用阴离子交换膜隔开。在一定的电压下通电，发现左侧溶液变蓝色，一段时间后，蓝色逐渐变浅。已知：$3I_2+6OH^-$ ══ $IO_3^-+5I^-+3H_2O$，下列说法不正确的是　　（　　）

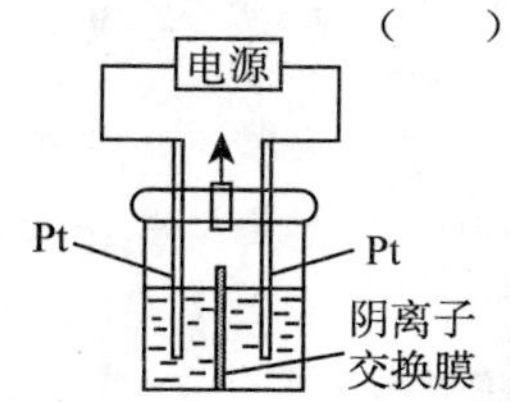

A. 右侧发生的电极方程式：
$2H_2O+2e^-$ ══ $H_2\uparrow+2OH^-$
B. 电解结束时，右侧溶液中含有 IO_3^-
C. 电解槽内发生反应的总化学方程式：$KI+3H_2O$ ══ $KIO_3+3H_2\uparrow$
D. 如果用阳离子交换膜代替阴离子交换膜，电解槽内发生的总化学反应不变
</td></tr>
<tr><td>考点</td><td>专题 10 考点 1 电解的原理和应用</td></tr>
<tr><td>验证规律</td><td>电解原理的基础知识、有关电解的计算、联系生产生活，主要是新技术、新情景等问题的处理</td></tr>
<tr><td>相似题</td><td>
【TPS 系统・S00196052】2004 年美国圣路易斯大学研制了一种新型的乙醇电池，它用磺酸类质子溶剂，在 200℃左右时供电，乙醇电池比甲醇电池效率高出 32 倍且更安全。电池总反应为：$C_2H_5OH+3O_2$ ══ $2CO_2+3H_2O$，电池示意如右图。下列说法不正确的是　　（　　）

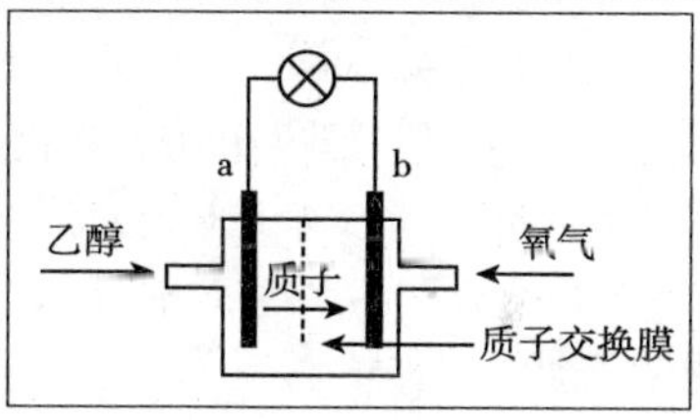

A. a 极为电池的负极
B. 电池工作时电流由 b 极沿导线经灯泡再到 a 极
C. 电池正极的电极反应为：$4H^++O_2+4e^-$ ══ $2H_2O$
D. 电池工作时，1 mol 乙醇被氧化时就有 6 mol 电子转移

【TPS 系统・S00423707】下列说法正确的是　　（　　）

A. 同温同压下，$H_2(g)+Cl_2(g)$ ══ $2HCl(g)$在光照和点燃条件下的 ΔH 相同
B. 铅蓄电池放电时的负极和充电时的阴极均发生还原反应
C. 已知：$H_2(g)+I_2(g) \rightleftharpoons 2HI(g)$；$\Delta H=-9.48$ kJ/mol，若将 254g $I_2(g)$和 2g$H_2(g)$充分反应可放出 9.48 kJ 的热量
D. 已知在 101 kPa 时，2 g 碳燃烧生成 CO 放出热量为 Q kJ，则碳的燃烧热为 $6Q$ kJ・mol^{-1}

【TPS 系统・S00106450】随着天宫一号发射升空，中国向拥有空间站迈出了坚实的一步. 下图是天宫一号一种航天器能量储存系统原理示意图. 下列说法正确的是　　（　　）

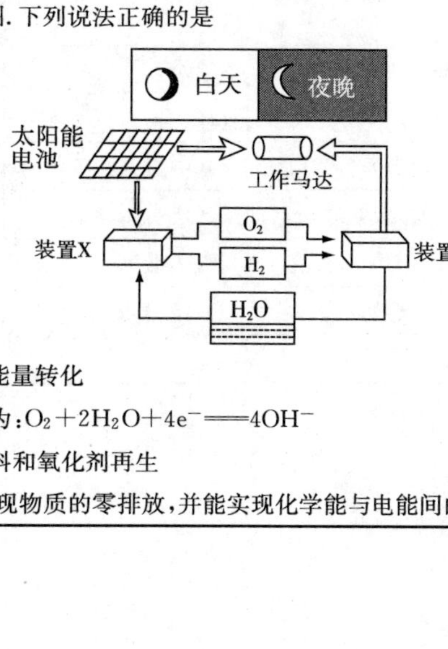

A. 该系统中只存在 3 种形式的能量转化
B. 装置 Y 中负极的电极反应式为：$O_2+2H_2O+4e^-$ ══ $4OH^-$
C. 装置 X 能实现燃料电池的燃料和氧化剂再生
D. 装置 X、Y 形成的子系统能实现物质的零排放，并能实现化学能与电能间的完全转化
</td></tr>
</table>

2.1.5 备考策略

化学基本概念是研究化学现象、应用化学知识解决化学问题的基础和工具。复习时应注意把握其准确性、系统性、特殊性和规律性。为达到准确、全面、系统地理解认识概念,增强灵活运用概念的能力,需要教师对学生加强科学学习方法的指导。

(1)明晰概念。如:同位素、同系物、同分异构体、同素异形体、同一物质这些相似易混淆的概念可列表比较它们的内涵、对象、分子式、结构、物理性质和化学性质,使概念清晰明了,便于理解和记忆。

(2)及时反思。做题是对概念深刻理解与否的检验。学生运用概念解题时,会出现各种各样的错误,教师应引导学生有针对性的进行自我纠正与反思,适时个别辅导,并做出透彻分析。同时,也要指导学生对错题形成积累的良好习惯。

(3)不断总结。《考试大纲》要求考生能将化学知识按照内在联系,抽象、归纳、统摄成规律,并能按此规律进行推理和想象(发散和收敛),这就要求复习要抓住基本概念的重点、难点、热点并构建知识体系。

2.2 元素及其化合物

元素及其化合物知识是中学化学的基础知识,它对化学实验和化学基本概念、基础理论提供具体、感性的认识,而且该部分内容也是学生今后在工作和生活中经常要接触、需要了解和应用的基本知识。认真分析该部分内容的"内容标准",可以看出:《高中课程标准》是从元素在元素周期表中的代表性、元素在自然界中存在的广泛性以及元素及其化合物在工农业生产和日常生活中的价值等角度对常见无机物进行选材。《高中课程标准》选取了4种典型的金属元素——钠、铝、铁、铜(2种主族元素、2种副族元素;1种不常见的金属元素和3种常见的金属元素)以及4种非金属元素——氯、氮、硫、硅(工农业生产、日常生活、高科技中具有广泛联系或有重要用途;在自然界中广泛存在)的单质及其重要的化合物为代表,介绍了它们的重要性质和它们在工农业生产和日常生活中的应用。

从近几年高考命题来看,元素及其化合物知识以传统框图推断题为典型、单独成大题的考查形式,似乎有逐年减弱的趋势(图2-3),但这并不代表元素化合物知识地位的降低,而是回归了它的"本位"。若把中学化学内容按五大块分类,那么基本理论、化学实验是对元素化合物在性质上的研究,化学计算实际上是对元素化合物在量上的研究,有机化学则是对碳元素的化合物的系统研究。因此,新课程高考中,元素化合物知识更多的是以"化整为零、渗透融合"的方式,覆盖整个中学化学内容的考查。

地区 年份	元素以及其化合物					
	2009	2010	2011	2012	2013	平均分
北京	8(6分);26(6分);28(9分);	26(2分)	0	0	28(15分);	7.6
上海	8(3分);14(3分);25(11分);	23(8分);9(3分);3(2分);	6(3分);21(4分);	7(3分);24(8分);	24(8分);26(12分);	13.54
新课标	27(15分);	26(14分);	0	0	27(14分);	6.3
广东	0	32(16分);	10(4分);	0	0	4
海南	4(3分);	13(8分);	14(9分);	3(3分);16(4分);	15(11分);	7.8
江苏	3(3分);18(10分);	4(2分);	9(2分);	20(14分);	20(14分);	10.55
山东	0	13(4分)	12(4分);	8(3分);	8(3分);30(15分);	5.8
安徽	25(17分);	24(14分);	25(14分);	0	25(15分);	14.25
福建	7(6分);23(15分);	9(6分);23(15分);	23(15分);	0	0	14
四川	27(15分);	26(15分);	26(15分);	27(15分);	26(11分);	13.5
浙江	25(14分)	25(14分);	26(15分);	0	26(15分);	13
天津	0	0	0	0	0	0

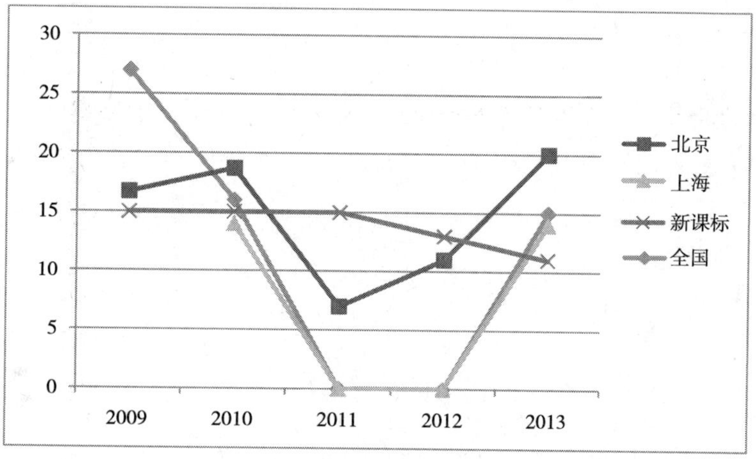

图 2.3　2009—2013 年元素及其化合物模块在试题中比例变化(以北京、上海、新课标、全国为例)

2.2.1　能力要求

元素及其化合物部分以考查无机化学基础的综合能力为主,主要是思维能力和观察能力,注重学科的内在联系和知识的综合,体现"能力立意"的命题原则。

(1)观察能力——对框图、工业流程图等题型的考查及现象分析,要求学生具备良好的观察能力。

(2)思维能力——对无机化学各信息按题设进行发散和收敛、分解和整合,从而解决问题,并能运用所统摄的规律进行推理的创造能力。

(3)自学能力——高考实验题中常涉及一些教材外的信息,这就要求学生平时复习时应储备一些教材相关的课外知识,拓展视野,培养良好的自学能力。

(4)注重考查基本的电极反应式书写(复杂的则不要求书写,但仍然要求结合基本概念来判定);考查通过电极反应式进行简单计算,注重通过数学方法来解决化学问题,考查学生用数学方法解决化学问题的能力。

(5)注重考查元素及其化合物与生活实际相联系。

2.2.2　命题规律

1. 命题特点

(1)注重学科内综合考查,不仅仅局限于单一的知识点和考点,而是综合元素化合物之间的转化关系与概念理论等的联系;

(2)注重与化学实验的联系,化学实验是化学的灵魂,元素化合物是实验的基础,实验问题往往包含多方面的知识和方法,是构成综合试题的来源;

(3)注重与社会生产生活实际的联系,有利于学生利用化学视角诠释生产生活中的化学现象和问题,有利于培养学生的学习兴趣和学习热情,从而达到学以致用之效;

(4)注重与化学基本概念和基本理论之间的联系,化学的基本概念来源于元素化合物知识的内在联系,反过来化学基本概念、理论又指导元素化合物的学习。

2. 专题考频统计

表 2-11　元素及其化合物部分专题考频统计表

考点	考频			
	北京	新课标	全国	上海
专题 1 金属及其化合物	2	2	2	6
专题 2 非金属及其化合物	4	1	2	9

2.2.3 考点分析

专题1 金属及其化合物

中学化学中常见的金属主要有 Na、Mg、Al、Fe 和 Cu 等几种金属。高考中有关金属的考查也是每年必考的内容之一。

【考查方式】

(1)与金属元素有关的计算；

(2)与金属有关的推断；

(3)与金属元素有关的实验问题。

【历年真题回顾】

1.(2014 新课标Ⅰ)

下列反应中，反应后固体物质增重的是 ( )

A. 氢气通过灼热的 CuO 粉末　　B. 二氧化碳通过 Na_2O_2 粉末

C. 铝与 Fe_2O_3 发生铝热反应　　D. 将锌粒投入 $Cu(NO_3)_2$ 溶液

【答案】B

2.(2014 安徽)

中学化学中很多"规律"都有其适用范围，下列根据有关"规律"推出的结论正确的是 ( )

选项	规律	结论
A	较强酸可以制取较弱酸	次氯酸溶液无法制取盐酸
B	反应物浓度越大，反应速率越快	常温下，相同的铝片中分别加入足量的浓、稀硝酸，浓硝酸中铝片先溶解完
C	结构和组成相似的物质，沸点随相对分子质量增大而升高	NH_3 沸点低于 PH_3
D	溶解度小的沉淀易向溶解度更小的沉淀转化	ZnS 沉淀中滴加 $CuSO_4$ 溶液可以得到 CuS 沉淀

【答案】D

3.(2014 山东)

等质量的下列物质与足量稀硝酸反应，放出 NO 物质的量最多的是 ( )

A. FeO　　B. Fe_2O_3　　C. $FeSO_4$　　D. Fe_3O_4

【答案】A

4.(2014 山东)

离子液体是一种室温熔融盐，为非水体系。由有机阳离子、$Al_2Cl_7^-$ 和 $AlCl_4^-$ 组成的离子液体做电解液时，可在钢制品上电镀铝。

(1)钢制品应接电源的________极，已知电镀过程中不产生其他离子且有机阳离子不参与电极反应，阴极电极反应式为________。若改用 $AlCl_3$ 水溶液做电解液，则阴极产物为________。

(2)为测定镀层厚度，用 NaOH 溶液溶解钢制品表面的铝镀层，当反应转移 6 mol 电子时，所得还原产物的物质的量为________mol。

(3)用铝粉和 Fe_2O_3 做铝热反应实验，需要的试剂还有________。

a. KCl　　b. $KClO_3$　　c. MnO_2　　d. Mg

取少量铝热反应所得的固体混合物，将其溶于足量稀 H_2SO_4，滴加 KSCN 溶液无明显现象，________(填"能"或"不能")说明固体混合物中无 Fe_2O_3，理由是________________(用离子方程式说明)。

【答案】(1)负　$4Al_2Cl_7^- + 3e^- = Al + 7AlCl_4^-$　H_2

(2)3

(3)bd　不能

$Fe_2O_3 + 6H^+ = 2Fe^{3+} + 3H_2O$、$Fe + 2Fe^{3+} = 3Fe^{2+}$

(或只写 $Fe + 2Fe^{3+} = 3Fe^{2+}$)

5.(2013 浙江)

氢能源是一种重要的清洁能源。现有两种可产生 H_2 的化合物甲和乙。将 6.00 g 甲加热至完全分解，只得到一种短周期元素的金属单质和 6.72 L H_2(已折算成标准状况)。甲与水反应也能产生 H_2，同时还产生一种白色沉淀物，该白色沉淀可溶于 NaOH 溶液。化合物乙在催化剂存在下可分解得到 H_2 和另一种单质气体丙，丙在标准状况下的密度为 1.25 g/L。请回答下列问题：

(1)甲的化学式是__________；乙的电子式是__________。

(2)甲与水反应的化学方程式是____。

(3)气体丙与金属镁反应的产物是__________(用化学式表示)。

(4)乙在加热条件下与 CuO 反应可生成 Cu 和气体丙，写出该反应的化学方程式：__________。有人提出产物 Cu 中可能还含有 Cu_2O，请设计实验方案验证之__________。(已知 $Cu_2O+2H^+ = Cu+Cu^{2+}+H_2O$)

(5)甲与乙之间_________(填"可能"或"不可能")发生反应产生 H_2，判断理由是______________________________。

【答案】(1)AlH_3　$\mathrm{H{:}\overset{\displaystyle H}{\underset{\cdot\cdot}{\overset{\cdot\cdot}{N}}}{:}H}$

(2)$AlH_3+3H_2O = Al(OH)_3+3H_2\uparrow$

(3)Mg_3N_2

(4)$2NH_3+3CuO \xlongequal{\triangle} 3Cu+N_2\uparrow+3H_2O$

取样后加稀 H_2SO_4，如果溶液变蓝，说明产物中含有 Cu_2O。反之则无。

(5)可能　AlH_3 中的氢化合价为-1价，NH_3 中氢的化合价为$+1$价，而有可能发生氧化还原反应。

专题 2　非金属及其化合物

中学化学中常见的非金属元素主要有氯、氮、硫、硅等。高考中有关非金属的考查也是每年必考的内容之一。

【考查方式】

(1)与有关实验相结合考查；

(2)以框图推断题的形式考查；

(3)与计算相结合考查；

(4)与基本理论、概念相结合考查。

【历年真题回顾】

1.(2014 江苏)

硫化氢的转化是资源利用和环境保护的重要研究课题。山硫化氢获得硫单质有多种方法。

(1)将烧碱吸收 H_2S 后的溶液加入到如图甲所示的电解池的阳极区进行申解．电解过程中阳极区发生如下反应：

$S^{2-}-2e^- = S$　　$(n-1)S+S^{2-} = S_n^{2-}$

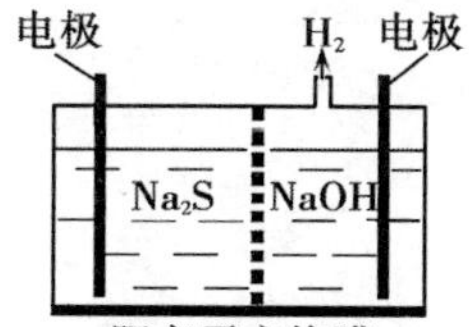

甲

①写出电解时阴极的电极反应式：__________________________。②电解后阳极区的溶液用稀硫酸酸化得到硫单质，其离子方程式可写成______________________________________。

(2)将 H_2S 和空气的混合气体通入 $FeCl_3$、$FeCl_2$、$CuCl_2$ 的混合溶液中反应回收 S，其物质转化如图乙所示。

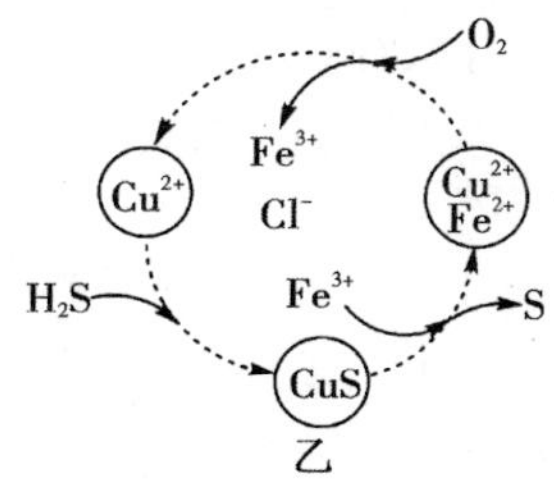

乙

①在图示的转化中，化合价不变的元素是________。

②反应中当有 1 mol H_2S 转化为硫单质时，保持溶液中 Fe^{3+} 的物质的量不变，需消耗 O_2 的物质的量为________。

③在温度一定和不补加溶液的条件下，缓慢通入混合气体，并充分搅拌。欲使生成的硫单质中不含 CuS，可采取的措施有____。

(3) H_2S 在高温下分解生成硫蒸气和 H_2。若反应在不同温度下达到平衡时，混合气体中各组分的体积分数如图丙所示，H_2S 在高温下分解反应的化学方程式为____。

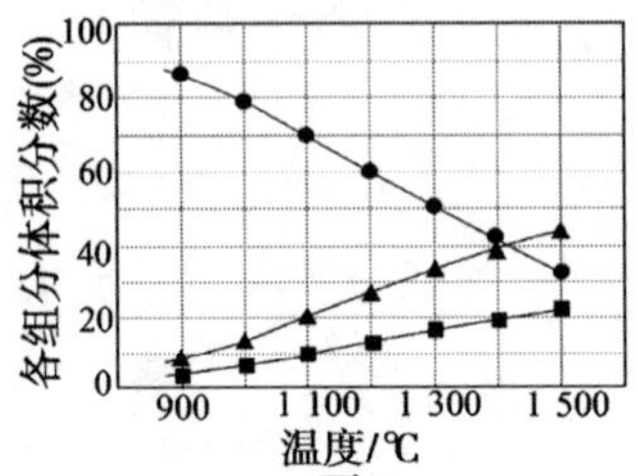

丙

【答案】(1)①$2H_2O+2e^-$ ══ $H_2\uparrow+2OH^-$　②$S_n^{2-}+2H^+$ ══ $(n-1)S\downarrow+H_2S\uparrow$

(2)①Cu、H、Cl(或铜、氢、氯)　②0.5 mol③提高混合气体中空气的比例

(3) $2H_2S \xrightleftharpoons{高温} 2H_2+S_2$

2.(2013 江苏)

硫酸镍铵$[(NH_4)_xNi_y(SO_4)_m\cdot nH_2O]$可用于电镀、印刷等领域。某同学为测定硫酸镍铵的组成，进行如下实验：①准确称取 2.335 0 g 样品，配制成100.00 mL溶液 A；②准确量取 25.00 mL 溶液 A，用 0.040 00 $mol\cdot L^{-1}$ 的 EDTA(Na_2H_2Y)标准溶液滴定其中的 Ni^{2+}(离子方程式为 $Ni^{2+}+H_2Y^{2-}$ ══ $NiY^{2-}+2H^+$)，消耗 EDTA 标准溶液 31.25 mL；③另取 25.00 mL 溶液 A，加足量的 NaOH 溶液并充分加热，生成 NH_3 56.00 mL(标准状况)。

(1)若滴定管在使用前未用 EDTA 标准溶液润洗，测得的 Ni^{2+} 含量将________(填“偏高”“偏低”或“不变”)。

(2)氨气常用________检验，现象是____。

(3)通过计算确定银硫酸镍铵的化学式(写出计算过程)________。

【答案】(1)偏高

(2)湿润的红色石蕊试纸　试纸颜色由红变蓝

(3)$n(Ni^{2+})=0.040\ 00\ mol\cdot L^{-1}\times 31.25\ mL\times 10^{-3}\ L\cdot mL^{-1}$

$=1.250\times 10^{-3}\ mol$

$n(NH_4^+)=\dfrac{56.00\ mL\times 10^{-3}\ L\cdot mL^{-1}}{22.4\ L\cdot mol^{-1}}=2.500\times 10^{-3}\ mol$

$n(SO_4^{2-})=\dfrac{2n(Ni^{2+})+n(NH_4^+)}{2}$

$=\dfrac{2\times 1.25\times 10^{-3}\ mol+2.500\times 10^{-3}\ mol}{2}$

$=2.500\times 10^{-3}\ mol$

$m(Ni^{2+})=59\ g\cdot mol^{-1}\times 1.250\times 10^{-3}\ mol=0.073\ 75\ g$

$m(NH_4^+)=18\ g\cdot mol^{-1}\times 2.500\times 10^{-3}\ mol=0.045\ 00\ g$

$m(SO_4^{2-})=96\ g\cdot mol^{-1}\times 2.500\times 10^{-3}\ mol=0.240\ 0\ g$

$n(H_2O)=\dfrac{2.335\ 0\ g\times\dfrac{25.00\ mL}{100.00\ mL}-0.073\ 75\ g-0.045\ 00\ g-0.240\ 0\ g}{18\ g\cdot mol^{-1}}$

$=1.250\times 10^{-2}\ mol$

$x:y:m:n=n(NH_4^+):n(Ni^{2+}):n(SO_4^{2-}):n(H_2O)$

$=2:1:2:10$

硫酸镍铵的化学式为$(NH_4)_2Ni(SO_4)_2\cdot 10H_2O$

3.(2012 北京)

直接排放含 SO_2 的烟气会形成酸雨，危害环境。利用钠碱循环法可脱除烟气中的 SO_2。

(1)用化学方程式表示 SO_2 形成硫酸型酸雨的反应________。

(2)在钠碱循环法中，Na_2SO_3 溶液作为吸收液，可由 NaOH 溶液吸收 SO_2 制得，该反应的离子方程式是________。

(3)吸收液吸收 SO_2 的过程中,pH 随 $n(SO_3^{2-}):n(HSO_3^-)$变化关系如下表:

$n(SO_3^{2-}):n(HSO_3^-)$	91∶9	1∶1	9∶91
pH	8.2	7.2	6.2

①由上表判断 $NaHSO_3$溶液显性,用化学平衡原理解释________;

②当吸收液呈中性时,溶液中离子浓度关系正确的是________(选填字母)。

a. $c(Na^+)=2c(SO_3^{2-})+c(HSO_3^-)$

b. $c(Na^+)>c(HSO_3^-)>c(SO_3^{2-})>c(H^+)=c(OH^-)$

c. $c(Na^+)+c(H^+)=c(SO_3^{2-})+c(HSO_3^-)+c(OH^-)$

(4)当吸收液的 pH 降至约为 6 时,需送至电解槽再生。再生示意图如下:

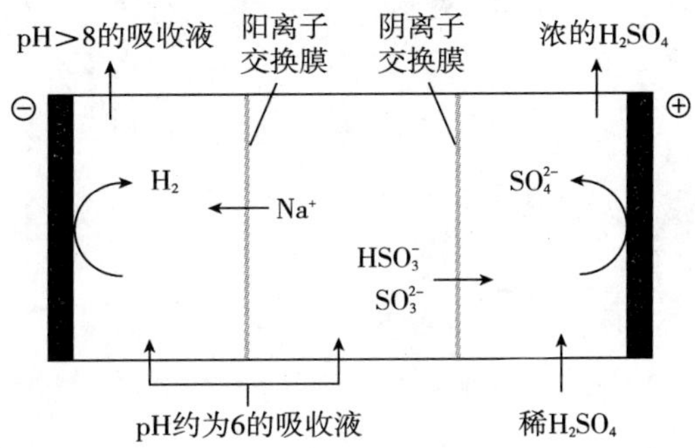

①HSO_3^- 在阳极放电的电极反应式是________;

②当阴极室中溶液 pH 升至 8 以上时,吸收液再生并循环利用。简述再生原理:________。

【答案】(1)$SO_2+H_2O \rightleftharpoons H_2SO_3$,$2H_2SO_3+O_2 \xlongequal{催化剂} 2H_2SO_4$

(2)$2OH^-+SO_2 = H_2O+SO_3^{2-}$

(3)①酸　HSO_3^- 存在:$HSO_3^- \rightleftharpoons H^++SO_3^{2-}$ 和 $HSO_3^-+H_2O \rightleftharpoons HSO_3^-+OH^-$,$HSO_3^-$ 的电离程度强于水解程度

②ab

(4)①$HSO_3^-+H_2O-2e^- = SO_4^{2-}+3H^+$

②H^+ 在阴极得电子生成 H_2,溶液中 $c(H^+)$降低,促进 HSO_3^- 电离生成 SO_3^{2-},且 Na^+ 进入阴极室,吸收液得以再生。

2.2.4　真题·规律验证

表 1

2013 年真题	【江苏卷,6】甲、乙、丙、丁四种物质中,甲、乙、丙均含有相同的某种元素,它们之间具有如下转化关系:甲$\xrightarrow{丁}$乙$\underset{甲}{\overset{丁}{\rightleftharpoons}}$丙。下列有关物质的推断不正确的是　(　　) A. 若甲为焦炭,则丁可能是 O_2　　B. 若甲为 SO_2,则丁可能是氨水 C. 若甲为 Fe,则丁可能是盐酸　　D. 若甲为 NaOH 溶液,则丁可能是 CO_2 【江苏卷,16】氧化镁在医药、建筑等行业应用广泛。硫酸镁还原热解制备高纯氧化镁是一种新的探索。以菱镁矿(主要成分为 $MgCO_3$,含少量 $FeCO_3$)为原料制备高纯氧化镁的实验流程如下: 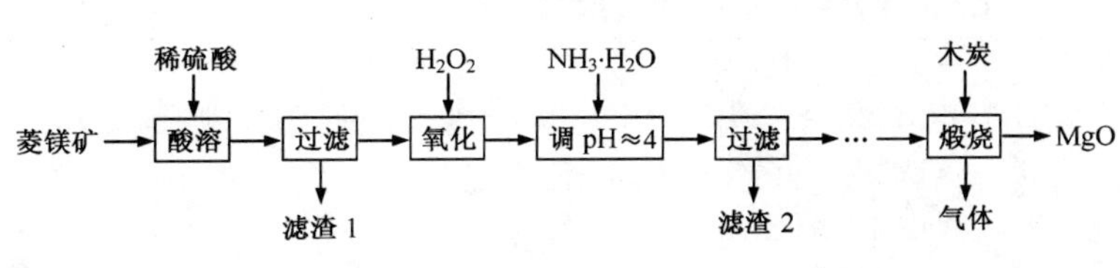 (1)$MgCO_3$ 与稀硫酸反应的离子方程式为________。 (2)加入 H_2O_2 氧化时,发生反应的化学方程式为________。 (3)滤渣 2 的成分是________(填化学式)。 (4)煅烧过程存在以下反应:

续表

<table>
<tr><td>2013 年真题</td><td>$2MgSO_4+C\xlongequal{800^\circ C}2MgO+2SO_2\uparrow+CO_2\uparrow$
$MgSO_4+C\xlongequal{800^\circ C}MgO+SO_2\uparrow+CO\uparrow$
$MgSO_4+3C\xlongequal{800^\circ C}MgO+S\uparrow+3CO\uparrow$
利用如图装置对煅烧产生的气体进行分步吸收或收集。
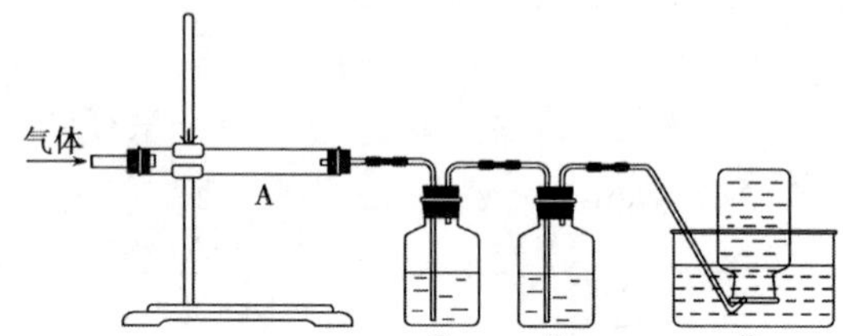

①D 中收集的气体是(填化学式)________。
②B 中盛放的溶液可以是(填字母)________。
a. NaOH 溶液　b. Na_2CO_3 溶液　c. 稀硝酸　d. $KMnO_4$ 溶液
③A 中得到的淡黄色固体能与热的 NaOH 溶液反应,产物中元素的最高价态为+4,写出该反应的离子方程式:________。

【浙江卷,26】氢能源是一种重要的清洁能源。现有两种可产生 H_2 的化合物甲和乙。将 6.00 g 甲加热至完全分解,只得到一种短周期元素的金属单质和 6.72 LH_2(已折算成标准状况)。甲与水反应也能放出 H_2,同时还产生一种白色沉淀物,该白色沉淀可溶于 NaOH 溶液。化合物乙在催化剂存在下可分解得到 H_2 和另一种单质气体丙,丙在标准状况下的密度为 1.25 g/L。请回答下列问题:
(1)甲的化学式是__________;乙的电子式是__________。
(2)甲与水反应的化学方程式是________。
(3)气体丙与金属镁反应的产物是__________(用化学式表示)。
(4)乙在加热条件下与 CuO 反应可生成 Cu 和气体丙,写出该反应的化学方程式__________。有人提出产物 Cu 中可能还混有 Cu_2O,请设计实验方案验证之__________。(已知 $Cu_2O+2H^+=Cu+Cu^{2+}+H_2O$)
(5)甲与乙之间_________(填"可能"或"不可能")发生反应产生 H_2,判断理由是________。</td></tr>
<tr><td>考点</td><td>考点 1 金属及其化合物</td></tr>
<tr><td>验证规律</td><td>与金属元素有关的计算、与金属有关的推断、与金属元素有关的实验问题、与金属有关的综合题</td></tr>
<tr><td>相似题</td><td>【TPS 系统・S10JN09】某市场销售的食用精制盐包装袋上有如下说明:
<table><tr><td>产品标准</td><td>GB5461</td></tr><tr><td>产品等级</td><td>一级</td></tr><tr><td>配料</td><td>食盐、碘酸钾、抗结剂</td></tr><tr><td>碘含量(以 I 计)</td><td>20～50 mg/kg</td></tr></table>已知碘酸钾与碘化钾在酸性条件下发生如下反应:
$KIO_3+5KI+3H_2SO_4=3K_2SO_4+3I_2+3H_2O$。
(1)上述反应生成的 I_2 可用四氯化碳萃取。向碘的四氯化碳溶液中加入 Na_2SO_3 稀溶液,将 I_2 还原,该反应的离子方程式是 $I_2+SO_3^{2-}+H_2O=$________,以回收四氯化碳。某学生设计回收四氯化碳的操作步骤为:
a. 将碘的四氯化碳溶液置于分液漏斗中
b. 加入适量 Na_2SO_3 稀溶液
c. 分离出(填"上"或"下")层液体加以回收</td></tr>
</table>

续表

2013年真题	以上设计中有遗漏，在操作步骤b后，应增加的操作为：________。 (2)已知：$I_2+2S_2O_3^{2-}$(无色)$\xlongequal{}2I^-+S_4O_6^{2-}$(无色)。某学生测定食用精制盐的碘含量，其步骤为：________。 a. 准确称取 w g 食盐，加适量蒸馏水使其完全溶解 b. 用稀硫酸酸化所得溶液，加入足量KI溶液，使KIO_3与之反应完全 c. 以为指示剂，逐滴加入物质的量浓度为2.0×10^{-3} mol·L^{-1}的$Na_2S_2O_3$溶液10.0 mL，此时溶液恰好由色变为色。

表 2

2013年真题	【江苏卷，18】硫酸镍铵$[(NH_4)_xNi_y(SO_4)_m\cdot nH_2O]$可用于电镀、印刷等领域。某同学为测定硫酸镍铵的组成，进行如下实验：①准确称取2.335 0 g样品，配制成100.00 mL溶液A；②准确量取25.00 mL溶液A，用0.040 00 mol·L^{-1}的EDTA(Na_2H_2Y)标准溶液滴定其中的Ni^{2+}(离子方程式为$Ni^{2+}+H_2Y^{2-}\xlongequal{}NiY^{2-}+2H^+$)，消耗EDTA标准溶液31.25 mL；③另取25.00 mL溶液A，加足量的NaOH溶液并充分加热，生成NH_3 56.00 mL(标准状况)。 (1)若滴定管在使用前未用EDTA标准溶液润洗，测得的Ni^{2+}含量将________(填“偏高”“偏低”或“不变”)。 (2)氨气常用检验，现象是________________。 (3)通过计算确定硫酸镍铵的化学式(写出计算过程)。
考点	考点2 非金属及其化合物
验证规律	与有关实验相结合考查、以框图推断题的形式考查、与计算相结合考查、与基本理论、概念相结合考查
相似题	【TPS系统·S00221161】现有A、B、C、D、E、F、G六种物质，已知，A、B、C、D是气体，A是密度最小的气体，B在通常情况下呈黄绿色，把四种气体分别通入酸性硝酸银溶液中，通入B、D气体时立即出现白色沉淀，纯净的A可以在B中安静地燃烧，发出苍白色的火焰并生成D。把无色无刺激性气味气体C通入澄清石灰水时变浑浊。E为常见的金属单质，其与D的水溶液发生反应产生A和F，F中通入B气体可以得到G (1)D、F的化学式分别为：D________ F________； (2)C的电子式为________； (3)B与F生成G的离子方程式为________； (4)C与澄清石灰水反应的离子方程式为________； (5)实验室用KSCN检验G中阳离子，现象是________

2.2.5 备考策略

1. 构建知识网络，使知识系统化、结构化

复习元素及其化合物的知识，采用“知识主线——知识点——知识网”的方式，关注以下“3条线”，将元素及其化合物知识结构化，从而达到条理化、系统化、整体化。

(1)知识线

a)以某种具体物质为线索。金属单质(非金属单质)——重要化合物——主要性质——应用——对环境影响。其中对“性质”的复习应归纳为：物质类属的通性、氧化性、还原性、在水溶液中的行为等方面。“应用”则包括：物质制备、物质检验、物质的分类提纯、环保科研中的应用等。

b)以某种元素为线索。元素——单质——氧化物——对应水化物——盐，掌握元素单质及其化合物之间的转化关系。

c)以元素的化合价变化为线索。掌握物质的化学性质及规律，以及它们之间的转化关系。

(2)方法线

化学反应类型讲清反应规律：每一种元素的单质及其化合物，复习它们之间的转化关系时，应按反应类型注重讲清化学反应的规律，避免因死记硬背化学反应方程式而产生对化学方程式恐惧、混乱、乱用、误用等问题. 常见物质间的反应规律有：氧化还原反应规律、元素周期规律。

(3)价值线

a)无机物在生产、生活和科技中的应用价值。

b)无机物及性质与科技、经济和社会的联系价值。

c)无机物及性质对人类生产、生活、环境的影响价值。

2. 抓好“三个结合”,进行横向联系

元素及其化合物知识与基本理论、实验和计算密切联系,在复习元素及其化合物时要将这三块内容穿插其中,使元素及其化合物与理论、实验、计算融为一体。

(1)与基本理论结合

在复习元素及其化合物知识时,运用物质结构、元素周期律、氧化还原、化学平衡等理论加深理解某些元素化合物知识,同时又能加深对基本理论的理解并灵活运用。

(2)与实验结合

化学是一门以实验为基础的学科。复习元素及其化合物时,必须结合一些典型实验进行教学,不但能提高学习兴趣,而且能加深对知识的理解和运用。

(3)与计算结合

复习元素及其化合物的性质时,将定性深化为定量是必不可少的,与计算结合,既巩固加深对物质性质的理解和运用,又可提高学生的分析和计算能力。

3. 总结规律,突出重点

(1)在复习主族元素时,从相似性、递变性、特殊性入手,帮助学生总结规律。

(2)适时总结规律,有利于突出重点,强化记忆。

4. 运用比较,同中求异

在元素化合物中有一些元素化合物之间存在着相同点、不同点和相互联系,容易引起混淆,对于这些物质,可采用比较法,进行综合分析,一一进行对照比较分析,找出其共性和差异,以获得牢固、系统、准确的知识。

5. 联系实际,灵活运用

在复习中,应尽可能将元素化合物与生产、生活、环境、自然、能源等实际问题紧密联系起来,使学生感到化学知识是有源之水,有本之木,学习化学知识不仅仅是用于考试的,而是有实际意义的。

综上所述,复习元素化合物要在“全面、重点、联系、灵活”上下功夫,把零散的元素知识变为完整的科学体系,使知识转化为能力。

2.3 有机化学

随着新课程标准和新课程改革在全国的不断推广和实施,高考试题在命题宗旨上更加“体现人与自然、人与社会的和谐发展,体现科学、技术、社会的相互关系”。高考有机化学试题坚持以中学有机化学的基础知识和基本技能为依托,全面考查学生的学科素养和综合能力,体现出高考的正确导向性,同时,也突出有机化学学科的应用性和理论联系实际的特点。

对近五年的高考题进行统计分析,其结果表明:有机化学模块比重比较稳定,呈升高趋势(见图 2-4)。

地区 年份	有机化学					
	2009	2010	2011	2012	2013	平均分
北京	25(16 分)	25(14 分);28(23 分)	25(23 分);	11(6 分);28(17 分);	25(17 分);	18
上海	3(2 分);9(3 分);28(10 分);	3(2 分);29(10 分);28(10 分);	14 分(3 分);15(3 分);29(10 分);28(10 分);	九(8 分);十(12 分);	12(3 分);5(2 分);19(4 分);12(3 分);六(8 分);	20.34
新课标	8(6 分);9(6 分);39(15 分);	8(6 分);9(6 分);38(15 分);	8(6 分);9(6 分);39(15 分);	13(6 分);30(15 分);	7(6 分);26(15 分);	27
广东	4(3 分);	11(4 分);30(16 分);	7(4 分);30(16 分);	30(14 分);	30(16 分);	14.6
海南	17(9 分);	8(4 分);16(8 分);	7(4 分);16(9 分);	5(2 分);	5(2 分);8(4 分);11(4 分);16(9 分);	14.6

江苏	19(10分);10(14分)	9(4分);19(14分);	11(14分);17(15分)	1(14分);17(15分);	12(4分);17(15分);21(12分);	23.7
山东	12(4分);33(8分);	33(8分);	12(4分);33(8分);	11(4分);33(8分);	10(4分);33(8分);	11
安徽	8(6分);26(12分);	25(14分);28(23分);26(17分);	25(14分);26(17分);	26(14分);	7(6分);26(16分);	21.75
福建	9(6分);	6(6分);	8(6分);31(13分);	7(6分);	7(6分);24(16分);33(13分);	16.25
四川	29(12分);28(14分);	11(6分);28(13分);	28(14分);	29(14分);	16(17分);	16.4
浙江	11(6分);29(14分);	10(6分);28(14分);	11(6分);29(14分);	11(6分);29(14分);	7(6分);28(14分);	24.25
天津	27(18分)	27(18分)	27(18分)	9(6分);27(18分)	9(6分);	16.8

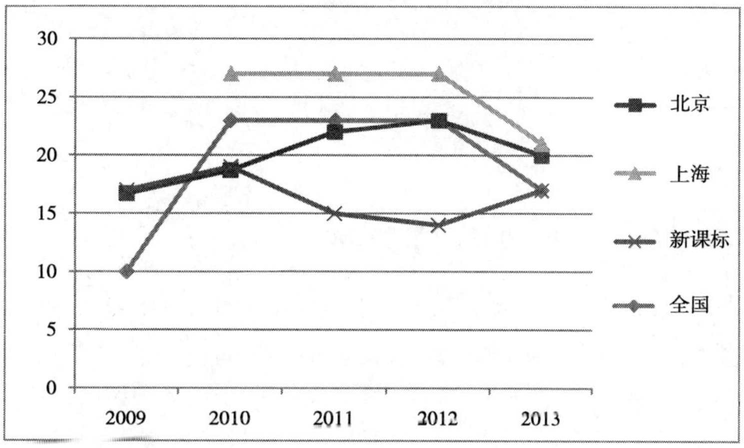

图 2-4　历年有机化学模块在试题中比例变化(以北京、上海、新课标、全国为例)

2.3.1　能力要求

有机化学部分以考查有机化学基础的综合能力为主,主要是思维能力和观察能力。

(1)观察能力——能够通过对有机模型、图形、图表的观察,获取感性知识并对其进行初步加工和记忆的能力;

(2)思维能力——对有机化学各信息按题设进行发散和收敛,分解和整合,从而解决问题,并能运用所统计的规律进行推理的创造能力。

2.3.2　命题规律

1. 命题特点

(1)有机合成将是重点考查的内容,命题时适当给出新的信息,以考查学生应用信息、解决问题的能力。

(2)设问时,将结合实验、计算等内容,考查有机分子式的推断和书写,化学方程式、结构简式的书写以及有机反应的基本类型,高分子化合物的合成等。

(3)命题时多以框图的形式呈现,信息和问题交织在一起,环环相扣,解题时需有较强的推理能力。①

① 刘海平,魏戚光. 高考化学命题趋势探析[J]. 课程教材教学研究(教育研究). 2009(1):83－85.

2. 专题考频统计

表 2-12　有机化学部分专题考点考频统计表

专题	考点	考频			
		北京	新课标	全国	上海
专题一：有机物的结构和性质	有机化合物命名、同分异构	3	2	2	5
	官能团名称、性质及反应类型	6	3	3	8
专题二：有机物的鉴别、合成及推断	有机物结构推断	4	1	3	8
	有机化学反应方程式书写	4	1	2	5
	有机物质的鉴别	5	1	1	2

2.3.3　考点分析

考点 1　官能团名称、性质及反应类型

官能团是决定有机物的化学特性的原子或原子团，它是烃的衍生物的性质之源、反应之本。对多官能团物质的考查，不仅能考查学生对基础知识的掌握程度，而且能考查学生将题给信息进行综合、对比、分析、判断等多种能力。重点考查的有机物或官能团是：含碳碳双键、含苯环结构以及卤代烃、酚、醇、醛、羧酸、酯等重要有机物的化学性质。①

【考查方式】

(1)定性考查

a、已知物质的结构推断物质的性质：有机物的主要化学性质是由其结构中的官能团决定的，分子中有多种官能团那么就会有多重性质。

b、根据性质推测有机物的结构。

c、考查多官能团相互影响：有机物分子中的基团之间存在着相互影响，这包括官能团对烃基的影响，烃基对官能团的影响，以及含有多官能团的物质中官能团之间的相互影响。

(2)定量考查

a、溴水与含酚羟基的物质反应

b、酚酯类物质与氢氧化钠反应

c、羧酸与氢氧化钠反应

d、新制氢氧化铜与醛基的反应

(3)综合考查

常与同分异构体等知识点结合，综合考查。

【历年真题回顾】

1.(2014 天津)

$Na_2S_2O_3$ 是重要的化工原料，易溶于水，在中性或碱性环境中稳定。

Ⅰ. 制备 $Na_2S_2O_3 \cdot 5H_2O$

反应原理：$Na_2SO_3(aq)+S(s) \xlongequal{\triangle} Na_2S_2O_3(aq)$

实验步骤：

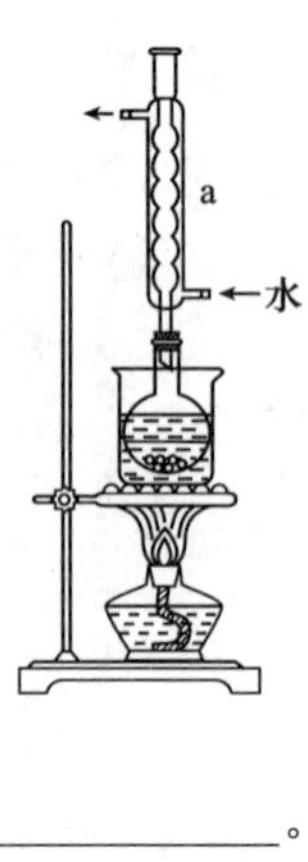

①称取 15 g Na_2SO_3 加入圆底烧瓶中，再加入 80 mL 蒸馏水。另取 5 g 研细的硫粉，用 3 mL 乙醇润湿，加入上述溶液中。

②安装实验装置(如图所示，部分夹持装置略去)，水浴加热，微沸 60 min。

③趁热过滤，将滤液水浴加热浓缩，冷却析出 $Na_2S_2O_3 \cdot 5H_2O$，经过滤、洗涤、干燥，得到产品。

回答问题：

(1)硫粉在反应前用乙醇润湿的目的是________________________________。

(2)仪器 a 的名称是________，其作用是________________________________。

---

① 罗功举. 多官能团有机物的考查方式分析. 高考理科版. 2008(01)

(3)产品中除了有未反应的 Na_2SO_3 外，最可能存在的无机杂质是________。检验是否存在该杂质的方法是________。

(4)该实验一般控制在碱性环境下进行，否则产品发黄，用离子反应方程式表示其原因：____。

Ⅱ.测定产品纯度

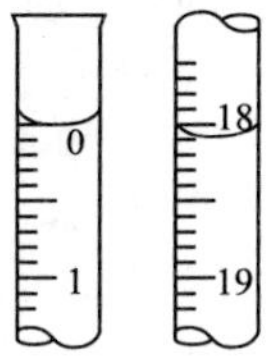

起始　终点

准确称取 W g产品，用适量蒸馏水溶解，以淀粉做指示剂，用0.100 0 mol·L^{-1}碘的标准溶液滴定。

反应原理为 $2S_2O_3^{2-}+I_2 = S_4O_6^{2-}+2I^-$

(5)滴定至终点时，溶液颜色的变化：________________________________。

(6)滴定起始和终点的液面位置如图，则消耗碘的标准溶液体积为________ mL。产品的纯度为(设 $Na_2S_2O_3\cdot 5H_2O$ 相对分子质量为 M)________。

Ⅲ.$Na_2S_2O_3$ 的应用

(7)$Na_2S_2O_3$ 还原性较强，在溶液中易被 Cl_2 氧化成 SO_4^{2-}，常用作脱氯剂，该反应的离子方程式为________________。

【答案】(1)使硫粉易于分散到溶液中

(2)冷凝管　冷凝回流

(3)Na_2SO_4　取少量产品溶于过量稀盐酸，过滤，向滤液中加 $BaCl_2$ 溶液，若有白色沉淀，则产品中含有 Na_2SO_4

(4)$S_2O_3^{2-}+2H^+ = S\downarrow+SO_2\uparrow+H_2O$

(5)由无色变蓝色

(6)18.10　$\dfrac{3.620\times10^{-3}M}{W}\times100\%$

(7)$S_2O_3^{2-}+4Cl_2+5H_2O = 2SO_4^{2-}+8Cl^-+10H^+$

2.(2014 浙江)

下列说法正确的是　(　　)

A. 乳酸薄荷醇酯(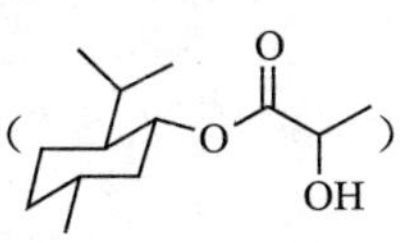)仅能发生水解、氧化、消去反应

B. 乙醛和丙烯醛(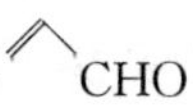)不是同系物，它们与氢气充分反应后的产物也不是同系物

C. 淀粉和纤维素在酸催化下完全水解后的产物都是葡萄糖

D. $CH_3COOCH_2CH_3$ 与 $CH_3CH_2COOCH_3$ 互为同分异构体，^1H-NMR谱显示两者均有三种不同的氢原子且三种氢原子的比例相同，故不能用 ^1H-NMR来鉴别

【答案】C

3.(2014 江苏)

去甲肾上腺素可以调控动物机体的植物性神经功能，其结构简式如图所示。下列说法正确的是　(　　)

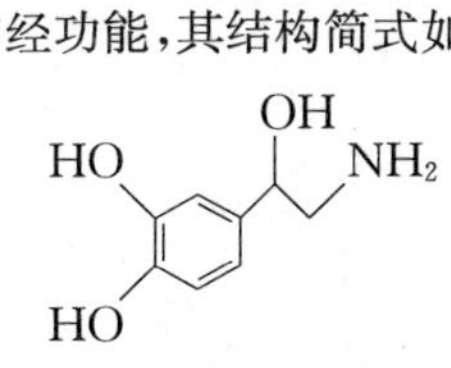

A. 每个去甲肾上腺素分子中含有3个酚羟基

B. 每个去甲肾上腺素分子中含有1个手性碳原子

C. 1 mol 去甲肾上腺素最多能与2 mol Br_2 发生取代反应

D. 去甲肾上腺素既能与盐酸反应，又能与氢氧化钠溶液反应

【答案】BD

4.(2013 江苏)

药物贝诺酯可由乙酰水杨酸和对乙酰氨基酚在一定条件下反应制得：

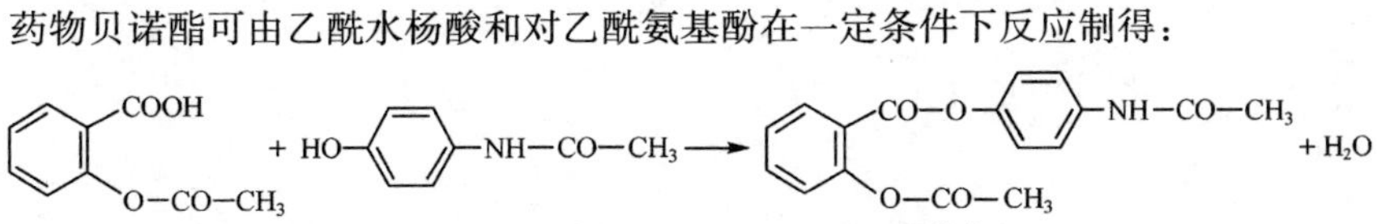
乙酰水杨酸　对乙酰氨基酚　贝诺酯

下列有关叙述正确的是　(　　)

A. 贝诺酯分子中有三种含氧官能团

B. 可用 $FeCl_3$ 溶液区别乙酰水杨酸和对乙酰氨基酚

C. 乙酰水杨酸和对乙酰氨基酚均能与 $NaHCO_3$ 溶液反应

D. 贝诺酯与足量 NaOH 溶液共热，最终生成乙酰水杨酸钠和对乙酰氨基酚钠

【答案】B

5.（2012 江苏）

化合物 H 是合成药物盐酸沙格雷酯的重要中间体，其合成路线如下：

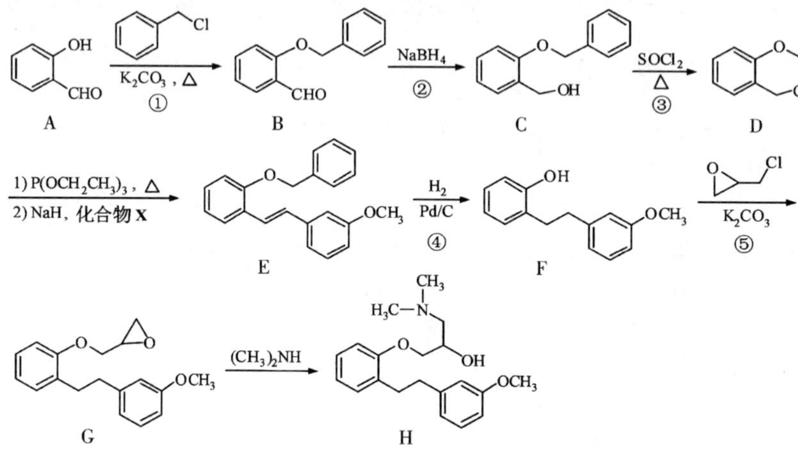

(1)化合物 A 中的含氧官能团为__________和__________(填官能团名称)。

(2)反应①→⑤中，属于取代反应的是__________(填序号)。

(3)写出同时满足下列条件的 B 的一种同分异构体的结构简式：________。

Ⅰ. 分子中含有两个苯环；Ⅱ. 分子中有 7 种不同化学环境的氢；Ⅲ. 不能与 $FeCl_3$ 溶液发生显色反应，但水解产物之一能发生此反应。

(4)实现 D→E 的转化中，加入的化合物 X 能发生银镜反应，X 的结构简式为__________。

(5)已知：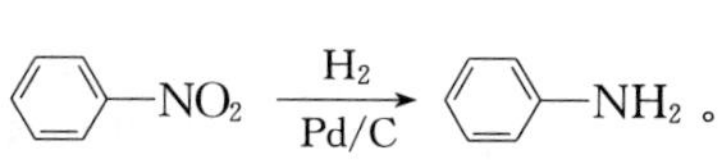

。化合物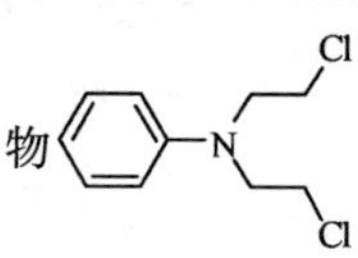

是合成抗癌药物美法伦的中间体，请写出以和

为原料制备该化合物的合成路线流程图(无机试剂任用)。合成路线流程图示例如下：

$$H_2C{=}CH_2 \xrightarrow{HBr} CH_3CH_2Br \xrightarrow[\triangle]{NaOH\ 溶液} CH_3CH_2OH$$

【答案】(1)羟基醛基

(2)①③⑤

(3)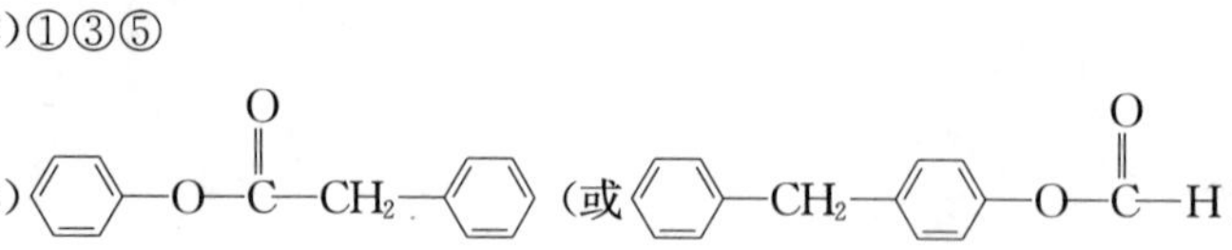

(4)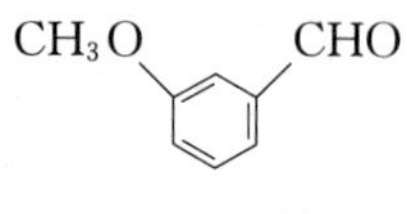

(5)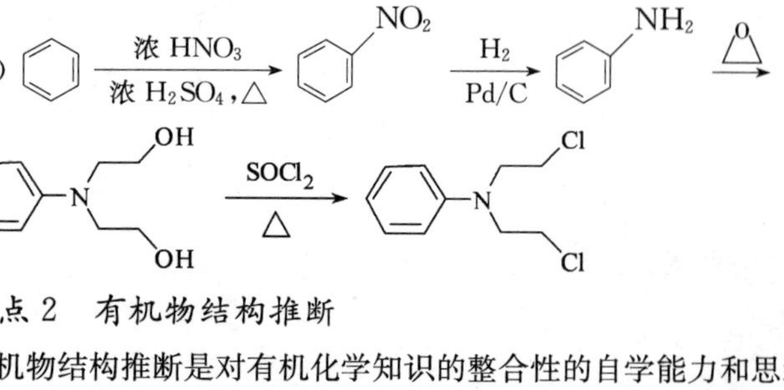

考点 2　有机物结构推断

有机物结构推断是对有机化学知识的整合性的自学能力和思维能力的综合考查，是高考的保留题型之一。有机物结构的推断与有机框图题是高考的一大热点，这类题目既可考查学生有机化学的基础知识，还可考查学生利用有机化学进

行分析、推理、判断和综合的逻辑思维能力及自学能力，综合性较强，难度较大。解决这类问题应该将化合物的结构特点和其性质紧密联系起来，从结构推测其化学性质，反过来要能从化学性质推测其结构。只有这样才能更好的了解各类化合物之间的相互转化的规律及官能团之间转化的条件。

【考查方式】

(1)根据分子式(或结构简式)及有关性质推断有机分子结构；

(2)根据有机反应信息推断结构；

(3)根据已知数据并结合其他条件，用计算来推断有机物的结构；

(4)根据同分异构体的数目及有关性质推断有机分子结构。

【历年真题回顾】

1.(2014 天津)

从薄荷油中得到一种烃 A($C_{10}H_{16}$)，叫 α-非兰烃，与 A 相关反应如下：

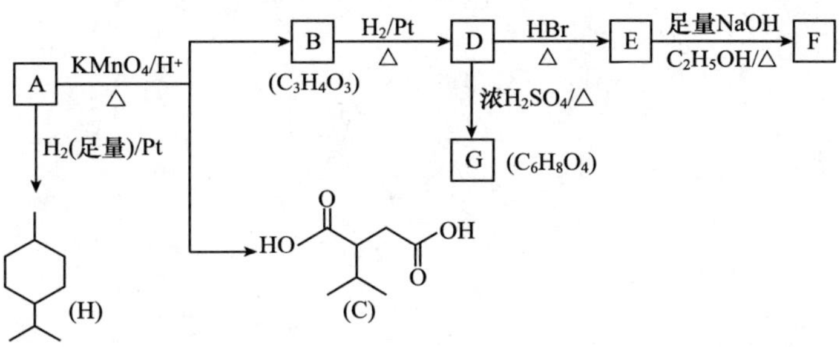

已知：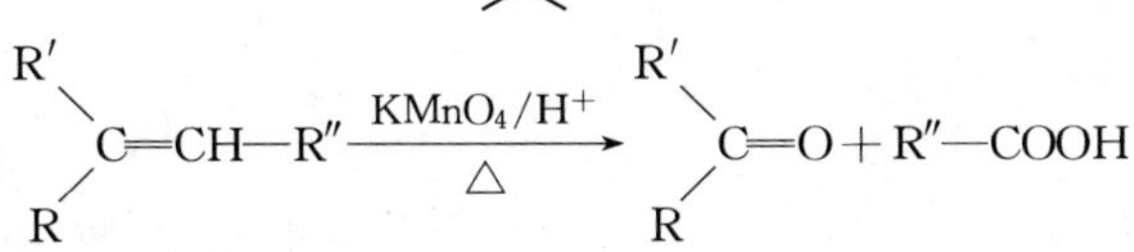

(1)H 的分子式为________________。

(2)B 所含官能团的名称为________________。

(3)含两个—$COOCH_3$ 基团的 C 的同分异构体共有________(不考虑手性异构)种，其中核磁共振氢谱呈现 2 个吸收峰的异构体结构简式为________________。

(4)B→D，D→E 的反应类型分别为________、________。

(5)G 为含六元环的化合物，写出其结构简式：________________。

(6)F 在一定条件下发生聚合反应可得到一种高吸水性树脂，该树脂名称为________。

(7)写出 E→F 的化学反应方程式：____。

(8)A 的结构简式为________________，A 与等物质的量的 Br_2 进行加成反应的产物共有________(不考虑立体异构)种。

【答案】(1)$C_{10}H_{20}$

(2)羰基、羧基

(3)4　$CH_3OOC-\overset{\overset{CH_3}{|}}{\underset{\underset{CH_3}{|}}{C}}-COOCH_3$

(4)加成反应(或还原反应)　取代反应

(5) 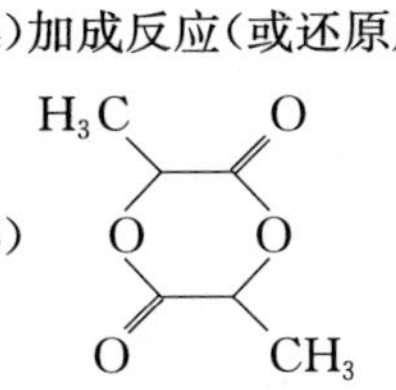

(6)聚丙烯酸钠

(7) $CH_3\underset{\underset{Br}{|}}{C}HCOOH+2NaOH\xrightarrow[\triangle]{C_2H_5OH}CH_2=CHCOONa+NaBr+2H_2O$

(8) 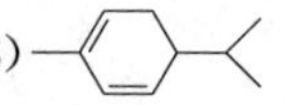 3

2.(2014 新课标Ⅰ)

席夫碱类化合物 G 在催化、药物、新材料等方面有广泛应用。合成 G 的一种路线如下：

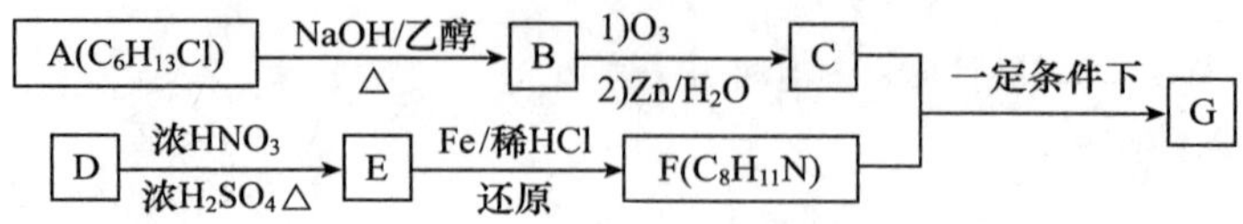

已知以下信息：

① 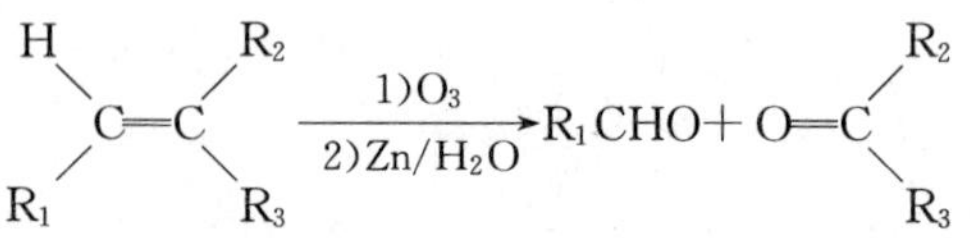

②1 mol B 经上述反应可生成 2 mol C，且 C 不能发生银镜反应

③D 属于单取代芳烃，其相对分子质量为 106

④核磁共振氢谱显示 F 苯环上有两种化学环境的氢

⑤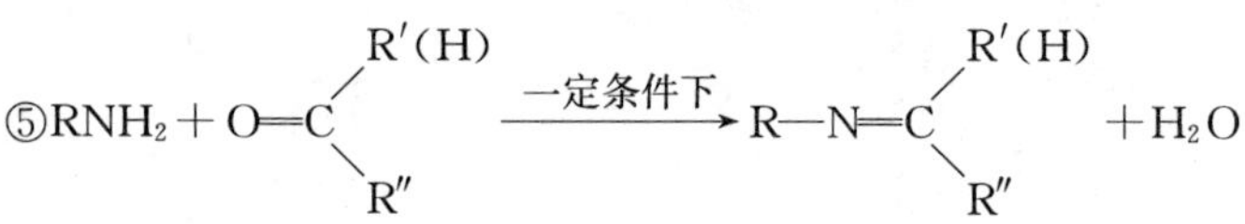

回答下列问题：

(1)由 A 生成 B 的化学方程式为____________________，反应类型为________。

(2)D 的化学名称是________，由 D 生成 E 的化学方程式为______________________________。

(3)G 的结构简式为________。

(4)F 的同分异构体中含有苯环的还有________(不考虑立体异构)种，其中核磁共振氢谱为 4 组峰，且面积比为 6∶2∶2∶1 的是________(写出其中一种的结构简式)。

(5)由苯及化合物 C 经如下步骤可合成 N - 异丙基苯胺：

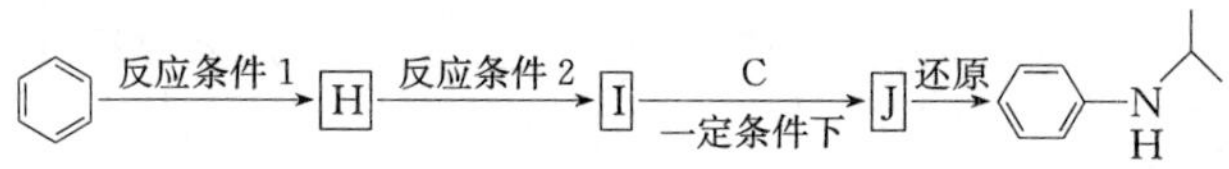

N - 异丙基苯胺

反应条件 1 所选用的试剂为________，反应条件 2 所选用的试剂为________，I 的结构简式为________。

【答案】(1) 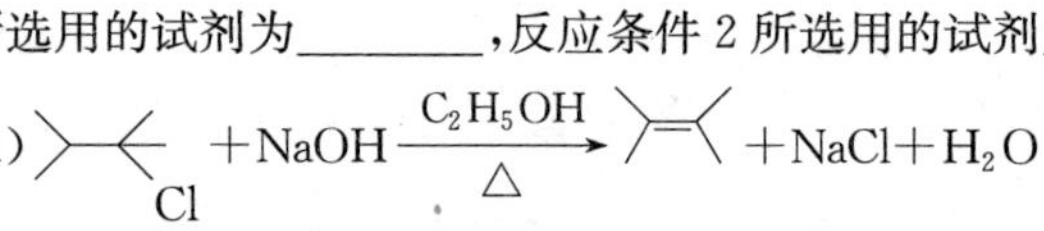 消去反应

(2)乙苯 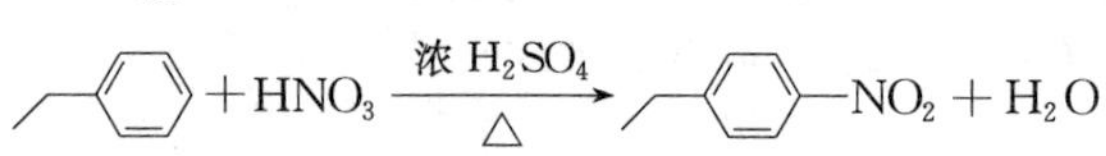

(3) 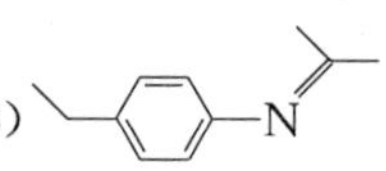

(4)19  (或 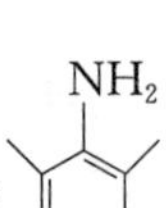 或 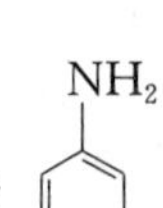)

(5)浓硝酸、浓硫酸　铁粉/稀盐酸 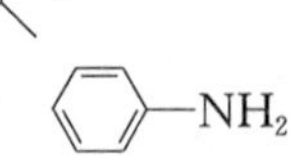

3.(2012 北京)

优良的有机溶剂对孟烷、耐热型特种高分子功能材料 PMnMA 的合成路线如下：

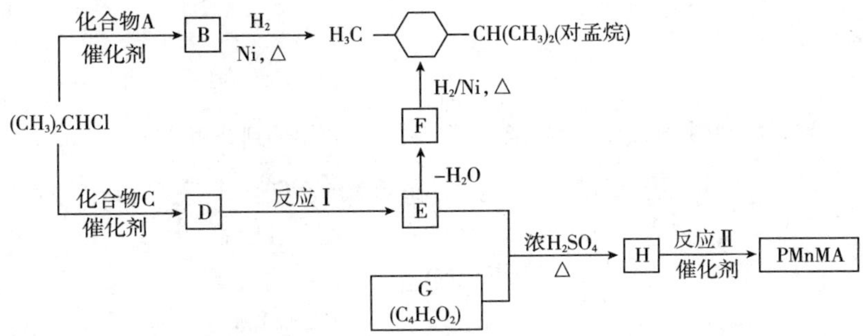

已知芳香化合物苯环上的氢原子可被卤代烷中的烷基取代。如：

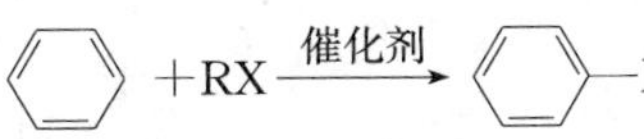

（R 为烷基，X 为卤原子）

(1)B 为芳香烃。

①由 B 生成对孟烷的反应类型是____________；

②$(CH_3)_2CHCl$ 与 A 生成 B 的化学方程式是________________；

③A 的同系物中相对分子质量最小的物质是________________；

(2)1.08 g 的 C 与饱和溴水完全反应生成 3.45 g 白色沉淀。E 不能使 Br_2 的 CCl_4 溶液褪色。

①F 的官能团是____________；

②C 的结构简式是____________；

③反应Ⅰ的化学方程式是____________；

(3)下列说法正确的是________(选填字母)；

a. B 可使酸性高锰酸钾溶液褪色　　b. C 不存在醛类同分异构体

c. D 的酸性比 E 的弱　　d. E 的沸点高于对孟烷

(4)G 的核磁共振氢谱有 3 种峰，其峰面积之比为 3∶2∶1。G 与 $NaHCO_3$ 反应放出 CO_2。反应Ⅱ的化学方程式是________________。

【答案】(1)①加成(还原)反应

②
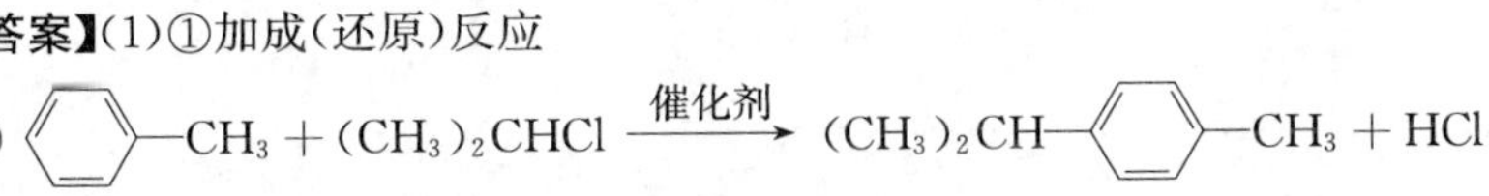

③苯

(2)①碳碳双键

②
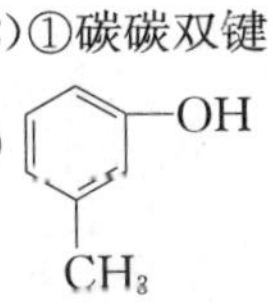

③
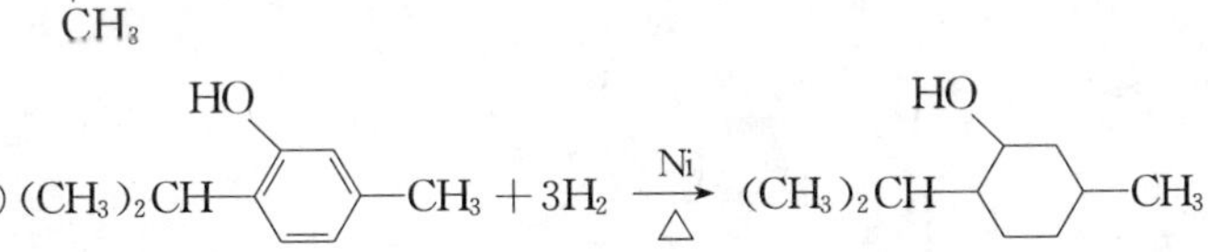

(3)ad

(4)
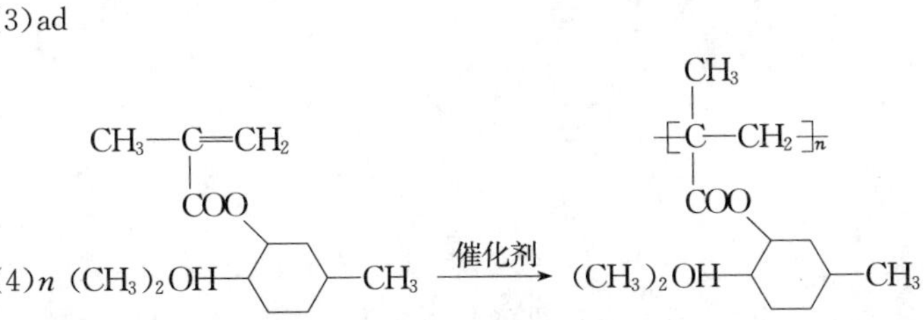

考点 3　有机化学反应方程式书写

有机化学反应方程式书写是近几年来必考的内容之一，属于对基础知识记忆与应用能力的考查。

【考查方式】

(1)穿插在有机推断题中，要求写出含未知有机化合物的化学反应方程式；

(2)穿插在实验题中，要求写出实验中涉及的某个化学反应方程式。

【历年真题回顾】

1.(2013 山东)

聚酰胺- 66 常用于生产帐篷、渔网、降落伞及弹力丝袜等织物，可利用下列路线合成：

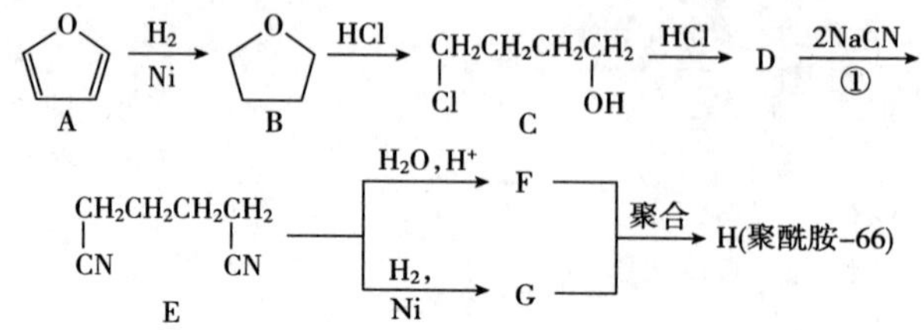

已知反应：$R—CN \xrightarrow[H^+]{H_2O} R—COOH$　$R—CN \xrightarrow[Ni]{H_2} R—CH_2NH_2$

(1)能与银氨溶液反应的 B 的同分异构体的结构简式为________

(2)D 的结构简式为________，①的反应类型为________

(3)为检验 D 中的官能团，所用试剂包括 NaOH 水溶液及________

(4)由 F 和 G 生成 H 的反应方程式为________________________________

【答案】(1)$CH_3CH_2CH_2CHO$、$(CH_3)_3CHCHO$

(2)$CH_3ClCH_2CH_2Cl_2$　取代反应

(3)HNO_3、$AgNO_3$

(4)$NH_2N—(CH_2)_4—NH_2+NHOOC—(CH_2)_4—COOH \longrightarrow$

$H—[NH—(CH_2)_4—NH_2—OC—(CH_2)_4—CO]_n+(2n-1)H_2O$

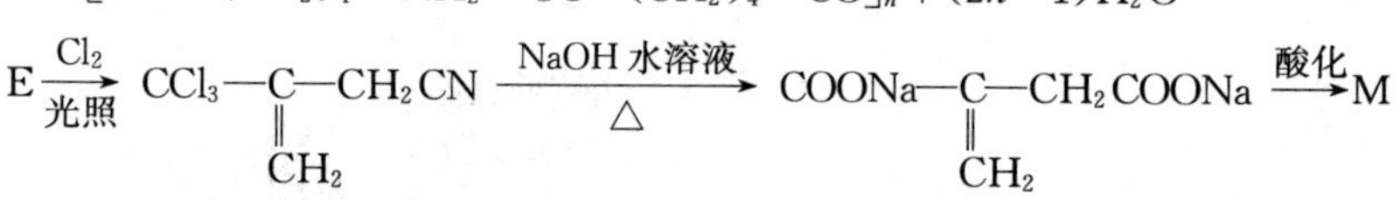

2.(2014 广东)

不饱和酯类化合物在药物、涂料等领域应用广泛。

(1)下列关于化合物Ⅰ的说法，正确的是________。

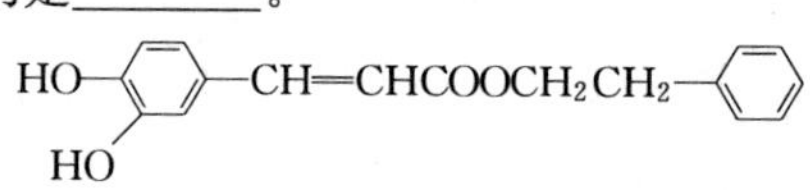

Ⅰ

A. 遇 $FeCl_3$ 溶液可能显紫色

B. 可发生酯化反应和银镜反应

C. 能与溴发生取代和加成反应

D. 1 mol 化合物Ⅰ最多能与 2 mol NaOH 反应

(2)反应①是一种由烯烃直接制备不饱和酯的新方法：

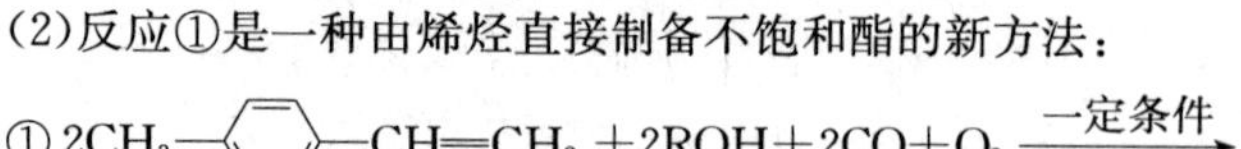

Ⅱ

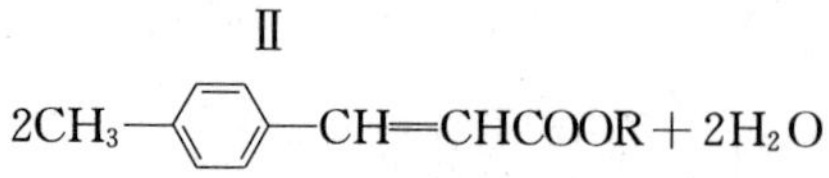

化合物Ⅱ的分子式为________，1 mol 化合物Ⅱ能与________ mol H_2 恰好完全反应生成饱和烃类化合物。

(3)化合物Ⅱ可由芳香族化合物Ⅲ或Ⅳ分别通过消去反应获得，但只有Ⅲ能与 Na 反应产生 H_2。Ⅲ的结构简式为________(写 1 种)；由Ⅳ生成Ⅱ的反应条件为________。

(4)聚合物 $\left[CH_2—\underset{\substack{|\\COOCH_2CH_3}}{CH}\right]_n$ 可用于制备涂料，其单体结构简式为________。利用类似反应①的方法，仅以乙烯为有机物原料合成该单体，涉及的反应方程式为________________________________。

【答案】(1)AC

(2)C_9H_{10}　4

(3)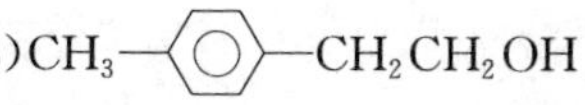　NaOH 醇溶液,加热

(4)$CH_2=CHCOOCH_2CH_3$　$CH_2=CH_2+H_2O\xrightarrow[\triangle]{催化剂}CH_3CH_2OH$、

$2CH_2=CH_2+2CH_3CH_2OH+2CO+O_2\xrightarrow{一定条件}$
$2CH_2=CHCOOCH_2CH_3+2H_2O$

3.(2014 山东)

3-对甲苯丙烯酸甲酯(E)是一种用于合成抗血栓药的中间体,其合成路线如下:

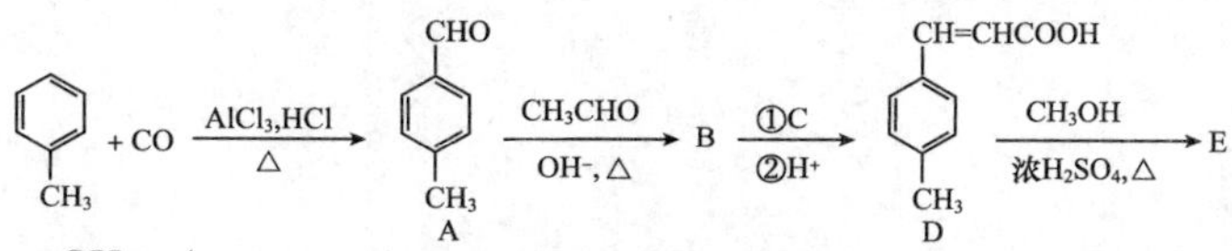

已知:$HCHO+CH_3CHO\xrightarrow{OH^-,\triangle}CH_2=CHCHO+H_2O$

(1)遇 $FeCl_3$ 溶液显紫色且苯环上有两个取代基的 A 的同分异构体有________种。B 中含氧官能团的名称为________。

(2)试剂 C 可选用下列中的________。

a. 溴水　　b. 银氨溶液　　c. 酸性 $KMnO_4$ 溶液　　d. 新制 $Cu(OH)_2$ 悬浊液

(3)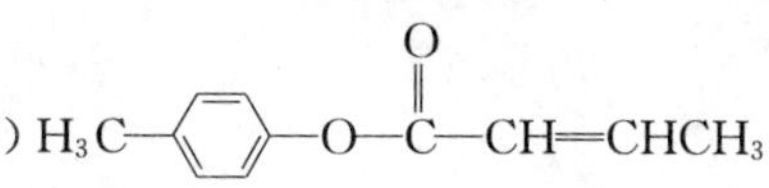是 E 的一种同分异构体,该物质与足量 NaOH 溶液共热的化学方程式为________________。

(4)E 在一定条件下可以生成高聚物 F,F 的结构简式为________________。

【答案】(1)3　醛基

(2)bd

(3)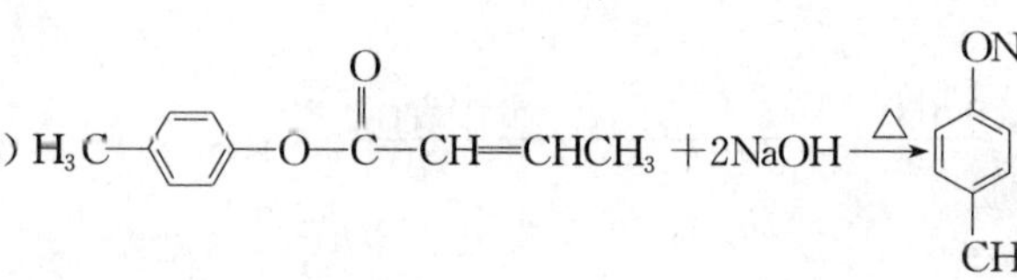$+CH_3CH=CHCOONa+H_2O$(配平不作要求)

(4)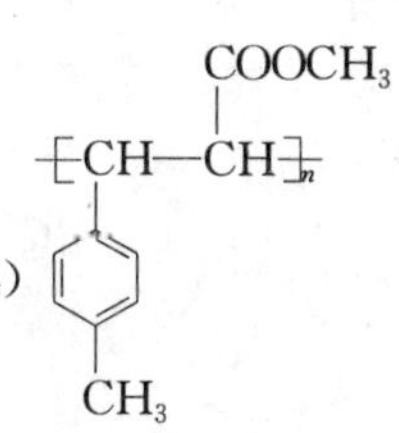

考点 4　有机化合物命名、同分异构

有机化合物命名及同分异构是高考化学的热点。解决问题的关键是熟悉有机分子中常见碳链异构及官能团异构,近几年以考查四碳原子及五碳原子碳链异构及苯环侧链官能团的异构为主。

【考查方式】

(1)有机化合物的命名考查方式主要有两种:

a. 给出有机物的结构式或分子式,让考生命名,题型主要是选择题和填空题。

b. 穿插在推断题中,首先推断出未知物质,再写出其分子式,并命名。

(2)同分异构体的考查方式主要是三个方面:

a. 考书写:一是要求直接要求写出相关物质同分异构体的结构简式,在具体书写中要在题确定的物质种类范围内并注意确保每个 C、H、O 及卤素原子形成 4、1、2、1 个化学键;二是确定同分异构体的数目,而数目的确定又只有通过具体的书写结构简式才能实现。

b. 考辨认:题中本身已给出了不少物质的结构简式,要求找出其中互为同分异构体的物质或找出与某种特定物质互为同分异构体的物质。解答中应首先确定物质的组成元素是否相同,再在组成元素相同的物质中找出分子式相同的物质,最后再看结构是否相同。

c.由数目推数目：这里是指利用物质结构上的某种内在联系，而不是通过具体书写结构简式的方法，来确定有机物或其取代产物的同分异构体的数目的一类试题，具有较强的技巧性。

【历年真题回顾】

1.(2014 全国)

从香荚兰豆中提取的一种芳香化合物，其分子式为 $C_8H_8O_3$，遇 $FeCl_3$ 溶液会呈现特征颜色，能发生银镜反应。该化合物可能的结构简式是 (　　)

A. 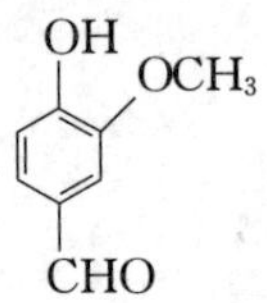

B. 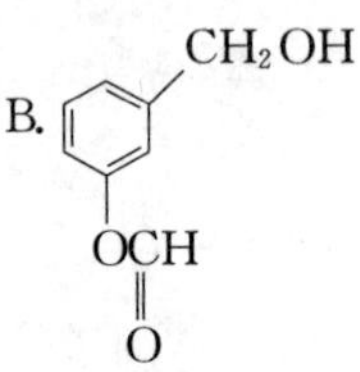

C. 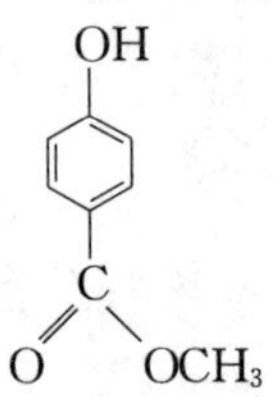

D. 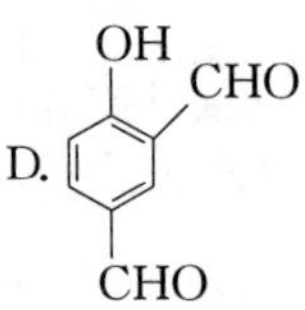

【答案】A

2.(2012 天津)

萜品醇可作为消毒剂、抗氧化剂、医药和溶剂。合成 α-萜品醇 G 的路线之一如下：

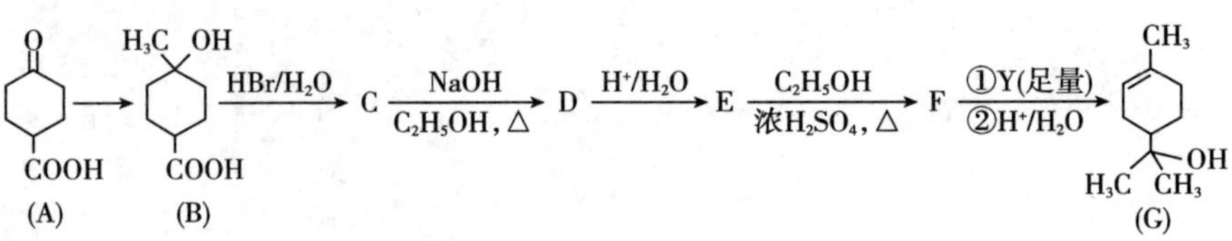

已知：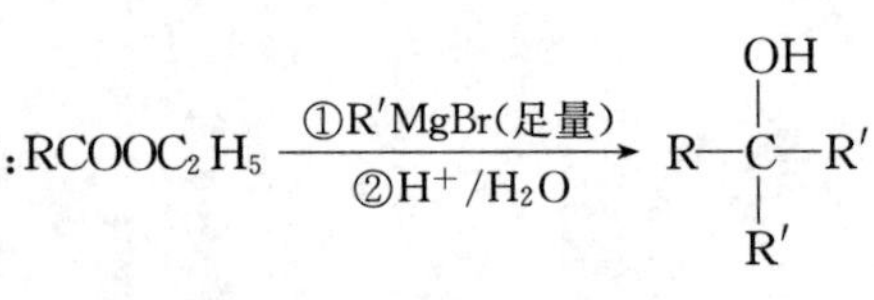

请回答下列问题：

(1)A 所含官能团的名称是____________。

(2)A 催化氢化得 Z($C_7H_{12}O_3$)，写出 Z 在一定条件下聚合反应的化学方程式：______________________________。

(3)B 的分子式为________________；写出同时满足下列条件的 B 的链状同分异构体的结构简式：________________________。

①核磁共振氢谱有 2 个吸收峰　②能发生银镜反应

(4)B→C、E→F 的反应类型分别为____________、____________。

(5)C→D 的化学方程式为____。

(6)试剂 Y 的结构简式为________________。

(7)通过常温下的反应，区别 E，F 和 G 的试剂是________和________。

(8)G 与 H_2O 催化加成得不含手性碳原子(连有 4 个不同原子或原子团的碳原子叫手性碳原子)的化合物 H，写出 H 的结构简式：________________。

【答案】(1)羰基、羧基

(2)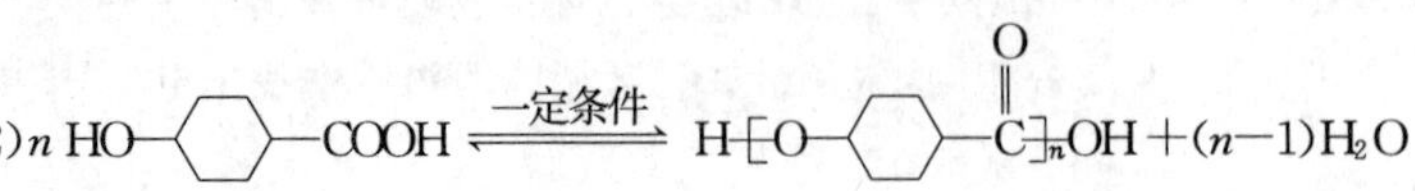

(3)$C_8H_{14}O_3$ 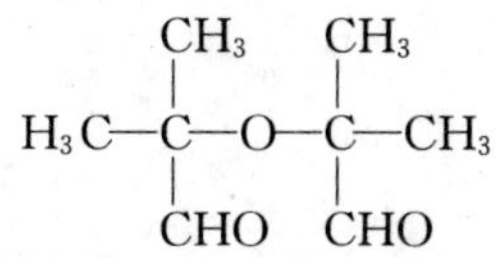

(4)取代反应　酯化反应(或取代反应)

(5) 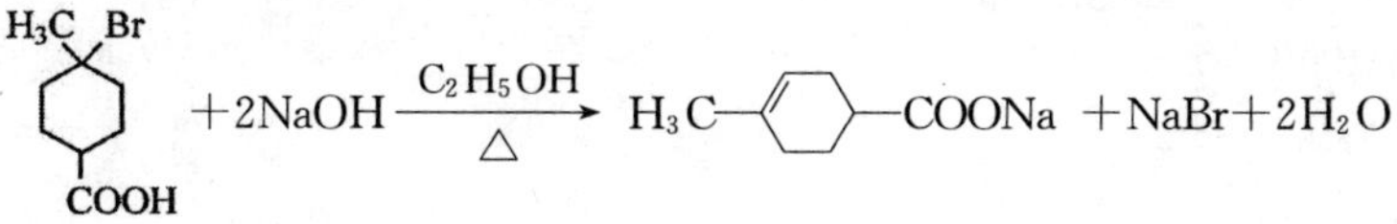

(6)CH_3MgX(X=Cl,Br,I)

(7)$NaHCO_3$ 溶液;Na(其他合理答案均可)

(8) 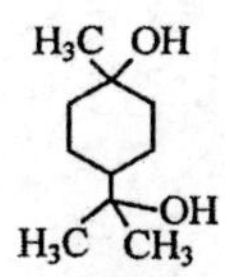

3.(2012 新课标)

对羟基苯甲酸丁酯(俗称尼泊金丁酯)可用作防腐剂,对酵母菌和霉菌有很强的抑制作用,工业上常用对羟基苯甲酸与丁醇在浓硫酸催化下进行酯化反应而制得。以下是某课题组开发的从廉价、易得的化工原料出发制备对羟基苯甲酸丁酯的合成路线:

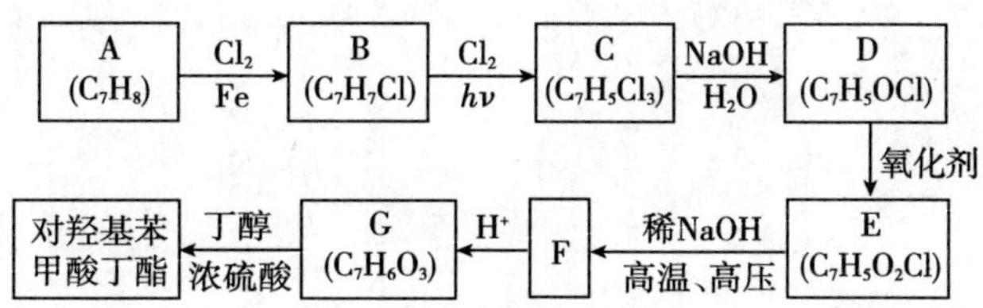

已知以下信息:

①通常在同一个碳原子上连有两个羟基不稳定,易脱水形成羰基;

②D 可与银氨溶液反应生成银镜;

③F 的核磁共振氢谱表明其有两种不同化学环境的氢,且峰面积比为 1∶1。

回答下列问题:

(1)A 的化学名称为________;

(2)由 B 生成 C 的化学反应方程式为________________,该反应的类型为________;

(3)D 的结构简式为________________;

(4)F 的分子式为________________;

(5)G 的结构简式为________________;

(6)E 的同分异构体中含有苯环且能发生银镜反应的共有________种,其中核磁共振氢谱有三种不同化学环境的氢,且峰面积比为 2∶2∶1 的是________________(写结构简式)。

【答案】(1)甲苯

(2) 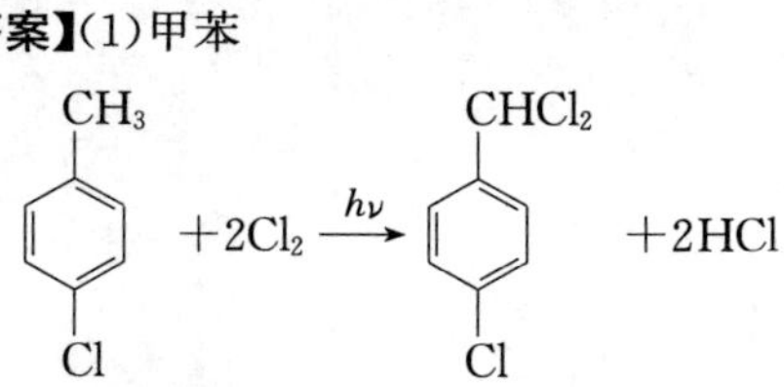 取代反应

(3) 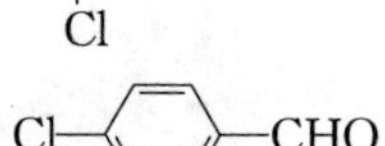

(4)$C_7H_4O_3Na_2$

(5) 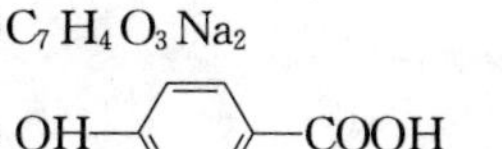

(6)13　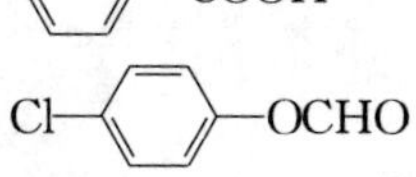

2.3.4 真题·规律验证

表 1

<table>
<tr><td>2014 年真题</td><td>【天津,1】运用有关概念判断下列叙述正确的是 （ ）
A. 1 mol H_2 燃烧放出的热量为 H_2 的燃烧热
B. Na_2SO_3 与 H_2O_2 的反应为氧化还原反应
C. —OH 和 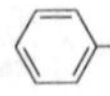—CH_2OH 互为同系物
D. $BaSO_4$ 的水溶液不易导电,故 $BaSO_4$ 是弱电解质
【浙江,10】下列说法正确的是 （ ）
A. 乳酸薄荷醇酯（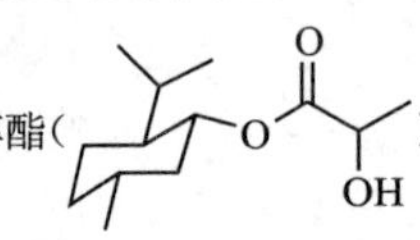）仅能发生水解、氧化、消去反应
B. 乙醛和丙烯醛（CHO）不是同系物,它们与氢气充分反应后的产物也不是同系物
C. 淀粉和纤维素在酸催化下完全水解后的产物都是葡萄糖
D. $CH_3COOCH_2CH_3$ 与 $CH_3CH_2COOCH_3$ 互为同分异构体,^1H-NMR 谱显示两者均有三种不同的氢原子且三种氢原子的比例相同,故不能用 ^1H-NMR 来鉴别
【江苏,12】去甲肾上腺素可以调控动物机体的植物性神经功能,其结构简式如图所示。下列说法正确的是 （ ）
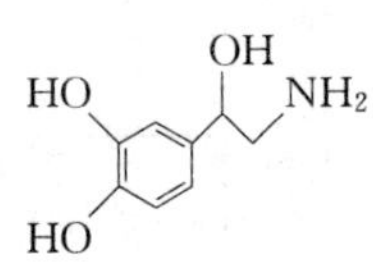
A. 每个去甲肾上腺素分子中含有 3 个酚羟基
B. 每个去甲肾上腺素分子中含有 1 个手性碳原子
C. 1 mol 去甲肾上腺素最多能与 2 mol Br_2 发生取代反应
D. 去甲肾上腺素既能与盐酸反应,又能与氢氧化钠溶液反应</td></tr>
<tr><td>考点</td><td>考点 1 官能团名称、性质及反应类型</td></tr>
<tr><td>验证规律</td><td>考点 1:确定官能团的性质,熟记官能团的一般特性</td></tr>
<tr><td>相似题</td><td>【TPS 系统·S00246130】下列说法正确的是 （ ）
A. 凡含碳元素的化合物都是有机化合物　B. 烃是指仅含碳和氢两种元素的有机物
C. 烃是指燃烧后生成二氧化碳和水的有机物　D. 所有的有机物均难溶于水
【TPS 系统·S00404987】
央视 3.15 节目抛出一枚食品安全重弹,曝光了某品牌食品在生产中使用“瘦肉精”猪肉。瘦肉精(Clenbuterol)是一种廉价药品,学名盐酸克伦特罗,它对于减少脂肪增加瘦肉作用非常好,但它有很危险的副作用,轻则导致心律不整,重则导致心脏病。盐酸克伦特罗的结构简式如图。下列有关说法错误的是 （ ）
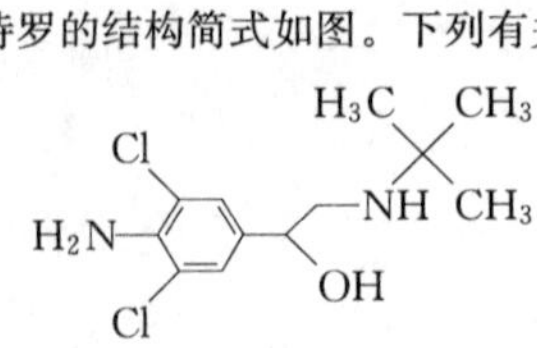
A. 该有机物 H—NMR 谱有 7 个峰
B. 该有机物的分子式为 $C_{12}H_{17}N_2Cl_2O$
C. 该有机物能发生加成反应、取代反应、氧化反应和消去反应
D. 该有机物中含有 2 个手性碳原子</td></tr>
<tr><td>其他相似题链接</td><td>TPS1.0 系统 C—P04S01—A02 第 7 题
《高分策略》P_{161} 第 2 题;P_{162} 第 3、4、8 题</td></tr>
</table>

表 2

2013 年真题	【天津，8】已知 $2RCH_2CHO \xrightarrow[\triangle]{NaOH\cdot H_2O} R—CH_2CH═C—CHO$；水杨酸酯 E 为紫外线吸收剂，可用于配制防晒霜。E 的一种合成路线如下： 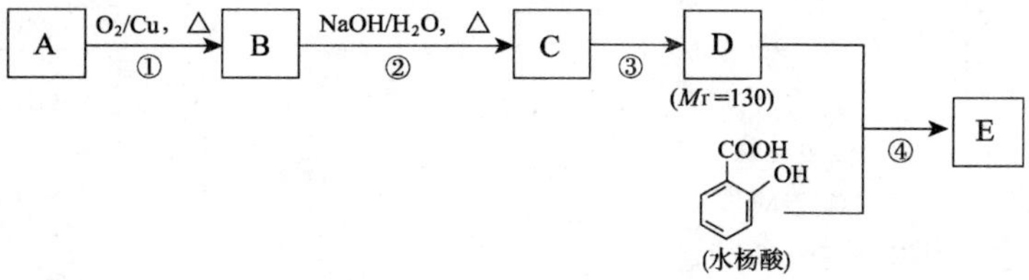 请回答下列问题： (1)一元醇 A 中氧的质量分数约为 21.6%，则 A 的分子式为________；结构分析显示 A 只有一个甲基，A 的名称为________。 (2)B 能与新制的 $Cu(OH)_2$ 发生反应，该反应的化学方程式为________________________。 (3)C 有________种结构；若一次取样，检验 C 中所含官能团，按使用的先后顺序写出所用试剂：____________。 (4)第③步的反应类型为________；D 所含官能团的名称为________。 (5)写出同时符合下列条件的水杨酸所有同分异构体的结构简式：________________________。 a. 分子中有 6 个碳原子在一条直线上； b. 分子中所含官能团包括水杨酸具有的官能团。 (6)第④步的反应条件为____________；写出 E 的结构简式：____________。 【安徽，26】有机物 F 是一种新型涂料固化剂，可由下列路线合成(部分反应条件略去)： 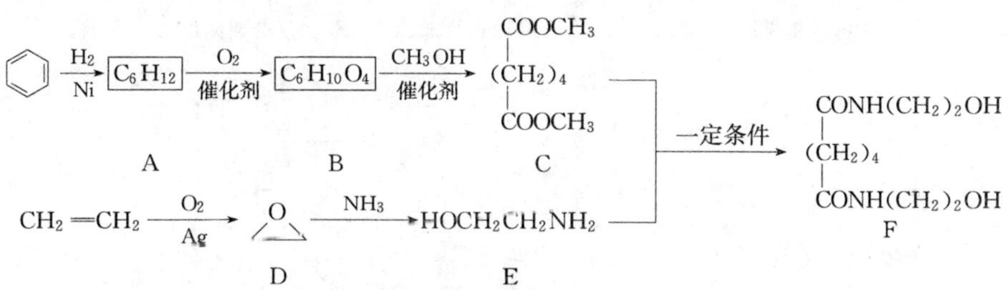 (1)B 的结构简式是________；E 中含有的官能团名称是________。 (2)由 C 和 E 合成 F 的化学方程式是________________________。 (3)同时满足下列条件的苯的同分异构体的结构简式是________。 (4)乙烯在实验室可由________(填有机物名称)通过________(填反应类型)制备。 (5)下列说法正确的是________。 a. A 属于饱和烃　　　　b. D 与乙醛的分子式相同 c. E 不能与盐酸反应　　d. F 可以发生酯化反应
考点	考点 1 官能团名称、性质及反应类型
验证规律	定性考查
相似题	【TPS 系统·S00509068】已知：①在稀碱溶液中，溴苯难发生水解； ② $CH_3—\underset{H}{\overset{OH}{C}}—OH \longrightarrow CH_3—CHO+H_2O$ 现有分子式为 $C_{10}H_{10}O_2Br_2$ 的芳香族化合物 X，其苯环上的一溴代物只有一种，其核磁共振氢谱图中有四个吸收峰，吸收峰的面积比为 1∶2∶6∶1，在一定条件下可发生下述一系列反应，其中 C 能发生银镜反应，E 遇 $FeCl_3$ 溶液显色且能与浓溴水反应。

2013 年真题

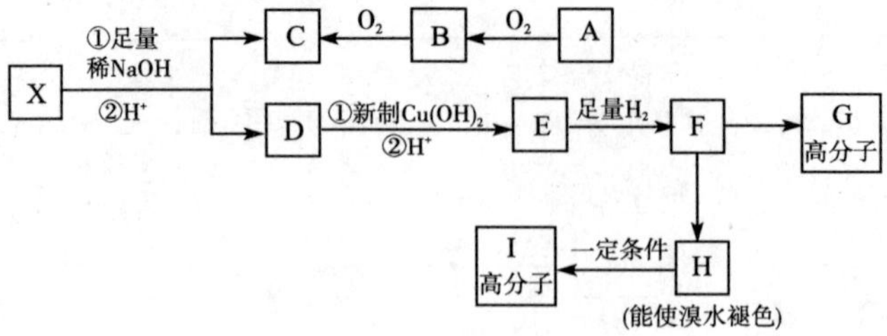

请回答下列问题：

(1)X 中官能的名称是________。

(2)F→H 的反应类型是________。

(3)I 的结构简式为________；

(4)E 不具有的化学性质________(选填序号)

a. 取代反应　　　　b. 消去反应

c. 氧化反应　　　　d. 1molE 最多能与 2 mol $NaHCO_3$ 反应

(5)写出下列反应的化学方程式：________________

① X 与足量稀 NaOH 溶液共热的化学方程式：________________；

② F→G 的化学方程式：________________；

(6)同时符合下列条件的 E 的同分异构体共有________种，其中一种的结构简式为________。

a. 苯环上核磁共振氢谱有两种　　　　b. 不能发生水解反应

c. 遇 $FeCl_3$ 溶液不显色　　　　d. 1 mol E 最多能分别与 1 mol NaOH 和 2 mol Na 反应

【TPS 系统・S00509051】"来自石油和煤的两种基本化工原料"A 和甲。A 是气态烃，甲是液态烃；B 和 D 是生活中两种常见的有机物。以 A 为主要原料合成乙酸乙酯。其合成路线如图所示。

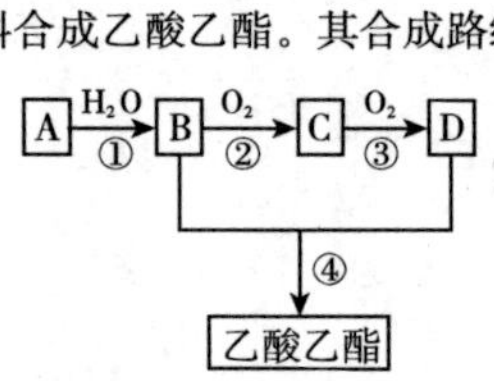

(1)A 分子的电子式是________；C 的分子式是________。

(2)在反应①～④中，属于加成反应的是________(填序号)。

(3)B 和 D 反应进行比较缓慢，提高该反应速率的方法主要有________；写出反应④的化学反应方程式：________________。

(4)可用于鉴别 B、D 和甲的一种试剂是________。

其他相似题链接	《高分策略》P_{149}，第 1 题；P_{155}，第 4 题

表 3

2013 年真题

【山东卷，33】聚酰胺-66 常用于生产帐篷、渔网、降落伞及弹力丝袜等织物，可利用下列路线合成：

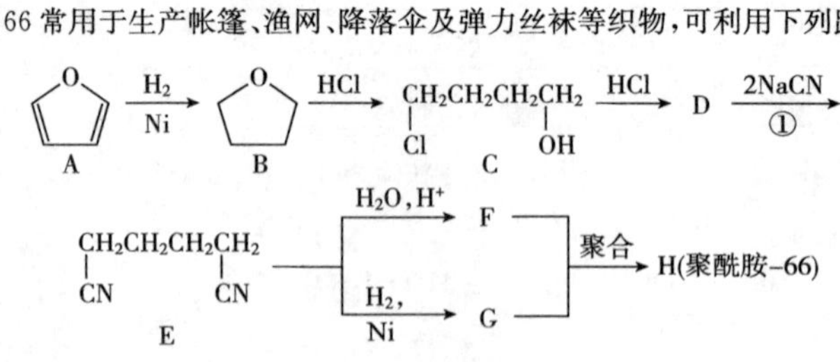

已知反应：$R—CN \xrightarrow[H^+]{H_2O} R—COOH$　　$R—CN \xrightarrow[Ni]{H_2} R—CH_2NH_2$。

(1)能与银氨溶液反应的 B 的同分异构体的结构简式为________。

(2)D 的结构简式为________，①的反应类型为________。

(3)为检验 D 中的官能团，所用试剂包括 NaOH 水溶液及________。

(4)由 F 和 G 生成 H 的反应方程式为________________________________。

续表

<table>
<tr><td>考点</td><td>(1)(2):考点 1 官能团名称、性质及反应类型
(3)(4):考点 2 有机物结构推断
(5):考点 4 同分异构</td></tr>
<tr><td>验证规律</td><td>考点 1:定性考查
考点 2:根据有机反应信息推断结构
考点 4:考书写——要求写出相关物质同分异构体的结构简式,在具体书写中要在题确定的物质种类范围内并注意确保每个 C、H、O 及卤素原子形成 4、1、2、1 个化学键</td></tr>
<tr><td>相似题</td><td>【TPS 系统・S00380246】有的油田开采的石油中溶有一种碳氢化合物——金刚烷,它的分子立体结构如图所示。
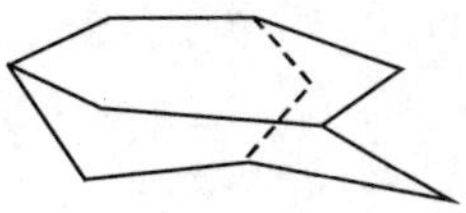
(1)由图可知其分子式为________。
(2)它是由________个六元环构成的立体笼状结构,其中有________个碳原子为三个环共有。
(3)金刚烷分子中有________个—CH_2—结构,________个 —CH— 结构,其一氯代物有________种。
【TPS 系统・S00454663】根据下面的反应路线及所给信息填空。
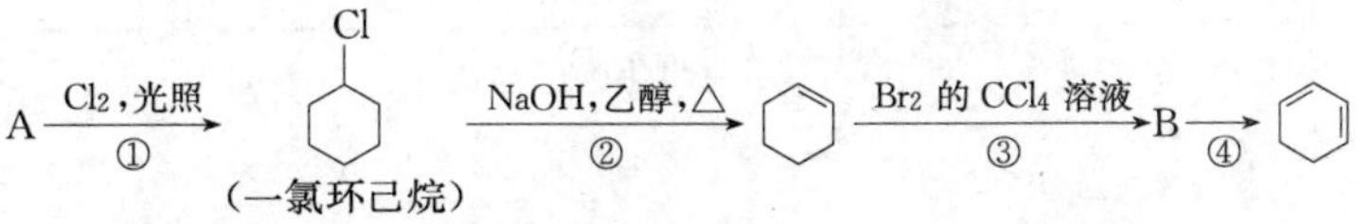
(1)A 的结构简式是________,名称是________。
(2)①的反应类型是________。③的反应类型是____________。
(3)反应④的化学方程式是________________。</td></tr>
</table>

表 4

<table>
<tr><td>2013 年真题</td><td>【四川卷,10】有机化合物 G 是合成维生素类药物的中间体,其结构简式为
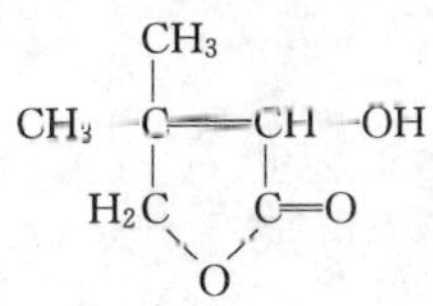
G 的合成路线如下:
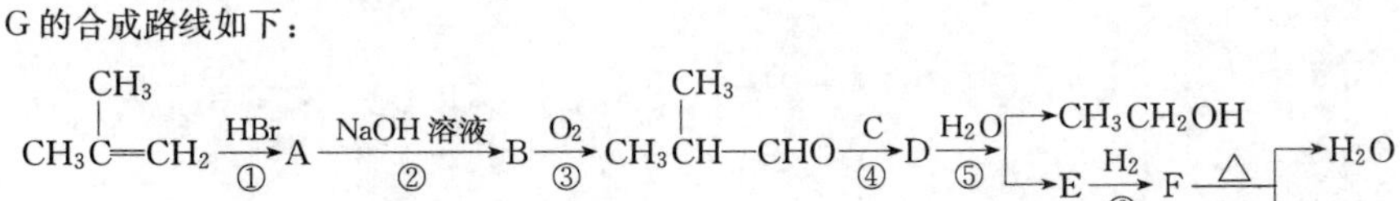
其中 A~F 分别代表一种有机化合物,合成路线中部分产物及反应条件已略去。
已知: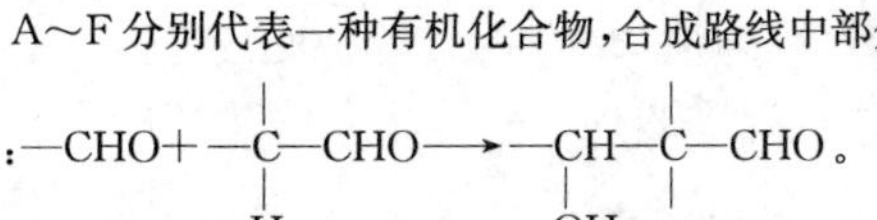
请回答下列问题:
(1)G 的分子式是________;G 中官能团的名称是________。
(2)第①步反应的化学方程式是________________________________。
(3)B 的名称(系统命名)是________。
(4)第②~⑥步中属于取代反应的有________(填步骤编号)。
(5)第④步反应的化学方程式是________________________________。
(6)写出同时满足下列条件的 E 的所有同分异构体的结构简式:________。
①只含一种官能团;②链状结构且无—O—O—;③核磁共振氢谱只有 2 种峰。</td></tr>
</table>

续表

考点	(1)、(2)考点 1 官能团名称、性质及反应类型 (3)考点 4 有机化合物命名、同分异构
验证规律	考点 1:定性考查 考点 4:考查同分异构体的书写
相似题	【TPS 系统·S00468195】CYP73A1 炔抑制剂的合成路线如下: 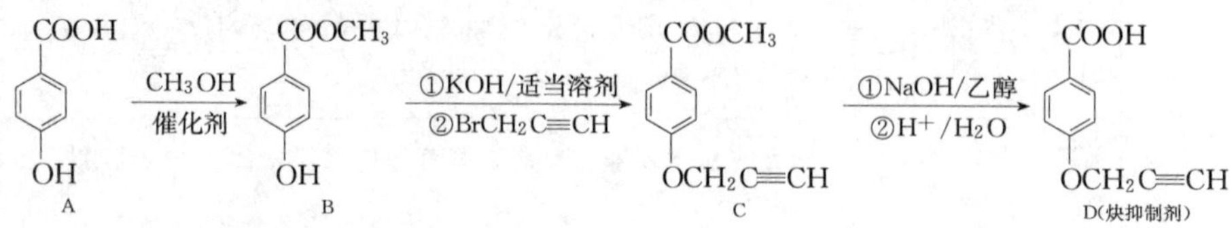 (1)化合物 A 核磁共振氢谱有________种峰。 (2)化合物 C 中含氧官能团有、________(填名称)。 (3)鉴别化合物 B 和 C 最适宜的试剂是________。 (4)写出 A—B 的化学方程式________________。 (5)B 的同分异构体很多,符合下列条件的异构体有________种。 ①苯的衍生物 ②含有羧基和羟基 ③分子中无甲基

表 5

2013 年真题	【江苏,17】化合物 A(分子式为 C_6H_6O)是一种有机化工原料,在空气中易被氧化。A 的有关转化反应如下(部分反应条件略去): 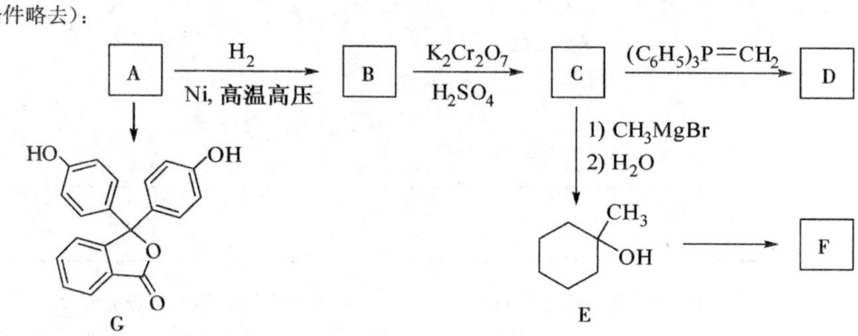 已知:①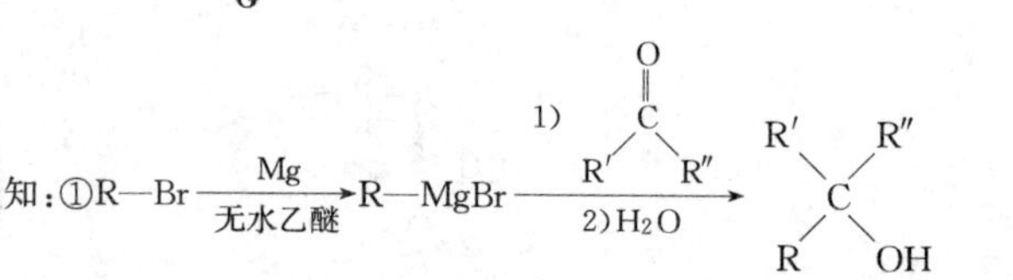 ②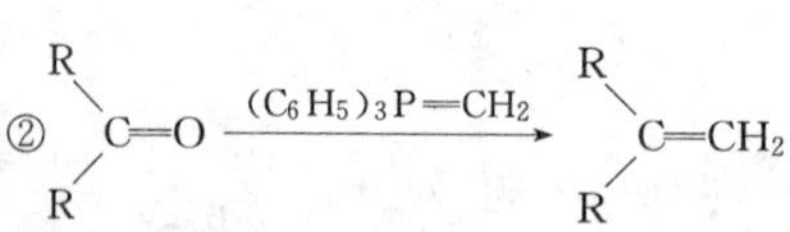(R 表示烃基,R′和 R″表示烃基或氢) (1)写出 A 的结构简式:________。 (2)G 是常用指示剂酚酞。写出 G 中含氧官能团的名称:________和________。 (3)某化合物是 E 的同分异构体,且分子中只有两种不同化学环境的氢。写出该化合物的结构简式:________(任写一种)。 (4)F 和 D 互为同分异构体。写出反应 E→F 的化学方程式:________________________。 (5)根据已有知识并结合相关信息,写出以 A 和 HCHO 为原料制备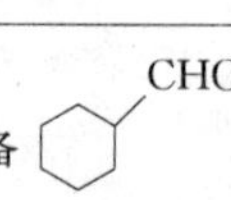的合成路线流程图(无机试剂任用)。合成路线流程图示例如下: $H_2C{=}CH_2 \xrightarrow{HBr} CH_3CH_2Br \xrightarrow[\triangle]{NaOH 溶液} CH_3CH_2OH$
考点	(1)、(2)、(4)、(5):考点 1 官能团名称、性质及反应类型 (3):考点 4 有机化合物命名、同分异构

续表

验证规律	考点 1:定性考查 考点 4:考查同分异构体的书写
相似题	【TPS 系统・S00372312】多巴胺是一种重要的中枢神经传导物质,用来帮助细胞传送脉冲的化学物质,能影响人对事物的欢愉感受。多巴胺可用香兰素与硝基甲烷等为原料按下列路线合成。 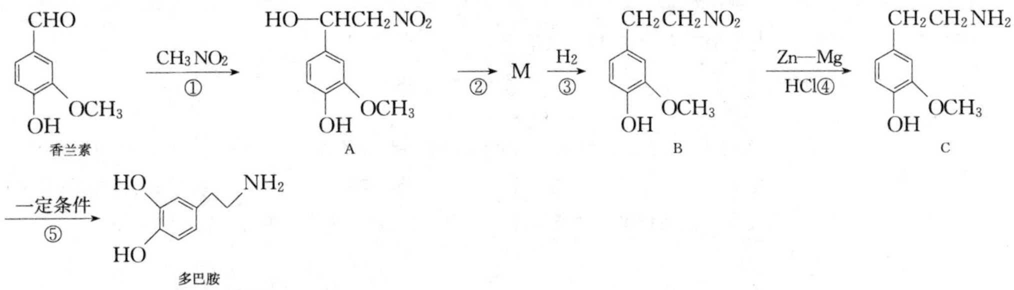 (1)C 中的含氧官能团的名称是________、________。 (2)反应①、④的反应类型分别为________、________。 (3)写出由 A→M 的化学方程式________。 (4)写出同时满足下列条件的香兰素的一种同分异构体的结构简式________。 ①能与碳酸氢钠溶液反应 ②能与 $FeCl_3$ 溶液发生显色反应 ③有 5 种不同化学环境的氢原子 (5)苯乙胺(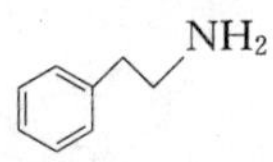)是生物体中重要的生物碱。写出用苯甲醇、硝基甲烷为原料制备苯乙胺的合成路线流程图(无机试剂任选)。合成路线流程图示例如下: $C_2H_5OH \xrightarrow[170℃]{浓硫酸} CH_2=CH_2 \xrightarrow{Br_2} CH_2BrCH_2Br$

表 6

2013 年真题	【浙江,29】某课题组以苯为主要原料,采用以下路线合成利胆药——柳胺酚。 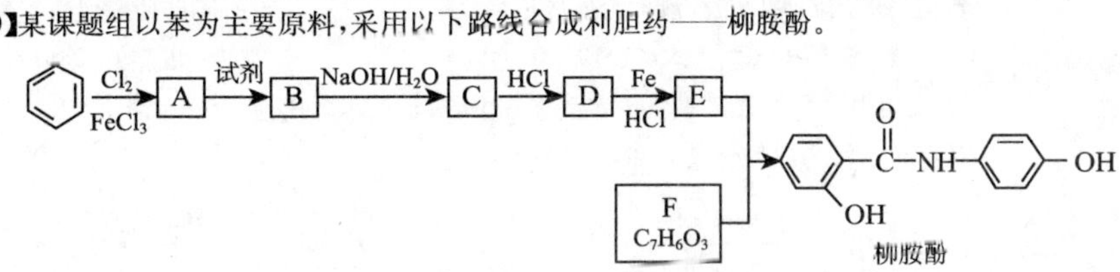 回答下列问题: 已知: 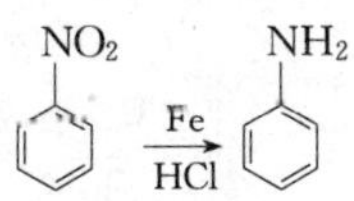 (1)对于柳胺酚,下列说法正确的是 (　　) A. 1 mol 柳胺酚最多可以和 2 mol NaOH 反应　　B. 不发生硝化反应 C. 可发生水解反应　　D. 可与溴发生取代反应 (2)写出 A→B 反应所需的试剂________。 (3)写出 B→C 的化学方程式________。 (4)写出化合物 F 的结构简式________。 (5)写出同时符合下列条件的 F 的同分异构体的结构简式________(写出 3 种)。 ①属酚类化合物,且苯环上有三种不同化学环境的氢原子;②能发生银镜反应 (6)以苯和乙烯为原料可合成聚苯乙烯,请设计合成路线(无机试剂及溶剂任选)。 注:合成路线的书写格式参照如下示例流程图: $CH_3CHO \xrightarrow[催化剂]{O_2} CH_3COOH \xrightarrow[浓 H_2SO_4]{CH_3CH_2OH} CH_3COOCH_2CH_3$ 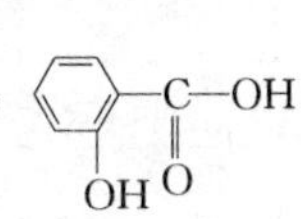

续表

考点	(1)考点 1:官能团名称、性质及反应类型 (2)考点 2:有机物结构推断 (4)考点 3:有机化学反应方程式书写
验证规律	考点 1:定性考查 考点 2:根据有机反应信息推断结构 考点 3:穿插在有机推断题中,要求写出含未知有机化合物的化学反应方程式
相似题	【TPS 系统·S00139336】肉桂酸甲酯(H)是常用于调制具有草莓、葡萄、樱桃、香子兰等香味的食用香精。它的分子式为 $C_{10}H_{10}O_2$,且分子中只含有 1 个苯环,苯环上只有一个取代基。又知 J 为肉桂酸甲酯的一种同分异构体,其分子结构模型如下图所示(图中球与球之间连线表示单键或双键)。 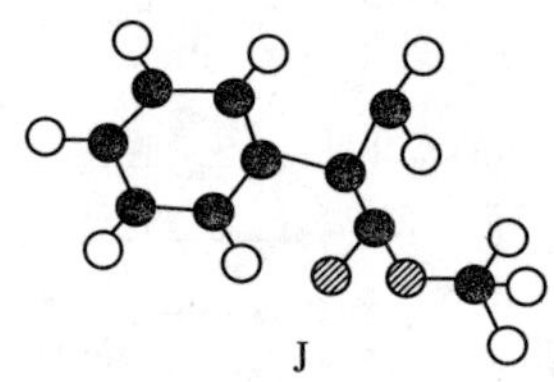 J 已知:$-CH_2OH \xrightarrow{Cu/O_2} -CHO$　$\overset{\vert}{-CHOH} \xrightarrow{Cu/O_2} -\overset{O}{\overset{\Vert}{C}}-$ $-\overset{O}{\overset{\Vert}{C}}- \xrightarrow[\triangle]{Ni/H_2} -\overset{\vert}{\underset{\vert}{C}}-OH$　$-\overset{O}{\overset{\Vert}{C}}-OH \xrightarrow[\triangle]{Ni/H_2}$ 难反应 试回答下列问题。 (1)①肉桂酸甲酯(H)的结构简式为________。 ②有关肉桂酸甲酯的叙述中,正确的是________(填标号)。 A. 能与溴的四氯化碳溶液发生加成反应　B. 不能使酸性高锰酸钾溶液褪色 C. 在碱性条件下能发生水解反应　D. 不可能发生加聚反应 (2)现测出 A 的核磁共振氢谱图有 6 个峰,其面积之比为 1∶2∶2∶2∶1∶2。 用芳香烃 A 为原料合成 H 的路线如下: 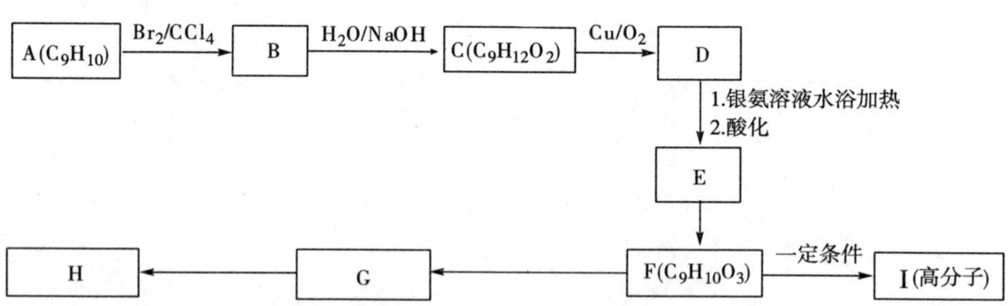 ①化合物 F 中的官能团有________(填名称)。 ②B→C 的反应类型是________,F→G 的反应类型是________。 ③书写化学方程式 F→I ________________ G→H ________________ (3)写出符合下列条件的 G 的同分异构体的结构简式:________。 ⅰ. 分子内含苯环,且苯环上只有一个支链; ⅱ. 一定条件下,1 mol 该物质与足量的银氨溶液充分反应,生成 4 mol 银单质。
其他相似题链接	《高分策略》P_{157},第 10 题

表 7

2013 年真题	【天津,8】已知 $2RCH_2CHO \xrightarrow[\triangle]{NaOH\cdot H_2O} R—CH_2CH=C—CHO$；水杨酸酯 E 为紫外线吸收剂，可用于配制防晒霜。E 的一种合成路线如下： 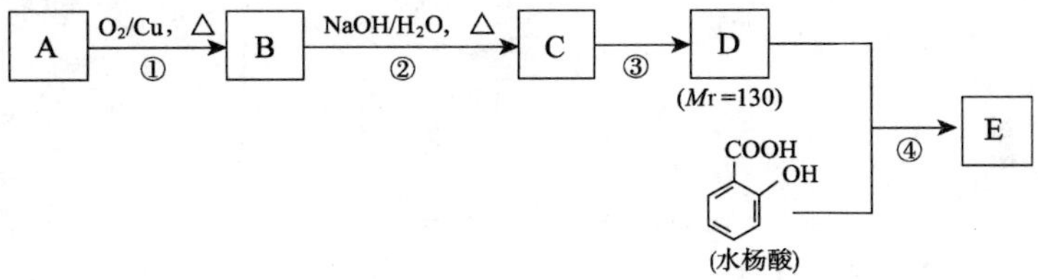 请回答下列问题： (1)一元醇 A 中氧的质量分数约为 21.6%，则 A 的分子式为________；结构分析显示 A 只有一个甲基，A 的名称为________。 (2)B 能与新制的 $Cu(OH)_2$ 发生反应，该反应的化学方程式为________________。 (3)C 有________种结构；若一次取样，检验 C 中所含官能团，按使用的先后顺序写出所用试剂：____________。 (4)第③步的反应类型为________；D 所含官能团的名称为________。 (5)写出同时符合下列条件的水杨酸所有同分异构体的结构简式：________________。 a. 分子中有 6 个碳原子在一条直线上； b. 分子中所含官能团包括水杨酸具有的官能团。 (6)第④步的反应条件为____________；写出 E 的结构简式：____________。 【广东,30】脱水偶联反应是一种新型的直接烷基化反应，例如： 反应①：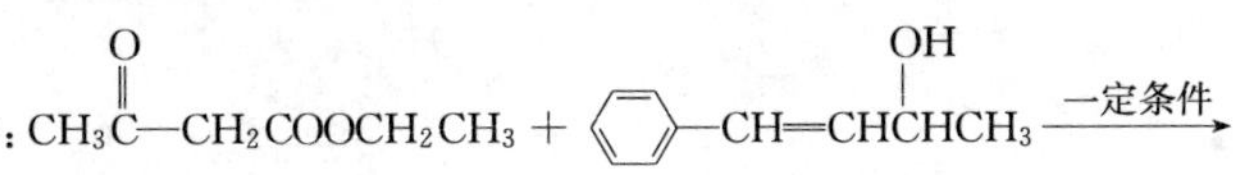 Ⅰ　　　　Ⅱ 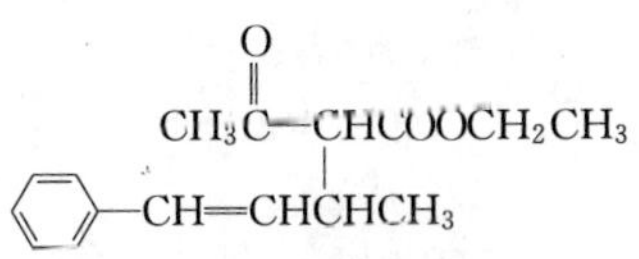 (1)化合物Ⅰ的分子式为__________，1 mol 该物质完全燃烧最少需要消耗________ mol O_2。 (2)化合物Ⅱ可使溶液________(限写一种)褪色，化合物Ⅲ(分子式为 $C_{10}H_{11}Cl$)可与 NaOH 水溶液共热生成化合物Ⅱ，相应的化学方程式为____________。 (3)化合物Ⅲ与 NaOH 乙醇溶液共热生成化合物Ⅳ，Ⅳ的核磁共振氢谱除苯环峰外还有四组峰，峰面积之比为 1∶1∶1∶2，Ⅳ的结构简式为____________。 (4)由 $CH_3COOCH_2CH_3$ 可合成Ⅰ。化合物Ⅴ是 $CH_3COOCH_2CH_3$ 的一种无支链同分异构体，碳链两端呈对称结构，且在 Cu 催化下与过量 O_2 反应生成能发生银镜反应的化合物Ⅵ，Ⅴ的结构简式为____________，Ⅵ的结构简式为____________。 (5)一定条件下，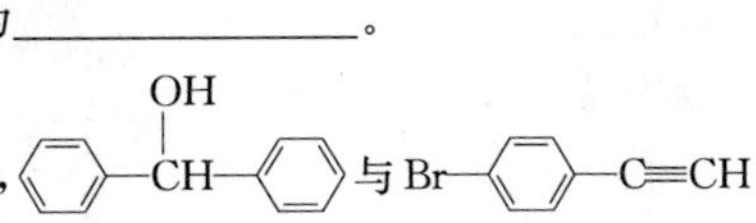也可以发生类似反应①的反应，有机产物的结构简式为____________。
考点	(3)(5)：考点 2 有机物结构推断 (2)(4)(6)：考点 3 有机化学反应方程式书写 (1)：考点 4 有机化合物命名、同分异构
验证规律	考点 2：根据有机反应信息推断结构 考点 3：穿插在有机推断题中，要求写出含未知有机化合物的化学反应方程式 考点 4：给出有机物的结构式或分子式，让考生命名，题型主要是选择题和填空题

续表

相似题	【TPS 系统 · S00029077】聚甲基丙烯酸酯纤维具有质轻、频率宽等特性，广泛应用于制作光导纤维。已知 A 为某种聚甲基丙烯酸酯纤维的单体，其转化关系如下： 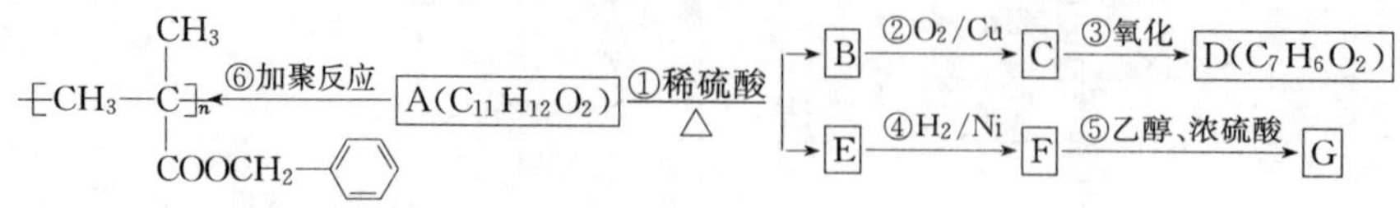 (1)D 含有的含氧官能团的名称是________。 (2)⑤的反应类型是________。 (3)根据系统命名法，F 的名称是________。 (4)E 不能发生的反应是________(填写字母标号) A. 能使酸性高锰酸钾溶液褪色 B. 能使溴的 CCl_4 溶液褪色 C. 一定条件下，能够发生消失反应 D. 一定条件下，能够发生取代反应 (5)F 的同分异构体中，属于酯类的有________种。 (6)G 的结构简式为________。 (7)一定条件下，E 可以发生加聚反应，化学方程式为________。 【TPS 系统 · S00059816】下图中 A、B、C、D、E、F、G 均为有机化合物。 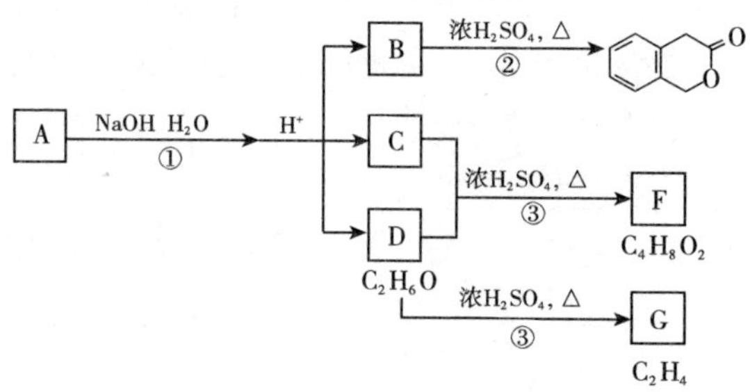 根据上图回答问题： (1)D 的化学名称是________； (2)反应③的化学方程式是________(有机物需用结构简式表示) (3)B 的分子式是________；A 的结构简式是________；反应①的类型是________ (4)符合下列 3 个条件的 B 的同分异构体的数目有________个； ⅰ)含有两取代苯环结构 ⅱ)与 B 有相同的官能团、 ⅲ)不与 $FeCl_3$溶液发生显色反应 写出其中任意一个同分异构体的结构简式； (5)G 是重要的工业原料，用化学方程式表示 G 的一种重要用途________________。
其他相似题链接	《高分策略》P154，第 2 题

2.3.5 备考策略

(1)明确有机化学的复习思路

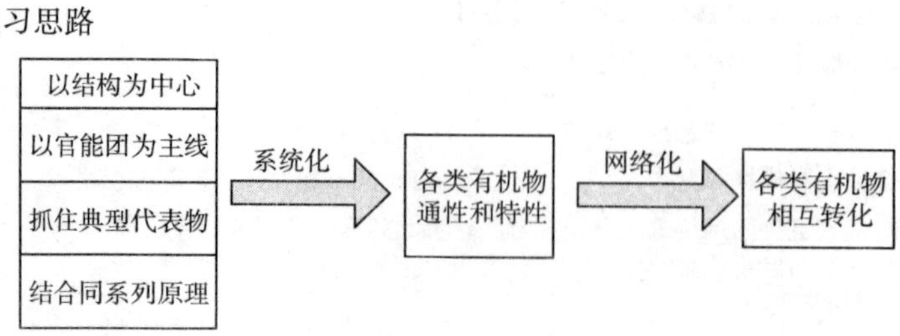

(2)构建有机转化知识体系

各类有机物的相互转化关系

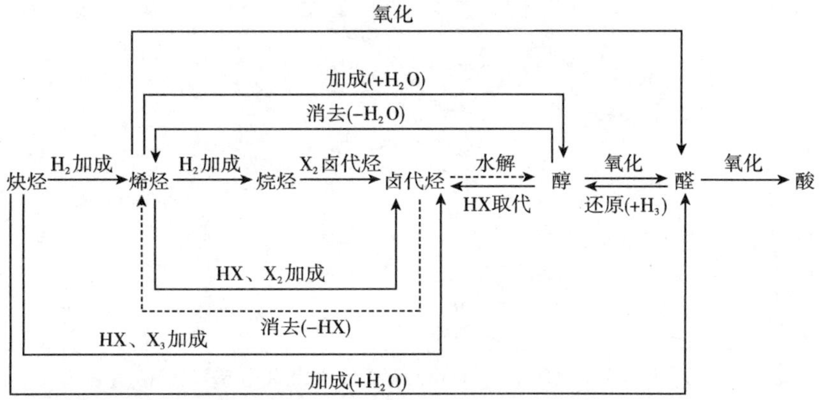

(3)要有针对性地进行训练

例如,复习同分异构体时,首先要求学生弄清限制条件下的官能团类别,再分析可能的位置异构。例如,官能团互变:①羧基、酯基和羟基醛的转化;②芳香醇与酚、醚;③醛与酮、烯醇等;位置异构:苯环上位置异构;碳链异构等;常见的限制条件类别:①位置②官能团种类③物质类别④特征反应⑤几个甲基等。然后,精心选择、设计习题,进行有效训练。

2.4 化学实验

一门实验科学,化学教学的目标不仅要求学生掌握化学基本知识,更重要的是让学生在实验操作中巩固化学基本知识、掌握实验基本技能,让学生在实验探究中发现问题、分析问题并解决问题,提高学生的化学科学素养。正基于此,化学实验也就理所当然地备受高考命题专家们的青睐,成为高考化学试题中重要的考查内容之一。化学实验模块在试题中的比重逐年升高,也体现了新课程的命题趋势(图 2-5)。

地区/年份	化学实验					
	2009	2010	2011	2012	2013	平均分
北京	27(12 分);26(2 分);25(2 分);	27(13 分);9(6 分)	11(6 分);26(6 分);27(15 分);	27(15 分);	12(6 分);28(15 分)	20
上海	26(10 分);27(8 分);6(3 分);	10(3 分);12(3 分);15(3 分);26(8 分);27(8 分);	10(3 分);12(3 分);26(10 分);27(10 分);	10(3 分);12(3 分);八(12 分);15(3 分);七(8 分);16(3 分),	六(8 分);9(3 分);14(3 分);四(8 分);十(8 分),	22.6
新课标		17(15 分);36(15 分);28(8 分);	28(15 分);36(15 分);	28(15 分);29(15 分);	26(15 分);	30
广东	3(3 分);19(12 分);22(12 分);21(12 分);	22(16 分);33(16 分);	9(4 分);12(4 分);33(17 分);	6(3 分);	33(17 分);	21.8
海南	3(3 分);9(3 分);16(9 分);	17(11 分);	17(9 分);2(2 分);	5(2 分);14(9 分);17(9 分);	10(4 分);8(4 分);16(9 分);	13.4
江苏	6(3 分);15(10 分);9(4 分);	15(12 分);7(2 分);10(4 分);	19(15 分);7(2 分);13(4 分);	19(15 分);6(2 分);13(4 分);	5(2 分);19(15 分);18(12 分);	25.05
山东	9(4 分);30(16 分);31(8 分);	14(4 分);30(16 分);31(8 分);	9(4 分);30(8 分);31(8 分);29(14 分);	11(3 分);12(3 分);30(14 分);31(8 分);	30(15 分);29(12 分);	17.4
安徽	9(6 分);27(12 分);28(7 分);	8(6 分);27(14 分);	10(6 分);27(14 分);28(6 分)	10(6 分);27(14 分);28(6 分);	8(6 分);28(14 分);	23.25
福建	24(13 分);25(17 分);	24(14 分);25(16 分);	24(14 分);25(16 分);	6(6 分);25(15 分);	10(6 分);25(15 分);	28.5
四川	7(6 分);26(16 分);	7(6 分);25(13 分);	27(16 分);	27(14 分);	25(15 分);	20.4
浙江	13(6 分);28(15 分);	11(6 分);13(6 分);27(15 分);	8(6 分);13(6 分);28(15 分);	8(6 分);26(14 分);10(6 分);28(15 分);	8(6 分);28(15 分);	31.45
天津	9(6 分);29(18 分);	9(6 分);29(18 分);	9(6 分);29(18 分);	9(6 分);29(18 分)	10(6 分);29(18 分);	24

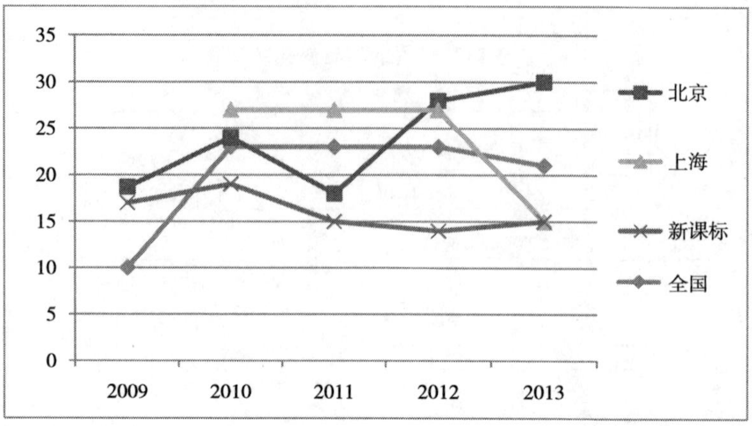

图 2.5　历年化学实验物模块在试题中比例变化(以北京、上海、新课标、全国为例)

2.4.1　能力要求

高考化学实验模块要求学生具有综合学习能力,体现了新课标中所要求的观察、自学、实验及思维能力的综合考查。

(1)观察能力——对框图、工业流程图等实验题型的考查及实验现象分析,要求学生具备良好的观察能力。

(2)实验能力——对教材中常见实验基本原理和操作技能的考查,体现了学生日常生活中的实验习惯和实验能力。

(3)思维能力——坚持实验过程和现象相结合的试题呈现形式,以化学基本原理和典型的物质性质为知识载体,考查学生运用化学思想方法的思维能力。①

(4)自学能力——高考实验题中常涉及一些教材外的信息,这就要求学生平时复习时应储备一些教材相关的课外知识,拓展视野,培养良好的自学能力。

2.4.2　命题规律

1. *命题特点*

(1)突出基础性。主要体现在:运用化学实验基础知识进行物质的鉴别、对实验现象的观察与解释;利用常见或常用的化学仪器或装置来完成题目规定的化学实验;根据考生所应掌握的实验基础知识、基本技能和有关化学知识来进行实验方案的设计或对给定的实验方案做出评价。

(2)体现时代性。高考化学实验题渗透了科学、技术、社会、环境知识。此类试题往往从以下几个角度来选材命题:以学生实施研究性学习活动中可能的课题作为背景,如食品检验、假酒中甲醇含量的测定、空气中某污染成分的测定、胃药中碳酸盐或氢氧化铝含量的测定;选用生活中常见的物品来代替化学仪器或药品而进行的家庭实验;对某个具有一定生活或社会意义的实验目的进行实验设计等。测试内容可以涉及药品的选取、装置的设计、实验的现象、化学反应原理、实验的基本操作和技能、实验实施的步骤等。试题很好地体现理论联系实际的思想。

(3)注重创新性。实验考查内容的创新,主要体现在以下几个方面:根据题干给予的物质新信息,预测未做实验的现象、贮放手段等;药品使用创新、仪器功能拓展、实验操作改进创新和实验操作新途径开辟等;面对新情境,能够正确提取并处理信息(准确提炼规律、严密推理分析、合理做出判断解释等);面对新问题,能够全面深入思考,合理优化结构,准确深刻评价等。

(4)强调探究性。最为典型的命题思路是通过提供开放性实验情境,包括:给出多余的实验条件、不限定实验条件、不限定实验方法等。由于不同条件的组合或选择,不同的学生视角和思维方式的差异,得到不同的实验过程或结论。②

① 刘元媛.北京高考化学实验题考查动向及复习启示[J].化学教育.

② 宗汉.新课程高考化学实验的特点及备考策略[J].化学教育.2010,31(2):39—42.

2. 专题考频统计

表 2-13　实验部分考频统计表

专题	考点	考频			
		北京	新课标	全国	上海
专题 1：常用仪器及基本操作	化学实验仪器装置、原理	2	0	3	8
	化学实验基本操作	3	1	3	7
专题 2：物质的检验鉴别与分离提纯	物质的检验鉴别	2	1	2	5
	分离和提纯	2	1	2	4
专题 3：物质的性质、实验现象分析、方案设计与评价	实现现象分析、方案设计与评价	1	2	4	5
	物质的性质	3	0	1	7

2.4.3　考点分析

考点 1　化学实验仪器装置、原理

常用实验仪器的名称、实验发生装置和原理是长期以来高考的一个热点，是学生必须掌握的一个知识点。

【考查方式】

(1)考名称：给出一些仪器或实验发生装置图，要求学生写出名称；

(2)考应用：给出一些实验仪器、装置，为了达到某个具体的实验目的，应当选用何种仪器、设备，采用何种组合、连接方式等；能运用所学仪器装置原理对一些实验进行仪器改造。

【历年真题回顾】

1.(2014 山东)

下列实验操作或装置(略去部分夹持仪器)正确的是　（　　）

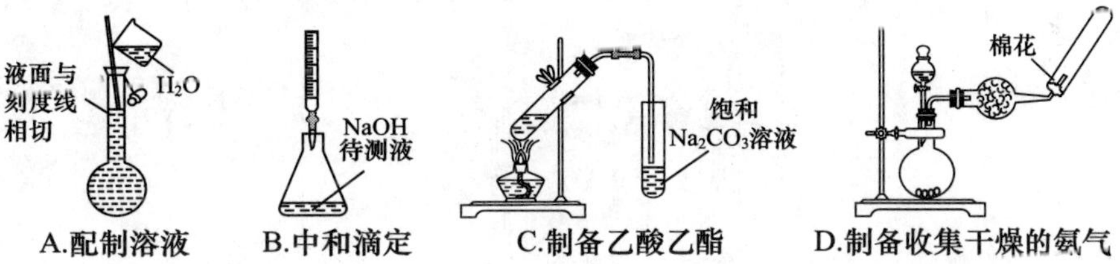

A.配制溶液　B.中和滴定　C.制备乙酸乙酯　D.制备收集干燥的氨气

【答案】C

2.(2014 安徽)

为实现下列实验目的，依据下表提供的主要仪器，所用试剂合理的是　（　　）

选项	实验目的	主要仪器	试剂
A	分离 Br_2 和 CCl_4 混合物	分液漏斗、烧杯	Br_2 和 CCl_4 混合物、蒸馏水
B	鉴别葡萄糖和蔗糖	试管、烧杯、酒精灯	葡萄糖溶液、蔗糖溶液、银氨溶液
C	实验室制取 H_2	试管、带导管的橡皮塞	锌粒、稀 HNO_3
D	测定 NaOH 溶液浓度	滴定管、锥形瓶、烧杯	NaOH 溶液、0. 100 0 $mol \cdot L^{-1}$盐酸

【答案】B

3.(2013 江苏)

用固体样品配制一定物质的量浓度的溶液，需经过称量、溶解、转移溶液、定容等操作。下列图示对应的操作规范的是　（　　）

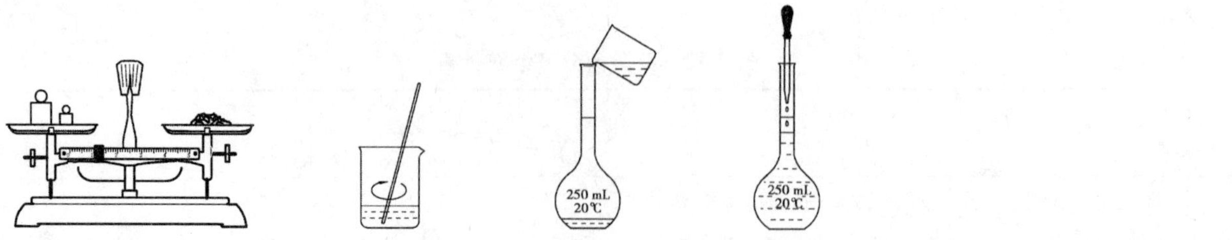

A. 称量　　B. 溶解　　C. 转移　　D. 定容

【答案】B

4.（2012 江苏）

用下列实验装置进行相应实验，能达到实验目的的是　　（　　）

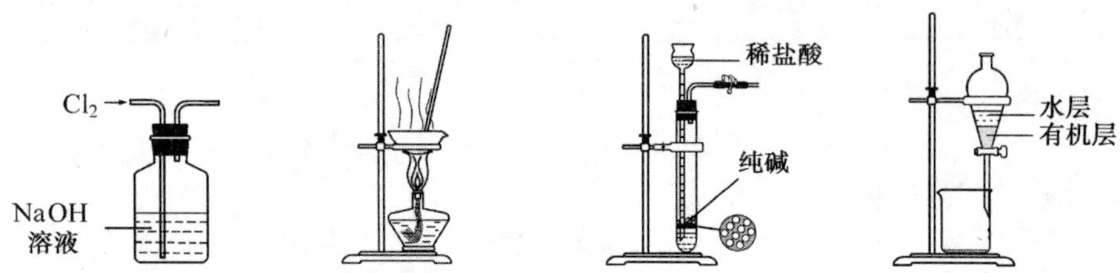

甲　　乙　　丙　　丁

A. 用图甲所示装置除去 Cl_2 中含有的少量 HCl

B. 用图乙所示装置蒸干 NH_4Cl 饱和溶液制备 NH_4Cl 晶体

C. 用图丙所示装置制取少量纯净的 CO_2 气体

D. 用图丁所示装置分离 CCl_4 萃取碘水后已分层的有机层和水层

【答案】D

5.（2014 福建）

焦亚硫酸钠（$Na_2S_2O_5$）是常用的食品抗氧化剂之一。某研究小组进行如下实验：

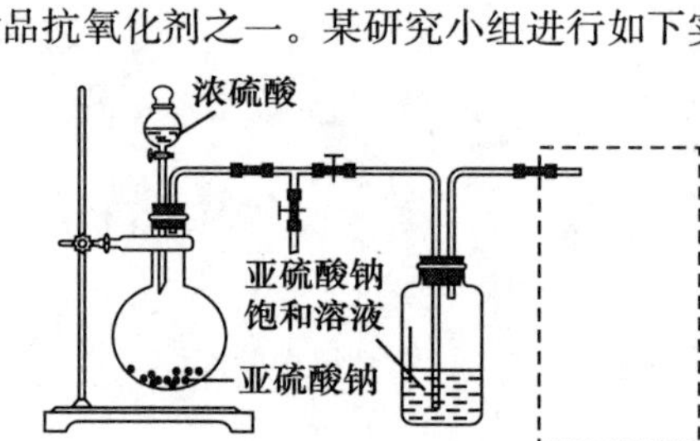

Ⅰ　　Ⅱ　　Ⅲ

实验一　焦亚硫酸钠的制取

采用如图装置（实验前已除尽装置内的空气）制取 $Na_2S_2O_5$。装置Ⅱ中有 $Na_2S_2O_5$ 晶体析出，发生的反应为

$$Na_2SO_3+SO_2 = Na_2S_2O_5$$

（1）装置Ⅰ中产生气体的化学方程式为________________。

（2）要从装置Ⅱ中获得已析出的晶体，可采取的分离方法是________。

（3）装置Ⅲ用于处理尾气，可选用的最合理装置（夹持仪器已略去）为________（填序号）。

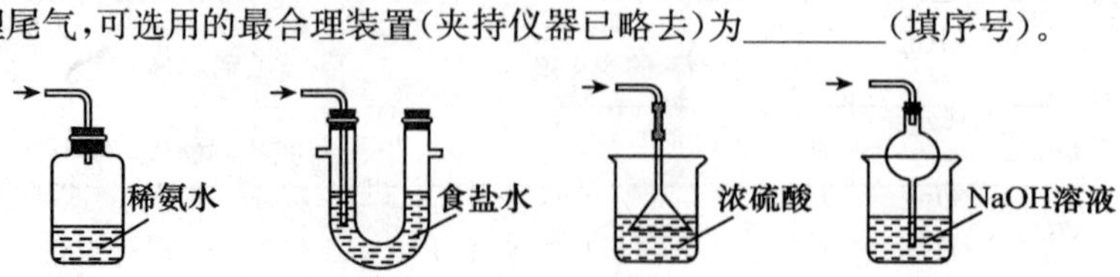

a　　b　　c　　d

实验二　焦亚硫酸钠的性质

$Na_2S_2O_5$ 溶于水即生成 $NaHSO_3$。

（4）证明 $NaHSO_3$ 溶液中 HSO_3^- 的电离程度大于水解程度，可采用的实验方法是________（填序号）。

a. 测定溶液的 pH　　b. 加入 $Ba(OH)_2$ 溶液　　c. 加入盐酸

d. 加入品红溶液　　e. 用蓝色石蕊试纸检测

（5）检验 $Na_2S_2O_5$ 晶体在空气中已被氧化的实验方案是________。

实验三　葡萄酒中抗氧化剂残留量的测定

(6)葡萄酒常用 $Na_2S_2O_5$ 做抗氧化剂。测定某葡萄酒中抗氧化剂的残留量(以游离 SO_2 计算)的方案如下：

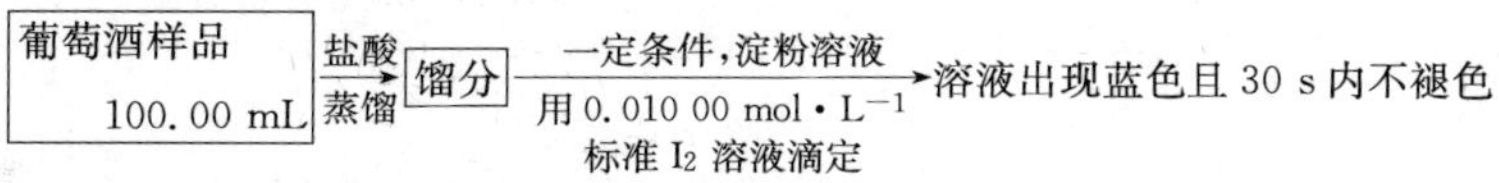

(已知:滴定时反应的化学方程式为 $SO_2+I_2+2H_2O=\!=\!=H_2SO_4+2HI$)

①按上述方案实验,消耗标准 I_2 溶液 25.00 mL,该次实验测得样品中抗氧化剂的残留量(以游离 SO_2 计算)为________ $g\cdot L^{-1}$。

②在上述实验过程中,若有部分 HI 被空气氧化,则测定结果________(填“偏高”“偏低”或“不变”)。

【答案】(1)$Na_2SO_3+H_2SO_4=\!=\!=Na_2SO_4+SO_2\uparrow+H_2O$

(或 $Na_2SO_3+2H_2SO_4=\!=\!=2NaHSO_4+SO_2\uparrow+H_2O$)

(2)过滤

(3)d

(4)ae

(5)取少量 $Na_2S_2O_5$ 晶体于试管中,加适量水溶解,滴加足量盐酸,震荡,再滴入氯化钡溶液,有白色沉淀生成

(6)①0.16

②偏低

考点 2　化学实验基本操作

实验操作是化学实验的灵魂,也是历年高考的重头戏。正确的化学实验基本操作是前人在实践的基础上总结出来的,它是顺利、安全地进行化学实验的可靠保证。化学实验主要考查的内容有:药品的取用和保存、加热、仪器的洗涤、气密性检查、仪器装备、药品的溶解、溶液的稀释、过滤、蒸发、结晶和重结晶、蒸馏(分馏)、渗析、升华、容量瓶的验漏、试纸的使用、滴定管赶气泡等。虽然考查的方式和命题角度年年变化、翻新,但这些基本操作依然备受青睐。这类题往往要求考生用简洁的化学学科语言进行准确描述,因而不仅可以考查考生的基本实验素养,还可以考查考生的语言表达能力,同时,对引导学生回归课本有着积极的导向性。

【考查方式】

(1)装置气密性的检验及相应方法的表述;

(2)药品(包括固体、液体和气体)的取用方法、取用量,玻璃仪器洗涤方法及洗涤干净的标准;

(3)对常用化学仪器(试管、烧瓶、坩埚等)的加热方法,装置中仪器加热的先后顺序及理由的表述;

(4)与气体相关的检验方法的表述、有害气体的回收、与沉淀相关操作的文字叙述等。①

【历年真题回顾】

1.(2014 全国)

下列除杂方案错误的是　　(　　)

选项	被提纯的物质	杂质	除杂试剂	除杂方法
A	$CO(g)$	$CO_2(g)$	NaOH 溶液、浓 H_2SO_4	洗气
B	$NH_4Cl(aq)$	$Fe^{3+}(aq)$	NaOH 溶液	过滤
C	$Cl_2(g)$	$HCl(g)$	饱和食盐水、浓 H_2SO_4	洗气
D	$Na_2CO_3(s)$	$NaHCO_3(s)$	—	灼烧

【答案】B

2.(2013 广东)

下列实验的现象与对应结论均正确的是　　(　　)

① 胡书勇.谈高考化学实验操作类试题的应试策略[J].考试指导.45.

选项	操作	现象	结论
A	将浓硫酸滴到蔗糖表面	固体变黑膨胀	浓硫酸有脱水性和强氧化性
B	常温下将 Al 片放入浓硝酸中	无明显现象	Al 与浓硝酸不反应
C	将一小块 Na 放入无水乙醇中	产生气泡	Na 能置换中醇羟基中的氢
D	将水蒸气通过灼热的铁粉	粉末变红	铁与水在高温下发生反应

【答案】AD

3.(2012 山东)

下列实验操作正确的是　　　　　　　　（　　）

A. 中和滴定实验时,用待测液润洗锥形瓶

B. 盛放 NaOH 溶液时,使用带玻璃塞的磨口瓶

C. 用苯萃取溴水中的溴时,将溴的苯溶液从分液漏斗下口放出

D. NaCl 溶液蒸发结晶时,蒸发皿中有晶体析出并剩余少量液体即停止加热

【答案】D

4.(2012 福建)

下列说法不正确的是　　　　　　　　（　　）

A. 易燃试剂与强氧化性试剂分开放置并远离火源

B. 用湿润的红色石蕊纸检验氨气

C. 用 50 mL 量筒中配置 $0.100\,0\ mol \cdot L^{-1}$ 碳酸钠溶液

D. 金属钠着火时,用细沙覆盖灭火

【答案】C

5.(2014 全国)

苯乙酸铜是合成优良催化剂、传感材料——纳米氧化铜的重要前驱体之一。下面是它的一种实验室合成路线:

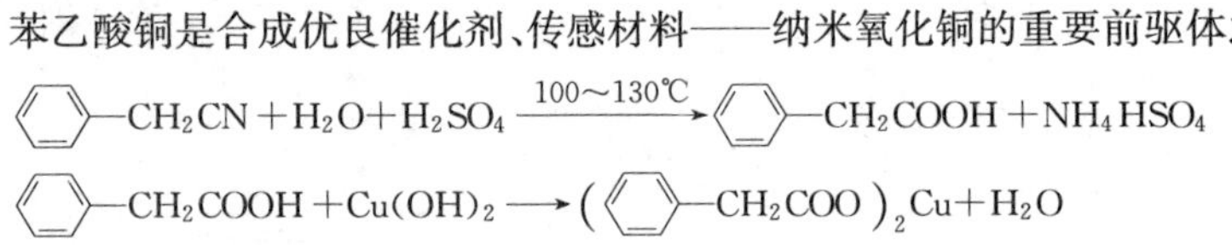

制备苯乙酸的装置示意图如图(加热和夹持装置等略):

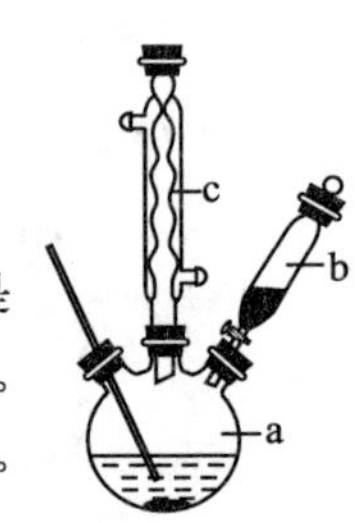

已知:苯乙酸的熔点为 76.5℃,微溶于冷水,溶于乙醇。

回答下列问题:

(1)在 250 mL 三口瓶 a 中加入 70 mL 70%硫酸。配制此硫酸时,加入蒸馏水与浓硫酸的先后顺序是____________________。

(2)将 a 中的溶液加热至 100℃,缓缓滴加 40 g 苯乙腈到硫酸溶液中,然后升温至 130℃继续反应。在装置中,仪器 b 的作用是________;仪器 c 的名称是________,其作用是________________。

反应结束后加适量冷水,再分离出苯乙酸粗品。加入冷水的目的是________。下列仪器中可用于分离苯乙酸粗品的是________(填标号)。

A. 分液漏斗　　B. 漏斗　　C. 烧杯　　D. 直形冷凝管　　E. 玻璃棒

(3)提纯粗苯乙酸的方法是________,最终得到 44 g 纯品,则苯乙酸的产率是________。

(4)用 $CuCl_2 \cdot 2H_2O$ 和 NaOH 溶液制备适量 $Cu(OH)_2$ 沉淀,并多次用蒸馏水洗涤沉淀,判断沉淀洗干净的实验操作和现象是____________________。

(5)将苯乙酸加入到乙醇与水的混合溶剂中,充分溶解后,加入 $Cu(OH)_2$ 搅拌 30 min,过滤,滤液静置一段时间,析出苯乙酸铜晶体,混合溶剂中乙醇的作用是____________________。

【答案】(1)先加水、再加入浓硫酸

(2)滴加苯乙腈　球形冷凝管　回流(或使汽化的反应液冷凝)　便于苯乙酸析出　BCE

(3)重结晶　95%

(4)取少量洗涤液、加入稀硝酸、再加 $AgNO_3$ 溶液、无白色浑浊出现

(5)增大苯乙酸溶解度,便于充分反应

考点3　物质的检验鉴别

物质的检验鉴别是学习的重点，也是高考必考内容。它涉及离子的检验、气体的制备和检验、元素化合物性质等基础知识，体现化学实验基本操作、对材料的组织和语言表达水平等基础能力。因此在复习时，应先对阴、阳离子的鉴别和检验的反应原理、现象加以回顾，把阴、阳离子的检验与气体的制备联系起来加以归纳，找出其中的特殊反应和干扰离子，从元素化合物的角度去掌握这部分内容的基础知识；然后进行方法、规律、解题技巧的专门训练，进而培养分析问题、解决问题的逻辑思维和语言表达能力，达到规范解题。

【考查方式】

(1)不用任何试剂鉴别多种物质；

(2)只用1种试剂鉴别多种物质；

(3)任选试剂鉴别多种物质。①

【历年真题回顾】

1.(2014 新课标Ⅱ)

某小组以 $CoCl_2 \cdot 6H_2O$、NH_4Cl、H_2O_2、浓氨水为原料，在活性炭催化下，合成了橙黄色晶体 X。为确定其组成，进行如下实验。

①氨的测定：精确称取 w g X，加适量水溶解，注入如图所示的三颈瓶中，然后逐滴加入足量10%NaOH溶液，通入水蒸气，将样品液中的氨全部蒸出，用 V_1 mL c_1 mol·L^{-1} 的盐酸标准溶液吸收。蒸氨结束后取下接收瓶，用 c_2 mol·L^{-1} NaOH标准溶液滴定过剩的HCl，到终点时消耗 V_2 mL NaOH溶液。

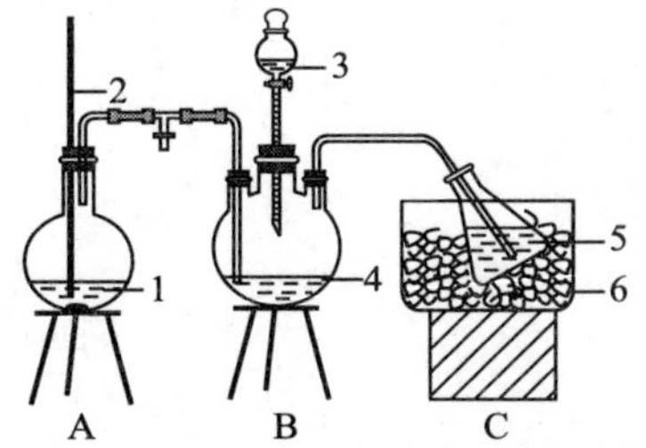

氨的测定装置(已省略加热和夹持装置)

②氯的测定：准确称取样品 X，配成溶液后用 $AgNO_3$ 标准溶液滴定，K_2CrO_4 溶液为指示剂，至出现淡红色沉淀不再消失为终点(Ag_2CrO_4 为砖红色)。

回答下列问题：

(1)装置中安全管的作用原理是______________________________。

(2)用NaOH标准溶液滴定过剩的HCl时，应使用________式滴定管，可使用的指示剂为________。

(3)样品中氨的质量分数表达式为________。

(4)测定氨前应该对装置进行气密性检验，若气密性不好测定结果将________(填"偏高"或"偏低")。

(5)测定氯的过程中，使用棕色滴定管的原因是________；滴定终点时，若溶液中 $c(Ag^+)=2.0\times10^{-5}$ mol·L^{-1}，$c(CrO_4^{2-})$为________ mol·L^{-1}[已知：$K_{sp}(Ag_2CrO_4)=1.12\times10^{-12}$]

(6)经测定，样品 X 中钴、氨和氯的物质的量之比为1∶6∶3，钴的化合价为________。制备 X 的化学方程式为________；X 的制备过程中温度不能过高的原因是______________________________。

【答案】(1)当A中压力过大时，安全管中液面上升，使A瓶中压力稳定

(2)碱　酚酞(或甲基红)

(3)$\dfrac{(c_1V_1-c_2V_2)\times10^{-3}\times17}{w}\times100\%$

(4)偏低

(5)防止硝酸银见光分解　2.8×10^{-3}

(6)+3

$2CoCl_2+2NH_4Cl+10NH_3+H_2O_2 = 2[Co(NH_3)_6]Cl_3+2H_2O$

温度过高过氧化氢分解、氨气逸出

---

① 刘建兵. 再谈物质的鉴别. 高中数理化. 2003(5):43—44.

2.(2013 江苏)

硫酸镍铵$[(NH_4)_xNi_y(SO_4)_m\cdot nH_2O]$可用于电镀、印刷等领域。某同学为测定硫酸镍铵的组成,进行如下实验:①准确称取2.335 0 g样品,配制成100.00 mL溶液A;②准确量取25.00 mL溶液A,用0.040 00 mol·L^{-1}的EDTA(Na_2H_2Y)标准溶液滴定其中的Ni^{2+}(离子方程式为$Ni^{2+}+H_2Y^{2-}=\!=\!=NiY^{2-}+2H^+$),消耗EDTA标准溶液31.25 mL;③另取25.00 mL溶液A,加足量的NaOH溶液并充分加热,生成NH_3 56.00 mL(标准状况)。

(1)若滴定管在使用前未用EDTA标准溶液润洗,测得的Ni^{2+}含量将________(填"偏高""偏低"或"不变")。

(2)氨气常用________检验,现象是____。

(3)通过计算确定硫酸镍铵的化学式(写出计算过程)。

【答案】(1)偏高

(2)湿润的红色石蕊试纸　试纸颜色由红变蓝

(3)$n(Ni^{2+})=0.040\ 00\ mol\cdot L^{-1}\times 31.25\ mL\times 10^{-3}\ L\cdot mL^{-1}$

$=1.250\times 10^{-3}\ mol$

$$n(NH_4^+)=\frac{56.00\ mL\times 10^{-3}\ L\cdot mL^{-1}}{22.4\ L\cdot mol^{-1}}=2.500\times 10^{-3}\ mol$$

$$n(SO_4^{2-})=\frac{2n(Ni^{2+})+n(NH_4^+)}{2}$$

$$=\frac{2\times 1.25\times 10^{-3}\ mol+2.500\times 10^{-3}\ mol}{2}$$

$=2.500\times 10^{-3}\ mol$

$m(Ni^{2+})=59\ g\cdot mol^{-1}\times 1.250\times 10^{-3}\ mol=0.073\ 75\ g$

$m(NH_4^+)=18\ g\cdot mol^{-1}\times 2.500\times 10^{-3}\ mol=0.045\ 00\ g$

$m(SO_4^{2-})=96\ g\cdot mol^{-1}\times 2.500\times 10^{-3}\ mol=0.240\ 0\ g$

$$n(H_2O)=\frac{2.335\ 0\ g\times\frac{25.00\ mL}{100.00\ mL}-0.073\ 75\ g-0.045\ 00\ g-0.240\ 0\ g}{18\ g\cdot mol^{-1}}$$

$=1.250\times 10^{-2}\ mol$

$x:y:m:n=n(NH_4^+):n(Ni^{2+}):n(SO_4^{2-}):n(H_2O)$

$=2:1:2:10$

硫酸镍铵的化学式为$(NH_4)_2Ni(SO_4)_2\cdot 10H_2O$

3.(2014 福建)

下列实验能达到目的的是　(　　)

A. 只滴加氨水鉴别NaCl、$AlCl_3$、$MgCl_2$、Na_2SO_4四种溶液

B. 将NH_4Cl溶液蒸干制备NH_4Cl固体

C. 用萃取分液的方法除去酒精中的水

D. 用可见光束照射以区别溶液和胶体

【答案】D

4.(2012 新课标)

下列叙述中正确的是　(　　)

A. 液溴易挥发,在存放液溴的试剂瓶中应加水封

B. 能使润湿的淀粉KI试纸变成蓝色的物质一定是Cl_2

C. 某溶液加入CCl_4,CCl_4层显紫色,证明原溶液中存在I^-

D. 某溶液加入$BaCl_2$溶液,产生不溶于稀硝酸的白色沉淀,该溶液一定含有Ag^+

【答案】A

考点4　实验现象分析、方案设计与评价

实验现象是我们得出实验结论的重要依据,也是考查学生平时观察能力的一个重要手段,因此颇受出题专家的青睐。实验方案设计型考题考查的是同学们运用学过的基础知识和基本技能去解决实验过程中遇到的问题的能力,具有一定的选拔功能,因此也成为高考的热点之一。

【考查方式】

(1)考查实验现象；

(2)考查化学反应方程式的书写；

(3)考查实验方案设计的可行性；

(4)融方案设计于实验探究中；

(5)对实验设计、实验技能的多重考查。①

【历年真题回顾】

1.(2014 福建)

焦亚硫酸钠($Na_2S_2O_5$)是常用的食品抗氧化剂之一。某研究小组进行如下实验：

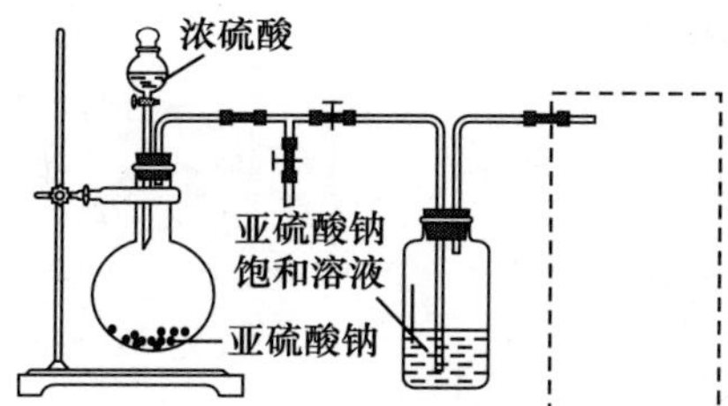

Ⅰ　Ⅱ　Ⅲ

实验一　焦亚硫酸钠的制取

采用如图装置(实验前已除尽装置内的空气)制取 $Na_2S_2O_5$。装置Ⅱ中有 $Na_2S_2O_5$ 晶体析出，发生的反应为

$$Na_2SO_3+SO_2 = Na_2S_2O_5$$

(1)装置Ⅰ中产生气体的化学方程式为________________。

(2)要从装置Ⅱ中获得已析出的晶体，可采取的分离方法是________。

(3)装置Ⅲ用于处理尾气，可选用的最合理装置(夹持仪器已略去)为________(填序号)。

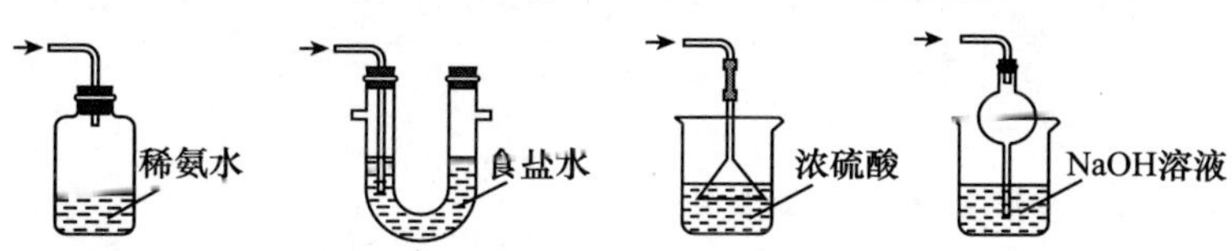

a　b　c　d

实验二　焦亚硫酸钠的性质

$Na_2S_2O_5$ 溶于水即生成 $NaHSO_3$。

(4)证明 $NaHSO_3$ 溶液中 HSO_3^- 的电离程度大于水解程度，可采用的实验方法是________(填序号)。

a. 测定溶液的 pH　　b. 加入 $Ba(OH)_2$ 溶液　　c. 加入盐酸

d. 加入品红溶液　　e. 用蓝色石蕊试纸检测

(5)检验 $Na_2S_2O_5$ 晶体在空气中已被氧化的实验方案是________。

实验三　葡萄酒中抗氧化剂残留量的测定

(6)葡萄酒常用 $Na_2S_2O_5$ 做抗氧化剂。测定某葡萄酒中抗氧化剂的残留量(以游离 SO_2 计算)的方案如下：

葡萄酒样品 100.00 mL $\xrightarrow[\text{蒸馏}]{\text{盐酸}}$ 馏分 $\xrightarrow[\text{用 0.010 00 mol·L}^{-1}\text{标准 I}_2\text{ 溶液滴定}]{\text{一定条件，淀粉溶液}}$ 溶液出现蓝色且 30 s 内不褪色

(已知：滴定时反应的化学方程式为 $SO_2+I_2+2H_2O = H_2SO_4+2HI$)

①按上述方案实验，消耗标准 I_2 溶液 25.00 mL，该次实验测得样品中抗氧化剂的残留量(以游离 SO_2 计算)为________$g·L^{-1}$。

②在上述实验过程中，若有部分 HI 被空气氧化，则测定结果________(填"偏高""偏低"或"不变")。

【答案】(1)$Na_2SO_3+H_2SO_4 = Na_2SO_4+SO_2\uparrow+H_2O$

(或 $Na_2SO_3+2H_2SO_4 = 2NaHSO_4+SO_2\uparrow+H_2O$)

(2)过滤

(3)d

① 李雅如. 化学实验方案设计的考查方式. 农村青少年科学报. 2009(03):28.

(4)ae

(5)取少量 $Na_2S_2O_5$ 晶体于试管中，加适量水溶解，滴加足量盐酸，振荡，再滴入氯化钡溶液，有白色沉淀生成

(6)①0.16

②偏低

2.(2013 四川)

为了探究 $AgNO_3$ 的氧化性和热稳定性，某化学兴趣小组设计了如下实验。

Ⅰ. $AgNO_3$ 的氧化性

将光亮的铁丝伸入 $AgNO_3$ 溶液中，一段时间后将铁丝取出。为检验溶液中 Fe 的氧化产物，将溶液中的 Ag^+ 除尽后，进行了如下实验。可选用的试剂：KSCN 溶液、$K_3[Fe(CN)_6]$溶液、氯水。

(1)请完成下表：

操作	现象	结论
取少量除尽 Ag^+ 后的溶液于试管中，加入 KSCN 溶液，振荡	________	存在 Fe^{3+}
取少量除尽 Ag^+ 后的溶液于试管中，加入________，振荡	________	存在 Fe^{2+}

【实验结论】Fe 的氧化产物为 Fe^{2+} 和 Fe^{3+}。

Ⅱ. $AgNO_3$ 的热稳定性

用图中所示的实验装置 A 加热 $AgNO_3$ 固体，产生红棕色气体，在装置 D 中收集到无色气体。当反应结束后，试管中残留固体为黑色。

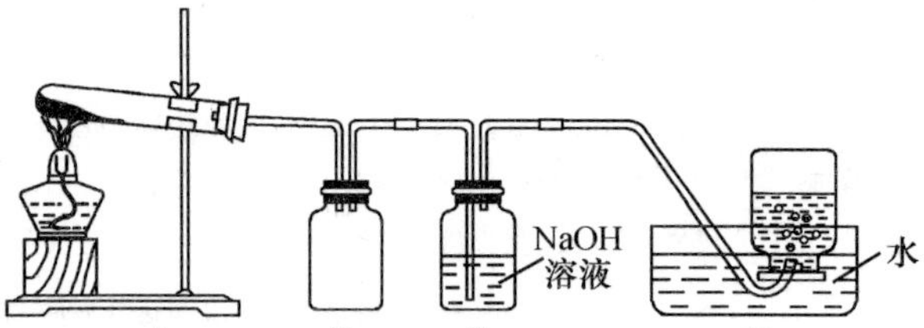

(2)装置 B 的作用是________。

(3)经小组讨论并验证该无色气体为 O_2，其验证方法是________。

(4)【查阅资料】Ag_2O 和粉末状的 Ag 均为黑色；Ag_2O 可溶于氨水。

【提出假设】试管中残留的黑色固体可能是：ⅰ. Ag；ⅱ. Ag_2O；ⅲ. Ag 和 Ag_2O。

【实验验证】该小组为验证上述设想，分别取少量黑色固体放入试管中，进行了如下实验。

实验编号	操作	现象
a	加入足量氨水，振荡	黑色固体不溶解
b	加入足量稀硫酸，振荡	黑色固体溶解，并有气体产生

【实验评价】根据上述实验，不能确定固体产物成分的实验是________(填实验编号)。

【实验结论】根据上述实验结果，该小组得出 $AgNO_3$ 固体热分解的产物有________。

【答案】

(1)溶液呈红色　$K_3[Fe(CN)_6]$溶液　产生蓝色沉淀

(2)防倒吸

(3)用带火星的木条伸入集气瓶内，木条复燃，证明无色气体为氧气

(4)①b；②Ag、NO_2、O_2

3.(2012 安徽)

工业上从废铅蓄电池的铅膏回收铅的过程中，可用碳酸盐溶液与处理后的铅膏(主要成分为 $PbSO_4$)发生反应：$PbSO_4(s)+CO_3^{2-}(aq) \rightleftharpoons PbCO_3(s)+SO_4^{2-}(aq)$。某课题组用 $PbSO_4$ 为原料模拟该过程，探究上述反应的实验条件及固体产物的成分。

(1)上述反应的平衡常数表达式：$K=$________。

(2)室温时，向两份相同的 $PbSO_4$ 样品中分别加入同体积、同浓度的 Na_2CO_3 和 $NaHCO_3$ 溶液均可实现上述转化，在________溶液中 $PbSO_4$ 转化率较大，理由是________________。

(3)查阅文献：上述反应还可能生成碱式碳酸铅[$PbCO_3 \cdot Pb(OH)_2$]，它和$PbCO_3$受热都易分解生成 PbO。该课题组对固体产物(不考虑 $PbSO_4$)的成分提出如下假设，请你完成假设二和假设三。

假设一：全部为 $PbCO_3$；

假设二：____________；

假设三：____________。

(4)为验证假设一是否成立，课题组进行如下研究。

①定性研究：请你完成下表中内容。

实验步骤(不要求写出具体操作过程)	预期的实验现象和结论
取一定量样品充分干燥，……	

②定量研究：取 26.7 mg 的干燥样品，加热，测得固体质量随温度的变化关系如图。某同学由图中信息得出结论：假设一不成立。你是否同意该同学的结论，并简述理由：____。

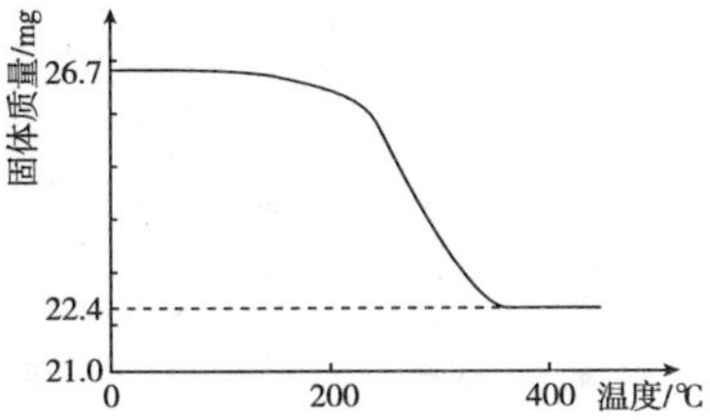

【答案】(1)$\frac{c(SO_4^{2-})}{c(CO_3^{2-})}$

(2)Na_2CO_3 相同浓度的 Na_2CO_3 和 $NaHCO_3$ 溶液中，前者 $c(CO_3^{2-})$较大

(3)全部为 $2PbCO_3 \cdot Pb(OH)_2$　$PbCO_3$ 与 $2PbCO_3 \cdot Pb(OH)_2$ 的混合物

(4)①

实验步骤	预期的实验现象和结论
取一定量样品充分干燥，然后将样品加热分解，将产生的气体依次通过盛有无水硫酸铜的干燥管。	若无水硫酸铜不变蓝，则假设一成立；若无水硫酸铜变蓝，则假设一不成立。

②同意若全部为 $PbCO_3$，26.7 mg 完全分解后，其固体质量为 22.3 mg

考点 5　物质的性质

纵观近几年各地高考试题，对本考点考查呈现率都很高。题型有选择题和填空题两类。元素周期表属于必修部分内容，常以选择命题。选修三的内容属于选考内容，在新课改的高考试题中，常在第Ⅱ卷中以选择或填空命题。预测以后对本考点的考查将继续以选择和填空出现，命题可能采取结合新科技、新能源等社会热点为背景，着重考查学生对基本概念的掌握，如元素周期律的变化规律、晶体类型的判断与性质等，同时对整个高中化学整合的考查也不容忽视，因为这样可以很好地考查学生对化学知识的全面掌握，同时增加了试题区分度。

【考查方式】

(1)选择题。主要是考查周期表的结构，元素性质的变化规律以及基本概念，如同位素、电子式、结构式、键与分子的极性等知识点。

(2)填空题。常以推断的方式出现，试题首先要求推断出各元素，然后对它们之间形成的物质进行整合，再对它们提出问题，命题者可考查基本概念，如电子排布式、轨道式、电离能、电负性、杂化方式以及空间构型等，也可联系必修一、选修四或选修五的内容进行考查，如离子方程式的书写，氧化还原反应，盐类的水解，有机物中 C 原子的杂化等。

【历年真题回顾】

1.(2014 新课标Ⅰ)

早期发现的一种天然二十面体准晶颗粒由 Al、Cu、Fe 三种金属元素组成。回答下列问题：

(1)准晶是一种无平移周期序，但有严格准周期位置序的独特晶体，可通过________方法区分晶体、准晶体和非晶体。

(2)基态 Fe 原子有________个未成对电子，Fe^{3+} 的电子排布式为________。可用硫氰化钾检验 Fe^{3+}，形成的配合物的颜色为________。

(3)新制备的 $Cu(OH)_2$ 可将乙醛(CH_3CHO)氧化成乙酸，而自身还原成 Cu_2O。乙醛中碳原子的杂化轨道类型为________，1 mol 乙醛分子中含有的 σ 键的数目为________。乙酸的沸点明显高于乙醛，其主要原因是__________________。Cu_2O 为半导体材料，在其立方晶胞内部有 4 个氧原子，其余氧原子位于面心和顶点，则该晶胞中有________个铜原子。

(4)Al 单质为面心立方晶体，其晶胞参数 $a=0.405$ nm，晶胞中铝原子的配位数为________。列式表示 Al 单质的密度：________ $g\cdot cm^{-3}$(不必计算出结果)。

【答案】

(1)X-射线衍射

(2)4　$1s^22s^22p^63s^23p^63d^5$　血红色

(3)sp^3、sp^2　$6N_A$　CH_3COOH 存在分子间氢键　16

(4)12　$\frac{4\times27}{6.022\times10^{23}\times(0.405\times10^{-7})^3}$

2.(2013 天津)

$FeCl_3$ 在现代工业生产中应用广泛。某化学研究性学习小组模拟工业流程制备无水 $FeCl_3$，再用副产品 $FeCl_3$ 溶液吸收有毒的 H_2S。

Ⅰ.经查阅资料得知：无水 $FeCl_3$ 在空气中易潮解，加热易升华。他们设计了制备无水 $FeCl_3$ 的实验方案，装置示意图(加热及夹持装置略去)及操作步骤如下：

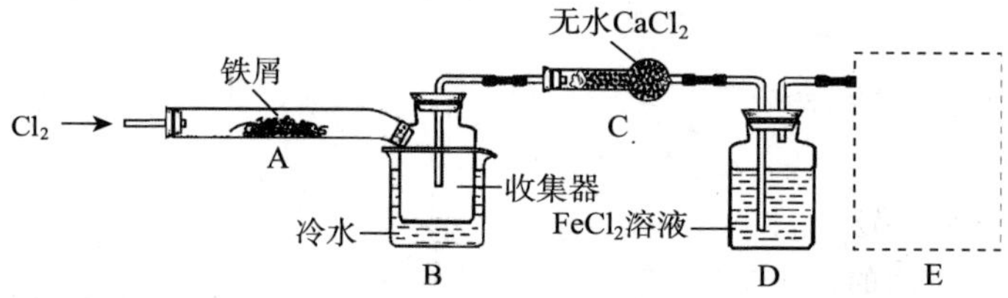

①检验装置的气密性；

②通入干燥的 Cl_2，赶尽装置中的空气；

③用酒精灯在铁屑下方加热至反应完成；

④……

⑤体系冷却后，停止通入 Cl_2，并用干燥的 N_2 赶尽 Cl_2，将收集器密封。

请回答下列问题：

(1)装置 A 中反应的化学方程式为__________________。

(2)第③步加热后，生成的烟状 $FeCl_3$ 大部分进入收集器，少量沉积在反应管 A 右端要使沉积的 $FeCl_3$ 进入收集器，第④步操作是__________________。

(3)操作步骤中，为防止 $FeCl_3$ 潮解所采取的措施有________(填步骤序号)。

(4)装置 B 中冷水浴的作用为__________________；装置 C 的名称为________；装置 D 中 $FeCl_2$ 全部反应后，因失去吸收 Cl_2 的作用而失效，写出检验 $FeCl_2$ 是否失效的试剂：__________________。

(5)在虚线框中画出尾气吸收装置 E 并注明试剂。

Ⅱ.该组同学用装置 D 中的副产品 $FeCl_3$ 溶液吸收 H_2S，得到单质硫；过滤后，再以石墨为电极，在一定条件下电解滤液。

(6)$FeCl_3$ 与 H_2S 反应的离子方程式为________________。

(7)电解池中 H^+ 在阴极放电产生 H_2，阳极的电极反应式为________________。

(8)综合分析实验Ⅱ的两个反应，可知该实验有两个显著优点：

①H_2S 的原子利用率为 100%；②________________。

【答案】(1)$2Fe+3Cl_2 \overset{\triangle}{=\!=} 2FeCl_3$

(2)在沉积的 $FeCl_3$ 固体下方加热

(3)②⑤

(4)冷却，使 $FeCl_3$ 沉积，便于收集产品　干燥管　$K_3[Fe(CN)_6]$

(5)如图

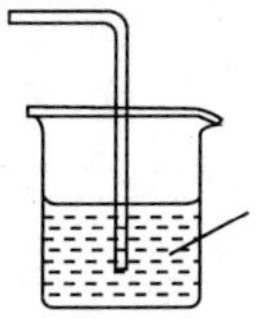

(6)$2Fe^{3+}+2H_2S=\!=\!=2Fe^{2+}+S\downarrow+2H^+$

(7)$Fe^{2+}-e^-=\!=\!=Fe^{3+}$

(8)$FeCl_3$ 得到循环利用

3.(2012 重庆)

氯离子插层镁铝水滑石[$Mg_2Al(OH)_6Cl\cdot xH_2O$]是一种新型离子交换材料,其在高温下完全分解为 MgO,Al_2O_3,HCl 和水蒸气,现用如图装置进行试验确定其化学式(固定装置略去)。

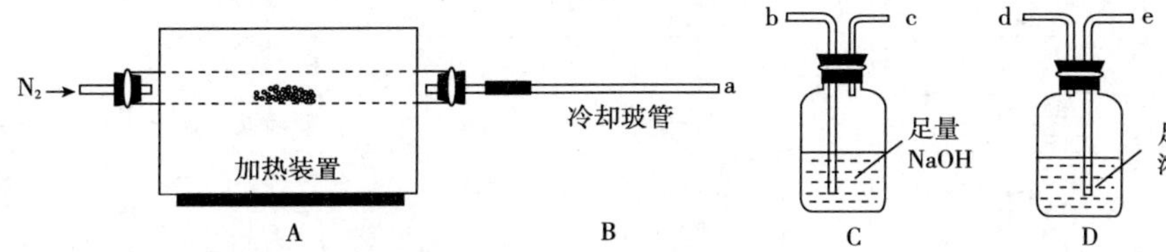

(1)$Mg_2Al(OH)_6Cl\cdot xH_2O$ 热分解的化学方程式为________。

(2)若只通过测定装置 C,D 的增重来确定 x,则装置的连接顺序为____________(按气流方向,用接口字母表示),其中 C 的作用是____________________。装置连接后,首先要进行的操作的名称是____________。

(3)加热前先通 N_2 排尽装置中的空气,称取 C,D 的初始质量后,再持续通入 N_2 的作用是________________、________________等。

(4)完全分解后测得 C 增重 3.65 g,D 增重 9.90 g,则 $x=$________,若取消冷却玻管 B 后进行实验,测定的 x 值将________(填"偏高"或"偏低")。

(5)上述水滑石在空气中放置时易发生反应生成[$Mg_2Al(OH)_6Cl_{1-2x}(CO_3)_2\cdot zH_2O$],该生成物能发生类似的热分解反应,现以此物质为样品,用(2)中连接的装置和试剂进行实验测定 z,除测定 D 的增重外,至少还需测定________。

【答案】(1)$2[Mg_2Al(OH)_6Cl\cdot xH_2O]\xlongequal{高温}4MgO+Al_2O_3+2HCl\uparrow+(5+2x)H_2O\uparrow$

(2)a—e—d—b,吸收 HCl 气体,检查气密性

(3)将分解产生的气体全部带入装置 C、D 中完全吸收,防止产生倒吸(合理均可)

(4)3,偏低

(5)装置 C 的增重及样品质量(样品质量及样品分解后残余物质量或装置 C 的增重及样品分解后残余物质量)

2.4.4 真题·规律验证

表 1

<table>
<tr><td>2014 年真题</td><td>【江苏,5】下列装置应用于实验室制氯气并回收氯化锰的实验,能达到实验目的的是 (　　)
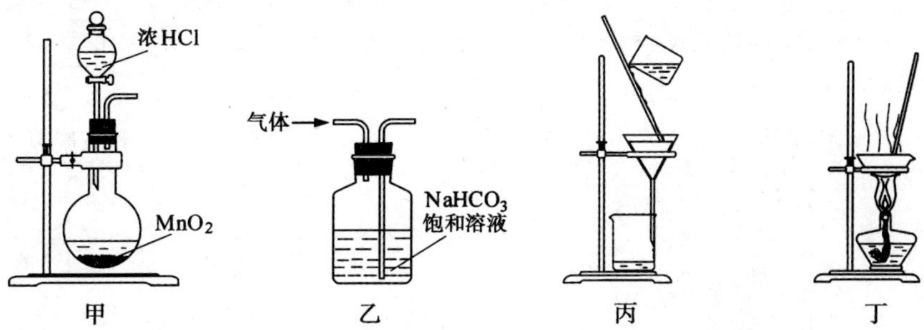

A. 用装置甲制取氯气
B. 用装置乙除去氯气中的少量氯化氢
C. 用装置丙分离二氧化锰和氯化锰溶液
D. 用装置丁蒸干氯化锰溶液制 $MnCl_2\cdot 4H_2O$</td></tr>
</table>

续表

2014 年真题

【山东,10】下列实验操作或装置(略去部分夹持仪器)正确的是　　(　　)

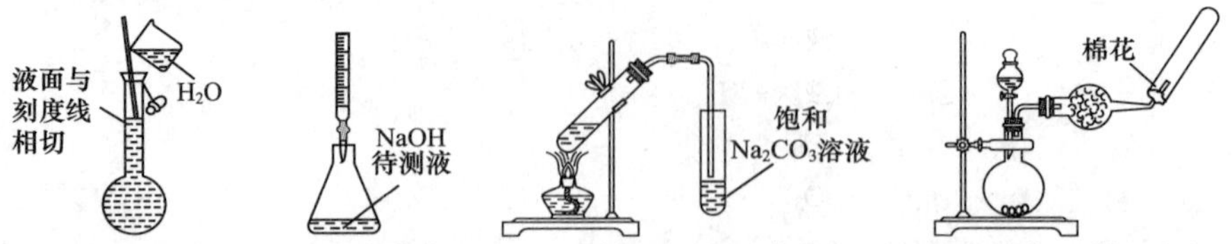

A.配制溶液　　B.中和滴定　　C.制备乙酸乙酯　　D.制备收集干燥的氨气

【安徽,9】为实现下列实验目的,依据下表提供的主要仪器,所用试剂合理的是　　(　　)

选项	实验目的	主要仪器	试剂
A	分离 Br_2 和 CCl_4 混合物	分液漏斗、烧杯	Br_2 和 CCl_4 混合物、蒸馏水
B	鉴别葡萄糖和蔗糖	试管、烧杯、酒精灯	葡萄糖溶液、蔗糖溶液、银氨溶液
C	实验室制取 H_2	试管、带导管的橡皮塞	锌粒、稀 HNO_3
D	测定 NaOH 溶液浓度	滴定管、锥形瓶、烧杯	NaOH 溶液、0.100 0 mol·L^{-1}盐酸

考点

考点 1 化学实验仪器装置、原理

验证规律

考应用一给出一些实验仪器、装置,为了达到某个具体的实验目的,应当选用何种仪器、设备,采用何种组合、连接方式等;能运用所学仪器装置原理对一些实验进行仪器改造。

其他相似题链接

《高分策略》P_{216},第 2 题、第 5 题

表 2

2013 年真题

【浙江,8】下列说法正确的是　　(　　)

A. 实验室从海带提取单质碘的方法是:取样→灼烧→溶解→过滤→萃取

B. 用乙醇和浓 H_2SO_4 制备乙烯时,可用水浴加热控制反应的温度

C. 氯离子存在时,铝表面的氧化膜易被破坏,因此含盐腌制品不宜直接存放在铝制容器中

D. 将$(NH_4)_2SO_4$、$CuSO_4$ 溶液分别加入蛋白质溶液,都出现沉淀,表明二者均可使蛋白质变性

【天津,4】下列实验误差分析错误的是　　(　　)

A. 用润湿的 pH 试纸测稀碱溶液的 pH,测定值偏小

B. 用容量瓶配制溶液,定容时俯视刻度线,所配溶液浓度偏小

C. 滴定前滴定管内无气泡,终点读数时有气泡,所测体积偏小

D. 测定中和反应的反应热时,将碱缓慢倒入酸中,所测温度值偏小

【江苏,19】柠檬酸亚铁($FeC_6H_6O_7$)是一种易吸收的高效铁制剂,可由绿矾($FeSO_4\cdot 7H_2O$)通过下列反应制备:

$FeSO_4+Na_2CO_3 = FeCO_3\downarrow+Na_2SO_4$

$FeCO_3+C_6H_8O_7 = FeC_6H_6O_7+CO_2\uparrow+H_2O$

下表列出了相关金属离子生成氢氧化物沉淀的 pH(开始沉淀的 pH 按金属离子浓度为 1.0 mol·L^{-1}计算)。

金属离子	开始沉淀的 pH	沉淀完全的 pH
Fe^{3+}	1.1	3.2
Al^{3+}	3.0	5.0
Fe^{2+}	5.8	8.8

续表

<table>
<tr><td>2013 年真题</td><td>
(1)制备 $FeCO_3$ 时,选用的加料方式是________(填字母),原因是____。
a. 将 $FeSO_4$ 溶液与 Na_2CO_3 溶液同时加入到反应容器中
b. 将 $FeSO_4$ 溶液缓慢加入到盛有 Na_2CO_3 溶液的反应容器中
c. 将 Na_2CO_3 溶液缓慢加入到盛有 $FeSO_4$ 溶液的反应容器中
(2)生成的 $FeCO_3$ 沉淀需经充分洗涤,检验洗涤是否完全的方法是________。
(3)将制得的 $FeCO_3$ 加入到足量柠檬酸溶液中,再加入少量铁粉,80℃下搅拌反应。①铁粉的作用是________________。②反应结束后,无需过滤,除去过量铁粉的方法是________________________。
(4)最后溶液经浓缩、加入适量无水乙醇、静置、过滤、洗涤、干燥,获得柠檬酸亚铁晶体。分离过程中加入无水乙醇的目的是____。
(5)某研究性学习小组欲从硫铁矿烧渣(主要成分为 Fe_2O_3、SiO_2、Al_2O_3)出发,先制备绿矾,再合成柠檬酸亚铁。请结合图中的绿矾溶解度曲线,补充完整由硫铁矿烧渣制备 $FeSO_4\cdot 7H_2O$ 晶体的实验步骤(可选用的试剂:铁粉、稀硫酸和 NaOH 溶液):向一定量烧渣中加入足量的稀硫酸充分反应,________,得到 $FeSO_4$ 溶液,________,得到 $FeSO_4\cdot 7H_2O$ 晶体。
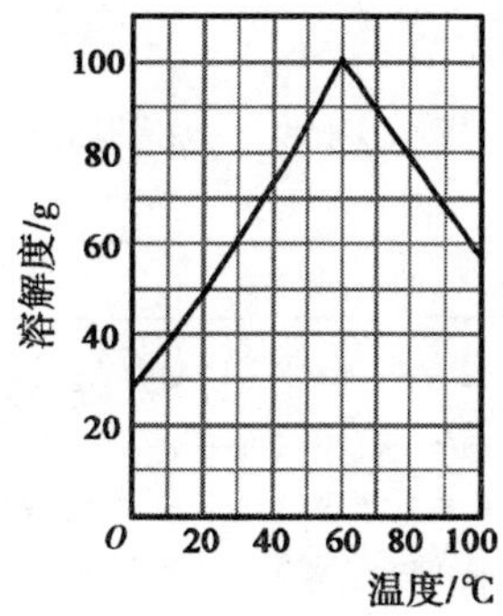

</td></tr>
<tr><td>考点</td><td>考点 2 化学实验基本操作
考点 4 实验现象分析、方案设计与评价考查方式</td></tr>
<tr><td>验证规律</td><td>考点 2:与气体相关的检验方法的表述、有害气体的回收、与沉淀相关操作的文字叙述等。
考点 4:考查实验现象</td></tr>
<tr><td>相似题</td><td>【TPS 系统·S00318118】下表中实验操作能达到实验目的的是 (　　)
<table>
<tr><th></th><th>实验操作</th><th>实验目的</th></tr>
<tr><td>A</td><td>向甲酸钠溶液中加新制的 $Cu(OH)_2$ 并加热</td><td>确定甲酸钠中含有醛基</td></tr>
<tr><td>B</td><td>向苯酚的饱和溶液中滴加稀溴水</td><td>制备三溴苯酚</td></tr>
<tr><td>C</td><td>向酒精和醋酸的混合液中加入金属钠</td><td>确定酒精中混有醋酸</td></tr>
<tr><td>D</td><td>将溴乙烷与氢氧化钠溶液共热一段时间,再向冷却后的混合液中滴加硝酸银溶液</td><td>检验水解产物中的溴离子</td></tr>
</table>
</td></tr>
<tr><td>其他相似题链接</td><td>TPS1.0 系统 C—P06S01—A01 第 2 题</td></tr>
</table>

表 3

<table>
<tr><td>2013 年真题</td><td>【北京，12】用如图所示装置检验乙烯时不需要除杂的是 （　　）

	乙烯的制备	试剂 X	试剂 Y
A	CH_3CH_2Br 与 NaOH 乙醇溶液共热	H_2O	$KMnO_4$ 酸性溶液
B	CH_3CH_2Br 与 NaOH 乙醇溶液共热	H_2O	Br_2 的 CCl_4 溶液
C	C_2H_5OH 与浓 H_2SO_4 加热至 170℃	NaOH 溶液	$KMnO_4$ 酸性溶液
D	C_2H_5OH 与浓 H_2SO_4 加热至 170℃	NaOH 溶液	Br_2 的 CCl_4 溶液

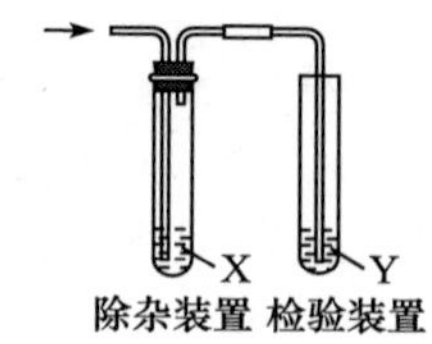
</td></tr>
<tr><td>考点</td><td>考点 3　物质的检验鉴别</td></tr>
<tr><td>验证规律</td><td>任选试剂鉴别多种物质</td></tr>
<tr><td>相似题</td><td>【TPS 系统·S00004580】实验室中，加入过量的下列试剂，可使 $AlCl_3$ 溶液中的 Al^{3+} 全部沉淀出来的是 （　　）
A. NaOH 溶液　　B. $AgNO_3$ 溶液　　C. 盐酸　　D. 氨水</td></tr>
<tr><td>其他相似题链接</td><td>《高分策略》P_{228} 第 10 题</td></tr>
</table>

表 4

<table>
<tr><td>2013 年真题</td><td>【广东，33】化学实验有助于理解化学知识，形成化学观念，提高探究与创新能力，提升科学素养。
(1)在实验室中用浓盐酸与 MnO_2 共热制取 Cl_2 并进行相关实验。
①下列收集 Cl_2 的正确装置是________。
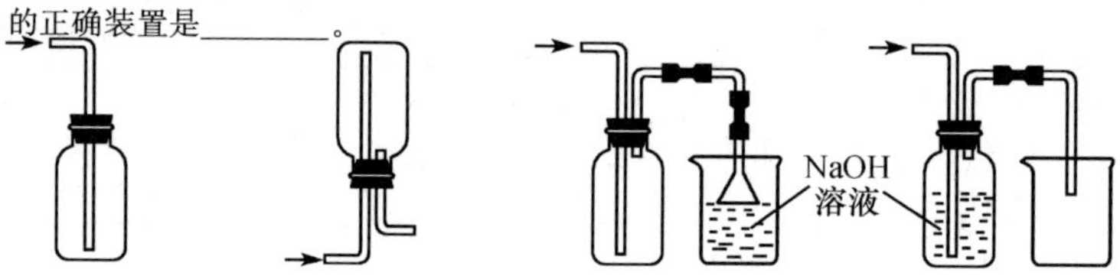

②将 Cl_2 通入水中，所得溶液中具有氧化性的含氯粒子是________。
③设计实验比较 Cl_2 和 Br_2 的氧化性，操作与现象是：取少量新制氯水和 CCl_4 于试管中，________________________。
(2)能量之间可相互转化：电解食盐水制备 Cl_2 是将电能转化为化学能，而原电池可将化学能转化为电能。设计两种类型的原电池，探究其能量转化效率。
限选材料：$ZnSO_4$(aq)、$FeSO_4$(aq)、$CuSO_4$(aq)、铜片、铁片、锌片和导线。
①完成原电池甲的装置示意图，并作相应标注。要求：在同一烧杯中，电极与溶液含相同的金属元素。
②铜片为电极之一，$CuSO_4$(aq)为电解质溶液，只在一个烧杯中组装原电池乙，工作一段时间后，可观察到负极。
③甲乙两种原电池中可更有效地将化学能转化为电能的是______，其原因是______。
(3)根据牺牲阳极的阴极保护法原理，为减缓电解质溶液中铁片的腐蚀，在(2)的材料中应选________做阳极。
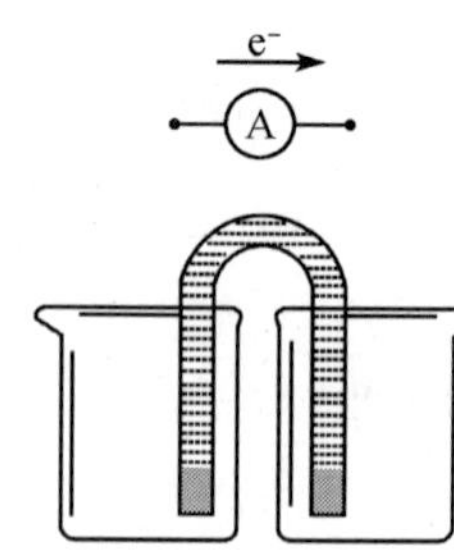
</td></tr>
<tr><td>考点</td><td>(1)、(2)：考点 1 化学实验仪器装置、原理
(4)：考点 4 实验现象分析、方案设计与评价</td></tr>
<tr><td>验证规律</td><td>考点 1：考应用——给出一些实验仪器、装置，为了达到某个具体的实验目的，应当选用何种仪器、设备，采用何种组合、连接方式等；能运用所学仪器装置原理对一些实验进行仪器改造。
考点 4：(1)考查实验现象；(2)对实验设计、实验技能的多重考查</td></tr>
</table>

续表

相似题

【TPS系统·S00140580】为测定 FeO 和 Fe_2O_3 固体混合物中 Fe 元素的含量，可用氢气还原一定质量的此混合物并测定生成水的质量的方法来完成。若在实验室中选用下列实验装置来实现上述目的(图中夹持装置已略去，部分装置可重复使用)。请填空：

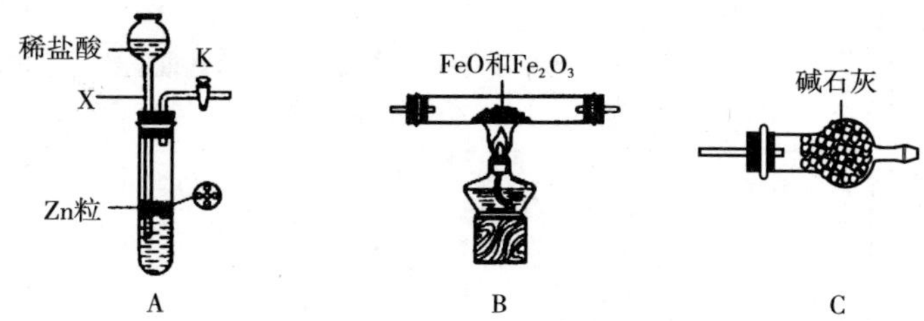

(1)仪器 X 的名称是________。

(2)写出 A 中发生反应的离子方程式________，

实验前如何检验装置 A 的气密性________。

(3)下图所示装置中与 A 装置具有相同作用的是(填装置编号)。

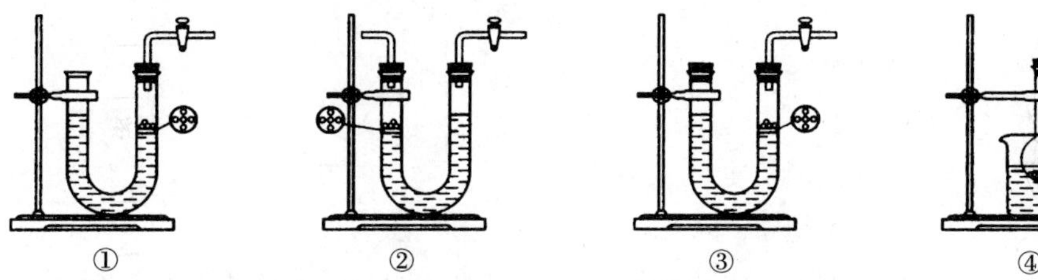

(4)按正确的实验设计，所连接的装置顺序为：A→C→________→________→________。

(5)若 FeO 和 Fe_2O_3 混合物的质量为 a g，反应完全后生成水的质量为 b g，则混合物中 Fe 元素的质量分数为________(用含字母的数学式表示)。

【TPS系统·S00442606】某实验小组利用如下装置(部分固定装置略)制备氮化钙(Ca_3N_2)，并探究其实验式。

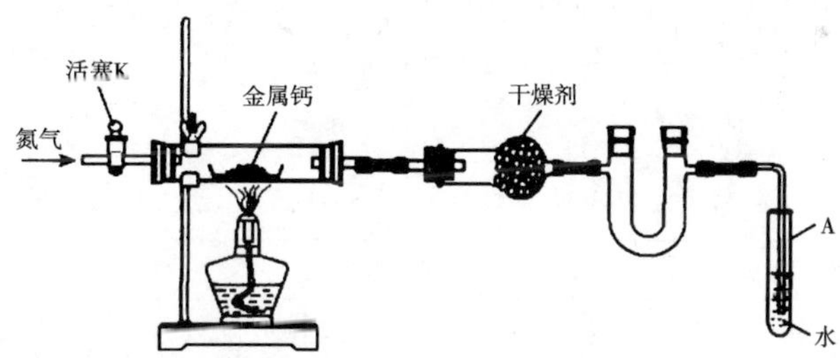

(1)按图连接好实验装置。检查装置的气密性，方法是________。

(2)反应过程中末端导管必须插入试管 A 的水中，目的是________。

(3)制备氮化钙的操作步骤是：①打开活塞 K 并通入 N_2；②点燃酒精灯，进行反应；③反应结束后；④拆除装置，取出产物。

(4)数据记录如下：

空瓷舟质量 m_0/g	瓷舟与钙的质量 m_1/g	瓷舟与产物的质量 m_2/g
14.80	15.08	15.15

①计算得到实验式 Ca_xN_2，其中 x=________。

②若通入的 N_2 中混有少量 O_2，请比较 x 与 3 的大小，并给出判断依据：________。

表 5

2013 年真题

【安徽,28】某酸性工业废水中含有 $K_2Cr_2O_7$。光照下，草酸（$H_2C_2O_4$）能将其中的 $Cr_2O_7^{2-}$ 转化为 Cr^{3+}。某课题组研究发现，少量铁明矾[$Al_2Fe(SO_4)_4 \cdot 24H_2O$]即可对该反应起催化作用。为进一步研究有关因素对该反应速率的影响，探究如下：

(1)在 25℃下，控制光照强度、废水样品初始浓度和催化剂用量相同，调节不同的初始 pH 和一定浓度草酸溶液用量，作对比实验，完成以下实验设计表（表中不要留空格）。

实验编号	初始 pH	废水样品体积/mL	草酸溶液体积/mL	蒸馏水体积/mL
①	4	60	10	30
②	5	60	10	30
③	5	60		

测得实验①和②溶液中的 $Cr_2O_7^{2-}$ 浓度随时间变化关系如图所示。

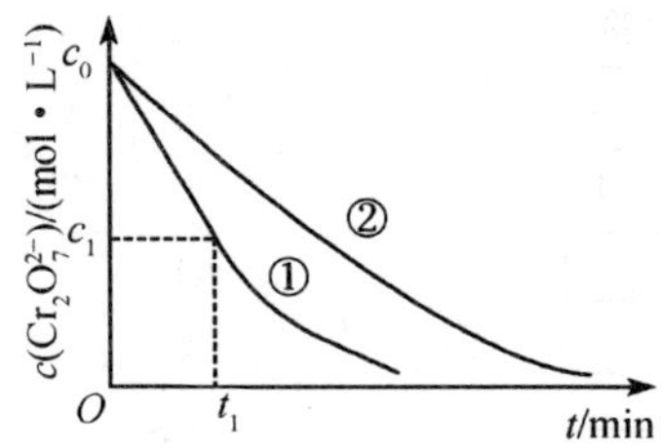

(2)上述反应后草酸被氧化为________（填化学式）。

(3)实验①和②的结果表明________；实验①中 $0\sim t_1$ 时间段反应速率 $v(Cr^{3+})=$________$mol \cdot L^{-1} \cdot min^{-1}$（用代数式表示）。

(4)该课题组对铁明矾[$Al_2Fe(SO_4)_4 \cdot 24H_2O$]中起催化作用的成分提出如下假设，请你完成假设二和假设三：

假设一：Fe^{2+} 起催化作用；

假设二：________________；

假设三：________________；

……

(5)请你设计实验验证上述假设一，完成下表中内容。[除了上述实验提供的试剂外，可供选择的药品有 K_2SO_4、$FeSO_4$、$K_2SO_4 \cdot Al_2(SO_4)_3 \cdot 24H_2O$、$Al_2(SO_4)_3$ 等。溶液中 $Cr_2O_7^{2-}$ 的浓度可用仪器测定]

实验方案（不要求写具体操作过程）	预期实验结果和结论

【四川,9】为了探究 $AgNO_3$ 的氧化性和热稳定性，某化学兴趣小组设计了如下实验。

Ⅰ. $AgNO_3$ 的氧化性

将光亮的铁丝伸入 $AgNO_3$ 溶液中，一段时间后将铁丝取出。为检验溶液中 Fe 的氧化产物，将溶液中的 Ag^+ 除尽后，进行了如下实验。可选用的试剂：KSCN 溶液、$K_3[Fe(CN)_6]$溶液、氯水。

(1)请完成下表：

操作	现象	结论
取少量除尽 Ag^+ 后的溶液于试管中，加入 KSCN 溶液，振荡	________	存在 Fe^{3+}
取少量除尽 Ag^+ 后的溶液于试管中，加入________，振荡	________	存在 Fe^{2+}

【实验结论】Fe 的氧化产物为 Fe^{2+} 和 Fe^{3+}。

Ⅱ. $AgNO_3$ 的热稳定性

用图中所示的实验装置 A 加热 $AgNO_3$ 固体，产生红棕色气体，在装置 D 中收集到无色气体。当反应结束后，试管中残留固体为黑色。

续表

<table>
<tr><td>2013 年真题</td><td>
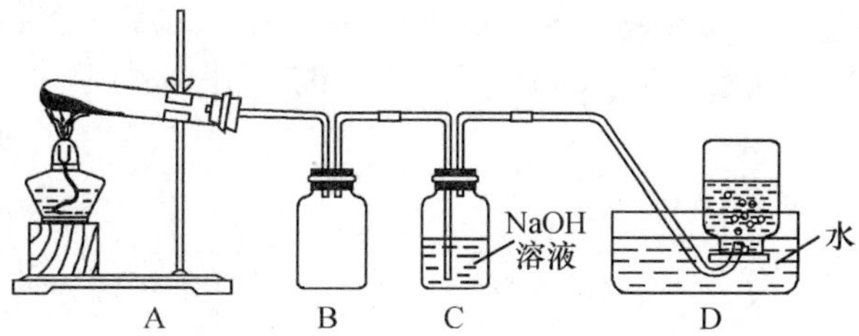

(2)装置 B 的作用是________。
(3)经小组讨论并验证该无色气体为 O_2,其验证方法是________。
(4)【查阅资料】Ag_2O 和粉末状的 Ag 均为黑色;Ag_2O 可溶于氨水。
【提出设想】试管中残留的黑色固体可能是:ⅰ. Ag;ⅱ. Ag_2O;ⅲ. Ag 和 Ag_2O。
【实验验证】该小组为验证上述设想,分别取少量黑色固体放入试管中,进行了如下实验。
<table>
<tr><th>实验编号</th><th>操作</th><th>现象</th></tr>
<tr><td>a</td><td>加入足量氨水,振荡</td><td>黑色固体不溶解</td></tr>
<tr><td>b</td><td>加入足量稀硫酸,振荡</td><td>黑色固体溶解,并有气体产生</td></tr>
</table>
【实验评价】根据上述实验,不能确定固体产物成分的实验是________(填实验编号)。
【实验结论】根据上述实验结果,该小组得出 $AgNO_3$ 固体热分解的产物有________。
</td></tr>
<tr><td>考点</td><td>(1)、(2)①:考点 1 化学实验仪器装置、原理
(2)③:考点 4 实验现象分析、方案设计与评价</td></tr>
<tr><td>验证规律</td><td>考点 1:考应用——给出一些实验仪器、装置,为了达到某个具体的实验目的,应当选用何种仪器、设备,采用何种组合、连接方式等;能运用所学仪器装置原理对一些实验进行仪器改造。考点 4:考查实验现象</td></tr>
<tr><td>相似题</td><td>
【TPS 系统·S00197381】某化学兴趣小组同学,用下列各仪器装置制取乙烯,并用过量的氧气将 C_2H_4 氧化成 CO_2 和 H_2O,测定乙烯中碳、氢两种元素的质量比。
回答下列问题:
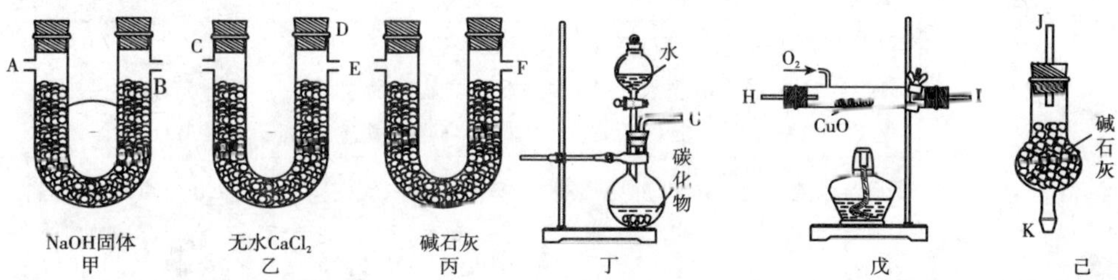

(1)该同学受实验室制备 C_2H_2 的启发,拟从 CaC_2、ZnC_2、Al_4C_3、Mg_2C_2、Li_2C_2 中选择一种试剂与水反应来制备乙烯,写出该反应的化学方程式:________;
(2)若产生的气体由左向右流向,各装置导管的连接顺序是:G 接 E、F 接________、________接________、________接 A、B 接 J;
(3)装置甲的作用是________;装置乙的作用是________;
(4)装置戊中 CuO 的作用是________
(5)实验前称得甲、乙两装置的质量分别为 m_1g 和 n_1g,实验完毕,称得甲、乙两装置的质量分别变为 m_2g 和 n_2g,则乙烯分子中碳原子和氢原子的原子个数比为________(列出算式)。
(6)若戊中没有 CuO,则测定结果________(填“偏高”、“偏低”或“不变”,下同);若不接丙装置,则测定结果________
</td></tr>
</table>

表 6

2013 年真题

【江苏,19】废弃物的综合利用既有利于节约资源,又有利于保护环境。实验室利用废旧电池的铜帽(Cu、Zn 总含量约为 99%)回收 Cu 并制备 ZnO 的部分实验过程如下:

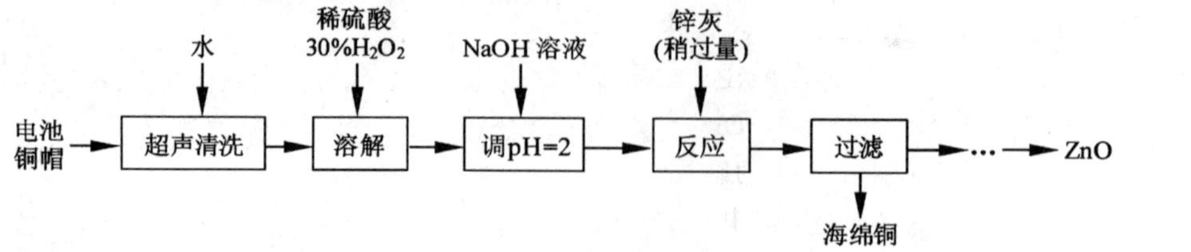

(1)①铜帽溶解时加入 H_2O_2 的目的是________(用化学方程式表示)。

②铜帽溶解完全后,需将溶液中过量的 H_2O_2 除去。除去 H_2O_2 的简便方法是________。

(2)为确定加入锌灰(主要成分为 Zn、ZnO,杂质为铁及其氧化物)的量,实验中需测定除去 H_2O_2 后溶液中 Cu^{2+} 的含量。实验操作为:准确量取一定体积的含有 Cu^{2+} 的溶液于带塞锥形瓶中,加适量水稀释,调节溶液 pH=3 ~ 4,加入过量的 KI,用 $Na_2S_2O_3$ 标准溶液滴定至终点。上述过程中反应的离子方程式如下:

$2Cu^{2+}+4I^-=\!=\!=2CuI$(白色)$\downarrow+I_2$　$2S_2O_3^{2-}+I_2=\!=\!=2I^-+S_4O_6^{2-}$

①滴定选用的指示剂为________,滴定终点观察到的现象为________。

②若滴定前溶液中的 H_2O_2 没有除尽,所测定的 Cu^{2+} 含量将会________(填"偏高"、"偏低"或"不变")。

已知 pH>11 时 $Zn(OH)_2$ 能溶于 NaOH 溶液生成$[Zn(OH)_4]^{2-}$。下表列出了几种离子生成氢氧化物沉淀的 pH(开始沉淀的 pH 按金属离子浓度为 1.0 mol·L^{-1}计算)。

	开始沉淀的 pH	沉淀完全的 pH
Fe^{3+}	1.1	3.2
Fe^{2+}	5.8	8.8
Zn^{2+}	5.9	8.9

实验中可选用的试剂:30%H_2O_2、1.0mol·$L^{-1}$$HNO_3$、1.0mol·$L^{-1}$NaOH。由除去铜的滤液制备 ZnO 的实验步骤依次为:①________;②________;③过滤;④________;⑤过滤、洗涤、干燥;⑥900℃煅烧。

考点

(1)、(3)、(4)②、(5)考点 4 实验现象分析、方案设计与评价

(4)①考点 2 化学实验基本操作

(2)考点 5 物质的性质

验证规律

考点 2:装置气密性的检验及相应方法的表述;

考点 4:(1)考查实验现象;(2)考化学反应方程式的书写

考点 5:联系必修一、选修四或选修五的内容进行考查,如离子方程式的书写,氧化还原反应,盐类的水解等。

相似题

【TPS 系统·S00031388】根据要求完成下列各小题实验目的。(a、b 为弹簧夹,加热及固定装置已略去)

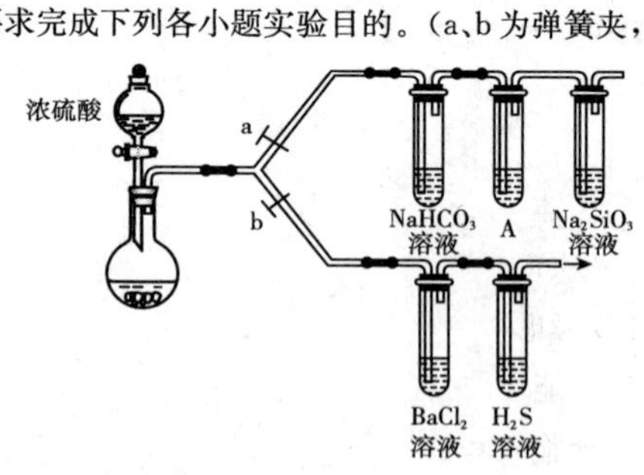

(1)验证碳、硅非金属性的相对强弱。(已知酸性:亚硫酸>碳酸)

①连接仪器、检验装置气密性、加药品后,打开 a 关闭 b,然后滴入浓硫酸,加热。

②铜与浓硫酸反应的化学方程式是。装置 A 中试剂是________。

③能说明碳的非金属性比硅强的实验现象是________。

(2)验证 SO_2 的氧化性、还原性和酸性氧化物的通性。

①在(1)①操作后打开 b,关闭 a。

②H_2S 溶液中有浅黄色浑浊出现,化学方程式是________。③$BaCl_2$ 溶液中无明显现象,将其分成两份,分别滴加下列溶液,将产生的沉淀的化学式填入下表相应位置。

续表

<table>
<tr><td>相似题</td><td>

滴加的溶液	氯水	氨水
沉淀的化学式		

写出其中 SO_2 显示还原性并生成沉淀的离子方程式________。
④将 KOH 和 $Ca(OH)_2$ 的混合物 1.3 g 全部溶于一定量水中形成稀溶液，在缓缓通入一定量的 B 气体，实验过程中可得到沉淀的最大质量为 1.2 g。
试计算：原混合物中 KOH 的质量为________ g。生成沉淀质量为最大时，消耗 B 气体（标准状况下）的体积（V）范围是：________。
【TPS 系统·S00238896】某工业废水中仅含下表离子中的 5 种（不考虑水的电离及离子的水解），且各种离子的物质的量浓度相等，均为 0.1 mol/L。

阳离子	K^+ Cu^{2+} Fe^{3+} Al^{3+} Fe^{2+}
阴离子	Cl^- CO_3^{2-} NO_3^- SO_4^{2-} SiO_3^{2-}

甲同学欲探究废水的组成，进行了如下实验：
Ⅰ. 用铂丝蘸取少量溶液，在火焰上灼烧，无紫色火焰（透过蓝色钴玻璃观察）。
Ⅱ. 取少量溶液，加入 KSCN 溶液无明显变化。
Ⅲ. 另取溶液加入少量盐酸，有无色气体生成，该无色气体遇空气变成红棕色，此时溶液依然澄清，且溶液中阴离子种类不变。
Ⅳ. 向Ⅲ中所得的溶液中加入 $BaCl_2$ 溶液，有白色沉淀生成。
请推断：
(1)仅由Ⅰ、Ⅱ判断，溶液中一定不含有的阳离子是________（写离子符号）。
(2)Ⅲ中加入少量盐酸生成无色气体的的离子方程式是________。
(3)将Ⅲ中所得红棕色气体通入水中，气体变无色，所发生的化学方程式为________
(4)甲同学最终确定原溶液中所含阳离子是________，阴离子是________。（写离子符号）
(5)工业废水中常含有不同类型的污染物，可采用不同的方法处理。以下是乙同学针对含不同污染物的废水提出的处理措施和方法，其中正确的是________。

选项	污染物	处理措施	方法类别
A	废酸	加生石灰中和	物理法
B	Cu^{2+} 等重金属离子	加硫酸盐沉降	化学法
C	含复杂有机物理的废水	通过微生物代谢	物理法
D	碱性的废水	用 CO_2 来中和	化学法

</td></tr>
</table>

2.4.5 备考策略

(1)立足基础，帮助学生构建知识体系

化学实验的基础，重点是实验的原理和设计、试剂的选择、反应条件、操作程序。实验的原理主要是有关的化学反应和涉及到的物理知识，实验的设计要考虑科学性、安全性、可行性。试剂的选择要从药品的来源和经济的角度考虑。同样的反应物在不同的条件下反应产物可能不同，反应物的量也有影响，反应的条件也有很大的影响，甚至有时实验的操作顺序也有影响。这些问题都应在化学实验的复习中加以解决。

(2)注重改进实验，培养学生创新能力

对于一些课堂演示实验，遇到现象不明显、操作复杂、污染物不易处理时，先带领学生共同分析实验的不足之处，然后鼓励学生去改进实验，设计合理的方案，这样不仅可培养学生的创新思维能力，而且还会激励学生敢于创新。

(3)改验证为探究，促进学生智能发展

在实验复习教学过程中，既要重视技能训练也要突出创新能力的培养，尽可能将现行教材中大量的验证性实验改为探索性实验。引导学生按科学研究的一般程序“问题—假设—推理—验证—结论”进行探索，可以充分发挥学生的主体作用，使学生始终处于不断探索的情境中，从而能激发学生的创新思维，强化化学实验教学培养学生创新能力的功能。

(4)加强答题指导，规范学生语言表达

高考实验题对有关实验现象的描述及实验操作、实验方案设计及实验评价的要求较高，学生的失分率很高，其原因在于回答这类试题需要准确精炼的语言。而学生在答题过程中常见的错误往往是文字表达不确切，内容概括不全面，甚至答非所问。因此，在实验复习中应首先提高思想上的认识，同时对学生进行针对性的训练，逐渐培养学生良好的解题习惯，努力使实验语言规范、准确。①

2.5 化学计算

量多、面广、题小是化学计算模块的主要特点。分子式的计算（有机物）、物质的量计算（气体定律）、溶液浓度的计算（c与m%）、多个反应的计算、概念理论的计算（反应与pH），是近年来考查的主要内容。理综试题的化学计算由于受到试卷的限制，多年来专门的化学计算大题考得越来越少，取而代之的是填空、选择形式的小计算，并把它融入到了实验题或有机题中。

地区/年份	计算题					
	2009	2010	2011	2012	2013	平均无
北京	26(3分)；	0	12(6分)；	0	0	1.8
上海	21(7分)；	22(17分)；	3(4分)；22(13分)；	0	22(4分)	16.2
新课标	—	10(6分)；	3(4分)；22(13分)；	0	28(14分)；	6.1
广东	0	0	0	0	30(16分)；	6
海南	11(3分)；15(6分)；	4(2分)；	0	0	0	2.2
江苏	0	20(10分)；18(12分)；	20(14分)；	18(12分)；	18(12分)；	14.2
山东	28(8分)；	0	0	0	29(15分)；	4.6
安徽	28(10分)；	0	0	0	0	2.5
福建	0	4(6分)；	0	0	12(6分)；	2.7
四川	0	0	0	0	0	0
浙江	27(15分)；	26(15分)；	0	0	0	7.5
天津	0	0	0	0	0	0

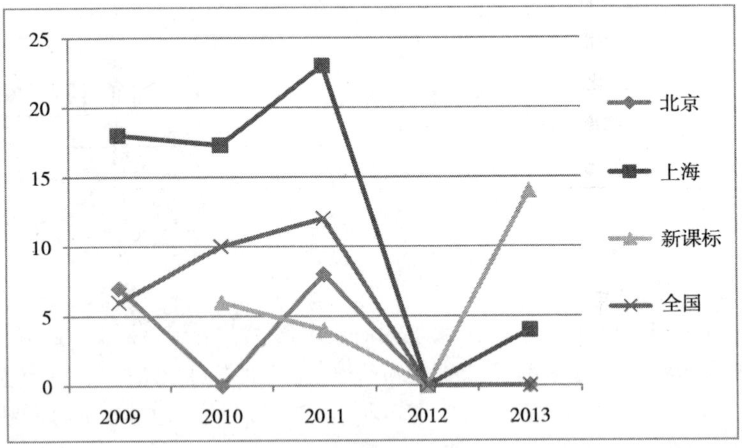

图2.6历年化学计算模块在试题中所占比例变化（以北京、上海、新课标、全国为例）

2.5.1 能力要求

（1）思维能力——从定量的角度上和在较高的深度上，来考查学生的思维能力，即思维的敏捷性、思维的严密性、思维的整体性和思维的创造性等。

（2）自学能力——化学计算题具有情境新颖，信息量大，化学知识丰富，覆盖面广，综合性强等特点，其解题要求学生具备良好的挖掘、处理信息的自学能力。

① 宗汉.新课程高考化学实验题的特点及备考策略[J].化学教育.2010,31(2):39—42.

2.5.2 命题规律

1. 命题特点

(一)内容的综合性

化学计算须综合运用化学基本概念、化学基本理论、元素化合物、有机化学、化学实验等知识块中有关知识，但其重点是有关物质的组成和化学方程式的计算。

(二)设问的层次性

较低层次的计算题在设问时偏重于概念、原理和元素化合物知识的理解与直接应用；而综合计算题在设问时着重于概念、原理以及元素化合物知识的理解和综合应用，特别是分析和综合、创新能力的训练与测试。其中有难度较大的讨论型计算题；也有题中提供新信息，考查学习能力的计算题。难度较大的习题往往分成几个 题设问。一般地说，前面小题的思考与解答实际是为后面的小计算题起提示和铺垫作用的。

(三)条件的隐蔽性

题中的隐蔽条件有多种情况：一是数据参与运算，有的则不参与运算；有的明示，有的隐含(特别是在所谓无数据的题中)；有的则要推求，也有可能给出虚设的数据，或者给出多个数据，须经推算、判断之后才能选择使用的情况；不参与运算的数据有的是作为思考的前提或讨论的范围，有的则起迷惑的作用。二是题中隐蔽的条件还往往隐含在化学原理之中，以考查学生思维的严密性和整体性。

(四)解法的多样性与灵活性

由于题目的综合性强，涉及的知识点多，因此由已知到未知往往有多种转化方式与途径。故解题时可以从不同的角度、不同的层次、不同的侧面、不同的方式进行剖析求解，还要比较不同解法，找出最佳方案。力求思考问题深刻一些，解决问题灵活一些。通过一题多解，发展思维的流畅性；通过一题简解，发展思维的变通性；通过一题优解，发展思维的独特性。

2. 专题考频统计

表 2-14 计算部分专题考点统计表

专题	考点	考频			
		北京	新课标	全国	上海
计算	化学计量相关计算	0	0	1	5
	溶液相关计算	0	2	0	3
	有关化学方程式计算	1	0	0	4
	化学反应速率、化学平衡相关计算	1	0	2	2
	综合部分	1	0	1	3

2.5.3 考点分析

考点1 化学方程式相关计算

【考查方式】

(1)纯量计算

(2)过量计算

(3)热化学方程式的计算

(4)氧化还原计算

(5)电化学计算

(6)有机化学相关计算

(7)多步反应的计算

(8)混合物分析计算

【历年真题回顾】

1. (2014 上海)

含有砒霜(As_2O_3)的试样和锌、盐酸混合反应，生成的砷化氢(AsH_3)在热玻璃管中完全分解成单质砷和氢气。若砷

的质量为 1.50 mg，则（　　）

A. 被氧化的砒霜为 1.98 mg

B. 分解产生的氢气为 0.672 mL

C. 和砒霜反应的锌为 3.90 mg

D. 转移的电子总数为 $6\times10^{-5}N_A$

【答案】C

2.（2013 新课标Ⅱ）

在 1 200℃时，天然气脱硫工艺中会发生下列反应：

$H_2S(g)+\frac{3}{2}O_2(g)=SO_2(g)+H_2O(g)\quad \Delta H_1$

$2H_2S(g)+SO_2(g)=\frac{3}{2}S_2(g)+2H_2O(g)\quad \Delta H_2$

$H_2S(g)+\frac{1}{2}O_2(g)=S(g)+H_2O(g)\quad \Delta H_3$

$2S(g)=S_2(g)\quad \Delta H_4$

则 ΔH_4 的正确表达式为（　　）

A. $\Delta H_4=(\Delta H_1+\Delta H_2-3\Delta H_3)$

B. $\Delta H_4=(3\Delta H_3-\Delta H_1-\Delta H_2)$

C. $\Delta H_4=(\Delta H_1+\Delta H_2-3\Delta H_3)$

D. $\Delta H_4=(\Delta H_1-\Delta H_2-3\Delta H_3)$

【答案】A

3.（2012 江苏）

下列有关说法正确的是（　　）

A. $CaCO_3(s)=CaO(s)+CO_2(g)$室温下不能自发进行，说明该反应的 $\Delta H<0$

B. 镀铜铁制品镀层受损后，铁制品比受损前更容易生锈

C. $N_2(g)+3H_2(g)=2NH_3(g)$；$\Delta H<0$，其他条件不变时升高温度，反应速率 $v(H_2)$ 和 H_2 的平衡转化率均增大

D. 水的离子积常数 Kw 随着温度的升高而增大，说明水的电离是放热反应

【答案】B

4.（2012 全国）

在常压和 500℃条件下，等物质的量的 Ag_2O，$Fe(OH)_3$，NH_4HCO_3，$NaHCO_3$完全分解，所得气体体积依次是 V_1、V_2、V_3、V_4，体积大小顺序正确的是（　　）

A. $V_3>V_2>V_4>V_1$

B. $V_3>V_4>V_2>V_1$

C. $V_3>V_2>V_1>V_4$

D. $V_2>V_3>V_1>V_4$

【答案】A

5.（2012 重庆）

肼（H_2NNH_2）是一种高能燃料，有关化学反应的能量变化如下图所示，已知断裂 1 mol 化学键所需的能量（kJ）：N≡N 为 942、O=O 为 500、N—N 为 154，则断裂 1 mol N—H 键所需的能量（kJ）是（　　）

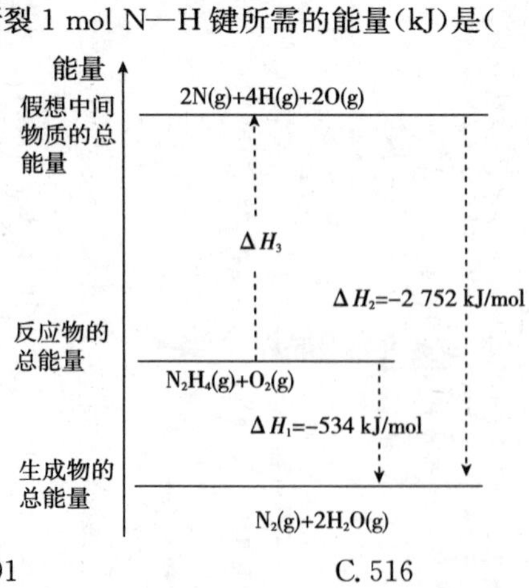

A. 194　　B. 391　　C. 516　　D. 658

【答案】B

考点 2　化学计量相关计算

化学中常用计量包括：相对原子质量、相对分子质量、物质的量、摩尔质量、气体摩尔体积等，对这部分内容的考查一

般都呈现出定量计算或定量分析的特征，关于阿伏加德罗常数的考查和以物质的量为中心的简单计算是两类常见的考查方式。在解题时一是要理清各个量之间的关系；二是善于应用相应的规律，如质量守恒定律、阿伏加德罗定律。

【考查方式】

(1)关于阿伏加德罗常数的考查

这类试题一般是判断叙述的正误，四个选项考查三至四个方面的内容，但都是以阿伏加德罗常数为标准对物质的组成、结构和转化过程中的某种粒子变化进行综合判断。试题难度不大，但是思维的陷阱较多，稍不注意就容易出错。

(2)与物质的量相关的简单计算

通过物质的量可以迅速确定粒子的构成、物质的质量、气体的体积、溶液的物质的量浓度、化学反应的热效应等，同时，物质的量也是连接各化学计量的桥梁，许多有关化学计量的计算都与物质的量直接相关。①

【历年真题验证】

1.(2014 新课标Ⅱ)

一定温度下，下列溶液的离子浓度关系式正确的是　　（　　）

A. pH=5 的 H_2S 溶液中，$c(H^+)=c(HS^-)=1\times10^{-5}\ mol\cdot L^{-1}$

B. pH=a 的氨水溶液，稀释 10 倍后，其 pH=b，则 $a=b+1$

C. pH=2 的 $H_2C_2O_4$ 溶液与 pH=12 的 NaOH 溶液任意比例混合：$c(Na^+)+c(H^+)=c(OH^-)+c(HC_2O_4^-)$

D. pH 相同的①CH_3COONa、②$NaHCO_3$、③NaClO 三种溶液的 $c(Na^+)$：①>②>③

【答案】D

2.(2013 广东)

50℃时，下列各溶液中，离子的物质的量浓度关系正确的是（　　）

A. pH=4 的醋酸中：$c(H^+)=4.0\ molL^{-1}$

B. 饱和小苏打溶液中：$c(Na^+)=c(HCO_3^-)$

C. 饱和食盐水中：$c(Na^+)+c(H^+)=c(Cl^-)+c(OH^-)$

D. pH=12 的纯碱溶液中：$c(OH^-)=1.0\times10^{-2}molL^{-1}$

【答案】C

考点 3　化学反应速率、化学平衡相关计算

化学反应速率是高考常考知识点，学生必须掌握在化学反应中速率之比等于计量数之比，外界条件对速率的影响关键是外界条件的改变引起单位体积内活化分子数量的变化。对化学平衡状态的判断要抓住平衡时的特征：如对同一物质而言：$V_{正}=V_{逆}$，各组分的浓度不再发生改变，物质的转化率不变等。外界条件对平衡的影响符合勒夏特列原理，但同时要注意平衡移动对反应物的转化率，各组分的百分含量，气体的密度，混合气体的平均相对分子质量，气体颜色等引起的变化。

【考查方式】

(1)定性分析与定量计算综合考查

定性分析包括外界条件对速率或平衡的影响；合成新物质中条件的选择，此类问题可根据外界条件对速率、平衡的影响直接进行判断。定量计算包括速率、转化率、平均相对分子质量等的计算，对这类问题可运用公式或“三线”法直接进行解答。

(2)文字信息与图形表格综合考查

对于一个速率或平衡的图像题，从图表中我们必须分析出：(1)轴：横坐标和纵坐标的含义；(2)线：曲线的含义，走向和变化趋势；(3)点：起点、交点、转折点、终点等特殊点的意义。必要时可作出等温线或等压线等辅助线。从文字中主要是分析给出反应方程式的信息：放热还是吸热；气体的体积是增大还是减小等。②

【历年真题回顾】

1.(2014 四川)

在 10 L 恒容密闭容器中充入 X(g)和 Y(g)，发生反应 $X(g)+Y(g)\rightleftharpoons M(g)+N(g)$，所得实验数据如下表：

---

① 高考化学各部分考查内容和命题趋势百度文库

② 高考化学各部分考查内容和命题趋势

实验编号	温度/℃	起始时物质的量/mol		平衡时物质的量/mol
		n(X)	n(Y)	n(M)
①	700	0.40	0.10	0.090
②	800	0.10	0.40	0.080
③	800	0.20	0.30	a
④	900	0.10	0.15	b

下列说法正确的是　　（　　）

A. 实验①中，若 5 min 时测得 $n(M)=0.050$ mol，则 0 至 5 min 时间内，用 N 表示的平均反应速率 $v(N)=1.0\times10^{-2}$ mol/(L·min)

B. 实验②中，该反应的平衡常数 $K=2.0$

C. 实验③中，达到平衡时，X 的转化率为 60%

D. 实验④中，达到平衡时，$b>0.060$

【答案】C

2.（2012 天津）

已知 $2SO_2(g)+O_2(g)\rightleftharpoons 2SO_3(g)$；$\Delta H=-197\ kJ\cdot mol^{-1}$。向同温、同体积的三个密闭容器中分别充入气体：(甲) 2 mol SO_2 和 1 mol O_2；(乙) 1 mol SO_2 和 0.5 mol O_2；(丙) 2 mol SO_3。恒温、恒容下反应达平衡时，下列关系一定正确的是　　（　　）

A. 容器内压强 p：$p_甲=p_丙>2p_乙$

B. SO_3 的质量 m：$m_甲=m_丙>2m_乙$

C. $c(SO_2)$ 与 $c(O_2)$ 之比 k：$k_甲=k_丙>k_乙$

D. 反应放出或吸收热量的数值 Q：$Q_甲=Q_丙>2Q_乙$

【答案】B

考点 4　溶液相关计算

【考查方式】

(1)有关溶质溶解度的计算

(2)溶液酸碱性分析和 pH 的计算

(3)有关溶液浓度(溶液的溶质质量分数和物质的量浓度)的计算

(4)有关溶液中离子浓度的计算

【历年真题回顾】

1.（2014 上海）

向等物质的量浓度的 NaOH 和 Na_2CO_3 的混合溶液中加入稀盐酸。下列离子方程式与事实不相符的是　　（　　）

A. $OH^-+CO_3^{2-}+2H^+\longrightarrow HCO_3^-+H_2O$

B. $2OH^-+CO_3^{2-}+3H^+\longrightarrow HCO_3^-+2H_2O$

C. $2OH^-+CO_3^{2-}+4H^+\longrightarrow CO_2\uparrow+3H_2O$

D. $OH^-+CO_3^{2-}+3H^+\longrightarrow CO_2\uparrow+2H_2O$

【答案】C

2.（2014 广东）

常温下，0.2 $mol\cdot L^{-1}$ 的一元酸 HA 与等浓度 NaOH 溶液等体积混合后，所得溶液中部分微粒组分及浓度如图所示。下列说法正确的是　　（　　）

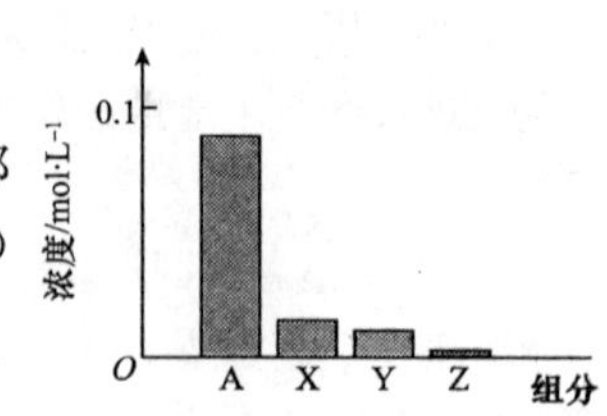

A. HA 为强酸

B. 该混合溶液 pH=7.0

C. 该混合溶液中：$c(A^-)+c(Y)=c(Na^+)$

D. 图中 X 表示 HA，Y 表示 OH^-，Z 表示 H^+

【答案】C

考点 5　综合计算

【考查方式】

(1)以填空题形式出现

(2)以大题形式出现

【历年真题回顾】

1.(2014 上海)

(1)焦硫酸($H_2SO_4 \cdot SO_3$)溶于水,其中的SO_3都转化为硫酸。若将445 g焦硫酸溶于水配成4.00 L硫酸,该硫酸的物质的量浓度为________ mol/L。

(2)若以浓硫酸吸水后生成$H_2SO_4 \cdot H_2O$计算,250 g质量分数为98%的硫酸能吸收多少g水?

(3)硫铁矿是工业上制硫酸的主要原料。硫铁矿氧化焙烧的化学反应如下:

$$3FeS_2+8O_2 \longrightarrow Fe_3O_4+6SO_2 \quad 4FeS_2+11O_2 \longrightarrow 2Fe_2O_3+8SO_2$$

若48 mol FeS_2完全反应耗用氧气2 934.4 L(标准状况),计算反应产物中Fe_3O_4与Fe_2O_3物质的量之比。

2.(2013 江苏)

硫酸镍铵$[(NH_4)_xNi_y(SO_4)_m \cdot nH_2O]$可用于电镀、印刷等领域。某同学为测定硫酸镍铵的组成,进行如下实验:①准确称取2.335 0 g样品,配制成100.00 mL溶液A;②准确量取25.00 mL溶液A,用0.040 00 mol·L^{-1}的EDTA(Na_2H_2Y)标准溶液滴定其中的Ni^{2+}(离子方程式为$Ni^{2+}+H_2Y^{2-} = NiY^{2-}+2H^+$),消耗EDTA标准溶液31.25 mL;③另取25.00 mL溶液A,加足量的NaOH溶液并充分加热,生成NH_3 56.00 mL(标准状况)。

(1)若滴定管在使用前未用EDTA标准溶液润洗,测得的Ni^{2+}含量将________(填"偏高""偏低"或"不变")。

(2)氨气常用________检验,现象是____。

(3)通过计算确定硫酸镍铵的化学式(写出计算过程)________________________________。

【答案】(1)偏高

(2)湿润的红色石蕊试纸　试纸颜色由红变蓝

(3)$n(Ni^{2+})=0.040\ 00\ mol \cdot L^{-1} \times 31.25\ mL \times 10^{-3}\ L \cdot mL^{-1}$

$=1.250 \times 10^{-3}\ mol$

$n(NH_4^+)=\dfrac{56.00\ mL \times 10^{-3}\ L \cdot mL^{-1}}{22.4\ L \cdot mol^{-1}}=2.500 \times 10^{-3}\ mol$

$n(SO_4^{2-})=\dfrac{2n(Ni^{2+})+n(NH_4^+)}{2}$

$=\dfrac{2 \times 1.25 \times 10^{-3}\ mol+2.500 \times 10^{-3}\ mol}{2}$

$=2.500 \times 10^{-3}\ mol$

$m(Ni^{2+})=59\ g \cdot mol^{-1} \times 1.250 \times 10^{-3}\ mol=0.073\ 75\ g$

$m(NH_4^+)=18\ g \cdot mol^{-1} \times 2.500 \times 10^{-3}\ mol=0.045\ 00\ g$

$m(SO_4^{2-})=96\ g \cdot mol^{-1} \times 2.500 \times 10^{-3}\ mol=0.240\ 0\ g$

$n(H_2O)=\dfrac{2.335\ 0\ g \times \dfrac{25.00\ mL}{100.00\ mL}-0.073\ 75\ g-0.045\ 00\ g-0.240\ 0\ g}{18\ g \cdot mol^{-1}}=1.250 \times 10^{-2}\ mol$

$x:y:m:n=n(NH_4^+):n(Ni^{2+}):n(SO_4^{2-}):n(H_2O)=2:1:2:10$

硫酸镍铵的化学式为$(NH_4)_2Ni(SO_4)_2 \cdot 10H_2O$

3.(2012 浙江)

已知:$I_2+2S_2O_3^{2-} = S_4O_6^{2-}+2I^-$。相关物质的溶度积常数见下表:

物质	$Cu(OH)_2$	$Fe(OH)_3$	CuCl	CuI
K_{sp}	2.2×10^{-20}	2.6×10^{-39}	1.7×10^{-7}	1.3×10^{-12}

(1)某酸性$CuCl_2$溶液中含有少量的$FeCl_3$,为得到纯净的$CuCl_2 \cdot 2H_2O$晶体,加入________,调至pH=4,使溶液中的Fe^{3+}转化为$Fe(OH)_3$沉淀,此时溶液中的$c(Fe^{3+})$=________。过滤后,将所得滤液低温蒸发、浓缩结晶,可得到$CuCl_2 \cdot 2H_2O$晶体。

(2)在空气中直接加热$CuCl_2 \cdot 2H_2O$晶体得不到纯的无水$CuCl_2$,原因是________(用化学方程式表示)。由$CuCl_2 \cdot 2H_2O$晶体得到纯的无水$CuCl_2$的合理方法是________________________________。

(3)某学习小组用"间接碘量法"测定含有$CuCl_2 \cdot 2H_2O$晶体的试样(不含能与I^-发生反应的氧化性杂质)的纯度,过程如下:取0.36 g试样溶于水,加入过量KI固体,充分反应,生成白色沉淀。用0.100 0 mol·L^{-1} $Na_2S_2O_3$标准溶液滴定,到达滴定终点时,消耗$Na_2S_2O_3$标准溶液20.00 mL。

定，到达滴定终点时，消耗 $Na_2S_2O_3$ 标准溶液 20.00 mL。

①可选用________作滴定指示剂，滴定终点的现象是________。

② $CuCl_2$ 溶液与 KI 反应的离子方程式为________。

③试样中 $CuCl_2\cdot 2H_2O$ 的质量百分数为________。

【答案】(1) $Cu(OH)_2$ [或 $Cu_2(OH)_2CO_3$]　2.6×10^{-9} mol·L^{-1}

(2) $2CuCl_2\cdot 2H_2O \xlongequal{\triangle} Cu(OH)_2\cdot CuCl_2+2HCl+2H_2O$

[主要产物写成 $Cu(OH)_2$, $Cu(OH)Cl$, CuO 均可]　在干燥的 HCl 气流中加热脱水

(3)①淀粉溶液

蓝色褪去，放置一定时间后不恢复原色

② $2Cu^{2+}+4I^- \xlongequal{} 2CuI\downarrow+I_2$

③95%

2.5.4　真题·规律验证

表 1

2014 年真题	【广东，12】常温下，0.2 mol·L^{-1}的一元酸 HA 与等浓度 NaOH 溶液等体积混合后，所得溶液中部分微粒组分及浓度如图所示。下列说法正确的是（　　） 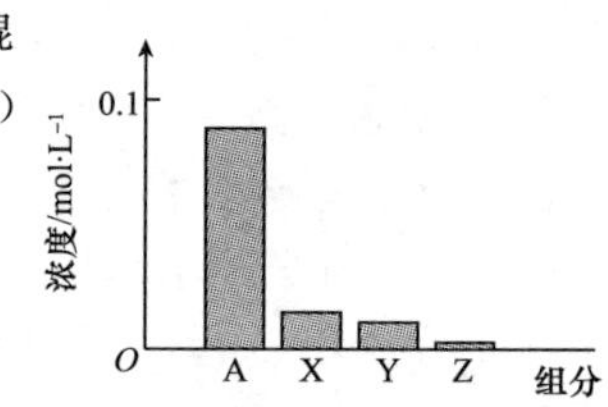 A. HA 为强酸 B. 该混合溶液 pH=7.0 C. 该混合溶液中：$c(A^-)+c(Y)=c(Na^+)$ D. 图中 X 表示 HA，Y 表示 OH^-，Z 表示 H^+
考点	考点 4 溶液相关计算
验证规律	(1)溶液酸碱性分析和 pH 的计算 (2)有关溶液浓度(溶液的溶质质量分数和物质的量浓度)的计算
相似题	【TPS 系统·S00056701】在 25 ml 0.1 mol·L^{-1} NaOH 溶液中逐滴加入 0.2mol·L^{-1} CH_3COOH 溶液，溶液 pH 变化曲线如图所示，下列有关离子浓度的比较正确的是（　　） 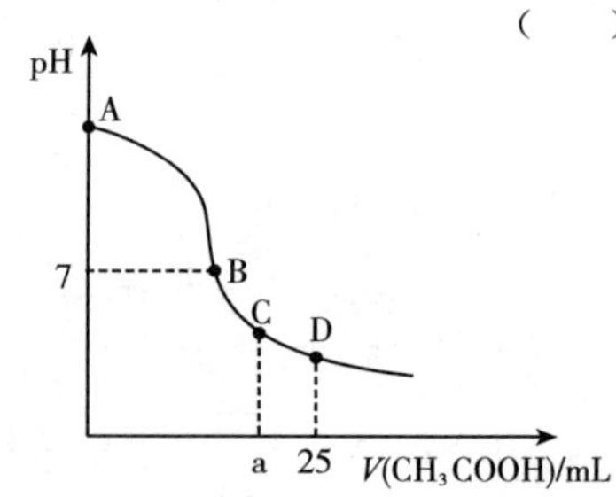 A. 在 A、B 间任一点(不含 A、B 点)，溶液中一定有 $c(Na^+)>c(CH_3COO^-)>c(OH^-)>c(H^+)$ B. 在 B 点，a>12.5，且有 $c(Na^+)=c(CH_3COO^-)>c(OH^-)=c(H^+)$ C. 在 C 点，$c(CH_3COO^-)>c(Na+)>c(OH^-)>c(H^+)$ D. 在 D 点，$c(CH_3COO^-)+c(CH_3COOH)=c(Na^+)$ 【TPS 系统·S00383446】5℃时，下列溶液中有关微粒的物质的量浓度关系错误的是（　　） A. pH=2 的 HA 溶液与 pH=12 的 MOH 溶液以任意比混合：$[H^+]+[M^+]=[OH^-]+[A^-]$ B. pH=4 的 NaHA 溶液：$[HA^-]>[H^+]>[H_2A]>[A^{2-}]$ C. 将醋酸钠、盐酸两溶液混合后呈中性的溶液中：$[Na^+]=[CH_3COO^-]+[CH_3COOH]$ D. 氨水和氯化铵的混合溶液，可能会出现$[NH_4^+]>[OH^-]>[Cl^-]>[H^+]$ 【TPS 系统·S00375913】关于浓度均为 0.1 mol/L 的三种溶液：①氨水、②盐酸、③氯化铵溶液，下列说法不正确的是（　　） A. $c(NH_4{}^+)$：③>① B. 水电离出的 $c(H^+)$：②>① C. ①和②等体积混合后的溶液：$c(H^+)=c(OH^-)+c(NH_3\cdot H_2O)$ D. ①和③等体积混合后的溶液：$c(NH_4^+)>c(Cl^-)>c(OH^-)>c(H^+)$

表 2

<table>
<tr><td>2013 年真题</td><td>【广东卷，9】设 n_A 为阿伏加德罗常数的数值，下列说法正确的是 （　　）
A. 常温常压下，8 g O_2 含有 $4n_A$ 个电子
B. 1 L 0.1 mol·L^{-1}的氨水中有 n_A 个 NH_4^+
C. 标准状况下，22.4 L 盐酸含有 n_A 个 HCl 分子
D. 1 mol Na 被完全氧化生成 Na_2O_2，失去 $2n_A$ 个电子
【江苏卷，7】设 N_A 为阿伏加德罗常数的值。下列说法正确的是 （　　）
A. 1 L 1 mol·L^{-1}的 NaClO 溶液中含有 ClO^- 的数目为 N_A
B. 78 g 苯含有 C═C 双键的数目为 $3N_A$
C. 常温常压下，14 g 由 N_2 与 CO 组成的混合气体含有的原子数目为 N_A
D. 标准状况下，6.72 L NO_2 与水充分反应转移的电子数目为 $0.1N_A$</td></tr>
<tr><td>考点</td><td>考点 2 化学计量相关计算</td></tr>
<tr><td>验证规律</td><td>关于阿伏加德罗常数的考查</td></tr>
<tr><td>相似题</td><td>【TPS 系统·S00306748】用 N_A表示阿伏加德罗常数的值。下列叙述正确的是 （　　）
A. 常温常压下的 33.6 L 氯气与 27 g 铝充分反应转移电子数为 $3N_A$
B. 用 CO_2和 O_2组成的混合物中共有 N_A个分子，其中的氧原子数为 $2N_A$
C. Na_2O_2与 H_2O 反应生成 1.12 L O_2(标准状况)，反应中转移的电子数为 $2\times6.02\times10^{23}$
D. 标准状况下，80 g SO_3 中含 $3N_A$ 个氧原子，体积约为 22.4 L</td></tr>
<tr><td>其他相似题链接</td><td>TPS1.0 系统·C－P01S01－A01 典例二
《高分策略》P_4 第 2 题</td></tr>
</table>

表 3

<table>
<tr><td>2013 年真题</td><td>【四川，6】在一定温度下，将气体 X 和气体 Y 各 0.16 mol 充入 10 L 恒容密闭容器中，发生反应 $X(g)+Y(g)\rightleftharpoons 2Z(g)$　$\Delta H<0$，一段时间后达到平衡。反应过程中测定的数据如下表：
<table><tr><td>t/min</td><td>2</td><td>4</td><td>7</td><td>9</td></tr><tr><td>n(Y)/mol</td><td>0.12</td><td>0.11</td><td>0.10</td><td>0.10</td></tr></table>下列说法正确的是 （　　）
A. 反应前 2 min 的平均速率 $v(Z)=2.0\times10^{-3}$ mol/L^{-1}·min^{-1}
B. 其他条件不变，降低温度，反应达到新平衡前 v(逆)>v(正)
C. 该温度下此反应的平衡常数 K＝1.44
D. 其他条件不变，再充入 0.2 mol Z，平衡时 X 的体积分数增大</td></tr>
<tr><td>考点</td><td>考点 3 化学反应速率、化学平衡相关计算</td></tr>
<tr><td>验证规律</td><td>定性分析与定量计算综合考查</td></tr>
<tr><td>相似题</td><td>【TPS 系统·S00136216】在容积固定的容器中发生反应：$CO(g)+2H_2(g)\rightleftharpoons CH_3OH(g)$；$\Delta H<0$，各物质的浓度如下表
<table><tr><td></td><td>c(CO)mol/L</td><td>c(H_2)mol/L</td><td>c(CH_3OH)mol/L</td></tr><tr><td>0 min</td><td>0.8</td><td>1.6</td><td>0</td></tr><tr><td>2 min</td><td>0.6</td><td>x</td><td>0.2</td></tr><tr><td>4 min</td><td>0.3</td><td>0.6</td><td>0.5</td></tr><tr><td>6 min</td><td>0.3</td><td>0.6</td><td>0.5</td></tr></table>下列说法不正确的是 （　　）
A. 2 min－4 min 内用氢气表示的速率为 0.3 mol/(L·min)
B. 达平衡时，CO 的转化率为 62.5%
C. 反应在 2 min 时改变了条件，可能是增加了 H_2的浓度
D. 反应在 2 min 时改变了条件，可能是加入了催化剂</td></tr>
</table>

续表

相似题	【TPS 系统 · S00381483】已知：$N_2(g)+3H_2(g)\rightleftharpoons 2NH_3(g)$；$\Delta H=-Q\ kJ\cdot mol^{-1}(Q>0)$。现有甲乙两个相同的密闭容器，向甲容器中充入 1 mol $N_2(g)$和 3 mol$H_2(g)$，在一定条件下达到平衡时放出的热量为 Q_1 kJ；在相同条件下向乙容器中充入 2 mol $NH_3(g)$，达到平衡时吸收的热量为 Q_2 kJ。已知 $Q_2=3\ Q_1$，下列叙述中正确的是 （　　） A. 平衡时甲容器中 $NH_3(g)$的体积分数比乙容器中的小 B. 平衡时甲容器中气体的压强为开始时压强的$\frac{3}{4}$ C. 达到平衡时，甲容器中 H_2 的转化率为 25% D. $Q_1=Q$
其他相似题链接	《高分策略》P_{77}第 3 题；P_{81}第 3 题

表 4

2013 年真题	【江苏，18】硫酸镍铵$[(NH_4)_xNi_y(SO_4)_m\cdot nH_2O]$可用于电镀、印刷等领域。某同学为测定硫酸镍铵的组成，进行如下实验：①准确称取 2.335 0 g 样品，配制成100.00 mL 溶液 A；②准确量取 25.00 mL 溶液 A，用 0.040 00 mol · L^{-1}的 EDTA(Na_2H_2Y)标准溶液滴定其中的 Ni^{2+}(离子方程式为 $Ni^{2+}+H_2Y^{2-}=NiY^{2-}+2H^+$)，消耗 EDTA 标准溶液 31.25 mL；③另取 25.00 mL 溶液 A，加足量的 NaOH 溶液并充分加热，生成 NH_3 56.00 mL(标准状况)。 (1)若滴定管在使用前未用 EDTA 标准溶液润洗，测得的 Ni^{2+} 含量将________(填“偏高”“偏低”或“不变”)。 (2)氨气常用________检验，现象是________________________________。 (3)通过计算确定银硫酸镍铵的化学式(写出计算过程)。
考点	综合计算
验证规律	考点 1：考查化学方程式的计算 考点 3：文字信息与图形表格综合考查
相似题	【TPS 系统 · S00329079】资料显示：碳还原氧化铁的过程如下： Fe_2O_3（红棕色） $\xrightarrow{400℃\sim500℃}$ Fe_3O_4（黑色） $\xrightarrow{500℃\sim600℃}$ FeO（黑色） $\xrightarrow{700℃\sim800℃}$ Fe（黑色） 如图所示的实验中，反应前氧化铁和碳粉的质量分别为 32 克和 1.2 克，反应后得到气体 A 和 28.8 克黑色固体 B. 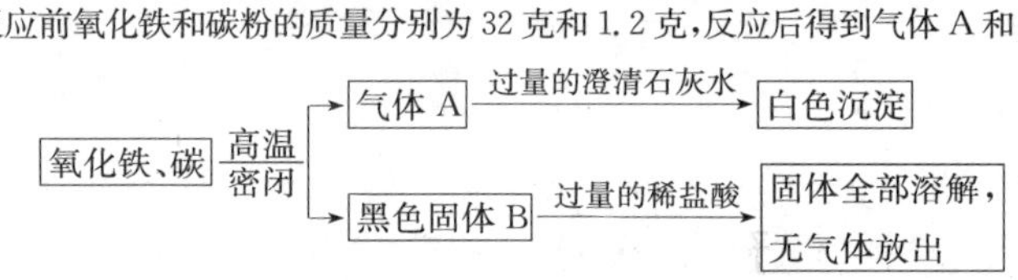 (1)求白色沉淀的质量； (2)推断黑色固体 B 的化学式.(要求写出推断过程)
其他相似题链接	《高分策略》P_{81}第 14 题

2.5.5 备考策略

(1)在化学计算复习的总体指导思想上，牢牢把握以物质的量为中心。

由于相对原子质量、气体摩尔体积、物质的量浓度、氧化还原反应、反应热等概念及有关基本计算，都牵连到物质的量，所以应将其放在计算复习中的中心位置。一定要让学生准确完整地理解“物质的量”概念，只有概念理解到位，才能熟练自如地运用概念来进行计算。所以复习计算时应该回顾有关概念。

(2)在化学计算复习的计划安排上，建议三轮复习中各有侧重点。

第一轮复习中结合知识系统穿插有关计算，可适当拓宽，以便于更好地理解有关概念和落实基础知识、培养能力。第二轮计算专题复习中一定要按考纲要求逐条落实，每一条都以近年高考题为主进行配套练习，并以高考题为基础适当编拟变式习题训练，同时进行解题方法的总结。第三轮复习中结合模拟考试中学生的答题情况，进行分析、订正、完善，要求解题到位、规范、简洁、准确，以达到练后不忘、答案尽量不失分的目的。

(3)精选例题，课堂上的例题贵典型而不在难，贵精不在多，贵有序而忌堆砌。

要符合本课的教学目标，符合本班大多数学生的认知水平，所举例题的呈现顺序要经过合理安排，尽量使呈现顺序脉络与知识主线、学生认知思路这三条线符合，产生“共振”。

3. 我们的工作

3.1 TPS 系统

优能个性化学习系统(Teaching & Practicing System,简称 TPS)。它融合了主题、专题教学理念,分别专注于基础知识巩固和考前串讲冲刺,提供专属的学习测试跟踪,实现根据所学内容自动组卷。与学科测评系统和智能测评系统紧密结合,精确定位学习起点,设定学习目标,基于切片体系,立足海量数据库。实现学习内容和教学策略与学生实际需求的阶段性匹配,真正实现所考即所学,及时检验并巩固学习成果。

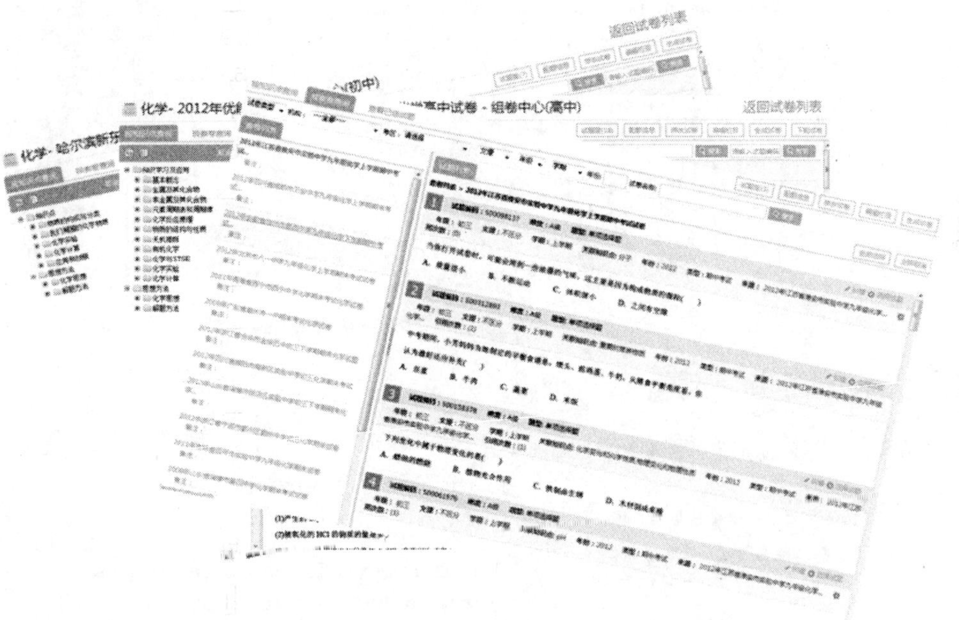

3.2 《高分策略》丛书(附预测卷)

汇集新东方优能中学顶尖名师多年的知识及教学经验,深度解读命题意图,精心选取历年高考中必考、高频考点,剖析、精讲典型题型,精心设计预测试题,为考生拨开高考迷雾,直击得分点,帮助考生摆脱题海战术,轻松考取高分。

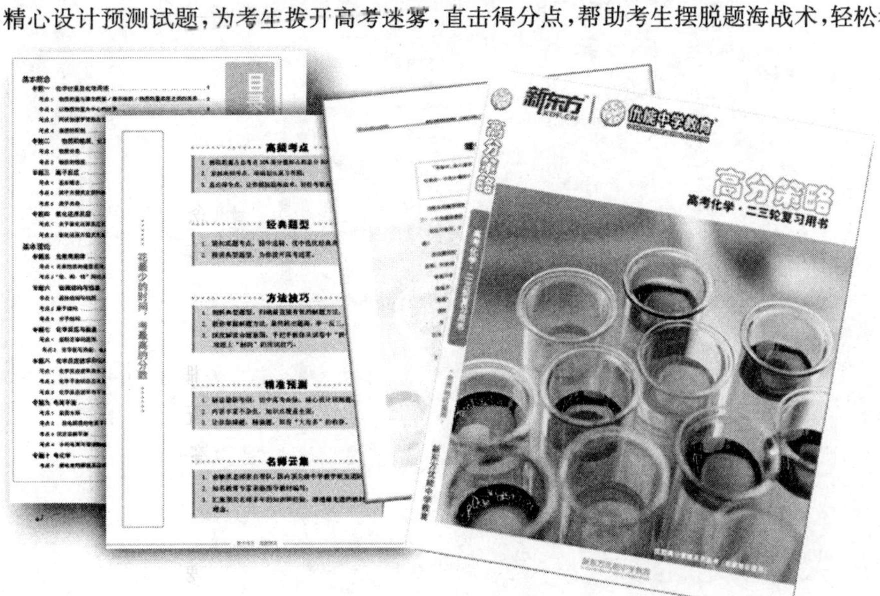

优能中学教育
U-CAN SECONDARY SCHOOL EDUCATION

《高分策略》·化学栏目设置展示

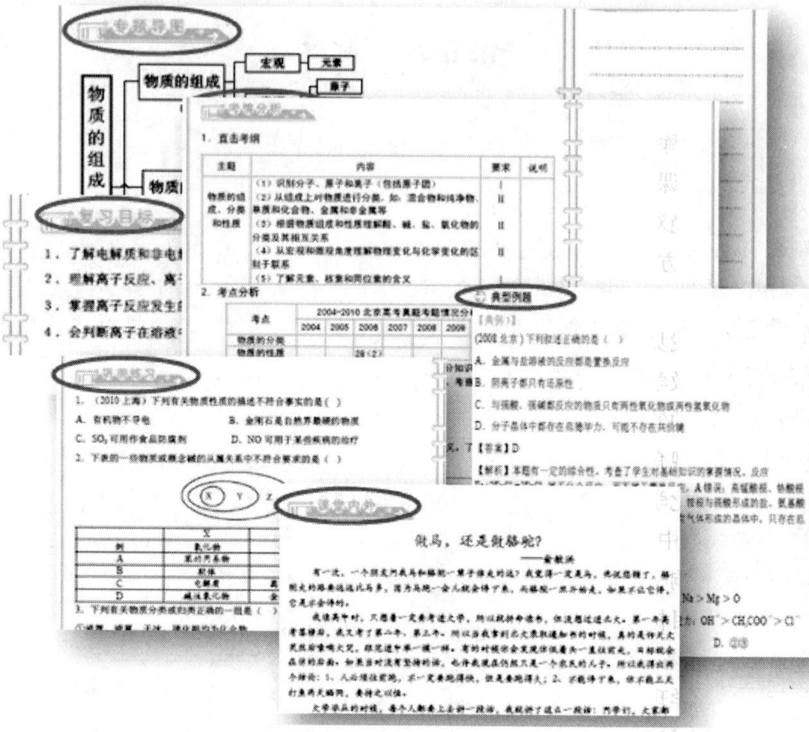

3.3 新东方优能·高考预测卷

解读各省市考试说明，把握最新命题动向，直击考试热点。

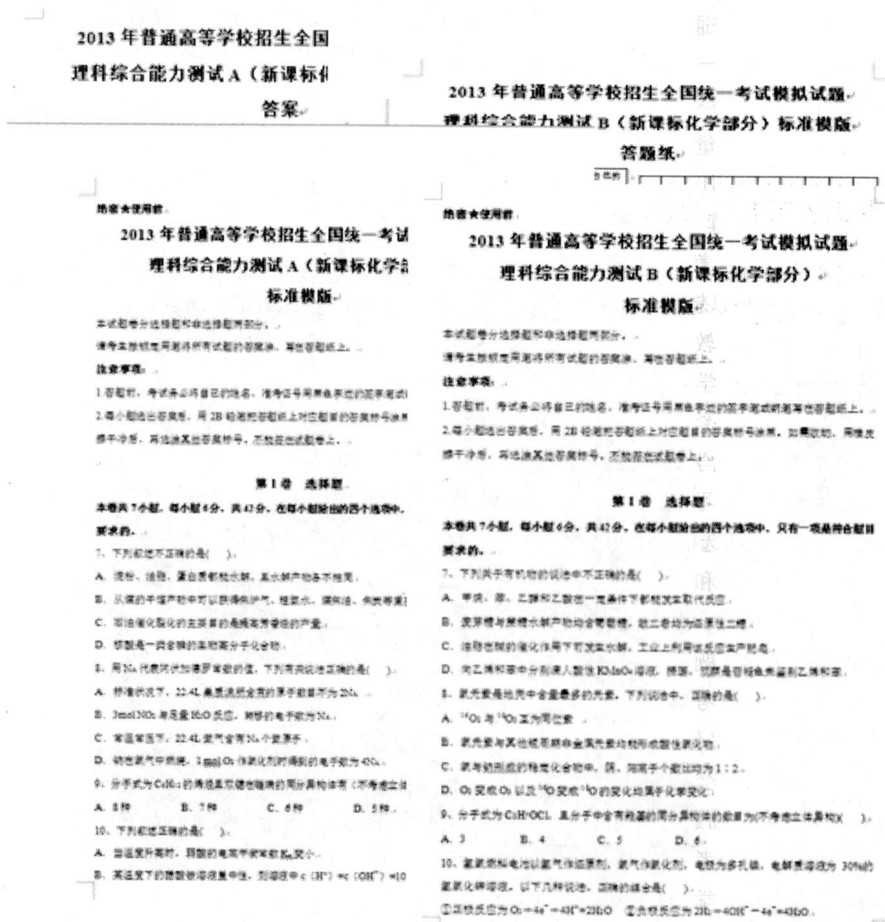

4. 参考文献

[1]刘雅莉，赵海燕. 高考化学题库内部结构的设计[J]. 中国考试. 2013(4)：13－14

[2]. 梁红君. 构建高效化学复习课的尝试与思考[J]. 现代阅读(教育版). 2013(3)：85.

[3]陈燕，王祖浩. 高考实验题“绝对难度”评估工具的研究[J]. 全球教育展望. 2013(2)：45－50.

[4]沈世红. 从江苏高考中的“大方向”看化学教学中的“大问题”[J]. 内蒙古师范大学学报(教育科学版). 2012(10)：99－101.

[5]王强. 化学阅读能力培养之我见[J]. 剑南文学(经典教苑). 2012(1)：265.

[6]张娟. 高中新课程化学实验教学现状的调查与思考[D]. 东北师范大学. 2012：5－14.

[7]左嘉平. 高中化学实验教学的实践研究[D]. 天津师范大学. 2012：8－13.

[8]朱丹萍. 从问题解决学习的视角探索高考化学实验命题的发展趋势[D]. 上海师范大学。2011：3－12.

[9]黎颖. 从高考化学分析高中化学课程实施的理念[J]. 读与写(教育教学刊). 2011(10)：161.

[10]杜贵平. 高三化学备考复习中的有效教学研究[D]. 内蒙古师范大学. 2011：3－10.

[11]高考对课程结构改革的影响——以化学学科为例

[12]高中化学课程改革的主要目标是什么？

[13]蒋晓荣. 恢复高考32年来高考化学命题立意的变迁与启示[J]. 化学教育. 2010.(3)：66～67

[14]谈课程改革中化学教师教学理念的更新

[15]王明召，高盘良，王磊. 普通高中课程标准实验教科书・化学反应原理. 第3版，济南：山东科学技术出版社，2007. 82～88

[16]从考试内容标准角度看新旧高考大纲之差异性

[17]沃秀娟. 新课程背景下高考化学试题的变化及教学启示.

[18]国家教育考试中心 2006年普通高等学校招生全国统一考试大纲的说明[M]. 北京：高等教育出版社，2005. 519－522

[19]李建堂. 立足基础考查能力－2006年高考全国理综卷化学试题分析及启示[J]. 化学教育. 2006(10)：29－31.

[20]俞水泉. 从新课标实验区高考化学试题谈新课标下高考复习[J]. 中学化学教学参考. 2009(1－2)：45－46

[21]韩家勋. 科学探究与化学测量[J]. 中国考试. 2007(1)：38－44.

[22]2005－2010年高考全国卷II理科综合能力测试有机化学试题分析

[23]化学考试大纲热点问题解读

[24]李欢. 化学教学中的STSE教育[J]. 科技教育.

[25]周存军. 谈中学化学学科思想和方法的培养[J]. 现代教育科学. 2009(3)：101－102.

[26]董景礼. 浅谈化学学科思想教育[J]. 阜阳师范学院学报(自然科学版). 2005(6)：90－92

[27]吴伟丽. 化学新课程教学中学生信息素养的培养研究. 硕士学位论文.

[28]2010年高考考试大纲(理科综合)

[29]冯宇. 2009年新课程高考化学试题的特点及启示[J]. 教育理论与实践. 2010(3)：12－14

[30]雷范军. 理综背景下怎样复习化学用语及化学计量[J]. 广东教育(高中版)2009(11)：68－72

[31]2010年高考离子反应试题选析与点评

[32]苗培玉. 离子反应基础知识和考点探析

[33]戴峰. 立足传统变中求新——从高考题看离子共存题的考查形式

[34]雷范军. 氧化还原反应常见题型分类例析

[35]杨春. 浅析氧化还原反应的考查方式

[36]王宏敏. 点击元素周期律(必修部分)的复习要点和高考考查方式

[37]尹丽娅.《化学反应速率与化学平衡》复习要点分析

[38]刘海平，魏戚光. 高考化学命题趋势探析[J]. 课程教材教学研究(教育研究). 2009(1)：83－85.

[39]罗功举. 多官能团有机物的考查方式分析. 高考理科版. 2008(01)

[40]杨国强. 谈新高考对有机化学推断的考查. 中学生数理化. 2005(3)：64－73.

[41]谭飞燕.高考试题中对同分异构体知识考查方式分析. 中学生数理化. 2008(5):72—76
[42]刘元媛.北京高考化学实验题考查动向及复习启示[J].化学教育.
[43]新课程理念下高考化学实验命题的趋势
[44]胡书勇.谈高考化学实验操作类试题的应试策略[J].考试指导.45.
[45]刘建兵.再谈物质的鉴别.高中数理化. 2003(5):43—44.
[46]李雅茹.化学实验方案设计的考查方式.农村青少年科学探. 2009(03):28
[47]高考化学的计算题初探
[48]高考化学各部分考查内容和命题趋势
[49]高考化学各部分考查内容和命题趋势
[50]近年高考理综化学计算题分析及08备考建议

优能中学教育
U-CAN SECONDARY SCHOOL EDUCATION
耀起来
不要紧张
就耀从荣应对

2014–2015年度高考备考策略研究报告

2014—2015 Research Report on NMT Preparation Strategies

总顾问：俞敏洪

顾　问：周成刚

总统筹：罗　娉　王　专

总策划：新东方优能中学推广管理中心（全国中高考教学考试研究院）

总　编：赵剑锋

本册主编：于志岳

编　辑：陈贾雷　李建龙　李　晶

新东方 XDF.CN | 优能中学教育 U-CAN SECONDARY SCHOOL EDUCATION

西藏人民出版社

新学案

图书在版编目(CIP)数据

新学案.6/北京天利考试信息网编.
—拉萨：西藏人民出版社，2009.3（2014.7重印）
ISBN 978-7-223-02599-7

Ⅰ.①新… Ⅱ.①北… Ⅲ.①课程—教案（教育）—中学 Ⅳ.①G633

中国版本图书馆CIP数据核字(2009)第009073号

新学案.6
——2014—2015年度高考备考策略研究报告

作　　者 全国中高考教学考试研究院
责任编辑 杨永坤
装帧设计 高文辉
出　　版 西藏人民出版社
社　　址 拉萨市林廓北路23号　　**邮政编码：** 850000
北京发行部：100013　北京市东土城路8号林达大厦A座13层
电　　话：010-61420186
印　　刷 三河市南阳印刷有限公司
经　　销 全国新华书店
开　　本 16开（880×1 230）　　**字　　数** 1 300 千
印　　张 43
版　　次 2014年7月第1版第2次印刷
标准书号 ISBN 978-7-223-02599-7
定　　价 398.00元（全6册）

目　录

第一章　研究资料索引

1.1 法规政策研究及热点分析

教育部办公厅关于继续组织开展切实保证中小学生每天一小时校园体育活动专项督导检查的通知　2013.05.13

教育部办公厅关于做好《中国梦青少年教育读本》学习宣传工作的通知　2013.04.25

教育部办公厅关于印发《初中思想品德课和高中思想政治课贯彻党的十八大精神的教学指导建议》的通知　2013.02.20

国务院关于深入推进义务教育均衡发展的意见　2012.09.07

教育部、国家民委、公安部等关于调整部分高考加分项目和进一步加强管理工作的通知　2010.11.14

国务院关于同意建立国家教育统一考试工作部际联席会议制度的批复　2004.05.13

国务院批转教育部2003－2007年教育振兴行动计划的通知　2004.03.03

国务院办公厅关于做好2003年全国普通高等学校招生工作的通知　2003.05.09

中共中央、国务院关于深化教育改革全面推进素质教育的决定　1999.06.13

国务院批转教育部面向21世纪教育振兴行动计划的通知　1999.01.13

国务院关于《中国教育改革和发展纲要》的实施意见　1994.07.03

中国教育改革和发展纲要　1993.02.26

国务院批转国家教委关于加快改革和积极发展普通高等教育意见的通知　1993.01.12

国家民委办公厅、教育部办公厅关于请协助做好中央民族大学附属中学2011年招生工作的通知　2011.04.29

教育部关于做好2011年普通高等学校招生工作的通知　2011.03.08

国家体育总局科教司关于做好2011年优秀运动员免试进入高等学校学习有关事宜的通知　2010.12.01

教育部、国家民委、公安部等关于调整部分高考加分项目和进一步加强管理工作的通知　2010.11.14

教育部关于印发《教育部2010年工作要点》的通知　2010.01.29

教育部办公厅关于开展现代远程教育试点高校网络教育2008年度、2009年度年报年检工作的通知　2009.12.07

教育部办公厅关于做好2009年普通高校招生执法监察工作的通知　2009.06.12

国家民委办公厅关于做好河北省大厂高级实验中学西部民族班2009年招生工作的通知　2009.05.26

教育部关于做好2009年现代远程教育试点高校网络高等学历教育招生工作的通知　2009.03.28

教育部关于印发《高等学校招生全国统一考试考务工作规定》的通知　2009.03.08

教育部关于做好2009年普通高等学校招生工作的通知　2009.03.03

教育部办公厅关于做好2009年普通高校招收高水平运动员工作的通知　2009.01.08

教育部办公厅关于做好2009年普通高校艺术类专业招生工作的通知　2008.11.14
教育部关于做好2008—2009学年度现代远程教育试点高校网络高等学历教育招生工作的通知　2008.05.25
教育部办公厅、公安部办公厅关于印发《高等学校招生信息管理规定（试行）》的通知　2008.04.22
国家民委办公厅、教育部办公厅关于请协助做好中央民族大学附属中学2008年招生工作的通知　2008.04.11
教育部关于做好2008年普通高等学校招生工作的通知　2008.01.11
教育部关于普通高中新课程省份深化高校招生考试改革的指导意见　2008.01.10
教育部办公厅关于做好2008年高等学校自主选拔录取改革试点工作的通知　2007.11.30
教育部办公厅关于做好2008年普通高校招收保送生工作的通知　2007.11.30
教育部办公厅关于做好2008年普通高校艺术类专业招生工作的通知　2007.11.16
教育部关于做好2007年现代远程教育试点高校网络高等学历教育招生工作的通知　2007.06.25
教育部关于进一步做好高等学校各类招生管理工作的通知　2007.06.04
教育部关于做好2007年普通高等学校招生执法监察工作的通知　2007.05.31
教育部关于印发《2007年高等学校招生全国统一考试考务工作规定》的通知　2007.05.09
教育部办公厅关于做好2007年普通高等学校招生全国统一考试安全保密和考务管理工作的通知　2007.04.30
教育部学生司关于做好2007年普通高等学校招收保送生工作的通知　2007.01.10
教育部关于做好2006年普通高等学校招生执法监察工作的通知　2006.05.08
教育部关于印发《2006年高等学校招生全国统一考试考务工作规定》的通知　2006.03.08
教育部、国家发展和改革委员会关于编报2006年普通高等教育分学校分专业招生计划的通知　2006.01.24
教育部办公厅、公安部办公厅关于做好普通高校招生全国统一考试考生报名资格审查工作的通知　2005.09.23
国家环境保护总局关于加强中高考期间噪声污染控制与监督检查的紧急通知　2005.05.27
教育部办公厅关于建立高等学校招生全国统一考试考生诚信档案的通知　2005.05.27
教育部办公厅关于在普通高等学校招生全国统一考试前深入开展诚信考试专题教育的通知　2005.05.23
教育部办公厅关于同意香港、澳门特区高等学校在内地17个省、自治区、直辖市招收自费生的通知　2005.04.25
教育部关于印发《普通高等学校少数民族预科班、民族班招生工作管理规定》、《普通高等学校招收非西藏生源定向西藏就业学生工作管理规定》、《普通高等学校招收内地西藏班、新疆高中班学生工作管理规定》的通知　2005.04.01
教育部关于印发《教育部2005年工作要点》和周济部长在教育部2005年度工作会议上的讲话的通知　2005.01.04
教育部、中宣部、公安部、监察部、信息产业部、国家保密局、武警总部关于全面加强教育考试环境综合整治工作的通知　2004.05.17

教育部关于印发《2004年高等学校招生全国统一考试考务工作规定》的通知 2004.02.27
教育部关于做好2004年内地新疆高中班高考招生工作有关问题的通知 2003.10.15
教育部、卫生部、中国残疾人联合会关于印发《普通高等学校招生体检工作指导意见》的通知 2003.03.03
教育部关于2003年普通高等学校招生工作规定 2003.01.01
教育部办公厅关于2003年内地西藏班高考招生工作有关问题的通知 2002.12.12
卫生部科教司关于启用医学门类成人高考新"3+1"考试大纲的通知 2002.09.25
教育部关于做好2002年普通高等学校招生工作的通知 2002.01.18
教育部关于从2003年起调整全国普通高等学校招生统一考试时间的通知 2001.11.16
"十五"科技教育发展专项规划(教育全文) 2001.08.09
教育部关于普通高等学校"两课"教育教学中贯彻江泽民同志"七一"重要讲话精神的通知 2001.07.26
教育部关于下达2001年普通高等学校招收内地西藏班学生计划的通知 2001.06.04
国家环境保护总局关于开展中高考期间噪声污染控制和监督检查工作有关问题的通知 2001.05.09
教育部关于做好2001年全国普通高等学校招生网上录取工作的通知 2001.02.12
教育部关于授予广东省高等中专学校招生委员会、广东省教育厅"高考改革探索先锋"称号的决定 2000.11.14
教育部关于做好2001年普通高考"3+X"科目设置改革工作的通知 2000.04.10
教育部关于做好2000年普通高等学校招生工作的通知 2000.04.03
教育部办公厅关于在普通高等学校招生全国统一考试外语科中逐步增加听力考查的通知 2000.01.25
教育部办公厅关于做好普通高中新课程试验省份高考工作的通知 1999.10.11
教育部办公厅关于印发落实全教会精神深化高考改革座谈会纪要的通知 1999.07.26
教育部关于实施《中华人民共和国高等教育法》若干问题的意见 1999.05.25
教育部关于做好1999年普通高校招生工作的通知 1999.03.16
教育部关于进一步深化普通高等学校招生考试制度改革的意见 1999.02.13
国家环境保护总局关于在高考期间加强环境噪声污染监督管理的通知 1999.01.01
国家民族事务委员会、教育部、公安部关于在各级各类学校升学考试中严禁违反规定将汉族公民更改为少数民族成分的通知 1998.11.25
国家教委关于印发《中华人民共和国高等学校联合招收华侨、港澳地区及台湾省学生简章》的通知 1997.01.30
国家教育委员会关于大力办好普通高级中学的若干意见 1995.06.08
国家教委办公厅关于加强考试统计分析工作的几点意见 1995.04.04
国家教育委员会关于全面贯彻教育方针,减轻中小学生过重课业负担的意见 1994.11.10
普通高等学校招生全国统一考试建立标准分数制度实施方案 1994.04.18
国家教委关于深化改革,加强1994年普通高等学校招生计划宏观管理意见的通知 1993.12.17
国家教委关于印发《1994年普通高等学校招生全国统一考试范围》的通知 1993.11.26

国家教委、国务院学位委员会关于印发全国普通高等教育工作会议有关文件的通知 1993.02.08
国家教委关于1993年普通高等学校招生全国统一考试政治科考试范围的通知 1992.12.31
国家教委关于印发《1993年全国普通高等学校招生统一考试范围》的通知 1992.12.31
国家教委关于加强普通高等学校招生计划管理工作的通知 1992.12.26
国家教委办公厅关于加强普通高等学校少数民族预科班工作的意见 1992.11.17
国家教委办公厅关于招收少数民族优秀青年进入高等学校学习的意见 1992.10.16
国家教委关于推荐应届职业高中毕业生参加高考有关问题的通知 1991.04.04
国家教委关于高考改革有关问题的通知 1991.01.22
国家教委关于做好高考科目设置改革试点工作的通知 1991.01.21
国家教委关于改革高考科目设置的通知 1990.10.18
国家教委印发《全国中学升学和考试制度改革工作会议纪要》的通知 1990.06.06
普通高等学校招生统一考试管理规则 1988.05.21

1.2 心理素质研究

从心理健康角度引导学校德育的创新研究. 现代阅读(教育版). 2013(4).
研究·活动·创新——班主任心理健康教育的突破维度. 中小学心理健康教育. 2013(4).
青少年自我评价的研究进展及教育启示. 中小学心理健康教育. 2013(4).
中共中央、国务院《国家中长期教育改革和发展规划纲要(2010—2020年)》
教育部印发《中小学心理健康教育指导纲要》2002
江泽民同志《关于教育问题的谈话》2000
中共中央办公厅国务院办公厅关于适应新形势进一步加强和改进中小学德育工作的意见 2000.12.14
中共中央国务院关于深化教育改革全面推进素质教育的决定中发[1999]9号
国务院关于基础教育改革与发展的决定国发[2001]21号
教育部关于印发《基础教育课程改革纲要(试行)》的通知 2001.06.08
高中生考试焦虑与学习成绩的关系. 中国学校卫生. 2006,27(3). 211—212.
学生班级集体效能、考试焦虑和学业成绩的SEM研究. 心理科学. 2006,29(5). 1132—1136.
目标定向对学生学业成绩的作用. 时代教育(教育教学版). 2008(6).
目标设定对作业行为影响的实验研究. 中国科学院心理研究所.
儿童焦虑内容及其相关因素的调查研究. 心理科学. 1998(1).
我国大学生考场焦虑与个性特质关系. 中国心理卫生杂志. 1987(4).
关于高中生与中师生考试焦虑的测验研究. 滨州教育学院学报. 1999(3).
中学生数学焦虑及相关因素的调查研究. 南京师范大学. 2005.
高中生考试焦虑成因分析. 陕西师范大学学报(哲学社会科学版). 1995(1).
高中生压力源和心理健康的研究. 心理科学. 2000(2).
学生考试焦虑的相关因素研究综述. 青少年研究—山东省团校学报. 2005(1).
初中生的亲子沟通及其与家庭环境系统和社会适应关系的研究. 应用心理学. 2002(1).
建立良好亲子关系,促进儿童社会化发展. 成都教育学院学报. 2002,16(3). 79—80.

建设少年儿童良好亲子关系的要素.教育科学.2001,17(3).59—61.
面对高考,怎样给心理减压.时事报告(中学版).2001(6).37.
高考:家长如何为考生减压.健康大视野.2001(3).8.
高中学生考试焦虑与家庭因素的关系分析.山东精神医学.2005,18(3).129—132.
高考过来人的减压怪招.考试.高考族.2009(7).69.
高三学生考试焦虑影响因素的研究.中国健康心理学杂志.2007,15(11).
高中生考试焦虑成因分析.陕西师大学报(哲学社会科学版).1995,24(1).161—164.
高中生考试焦虑及相关因素的调查.中国校医.2000,14(1).13.
考试焦虑的理性思考.重庆交通学院学报(社科版).2002,2(3).80—83.
考试焦虑和应对方式关系初探.健康心理学杂志.1999,7(1).42—43.
考试焦虑及其心理疏导.河南大学学报(社会科学版).1997,37(4).101—103.
考试焦虑与自我接纳及应对方式的关系探讨.中国行为医学科学.2000,9(6)
为学生减压,助学生成功.广东教育.2010(4).19—23.
一般自我效能感与特质焦虑、状态焦虑和考试焦虑的相关研究.中国临床心理学杂志.2000,8(4).229—230.
依照心理活动规律,科学指导考前复习.中国考试.2003(6).
中师生考试焦虑与应对方式和自我接纳的相关性研究.健康心理学杂志.2003,11(5).392—393.

1.3 教学方法研究

多元智能理论与个性化教育:诠释、悖离与超越.上海教育科研.2013.(4).
"探究互动"教学模式提高学生多元智能的实证研究化学教育.2013.(2).
运用多元智能理论促进学生全面发展.吉林教育.2013.(2).
多元智能理论对高职创新教育的启示.唐山职业技术学院学报.2010,8(4).1—3.
以多元智能理论指导开展有效课外活动.科学大众.科学教育.2011(1).59—59.
基于多元智能理论的综合实训课程评价体系的研究.计算机时代.2011(1).55—56.
多元智能理论指导下的个性化教学应用研究.考试周刊.2011(1).214—215.
以多元智能理论指导开展有效课外活动.科学大众.科学教育.2011(1).59—59.
五元智能同多元智能比较及二者对深化素质教育的价值.思维科学通讯.2010(2).26—30.
运用多元智能理论促进学生发展——合作学习中非内容标准的评价.陕西教育(高教版).2010(4).23—23,25.
基于多元智能理论下学生评价体系的构建.魅力中国.2010(30).41—41,43.
多元智能理论对新课程的启示.教育革新.2010(11).32—32.
多元智能理论及其对高职院校自主招生的启示.湖南师范大学教育科学学报.2010(6).71—73.
多元智能理论对我国学生评价的当代启示.吉林教育:综合.2010(11).20—20.
浅析高中历史教学中多元智能理论的具体运用.新课程研究:基础教育.2010(12).90—91.
让每位学生获得成功的喜悦——在课堂上开发学生的多元智能.中国电力教育:上.2010(12).104—105.
谈多元智能理论指导下的语文教学实践.职业教育研究.2010(11).105—107.
创设情境教学,激发学生多元智能.师道:教研.2010(10).48—48.

多元智能理论对教学的启示. 小学时代:教师. 2010(10). 22—22.
加强经典诵读训练,有效发展学生智能. 小学时代:教师. 2010(10). 104—104.
多元智能视角下的课程与教学改革. 科技信息. 2010(12). 192—193.
发挥农村教学资源优势,促进学生多元智能发展. 广西教育. 2010(25). 21—21.
基于多元智能理论的教学设计模式建构. 河北大学成人教育学院学报. 2010,12(3). 93—95.
基于学生多元智能发展的信息技术与数学教学整合的实践与反思. 中国信息技术教育. 2010(20). 44—46.
多元智能理论下的小学课堂即时评价策略研究——以一节小学数学公开课片段为例. 新课程研究:基础教育. 2010(11). 5—8.
尝试多元化教学. 福建教育:学前教育. 2010(7). 4—4.
基于多元智能理论的教学管理改革. 学园:教育科研. 2010(19). 42—43.
多元智能理论在学生评价中的应用. 教育革新. 2010(8).
浅析多元智能理论对班级管理的启示. 中国科教创新导刊. 2010(27). 217—217.
实施以促进学生智能发展为目的的多元多维评价. 中小学实验与装备. 2010(5). 33—34.
创新精神和实践能力培养的心理学基础及其启示. 职业时空. 2010,6(10). 146—148.
运用多元智能观创设课堂学习情境. 海南师范大学学报:自然科学版. 2010,23(3). 347—350.
多元智能理论对创新教学反思的启示. 教学与管理:理论版. 2010(10). 59—60
多元智能理论下后进生心理问题的转变. 内蒙古师范大学学报:教育科学版. 2010(10). 75—77.
从学生角度看"多元智能"理论的"教"与"学". 现代交际:下半月. 2010(9). 188—188.
学科考试成绩不是学生智能的全部. 空中英语教室:新教师教学. 2010(3). 243—243,245.
深挖潜力资源促进学生多元智能发展——阳信镇程坞小学校本课程开发纪实. 新课程. 小学. 2010(8). 26—27.
基于多元智能理论的课程学习质量评价模型. 科技信息. 2010(10). 96.
对课与多元智能的关系. 甘肃教育. 2010(19). 23—23.
多元智能理论对人文素质教育评价的启示. 卫生职业教育. 2010,28(18). 37—39.
从多元智能理论视角利用英文歌曲激发学生外语学习兴趣. 新课程研究:高等教育. 2010(4). 47—48.
多元智能理论下学生发展的多元评价探究. 素质教育大参考. 2010(1). 55—57.
多元智能理论对数学新课程教学的启示. 学问:现代教学研究. 2009(2). 86—87.
多元智能理论及其对教学设计的启示. 安庆师范学院学报:社会科学版. 2010,29(6). 5—8.
构建多样化的高校录取制度——基于多元智力理论的启示. 中国科教创新导刊. 2010(22). 10—10.
利用多元智能理论彰显学生个性. 小学教学研究:理论版. 2010(7). 119—119.
多元智能理论的启示. 教育教学论坛. 2010(26). 250—250,244.
多元智能的培育者:教师专业发展中的角色定位. 教育科学研究. 2010(8). 68—71.
实践多元智能创意课程树立全新教育观念. 魅力中国. 2010(7). 169—169.
多元智能理论下学生发展的多元评价探究. 新课程研究:教师教育. 2010(2). 79—81.
教育游戏与多元智能的培养. 教育与教学研究. 2010(2). 40—42.
小组学习——学生多元智能发展的催化剂. 课程教材教学研究:小教研究. 2004(5). 16—17.

多元智能理论及其在基础教育领域的实用意义.福建教育学院学报.2003(9).89—90.
从多元智能理论看研究性学习课程的开发.教育学术月刊.2002(2).6—7.
利用课堂教学发展学生多元智能.辅导员(教学版).2009(17).55—55.
多元智能理论与新课程改革.考试周刊.2009(29X).20—20.
多元智能理论对我国课程与教学改革的启示.西安社会科学.2009,27(5).154—155.
多元智能理论对教学设计的启示.考试周刊.2009(50).231—231.

1.4 科学备考模式研究

个性化教育的推进策略.教学与管理.2013(4).
论个性化教育.时代教育.2013(3).
美国高中个性化教育策略及其启示.教育导刊.2013.(1).
共享式教案,个性化教学.福建教育:中学版.2006(3).18.
多元智力理论对教师个性化教学的启示.黑河教育.2006(3).
大学英语个性化教学探析.六盘水师范高等专科学校学报.2006(1).65—67.
个性化教学在教师信息技术培训中的应用.文教资料.2005(26).170—172.
小学数学“个性化教学”案例及研究.文教资料.2005(23).94—96.
坚持以学生为本实施个性化教学.职教论坛.2005(17).
多元智力理论与生物学个性化教学.江苏教育学院学报:自然科学版.2005(1).110—113.
语文课堂的魅力——个性化教学.教学与管理:理论版.2004(11).53—53.
同步多主体个性化评测模型.东南大学学报:英文版.2001(2).1—4.
魅力课堂:个性化教学策略.新课程.综合.2009(5).54—55.
一箭双雕的“尝水”作文——“真话、实话、心里话”课堂教学实录及评析.小学教学设计:文科版.2003(12).18—19.
高等职业教育中个性化教学与个性化学习.科技信息.2009(28).328—329.
从个性化教学维度看大学英语课程体系的建构.黄石理工学院学报:人文社科版.2009(3).72—75.
如何为学生提供个性化教学服务.江西教育:综合版.2009(10).37—37.
个性化教学在中学数学教学中的应用.中国科教创新导刊.2009(24).50—50.
科学教学中对个性化教学有效性的探索.教师.2009(15).54—55.
个性化教学模式对学生素质能力的培养.边疆经济与文化.2009(10).134—135.
将多元智能理论与个性化教学在体育课中进行零距离对接.国教育技术装备.2009(8).77—78.
个性化教学在实际课堂教学中的应用.宁德师专学报:自然科学版.2009,21(3).300—302.
个性化教学的认识与实践.科技信息.2009(15).229—230.
浅谈个性化教学策略.中国科技信息.2009(15).257—257,259.
个性化教学策略方向的研究.中国科教创新导刊.2009(15).6—6.
用现代教育技术构建个性化课堂环境的思考与实践.电化教育研究.2009(7).106—108,112.
教学机智:语文教学个性化的运用途径.陕西教育.2009(7).13—13.
基于多元智能的大学英语个性化教学探析.当代教育科学.2009(3).
基于学习风格差异性的个性化教学改革与实践.考试周刊.2009(26).14—15.

试论英语教师个性化教学风格的培养.教学与管理:理论版.2009(6).127－128.
教学中学生的主体性及其实现策略.现代中小学教育.2009(6).7－9.
创设情境开展自主创新的个性化教学.学问:现代教学研究.2009(6).26－26.
个性化教学在高职微机组装与维护课程教改中的探索.长沙航空职业技术学院学报.2009,9(2).7－10.
尝试个性化教学模式让音乐课堂充满活力.教育科研论坛.2009(5).17－17.
建立个性化钳工培养的机制.科技创新导报.2009(11).211－211.
让"差异"成为个性化教学资源.新校园:理论版.2009(4).46－46,61.
文本解读个性化的问题诊断与矫正.人民教师论坛.2009(4).55－56.
个性化教学刍议.语文教学与研究:综合天地.2009(5).122－122.
运用个性化教学培养学生的创新能力.西江教育论丛.2009(1).16－17.
打造教师的个性化教学.教育理论与实践:中小学教育教学版.2009,29(4).50－51.
我心中的有效课堂.青年与社会:中外教育研究.2009(1).99－100.
思维导图对个性化教学的启示及其应用价值.现代教育技术.2009,19(3).119－121,69.
师生关系的异化与回归——个性化教学中的师生关系.宁波大学学报:教育科学版.2009,31(1).69－72.
个性化教学的认识与实践.都市家教:下半月.2009(1).48－48.
浅谈个性化教学.卫生职业教育.2009,27(1).157－157.
个性化教学资源组织模式研究.中国教育技术装备.2009(2).54－57.
共同发展为本的个性化教学评价策略.小学教学参考.2008(24).
更新观念,提倡个性化教学.中国新技术新产品.2008(18).202－202.
尊重学生放飞心灵——《由模式化向个性化教学转化的研究与应用》课题研究报告.小学教学参考:综合版.2008(12).9－9.
试论教师个性化教学的形成.继续教育研究.2008(12).106－108.
个性化教学:课堂的特色建构.基础教育(上海).2008(10).19－20.
新课程背景下的差异性教学初探.教育导刊.2008(10).59－60.
用教师助理强化个性化教学效果的研究实践.广西教育.2008(21).38－40.
高校个性化教学模式探索与实践.现代企业教育.2008(18).152－153.
共同发展为本的个性化教学评价策略.小学教学参考:综合版.2008(8).42－42.
漫谈传统教育与个性化教育.考试周刊.2011(10).223－224.
个性化教育对我国基础教育改革的启示.西部教育研究.2010,10(4).23－24.
促进自主学习,体验成长快乐——基于学生个性化学习的学校文化生态建设.江苏教育:教育管理.2010(11).51－52.
小班化教学之个性化教育.科技信息.2010(26).284－284.
人本主义视域下的个性化教育研究.太原师范学院学报:社会科学版.2010,9(5).122－123.
个性化教育与模式化教育一体化发展研究.教育与现代化.2010(3).20－23.
个性化教育与小学高年级学生自主能力培养的研究.长春教育学院学报.2010(1).
美国的个性化教育.课程教材教学研究:中教研究.2002(4).44.
个性化教育:创新教育的本真.经济与社会发展.2002(4).124－125.

个性化教育的内涵、阻碍因素、实施途径及误区. 科技信息. 2010(25).
注重个性化教育，促进学生创新能力的培养. 文教资料. 2010(24). 137－138.
多元智能理论视阈下的学生个性化教育策略. 甘肃科技. 2010(14). 189－190，152.
唤醒潜能的个性化教育. 基础教育参考. 2010(9). 85－86.
以人为本的个性化教育观. 鸡西大学学报：综合版. 2010，10(4). 3－4.
以学生为主体，实现个性化教学. 新课程：教研版. 2010(1). 112－113.
以人为本实施个性化教育. 山东教育：中学刊. 2010(1). 28－29.
个性化教育的误区. 健康文摘. 2010(3). 13－13.
个性化教育与养成习惯教育. 中国电力教育：上. 2009(10). 18－19.
谈个性化教育与课程改革. 职业技术教育. 2001(28). 29－31.
个性化教育——学生个性发展的平台. 科学大众. 科学教育. 2009(11). 83－83.
个性化教育. 世界科学. 2009(10). 48－48.
选择的张力与教育真谛的回归——论存在主义教育思想及其对个性化教育的启示. 文教资料. 2009(28). 137－139.
学生的个性化教育与培养. 大众文艺：学术版. 2009(13). 150－151.
个性化的学生呼唤个性化教育. 现代教学. 2009(7). 36－37.

第二章　心理素养——从容应对高考挑战的保证

2.1 心理素养在高考成功备考中的关键作用

2.1.1 心理素养是教育考试政策关注的热点

心理健康是青少年健康成长的基础。国家中长期教育改革和发展规划纲要（2010－2020年）指出“关心每个学生，促进每个学生主动地、生动活泼地发展，尊重教育规律和学生身心发展规律，为每个学生提供适合的教育。努力培养造就数以亿计的高素质劳动者、数以千万计的专门人才和一大批拔尖创新人才。”“提高体育教学质量，加强心理健康教育，促进学生身心健康、体魄强健、意志坚强。”“建立学生发展指导制度，加强对学生的理想、心理、学业等多方面指导。”①

《中小学心理健康教育指导纲要》具体描述了心理健康教育的目标和内容：“心理健康教育的总目标是：提高全体学生的心理素质，充分开发他们的潜能，培养学生乐观、向上的心理品质，促进学生人格的健全发展。”

“心理健康教育的具体目标是：使学生不断正确认识自我，增强调控自我、承受挫折、适应环境的能力；培养学生健全的人格和良好的个性心理品质；对少数有心理困扰或心理障碍的学生，给予科学有效的心理咨询和辅导，使他们尽快摆脱障碍，调节自我，提高心理健康水平，增强自我教育能力。”

“初中年级主要包括：帮助学生适应中学的学习环境和学习要求，培养正确的学习观念，发展其学习能力，改善学习方法；把握升学选择的方向；了解自己，学会克服青春期的烦恼，逐步学会调节和控制自己的情绪，抑制自己的冲动行为；加强自我认识，客观地评价自己，积极与同学、老师和家长进行有效的沟通；逐步适应生活和社会的各种变化，培养对挫折的耐受能力。”

“高中年级主要包括：帮助学生具有适应高中学习环境的能力，发展创造性思维，充分开发学习的潜能，在克服困难取得成绩的学习生活中获得情感体验；在了解自己的能力、特长、兴趣和社会就业条件的基础上，确立自己的职业志向，进行职业的选择和准备；正确认识自己的人际关系的状况，正确对待和异性伙伴的交往，建立对他人的积极情感反应和体验。提高承受挫折和应对挫折的能力，形成良好的意志品质。”②

◆　心理健康是德育的基础

国家中长期教育改革和发展规划纲要（2010－2020年）指出“坚持德育为先。立德树人，把社会主义核心价值体系融入国民教育全过程。……引导学生形成正确的世界观、人生观、价值观；加强理想信念教育和道德教育，……培养学生团结互助、诚实守信、遵纪守法、艰苦奋斗的良好品质。”③

江泽民同志《关于教育问题的谈话》和在中央思想政治工作会议上讲话中强调“坚持社会主义教育方向，全面贯彻党的教育方针，以培养学生的创新精神和实践能力为重点，培养有理想、有道德、有文化、有纪律的德智体美等全面发展的社会主义事业建设者和接班人。必须坚持把学校德育工作摆在素质教育的首要位置，树立育人为本的思想，将‘思想政治素质是最重要的素质’的要求落实到教育工作中的各个环节。必须坚持解放思想、实事求是

---

①中共中央、国务院《国家中长期教育改革和发展规划纲要（2010－2020年）》

②教育部《中小学心理健康教育指导纲要》，2002.

③中共中央国务院. 国家中长期教育改革和发展规划纲要（2010－2020年）

的思想路线，遵循中小学生的身心发展规律，从中小学生的实际情况出发，提高德育工作的针对性和实效性，切忌形式主义、教条主义。”①《中共中央办公厅国务院办公厅关于适应新形势进一步加强和改进中小学德育工作的意见》中指出：“中小学校都要加强心理健康教育，培养学生良好的心理品质。”②

◆ 心理健康是素质教育和全面发展的必然要求

国家中长期教育改革和发展规划纲要（2010－2020 年）指出“坚持以人为本、全面实施素质教育是教育改革发展的战略主题，是贯彻党的教育方针的时代要求，其核心是解决好培养什么人、怎样培养人的重大问题，重点是面向全体学生、促进学生全面发展，着力提高学生服务国家服务人民的社会责任感、勇于探索的创新精神和善于解决问题的实践能力。”“坚持全面发展。全面加强和改进德育、智育、体育、美育。坚持文化知识学习与思想品德修养的统一、理论学习与社会实践的统一、全面发展与个性发展的统一……加强心理健康教育，促进学生身心健康、体魄强健、意志坚强”。③

《中共中央国务院关于深化教育改革全面推进素质教育的决定》和《国务院关于基础教育改革与发展的决定》指出“实施素质教育，就是全面贯彻党的教育方针，以提高国民素质为根本宗旨，以培养学生的创新精神和实践能力为重点，造就‘有理想、有道德、有文化、有纪律’的、德智体美等全面发展的社会主义事业建设者和接班人。”④“针对新形势下青少年成长的特点，加强学生的心理健康教育，培养学生坚韧不拔的意志、艰苦奋斗的精神，增强青少年适应社会生活的能力。”⑤

◆ 心理健康是基础教育改革的重要目标

《基础教育课程改革纲要》指出“新课程的培养目标应体现时代要求。要使学生具有爱国主义、集体主义精神，热爱社会主义，继承和发扬中华民族的优秀传统和革命传统；具有社会主义民主法制意识，遵守国家法律和社会公德；逐步形成正确的世界观、人生观、价值观；具有社会责任感，努力为人民服务；具有初步的创新精神、实践能力、科学和人文素养以及环境意识；具有适应终身学习的基础知识、基本技能和方法；具有健壮的体魄和良好的心理素质，养成健康的审美情趣和生活方式，成为有理想、有道德、有文化、有纪律的一代新人。”⑥可见，心理健康教育的目的任务就是为了确保新课改的顺利实施。心理健康教育通过培养学生健全的人格，来提高学生的素质。健康的人格不仅有利于学生认知活动的开展，还可以提高学生的能力，有效地促进学生的学习。此外，《中小学心理健康教育指导纲要》还要求学校要重视教师心理健康教育工作，要求全体教师共同参与的心理健康教育工作，这些做法可以有效地提高教师的心理健康意识，为新课改的实施奠定了坚实的基础。⑦

2.1.2 心理因素对高考成绩的重要影响

高考不单是纯知识考试，而是全方位素质考验。高考的成败在很大程度上受情绪（焦虑、恐惧）、目标、动机、自我意识和家庭环境的影响。

---

①江泽民. 关于教育问题的谈话，2000.

②中共中央办公厅国务院办公厅. 关于适应新形势进一步加强和改进中小学德育工作的意见，2000.12.14.

③中共中央国务院. 国家中长期教育改革和发展规划纲要（2010－2020 年）

④中共中央国务院. 关于深化教育改革全面推进素质教育的决定（中发[1999]9 号）

⑤国务院. 关于基础教育改革与发展的决定（国发[2001]21 号）

⑥教育部. 基础教育课程改革纲要，2001.

⑦教育部. 中小学心理健康教育指导纲要，2002.

考试焦虑对学习成绩的影响。考试焦虑是人由于面临考试而产生的一种特征的心理反应，它是在应试情境刺激下，受个人的认知、评价、个性、特点等影响而产生的以对考试成败的担忧和情绪紧张为主要特征的心理反应状态。研究表明，考试焦虑与学习成绩之间的关系比较复杂：学习任务简单时，考试焦虑会使学习成绩提高；而当学习任务复杂时，考试焦虑会使学习成绩下降。但目前大多数研究往往以考试焦虑对学习成绩的抑制作用的假设出发的，考试焦虑与学习成绩具有消极联系具有普遍性，如周玮，孟宪鹏(2006)对高中生考试焦虑与学习成绩的关系的研究结果表明，有无考试焦虑与学习成绩呈非常显著负相关。① 高峰强等(2006)也发现考试焦虑与学习成绩有负向关系。②

目标设定对学习成绩的影响。美国心理学家洛克(E. A. Locke)于 1967 年最先提出了“目标设置理论”(Goal Setting Theory)，他认为目标本身就具有激励作用，目标能把人的需要转变为动机，使人们的行为朝着一定的方向努力，并将自己的行为结果与既定的目标相对照，及时进行调整和修正，从而能实现目标。确定明确的目标对学生而言是非常重要的，及早地明确自己应该学会什么，并确信这些内容值得一学，他们就会自觉地、努力地学习。国内外的学习实践都证明，学习目标具有导向、启动、激励、凝聚、调控、制约等心理作用。明确的学习目标比没有目标对学生学习活动安排。学业成绩提高都会产生更积极的影响。中科院研究表明，实验中确定明确目标的理科学生的平均计算用时明显低于没有确定目标的学生，$P<0.001$ 达到非常显著性差异。还有一些研究表明，完成同样的学习任务，如果学习者学习目标明确比没有目标可以节省 60%的时间。③ 坎普兰 1975 年的几项研究也表明：当被试将行为目标作为引导自己学习特殊的材料内容时，回忆的成绩较好。明确的学习目标有时还通过对学生注意的分配以及注意集中的强度产生一定的影响，从而提高学生的学习成绩。

学习动机对学习成绩的影响。学习动机是由目标或对象引导、激发和维持个体活动的一种内在心理过程或者内部动力。动机来源于人的需要，动机是在需要的基础上产生的。当某种需要没有得到满足的时候，它会推动人们去寻找满足的对象，从而产生活动的动机。学生想要上大学的需要，使得考生产生强烈的学习动机。学习动机理论认为中等强度的动机最有利于任务的完成，当动机强度处于中等水平时，工作效率最高，一旦动机强度超过这个水平，对行为会起到一定的阻碍作用。对于即将参加高考的考生家长来说，在平时注意培养和激发考生的学习动机，促使学生把考试动机转为内在学习动力，而不是被动地承受外在的压力。最为重要的，根据自己的实际能力来调节动机水平，既不能把考试的目标定得太高，超出自己的实际能力，也不要过分地自卑，低估自己的真实水平。

自我意识对学习成绩的影响。自我意识是对自己身心活动的觉察，即自己对自己的认识，具体包括认识自己的生理状况(如身高、体重、体态等)、心理特征(如兴趣、能力、气质、性格等)以及自己与他人的关系(如自己与周围人们相处的关系，自己在集体中的位置与作用等)。家庭环境。过于自信或自卑都不是良好的应考状态。过于自信的考生在复习过程中容易犯以下两个错误：第一，在课堂上对老师的讲解不屑一顾。第二，按照自己的想法做题。这类学生往往对老师讲的内容有很多自己的想法，坚持己见，且很固执；不能明白老师的用意和老师的解题思路；动不动就请假，自己在家复习。而且自卑会导致学生缺乏学习热情，自暴自弃，放弃努力和学习，从而严重影响学习成绩。

亲子关系对学习成绩的影响。亲子关系是孩子第一个人际关系，它对孩子的身心健康和学习成绩都是十分重要的。一项调查显示，高三的孩子中，在学习成绩排中下层的孩子

---

①周玮，孟宪鹏. 高中生考试焦虑与学习成绩的关系[J]. 中国学校卫生 2006，27(3).

②高峰强. 学生班级集体效能、考试焦虑和学业成绩的 SEM 研究[J]. 心理科学，2006，29(5).

③目标设定对作业行为影响的实验研究. 中国科学院心理研究所.

中，不良亲子关系的人数比率高于融洽亲子关系的23%。"现在的父母与孩子普遍缺乏沟通，也有很多父母对孩子十分专制，孩子回家就把门关上。"教育学家指出，父母是孩子人生的设计师，家长要为孩子提供人性、情感、自尊、自信、视野、生涯规划等。不良的亲子关系会因随时的矛盾，让孩子处在不安的情绪状态中，影响其学习效率。融洽的亲子关系有利孩子自主意识的形成，学习活动需要孩子高度的自主意识，需要大脑的注意、理解、记忆、运用等一系列自主活动来完成，具有自主意识的孩子会积极主动地吸取知识。而获取的知识又会促使其增强自主意识，这种良性循环会促使孩子逐渐形成良好的学习品质。

2.2 迎战高考的心理调整策略

2.2.1 考试焦虑的辅导策略

2.2.1.1 考试焦虑的表现

（一）精神不振、情绪波动

学生进入高三后，学习强度大、时间长，部分学生早起晚睡，休息不足，导致上课时精力不济，在单元学习时间内（大约为25分钟）精力不集中，对老师所讲知识接受和理解的能力大大下降，学习效率低下。部分学生心情烦躁，没有耐心，情绪的起伏和波动大。

（二）过度焦虑、身体欠佳

学生在学习中保持适度的焦虑，对学习是有利的，但焦虑过度会使学习效率下降，产生不良影响。过度的焦虑会使学生内分泌系统失调，容易产生感冒、发热、头痛等不良身体状况，对学生的学习和心理都有极大的影响。

2.2.1.2 影响考试焦虑的因素

（一）个人因素

1.应对考试的方式

心理学中，应对方式是指人在面临压力时，为减轻其负面影响而做出的认知和行为的努力过程。具体对高中生来说，就是在面临考试压力时，考生为了缓解紧张情绪而做出的思想或者行动上的努力。应对方式主要分为6种类型：解决问题、求助、合理化、自责、幻想、退避。"解决问题"是指积极地做出努力解决问题或消除压力，比如努力学习去应对考试。"求助"是指寻求物质上的帮助或情感上的支持，比如找老师去讲解不会的问题，或家长和朋友寻求鼓励和安慰。自责是指过分地将这些压力事件归咎于个人的能力缺乏，如考生认为自己很笨等。幻想是指认为这些压力事件能被自然解决，如考生幻想自己有一天突然变得学习很好。退避是指试图逃避当前的问题情境，而不去积极面对，如吸烟酗酒等。"合理化"是指为行为找出合乎逻辑和伦理道德的理由，如认为考试题太难大家都考得不好，或者我今天身体不舒服不在状态等。①

其中解决问题和求助是成熟的应对方式，自责、幻想、退避是不成熟应对方式，合理化是混合型应对方式。研究表明虽然成熟或不成熟的应对方式都可以在短期内一定程度地缓解考试焦虑，但是不成熟的应对方式只能在短期内奏效，只有成熟的应对方式才能从根本上解决考试焦虑。因此，对考生来说，有节制地使用不成熟和混合型的应对方式，而更多地使用成熟的应对方式来积极地面对和解决问题，如果需要物质或精神上的帮助，应及时向父母、老师或同学求助。

2.对考试的认知

1)考试性质

①倪布平.为学生减压，助学生成功[J]. 广东教育，2010(4).

第一，对考试重要性的认知。毕业和升学考试对于高中生来说是十分重要的，他们认为考试愈重要，考试时情绪反应愈强烈。强烈的情绪反应往往导致植物神经系统亢进如失眠、尿频等和行为操作困难如注意不集中、联想和回忆受阻等。第二，对统考的认知。作为毕业和升学考试的统考，往往使学生对任课教师产生不信任感，怀疑教师的讲授内容和辅导范围，使考试更具有威胁性，考生对考试更缺乏信心。

2)考试意识

考试是一种检查学生学业的手段，而高中生往往把它看成是一种威胁，愈临近考试，愈感到恐惧。他们被动地为了客观上的目的而接受考试。统计表明仅有12.50%的高中生认为考试是为了检查自己的学业成绩。

3.个性特点

1)情绪特征

第一，控制力差。高中生正处于青春初期，虽然情绪的自我调节能力比初中生有所提高，但其表现仍然是高亢强烈。人处于激情状态，往往认识范围缩小，思维受阻，暂时神经联系中断，信息提取困难。第二，耐受力差。较差的耐受力使他们在考试时稍受挫折便产生消极情绪，如焦虑。

2)性别差异

第一，女生对考试的认知和男生有着显著的差异。个案调查表明，她们对考试信心不足、害怕考试、不乐意接受评价，仅有19.46%的女生主动接受考试。女生虚荣心较强、怕丢面子，33.51%的女生十分计较考试的名次。第二，挫折感较强。由于各种原因，许多单位招工明确规定不招女生，大学录取的学生也是男生多于女生。女生就业和升学困难，使她们产生过重的思想负担自卑心理和挫折感。第三，特质焦虑较高。女生特质焦虑明显高于男生①，具有特质焦虑的学生，在考场中又易于产生考试焦虑。②

（二）家庭因素

家长片面追求孩子学业的主要表现是：为孩子设计理想化的生活模式，如“重点小学——重点中学——重点大学——出国”；在“德智体美劳”五育中，家长只盯着智育；只重视课内知识、书本知识尤其是与升学有关的几门主科，对孩子的兴趣特长，或不重视，或轻率否定；把孩子的一切课外活动、业余爱好、往来交际等都看成不务正业，加以限制。家长片面追求孩子学业的不良影响直接导致孩子缺乏多方面实践活动。无奈何地死啃书本，影响其心理对适应客观环境的调整能力的发展，导致自理能力、交际能力、适应能力、独立意识得不到健康发展。这些能力的低下必然影响孩子正常的生活和学习，影响其处理冲突的能力，在遭受失败时，挫折感更加强烈，因为他们把所有赌注都压在学习上，别无退路，致使他们过度关注考试分数，产生过度考试焦虑。

（三）社会因素

研究显示，社会支持与考试焦虑之间存在显著负相关，说明那些平时人缘好，能得到更多帮助和充分利用周围环境，并善于利用周围同学及老师的力量以摆脱不利条件的学生，考试焦虑较低，更能适应考试应激；社会支持与积极应对之间存在显著正相关，社会支持高的更倾向于采取积极应对方式。这说明社会支持和应对方式有着密切的联系，是一种有效的应对资源。社会支持能够为个体提供安全感和用以应对压力的条件，使学生以积极的观点和态度应对外界提出的要求，采取有效的行为去处理生活中各种有待于解决的问题。社会支持水平越高，越有可能促进个体采取积极的应对方式去解决问题。③

①罗增让.儿童焦虑内容及其相关因素的调查研究[J].心理科学，1998(1).

②宋维真，张瑶.我国大学生考场焦虑与个性特质关系[J].中国心理卫生杂志，1987(4).

③刘广珠.高中生考试焦虑成因分析[J].陕西师大学报(哲学社会科学版)，1995(1).

2.2.1.3 考试焦虑的对策

（一）个人应对焦虑的策略

1.想象训练——模拟高考场景

有些考生紧张焦虑的原因是对高考现场的不熟悉，对未知的担心和恐惧。生活中这样的现象很多，对陌生环境，未知事件产生紧张焦虑的情绪是情理之中。① 如果我们在事先为其做好充分的准备，并对其有一定的了解，那么我们至少可以缓解对陌生与未知的恐惧。

针对这种焦虑情况，我们设计了一个想象训练，让学生模拟高考场景。在想象训练中，你把与高考有关的情境都在脑海中构造出来后，下面是这套想象训练的指导语：

"请大家先找个舒服的姿势坐好，慢慢地，慢慢地把眼睛闭上，跟我一起做，吸气，呼气，吸气，呼气……在喧闹的人群中，你沉静地等候入场，凭准考证你进入了教学楼并找到考场，找到座位。坐下来，静了一会。身边的同学也陆陆续续地进来，当铃声响起后，监考老师开始检查你的证件，并告诉你们考试规则，接着老师开始发答题卡和试卷，你先检查答题卡和试卷有没有什么破损，然后拿起笔填好姓名和准考证号，填完后，又拿起2B铅笔把准考证号码和科目选项涂完整，然后你开始审题答题，按照自己的方式一题一题的把考卷答完(停顿)，考试的时间在慢慢走过，老师在提醒你们，考试就要结束了，请同学们检查答题卡填了没有，好，这个时候，你看了看自己的试卷和答题卡，填得非常漂亮和完整，监考老师也已经走到你的面前，你把这份漂亮的试卷交给了老师，收拾了一下东西，轻松地走出了考场。考试结束了，请大家慢慢地把眼睛睁开，谈一谈自己的感受。"

可能有同学在这样的想象训练中感到很焦虑，感觉考得很差，很紧张等等。那么如何才能调整心态，以轻松愉快的心情进入考场。下面我们来进行一系列的放松训练。

2.放松训练——自我放松

1)呼吸法

在考试的时候，我们的呼吸是怎样的呢？呼吸有的时候像空气一样，被我们所忽视，当你害怕时，你的呼吸怎样？当你恐惧时，你的呼吸又怎样？快乐时怎样，感动时呼吸又是怎样呢？考试如同体育竞赛，所以关注你的呼吸，每天抽点时间练习呼吸吧。下面给同学们介绍两种呼吸的方法，大家可以一起做：

142呼吸法：一倍吸气，四倍憋气，二倍吐气。举例：当你吸气用了3秒，憋气就用12秒，吐气就用6秒。注意：吸气用鼻子，吐气用嘴巴。

深长呼吸法：先慢慢地由鼻孔吸气，使肺的下部分充满空气。这个时候腹部会慢慢鼓起。然后再继续吸气，使肺的上部也充满空气，这时肋骨部分会上抬，胸腔会扩大。

2)全身肌肉放松法

闭上眼睛，心里默念身体需要放松的部位，同时用心去感受放松的感觉。

首先，两眼微闭。其次，通过言语自我暗示做从脚到头的放松训练，即使脚趾、踝部、小腿、大腿、臀部、腹部、胸部、胳膊、脖子及头面部(额、眼、唇、腭、舌、咽喉肌)的肌肉群依次紧张、保持、放松交替进行。一般紧张即肌肉收缩后保持10秒，逐步放松20秒后，再进行一次。我们可以一起来放松一下右手，好，握紧拳头，使劲，使劲(10秒)，好，慢慢地松开，松开(20秒)，再来一次，好，握紧拳头，使劲，使劲，好，慢慢地松开，松开。

3)愉快想象

一面想象一面可以在心中默念一些积极正面的词语，还可以听听音乐。心理学家也很有争议，有的心理学家认为是因为开心而微笑，有的心理学认为因为微笑而开心，当你不开心的时候，微笑，也许你就会感觉到开心。对着镜子里的自己微笑。

①刘广珠.高中生考试焦虑成因分析[J].陕西师大学报(哲学社会科学版)，1995(1).

4)音乐放松法

特定音乐的节拍能帮助人放松，实验证明，每分钟 50～70 拍的音乐最好。音乐是通向记忆系统的高速公路。那种特定的音乐是打开通向超级记忆情绪的通道:大脑的边缘系统。这个系统不仅主管情感系统，而且它是意识脑与下意识脑之间的联接。所以，在你感到焦虑时，带上耳机，听听轻松愉快的音乐，如肖邦的钢琴曲、理查德克莱德曼的钢琴曲等，给你的心情放一个假。

3.睡眠训练

很多高三学生反映，高考的压力导致的紧张往往睡不着觉。而越是睡不着越想睡着，越害怕睡不着，越怕睡不着越有压力，如此恶性循环，更加睡不着，这样很多学生痛苦不堪。很多学生无奈之下，只好吃安眠药，但是效果也不好。

邱教授说，安眠药、镇定剂一般不要吃，除非几天都没睡着过。睡不着怎么办？他介绍了两种自我调整的方法:一是精神矛盾反向法，一般睡不着是会告诉自己赶快睡，但是往往没有用，不如告诉自己，既然睡不着，我就不睡了，一天不睡没什么大不了，把眼睛睁大，往上看，或者有意识地翻眼睛，坚持一会儿反倒会累了，就睡着了。二是不要考虑如何调整最好的姿势，只要自己感觉舒服就好。四肢自然弯曲，保证手臂、腿、双脚等贴着被子的一面，感觉深深地陷入被子里。如果还睡不着，就把注意力放在额头上，心里默念放松、放松；再把注意力放在胳膊上、腿上……大部分人在没有做完这些程序的时候，就睡着了。①

邱教授还介绍了一种自我催眠术，叫做音乐疗法。戴上耳机，放些空灵的、没有歌词的音乐，让自己跟着音乐走，音乐播什么，你就想什么。很快就睡着了。“并且醒过来之后，您会感觉浑身轻松，很有精神!”

（二）家庭不要制造紧张气氛

很多家长会对孩子说“一定要考上”，这话常常会给孩子带来压力。望子成龙，望女成凤是每个家长的美好的心愿。但每年高考考上大学的毕竟只是一部分学生。所以，家长们要理性地看待孩子们的高考及其结果。尽量不要以“一定要考上”，“一定要考上名牌”，“一定要考上重点”之类的字眼给孩子施加压力。我们都知道，对于高考这样的大型考试，心态、心情对于考试的发挥相当重要。所以给孩子一个轻松的家庭氛围，对于这个时期的孩子来说是很重要的。家长们都保持积极乐观的心态和轻松愉快的心情，这种感觉是会传染给孩子的。放下精神包袱的孩子，轻松地投入复习和考试，会发挥出最佳水平。

（三）教师“练兵”减压法

正如晚会需要彩排、军队需要演习一样，高三学生在高考前也需要一番大“练兵”，因此便出现了摸底、模拟、全真模拟等各种名目的考试，其目的只有一个，那就是让学生提前体验一下高考的氛围，减轻学生的心理压力，从而使得学生能在高考中更为稳定地发挥。怎样才能通过“练兵”减轻学生的压力呢？最有效的方法便是让学生学会考前心理的自我调节，消除紧张情绪，轻装上阵，从容应考。要做到这些，考生首先要正确对待高考，不要把高考看得有多么神秘，其实它跟我们平时的模拟考试也并无两样，要知道我们的每一次模拟考试从组题到监考、阅卷都是经过认真地考虑和准备的，其水平基本接近于高考，一次次的模拟考自己都能从容应对，高考又能奈我何。至少每一个考生都应当从心底里这样认为，树立自信心。

其实模拟考或摸底考试不外乎以下几个意图:一是用高考模拟试卷的形式让学生应试向高考标准靠拢，让学生掌握大致题型及解题技巧；二是让学生在训练中把握做题的速度和正确率，学会合理安排做题时间；三是调节学生情绪和习惯，使习惯于在不同情绪下和不同的时间段学习且效率较高的学生的兴奋点统一调整到大考规定的上、下午时间段内；四

---

①代景华，阎克乐，王海民.高中生考试焦虑应对方式社会支持关系的研究[J].中国行为医学科学，2004(5).

是调整考生的心态，在考前考后的情绪磨炼中消除考生的焦虑紧张；五是在全面综合的考试中查漏补缺，实行有针对性地强化训练。古语云："知己知彼，百战不殆。"当我们对高考的形式和内容有了全面的了解，便会轻松应战。

老师是学生学习征程中的导航灯，指引孩子们前行的方向，照亮孩子们前进的道路。在学生高考复习阶段，老师对其的影响不可忽视。作为老师不仅要传授知识，教导其学习科学文化知道，更重要的是以学生为本，关注其心灵的成长。

2.2.1.4 案例分析

（一）紧张焦虑、坐卧不宁

【案例】

小Z：女，向咨询老师哭诉道："学校的几次模考我的成绩都不理想，与我预计和期望的相差甚远，我现在感觉模模糊糊的，有时都不知道自己在干什么。看到别人都在用心地学习、专心地学习，我更加焦虑，整天坐卧不宁。有时还会感到心跳加快，手心出汗，并且感觉身体乏力，疲惫不堪。我不知道怎样才能使自己平静下来，安心学习。"

【分析】

这是迎考学生中常见的心理现象，人在压力大的时候，有一些身心反应，不仅心理有变化，生理上也会有变化。在心理上，容易出现躁动不安的表现。距离高考剩下的时间很短，考生会显得特别着急。急着做这做那，总觉得时间不够用，事情做不踏实，自己定的目标也达不到。在生理上的反应，考生容易感觉疲劳、烦躁，出现心跳加快，呼吸急促，出汗增多等现象。

【对策】

1.相信自己。在这场规模宏大的高考中，高手如云，但对手只有一个，那就是你自己。无论结果如何，只要真正付出了就无遗憾。

2.学会保持适度的紧张。心理研究发现，保持适度的心理压力有利于高考复习、备考。压力过大，会造成紧张、急躁心情；没有压力，也不利于学习效率的提高。所以，考生必须学会调节自身的心理压力。怎样保持适度的紧张呢？最关键的是：对自己的期望值符合自己的实际水平，快速利用并严格控制时间。

3.学习计划的制定要符合自己的实际水平，不能定得任务太多，应该是自己经过努力可以实现的。

4.把自己整理出来的复习要点制成录音，反复去倾听，既可以加深记忆又可以培养对学习的兴趣。

5.要在老师的指导下制订自己的复习计划，做到以"我"为主，紧而不乱，不要盲目地跟着别人跑，尽量以平静的心情来复习备考。

6.不要沉浸在着急的情绪中，行动起来！你不妨根据以下几条专家的考前复习建议去做：

第一，学习你最感兴趣的学科。

第二，烦恼时不去看书，去适当做些运动。

第三，烦恼时不做题，看基本概念。

第四，烦恼时做简单的题，不做难题。

（二）模考出色，盲目放松

【案例】

小L：男，高考前三次模拟考试在班上名次都不错，高考还没开始，但感觉已经胜券在握。最近几天，没有什么新鲜的内容能吸引他学习的兴趣，整天无所事事，感到这几天没什么好学的，没什么可看的，甚至时而莫名地兴奋，浮躁不安，不知自习要学些什么，希望高考早日来临。

【分析】

这是考生在模拟考试后常出现的错觉在作怪。由于学校、家长和考生都特别重视模考成绩，导致考生出现错觉，把模拟成绩等同为高考成绩，从前紧绷的神经一下子轻松起来，盲目乐观，急于求成。

【对策】

1.及时提醒。老师或家长发现考生有此类现象，应寻找机会及时提醒考生，不要盲目放松，让他充分认识到考前时间的可贵。

2.抽出时间读考试说明，对考试内容和要求做到心中有数。

3.查漏补缺，整理错误。一周时间没必要也不可能再把各科都全面地复习一遍了，所以要拿出时间把过去做错的题整理一下，并弄清楚错误的原因。

4.回归课本，特别要注意复习书中那些典型的例题及习题。即使确实各方面准备得十分完备了，考生也可以把课本再看一遍，熟悉基本概念、基本原理。整理老师的笔记，把复习的重点放在基础知识上，文科主要回顾政治、历史、地理，理科则重点记忆各种公式，使情绪得到优化，踏踏实实地度过考前这些天，考后没有遗憾。

5.将原来的"把书读厚"转变为"把书读薄"。利用这段时间将以前学到的众多知识重新进行组合、浓缩，形成一个简单的知识框架。也可以用提纲、图表的形式将每一章、每一节的知识做出归纳，列出重点，从而达到融会贯通的水平。

（三）接近高考，临阵脱逃

【案例】

小L：以前没有很努力地学习，基础很差，临近高考，前一段很用功地在学，但由于漏洞太多，现在即使拼命学也来不及了。所以参加高考，自己也没什么希望，与其在高考成绩下来后丢人现眼，还不如放弃高考。

【分析】

这是一种临战前的逃避心理，想用躲避的方式遮盖自身的不足之处，我们可以分析，该生想放弃高考的目的就是害怕失败，因此，他害怕的不是高考本身，而是担心高考后的不良结果。

【对策】

1.坚持到最后。未来的日子谁都无法预料，我不羡慕任何人比我过得更好，只尽我所能去做自己应该做的事情，只有坚持到最后，才能知晓结果。

2.不夸大考试结果对自身带来的影响。许多考生在高考前往往会夸大考试结果对自身带来的影响。比如常常遐想这次高考考好了，父母、班主任、任课老师会是怎么样等等，其实别人对你的关注程度并非像你所想象的那样严重。

3.不与别人攀比，只要达到自我之最就是成功。所谓高考成功就是考生在高考中考出自己的实际水平，这就是成功。有的考生学习实力440分左右，高考考出440分左右就是成功，如果考出460分就是超常发挥，如果考出400分左右就是考试失败了。

4.高考对绝大多数高三的学生来说是人生中的一次重大的挑战和机会，如果你不想接受挑战，想放弃这次机会，任何人都难以阻止，但你需要对你的选择负起责任。

（四）睡眠不好，对高考更担心

【案例】

小Y：临近高考，非常紧张，最近几天感觉需要复习的内容太多，想整体过一遍又觉得来不及了，晚上感觉已经很困了，但一想起来有很多东西没复习，又立刻紧张起来，很长时间无法入眠，现在很担心，如果高考时也休息不好，睡不着觉该怎么办呀？

【分析】

很多考生临考前都有失眠情况，这是长期的焦虑积累的结果。长时间地处在紧张与焦虑的状态中，必然会导致失眠。另外，紧张的情绪也会导致失眠，有些同学在平时没有什么睡眠问题，可到了临近高考的日子却显得特别烦躁不安，寝食难安。躺在床上，翻来覆去，总是难以入眠。

【对策】

1. 适当地做些准备。如睡前不做激烈运动，喝杯热牛奶、洗个热水澡等有助于更快地入睡。

2. 不过分关注睡眠状况。有些考生因为担心自己睡不好会影响第二天的复习效果，从而过度关心自己是否一上床就能入睡，结果导致了失眠的产生。考生往往会过度夸大了失眠所产生的消极影响是失眠的真正危害所在。一夜不睡又有何妨？闭目养神也不错。把对失眠的担心彻底抛开，做好失眠的准备，反而会让人内心平静。

3. 做一些积极想象。如果躺在床上一时睡不着，满脑子胡思乱想，不要着急，告诉自己说“没关系，我只是有点兴奋而已。”不强迫自己入睡，身心放松，闭目养神，睡意反而会不期而至。也可以做一些积极的想象，如想象自己漂在水面上，非常舒服；或者躺在软软的草地上，困极了……

4. 创造舒适的睡眠环境。让空气流通，消除怪气味；室内安静，最好关灯；枕头合适，室外不能有响动吵扰。

5. 诱导法。每进行一次深缓呼吸，就对自己进行一次暗示：“我已经睡着了。”这样就可以起到良好的诱导。

2.2.2 考试目标的设定策略

2.2.2.1 考试目标设定不当的表现

对于面临高考的学生来说，正确合理地设定考试目标非常重要。一个人如果没有目标，可能终其一生随波逐流，犹如在汪洋大海中划船，却不知停在哪一个港口一样。但很多考生即使设定了目标，也无法实现。这就是所谓的目标设定不当。

目标设定不当的表现如下：

（一）盲目设定高考目标

不根据平日成绩和本校以往的高考情况来衡量自己的实际水平。而是盲目地设定高考目标，不是偏高就是偏低。

（二）高考目标太概括化

一般目标的设定应结合每门功课的特点，将要提升的分数，分配到每门功课上，做到任务落实，避免出现目标虚化的情况。而学生目标设定不当时，会将目标概括化，不细分到每门功课，不去分析拖后腿的科目需要怎样提高。片面追求总分的提高，却不具体化。

（三）高考目标太稳定

高三一年的学习变化非常大，而有些学生一心就想着一个固定的目标，不根据近期的学习情况和考试成绩来调整高考目标，使得整个学习过程缺乏生气，不处于一个动态变化的过程。

（四）高考目标设定无阶段化

学生设定高考目标时，不细化到每次月考和模拟考试来逐步实现目标，不按阶段来分解开来提升成绩，而是直接就定位到最后一次考试——高考。

2.2.2.2 影响考试目标设定的因素

（一）个人因素

首先，学生不了解报考学校的各项信息，比如招生计划、招生人数、招生简章等。当对报考学校的各项信息不清楚时，学生会盲目地填报志愿，如追求名牌大学或者扎堆报考一些大城市的知名学校。

其次，学生不熟悉自己学校的各项信息，诸如每年考取重点高校的人数，每年的报录比。学生需要根据自己学校每年学生的录取情况来权衡定位自己的目标。

最后，学生没有正确地认识自身的情况，如自己平时的学习情况和模考成绩。学生设定考试目标要根据自身的实际情况来具体定位自己，并设定合理的高考目标。

（二）家庭因素

“望子成龙，望女成凤”是有责任心的家长对待子女的正常心态。然而，很多家长却没有考虑孩子的实际能力和兴趣爱好，对孩子提出过高要求，抱着过高期望，期望孩子考高分，上好大学。有一位中学生曾苦恼地说：“我真不知怎样才能使家长满意，每次考试我都害怕。考了80分，家长会说‘怎么连90分都考不上？’有时考了90分，家长又会说：‘就差这么一点，为什么不考个满分？”’在高期望值驱使下，家庭成了“第二课堂”。学生还未完成老师的A卷，爸妈找来的B卷C卷早已送到孩子桌前。家长的期望不仅会影响孩子学习和考试的心情和状态，同时，也会促使孩子盲目设定高考目标来让父母满意。

（三）社会因素

外部环境对高考的过度宣传。高考的六月注定是社会关注度最高的六月，无论是在高考前、高考中还是高考后，大量的报刊杂志、电视新闻等都紧张而热烈地大谈特谈高考，各地的知名大学相继粉墨登场进行各种宣传。即将进入高三的学生实际上在高二的暑假里就开始接收大量的高考相关信息，他们从感性认识和理性认识上都深知高考对于一个人的重要影响，已经开始接受外界施于他们的无形压力。在高考前社会过度的评论和提供的信息，对即将参加高考的学生更是一种心灵的折磨，使学生的心理压力剧增，影响学生对高考目标的设定。

同时，家长、学校、社会对学生也过度关注。高考前的一个月，家庭、学校和社会都对考生给予了极大的关注。家长过度改善学生的饮食，过度询问学习状况；学校过度宣传高考临近的信息，如高考倒计时牌、高考誓言等。学生在这种紧张氛围中，对高考更加恐惧和担心，产生巨大的心理压力，同时，加重学生目标设定的负担。

2.2.2.3 考试目标设定的策略

（一）个人应对策略

1.全面客观地分析自己

在确定目标之前，必须对自己的学习现状进行一次客观和全面的分析。重点是分析个人的优势与弱势(包括基础知识、学习态度、学习习惯、学习方法、学习计划、学习反思等)，在此基础上再初步设定个人的努力方向和奋斗目标。只有这样，才能设定符合个人实际的目标。个人的目标要有很强的针对性和阶段性。

2.具体分步骤实现目标法

1)列下实现目标的理由

成功者在设定目标的同时，也会找出设这些目标的理由来说服自己。当他十分清楚地知道实现目标的好处以及不实现目标的坏处时便会马上设下时限来规范自己。

2)设下时限

一般人如果没有时限来集中注意力的话，很难检查出自己在不同时间段到底做到什么程度了。因此，当明确知道目标之后，便要设下明确的实行时限。

3)列下实现目标所需的条件

若不知实现该目标所需的条件时，如何去进行则会模糊。比如你想进北京大学就读，却不知北大的录取标准，则进入北大必定有所困难，如果明确知道它的录取标准，则更能按部就班地达到它所要求的标准。

4)自问“假如要实现目标的话，我自己必须变成什么样的人？”并在纸上列下来很多人想成功，却不清楚成功者所具备的条件。我通常列出成功者所需具备的26项条件，让自己知道该往哪个方面迈进，成为怎样的人。例如，你的目标是考上清华，接下来便把你能考上清华的条件和能力列出来，明确告诉自己就是要成为那样的人。

5)列下目前不能实现目标的所有原因，从难到易排列其困难度

自问"现在马上用什么办法来解决那些问题"，并逐项写下。列完解答之后，这些解答通常就是立即可以采取的行动，并且十分明确。

6)下定承诺，直到实现目标为止，否则绝不放弃

许多人只是对目标"有兴趣"，但并未决定一定要实现目标，因为当然无法实现。"有兴趣"不会让你成功，"决定成功"才能让你成功。

7)设下时间表，从实现目标的最终期限倒推至现在

8)马上采取行动，现在开始

9)衡量每天的进度，每天检查成果

若每年检查一次实施成果，则一年只有一次机会可以改正错误，若每月检查一次，则有12次机会改正错误，若每天衡量一次，则就有300多次机会，更何况每天衡量数次进度了，机会当然相对增加。

2.家庭期望值要合理

父母和孩子应根据孩子平时的表现和成绩来估计孩子的能力并为其设定一个合理的目标。当然这个目标可以定得比孩子现有的水平稍高点，以激发其向上努力。就像够树上的水果一样，可以选择一个孩子跳起来能够到高度的水果，这样有助于孩子的发展和能力的提高。

3.教师应对策略

1)表彰优秀和进步

学生精神上消极往往与过多的失败有关，多次的不成功经历，过多地处于失败的阴影之下，每一次的劳动价值都没有得到社会的承认，严重挫伤了学生的学习积极性，使他们感到很压抑，因此对学习也失去了信心，从而对学习产生厌恶感，而屡次的失败也使他们对学习产生了恐惧感。通过表彰主要是为了使学生的劳动价值在学习中能得以体现，使他们在学习中得到成功的满足，激发起他们的学习积极性，由内到外加以影响，即使没有获奖的学生也可以激发他们的竞争意识，当然也会产生动力。对于全体学生而言，表彰进步比表彰优秀更为重要，因为它更具大众性，同时表彰的面应稍大一点。

2)安慰与训斥

安慰法适用的学生一般平时学习认真刻苦，学习态度端正，但由于基础薄弱、设定目标不当或是因为考试紧张等原因导致考试失败，且失败次数不多，心理承受能力较差的学生(一般女生居多)。

适用训斥法的学生一般学习成绩一直较好，由于偶尔的几次失败使其丧失了信心，存在自暴自弃心理。这样的学生(一般男生居多)用其他方法往往难以奏效，他们主要是缺乏斗志，采用训斥法主要是激发学生的拼搏意识和学习的动力。

3)及时传递各项信息

在设定考试目标或填报志愿的过程，老师作为一个信息指导员，需要及时向学生传达各大高校的招生情况，同时，要向学生说明本校往届的高考录取比例相关信息。并且，老师要根据自己的经验，帮助学生具体分析自身情况和各高校招生的匹配，正确地选择适合的填报学校。

2.2.2.4 案例分析

【案例】

考生：054208＊＊15＊＊90

考分:548 分(当年第一批理工类线 524 分)

第一批志愿:

第一志愿:北京理工大学

第二志愿(平行志愿):北京航空航天大学、浙江大学、华北电力大学(北京)、上海理工大学、华南理工大学

第二批志愿:

第一志愿:北京工商大学

录取结果:北京工商大学

【分析】

该生超一批理工类线 24 分,可是落选了。情急之下找了有关领导写条子,仍未解决问题。原因在志愿填报不当。他填的第一批第一志愿北京理工大投档线 567 分,第二志愿的北京航空航天大学、华北电力大学(北京)、上海理工大学第一志愿投档线都是 524 分。如果把其中的任何一所学校放在第一志愿就不会在第一批落选。考生要注意:一般来说,填报第一批和第二批志愿时,不要把北京、上海等地的高校填在第二志愿(平行志愿)。这些地方的高校,在第一志愿录取时大部分已经录满了。

第二批志愿填报案例

【案例】

考生:小于同学

考分:505 分,当年二批(二)理工类 495

二批(二)一志愿:湖州师范学院

二批(二)二志愿:泉州师范学院、台州学院、安徽科技学院、运城学院

专业志愿:以理科为主,计算机类

录取结果:湖州师范学院计算机科学

【分析】

该生虽然高出二批(二)10 分,但他处在国办本科院校最后一个批次,掉档的话,就只能读民办的本科或高职高专,因此必须低调。他的志愿设计很合理。湖州师范学院最高年份高出批次线 4 分。他这么填报录取当然没有惊险。

【启示】

该生的志愿设计给了我们许多启示:第一,批次越往后越要低调,要避热就冷;第二,专业目标和地域目标要清晰;第三,不要认为计划少的学校风险就高;第四,2010 年湖北省将二批(一)和二批(二)合并了,二批中低分考生最容易犯的错误就是盲目冲击省会城市高校。纵观近几年二批(二)和二批(一)理科的分数线的差距,也就 12 分的样子。因此 2010 年二批线上 15 分内的理科考生一定要低调填报,防止撞上“低分段扎堆”,这样风险就很大了。

【案例】

考生:094201 * * 15 * * 83

考分:588(当年一批线理科 540,文科 518)

一批一志愿:南开大学

共建志愿:武汉大学、华中科技大学

一批二志愿:未填

录取结果:武汉大学遥感科学与技术

【分析】

这个同学高出一批线 48 分,很有优势,加上有武汉共建志愿保底,所以一志愿大胆填报了南开大学。虽然没有如愿,但是没有风险。共建她只填了武汉大学和华中科技大学。

最终录取到武汉大学。

2.2.3 考试动机的调整

2.2.3.1 考试动机过强或过弱的表现

心理学研究表明，动机的强弱与行为效率之间的关系成倒"U"字形。也就是说过低或过高的激动和紧张水平都不利于人的工作和学习，而中等程度的紧张最有利于能力发挥。对于考试来说，一定程度的紧张是有利于考试的，考试动机过弱或过强都不利于考生正常水平的发挥。

考试动机过弱，考生把考试看得无所谓，会影响考试的积极性。导致考场兴奋度不够，做题太慢或粗心大意等问题，进而会影响到考试成绩。同时，考试动机不足也会影响平时的学习，导致考生在平时的学习中缺乏学习动力，学习不主动、不自觉，这肯定不利于学习，不能取得好成绩。

反之，考试动机过强也是不好的。考试动机过强，把考试看得太过重要，过分关注考试的分数和排名，都会影响考试的发挥。

2.2.3.2 影响考试动机的因素

（一）个人因素

对于考生而言，内在动机比外在动机更可以提高成绩。美国心理学家布鲁纳将动机分为内在动机和外在动机。内在动机是学习者对学习活动本身感兴趣，学习活动本身就能使他获得满足，这是一种报偿，无需用外力推动而自愿学习；外在动机是由某些外部权威人士(家长、教师等)灌输给学习者的，由外部诱因激发的竞赛、奖赏都属于外在动机。内在动机效应强且持久，而外在动机效应弱且短暂。这是因为内在动机是由三种内驱力引起的：一是好奇的内驱力，这是一种求知欲，趋势学习者产生探究反射；二是胜任的内驱力，这是一种求成欲，在取得学习成就时获得满足；三是互惠的内驱力，这是一个人与他人和睦相处、协同合作的需要。① 因此考生应该提高内在动机，把关注的重点放在对学科本身的兴趣而非考试排名上。

（二）家庭因素

家长是学生的第一个启蒙老师。家长的品德、文化水平对学生的影响是不能忽视的。不少家长从孩子很小起就关心思想、学习和身体，为学生的全面发展打下了良好的基础。到了高中，大部分家长在学习上已经不能再给学生以什么具体的帮助了，家长对学生的帮助主要是在思想和生活上。和睦融洽的家庭关系，是很多高中生的幸福，也是他们能够专心学习并取得好效果的重要因素。德才水平高的家长对学生成长有积极作用，但最终不要靠学生自己的努力才能转化为自己的德和才。

（三）社会因素

老师在学生学习中的作用是不可低估的。一个老师的德才水准，对学生思想和学习会产生巨大的影响。每天上的课，绝大多数是师生在教学过程中共同度过的。在教学中，学生是主体，老师起着主导作用。老师们按照学生的认识规律，从学生的实际出发，调动学生的积极性，使学生参与、内化、反思，使学生每节课在思想、知识、能力上都有进步。班主任针对学生实际开展的各种教育活动，不断地端正学生的学习动机、目的，激发学生的学习积极性。很多学生的学习动机、目的是在老师教育下树立的；很多学生良好的意志品质是在老师严格要求下形成的；很多学生的学习方法是在老师的指导下掌握的；而知识和能力的获得也离不开老师的具体指导。

---

①彭聃龄. 普通心理学[M]. 北京：北京师范大学出版社，2004.

另外,老师往往根据每个学生的特点进行单独的帮助教育,有时一次谈话决定了一个学生一生的方向。高中生通过他们的亲身体会,对老师的作用往往认识得比较清楚正确,他们能虚心向老师求教,尊敬老师,师生关系融洽。可以说,正确的师生关系是高中生搞好学习的重要保证和关键因素之一。

2.2.3.3 调整考试动机的策略

(一)个人因素

每个参加考试的学生都想考出理想的成绩,这种期望成功的动机对多数学生来说是强烈的,但是,如果外部动机过于强烈,如考出好成绩是为了赢得老师和家长对自己更高的评价,是为了获得家长的奖励,是为了向同学证明自己的能力等,这种过于注重外在因素的动机又往往会产生过大的心理压力,导致情绪紧张,而影响考试时的正常发挥。因此考生要从以下几个方面调节考试动机与成绩之间的关系。

考试的目的在于检验自己掌握知识的情况和灵活运用知识的能力,通过这种考查,使自己获得进一步学习的机会。但是否考取大学,并不能完全决定一个人未来的发展,因为通过不同的学习方式获取知识的途径在当今社会越来越广泛,因此正确认识考试的目的,以良好的心态对待考试,有利于考生学习水平的正常发挥。

1.要关注学习本身的意义

学习的过程是不断丰富和提高自己的过程,通过高考选拔可以使一部分人进入大学的专业性学习阶段。因此,只有坚持不懈的努力,敢于克服学习中遇到的困难,寻求挑战,积极进取,才能使自己的知识学得扎实,掌握得全面,才能在考试面前做到心中有数,坦然应考,从而取得比较好的成绩。

2.淡化外在因素

老师及家长的殷切期望是我们学习的动力之一,而不是唯一的学习目的。因此,考生应当把自己的精力都投入在如何在高考阶段全面而系统地掌握知识,怎样良好地发挥自己的考试水平,而不应当过多地在意别人是如何看待自己的考试成绩以及自己的分数在班中的排名情况,或者考一个好成绩,父母会怎样奖励自己等等,这样都会分散精力,而影响复习。

3.对成绩正确归因

考生要树立一份付出、一份努力与一份收获的信念。要正确认识成绩好与自己的付出、努力有积极的关系,当然也与学习方法、学习策略有直接的关系。即使成绩不理想,也要认识到这是可以通过努力改变和提高的,要善于与同学交流,不断回顾及总结自己的学习方法和策略,在不理想的成绩面前要不气馁、不退缩,只要有坚韧不拔的意志力以及坚持不懈的努力,就可以使自己的学习成绩得到提高。

4.不能有侥幸的心理

考试是对一个人学习情况的检验,学习扎实及不扎实,这直接地反映在考试成绩上,因此考生不能抱有不管学得好坏,碰碰运气看的心理。

5.不要给自己下赌注

只要考生自己努力了,不管考出什么样的成绩,都要坦然面对。因为人生的路很长,每个人成才的机会也很多。因此在考前不能向父母或他人去保证什么,如"我一定要考上……,否则就……","我必须要……,不然就……"等等,这样下赌注容易给自己造成压力,反而不容易达到目标。

(二)家庭因素

保护他们的自尊心,改变他们压抑的学习生活,要及时发现他们身上的"闪光点"和细微进步,给予表扬、鼓励。在学习中关心他们,重视他们,委派一些服务性、组织性的任务给他们,增强他们学习生活的内部动力,保护他们的自尊心,帮助他们树立自信心。

首先，调整考试动机，将外部动机转化为内部动机。有不少学生想考好只是为了赢得父母的欢心，有的则纯粹是为了赢得父母的物质奖励，有的是为了不让父母伤心……这些由外部动机支配下的考生一般在考试中出现信心不足、动力不强、敷衍了事或产生严重的考试焦虑。只有在内部动机作用下的考生才会把考试作为自己已有知识和才能的一种检验，是战胜自我、挑战意志、锻炼能力的一次考验。每一个考生都应该时刻提醒自己、反省自己，不要为了考试而考试、

其次，培养他们的意志力，改造旧的环境，创造与外部不良影响作斗争的条件，锻炼自我控制的能力。如与紧张气氛挑战，摆脱自我紧张心理，自觉挣脱“分数”绳索等等。形成或巩固新的行为的习惯，获得健康心理，“考试恐慌症”是可以消除的。

（三）教师因素

作为教师，调整学生的动机可以从以下几方面入手。

1. 激发需要。教师在教学时，应该是学生产生学习某种知识的需要，然后再进行教学；或者根据学生的需要来组织安排学习活动。

2. 明确目标。让学生知道学习的目标是激发学习动机的一种好方法。

3. 了解学习成绩。使学生知道自己进步的成绩，也是引起学习动机的有效方法。

4. 积极的鼓励。积极的鼓励是对学生学习成绩和态度的肯定或否定的一种强化方式，他可以激发学生的上进心、自尊心、集体主义感等。

5. 期望与评价。在教学过程中，教师要善于协调学生的期望，要让期望过高的优秀生适当降低期望值；让那些因失败而期望过低的学生适当提高期望值。

6. 获得成功的满足。一次考试成功之后，若得到满意的效果，可以提升学习兴趣，提高学习效率，使学生下次更努力。成功能使人努力向前。

2.2.3.4 案例分析

【案例材料】

曾经，一位高一女生在晚自修时间来到心理咨询室，她说，快期末考试了，自己很焦虑，有时很茫然……自己在初中时拥有非常骄人的成绩，所有人都说她考上重点中学没有任何问题，事实上，中考她并没有考好，勉强过了重点高中的分数线，她觉得那只是一次失误。高一第一个月考，考了班上十多名，她觉得自己应该能考得更好，所以加倍努力去学习，谁想到，期中考试竟然比上一次还下跌了好几名。面对越考越差的成绩，她一份深深的挫败感油然而生，学习的信心都没有了，觉得自己脑子太笨，不是学习的料，几个月加班加点换来这样的结果，她真的无法接受。马上要期末考试了，她感觉自己整天精神恍惚，都快要崩溃了。

在她向心理老师述说时，泪如雨下。第一次心理咨询时，心理老师任其宣泄，没给她任何建议。谈话结束后，心理老师找孩子的班主任了解情况。班主任对这女孩印象非常好，说她非常用功，很好强，有不服输的劲儿，只是个性非常执着，也很情绪化，会因考试没考好当场落泪，劝也劝不住。

心理老师调查分析断定，这女孩子表现出过强的学习动机，并由此产生较严重的情绪障碍，其根源在于女孩存在一些不合理的信念和认知模式。

第二次辅导，心理老师采取辩论的方式让女孩懂得，并不是所有的努力都能获得好成绩的，因为成功需要的因素很多，努力并不是成功的唯一条件。当女孩子认识到自己的问题时，她在分析自己学习生活中遇到的挫折与困难时就更理性些了，她开始接受自己学习现状，她也明白，自己现在所要面对的，是思考如何来改进与完善自己的学习过程，而不是受困于“努力一定要考好”的想法中。

学习动机过强会导致情绪障碍，这类案例，肯定会存在目标不切实际，学习方法不得当等问题，但不合理的认知模式，却是需要解决的首要目标，这种不合理情绪主要有三种

特征：

一是凡事绝对化——这指人们对某一事物怀有认为其必定会发生或不会发生的信念。当事物发生与其对事物绝对化要求相悖时，他们就会接受不了，感到难以适应并陷入情绪困惑。

二是过分概括化——在面对失败或挫折时，会将自己评得一无是处，结果常常导致自责自罪、自卑自弃的心理，引发焦虑与抑郁情绪的产生。

三是糟糕至极——这种认知会导致个体陷入极端不良的情绪体验的恶性循环中难以自拔。

【分析】

1. 动机过强应调整认知，动机不足应激发动机

适当的学习动机对学习有促进作用，而过强或不足的学习动机，会对学习产生负面影响，学习动机过强的学生，他们表现主要是过于勤奋、好胜心强、害怕失败、情绪波动、心理脆弱，但从表面上看，不会给家长与老师造成更多麻烦；而学习动机不足的学生，则表现为学习懒惰、容易分心、注意力差、对学习冷漠厌倦、依赖心强，这样的学生令家长与老师都头痛。遇到学习动机过强的学生，要调整他们不合理的认知信念，而面对学习动机不足的学生应该怎么办呢？

学习动机不足与学业成就有关，成就动机是“希望成功”与“恐惧失败”这两种心理此消彼长的结果。学习动机强的学生敢于选择比较困难的学习任务，以期获得成功的快乐；而学习动机不足的学生，他们在学业上不思进取，实质是避免面对失败的痛苦，面对这类学生，讲道理是没有用的，家长与老师要学会给学生设计一些具体学科任务的“小台阶”，让他们从每一次小的胜利中获得成功体验，以此来激发学生的成就动机。

2. 学习动机过强，更易造成心理困扰

在以往的教学过程中，老师关注的常常是那些缺乏学习目标、学习动力不足的学生，而对那些很努力却获取不了好成绩的学生而言，只是痛惜他们的努力，觉得他们没有掌握适合自己的学习方法，在如何调整他们的学习模式上，却感到难以入手。通过这个案例才知道，学习动机过强所造成的情绪障碍危害也不浅，它不仅会降低学习效率，而且比学习动机不足更易导致心理的困扰与不适，这类学生在投入大量学习时间的同时，还造成更大的心理负担。

面对这样的学生，如果老师与家长仅单纯从学生考试失败的原因或学习方法上查找问题所在，后果是让学生根本看不清自己真正的问题所在，越来越迷茫，对这类个案，我们要充分了解学生的具体情况，有针对性地采取措施，才能收到改进的效果。

另外，通过这个案例，也更明确激发学生学习动机所具备的要求，家长与老师不能只责怪孩子没有学习动机，而要思考自己如何帮孩子建立成就动机，怎么帮孩子搭建具体学习任务的“小台阶”，让孩子期望值与实际情况出入不是很大，让成功的愉悦激发学生在学习的路上走得更快乐些。

2.2.4 考前自我意识的调整

2.2.4.1 学生自卑或自负的表现

自我意识又称自我概念，是一个人关于自我及其与周围环境关系多方面、多层次的认知和评价，是个体对自我的所有思想、情感和态度的总和，包括自我认识、自我体验和自我调控等。高中生正处在自我意识迅猛发展，逐步走向成熟的时期。思考自己人生的价值，分析自己面临的现实，明确回答“我是谁(我是个怎样的人)”的问题，进而思考自己的未来，是高中生自我意识发展的中心。因此帮助高中生学会正确客观地评价自己，正确地认识自

己，愉快地接纳自己，增强自控自律的能力有很重要的意义。自卑、自负都是自我认识不客观的表现，都跟信心有关，一个是自信心缺乏，而另一个则是自信心过大。对此，考生要正确客观地认识自己，妄自菲薄和不自量力都是不可取的。

（一）过度自信易引发浮躁心态

自信心是考生在升学考试中稳定发挥，取得好成绩的必要条件。适当的自信是建立在对自身的能力有着充分了解和客观评价之下的。有部分学生存在盲目自信的情况，具体表现在过度关注自己的长处，却对自己的薄弱科目和知识点缺乏认识。资深老师认为，一些基础知识薄弱而拔高题较为擅长的考生容易出现这种由过度自信导致的自负心态。这样的学生，如果试卷整体难度大，可能会取得较理想成绩。但一旦遇到重视考查基础的试题，则很有可能考场失利。

（二）自卑的学生需要多方鼓励

自负的心态容易引发学习态度不端正，而与之相反，自卑的学生却通常学习态度非常认真努力，但成绩提高却不明显。资深老师认为，没有自信的学生，如果不调整好心态，容易在总复习的过程中失去学习的目标，不知道如何安排自己的复习内容，只会盲目地做题，缺乏系统性。

2.2.4.2 影响自我意识的因素

（一）个人因素

自卑是自我评价偏低带来的。有自卑的人对自己的能力、性格及行为等感到不满意，对自我存在的价值感到困惑，对自己想做的事情缺乏信心。产生自卑的原因与个人的受挫经历和本人的性格气质有一定关系，但最根本的是由于个体对所遇到的各种挫折或自己的缺陷、不足的评价和态度。高中阶段最容易引起自卑的是学习的挫折。

自负与自卑有不同之处，又有相同之处。自卑的人自我评价过低，而自负的人则自我评价过高。自卑的人夸大了自己的缺点，而缩小了自己的优点；而自负的人则正好相反，缩小了自己的缺点，而夸大了自己的优点。从这点上来说，自负的人和自卑的人又有相同之处，都是缺乏对自我的正确认识。

（二）家庭因素

在现在的独生子女的家庭环境中，更容易出现自负的心理。特别是现在的学生基本都是独生子女，家庭条件也越来越好，在家里是宝贝，在学校一点委屈都受不了，这个是形成自负心理的重要原因。

（三）社会因素

自我意识很多情况下是在将自我和他人对自己的评价整合后形成的。自卑是个体在同他人进行比较后，感到自我适应性差，某方面技不如人，因而表现出无能、软弱、沮丧、精神不振等的心理状态。自负则是不把别人放在眼里，不能接受别人的批评和指正。学会与他人平等相处，平等对待别人的赞扬和批评，是形成正确自我评价的关键。

2.2.4.3 形成正确自我意识的策略

（一）个人因素

考生调整自卑心理需要做好以下几点：首先，关注自己的优势，增强自己的自信心，调整心态，做好迎接挑战的准备；其次，学会自我暗示，要时刻鼓励自己，遇到问题要主动向他人请教，不断提高自己的学习能力；最后，跟随老师制订复习计划，认清自身的不足，查漏补缺。

（二）家庭因素

对于自负的考生来讲，家长应该引导其客观评价自身能力。因为自负的考生往往有一定自负的资本，他们有一定的自学能力，应该予以鼓励。但另一方面，要帮助其认识到自身的不足，鼓励其积极向他人学习，不断完善自己。

在考生调整心态的过程中，家长、亲朋好友的鼓励非常重要。自卑的学生需要通过别人的肯定来提高自己的信心，面对自卑的孩子家长应多鼓励。而对自负的孩子，应该帮助其客观认识自己的水平，引导其发挥优势，弥补不足。

（三）教师因素

老师和家长如果发现自负的学生，需要特别留心，在每一次考试之后，帮助他们认真分析试卷，把自己的优势、劣势数字化、表格化，以达到客观认识自己的目的。通过调整心态，使他们的复习回到学校的统一轨道上。

自卑的学生容易出现考试发挥失常的情况，从而导致学生对升学考试丧失信心。这时家长和老师都不要去责备学生，而是要和他一起去分析卷子，指出哪些应该拿到的分数由于学生的马虎没有拿到，哪些部分再努努力就能拿到分数。对于错题进行统一的整理，对于这一类型的题要集中地突击。合理地分析卷子后，再肯定孩子的进步，就可以让考生的信心有所增加。

2.2.4.4 案例分析

【案例材料】“我觉得自己很差劲”

小娜是一个长相可爱、打扮得体、很有礼貌的女孩子，然而，她却很自卑。一天她来到咨询室：

“老师，我觉得我现在特别的难受。”

“能说说是为什么吗?”

“我觉得自己很差劲。”

“很差劲？是什么意思呢?”

“我的成绩越来越糟糕……我觉得自己很笨，学得很费劲……和同学关系也越来越远，同学们都不大和我说话，我现在都没什么好朋友……晚上我睡觉都睡不好，老想着我现在怎么变成这样了，于是，第二天的学习又很差……”

小娜瞪大眼睛看着我，眼神里透着无奈又充满了求助。

小娜初中时成绩名列前茅，是倍受老师宠爱的好学生，中考的时候以优异的成绩考入省级重点中学。上了高中以后，随着课程的增多，学科难度的加深，她觉得自己学得越来越吃力，成绩考得很不理想。班主任和任课老师特地把她叫到办公室去谈心，但这些关心并没有起到效果，她的成绩反而每况愈下了。

小娜说，她现在特别害怕见到初中老师和同学，她觉得丢脸。周末的时候总是躲在家不出去，因为怕遇到熟人。

可以肯定的是，小娜是因为学习挫折而导致了自卑。她的问题主要在于她现在没有找到高中的学习方法，也没完全适应高中的学校生活；同时她还缺乏学习的自信心，而且性格内向，比较消极，其实并不是真的不行，而是自己觉得自己不行。于是咨询师从以下几个方面来帮助小娜：

首先，在辅导策略中，学习还是排在第一位的，但是并不是简单地要求小娜参加课外辅导，去拼时间和多做题。咨询师和小娜详细分析了踏进高中以来的学习状况，她的学习方法和学习习惯。小娜的学习还没有脱离初中的学习模式，依赖性很强。于是，第一步是制订自己的学习计划，变被动为主动，并向老师和同学多求教，这样做还可以帮助小娜提高自己的人际交往能力。

其次，在小娜相对较强的学科上寻找突破口。在学习上有成功的体验会让她更容易找到学习的动力和成就感。小娜语文很好，咨询师建议她去找语文老师，主动要求担当语文课代表的职务，既可以激发自己进一步学好语文的动力，又可以更好地和老师进行沟通，为同学服务。

小娜渐渐开始获得了一些成绩，每一次进步咨询师都会及时肯定，这样一来她逐渐找回了学习的信心。另一方面，小娜也慢慢地适应了高中的生活，有了独立安排自己生活的能力，同时也学会了如何与人交往。

每个人都会经历生活当中的挫折，开始也许会跌倒，会怀疑自己，但这并不可怕，只要我们能鼓起勇气来重新认识自己，就会发现，只需要给自己一份自信，就能站起来，并且走得更好。

【分析】

案例中的小娜有非常消极的自我评价，这种自我评价源于学习上的挫折。因为学习成绩上的巨大落差，使得她对自我产生怀疑，进而萌发了强烈的自卑感。其次，她的情绪状况也比较差。尽管她想要努力、进步，但却因为害怕遭受失败而束手束脚，以至于不知所措，处于紧张、矛盾、焦虑和痛苦之中。

这样的情况下，老师应该先让小娜的负性情绪得到充分的宣泄，再给予她积极的支持，一步步引导她相信自己有能力解决问题。在这个基础上，再帮助她有针对性地分析目前存在的具体问题，并且制定相应的辅导策略。

案例中小娜很典型地反映了高中生自我发展过程中的主要矛盾，即“我是谁”这一问题。高中时期学生的发展危机主要产生于自我统合与角色混乱两极之间。所谓“自我统合”是指个体尝试把与自己有关的方方面面的感觉、认识和评价统一起来，形成一个自己觉得协调一致的完整的“自我”，又称之为“自我认同”。对高中生的自我成长而言，“自我认同”是一种对自己的挑战，是一件很不容易的事情，因此是这个阶段特有的发展危机。案例中的小娜由于“现实的我”与“过去的我”形成了很大反差，从而使她对自我的评价产生极大的混乱，内心的矛盾和冲突非常激烈，于是“自我认同”问题便得不到很好解决。如果不及时加以引导，学生难免处于“角色混乱”的状态之中，不仅在自我意识上会失去信心、充满自卑感，而且也不知道将来要往哪里去，其结果必定是影响到日常的学习和生活。

因此要克服考生的自卑心理，不单要消除考生的消极情绪，以平常心来面对失败和挫折，更要帮助考生形成正确的自我意识，不能妄自菲薄，也不能妄自尊大。

2.2.5 良好的亲子关系

2.2.5.1 亲子关系不良的表现

在心理学研究中，不同的研究者将亲子关系分为不同的类别。美国著名心理学家鲍姆林特(D. Baumfind) 从教养方式的角度把亲子关系划分为权威型、宽容型和专制型。1996年“中国城市独生子女人格发展状况研究课题组”通过因子分析将家庭教养方式分为六类，即溺爱型、否定型、民主型、过分保护型、放任型和干涉型。但无论哪种分类，民主型的亲子关系都是对独生子女人格发展有积极影响的。而对亲子关系有不良影响的几种类型主要有：

（一）溺爱型

表现：家长过度宠爱孩子，对孩子的要求无条件接受，想尽一切办法满足，即使孩子做错了，也要为其争辩。

危害：在这样的亲子关系中，孩子习惯高人一等，以自我为中心，容易形成任性自私、不懂礼貌、缺乏同情心等不良的性格特征。在人际交往中，他们缺乏责任感、不懂得关心别人，难以交到朋友，逐渐孤僻离群，遇到不满容易导致攻击报复等反社会行为。现在，大多数家庭都是四个老人、两个父母共爱一个孩子，溺爱已成为严重的社会问题。

（二）矛盾型

表现：父母对孩子的管教态度缺乏一致性，同一行为有时斥责、禁止，有时却宽恕、勉励。父母管教态度不一致也是矛盾的一种表现，例如父亲严厉，而母亲放纵，父亲斥责子女时，母亲却来阻止。

危害:大多数的中国家庭中,母亲负担更多的教养孩子的责任,对细节更为关注,对孩子的要求也更严格;父亲则相对宽松。因此,多数孩子抱怨"妈妈很烦,太唠叨",产生逆反心理。但是,长期的不一致态度,孩子无所适从,做事难以决定,时间长了出现焦虑情绪甚至强迫症状。

(三)期待型

表现:父母对孩子虽有爱,但常以严厉、顽固、强迫的态度或禁止、命令的方式来监督孩子;或者把自己的夙愿、希望投射在孩子身上,忽视子女的能力与性格,希望孩子完全遵从父母的要求和标准去做。

危害:用过高的期望要求和监督孩子,孩子容易变得敏感,性格胆小畏缩,缺乏自信,独立性差,做事缺乏主动性,不善与人交往。他们情绪不稳定、易自卑,严重时甚至出现抑郁症状。

(四)过分保护型

表现:家长出于一种保护的态度对待孩子,为了使孩子变得更好而细心照顾,尽量给予帮助和嘱咐。有的家长甚至对孩子的学习、健康、前途等过分担忧。

危害:由于过分保护,孩子的社会适应性差,缺乏独立思考能力和创新意识。由于习惯依赖父母,他们做事没有主见,犹豫不决。心理承受能力差,遇到困难容易灰心沮丧,甚至焦虑不安。此外,这样的孩子到青春期容易出现对抗行为,对父母和老师的要求故意反着做,导致学习成绩下降。

(五)忽视型

表现:家长感情冷漠,与孩子很少沟通,对孩子的成长不闻不问。此外,忽视还可能表现为对孩子体罚、虐待、威胁等。

危害:这种亲子关系容易导致孩子性格冷漠消极、孤独自闭,人际关系敏感,难以交上朋友。对家庭和社会产生敌对心理,甚至受到不良社会团伙的引诱,成为问题儿童或青少年。①

2.2.5.2 影响亲子关系的因素

(一)个人因素

随着信息化社会的发展,儿童的自主意识增强。通过电子媒介,孩子迅速了解了社会的各类信息,扩大了知识面,甚至在某些方面比家长了解得更多,他们往往对家长们"老生常谈"的东西不感兴趣,以致产生抵触情绪。现代的少年儿童已经不再是封闭、保守的社会状态下顺从听话的孩子,他们通过耳闻目睹和各种媒介了解了许多社会现象,也了解了自身权益。在家庭中家长说了算的传统已经不被现代的孩子所接受,他们渴求与父辈之间的平等相处、平等交流。在从传统到现代的更替中,亲子关系的特点也发生了相应的改变,心理上相互理解是当今亲子关系的主流。

(二)家庭因素

当前,由父母和孩子组成的三口之家是城市独生子女家庭的典型模式,与非独生子女的核心家庭和几代同堂的主干家庭相比,其具有最基本、最简单及无重复的特点。亲子互动成为孩子在家庭中与他人交往的唯一方式,加重了相互之间的心理依恋。一方面对孩子经济投入和精力投入过大,期望过高,家长与孩子交流时通常首先关心学习方面的事情,对孩子的期望很高,这很自然给孩子造成了一定的压力,而实际上孩子的学习成绩往往是由于不良的亲子关系造成的。另一方面孩子在家庭中的中心地位得到了强化,在一定

---

①徐林.建立良好亲子关系,促进儿童社会化发展[J].成都教育学院学报,2002,16(3).

程度上影响了孩子正确的角色认识，使其难以接受父母的正面教育，也影响了亲子关系的和谐。

（三）社会因素

随着传媒时代的到来和生活节奏的加快，亲子关系变得比过去淡漠。近年来，随着生产的发展和人们生活水平的提高，电子媒介以空前的速度大量进入家庭，在人们的日常生活中占有十分重要的地位。正是由于电子媒介广泛地进入家庭，削弱了孩子对家长的依赖，在一定程度上疏远了亲子之间的关系。“中国独生子女人格状况与教育调查”表明，尽管有96.5%的孩子表示“比较愿意”和“非常愿意”与父母谈话，而实际上亲子之间“经常谈话”的仅为50.8%，而且77.9%是就事论事地谈孩子的“学习”问题。同一调查显示，认为“爸爸很理解我”和“妈妈很理解我”“非常符合”自己情况的仅为36.6%和48.2%，都没有超过半数。而在孩子谈到最烦恼的事情中，涉及父母与子女关系的高达32%。也就是说，在大多数家庭中亲子之间的沟通存在障碍。

2.2.5.3 形成良好亲子关系的策略

（一）个人因素

亲子关系是一个双向互动的过程，亲子双方的各种态度和行为有着相互的影响。青少年首先应从自身做起，建立良好的亲子关系。

首先，青少年是个能动的信息加工者，能在不同的发展水平上，根据自身不同的需要，选择性地接受或排斥父母施加的影响，即在同类的父母教育方式影响下，青少年的不同反应会形成不同的亲子关系。

其次，在父母行为影响青少年发展的同时，青少年也以自身的特点影响着父母的教育态度与行为。这种影响是相互的，因此青少年应对自己的言行负责，考虑可能造成的后果，积极为形成良好的亲子关系做出自己的贡献。

最后，我们教育的根本目的是建构具有主体性的人，现代社会经济发展要求教育培养人的主体意识，现代人的发展本身也需要弘扬一种主体精神，青少年是自身心理发展的主体，建设良好的亲子关系的主要目的也在于促进青少年心理素质与个性的健康发展，因而建设良好亲子关系要坚持发挥少年儿童的主要作用的原则。

（二）家庭因素

家庭是青少年社会化的第一个机构，而家庭对青少年的影响最主要是通过父母对子女的教养态度与方式。家庭中建立良好的亲子关系对于青少年的成长是相当重要的。良好的亲子关系能营造和睦的家庭气氛，使父母与子女之间建立起一种相互尊敬和坦诚沟通的关系，有利于家庭教育的顺利开展。对此我们提出以下建议。

1.转变观念，平等相处

亲子关系是一种父母和子女之间的双向互动关系，而不是一种单向的静态关系。在家庭中父母与孩子的关系表现为两种情况，一种是在血缘关系上形成的自然角色关系，另一种是在后天交往中形成的家庭社会角色关系。自然角色是天然形成的，不可改变的。但家庭社会角色则是后天形成的，是可以改变的。父母与孩子各自扮演着不同角色，决定了各自在家庭中所处的地位，也规定了互相对待的态度。①

首先，由于亲子间存在着天然的血缘关系，这就决定了亲子关系的特殊性。在很多父母和孩子的眼里父母和孩子的关系是天经地义、不可改变的，使得许多人从不认真思考亲

---

①孟育群，李强．建设少年儿童良好亲子关系的要素[J]．教育科学，2001，17(3)．

子关系的重要性，以及如何才能建立良好的亲子关系等问题。

其次，父母是孩子的养育者，是长者，在一定时期内其生活经验、知识水平及各种能力远远超过孩子，在认知性的交往中占绝对的权威地位。所以很多父母在子女早期的成长过程中一直处于帮助、管理、指导等支配性的地位，再加之受传统文化的影响，把孩子看成是自己的私有财产，不把孩子看成是具有独立人格的个体，凡事以自己的意志为转移，过分要求孩子，过分保护孩子。

再者，有的家长不了解孩子在成长的不同时期有着不同的心理需求，对于与父母交往的方式、内容等也有不同的需求，常年一贯地采用同一种教养态度和方式，不懂得尊重孩子的心理需求，使得亲子之间容易产生心理上的疏离、不信任或畏惧，甚至矛盾冲突等。因此，无论是在日常生活、家务劳动、消费、隐私等方面，还是在交友、子女的学业、教养态度和方式等方面，家长都应当转变传统的家长制观念，而应把孩子看成是一个独立的个体，尊重子女的人格，以平等的态度和身份与子女相处。子女也应尊重和理解父母，建立一种良好的心理交往关系，只有这样才有利于建立良好的亲子关系。

2. 加强沟通，增进理解

要建立良好的亲子关系，加强亲子沟通与交流，促进亲子之间的理解和信任是至关重要的。在树立正确的亲子交往观念之后，家长和子女之间还必须有一定的沟通时间做保证。人们之间的密切程度是由人们之间的沟通的多少来决定的，要形成密切的关系，就必须用较多的时间沟通。父母不能以工作繁忙或孩子功课紧张，怕影响孩子学习等理由减少甚至不与孩子沟通交流。因为沟通交流是相互了解和理解的基础，而只有建立在理解信任基础上的亲子关系才可能是一种良好的亲子关系。亲子之间的良好沟通，必须消除或尽量减少由于代际差异所带来的心理障碍，做到相互关心，相互理解，在对各种问题的看法、性格、兴趣爱好、心理需求等方面求同存异，相互主动协调代际关系。

3. 提高家长的心理健康水平

专家研究发现，子女情感上的忽视多半是由于父母亲的情绪不稳定或心理不健全。在家庭中亲子间的情绪往往是最难自控的。现代社会竞争激烈，生活节奏紧张，充满成功的期盼和严重压力的父母往往把委屈和不满向孩子和亲人宣泄。处于更年期的父母的情绪常常不稳定，青少年具有思维的独立性然而较片面，情绪处于疾风怒涛的状态，希望摆脱父母的管教，渴望独立，亲子矛盾冲突，处于亲子关系危机期。当孩子顶撞父母，或使父母失望、束手无策时，父母往往难以控制自己的情绪，对孩子或冷漠或粗暴，这极大地伤害了孩子。父母调控消极情绪的方法，一要更新自己陈旧的亲子观、儿童观和教育观，二要学习妥善管理自己情绪的一系列方法。

2.2.5.4 案例分析

【案例材料】

陈宇是一所重点中学的学生。几天前，他的班主任王老师将他带到学校心理咨询中心做咨询，起因是陈宇想退学。

“周老师，你也别劝我了，我现在真的就想退学。”陈宇来到咨询室后沉默了一阵说道。周老师仔细打量了一下这个孩子，看起来很老实，不像是会惹事调皮厌学的孩子。他给陈宇倒了杯水，说道：“你想退学，我也不拦着你。不过你总得有个理由吧，能不能说说为什么。”陈宇对周老师的理解感到有一点意外，愣了一下，说：“我觉得太累了，所以不想学了。”他表示学校没意思透了，平时都不知道在做什么，是在浪费时间。“那你爸妈他们会同意吗?”周老师问道。陈宇想都没想就说：“我才不管他们呢。他们也许乐意我退学也说不定。”

当被问到为什么这么想时，他说：“我讨厌他们经常替我做决定，尤其是我爸爸。我一直在想他们是不是真正关心我，因为他们总是和我想的不一样，我来这所学校上学也是爸爸一手包办的，这里的学习压力太大了，我也想努力学，但是我基础比别人差，成绩就不太理想。我爸爸一直不满意，我真的不知道应该怎么办才好，我原先的初中同学不在这所学校里，我觉得他们都蛮开心的，有时候我想，为什么我要过得这么苦，所以我不想念了，我也可以去其他学校。”周老师表示希望他和父母谈谈，但是他摇了摇头，“我跟他们没什么好谈的，我很烦他们，真的。”

周老师感到他与父母一定存在着什么隔阂，于是约了陈宇的父母来学校谈谈。陈宇的父亲是个老师，看上去就是个很严格的人，简单的寒暄了几句以后，他就开始说儿子的问题：“我觉得他就是害怕担当压力，我们当初觉得这所学校不错，才想方设法让他进来。结果，你看，他倒是一点都不学好，还跟一些在其他二流学校上学的初中同学混在一起，不思进取，我跟她妈妈急得一点办法都没有。”

说完他不满地瞪了陈宇的母亲几眼，这是一位非常严厉的父亲。周老师又问了母亲的看法，她看了看陈宇的父亲，有点欲言又止：“我看还是听听小宇的说法吧，孩子也挺难的。”陈宇的父亲有点生气，打断她的话：“我说就是你惯坏孩子的吧，我一要求他做点什么，你就在旁边说这说那，现在你看看，书都不想读了！你说说看，该怎么办?”陈宇的母亲便不再说话了。

看得出来，在家里父亲是有绝对权威的人，母亲性格比较温和，在教育孩子方面说不上话，一般都是父亲教育陈宇，而且要求严格，因此父子关系比较紧张。后来周老师又从陈宇口中了解到，从小到大，陈宇和父亲发生过一些冲突。刚开始还听父亲说说，后来索性顶嘴，父亲当然不会妥协，因此两人关系很僵。

周老师认为，要解决这个问题，得先从改善家庭关系特别是父子关系下手。于是他用了家庭治疗技术，首先让陈宇的父亲认识到孩子退学这个问题在一定程度上有自己的原因，需要他积极配合，才可以解决。

接着他用了家庭关系印象测定技术，让父亲领悟到自己平时过分权威的态度造成了家庭关系的紧张，需要他主动做出改变。只是想法上的改变还不足以改善家庭关系。

在家庭成员都认识到问题以后，咨询师又提供了一些具体的方法来促进家庭成员间的沟通。这样的家庭治疗两个月以后，陈宇和父亲的关系变得融洽，再也没又提过要退学的事情。

【分析】

首先，在这个案例中，学生的问题看似是厌学的问题，但随着话题的深入，才发现问题的本质是亲子关系问题。陈宇之所以要退学，其实是一种情绪的宣泄，他通过这种行为方式，来表达对父亲的强烈不满。这样的问题值得我们的家长高度重视。很多时候看起来是孩子的学习问题，其实隐藏着深层次的亲子关系问题。

其次，家庭关系中每个成员都有自己的角色和功能。在父亲和孩子对立冲突时，母亲应该起到桥梁的作用。在这个案例中，母亲虽然想关心陈宇，但由于对父亲权威的顾忌，不能在父子沟通中起到中介作用，也是需要父母注意改进的。

再次，案例中陈宇的父亲是个教师，有一定的文化，领悟能力较强，愿意接受意见和建议，也是改善亲子关系不可缺少的因素。这也提醒每个家长，要有豁达的心态和开放的态度，要善于接受批评，不要认为孩子的问题就是孩子的错，其实很多时候家长也有需要改变的地方。

最后，对教师的建议就是：心理辅导要坚持“价值中立”的原则。本案例中，周老师在知道陈宇要退学的时候并没有直接站在老师的立场上急于劝阻，而是去倾听他内心的理由，如果理由充分，退学也不是完全不可以的。这种态度让陈宇和老师之间建立了一种信任，这样才会有后面良好的心理辅导效果。

2.3 新东方心理备考的方法与策略

2.3.1 考前心理课程使考生最佳状态应考

2.3.1.1 中学生心理课程体系设置

课程分类	课程主题		课时安排	课程版本	
学习心理	学习策略	记忆力训练	10 课时	初高中通用	
		注意力训练		初高中通用	
		高效学习理论		初高中通用	
		自我暗示策略		初高中通用	
		科学用脑策略		初高中通用	
		科学记忆策略		初高中通用	
		制订学习计划		初高中通用	
		如何复习		初高中通用	
		知识迁移		初高中通用	
	考试焦虑		2 课时	初高中通用	
	目标设定		2 课时	初高中通用	
	学习压力管理		2 课时	初高中通用	
	学习动机		2 课时	初高中通用	
	学习心理弹力		2 课时	初高中通用	
	厌学		3 课时	初高中通用	
自我意识	你认识自己吗		1 课时	初中版	高中版
	为什么要认识自己		1 课时	初中版	高中版
	你怎样认识自己		1 课时	初中版	高中版
	重新定位		1 课时	初中版	高中版
	管理自己		1 课时	初中版	高中版
	克服自恋		2 课时	初中版	高中版
	克服自卑		2 课时	初中版	高中版
	乐观		2 课时	初中版	高中版
	自信		2 课时	初中版	高中版
	自我效能感		2 课时	初中版	高中版
	归因训练		2 课时	初中版	高中版

<table>
<tr><th>课程分类</th><th colspan="2">课程主题</th><th>课时安排</th><th colspan="2">课程版本</th></tr>
<tr><td rowspan="7">人际关系</td><td rowspan="5">同伴关系</td><td>谈友谊</td><td rowspan="5">5 课时</td><td>初中版</td><td>高中版</td></tr>
<tr><td>为你的朋友做的事</td><td>初中版</td><td>高中版</td></tr>
<tr><td>在意伙伴的感受</td><td>初中版</td><td>高中版</td></tr>
<tr><td>分享</td><td>初中版</td><td>高中版</td></tr>
<tr><td>不要刻意讨人喜欢</td><td>初中版</td><td>高中版</td></tr>
<tr><td colspan="2">师生关系</td><td>2 课时</td><td>初中版</td><td>高中版</td></tr>
<tr><td colspan="2">亲子关系</td><td>2 课时</td><td>初中版</td><td>高中版</td></tr>
<tr><td rowspan="7">情绪</td><td colspan="2">焦虑</td><td>2 课时</td><td>初中版</td><td>高中版</td></tr>
<tr><td colspan="2">抑郁</td><td>2 课时</td><td>初中版</td><td>高中版</td></tr>
<tr><td colspan="2">神经衰弱</td><td>2 课时</td><td>初中版</td><td>高中版</td></tr>
<tr><td colspan="2">羞怯</td><td>2 课时</td><td>初中版</td><td>高中版</td></tr>
<tr><td colspan="2">社交恐惧</td><td>2 课时</td><td>初中版</td><td>高中版</td></tr>
<tr><td colspan="2">强迫症</td><td>2 课时</td><td>初中版</td><td>高中版</td></tr>
<tr><td colspan="2">自杀倾向</td><td>1 课时</td><td>初中版</td><td>高中版</td></tr>
<tr><td rowspan="7">问题行为</td><td colspan="2">说谎</td><td>1 课时</td><td>初中版</td><td>高中版</td></tr>
<tr><td colspan="2">偷窃</td><td>1 课时</td><td>初中版</td><td>高中版</td></tr>
<tr><td colspan="2">网络成瘾</td><td>3 课时</td><td>初中版</td><td>高中版</td></tr>
<tr><td colspan="2">打架</td><td>1 课时</td><td>初中版</td><td>高中版</td></tr>
<tr><td colspan="2">逃学</td><td>2 课时</td><td>初中版</td><td>高中版</td></tr>
<tr><td colspan="2">虚荣攀比</td><td>1 课时</td><td>初中版</td><td>高中版</td></tr>
<tr><td colspan="2">离家出走</td><td>1 课时</td><td>初中版</td><td>高中版</td></tr>
<tr><td rowspan="3">青春期心理</td><td colspan="2">体相烦恼</td><td>1 课时</td><td>初中版</td><td>高中版</td></tr>
<tr><td colspan="2">早恋</td><td>2 课时</td><td>初中版</td><td>高中版</td></tr>
<tr><td colspan="2">暗恋</td><td>1 课时</td><td>初中版</td><td>高中版</td></tr>
<tr><td rowspan="3">学业规划</td><td colspan="2">认识自己</td><td rowspan="3">8 课时</td><td>——</td><td>高中版</td></tr>
<tr><td colspan="2">认识专业</td><td>——</td><td>高中版</td></tr>
<tr><td colspan="2">高考志愿填报程序与谋略</td><td>——</td><td>高中版</td></tr>
</table>

2.3.1.2 家长心理课程设置

<table>
<tr><th>课程分类</th><th colspan="2">课程主题</th><th>课时安排</th><th colspan="2">课程版本</th></tr>
<tr><td rowspan="23">家庭教育常识</td><td rowspan="5">青少年身心发展特点</td><td>青春期心理特点</td><td rowspan="5">6 课时</td><td>初中版</td><td>高中版</td></tr>
<tr><td>认知</td><td>初中版</td><td>高中版</td></tr>
<tr><td>自我意识</td><td>初中版</td><td>高中版</td></tr>
<tr><td>情绪</td><td>初中版</td><td>高中版</td></tr>
<tr><td>社会性</td><td>初中版</td><td>高中版</td></tr>
<tr><td rowspan="6">亲子沟通技巧</td><td>感受孩子的感受</td><td rowspan="6">6 课时</td><td colspan="2">初高中通用</td></tr>
<tr><td>引导孩子与父母合作</td><td colspan="2">初高中通用</td></tr>
<tr><td>替代惩罚的方法</td><td colspan="2">初高中通用</td></tr>
<tr><td>鼓励孩子自立</td><td colspan="2">初高中通用</td></tr>
<tr><td>赞赏孩子</td><td colspan="2">初高中通用</td></tr>
<tr><td>不做“乖”孩子，做自己</td><td colspan="2">初高中通用</td></tr>
<tr><td rowspan="4">父母教养方式</td><td>民主型</td><td rowspan="4">4 课时</td><td colspan="2">初高中通用</td></tr>
<tr><td>权威型</td><td colspan="2">初高中通用</td></tr>
<tr><td>溺爱型</td><td colspan="2">初高中通用</td></tr>
<tr><td>忽视冷漠型</td><td colspan="2">初高中通用</td></tr>
<tr><td rowspan="5">赏识教育</td><td>赏识与赞扬</td><td rowspan="5">5 课时</td><td colspan="2">初高中通用</td></tr>
<tr><td>赏识与激励</td><td colspan="2">初高中通用</td></tr>
<tr><td>尊重与信任</td><td colspan="2">初高中通用</td></tr>
<tr><td>宽容与理解</td><td colspan="2">初高中通用</td></tr>
<tr><td>赏识孩子的好品格</td><td colspan="2">初高中通用</td></tr>
<tr><td rowspan="3">常见的错误观念</td><td>我爱你，所以你要听我的</td><td rowspan="3">3 课时</td><td colspan="2">初高中通用</td></tr>
<tr><td>我爱你，所以我们不能分离</td><td colspan="2">初高中通用</td></tr>
<tr><td>焦虑转嫁</td><td colspan="2">初高中通用</td></tr>
</table>

<table>
<tr><th>课程分类</th><th>课程主题</th><th>课时安排</th><th colspan="2">课程版本</th></tr>
<tr><td rowspan="7">培养孩子好品格</td><td>乐观</td><td>2 课时</td><td>初中版</td><td>高中版</td></tr>
<tr><td>自信</td><td>2 课时</td><td>初中版</td><td>高中版</td></tr>
<tr><td>独立</td><td>2 课时</td><td>初中版</td><td>高中版</td></tr>
<tr><td>意志力</td><td>2 课时</td><td>初中版</td><td>高中版</td></tr>
<tr><td>责任感</td><td>2 课时</td><td>初中版</td><td>高中版</td></tr>
<tr><td>创造力</td><td>2 课时</td><td>初中版</td><td>高中版</td></tr>
<tr><td>亲社会行为</td><td>2 课时</td><td>初中版</td><td>高中版</td></tr>
<tr><td rowspan="5">青少年学习心理</td><td>学习压力过大</td><td>3 课时</td><td>初中版</td><td>高中版</td></tr>
<tr><td>考试焦虑</td><td>3 课时</td><td>初中版</td><td>高中版</td></tr>
<tr><td>学习动机过强</td><td>2 课时</td><td>初中版</td><td>高中版</td></tr>
<tr><td>目标不明确</td><td>2 课时</td><td>初中版</td><td>高中版</td></tr>
<tr><td>厌学</td><td>2 课时</td><td>初中版</td><td>高中版</td></tr>
<tr><td rowspan="5">青少年情绪问题</td><td>焦虑</td><td>2 课时</td><td>初中版</td><td>高中版</td></tr>
<tr><td>抑郁</td><td>2 课时</td><td>初中版</td><td>高中版</td></tr>
<tr><td>羞怯</td><td>2 课时</td><td>初中版</td><td>高中版</td></tr>
<tr><td>社交恐惧</td><td>2 课时</td><td>初中版</td><td>高中版</td></tr>
<tr><td>自杀倾向</td><td>2 课时</td><td>初中版</td><td>高中版</td></tr>
<tr><td rowspan="5">青少年人际问题</td><td>亲子关系</td><td>2 课时</td><td>初中版</td><td>高中版</td></tr>
<tr><td>师生关系</td><td>2 课时</td><td>初中版</td><td>高中版</td></tr>
<tr><td>同伴关系</td><td>2 课时</td><td>初中版</td><td>高中版</td></tr>
<tr><td>早恋</td><td>2 课时</td><td>初中版</td><td>高中版</td></tr>
<tr><td>被欺负</td><td>1 课时</td><td>初中版</td><td>高中版</td></tr>
<tr><td rowspan="9">青少年问题行为</td><td>说谎</td><td>1 课时</td><td>初中版</td><td>高中版</td></tr>
<tr><td>自私</td><td>1 课时</td><td>初中版</td><td>高中版</td></tr>
<tr><td>偷窃</td><td>1 课时</td><td>初中版</td><td>高中版</td></tr>
<tr><td>虚荣攀比</td><td>2 课时</td><td>初中版</td><td>高中版</td></tr>
<tr><td>网络成瘾</td><td>2 课时</td><td>初中版</td><td>高中版</td></tr>
<tr><td>骂人</td><td>1 课时</td><td>初中版</td><td>高中版</td></tr>
<tr><td>逃学</td><td>1 课时</td><td>初中版</td><td>高中版</td></tr>
<tr><td>打架</td><td>1 课时</td><td>初中版</td><td>高中版</td></tr>
<tr><td>离家出走</td><td>1 课时</td><td>初中版</td><td>高中版</td></tr>
<tr><td rowspan="3">青少年学业规划</td><td>认识自己</td><td rowspan="3">8 课时</td><td>——</td><td>高中版</td></tr>
<tr><td>认识专业</td><td>——</td><td>高中版</td></tr>
<tr><td>高考志愿填报程序与谋略</td><td>——</td><td>高中版</td></tr>
</table>

2.3.1.3 学管心理课程简介

（一）亲子教育在家长学员沟通中的运用

亲子教育是20世纪末期在美国、日本和我国台湾等地兴起的一种新的教育模式。亲子教育是以亲缘关系为主要维系基础的，根据我国特有的家庭状况，这种关系被扩展为监护人与孩子之间的以互动为核心内容的亲子关系。亲子教育强调的是社会修养、知识教育、能力素质、情感性格四者合而为一，而不是单纯的知识传输。因此在与家长、学员沟通的过程中，以亲子教育为纽带展开的交流会进一步提升家长、学员、学管之间的亲密关系。

培训中讲师将从亲子教育的含义、正向亲子教育法、与孩子沟通的技巧、沟通通用技巧等角度系统讲授亲子教育在家长、学员沟通中的运用。

主讲人：外聘讲师

课程时长：60分钟

培训准备：准备播放设备与培训场地

培训组织：看视频或者现场授课，组织参训学习管理师分批统一观看视频光盘，也可安排学习管理师单独观看；如果是现场授课，培训师应当从亲子教育的内涵及宗旨出发，详细讲解亲子教育在与家长、学员沟通中的运用技巧和方法，并解答学管培训中的各种疑问。

培训反馈：要求学习管理师在课程培训结束后填写培训总结，现场培训要求学习管理师在培训结束后填写培训反馈表和《外聘讲师评估表》，并按照规定时间参加培训考核。

（二）初一到高三各年级学员的身心发展特点

随着年龄的增长，不同年级的学生在学习兴趣、习惯、心理等方面都具有不同的特征，学习管理师应当对每个年级学员的身心发展特点做到心中有数，只有这样，才能在学习管理的过程中，尽量从客户分析的角度出发，在解决客户疑惑的同时提出可行性方案，达到个性化服务的目的，实现双赢。

本课主要内容在于分析初一到高三各个年级学员在生理巨变、认知发展、情绪特征、社会性发展四个层次的身心发展特点，找出针对不同特点学员的应对方案和沟通话述，提高沟通的成功率。

主讲人：集团学习管理培训师/学校业务骨干

课程时长：60分钟

培训准备：准备播放设备与培训场地

培训组织：看视频或者现场授课，组织参训学习管理师分批统一观看视频光盘，也可安排学习管理师单独观看；如果是现场授课，培训师应详细讲解初一到高三各年级学员的身心发展特点，并解答学管培训中的各种疑问。

培训反馈：要求学习管理师在课程培训结束后填写培训总结；现场培训要求学习管理师在培训结束后填写培训反馈表，并按照规定时间参加培训考核。

（三）自卑、自负学员自信的培养

自卑、自负都是不正常的心理状态。自卑，又称自我否定意识，是一种因过多地自我否定而产生的自惭形秽的情绪体验。自负就是自己过高地估计自己。长期的自卑、自负会严重危害一个人的身心健康，对于学习管理师而言，必须担负起心理辅导的角色，与自己的学员进行深入沟通,引导他们树立积极的心态,逐步建立自信心。

本课的主要内容在于分析自卑、自负学员的内心世界,以及如何对待自卑、自负,帮助学习管理师掌握培养学员自信心的正确方法。

主讲人:外聘讲师

课程时长:60 分钟

培训准备:准备播放设备与培训场地

培训组织:看视频或者现场授课,组织参训学习管理师分批统一观看视频光盘,也可安排学习管理师单独观看;如果是现场授课,培训师应当重点分析自卑、自负学员的特点,以及正确对待自卑、自负的方法,并解答学管培训中的各种疑问。

培训反馈:要求学习管理师在课程培训结束后填写培训总结,现场培训要求学习管理师在培训结束后填写培训反馈表和《外聘讲师评估表》,并按照规定时间参加培训考核。

(四)学员的情绪管理——考试焦虑

考试焦虑是考试中常见的一种现象,是指因考试压力过大而引发的系列异常生理心理反应,包括考前焦虑,临场焦虑(晕考)及考后焦虑紧张。考试焦虑会影响学生的正常发挥。如何帮助学员克服这一心理障碍、消除紧张呢?

本课程将从考试焦虑的内涵、表现及成因入手,让大家全面了解考试焦虑,再介绍常见的处理方法。

主讲人:集团学习管理培训师/学校业务骨干

课程时长:60 分钟

培训准备:准备播放设备与培训场地

培训组织:看视频或者现场授课,组织参训学习管理师分批统一观看视频光盘,也可安排学习管理师单独观看;如果是现场授课,培训师应详细讲解考试焦虑的成因及对策,并解答学管培训中的各种疑问。

培训反馈:要求学习管理师在课程培训结束后填写培训总结;现场培训要求学习管理师在培训结束后填写培训反馈表,并按照规定时间参加培训考核。

(五)学员的情绪管理——抑郁

抑郁是一种消极的心境,日常表现可从轻度的心情烦闷、消沉、状态不佳、心烦意乱、苦恼、忧伤到重度的悲观、绝望。严重时,患者会整日忧心忡忡、胡思乱想、郁郁寡欢,思维变得迟钝,动作也变得迟缓,甚至会有自杀的念头或行动。因此,抑郁问题不容小觑,需要足够重视,并采取实际可行的措施来解决。

本课程将从抑郁的内涵、表现、危害、成因、对策五个角度,详细讲授如何帮助学员进行情绪管理,以此提升学习管理师的专业水平。

主讲人:集团学习管理培训师/学校业务骨干

课程时长:60 分钟

培训准备:准备播放设备与培训场地

培训组织:看视频或者现场授课,组织参训学习管理师分批统一观看视频光盘,也可安排学习管理师单独观看;如果是现场授课,培训师应以案例分析的形式重点讲解抑郁形成的原因、危害及对策，并解答学管培训中的各种疑问。

培训反馈：要求学习管理师在课程培训结束后填写培训总结；现场培训要求学习管理师在培训结束后填写培训反馈表，并按照规定时间参加培训考核。

（六）学员的情绪管理——嫉妒

嫉妒，轻则影响自身身心健康和人际关系，重则影响他人的人身安全；既对他人有不好的影响，又危害自身的身心健康。嫉妒百害而无一利，帮助学员疏导、消除嫉妒心理是学习管理师的职责之一。

良好的心态和轻松的学习氛围是提高学习效率的基础之一，本课程将从嫉妒心理的定义、表现、危害、正确认识嫉妒心理、消除嫉妒心理的对策五大问题出发，让大家了解嫉妒心理，并根据实际情况帮助学员消除嫉妒心理。

主讲人：集团学习管理培训师/学校业务骨干

课程时长：60 分钟

培训准备：准备播放设备与培训场地

培训组织：看视频或者现场授课，组织参训学习管理师分批统一观看视频光盘，也可安排学习管理师单独观看；如果是现场授课，培训师应以案例分析的形式重点讲授嫉妒心理的危害，如何正确认识嫉妒心理，以及如何消除嫉妒心理等问题，并解答学管培训中的各种疑问。

培训反馈：要求学习管理师在课程培训结束后填写培训总结；现场培训要求学习管理师在培训结束后填写培训反馈表，并按照规定时间参加培训考核。

（七）学员的情绪管理——暴躁

暴躁，是在一定场合受到不利于己的刺激就暴跳如雷的人格表现缺陷。暴躁不同于其他心理现象，它有相当的情景性，并不是在任何场合都会显露出来。不同学生的这一心理问题的程度不同，学习管理师需要对暴躁心理有很好的了解，才能及时发现和改正问题。

优能中学个性化教育旨在通过个性化辅导打造健康的学习方式，了解如何发现暴躁心理和解决这一问题可以为培养学员良好的学习心态打下基础，这也是本课的主要内容。

主讲人：集团学习管理培训师/学校业务骨干

课程时长：60 分钟

培训准备：准备播放设备与培训场地

培训组织：看视频或者现场授课，组织参训学习管理师分批统一观看视频光盘，也可安排学习管理师单独观看；如果是现场授课，培训师应以案例分析的形式重点讲授暴躁的含义、表现、原因及解决方法等问题，并解答学管培训中的各种疑问。

培训反馈：要求学习管理师在课程培训结束后填写培训总结；现场培训要求学习管理师在培训结束后填写培训反馈表，并按照规定时间参加培训考核。

（八）学员的情绪管理——人际交往

交往是人的重要社会生活内容之一，人际关系不仅是维系和发展人与人之间关系的纽带，而且是形成舆论、士气、时尚等社会发展现象的前提，也是个体心理正常发展的基础和必要条件。

对学员的人际交往能力的培养和改正是学习管理师的职责之一，也是提高客户满意度的重要方式。本课程将重点介绍引导学生走出早恋以及建立良好的人际关系的方法，帮助学员克服交往障碍，树立正确的爱情观。

主讲人：集团学习管理培训师/学校业务骨干

课程时长：60 分钟

培训准备：准备播放设备与培训场地。

培训组织：看视频或者现场授课，组织参训学习管理师分批统一观看视频光盘，也可安排学习管理师单独观看；如果是现场授课，培训师应以案例分析的形式重点讲授帮助学员走出早恋、树立正确的爱情观以及建立良好人际交往关系的技巧等问题，并解答学管培训中的各种疑问。

培训反馈：要求学习管理师在课程培训结束后填写培训总结；现场培训要求学习管理师在培训结束后填写培训反馈表，并按照规定时间参加培训考核。

（九）学员的情绪管理——正确的上网心理

网络中蕴含大量的信息。通过网络可以获得众多领域的知识，这在拓宽孩子们视野的同时，也满足了他们的好奇心和求知欲。但是很多孩子由于各种原因很容易对网络产生过度依赖，以致无法自拔。帮助学生树立正确的上网心理，合理规划上网时间以及上网内容，是帮助学生提高学习效果的方式之一。

本次培训课，讲师将针对什么是网瘾、网瘾的表现和危害、问题的原因分析、如何树立正确的上网心理等方面进行详细介绍。

主讲人：集团学习管理培训师/学校业务骨干

课程时长：60 分钟

培训准备：准备播放设备与培训场地

培训组织：看视频或者现场授课，组织参训学习管理师分批统一观看视频光盘，也可安排学习管理师单独观看；如果是现场授课，培训师应以案例分析的形式重点讲授网络成瘾的类型、危害以及解决策略，并解答学管培训中的各种疑问。

培训反馈：要求学习管理师在课程培训结束后填写培训总结；现场培训要求学习管理师在培训结束后填写培训反馈表，并按照规定时间参加培训考核。

（十）学员的情绪管理——说谎

说谎是一种常见的现象，但是这种现象不提倡，需要学习管理师发现并对其进行改正。造成说谎的原因有很多，而且有些时候说谎并不易被发现，这就要求学习管理师掌握一定的处理技巧。

本课程将讲授说荒的概念、说谎原因以及如何应对说谎的学员三大问题，以求从根本上阻止这一现象。

主讲人：集团学习管理培训师/学校业务骨干

课程时长：60 分钟

培训准备：准备播放设备与培训场地

培训组织：看视频或者现场授课，组织参训学习管理师分批统一观看视频光盘，也可安排学习管理师单独观看；如果是现场授课，培训师应以案例分析的形式重点讲授说谎的原因，以及如何应对说谎的学员等问题，并解答学管培训中的各种疑问。

培训反馈：要求学习管理师在课程培训结束后填写培训总结；现场培训要求学习管理师在培训结束后填写培训反馈表，并按照规定时间参加培训考核。

2.3.2 励志教育使考生充满斗志

优能 UMS 系统励志故事截图展示

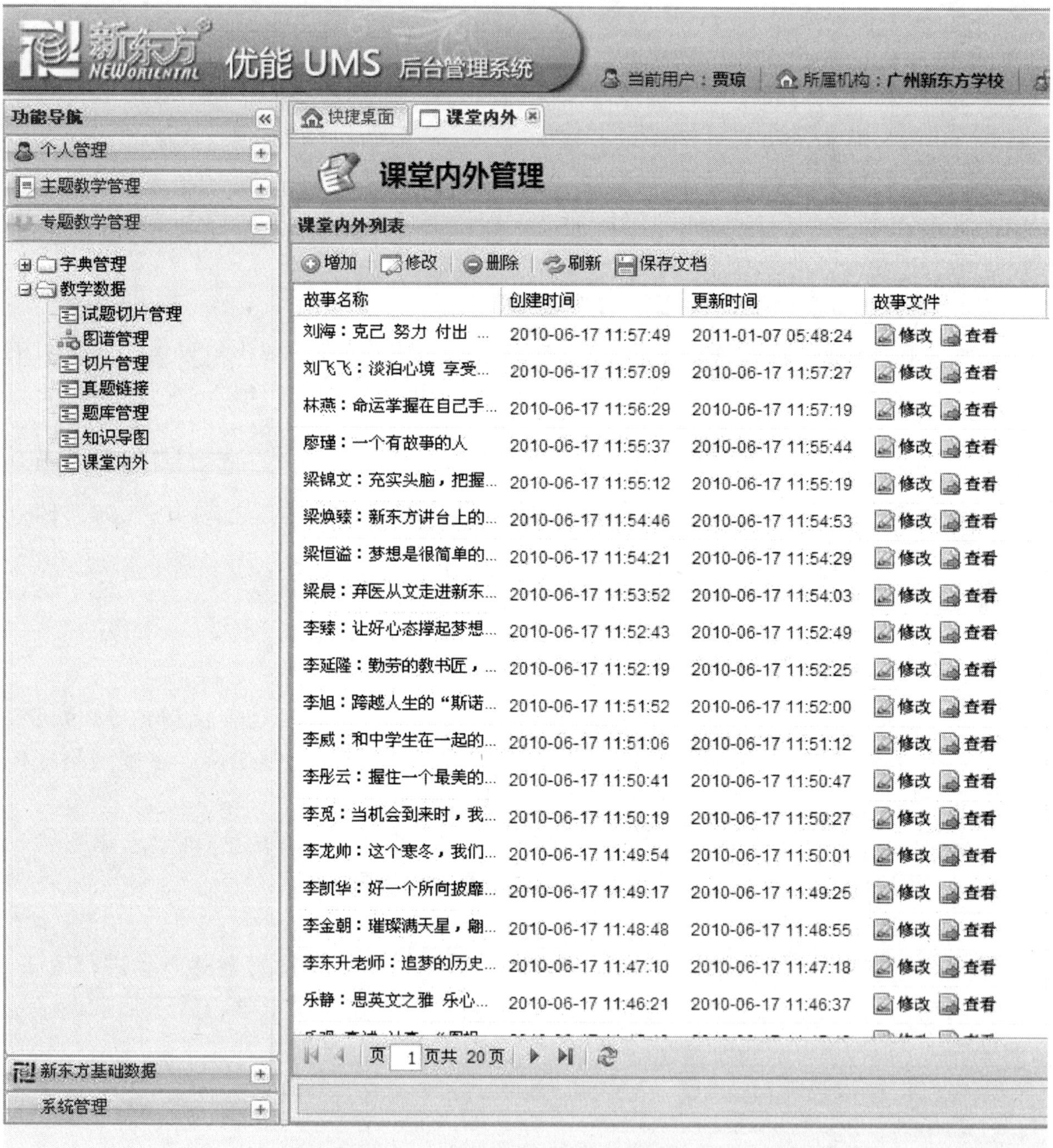

科学家的故事			
科学家	励志故事	科学家	励志故事
托勒密	"地心说"的集大成者	黄荣辉	从放牛娃到院士的气象学家
莫瓦桑	"点石成金"的人	第谷·布拉赫	丹麦天文学家
安培	"电学中的牛顿"	钱学森	导弹之父
李政道	"神童博士"	李四光	地质力学创始人
欧拉	"数学界的莎士比亚"	卡文迪许	第一个称量地球的人
拉普拉斯	把上帝赶出宇宙的天文学家	爱因斯坦	颠覆经典物理学的巨人
泡利	比上帝还挑剔的人	莫尔斯	电报机的发明者
郭守敬	测星之王	法拉第	电磁感应之父
米尔·费雪	臭烘烘的化学家	贝尔德	电视的发明者
苏步青	东方第一几何学家	开普勒	天空的立法者
爱迪生	发明大王	巴斯德	微生物学的奠基人
林奈	分类学之父	布鲁诺	为真理献身的天文学家
杨振宁	华裔理论物理学家	费森登	无线电广播的发明者
奥托·李林塔尔	滑翔机之父	哥白尼	现代天文学创始人
张衡	浑天仪的制造者	孟德尔	现代遗传学之父
道尔顿	近代化学之父	西科斯基	现代直升机之父
伽利略	近代科学之父	丁肇中	现代自然科学家的楷模
牛顿	经典力学之父	帕斯卡	液压机之父
阿基米德	科学研究圆周率的第一人	欧文	英国古生物学家
邓稼先	两弹元勋	哈雷	预言彗星的人
居里夫人	人类放射学研究的先驱者	诺贝尔	炸药之父
李希霍芬	首次提出"丝绸之路"的地理学家	沈括	中国古代科学史上的坐标
莱布尼兹	数学天才	冯如	中国航空之父
高斯	数学王子	竺可桢	中国近代地理学和气象学的奠基人
卡尔宾斯基	苏联地质学家	麦克斯韦	自牛顿以来世界上最伟大的数学物理学家

颠覆经典物理学的巨人——爱因斯坦

他是公认的20世纪最杰出的科学家。

爱因斯坦生于德国乌尔姆一个经营电器作坊的小业主家庭。1896年他进入苏黎世工业大学师范系学习物理学,1900年毕业。1902年被伯尔尼瑞士专利局录用为技术员,从事发明专利申请的技术鉴定工作。他利用业余时间开展科学研究,于1905年在物理学三个不同领域中取得了历史性成就,特别是狭义相对论的建立和光量子论的提出,推动了物理学理论的革命。同年,以论文《分子大小的新测定法》,取得苏黎世大学的博士学位。

爱因斯坦1908年兼任伯尔尼大学编外讲师。1909年离开专利局任苏黎世大学理论物理学副教授。1911年任布拉格德语大学理论物理学教授,1912年任母校苏黎世联邦工业大学教授。1914年,应马克斯·普朗克和瓦尔特·能斯脱的邀请,回德国任威廉皇家物理研究所所长兼柏林大学教授,直到1933年。1920年应亨德里克·安东·洛伦兹和保耳·埃伦菲斯特的邀请,兼任荷兰莱顿大学特邀教授。第一次世界大战爆发后,他投入公开和地下的反战活动。

1915年爱因斯坦发表了广义相对论。他所作的光线经过太阳引力场要弯曲的预言,于1919年由英国天文学家亚瑟·斯坦利·爱丁顿的日全食观测结果所证实。1916年他预言的引力波在1978年也得到了证实。

1917年爱因斯坦在《论辐射的量子性》一文中提出了受激辐射理论,成为激光的理论基础。

爱因斯坦因在光电效应方面的研究,而被授予1921年诺贝尔物理学奖。

1939年他获悉铀核裂变及其链式反应的发现,在匈牙利物理学家利奥·西拉德推动下,上书罗斯福总统,建议研制原子弹,以防德国占先。第二次世界大战结束前夕,美国在日本广岛和长崎两个城市上空投掷原子弹,爱因斯坦对此强烈不满。战后,他与美国国内法西斯分子进行了不懈的斗争。

1955年4月18日爱因斯坦逝世于普林斯顿。遵照他的遗嘱,不举行任何丧礼,不筑坟墓,不立纪念碑,骨灰撒在永远对人保密的地方,为的是不使任何地方成为圣地。

名人励志故事类			
作者	励志文章名称	作者	励志文章名称
俞敏洪	把生命活得精彩一点	王强	过失也能影响人类的历史的进程
俞敏洪	生活在自在与豁达的心境中	王强	书的民族
俞敏洪	诗意的生活	王强	幽默的博物志
俞敏洪	随心迈向远方	王强	天分是持续不断的忍耐
俞敏洪	我的同学周华	王强	天分是持续不断的忍耐
俞敏洪	选择改变生命	王强	我读,故我在
俞敏洪	有人爱,有事做,有所期待	王强	游刃于生存和理想之间

名人励志故事类			
俞敏洪	俞敏洪谈成功	王强	告别哑巴英语
俞敏洪	做马,还是做骆驼	王强	全新的知识地图
俞敏洪	读书让人厚重	王强	数字化时代的得与失
俞敏洪	领导力的锤炼	王强	数字化时代的阅读革命
俞敏洪	岁月如歌	王强	要养成良好的汉英双语转换习惯
俞敏洪	新东方就是一块垫脚石	王强	英语学习中的必备技能
俞敏洪	站在哈佛的讲台上	王强	语言与交流
俞敏洪	追求友谊	王强	藏书票
俞敏洪	追随比你厉害的人	王强	个性化的留学时代
俞敏洪	成长	王强	我看留学
俞敏洪	从小事做起	王强	过失也能影响人类的历史的进程
俞敏洪	反省	王强	书的民族
俞敏洪	临界点	王强	幽默的博物志
俞敏洪	留白天地宽	王强	天分是持续不断的忍耐
俞敏洪	缺点的恩惠	王强	告别哑巴英语
俞敏洪	生命的北斗星	王强	我读,故我在
俞敏洪	生命的纪念物	王强	游刃于生存和理想之间
俞敏洪	生命活在过程中	徐小平	趁着我们还年轻
俞敏洪	失败者身上的熊猫基因	徐小平	留学的核心追求
俞敏洪	熟能生巧	徐小平	扫出心中的污泥浊水
俞敏洪	头狼故事	徐小平	生活原来可以更美的
俞敏洪	习惯的陷阱	徐小平	我是怎样学习英语的
俞敏洪	相信我们能够飞翔	徐小平	中国的差距与青年的使命
周成刚	从英语教室到 BBC 记者	徐小平	论“说”的艺术
周成刚	人生急转弯	徐小平	年薪报告:从两万到百万
周成刚	个性与新东方交织融合	陈向东	荣誉感照亮人生

俞敏洪：把生命活得精彩一点

人活着就挺好，至于生命有没有意义另当别论。活着每天都会有太阳升起来，每天都会看到太阳落下去。你就可以看到朝霞，看到晚霞，看到月亮升起和落下，看到满天的繁星，这就是活着的最美好的意义所在。

人生的走法有两种：第一种在平原上走，走到 90 岁，十分平坦，但是你却看不到周边美丽的景色。因为平原两岸的风景都是一样的。所以，当回顾自己一生的时候发现一片空白。

还有一种，像走在穿越青藏高原的路上。我们的人生必须像连绵不绝的山脉一样，总是有无数的险峰在眼前需要我们去征服，而一旦我们登上险峰后，生命中无限的风光就会展现出来，整个世界都尽收眼底。当然，攀登并不是一件容易的事情，你必须付出很多代价，但这些代价都是值得的。你爬到一座山头，如果要去另外一个山头，必须从底下开始重新攀爬，因为没有任何两个山头是连在一起的。

最精彩的人生是到老年的时候能够写出一部回忆录来，自己会因曾经经历过的生命而感动，会感动别人继续为生命的精彩而奋斗，这时候我才能说我的生命很充实。

很多同学家境富裕，要买手机、电脑，父母都会满足你，你在得到的一瞬间会感到很快乐，但因为容易得到，所以容易失去。因为容易，所以不会珍惜。而生命中最美好的就是珍惜得到的东西，珍惜的前提必定是因为你得来不易。

还是我的老话：把生命活得精彩一点。人的生活就像溪流一样，总有一个梦想——流进大海。有的人这一辈子没有流向大海，这条河就是不完整的。长江、黄河以自己不同的方式流向大海。长江开山劈石穿过大山流向大海，黄河没有开山劈石，结果绕过九曲十八弯。但是不管怎么样，生命再曲折，最后的目标不变。我们唯一要记住的就是要像黄河、长江一样不断地向前流，但是不能像黄河、长江里面的泥沙那样，把自己沉淀下去，把生命给沉淀没了。总而言之，生命的精彩需要不断付出努力地坚持，需要持之以恒坚定向前走的信念，需要面对挫折和痛苦后百折不挠的勇气。生命的精彩只靠自己不靠别人。从来没有什么救世主，想要活得精彩、幸福，只能靠我们身边的每一个朋友的共同努力！

名师的故事			
名师	励志故事	名师	励志故事
小齐	一种接近生命本质的状态	吴鹏	本色吴鹏
John	“缘”在中国	梅雪	铂金女人梅雪
Elle	我愿铺起一条五彩的路	孙睿	亮相央视后讲台上梦想继续
郭宇	快乐不在别处	蔡一鸣	十年磨一剑
Paul	要做中国人的美国外教	陈必谌	那一年……
Roger	用对生命的认真态度品尝孤独	陈国辉	教师要像一棵树，在活水旁长青
Sam	实用英语学院的神话	陈芃	不惧压力，重压下成就完美女人
Sophia	边走边唱	陈文笠	课堂就是我的世界

名师的故事			
名师	励志故事	名师	励志故事
安宁	从未消减的生命热情	陈祎	从骨子里散发幽默的词汇王
柏之菁	帮助年轻人实现梦想是至大的快乐	刘晓妍	从英国 Channel M 制片人到新东方优秀教师
大鹏	课如其人的京味教师	Jason	语言是一种生存
强浩	淡定——“梦想之旅”讲师强浩印象	李威	和中学生在一起的快乐
Marlon	德福外教 Marlon：享受在上海的每一天	李旭	跨越人生的“斯诺克”
丁杨	一分之差天壤之别	李延隆	勤劳的教书匠，殷诚的佛教徒
董文杰	我在新东方的个性化生活	李臻	让好心态撑起梦想之帆
窦楚楚	从牛津到新东方的华丽转身	梁晨	弃医从文走进新东方
范馨慧	全力演好人生的每一个角色	梁恒溢	梦想是很简单的事情
范亚飞	范亚飞专访：由终点开始思考	梁焕臻	新东方讲台上的追风者
方也	平凡而不平庸的记忆	梁锦文	充实头脑，把握机遇
丰昌伟	从《上海公园》到上海新东方	廖瑾	一个有故事的人
冯云	梦想，就是脚下的路	林燕	命运掌握在自己手里
付正军	解析数学，求导人生	刘飞飞	淡泊心境享受快乐生活
甘甜	Live and Dream	刘海	克己努力付出沉淀
高璐	给自己的生命加点盐	刘振帅	梦想生长在新东方
葛文	小语种成就大梦想，走向路透社的80后女孩	刘志宏	百态人生炼就的杰出营地“指挥官”
古典	不要因为手中的那杯水束缚了你的人生	龙玲	当英语之梦照进现实
古有超	在国际高中我不是孤军奋战	鲁赫男	坚持和执着，我的新东方情缘
顾彦	在新东方这片热土上放飞梦想	陆一平	这个老师不一般
李彦	海上工程师李彦：工作带来的幸福感	陆毅	人生画卷，下一笔最绚烂
胡颖	她，登上了新东方讲台	逯瑞麒	我的新东方经历
华芳	好老师真的可以改变学生	吕倩倩	和学生一起，是她最大的快乐
黄培辰	坚持，生命会自己找出路	罗蓓	方寸讲台，万种才情
黄晴	新东方帮您点燃梦想	罗茗柯	成长就会闪光

名师的故事			
名师	励志故事	名师	励志故事
黄绍裘	落英神剑驭天下，碧海潮声诉我心	罗晓刚	晓之大义刚柔并济
黄治华	黄石的汉子	周鑫	麻辣女教师周鑫
惠瑾	最是那一低头的温柔	马骏	一匹奔腾在新东方的骏马
纪康婷	选择不断前行	马良	不怕输、不认输、不服输
季预	同声传译带来的“4G”生活	马麟	心系理想天空，脚踏现实土壤
贾佶	小资名师的梦想团	马微娜	滑雪场上跃动的精灵
王兆飞	教英语的当代儒生——访王兆飞	马征	马征访谈：马征带你去耶鲁
解琪	脆弱的川妹子，坚强的新东方老师	毛芸	新东方教你轻松学语文
金培娜	10 本书＝1 堂课	丁卉林	美丽名模执教新东方
William	快乐教英语的外国“老头”William	苗晋	新东方开启了我的炫彩人生
赖紫宣	站上新东方讲台之路	大卫	外教大卫的新东方幸福生活
周洁	乐观＋真诚＋认真＝“周姐姐”	宿菲	梦想是挑战出来的
乐静	思英文之雅乐心灵之静	王乐	我有自己的独特舞步
李东升	追梦的历史可堪回首	宁柏宇	无限接近真实的自我
李金朝	璀璨满天星，翩然起舞者	牛俞鑫	单纯与精彩的人生
李凯华	好一个所向披靡的风云人物	裴晓栋	英语福音战士 T 的“神话”
李龙帅	这个寒冬，我们相聚在一起	秦佳	辛苦，但是快乐
李觅	当机会到来时，我已经准备好了	秦朗	古典浪漫派的“小 S”
李彤云	握住一个最美的梦给未来的自己	曲强	只爱陌生人
任楠木	莫问所获，只管耕耘	宋逸轩	明星老师轩轩
任冉毓	中国人没有理由学不好英语	苏凡	像阿甘一样创造不平凡的人生
邵洋	新东方，一个让梦想徜徉的地方	孙广鑫	从舞台到讲台
沈建	一位清华学子的新东方之路	孙轶男	只有在路上，才能成为领路人
史炎	安之若素，甘之如饴	郑乔	他的风格，他的课——访郑乔
唐嘉奇	有一种执着源自梦想与信念	郑茵	因为热爱，所以无敌
唐宁	现代版“公主变身记”	Wallace	阳光男孩 Wallace——记口语教师周凯
唐瑭	生如夏花般灿烂	杨博	梦想，是不停奋斗的最大动力

名师的故事			
名师	励志故事	名师	励志故事
唐薇	我就是“幸福钥匙”的制造者	杨军	翻译梦想如何照进现实
唐振华	Mr. Challenge 的新东方生活	杨锐	静水流深、回归真我
施婕	听说特训名师施婕:天使爱英语	杨锐	我是新东方大车上的一枚螺丝钉
童年	新东方是一种情结	杨睿	红舞鞋+留声机+水彩笔. docx
童伊娜	让优秀成为一种习惯	杨思晴	心中每天盛开一朵美丽的花
Gyu	爱上驰骋在街头的 Madison	杨子江	另类思想者. docx
珑达	跨越万水千山,追随梦的脚步	龙坚	遥远的东方有一条龙——访龙坚
万一叶	快乐的摩羯座大男孩	叶炼	怀感恩之心,行师者之道
汪静静	与苏州新东方一同成长的日子	叶炜	身在三尺讲台,心怀芸芸学子
王蓓蓓	至臻理智,至美疯狂	印虹颖	绽放在精英之地的铿锵玫瑰
王丹宁	走我自己的路	印建坤	这辈子要读四个专业
王萌	充满体育精神的英语舞者	于畅	教书是生活方式也是理想
王强	永恒的追求是快乐	余京华	梦想成就未来
王少华	一直奔跑的人	余顺吉	我的工作是帮更多人实现梦想
王延明	梦想照进现实	俞敏洪	我就是个老师
王媛	新东方讲台上的新闻女主播	翟梦	跟“超女”唱英文,英语就是那么简单
王云	给自己储备一个光辉未来	翟少成	从来到新东方的那天起找到幸福
韦晓亮	GRE 作文,沉思者的游戏	张伯龙	善于思,更要敏于行
温巍	我守候我的梦想	张诚	真正的快乐需要智慧
文化	跟着我学文化	张诚	张诚的快乐人生
王囡	我不相信不成功,因为我一直坚持	张驰新	当博客成为一种生活方式
吴鹏	一位特立独行的智者	张戈	以智者之心,行师者之道
吴文君	低调做事,认真做人	张洪伟	好老师的一句话让学生找到方向
武峰	积极前行的悲观主义“狂”人	张金	在新东方传授快乐英语

名师的故事			
名师	励志故事	名师	励志故事
夏霏	有梦想的人，都要加油	张雷	带你体验新东方的另类数学世界
卢志钰	笑拥梦想的“考拉”——访卢志钰	张少云	新东方讲台上的“男精灵”
谢强	带着谦卑的态度开始新的路程	张素竺	让心中洒满太阳的光辉
谢烨	不轻言放弃，即使不知梦想在何方	张志成	用思想感化鼓舞学员的智者
忻昀	动若脱兔，静若处子	张卓	坚持中接近梦想天堂
陈振华	新东方“托福陈”之“4D”训练	张子舒	把握人生，让每一分钟活得精彩
杨雅贤	新东方多语种部老师：诠释“师者”之道	赵枫	梦想在心努力在行
郭雯	性情郭雯. docx	赵丽	“女版郭德纲”扬名新东方
徐淦	一个人的漂泊一段精彩的人生	赵甜甜	理想有一种非凡的魅力
许斌	“捧着一颗心来”新东方	庄重	支教云南：在东刻小学的日子
许晴	“泡”在理想里，“泡”在快乐中	周超	一路走来新东方，感谢所有人
周广超	讲台上的思想者	周成刚	共聚在重庆的山坡上
周佳	是雄鹰肯定有展翅高飞的那一天	周鹏飞	从0℃到100℃的“人生裂变”
周帅	师者帅加一	周巍	带着勇敢的心不断挑战自己
朱皓明	让梦想飞扬	朱雨辰	新东方文综老师是这样炼成的
卓佳	乐观对己，开朗待人	张永平	最美丽的语言最真实的追求

王强：永恒的追求是快乐

80年代的中国正是思想界、学术界、文化界空前活跃的时代，置身北大的王强调动自身的每一份才情和热情参与其中：做80级西语系英语专业的班长，当了北大广播站的主播，又成为北大艺术团的团长，和英达、英壮这些人一起演戏……

毕业后，王强留校任教6年，1990年带着对美国文化的困惑和深入研究的愿望，他决心自费赴美留学。而选择学习计算机专业，王强毫不讳言是出自生存的需求。

王强拿着北大四年文科成绩找到纽约州立大学计算机系系主任，通过一番“计算机最重要的是什么？——程序——程序是由什么写成的？——计算机语言——计算机语言是什么？——是一种专业英语”论述，系主任被打动，同意王强直接攻读计算机硕士学位。两年半后，王强以优异的成绩毕业，并成为贝尔传讯研究室的一名软件工程师。

1995年，北京新东方学校声名鹊起之时，新东方创始人俞敏洪漂洋过海邀请北大同学王强回国一起干一番大事。王强想了很久，一年后辞掉贝尔传讯研究室年薪6万美金的工作，回到北京成为拉动新东方车轮的“三架马车”之一。王强充满磁性的男中音和地道的美式发音，一开口就让能人沉醉其中，在北大 6 年的执教经验和美国 7 年的生活学习的基础上，王强于 1996 年开创了“美语思维法”口语培训。近十年的时间，王强执着地坚守着口语这个领域深入研究，“要么不出拳，要么就一拳击中目标。”“美语思维法”成为一种全新的、极为有效的口语表达突破法，王强也因为被学员成为“美式口语教父”。

作为参与、见证新东方成长的一分子，王强对新东方充满了热爱，“我生命已经走到一半，现在回顾生命中最重要的一件事就是经过十几年努力和大家一起把新东方推到现在的位置上，自己非常欣慰也非常自豪的。”提起“三架马车”之间的情谊，王强说：“俞敏洪现在有烦恼、想喝酒的时候首先还是会想到我、想到徐小平，我们三个人的友谊已经有 28 年了，经过在新东方十几年的风风雨雨，这段友谊并没有瓦解，这是最令我们欣慰的。我相信我们会珍惜这种友谊，会持续到 60 岁、70 岁、80 岁，如果长寿，会持续到 90 岁……”

在不同的生命周期需要不同的人生规划，但王强对生活始终有一个观点：人来到这个世界上要快乐。人生每走一步都要认为能给自己带来快乐：出国时，王强认为出去看世界能带来快乐；回国时，与朋友一起做一件事的刺激能带来快乐；现在最快乐的是又回到北大读书时的状态，那种书斋的生活不仅让王强回归最爱的学术，也带给他无尽的快乐和宁静。

第三章　教学方法——开启成功大门的钥匙

3.1 教学方法在高考备考中的重要作用

3.1.1 个性化教学是新课程改革的必然要求

《基础教育课程改革纲要(试行)》明确提出:"使学生在普遍达到基本要求的前提下,实现有个性的发展";"要促进学生在教师指导下,主动地有个性地学习";"评价不仅要关注学生的学业成绩,而且要发现和发展学生多方面的潜能,了解学生发展中的需求,帮助学生认识自我,建立自信等"。①

为了中华民族的复兴,为了每位学生的发展,新课程改革贯穿其中的核心理念即促进高中生全面而有个性的发展;促进学习方式的多样化,发展高中生自主获取知识的愿望和能力以及创建富有个性的课程制度和学校文化等,所有这些都是要为每个学生个性的健康发展创造条件。

个性化教学正好契合了新课程改革的要求,它脱离了应试教育的桎梏,是实施个性化教育的基本方法和具体体现,它的重要性和必要性在于它是从社会需要和实际可能出发的。从教育的社会功能看,社会主义现代化事业需要多类别、多层次的人才。而从学生的实际看,他们发展到某个阶段时,由于遗传因素、家庭因素及所受社会环境的影响不同,在兴趣、性格、能力方面,存在着"个别差异"。如果我们从学生存在个别差异的现状出发,帮他们制订不同类别、不同程度的目标,又实事求是地分层教学,因材施教,就会使学生从不同方向上得到发展,从不同程度上得到提高,从而成为社会所需要的不同类别、不同层次的人才。如果从学生的"个性差异"出发组织教学,就会打破"优秀生"和"后进生"的界限,就会使每个学生身上潜藏的智慧和才能都得到开发,从而体现"人人都受教育,个个都能成材"的原则,完成高中部分的教育任务。这又恰好是新课程改革的题中之义,所以说实施个性化教学是新课程改革的必然要求。

3.1.2 个性化教学是实施素质教育的必然要求

《义务教育法》第1条明确提出"为了实现中华民族的伟大复兴,提高全民族的整体素质、综合素质、生存能力,营造活泼、健康、向上的学习氛围,培养德、智、体全方面发展的人才,制定本法",这项论述开宗明义,把提高全民族素质作为制定法律的重要宗旨之一。第3条中不仅把素质教育作为教育的组成部分,而且把它作为教育方针的重要内容,作为提高教育质量的重要保证加以规定。新修订的《义务教育法》法律规定表明,素质教育应该是21世纪初的教育方针。素质教育的概念是针对20世纪末21世纪初中国教育发展的实际提出的,是这个时代的特殊要求。

素质,主要是指人的后天通过环境影响和教育训练获得的、稳定的、长期发挥作用的基本品质结构,包括人的思想、知识、身体、心理素质等。素质教育则是以全面提高公民思想

①http://www.edu.cn/20010926/3002911.shtml

素质、科学文化、身体心理、劳动技能四方面的素质。实施素质教育，主要是通过为学生个人个性发展服务来实现的。这就有一个教育的多样性，培养目标的多样性的问题。一句话，素质教育要求教育工作者不拘一格地培养多种类型、多层次的人才，而个性化教学则是实现这一目标的途径之一。

个性化教学之所以成为高中实施素质教育的基本方法，在于以下三个方面：①

第一，个性化教学所提出的“打好合理基础，发展个性特长”的口号是素质教育的核心和实施素质教育的基本原则。素质教育是与社会主义市场经济相适应的教育，其特征是真正个性化的教育。市场经济为个人的发展提供了广发多样的机会，同时也对人的主动性、创造性、开放性、应变性，以及竞争观、效益观、风格观、信息观、法律观等项素质提出了较高要求，我国市场经济亟待大批具有独特个性、完整人格的生力军的加入。素质教育正肩负着这样的历史使命。个性化教学在促进学生的人格全面发展的同时，又特别注重人的差异性，它尊重学生的个性特征，联系学生个体的智能和气质特点，精心选择、设计适合不同学生的教育内容和方法，在个体内部有效地形成较为稳固的、符合预期目标的认知结构和行为模式，这样，个性化教学就在积极开发学生的身心潜能的同时，帮助学生实现了社会化，即成为社会所需要的各类型、各层次的高素质人才。由于个性化教学将社会化与个性化统一在同一教育过程中，所以，从未来社会对人才需要的角度而言，个性化教学势在必行。

第二，个性化教学也理顺了全面发展和个性发展的关系。实施个性化教学有利于我们深层次地理解德、智、体全面发展的要求，有助于全面贯彻党的教育方针。从素质教育的角度看，全面发展可表述为每个社会成员的智力和体力都获得统一要求，体现了学生尽可能多方面的充分自由和统一发展，全面发展体现了社会和学校对学生的统一要求，体现了学生整体水平的成果状态。但是全面发展不等于平均发展，因为这样会扼杀个性，最终导致阻碍人的全面发展。这就说明，没有个性的充分发展，就没有人的全面发展，个性发展是全面发展的必要条件和核心内容。苏霍姆林斯基曾说过，个人的全面和谐发展就是道德的、智力的、劳动的、审美的、身体的几个方面的和谐发展，而这种发展必须同挖掘人的天赋才能结合起来。他认为“最主要的是在每个孩子身上发现他最强的一面，找出他作为人发展根源的机灵点，做到使孩子能够最充分地显示和发展它他天赋素质的事情上，达到他的年龄可能达到的最卓越成绩”。个性化教学正是以个性充分发展为突破口实现了人的素质的全面提高。

第三，个性化教学使教学评价和对学生的评价取向科学。素质教育是教育改革的思维方式发生根本变化的必然结果。它的表现就是把系统理论引进考试过程中，从而评价教育质量不再是各门功课考试成绩的简单相加，二是追求整体效益。在这一思想指导下的个性化教学就从选拔性转化为发展性。“人人都受教育，人人都能成才”目标的实现，将使每个学生都在自己原有的基础上得到提高，使考试分数的信度和效度在教育评估中退居次要地位，而对人的能力和实绩的评价上升为主导地位。这样做，将使教学出现一个宽松的环境，有助于发挥学校教育的全部优势，促成学生做人、求知、办事、健体即德智体美劳诸方面素质的全面提高。

---

①谢在皋.发展个性特长，全面提高素质—普通高中课程改革与个性化教学实验的初步总结[J].课程·教材·教法，1995(11).

3.1.3 个性化教学是减轻学生课业负担的重要途径

提倡个性化教学也是从减轻学生课业负担，更生动、活泼、主动地学习的迫切要求出发的。近年来，高中学生普遍厌学，其主要原因是课业负担过重，校内外生活单调乏味。但课业负担重，并不仅仅指学习时间过长和作业量过大，还在于学习内容过深，课程要求过高。由于门门课程都要求过高，使基础一般或较差的同学无论怎样努力也难于提高，基础较好的同学也科科一般化，难于在某一个方面有所突破。而对于确实突出的"尖子"学生而言，这些课程又常处于"吃不饱"的状态。"一刀切"的教学使多数同学感到枯燥、单调，个性特长被压抑，精神负担必然加重。个性化教学使学习"难度"该提的提上去，该降的降下来，学生的课业负担从根本上得以减轻，就会在学习中增强自信心和自治、自立的能力，排除心理挫折的压力，产生一种学习的内驱力，并获得成功者的体验。这样，学习对于他们就会成为愉快的事情，就会变成他们的自觉行为。

3.1.4 个性化教学是培养创新人才的必由之路

个性是一个人独特的心理特征的总和。在同等条件下，个性越鲜明，创造力就越强。实施个性化教学，是促进学生个性发展，培养其创新能力的有效手段。个性化教学要求教师充分尊重和发挥学生的学习主动性，重视学生个性的和谐发展，并通过教学唤起学生的求知欲和对个人全面发展的追求；同时，引导学生独立思考，主动获取信息，实现知识、能力和人格的协同发展。个性化教育承认个人在自身发展过程中表现出的个体差异性。邓小平同志曾在 1978 年 4 月召开的全国教育工作会议上提出："不能不承认各个人在成长过程中所表现出来的才能和品德的差异"。加德纳也在其多元智能理论中阐述了人的八种智能差异，主张在尊重了解学生智能的差异性和特殊性的基础上，使教育适应学生，以最大程度的个别化来进行教育。

因此，我们只有重视差别，因材施教，使学生在强化优势的基础上取长补短，才能获得个人最优化的发展空间。当前，我们在新课程改革中大力提倡创新教育。创新教育就是培养具有创新意识、创新精神、创新能力人才的教育。创新或者说创造性必然能凸显个性，而个性最核心的特质是主体性和创造性。立足于主体性和创造性的独特性是个体个性发展程度的标尺，个性的发展程度越高，个体的潜能发挥程度越高，也就越具有独特性。显而易见，只有通过个性化教学使受教育者的个性得到充分发展，潜能得到充分发挥，探索求知的欲望得以调动和满足，才可能孕育出真正的创造性。任何忽略个人需要、兴趣，忽视个性培养的教育后果都将会严重削弱受教育者的创新意识和创新能力。因此，创新意识只有在个性化教育中才能得以体现，只有通过创新意识的培养，才能深化个性化教育。①

3.1.5 个性化教学对于提升个人能力，发现自我优势越来越重要

在竞争日趋激烈的现代信息社会。注重信息素质教育。着力培养学生的创新能力，已成为现代教育的重要特征。江泽民同志说："创新是一个民族的灵魂。是一个国家兴旺发

①李永生，陈军涛. 新课程改革的呼唤：个性化教育[J]. 教学与课程研究，2008(5).

达的不竭动力。”信息素质是创新能力的基础。当代大学生只有具备良好的信息素质，才能够主动地追寻各种新知识和信息。激发创新潜能，不断创造出新的知识。

国务院关于印发《国家中长期教育改革和发展规划纲要(2010－2020年)》的通知第二章第四点:“……坚持能力为重。优化知识结构，丰富社会实践，强化能力培养。着力提高学生的学习能力、实践能力、创新能力，教育学生学会知识技能，学会动手动脑，学会生存生活，学会做人做事，促进学生主动适应社会，开创美好未来……”可见对于能力的培养已经放在了关键位置。科学技术日新月异，新知识呈几何级数增长。据有关研究，人们从学校教育中所获得的知识只是人生所获得知识的5%～10%，其余90%～95%的知识要在工作中不断学习才能获得。所以说，学习将成为个人生存、竞争和发展的终生要求。要学会生存的本领，无疑应具有自我学习的能力，从信息的角度来看也就是说要具备能够在不同的社会环境下敏锐地捕捉所需信息，主动、有效地检索和吸收信息的能力。

3.1.6 个性化教学是每一位教师成长的必由之路

个性化教学的形成意味着教师教学艺术的高度成熟。但是教师从开始教学到实现个性化教学，需要经过一个长期的发展阶段和教学实践过程。① 而个性化教学是每一位教师成长的必经之路。

(一)尊重学生个体差异，注重分类指导、坚持分层施教

现代教育心理学研究表明，“每个孩子都是一个世界——完全特殊的独一无二的世界。”由于学生生活经验、思维水平以及原有知识基础等诸方面的差异，使得每个学生发展的速度和轨迹不同，发展的目标也有一定的差异，这种差异是客观存在的。因此在教学中教师应坚持“没有差生，只有差异”的观念，学会尊重个体差异。一位毕业生曾说过:“每个老师都有各自的授课方式，我们在听课时，首先要学会适应这种不同的授课方式。”教学中与其让学生适应教师，何不主动分析学生的个体特性、心理需要，通过个性化教学满足他们的个体需求。教学中通过多渠道正确了解、把握每个学生的特点及其发展潜力，注重分类指导，为每类学生提出适合其发展的有针对性的建议，坚持让每类学生在原有的基础上都得到发展。如高中女生普遍长于形象思维，而男生一般善于逻辑推理;城市学生知识面较宽，而农村学生知识面较窄。针对差异，充分发挥其所长，适当引导，分类要求，同时有意识地去弥补其不足;坚持分层施教，无论从课堂问题的设计、作业的布置以及课外实践活动的开展，都要坚持分层要求。如对尖子生或具有特殊才能的学生，要给他们创造条件，向他们提出更高的要求，让他们向着更高的目标前进;而后进生或学困生，着重从思想上引导，方法上指导，知识上辅导。只有这样，才能真正达到个性化教学的目的:让每一个学生都抬得起头来，让每个学生都成为最优秀的自我。

(二)尊重、信任学生，善于变静态课堂为动态课堂

课堂教学是实施个性化教学的主渠道，学生是课堂活动的主体。个性化教学主张尊重学生的人格，充分信任学生，关注个体，创设能引导学生主动参与、开放式的学习环境。因此教师应充分利用教学资源，实施由静态课堂向动态课堂转变，把学习中的发现、探究、研

①姜淑颖.教师个性化教学形成的几个阶段[J].教学与管理，2011(2).

究等认识活动凸显出来，为学生的个性自主学习提供拓展、延伸的平台。增强课堂调控艺术，注重师生间、学生间动态的信息交流，以达到师生间的共识、共享、共进，形成真正的“学习共同体”。高中生已初步具备用书本理论作指导去发现、分析解决各种问题的能力，因此在尊重、信任的基础上，要舍得放手，让学生自己去选择、设计、策划、组织、操作、展示和评价，培养学生自主、合作、探究等新的学习方式，通过改变其学习方式来促进每个学生的全面发展。而对于动态课堂中出现的个别特殊学生，要以宽容的态度、极大的耐心包容其不足，给予适时的点拨、鼓励和纠偏。

（三）重塑教师角色，充分展示教师自身的教学个性

在实施个性化教学中教师应重新定位自身的角色，展示教师自身的教学个性。

1. 独立自主的个性

独立自主的个性，是实施个性化教学的前提。教师的个性有益于创造个性化教学的艺术。个性意识强，个性化教学的主动性就愈明显，就愈能有效地指导和实施教学。同样，个性意识越强烈，教学创新意识就越强烈，愈能创造地运用于教学艺术之中。

2. 设计独树一帜的个性化教学思路

教师要创造不同凡响的个性化教学，就要别出心裁，不拘一格地设计教学思路。不拘泥于教参，不拘泥于一家之言、之行，不受前人教学模式的束缚，尽可能赋予新意，用自己的个性去演绎教材的个性，用自己的个性组织教学和进行课堂教学的再创作。找准如何发展学生的个性这个教学思路的“突破口”，把课堂还给学生，让学生说个性的话，讲真实的事，敢于质疑问难，让课堂充满学生的个性活力；因材施教，有针对性、有创造性地促进“有个性的人”的全面发展，使之形成优良的个性。

3. 寻求与众不同的个性化教学艺术

与众不同的个性化教学艺术，要求“运其才智，相机诱导，体悟传神，发展个性”。个性化的教学必须要有轻松幽默的一面。轻松的教学、幽默的启发，能沟通师生间的情感，创设教学的情趣和氛围，产生幽默中不失本分，欢乐中不乏启发的教学效果。个性化教学必须要有生动、丰富精彩的另一面。善于捕捉学生生活中感受和关切的东西，充分利用新课程中数字、图表、图片和漫画、体验性目标的设定（即探究活动）等教学资源，引导学生在联想、体验之中融入学生个性的理解，将教学的情趣、学生的情感引向高潮，从而创造“其乐融融”的课堂气氛。

4. 塑造别具一格的个性化教学风格

教学的个性，就是将独创性教学方法和与众不同的教学手段相融合，形成切合教师个性实际的教学风格，从而在教学上产生对学生个性教育的最大效果。教学起点高，手法新，品位高，是个性化教学艺术的体现。高品位的个性教学艺术能结合教材自身的多层次性，问题的多样化，引导学生根据不同的思路去思考和理解，去参与讨论和辩论，在充分表达自己的独到见解的基础上，明是非，分主次，求同异，达到培养个性，发展创新能力的目的。

3.1.7 个性化教学为因材施教的实施提供了新的教学观念和方法

中华人民共和国义务教育法（2006 修订）第二十九条明确提出：教师在教育教学中应当平等对待学生，关注学生的个体差异，因材施教，促进学生的充分发展。**中共中央、国务院关于印发《国家中长期教育改革和发展规划纲要（2010—2020 年）》的通知中第十一章第** 32

点规定"注重因材施教。关注学生不同特点和个性差异,发展每一个学生的优势潜能。推进分层教学、走班制、学分制、导师制等教学管理制度改革"。中共中央、国务院关于深化教育改革全面推进素质教育的决定》第三章第十七条指出"要与学生平等相处,尊重学生人格,因材施教,保护学生的合法权益"。《教育部关于深化基础教育课程改革进一步推进素质教育的意见》第六条中明确提出"要以各学科课程标准为依据组织教学。要遵循学生认知规律和教学规律,根据学生的个性差异因材施教"。个性化教学为因材施教的实施提供了新的教学观念和方法。

有学者指出"终身教育和个性教育将是21世纪教育的两大显著特点,新课程改革将促进学生发展放到了中心位置,而每一个学生都是一个特殊的个体,在他们身上既体现着发展的共同性特征,又表现出巨大的个体差异。所以,在遵循共同规律对学生进行教育教学的同时,教师必须关注每一个或每一类学生的特殊性。《新课程标准》中要求:教师在教学过程中应与学生积极互动、共同发展,注重培养学生的独立性和自主性,引导学生质疑、调查、探究,在实践中主动地、富有个性地学习。教师要关注个体差异,满足不同学生的学习需要,使每一个学生都能得到充分的发展。因此,教师必须将学生看成是有个性的学习者,承认差异、尊重差异、善待差异,使每一位学生都能得到充分的发展。①

3.1.8 个性化学习的自主性、合作性与探究性促使学习者有针对性学习的有效实现

自主性学习是就学习的内在品质而言的,相对的是被动学习、机械学习和他主性学习。自主学习的基本特征是:学习者参与确定对自己有意义的学习目标,参与制订学习进度,参与设计评价指标体系;学习者积极发展各种思考策略和学习策略,在解决问题中学习;学习者在学习过程中对认知活动能够进行自我监控,并做出相应的调适;探究性学习是通过为学生创设一定的情境,使学生自主独立地发现问题和解决问题等一系列活动,使知识技能、情感、态度得到特别的发展,特别是促进学生探索精神和实践能力的发展;合作性学习是相对个体学习而提出的,是指课堂教学中以小组学习为主要组织形式,依据一定合作程序和方法促使学生在异质小组中共同学习,从而利用合作性人际交往促成学生认知、情感、态度等方面发展的学习方式。

任何的学习都是一个积极主动的建构过程。通过自主的、有意义的活动和建构过程,个体的原创精神、天赋潜能、情感意志、个性能力等得以展现,并凝固在活动过程与结果之中,同时又丰富、发展着个体的资质与素养。基于价值引导与自主建构相统一的个性化学习方式,从学习者角度看,是潜能的开发、精神的唤醒、独特性的彰显与主体性的弘扬;从师生共同活动的角度来看,是经验的共享、视界的融合与灵魂的感召。②

3.1.9 多元智能理论的出现为个性化教学的实施提供了理论基础和新的思路方法

多元智能理论是霍华德·加德纳于1983年提出的教育新理论,他认为智力是彼此相

---

①袁玖根,张莉琴,王建敏.多元智能理论指导下的个性化教学应用研究[J].高教高职研究,2011(1).

②李广,姜英杰.个性化学习的理论建构与特征分析[J].东北师大学报(哲学社会科学版),2005(3).

互独立、以多元方式存在着的一组智力。加德纳将智能分为九种，即言语—语言智能、音乐—节奏智能、逻辑—数理智能、视觉—空间智能、身体—运动智能、自我反省智能、人际交往智能、自然观察智能和存在智能。多元智能理论的提出为教育改革提供了新方向和新思路，该理论认为人的思维只有领域的不同，而没有优劣之分、轻重之别。这就需要教师从不同的视角、不同的层面看待每一个学习者，关注学习者的发展。

多元智能理论的出现并不仅仅是提供了九种智能类型更重要的是这种理论给我们一种启示：应该以什么方式进行教学，以什么方式去看待学生，以什么方式去评价学生。我国新一轮国家《基础教育课程改革纲要（试行）》明确指出，要运用多元智能理论，构建充满生命力的生态课堂教学运行体系，促进每一个孩子的发展。

为此，袁玖根、张莉琴、王建敏在有关文章中指出多元智能指导下的个性化教学实践主要包括以下几点：

（一）教学目标改革

实施多元智能理论指导下的个性化教学，首先要注重教学目标的设定，进行教学策略研究。在教学目标的制定中要改变以往的传统课堂教学过于强调接受学习、死记硬背、机械训练的状况，在多元智能理论的指导下，倡导学生主动参与、乐于探究、勤于动手，培养学生搜集和处理信息的能力、获取新知识的能力、分析和解决问题的能力及交流与合作的能力，使学生掌握当今社会急需的技能、知识及最重要的理解能力。

（二）教学方式改革

在教学改革过程中，以多元智能理论为指导，实施个性化教学方式。在课程改革过程中强调通过运用合适的教学策略和发扬学生有个性的学习风格来更好地实现教育的个性化，达到教学效果的最优化。在教学方式上主要进行了如下改革：

1.情境创设

教师为学生的个性充分发展创设与教学内容相适应的具体场景和氛围，引起学生主动学习的兴趣。教师引导学生反思学习的意义，培养对学习的好奇心、求知欲，为个体发展个性特长提供一个良好的选择平台。在多元智能理论的指导下，教师在讲授课堂知识的同时，通过实践平台帮助学生辨别认识到自身独特的智能优势，让每个学生都能经历唤醒智能、扩展智能、使用智能学习和迁移智能的过程，从而在日后的学习中可以充分发挥自身的智能优势，拥有独立思考、自主判断的能力。

2.情感态度

在多元智能理论的运用过程中，教师给予了学生极大的鼓励和引导，让学生充分认识自我。教师鼓励学生表达不同的意见和想法，并且引导学生充分表现自己的独特意见，激活学生的思维。对于学生的失败和错误，教师不是采用一票否定的做法，而是鼓励学生说出自己的答案和疑惑，学生会放下包袱，消除担心犯错误的恐惧，更自由更自信地面对学习，充分展现个性特点，并发现自我的优点和不足。教师会在肯定其创造性精神的基础上，引导学生认识发现错误和失败的原因，并鼓励学生克服困难，继续探索。

3.分组合作

合作学习是多元智能理论强调的一种学习方法。通过分组合作，学生不但能掌握基本的学习理论和实践操作，更重要的是在合作中掌握与人交往、自然观察等技能，在学习的过程中认识自我，理解他人，从而达到全面发展的目的。在教学改革过程中，教师采用了分组合作的方法，与学生们共同商定分组的规则，引导学生在分组的过程充分合作，使学生的智能优势得以发展，在个性和共性的相互融合中收获成长。鼓励学生参与共同讨论、争辩，形成良好的独立思考、自由表达的教境与学境，在尊重学生个体差异的前提下，了解每个人的个性特点，针对不同的智力类型进行分工，培养良好的情操和合作精神，充分达到预定的教学目标。

（三）改变教学评价

教学评价是教学中的重要环节，传统评价强调统一，把标准作为评价的准绳，适合这根准绳就是好的，不适合则不好。评价的方式和内容影响着整个教学方向的发展，随着网络的日益普及，我们需要从传统单一考试的模式中走出来，开创关注学习者多项智能全面发展的评价体系，强调差异与多样，强调突出学生的个性差异，突出评价的改进功能。因此，在教学评价改革的过程中，以多元智能理论为指导，以促进学生个性化发展为目标采取了以下教学评价措施：

1.个别化评价目标

由于环境和基础的影响，学习者的个体差异较大，因此，在评价中应首先强调评价目标的个性化，为不同基础、不同兴趣的学生制定相对适合的评价目标。例如，作品的提交上采取区别化的作业形式，允许学生根据自己的兴趣选取合适的评价方式，从而达到以评价促进学生多种智能发展的目标。不同的学生有不同的兴趣爱好、意见和想法。在引导学生发现自我的基础上，教师区别于传统课堂中以一致、标准的答案强求学生的做法，针对不同学生的个性特点，让其充分发挥潜能，依据学生的个别差异作灵活的要求。

2.多元评价方式

在教学评价实践过程中，采用了教师评价、学生互评与学生自评相结合的评价方式，主要从学生的作品、情感态度、合作精神等多个方面来进行评价。这种评价方式既能够公平公正地对学生进行评价，更重要的是，让学生有主人翁参与精神，客观地看待自己的评价结果，并根据评价结果有效地进行学习的反馈，最终提高学习效率。

3.发展性评价方式

现代评价的主要目的在于帮助学习者，为学习者提供有益的反馈，识别学习者的强项和弱项，并提出学习者今后应怎样继续学习或发挥其强项的建议，预测学习者未来的发展潜能等。每个学生的发展速度与轨迹都有所不同，因此，在评价过程中应根据学生的背景与特点，正确地判断每位学生的发展潜力，从而为每个学生提出适合其发展的具体而有针对性的评价目标，并把评价目标切分为阶段式的评价目标，促进学生的不断提高与发展。重视学习者综合能力和整体素质的发展，科学地、理性地、全面地对学习者进行评价，根据知识、能力、品质、态度等多项指标去衡量每一名学习者。①

总之，在当前新课改新的理念之下，着力改变过去单一、封闭而僵化的课程教学模式，转而创建一种充满生命活力的课堂教学运行体系，乃是今日教学改革的应有之义，也是每一位教师义不容辞的责任。② 个性化教学从现实和未来的结合出发，着眼于培养能够走向未来的学生。未来是知识激增、飞速发展的时代。我们不可能教给学生无限的知识去适应

---

①袁玖根，张莉琴，王建敏.多元智能理论指导下的个性化教学应用研究[J].高教高职研究，2011(1).

②陈建明.试论个性化教学方式和多样化教学方法[J].教学法研究，2004(6).

瞬息万变的世界。但如果我们能从不同的程度出发去引导学生学习基础工具课，从不同的职业取向出发去引导学生学习科学知识课、文体艺能课、劳动技术课，就能使他们不满足书本上或生活中的知识和经验，也不停留在描述、解释那些已不是问题的问题上，而是产生强烈的探索欲望，把握发现问题、解决问题的方法和途径，也就是我们曾反复强调的“学会学习”。

3.2 高效学习的方法策略

3.2.1 个性化教学方法的理论基础

长期以来，科学工作者对人类大脑工作机制的探索从未停止过，而最近几十年的研究更是颇具成果。1981 年，美国加州理工学院的罗杰·斯佩里博士因研究大脑左右两半球加工信息的不同方式获得诺贝尔生理医学奖。然而，目前越来越多的研究成果表明，大脑并不像我们所认为的那样分工明确，在过去一直被视作是天生的、固定的、伴随人终生的人类智能，实际上并不单一，而且几乎在任何年龄和能力水平上都能得到改善。

（一）多元智能的内涵

20 世纪 80 年代，美国著名发展心理学家、哈佛大学教授霍华德·加德纳博士提出了多元智能理论。他认为人类的智能是多元化而非单一的，每个人都拥有不同的智能优势组合，主要是由语言智能、数学逻辑智能、空间智能、身体运动智能、音乐智能、人际智能、自我认知智能、自然认知智能八项构成。

语言智能(Linguistic intelligence)是指有效运用口头语言或文字来表达自己的思想并理解他人，灵活掌握语音、语义、语法，能够将用言语思维、用言语表达和欣赏语言深层内涵等结合在一起并运用自如的能力。主持人、律师、演说家、作家、记者等多为是语言智能较发达的人。

数学逻辑智能(Logical-Mathematical intelligence)是指有效地计算、测量、推理、归纳、分类，并进行复杂数学运算的能力。这项智能包括对逻辑的方式和关系、陈述和主张、功能及其他相关的抽象概念的敏感性。科学家、统计学家、电脑软件研发人员等多为数学逻辑比较发达的人。

空间智能(Spatial intelligence)是指准确感知视觉空间及周周一切事物，并且能把所感觉到的形象以图画的形式表现出来的能力。这项智能包括对色彩、线条、形状、形式、空间关系的敏感度。建筑师、画家、飞行员等多为空间智能比较发达的人。

身体运动智能(Bodily-Kinesthetic intelligence)是指善于运用整个身体来表达思想和情感、灵巧地运用双手制作或操作物体的能力。运动员、演员、舞蹈家等多为身体运动智能比较发达的人。

音乐智能(Musical intelligence)是指人能够敏锐地感知音调、旋律、节奏、音色等的能力。这项智能对节奏、音调、旋律或音色的敏感度高，与生俱来就拥有音乐的天赋，具有较高的表演、创作及思考音乐的能力。歌唱家、作曲家、指挥家等多为音乐智能比较发达的人。

人际智能(Interpersonal intelligence)是指能很好地理解别人并与之愉快交往的能力。这项智能善于察觉他人的情绪、情感，体会他人的感觉感受，辨别不同人际关系的暗示以及对这些暗示做出适当反应。政治家、领导者、心理咨询师等多为人际智能比较发达的人。

内省智能(Intrapersonal intelligence)是指有自知之明、善于自我认识并据此做出适当行为的能力。这项智能能够认识自己的长处和短处,意识到自己的内在爱好、情绪、意向、脾气和自尊,喜欢独立思考。哲学家、思想家、心理学家等多为自我认知智能比较发达的人。

自然观察智能(Naturalist intelligence)是指善于观察自然界中的各种事物、对物体进行辨别和分类的能力。这项智能有着强烈的好奇心和求知欲,有着敏锐的观察能力,能了解各种事物的细微差别。天文学家、生物学家、考古学家等多为自然认知智能比较发达的人。

(二)多元智能的特点

多元智能理论是一种"内在建构性"的学习观。在对教学本质及特点的理解上,多元智能理论与建构主义的学习理论有相同之处,即均非常强调每个人都是以自己的方式来理解知识和建构自己对事物的认识的。因此,多元智能理论在教学中特别关注学习者个体智能的差异对教学的意义。在加德纳看来,依照多元智能理论,智能既可以是教学的内容,又可以是教学内容沟通的手段或媒体。这个特点对于教学来说是极其重要的。

(三)多元智能的重要意义

与传统的"智力""智商"概念不同,多元智能更加致力于开发学生不同层面的潜能。在多元智能的概念里,不存在学生是否聪明的问题,它更关注的是学生在哪些方面聪明,以及如何聪明。多元智能带来的教学理念在某种程度上更加符合素质教育的题中之意——全面发展,这样对学生身心的健康成长都有莫大的益处。多元智能不会从整体上对学生是否聪明进行判别,所以它决定了实施个性化教学的必然性。

(四)多元智能与学生发展

多元智能理论使我们了解到,每一个人都至少具备八项智能,即语言智能、数学逻辑智能、空间智能、身体运动智能、音乐智能、人际智能、自我认知智能、自然认知智能等。这些智能具体到个人表现有所不同,有人几项全能,有人某几项或某一项突出,但其他缺乏。大多数人居中,某几项优异,某几项更次之,那么根据这一点,在课堂中能够运用多元智能进行教学,势必会使全体学生得到相应的提高,真正实现了面向全体。

1. 创设良好的学习氛围,是学生进行个性化探究的前提

1)开放师生关系

师生关系是学校生活中最重要的社会关系,教师的职责是给学生越来越多的激励与思考。在课堂教学中,教师应创设一种民主、平等、和谐的教学环境,对学生要和蔼可亲,一般不用"指令式"语言,使学生感到教师是自己的朋友。

2)开放课堂教学空间

创设开放的教学空间有利于学生的多向交流,促进学生积极参与、主动探索,促进学生个性发展。

2. 精心设计教学程序,是学生进行个性化探究的关键

1)创设情境,独立提出问题

著名科学家李政道说过:学习,就是学习问问题,学习怎样问问题。在教学中,我们要根据教学内容,联系实际创设思维空间,鼓励学生大胆质疑,诱发学生发现问题、提出问题。

2)合作探究,求得共同发展

合作学习有利于学生的社会化发展和同伴关系质量的提高。在与同伴的合作中,学生学习到了学习态度、技能、各类信息以及解决问题的策略。教师要把思维的空间留给学生,以充分发挥学生的智能强项和小组合作的促进、互补作用。

3)组织实践,学以致用

这一环节主要通过引导学生应用知识来解决新问题,反馈自主探究的学习效果,提高学生综合运用知识的能力。在此阶段,要更多地关注生活实际。在自主探究新知后,学生的认知结构有了进一步转变,但其学习方式却仍富有个性。所以在实践应用中,应更加注重发挥学生的智能优势来解决问题。

4)归纳整理,拓展延伸

这一环节主要通过用学生自己的语言来归纳、总结、整理新知识,完成知识结构的重组,让学生将内化了的新知识纳入已有的知识系统中,构建知识网络。同时,引导学生归纳学习方法,交流学习心得,再一次体会探究乐趣,并提升语言等智能。

美国哈佛大学加德纳教授创立的多元智能理论是当代新型智能理论的杰出代表,这一理论提出了适应现代社会发展需要的学生观、人才观、能力观、德力观,使现代教育有可能成为"开发和释放人的创造潜能的发动机"。

3.确立开发学生潜能,培养学生人人成才的理念

十多年来,全国各地开展了"愉快教育""挫折教育""成功教育""特色教育""创新教育"等教育教学的研究,都是针对目前在教育中存在的某一方面或某些方面的弊端,在有关理论与实践方面进行的有益研究和实践,不同程度地推进了素质教育的实施。综观上述研究,都离不开用纸和笔的标准化考试,并用考试来区分儿童的智力高低,甚至预言他们未来的成就和贡献。智力测验过分强调了语言智能和数学逻辑智能,基本上不重视同样被社会所需要的智能,使学生身上的许多重要潜能得不到确认和开发。我们认为人有多种才能,既可以培养学生成为全才,也可以培养学生人人成才一项或几项智能。

4.创造条件,使学生获得施展能力的机会

加德纳教授和亚利桑那大学的梅克教授研究发现,每一个人都具备至少八项智能,即语言智能、数学逻辑智能、空间智能、身体运动智能、音乐智能、人际智能、自我认知智能和自然认知智能。为了发现、培养和开发学生的能力,可以在课余时间和双休日,广泛地开展兴趣小组活动,设置珠心算、奥数、写作、书画、英语、电脑等项目,投其所好,供学生选择。同时,学校分配老师到各组指导。这样就以制度的形式落实了教师教育对象、学习时间、学习地点和学习内容,保证了教学活动的正常开展。学生有了学习场所,也有了展示自己能力的机会。

另外,重视捕捉学生的闪光点,发现学生的某一智能。在培养学生某一智能时,注意开发学生的潜力。一发现学生某项智能的"苗头",就对学生重点培养,使其在学生中脱颖而出。

3.2.2 多元智能在教学中的应用

多元智能理论理解学习和教学的新视角决定了多元智能教学具有如下特点:

一是教学过程的生成性。加德纳在《受过训练的智能》一书中提出,要在多元智能理论的基础上建立理解的课堂教学。而这种理解的课堂教学就是"重在理解的建构主义者的课

堂教学”。二是教学目标的全面性。加德纳认为，学校教育的目标并不只是培养学生的智能或基本学科内容和技巧，而是学生必须对待定的学习主题有深入的理解，有进一步独立思考和解决问题的能力。多元智能是达到这一目标的助手，它不仅在帮助学生的学习上有特别的功用，而且在帮助学生达到某种有价值的成人角色状态方面也起重要作用。三是学生角色的主动性。一方面，教学过程的师生关系是一种主体间的关系。以“学习者为中心”是多元智能教学所根本倡导的，这种“中心”强调了教师对学生主体角色的认同；另一方面，教学过程是学生主动积极的一种实践活动。加德纳在教学中强调学生的参与，他提倡为学生准备范围更广的可供选择的课程。

3.2.2.1 基于语言智能的教学

人与动物的本质区别之一在于人能够运用语言表达情感，进行沟通和记录。人们很早就认识到语言的重要性——早在公元前四世纪，柏拉图(前427—前347)就在其《对话集》中讨论了语言的起源及语言在认识中的作用等；古代印度的学者也曾深入研究过语言起源的问题。在人类历史早期，语言通过探索和扩展人类智能的多种可能性改变了大脑的结构及其功能定位：口头语言促使我们的祖先由具体思维发展到抽象思维，从为物体命名发展到脱离具体物体进行议论；阅读使人们能够认识一些并未亲身经历的物体、场景、程序及概念；而写作则使人能够与素昧平生的读者进行交流。正是通过语言及其思维能力，使人类能够记忆、分析、解决问题，策划未来并进行发明创造。

（一）语言智能的含义

语言智能(Linguistic intelligence)是指有效运用口头语言或文字来表达自己的思想并理解他人，灵活掌握语音、语义、语法，能够将用言语思维、用言语表达和欣赏语言深层内涵等结合在一起并运用自如的能力。言语智能的组成元素包括阅读、书写、作诗、演讲、听力和对其他语言的熟悉程度。

霍华德·加德纳认为，语言历来是人类社会不可或缺的一种“人类智能的卓越范例”。他同时指出语言修辞的重要性，体现为使别人信服其行动过程的一种能力；语言具有增进记忆、根据记忆排序、编程以运用词语的功能；它是解释概念的能力，并能够在这种活动过程中理解隐喻价值。人们可以用语言来反思语言，或进行与文化相关的语言学研究分析。

（二）语言智能的指标

具体来看，考量言语智能的指标通常包括以下几项：能够有效地倾听、理解、释义、分析、记住内容，并反映口语的声音、节奏、色彩及变化；

1. 能够模仿他人的声音、语言、阅读及写作；

2. 能够通过倾听、阅读、写作及讨论的方式进行学习；

3. 能够有效地阅读、理解、概括、解释并记住内容；

4. 能够懂得随机应变；

5. 能够有效地写作，了解并活用语法、拼写、标点、词汇等；

6. 能够运用听、说、读、写进行记忆、沟通、讨论、解释、说服、创造知识、建构意义及反思；

7. 对新闻杂志、诗歌、讲故事、辩论、演讲、写作或编辑等具有浓厚的兴趣；

8. 积极尝试创造新的语言形式、创作文学作品或口语沟通作品等。

（三）语言智能在具体学科中的应用与发展

语言的学习和发展呈现明显的阶段性。在实际教学过程中，教师应该关注以下几点：

1. 注意以学生所习惯使用的语言为教学的起点；
2. 考虑语言技能发展的自然进展；
3. 教学要适应学生的认知水平及语言成长；
4. 要使语言和文学有机地联系在一起；
5. 将听、说、读、写综合为一体；
6. 以学生自身的生活经验为阅读和写作的切入点。

在不同年级、不同水平和不同主题的教室中，教师都应当创设语言丰富的环境。在这种环境中，学生能够频繁地说话、讨论以及解释，更重要的是以此来激发学生的好奇心。当学生有足够的安全感提出问题或争辩观点，他们对于学习的兴趣就会被极大地调动起来。用词语表达概念是一种重要的交互认知训练，这种训练通常需要聆听自己所说的话，读自己所写的文字，并从中获得领悟。

人只有通过听讲才能学会正确、有效而生动地使用词语。说话是另一种必备技能，若步行过大量练习和纠正，说话技能就无法得到提高。有效的写作也依赖于勤奋的练习和广泛而有思想的阅读。在一个成功的教学环境里，任何学科都必须积极而协调地发展上述四种语言智能涉及的技能。语言智能这四种成分的发展，对个人取得任何学科学习研究的成功都有显著的影响。以下就以语言智能在化学学科及语文学科的应用为例，来阐述语言智能之于教学的重要性。

3.2.2.2 基于数理逻辑智能的教学

数理逻辑智能指的是有效运用数字和推理的能力。这项智能能够反映一个人对逻辑的方式和关系、陈述和主张、功能以及其他相关抽象概念的敏感性，它可以帮助我们分析问题和解决问题。数学家、税务、会计、统计学家、科学家、电脑软件研发人员等是特别需要数理逻辑智能的几种职业。不仅如此，如果把数学和逻辑思维统一融入到各个学科领域中，数理逻辑智能就能够在思考和学习中发挥更为重要的作用。

有时，人们认为数理逻辑智能就是加减乘除的能力，是一种计算的能力。但实际上，数理逻辑智能包含的远远不止这些。多元智能中对于数理逻辑智能的定义是:“处理一连串的推理、识别模式和顺序的能力。”除了计算之外，数理逻辑智能还包含逻辑推理、模式、可能性和科学的分析。有时，数理逻辑智能还包括一种建构问题和发现问题的倾向，这比语言智能所包含的更多。具有很强数理逻辑智能的人可以成为会计师、财务分析员、科学家、工程师、发明家和生物学家等。但是，如果不考虑他们的职业，具有很强数理逻辑智能的人也是一些喜欢保持自己收支平衡的人，是一些能很快决定是租车合算还是买车合算的人，是一些经常依据事实判断做决策而不是感情用事的人。

（一）数理逻辑智能与教学

1. 数学思维程序与教学

数学，通常被认为是一门典型的抽象而精确的学科。实际上，数学可以作为各门课程及其课程单元令人兴奋的整合点。针对一些原本对数学不感兴趣的学生开展以下的活动，如图式、坐标图、编码和解码等，可以唤起学生的好奇心，使之关心事物“如何运算”和“问题如何解决”。以下建议的程序如果能够恰当合理地加以应用，可以帮助学生增强数学思维能力：

1)模型

通过观察和解决含有模型的问题，学生开始注意到贯穿于逻辑、自然和宇宙间的基本关系。每种事物都有模型：从地板砖到星云的形状，从蜂房到现代绘画，从树木的横切面到果园的布局，从纸箱中鸡蛋的摆放到分子中原子的排列……而数学这门学科在很多方面的应用都是以建立模型为起点和基础的，辨认和使用模型的技能是解决问题非常有价值的工具。在各门学科中构建模型，可以鼓励学生的探索发现的能力和创造精神，加深学生对该学科的认识和理解。

想要找到训练数理逻辑智能的模型并不困难，因为它无处不在。从历史上的战争到股市的变化，从天气模型到学校入学情况……我们在身边的现象中都能够观察到模型。学生或教师如果想发现或分析这些模型，从每天的报纸、身边的其他参考资料中都能够很容易地获得。与此同时，在各门课程的重要规律中同样能够发现具体的模型。在生物学中，水的循环、细胞的排列都有模型；在美术课上，现代画里的模型也很明显；维多利亚风格诗中的对句、小说的结构等都是如此。教师都可以在各门学科中发现模型，也可以要求学生在学习中发现模型的例证。学生可以把观察到的模型做成招贴，更可以根据主题把这些剪贴模型进行分类。

2)图表

图表几乎可以使任何信息都更容易理解。一个图表通常包括在两个坐标上的两个变量，把信息标在不同的轴上，其数学关系就显得更容易理解。教师可以使用这一程序呈现事实信息，学生也可以把研究或调查中获得的信息用线形图或条形图等图表展示出来，如考试中考查最频繁的知识点、学生最常见的写作错误等。

2.逻辑与教学

“逻辑”作为一种学术原理，由亚里士多德创建。它主要关注论证、有效性、证明、定义和一致性。毋庸置疑，在形式逻辑诞生之前，人们就能够用一致的、逻辑学方式进行推理。向学生介绍形式逻辑、解释逻辑能够检验论点是否成立是大有裨益的。典型的逻辑论证包括两部分的陈述：叙述论据的“前提”和由前提推论而来的“结论”。逻辑试图告诉我们：如果前提为真，则什么是真。通过教导逻辑推理的过程和精确的智力训练，学生们能够学会判别推理的环节是否有效。

逻辑方法有很多种，最常见的是演绎法和归纳法。在演绎逻辑中，结论会紧密承接事先陈述的前提；而在归纳逻辑中，结论是“由特殊到一般”，一步步推导出来的。

1)演绎逻辑

演绎推理是指从一个普遍的规则开始，尝试证明资料与推论的一致性。三段论法是结构严谨的论证，由两个前提和一个结论组成。这是演绎逻辑的典型例证。

亚里士多德是最早使用三段论解决逻辑问题的著名哲学家。他认为，三段论是获得科学结论的主要工具。同时，他确定如果前提真实，那么，某些命题就可推论为真实的。

三段论能够教导学生如何建立前提，并确定结论是否合乎逻辑。老师与学生可以把三段论应用于不同学科。

值得注意的是，完成三段论必须确定其有效性。教师也可以在评价学生时，提供多个三段论，有些是有效的，有些是无效的，让学生进行判断，以决定学生的学习成绩。即使有些三段论的题材是无效的，但是它的逻辑仍然是有效的。使用三段论时，应该谨慎地对内容知识和逻辑推理进行评估。

2)归纳逻辑

归纳逻辑即由特殊事例到普遍结论的推理。当面临非唯一答案的问题时，我们就会使用归纳逻辑，将一条条信息纳入推论中。归纳推理的一种重要类型是类推。类推揭示的是"A与B如同C与D"的命题关系，是对一个已知的项目或环境与另一个进行比较的方法。类推也是课堂上提高学生逻辑思维能力的有效工具。

（二）创设数理逻辑智能的学习环境

在创设数理逻辑智能的学习环境时，教师应该让学生成为主动的学习者，全身心投入学习，不仅应用已有的知识，更要经历新事物与新困难的挑战。教学方法应该让学生关注学习过程，而不仅是接受传授给他们的现成的知识。教师应该尽量把被动的传统学生角色转变为积极主动的学习者，拓展学生的数理逻辑智能。以下是一些可用的学习程序：

1. 采用不同的提问策略；
2. 提出开放式问题让学生解答；
3. 构建重点概念的模型；
4. 要求学生用具体物体证明他们的理解；
5. 在各种现象中辨认模型和各种事物之间的联系；
6. 要求学生判断他们的陈述和观点；
7. 把数学概念和程序与其他学科领域和实际生活联系起来。

实际上，某些数学运算可应用于所有课程领域。通过操作实务，学生能够更积极而专心致志地解决问题。教师应当摒弃传统的"数学是一门培养算术和代数技能的学科"的观点，指导学生掌握当今数学囊括的有益于研究的如问题解决、推理、形成联结等诸多技能，在教学活动中把逻辑思维应用于各种学习机会中，让数理逻辑智能在学生的思考和学习中发挥更重要的作用。

3.2.2.3 基于空间智能的教学

罗伯特·麦金在他的《视觉思维经验》一书中提出，视觉思维渗透于人类所有活动之中。它不只是艺术家所擅长的领域，外科医生、工程师、企业人士、建筑师、数学家、木匠、技工、足球教练、思考每天穿戴的人……甚至是做白日梦的人也都会用到。人们在下国际象棋时移动棋子、规划一天的行程、在房间移动家具、旅途中阅读地图等活动都有赖于空间智能。但是，并非所有擅长空间思维的人都会展示相同的技能。有的人可能有绘画天赋，有的人擅长制作立体模型，还有人表现出精巧的艺术才能。我们应当重视人类在各种活动中所体现出的空间智能。

（一）空间智能的含义

空间智能，即准确感知视觉空间世界的才能。这种智能主要用于解决空间位置问题。视觉作为人类认识世界的方式之一，比语言符号更为古老。化石记录显示，远在人类使用语言之前，视觉器官就已经高度发达，成为人类获取知识的重要工具。人类最早的绘画就是由视觉一空间智能激发而创作的。

空间智能集中了很多相关技能，包括视觉辨别、再认知、投射、心理图像、空间理解、映象操作、复制内外心象等。每个人都可能拥有或表现出上述这些技能的部分或全部。例如，达芬奇通过伟大的艺术作品显示其空间智能；牛顿把宇宙视为由各部分彼此关系所集合的一架机器，这正是微妙内心图像的证明。

（二）空间智能的表现方式

空间智能的展现方式很多，以下所列举的只是其中的一小部分，可供参照。具有以下特点的人，可能具有良好的空间智能：

1.通过看和观察学习，善于辨识面貌、物体、形状、颜色、细节、景物等；

2.在空间中能有效地活动和搬动物体，如移动身体、穿越洞穴、在没有足迹的森林中找到出路、在拥挤的街道上自如地驾车、在河流上驾驭独木舟等；

3.感知和创造心理图像，善于进行图片思维并能觉察细节，在回想信息时可用视觉映象来辅助；

4.善于解释坐标图、图示、地图和图表，善于通过图形标识或视觉媒介学习；

5.喜好涂抹、素描、绘画、雕塑或以其他可见的形式复制物品；

6.喜欢制作立体物品，诸如折纸、模拟桥梁、房屋、容器等。能够在脑海中改变物体的形式，如将一张纸折成复杂的形状且能看到它的新形象。可以在脑海中进行空间形象移位，并能决定它们和其他物体的互动关系，如同看到齿轮带动机械零件的运转情形那样；

7.可以用不同的方式或新的观点看待事物。例如不仅可以看到某个形状，还可以看到形状周围的空间背景，或可以测控到隐藏在物体后面的形状；

8.可以同时感知到鲜明而细微的形态。

以上所述只是展现空间智能的一些可能的方式。人类活动中潜在的空间智能并不是一张简单的列表所能囊括的。

（三）空间智能与教学

“视觉化”是空间智能的核心。空间智能与视觉、空间密切相关，因为人类通过这两种形式感知和处理信息。在课堂上，许多视觉倾向的学习者能够对电视、电影、投影片、海报、图解、图表、电脑和色彩化的材料做出良好反应，而有些视觉化学习者可以利用独特的视野工具，突破传统框架，表达他们对某些问题的独特见解并得出精辟的结论。视觉化是一种心灵建构或回忆视觉心象的能力。人类在各种领域里的努力，能够通过内在心象闪过的顿悟而有所推进。教师有意识地在教室中进行视觉化工作，使学生通过工具进行学习、认知和发现，鼓励学生产生自己的心象，能够明显地增强学习效果。

1.创设一个视觉化的学习环境

只要让学生自己事先多一点设想、努力，并且教师给予一定的帮助，就可以把教室变成一个视觉化的愉悦环境。新月状或圆形的座位摆放比传统的一排排摆放方式更好，因为学生彼此更容易看见，较容易互动；彩色的织布或者亮丽的地板垫，就如同展示一些美术佳作；布置一些墙报或插花、盆景，都能创设启迪学生视觉活力的环境。教师只要愿意投入时间和精力，重视视觉环境方面的投入，就可以有效地把教室变成强有力的学习工具。下面针对如何提高教室视觉效果提出一些具体建议。

1)形象化工具

有各式各样的、可供师生随时取用的工具，包括纸张、粉笔、铅笔、墨水、颜料、照相机、电脑、录影带和投影机等。有必要妥善地整理和保存这些工具，既保证能够随时使用，又避免显得凌乱。

2)展示区

为了避免视觉上负担过度,可选择特定空间展示教学资料或照片。用来展示的墙壁、布告栏或其他角落都可以达到与展览馆相媲美的水平。

3)周围环境的刺激

教师可以事先搜集并展示复制的美术作品、海报、照片、图表、地图等有利于强化所教学科印象的事物。然而,我们有必要了解,视觉刺激一经展示,很快就会失去趣味性和影响力。为了维持趣味性,这些视觉刺激有必要经常更换。

4)通过轮换座位改变视野

对多数学生来说,座位或工作地点通常固定在教室的某个位置。通过轮换学生的座位,可以改变学生在教室中的视野和社会观念。空间形象的更新有赖于学生视野的改变,学生得以经常与不同的同学交往、互动,能促使团体动力形态的改变。新的座位安排也能改变师生之间的互动。此外,教师也可以试着改变教室设备的固定摆放,如,改为圆形、U字形或把桌椅安排成一个个学习小组。

2.学习材料的视觉变化

同理,利用颜色、形状和映象等视觉效果的变化,也可以激起学习者的兴趣。

1)颜色标示

颜色是视觉思考的一个重要组成部分,可以用来区分意义、引导注意和提高回忆数量。颜色也可以作为重要的教学工具,通过颜色的使用可以澄清解决数学问题的步骤。例如,连除法的第一步骤用红色显示,第二步用蓝色,第三步用绿色。

改写拼写错误也可以利用颜色。一个单词中写对的字母用一种颜色来显示,而需要特别注意的部分则可以用红色或橙色来强化。虽然在课堂上教师使用颜色的示范作用很重要,但是当学生可以自由选择颜色或学习方法时,他们往往会建立起属于自己的视觉语言系统。

2)形状变化

计算机提供了增加教室课程视觉变化的一种便利方式。在学习材料中增加图形、变化字体、放大或缩小字母、加进空格、符号和标示都变得很简单。例如,在矫正学生拼错的某个单词时,可以将拼错的字母放大,集中学生的注意力并帮助其记忆。

3)讲述和讨论时的视觉化辅助

尽管许多教师对自己的绘画技巧感到难为情,但有些学生会自愿"图解"自己所学的知识,如制作一张海报。有时教师会发现一些能够把口语信息迅速地画成图像的学生,由此可以鼓励他们把所掌握的话语和知识转化成概略图。

教师可以鼓励学生在做功课时利用颜色、草图、符号或形状变化。例如,在展开阅读作业前,可以建议学生先浏览印刷材料中的照片或图形,因为视觉扫描可以产生心灵"挂钩",以期加强对文字材料的理解。一旦学生开始阅读,就可以建议他们把关键的文字或事件转化为个人的"心灵电影",以提高以后的回忆效果。

当今的学生是观看电视长大的一代,他们大多具有高度视觉化的学习倾向。幻灯片、投影片、影片等都是重要的学习辅助材料,复印机、计算机和打印机也是完成各种作业所必需的辅助系统。虽然这些视觉空间工具并不是学习过程中不可或缺的,但确实能激励学生投入到对自己空间智能的练习中来,也使得每个学科更能贴近各式各样的学生。这些工具可以将许多看似无意义的抽象事物转变为可以理解、看得见的实体，从而使学生更加容易地理解、掌握各学科内容。

3.2.2.4 基于运动智能的教学

许多儿童和成人感到，仅仅通过视觉和对声音的感知并不能充分地理解和记忆信息。这些人依赖于触觉和运动过程，为了理解和记忆信息，他们必须操作和体验所学的内容。有触觉倾向的学生需要通过触摸和操纵物体来学习，而有运动倾向的学生需要在活动中运用全身，或者工作时更乐于采用具体、实际的生活经验，这就体现了人的身体运动智能。运动智能是人类认知的基础，因为它来源于我们在生活中获得的感官体验。

（一）运动智能的含义

运动智能是运用整个身体或身体的一部分解决问题及熟练掌握和控制物体的能力，包括联系“身”和“心”，使身体得以完美展现的能力。从自动化和有意识控制动作开始，运动智能采用高度分化和技巧化的方式调动我们身体的活动过程。所有才能的表现都需要有敏锐的时间感知，并把意向转换为行动。高度发展的运动智能在演员、运动员和舞蹈家身上可以轻易地看到，在发明家、宝石匠、技工和其他需要熟练使用双手或物件的工作者身上同样能得到证明。

（二）运动智能的表现方式

以下列出的项目，可用于确认有运动潜质的个体可能具备的特征。不过要注意，并非每位学习者都表现出以下所有特征。人们在某些领域可能比其他领域发展得更好，例如，一个人可能在哑剧表演方面显露才华，但在运动或手工艺方面却表现平平。具备以下特征的人通常能够发展优异的运动智能：

1. 通过接触和动作探索环境和物体。喜好触摸、控制和摆弄所学对象；
2. 善于发展协调性和时间感；
3. 在直接投入和参与过程中学得最好。能够清晰地记起哪些是做过的，而不是说过的或看过的；
4. 喜爱具体的学习经验，如实地参观、建造模型，或参与角色扮演、游戏、装配物件、身体运动；
5. 在局部或整体动作活动中都显示出灵活性；
6. 能够敏锐地感受物理环境和物质系统；
7. 在演出、运动、缝纫、雕刻或键盘输入工作中能够展现技巧；
8. 在身体动作中显露平衡感、优雅、灵活和精确；
9. 具有协调身心和展现精细及完善身体的能力；
10. 理解健康身体的标准，并依此标准生活；
11. 对从事运动员、舞蹈演员、外科医生或建筑师等职业感兴趣；
12. 创造新的身体机能或创作新的舞蹈、运动或其他身体活动。

（三）运动智能与教学

当被问起最难忘的教育经验时，多数人会想起的是一节全身心投入的课程、一场刺激我们感官的活动、一次提供动手机会的学习。这样的学习以运动的形态出现，使身体经验深深地印刻在我们心中。学生都希望能够主动积极地参与学习，而不是被动地接受信息。以下是一些将运动智能应用于教学实践的建议。

1. 创设身体学习的环境

如果能合理地设计规划，教师可以把教室转换成为适合身体学习的环境。通过重新设计教室区域，教育工作者更能顺应有运动趋向的学习者的触觉或动作需求。仅仅为学生提供从一个工作空间走到另一个空间的机会，就能满足学生伸展、移动和富有活力的需求。理想教室的设计方案包括以下几个方面：

1)入口区

在进入教室处，设立一个合适的空间来欢迎学生，其中包含植物、悬挂的装饰条、放满学生美术作品的隔板或媒体的活动日程表等。

2)图书区

教室的参考资料、文献、放映机、打字机和电脑应该有条理地摆放在这个区域。这个区域应成为适合独自学习或小组合作的空间。

3)柔和区

如果教室有客厅般的氛围，学生通常都会喜欢它。在柔和区，学生可以阅读、休息、做安静的游戏、参加小组讨论或创作戏剧。这个区域应该可以满足那些想在地板上伸展或在躺椅上阅读的学生。

4)动作区

教室内应该设计一个空间，让学生进行角色扮演、短剧，开展一些令人兴奋或轻缓的运动。在这个区域里，如果桌椅能够较容易地移动，来适合各类集体身体活动，那么教师也可以考虑在教室内画一些实际的交通图案，使学生便于从一个地点移向另一个地点。只要精心设计，就能够使学生在教室内的移动更有效率。

抛弃以往固定的座椅安排，用心地规划教室空间，把学校教室变成更健康、更有人情味、更令人兴奋的学习场所。若有这样的机会，学生通常会成为自愿的建筑师，很乐意地设计一个更符合他们需求的空间。

2. 戏剧的应用

从有文字记录的历史开始，戏剧就一直被视为学习和记忆的一种方式。在原始人洞穴中的壁画就描绘出许多狩猎的方式以及英雄的英勇事迹。古希腊的戏剧不只是用来娱乐和抒发情绪，也具有教育功用。在中世纪的教堂和寺院的阶梯上所演出的戏剧，把道德观念和宗教的历史传授给未受教育的百姓。当代的剧院与电视也是社会中强大的教育力量——可以教人从善或作恶。

那么，身为教师便可以想到，戏剧为学生提供机会更接近所学的知识，也一定是使课程内容与生活联系更紧密的一种有效方式。对各个年级的学生而言，通过戏剧来学习都是有价值的。尤其在中学阶段，由于荷尔蒙、身体和心理等变化，学生的抽象学习愈发困难时，通过戏剧进行学习的价值便更能体现出来。学生在观众面前表演一幕正式的戏剧，或者参与没有观众的戏剧游戏，都可以提高学习效果。

3. 模拟的应用

模拟也是一种有效的学习方式，因为它能够使学生置身于他们将来进一步成长的环境或情境中。模拟可以轻易而迅速地适用于每一学科的课程。教室中应用模拟的例子如下：参观法国餐厅，让学生用法语点餐；用一节课的时间，让学生“生活在”重要的历史时刻，如文艺复兴时期、南北战争或在斯大林的领导下；体验各种不同收入或社会阶级系统的情形；

设置小型的班级联合国;对医药或环境危机进行决策;在缺乏人力和资源的情况下,生活在月球的殖民地上。

教师或学生自编的模拟,可直接运用或稍加修改以适应不同的课程内容。以下是模拟设计的基本步骤:确定学习目标;确认模拟设计的规则,这样才能再现真实生活的情境;搜集和组织各种所需的资源或材料;预先决定模拟设计的后勤工作,如怎样进行班级分组、指定工作的地点以及安排时间;安排讨论或写作的时间,使学生能够就自己所完成的模拟经验相互询问。

4. 教室游戏

游戏式教学历来有不少拥护者。杜威主张,游戏应该是学校教育完整的组成部分,因为它们提供活泼而又积极的学习经验。通过游戏,孩子能够在模仿和尝试各种社会角色中学习。游戏使学生卷入想象和挑战的情境,增加学生的实际知识、决策能力和人际交往的技能。在游戏中学习时,大部分学生能急切而热情地投入到学习之中。

宾茨维(Teresa Benzwie)说:"我们对教育及大脑发出的信息知道得越多,就越是能够理解运动在活动中的核心地位。然而,我们却经常要求学生乖乖地坐在座位上,而不能发挥学生与生俱来的充沛的运动潜能。要了解数字和字母的符号或自然科学及社会科学的概念,学生所运用的不只是眼睛和耳朵,而是运用完整的身心。从孩子用自己身体亲自探索各种实际经验开始,通过这种联系,抽象会变得更具体,学习也将成为内在的过程。"在课堂上,身体的活动使学生集中注意力,通过身体的神经一肌肉编码来学习,能够有效增强对知识的记忆。对所有学习者来说,运动学习常常能够提供最有效、最有乐趣且值得记忆的教育经验。因此,教师应注意运动智能在教学活动中的应用。

3.2.2.5 基于音乐智能的教学

音乐无疑是最古老的艺术形式之一。作为自我表达的重要方式,音乐与人类共同徜徉在历史长河畔,以人的声音和身体为乐器,传递着最真挚的情感。在诞生前,我们伴随着母亲的心跳声度过九个月的时间,与自己精妙的新陈代谢和脑电波活动节律共存。一些人拥有与生俱来的音乐天赋,能够在后天发展自己的音乐智能。

(一)音乐智能的含义

音乐智能指人能够敏锐地感知音调、旋律、节奏、音色等的能力,拥有独特的规律和思维结构。史特拉文斯基(Igor Stravinsky)曾经评论说:"音乐就是表现它自己",这一点正是强调了人类音乐才能的独特性。音乐是一种可以聆听的语言,它包括三种基本成分:音调、节奏和音色音质,通常采用唯一的符号系统来标示。这三种要素无限组合的可能性,使世界各地都流传着动人的音乐作品。

加德纳在《智力结构》一书中声称,任何正常人只要经常生活于音乐环境中,就能够掌握音调、节奏和音色,并能用某项技能参与音乐活动,如作曲歌唱、或演奏乐器。

由于音乐与情绪有密切联系,教室里的音乐可以创造一个有益于学习的积极情绪环境,也可以用于加强文学或历史故事的悬念、哀伤、悲情、欢乐或制造幽默。音乐的押韵等都是提高聆听和专心技能的有趣工具。

(二)音乐智能与教学

音乐智能倡导采用多样的教学方法和多种形式的课内外活动,力图改变以教师为主题的教唱式教学模式,建立以学生为主体、以教师为主导、以教学活动为载体的三角型循环模式。但这个三角形的循环不是静止的，也不是封闭的，而是螺旋式上升的。当教师和学生完成了一个循环（即掌握了一种知识或技法）之后，它自然地开始了另一个更高一级的三角型的循环。

1. 激发兴趣，积极参与

托尔斯泰说："成功的教学所需要的不是强制，而是激发学生的兴趣。"学生若对所从事的活动感到兴致盎然，就会导致活动乐趣化，活动因此成为一种积极主动的心理倾向和自觉行为。爱好和兴趣能激发活动的自觉性，有助于个性心理特征在良性循环的基础上发展。教师在教学活动中不断有所创新，设计出最能激发、调动情感的教学方法，以确保学生产生最佳的学习兴趣，获得理想的效果。

形式多样的音乐活动是发挥学生主动性和独立性、培养学生实践能力和创造才能最有效的途径。教师只有引导学生全身心地参与到实践活动中去，使学生保持足够的兴趣和新鲜感，才能让他们的想象力和创造思维得到充分发挥。

2. 增强信心、培养能力

在父母呵护下成长起来的独生子女缺少的正是在挫折中生存、在逆境中抗争的能力。音乐教育中包含有多角度克服学生的缺点和弱点，克服嫉妒、冲动、任性、自卑等不健康的心理倾向，培养乐观向上、勇敢挑战困难的精神，培养独立人格和良好个性等内容。加强学生的自我肯定意识，提高自信心，培养学习能力，使学生对音乐技能技巧的学习变为自身的需求，让他们处于一种对音乐的向往与渴求之中，让学生不断地尝试到成功的喜悦，不断地超越自我。

出于多种原因，相当一部分学生不善于表现自己，缺乏自信，面对挫折束手无策。对学习好、掌握技能快，有较强组织能力的学生，请他们带头在全班同学面前大胆展示自我，演唱、演奏、做示范，树立他们的样板形象，成为班上的主力，并加强学生之间的交流学习。对于表现意识差，动手能力不强的学生，鼓励他们敢于不懂就问，勤于思考，刻苦练习，并及时表扬他们的每一次进步，增强学习的信心和勇气。

另外，为了同时培养学生的语言表达能力，教师应在分析、介绍作品时，鼓励学生主动大胆地、积极地参与讨论并敢于发表自己的见解和感受；为了给学生创造表现音乐、展示个性、发挥潜能的机会，应在开展和音乐相关的教学活动时，鼓励全班同学各自施展自己的才能，以期发挥出最大的潜能。

3. 拓宽视野，自主学习

自主学习能力，包括自我发现、自我探索、自我思考、自我求证、自我创造、自我表现的能力。自主学习能力的培养是提高学生音乐素质的必然条件，是学生综合素质的重要体现。而音乐活动是培养学生自主学习能力的重要渠道。学生在音乐实践中获取知识，在学习思考中发展智力，在听辨赏析中激发想象，在探索创作中培养能力，在自我表现中愉悦身心、享受成功。

课内练功，课外融通。通过在课堂教学中培养学生的学习能力，在课外活动中提高学生的学习能力，是对学生自主学习能力进行培养与锻炼的最佳方式。通过音乐课外各类型学习活动的开展，使学生各方面的知识与课堂上所学基础知识融会贯通，使他们自主学习的能力不断得到发展与提高，同时也为全面提高学生的艺术素质做好知识上的积累。

（三）与多学科结合促音乐智能发展

1. 音乐与姊妹艺术

音乐能力主要是依靠程序性知识(Procedural Knowledge)，是艺术门类的一种，它与艺术类的其他成员有着直接的血缘联系。有些舞蹈、戏剧艺术等门类与音乐融为一体；有的诗歌、影视艺术与音乐相伴相随；即使那些纯视觉的艺术，如绘画、雕塑、建筑等与音乐也有相通之处：建筑有“凝固的音乐”之称，书法被认为是“无声之音”，抽象派画家康定思更是把绘画中的色彩、造型看成是丰富的音响等。

由此看来，音乐教师要想塑造好艺术形象，最好懂美术，有一双美术家的眼睛。当然，更重要的是分析讲解形象，要与学生“知音”，启发帮助学生学会欣赏形象，并进而也能塑造形象，所以还必须具备文学家的嘴巴。

教师在教学模式上不仅为学生的多元智能发展进行创新，还能在自己的艺术天空中翱翔得更高更远。

2. 音乐与艺术之外的学科

音乐与其他学科之外的联系是显而易见的。音乐的学习，除了音乐课外，更应渗透到其他学科中进行，因为音乐活动本身离不开其他智能的支撑。多学科的相互渗透已成为现代教学发展的趋势。尽管音乐教育与数学、物理、化学等课程没有直接的关系，但许多实践证明，音乐教育与这些多元文化互相影响，互相渗透。

3.2.2.6 基于人际智能的教学

人际关系是指社会生活中人与人之间的交往关系。随着社会的发展和进步，交往能力已经成为综合素质的重要组成部分。人际关系的形成，一方面受一定社会生产关系的制约，社会制度、社会意识形态、社会道德规范等社会因素均决定着人际关系的性质；另一方面离不开一定的社会群体结构以及特定环境的影响。人际智能与人际互动具有非常密切的联系。因此，发展学生的人际智能、引导学生树立正确的交往观、培养学生的社会交往能力是实施素质教育的重要目标之一。

（一）什么是人际智能

人际智能(Interpersonal intelligence)是指能很好地理解别人并与之愉快交往的能力。这项智能善于察觉他人的情绪、情感，体会他人的感觉感受，辨别不同人际关系的暗示以及对这些暗示做出适当反应。具备良好人际智能的人，对人的脸部表情、声音和动作的变化较为敏感。他们比较喜欢参与团体性质的活动，愿意找别人帮忙或教人如何做事，在人群中感到舒服自在。时代的发展日新月异，随着社会联系与人际合作的加强，对人在人际交往中，学会觉察、体验和解读他人的情绪、情感和意图，并根据此做出适应的反应能力有了更高的要求。教科文组织提出的21世纪教育的“四大支柱”——学会认知、学会做事、学会合作、学会生存，也把学生的人际交往智能放在了重要的位置。这就要求教师把学生视为学习的主人，让学生在整个学习过程中充满生命的活力，有针对性地培养学生的人际交往智能。

（二）如何发展人际智能

如加德纳所言，人际关系智能的积极发展，将促进个人的成功和充实成人生活。具体的措施有以下几种：

1. 讨论

与他人交往是发展人际智能所必需的条件。鼓励学生针对他们所感兴趣的问题分享彼此的想法、感受与观念。这样的讨论可以使学生有机会彼此认识，分享对同样问题的不同看法，在头脑风暴后，学会思考自己，思考他人，并学会从不同的角度看待问题。

2. 扮演角色

比如领导者和被领导者的角色扮演。学生需要同时熟悉领导者的角色和习惯被领导的角色。在角色扮演的过程中，学生领会到角色换位的同时，也学会尊重他人的观点。在角色扮演的活动中，可同时引导学生对自己所扮演的角色进行讨论。这会启发学生反思自己所担任的角色，思考不同观点表达的有效性，并且分享他们所获得的感悟。

3. 有形化工具的使用

比如电影等多媒体资料的运用。在课余活动中，组织学生进行观影活动。电影角色与现实生活中真实人物相比，更夸张、更富有讽刺意味、他们的动机也比较明显。学生在思考电影中的角色的思想和谨慎的行为时，看看男女主角的表演，不管是史泰龙，哈里・波特，还是梅格・瑞恩，他们都能给学生提供一条简单而又安全的途径去发展他们的人际智能。

4. 建立研究性学习小组

要让学生自愿组合，根据不同性格、不同学习层次，甚至不同生活环境、不同爱好、不同性别、不同能力进行合理分工，充分发挥合作学习的优势。这样的学习形式强调把学生视为学习的主人，让学生在整个学习过程中充满生命的活力，有利于培养学生的人际交往智能。

5. 分享

在一节课或一个单元开始学习的时候，让学生们以同伴分享的方式，针对即将学习的主题说出他们已有的知识或将学生编成小组，以便每个学生每次都和同一个伙伴分享。这种同班分享可以是同年龄人之间的（比如，一个学生就某个问题给另一个学生讲题），也可以是不同年龄之间的（比如，一个高年级的学生和一个低年级的学生合作）。

（三）人际智能在教学活动中的发展

1. 教学中的人际交往

教学中的人际交往是指在教学过程中教师与教师、教师与学生之间在相互交往基础上形成的，一种较为特殊的较为稳固的相互联系、相互影响的人际交往关系体系。这种关系体具有三个基本特点：动态性、开放性、综合性。相关的学习策略主要有以下几种：创设一个积极的人际关系环境（班会）；合作学习（学生角色、社交技巧、活动、讨论等）；尊重个别差异（认识学习风格）。其中，合作学习是教学中使用频率最高，效果最好，内涵最丰富的教学方式。

2. 合作学习

合作学习的特点在于以学生自我管理为主，它是发展人际智能的重要手段。教师有意识地开展合作学习，不仅能培养学生的交往意识和能力，开发学生的人际潜能，而且可以帮助、促进弱势群体，从而达到智能互补的效果。人际智能的核心是留意自己和他人差别的能力，因此，在合作学习中，即学生合作完成某一项任务的过程中，可以由学生对自己和他人能力、特长的分析，自行分工、把握进展速度。建立了合作小组后，教师要引导学生，让他们明白此时的学习只有兴趣是不够的，更需要有一种责任感。学生逐渐明白团体的成功有赖于团体的协同努力，从而在小组中建立起一种积极的、相互依赖的关系。这种良好的互动关系，进一步促使人际智能与教学活动相结合，在多元智能层面达到共赢。

发展学生人际智能的关键在于注重培养学生的交流学习意识、互动合作意识。在具体的实施过程中，教师和学生应共同确定学习目标，在具体的过程中，合作调查、实践、访问、查问和收集资料等活动由学生自己完成，教师要善于营造良好的学习氛围，降低学生的焦虑感，培养学生之间为人处世、和睦相处的能力，在合作中学会交流、合作与分享，学会理解和完善，学会客观地分析和辩证的思考，形成真正意义上的师生、生生的合作关系。

3.人际智能与师生互动

教学界认为，完整的教学系统应该包括师生关系、教材、教学方法、教学手段等要素。其中教师和学生以及他们之间的人际关系是教学活动存在的前提，也是人际关系学习的重要组成部分，良好的师生关系是顺利进行教学活动的必要条件。20世纪70年代末，克兰诺和梅隆用4年的时间对英国的4 300名小学生进行了认真的研究。研究结果表明：师生之间是相互影响的，教师与学生社交方面发展的期望对他们日后的学习成绩影响最大，远远超过教师对学生学习成绩期望所产生的影响。教师对学生学习潜能的期望所产生的影响则处于次位。这动摇了被称为“皮格马利翁效应”所得出的结论。

结合具体的教学实践，人际智能与师生的互动交流密切相关。一方面，教师要指导学生学会与人交往，另一方面，教育者自身也要反思自身，学会与学生真正的交往。教师要能够与学生进行充分的理解与沟通，深入到学生的内心世界，要真正地理解学生，要能与学生平等地展开对话，平等地进行交流。正如苏格拉底所说，教育的过程是一个不断展开对话的过程，教育者首先是一个对话者。教师在与学生的互动过程中，要始终保持着坦诚、平等与善解人意。

哈贝马斯曾这样倡导：人类应进入一个交往理性的时代。教育在其中承担着特殊的使命。教学中的师生互动，需要师生共同的生命投入，相互影响，相互启发，相互发现和相互撞击。只有激活与发挥两者的创造潜力，才能使师生的生命完满、充盈展开，最终达到共同的精神愉悦与自由。

3.2.2.7 基于内省智能的教学

19世纪末，法国画家高更的一幅油画中流露出这样的疑问：“我们从哪里来？我们是谁？我们往哪里去？”古希腊的苏格拉底率先提出“认识你自己”，西方自此经历上千年时间来讨论“人是什么”的问题。人类在认识发展的过程中，通过向内与向外两种方式进行的人生思索从未停止过。向外，是认识自然世界的过程；而向内，则是对内心精神世界的探索、认识人类自身的过程。威廉·詹姆士曾说：“要了解一个人的个性，最好的办法就是找出这个人自认为、当持有那样的态度或观点时，自己最有作为、最有精神的那种心态或道德观。在此刻，内心中会有一个声音说：‘这是真正的我。’”由此可见，掌握了解自我与他人、认识自己与其他个体的思想和感受、进行批判性的自我观察、意识自己内在世界的方法作为内省智能的能力，对教师和学生的发展来说都起着非常重要的作用。

（一）内省智能的含义

内省智能(Intrapersonal intelligence)是指有自知之明、善于自我认识并据此做出适当行为的能力。这项智能能够认识自己的长处和短处，意识到自己的内在爱好、情绪、意向、脾气和自尊，喜欢独立思考。哲学家、思想家、心理学家等多为自我认知智能比较发达的人。一个内省智能发展水平较高的人一般具备以下特征：能觉察自己情绪的范围；找到表达自己情感与想法的方法；激励自己持续的学习与成长；有确定并追求目标的动机；努力达到自我实现等。具体来看，内省智能的发展方式举例如下：

1. 设定一个培养自我情感的环境；

2. 设定并实现目标；

3. 日记写作；

4. 通过他人的意见和反馈了解自己；

5. 反思人生的理想与目的。

大部分研究者相信，人类自出生起就在遗传、环境与经验等因素的影响下启动了个人智能的发展。婴儿与母亲或养育者之间的关系带来了情绪上的安全感，而持续的养育则促成了个人认同感的增长，并构成了其他正向社会关系的基础。因此，从一开始，内省智能与人际智能就是相互依存的关系。

罗杰斯在《成为一个人》一书中描述了内省智能随着生命发展的一个方面。“成为一个人，意味着个体朝着本真方向发展，认知和接纳，这是一个内向而实在的过程。他远离了非自我的那个人，远离了虚假的存在。”内省智能包括我们的思想与感受，我们愈把它们带入意识，就愈能使我们的内在世界与外在经验产生联系。

在教学过程中，内省智能随着时间的推移而逐渐发展；在班级中，自我认识的过程不仅需要时间和引导，还要让学习者有机会逐渐展示内心。内省智能在引导那些想要成为有伦理、有能力和创造性的、兼具独立与合作能力的成功学习者的发展中起到了至关重要的作用。

（二）内省智能教学与学生的自尊心培养

教育这个词源自拉丁文的 educare，其意义为“引出或引导前进”。这个词的原始定义主张学校教育要致力于促使个人表达其精神、内心以及人性最深处所蕴含的内容。不管儿童还是成人都在寻求生活经验中的意义，回答亘古不变的问题。尽管每个人对生命的秘密都有各自不同的理解，教师则可能营造出憧憬与敬畏的情境。作为教学活动实施的主体，教师在塑造正在成长的孩子的智能方面起着关键性的作用：他们所营造的正面的、有教养的、积极的环境，能够为孩子在智能、情绪和身体等方面的健康发展奠定坚实的基础。

格拉塞（William Glasser）的“控制理论”主张人的行为实际上为五种需求所驱动——生存、归属感、权利、自由和乐趣。基于此，教师在实际教学中，可采取多种方式激发学生认识自我的兴趣，增强自信心，并在支持并反馈学生的过程中不断增强他们的自尊心。以下措施可以帮助教师在班级学习活动中更好地培养学生的自尊心与自信心，引导其认识自我：

1. 每天以口语或非口语的方式赞美班上的每位学生；

2. 对每位学生寄予高度期望；

3. 找到学生适当的接受方式，让班级学习富有关怀且有意义；

4. 让学生参与建立班规、制定课程与评价的活动；

5. 提供互相传递的、多模式化的学习经验；

6. 实施各种团体程序，包括配对及大小团体的选择；

7. 协助学生确定在课内与课外的长处；

8. 用适合每位学生的方法赞美学生的正向特质与贡献；

9. 帮助学生理解挫折也是学习过程的一部分，并在方法上提供重要反馈，使学生能更有信心地面对未来；

10. 为个人示范积极的自尊心。

(三)内省智能在具体学科教学上的应用

具备良好内省智能的学生，能深入摸索自己的内心世界，分辨自己的心理状态，理解自己的内在感情，并根据对自我的了解来调节自己的行为。在课堂上，教师可利用几分钟时间，让学生对课堂内容进行沉淀、总结。在课下，可将学习心得写成反思，以便交流。

具体到相关学科，语文可以通过反思和讨论感受、想法以及对每个学生而言都很重要的理想帮助学生发展内省智能；而数学则通过在自然及宇宙的范围内显示数学运算的原理；游戏可以引发挑战欲望与欢乐，而放松与视觉化使我们的身心能够安静；舞蹈、视觉、艺术、音乐都能通过艺术的符号系统表达见识，审视内心，得到来自灵魂深处的觉醒。

人区别于其他生命形式的本质特点之一，就是具有自我反思的思维能力。内省智能让我们能够更正确地认识、了解自己和他人。针对内型智能进行培养的教学可以让学生发现个人与生俱来的兴趣和爱好，可以激励孩子用一生的时间去追求个人的成长或职业上的成就。

3.2.2.8 基于自然观察智能的教学

人类在自然中成长，在自然中接受教育。自然蕴含着无穷的魅力和深刻的哲学。人类天生就是自然观察者，渴望通过感官探索大千世界。在古老久远的时代，自然观察能力是人类早期生存和竞争必备的能力。这种能力主要表现在对自然界中各种形态的观察、对事物进行区分和对自然或人造系统的洞察等。自然观察能力包括观察、反映、联结、条理化、综合以及联系自然界和人文世界的知觉。科学史上许多名人都可以称为自然观察智能的杰出代表，如生物学家达尔文、发明家爱迪生等。

(一)什么是自然观察智能

自然观察智能(Naturalist intelligence)是指善于观察自然界中的各种事物、对物体进行辨别和分类的能力。拥有这项智能优势的人有着强烈的好奇心和求知欲，有着敏锐的观察能力，能了解各种事物的细微差别。这项智能是霍华德·加德纳提出的多元智能理论中的一项重要智能。与1983年《智能的结构》一书中描绘的七种智能不同，自然观察智能是加德纳于1995年增加的第八种智能。其实，自然观察智能并不是全新的一种智能，因为原先加德纳将自然观察智能归为数学逻辑智能和空间智能的一部分。随着研究的深入，他用自己建立的智能划分标准来分析，发现自然观察智能是一种符合智能基本标准的、自成一类的独立智能。

(二)自然观察智能的表现方式

自然观察智能的考量指标很多，以下所列举的只是其中的一小部分，可供参照。具有以下特点的人，可能具有良好的自然观察智能：

1. 对新鲜事物充满好奇和探索的欲望；
2. 喜欢大自然，善于和自然相处，能够在自然中得到很好的娱乐；
3. 观察力敏锐，能辨认各种图案、颜色与类别；
4. 更加关注自然事物的变化，容易理解大自然的循环现象，比如潮汐的涨落、季节的更替、月的盈亏和气候的变换；
5. 善于动脑筋，对细节很敏感，能注意到很细微的东西；
6. 自然知识相对丰富，选择阅读有关动物和生态的书籍或观看与之相关的电视节目；

7. 喜欢远足、钓鱼、爬山或攀岩、滑雪、野营、帆船和潜水等娱乐活动；

8. 自己制作观察设备，比如检测水的仪器、蝴蝶网、植物夹等，以收集更多信息；

9. 通过绘画、拍摄或文字建立档案；

10. 观察的时候，使用双筒望远镜、望远镜、显微镜和放大镜；

11. 主动参加对植物、动物、水资源和地球有益的活动；

12. 收集和野生动植物及大自然相关的各种小东西、贴画、图片、小雕像和玩具动物。

通过观察以上指标，可以确定某个孩子或者成人是否具有较强的自然观察智能。在师生教学过程中，教师应帮助学生全面、深入地分析和挖掘自己的智能潜力，面对具有自然观察智能优势的学生和这项智能相对劣势的学生时，能够做到因材施教，使学生可以扬长避短，提高自己努力的针对性和有效性。

（三）自然观察智能与教学

加德纳认为发展学生的自然观察能力并不一定局限于自然界，因为自然观察智能的本质是人对周围世界（包括自然和人文）的观察、反映、联结、综合、条理化的能力。从这种观点出发，培养学生的自然观察智能就是要创造环境使学生能够理解事物之间的联系。教师要引导学生学会观察周围的世界，多与自然接触，多到博物馆去学习，要给学生提供机会亲身实践、摸索自然界的规律。

以下是一些将自然观察智能应用于教学实践的建议。

1. 自然漫步

诺贝尔奖获得者物理学家理查德·费里曼曾经写道，他就是与父亲在大自然中散步时开始他的科学之旅的。在他们散步时，他父亲总会以“你认为是什么动物在那儿打的洞？”一类的问题开始他们的散步之旅，而他的科学质疑态度也因此形成。用同样的方式，教师们可以考虑在学校附近带领学生进行自然漫步式的教学活动。其好处在于这种自然漫步的方式可作为课堂上补充学习材料的一种方法。事实上，任何学科都可以针对自己的学科特点，设计相对应学科的自然漫步方法。比如，学生可以在植物的生长、地上的天气、地下的土壤、地上跑的和天上飞的各种动物中，学到科学与数学的一些原理。如果教师正在教涉及自然方面的一篇文学作品或历史课，便可以用自然漫步作为一种机会向学生展示这篇文学作品中这段历史时期中的一两个场景。在写作、绘画和其他的艺术活动中，自然漫步也是一种极好的准备方法。在具体的自然漫步过程中，学生通过与大自然的亲密接触，在老师的引导下进行了观察、想象、思考、表达等一系列活动，对发展自身的自然观察智能具有重要意义。

2. 临窗学习

在传统的课堂上，我们总会发现学生在具体的教学环节中容易分神，将视线投向教室之外。教师可以利用学生善于观察、更易被外界事物吸引的特点，把“向窗外看”作为促进课程学习的一个教学技巧。比如设置班级气象站、组织观察鸟类活动、让学生描写最喜爱的动植物等。在具体的教学过程中，临窗学习可以应用于多门学科。在文学作品、历史事件和科学发现中，用临窗学习的方法可以建立一个场景。在其他学科上，教师可以引导学生构筑场景，把越过窗户所见的情景作为一个起点，或者是一堂课中的一个简短的停顿。教师还可以在一面白墙上设计一个“有魔力的窗户”，从那儿往外看，想象“自然世界”。

3. 作为道具的植物

许多教师用室内植物装饰窗台和架子，来创造一个积极的学习环境。把植物作为一种焦距也是非常有用的，例如：正在开放的花朵，其花瓣通常成一定的倍数关系，这就是在自然的环境中检查乘法的概念的机会。在讲政府的分支机构时,教师可以用就近的植物分枝作为一种自然的比喻方式来描述这个概念。在科学和数学课上,学生们可以测量这些植物的生长。历史课上,学生们可以考虑这些植物的功能以及作为草药、食品甚至毒药的用处。教师还可以针对学生的个体情况,让热爱自然但学习特别困难的学生照管教室里的植物,使其的智能优势充分发挥,同时促进其他智能的发展。

4.可视化手段

多元智能理论倡导,在具体的教学活动中,教学应以开发学生的多元潜能为直接目的,其核心思想为课堂教学提供了理论与操作层面的支持。在自然观察智能与具体教学的结合过程中,教师也不必拘泥思想,不必局限让学生必须亲自接触沼泽或湿地等自然景观。学生最容易探索的是校园内外、自己的家、冰箱、杂货店、水塘,甚至是自己的手或广阔无垠的天空。除了以上提到的三种手段,教师更可以通过各种科技设备,带领学生们漫游山川大海美景。在实施方式上,创造一个视觉化的学习环境、形象化工具、设置相关展示区、周围环境的刺激等都可以对提高学生的自然观察智能起到重要的作用。教师也可以借助多媒体视频展台或计算机软件向学生展示精美图片、生动的视频影音资料。通过这些可视化手段,学生的自然观察智能将得到进一步提高,对整体学习的提升起到重要的作用。

3.2.3 个性化教学方法的选择

个性主要指区别于他人的独特性。作为个性化教育的关键点之一,教学方法的选择对于教师和学生都具有重要的意义。教育家裴斯泰洛齐认为,教育不仅应该决定用什么来塑造学生,更重要的是应该探索什么是适合学生的;作为具有创造性和责任感的人,学生的命运是什么?作为具有理性和德性的人,他们的才能是什么?而卢梭曾说过:“每一个人的心灵都有其自己的形式,必须按这种形式去指导他,必须通过这种形式而不是通过其他形式去教育,才能使你对他花费的苦心取得成就。”如果说裴斯泰洛齐的观点从个性化教育的角度引起我们的思索,那么卢梭的言论则为我们指明了应当如何去做。接下来,本文将从多元智能教学观、个性化教学以及教学方法的选择三个角度来阐述多元智能与个性化教学方法之间的关系。

(一)多元智能的教学观

多元智能的教学观是指学生个体之间存在智能结构的差异,由此要求以最大程度的个别化方式来进行区别教学,即个性化教学。认真对待学生的个体差异正是多元智力理论的核心,它要求教师在教育过程中充分考虑学生的优势智能,使用不同的备课方案或手段,使每一个学生都有学会教学内容的机会,让学生有机会将学到的内容向他人展示,使学生的全脑智能得到最大限度的发展。

教师在实际教学中应坚持多元智能理论思想,实施教学个性化策略,以课堂教学为载体,以学生的“学”为切入点,分析、实践和研究不同类型学生所必需的有效学习策略及有效指导途径和方法,以有效的教学方法和策略为范例,引导不同类型的学生掌握最基本的学习方法和最适合自己的有效学习策略,最大限度地优化课堂教学效果,使学生真正学会学习。

新的《国家课程标准》中提出:“教师需根据学生的具体情况,有创造性地设计教学过程,正确认识学生的个体差异,做到因材施教,使每个学生都能够在原有的基础上得到发展。”此要求落实到课堂教学中,就是提倡实施个性化教学,以学生的个性差异为依据,运用个性化的教学方法、策略和技术,促使每一个学生都能找到适合自己发展的独特领域。

个性化教育的关键点主要包括教学方法的个性化、教学内容的个性化以及教学组织模式的个性化。其中，教学方法的个性化是个性化教育的核心部分，包含了教师授课风格的个性化和学生学习风格的个性化。每个学生都有一种或数种优势智能，只要教育得法，每个学生都有可能成为某方面的人才，都可能获得某方面的专长。个性化教学的终极目标是促进学生实现“学习个性化”，发展学生的创造意识和创造能力。实施个性化教学是时代发展对教育的必然要求，也是每个教师所应该追求的目标。

（二）个性化教学方法的选择

与传统模式相比，个性化教学更能针对学生学习过程中的不足、根据学生的个人特点进行有针对性的授课。同时，个性化教学还能更充分考虑到科学的学习周期，以便安排学生的学习时间，根据不同学生的学习习惯加以引导，提高学习效率。个性化教学的这些特点都对教学方法的选择提出了更高的要求，而在教学过程中，影响选择的具体因素主要包含以下三个方面：

1.学生的智能优势组合影响对教学方法的选择

从个性化教育的角度来看，每个学生都具有自身独特的智能优势。传统的教育理念往往只关心孩子的智力因素，其评价标准是单一的；而多元智能理论打破了原有的评价标准，能够关注到每个学生的个体差异，并根据不同学生的智能组合状况，选择最适合的教学方法，实现因材施教：比如，语言智能突出的学生对语言的掌握和灵活应用的能力较强，他们善于用词语多种多样的组合来表达复杂的意义。针对这样的学生，教师在制定个性化教学方法时，可以更多考虑学生的优势智能，安排如写日记、讲故事、加大学生阅读量等相关方法，这样可以极大调动学生的积极性、发挥主观能动性，将自身智能优势最大化；再如，视觉空间智能和音乐智能较为突出的学生，他们对色彩、形状、空间的感知很强，或辨别、记忆、表达音乐的能力非常突出。教师可以针对这些学生的特点，在教学中运用相应的工具，比如彩图和幻灯片等，同时设计含有音乐元素的教具来辅助教学，在师生互动中达到教与学的双赢。

在教学方法的选择方面，教师不仅要考虑智能优势的发挥，还要适当规避智能劣势的影响。比如针对数学逻辑智能发展稍差孩子的教学方法中就应该减少计算、比较、演绎推理等环节，反之，可以利用其自身的智能优势，采取适合的教学策略、授课模式和激励方式，进行最优化的教学组合。

2.教学内容的不同决定教学方法选择的不同

在了解学生智能结构的基础上，教师需要针对教学内容的不同制订相应的教学方法。在教学内容的选择上存在以下两个维度：

1)学生的文科、理科背景不同，选择的方法不同

文理分科使学生的学业背景、学习兴趣、知识结构上都存在显著差异。如果教师不考虑学生的知识背景、对所有学生采用相同的教学方法，则会事倍功半，无法达到理想的教学效果。比如，对于文科学生来说，数理逻辑智能稍弱而语言智能偏强是普遍存在的现象。教师在教学中，如能适当加入有形化的手段，比如利用图画、幻灯片等方式进行知识讲解，同时运用讲故事等激励方式，则可以弥补学生因智能不足而带来的兴趣缺失，提高学生的学习效率，从而改善学生的学习状况。

2)学科不同，选择的侧重点不同

针对不同的学科，教师需要设置不同的教学方法。不管是概念优先，还是习题优先，都要在考虑不同学科自身特点的同时照顾到学生的学习起点，采用相对应的教学方法。以语

文学科为例，其最大特点就在于它的工具性和人文性。工具性是指语言在日常生活中的用处便是听、说、读、写；而人文性，即人文情怀，关注生命个体，尊重个性差异。为此，教师在教学方法的选择上必须考虑到语文学科的文学性、开放性、时代性、灵活性等特点，积极拓展语文学习和运用的领域，注重跨学科的联系和现代化科技手段的运用，使学生在不同内容和方法的相互交叉、渗透和整合中开阔视野，提高学习效率，初步获得现代社会所需要的语文实践能力。在具体的操作过程中，教师可以让作业的内容走向综合。比如古代诗歌的教学中，可以把古诗配上音乐，用唱的形式表现出来，或是给古诗配上图画。

3.教师自身的智能优势也是影响教学方法选择的重要因素

对教师来说，修养是教育的载体，境界是教育的起点，人格是教育的风帆。千人一面的教学风格是不符合教学要求的，也是不现实的。教学的多样化才是教学发展的本质要求。只有形成多样化的教学格局，才能有生动活泼的教学局面，才能有教学的生机与活力。所以对于教师来讲，发挥自身优势，形成教学风格，对于影响学生具有十分重要的意义。

来到新东方课堂上的学生，往往都会被新东方那活跃的气氛、闪光的精神、激情的讲授、独特的励志所感染、所引导。语言智能优势是大多数新东方老师具有的共同特质，幽默、雄辩、博学等独特的语言魅力为老师们带来一种与众不同的气质，一种特别的授课风格。数理逻辑智能比较突出的老师，在教学中常以个人的理智来支配自己的教和学生的学，能比较全面、冷静地处理教和学的问题。

每位教师都有不同的兴趣、爱好、能力、性格、气质以及风度仪表等，因而必然在教学过程中呈现出不同的个性和不同的面貌。教师在教学环节中应该善于发挥自身的智能优势，选择最适合发挥自己特长的教学方法，以实现教与学智能组合的最大优化。

（三）个性化学习方式示例

方法的个性化是个性化教育的核心部分，它包含教师的授课风格的个性化和学生学习风格的个性化。基于多元智能的教学观是一种个性化的、因材施教的教学观。每个学生都具有在某一方面或几方面的发展潜力，个性化的教育为学生扬长避短，激发潜在智能，充分发展个性。下表列出了不同智能优势的学生所擅长的学习方式：

智能领域	常用教学（学习）活动
语言智能	讨论、辩论、开研讨会、写日记、写论文、创作诗歌、讲故事、倾听、阅读等。
数学逻辑智能	计算、实验、比较、数字游戏、使用证据、提出并验证假设、归纳、演绎与推理等。
视觉空间智能	观察概念图、观察图画、观察表格、设计艺术方案、隐喻思考、视觉化、观看录像与幻灯等。
身体运动	角色扮演、舞蹈、体育活动、动手操作、手工展示、设计喜剧等。
音乐韵律	演奏音乐、唱歌、打拍子、吹口哨、拍手等。
自我认识	自我选择、记日记、自我评价、自我期约、独立研究、反思等
人际关系	讨论、合作学习、集体游戏、指导同伴、参加会议、参加社会活动、分享等。
自然观察	访问生态园、研究环境、观察动植物、户外活动、寻找自然规律等。

3.3 新东方个性教学方法集

个性化教学方法能够适应每个孩子个体的需求，为了保证有效的教学，激发学生的潜能，新东方在个性化教学方面进行了深入的研究和思考，在这方面也做了初步的尝试和探索。以下是新东方教学学方法集，供大家参考。

新东方教学方法集封页

新东方教学方法集	
与语言智能相对应的教学方法	
教学法名称	教学法简介
“动·思·解·学·活”教学法	在教学过程依次经历动中求思、思中求解、解中求学、学中求活阶段，激发学生兴趣并让学生活学活用。
“三主四式”导读法	通过老师正确的“导”和学生主动的“读”来提高教学效率。以学生为主体、教师为主导、训练为主线，实行自读、教读、练习和复读等。
“四要”教学法	从直观教学入手，充分引导学生阅读数学课本，积极组织学生课堂讨论，当堂检查教学效果，及时回授与矫正。
八字教学法	引导学生自己读书，提倡学生主动探讨问题，令学生将学到的知识运用到实践中去，最后由教师或学生讲解及解惑。

教学法名称	教学法简介
比喻教学法	在讲解一个生涩概念时，运用恰当的学生生活经验或已有知识来比喻说明，让学生容易理解。
表演教学法	亦称视听法，根据课文内容，通过表演的手法，激发学生学习的兴趣，从而提高课堂教学效率。
串讲教学法	对课文中难懂的地方逐字逐句地讲析，再将它们的意思连串起来讲述，帮助学生准确地理解文章的思想内容。
创造教育教授法	向学生提供必要的线索和信息，让学生自己推测结论，尊重学生提问题并给予引导，促使学生分析。
挫折教学法	在讲授知识时有意识地利用错例让学生去思考、争议、辨析，然后纠正错误，明确正确的结论。
错导法	故意和学生"唱反调"，引起学生对教材重点难点的争论，从而明辨是非、加深印象，提高学生理解能力和口头表达能力。
单元目标反馈教学法	从单元教学目标出发，将初学、概讲、自学、导练、检测、矫正、小结七个活动环节有机地构成一个整体进行教学。
导读教学法	通过老师正确的"导"和学生主动的"读"来提高教学效率。以学生为主体、教师为主导、训练为主线。
电化教学法	运用电教媒体使图像和语言文字结合，激发学生学习兴趣。
读书指导法	指导学生通过自学课本和参考书以获得知识。
对"对子"教学法	教授学生基础知识及语法、逻辑、修辞等内容后进行的训练，使枯燥的语法训练具有知识性和趣味性，并提高学生的技能技巧。
反馈教学法	通过问答等方式，将学生从旧知识引向新知识，讨论研究掌握新知识，使学生能灵活运用所学知识，并利用反馈信息时时调控。
分格教学法	在写作教学中，将写作知识划分为多个最基本的单位和项目，有计划地指导学生进行独立训练和运用。
辐射延伸法	在阅读教学中，引导学生在知识上放射开来，呈现网状结构，并在能力发展方向上扩展开来，形成发散式思维趋势。
复述型教学法	在课堂教学中让学生用语言把现成的学习材料表达出来，使学生对学习材料的感知更充实、完整、清晰。
故事创作法	在创作性作文训练中，让学生完成故事创作，目的在于鼓励学生写出具有个性的好文章。

教学法名称	教学法简介
故事喻理法	根据教学内容的要求，讲述生动有趣的故事，寓抽象的道德观念和深刻的哲理于具体形象的故事之中，使学生明道悟理。
互补教学法	让学习同一材料而有不同经历的学生相互比较，再次学习，令其学习到的知识达到互补效果的。
活动式教学法	以教材单元为单位、以不同难易程度的学生活动为主，组织进行文学阅读和写作教学。
讲读法	语文课最常用的、最基本的教学方法，通过师生双方诵读和讲解教材，借以传授和学习知识。
讲解式教学法	向学生说明、解释或论证原理、概念、公式，并呈现具体材料，系统地传授知识。
竞赛式教学法	把教授的内容编成竞赛题，在学生自学的基础上抢答记分或当场评论表扬。
开放式教学法	根据学生接受情况的变化灵活地改变自己讲课内容，使教学系统保持动态平衡，取得较好的教学效果。
课堂讨论法	指导学生围绕某一中心问题，交流意见，互相启发，弄懂问题。
六步听写法	在中学英语教学中，让学生在有限的时间里进行听、说、读、写的综合训练，有助于学生直接使用外语思维。
三步阅读教学法	在教读一篇课文时，处处从整体观念出发，指导学生通过初读课文、细读课文、研读课文三个步骤完成阅读任务。
释疑性讲解教学法	由教师提出问题，通过问题的逐步分析，找出解决问题的方案、设想，最后解决问题。
说明性讲解教学法	通过讲解让学生知道具体概念的含义或简单的操作步骤。
谈话法	根据学生已有的知识和经验，提出问题启发学生，并引导学生对问题做出正确解答。
探究—研讨教学法	先给学生与所学相关的材料，让学生进行探究，在此基础上组织研讨，使其在探究中所观察到的形象转化成概念。
提问教学法	根据教学要求，提出问题后由学生回答，使学生掌握知识经验。
问题式教学法	围绕问题的提出、讨论、解决三个阶段进行教学，激发学生学习兴趣。
问题叙述教学法	由教师提出问题并解决问题，使学生理解其中的问题实质，指出解决矛盾的途径、揭示解决矛盾过程的思路。

教学法名称	教学法简介
问题研讨教学	通过对精心设计的问题进行引读、研讨和练习，使学生巩固知识，提高分析问题和解决问题的能力。
五动教学法	采取“读、议、听、看、写”五种教学活动，充分调动学生的学习主动性。
兴趣点教学法	抓住兴趣点提问，激发学生的求知欲望，发挥非智力因素对教学的促进作用。
叙述式教学法	阐述事物的现象、情况、经过或规律，着重于事理的客观事实，不加过多的修饰、描写和渲染。
学导式教学法	通过教师的启发引导，使学生自主学习，达到优化学力结构，提高课堂教学效率和质量。
引读法	根据教学要求和文章的写作特点，运用多种引读的方式点拨引导学生诵读。
引探教学法	通过教师的引导，使学生着力于探索解决问题的方法，发现解决问题的规律。
幽默教学法	恰当使用幽默调节课堂气氛，促进教育教学工作。
语言强化教学法	用简明准确的语言表明学生反应中正确的成分或错误的成分，以达到强化的目的。
抓住变化教学法	在课堂教学中，根据内容的变化设计提问。
抓住发散点教学法	充分发掘教材因素，抓住教材最能引起发散思维的发散点设问。
抓住关键点教学法	在对全篇课文的理解有着重要的作用的地方，或学生不易理解的某些关键字句章节设计提问。
抓住聚合点教学法	抓住集中反映课文的中心思想或者是大家关心的热点问题，围绕聚合点而设计提问。
抓住矛盾点教学法	抓住一对矛盾或抓住一个现象来提问，使讨论的中心向新课方向逼近。
抓住模糊教学法	根据反馈信息准确地捕捉学生认识上的模糊点，提问引思，引导学生正确理解课文内容。
抓住细节点教学方法	在课堂教学中，针对文章的细节点进行提问。
抓住疑难点教学法	在课堂教学中，抓住知识难点和学生的疑点设计提问。
综合构建法	运用实物操作，对符号序列进行变换以寻找规律，并用语言组织想象中的实物操作，找出合乎当前目的的抽象转换方式。
作文教学法	在教学中，使用多种作文法，如放胆作文法、文题配套法、分格作文法等来提高教学质量。

“动·思·解·学·活”教学法

在教学过程依次经历动中求思、思中求解、解中求学、学中求活阶段，激发学生兴趣并让学生活学活用。

动——动手、动口、动脑接触事物；思——思考解决问题的方法；解——解决问题；学——学习知识；活——活学活用；教学过程依次经历动中求思——思中求解——解中求学——学中求活这些阶段。它以现代教学理论为依据，从单纯传授和被动接受知识的教学模式中脱胎换骨来的。

“动”符合青少年特点，能激发兴趣，把感知信息传递给大脑，刺激大脑频繁活动。“动”促进“思”，“思”能充分发挥学生聪明才智，通过对大量信息加工整理，探讨解决问题的途径。“思”促进“解”是运用一定的逻辑形式把“思”的内容条理化、系统化，升华到理性的学问知识。“解”促进“学”是把学问知识纳入到学生的认知结构中去，学是为了活用，活学才能活用。“学”促进“活”；“活”体现了人的素质，也是素质教育的要旨。

教例

以《三角形中位线性质定理》教学为例：

1. 动中求思（创设情景，引趣生思）：让学生口答四边形类别，动手顺次连接各类四边形各边中点所得图形都是平行四边形，他们惊奇了，兴奋了，不知所以然，产生认识冲突，提出研究的课题。让学生折叠三角形纸片，进行画、量、猜、想得出预测性结论——三角形的中位线平行第三边，并且等于它的一半。

2. 思中求解（探讨归纳，整理论证）：仔细推敲“动”的过程，寻觅事物的内在联系，用割补法的学生可探索到如课本所述的解题思路（略）；用折叠法的学生也可以找到另一条思路，再由思路逆推就得到定理证明。

3. 解中求学（总结反思，产生真知）：完成定理证明后，进行总结反思，如中位线与中线的区别，证题中作辅助线的规律，挖掘各元素间的因果关系，寻求其他证法，研究特殊情形，引申推广运用等，使之升华，让学生对所学知识有大彻大悟之得。

4. 学中求活（形成内化，实现迁移）：进行有梯度的题组训练，做到融会贯通，潜移默化，能进行有关计算和证明，对前证题中所体现的证明线段倍半关系中最常用的两种方法——加倍法和折半法，以及证题中三角形与四边形相互转化方法，做到熟其道而能灵活应用。

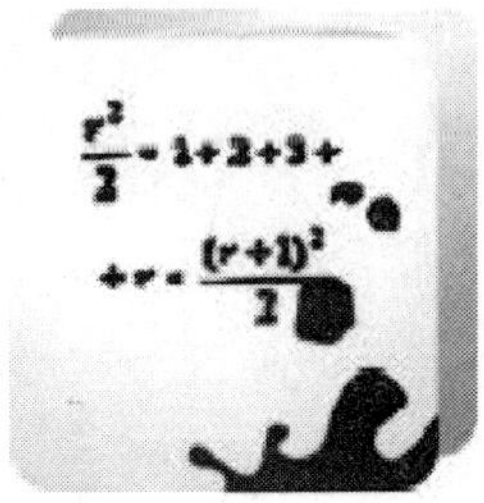

比喻教学法

在讲解一个生涩概念时，运用恰当的学生生活经验或已有知识来比喻说明，让学生容易理解。

这种教学方法，主要是用在教师在讲解一个生涩的概念时，只从定义讲定义、从术语讲术语还不能使学生明白概念的实质，若动用学生生活经验或已有知识来比喻、可以得到茅塞顿开、豁然开朗的效果。但使用这种方法时，教师所举事物必须恰当，避免以偏概全。这就有赖于教师知识的渊博和课堂的机智。

教例

一位教师讲“归谬法”这一推理方式，学生只从名词术语上去理解有困难，于是就讲了一个用“归谬法”推理的幽默故事：

加拿大人朗宁从小生活在中国，他参加州长竞选时，对手攻击他说：“听说你是吃中国奶妈的奶长大的，那你身上一定有中国血统。”朗宁回答说：“不错，我是吃中国奶妈的奶长大的。不过，有确凿的证据证明，你是喝牛奶长大的，可见，你的身上有牛的血统。”

老师这样一讲，学生认识到，像朗宁那样，按照对方的推理逻辑推出一个十分荒谬的结论，从而驳倒了对方的观点，这种推理方式就是“归谬法”。

串讲教学法

对课文中难懂的地方逐字逐句地讲析，再将它们的意思连串起来讲述，帮助学生准确地理解文章的思想内容 。

难懂的地方逐字逐句地讲析，再将它们的意思连串起来讲述，帮助学生准确地理解文章的思想内容。串讲法是我国传统教学方法之一。 它不等于满堂灌。串讲和精讲也不是绝对相互排斥的。一篇文章、一堂课，有的内容只需抓住关键加以点拨，而有的地方却要靠老师深入讲解。串讲要求老师讲得深、讲得实、讲得活。但串讲法较费时，重点不易突出，在教学中最好作为精讲的补充。

教例

以高中语文中《荷塘月色》第四自然段的教学为例：

作为公认的名篇，教师首先要示范诵读，诵读后从动词入手，讲述此文中一些经典字句，如“泄”“浮”“笼”“画”。再到比喻，如“婷婷的舞女的裙”，“酣眠固不可少，小睡也别有风味”，“叶子和花仿佛在牛乳中洗过一样，又似笼着青纱的梦。”当然，对这些优美字句的赏析可以用提问法，或启发式教育法。例如：为什么作者用“泻”而不用“流”或者“照”，为什么用“浮”而不用“升”等，为什么用“画”而不用“印”等。但朱先生用词的独到往往让学生很难一下子体会，单纯的提问法不足以达到预期效果。老师在串讲中也要有“问”，但是是设问，自问自答，这样既能让大多数学生有兴趣，又能在学习中渐渐体会到用词的精妙。如果串讲足够详细、精巧，一堂课下来应当就有学生能够背诵 4、5、6 三段。

与数学逻辑智能相对应的教学方法

教学法名称	教学法简介
渐进式问题导学法	学生在学习的过程中遵循教师提供的问题链进行思考，并在教师的引导下逐一解决问题，最终形成一个正确概念。
概念剖析	剖析概念的外延性、内涵性，并且多角度、多层次地剖析概念，引导学生理解和掌握概念的本质。
问题铺垫法	在学习的过程中由教师提供一个暂时性的支持来协助、促进学生对所学数学概念的理解，发展学生学习能力。
程序教学法	把要学知识的整个过程分成许多很小的阶段，并且把强化和每一个阶段上的成就联系起来。
导思——点拨教学法	在对学生授予最基本的知识和技能的基础上，鼓励学生自学探求，寻机给以适时度的指点引导，使教学收到最佳效益。
分类与分类法	把不同的信息片段围绕中心思想或主题组织在一起，使信息更容易记忆、谈论和思考。
分类练习法	在讲读课文时，为了引导学生分清概念与概念之间的领属关系和并列关系而设计的一种逻辑思维练习。
概括练习法	在分析课文时，为了引导学生准确抓住中心概念，即透过具体内容，找到反映事物本质属性的概念而设计的一种逻辑思维练习。
概念形成法	依据“概念”自身的形成规律进行新概念的教学，通过师生的共同活动，在概念的形成过程中使学生掌握概念的本质。
“动·思·解·学·活”教学法	在教学过程依次经历动中求思、思中求解、解中求学、学中求活这些阶段，激发学生兴趣并让学生活学活用。
“构造”分析法	在例题教学中，为解决某个问题时先构造一种数学形式，寻求某种内在联系，起到化简、转化和桥梁作用，从而找到解决问题思路。
规律探索教学法	学生在教师的指导下亲自动手进行实验探索物理规律。
动象发现教学法	运用现代教育技术，通过变动着的图像引导学生在观察、比较、归纳中领悟、发现数学知识。
归纳组合教学法	依据学科本身的知识结构，打破教材中主要知识的编排体系，重新归纳组成新的知识结构进行教学。
归谬法	当学生回答问题有错误而未觉察时，教师故意顺从错误的推理思路来演绎衍化，得出明显荒谬的结论来，使学生顿悟。

教学法名称	教学法简介
苏格拉底问题法	教师对学生观点进行提问，帮助学生提高自己的批判性思维技巧。
讲解式教学法	向学生说明、解释或论证原理、概念、公式，系统地传授知识。
启发式	把问题分解并提出解决问题的可能方法，再与学生解决与问题相关的题目。
结构教学法	用结构化的知识进行组装式教学，让学生掌握科学的基本结构。
美里逊单元教学法	选择并组织学习单元的内容，确定适宜于学生能力和兴趣的教学程序，使学生易于掌握教学内容。
迁移教学法	依据"迁移规律"设法为新知识的生长提供联系的"认识桥梁"，通过迁移来发挥旧知识在学习新知识中的铺垫作用。
"三三"教学法	弄清作者的思路，设计好自己的教学，以教师为主导，学生为主体，练为主线，吃透教材的重点、难点和疑点。
三三式教学法	采用先进教学媒体，优化过程，将课堂教学分为有机联系的三段，引着学生沿着设疑、解疑、生疑、又设疑、解疑的教学路线进行探索，发展思维。
三点三路教学法	弄清作者的思路，设计好自己的教路，指导学生的学路；在教学过程中，吃透教材的重点、难点和疑点。
思潮冲击教学法	在集体解决问题的课上，通过暂缓评价，便于学生踊跃发言而引出多种多样的解答方案。
思维训练教学法	引导学生积极思维，寓思维训练于教学之中，教给学生思考问题的方法，逐步学会自己学，培养学生良好的思维品质。
算法教学法	在教学过程中教给学生必要的解题算法，从而控制学生解题的思维过程，使学生从中学到合理的思维方式，提高解题能力。
问题教学法	针对学生在生活或活动中所遇到的困难和提出的问题，分析问题，提出假设，进行实验，以求最终解决问题。
五疑教学法	运用辨疑、解疑、展疑方法引导学生深入思考、分析、讨论，从而提高分析问题和解决问题的能力。
意会迁移法	启发学生借助形象观察、联想体会、表演体验、想象创造等方法领会课文内容。
综合构建法	运用实物操作，对符号序列进行变换以寻找规律，并用语言组织想象中的实物操作，找出合乎当前目的的抽象转换方式。

“构造”分析法

在例题教学中，为解决某个问题时先构造一种数学形式，寻求某种内在联系，起到化简、转化和桥梁作用，从而找到解决问题思路。

此法是指在例题教学中，为解决某个问题时先构造一种数学形式（如数列、代数式、方程、 函数、图象等），寻求与问题的某种内在联系，使之直观明了，起到化简、转化和桥梁作用，从而找到解决问题的思路，是一种发挥求异思维的探究作用的教学方法。此法重在“构造”，分析题型特点（如数量关系，图形特征等）。进行启发联想是重要的，这要求我们熟悉代数、几何的基本知识技能，并想方设法加以综合运用。用“构造”法分析问题，其意义远远超过解题本身。在如在著名的“哥德巴赫猜想”的探求历程中，相应地发展了不少数学的前沿分支，至今仍深刻地影响着数学世界。人们将沿着“构造”的轨迹去攀登科学的高峰。显然此法对学业思维的培养，学习兴趣的提高，以及独创精神的发挥均十分有利。

教例

例：已知：$p,q\in R, p^3+q^3=2$，　求证：$p+q\leqslant 2$

分析：设法构造一个二次方程，使p, q作为其各项的系数(或常数项)，即可利用$\triangle\geqslant 0$得关于p、q的不等式。

设 $p+q=b$，易证 $b>0$，再由 $p^3+q^3=2$，推知 $pq=b^3-2/3b$，则 p、q 为方程 $x^3-bx+b^3-2/3b=0$ 的两个实根，由 $\triangle\geqslant 0$ 推出$\leqslant 2$（即 $p+q\leqslant 2$）

分类练习法

在讲读课文时，为了引导学生分清概念与概念之间的领属关系和并列关系而设计的一种逻辑思维练习。

教师在讲读课文时，为了引导学生分清概念与概念之间的领属关系和并列关系而设计的一种逻辑思维练习的方法，叫做分类练习法。运用这种练习方法，可以培养学生分清概念各种关系也就是分清条理的能力。

教例

请用图把下列各组中的概念的相互关系表示出来。

1. 石拱桥、石板桥、石桥、木桥、铁桥、桥。

- 木桥
- 石桥
  - 石板桥
  - 石拱桥
- 铁桥

2. 语文、数学、外语、代数、课本、几何、书籍、立体几何、英语、平面几何。

- 语文
- 数学
  - 代数
  - 几何
    - 立体几何
    - 平面几何
- 外语——英语

概括练习法

在分析课文时，为了引导学生准确抓住中心概念，即透过具体内容，找到反映事物本质属性的概念而设计的一种逻辑思维练习。

教师在分析课文时，为了引导学生准确抓住中心概念，即透过具体内容，找到反映事物本质属性的概念而设计的一种逻辑思维练习的方法，叫做概括练习法。运用这种练习方法，可以培养学生写出概括性段意，理解层意的能力，养成自学习惯，提高学生的阅读能力。

教例

请概括下列各句的内容，分别找出中心概念和附加成分。

高一班与高二班举行篮球比赛，是为了加强友谊。

高一班与高二班举篮球比赛的目的。

等边三角形是三边相等的三角形。

等边三角形的定义。

安源位于赣西萍乡市城东南六公里。

安源的位置。

与空间智能相对应的教学方法	
教学法名称	教学法简介
图示表征法	通过图形把抽象问题具体化、直观化的解题思路。
标志强化教学法	运用各种象征性的标志、奖赏物,对学生的成绩或行为进行肯定或鼓励,使学生获得成就感,更有效的激发学生的学习热情。
板书标示教学法	板书通过文字,符号线条,图形等再现和强化教学内容,促使学生理解,提高学生能力,实现最佳地教学效果。
表解法	通过制表填空使学生准确、扼要掌握课文主要内容和主要写法。
操作教学方法	在教学过程中运用大量的直观教具,通过学生自己的观察和探究获得认识,在教师的指导下抽象概括,从而掌握知识和技能。
电化教学法	运用电教媒体使图像和语言文字结合,激发学生学习兴趣。
动像发现教学法	运用现代教育技术,通过变动着的图像引导学生在观察、比较、归纳中领悟、发现数学知识,使学生的形象思维和抽象思维能力得到同步发展。
纲要信号图示法	通过各种直观性很强的教学辅助工具简明扼要地表现需要重点掌握的知识。
“构造”分析法	在例题教学中,为解决某个问题时先构造一种数学形式,寻求某种内在联系,起到化简、转化和桥梁作用,从而找到解决问题思路。
教具演示法	运用各种直观教具帮助学生理解和获得各种知识。
导视引探法	运用反映教学内容的投影片,让学生观察思考,探求知识的内在联系,从而获得知识。
快乐教学法	挖掘教材本身的快乐因素,使学生在情趣盎然的氛围中学习文化,接受教育。
模型教学法	让学生自己动手,通过操作学具独立地探究问题,从中获取新知、发展智力和提高能力。
诗——画教学法	通过把抽象的文字转化成直观的图画这一操作手段,来达到理解诗的内容和体会诗的情感以及感知表现手法。
“四要”教学法	从直观教学入手,充分引导学生阅读数学课本,积极组织学生课堂讨论,当堂检查教学效果,及时回授与矫正。
提纲挈领法	在板书设计时,抓住重点、难点和特点,紧扣关键字、词、句,简明扼要、一目了然地概括、归纳出课文的风貌。
图示教学法	运用图示手段把知识结构、知识之间的联系和关系,简单清晰地表现出来,使之便于理解。
演示法	在上课时配合讲授或谈话,把实物、教具展示给学生看,或者向学生做示范性的实验,来说明或印证的传授的知识。
直观教学法	利用和借助实物、图片、模型、标本、动作、语言和电化教学设备等进行具体形象的教学。
综合构建法	运用实物操作,对符号序列进行变换以寻找规律,并用语言组织想象中的实物操作,找出合乎当前目的的抽象转换方式。

标志强化教学法

运用各种象征性的标志、奖赏物，对学生的成绩或行为进行肯定或鼓励，使学生获得成就感，更有效地激发学生的学习热情。

标志强化是指教师运用各种象征性的标志、奖赏物，对学生的成绩或行为进行肯定或鼓励，使学生获得成就感，更有效地激发学生的学习热情。这是一种能有效传达信息给学生、引发学生想象、鼓励学生彼此交流观念的内容展示的方法。这种技术也是新颖和形象的，能让学生在非威胁性的环境中，表达出他们关于当前所讨论的主题的知觉和感受。

教例

教师在各科教学中均可采用此标志强化教学法，具体操作方式有以下几种情况：

1. 在讲解教学重点、难点等关键地方的板书中加圆点、线条、小三角等符号标志，突出强调问题，引起学生注意。如在演示实验中，教师可在观察的重点处加标志，加说明等，强化实验目的。

2. 在突出新旧知识的联系与区别处加彩色标志或符号标志。

3. 在评价学生的学习行为和作业时，给予代表一定鼓励或奖励的符号标志。如学生在黑板上演算、书写后，老师用彩色粉笔在黑板上打勾，并写上评语。

4. 在引导学生观察时，可以用简笔画的形式，用不同颜色的粉笔勾画出事物的外形，引起学生兴趣，指导学生观察，达到掌握知识的目的。

教具演示法

运用各种直观教具，帮助学生理解和获得各种知识。

教具演示法是教师运用各种直观教具，帮助学生理解和获得各种知识的一种方法。

因为教具种类繁多，有图片、地图、卡片、图表、实物、模型……具有强烈的直观特点，因此，在教学中使用，就能有效地调动学生的视觉积极性，有利于强化感性认识，深化理解教学内容，提高记忆效果

运用此种方法，必须有充分准备：考虑使用效果的科学性、准确性；安排教具使用的时机，使教具产生更大的教学效益。既提倡使用教具，也反对乱用教具。

教例

为了帮助学生掌握记忆历史纪年知识，用图表、王朝纪年法、公历纪年法等。为了了解历史、用“北京人头像”、“北京人的石器”、“清军抗击沙俄的铜炮”、“秦统一货币”等照片。为了了解人物，用资料像，如“孔子像”、“岳飞像”、“李白成像”，还有“大泽乡起义”、“郑成功收复台湾”等图片。为了帮助学生形成时间概念和记忆历史年代，可用教具如“历史大事年表”、“朝代顺序表”。历史地图是帮助学生形成地理空间概念的重要教具，如“郑和下西洋”、“岳飞进军路线图”。还有“卡片”如：年代卡、文字卡等。

与身体运动智能相对应的教学方法	
教学法名称	教学法简介
活动强化教学法	安排一定的活动，对学生在活动中参与和贡献给予奖励，使学生在活动中不断巩固正确的行为，得到自我强化。
动作强化教学法	运用非语言的身体动作，对学生的行为表现，表示自己的态度和情感。
操作教学方法	运用大量的直观教具，通过学生自己的观察和探究获得认识，在教师的指导下抽象概括，从而掌握知识和技能。
“动乐爱”教学法	鼓励学生眼耳手口并用，让学生快乐地学习，达到爱科学的目的。
规律探索教学法	学生在教师的指导下亲自动手进行实验探索物理规律。
活动式教学法	让学生自己活动和思索去获得知识，促使学生由消极被动的学习向极积主动的学习转化。
动态教学法	运用直观演示的手段，产生动态情境，使学生展开发散性思维活动。
活动式教学法 2	以单元为单位、以学生活动为主，组织进行文学阅读和写作教学。
快乐教学法	挖掘教材本身的快乐因素，使学生在情趣盎然的氛围中学习文化，接受教育。
模型教学法	让学生自己动手，通过操作学具独立地探究问题，从中获取新知、发展智力和提高能力。
实习教学法	既讲清理论，又举出实习的范例，引导学生理论联系实际，强调自己动脑动手进行实际操作练习，提高技能。
实验探索教学法	指导学生根据课题需要设计实验方案，动手实验，动脑思考，归纳总结，获得物理的基础知识。
实验——操作教学法	指导学生使用一定的设备和材料，通过控制操作过程，引起实验对象的某些变化，从观察这些现象的变化中获得知识。
“四要”教学法	从直观教学入手，充分引导学生阅读数学课本，积极组织学生课堂讨论，当堂检查教学效果，及时回授与矫正。
学具操作教学法	指导学生对有结构的材料进行操作，探索出材料所包含的概念和方法。
研究式教学法	以实验为基础，使教学活动围绕实验来进行，启发引导学生积极主动地探求科学结论。

实验探索教学法

指导学生根据课题需要设计实验方案，动手实验，动脑思考，归纳总结，获得物理的基础知识。

这种方法是以学生为教学的主体，学生在教师的指导下，自己根据课题需要设计实验方案，自己动手实验，动脑思考，相互研讨，归纳总结，获得物理的基础知识。它既不同于传统的讲述法。也不同于“边讲边实验法”和“讲述与实验并进法”。其教学程序为提出研究课题、组织实验探究，引导讨论总结和巩固考核等四个阶段。

实验探索教学法激发了学生学习物理的兴趣，有助于培养学生的观察能力、思维能力、口头表达能力和实验能力。但它费时较多，也无法适应所有的教学内容，而且还需要配齐全套的分组实验器材，条件较差的中学很难采用。

教例

教学内容为初中物理《物体沉浮条件》

第一阶段，提出研究课题。教师根据教材内容，从学生熟悉的生活实践中提出；煮饺子时，为什么刚下锅的饺子沉到锅底。而煮熟时却漂起来了的问题。再归纳出“决定物体沉浮的条件到底是什么？”的研究课题。

第二阶段，组织实验探究，教师鼓励学生对沉浮条件大胆猜测，指导他们设计相应的实验方案来验证自己的猜测，独立探索问题的答案。

第三阶段，在实验探索的基础上，师生共同讨论，分析实验现象或实验数据，归纳出物体沉浮的条件是重力与浮力的大小。

第四阶段，巩固练习和考核。

动态教学法

运用直观演示的手段，产生动态情境，使学生展开发散性思维活动。

是指教师在教学过程中，遵循认识运动的规律，根据学生好奇好动的心理特点，运用直观演示的手段，为学生创设积累感情经验的情境；运用实验操作的手段，让学生自己动手，从摆、剪、拼、画等操作活动中获得知识；利用利旧引新的手段，使学生信息由静态变为动态；运用弹性操作的手段让学生根据自己的水平作答。从而产生动态情境，使学生在这种情境中产生联想，展开发散性思维活动，以沟通横纵向的新旧知识，把新知识归纳到自己已有的认知结构中。

教例

以数学教学中的“二分法”为例：

对二分法理论支撑的理解是讲课的难点，但由于二分法源自生活，是从生活中抽象出来的，所以教师可以利用动态教学法，创设实际生活中的情境，使学生在这种情境中产生联想，进行思考。

例如，可以首先仿做“幸运 52”中的猜商品价格的游戏，给学生一个物品的价格数据范围 100—200 元，让学生猜出该物品的价格；教师提示学生的回答与正确答案相比是“高了”还是“低了”，然后学生继续估计，直到猜对为止。

在有趣的活动中体会、分析并且归纳出迅速猜价的方法，得出取中间数的猜想，引出“一分为二，渐渐逼近”的思想。从而学生就可以得到用二分法解决问题的思路——将解所在区间平均地分为两个区间。这样顺应学生的思维状态，紧密联系学生的生活实际，在现实世界中寻找数学题材，使教学由静态变为动态，让数学脱离了抽象的五彩光环。

规律探索教学法

学生在教师的指导下亲自动手进行实验探索物理规律。

这是在教师指导下由学生动手动脑进行实验探索物理规律的教学法。这种方法广泛地运用于物理规律的课堂教学中，它最突出的特点是变灌为导，在教师的指导下，学生在主体地位上亲自动手操作实验、观察实验现象、记录实验结果、探索物理规律。这种教学方法是以认知心理学为理论依据，即学生的智力发展不单纯是知识的积累，而是学生认知结构的发展和改变。物理学本身是一门实验科学，而实验归纳法就是研究物理规律的重要方法。所以“规律探索教学法”要求教师给学生提供探索规律的物理环境——实验器材，让学生亲自动手实验，动脑分析实验现象或结果，从而参与到获得知识的探索过程之中。这种教学方法对学生的动手能力、设计实验能力、探索能力、逻辑思维能力的培养与发展都将起到积极的作用。

教例

高物物理楞次定律的课堂教学：

给每两个学生提供研究楞次定律的实验器材一套，引导学生讨论如何利用这套实验器材研究感受电流方向与磁场变化的关系，在学生自己探索，设计实验方案的基础上教师归纳出实验的主要步骤：先判定电流表指针偏转方向所说明的电流方向，再分步观察磁铁N极插入抽出线圈时，电流表指针偏转方向，磁铁S极插入抽出时，电流表指针偏转方向。每实验一步将学生实验记录通过投影仪反映到屏幕上，最后引导学生讨论实验记录，在教师的启发下由学生探索出楞次定律。

与音乐智能相对应的教学方法	
教学法名称	教学法简介
达尔克洛兹教学法	以身体为乐器，通过身体动作，体验音乐的节奏速度、力度、时值等变化，激发儿童的想象力，培养儿童的创造力。
分格教学法	在写作教学中，将写作知识划分为一个最基本的单位和项目，有计划地指导学生进行独立训练和运用。
松弛教学法	让学生处于放松状态，节奏、呼吸、音乐、自信心等有机地融为一体，使学生理解力与记忆力得到提高。
愉快教学法	从学科特点出发，采用生动活泼的教学方法，让学生在良好的情绪中通过丰富新疑的教学内容不断获取新知识。

松弛教学法

让学生处于放松状态，节奏、呼吸、音乐、自信心等有机地融为一体，使学生理解力与记忆力得到提高。

松弛教学法，就是教师在教学过程中让学生处于放松状态——柔和、协调之中，在这种内外松弛、恬静的境界里，节奏、呼吸、音乐、自信心等有机地融为一体，使学生理解力与记忆力都能得到提高的方法。

松弛教学法，从生理上讲，对学生的形象思维、逻辑推理，都有裨益，因为脑的活动大幅度提高；从心理上讲，会使学生心神安定，愉悦学习，毫无恐惧和疲惫之感，“心定而能慧，心静而能知，心空而能灵”；从教师教书育人上讲，会使学生觉得可亲可敬；从学生学习上讲，会心旷神怡地学习——对提高教学效果大有益处。

松弛教学法，在国外已被重视，在我国尚在试行。美国教育家海伦·凯勒说：“我们接受教育要像在农村散步一样，从容不迫，悠然自得，胸怀宽广，兼收并蓄，这样得来的知识，就好像无声的潮水把各种深刻思想毫无形迹地冲到了我们的心田里。

教例

在讲《岳阳楼记》、《茅屋为秋风所破歌》时，放唱片。通过唱片的播放，使学生欢快、愉悦地学习古代文学作品。

诸如《高山流水》（古琴）、《春江花月夜》（弦乐）、《梁山伯与祝英台》（小提琴）、《渔舟唱晚》（古筝）、肖邦《夜曲》、柴可夫斯基《天鹅湖》、舒曼《梦幻曲》……都可以放录音、唱片、使松弛教学得以充分体现。

达尔克洛兹教学法

以身体为乐器，通过身体动作，体验音乐的节奏速度、力度、时值等变化，激发学生的想象力，培养学生的创造力。

此种方法是瑞士音乐教育家达尔克洛兹（1865～1950）倡导的一种音乐教学法，亦称体态律动法。

达尔克洛兹主张以身体为乐器，通过身体动作，体验音乐的节奏速度、力度、时值等变化。身体的各部分如乐队中的各种乐器声部一般。体态律动是通过听觉与运动觉的结合达到心理和生理的和谐一致，尽管节奏在艺术中占压倒一切的优势地位，但不能把它错置于一般教育之上。而是心灵在指挥体态，节奏训练只是培养心灵的一条通道。所以人随着音乐的节奏、力度等不同要素作用下的体态也应是心灵的反映。体态律动能激发学生的想象力，培养学生的创造力。同时还能促进其他各门学科的学习，并能使学生在课堂上保持注意力高度集中，训练学生耳聪目明、反应敏捷。

教例

唱片分类目录。用有记录的音乐选的目录列表来对你讲的课程的参考文献目录进行补充，比如录音带，轻巧的光盘、录像等，这些可以说明、体现、详细介绍你要表达的内容。例如：在讲美国内战这一单元时，你可以收集一些和这个年代有关的歌曲：包括《当约翰尼又向家乡进军时》、《今晚的帐篷》、《共和国的战争圣歌》，还有当代歌曲《他们在南部的夜晚》。听完这些歌曲后，学生们可以讨论歌曲中与这个学习主题有关的内容。

另外，你能发现一些有记录的音乐习惯用语、歌曲，能以一种强制的方式来总结这一单元或这一课的重点或主要内容。例如：当讲牛顿第一运动定律（一个物体将始终保持它原有的状态，除非它受到一个外力的作用）时，你可以引用萨米·戴维斯的《给予》中的前几句。这种“音乐概念”通常是一堂课的有效的开场白（提供一个预期的设定）。

分格教学法

在写作教学中，将写作知识划分为一个最基本的单位和项目，有计划地指导学生进行独立训练和运用。

在写作教学中，以提高能力为目的，将写作知识划分为一个个最基本的单位和项目，然后有计划有目的地指导学生分别进行独立训练和运用，叫做分格教学法。

分格教学法可用于观察能力、分析能力、想象力、语言表达力以及主要文体表达能力等基本训练。例如五味辨析：动作辨析、形态辨析、声音辨析、颜色辨析、味道辨析，共六十五格。

而其中的声音辨析分为：长声、短声、碎细声、轻微声、若无声、宏亮声响、突然声响共二十二格。又如七情辨析：喜、怒、哀、惧、爱、恶、欲共五十三格等。运用分格教学法内容单一，目的明确，重点突出，判断容易，修改方便，提高迅速，可使教师的负担减轻，学生的学习劲头倍增，效果立竿见影。

教例

"色香训练格"，分格训练可分四个步骤：

第一步：如讲《从百草园到三味书屋》，指出文中写了六种颜色、四种滋味，把课文摆在学生面前，使学生产生想写的热望。

第二步：让学生带着要"色、香"的问题，广泛阅读。比如读了这样一段"一刀下去，青皮，红瓤、黑籽的大西瓜一分两半。啃了一口，只觉得又凉，又甜，又脆。"其中写了三种颜色、三种味道。通过阅读，巩固了单格要求的信念，开阔了眼界，疏通了思路。

第三步：进行观察。观察范围很广，可观察电影，可观察生活，要回味亲身经历，可再现过去情景等。

第四步：在观察以后，每人独立地写出观察札记。如有的学生写成"窗外飘浮着翠绿的柳条，一缕和煦的阳光射进蓝色的帽子，淑玉老师甜蜜地笑了。"其中色味有了。

与人际智能相对应的教学方法	
教学法名称	教学法简介
活用小组合作	以小组为基本形式，通过成员的合作性活动，使学生获得自主性的发展，用小组总体成绩作为评价和奖励依据。
事例教学法	以典型事例为载体，解释教材内容，启发诱导学生理解教材内容。
暗示教学法	对教学环境进行精心的设计，用暗示、联想、练习和音乐等各种综合方式建立起无意识的心理倾向，使学生轻松愉快地学习。
表演教学法	根据课文内容，通过表演的手法，激发学生学习的兴趣，让学生在愉快的情绪中学习，提高课堂教学效率。
电化教学法	运用光学设备、音响设备、图像设备、综合设备等电教媒体进行教学的方法。
读书法	教师指导学生认真读书，通过读书获得新知识，培养阅读、自学能力，拓展思维的一种教学方法。
“读·议·练·讲”单元教学法	以知识结构为中心把教材分成若干大小不同的教学单元进行备课、设计教案、选择最优教学方案来组织教学的方法。
活动式教学法	一种以单元为单位、以学生活动为主组织儿童文学阅读和写作教学的教学法。
开放式教学法	各个要素相互联系、相互作用以及要素变化和发展，使教学保持动态平衡的一种教学方法。
课堂讨论法	学生在教师的指导下，围绕某一中心问题，交流意见，互相启发，弄懂问题的一种教学方法。
双向反馈教学法	以教师为主导、学生为主体，以系统的创造性的学习、应用知识和总结学习结果为目标，集讲授式、启发式、研讨式、练习式、自学式为一体的方法。
“四要”教学法	从直观教学入手，引导学生阅读课本，积极组织学生课堂讨论，当堂检查教学效果，及时回授与矫正的教学法。
谈话法	根据学生已有的知识和经验，提出问题启发学生，引导学生对问题做出正确解答的方法。

教学法名称	教学法简介
探究——研讨教学法	把教学过程分成探究和研讨两个阶段，使学生对事物的认识从感性阶段进入到理性阶段的方法。
幽默教学法	通过调节课堂气氛，缩短师生之间的情感距离，有力地促进教育教学工作的方法。
指导教学法	在教育者的仔细指导下，按规定程序来进行学习的一种方法。
智力激励法	通过举行 8～10 人参加的小型智力激励会议，充分发挥与会者在开发创造力方面的相互激励作用的方法。
中介教学法	学生是认识的主体、教科书是知识的主源，教师是主体的主源索取知识的中介，起到桥梁与触媒作用的一种教学法。
“自学·议论·引导”教学法	以“自学”为基础，“引导”为前提，“议论”为枢纽的一种教学法。
作文教学法	通过作文指导、作文批改、作文讲评三个环节以提高作文教学质量的一种教学法。
放胆教学法	逐步放手，改革传统作文教学的“先指导后写作”为“先写作后指导”，充分调动学生的主观能动性的一种教学法。
模拟法庭法	通过模拟法庭上的证人、原告、被告、法官以及亲友团等，激发学生进行“辩驳性学习”的方法。

探究——研讨教学法

把教学过程分成探究和研讨两个阶段，使学生对事物的认识从感性阶段进入到理性阶段的方法。

这种方法是当代美国哈佛大学教授兰本达所倡导的。他把教学过程分成两个阶段：第一阶段是探究。教师在开始上课时，先发给学生一些精心设计、与所学的概念相联系的现实材料，让学生自己去摆弄和制作，使学生通过对这些具体实在的材料进行探究，从而感知材料中与科学概念有关的结构。第二阶段是研讨。即在学生探究的基础上，组织学生研讨，让学生讲出自己在探究中的发现，通过同学之间的分析、交流，集中大家的智慧，使每个学生所获得的形象丰满、完整，使探究中所观察到的形象内化成概念。由此可以看出，“探究”实际上学生对事物的感性认识阶段，“研讨”则是学生对事物的理性认识阶段。探究越充分，研讨效果会越好；研讨越深入，建立的概念越准确。

教例

此法对于讲读教学和作文教学有独到的桥梁和纽带作用。其基本方法是通过比例线段和符号来揭示文章的结构规律，表现文章的写作技巧等，使抽象的概念和理论变成直观的线条、符号，从而易于为学生所理解。此法对于学生独立分析课文和作文，更具特色，在质量和速度上取得奇妙的效果。讲读教学与作文教学的关系通过图解法表现为：

“自学·议论·引导”教学法

以“自学”为基础，“引导”为前提，“议论”为枢纽的一种教学法。

它以“自学”为基础，“引导”为前提，“议论”为枢纽。学生自学的过程是在教师的指导下，积极主动、自觉地获得知识并内化的过程。议论是学生在教师指导下，师生间、学生间围绕某些问题所展开的思维活动过程。引导是教师正确发挥主导作用，激发兴趣、点拨疑难，指点方法，让学生掌握与巩固所学知识。这种教学法的依据在于：教学的实质是引导学生，学生是学习的主体与决定的因素。教学的性质取决于教学的机构与过程的优化。

教例

在讲述《抛物线的原理》时，学生在教师的引导下，学习课本内容，并提供相关的资料，让学生阅读、观察、练习，伴以小组讨论，以初步获得这方面的知识。然后，组织学生围绕这一专题发表意见，并允许对别人的发言和书上的叙述提出不同看法，通过讨论与引导，获得这方面的知识。

电化教学法

运用电教媒体使图象和语言文字结合，激发学生学习兴趣。

电化教学法，就是通过电教媒体进行教学的方法。运用电化教学法，使学生置身于具有吸引力的情境中，会更好地促进学习。

电化教学法，包括运用光学设备（幻灯、投影机）、音响设备（收音机、录音机）、图象设备（电影、电视、录像）、综合设备（语言实验室）等进行教学。

电化教学法，使图象和语言文字结合，易于激发学习兴趣和内部动机，能够增强学习的有效性；它能超越时间和空间，反映出丰富的内容，既集中又强烈，还可以控制和调节，可放慢或重现情景；它能具体反映出事物的发展过程，使学生获得的知识是动态的、连续的。

电化教学法，要求教师要有创造精神，要有电化设备知识，要掌握教材与电化设备的有机配合，所涉及的领域是宽广的。在运用电化教具时，演示幻灯片，可以边演示，边解说；利用电化教具要穿插在教学中间进行。

教例

以高中英语听力教学为例：

在英语教学中使用电化教学设备的情况，在一定程度上反映出英语教学改革的水平。运用投影、幻灯提供直观的言语交际情境。在利用幻灯、投影时一般还伴随着有录音或教师的讲解。教师一边放映画面，一边启发引导学生，通过画面和声音有机结合、引导学生思考。

例如，在一堂听力课上，教师和学生一起欣赏外文歌“Reflection”。教师将歌词用幻灯片的形式展示出来。学生一边看着歌词，一边听。（其中很多歌词是要求学生听的时候填充进去的）。学生们听了几遍后也跟着唱了起来。这样既轻松又愉快地学习，学生们兴致都很高。接下来，幻灯片上又出现了一个问题，要求学生用英文讲述“花木兰的故事”，因为歌曲中涉及到了有关内容。很快有的学生当场利用教室的网络就查找到了有关“花木兰的故事”，并用简单易懂的英语向老师和全班同学讲述了她的故事。

与内省智能相对应的教学方法	
教学法名称	教学法简介
点拨法	让学生自己去分析、发现自己思维理解上的错误，教师只是旁敲侧击地点拨的一种方法。
网络构建法	学生通过梳理知识结构网络、主动构建知识框架，实现知识的内化的一种方法。
意象解读法	通过想象、分析、比较，来解读意象中的象征性和隐喻性，从而领会诗作所蕴含的思想感情和情感倾向的方法。
换位思辨法	教师通过引导和启发，使学生尝试跳出原有知识的桎梏；或是让学生换个角度、换种层面和环境来看待的方法。
深化型教学法	学生得出知识的结论后，引导学生进一步深化对知识的理解的一种教学法。
纠错型教学法	把学生头脑中的一些隐性的错误认识诱发出来，并加以纠正的一种方法。
暗示教学法	创造高度的动机，建立激发个人潜力的心理倾向，在学习交流过程中，力求把各种无意识结合起来的方法。
变序式教学法	改变完全遵循教材内容本身顺序的串讲法，直接切入文章的聚焦点，变序展开分析的方法。
表演教学法	通过表演的手法，调动学习的积极性，让学生在愉快的情趣中学习的方法。
补救教学法	教师在某个具体教学目标授完之后进行一次摸底，对掌握较差的学生，教师再花一点时间进行补救；在第二次讲的时候，改变方法，使学生真正弄懂的方法。
布鲁纳发现法	教师只作引导，让学生自己主动地去学习，去概括出原理或法则的一种教学法。
差异教学法	根据学生间差异、知识载体内容差异、师生认识差异，把同班学生分成若干类型组开展教学，在教学中采取多层次、多规格地施教的方法。
尝试教学法	学生先在旧知识的基础上进行尝试练习，在尝试的过程中教师指导学生自学课本，引导学生讨论，教师再进行有针对性的讲解的方法。

教学法名称	教学法简介
尝试——回授教学法	将教材组织成一定的尝试层次，教师指导学生尝试学习，注意回授学习的效果的方法。
创造教育教授法	在教学过程中教师只给学生进行引导，留有余地让学生自己推测，促使学生积极思考和分析，主动学习的方法。
错导法	根据学生好奇、好问的心理特点，教师故意和学生“唱反调”，引起学生对教材重点、难点的争论的方法。
挫折教学法	教师在讲授知识时把握时机，有意识地利用错例让学生去思考、争议、辨析，然后教师点拨、纠正错误、明确正确的结论的方法。
单元结构教学法	根据学生主动掌握知识的认识过程设计教学程序，分单元安排教学内容，让学生把这一单元教学内容转化为自己的认知结构的方法。
单元目标反馈教学法	从单元教学目标出发，由初学、概讲、自学（练）、导练、检测、矫正、小结七个环节有机地构成一个整体的方法。
导读教学法	以学生为主体、教师为主导、训练为主线，通过自读课、教读课、作业课、复读课的教学程式来组织语文教学过程的方法。
导思——点拨教学法	教师在对学生授予最基本的知识和技能的基础上以“思”为核心组织各项教学活动，鼓励学生自学探求，寻机给以指点引导的方法。
订正教学法	学生及时、认真地把做错的算题进行自我改正的方法。
“动·思·解·学·活”教学法	让学生通过动手、动口、动脑接触事物，思考解决问题的方法并加以解决，从中学到知识，并做到活学活用的方法。
读书法	教师指导学生认真读书，通过读书获得新知识，培养阅读、自学能力，拓展思维的方法。
读书指导法	教师指导学生通过自学课本和参考书以获得知识的方法。
发现法	在教师指导下，通过自己的探索和学习，发现事物的因果关系及其内在联系，形成概念，获得原理的方法。
反馈教学法	通过导入新课过程、学习探讨过程、巩固加深过程，教师获得学生的反馈信息，并及时进行矫正的方法。
分类教学法	将课堂 45 分钟分成 2～3 个阶段，同时将一个班学生按原有程度分成 2～3 个教学群体，教师按不同的教学目标，分 2～3 个层次来进行教学的方法。

教学法名称	教学法简介
戈登创造教学法	在教学开始时向学生提出一个抽象的问题，在学生寻找了多少个答案之后，再由教师进一步限制问题的范围，让学生继续找答案，直至找到最佳的解决问题方案的方法。
个人化教学法	编制适应学生个人特点的教学程序，安排个别辅导系统，让学生自定个人的教学进度的方法。
古今对照法	引导学生对古今词义进行比较、对照，从而深刻理解课文原意，准确写出译文的方法。
古今沟通教学法	教授古代文学时，有计划有目的地把古代的人、事、时、地及有关内容，都与今天联系起来的方法。
激疑教学法	在教学中运用激疑的方法巧设问题来激发学生的积极思维的方法。
开放式教学法	各个要素相互联系、相互作用以及要素变化和发展，使教学保持动态平衡的方法。
课堂讨论法	学生在教师的指导下，围绕某一中心问题，交流意见，互相启发，弄懂问题的方法。
控制教学法	教师控制学生掌握概念的活动，使概念的掌握按照智力形成的自然顺序，一个阶段一个阶段地进行的方法。
连锁疑问式教学法	对教师所要讲授的教学内容，以不断提出疑问并分析疑问的方式向学生进行讲授，把教学内容通过连锁的若干问题进行连贯和组织起来的方法。
练习法	学生在教师的指导下，通过练习来巩固知识和形成技能技巧的方法。
六步教学法	通过定向、自学、讨论、答疑、自测、自结六个步骤来进行教学的方法。
六课型(因素)单元教学法	将教材(教学内容)分成若干单元，每单元均按“自学课(自学)→启发课(启发)→复习课(复习)→作业课(作业)→改错课(改错)→小结课(小结)”进行教学的方法。
模型教学法	在教师指导下，让学生自己动手，通过操作学具或实际制作、摆置，独立地探究问题的方法。
目标教学法	把教学、评价、反馈矫正三种教学手段有机结合起来的方法。
启发式教学法	教师引导学生积极思维，发展学生智慧的方法。
认知冲突法	利用一个人已有的知识和经验与当前面临的情境之间的冲突和差别，激发求知欲和内在学习动机的方法。

教学法名称	教学法简介
三三式教学法	采用先进教学媒体，优化教学过程，将课堂教学分为有机联系的三段，引着学生沿着设疑、解疑、生疑、又设疑、解疑的教学路线进行探索的方法。
三边程序教学法	在课堂教学中，学生边自学，师生边实验，教师边讲解，按照教材程序和学生的认识规律进行启发式教学的方法。
三步阅读教学法	教师在教读一篇课文时，处处从整体观念出发，指导学生分三个步骤完成阅读任务的方法。
三步式教学法	以教学内容的一章或一单元为一个独立的教学过程，在教学中采取“自学、讨论、讲解”有机结合的方法。
三疑教学法	在教学过程中，通过“（学生）质疑——（老师）释疑——（学生）再质疑”，以继续激发学生积极思维的方法。
设计教学法	采用设计活动的方式来指导学生进行学习活动的方法。
双向反馈教学法	以教师为主导、学生为主体，以系统的创造性的学习、应用知识和总结学习结果为目标，集讲授式、启发式、研讨式、练习式、自学式为一体的方法。
思潮冲击教学法	在集体解决问题的课上，通过暂缓作评价，以便于学生踊跃发言，从而引出多种多样的解答方案的方法。
思维训练教学法	教师引导学生积极思维，寓思维训练于数学之中，教给学生思考问题的方法，逐步学会自己学的方法。
四性教学法	围绕学生思维的敏捷性、灵活性、深刻性、独创性四种思维品质的培养，设计和安排各种教学活动的方法。
苏格拉底问答法	在接连进行的一问一答或相互争论中，通过对比或从不同角度的思考，使学生获得结果的教学法。
问题教学法	教师针对学生在生活或活动中所遇到的困难和提出的问题，帮助他们分析问题，提出假设，进行实验，以求最终解决问题的方法。
五疑教学法	教师引导学生按照设疑——激疑——辨疑——解疑——展疑的步骤探讨疑问、解决问题、发展能力的方法。
五疑式教学法	按照“自学生疑、尝试排疑、启发释疑、练习解疑、创造质疑”的步骤进行教学活动的方法。

教学法名称	教学法简介
悬念教学法	以教材为内容，根据教学目的任务，采用必要的手段，以激发求知欲望，发展学生思维为目标的方法。
研究式教学法	以实验为基础，创造条件使教学活动围绕实验来进行，尽可能保留研究的性质，把教学过程变成模拟的科研过程的方法。
掌握学习法	为学生提供最佳的教学条件和足够的学习时间，通过反馈——矫正方式，促进大多数学生掌握学习和目标的方法。
整体优化教学法	运用系统工程的理论和方法，整体把握教与学过程的运动、发展规律，使教学过程成为孕伏、掌握、运用、考查、评价学法的过程的方法。
自学指导法	先让学生自学探索，然后做作业，接着评议，最后教师综合各种反馈信息，作有针对性的讲解的方法。
自学辅导教学法	通过自学、解疑、精讲、练习、小结，将学生自学与教师辅导有机结合的方法。
“自学·议论·引导”教学法	以“自学”为基础，“引导”为前提，“议论”为枢纽的教学方法。
自启式教学法	通过教师对学生思维的启迪和学生的自我启发，使学生学会基本知识与技能，形成独立的自学能力的方法。
自治教学法	通过各种教学活动，强化人们探索的意识性，使学生获得独立工作的能力的方法。

补救教学法

教师在某个具体教学目标授完之后进行一次摸底，对掌握较差的学生，教师再花一点时间进行补救；在第二次讲的时候，改变方法，使学生真正弄懂的方法。

这种方法是美国教育心理学家布鲁姆60年代针对学校中的差生问题提出来的。它首先明确一个学科、单元的具体教学目标（包括知识的识记与理解运用、情感意志、技能三部分），然后教师在每个单元授完之后进行一次测验（称摸底或诊断性测验），这个测验并不打分，而只是评若干等级以了解学生掌握的情况，对其中一部分掌握较差的学生，教师再花一点时间进行补救。在第二次讲的时候，针对学生第一次掌握的情况，改变一下方法，使讲的内容适应最大多数学生的实际水平，使学生真正弄懂。最后到学期结束时，才进行总结性测验与打分。这一方法顺应了学生（尤其是差生）的学习必须在解决了原有问题的基础上前进的原理，使学生轻易掌握所学知识。

教例

教师在讲有关“化学方程式配平”这一内容时，可首先就常用元素的化合价、常见化合物的分子式和检查分子式正误方法等项目进行摸底。通过摸底，对全班学生掌握这一基本知识的情况有所了解，对一部分尚未掌握这些基本知识的学生进行适当的补讲，并布置适当的习题。然后，当教师第二次讲解时，可从最基本的质量守恒定律讲起，再列举，如 $2H_2+O_2=2H_2O$ 等简单的方程式配平逐步过渡到复杂的配平技巧，使一部分基础较差的学生能有所收益。

变序式教学法

改变完全遵循教材内容本身顺序的串讲法，直接切入文章的聚焦点，变序展开分析的方法。

托尔斯泰说过："艺术作品中最重要的就是要有一个焦点一样的东西，既应该有那么一个集各种光线于一处，从而又发射种种光线的地方。"这就是文章的契机和纽结。语文教材中，许多文章都具有一个焦点一样的东西。"变序式教学法"就是改变那种完全遵循教材内容本身顺序的串讲法，从学生知识基础和认识水平出发，根据教材的思想内容和表现形式的特点，直接切入文章的聚焦点，变序展开分析。运用变序式讲读的基本程序是：1. 确定突破点，浏览全文，了解大意，寻觅突破点。2. 扩散突破点，寻读段落，推敲词句，理解突破点。3. 归结突破点，返顾全篇，总结延伸，深化突破. 常用的变序式有题目突破式、词句突破式、篇末突破式、中间突破式、中心突破式、主线突破式等。

教例

以《荔枝蜜》的教学为例：

《荔枝蜜》是一片散文，学生初次阅读会感到文章的内容有些零乱，作者又说儿时被蜜蜂螫、又说误把荔枝林当作小山、又说吃荔枝蜜、又说参观养蜂大厦、又说农民插秧、又说自己做梦，理不出头绪。教师指导学生阅读这样的散文，关键是把握作者的思路。

教师可以把"我和蜜蜂的关系"作为文章的主线，让学生讨论作者对蜜蜂是喜欢还是不喜欢？作者对蜜蜂从不喜欢到喜欢的发展变化过程，可分为几个阶段？作者对蜜蜂思想感情的每一次变化，其条件是什么？这篇课文写了作者对蜜蜂思想感情的变化过程，写这些内容的目的是什么？整个课堂教学沿着这一条线索展开，使人感到推进合理，衔接紧密，过渡自然，前后照应，所有教学内容形成了一个有机的整体。

这样课堂教学主线鲜明，整体性增强，学生顺利地读懂了课文，同时思维也得到了有效的训练。

自然认知智能相对应的教学方法	
教学法名称	教学法简介
对比策略的应用	在分析和综合的基础上将各种事物加以比较，确定各种事物之间异同点，探寻事物之间内在规律的方法。
探究型教学法	教师让学生通过积极的思维活动，自己去发现问题、分析问题、寻找知识的规律和解决问题的方法。
案例教学法	运用方案的实例做例子或进行教学分析的方法。
比较分析法	针对学生的认识特点，设计出可让学生比较的段落和内容来进行比较分析的方法。
表解法	通过制表填空使学生准确、扼要掌握课文主要内容和主要写法的方法。
布鲁纳发现法	教师只作引导，让学生自己主动地去学习，去概括出原理或法则的方法。
操作教学方法	运用大量的直观教具、学具、图片、实物等，通过学生自己的观察、操作和探究，在教师的指导下进行抽象概括的方法。
单元教学法	把教材中某一方面相同或相近的课文组织在一起，通过一两篇课文的重点讲读，带动单元中其他课文的自读，把阅读训练、作文训练和语文知识结合起来。
导视引探法	运用反映教学内容的投影片，从指导观察入手，让学生沿着“整—分—整”的方向进行观察思考，探求知识间的内在联系的方法。
“等价变换”分析法	为打开学生思路而采用变换对问题的观察分析角度，将问题较为隐蔽的条件或结论进行转换的方法。
发现法	在教师指导下，通过自己的探索和学习，发现事物的因果关系及其内在联系，形成概念，获得原理的方法。
范例教学法	从日常生活中选取典型事例和范例，进行科学知识和科学方法论教学的方法。
分格教学法	将写作知识划分为一个最基本的单位和项目，有计划、有目的指导学生分别进行独立训练和运用的方法。
概念形成法	依据概念自身的形成规律进行新概念的教学的方法。
竞赛式教学法	采用学生喜闻乐见的比赛形式进行某项或几项知识与技能综合训练的方法。

教学法名称	教学法简介
开放式教学法	各个要素相互关系、相互作用以及要素变化和发展，使教学保持动态平衡的方法。
美里逊单元教学法	将选择的教材按其内在特点和联系划分成若干单元，按步骤分别教授每一单元的方法。
迁移教学法	通过类比推理，沟通新旧事物之间的联系，通过比、分析、综合，然后对事物进行抽象、概括的方法。
情境教学法	根据教学内容的要求，配合说理而创设适宜的环境气氛和特定的教学情境的方法。
三三式教学法	采用先进教学媒体，优化教学过程，将课堂教学分为有机联系的三段，引着学生沿着设疑、解疑、生疑、又设疑、解疑的教学路线进行探索的方法。
三点三路教学法	在教学中突出解决好课文的重点、难点和特点，弄清作者的思路、设计自己的教路、指引学生的学路的方法。
三步式教学法	以教学内容的一章或一单元为一个独立的教学过程，在教学中采取“自学、讨论、讲解”有机结合的方法。
设计教学法	采用设计活动的方式来指导学生进行学习活动的方法。
四性教学法	围绕学生思维的敏捷性、灵活性、深刻性、独创性四种思维品质的培养，设计和安排各种教学活动的方法。
探究教学法	师生共同参与，从儿个特殊的事例中，归纳出一般的有规律性结论的方法。
问题研讨教学	以教师精心设计的问题为主线组织教学过程的方法。
问题叙述教学法	由教师提出问题、解决问题，使学生理解其中的问题实质，指出解决矛盾的途径、揭示解决矛盾过程的思路的方法。
五段教学法	通过预备、提示、比较、总结、应用五个阶段进行教学的方法。
五疑教学法	教师引导学生按照设疑、激疑、辨疑、解疑、展疑的步骤探讨疑问、解决问题、发展能力的方法。
五疑式教学法	按照自学生疑、尝试排疑、启发释疑、练习解疑、创造质疑的步骤进行教学活动的方法。

教学法名称	教学法简介
研究式教学法	以实验为基础，创造条件使教学活动围绕实验来进行，尽可能保留研究的性质，把教学过程变成模拟的科研过程的方法。
意会迁移法	教学中运用意会的手段，启发学生，领会课文内容，达到迁移目的的方法。
引探教学法	教师积极引导学生探求新知识的方法。
引疑五步教学法	教师在课堂教学的每个环节里，用引疑来创设积极的学习环境，使认知、情感都得到积极发展的方法。
愉快教学法	教师唤起学生对学习、知识的爱，积极引导学生乐于学习，采用学生喜爱的学习方法组织学生学习，在乐中育人的方法。
智力激励法	通过举行 8～10 人参加的小型智力激励会议，充分发挥与会者在开发创造力方面的相互激励作用的方法。
转化教学法	运用思维转化运动的规律进行教学的方法。

对比策略的应用

在分析和综合的基础上将各种事物加以比较，确定各种事物之间异同点，探寻事物之间内在规律的方法。

对比是在分析和综合的基础上将各种事物加以比较，确定各种事物之间异同点，探寻事物之间内在规律的一种思维方法，是认识客观事物及其变化规律的科学方法之一。对比的具体方式、方法或途径就是对比策略。对比策略是对信息深加工的重要形式，它不仅能有效地利用于材料的识记与提取，也能有效地加强与提高对材料的理解与表达。教学过程中合理运用对比法，能起到事半功倍、举一反三的作用。

教例

对比策略在化学教学中的应用实例

高一化学“物质的量浓度”是中学化学计算的基础，也是学生学习的一个理解难点。若结合浓度、质量百分比浓度及物质的量浓度之间的关系进行对比与同化学习，则浓度等相关知识得到复习、巩固，这些相关知识起到固定点、桥梁的作用，使学生从已知通过的“桥梁”走到未知，达到对新知识的理解，并训练了学生的对比法学习策略。教学中结合学科知识渗透学习策略，可取得较好的效果。

三步式教学法

以教学内容的一章或一单元为一个独立的教学过程，在教学中采取“自学、讨论、讲解”有机结合的方法。

三步式教学法为“自学、讨论、讲解”有机结合的教学法。以教学内容的一章或一单元为一个独立的教学过程，在教学中采取“自学”、“讨论”、“讲解”三个环节。

自学——学生自己阅读，依自学思考题，独立思考；讨论——学生互相讨论，依准备的关键问题，可分组，可全班进行，强调各抒己见，争论有益；讲解——教师做出总结性讲述：简述、总结、答疑，使问题更加明确。

三步教学法，有利于调动学生学习积极性；有利于深化理解知识，强化记忆效果；有利于提高学生分析问题和解决问题的能力。密切教与学的配合，促进教学相长。

教例

自学——魏巍所写的《我的老师》一文中的几位老师形象；讨论——那时的老师、学生对他们的评论，尤其是我的老师的品德、工作；讲解——我的老师给人印象之深刻，经久不忘的表现，以及我的老师蔡云之的家庭生活、后人情况均作为答疑之题。

通过以上实例，证明：“自学”、“讨论”、“讲解”——都要有计划、有目的、有步骤地进行，方能收到教学实效。每个环节中，又都要紧密结合起来，形成知识的科学性、系统性。

问题叙述教学法

由教师提出问题、解决问题，使学生理解其中的问题实质，指出解决矛盾的途径、揭示解决矛盾过程的思路的方法。

这种方法是前苏联斯卡特金提出的。他根据学生认识活动的特点，由教师提出问题，教师解决问题，同时要使学生理解其中的问题实质，指出解决矛盾的途径、揭示解决矛盾过程的思路。使用这种方法的关键在于教师指出科学地认识问题与解决问题的范例，揭示知识的形成过程，使学生一面体验知识形成过程的说服力，思考这个过程的逻辑性，一面掌握解决整个问题的阶段。这个方法能使学生确信传授给他们的知识是可靠的，学生还可以借助这种方法得到科学思维与认识的尺度，甚至是一种发挥能力的方法。

教例

教师在证实空气中有氧气这一问题时，可提出如下问题：在空气中燃烧所得到的生成物与同氧气中燃烧所得到的生成物不同，就证明空气中含有氧气。于是教师可通过一些必要实验演示，使学生看到物体在空气中燃烧不如氧气中燃烧猛烈，这时教师可提出如下两种推测：第一种可能空气是氧气同其他气体的混合物，其他气体不助燃所致；第二种，空气也可能是化合物，它含的氧在燃烧时极易同燃烧物质化合。对于前者，例如从空气中把氧气分离出来，然后再把它同剩余的气体混合起来，如得到的还是空气，而且这时没有任何化学反应特征，那就表明空气是若干种气体的混合物，其中有氧气，至于后者，如果把氧气从空气这种混合物里分离出来，再使他们重新组合，就可看到一种化学反应，这种反应可证明空气是化合物。教师通过推测与制订检验的方法，设想了两种情况可得到的两种结论，使问题随着一步步的剖析而得到解决。

第四章　科学备考——通往高考成功之路

4.1 备考模式在高考备战中的重要作用

4.1.1 因材施教在现代教育条件下提出了更高的要求

基础教育面对的是祖国的未来——全体儿童和青少年，为他们在思想品德、科学文化、劳动技能和身体心理等方面全面打好基础，这对他们的健康成长，乃至今后的学习、工作和生活都是极为重要的。为振兴中华，为社会的发展与进步，国家需要各个岗位、不同层次的人才，这就决定了我们的教育必须要面向全体学生；而为了使全体学生在各自的基础上得到最大限度的相应提高，就必须在教育的过程中遵循因材施教的规律。

《中华人民共和国义务教育法》(2006 修订)第二十九条规定，“教师在教育教学中应当平等对待学生，关注学生的个体差异，因材施教，促进学生的充分发展”。面向全体、因材施教是面对全民族的少年儿童，就是着眼于全民族整体素质的提高。要实现中华民族复兴的伟业，就要求它的参与者须具有与之适应的高素质。课程是对学生进行教育的载体，是学校落实教育任务，全面贯彻教育方针，实现培养目标，提高教育质量的重要保证和主要手段。课程要有统一性，才能实现教育目标；课程要有多样性，才能适应社会和人发展的不同需要。只有两者有机地结合，才能达到面向全体的要求。**中共中央、国务院关于印发《国家中长期教育改革和发展规划纲要(2010－2020 年)》的通知中第十一章第 32 点中指出，“注重因材施教。关注学生不同特点和个性差异，发展每一个学生的优势潜能。推进分层教学、走班制、学分制、导师制等教学管理制度改革”。**

因材施教，就是根据学习者资质等具体情况施行不同的教育，体现了孔子以人为本的教育思想，对现在的教学仍然有着重大的指导意义。只有准确地掌握学生各方面的特点，才能有针对性地进行教育。当今，受教育的少年儿童，由于社会的、历史的、家庭的、生理的种种原因，情况是各不相同的。**《中共中央、国务院关于深化教育改革全面推进素质教育的决定》第三章第十七条指出，“要与学生平等相处，尊重学生人格，因材施教，保护学生的合法权益”。**

我们实施素质教育，实施新课程改革，就应从学生实际出发，因材施教，从而实现学生共同进步、共同发展、培养发展学生的个性特长的目标。在对他们实施教育的过程中，既要有基本的统一要求，也要因人而异，因势利导，只有这样，才能有的放矢地进行教学，使每个学生都能扬长避短，获得各自的最佳发展。可见，因材施教是实现教育面向全体，培养出不同层次人才的保证。**《教育部关于深化基础教育课程改革进一步推进素质教育的意见》第六条“要以各学科课程标准为依据组织教学。要遵循学生认知规律和教学规律，根据学生的个性差异因材施教”。**

4.1.2 改革人才培养模式，由应试教育向全面素质教育转变是大势所趋

素质教育经过20年的发展，已经写进法律，体现了国家意志和实施的长远性。1993 **年《中国教育改革和发展纲要》中明确指出，"中小学要由'应试教育'转向全面提高国民素质的轨道，面向全体学生，全面提高学生的思想道德、文化科学、劳动技能和身体心理素质，促进学生生动活泼地发展，办出各自的特色。"**

1996年《中华人民共和国国民经济和社会发展"九五"计划和2010年远景目标纲要》中进一步强调改革人才培养模式，由"应试教育"向全面素质教育转变。这些宏观层面上的政策，极大地推动了素质教育的实践，为随后的全面推进素质教育起了至关重要的引导作用。

1997年，**原国家教委颁发《关于当前积极推进中小学实施素质教育的若干意见》，指出"实施素质教育是迎接21世纪挑战，提高国民素质，培养跨世纪人才的战略举措。"**同年原国家教委印发《普通中小学校督导评估工作指导纲要(修订稿)》为标志，《督导纲要》的颁布从根本上改变了传统的"应试教育"评价模式，代之以素质教育的评价模式。从政策上来分析，这已经不仅仅是从政策上来引导促进素质教育，而且从政策上来保障中小学实施素质教育。

1999年，国务院批转实施教育部制定的《**面向21世纪教育振兴行动计划**》，该计划明确提出要实施"**跨世纪素质教育工程，全面提高国民素质和民族创新能力。**"素质教育政策的重大创新是1999年6月中共中央、国务院召开的第三次全教会，这次会议是以素质教育为主题。会议颁发了《**中共中央、国务院关于深化教育改革全面推进素质教育的决定》，指出"全面推进素质教育，培养适应二十一世纪现代化建设需要的社会主义新人。"**

2001年，**教育部印发的《基础教育课程改革纲要试行》明确提出要"建立促进学生全面发展的评价体系。评价不仅关注学生的学业成绩，而且要发现和发展学生多方面的潜能，了解学生发展中的需求，帮助学生认识自我，建立自信。发挥评价的教育功能，促进学生在原有的水平上的发展。"**

4.1.3 高考选拔形式和内容的多样化要求学生全面发展

高考招生政策改革经历了一个不断完善的过程，正朝着多元录取的方向迈进，目前我国高校的高考招生录取政策以全国统一考试为主，辅之以特殊类型的招生考试。特殊类型的招生考试政策包括自主招生政策，保送生政策，艺术、体育特长生招生政策，艺术类专业招生政策等。

2003年，**教育部发出《教育部办公厅关于做好高等学校自主选拔录取改革试点工作的通知》，特别指出"要根据创新人才选拔和专业人才培养需要，积极探索以统一考试为主，与多元化考试评价和多样化录取相结合，学校自主选拔录取自我约束，政府宏观指导、服务，社会有效监督的选拔优秀创新人才的新机制。"**

保送生制度与我国高考改革多元化的发展方向是相一致的，目前高校采取"多元录取

法”,即高校录取新生不再单纯依据入学考试成绩,而是参照高中三年的会考成绩和面试分数等,并规定了一定的分数比例进行录取。其次是保送生制度与我国基础教育改革的多元评价相一致,越来越重视学生的个性发展和能力的培养与创新。

国务院关于印发《国家中长期教育改革和发展规划纲要(2010—2020年)》的通知,第二章第四点提出“可持续发展教育。促进德育、智育、体育、美育有机融合,提高学生综合素质,使学生成为德智体美全面发展的社会主义建设者和接班人”,第五章第十二条要求“全面提高普通高中学生综合素质……全面实施高中学业水平考试和综合素质评价。建立学生发展指导制度,加强对学生的理想、心理、学业等多方面指导。”当前时代是知识经济时代,这个时代对人才标准提出了新的要求,它需要的是综合性全面发展人才。这种人才应具备三大基础:能力基础、思维基础和素质基础,尤其是要具备开拓精神、创新精神和建设精神,以适应知识经济时代的生存环境。高考选拔形式的内容的多样化要求全面提高学生的综合素质,正是从时代对人才的要求出发。

4.1.4 个性化学习是新课程改革背景下的科学选择

国务院关于印发《国家中长期教育改革和发展规划纲要(2010—2020年)》的通知第二章第四点:“……坚持能力为重。优化知识结构,丰富社会实践,强化能力培养。着力提高学生的学习能力、实践能力、创新能力,教育学生学会知识技能,学会动手动脑,学会生存生活,学会做人做事,促进学生主动适应社会,开创美好未来……”可见对于能力的培养已经放在了关键位置。科学技术日新月异,新知识呈几何级数增长。据有关研究,人们从学校教育中所获得的知识只是人生所获得知识的5%~10%,其余90%~95%的知识要在工作中不断学习才能获得。所以说,学习将成为个人生存、竞争和发展的终生要求。我要学会生存的本领,无疑应具有自我学习的能力,从信息的角度来看也就是说要具备能够在不同的社会环境下敏锐地捕捉所需信息,主动、有效地检索和吸收信息的能力。

2002年12月18日,**教育部《关于积极推进中小学评价与考试制度改革的通知》已经明确提出了“建立以促进学生发展为目标的评价体系”,**其内容包括六个方面道德品质、公民素养、学习能力、交流与合作能力、运动与健康、审美与表现。2008年教育部颁布**《教育部关于普通高中新课程省份深化高校招生考试改革的指导意见》,当中指出“促进高校招生考试改革与高中课程改革相结合,促进国家统一考试改革与高中综合评价改革相结合,促进考试改革与高校录取模式改革相结合,逐步建立和完善在国家统一考试录取基础上全面、综合、多元化的考试评价制度和高等学校多样化的选拔录取制度。”**这既是新课程改革的关键概念,也是高考考试评价改革的关键概念。新课程改革背景下的高考考试评价制度改革趋势就是从对学生单纯的教育测量走向全面的教育评价。

《新课程标准》中要求:教师在教学过程中应与学生积极互动、共同发展,注重培养学生的独立性和自主性,引导学生质疑、调查、探究,在实践中主动地、富有个性的学习。教师要关注个体差异,满足不同学生的学习需要,使每一个学生都能得到充分的发展。因此,教师必须将学生看成是有个性的学习者,承认差异、尊重差异、善待差异,使每一位学生都能得到充分的发展。① 新课程改革将促进学生发展放到了中心位置，而每一个学生都是一个特殊的个体，在他们身上既体现着发展的共同性特征，又表现出巨大的个体差异。所以，在遵循共同规律对学生进行教育教学的同时，教师必须关注每一个或每一类学生的特殊性。

4.2 高考个性化备考模式

个性化教育由来已久。早在春秋时代，我国的大教育家孔子就提出"因材施教"的思想并付诸实践，主张承认个性差异，了解学生特点，在此基础上进行有针对性的教育；18世纪法国的教育思想家卢梭在教育小说《爱弥儿》中提出了"自然教育"，即以发展孩子的"内在自然"和"天性"为中心的教育；其后，杜威沿袭了卢梭的教育哲学思想，认为教育的目的在于发展孩子的主动性、积极性、创造性；近代日本的第三次教育改革中提出了"重视个性原则"，主张建立和发展"个人的尊严、对个性的尊重、自由与自律、自我负责"的教育，为二战后日本的迅速崛起立下汗马功劳；而美国的个性化教育则是融合了个人主义、实用主义等思想，强调培养孩子的表现力、主动性、创造性、探究与质疑精神，极大地推动了教育和经济的发展与进步。

在我国，2005年起全面实施的基础教育课程改革的重点之一就是转变学生的学习方式，充分考虑学生的个性化差异，力图通过建立课程标准、设置实践课程、改革教材及评价与考试制度等一系列举措，提倡、引导、促进建立新的学习方式。同时，作为当前研究热门的一些教育理念，如素质教育、创新教育、以人为本等，其核心思想皆体现为个性化教育。在当今社会中，人们往往将个性化教育误解为"一对一"；而实际上，"一对一"仅仅是个性化教育的其中一种组织形式，其与个性化教育的深刻内涵尚相距甚远。那么，究竟什么才是真正的个性化教育？

对个性化教育的认知与研究首先涉及对概念与内涵的理解。综合学界中的定义，在此可尝试对其概念作如下界定：个性化教育旨在通过访谈、问卷和测评等技术手段，了解学生的智能倾向和学业基础，对学生进行分析、诊断，出具科学的学业分析报告，并据此帮助学生进行课程决策，选择针对性的学习内容和学习模式，为学生量身定做学习方案，组织教师采用最合适的教学方法，促进学生掌握知识、发展智能、成就学业。

20世纪80年代，美国著名发展心理学家、哈佛大学教授霍华德·加德纳博士提出了多元智能理论。该理论已经被广泛应用于欧美国家和亚洲许多国家的基础教育中，并获得了极大的成功。霍华德·加德纳博士指出，人类的智能是多元化而非单一的，主要由语言智能、数学逻辑智能、空间智能、身体运动智能、音乐智能、人际智能、内省智能、自然观察智能八项组成。

个体间智能结构与发展水平的差异是造成每个人的学习风格、方法及行为特征等各不相同的原因之一。多元智能的核心思想是研究并尊重个体间的差异。从理论上来讲，每个人都是具有多种智能组合的个体，一个人可能在任何一种智能上都没有特殊的天赋，但如

①袁玖根，张莉琴，王建敏.多元智能理论指导下的个性化教学应用研究[J].高教高职研究，2011(1).

果他所拥有的各种智能和技巧被巧妙地组合，就会有出色的表现；从实践上讲，一方面，个性化教育是一种认真对待学生之间差异的教育理念，教师应该尽可能了解每个学生学习上的强项和学习的特点；另一方面，针对学生的智能差异、利用学生优势智能组合来采取适合的教学策略、授课模式、激励方式等并进行最优化教学组合的方式是实现个性教育的重要途径之一。

4.2.1 个性化学习在备考模式中的应用

学生作为教育活动的中心，既是教育的出发点，又是教育的归宿。教育在各层次、各方面的个性化，实际上都是围绕学生来进行的。每个学生由于受家庭、性格、环境等诸因素的影响，本身存在着个体差异。因此在教育的过程中，教师需要因人而异，因材施教，做到个体间一致性与差异性的和谐统一。现在的班级授课制主要利用的是学生的共性，而个性化的教育组织模式需根据学生的个体状况进行合理化、科学化、个性化的选择，使学生养成良好的学习习惯，发现自我潜能，发掘学习潜力，促使其全面发展。

（一）个性化教育中三种主要的教学组织模式

1. 面授

1)专题串讲类课程

①专题串讲类课程的规模

Collingwood(1991)将大班教学定义为老师面临的一种情形，即一个班级同时有两个或更多级别。根据 David Hayes(1997)的观点，50 名以上学生的班级就可以定为大班。

新东方的大班是指人数在 60 人以上，学生的学习需求、学习能力、学习态度和学习动机等方面有一定差异的班级。

②专题串讲类课程的教学目标

此类课程的学生人数较多，不同学生的个体差异相对明显，形成了不同层次的学习需求和学习目标，使得教学呈现一定程度的复杂化、多样化。所以在大班的教学环节中，教师的主要目标有以下三点：激励斗志，让学生想学习；传授方法，让学生会学习；梳理知识，让学生知道学什么。

在讲解学科相关知识的同时，总结适合学生的学习方法，传授相对应的学习技巧，让学生发现，学习本身并不是枯燥无味的，他们可以通过了解自己的学习状况，在老师的引导和帮助下，发现适合自己的学习方式，快速地提高学习成绩。与此同时，教师的气场和氛围也是新东方教师最鲜明的教学特色之一。在课堂上的一言一行都是激情的展现，通过激情影响人、震撼人、感染人，同时也通过激情感动自己，从心底唤起每个学生塑造自我的追求，唤醒他们改变自己，发展自己的愿望。

③专题串讲类课程的教学特点

爱尔兰著名戏剧家萧伯纳曾说："我有一个苹果，你有一个苹果，假如交换的话，我们各自还是只有一个苹果；你有一种思想，我有一种思想，假如交换的话，我们会各自拥有两种思想。"学习也同样需要同学间的相互交流，相互分享。中学生思想活跃，通常乐于相互学习，相互分享，尤其是对于人际智能较强的学生来说，积极的交流有利于形成他们正确的世界观。专题串讲类课程的学生通常来自不同地区，有不同的生活经历和家庭背景，对事物具有不同的想法和观点，这是一笔不小的教学财富和资源，是书本上没有的知识。教师应充分利用这笔财富巧妙地设计真实的语言学习环境，为学生创设交流平台。

由于学生众多，教师往往无暇顾及每一位学生，无法很好地关注每位学生的差异，给教学带来一定的难度，这时教师自身的文化魅力在学生的学习过程中会起到潜移默化的作用。教师的文化魅力来自于自身品格、文化素养及专业水平。教育家马卡连柯认为，教育者对被教育者的作用首先是教师品格的熏陶、行为的教育，然后是科学知识和技能的训练。人们常说："学高为师，身正为范。"教师的思想观点、道德面貌对学生发生着潜移默化的作用。通过大班教学及讲座的方式，可以使学生认识到，为了实现自我价值的实现，需要在痛苦之后绝不回头的努力、在绝望之后坚忍不拔的追求、在颤抖之后不屈不挠的勇气，和在哭喊之后重新积聚的力量。这种精神，会转化为学生成长、发展需要的内在信念和意志，引导他们走向成功、走向卓越。

2)精品班强化课程

①精品班强化课程的规模

精品班主要是指人数为 25～40 的班级。教师通过知识传授、分层次、同步辅导，达到学生学习水平同步提高的目的。

②精品班的教学目标

新东方精品班采用"学术底蕴＋激情教学＋应试技巧"三位一体的授课思路，使课堂上的每一个学生都能参与在教学活动中，通过老师形象化的教学讲解，找到自己的问题所在，学会相应的解题技巧，在师生互动的愉悦氛围里领会知识内容，掌握学习方法。

区别于大班教学中学生很少有机会发言的弱点，小班的人数少，教师可以根据学科、课型的要求，通过增加学生发言、讨论、小组互动的相应环节实现在师生交流之外，加强了学生之间的多向交流的教学目的。不仅可以有效缩短了学生之间的距离，还会拓宽学生个性发展的空间，活跃学生思维，培养学生能力。

③精品班的教学特点

首先，班级规模的缩小增加了教师和每个学生互动的机会，使教师有更多的时间与学生交流，教师在很短的时间内就能较好地了解学生。他们之间的对话和意见反馈将会更加频繁和及时，这种个性化的教学使学生参与学习的积极性大大提高。

其次，教学内容广度和深度更容易得到体现。在大班中，学生往往习惯于抄写讲义的听课模式。而在小班教学中，由于学生有更多的练习机会和反馈机会，他们对知识的理解和能力的掌握会更广泛和深刻。教师可以在原有课程的基础上有所扩展和加深，使教学分层次展开，照顾到每个学生的个体差异。

最后，多种教学方法和技能能够得以使用。大班教学中，由于人数问题，教师在教学气氛的调动等环节会花去许多时间。而在小班教学中，教师在运用教学策略使学生乐于学习方面具有更强的灵活性。

3)个性化辅导课程

个性化辅导课程教学的特点十分鲜明，主要体现在教学的过程是为每个学生量身定做，具有极强的针对性；与此同时，在师生互动方面也可以达到最佳的效果，主要表现在以下三个方面：

第一，可以针对学生的自身特点，打造量身定做的学习方案。目前，中学生面临的新知识多，作业量大。传统的学校教育，教师在课堂上只能面对大多数同学的水平和进度授课，不可能面面俱到。而思维较慢、接受能力较弱的同学，在这种情况下，会感到听课吃力。一对一面授，在授课前通过个性化测评，对学生的水平已有了解，针对性较强，可以给学生留有充分的考虑余地，学生在此种环境里学习，情绪放松，身心愉悦。

第二，可以针对不同水平的学生，激发学习的兴趣和信心。教师在面对一个学生单独授课的时候，情绪相对放松，会用幽默的语言、生动的讲解方式提高学生的学习兴趣。学习较差的学生大多有自卑心理，老师会在授课中帮助他们树立起自信心，找到自身的问题，因材施教，针对性更强。

第三，能纠正学生的不良学习习惯，使学生掌握正确的学习方法。学习较差的同学，除智力因素外，大多在长时间里形成了各种不良学习习惯。一对一教学的老师可以凭借专业的学识和丰富的经验，在潜移默化中帮助学生纠正不良习惯，使其在补上功课的同时，逐渐掌握正确的学习方法。

2. 辅助教学

个性化辅助教学主要包含以下三种方式：

1)网辅平台：指通过网络强大的连通性、信息性、交互性，实现跨时空的师生互动。让学生在选择学习的时间、地点、容量上更方便、更灵活、更高效；

2)电话回访：通过电话回访的方式，建立家长、学生与教师的三者联系。通过适时反馈，营造循环教学的良好模式；

3)自习托管：通过老师的课后个性化辅导，对学生的学习方法进行指导，使参加培训的学生养成良好的学习习惯。

3. 学习资源组合

个性化教学的学习资源组合的形式主要有以下三种：

1)网辅：根据各个分校的水平和业务发展模式，针对学生的具体情况，按需设置；

2)纸质：通过讲义、练习的配套组合，实现讲练相结合的教学模式；

3)学习产品：通过相应的学习产品推广，辅助学生学习。

（二）选择不同组织模式的依据与原则

学生和老师只有在了解教学组织模式的基础上，认清自身的学习状况和学习需求，选择最适合的组织模式，才可能最大限度地保证课程的学习效果。选择组织模式的原则主要有以下三个方面：

1. 课程内容的不同

大班教学适合基础较好、需要复习要点、掌握解题技巧、巩固成绩的学生；精品班则适合需要稳步提升、有针对性地对知识点进行加强的学生;而一对一课程适合基础较为薄弱、起点较低的学生。若学生能够结合自身现状,选择适合的班级,可以收到较好的辅导效果。以精品班为例,其特色是贴合考试内容进行分项授课,在对学生进行强化训练、精心讲解各类考试知识点及考试技巧的同时穿插练习、讲解考试题型,从而针对考试培养学生全方面的学习能力。如果学生的整体学习水平尚佳,但需要针对性地集中突破知识盲点,加强对应试技巧的学习,同时在时间上相对紧迫,则精品班是最佳的选择。

2. 学生智能结构的不同

每个学生都有着不同的智能结构,通过了解自身的优势智能,实现智能优势的优化组合,是选择与之对应的教学组织模式的另一依据。

比如,内省智能比较突出的学生更适合大班讲座的形式。其善于自我认识并据此做出适当行为的能力可以帮助他们在教师的激励下顿悟,达到醍醐灌顶的效果。而人际交往智能相对突出的学生,可以选择精品班。通过教师组合的教学互动与小组学习方式,加强交流,在分享中达到智能优势互补的效果。而主动性不足、存在学习漏洞较多的学生,可以选择个性化的一对一教学。因材施教是一对一教学的核心,可以关注每个学生的成长与发展,教师在指点出学生的错误的同时,可以对学生的知识体系进行梳理,使学生建立完整的知识体系。

3. 学习时期和阶段的不同

学习所处时期的不同,也是教学组织模式选择的重要依据。一个即将参加考试的学生,时间紧迫。想要在短期内获得迅速提高,则更适合参加精品班的学习。教师针对知识点的系统梳理、强化训练以及解题技巧的教授,可以让他们在查漏补缺的同时适应考试的考查方式、了解考试的命题思路,更有信心地面对考试。而在平时的培训中,为了夯实基础,填补差距,学生适合选择大班的教学模式。通过老师“激发学习兴趣、寻找学习方法、了解学习内容”的三合一教学环节,使自身的水平得到稳定、持续的提高。

4.2.2 新东方个性化学习方案

4.2.2.1 新东方优能中学个性化教学流程

个性化教育是一种先进的教学理念,强调尊重人和人的个性、提倡个性潜能的发掘和良好个性优势的发展、主张培养良好个性全面发展的人。个性化教育旨在通过访谈、问卷和测评等技术手段,了解学生的智能倾向和学业基础,对学生进行分析、诊断,出具科学的学业分析报告;帮助学生进行课程决策,选择针对性的学习内容和学习模式,为学生量身定做学习方案;组织教师采用最合适的教学方法,促进学生掌握知识、发展智能、成就学业。从前期的市场投放,到最终实现学生教学目标的达成,主要经历了以下流程。

新东方优能中学个性化教学流程

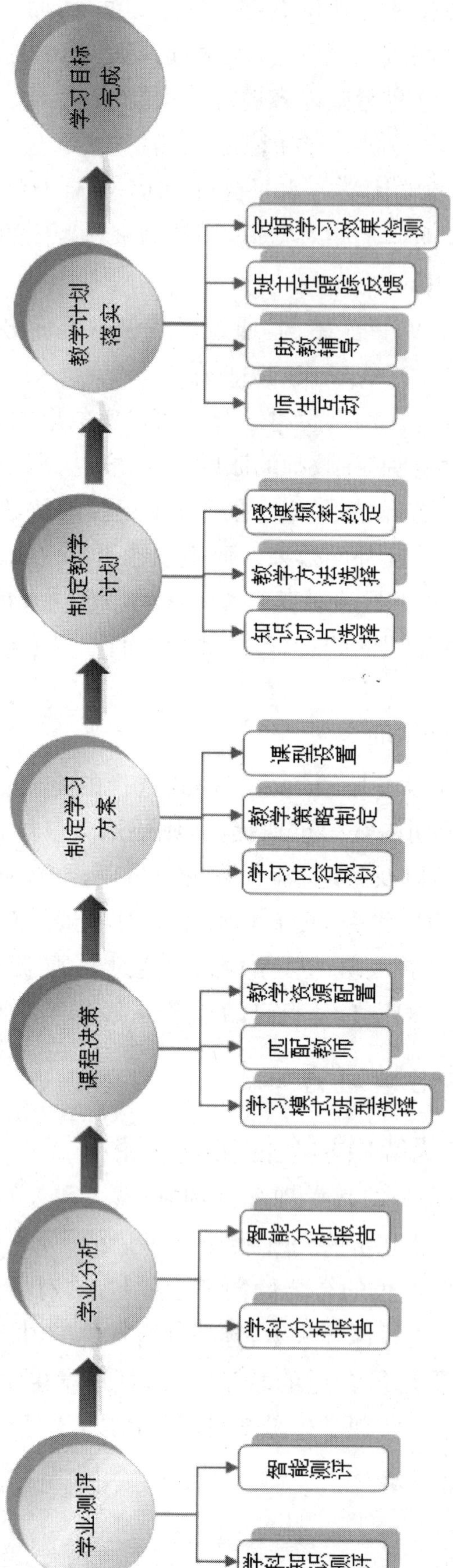

（一）开展科学测评，了解学生差异

要实施个性化教育，首先要了解学生的个体差异，必须具备能够对学生的智能、兴趣、习惯进行专业化分析与诊断的测评系统，以便对学生进行访谈、测试、考核，进行科学的研究、分析和建议，出具科学的学业测评报告。

个性化教育的根本目标是让每个学生都获得充分的发展；这一目标能否有效实现，关键在于教学中是否能够适应学生的个体差异。学生的个体差异主要表现在如下几个方面：

<table>
<tr><td rowspan="12">学生的个体差异</td><td rowspan="2">学力差异</td><td>基础差异</td></tr>
<tr><td>智能差异</td></tr>
<tr><td rowspan="2">兴趣差异</td><td>动力差异</td></tr>
<tr><td>情趣差异</td></tr>
<tr><td rowspan="3">适应性差异</td><td>学习方法</td></tr>
<tr><td>思维方式</td></tr>
<tr><td>认知特点</td></tr>
<tr><td rowspan="3">经验差异</td><td>生活环境</td></tr>
<tr><td>家庭背景</td></tr>
<tr><td>价值取向</td></tr>
</table>

（二）科学的课程决策

为使每个学生都能获得适合自己的学习模式、确定最为合适的学习内容、设定切实的学习目标、选择恰当的教学方法，则必须制订针对每个学生的个性化课程决策，使其能够获得有效的学习经验并能找到适合自己的学习方法。

在个性化教育中，教学管理人员会依据学业测评报告，帮助每一位学生进行科学的课程决策，量身定制教学目标、课时计划、教学方案、授课模式以及学习辅助资源的针对性调配。

<table>
<tr><th>课程决策依据</th><th colspan="2">学业测评报告</th></tr>
<tr><td rowspan="3">课程模式决策</td><td>同步学习</td><td>了解差异，分层组班；针对差异，设定目标；阶段查察，重新组班；分层评价，不断提升。</td></tr>
<tr><td>针对性学习</td><td>量身定做学习方案，针对性的教学内容，个别化的授课模式。</td></tr>
<tr><td>专项冲刺讲座</td><td>梳理概念，搭建知识体系，注重归纳总结、学习方法、解题技巧。</td></tr>
<tr><td rowspan="3">课程内容决策</td><td>丰富课程</td><td>侧重知识的拓展，强调知识点的应用。</td></tr>
<tr><td>强化课程</td><td>侧重例题、阅读量，强调知识点的横向联系。</td></tr>
<tr><td>嵌入课程</td><td>侧重知识点的纵深挖掘，强调单知识点教学。</td></tr>
</table>

（三）基于多元智能的个性化教育方法选择

方法的个性化是个性化教育的核心部分，它包含教师授课风格的个性化和学生学习风格的个性化。每个学生都具备一种或数种优势智能组合，只要教育得法，每个学生都有可能成为某方面的人才、获得某方面的专长；以多元智能为基础的教学观是一种个性化的、因材施教的教学观，旨在引导学生扬长避短，激发潜在智能，充分发展个性。只要为他们提供合适的平台和训练，每个学生都能成为其应该成为的人才。不同智能优势的学生所擅长的学习方式如下表所示：

智能领域	常用教学（学习）活动
语言智能	讨论、辩论、开研讨会、写日记、写论文、创作诗歌、讲故事、倾听、阅读等。
数学逻辑智能	计算、实验、比较、数字游戏、使用证据、提出并验证假设、归纳、演绎与推理等。
视觉空间智能	观察概念图、观察图画、观察表格、设计艺术方案、隐喻思考、视觉化、观看录像与幻灯等。
身体运动	角色扮演、舞蹈、体育活动、动手操作、手工展示、设计喜剧等。
音乐韵律	演奏音乐、唱歌、打拍子、吹口哨、拍手等。
自我认识	自我选择、记日记、自我评价、自我期约、独立研究、反思等。
人际关系	讨论、合作学习、集体游戏、指导同伴、参加会议、参加社会活动、分享等。
自然观察	访问生态园、研究环境、观察动植物、户外活动、寻找自然规律等。

（四）基于网络的个性化教育辅助系统

网络辅助教学是当今飞速发展的信息技术与教育教学相结合的产物。计算机辅助教学的优越性主要体现在资源的丰富性、交互性、快捷性等方面。以网络为媒介的个性化教育在共享网络教育优越性的同时，还可以使学习者按照自己的需要和兴趣选择学习内容、定制学习目标、获得反馈信息。学习者可以点击任何节点进行学习，既可以单独学习，也可以与虚拟同伴一起学习；甚至可以穿越时空，获得专家“面对面”的学习指导。在线的个性化教育强调学习与技术的融合性，使技术支持与学习目标和内容相一致，实现网络版的量身定做，在更广泛的层面上体现教育的服务意识。

教育心理学领域颇具影响的建构主义认为：尽管世界是客观存在的，但每个人都以自己的经验为基础来建构现实，每个人的主观世界都是由自己的头脑创建的。学习者作为学习的主体，不可能消极被动地接受教育，而是要通过自己的主体意识，有选择地接受教育的内容和影响。所以，教育必须更加关注如何从学习者原有的心理结构、个性特征、人生经验等出发来建构知识体系，必须更加关注学习者的独特性、主动性、社会性。只有根据每个学生的具体情况来选择不同的教育方式，采取不同的教学方法，确定不同的学习内容，才可能取得好的学习效果，才可能培养出适应时代需要的多种类型的创新人才。

个性化教育强调尊重人和人的个性，提倡个性潜能的发掘和良好个性优势的发展，主张培养人格健全、全面发展的人才。作为一种先进的教育理念，个性化教育越来越受到教育界的重视，拓展了越来越多教育者的思路，在不远的未来必将被越来越广泛地应用于教育的各个领域。

4.2.2.2 不同学生的类型特征及解决方案

个性化的思想由来已久，但在传统的“智商式思维”的影响下，人与人的个性差异是线性的，只有高低之分。加德纳在20世纪80年代提出的多元智能理论打破了这一局限，他在结合脑科学、人类学、心理学、符号学、社会学、文化学、教育学等多门学科的知识和个人实践后指出，人的智能是多元化的，其组合形式千差万别，从而形成了人的不同特质，正是“通过这些智能的不同组合，创造出了人类能力的多样性。”每个孩子都是一个潜在的天才儿童，对于一个孩子的发展最重要、最有用的教育方法是帮助他们找到一个可以尽情施展自我才能的地方。对于每个学生学习上的强项和学习的特点，教师都应该在尽可能了解的基础上充分利用这些信息，给每个孩子创造出最理想的教育。一方面要善于发现学生的长处，用以弥补其缺失或不足，另一方面，要弄清楚学生“失”在何处，是何原因。历史上的教育家们认为学习者常有之“失”，大致有以下几项：一是才质不足，二是学习态度不端，三是学习方法不对，四是才质和态度都有问题。关键在于老师要知道学生的长短优劣，均由“心之莫同”决定的，“知其心，然后能救其失也”。

基于此，个性化教育在分析了中学生的普遍特点后，针对教学对象的年龄、成熟程度、智能水平、学习动机、知识结构、情感因素和认知风格等方面的不同，将学生分为“厌学自弃”“被动接受”“苦学无效”“聪明浮躁”四类，并根据各自不同的特征提出了个性化的学习方案，以期适应学生不同的智能结构，使每一个孩子的潜能都能得到开发，每个孩子都能得到满意而成功的发展，从而帮助他们完成学业、成就人生。

（一）考生的一般特征

进入中学后学生的思维能力会得到迅速发展，其中逻辑思维和创造性思维的发展非常突出，他们追求新颖、追求独特，追求个性色彩。在初中阶段，他们的自我意识逐渐明确；富于激情、感情丰富、爱冲动、爱幻想，对人和事的评价比较简单和片面，自我意志的行为逐渐增多。在高中阶段，学生的独立、自主性日益增强，但具有不稳定性，他们的意志行为愈来愈多，追求真理、正义、善良和美好的东西。

对于那些学习成绩不太理想的考生来说，他们在学习上的共同表现是基础比较薄弱、知识面相对狭窄，眼界不开阔、求知欲不强且缺乏一定的学习自主性，没有养成良好的学习习惯和学习方法。

1.认知障碍：

1)观察能力差，由于观察目的不明确，容易为情绪左右，兴趣容易发生转向；

2)记忆力差，偏向非逻辑型的记忆和机械的识记，速度慢，易遗忘；

3)思维的独立性差，容易依赖现成的答案，思维缺乏深刻性，不爱思考；

4)思维的敏捷性差，想象力局限，缺乏一定的分析概括能力。

2.个性心理障碍：

1)学习态度不佳，学习目的不明确，从而导致漫无目的的学习倾向；

2)学习意志力不强，存在较大的惰性心理，不能独立思考问题，缺乏学习的恒心；

3)耐挫力较差，容易产生畏难情绪和自卑心理；

4)自我评价低，往往只看到自己的缺点和不足，在自我评价上带有过多的否定性。

个性化教育要求教师在了解学生的前提下分析学生的初始能力，包括学习者知识和技能的分析，学习者学习类型的分析，以及学习目标学习方法的分析等。在了解学生的基础上，确定教学起点，便于下一步在教学环节的设计上从最高教学目标着手，选择合适的教学方案、教学策略，经过层层解剖，将一项较复杂的学习任务分解为一系列较简单的从属技能，帮助孩子建立起自信心，从而快速提高成绩。

（二）四种学习类型的划分

世界上没有同样的两片树叶，学生学习成绩不理想的情况有很多种，产生的原因也每每不同。其表现方式、性格特点、学习态度、喜怒好恶、学习习惯都具有各自的特点，都存在着不同程度需要提高的地方。根据学生的不同特质，可将他们大致分为以下四类：

一是厌学自弃型，主要表现是不带课本用具，课堂上注意力分散或睡觉或扰乱课堂纪律、下课则精神焕发，不交作业或抄或让其他同学代劳，在同学间称王称霸。或者极度自卑，学习无兴趣，缺乏求知欲、好奇心，只是在外在压力下机械、被动、应付式地学习。他们缺乏学习的主动性、积极性，厌学情绪严重。

二是被动接受型，主要表现是应付学习、贪玩好动、无竞争意识、没有学习压力、概念模糊、知识零散、粗心马虎。学习上没有自己的目标，唯老师家长的指挥是从，没有学习的快乐感，一般不会自己主动预习，提前自学，听课的时候很难专心，注意力难以集中，厌烦考试。

三是苦学无效型，其主要表现是思路模糊、抓不住侧重点、不懂不问、缺乏技巧、作业经常出错。他们通常基础知识都比较扎实，但是缺乏构建学科知识网络，对于新知识的理解、掌握、综合运用等能力也不是很强。

四是聪明浮躁型。主要表现是记忆力好，思维活跃，思路敏捷。但在学习中容易忽略细节，或者在作业、实践操作及其他活动中因粗心大意而犯错。他们把主要的精力放在自己感兴趣的领域，不喜欢听从老师的指导。在考试中，可以完成难度比较大的题目，但容易在简单和基础的题目上失分，导致得分率反而不高。

明清教育家和思想家王夫之曾指出学习者的长短得失是可以互相转化的，“多、寡、易、止虽各有失，而多者便于博，寡者易以专，易者勇于行，止者安其序，亦各有善焉。救其失，则善长矣。”个性化教育，针对以上不同学生的特点，制定了针对性的教学方案和学习方案，可以有效地让教师根据教学要求、教学内容和教学原则确定教学途径，同时让学生认识到个体差异，让他们知道如何在学习中自我调整，扬长避短。

（三）针对不同考生的个性化解决方案

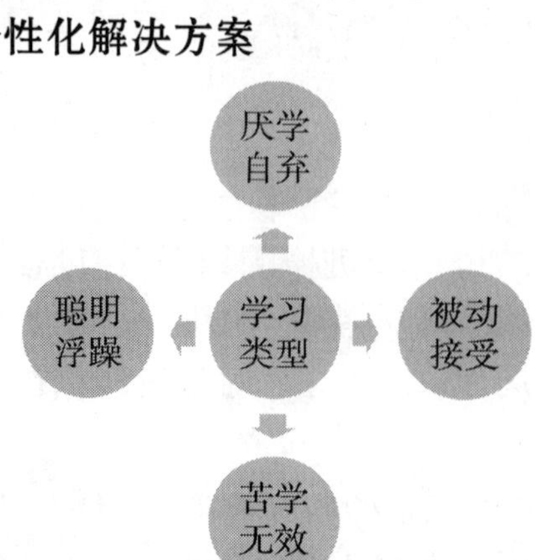

1. 针对厌学自弃考生的解决方案

拥有厌学倾向的学生在课堂上注意力不集中，不认真听讲，喜欢做和课堂无关的事情，也经常迟到、早退。对老师和家长提出的要求常有抵触心理。

分析其形成原因，主要有以下几点：

1)社会因素

“读书无用论”的风行、一些不健康杂志报刊的误导以及影视作品及网吧等消极影响，导致很多孩子没有学习的动力，在没有目标的学习中对所学内容的兴趣逐渐减少，产生厌学情绪。

2)家庭因素

有的家长教子无方、简单粗暴，对中学生过多的惩罚、斥责、否定和干涉，同时又有偏爱和过度保护，容易使中学生产生心理障碍。“望子成龙”的心切，使得他们在对待孩子的学习和成长上，采取的教育方式易走极端，对学生学习心态产生不良影响。

3)学校因素

许多学校在智育中只注重与升学考试有关的课目，为了让学生考出好成绩，双休日补课，节假日不休，题海战不停。导致学生身心疲惫，苦不堪言。同时部分教师不注重教材、教法和学生心理的研究，教法单调，阻碍了师生情感交流，压抑了学生的求知欲和好奇心，还有些教师只偏爱成绩好的学生，对成绩不大好的学生一味批评指责，极易引起学生的反感，久而久之，使学生产生厌学情绪，形成厌学心理。

4)学生自身因素

由于大部分学生是独生子女，从小受到宠爱，缺少吃苦耐劳精神，甚至部分学生养成了好逸恶劳的恶习，因此意志薄弱，缺乏克服困难的勇气和奋发上进精神。遇到困难和挫折时缺乏自信心，容易自暴自弃。

柏拉图曾经说过：“不要通过暴力和残酷无情的手段来强迫青年人学习，而要通过愉悦心灵的东西来引导并指导他们学习，由此，或许你能更准确地发现每个人独特的天赋倾向。”学生是学习活动的主体，教学设计的一切活动都是为了给学生创设最优化的学习条件。因此，教师在个性化教育理念的指导下，在面对厌学自弃的学生时，必须了解和关注他们的实际情况，重视对学生具体情况的分析，从激发兴趣的角度出发，制定相对应的教学策略。

第一，面向学生个体需求，实施因材施教

厌学自弃的学生在课堂上的表现往往消极，对课堂和学习抱有抵触情绪。教师在授课过程中要注意讲授内容，不能对其采用统一的要求，否则会进一步扼杀学生的个性，挫伤学生的学习积极性。对于不同层次的学生，应贯彻“分层指导、逐一突破”的原则，低起点、小坡度培养他们的自信心，使其在原有的基础上得到发展，逐步提高学习兴趣，克服厌学情绪。

第二，改革课堂结构，突出学生主体地位

我国传统的课堂教学，以教师为主体，以传授知识为目的，在个性化的教学中，教师会把课堂的主动权交给学生，把课堂教学变成师生互动过程，学生在教师的点拨、指导下，自己发现、掌握知识，而不是由教师去“讲会”知识。这样，学生能主动参与教学过程，形成愉悦活泼的课堂教学气氛，激发起学习的兴趣。

第三，发展学生的兴趣爱好，激励学生学习

孔子曾说过：“知之者不如好之者，好之者不如乐之者。”兴趣是最好的老师，是学生学习的内在动力，是学生学习活动中最现实、最活跃的成分。德国教育学家第斯多惠也曾说过：“教学的艺术不在于传授的本领，而在于激励、唤醒、鼓舞。”励志一直是新东方的教学特色。个性化教育的课堂更是如此，教师在励志教育的同时强调着眼学生未来的发展，通过培养学生的认知、发现、学习、自我教育和创造能力，引导他们发现自我，克服厌学情绪，拥有属于自己的一片天地。

第四，平等对待每一个学生，保护学生的自信心和积极性

亲和、乐观、积极向上一直是新东方老师的个性特点。对于那些有厌学情绪的学生，更渴望得到老师的重视和帮助。教师在尊重学生个体差异和不同智能结构、学业水平的基础上，平等地对待每一位学生，通过增强学生的自信心和积极性，使他们在新东方感受到学习的快乐，看到自己的希望。

第五，全面、科学地评价学生

多元智能理论的提出就是改变原有单一的评价标准，发现每个学生的特质，重视学生智能的培养，在此基础上，鼓励学生认识到自我的价值，保证每个孩子都能够积极地参与课堂，促进有效学习的发生。

厌学自弃的学生在不同程度上都受到过学习的打击、老师的批评、家长的指责、同学的嘲笑等。新东方的个性化教育旨在发现每个孩子的闪光点，在了解学生的学业基础和学习起点后，针对其最薄弱的环节，设置难度适宜、课程量适度、时间长短相宜的课程，找到最适合他们的学习方案。成功感与失败感就是激发人们的动机的巨大情感能源。当学生在循序渐进和强度适度的学习中取得了进步和成功，就会产生激发他们的成就动机，对学习抱有好感。而在相应的学习和体验过程中，也会激起他们不断克服困难的勇气，进一步内化成内省智能，建立起对自己的信心，增强对自我的肯定。

2.针对被动接受考生的解决方案

被动接受型的学生被动接受环境中的信息，即使学到一些知识，往往也是材料的堆积。学一知一，而非概念性的知识，不能触类旁通。在参与课堂活动和完成课后布置任务的时候，他们往往只是一味地接受，不善于思考，不主动参与，严重的还会表现出厌烦情绪，不能对教学活动的互动进行积极的反馈。究其原因，有以下几点：

1)气质类型

被动接受型的学生的气质类型多偏重黏液质和抑郁质。他们共同的特点是兴奋点低，变化缓慢，性格内向，外部表现少。在学习时易于消沉，缺乏信心，不善思考，反应速度相对较慢。

2)人格特征

被动接受型的学生在人格特征上偏向内倾型和直觉型。他们自己真正感兴趣的事情很少，不爱思考太复杂的事情，对于当前的事情和即将出现的状况并不太关心，所以在学习中表现为消极被动，不会注意到自己要对学习采取什么样的态度，做好哪些准备。

3)学习动机

被动接受的学生，往往不具有明确的学习动机。他们不知道自己学习的目的是什么，在学习的过程中，只是一味地听从教师或者家长的安排，缺乏学习的主动性。他们不会联系自身的状况进行选择性学习，只是为学而学。由于目标的缺失，使得他们在一遇到困难的时候就想放弃，感受不到学习的成就感和趣味。

个性化教育针对被动接受的学生，应重点针对他们兴趣不足，目标不明确的问题，采用适合其特点与个性的教育教学措施，激发学生的主体意识。

第一，教师应从实际出发提出恰当期望，正确运用奖励机制，从他们的实际出发提出恰当的肯定和期望。从激发学生的学习兴趣角度出发，对他们的奖励应以精神奖励、言语鼓励为主，减少他们的受挫程度，增强他们学习的自信心和自尊心，让他们体会到成功的喜悦。

第二，教师要善于捕捉他们的闪光点，进行积极的归因引导，要多对给他们创造成功的机会。在教学中，给学生布置让他们觉得有意义的任务和学习内容，通过教学媒体等多样化方式的选择营造生动活跃的课堂氛围。对学生的回答和参与，进行积极的反馈，认可他们的独特性。在教学活动实施的过程中，给学生留有相对长的观察和思考时间，鼓励他们大胆提问，积极思考。同时通过对学习目标的引导，让他们知道所学的内容和现实生活或个人的未来发展息息相关，从而让学生走出被动接受的影子，感受到学习的快乐。

第三，教师要积极地运用恰当的方法帮他们补救知识。知识的缺陷是学生学习困难的主要原因。个性化测评结果可以让教师认识到学生的起点，而知识切片的合理性也可以为教师安排教学内容、规划教学进度提供保障。在教学中利用主题式教学和专题式教学的不同特点，精选内容，突出重点，在知识层面进行查漏补缺。同时通过教法渗透学法，在传授知识的过程中教会学生学习，提高他们学习能力。

3. 针对苦学无效考生的解决方案

有些学生每天除了做题就是做题，花费了大量的时间和精力，但是学习成绩就是没有明显提高，这就是所谓的苦学无效型学生。分析这类学生问题存在的原因，主要有以下几点：

1）从学生个人的角度来看，尽管这类学生采用了题海战术，但是选择的题目却很盲目，并没有针对学习中真正存在的问题，而他们成绩之所以没有明显提高的根本原因，就在于没有真正掌握学习的方法。

2）从客观的教学条件来看，传统的课堂教学，由于所在班级人数众多，课内教师不可能关注到每个人，大多数学生得不到老师重视和肯定，导致课上问题得不到解决，课下又不能及时进行针对性辅导，学生积累的问题越来越多，学习效率越来越低。

3）从教师的角度来看，部分学校师资水平有限，很难正确引导学生科学的学习，更加忽视让学生掌握适合自己的学习方法的重要性。从而使学生总是产生一种错觉，只要多做题目就可以解决课堂没有理解的问题，却适得其反。

4）从家长的角度来看。很多家长并不了解孩子的自身特质，盲目地跟风让孩子去学习各种课程，参加各种补习。繁重的任务使得孩子没有自己选择的空间，他们在越来越多的任务面前失去了自我，陷入辛苦奔波的却不知意义何在，从而学得越多，效果越差。

苦学无用型的学生，通常基础知识都比较扎实，但是缺乏构建学科知识网络，对于新知识的理解、掌握、综合运用等能力也不是很强。因此对这类学生进行学习辅导的时候，教师应该侧重在随时查漏补缺的基础上，加强在归纳总结、拓展等学习方面的辅导，让学生尽快地把知识系统化，增加其逻辑思维，把学到的东西整合、吸收。系统依据学科特点、知识结构、知识难度等因素设置的测评与考核，可以有效地帮助学生对自己的水平进行准确定位，在明确学习重点、难点的基础上掌握良好的学习方法，从题海中解放出来，轻松、高效地进行学习。

在具体的实施过程中，教师应重点使用以下几种方法：

● 情感融化法

本方法主要强调教师的影响力，即以教师的个人魅力、教学特点对学生进行潜移默化的影响，要求教师在“一定能学好”的基础上，为学生创造欢欣鼓舞；同时要以真诚的师爱去融化学生的心灵。苦学无效的学生往往缺乏安全感和自信心，教师在教学中能否用师爱去融化他们的心灵，让他们感受到学习的快乐是成功教育实施的关键。

● 任务分析法

要求教师对学生将要学习或已经学过又尚未完成的任务，进行详尽的分析，将整体的技能任务分解成多个技能和任务，然后针对学生可能发生或已经存在的缺陷进行矫治，这就改变了学生盲目选择题目，没有针对性重点突破学习障碍的状况，使他们可以在掌握各项子技能的基础上，形成完整的技能，完成相应任务，从而实现学习成绩的提高。

● 匹配策略法

一名优秀的教师应善于分析他们学习的特点和偏爱的方式，激发他们的兴趣，调动他们的积极性，从而促进他们的学习，而不是按照传统课堂的统一模式去组织教学。多元智能理论认为无固定的教学策略将会对所有学生发挥最佳作用，所有的孩子在八个智能方面都有不同的强势。因此任何一种教学策略可能对某一组学生起到较成功的作用，而用在其他组身上，成功性则较低。例如，使用韵律、打拍子或吟诵教学法的教师将发现有音乐细胞的学生对此反应热烈，而无音乐感的学生则无动于衷。同样，在教学中使用图片盒想象对那些有较强空间感的学生将起作用，而可能对那些肢体或口头表达能力较强的学生的作用则完全不同。因为学生中存在这些个体的差别，建议教师们使用广泛的教学方法，只要教师们不断地改变他们的智能活动重点，就总能发现一个学生在学习中智力发展最活跃的时间段。

4. 针对聪明浮躁考生的解决方案

与以上三类学习类型相比，聪明浮躁型学生具有自身的独特性。他们往往对学习抱有比较高的兴趣，尤其是对于自己真正喜欢的部分会投入大量的精力。这种类型的学生可能在学习中会取得不错的成绩，能很快领会教师的意图，掌握学习的内容，但也会因此自认为在学习上无所不能，目空一切，对于学习的艰巨性和复杂性认识不足，学习不踏实，态度不端正，好高骛远，从而导致学习成绩的下降。

在具体的课堂活动中，他们总是容易被外界的刺激所吸引，声音、气味以及其他让人分心的事物都会将他们的注意力从手边的学习任务中离开，难以集中精力完成作业或者相关教学活动。在学校的各项活动中，他们经常不能按照说明去做，总是不能完成作业、零碎的事情，在组织活动的过程中也往往抱有很大的热情开始，却无法踏实地进一步进行。

除了教学客观条件的影响，造成学生学习浮躁的原因主要和他们的性格与气质特点有关。一般来说，胆汁质和多血质的学生往往比黏液质和抑郁质的学生更容易急躁。他们灵活性高，情感和情绪发生迅速，表露于外，极易变化，灵活而敏捷，动作活泼好动，但往往不求甚解。适应力强，容易接受新事物，也容易见异思迁而焦急浮躁。

在教学中，针对聪明浮躁的学生，教师应主动采取以下的教学策略帮助他们克服骄傲的心理，发挥自身领悟力强的特点，实现学习上新的飞跃。

1)注重学生思维能力的培养。

聪明浮躁的学生往往具有良好的认知能力。教师应善于引导他们形成良好的思维习惯，发挥他们善于动脑，勤于思考的优点，将他们的兴趣点与所学内容相连，从而使他们提高思维能力、进行知识的深化领会，完善知识体系的关键环节。

2)注重知识体系的梳理和完善

聪明浮躁的学生往往在学习中能很快掌握知识要点，但由于浮躁和马虎的特点，知识体系存在很大的漏洞。教师应在了解其学业基础的前提下，帮助他们是查漏补缺，提高能力。通过教学计划的设定，使他们认识到在自己学习中存在的缺陷，鼓励他们发现自身存在更大的可能性，对知识点进行必要的回顾和整理，使其形成一个完整而且开放的体系。

3)发现学生的智能优势，采用对应的教学方法。

判断学生发展水平较高的智能因素就是观察他们在课堂上的不规范行为。有言语天赋的学生经常在课堂上乱讲话，空间智能发展较好的学生会乱涂乱画或做白日梦，拥有人际智能倾向的学生爱参加社交活动，运动智能有优势的学生总是坐立不安。聪明浮躁型学生往往都具有两种以上比较突出的智能优势。充分利用他们的智能优势进行针对性教学，便可以达到事半功倍的效果。

卢那察尔斯基指出：教学会不会使学生生厌，会不会在大脑皮层一滑而过，几乎不留任何痕迹，或相反的，这种教学作为学生游戏和生活的一部分而愉快地被接受，与学生的心理融为一体，这都取决于教师的教学方法。针对聪明浮躁的学生，教师可以采取以下方法灵活组合，安排教学：

● 用磁带听书

边听边读动用了两种感官系统，对于活跃聪明的学生，可以有效激发他们的兴趣。教师可以安排学生在听磁带的同时浏览教材，然后再重新默读一遍相关内容，可以有效地提高学生的阅读速度，充分调动学生的积极性，而多样化的方式也使得学生可以将注意力集中在活动本身，克服浮躁的缺点。

● 爆米花式阅读

在个性化的教学中，比如精品班的课程策略设计上，教师可以利用学生人数的优势，改变传统的教学方式。比如在练习互动的环节，教师可以利用爆米花式的阅读方式，改变传统的顺时针或逆时针的循环模式，而是不确定地选择学生回答问题。学生不知道什么时候轮到他们，所以就必须时刻专心看书。由老师决定哪个学生先起来回答，当这个学生结束回答的时候，还可以由他/她负责点下一个同学起来阅读或回答问题。这能让聪明浮躁的学生感到课堂不是沉闷和可预知的，可以有效地督促他们专注于教学活动中，实现学习效果的最大化。

● 角色扮演

聪明浮躁的学生很喜欢尝试，喜欢新鲜事物。在教学中，教师可以让学生将自己想象为某一个角色，在某一情况下自己会怎么做。同时利用操作性材料、艺术作品、乐器、动手操作的数学活动、数字、书籍和制作图书的材料以及其他专注于一些智能的项目来丰富课堂环境。通过角色扮演实现身份的转化，在情境化教学的配合下，给学生提供了自由的时间，使他们发挥自身的强项，更加积极主动的学习。

教师教育的目的不是设法改变学生的学习类型，而在于克服每种类型的缺点，发展它的优点，使学生在原有特点的基础上建立优良的个性特征。个性化的教育思想针对不同的学生类型进行了相对应的学习方案设计，帮助每个孩子找到了适合自己气质特点、智能优势且能培养他们个性积极特征的最好的教育途径。

新东方黄金成才定律

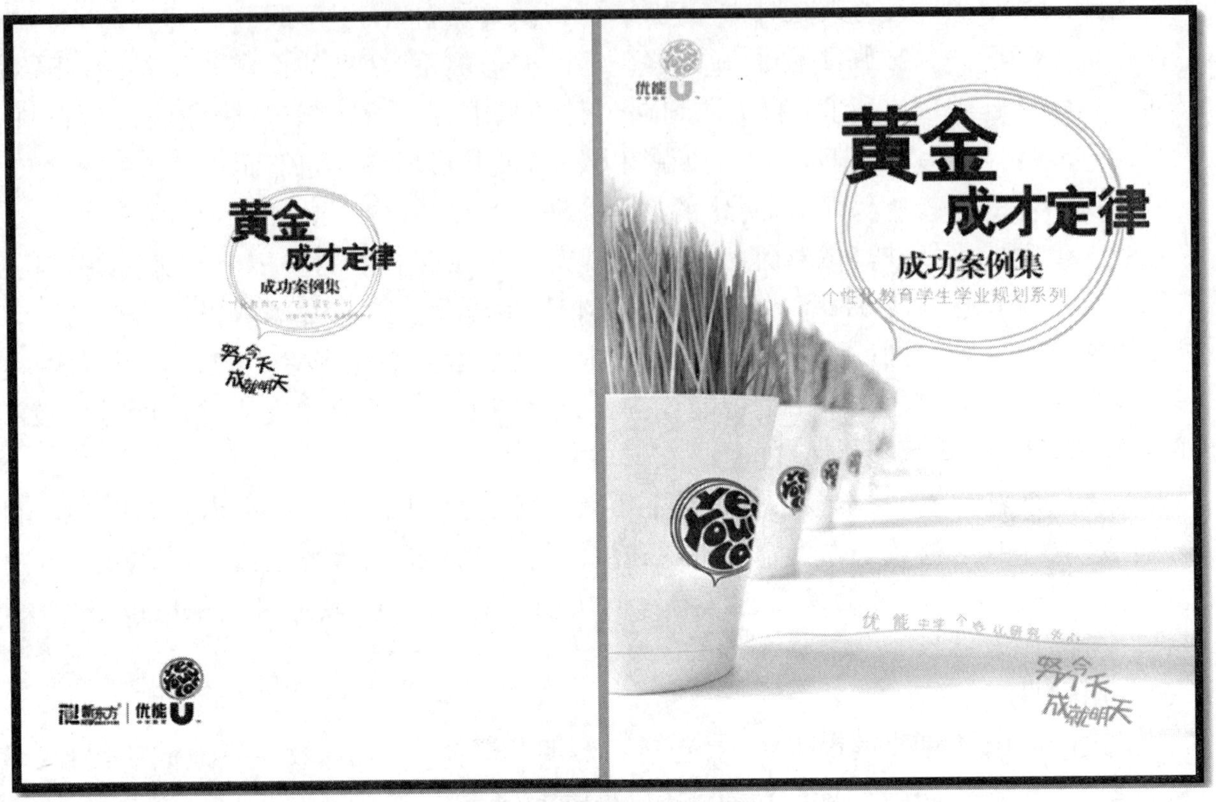

新东方学习攻略

4.2.3 新东方主题式、专题式教学简介

4.2.3.1 个性化教学内容选择

多元智能理论认为，人类个体的差异在于所拥有的智能强项和弱项存在区别和组合的不同，从而强调了个性化教育的可行性和必要性。多元智能理论与个性化教育的结合主要体现在四个层面，即办学的个性化、教学内容的个性化、教学方法的个性化和教学组织模式的个性化。其中，教学内容的个性化指的是立足于学生的学业背景，在讲解知识点的基础上培养学生的创造能力，把提高成绩、发展个性作为实施教学内容的重要基准；同时在内容选择上明确并充实基础知识和基本技能，扩大可选择范围，建立开放型的知识体系，重视学生学习中的薄弱环节，深入浅出地讲解知识难点，并在教学环节中适当引入多样化的教学手段，起到辅助教学内容、实现教学个性化的作用。

（一）教学内容个性化的实现方式

完整的知识谱系作为知识点的总纲，是知识点序列化、分级化的宏观呈现，是教学的重要依据，也是实施教学活动、展示教学内容的有形化工具。在充分了解知识谱系的基础上，教师需依据不同学科的特点进行设计，结合教材所涉及的知识容量、教学大纲规定的教学内容和考试大纲对应的考查要求，对学生各个阶段的学习内容进行系统化梳理，划分恰当的难度系数，将学科知识有序编排，为学科测评、教师备课以及教研活动的开展与教学效果的评估提供了有力工具。

与此同时，与知识谱系相对应，每个知识点还应配有例题与练习题。这些题目的配备不仅为教师和学生提供了重要资源，同时也对后期教师评估学生的学习效果、考查学生知识掌握状况提供了有效、准确的考查内容。针对谱系内容，教师可根据测试类型、分数区间等对学生的知识掌握情况进行描述性评估，将教学和考查两者有机结合起来，以期取得更好的教学效果。

（二）个性化教学内容的选择

美国学者卡罗尔曾说，个性化教育是“在学习者个性特征和学习环境之间努力达到的一种平衡，是学习者个性特征与所学知识、概念、行为、学习环境、激励系统及习得性技能之间的一种合理匹配，而且是一种连续的过程。”由此可见，个性化的教学内容应注重引导学生在掌握学科知识的基础上，注重学生的智慧潜能，发展学生的独特个性，促进学生素质的全面提高。

目前在我国的中学教育中，教师所授课程内容大致相同，授课时数和类型也大致相同，难以照顾到学生的个体差异，也就很难针对学生的具体情况实施个性化教育。多元智能理论强调教学内容的多元化和个性化，提倡在了解学生多元智能测评和学科知识测评结果的前提下，为学生制订个性化学习方案，选择个性化学习内容。在教学内容的选择上，教师应首先考虑到每个学生的个体差异，明确学生的需要、动机、兴趣、理想、信念和世界观等，了解学生的能力、气质、性格，综合学生的认识、情感、意志等心理过程，据此选择适合的学习内容。另外，在课程的教学中，内容的呈现形式也应是多样化且相对应的，力图帮助不同的学生以不同的方式掌握课程内容。

在教学内容的选择上，应重点从以下三个角度出发，选择并组合恰当的学习内容，进行

集中讲解、重点突破：

1. 学生的知识漏洞

个性化教学的首要环节即是诊断。在传统的大班教学中，教师很难针对学生的不足进行个性化教学，也很难为了照顾少数学生的学习需求而放慢教学进度。因此，在个性化教学中，教师应充分发挥优势，根据个性化测评结果了解学生的知识掌握现状，重点关注学生自身存在的知识漏洞，有效解决学生的"木桶短板"问题。在此基础上，教师在对相关学科内容进行讲解时，应尽量避免面面俱到，而是重点关注学生的漏洞，在有限的时间里从根本问题入手，起到查漏补缺的作用。

2. 知识体系中的重点

知识体系中的重点即学习及考查中的关键部分。苏霍姆林斯基曾提出，"教师教育素养的第一要素，就是熟知学科内容并绰绰有余。"这就对教师提出了更高的要求——具备强大的知识储备，对学科知识有清晰、全面的理解，同时对知识体系中的重点定位准确。在此基础上，教师应针对学生本阶段需掌握的知识精讲精练，同时帮助学生掌握正确的答题技巧、学会快速有效的解题方式。

3. 学习中的基础关键部分

教师在了解学生知识漏洞、把握学科重点知识的基础上，还应该关注学生当前学习中的基础关键部分。在知识点构建、典型化例题讲解的环节后，选取针对性习题进行讲练结合是十分必要的。在练习题的设置上，既要兼顾基础试题，同时还要搭配难度较高的题目和真题，以满足学生不同层面的需要，使知识掌握、应试水平和学习能力三个层面实现全面提升。

（三）个性化教学内容的教学实践

苏霍姆林斯基说过，和谐的教育"就在于使每一个人在他的天赋所及的一切领域中充分表现自己。"在具体的教学活动中，内容的选择是教学之本；而对个性化教育来说，开发与培养学生的个性同样重要。为使教学内容能得到更好呈现、教学环节能更有效地实施，教师应在教学活动中遵循以下原则：

1. 尊重学生的个性差异

不同学生有着不同的兴趣爱好、不同的想法和意见。在教学过程中，让学生充分发挥其潜能、依据学生的个体差异提出灵活的要求是非常重要的。教师应鼓励学生在核心教学内容的范围之内选择感兴趣的学习主题进行探索性学习，在独特的潜能领域里对其进行深入的指导。

2. 鼓励学生表达不同的意见和想法

教师应肯定学生敢于表达不同意见的想法和精神，引导学生充分表现自己的独特见解，激活学生的思维。

3. 宽容学生的错误与失败

在肯定其创造精神基础上，引导学生发现错误、分析失败的原因、鼓励学生克服困难、继续探索是教师必备的重要能力。

4. 营造师生互相尊重、平等快乐的学习氛围

在教学中，教师应鼓励学生讨论、争辩，营造师生平等、快乐的学习氛围。通过调动学

生动手、动脑、动口的能力，转变学生的学习观念，变“要我学”为“我要学”，激励学生成为能够了解自我、发现自我的人。在具体的教学环节中，教师的耐心也很重要。面对学生提出的各种问题，老师都要尽量给予认真的答复、评价、总结和鼓励，只有这样，学生才能树立起学习的信心，不断激励自己，养成勤于思考、善于提问、勇于探索的学习习惯，掌握现阶段学习中必需的学习内容。

4.2.3.2 主题式教学简介

个性化教育作为一种教育理念，具有其独特性、主体性和创造性等鲜明特色，与多元智能的多元性、差异性、开发性相得益彰，为教学内容、方法和模式的选择提供了新的指导思想。主题式教学的提出，旨在通过个性化测评的结果了解学生的学习现状，找到学生的学习起点，将起点与学习的目标相连，通过知识点主轴的构建，串联起一系列的知识点切片，对学生所学内容和需要掌握的知识进行纵向发掘，整体构建学生的知识体系。主题式教学旨在通过为学生量身定制的教学目标匹配相对应的教师和课程模式，进行有针对性的教学方法设计，为个性化教育理念的实施提供了明晰的路径。

（一）主题式教学的含义

1.主题式教学的概念

主题式教学指的是为学生提供恰当的学习情境与主题，围绕其制定需要达成的学习目标并实现的教学过程。学生在这样具有高度动机的环境中，可以接触和主题相关的各领域学习内容，而教材作为连接起点和目标的实现工具，需横向编选与该主题相关的教学材料，有时更可打破学科之间的限制，在教学中整合不同领域的内容和策略。主题式教学将关注点集中在学生身上，通过对学生需要掌握的系列知识切片进行深入讲解和对学生的学习过程进行系统化的梳理，为其提供完整的学习方案。同时，主题式教学的模式也对教师了解学生现状、准备教学内容、实施教学方案提供了有形化参考。

2.主题式教学的特点

在主题式教学的课堂中，以下特点的体现是需要被格外关注的：

1)主题式教学构建的学习情境要立足于学生的知识水平和生活实际。这就打通了学生书本世界和生活世界的界限；

2)主题式教学要求学生在学习情境中进行自主的探讨和学习，要充分重视学生的主体作用的发挥；

3)主题式教学要求师生既是学习情境的组织者，又是学习情境中的共同探讨者，需要构建良好的师生关系；

4)主题式教学法针对学生的自身状况、对学习环节的各个层面进行量身定做的设计，实现学生的个性化发展。

3.主题式教学的实施方式与重要意义

在实施主题式教学时，教师需依据课程计划，在通盘考虑学科教材、学生需求的基础上，合理选择教学主题，串联知识切片，其具体原则是：确定一个教学点，找到学生的起点，与教学目标相连，根据学生对知识的掌握现状、学习时间、个人学习水平等角度综合分析，串联相对应的系列知识切片，对学习内容进行纵向挖掘、深入讲解。在结束一个主题后，根据学生的学习状况，进行下一个主题的教学。

在传统中学教学中，教师无法针对全部学生一一进行个别指导，由于需要考虑教学目标和教学计划的整体性，不可能照顾到每个学生的个体差异，导致学生在一个知识点尚未学会的情况下被迫进入对下一个知识点的学习中，如此往复，恶性循环，导致知识体系残缺，学习积极性减退。而主题式教学的优越性就体现在根据学生的学习起点进行选择，从学生最薄弱的环节入手，激发学生对学习的兴趣，找到适合自己的学习方法，重塑信心。

4. 主题式教学的组成元素

教学的重要任务之一就是使教学过程成为学生获取知识、发展能力的过程，成为使科学知识内化为学生精神财富的过程。知识的获得与内化必须符合学生的认知规律，并借助学生已有的经验对知识进行自主构建。因此，教师在教学过程中需要设定教学目标，运用一定的教学策略，选择一定的教学方法，帮助学生打开知识之窗，重视知识的掌握过程，引导学生体验知识，感受知识的存在；指导学生应用知识，增强对知识的记忆与理解；帮助学生回归知识，促使教材知识活化。

1)教学目标

根据学生的学习状况，设定一个近期可达到的、与主题相适应的教学目标，继而从学生的学习起点到此目标之间串联起相关知识切片。

2)内容梳理

教师应把教学的重点放在对主题的挖掘上，坚持将一个主题结束后再进行下一个。德国心理学家艾宾浩斯提出知识的保持和复现，很大程度上依赖于相关心理活动第一次出现时注意和兴趣的强度。根据记忆曲线，即使学生是被动学习，在七个主题的教学后学习成绩也会提高。

3)知识切片(标题、难度、编号)

在优能教学管理系统中，知识切片是按照科目、年级、内容、难度等进行储备的，每一个知识切片都有相应的编号，便于教师根据主题和教学目标进行筛选、组合和使用。

4)拓展应用

主题教学知识切片的设计，不仅可以为教师提供备课笔记，也可以为学生展示有形化的学习工具。切片的功能在于对不同学科不同年级的重要知识点进行了系统整合后的切分，可以依据学生需求自由组合。优能教学管理系统对已使用的知识切片拥有记忆功能，并可针对其进行自动组卷，帮助学生及时通过考查来复习所学过的知识点，为教师了解学生对已学知识的掌握情况提供了灵活、科学的方法；与此同时，切片的使用情况也可用于对教师教学进行监控，还可以作为教师招聘和教研的工具，可谓一举多得。

5)教学方法选择

西蒙斯曾经指出，如果教师能适当选用令人愉快而又认真的方式授课的话，那么所有的科学知识，就其本质及其关联来说，都充满着趣味。教师在教学方法的选择上应秉承“因材施教”的核心原则，认真对待学生之间的差异，在允许范围内精心设计教学活动，让不同智能结构的学生都能得到同样的满足。

6)课程设置

主题式教学的课程设置要根据学生的个性化测评结果，从内容、学科、课时等角度进行综合考虑，其具体的操作维度表现在三个方面：一是单元式主题教学设计，即以学科内特定知识点为主题内核，以教学单元为主题外延而展开。在不改变固有的学科体系结构的基础上，按不同学科本身的逻辑结构确定教学主题并进行设计与教学；二是学科式主题教学设计，即在教师充分地将教材知识内化为教师知识的基础上，根据学生现有知识水平与知识结构，建构出符合学生需求的新的教材结构，进而确定教学主题并围绕其进行设计与教学；三是学习领域式主题教学设计，这种教学设计以学段为时间单位，结合教师自身情况与学生的知识、能力水平，将现阶段所学的知识以结构网的形式加以整合，为下一阶段的目标设定和课程选择奠定基础。

（二）主题式教学的设计原则

1. 教学主题的确定

主题式教学设计的关键要素之一在于确定课堂教学主题，构建教学基本思路。教学主题的确定，应当以课程标准和考试大纲为依据；而围绕主题构建的教学脉络则必须体现教学的三维目标。基本脉络的构建，可以是对教材内容进行大胆的重组和整合，但其宗旨是既要实现课堂教学的目的，又要提高课堂教学的效率。另外，学生的学科基础也是主题确定的重要依据。只有根据学生的学习起点设定相应的难度系数，才有可能达到最佳的教学效果。

2. 教学目标的设定

教学目标设定的依据主要包括以下四点：

1）根据学生学业水平、背景特点来设定教学目标

教师在教学活动中应围绕知识点，有针对性地进行课程的规划。每个学生都有其自身特殊的学业水平与学业背景，教师应根据学生个性化测评报告中反映的客观状况，为每个学生量身定做学习方案，设定相对应的教学目标。

2）围绕主题来平衡、组织各单位或子模块的教学目标

在确定学生个人学习状况的基础上，教师需要围绕教学主题来平衡、组织各模块的教学目标。个性化教育区别于普通中学教育的主要方面就在于可以根据学生个人的知识点掌握情况，选择最迫切需要提高的知识主题集中突破，达到在短期内迅速提高学习成绩的目的。

3）注重由单纯的知识目标向注重过程、方法的能力型目标转化

教师在教学环节中，应引导学生发现学习的乐趣，变“要我学”为“我要学”，培养学生良好的学习习惯，帮助学生找到更适合自己的学习方法，实现从知识层面向能力层面的提升。在具体的教学中，对于学生已经理解的知识，应从知识外延的角度深化讲解，丰富内涵；对于课程标准中的重点知识，应适时强化、加强巩固练习；对于学生掌握的薄弱环节，在侧重基础知识梳理的基础上，进行深度讲解，帮助学生理清概念，迅速掌握知识点。

4）教学目标表述能表明学生学习的预期成果，教师要易于观察与测评

与主题式教学模式相对应的教学评估，应具备清晰、明确、具体的特点。教师可以通过导入知识点切片对教学进行适时监控。在具体的教学过程中，根据实际情况选择易于观察与测评的教学评估体系。

3. 教学方法的选择

在教学方法的选择上，教师应结合以下三个原则综合考虑：

1）教师的兴趣或专长

每个教师都具有自身独特的智能优势，若能够在教学环节中结合自身特点进行教学方法的选择，则易于营造良好的教学氛围。比如语言智能较突出的教师，可以发扬自身幽默、

逻辑清晰的优势，对知识点进行清晰化梳理；而人际智能比较突出的教师，可以发挥自身友好、亲和的气质，帮助学生消除紧张和畏惧情绪，尽快融入课堂。

2)学生的智能优势

每个学生都是独特的个体，具备自身的智能优势。在教学过程中，教师与学生的匹配应建立在对双方智能结构的充分了解基础上，以实现教师与学生的优化配置。比如针对数学逻辑智能比较突出的学生进行的教学中，可以尽量减少文字的说明，加入更多的公式和表格数据；而对于音乐智能发展较好的学生来说，教师在教学中可以通过对背景音乐等工具的引入提高教学的整体效果。

3)教学资源的合理配置

教师要根据自己及学生的智能结构等信息来确立教学方法，打造独具特色的课堂，可以在自身可控范围内设计一些针对学生特定智能特征的主题、教学方法、硬件和软件等。比如教师可以根据课堂教学主题，寻找相应的情境材料。情境材料的形式应尽量丰富，包括文字、视频、图片、漫画等。丰富的材料能营造逼真的学习情境，极大调动学生的学习兴趣。运用技术使重要学习材料的展示多样化，有助于教学资源的合理化利用，确保每个学生都接受到最适合他们个人的课程。

新东方高中学科学习导航

4.2.3.3 专题式教学简介

前苏联著名教育家苏霍姆林斯基曾经说过："学生要识记和保持在记忆里的东西越多，就越有必要进行概括，越有必要从具体材料中抽象出真理来，越有必要进行思考和推论——使学生感到自己是一个研究者、思考者、而不是消极的知识'掌握者'。"而在今天，我国实行的新课程标准也明确提出了注重学科知识的综合性与整合性的要求：通过系统的整合，将静态知识赋予动态意义，并促成陈述性知识、程序性知识与策略性知识三者有机结合、充分展现。针对这一要求，专题式教学被纳入了优能教学管理系统，称为重要的理念之一。

专题式教学与主题式教学相辅相成。与主题式教学相比，专题式教学是知识逻辑、认知逻辑、教学逻辑与学习逻辑四大系统的统一体现。作为一种"精髓教学"，它将教学内容以专题的形式展现出来，注重知识的必然联系、知识的高度整合和知识的进一步提升，为中考和高考的培训提供了强大的支持。

（一）专题式教学的含义

1. 专题式教学的概念

专题式教学指的是从纵横两方面将教学内容及学科知识点进行整理、归并、提炼与升华：在纵向上以教学结构中螺旋反复为指向，走"积极前进，循环上升"之路；横向上则以教学内容中知识的相互作用为指向，走知识结构与认知结构相结合的道路。专题式教学侧重于将一个阶段的教学内容进行系统的整合，为学生提供以专题为单位的知识系统梳理和理念深度把握。

2. 专题式教学的适用范围

专题式教学的教学目标非常清晰，与此对应的适用范围也定位明确，主要有以下两种：一是基础年级阶段性单元复习；二是毕业年级提升训练。

适用专题式教学的学生应主要具有以下特点：第一，他们已具备基本的知识架构，对考试体系涉及的知识点已经有了一定程度的了解，具备一定的学习基础；第二，升学考试在即，学生的时间紧、任务重，因此在短期内迅速提升、查漏补缺、高效地利用学习时间成了学生迫在眉睫的任务；第三，由于时间紧迫，对整体知识点进行全面梳理是不现实的，学生最需要解决的问题是他们知识体系中最薄弱的部分，同时升学考试对学生宏观知识把握的考查提出了更高的要求。学生需要在现有知识体系的基础上，把握所学知识的脉络，加深对知识体系的认识。而专题式教学的重要性就在于可以使教师利用系统提供的语料库、题库、以及专题知识梳理，在短期内为学生搭建知识框架、整合学科知识，提升学生的整体应试能力。同理，专题式教学也可以应用于平时的单元总结复习，有利于对一个学习阶段的知识进行系统性整合，完善学生的学习体系。

3. 专题式教学的特点

专题式教学是"少而精"的教学，其特点十分明显：

1）专题教学有利于理论联系实际，提高教学的针对性，提高教学效果。要使某种认识在学生头脑中扎根，必须形成系统。专题教学如若考虑周全，可使每一专题自成一个小系统，这对学生深入理解并掌握知识很有效。同时，如能按照取得最大教学效果的最优化原则来设计专题、安排专题顺序，会取得更好的教学效果；

2）专题式教学既有利于教师发挥主动性、创造性，又有利于学生的自主学习。进行专题教学，教师可扬长避短，充分发挥自己的特长，体现自己的创造性，使教学具有鲜明的个性和风格。与此同时，由于摆脱了“照本宣科”式的教学，学生也由此获得更广阔的思维空间。

4. 专题式教学的组成元素

专题式教学主要由教学目标、知识结构搭建、知识点（技能）组合以及教学方法四部分组成，下面一一展开介绍：

1）教学目标的制订

在专题式教学中，每节课必须有相应的教学目标，教学目标的取舍不应该取决于参考书，而应该由学生的学况和教师个人对课程的理解而定。专题式教学旨在“抓准一点，重锤敲击”（钱梦龙语），将教学内容切合学生的需要并达成梳理知识体系的课程目标。在实际的教学中，教师应针对学生的现状和课时量的大小，选择学生最亟需的专题体系进行教学，实现突破，切忌面面俱到。

2）知识结构的搭建

专题式教学知识结构的搭建，应紧靠教学大纲和考试大纲，选取最切合命题思路的知识模块进行组建。同时对应知识点，配套相应的针对性例题，补充相关练习题、真题，实现教学的整体性。在此基础上，知识点的搭建，还应有机扩展、延伸掘进，合理地吸纳现实生活、课外教学资料和其他学科的知识，丰富教学内容，体现专题式教学开放性、综合性、多元性和生成性的特点。

3）知识点（技能）的组合

苏霍姆林斯基曾指出，“一个好的教师，好就好在他能感觉出课的发展逻辑，使课的结构服从于思维的规律性。”在搭建知识结构的基础上，进行知识点的相关组合，要求教师从纵向和横向两方面打散教材、对所考知识进行重新组建，使相关知识内容纵横勾连，帮助学生厘清知识体系，发现各个知识点间的内部联系，认识学科规律，进一步提升应试能力。

4）教学方法的选择

在教学方法的选择上，专题式教学大致有两种做法：一种是在“课”的内部，打破原有节框结构，形成专题；另一种则是从总体上处理教材，打破“课”的界限，形成相对独立的专题。确定专题及专题顺序需要做到“三合一”：第一需要消化教材，掌握精髓。认真阅读课本，翻看相关理论书籍，调动原有知识储备；其次，要了解学生，把握理论联系实际的重点；第三，需要遵循认知规律，贯彻最优化原则。

（二）专题式教学所包含板块简介

1. 知识导图与知识梳理

苏霍姆林斯基提出，“教师的教育素养的第一要素，就是熟知学科内容并绰绰有余。”专题式教学可以为学生提供所学知识的概念地图，也为教师提供了有形化的备课工具。知识到图和知识梳理的内容是以考试大纲为线索，在每一单元梳理基本概念、规律、方法，把知识系统化、网络化，利于理解记忆，实现书本由厚到薄的转化。

2. 例题解析

在理清概念的基础上，专题式教学善于抓住关键问题，突出问题情景，精选典型性、创新性例题。对相关学科知识进行分类解析，探求方法、点拨思路、总结规律，其目的是帮助学生达到知识的融会贯通同时引导学生拓宽视野，有的放矢地进行学习。

3. 真题链接

在例题之后，配有相应的真题链接。学生可以零距离感受中高考，体验近年各地考试题型，体会中高考命题趋势，使考前准备更具有前瞻性。

4. 当堂训练

讲练结合是课堂教学组织的重要环节。教师的当堂训练，应选取试题围绕所讲知识点展开，达到针对性巩固，学以致用的目的。

5. 课后练习

在教学环节结束后，布置课后练习。避免“课上听懂、课后不会”的现象，保证教学效果得以延续和加强巩固。

（三）专题式教学的重要意义

专题式教学通过对知识的有效整合，拓展学生的学习空间和学习容量，增强学习能力，集中体现于学生在教学中由有限知识向无限知识拓展的过程中；而教师应当以专题为核心，体现教学的主轴，在此基础上构筑结构性知识，梳理知识框架，增强学生思维的灵活性和跨越性。

在专题式教学中，学生的学习技能在由单一知识点向专题知识总结的转化过程中得以锻炼，认知能力在知识纵横梳理的过程中得以强化，应试水平在讲练一体、强化学习的反思过程中得以提升。通过构建专题知识系统，能使教学目标实现全面化与层次化，通过对难点和重点知识的解决，实现教学目标的对象化与意义化。

4.3 新东方高考备考模式

个性化教育的思想由来已久。早在二千多年前，古希腊的苏格拉底和中国春秋时代的孔子就已构建了这一思想的雏形。时至今日，个性化教育理念在学界中和社会上都受到越来越多的关注。然而，要真正实现个性化教育，做到因材施教，则必先了解学生的个体差异，通过访谈、问卷和测评等技术手段，了解学生的智能倾向和学业基础，对学生进行分析、诊断，出具科学的测评分析报告，并据此帮助学生进行课程决策，选择有针对性的学习内容和学习模式，为学生量身制订学习方案，采用最合适的教学方法，真正做到“因材施教”。

（一）为什么要进行个性化测评

孔子作为中国古代的大思想家、大教育家，为人所熟知。其门下的三千弟子，七十二贤人，也因为个性鲜明，各有千秋，给世人留下了深刻的印象。颜回的“人不堪其忧，回也不改其乐”，冉耕的德行，子贡的口才，都已成为脍炙人口的典故；明朝李东阳《怀麓堂集》中也有这样一段话：“龙生九子不成龙，各有所好。囚牛，平生好音乐。霸下，平生好负重。负屃，平生好文。蒲牢，平生好鸣好吼……”无独有偶，德国著名哲学家莱布尼兹也曾说过，世界上没有两片完全相同的树叶。这些闪光的思想不约而同地告诉世界，每个人降生时都带着上天所赋予的特殊礼物，闪耀着自身特有的灿烂光芒。英国唯美主义作家王尔德曾这样说:"每个人生下来都是王……我相信一个人若是能够充分而完全地生活,表现他的每一种情绪,每一种想法,实现每一个梦想,世界就会得到一种很新鲜的、欢乐的冲动。"

传统的中学教育向来以学生的学习成绩论英雄,其根本原因在于现有的中学教育理念是以传统智力研究为背景建立起来的。在这种背景之下,语言智能、数学逻辑智能等有限的智能结构被格外突出和强调,而学生的智力被认为是固定不变且可以测量的,测量的结果可以作为预测学生日后成功与否的依据。这种教育观点直接导致在学校里只有一部分学生被认为是成功的,而且往往是那些在语言和数学逻辑智能方面体现优势的学生。而新东方优能个性化测评出现的意义,就在于通过对每个孩子进行多元智能测评和学科专业测评后,发现孩子自身所具有的优势智能组合,指引孩子找到属于自己的学习起点,了解自己的学习定位,明确自己的学习目标。个性化测评由此突破了传统教学中对孩子的定位方法,可以帮助孩子发现自己的独特性,树立自信心,开启通向未来的成功之门。

新东方自创设起便致力于鼓励学生追求卓越、挑战极限、拥有从绝望中寻找希望的精神,引导学生发掘自己身上独具的闪光点和无尽的可能性,帮助每个来到这里的学生发现自我、发展自我,领悟学习的快乐,感受奋斗的真谛,追求美好的人生。

(二)学生个体的差异性是如何体现的

霍华德·加德纳教授认为:"如果我们从多元智能的角度来看,每个人都有天赋,从认知到性格,都有属于自己的兴趣和学习方式,学习成绩只是智能发展一方面的表现。"每个学生在学习上不存在聪明与否的问题,而是在于哪些方面聪明、如何聪明。个性化教育理念倡导教师帮助学生找到自己的优势智能领域,充分利用优势智能形成自己的学习风格,启发学生发现自我的闪光点,并使这个闪光点不断放大,使学生成为有特长、有才干的人,找到自己的价值。对于青少年学生来说,尤其是使那些被认为或自认为是"后进生"的学生,帮助他们找到表现自己的领域、达到某种自我完善的高度、充分认识自我、树立起自信心,在中学教育中显得至关重要。

在教学实施过程中,教师的意义在于让每一个孩子都找到自己个性才能发挥的领域和生长点。而个性化测评可以有效地帮助任课教师了解学生的个体差异,从而针对其个性化特征实施教学。

具体来看,学生的个体差异体现在以下几点:

1. 学力差异

学力差异主要包括基础差异和智能差异两方面。基础差异是指学生当前所具备的知识容量、学习起点及学业水平,与学业测评结果相对应;智能差异则是指每个学生个体所存在的不同智能优势,可以通过多元智能测评报告得到相对有形化的结果。

2. 兴趣差异

兴趣差异主要包括动力差异和情趣差异。心理学中有理论指出,学习动机是直接推动学生进行学习活动的内在动力,不同的动力会导致不同的学习状态和学习结果;同时,学生的兴趣点每每不同,作为教师,要使学生明确其学习目的,端正学习态度,掌握独立学习的本领,点燃求知的火花,激发学习的兴趣。

3. 适应性差异

适应性差异主要包括学习方法、思维方式和认知特点三个方面。每个学生都有可能取得学业上的巨大成功，关键是能否拥有一套行之有效的学习方法，形成适合所学学科的思维方式。教师可以在了解学生测评结果后，尊重学生个体之间存在的智能差异，帮助学生形成一系列属于自己的学习方法，培养良好的学习习惯。

认知方式的不同也能够导致学生的个体差异。认知方式包括审慎型与冲动型两种。审慎型的学生在学习中善于周密地思考，全面分析，反复权衡以后才做决定或反应；冲动型的人在学习中反应快捷，甚至不假思索，在没有现成答案的情况下宁愿用猜测的办法。不同的认知方式，决定了不同的学习效果。教师在充分了解学生特点的基础上，利用不同认知方式的特点，达到扬长避短的教学效果。

4. 经验差异

每个学生都具有不同的生活环境、家庭背景以及价值取向等，这些要素共同构成了学生个体的经验差异。在和学生接触的过程中，通过细心的观察和有效的交流，了解学生的经验差异，为教师制定教学方案、选择教学方法提供了重要参考。

个性化测评为认识学生、了解学生的个体差异提供了有效工具，同时帮助教师在了解教学需要和教学对象的基础上，进一步优化教学内容、制定教学目标、选择教学策略。

（三）优能个性化测评系统的重要意义

人的个性是一个具有多层面心理成分、结构复杂的整体，是浑然一体的系统。它是人的需要、动机、兴趣、理想、信念和世界观等心理倾向，能力、气质、性格等心理特征，认识、情感、意志等心理过程和心理状态等综合的心理结构。美国学者卡罗尔曾说，个性化教育是“在学习者个性特征和学习环境之间努力达到的一种平衡，也就是说，它是学习者个性特征与所学知识、概念、行为、学习环境、激励系统及习得性技能之间的一种合理匹配，而且是一种连续的过程。”

新东方优能中学教育自成立起便致力于探索个性化教育的本质与深意，以学生为中心，在长期教学实践和调研的基础上，集中优势团队研发融入多元智能个性化教学理念的测评系统，填补了课外辅导行业的空白。通过个性化测评，教师可以在了解学生的个体差异基础上真正做到因材施教，重视、开发学生个性，注重挖掘学生的学习潜能，帮助学生发展自我、崇尚自由，促进学生掌握知识、发展智能、成就学业，设计未来。

4.4 新东方优能 UMS 系统对个性化备考的支持

4.4.1 优能智能测评系统(IAS)简介

20 世纪 80 年代，美国著名发展心理学家、哈佛大学教授霍华德·加德纳博士提出了多元智能理论。他认为人类的智能是多元化而非单一的，每个人都拥有不同的智能优势组合，主要由语言智能、数学逻辑智能、空间智能、身体运动智能、音乐智能、人际智能、内省智能、自然观察智能八项构成。

每个人降临这个世界时都带着上天所赋予的特殊秉赋，并没有聪明愚笨之分，只是各自的优势智能组合体现在不同的领域、能力和解决问题的方式上。在真正的个性化教育中，必须首先了解学生的个体差异，对学生的智能、兴趣、习惯等进行全面专业化分析，才能真正做到因材施教。

1. 优能智能测评原理

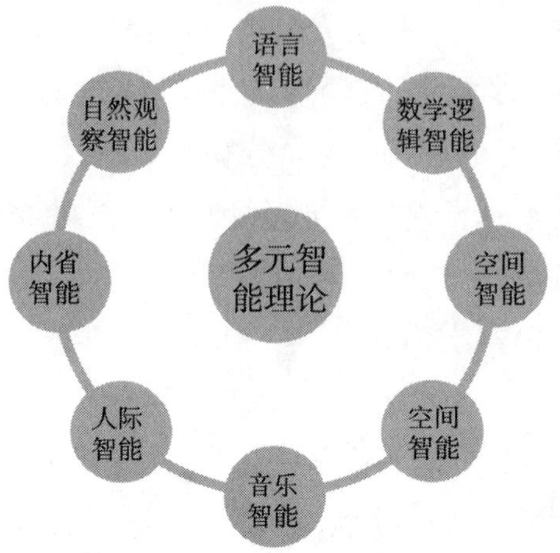

优能智能测评系统以多元智能理论为基础，通过科学的考量角度，针对人的八项智能设置相关问题和阈值，旨在了解每个学生自身特有的智能倾向和优势智能所在，根据测评结果进行课程决策，选择针对性的学习内容、学习模式和教学方法，为学生量身定做学习方案，促进学生掌握知识、发展智能、成就学业。

2. 优能智能测评形式

优能智能测评系统作为了解学生优势智能、实现个性化教学的重要工具，采用在优能个性化学习中心现场测评的形式，帮助学生在严谨又不失活泼的测评页面下完成测评答题。为获取作为个性化教学实施重要依据的智能测评报告，学生需要通过与当地优能个性化学习中心预约，以便顺利参加测评。

3. 优能智能测评结果的呈现

学生能够在所获取的智能测评报告中，通过形象直观的图片和清新易懂的文字了解到自己各项智能的发展情况，获悉自己的优势智能所在，以及相对应的学习风格和学习建议。

4. 优能智能测评的重要意义

每当孩子学习成绩不理想时，家长总是会费尽心机寻找各种原因。找到的“内因”通常是孩子懒惰、对学习没兴趣、孩子“笨”等；而外因也不外乎老师教得不好、学习环境差、氛围不佳等等。传统的解决的办法无非是让孩子在完成学校的学习后，再进行大量的校外补习。很多学生由于长期处在学校课业和课外补习的重压之下，轻者对学习感到麻木，重者甚至会厌学。这种填鸭式、题海式、机械性的教育方式对孩子的世界观、人生观都产生了巨大的负面影响。而优能智能测评的重要意义在于，它结合了个性化教育的理念，打破了数千年来以教师为中心的教育方式，对每个孩子的优势和潜力进行具体的了解和分析，通过测评了解孩子真实的学习能力和特点，并据此选择最为适合的教学方法和学习风格。设计适合孩子自身成长的最佳进阶学习方案，消除冗长的重复学习，使学生能在学习中感受到轻松和快乐，提高学习成绩。

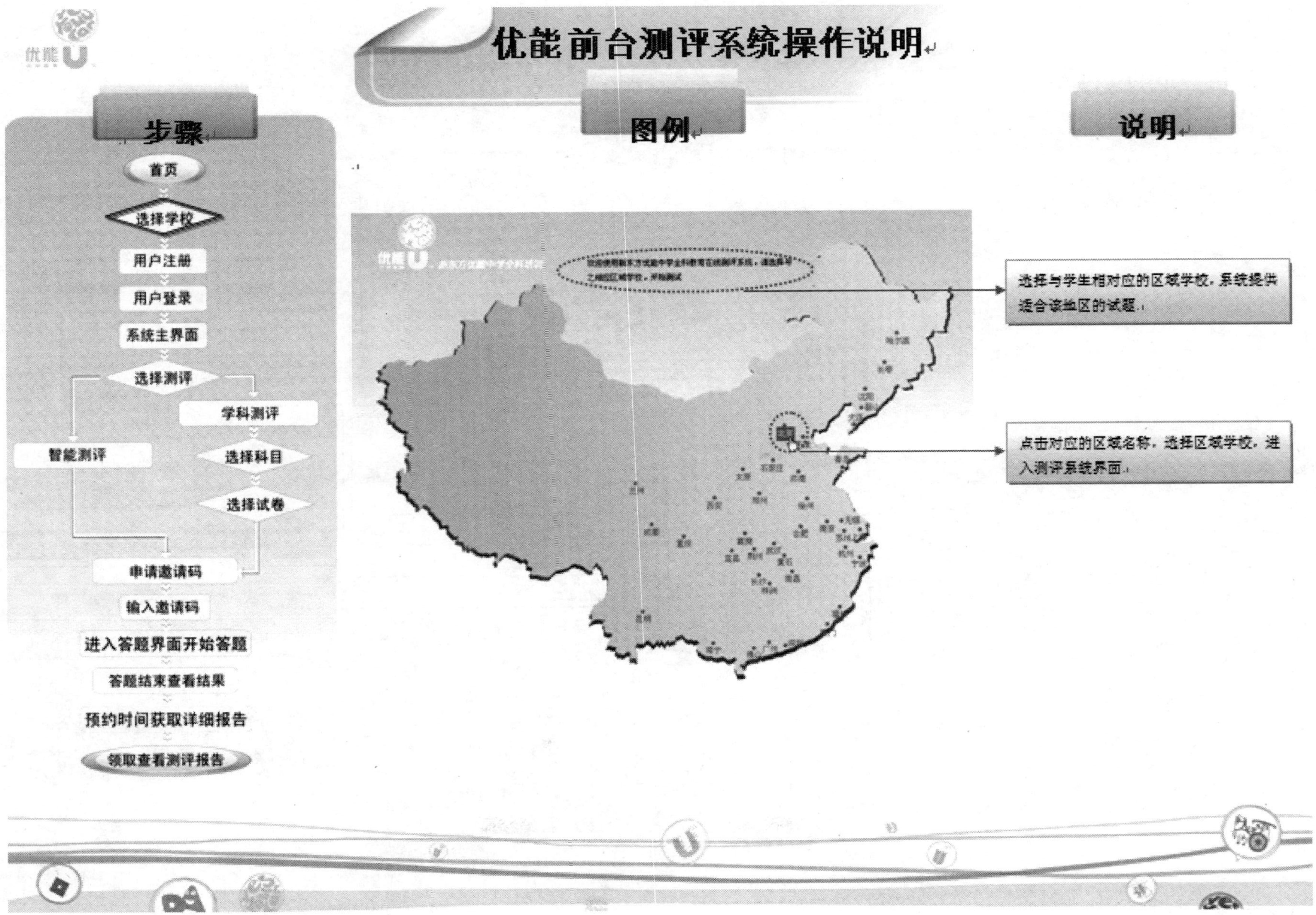
优能前台测评系统操作说明
步骤
图例
说明
首页
选择学校
用户注册
用户登录
系统主界面
选择测评
学科测评
选择科目
选择试卷
智能测评
申请邀请码
输入邀请码
进入答题界面开始答题
答题结束查看结果
预约时间获取详细报告
领取查看测评报告
选择与学生相对应的区域学校，系统提供适合该地区的试题。
点击对应的区域名称，选择区域学校，进入测评系统界面。

优能前台测评系统操作说明

步骤

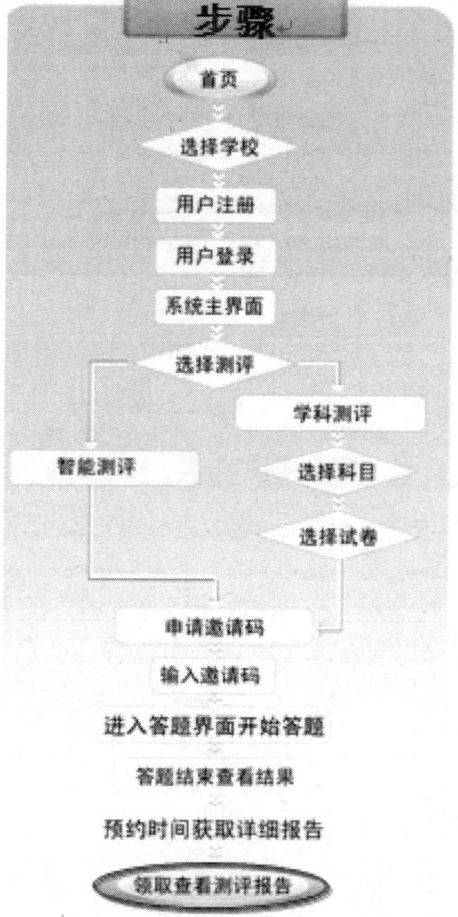

图例

说明

测评报告：在学生完成测评后，由系统后台自自动生成电子版。

学生姓名：学生开始测评时在页面中填写，最后由系统自动生成。

学生年级：学生开始测评时在页面中填写，最后由系统自动生成。

报告编号：由系统按照编号规则自动生成。

测评时间：学生进行测评的时间，由系统自动生成。

报告封面：多元智能测评报告的封面。

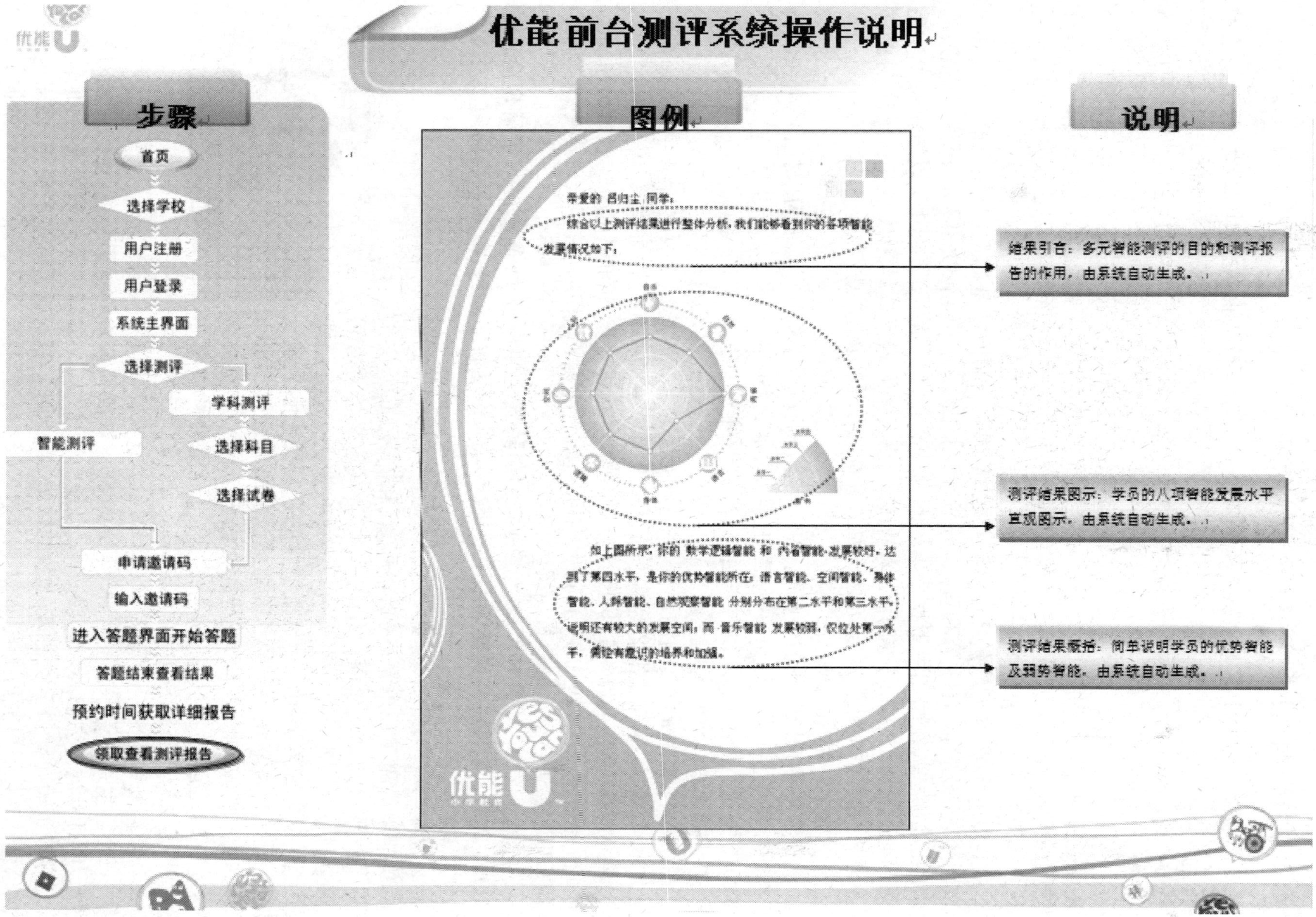
优能前台测评系统操作说明
步骤
首页
选择学校
用户注册
用户登录
系统主界面
选择测评
学科测评
智能测评
选择科目
选择试卷
申请邀请码
输入邀请码
进入答题界面开始答题
答题结束查看结果
预约时间获取详细报告
领取查看测评报告
图例
说明
结果引言：多元智能测评的目的和测评报告的作用，由系统自动生成。
测评结果图示：学员的八项智能发展水平直观图示，由系统自动生成。
测评结果概括：简单说明学员的优势智能及弱势智能，由系统自动生成。

4.4.2 优能学科测评系统(KAS)简介

前苏联著名教育学家苏霍姆林斯基曾说:“没有也不可能有抽象的学生,每个孩子都是一个世界——完全特殊的、独一无二的世界。”个性化测评的重要意义就在于同时关注学生的智能因素与学业水平,注重个性发展,尊重学生个体的差异性、独特性、自主性和创造性。一方面,多元智能测评从个性化教育的角度为学生的多维度发展提供了广泛的可能性;另一方面,作为个性化测评的重要组成部分,优能学科测评采用先进的测评原理,旨在了解学生的学业进展水平,帮助每一位学生确定最恰当的学习起点,设定切实的学习目标,选择适合的授课模式,使每个孩子都能得到有效的学习经验并能找到适合自己的学习方法。

1.优能学科测评原理

优能学科测评系统是在符合教学大纲、考试大纲的要求基础上,与知识谱系紧密贴合,选取学生现阶段的学习内容和重点,分学科、分年级、分难度依次设级,采用国际先进的自适应性测试原理,在测试中根据学生的答题状况自动调整并组合难度,以适应每个学生的不同情况。测评结束后,优能中学教育专家团队会依据反馈结果出具相应的学科测评报告,使学生和教师能够客观准确地了解学生的学习现状及问题所在。

2.优能学科测评形式

优能学科测评以完备的学科数据库为基础,以缜密的后台系统为依托,采用在线测评的形式,帮助学生在严谨又不失活泼的测评页面下完成测评答题。学生既可以选择自行登录测评界面进行网上测评,也可以通过与当地优能个性化学习中心预约,进行现场测评。

3.优能学科测评结果的呈现

优能学科测评所出具的测评报告有两种形式。一种是简约版,包含学生的测评得分、学业水平等级、同等群体排名等基本信息以及对学生的个性化学习建议;另一种是详尽版,除包含简约版中所有基本信息外,还会针对学生在每个参评知识点中的表现分别进行点评、剖析和指导,根据学生的具体情况提出详细的学习建议和应试技巧,对学生现阶段的学习及心理状况进行全面的分析和解读。

网上测评结束后,系统将会提供相应的简约版测评报告;如需更深入了解现阶段的学习状况,学生或家长可与优能学习中心预约,获取详尽版测评报告,并可当面向教育专家咨询,制订个性化学习方案。

4.优能学科测评的重要意义

优能学科测评采用先进的测评形式和测评原理,突破了以往和现有的试卷化固定化测评方式,其意义体现在可以科学、快速、准确地帮助每个参与测评的学生找到自己学习的起点,发现学习漏洞,有利于学生的自身反思和自我认识;与此同时,学科测评结果给教师的课程决策提供了最可靠的依据,可以在此基础上进行课程内容、难度、容量的选择,为学生制定最匹配的教学方案,采用最适合的教学方法,帮助学生迅速提高成绩、提升自信。

5.学科测评对学生的意义

每个学生在学习中都会遇到不同的问题。对成绩稍差的孩子来说,他们可能对学习倍感无力,对考试失去信心,每天的学习只是敷衍了事;对成绩中等的孩子来说,他们可能辛苦地穿梭于辅导班和学校之间,大量的作业、练习使学习变成了沉重的负担;而对成绩优秀的孩子来说,他们可能为了巩固成绩、升入名校而疲惫不堪,对成绩的渴望已令他们感到窒息。在传统的学校教育中,对不同水平的学生采取“一刀切”的统一教学模式,教学资源的的分配形式也不能保证每个学生在教学中得到足够的关注。学科测评的重要意义即在于通过对所学知识点设置考核的方式,快速、准确地评估学生在某一时间对某一学科某一阶段的知识的掌握情况，为学生定级和选择课程提供参考，同时针对学生的自身情况进行个性化课程设计，保证每个学生都能找到自己的起点，设定自己的目标，迅速提升学习成绩。

1)学科测评能够为了解学生知识掌握、学习现状提供依据

学生在接受测评后，根据测评结果所反馈的报告，可以清晰地看到自己在学科知识储备上存在的盲点、学科内容上存在的欠缺以及自己对于学科把握的整体水平。这将帮助学生对自身现阶段的学习状况进行准确的定位，认识到自己的学习起点和学习目标之间的距离，通过对课程内容、容量、难度的选择，有针对性地进行学习，查漏补缺、扬长补短，实现成绩的有效提升。

2)学科测评能够为学生定级和选班提供参考

学科测评结果使每个孩子都能对自己的学习现状进行准确定位，明确自己最需要学习的是什么，最想要达成的目标是什么，为选择最适合自己的学习方案提供了参考。这就打破了传统教学中教师为主体、学生只是被动参与的状况，孩子将成为教学活动的核心。在通过测评报告了解自身的学习现状后，学生可以根据实际情况为自己定位并选择班型；同时，专家团队及课程顾问也将在深入了解学员学习习惯与心理的基础上进行课程推荐，把握学习动态，跟踪学习进度，以保证迅速提高成绩。

6.学科测评对教师的意义

《学习的革命》一书的作者戈登·德莱顿接受《光明日报》记者采访时曾说："每个人的学习方式应该与每个人的指纹一样独特，教育的一项关键工作是发现每个孩子的学习模式并适应它。"教师只有根据每个学生的具体情况选择不同的教育方式、采取不同的教学方法、甚至确定不同的学习内容，才可能取得好的教学效果，才可能培养出适应时代需要的多种类型的创新人才。在教育目标上承认差异性、重视学生的个性发展、根据学生的不同情况和特点因材施教是现代教育的重要内容和重要职能，尤其对学生个性中的独立性、积极性和创造力的培养更应作为重中之重。

1)学科测评能够帮助教师了解学生的学业基础，制订相应教学计划

通过测评结果了解学生的学习习惯、知识疏漏点、个性特点等信息，能够使教师的教学目标与学生的学习目标紧密联结起来。教师可以根据学生实际情况，选择具有针对性的学习内容和学习模式，为学生选择对应的学习计划，帮助孩子消化知识、查缺补漏、巩固要点，抓住重点，及时发现并解决问题，激励学生勇敢直面困难，挑战自我。同时，教师的授课思路可以由此变得更清晰，授课重点也可根据学生情况及时调整，做到有的放矢，提高效率。

2)学科测评能够帮助教师了解学生的学习现状，采用相应的教学方法

在了解学生起点的基础上，教师可以采用最为恰当的教学方法，最大程度地挖掘学生的学习潜能、最大限度地提高学生的学习兴趣，使教学方法和学习方法有机结合在一起。对学生而言，学习方法作为工具，只有转化成为学生的认知结构系统，才会形成学习能力，才能强化学生的主体性；对教师来讲，应站在学生主体地位的角度来考虑教法是否适合学生，只有这样，才能使教法科学有效。

3)学科测评能够帮助教师了解学生的个体差异，选择相应的教学模式

通过了解学生的学习水平和个体差异，教师可以变原有的"满堂灌""填鸭式"为"规范加选择"的新型课堂教学模式，在平时的教学过程中观察学生并进行多维度评估，了解学生的学习效果并激励学生，建立学生的学习进步档案，使其保持对学习的兴趣。测评结果使教师的教学模式选择上更具灵活性，可以针对学生的个体状况制定最有效地教学策略。测评结果的科学性和准确性，使教师对学生的情况有了感性的理解和理性的认识，帮助教师在教学中挖掘学生的主体性，实现教学情感和学习情感相结合。"只有让自己感动的课，才可能深深地感动学生。"对每个学生的尊重和信任也将产生巨大的人格力量，唤起学生对教师由衷的爱戴和对学习的热情。

4.4.3 优能中学 TPS 教学系统简介

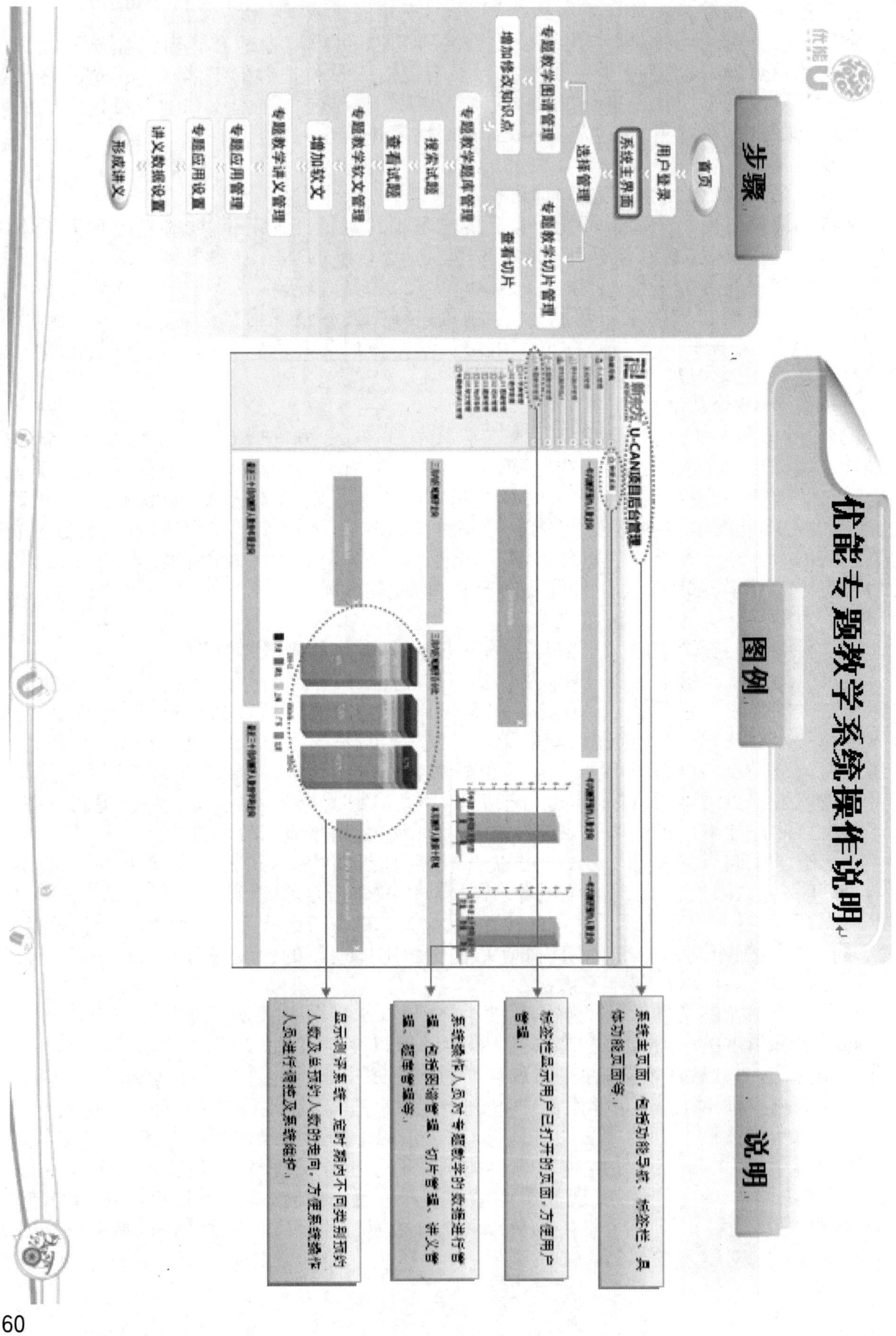

优能专题教学系统操作说明

步骤

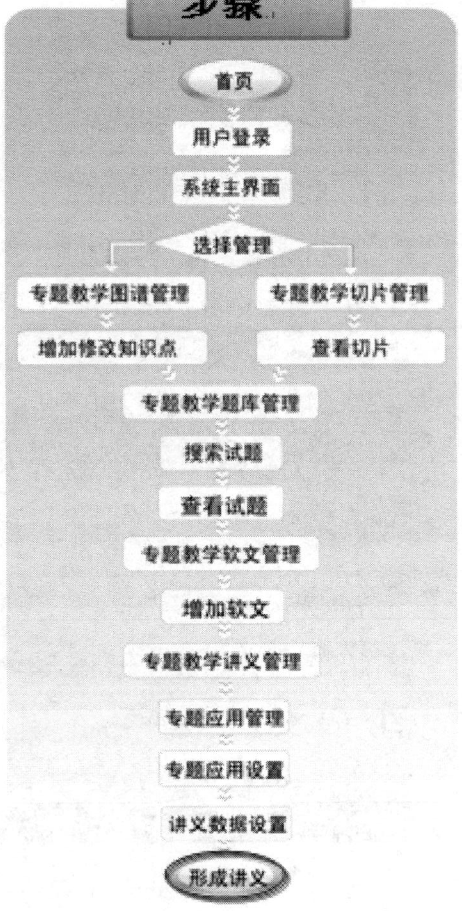

图例

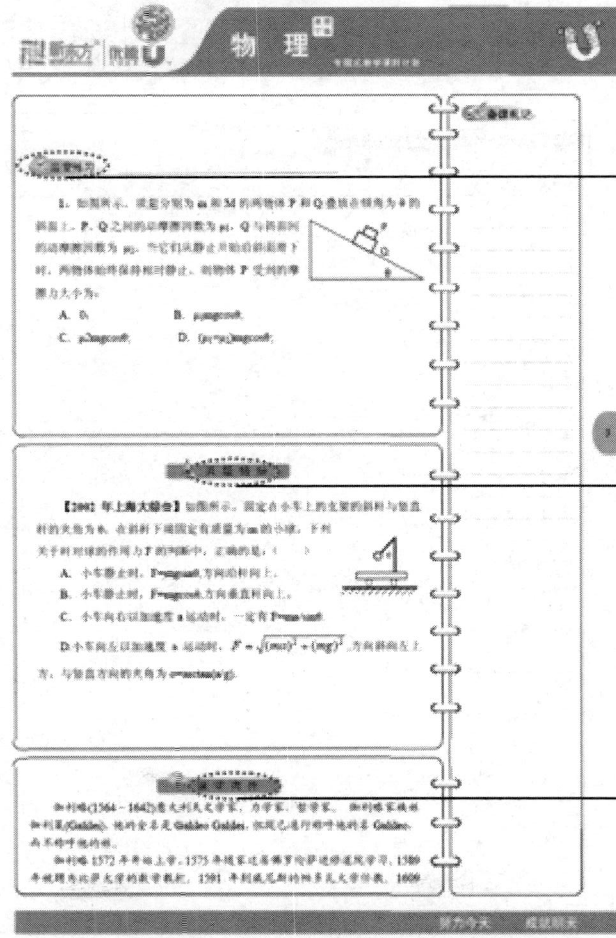

说明

当堂练习：本专题应用下配的习题，教师可根据情况作为学生习题或例题。

真题链接：对应本专题的历年高考真题模拟题，操作者可视情况对从真题库中进行选题增加。

课题内外：渗透着新东方精神的文字，帮助学生找到学习动机、树立学习信心。

优能专题教学系统操作说明

步骤

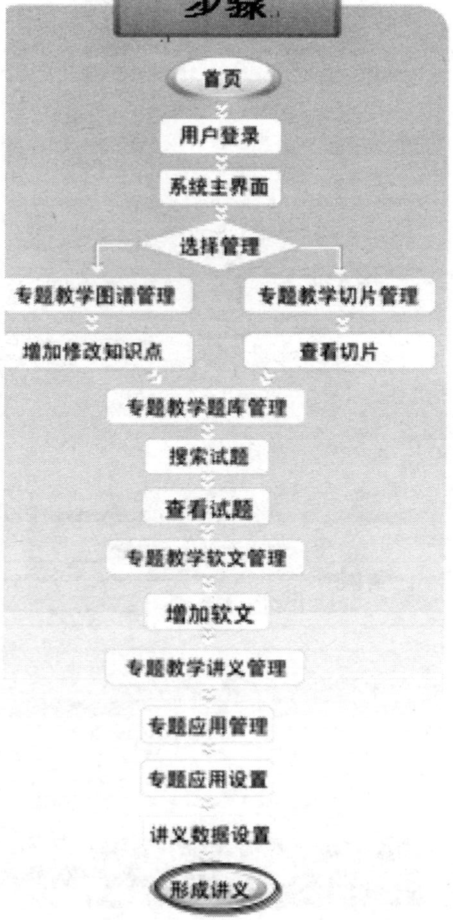

图例

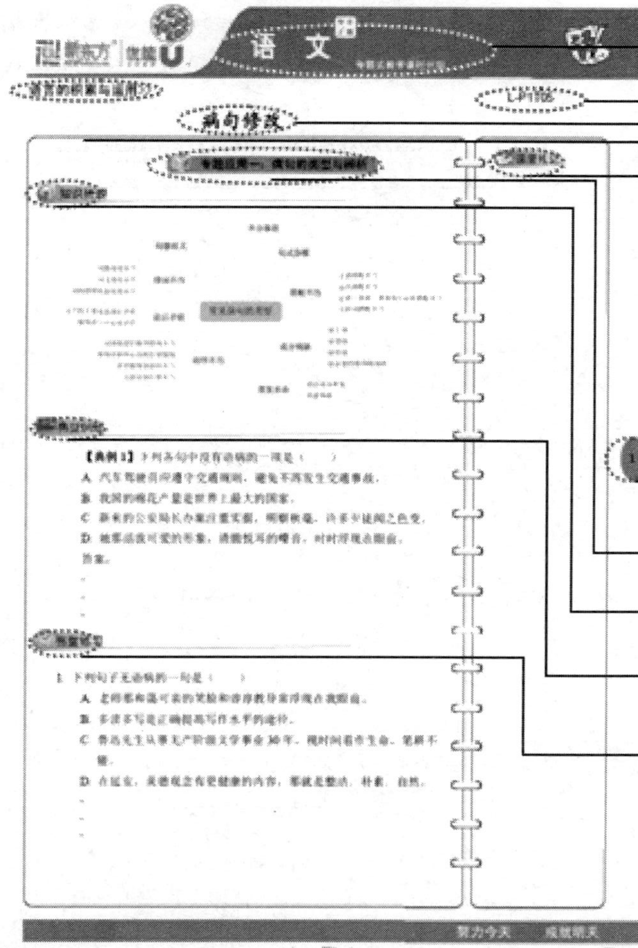

说明

- 专题讲义：本教学专题的讲义（学生版），由教学主管操作后生成打印。
- 专题编号：本专题在专题图谱中对应的编号。
- 专题标题：本教学专题的标题。
- 图谱位置：本教学专题在专题图谱中位于本模块目录下。
- 课堂札记：学生在课堂中针对本部分知识所做的笔记记录，以备日后复习查阅。
- 页码：本切片文档的页码。
- 专题应用一：本课时计划所选的专题应用一。
- 知识梳理：专题应用一的相关知识梳理。
- 典型例题：本知识点的典型例题。
- 当堂练习：本专题应用下配的习题，教师可根据情况作为学生习题或例题。

优能专题教学系统操作说明

步骤

首页
用户登录
系统主界面
选择管理
专题教学图谱管理 → 增加修改知识点
专题教学切片管理 → 查看切片
专题教学题库管理
搜索试题
查看试题
专题教学软文管理
增加软文
专题教学讲义管理
专题应用管理
专题应用设置
讲义数据设置
形成讲义

图例

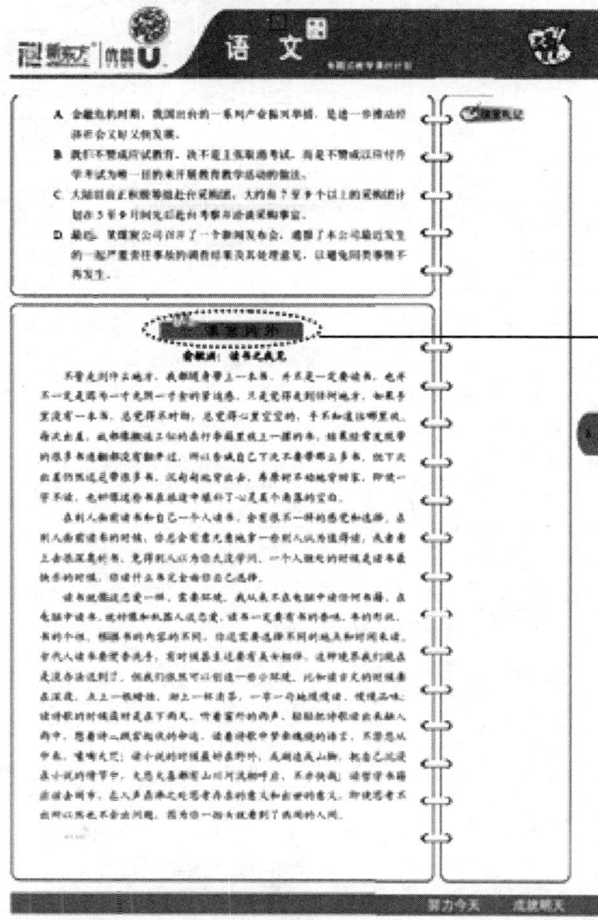

说明

课题内外：渗透着新东方精神的文字，帮助学生找到学习动机，树立学习信心。

第五章　学科试题分析——奠定高考成功备考的基石

5.1 英语学科研究导图

- 英语学科研究报告
  - 资料索引
    - 英语课程标准、高考大纲、高考考试说明
    - 高考真题
    - 相关研究文献
  - 英语学科概述
    - 学习英语的意义及其在高考中的作用
    - 高考英语测试的发展历程
    - 新课程改革后高考英语改革
    - 《新课程标准》及《考试大纲》中对语言技能和语言知识要求
      - 听力部分的能力要求
      - 单项选择、语法部分的能力要求
      - 完形填空部分的能力要求
      - 阅读部分的能力要求
      - 写作部分的能力要求
      - 语言知识上的新要求
  - 英语学科试题研究
    - 听力选材真实、内容丰富、贴近生活,试题侧重考查获取事实性信息的能力和对信息进行推理判断的能力
      - 【规律剖析】
      - 【真题回顾】
      - 【我们的工作】
      - 【真题验证】
      - 【备考战略】
    - 单项部分突出语境,淡化语法,注重实际运用能力
      - 【规律剖析】
      - 【真题回顾】
      - 【我们的工作】
      - 【真题验证】
      - 【备考战略】
    - 完形填空强化语篇,弱化词法,突出综合运用能力的考查
      - 【规律剖析】
      - 【真题回顾】
      - 【我们的工作】
      - 【真题验证】
      - 【备考战略】
    - 阅读理解体裁全面,题材丰富,题型多样,全面地考查了考生不同层面的阅读能力
      - 【规律剖析】
      - 【真题回顾】
      - 【我们的工作】
      - 【真题验证】
      - 【备考战略】
    - 写作体现实用性、真实性和开放性原则,侧重对实际应用能力的考查
      - 【规律剖析】
      - 【真题回顾】
      - 【我们的工作】
      - 【真题验证】
      - 【备考战略】
  - 参考文献

5.2 数学学科研究导图

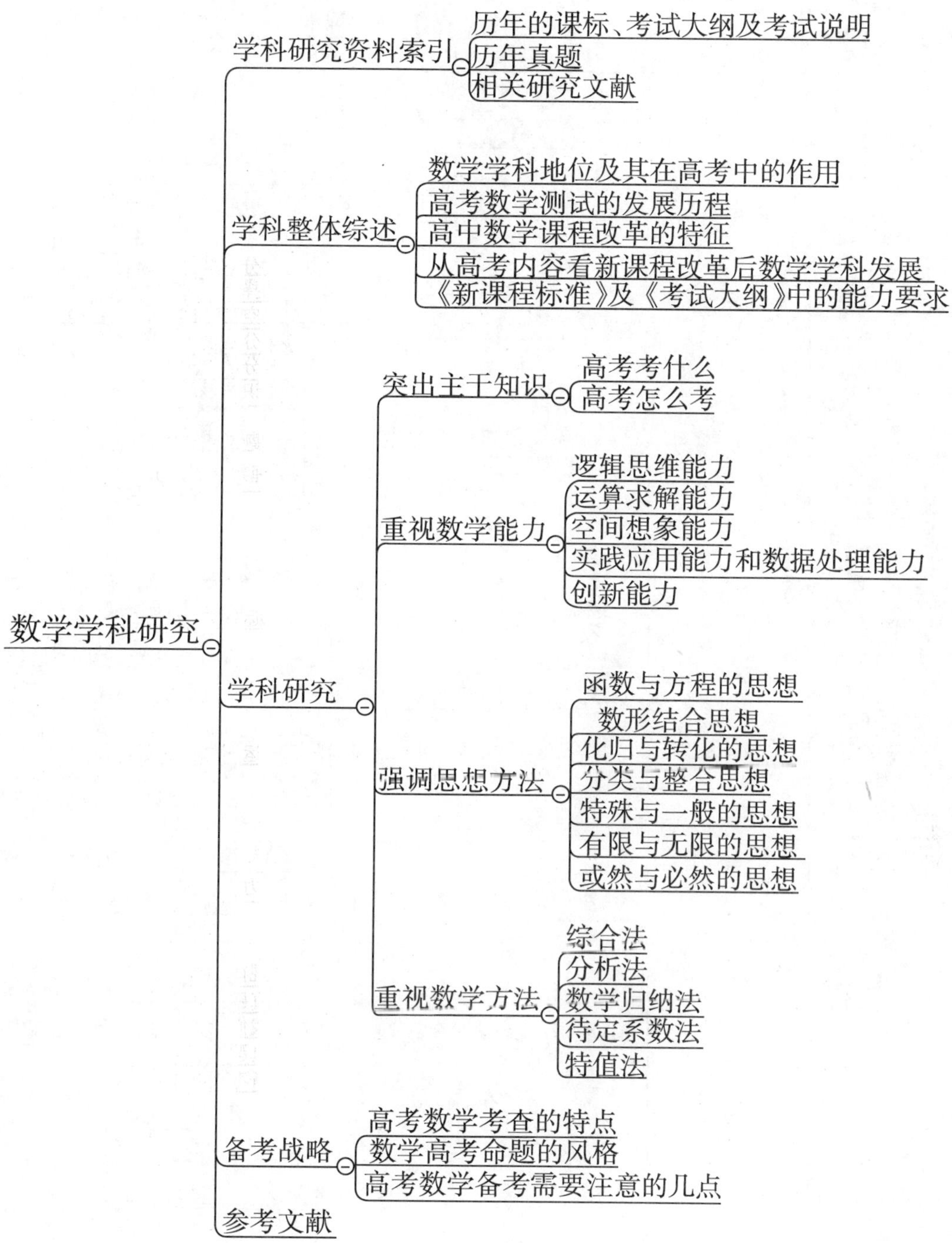
数学学科研究
学科研究资料索引
历年的课标、考试大纲及考试说明
历年真题
相关研究文献
学科整体综述
数学学科地位及其在高考中的作用
高考数学测试的发展历程
高中数学课程改革的特征
从高考内容看新课程改革后数学学科发展
《新课程标准》及《考试大纲》中的能力要求
学科研究
突出主干知识
高考考什么
高考怎么考
重视数学能力
逻辑思维能力
运算求解能力
空间想象能力
实践应用能力和数据处理能力
创新能力
强调思想方法
函数与方程的思想
数形结合思想
化归与转化的思想
分类与整合思想
特殊与一般的思想
有限与无限的思想
或然与必然的思想
重视数学方法
综合法
分析法
数学归纳法
待定系数法
特值法
备考战略
高考数学考查的特点
数学高考命题的风格
高考数学备考需要注意的几点
参考文献

5.3 语文学科研究导图

- 语文学科研究报告
  - 一.学科研究索引
    - 1.1历年考试大纲、课程标准、考试说明
    - 1.2历年高考真题
    - 1.3研究文献
  - 二.学科整体综述
    - 2.1学科地位
    - 2.2高考改革走向
      - 坚持稳中求　变体现能力立意
      - 侧重主干知　识强调语文素养
      - 重视迁移综　合突出表达应用
      - 增加开放题　目弘扬创新精神
      - 支持课程改　革体现时代脉搏
  - 三.学科研究
    - 3.1语言基础知识的命题规律
      - 3.1.1字音
      - 3.1.2字形
      - 3.1.3成语的使用
      - 3.1.4病句辨析
      - 3.1.5备考战略
    - 3.2文言文阅读的命题规律
      - 3.2.1文言实词
      - 3.2.2筛选文中的信息
      - 3.2.3归纳内容要点,概括中心意思
      - 3.2.4理解并翻译文中的句子
      - 3.2.5模拟题型
      - 3.2.6真题验证
      - 3.2.7备考战略
    - 3.3古代诗歌鉴赏的命题规律
      - 3.3.1分析作者的感情
      - 3.3.2鉴赏表达技巧
      - 3.3.3备考战略
    - 3.4现代文阅读的命题规律
      - 3.4.1自然社科文阅读的命题规律
      - 3.4.2文学类文本阅读的命题规律
      - 3.4.3备考战略
    - 3.5作文的命题规律
      - 3.5.1命题内容
        - 人文意识
        - 辩证意识
        - 创新意识
        - 文本意识
        - 生本意识
      - 3.5.2历年真题
      - 3.5.3模拟题型
      - 3.5.4备考战略
  - 四.文献综述

5.4 物理学科研究导图

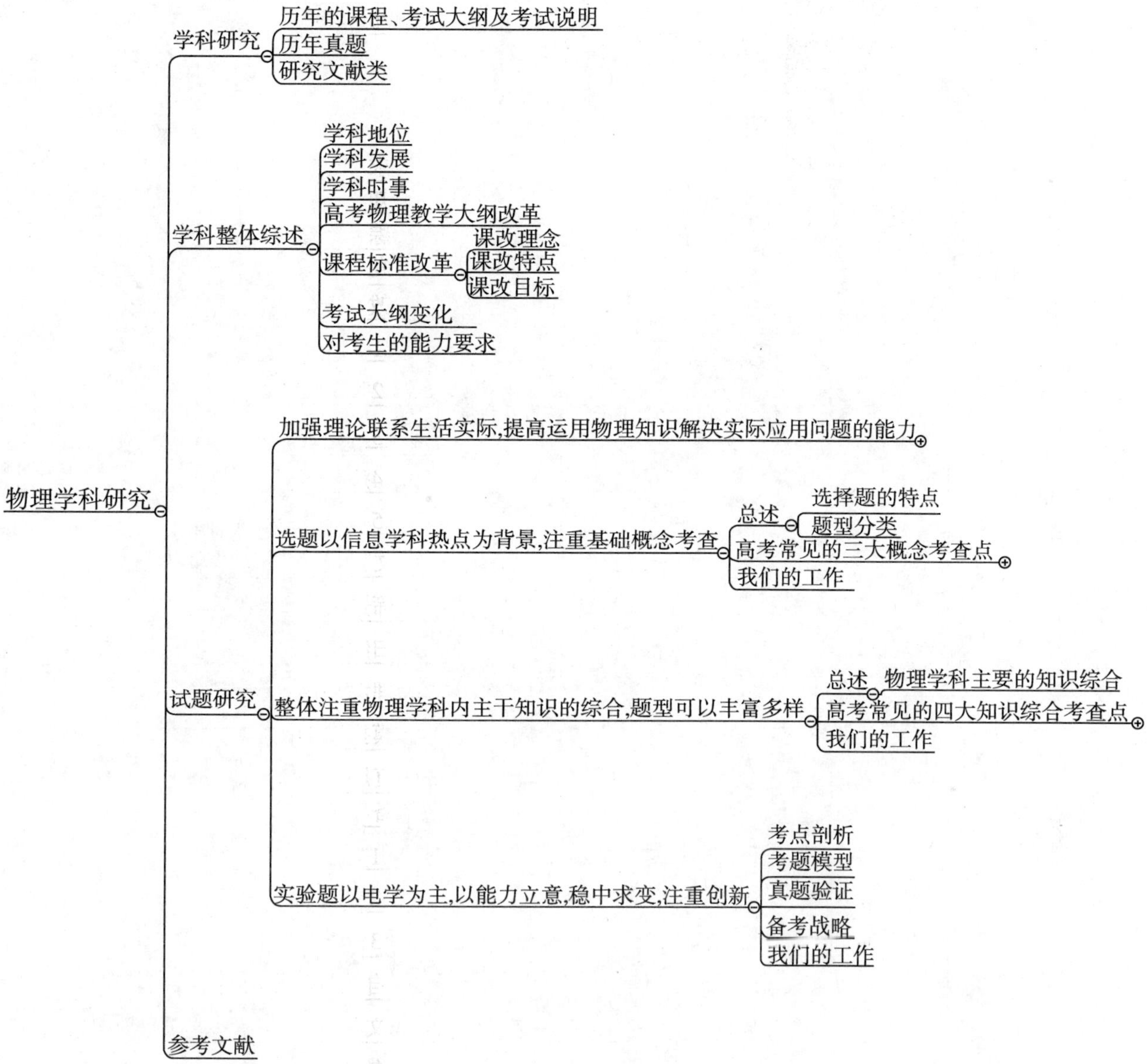
物理学科研究
学科研究
历年的课程、考试大纲及考试说明
历年真题
研究文献类
学科整体综述
学科地位
学科发展
学科时事
高考物理教学大纲改革
课程标准改革
课改理念
课改特点
课改目标
考试大纲变化
对考生的能力要求
试题研究
加强理论联系生活实际,提高运用物理知识解决实际应用问题的能力
选题以信息学科热点为背景,注重基础概念考查
总述
选择题的特点
题型分类
高考常见的三大概念考查点
我们的工作
整体注重物理学科内主干知识的综合,题型可以丰富多样
总述
物理学科主要的知识综合
高考常见的四大知识综合考查点
我们的工作
实验题以电学为主,以能力立意,稳中求变,注重创新
考点剖析
考题模型
真题验证
备考战略
我们的工作
参考文献

5.5 化学学科研究导图

- 化学学科研究报告
  - 试题研究
    - 基本概念和基本理论
      - 能力要求
      - 命题规律
      - 考点分析
      - 备考策略
    - 元素及其化合物
    - 有机化学
    - 化学实验
    - 化学计算
  - 学科综述
    - 学科地位
    - 高考化学改革
    - 高中化学课程改革的理念、特点和目标
      - 改革所秉承的理念
      - 改革的主要特点
      - 改革的主要目标
    - 高中化学课程改革下高考化学的特点
      - 试题平稳过渡,继续强化对中学化学主干知识的考查,突出重点
      - 联系实际,关注社会现实问题
      - 减少虚拟,贴近真实
      - 关注信息获取和加工能力,考查学生学习潜能
      - 关注学生个性发展,体现选择性
      - 强化实验考查,体现化学学科特点
      - 引领课改,渗透科学探究
    - 考试大纲中知识、能力要求的变化
      - 知识要求的变化
      - 能力要求的变化
      - 学科时事热点
    - 命题趋势探究
      - 立足基础,测试核心和主干知识技能
      - 强化对实验探究能力的考查
      - 渗透STSE教育,强调时代性
      - 融入对化学学科思想方法的考查
      - 注重信息与学科素养整合能力测试
  - 索引
    - 化学课程标准
    - 高考大纲
    - 高考考试说明
    - 高考真题
    - 相关研究文献
      - 课程改革
      - 命题规律
      - 备考策略
      - 考纲解读

优能中学教育
U-CAN SECONDARY SCHOOL EDUCATION
耀起来不要犹豫
就耀完美起航

优能中学教育
U-CAN SECONDARY SCHOOL EDUCATION
耀起来不要迷茫
就耀崭新旅程